大明第一清官

【入仕】

万松 —— 著

上册

中国书籍出版社
China Book Press

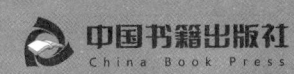

图书在版编目（CIP）数据

大明第一清官——海瑞：全三册 / 万松著. -- 北京：中国书籍出版社，2022.7
ISBN 978-7-5068-9052-6

Ⅰ.①大… Ⅱ.①万… Ⅲ.①海瑞（1514–1587）—传记 Ⅳ.①K827=48

中国版本图书馆 CIP 数据核字（2022）第108091号

大明第一清官——海瑞（上）

万松 著

责任编辑	彭宏艳
责任印制	孙马飞　马　芝
封面设计	东方美迪
出版发行	中国书籍出版社
地　　址	北京市丰台区三路居路97号（邮编：100073）
电　　话	（010）52257143（总编室）（010）52257140（发行部）
电子邮箱	eo@chinabp.com.cn
经　　销	全国新华书店
印　　刷	三河市顺兴印务有限公司
开　　本	710毫米×1000毫米　1/16
字　　数	1200千字
印　　张	61.5
版　　次	2022年7月第1版　2022年8月第1次印刷
书　　号	ISBN 978-7-5068-9052-6
定　　价	128.00元（全三册）

版权所有　翻印必究

目 录
CONTENTS

第1章　寡母教子　　1
第2章　会试落榜　　8
第3章　骨气教谕　　21
第4章　徒步上任　　32
第5章　法办劣绅　　56
第6章　暗访民情　　72
第7章　上书废银　　95
第8章　为母祝寿　　111
第9章　整治官风　　125
第10章　裁员减费　　142
第11章　清丈田地　　157
第12章　惩治恶少　　176
第13章　赈济灾民　　188
第14章　巧断命案　　203
第15章　防倭治乱　　220
第16章　智拒钦差　　244
第17章　考核受阻　　262
第18章　贬谪兴国　　276
第19章　寻访名贤　　290
第20章　怒斩二张　　305

第1章　寡母教子

> 母亲的熏陶和潜移默化，先生的教诲，先贤的感染，让海瑞不但形成了刚直不阿的个性，也使他懂得了生活要俭朴，做官要廉洁奉公、替民办事的道理。

- 1 -

大明王朝正德十一年（1516）某日，海南道琼州府琼山县石峡岭下田村。

清晨，一群海姓族人和乡邻抬着副黑色棺材，从村里缓缓向山上走去。一个哭得惊天动地的女人，带着个披麻戴孝的小男孩为死者送葬。

女人年方二十八岁，她是死者海翰的妻子谢氏。小男孩年仅四岁，叫海瑞，是海翰唯一的儿子。

谢氏的丈夫海翰，因为得了痨病无法医治而离开人世。

安葬好丈夫，谢氏拉着儿子海瑞回到家里，海瑞的叔伯妯娌们，也跟着她母子俩进屋。

还沉浸在悲痛中的谢氏坐在屋里低头抚摸着儿子的头，她一脸忧愁，沉默无语。

"嫂子，我哥在世的时候虽说不理家，但有他在，这个家还有个顶门杠，这下他撒手走了，你和小海瑞的日子咋过啊？"

"海瑞还小，家里的活儿只得靠嫂子一个人忙乎了！"

海瑞的叔伯妯娌们在给他们母子俩谋划今后的出路。

丈夫一下子没了，孤儿寡母的，谢氏也觉得今后的日子的确是不好过。

海瑞的爷爷海宽曾经做过福建松溪县知县，他伯父也做过朝廷监察御史，按理说海家在海南琼山这个地方也算得上是名门望族仕宦世家。海瑞的父亲海瀚是个廪生，也就是享受朝廷膳食补助的在学生员，但他整日无所事事，终究无所作为，导致家道中落。

自家男人不争气，而且这下他又一命呜呼，谢氏更是觉得找不到依靠了。

家境如此，谢氏也没什么好指望的。古人说得好，万般皆下品，唯有读书高，学而优则仕，识得些字的谢氏心里明白，这个家要想咸鱼翻身，将来有个好光景，唯一的出路就是教儿子好好念书，让他以后通过科举考试在朝廷谋个一官半职。

谢氏是个性格很要强的人，在她心里，她不仅仅是要让儿子识些字，她还希望儿子长大后做个高官，像他的叔叔伯伯们那样光耀门庭。

儿子已经四岁，是该教他识些字懂些道理的时候了。

谢氏找来《孝经》《大学》《中庸》等一些儒家书籍，开始对儿子进行启蒙教育。她白天操持家务，晚上教儿子念书识字，实在是够累的。可为了儿子的前程和海家的将来，她觉得累得值累得高兴。

一日夜里，谢氏对儿子海瑞说："瑞儿，你要好好念书，长大后像你叔伯们那样，参加乡试会试，考个举人进士之类的，将来好在朝廷谋个一官半职，这样既能过好你的一生，又能给祖宗争光。"

"娘的话孩儿记住了！"懂事的海瑞知道母亲用心良苦，点头称是，并将母亲的话牢牢记在心里。

谢氏对儿子的管教，可说是非常严厉，平时，她不准海瑞去和别的孩子玩耍，让他在家里埋头刻苦学习。一日下午，谢氏要下地去干活，出门之前她向儿子交代："你在家关上门好好温习娘昨日教你的功课，哪儿也不要去，晚上娘回来考你。"

"嗯，孩儿记住了！"海瑞点头答应。

小孩子毕竟玩儿心大，特别是有小伙伴来约，哪有不去玩耍的道理？海瑞在家刚温习了一会儿功课，隔壁的小强和小广就来找他了。见海瑞坐在屋里专心地背《孝经》，小广说他："那书有啥好背的？别背了，走，跟我们出去玩去！"

"我娘不让出去，她说了，回来要考我背的书。"海瑞告诉小强和小广。

"哎呀，你娘又不在家，你怕啥啊？快走快走，玩会儿回来背也不迟！"小强说完夺下海瑞手上的书，然后和小广硬拖着海瑞往外走。

海瑞没办法，只好跟着他俩出去。

谢氏从地里干活回来，开始做晚饭，饭后她拉过一条板凳坐下，对儿子海瑞说："瑞儿，去把书拿来，娘考一下你今日的功课温习得如何。"

"好的，母亲！"海瑞一边应答，一边去把书拿来递给谢氏。

谢氏翻开书，对站在面前的儿子说："把你今日温习的功课背给娘听一下。"

"……满而不溢，所以长守富也。富贵不离其身，然后能保其社稷，而和其民人。……非先王之法服不敢服，非先王之道言不敢言，非先王之德行不敢行。是故百法不言，非道不行；口无择言，身无择行；言满天下无口过，行满天下无怨恶；三才备矣，然……然……"

海瑞背不下去了，眨巴着眼惊恐地看着母亲。

"这一小段文章你都背不下来，你是想活活气死娘是不是？出门时娘是如何交代你的？你给娘说，到底干啥去了？"谢氏恨铁不成钢，黑着脸追问儿子。

"我……我和小朋友他们玩去了！"海瑞不敢隐瞒，带着哭腔告诉母亲。

谢氏气昏了，找来一根竹条，叫海瑞伸出手，边打边狠狠地教训："去玩，我叫你去玩！"

"娘，疼！"海瑞哭着叫娘。

谢氏生气地问："我叫你好好在家念书，你却去外边玩，我问你，以后还去不去？"

"孩儿知错了，娘，求您别打了！"海瑞哭着给母亲跪下。

见儿子动不动就给自己下跪，谢氏更是气不打一处来，大声吼道："你膝头就这么软吗？说跪就给人跪了，你给我站起来！"

海瑞可怜巴巴地望着谢氏："娘，孩儿不敢！"

谢氏更气，大声地说他："我叫你起来你就起来！"

"孩儿遵命。"海瑞伸手抹了把眼泪，站起来。

谢氏盯着儿子，严厉警告道："这次就饶了你，若是以后再这样，娘决不轻饶你！"

"谢谢娘，孩儿再也不敢了！"海瑞哭着说。

谢氏软下口气说："古语说，男儿膝下有黄金，瑞儿，娘跟你说，以后不管遇到啥子人啥子事，要有骨气，不要动不动就给人下跪，记住了吗？"

"娘的话孩儿记住了！"海瑞低着头回答。

谢氏叮嘱他："明日好好把这段背熟，晚上回来娘考你。"

"孩儿知道了。"

这一次，海瑞吸取了教训，再也不去玩了，而是认认真真地自己在家背书。因为上了心，海瑞很快就把母亲要考他的那段书背了下来。为避免像昨日那样背得吞吞吐吐，他反复背诵，直到背得滚瓜烂熟。

晚上，谢氏又拿着书考儿子。见儿子背得非常溜熟，连点格吞都不打，谢氏心里很是欣慰。

也许是性格使然，亦或是家境的原因，谢氏做事非常刻板，平时很难见她有个笑脸。不仅如此，她还要求儿子海瑞也要像她一样。

母亲的教化，加上后来王阳明心学的影响，海瑞长大后做事刻板，任何事都只会认死理，一点也不懂得变通，这让他在仕途中碰了不少壁，但也养成了他刚直不阿的耿介秉性。

— 2 —

海瑞渐渐长大，谢氏感到自己教育儿子已经力不从心。为让儿子学到更多的东西，她省下钱给海瑞请了家教。海瑞不但学习非常用功，而且还善于动脑子，先生教的知识他都牢牢记在脑子里。

一晃，海瑞十五岁了。这一年，谢氏将他送进了乡里的私塾。

这个时候的海瑞，已经懂得了一些人生道理，也有了自己的奋斗目标。在私塾学校，他以古代圣贤为榜样，学习更加刻苦，教他的私塾先生廖平庵对他极为赏识，悉心教导他。当时，正盛行王阳明的治世学说，廖先生就教他一些安国治世的知识。

母亲的熏陶和潜移默化，先生的教诲，先贤的感染，让海瑞不但形成了刚直不阿的个性，也使他懂得了生活要俭朴，做官要廉洁奉公、替民办事的道理。

一日下课闲聊的时候，一位同窗好奇地问他："海瑞，咱们读书到底是为了啥？"

海瑞仰着头想了一下，说："我觉得，读书就是要向儒家圣贤们看齐，造福天下苍生，最终成为人人敬仰的圣贤之人。"

同窗赞许地说："嗯，你说得很有道理，咱们读书就是为了做个圣贤之人，将来好造福天下黎民百姓。"

在乡里的私塾念了十三年书，海瑞已经二十八岁。这一年，已经是大龄青年的海瑞踏进了当地郡学的大门。为了不耽误儿子学业，谢氏还给他找了个书童，这孩子叫庚子，才十三岁，人很活泼，海瑞特别喜欢他。

俗话说，男大当婚女大当嫁，谢氏见儿子已经长大成人，便到处托媒给他说媳妇。

一日傍晚，邻村一个叫黄幺娘的女人来找谢氏，说她们那儿的许老头家有个姑娘，不但人长得漂亮，还非常贤惠能干，想撮合她和海瑞。

谢氏见有这等好事，自然是十分高兴。

双方报了生辰八字，在黄幺娘的撮合下这门亲事就这样定了。

父母之命，媒妁之言，做儿子的也没啥好说的。三个月后，吹吹打打热闹了一番，许氏进了海家的门，成了海瑞的原配媳妇。

这时的海瑞还在郡学念书，经常不在家，只是偶尔回来一趟。尽管如此，海瑞和许氏两人也恩恩爱爱，相敬如宾。

– 3 –

在郡学念书的海瑞没忘记母亲的教诲，更不敢忘记母亲对他的期盼。他拼命地学习，动脑筋思考许多问题，但凡不懂的就虚心地向廖先生请教。

海瑞经常和同窗一起研究学问，纵谈古今，他还写下了《严师教戒》《客位告辞》《训诸子说》等文章，抒发自己非凡的理想抱负。

在《严师教戒》这篇文章里，他说作为一个读书人，应该志存高远、浩然正气，应该以圣人为楷模，用圣人的话语来检视自己的言行，而不能一味地追逐功名利禄，丧失做人的底线。若是做官，对上要懂得报效朝廷，对下要替百姓分忧，时时将百姓的安康和幸福装在心里，要敢言人之不敢言，行人之不敢行。这些成了他的人生信条，也是他后来做官的座右铭。

他给自己取了个号，叫刚峰。

海瑞在郡学里学业突出，写的文章大家都很敬仰，同窗都尊称他为道学先生。一次，一位姓林的督学到郡学来督导，看了海瑞的文章后大加赞赏，还对郡学里的先生说："这个人很不错，非常有才华！"

读书期间，海瑞遇到了一位和他年龄相仿的人，名叫丘郊，是名儒丘浚的曾孙。丘郊也非常有才华，海瑞和他很是谈得来，俩人常常就一些学术或现实问题进行探讨。时间长了，海瑞和丘郊成了无所不谈的知己。

丘郊在家建了一个休闲用的亭子,请海瑞去玩。

"丘兄不愧是才子,这亭的名字取得妙啊!"海瑞见他将亭子取名为"乐耕亭",觉得很有意思,便大加赞赏。

没想到丘郊愁眉苦脸地叹息道:"海兄,你别说了,为这亭名,我已经被人骂得不是人了!"

"有人骂你?这是怎么回事?"海瑞觉得奇怪。

丘郊说:"愚兄建此亭,本是用来观稼督种,可没想到,有人说我不务正业沽名钓誉,属不孝之举。"

"这些人真是多事!"听他这么一说,海瑞替他不服。

海瑞想了一下,说:"丘兄不用着急,我来作首辞赋,解除这些人对你的误解,替你正名!"

"那就有劳海兄了!"

"举手之劳,丘兄不必客气!"

海瑞马上作了一首《乐耕亭记》的辞赋。

"……不此之葺而顾彼营焉,裕祖之盅,非孝也。……今之为民者五……士以明道,军以卫国,农以生九谷,工以利器用,商贾通焉而资于天下……"

"妙,真是写得太妙了!"丘郊觉得辞赋意象丰富、语言优美,还狠狠地替他正了名,不禁由衷地称赞。

海瑞点头微笑。

丘郊往窗外看了一眼,笑着对海瑞说:"哎,海兄,今夜月朗星稀,天气凉爽,为感谢海兄赠送美文为我正名,我请海兄喝酒!"

"这……这不好吧?"海瑞觉得让人家破费心里过意不去。

"海兄,你赠我美文,又替我正了名,我请你喝酒,这没啥不好的!走,就去我那亭子里,咱俩在那儿对饮,不醉不归!"

海瑞和丘郊推杯换盏,边聊天边饮酒。二人聊到兴奋处,不觉吟诵起诗赋来。因为是交心朋友,两人喝得特别高兴,待月儿下了树梢,二人都觉得有些醉了,才息杯停盏。

海瑞辞别丘郊,带着醉意偏偏倒倒走回自己的住处。

不久,海瑞又为丘郊作了一首《乐耕堂》诗。诗曰:

源头活水溢平川,桃色花香总自然。

> 海上疑成真世界，人间谁信不神仙？
> 棋惊宿鸟摇深竹，歌遏行云入九天。
> 良会莫教轻住别，每逢流水惜芳年。

这首诗后来在当地广为流传。自此之后，海瑞和丘郊成了无所不谈的朋友。

丘郊还将名士唐胄之子唐元穆、唐元秩等琼州士子介绍给海瑞，他们成为好友，经常于乐耕亭聚而论道。

后来，丘郊承袭祖荫被朝廷授予尚宝司司丞。可惜的是，丘郊无心仕途，只喜欢游山玩水和作诗词歌赋，过闲云野鹤的日子。

第2章　会试落榜

谢氏知道儿子再考也不会有多大希望,只好认可他的想法。再说,好歹有个官做,也算是有了条活路。但她告诫海瑞:"瑞儿啊,为娘跟你说,这官不做则罢,要做就做个好官,不可做害人的官!"

— 1 —

嘉靖二十七年(1548),一心想步入仕途的海瑞,铆足学习劲头准备参加次年八月在省会广州举行的乡试,以谋个举人。

大明王朝的乡试,三年一次,一般在京城或各省的省会进行。只有一年时间就要开科考试,各省的考生都在加紧备考。

海瑞知道,乡试主要是考策论,也就是针对某个问题进行论证。海南的琼州是黎族人聚居的地方,因为政策问题,黎族人群起反抗朝廷,朝廷经常派兵镇压。海瑞不仅亲眼看到过朝廷多次派出军队对黎族百姓进行血腥镇压,也看到过黎族百姓为反对朝廷镇压而奋起反抗的场面。他认为黎族人民之所以会反对朝廷,主要是因为朝廷的一些政策不合理。

他灵机一动:"嗯,我何不以这个事为题,写一篇反映治理琼州的策论拿去应试呢?"

细细思谋了一番,海瑞决定写一篇叫《治黎策》的策论,并用它来应这次乡试。

在这篇策论里,海瑞从朝廷对黎民政策的弊端、治理的意义及方法几个方面,引经据典地论述了治理琼州的策略。为让这篇策论能在应试时成功,海瑞反反复复地进行修改。他把写好的策论送给母亲谢氏看,谢氏觉得写得很好,鼓励他:"我看还不错,你就拿它去应试吧。"

得到母亲鼓励,海瑞很高兴,对母亲说:"好,那孩儿就拿它去应试!"

还有半个月朝廷乡试的时间就要到了,各州郡学的学生抱着一试成名的期盼,陆陆续续来到了省会广州。

海瑞备了些盘缠,告别母亲和妻子许氏,带着书童庚子,乘船渡过琼州海峡，信心十足地去省城赶考。

八月十五日，乡试开科考试的日子到了。

参加乡试的考生还真不少，大家都跃跃欲试的，可到底花落谁家，谁也无从知晓，只有等开榜了才能知道。

无论什么时候，机遇垂青的总是那些备足功课的人。考场里，一些人在埋头疾书，一些人却在咬笔杆子。海瑞因为有备而来，考卷发下来，考官一宣布开考，他便竹筒倒豆子般把他的《治黎策》书写在试卷上，写完后将试卷放到桌上，然后信心十足地走出考场。

海瑞这次乡试上的《治黎策》显示了他非凡的政治才能和远大抱负，考官阅读了他的试卷，颇加赞赏。

乡试揭榜，海瑞榜上有名。这一年，海瑞已经三十七岁了，可谓大器晚成。尽管年龄偏大了些，但毕竟取得了入仕的入场券。

中了举人，海瑞的母亲和妻子都很高兴。但海瑞知道，不能就此止步，还得备好功课，到时候再进京参加会试考进士，甚至是参加皇帝钦点的殿试，到那时才算得上是真正的一举成名。

海瑞有这番雄心壮志，母亲和妻子自然高兴。

大明王朝的会试也是三年一次，恰逢来年二月就要开科考试。

海瑞孜孜不倦地读着他的圣贤书，母亲谢氏和妻子许氏纺纱织布、下地劳作。

时间过得真快，一转眼次年二月的会试就要到了。会试是在京师，海瑞辞别母亲和妻子，带着书童庚子，一副志在必得的样子进京赶考去了。

会试开始，海瑞三两下就做完考卷退出考场。像上次乡试一样，海瑞信心满满。

因为想等候消息，会试考完后，海瑞准备和书童庚子在京城待些时日。但海瑞清点了一下带的盘缠，发现不多了，倘若要住下来，回去的路费也就没有了。

这可怎么办？海瑞有些着急。

庚子突然说："哎，公子，你不是写得一手好字吗？京城这地方喜欢字画的人肯定不少，要不咱们去摆个地摊儿，你写些字，卖了换点儿回家的盘缠。"

"嗯，你这个主意好！笔墨都是现成的，咱们先去找个旅馆住下，赶明儿到街上找地方摆个摊儿写字卖！"海瑞笑着对庚子说。

"公子，你瞧，那边有家旅馆，咱们去那儿住吧？"庚子眼尖，一下子瞥见对面的"青龙旅馆"。

海瑞说："走，去看看！"

二人来到旅馆，见一个老板模样的人站在柜台边，海瑞问他住一晚上多少钱。

"一人一文钱！"那人告诉海瑞。

海瑞问他能不能便宜点。

"这已经是这条街的最低价了。想住更便宜的，就去住城郊那边的豆腐坊吧！"那人爱理不理的。

海瑞带着庚子走了几家旅馆，住宿费都不低。

"哎，庚子，先前那老板是咋说的？他不是说什么什么坊便宜吗？"海瑞问庚子。

"他好像说的是豆腐坊。"庚子偏着头想了一下，告诉海瑞。

"对对对，是豆腐坊，走，我们去那边看看！"海瑞领着庚子朝城郊去找那老板说的豆腐坊。

二人左找右找，终于在城郊找到了一家张姓豆腐坊。

"老人家，我俩想在您家住些时日，您看一晚要多少钱？"见豆腐坊前有一老汉抱着捆干柴正要往门里走，海瑞赶紧上前问。

老汉抱着柴打量了一下海瑞和庚子，见他俩面慈目善，不像是坏人，便说："你们俩住的话，那就半文钱吧。"

"行，老人家，我们住下了！"听他说只要半文钱，海瑞赶紧说。

"你们跟我来。"张老汉抱着柴，叫海瑞和庚子跟他进门。

"他们……是……"进了屋，一老妇人见有两个人跟着进来，疑惑地问张老汉。她是张老汉的老伴。

"他俩是来找住处的。"张老汉告诉老伴。

"哦……"张老汉的老伴醒悟似的说，然后掉脸朝在楼上房间里的女儿叫道，"元春，来客人了，你下来带他们去房间！"

"哦……"随着一声娇柔的应答，楼上下来一位年方二八的姑娘。

"两位客官，请跟我来吧！"姑娘看了一眼海瑞和庚子。

"好！"海瑞应道，然后和庚子随姑娘上了楼。

傍晚，海瑞和庚子进京城去逛了一圈，一来吃点东西，二来顺便看一下什么地方好摆摊。

在一条街上，他们看好了一个地方，准备明日就来这儿摆摊卖字画。

次日，海瑞和庚子就在京城摆摊卖起字画来了。海瑞的字写得不错，喜欢的人还真不少，一天下来，他们收入了不少银子，海瑞和庚子高兴极了。

- 2 -

"求求几位官爷宽限些时日，待挣到钱了我马上就缴纳！"

"大人，求求您们放了我爹吧！"

"是啊，挣到钱了我们马上就交，不用官爷您来催！"

一日下午，海瑞和庚子正准备出门去卖字画，突然楼下传来嘈杂之声，俩人赶紧看个究竟。只见几名官差模样的人用铁链锁住张老汉，凶神恶煞地嚷着要将他带走。张老汉的老伴和女儿跪在地上苦苦地请求，但这些人丝毫不理会，就是要把张老汉带走。

海瑞和庚子下楼一问，才知道是朝廷的催税官来向他们家催交赋税。但今年遇到天灾，豆腐生意不好，他们家一时没钱交赋税。

见此情景，海瑞叫庚子去楼上把行囊取来，然后从中取出卖字画得来的银两，交给张老汉，叫他拿去交税。

"哼，就这点儿银子够吗？"催税官接过张老汉手上的银子，恶狠狠地问。

"官爷，您都看到了，就这点银子还是他俩给的，您就高抬贵手，放我家一马吧？"张老汉拱起双手给催税官作揖。

张老汉的老伴和女儿可怜巴巴地站在一边看着催税官，希望催税官能够放他们一马。

催税官哼了声，对张老汉说："这点银子就想蒙混过关，告诉你，门儿都没有！"

"官爷，家里真是拿不出来了，您就饶过我们吧！"张老汉一个劲地求着。

催税官朝张老汉吼道："别唠叨了，说不行就不行！"

"庚子，你上楼去把我那两件衣裳拿来。"海瑞吩咐庚子。

"公子您这是……？"庚子望着海瑞，很是不明白。

海瑞说他："别愣着，快去拿来！"

"是，公子！"庚子只好回楼上去拿海瑞的衣裳。

待庚子把衣裳拿下楼来，海瑞将它递给张老汉的老伴："来，你赶紧拿去找当铺当些银两，把官家的赋税先交了再说。"

"客官，您这是……？"张老汉的老伴望着海瑞，不知如何是好。

海瑞对她说："先拿去当了，交官税要紧！"

"好人，您们真是好人呀！"

"谢谢，谢谢两位客官！"

"感谢海公子相救！"

张老汉一家感激涕零，赶紧给海瑞叩头。海瑞将他们扶起，叫张老汉的老伴赶紧去找当铺。

一会儿，张老汉的老伴拿着当的银子回来了，赶紧如数将所欠的税赋补齐，催税官这才给张老汉解了锁链。

"谢谢二位，谢谢二位救了老夫一命！"

"谢谢海公子！"

"没什么，谁家都有困难的时候！"海瑞笑了笑，然后说，"好了，没事了，我俩要去卖字画去了。"

一波刚平，一波又起。几日后的一个傍晚，海瑞听说张老汉被人打了，因为身上疼痛，躺在床上哼个不停。海瑞问是怎么回事，张老汉这才跟他说了一桩事情。

张老汉说，京城里有个大官叫严嵩，很得皇帝宠幸。此人凶狠毒辣，和他手下一帮贪官污吏专干些欺压百姓的事。严嵩有个管家叫严二，这人更是仗着主子的权势，到处放高利贷盘剥老百姓。

不久前的一天，张老汉去给严府送豆腐，严二见他愁眉苦脸的，问他有什么心事。张老汉告诉他："今年遇到天灾，豆腐生意不好做挣不了几个钱，连官家的赋税都没钱交，可官家又天天来逼着交赋税，不知如何是好。"

听了张老汉的话，严二计上心来，说："哎呀，你不早说，要多少？"

"小的哪敢借多，大人若肯借小的七八两银子，小的就感激不尽了！"

"还以为你要借几百两，不就几两银子吗？借你就是，何必愁苦着脸呢？"严二说，"不过，你还是得像其他人那样给我利息，一个月后连本带息还我！"

听说利息很高，张老汉犹豫了一下。

"行，就借一个月！"张老汉咬了咬牙，最后还是答应了。张老汉也是被逼得走投无路了，再说他也不知道这严二包藏着祸心。

严二取银子出来的时候，手上多了份借据。他将借据摊在桌上，把笔递给张老汉："来，空口无凭，我们还是立个字据。"

待张老汉在借据上画了押，严二把银子递给了他。张老汉千恩万谢，然后满心欢喜地拿着银子回了家。

"这下咱们可以把两位客官的银子还了！"见借到了银子，张老汉的老伴高兴地对他说。

还海瑞的银子要不了这么多。次日，张老汉便拿着借严二的银子去街上的银号兑换散银。

掌柜看了看他拿来的银子，说："你这银子是假的。"

"你说啥？我这银子是假的？掌柜的，你别开玩笑好不好？"张老汉生气地说。

掌柜说："我没功夫跟你开玩笑，你这银子的确是假的，不信你去找人鉴定！"

"啊？我这银子是昨日刚从严管家那儿借来的，咋会是假的？"张老汉打死也不相信。

"要不你去找找严管家吧！"掌柜说。

张老汉没办法，只好带着银子去找严二。

严二心中有鬼，他料定张老汉会来找他，便吩咐家奴不要放他进来。

张老汉一直在严府大门口等着，可从早晨等到晚上，还是没见着严二，只好懊恼地回家。

"严管家，你咋拿假银子骗我呀？"过了几日，张老汉在严府见到了严二，便和他理论起来。

"你这个刁民，我好心借你银子，你却说我拿假银子骗你。我这么大个管家会做这种事吗？分明是想赖账，来人，将这刁民给我轰出去！"严二喝令家奴。

受了欺骗不说，还遭人一顿毒打，张老汉一气成病，卧倒在床。

一个月的时间很快就到了，见张老汉没到府上来还银子，严二带着两名家奴来张老汉的豆腐坊讨债。

在门口的张老汉见严二带着人来讨债，因自己有病在身，求他宽限他一些时日。

严二暴跳如雷，破口大骂："你这个刁民，我好心借你银子，你却说我的银子是假的。今日期限到了你又不还，分明是与我老夫作对，你是不是想吃官司？"

张老汉的老伴和女儿听到闹嚷嚷的声音，赶紧走出门来。

"严管家，求您宽限我们家几日，待挣了钱我们就还！"见是严二来讨债了，张老汉的老伴说。

"是啊，待挣了钱我们就还！"元春也说。

严二看到元春长得花容月貌，打起了歪主意，奸笑道："好好好，既然你们这般求情，那我就宽限你们几日！"

然后又对张老汉说："你有病在身，也得花钱去治。这样，我这儿有几两银子，你先拿去治病，剩下的作为做生意的本钱。"

严二说着从衣袋里取出四两银子递给张老汉。

"这不好吧严管家，借你的钱还没还，你又……"张老汉见严二这么大方，好了伤疤忘了疼，激动地说。

严二说："没什么不好，你收下，这是我送你们家的，不用还！"

"那谢谢严管家了！"张老汉听说不用还，就把银子收下了。

元春知道严二不怀好意，不便说，赶紧低头走进屋里。

待严二这些人一走，元春赶紧劝说她爹："爹，这严管家是放高利贷的，他恨不得把大家身上的肉都割干净，怎么会平白无故送咱们家银子？他这是没安好心，这银子千万不能动用。刚才他看女儿时色迷迷的，他……"

张老汉和老伴觉得女儿说得有理，赶紧把严二给的银子收起来放着。

一晃十多天过去了。这十多天里，也没见严二来店里追债，张老汉一家觉得有些奇怪。

正在张老汉一家感到庆幸的第二天，严二打发媒婆李三姑到张老汉的豆腐坊里说媒来了。

张老汉一家不答应。

李三姑收了严二的好处，怕说不成媒严二怪罪她，一再劝说张老汉："老张啊，我李三姑也是受人之托，我劝你们还是答应人家吧，省得我这老太婆在中间为难呀！"

"我说过了，我张家高攀不起他严大官人，李三姑，这事你就不要再说了！"见李三姑死缠着不放，张老汉有些生气。

"你……你们真是不识好歹，你们等着，待我去告诉严管家，看他怎么收拾你们！"李三姑一甩手，气恼地走了。

"严管家，不行喽，这张老汉一家不但不答应您的求婚，还说了您许多不好听的话……依我……"李三姑来到严府，添油加醋地说了张老汉一家拒婚的事，还给严二出了个馊主意。

次日，严二请人写了状纸，然后带着状纸和借据到管案子的兵马司，告张老汉一家欠债不还，并找到了兵马司指挥徐煜帮的管家徐满。

见到徐满，严二将状纸和借据拿给他看。这徐满和严二是朋友，二人臭味相投，他随便问了一下情况，便说："好的，我帮你把它转交给徐煜帮大人。"

"来，一点小意思，不成敬意！"严二说着从怀里掏出一锭银子，恭恭敬敬地递给徐满。

"都是自家兄弟，严兄何必这么客气！"徐满也是贪财之辈，嘴上虽这么说，手上却接了严二递来的银子。

"你放心，这事包在我身上！"徐满拍着胸脯说。

"徐大人，严府管家严二状告城郊豆腐坊的张老汉欠债不还，请大人准了状词，速差人捉拿张老汉。"次日，徐满将严二给他的状纸和借据递到徐煜帮手上，请求他派人捉拿张老汉。

"嗯，我大明王朝还有这等赖账的人？行，本官这就差人去捉拿！"徐煜帮不清楚情况，准了徐满的请求，立即吩咐差役去捉拿张老汉。

"严管家的账你都敢赖，真是胆大妄为！"差役来到张家豆腐坊，一声吆喝，不由分说给张老汉锁了铁铐就要强拉他去见官。

张老汉的老伴和女儿元春呼天抢地地向差役争辩和求情，可差役不听她们的，硬是将张老汉锁走了。

晚上，海瑞和庚子回到豆腐坊，听张老汉的老伴和女儿元春说张老汉被官差抓走了，心里很是不平，海瑞决心到兵马司替张老汉申冤。

"咚咚，咚咚咚……"次日一早，海瑞和庚子来到兵马司衙门，击鼓替张老汉鸣冤。

差役见是举人海瑞喊冤，急忙去向指挥徐煜帮禀告："大人，举人海瑞在外边击鼓鸣冤，不知他有何冤情！"

嗯？举人海瑞击鼓鸣冤？他有何冤情呢？徐煜帮有些纳闷，旋即吩咐差役："去把他请来！"

海瑞昂首挺胸走进兵马司。

"来者何人？有何冤屈？从实给本官说来！"徐煜帮程序式地问海瑞。

海瑞说："本人系举人海瑞，是来替城郊豆腐坊张老汉申冤，不是为自己申冤。"

"什么？你是来替别人申冤的？"徐煜帮有些不相信。

"是的，徐大人，我是来替城郊豆腐坊张老汉一家申冤的！"海瑞告诉他。

徐煜帮睁大眼睛问海瑞："你说的可是昨日差役抓来的那个张老汉？"

"正是此人！"海瑞告诉他。

徐煜帮说："本官还未来得及审，人关押在牢房里。听说是严府管家严二告他借钱不还，说他故意赖账，你来替他申冤，他有何冤屈可申？"

"徐大人，这张老汉一家确实是被严二冤枉的。严二借银子给张老汉，是有这事，但张老汉拿他借的银子去银号兑换散银，掌柜告诉他，说他这银子是假的。张老汉这才知道被严二骗了，于是去严府找他理论，可严二暗中吩咐家奴不让张老汉进去。张老汉不服气，再次去找他理论，严二不但不承认，还叫人打了张老汉一顿，然后将他驱赶出严府。张老汉回豆腐坊后一气成病，躺倒在床。数日后，严二带着家奴到张老汉的豆腐坊去讨债。张老汉因为没钱还债，恳求他宽限几日，严二不依，说要抓他去见官。张老汉的老伴和女儿元春都为张老汉求情。严二见元春有几分姿色，打起了她的主意。他答应宽限张老汉几日，还假意拿出四两银子给张老汉，说是送给他治病和做生意。元春知道严二对她不怀好意，就劝她爹将严二给的银子封起来不用。十多日后，严二果然打发媒婆李三姑来张老汉的豆腐坊说媒，要纳元春为妾，张老汉一家不肯答应。严二见索债逼婚不成，就上徐大人您这儿来告状，说张老汉赖账……"海瑞义正词严，力陈张老汉的冤情。

听了海瑞的陈述，又见海瑞为人正直不畏权势，徐煜帮很是佩服，便传令退堂，请海瑞到他的私邸叙话。

原来，这徐煜帮平时就看不惯严府的专横跋扈，但慑于严府的淫威，只是敢怒而不敢言，此番听了海瑞的禀告不禁大怒。海瑞又跟他说了些爱民如子的好话，请求他秉公执法。

海瑞刚一走，徐满就连夜赶到严府，将海瑞代替张老汉申冤的事告诉了严二。

严二马上去见他的主子严嵩。

"老爷,您老人家务必要帮一下小的啊!"严二一番添油加醋,跪着乞求严嵩救助。

"这点小事对我严嵩来说算得了什么?取纸笔来,我给你写道手谕,关键时刻你将它交给徐大人,他就知道怎么判了!"严嵩对严二说。

"谢谢老爷!"严二磕头如捣蒜。

次日,徐煜帮写了一道名帖,差人送到严府叫严二过堂对质。因为有了严嵩的手谕,严二一副有恃无恐的样子。

严二来到兵马司,大模大样地,差役叫他下跪他也不跪。

徐煜帮喝令差役打他脚踝,推他下跪。

"禀报大人,严二用假银子……"对质开始,张老汉将经过陈述后,告严二以假银子给他设下陷阱并篡改借据,还假意送他银子企图逼婚。

"你说的这些可都是事实?"徐煜帮问张老汉。

张老汉说:"禀告大人,小民说的全是事实,绝无半句假话!"

徐煜帮问:"可有证人?"

"我愿意为他作证!"海瑞走上前来。

徐煜帮问:"来者何人?你能为他作证?"

"是的,徐大人,我是这次进京参加会试的举人海瑞,我能为他作证。"海瑞说。

严二见海瑞出来为张老汉作证,而且听说他是这次参加会试的举人,不觉大吃一惊:他怎么会出来为张老头作证?还替他击鼓鸣冤,这到底是怎么回事?

不过他又想:你一个举人算得了什么?我有当今朝廷首辅严嵩严大人的手谕,哼,你胳膊能拧得过大腿?

"这便是严二给张老汉的假银子和张老汉封存的四两银子,请徐大人过目!"海瑞将他的证言向徐煜帮作了陈述,还将严二借给张老汉的假银子和他逼婚时留下的四两银子一并呈上作为证据。

徐煜帮看了假银子和张老汉封存的银子,又查看了借据,借据确实是被严二篡改过的,便大声对严二吆喝道:"严二,这分明是你在借放贷逼婚,你这无赖仗势欺人,还反污人家赖你的账,还不从实给本官招来!"

"污陷,纯属污陷!借我银子不还,反而说我逼婚,你们合起伙来污陷好人！"严二矢口否认。

徐煜帮喝令差役："给我拖下去重打五十大板，看他招还是不招！"

"且慢，我有要件呈奉！"严二叫道，然后不慌不忙地从怀里掏出严嵩给他的手谕，上前递给徐煜帮。

"徐大人，你可不能枉断啊！"看了严嵩手谕，徐煜帮不禁犹豫起来，海瑞知道他畏惧严嵩权势，便上前说道。

"大刑侍候！"徐煜帮想了一下，突然一声喝令。

几名差役听令，上前杖打严二，但他们怕严二今后报复，不敢用力责打。

严二受刑不重，仍不肯招供。

徐煜帮大怒，叫差役给严二上夹棍，并亲自行刑。

"我招，我招！"严二只好如实招供。

徐煜帮叫严二在口供上画押，并当堂宣判。

见海瑞为自己申了冤，张老汉一家感激不尽。

— 3 —

好不容易等到了放榜的日子。

这日早晨，海瑞一大早就和庚子来到贴榜文的京城门外候着。

榜文张贴出来，海瑞挤上前去左看右看，就是不见"海瑞"两个字。海瑞知道，自己落榜了。

这次进京会考，海瑞上的是《平黎疏》及《上兵部图说》，他在文章里，再次陈述关于治理琼州的大政方针和具体措施。考官看了海瑞写的文章，觉得文笔很不错，可他的观点和朝廷官员对不上路，结果自然是榜上无名了。

庚子见他很沮丧，安慰他："没啥，公子，下次再来考！"

"唉，也只能这样了！"海瑞哀声叹气。

张老汉一家听闻海瑞落榜了，知道他心里不好过，也来安慰他。

海瑞知道他们一家都关心自己，说："行，听你们的，三年后我再来，我就不相信考不上！"

次日，海瑞和庚子告别张老汉一家回海南去了。

母亲谢氏和妻子许氏见回到家的海瑞失魂落魄的样子，知道他没有考上。

谢氏安慰他："瑞儿，别灰心，失败了下次重来！"

许氏也安慰他："夫君不必沮丧，下次再考就是。"

得到母亲和妻子的鼓励，海瑞抹干眼泪，一头扎进书房，温习他的功课，准备三年后再搏一回。

嘉靖三十二年（1553）二月，海瑞再次北上进京参加会试。可待到榜发，他仍名落孙山。

海瑞进京赶考，庚子一直陪着，可不幸的事情发生了，就在二人回海南的途中，庚子上船时不幸掉入河中被淹死了，连尸体也没捞着。

落榜的事本就让他很伤心，这下书童庚子又掉入河中丧生，海瑞心情更是糟糕透顶，一个人沮丧地回到海南。

"娘，儿子对不起您！"一回到家，海瑞就扑到母亲怀里大哭。

谢氏知道儿子又没考上，正准备安慰他，没想到海瑞哭得更伤心。

"哎，庚子呢？怎么没见他和你一起回来呀？"谢氏突然问。

海瑞号啕大哭起来："娘，您别说了，我对不起庚子！"

"庚子怎么啦？瑞儿你快说，庚子他怎么啦？"谢氏见情况不对，急忙追问儿子。

"庚子他……他在回来的路上上船时不小心掉入河中淹死了，儿子连他的尸体都没找着！"海瑞泪流满面地告诉母亲。

听说庚子掉入河中淹死了，谢氏一下子昏了过去。

"娘，您怎么啦？"

"娘，您醒醒啊！"

海瑞和许氏呼唤着母亲。

待谢氏一醒过来，又伤心地哭了。

庚子的死让海瑞一家非常痛心。

在明朝，进士与举人都可以做官，只是前途大不一样，进士可以出将入相，供职地点也多是在京城皇帝的身边，可谓前程无量，且薪俸也较为可观。而举人呢，却多数被派去县上做教谕一类的小官，这类官的官阶谈不上级别，甚至是不入流。虽说也有薪俸，但同以进士身份任职的官员相比，低得实在可怜。因此，许多举人都想继续读书考进士，很少有人愿意去做教谕之类的小官。

连续两次会试不第,加之看到一些进士能力还不及举人,海瑞对科举取士产生了疑虑,甚至是厌恶。

海瑞觉得,条条大路通北京,天底下到处都是路,真要是想为国家出力替百姓办事,不一定非取得这进士的头衔不可。再说,如今自己已是举人,已具备了做官的资格,不过是做不了大官而已。

"既是如此,就做个举人也罢!"想来想去,海瑞毅然决定不再参加科举考试,就在家等待朝廷的安排。

海瑞把自己的想法告诉了母亲。

谢氏只好认可他的想法,但她告诫海瑞:"瑞儿啊,这官不做则罢,要做就做个好官,不可做害人的官!"

海瑞赶紧说:"娘,您放心,儿子谨记您的教诲就是。"

谢氏经过几年的奋力打拼,海家的日子过得也算红红火火,海瑞的妻子许氏为他生了两个女儿。

谢氏和许氏忙不过来,谢氏就从海家家族中请了位叫海安的年轻仆人来协助打理家事。但谢氏觉得人手还是不够,又把原先辞退了的老仆人汪熙请了回来。

谁也想不到,一日许氏和谢氏突然为点事情闹翻了脸。

许氏来到海瑞家生的都是女儿,没能给海家添个男丁传承香火,谢氏有些重男轻女,本来对儿媳就有些看法,这个时候许氏为其他事情和她吵闹,她哪能容得了许氏,就硬逼着海瑞把媳妇休了。

海瑞虽然和许氏很恩爱,但他是个大孝子,加上母亲又很强势,不得不硬着心肠休了许氏。许氏还到县衙去告了婆婆谢氏一状,但无济于事,还是被海家休了。

最后许氏不得不留下一双女儿,离开了海家。

怕海家断了香火,刚休了许氏,谢氏马上又托媒给海瑞找了一位姓潘的女子,还马上替他们操办了婚事。

然而,潘氏嫁过来不到一个月,就因与谢氏不和,被迫与海瑞解除了婚姻关系。

谢氏抱孙心切,很快又在琼山王家给海瑞讨了一门媳妇。

这王氏为人低调谦恭,时时处处迁就婆婆,平时对她侍候得也很到位。谢氏也没什么可说的,只是盼着她能够尽快给海家生个男丁,延续香火。

第3章 骨气教谕

海瑞不卑不亢地说:"知府大人,若是去您衙门,本人当行部属礼,可这儿是县学,是教育生员的地方,下官若是给大人行此礼,那以后下官如何去教生员做人?所以海瑞没给大人行此礼,还望大人见谅!"

— 1 —

焦急地在家等待的海瑞,终于等来了自己任职的消息。

就在这年闰三月的一天,海南承宣布政使司的人受朝廷吏部委托,给他家送来了任命文书。

海瑞和母亲高兴万分。打开文书一看,才知道是叫他去福建省延平府的南平县县学做教谕,海瑞和母亲的高兴劲一下子全没了。

"做教谕?"谢氏不明白这教谕是个什么样的官,更不知道这官有多大。待送官文的人走了,她才问儿子:"瑞儿,这教谕是个啥官,到底有多大啊?"

海瑞心里清楚,这官不大,甚至可以说不是官。于是他告诉母亲:"娘,这教谕啊,也就是县学的一校之长,既是官又是给学生上课的老师,按品级来说在九品至八品之间,还没县令大,县令是七品。"

"闹了半天,他们封你这么个官啊?"谢氏失望地看着儿子。

"嗯。"海瑞心情复杂地看了母亲一眼。

谢氏问:"我们家在海南,他们为何叫你去福建那边做官呢?"

海瑞说:"娘,这是朝廷的事,我们哪做得了主?朝廷说去哪儿孩儿就得去哪儿,没得价可讨。"

"那你去做这个官吗?"谢氏看着儿子。

海瑞说:"娘,这官虽不大,但毕竟是入了仕途,既然吏部这样定了,你不去又如何?吏部又不是咱们家的,想做什么官就做什么官。再说,是金子在哪儿都能闪光,别管它,去就去,就当是历练孩儿吧。"

半年后,海瑞办理好任职手续,到福建延平府的南平县上任去了。

为了方便照顾家小,海瑞把母亲谢氏和新婚妻子王氏,原配许氏生的两个女儿玉媚、玉婷,还有仆人海安和汪熙都带到福建南平和他一起生活。

在南平县学工作了些时日,海瑞慢慢发现,南平县学的教育存在着不少弊病,比如学校一些教官在教授生员时不是十分负责,有的教官还不讲廉耻,偷偷收取家长礼金。生员纪律也很松散,有的生员上课时迟到早退现象严重,甚至是想来就来不想来就不来。在教学方面,课程设置极为不合理,对生员成绩的考查也存在着不少漏洞,但这些事没人愿意去管。

一日,海瑞见有位教官收了几位家长的礼金,便质问他:"你怎么能收受家长礼金?"

教官说:"海教谕,做教官这么辛苦,收点礼金又有何不妥?再说这是他们自己送来的,又不是本教官伸手向他们索要的。"

"身为教官,朝廷每月都给你俸禄,你就应该尽职尽责教好生员,怎么还去收受家长的礼金呢?"海瑞说。

教官争辩道:"我收受这点礼也犯不了多大王法嘛,再说,收受家长礼金的教官多的是,也并非我一个人。"

"不管怎么说,领受了朝廷俸禄就不能再收家长礼金,本教谕希望你把收受的礼金如数退还给家长!"海瑞义正词严地对这位教官说。

这个教官心里很不高兴,木着脸不说话。

照这样下去,岂不是要误人子弟?不行,得改革改革!海瑞决心大刀阔斧地开展教育改革,整治校风校纪,振兴南平教育。

海瑞结合县学存在的诸多弊病,经过一番认真调查和思考,亲自制定了《教约》《规士文》和《申朱提学道教条》等一系列规章制度,开始革掉县学存在的种种陋习。

在这些规章制度里,海瑞要求教官要为人师表,做遵守礼仪的楷模,尽心尽力教好生员,不能有丝毫懈怠,更不能不顾礼仪廉耻乱收家长礼金,还要求他们讲究礼仪,但要有做人骨气。对于生员,则要求他们不折不扣地遵守校规,同时也要尊敬师长,刻苦学习。

在海瑞的倡导和整治下,南平县学校风校纪有了翻天覆地的变化,教学也有了很大改观。海瑞的做法,得到了朝廷有关部门的肯定和赞扬。

海瑞不但注重县学教育改革,他还非常关心地方政事。

就在海瑞向朝廷上《治黎策》的这一年,朝廷又派总兵陈圭、总督欧阳必率兵攻打黎峒,五千多名黎族百姓惨遭屠戮。海瑞听闻此事非常愤慨,挥笔再次向朝廷上了《平黎疏》。

海瑞发现,朝廷屡次大动干戈不但没有征服当地黎族百姓,反而激起黎族百姓更加激烈的反抗,使居住在海南岛的黎汉两族人民都不得安宁。他在向朝廷上书的《平黎疏》里,建议朝廷选派一位得力大员来负责治理黎族人的事务,如若朝廷觉得选这样一个人有困难,他愿自荐担此重任。

海瑞的想法是在海南岛开辟从东到西、从南到北的大道,让黎汉两族人民加强接触,逐步消除隔阂。他还建议,在黎族人聚居的地方设置县所城池,将黎族人按甲来编制,与汉人一同对待,反对朝廷用武力来征服黎族百姓。

《平黎疏》的上书建议,充分展示了海瑞的理政才能,体现了他卓越的政治见识和忧国忧民的家国情怀。遗憾的是,朝廷没理睬他的这个政治主张。

朝廷的态度让海瑞有些失望,但他没有放弃。

- 2 -

也许是受母亲谢氏影响,海瑞的性格刚直不阿,在日后的工作和仕途中,他把这种性格发挥得淋漓尽致。

海瑞受男女授受不亲观念影响很深,一日,他见大女儿玉媚在吃一块饼,心里觉得奇怪,这家里又没买过饼,她哪来的饼呢?

海瑞沉下脸质问女儿:"谁给你的饼?"

"是隔壁小牛哥给我的。"玉媚告诉他。

海瑞听说是一个小男孩给她的,心里很气,便骂女儿:"你怎么乱要男孩的东西?难道你不知道男女授受不亲这个道理吗?真不害臊!你给我记住,以后不许再乱要男人给的东西!"

被他一顿臭骂,玉媚蹲在一边不说话。

海瑞没想到这孩子气性大,经他这一顿骂,接连几日都不吃饭,没几日便饿死了。

女儿死了,王氏很伤心,流着泪说海瑞:"你要不骂她,她咋会绝食呢?你就这么狠心,才四五岁的孩子她懂啥呀?这下好了,人都被你骂死了!"

说完,王氏悲伤地哭起来。

海瑞争辩:"谁知道她气性会这么大啊?再说,男女授受不亲这道理她也应该懂得!"

"好了,不要再说了,人都死了,说了也没有用!"谢氏说儿媳王氏。

女儿死了,海瑞虽然也很悲伤,但他还是坚持男女授受不亲的观念。

海瑞第一次发挥他刚直不阿的性格,是在延平府知府来南平县督导教育的时候。

一日下午,海瑞和两位训导正在研究县学管理问题,一位教官急匆匆进来向他禀报:"海教谕,听说延平府的知府大人来咱们县学视察,马上就到了,你快去看看吧!"

听了这位教官的话,海瑞放下手上他起草的管理制度,慢吞吞地说:"不是跟你们说过吗,但凡有上级官员来县学,大家一律到明伦堂去见他们。"

"属下记得!"教官一脸尴尬。

训导刘知礼也觉得有些不妥,低声劝他:"海教谕,咱们几人还是去县学门口接一下知府大人吧?"

"不用,咱们去明伦堂等他们就行!"海瑞说着带两位训导往明伦堂走去。

来到明伦堂,海瑞见教官和生员们都到了,就和两位训导并排站立在明伦堂门口等着。

不一会儿,知府带着延平府同知等一帮官员来了。见知府大人和他的随从官员来了,众教官和生员赶紧齐刷刷地跪下。

站在海瑞左右两旁的两位训导,也跟着大家一起跪下了。唯独海瑞站着。

只见他微微鞠了下身子,双手一拱,对知府和其他官员说:"县学教谕海瑞迎见知府及各位大人!"

海瑞一个人站在那里,就像一个笔架子立在那儿。

站在海瑞左边的那位训导见了,轻轻扯了下他的衣角,示意他赶紧跪下。海瑞没理他,依然像个笔架子立在那儿。

众教官和生员心里都在暗想:"海教谕咋这么牛气,上面的官员来了他居然敢不下跪?"

知府也愣了一下:嗯,一个小小的县学教谕,见了本官居然敢不下跪,难道他这官比老夫还大不成?

知府觉得海瑞的行为有损自己面子,本想发火,但他毕竟在官场打拼多年,心里明白,为这点面子对下面的官员发火有失体态,便忍住心中怒火慢条斯理地问海瑞:"海教谕,他们见了本官都下跪,你为何不跪?"

海瑞不亢不卑地说:"知府大人,若是去您衙门,本人当行部属礼,可这儿是县学,是教育生员的地方,下官若是给大人行此礼,那以后下官如何去教生员做人?所以海瑞没给大人行此礼,还望大人见谅!"

知府听了,也没说什么,黑着脸立在那儿。

知府身边的同知说:"哼,你看他那熊样,站在那儿就像个山笔架!"

见立在那儿的知府大人找不到台阶下,一位训导赶忙上前替海瑞说好话:"知府大人,海教谕是个直爽性子,您大人不记小人过,不用跟他见气。这些年南平县学也做了不少工作,劳烦大人去帮我们指点指点吧!"

"哼,有你们的海教谕在,本官哪还敢指点?"知府面露不悦,转身对下属官员说:"走,既然人家不欢迎,那就打道回府!"说完带着随行人员走了。

同知骂海瑞是"山笔架"的声音虽然不大,但跪在前面的教官们却都听得一清二楚,事后他们私底下就叫他"山笔架"。不仅如此,那位同知官员回到延平府后还拿这个事到处说海瑞,海瑞这个"山笔架"外号,一下子就在延平府和其他地方传开了。

这事刚过不久,一位巡按御史又来县学督导教育。这位巡按御史虽说官不大,才六七品,但他是皇帝派的钦差,巡抚总督他都能干涉,知府在他眼里根本算不上什么。

这位巡按御史到了延平府,知府诚惶诚恐,生怕服侍不周,赶紧带着手下一帮官员做好接待。

酒足饭饱之后,御史摸着吃撑了的肚子,边打酒嗝边对侍候在身旁的知府说:"走,去你们南平县学看看。"

知府听巡按御史说要去南平,赶紧给站在旁边的同知递了个眼色。同知明白知府的意思,转身出去叫人先给南平县知县捎个信儿,让他们赶紧做好安排,以免到时招待不周惹御史大人生气。

知县当然不敢怠慢,接到信后赶紧安排好接待工作,然后带领所有官员在县衙门口恭候御史。

"恭迎御史大人!"

知县一声令下,所有县衙官员一齐跪下了。可有一个人没跪,只是向御史大人作揖行礼。

知县掉头一看,又是上次那个海教谕,心想:这回麻烦惹大了,上次来的是知府大人,你海笔架不跪也就罢了,可这次来的是巡按御史,是朝廷钦差,你还不跪，是不是想叫老子丢了头上的乌纱帽？"

御史见有人站着不跪，自然也吃惊不小，心里也在琢磨：在这南平县城，莫非还有比我这巡按御史官大的？应该没有吧？待他弄清情况后，气呼呼地对知府说："小小一个教谕，竟然如此无礼，这成何体统？"

知府说身边的知县："哼，这个山笔架，上次没跪本官也就算了，这次他连御史大人也不跪，实在是太猖狂了！知县大人，你得好好管教管教，要不然会给你惹来大祸啊！"

"都怪属下，都怪属下，属下管教不严，望御史大人和知府大人恕罪，事后我一定对他严加管教！"知县伸手抹了把头上的冷汗，向巡按御史和知府赔不是。

巡按御史和知府一走，知县马上发飙，气冲冲地去找海瑞算账。

一见到海瑞，知县便破口大骂："你这个蠢货，是不是故意在上官面前出本知县的洋相？你知道吗？你这样一整，说不定本官头上的这顶乌纱帽哪天就不见了，你给我回去反省反省，否则让你回家凉快去！"

海瑞脸不红气不喘，也不顶嘴，待知县骂得没力气了，朝他行了个礼便回家了。

可知县并没饶过他，过后时常找他的茬儿。

挨知县一顿臭骂不说，还经常受同事的气，海瑞心里感觉窝囊，一气之下写了辞呈报给上面，准备辞去教谕职务。没想到，这份辞呈七转八转落到了先前那位同知手里。同知恨海瑞不懂官场规矩，拿到海瑞的辞呈后问其他官员："几位大人，南平县学那个不知天高地厚的'海笔架'写了辞呈，说他要辞去教谕这份差事，你们看批还是不批？"

其他官员对海瑞也很不满，巴不得赶他走，便齐声道："批，这种不懂规矩的人，早走一日是一日！"得到其他几位官员的认同，同知阴笑了一下，提笔在海瑞的辞呈上签了"同意"二字。

— 3 —

海瑞也是有福，就在同知批准他辞职的批文要发出的时候，一位官员看到了这份批文，他觉得海瑞是个难得的人才，想救他一把。

这位官员不是别人，就是那位知府。海瑞被知府同知起外号的过程，知府是亲眼目睹的，他觉得海瑞那天虽说对自己有些不敬，但他的做法没有错，要说错的话，无非就是他不太懂得官场上的规矩罢了。回府后，知府也没把这事放在心上，更谈不上记恨海瑞。

知府赶紧去找同知，叫他撤回批复。

知府说："海瑞这人是不大懂官场规矩，但这人的确有些能力，他在教谕这个任上对南平的教育做了许多改革，这大家有目共睹，我的意见是不让他辞职。"

"知府，海瑞这人恃才傲物，这种人实在是不能留啊，更何况是他自己提出辞职，并不是我等要开除他！"同知不好回拒知府大人，只好旁敲侧击。

知府将批文压下，说："这样吧，他这个事暂且放着，过些时日再议。"

福建提学副使朱衡喜欢海瑞的刚直，他也听闻了海瑞在南平教育改革的一些事，对海瑞颇有好感。听说海瑞要辞职，觉得可惜了这个人才，赶紧去找海瑞谈心。听海瑞说已经把辞职文书递到延平府了，便急忙去找知府。

朱衡向知府说了海瑞的事，并说想把海瑞调到正阳书院去任职。

"朱大人，书院那边就几位老朽，就他这个性子，怕是更管不了他呀！"知府有些担心。

朱衡说："这人是有些性子，但他的确很有才华，知府大人放心就是，我去找他谈谈，让他日后注意点就是。"

见朱衡这么替海瑞说话，知府不好拂他面子，也就同意将海瑞调去正阳书院。

调令下发后，朱衡赶紧去找海瑞，和他谈了一个晚上，叫他务必改改自己的脾气，今后为人处世注意些，该变通则变通，省得给自己惹来不必要的麻烦。

"朱大人，我这不过是尊师重道而已，并没有不尊重哪位官员的意思，何错之有啊？"海瑞争辩。

朱衡笑着说："你的为人我知道，但身在官场就得遵守官场规则，不然的话就是跟自己过不去，而不是跟人家过不去，这我不说你也懂。"

"我不明白我到底错在何处！"海瑞倔犟地说。

见他秉性不改，朱衡觉得多说也没用，就说："好了好了，不说了，你先去报到，好好工作，以后有机会我再将你调到其他部门。"

"既然提学大人如此关心，我去就是。"海瑞怕朱衡为难，听从了他的劝说。

海瑞的妻子王氏倒也争气，在这个时候给海瑞生了个儿子。海瑞给他取名中砥，意思是希望他将来能成为朝廷的中流砥柱。

看着白白胖胖的孙子，海瑞的母亲谢氏笑得合不拢嘴："咱们海家的香火到底是有人继承了！"海瑞像个孩子似的跟着笑。

就在海瑞的长子中砥出生一个月后，海瑞的二女儿玉婷得了一场伤寒。由于治疗不当，半月后玉婷死了。海瑞和家人一下子又陷入悲伤和痛苦之中。

— 4 —

海瑞觉得当官不是为了搜刮民财作威作福，而是为朝廷效力为民谋福利。有了这样的人生信条，他认为干什么都是干，不但干还要干好，这样才对得起朝廷和黎民百姓。

在正阳书院，他整天埋头修书。

一晃快一年了。这日早晨，他正在房里专心致志地修书，一位同僚拿着封书信进来对他说："海兄，有你的书信。"

海瑞一看是吏部发来的公函，赶紧拆开。原来，这是一封任命文书，任命书上说，要他即刻启程到浙江省淳安县去当县令。

去浙江淳安县做县令，这事连海瑞自己都有点不敢想。他仔细想了想，这些年来自己对上面来的官员一不吹捧二不送礼，朝廷咋会让自己去浙江淳安做县令呢？海瑞拿着任命书翻来覆去地看，有点不敢相信。

原来，赏识海瑞的那位姓朱的提学副使，提升到京师朝廷吏部去做侍郎了，并且负责对官员进行考核和任免，他觉得海瑞不仅有才干，为人还很正派，有意提携他，这时正好淳安的县令洪英明得到提拔，空出了县令位子，朱侍郎就让他来顶了这个缺。

海瑞满脸笑意，心想，自己这下才算是真正步入了仕途。

同僚见他一脸高兴，问他："海兄，看你这副高兴劲，莫不是遇到什么好事了？"

海瑞告诉他，吏部来了公文，要他到浙江省的淳安县去做县令。

"海兄升官了，祝贺，祝贺！"这位同僚替他高兴，然后朝外面的人大声喊道,"海瑞兄要去当县令了,大家快来祝贺祝贺他!"

书院的人听说海瑞要去浙江淳安做县令,都替他高兴。

海瑞心头高兴,但他却不咸不淡地对几位同僚说:"不就是去做个县令吗?没什么可高兴的。"

几位同僚听了他的话,觉得他这人很没意思。一位同僚说:"海兄,你是怕我们让你请客是不是?"

"放心,我们不会让你破费的,要请也是我们请你!"另一位同僚说。

"是啊,好歹咱们相处一场,你要走了我们岂有不祝贺之理?这样,明日大家聚一下,我来做东!"先前的那位同僚自告奋勇。

面对同僚的祝贺,海瑞却说:"诸位的心意海某领了,你们也不必破费,等会儿我收拾好东西就回家,公函催得紧,要海某马上就去上任,我还得回家打理一下,咱们就此别过!"

海瑞说完自顾自地收拾他的东西。

见他如此,几位同僚只好怏怏地散了。

海瑞拿着吏部的公函,回家给母亲和妻子报信。

"瑞儿,这是真的?"谢氏听说朝廷让儿子去浙江淳安当县令,既高兴又有些不敢相信。

"娘,有公函在此,假不了!"海瑞把吏部的任命公函双手递给母亲。谢氏翻开一看,是真的,随即热泪盈眶地说:"瑞儿,咱们终于熬出头了!"

"娘,不就是个县令吗,有啥好高兴的呀?"海瑞不咸不淡地说。

谢氏说:"瑞儿,你别小看这县令,它也不是好做的呀!娘还是那句话,这官不做则罢,要做就做个好官,不要做害人的官。"

"娘的教诲孩儿不敢忘记!"见母亲旧话重提,海瑞一下子严肃起来。

– 5 –

左邻右舍,亲朋好友,听说海瑞升了官,马上就要到浙江淳安去做县令了,都要带着礼物来祝贺他。

"娘,好多人听说孩儿升官了,都要来给咱们家送礼,这事您看咋办?"海瑞听闻后,赶紧去找母亲商量。

谢氏想了想，说："你去叫海安在大门上贴张告示，他们看了告示就不会来送礼了。"

海瑞说："好，我去写告示。"

海瑞进了书房，找来纸和笔，然后提笔在纸上写道："今日做了朝廷官，便与家居之私不同，各位亲朋好友心意已领，但别来送礼。"

"老爷，告示贴出去了，但您看，还是有人来送礼，您说这怎么办呀？"

一日，海安抱着人家送的礼物来书房问海瑞。

海瑞看都不看一眼，说："谁送来的退还给谁！"

过了几日，海安又来给海瑞禀报："老爷，又有人送来礼物了。"

海瑞有些生气："我不是跟你说了，谁送来的退还给谁吗？你咋这么啰嗦呀？"

海安说："老爷，这回不一样，是贺邦泰、俞大猷两位大人从远处捎来的！"

海瑞没好气地说："不管谁送的，都给我送还人家，这规矩不能破！"

海瑞的母亲谢氏快七十岁了，海瑞是个大孝子，他准备把母亲谢氏和妻子王氏带去淳安一起居住。

一日，他对谢氏说："娘，我想把你们带到淳安去一起居住，不知道您意下如何？"

谢氏说："瑞儿，你刚去做县令，衙门有许许多多的事情都需要你去料理，这个时候我们去的话会给你带来很多不便。我年纪大了，路途中也不方便，我想我们暂时就不去扰劳你了。等过些时日，你把衙门的事理顺了，我们再去也不迟。再说啊，我在福建这地方住习惯了，也不想去那儿，还是你自己先带着海安去吧。"

"可孩儿不在家，谁来照顾您啊？"海瑞望着母亲。

谢氏笑着说："不是还有儿媳和汪熙他们吗？你焦心啥啊？"

站在一旁拉着儿子的王氏，含着眼泪说："夫君，你就放心去吧，我会照顾好母亲的。"

海瑞仍不放心，一再劝说母亲，可谢氏还是不愿意随他去淳安居住。拗不过母亲，海瑞也只好由着她。说："既是这样，那待孩儿在那边安顿下来了，我再打发海安来接你们过去。"

不久，海瑞带着仆人海安一起前往浙江淳安上任去了。这一年，是嘉靖三十七年（1558），这时海瑞已经四十六岁了，人生已经去了大半，虽说只是做了个七品县令，而且还要跑那么远的路去做官，但也算是大器晚成。

临出发时，母亲谢氏见儿子仍然穿着他那身穿了十多年的衣服，便说："瑞儿，如今你已经是县令了，去上任该换身新衣吧？"

王氏也说："是啊，夫君，你是不是应该做件新衣换上再走？就这样穿着这身旧衣去，怕是人家瞧不起你呢！"

海瑞说："娘，您不是一直教海孩儿生活要俭朴吗？不就是去上个任，孩儿穿这身又有什么不好呢？"

然后对妻子王氏说："夫人你也别担心，做官人家看得起看不起，不是看你穿的衣裳有多华丽，而是看你的人品和所做的事，你就别担心这个事了。"

"夫君这么想，我也没话可说了。"王氏说。

谢氏对儿子说："这倒也没啥，只要你觉得好就行！"

一番话别，海瑞带着仆人海安上路了。

第4章 徒步上任

洪英明惊得目瞪口呆，他看着身材瘦削的海瑞，简直不敢相信自己的眼睛。要不是海瑞拿出吏部下的任命文书，他根本不敢把眼前一身破衣的海瑞与新任县令联系在一起。

— 1 —

出发之前海瑞查阅过资料，从福建南平去浙江淳安，只有两条路线可走。

一条是走旱路。这条路是从福建省延平府出发，经过三个驿站辗转至武夷山，再由武夷山进入江西省铅山县的东盘驿，过玉山县环玉驿，进入浙江省衢州府江山县草平驿，再由草平驿经建德县富春驿抵达严州府。在严州府换了关文，再去淳安县县城。

另一条路线是走水路。也就是从福建省延平府出发，经过十一个驿站或险滩来到武夷山，再从武夷山辗转到江西省铅山县河口，再经过七个驿站到达浙江省严州府。在严州府换了公文，再去淳安县县城。

海瑞粗略盘算了一下，不管走哪条路，路程都是一千多里，快则一个多月，慢则两个月。

权衡了一下，海瑞决定走第一条路线。

去浙江淳安上任，海瑞既不乘船也不坐轿，一路均步行。不知情的人还以为他是想借此游山玩水欣赏一路风景，亦或是想省点儿路费。其实不然，既节俭又想干出一番业绩的海瑞，想省下几个路费倒是不假，但最重要的是，他想借此机会了解一下民风民情，以便上任后制定他的施政方略。

由福建南平去浙江淳安，路途遥远，山高路窄，海瑞是老爷，空着个手走路不是太累，却苦了仆人海安。

主仆二人跋山涉水地行走半月有余，海安有些撑不住了，就劝海瑞："老爷，路途还很遥远，还是去换乘轿子吧。"

海瑞有些不悦，沉下脸说："你既晓得行走这么累，还要让人抬着走，那抬轿的人不是更累吗？"

"那就雇条船吧，沿着新安江这条大河，听说坐船可以直接抵达淳安县城。老爷不是急着到任吗？这样也可省下些时间。"

海瑞却说："老爷我作为一县县令，民之父母，自己恨不得长对翅膀飞到淳安，坐船更是慢悠悠的，不用，不用！"

见老爷这也不赞成那也不赞成，海安只得背着行囊，与老爷风雨兼程不停地赶路。

山路难走，加之赶路走得急，几日后海瑞的脚就磨起了水泡，行走起来步履艰难。海安见前面有个山庄，劝海瑞到那儿去歇歇脚再走。

海瑞虽然心里着急，但脚实在是迈不动了，这才说："行，那就去歇歇。"

二人在山庄歇了一会儿，海安瞥见前面有户人家的圈里关着头骡子，又劝说海瑞："老爷，咱们赶了这么多天的路也才走到这儿，还要走很远的路，恐怕老爷也吃不消啊！您看，前面那户人家有头骡子，干脆雇他家骡子驮着老爷走吧？"

这时候海瑞也有些着急了，就对海安说："行嘛行嘛，你去问问这家人，看要多少银子。"

"好，老爷，海安这就去打听！"见海瑞同意雇骡子，海安很高兴，赶紧去向那户人家雇骡子。

不一会儿，见海安高兴地拉着头骡子过来，海瑞问他："多少银子？"

"三两！"海安告诉老爷。其实花了五两，海安怕海瑞不同意，就哄了他。

海瑞抚摸着骡子："这么贵啊？"

海安笑了笑："老爷，这家人说了，这骡子以后就归咱们了！"

"这骡子他家不要了？"

"嗯，不要了，要不哪会这么贵啊！"

"那我们走吧。"

"好！"海安说，"来，我扶您上去！"

海安说着扶海瑞上了骡背，把行囊背在自己肩上准备赶路，海瑞见了，说："把行囊给我。"

"是！"

海瑞接过行囊，放在面前的骡背上。

海安高兴地牵着骡子继续向前赶路。

海瑞和仆人海安紧赶慢赶走了一个月，终于来到了位于浙江建德县境的严州府。

因为是跨省任职，海瑞得先去严州府办理上任的关文。

在严州府办好上任手续，歇了一天脚，海瑞和海安又继续往淳安方向赶路。

这日下午，海瑞和海安风尘仆仆地进入了淳安县境。路过离县城不远的开化乡集镇时，海瑞见街头围着一大堆人，还隐隐约约听到一个妇人的哭声从人堆里传出。

"停下，停下！"海瑞觉得有些蹊跷，跳下骡背，便和海安走上前去打听。

海瑞拨开人群，见两个凶神恶煞的汉子正在用皮鞭使劲抽打一位蜷缩在地上的妇人，还边打边凶狠地骂道："看你还敢赖账，看你还敢赖账！"

"呜……呜，我没有赖账呀，求求您们饶了我吧！"妇人一边双手护头，一边呜呜地向抽打他的两名汉子哭喊着求饶。

岂有此理，朗朗乾坤，居然敢当街暴打百姓，这还了得？

"住手！"海瑞怒不可遏，大声喝住两个恶汉。

两个恶汉正打得起劲，突见有人阻拦，停下手上抽打人的鞭子。

"怎么回事？你们怎么乱打人？"海瑞厉声问他俩。

两个恶汉仔细一看，来人其貌不扬，一身陈旧布衣，马上又发起威来。其中一个乜着眼，不屑地对海瑞说："啥东西？竟敢来坏老子们的事！"

"揍他！"另一个恶汉凶狠地叫道。

乜着眼的恶汉举起皮鞭准备往海瑞身上抽。

"你敢？"海瑞威严地盯着他。

"你看老子敢不敢？"乜着眼的恶汉扬起皮鞭，就要往海瑞身上抽。

"不许胡来！"见自家老爷要吃亏，海安赶紧丢下手中牵骡子的绳子，一个箭步冲上前，左右飞踢两脚，两名恶汉顿时被踢趴在地。

见海安有些功夫，两名恶汉有些心虚，弄不明白他们是什么来头，不敢贸然动手。

海安朝他俩吼道："还不快滚！"

"你……你等着！"两名恶汉丢下一句狠话，转身狼狈地逃走了。

旁边围观的人齐声欢呼。

"大人，您还未到任，暂且还是别管这事吧。"海安怕惹出事来，劝说老爷。

海瑞说:"此等恶人不收拾,更待何时?我虽说还没到任,可这事发生在淳安县境,我有任命文书在身,岂能不管?"

"谢谢,谢谢官爷!"坐在地上的妇人赶紧给海瑞磕头。

海瑞伸手将她扶起,然后问她:"他们为何打你?"

妇人哭诉道:"我一家三口租种冯剥皮家土地,今年收成不好交不上租子。今日在街上,他的家丁见到我就来逼租,我说没粮交,他们就打我!"

"你家租了他几亩地?"海瑞问妇人。

"三亩多点。"

"他要你交多少粮?"

"六石。可我家总共也没收到六石,哪来这么多粮交给他?这还要不要人活啊?"妇人边说边抹眼泪。

"劝你还是走吧,你惹不起他冯剥皮!"人群中一位好心的老者过来对海瑞说。

海瑞问他:"此人有这么凶?"

"他不是凶,是有后台!"没等老者说话,旁边一位年轻男子气愤地告诉海瑞。

海瑞不解地问:"有后台?此人的后台是谁?"

"还能有谁?就是县衙里那个姓刘的狗县丞!"年轻男子愤愤地说。

海瑞问:"难道没人管这些人?"

年轻男子说:"这年头官痞一家,谁管呀?"

老者劝海瑞:"你还是少管这事,赶快走吧,等会儿他们来了你就走不脱了!"

"本官就不信……"

"是谁胆子这么大,敢在我冯有德的地盘上撒野?"

海瑞正要说他就不信这个邪,却听到不远处传来一个声音。

原来,冯剥皮听了那两名恶汉的汇报,带着几名家丁耀武扬威地来了。

"老爷,就是他!"先前打人的那两个恶汉也在,其中一个给他们的主子冯剥皮报告。

冯剥皮来到海瑞面前,见是个穿着布衣的四十多岁男人,气不打一处来:"是你打了我的家丁?"

"他们该打！"海瑞不亢不卑地说。

被打的家丁赶紧对冯剥皮说："老爷，我俩是来收租的，他居然敢打我们！"

冯剥皮听了，提高嗓门问海瑞："你是谁？敢阻拦我收租子，还动手打我的家丁！"

虎着脸站在一边的海安说："人是我打的，不是我家老爷打的，有种你们冲我来！"

"你又是谁？"见海安站出来说话，冯剥皮转过身问他。

冯剥皮身后的家丁一下子将海瑞和海安团团围住。

"光天化日之下，你们要干什么？"海瑞见这阵势，朝冯剥皮和他的家丁们吼道。

海安知道有架打，赶紧摆好架势。

"哼，要干什么？"冯剥皮冷哼一声，朝他的家丁叫道，"给我打！"

"住手！"眼看海瑞和海安就要被这等恶人暴打，突然听到一声怒吼。

随着这吼声，一位身着黑衣的蒙面女侠持剑挡在了海瑞和海安前面，她的剑抡在了冯剥皮的脖颈上。

蒙面女侠沉着脸，义正词严地警告冯剥皮和他的家丁："谁敢乱来，今日姑奶奶定将他碎尸万段！"

冯剥皮和众家丁没想到这时候会钻出个女侠来，一下子愣住了。见她的剑已抡在自己脖颈上，冯剥皮知道，只要自己稍稍动一下就会毙命，便赶紧向女侠求饶："女侠饶……饶命，有话好……好说！"

"我看你胆子太大，竟敢对新任县令动手！"女侠怒斥道。

冯剥皮和众家丁听说面前身穿布衣的汉子就是新任县令海瑞，惊得脸都变色了。

"啊？他就是新任县令？"冯剥皮惊愕地问。

海瑞转身从骡背上的行囊里取出吏部的县令任命文书，拿在手上展开："我乃新任县令海瑞！"

冯剥皮早就听县丞刘齐信说过，淳安的原任县令洪英明要调走，但不知道是谁来接任这个县令。这下听海瑞说他是新任县令，还拿出了任命文书，知道不假，赶紧给海瑞下跪："小的有眼不识泰山，请县太爷恕罪！"

众家丁也赶紧给海瑞下跪求饶："求县太爷恕罪！"

"待本县令查明原委再收拾你们!"海瑞气愤地说。

"还不快滚!"站在一旁的蒙面女侠朝冯剥皮和他的家丁吼道。

"是……是……"听她这么说,冯剥皮赶紧带着众家丁连滚带爬地溜走了。

"谢谢女侠!"海瑞拱手向蒙面女侠道谢。

蒙面女侠也朝他拱手:"海县令不必客气!"

围观的群众听说这人是新任的县太爷,都欢呼雀跃。

见恶人已走,蒙面女侠将剑插入剑鞘,对他们说:"海大人保重,我得走了。"

"感谢女侠的救命之恩!"海瑞和海安再次朝蒙面女侠拱手致谢。

蒙面女侠说:"仗义除恶本就是我等职责,海大人不必客气!"

"敢问女侠尊姓大名?"海瑞看着她问道。

女侠拱手道:"行侠之人,向来不留名,望海大人见谅!"

海瑞说:"女侠不愿说,海瑞也不强求,好,那咱们后会有期!"

"后会有期!"蒙面女侠说完,转身一个轻功便消失在人群中。

"感谢大人的救命之恩!"被救的妇人给海瑞和海安叩头。

"起来吧,这事本县令会调查清楚,还你一个公道!"海瑞将妇人扶起来,然后问她姓甚名谁,家住什么地方。

妇人说她姓田,叫田小娥,家住开化乡大田村屯上。

问明了妇人的姓名和住址,对她安慰了一番后,海瑞和海安继续往淳安县城赶路。

海瑞和海安一路走走停停,已经两个月过去了。

此时在淳安县衙内,有个人早已等不及了,这人就是前任县令洪英明。三月份他就接到吏部卸任的文书,按常规,新任县令在三月底就该到淳安来上任了,可现在都过去一个月了,仍不见新的县令海瑞来接任。

忙于去上任的洪英明,每天面对着要交接的这些印章、账簿和册籍,心里急得发慌。可这海瑞像是故意和他作对似的,本来路途就很遥远,他却偏偏要步行来上任,而且还一路考察什么民情。

"大人,听说新任县令海瑞已经到达严州府了!"四月下旬的一天,洪英明属下来给他禀报。

听说海瑞马上就要到了，洪英明赶紧把县丞、主簿、典吏和礼房、驿站等县衙相关部门负责人叫来，商议接待事宜。

"诸位，听闻新的县令海瑞昨日已到了严州府，按惯例我们得做好迎接准备。今日本县把各位请来，就是想和大家商议一下，看这事咋办。"见大家都来了，洪英明开始发话。

"咋办？该备礼金的备礼金，该布置宴席的布置宴席，该挂灯笼的挂灯笼，还能咋办啊！"户房司吏赵品仙说。

"赵司吏说得对，负责礼金的准备礼金，负责宴席的布置宴席，负责挂灯笼的挂灯笼，各司其职，做好准备就是。"负责接待的礼房司吏冯天得接过话。

"对对对，各司其职，这样才不会乱套！"新安驿驿丞余德龙附和。

洪英明对余德龙说："特别是你们驿站，要做好前沿接待，千万不能出半点差错！"

"请洪县令放心，我们会做好一切准备，保证不出任何问题！"余德龙拍着胸脯表态。

明朝中叶以后，官场流行着一种不好的习惯，但凡新官到任，地方官府都要差遣衙门里的人出城迎接。这些洪英明当然清楚，他对冯天得说："你赶紧把仪仗队准备好，到时新县令来了本县得出城去迎接。"

"好，等会儿属下就去准备。"冯天得说完坐回原位。官员们赶紧回去做迎接海瑞的准备。

一时间，淳安县衙内外张灯结彩，县城的百姓看到这个阵势，知道新县令马上就要来上任了。

洪英明在任时，常找借口搜刮民脂民膏，当地老百姓对他恨之入骨，但敢怒而不敢言，这下听说这只恶狼要走了，全都高兴得跳起来。

— 2 —

那日在开化乡集镇上教训了土豪冯剥皮，海瑞带着仆人海安向淳安县城一路前行。

本来要不了几日就可到达淳安县城的，可海瑞想借此行顺便了解一下淳安民情，便又在县城附近的一些地方多转了些时日。

"老爷,这样走咱们啥时候才能赶到县城呀?"海安见海瑞一路走一路打探民情,行进的速度非常慢,便开口问他。

海瑞说:"早到晚到不都一样,你忙个啥呢?"

见老爷这样说,海安也不好再说些啥,只好跟着他走到哪儿算哪儿。

这日傍晚,海瑞和海安来到了离县城最近的五龙乡。见天色已经黑了下来,海瑞对海安说:"现在去县衙怕是找不着人了。这样,咱们在这儿找个旅店先住下休息一宿,明日一早再赶去县衙报到。"

俩人在旅店里随便洗漱了一下,就去集镇上找吃的。

在集镇上转了一会儿,海安发现前面有一家饭馆,就对海瑞说:"老爷,那边有家饭馆,咱们去那儿吃吧?"

点完菜,海安给海瑞斟了一杯,也给自己斟了一杯,二人喝茶等着上菜。

喝着喝着,见外面走进来二男两女。看他们那装束,海瑞感觉像是行走江湖的游侠。

这几人在海瑞他们旁边找了一张桌子坐下。其中一个瘦高个男人边坐下边朝一个长眉毛女子叫道:"蓉蓉,你去点菜。"

"好的!"长眉毛女子应答。

"大哥、三娘、天朋哥,你们要吃些啥?"长眉毛女子回过头问。

瘦高个男人隔空传话:"照好的点,今日大哥我请客!"

"蓉蓉,大哥已经开口了,今日我们就好好宰他一刀,你尽拣好吃的点就是,反正他又不心疼!"身穿夹克衫的男子说。

"大哥,那我可点了哈?"长眉毛女子笑着问瘦高个男人。

"哎呀蓉蓉,大哥都发话了你还问些个啥?快点快点,三娘我都快饿昏了!"身材微胖、被称作三娘的女子说。

"点吧点吧,你们这些饿死鬼,大哥今日就让你们撑死!"瘦高个男人假意骂道,随后招呼穿夹克衫的男人和微胖女人,"坐坐坐,都站着干吗?"

三人坐下后,穿夹克衫的男人陪罪似的笑着对瘦高个男人说:"大哥你别见笑,咱们几兄妹整天四处奔波难得吃顿好饭,今日托大哥的福吃上顿好饭,日后我和蓉蓉、三娘定会感激你的!"

"天朋说得对,咱们会感谢你的!"被称作三娘的微胖女人边说边挨穿夹克衫的男人坐下。

"大哥才没你说的这么小气呢!"长眉毛女子回来了。

"好啦好啦,你们几个都别说了,刚才大哥跟你们开个玩笑,只要你们不怕撑破肚子,等会儿你们就使劲吃吧!"见三人在争论,瘦高个男人赶紧笑着说。

"是嘛,我就知道大哥不会这么小气!"长眉毛女子笑道。

穿夹克衫的男人斟了杯茶递给她:"来,蓉蓉,喝茶!"

"谢谢天朋哥!"长眉毛女子接过穿夹克衫男人手上的茶杯。

几人闲扯了一会儿,店小二把菜饭端上来了:一盘红烧鸡,一盘卤猪肚,一盘青椒炒鸡蛋,一盘酸辣椒炒回锅肉,还有一个汤菜。

看着这些菜,被称作三娘的微胖女人笑着说:"哇,蓉蓉,你这也太狠了吧?!"

"哎,三娘,刚才你们不都叫我尽拣好吃的点吗?咋这会儿又说起我的不是来了?"听了微胖女人的话,长眉毛女子说,随后转向瘦高个男人,"大哥,这可不能怪蓉蓉呀!"

"怪什么怪?吃吃吃!"瘦高个男人将手上的筷子伸向桌上的那盘红烧鸡,插下去叉了一大块往自己的嘴里塞。

见他开吃,几人赶紧动筷子。

海瑞和海安的菜饭早上来了,这个时候他俩已经吃饱了。主仆二人喝了杯茶,海安想叫海瑞赶路。海瑞示意他,听一下那几个人还要聊些什么。

于是,二人坐下装着继续喝茶。

海瑞没猜错,这四个言语豪放的男女,都是行侠仗义、好打抱不平的游侠。瘦高个男人名叫崔若明,长眉毛女子名叫施蓉,穿夹克衫、被称呼天朋哥的男人名叫蔡天朋,而身材微胖、被称呼三娘的女人名叫燕三娘。

崔若明本是朝廷锦衣卫的一个小头目,因妻子遭受上司奸污自杀身亡,一气之下退出锦衣卫行走江湖。后来遇到了同样命运坎坷、不满朝廷腐败而行走江湖的施蓉、燕三娘和蔡天朋,便一起在江湖上做起了行侠仗义的事来。

四人边吃饭边聊天。

"爽,真是太爽了!"长眉毛女子放下筷子,不无感慨地说。

瘦高个男人也吃饱了,扯张纸边擦嘴巴边说:"这算个啥,还不如京城来的那些狗官们吃剩下的!"

"大哥说得对，咱们几人吃的这些，严嵩那老儿喂狗的都比这强百倍！"穿夹克衫的男子接过瘦高个男人的话。

微胖女人说："但这些狗贼挥霍的尽是民脂民膏，不像咱们，咱们是自己掏腰包。"

"这些狗贼，专门欺压百姓，有朝一日我非宰了他们不可！"长眉毛女子气愤地说。

见几人都吃饱了，瘦高个男人起身去付了钱，然后对其他几人说："这下满意了吧？"

"满意满意，谢谢大哥！"几人齐声说。

瘦高个男人说："满意了就走吧！"四人鱼贯而出。

海瑞见他们走了，也叫上海安走出这家馆子。

路上，海瑞突然对海安说："哎，那四个人，我咋觉得有个女的好生熟悉！"

"啥啊？老爷熟悉他们中一个女的，谁啊？"海安问。

"那个被人叫作三娘的女人。"

"老爷这么一说，我也有些印象，这人好像就是那日在集镇上救咱们的那个女侠。"

海瑞没说错，他说的那个女人，就是那日在开化乡集镇上救过他俩的侠女燕三娘，今晚她和他的朋友要去个地方暗杀一个贪官。适才他们路过这儿，在这家馆子就餐。

海瑞和海安继续向集镇上走去。

"闪开，闪开！"

这时，前面一队人马朝海瑞和海安他们走来。中间一乘红色的四抬大轿，轿两边各跟着八名全副武装的军士。前面开路的两名军士大声吆喝着撵开路上的行人。路上挑着东西的男人，携带小孩子的妇女，逃离的逃离，躲开的躲开，生怕挡了这些人的道。

旁边两个商人模样的人从他们身边走过，边走边议论，其中一戴瓜皮帽的中年商人骂道："这些狗官，又借巡察之名到处搜刮民脂民膏，可恶，真是可恶！"

"不仅仅是民脂民膏，听说县衙也遭这些人的殃啊！"另外一位穿长衫的中年商人说。

听到他们的对话,海瑞赶紧带着海安悄悄跟了上去。

"都是一丘之貉,县衙能遭这些人什么殃?"戴瓜皮帽的中年商人说。

"老兄你有所不知,但凡京城来的官员,地方上都得给他们进贡。我听一个在县衙里当差的朋友说,一般官员经过,要送二三十两银子,若是巡按或御史之类的官员,则要一二百两才能打发得走。要是遇到巡抚大人来巡游,那就送得更多,没个三四百两银子休想打发人家。县衙里送给官员们的这些钱,听说叫什么常规银。"

"真有这事?我还以为这些县太爷日子好过着呢,没想到他们也有苦衷啊!"

"我那位朋友告诉我,前些日一位巡察官下来,就向县里的洪县令索要了三百两银子,而且他还不高兴,嫌洪县令送少了呢!"

"你说的洪县令,就是洪英明吧?"

"就是他。"

"这厮也不是个好东西!"戴瓜皮帽的中年商人愤愤地骂道。

"老兄说的是,这洪英明的确也是个搜刮民财的贪官,他送人家的那些银子,一个子儿也不是他的,全是从老百姓身上搜刮来的。哎,听说此人要调走了,不知是真是假。"

"调走又怎么样?不就是去了一只狼,又来了一只虎吗?老百姓过的仍是苦日子,没啥不同的!"戴瓜皮帽的中年商人一副无所谓的样子。

"好了,别说这些人了,咱们还是赶紧去找吴老板谈生意吧,等会儿找不着他,咱俩这趟就算白跑了。"穿长衫的中年商人催促道。

海安叹息道:"唉,真没想到,淳安的老百姓日子过得这么苦啊!"

海瑞气愤地说:"你放心,我会收拾这些狗贼,还地方和老百姓一片安宁!"

- 3 -

回到旅店,海瑞怒气未消,海安又安慰了一番。聊了一会儿,见时候不早了,俩人解衣上床休息。

海瑞心里藏着事,躺在床上无法入眠。半夜时分,他突然听到有人撬窗子的声音，便警觉起来。他想，肯定是有贼人掂记上他们了。

他悄悄下床走到海安床边，轻推了他一下。海安醒来，见老爷站在床边，正要问他有什么事。

"嘘"，海瑞赶紧竖起一根手指，示意他不要出声，然后指了指窗台。

海安看了一眼窗台，明白海瑞的意思，下床悄悄和他走到窗子边躲起来，等贼人进来了好收拾。

不一会儿，窗子被撬开了，两个黑衣蒙面贼人先后翻窗而入。两个贼人没想到海瑞和海安早有防备，刚一落地就被海瑞和海安扑上去摁住。

这两个贼人年轻力壮，海安还算勉强摁得住，可海瑞一文弱书生，哪摁得住那个贼人，便使劲边朝外面大声叫喊："抓贼呀！贼人进屋啦！"

旅店的主人听到有人喊抓贼，赶紧下床拿上家伙，叫上伙计们跑上楼来。

两个贼人见他们人多无法逃脱，只好乖乖就范："求两位爷饶命，我们再不敢了！"

"说，你们是什么人？"海瑞背着手厉声问道。

"回爷的话，我俩本是当地的村民，因为家里揭不开锅了，这才来做这种见不得天的事情。我俩是第一次，就求两位爷饶过我们吧。"

"是啊，我俩都是被逼得走投无路，才来干这个营生的。今日傍晚，我俩在那家馆子门口见到两位爷，觉得两位爷是有钱的主，就尾随至此。见两位爷住进旅店，我俩就相约晚上来偷点钱去买些东西给孩子和婆娘吃，没想到被两位爷发现了，对不起两位爷，求两位爷饶了我们……"

海安气愤地说："你俩真是眼瞎，居然偷到我家老爷头上来了。我告诉你们，他是新来的县令海瑞海大人！"

"啥？他是新来的县令？"店主和伙计们一时间被搞懵了，一齐把眼光转向海瑞。

海安说："是的，他就是新来的县令海瑞海老爷。"

"海县令，小的知罪，让您受惊了！"听了海安的话，店主赶紧给海瑞下跪赔罪。

海瑞扶起他："不知者不为过，请起！"

"你叫啥名字？"海瑞问个子高一点的贼人。

"回县太爷的话，小民叫朱七。"个子高一点的贼人回话。

海瑞又问个子矮点的贼人："你呢？"

"我叫黄明玉，因为在家排行第三，大家都叫我黄三。"

"你俩家住哪儿？平常以何为生？"

"回县太爷的话，我俩都是仁寿乡芹川村的村民，平时以种地为生。因官府的赋税太重没法种田，为了养活一家老小，我俩才相约来做这个行当。"朱七说。

"是啊，一家老小得活下去呀！"黄三附和道。

海瑞问："你俩真是为生活所迫才来做盗贼的？"

"小民不敢哄骗县太爷！"朱七赶紧说。

海瑞又问了他俩一些情况，知道这两人都是因为家里揭不开锅了才来干这偷盗营生，而且又是第一次。他想，自己刚来淳安，也需要些人手，见他俩身子骨还不错，有心将他们收到自己身边，便对他俩说："本县令要是把你俩留在身边当差，你们可否愿意？"

"谢县太爷，我俩求之不得呢！"见有这等好事，俩人赶紧答应，又连叩了几个响头。

海瑞叮嘱二人："今后你俩可要尽心尽力替本县令办事，本县令绝不会亏待你们。"

"愿为县太爷效犬马之劳！"朱七、黄三赶紧拱手表态。

海瑞说："既是这样，那你们今后就留在县衙里当差吧。"

"一切听从县太爷安排！"

"本县令刚来，还没到县衙报到。这样，你俩先回去，待本县令在县衙安顿好了，再派人去知会你俩。"

"是！"朱七、黄三高兴地说。

"三日后，本县令派人去知会你们！"俩人正要转身离去，海瑞朝他们叫道。

找到了差事，朱七、黄三感激涕零，一再给海瑞说感谢的话。

海瑞没失言，三天后真派人去把他们找来，让他们在县衙里当差。后来，这二人成了海瑞手下的得力干将。

当天晚上，海瑞从店主那儿了解到不少情况。

— 4 —

次日上午，海瑞和仆人海安终于抵达了淳安县城。

"请问洪大人在吗？"来到县衙门外，海瑞叫海安进去向前任县令洪英明通报,他在外边候着。

"你是何许人?"一衙役见海安一身老百姓装扮,不屑地问他。

海安告诉他:"我是新任县令海瑞家里的仆人海安。"

"什么?你是新县令家的仆人?那县令大人呢?他人在哪儿?"衙役见他自称是新县令家的仆人,有些不大相信。

"海县令在外边候着,他吩咐我前来通报一下洪大人。"海安告诉衙役。

"新县令在外边?"衙役重复着问。

海安说:"是的,海县令就在县衙大门外。"

"你等着,我去给洪大人通报!"衙役说完赶紧进去给洪英明通报。

衙役进到县衙大堂,见洪英明正背着双手烦躁地来回踱步,赶紧禀报:"洪大人,新县令到了!"

"在哪儿?快带我去见他!"听说来接替他的新任县令来了,洪英明犹如打了鸡血,一下子兴奋起来。

"他的仆人海安说他在县衙大门外候着!"衙役告诉他。

"等了这么长时间,终于把他给等来了!"洪英明如释重负,和衙役急匆匆地往外走去。

衙役趁机吹捧:"是啊,这海县令拖这么久才来上任,真不怕误了洪大人到严州府上任!"

此时洪英明只想见到海瑞,哪有心思听他吹捧,便只顾朝外门走去。

"洪大人,这就是海县令的仆人,他说他叫海安。"出来见到海安,衙役指着海安告诉洪英明。

"海安见过洪大人!"海安给洪英明作揖。

"嗯。"洪英明只用鼻子哼了一下,边往外走边明知故问地问海安,"海大人呢?"

海安回答:"禀洪大人,海县令在县衙大门外候着!"

随后三人一起朝大门走去。

候在县衙大门外的海瑞见洪英明出来了,赶紧和他打招呼:"海瑞见过洪大人!"

随后,海瑞向他递上吏部的任命文书。

怎么?这就是来接替本县的新任县令海瑞?

洪英明惊得目瞪口呆,他看着身材瘦削的海瑞,简直不敢相信自己的眼睛，要不是海瑞拿出吏部下的任命文书，他根本不敢把眼前一身破衣的海瑞与新任县令联系在一起。

等待了数月，洪英明已经等烦了。他在心里瞧不起海瑞，但碍于礼节他不得不向海瑞打招呼："海大人辛苦了！"

"不辛苦。"海瑞不冷不热地回他的话。

"海大人，请！"随后，几人朝县衙内走去。

见新任县令来了，县丞刘齐信、主簿倪华、典史周岱等县衙官员分别来见过海瑞，海瑞一一还礼。

"县丞刘齐信见过海大人！"

"你就是刘县丞？"听说这个县丞姓刘，海瑞一下子想起了那日在开化乡集镇上那年轻人说的事情。

哼，刘齐信，我看你应该叫刘弃信才对，海瑞刚想发火，但觉得这不是时候，只好暂时按住心中的怒火。

"正是下官。"刘齐信还不知道那日在开化乡集镇上发生的事情。

"嗯。"海瑞看也不看他，只是用鼻子嗯了一声。他想，看本县令到时候怎么收拾你。

见海瑞一副宠辱不惊的样子，此时的洪英明还真琢磨不透这位新任县令。

不管怎么说，海瑞毕竟是吏部任命的官员，再说也耳闻过一些他的事情，洪英明还是不敢造次，便不冷不热地问海瑞："海大人，您看这个交接仪式搞还是不搞？"

海瑞严肃地说："仪式一定要搞，但须从简。"

"行，全听你的。"听了他的话，洪英明觉得，这人穿着虽不怎么样，但说话威而不露，不容反驳。

面对这位性格古怪的新县令，刘齐信、倪华、周岱心里也觉得一片茫然：这海县令到底是啥来头？日后咱们这些人的路到底怎么走才能对得上他的路子？

紧接着，洪英明怀着忐忑不安的心情与海瑞举行交接仪式。

洪英明把县衙的大印、账簿、册籍等一一点交给海瑞，并和他交谈了淳安的一些情况。

最后，洪英明叮嘱海瑞："海大人，从今日起，洪某就算是把淳安交给你了,你可要多费点心思,把淳安方方面面都打理好,上不负朝廷托付,下无愧百姓期盼啊!"

海瑞笑着说:"洪大人尽可放心地走,海某定会全力以赴管好淳安,以尽一个县令之责。"

"海大人有这番雄心壮志,洪某就放心了。"洪英明说。

海瑞道:"海某才疏学浅,怕会让洪大人失望,洪大人虽然远走高飞了,但往后还得经常下来淳安指点指点。"

"那是,那是!"洪英明毫不客气,俨然一副上级官员的派头。

"哦,差点忘记告诉你了,有一桩命案,被害人叫胡胜祖,凶手叫邵时重。这个案子我已经审结了,但要上报核准后才能行刑,你关注一下这个案子。"洪英明突然对海瑞说。

"是!"海瑞说。

"那就这样,海县令,吏部催得急,洪某得走了!"交接仪式一完毕,急于走马上任的洪英明就想溜了。

海瑞一再挽留,希望他次日才走,洪英明死活不愿意,借口吏部催得急,当日就带着随从走了。

出了淳安县衙的洪英明松了口气,对随行下属长叹:"唉,老夫终于可以和淳安告别了!"

洪英明走后,海瑞准备和县衙的人简单交谈一下,主簿倪华赶紧说:"海县令,您旅途疲劳,刚到淳安洪县令又催着交办手续,已经够累的了,再说大家都还没吃晚饭,不如我们先去吃饭,在桌上边吃边聊,您看可好?"

海瑞见时间不早,大家又都饿了,只好说:"行,就依你们,先吃饭,边吃饭边聊!"

饭桌上,倪华问海瑞:"海县令,下官冒昧问一句,怎么没带夫人一起来呢?"

海瑞告诉他:"路途遥远,待本县安定下来了再去接他们。"

海瑞跟大家边吃边聊,通过和他们交谈,海瑞了解到不少情况。

吃过晚饭,倪华对海瑞说:"海县令,您和夫人,还有家人的住处都已经安排好了，下官先带您去休息吧。"

海瑞说："不忙，先带本县去衙署转转。"

"海县令劳累了一整天，不如先休息一夜，明日下官再带您去。"倪华说。

"奔波了一天，还是先休息吧！"刘齐信也说。

周岱说："海县令，时间不早了，还是先休息吧？"

海瑞说："但去无妨，再说明日还有明日事。"

见他坚持要去，倪华赶紧说："既是如此，那下官带您去就是。"

刘齐信、倪华、周岱等人带着海瑞从县衙大门开始，转了一圈。

"淳安县衙始建于至正元年，整个衙署占地近四十亩。衙署坐北朝南，呈轴对称布局，南北轴线长六十余丈，东西宽三十余丈……"倪华边走边给海瑞介绍。

"嗯，我听说过，淳安的历史非常悠久！"海瑞甚是感慨。

倪华接着介绍："大家现在站的这个位置，就是衙署的正大门。我们脚下踩着的这条通道，也就是衙署的中轴线。沿着这条通道往里走，有六个院落，由外至内依次为大门、大堂、宅门、二堂、后堂、内宅。"

海瑞瞟了一眼衙署，深有感触地说："我看这个衙署的设置还算比较齐全。"

"是的！"周岱应道。

倪华指着两边的房屋说："这两侧是班房，是皂、壮、快三班衙役值班及更夫居住的场所，以后若遇百姓击鼓鸣冤，在此值班的衙役会问明情况后回禀给您，再由您酌情办理。"

"嗯。"海瑞点头。

"前面是仪门。这道门一大两小，中门比较大，平时是关闭的，只是在新皇登基、国家庆典、新官到任之时方可打开。东西两侧各有一道小门，东侧的小门称为'人门'，供大人和衙署职员平常出入。西侧的小门称为'鬼门'，通常也是关闭的，只有在提审人犯或处决死囚时才打开，所以老百姓把它称为'鬼门关'。"

接着，刘齐信、倪华、周岱等人带海瑞来到县衙大堂。

"这是县衙大堂，是用来供大人审理狱案的地方。"

海瑞仔细端详了一下大堂后壁，觉得好像缺了点什么，但他没说出来，只是说了句："这儿刚才就来过。"

"大堂东西两侧，左边是吏科、户科和礼科，右边是兵科、刑科和工科。

另外，两边还设有钱粮库、武备库……"倪华指着大堂两边的房间告诉海瑞。

海瑞说："嗯，去看看。"

在倪华的引导下，海瑞察看了吏、户、礼、兵、刑、工六科和钱粮库、武备库等衙属的办公场所。

"我们往里走吧。"倪华对海瑞说。

"嗯。"海瑞点头。

"这儿是宅门。这道门是通往二堂和后堂的一道屏障，衙署职员均由此出入后面的二堂和后堂。"

海瑞看到宅门旁边有一道侧门，问道："这儿干吗还有道小门？"

周岱告诉他："这是道侧门，平时由一名门子守着，负责对来人盘查和通报。"

"好，再往里走。"海瑞说。

"这儿是二堂。二堂两边分别是刘县丞、周典史和下官办公的场所。另外，就是简房、招房。简房是礼房的下设机构，替大人掌管信件、名片、帖子等物件，招房是刑房的下设机构，主要负责勘验、票务、档案等，往里就是后堂。"到了二堂，倪华解释道。

"这儿是后堂，供县令大人日常办公、个别召见下属、小范围研究政务，还有，一些民事案件或不宜公开审判的案件也在这儿审理。两边厢房是客房，海大人可用来招待上级或同窗好友住宿。"

"好！"海瑞环视了一下，对倪华说。

"再往后是内宅，是供大人和家人生活起居的地方。中间这儿是客厅，东梢间是卧室，西梢间是书房……"

"哦，这后面还有一片空地，可用来种些蔬菜或花花草草。"倪华补充道。

"嗯，这片空地不错，日后家里吃的菜就自家种了！"海瑞看着空地对海安说。

刘齐信讨好地说："海大人这是在说笑，菜街上有卖的，哪用得着您自己去种呢？"

海瑞沉下脸说："自家种的菜既新鲜好吃，又不花钱，这有什么不好？"

"这也倒是！"刘齐信自我解嘲。

停了一下，海瑞问典史周岱："监牢在哪儿？"

周岱见时间太晚了，说道："在城南。但现在时间太晚了，大人旅途奔波，劳累了一整天,明日下官再带县令大人去察看吧?"

海瑞也觉得有些累了,说:"行,那就明日再去。"

"海大人,要不找个地方放松一下吧?"刘齐信想讨好海瑞,就对海瑞说。刘齐信说的地方,就是有歌妓的秦淮河边。

刘齐信不知道海瑞的底细,他以为海瑞像洪英明一样,除了贪财还整日花天酒地。

海瑞说:"哪儿也不去,回县衙休息,明日去看一下监牢!"

"海大人一路奔波,身心疲惫,下官觉得去放松一下明日才有精神做事。"刘齐信仍不死心。

周岱看得出来,海瑞并非好色的官员。见刘齐信这样,赶紧给他递眼色,示意他不要这么做,刘齐信这才罢休。

倪华说:"既是这样,那咱们送海县令去休息!"

"好!"海瑞说。

几人送海瑞和海安去他的内宅里休息。

刘齐信、倪华和周岱等人告别海瑞、海安,走出内宅。

"刘县丞,不是我说你,海县令刚来,你知道他的底细吗?你刚才叫他去那种地方,万一他不喜欢,你这不是在往自己头上放虱子自找麻烦吗?"周岱对刘齐信说。

"是啊,刘县丞,刚才我们都替你捏把汗呢!"倪华也说。

刘齐信不以为然地说:"这有什么?他海瑞也是男人,十个官员九个好女色,我相信他也不例外!"

周岱说:"不说这事了,都去休息吧!"

次日上午,倪华和周岱又带着海瑞去关押人犯的城南监狱转了一圈。刘齐信想跟着去,海瑞叫他在县衙处理事情,没让他去。

刘齐信心头有些不舒服,但县令大人的话他不敢不听。

淳安县衙的监狱位于县衙西南角,人们常常把它叫作南监,分内监和外监,重刑犯都关押在内监里,当然,这些犯人不能男女都关押在一起,关押在一起会出麻烦,所以又分成男监和女监。在监狱附近,还建有狱神祠、狱神庙等一些附属设施。

"快去给王提牢通报,新来的县令大人来了!"到了监狱,周岱对门边一个看守监狱的狱卒说。

狱卒说王提牢现在不在。

周岱问:"他去哪儿了?"

"今日他家中有事,请假了。"狱卒告诉周岱。

"这是新来的县令海大人,他今日来你们监狱视察。"周岱指着海瑞告诉狱卒。

"县令大人请,恕卑职有眼无珠!"狱卒听说海瑞是新来的县令,赶紧给他行下跪礼。

海瑞伸手去扶狱卒:"快起,快起,不知者不为过!"

"既然王提牢不在,那你就带我们去里面看看。"周岱说。

"遵命,请海县令和倪主簿跟我来。"狱卒说完带着海瑞和倪华、周岱一起往监狱里走去。

进了监狱大门,狱卒带着海瑞一行先来到外监。

"把门打开!"狱卒命令守在牢房门边的禁子。

"没有王提牢的命令,我不能开。"禁子说。

"你眼瞎啊?县令大人和倪主簿、周典史他们来视察监狱!"狱卒吼道。

县令大人?禁子看了看海瑞,似乎有些不大相信。他只知道前任县令洪英明,海瑞刚来他当然不认识。

见他还在迟疑,海瑞说:"请你打开门,让本县令进去看看人犯情况。"

"你是新来的县令?"禁子不相信似的看着海瑞。

海瑞告诉他:"对,我就是新来的县令海瑞。"

"还不快开门,想找死是吧?"见禁子还不开门,周岱着急起来,朝他吼道。

"我开我开!"见周岱发火了,禁子赶紧打开牢门。

"这是外监,一般犯人都关押在这里。"周岱给海瑞介绍。

海瑞仔细看了一下,见里面关押着二十多个犯人,问周岱:"这里边关押的都是些什么人?"

"关押的都……"

"都是些作奸犯科的小人。"周岱刚开口,禁子插进话来。

海瑞问他:"他们犯了什么罪?"

"强奸妇女、杀人放火、打架斗殴、不交租子、不纳赋税,什么样的人都有，但更多的是为争田地打架斗殴的。"禁子告诉海瑞。

"这些人都审过了吗？"海瑞问周岱。

周岱说："有的审过了，有的还没来得及审。"

"犯人实在太多，洪县令审都审不完！"一旁的倪华补充道。

海瑞沉思着点了下头。

"好吧，往前走。"海瑞对狱卒说。

狱卒指着右边对海瑞说："那边是内监，关押的都是些重犯。"

"嗯，去看看。"

狱卒领着海瑞和倪华、周岱一行来到内监。

狱卒叫禁子把门打开。

这里面关押着八九名犯人。因为都是重刑犯，全都戴着枷锁和铁镣，一个个蓬头垢面。

见官府有人来视察监狱，这些犯人仿佛是见到了救命稻草，呼天抢地地喊叫着，还用枷锁击打着门窗。

看到这一幕，加上刚才在外监看到的那些人犯，海瑞心情沉重起来：淳安这地方，治安是个大问题，今后自己不知要花多少功夫在这个事上啊！

"县令大人，我们再到其他地方去看看吧！"见那些犯人闹个不休，周岱怕他们闹出什么事来，赶紧劝海瑞。

"好！"海瑞点头。

"带海县令去看看你们办公的地方！"周岱对狱卒说。

随后，海瑞和倪华、周岱一行察看了监狱人员办公的地点，了解了他们的人员状况和监狱对人犯的管理情况。

"海大人，严州府来了急件！"

刚刚视察完毕，一名衙役急匆匆走进来，将一封信函呈给海瑞。

海瑞打开信函看了一下，对倪华和周岱说："走，回县衙！"

"什么事这么急啊，海大人？"倪华边走边问。

"回去再跟你说。"海瑞气喘吁吁地往前走着。

倪华和周岱跟着海瑞急慌慌地往县衙赶。

原来，海边倭寇正在大举进犯江浙沿海一带，为了确保军粮供给，兵部急令各地征集军粮，并要求在七日内按量征足送往前线，如有违者即刻斩首。

回到县衙已经是中午时分，海瑞等人随便扒了碗饭，便叫倪华知会各衙门负责人，要他们即刻赶来县衙大堂集中，商议征集军粮一事。

下午，县衙兵房、户房、粮科的司吏，还有部分甲长、里长，一齐聚集在县衙大堂，共同商议军粮征收事宜。

待事情安排完毕，海瑞立即带着倪华、周岱和兵房、户房、粮科的司吏一起到乡里征集军粮。

忙了一个下午，海瑞回到县衙。

吃过晚饭，海瑞换下官袍找了件旧布衣裳穿上，然后对仆人海安说："你找两把锄头，趁现在我有点时间，咱俩去把后院那片空地翻一下，明日你上街去买些南瓜、豇豆、茄子、白菜和葱蒜种籽回来，咱们把它们种上，今后咱们吃菜就不用上街买了。"

海安说："老爷，您忙了一天就休息吧？这事改天我来做，您就不用去忙乎了！"

海瑞说他："没事，你赶紧找上锄头，咱俩马上就去。"

海安拗不过他，只好找上锄头和他一起去后院。

海瑞和海安来到后院那片空地上，说："今晚咱俩先把土翻了，等你明日把菜种买来，得空的时候咱俩再来把它种上。"

海安说："是！"

二人忙碌了一个晚上，总算把这片地翻挖好了。

"走，回屋休息！"见地全翻挖好了，海瑞擦了擦额头上的汗水，高兴地说。

次日，海安上街去把南瓜、豇豆、茄子、白菜和葱蒜种籽买来了。白天，海瑞又出去和大家征粮。傍晚回来吃过晚饭，他换上旧衣裳，叫海安带上买来的菜种，拿上锄头一起去后院翻过的地里种菜。

"等这季菜长出来吃完了，咱们再找些其他菜种种上，保证一年四季咱们都有菜吃！"

"听老爷的，以后这种事我来做就行，老爷就不要亲自动手了，我是您家的仆人，这些事您再亲自动手，我心里就真过意不去了！"海安说。

"这有什么？有事大家一起来做！虽说你是我家的仆人，但你也是人嘛！"海瑞说，"别说了，走，回去休息！"

海安眼角有些湿润，不再说话。

过了一阵子，海瑞和海安种的蔬菜长起来了。海瑞和海安一直都是吃自己种的蔬菜，不用上街去买，肉更是一次都没买过。时间长了，海安说："老爷，还是上街买点其他菜来吃吧？"

海瑞说："自己种的菜不是很好吃吗？为何还要上街去买呢？"

"老爷，我是怕这菜没营养，长时间吃您这身体……"海安担心地说。

海瑞笑着说："我这身体怎么啦？你看，我这身体不是好好的吗？我跟你说海安，你不用担心，这菜很好的，吃着舒服，还不用花钱，以后就吃这些。"

海安知道自家老爷节俭惯了，不再多言。

有天傍晚，海瑞从外边回来，见海安闲着没事，便对他说："走，陪我到外边去转一下。"

两人出了县衙大门，海瑞指着前面的一座柴山说："走，去那儿看看！"

还没到半支烟工夫，二人便来到了柴山上。海瑞见山上的柴不少，便对海安说："嗯，我看这山上柴火不少，咱们住的地方离这儿也不是很远，今后家里烧的柴，你就来这儿砍，省得花钱去买。"

海安听了，有些不情愿，心里嘀咕："县令家用柴都要自己去山上砍，不怕人笑话吗？"

嘀咕归嘀咕，可海安没敢说出来，只是对海瑞应道："是，老爷！"

海瑞没忘记临行前母亲谢氏的教诲，虽然做了县令，但他生活仍然很俭朴，除了上堂处理政事必须穿戴官袍，平素他都是一身布袍，看上去一点也不像个做官的样子，更不要说是一县之主的县令。

当上县令，有时难免要会会官员，特别是上面来的，理应有身像样的衣裳。海安见老爷一直都穿着他那身布袍，好几次想劝他换身新衣，却又不好开口。

一天晚上吃饭的时候，海安实在是忍不住了，说："老爷，您经常出入官场，还是去扯几尺布做身新衣吧？"

海瑞听了，严肃地说："当官，最重要的是心中装有老百姓，多为老百姓办些实事，衣着再华丽，也不过是用来取暖避寒而已，没必要穿得那么好！"

"可是老爷，您这样人家会笑话的呀！"海安直话直说。

海瑞有些不高兴："谁想笑就让他笑好了，我不在乎。"

见老爷这么说，海安不好再说什么。

衙门里有些属官和一些乡绅见海瑞老是穿那身旧官袍上县衙大堂办公，有点看不起他，背地里叽里咕噜议论他。海瑞偶尔听到，也装着没听见，随这些人去议论。

这七品县令，虽说官不是很大，但也是朝廷命官，朝廷要派一些人员来服侍海瑞的生活起居，海瑞拒绝了。手下一些人，也说要来服侍他，海瑞也一概拒绝，说自己好手好脚的，用不着别人来服侍。

第5章　法办劣绅

　　海瑞喝问他:"冯有德,你身为一乡绅士,本应尽己之力替乡人办些实事,可你不但不替乡人办事,反而不顾百姓死活,勾结县衙官员盘剥百姓,鱼肉乡里。不仅如此,你还奸淫民女,派出家奴当街殴打乡民,你可知罪?"

- 1 -

　　一天下午,海瑞开始在县衙大堂正式处理政务。

　　自己初来淳安,又是第一回做行政官员,从何处开始理政呢?海瑞揣摸了一下,决定先惩办那天在开化乡遇到的那个恶乡绅冯有德,一来还老百姓一个公道,二来也好为自己树威信,以便打开在淳安的施政局面。

　　"周典史!"

　　"下官在!"

　　"你跟我去趟开化乡!"

　　"遵命!"

　　海瑞带着典史周岱赶往县城附近的开化乡,调查冯剥皮冯有德盘剥乡民的事。

　　来到开化乡,海瑞首先找到那日在集镇上救下的那位名叫田小娥的妇人的家。

　　"哟,海县令,您怎么来了呀?"见海瑞和周岱来到家里,田小娥有些吃惊,睁大眼睛问海瑞。

　　海瑞说:"有些事情想来找你聊聊。"

　　田小娥问:"是那冯剥皮的事吧?"

　　"嗯。"海瑞点头。

　　田小娥听了,气愤地说:"这挨千刀的,他也有倒霉的时候!"

　　"你仔细说说,他冯有德是怎么剥削你们家的?"海瑞说。

　　"……说起他冯有德,俺真是有诉不完的苦!"田小娥流着泪向海瑞陈述了乡绅冯有德盘剥她家的事情。

"事情就是这样,海县令,您可要替我们做主啊!"田小娥求海瑞。

"是啊,您要替我们做主啊!"田小娥的男人也求海瑞。

周岱对他们说:"放心,海大人一定会还你们一个公道。"

为了掌握铁证,惩办这恶乡绅,从田小娥家出来后,海瑞又找了些村民调查冯剥皮的恶行。

"说起这冯剥皮,真是吃他肉吃他心都不够,他不但找借口加重征收我家的地租,还指使他的家奴乱打人!海县令,您得给大伙出出气呀!"一位姓吴的老汉告诉海瑞。

海瑞问他:"你可有证据?"

"有啊,去年我家因天旱无收交不起租子,求他冯剥皮宽限些时日,他不但不答应,还指使他的家奴将我打伤,如今阴天下雨我这腰杆还会疼!"吴老汉说完掀起衣裳让海瑞看他的腰杆。海瑞看到,他的腰上还残留着一些伤痕。

"这天打雷劈的,我家……我家闺女还让这畜牲给糟踏过啊!"妇人刘小芬哭着告诉海瑞。

"真有此事?"海瑞问她。

"为这事我女儿还寻过短见,这事乡亲们都可以作证!"刘小芬抹了把眼泪说道。

"咋不到县衙告他呢?"海瑞问。

刘小芬说:"官府和这些人都一个鼻孔出气,再说他养的那些家奴,一个个凶神恶煞,若是去官府告他,他们还不寻咱家的仇啊?"

海瑞每到一处,乡民们都向他诉说冯剥皮及其家奴的罪恶。

"无法无天,真是无法无天了!"海瑞气得浑身发抖。

查明了冯剥皮及其家奴的罪行,海瑞回到县衙后马上派人把捕头吴德坤叫来。

"海大人,有何吩咐?"不一会儿,吴德坤来了。

"今日本县着你带人去开化乡把这恶乡绅和他的家丁一并捉拿到案,待本县审问之后将其进行法办!"海瑞命令吴德坤。

"好,卑职马上就带人去将此人及其家丁抓捕归案!"吴德坤说。

海瑞接着说:"被打的妇人田小娥,还有受害的村民吴老汉、刘小芬,你一并将他们带来,本县要让他们与冯有德对质,省得到时候他抵赖。"

"遵命！"吴捕头说完转身快速走出县衙大堂。

"等等！"海瑞突然叫住他。

"还有事，海大人？"见他突然叫住自己，吴德坤回转身问。

海瑞说："连刘齐信也一并抓了！"

"海大人，刘齐信是……"吴德坤一惊，睁大眼睛望着海瑞。

海瑞说："本县知道他是县丞，但王子犯法与民同罪，不能让他逃脱惩罚！"

"遵命！卑职马上派人去拘捕他！"吴德坤说。

海瑞说："不，抓捕刘齐信你得亲自去，冯剥皮和他的家丁，你可以派其他人去抓捕。"

"卑职遵命！"吴德坤说完转身离去。

吴德坤回去后，立即派他的副手焦化带着捕快去开化乡抓捕冯剥皮及其家丁，他则带着三名捕快去抓捕刘齐信。

海瑞也曾想过，自己刚来，还摸不透淳安情况，再说县衙就刘齐信一个正八品佐贰官，要是这个时候动他，恐怕会影响自己的施政，想暂且让他逍遥一阵，待时机成熟了再动他，可他想了一下觉得还是不行。如果不动他刘齐信，就很难制服冯有德，老百姓也会有所顾忌，所以，他决定连刘齐信也一道抓来审讯。

很快，焦化和捕快们将冯剥皮和他的一干家奴押到了县衙大堂。同时，也将那日在集镇上被殴打的田小娥，还有吴老汉、刘小芬等人一并带来了。

捕头吴德坤等人也将县丞刘齐信抓来了，但海瑞暂时没让他露面。

海瑞开堂审问冯剥皮及其家奴。

附近的乡民对冯剥皮的恶行也有所耳闻，听说新来的县令要开堂审问他，纷纷赶来看热闹。

"这种恶人早就应该收拾了！"

"终于有人替咱们老百姓说话了！"

县衙大门外，人声鼎沸，人们大声议论着。

"升……堂！"

威严的声音从县衙大堂传出。

捕快们将五花大绑的冯剥皮和他的家奴押到堂前跪下。

"啪！"

海瑞拿起面前的惊堂木重重地往案上一拍，朝下厉声喝问："下跪者何人？"

"禀报大人，小民姓冯名有德！"冯有德低着头回答，再也没有往日的嚣张相。

海瑞喝问他："冯有德，你身为一乡绅士，本应尽己之力替乡人办些实事，可你不但不替乡人办事，反而不顾百姓死活，勾结县衙官员盘剥百姓，鱼肉乡里。不仅如此，你还奸淫民女，派出家奴当街殴打乡民，你可知罪？"

"大人，小民冤枉！小民没有多收他们地租，更没有勾结哪位官员盘剥他们啊！"冯有德想抵赖。

"冯有德，那日本县在开化乡集镇亲眼目睹你的家奴殴打欠你地租的乡民田小娥，这事你也敢抵赖？"

冯有德见他打蛇打到了七寸上，不敢说话。

"前两日本县令带人到开化乡进行暗访，乡民们皆指控你借征收地租勾结县里官员盘剥乡民，乡民交不起租你就派出家奴殴打，甚至还糟踏人家女儿，有没有这事？"海瑞站起来逼视着他。

"没有啊，县令大人，这些都是他们冤枉小民的啊！"冯有德死不认账，他还以为刘齐信能为他撑腰。

见他百般抵赖，海瑞气愤地对衙皂们说："把田小娥等人带上堂来！"

田小娥、吴老汉、刘小芬等人被衙皂带上堂来一齐跪下。

海瑞问田小娥："乡民田小娥，本县令问你，前些日冯有德的家奴是不是在开化乡集镇上殴打过你？"

"是的，大人，那日他的两个家奴在集镇上遇到民妇，就当街用皮鞭抽打民妇。就是这两个挨千刀的那日拿皮鞭打我的，要不是县令大人搭救，恐怕民妇要被他们活活打死在街头啊！"田小娥流着泪诉说。

海瑞问她："他们为何要打你？"

"因我家欠他冯剥皮的租子，他说我家赖账不交租！"田小娥回答。

海瑞又问："你种人家的田为何不交租呢？"

"县令大人，不是民妇不交，是因为天干没收成，我家没粮交啊！民妇去求他冯剥皮宽限些时日，他不答应！"田小娥诉说道。

海瑞问冯有德："她说的可都是事实？"

冯有德不说话。

"吴老汉，冯有德派家奴催租打伤你的腰，有这回事吗？"海瑞把目光转向吴老汉。

"这事千真万确，绝不敢冤枉他冯有德半句！不信你们看，我这腰上的伤还在呢！"吴老汉说着撩起衣裳让大家看。

"这事左邻右居都可以给我作证！"吴老汉补充道。

海瑞问："冯有德，他没冤枉你吧？"

冯有德还是不说话。

"刘小芬，你昨日向本县反映，冯有德糟踏了你家闺女，这是真的吗？"

见冯有德还是不说话，海瑞又问乡民刘小芬。

刘小芬早已哭成泪人，猛然站起来要打跪在她旁边的冯有德："你这畜牲，你也有今天，老娘今天和你拼了……"

后边的衙皂赶紧将她拉开。

随后，刘小芬哭着将事情的经过告诉了海瑞。

"冯有德，你告诉本县，他们说的这些是不是事实？"海瑞厉声问道。

冯有德不敢出声，他心里清楚，这些都是他干的事，乡民们没冤枉他半句。

海瑞问他："经本县调查，你还勾结县衙官员盘剥百姓，鱼肉乡民……你可知罪？"

冯有德低头不语。

"冯有德，你有没有要申辩的？"见他不说话，海瑞再次问他。

他仍然不说话。

"既然不说，那就是默认。来人，先打四十大板，再将他拖到牢里关起来！"海瑞命令衙皂。

"饶命啊，海大人，小民再也不敢了！"冯有德赶紧叩头求饶。

但没有用，衙皂抡起廷杖狠狠朝他身上打去，打得他喊爹叫娘。待打满了四十大板，海瑞当堂宣布了他的罪行，然后吩咐衙皂将他拖入牢中。

跪在一边的家奴见主子被打得喊爹叫娘的，早已吓得尿了裤子。

"你们两个奴才，助纣为虐，随意殴打乡民，实为可恨！来人，将他二人先打五十大板，然后一并打入牢中！"海瑞命令衙皂将那日在开化乡集镇殴打田小娥的两名家奴各打五十大板。

两名家奴赶紧求饶："求海大人饶命，今后我俩再也不敢了！"

"行刑！"

"拖出去，一起打入牢中！"待打完了五十廷杖，海瑞命令衙皂。

随后海瑞又审讯了冯有德的其他家奴，并论其罪行分别宣判后，叫衙皂将这些家奴打入牢中。

"海县令，您不是说县衙有官员和这些人有勾结吗？咋不将这人一起法办呀？"

"是啊，海大人，咋没见到大家说的那个人啊？"

"自古以来官官相护，那个人是他的手下，他咋会动他？"

"你说得没错，他不会动那人的！"

"唉，这人不倒地，只怕有朝一日有些人要遭到冯剥皮的报复哦！"

人群中议论纷纷。

海瑞朝站在下边的衙役高声叫道："带人犯刘齐信上堂！"

听海瑞说带人犯刘齐信上堂，下面的人群一下子又议论起来。

转瞬，县丞刘齐信被押进来跪下。

海瑞又"啪"的一声将惊堂木一拍，厉声问跪在下面的刘齐信："刘齐信，你可知罪？"

"海大人，下官有何罪啊？"刘齐信反问海瑞。

"我看你是不见棺材不掉泪，刘齐信，本县已查明，你借县丞这一职位，利用手中权力长期勾结乡绅冯有德欺压良民，无恶不作……现本县按大明律例革去你县丞一职，即刻押入大牢，待本县上报严州府后再做处置！"海瑞盯着刘齐信，历数其罪状。

"冤枉，我冤枉啊！"刘齐信声嘶力竭地喊叫着。

"押下去！"

听到海瑞的命令，两名衙役将刘齐信拖了下去。

惩办了冯剥皮及其家丁，将县丞刘齐信打入大牢，淳安老百姓人心大快，奔走欢呼，都称海瑞为"海青天"。

海瑞一时名声大震。

- 2 -

海瑞心里清楚，今日既做了淳安知县，便是淳安百姓的父母官，能否做好这个父母官，那就得看自己的能耐。

他认为，知县知县，就是要知一县之事，只有这样才办好县衙和老百姓的事。可如何才能知一县之事，办好百姓的事呢？

海瑞觉得，最好的办法就是深入百姓当中去体察县情民情，上自淳安县衙的人事财政军备税赋，下至黎民百姓的衣食住行，都得做到心中有数，只有了解了实情，才能提出有针对性的施政方略。

他想，县衙里有青册，县衙的人事财政军备税赋那上面肯定都有记载，不妨叫管理青册的吏员拿来查阅一番，先了解个大致情况再到下属和百姓中去走访调查，实地了解民情。

在福建南平县做教谕时海瑞就听说过，因为官府方面的问题，老百姓的生活并不是那么好过，淳安会不会也是这样，当然只有通过调查才能得到答案。

想到这里他吩咐站堂衙役："你去主簿衙把倪主簿给本县叫来。"

站堂衙役退出门外，去主簿衙叫主簿倪华。

"海大人，有何吩咐？"一会儿，县衙主簿倪华随站堂衙役来到海瑞面前。

海瑞看了他一眼，说："你帮本县找些县里的青册。"

"下官遵命。"倪华说完走出大堂，准备去户房叫司吏赵品仙给他找青册。走到大堂门外，正好遇到赵品仙。二人往大堂里走去。

"哎，你怎么又回来了？"海瑞问倪华。

倪华说："我正要去户房找赵品仙要青册，恰巧在堂外遇到他。他说有事要跟您说，就跟着他回来。"

"有什么事要跟本县说啊？"海瑞问赵品仙。

赵品仙说："海大人，我想跟您说说户房的事。"

"哦，我正有些事想问问你呢！"海瑞笑着说。

"什么事，海大人？"赵品仙不解地望着海瑞。

海瑞说："本县在来上任的路上，见有不少百姓携儿带女地往外逃难。在福建南平县任教谕的时候，本县曾听说淳安这儿是拥有万顷良田的鱼米之乡，这到底是咋回事？"

"唉，淳安的名声在外倒是不错，可实际并不是那么回事！"赵品仙摇头说道。

"这是为啥？"海瑞追问。

赵品仙说:"不瞒大人,自打嘉靖皇帝主政以来,淳安县的老百姓因为赋税太重,不愿意耕种田地,大部分农户都往别的地方逃,很多田都荒芜了。"

"赋税太重?老百姓有哪些赋税要交?"海瑞问他。

"有辽响、剿响、练响、徭役、田亩税、地丁税、水脚钱、车脚钱、口食钱、蒲篓钱、竹篓钱、粮耗、火耗。除此以外,沿江还有神佛钱……"赵品仙扳着指头数了好一会儿也没数清楚,只好说,"很多很多,卑职一时也数不清。这些,青册里面都有详细记载。"

"那你赶紧去把青册给本县拿来。"

一会儿,倪华和赵品仙抱着几大本新编的青册回来。两人将手上的青册放到海瑞面前的桌案上。

海瑞随手翻了翻他俩送来的青册,对赵品仙说:"好,你去忙你的事,本县先看看再说。"

海瑞把桌案上的青册推到一边,说:"倪主簿,有件事情麻烦你安排人去办一下。"

"请海大人吩咐!"倪华赶紧说。

海瑞说:"你去请人制作一块牌匾,牌匾上就写'忠效'二字。"

倪华问他挂什么地方。

"就挂在这儿。"海瑞扭过身子,指着墙壁告诉他。

"字要大些!"海瑞强调。

"是,海大人,下官这就去安排。"

次日早晨,海瑞在县衙大堂看到倪华叫人挂到墙壁上的牌匾。

海瑞站在牌匾前仔细端详:牌匾制作精良,"忠效"二字笔峰端庄遒劲,挂在墙上非常醒目。他抚弄着下巴,微笑着不停地点头。在他看来,做臣子的,最重要的莫过于效忠朝廷,他之所以命人制作这块牌匾悬挂在县衙大堂,目的就是让它时时警醒自己。在后来的仕途中,海瑞不折不扣地践行着这"忠效"二字。不但他自己这样做,他还经常告诫下属,要他们随时心存"忠效"二字。

这时,倪华走了进来,讨好般地问道:"大人,还行吧?"

"很好!"海瑞微笑着说。

倪华听了,心里很高兴。得到头儿的赞赏,这说明自己办事有能力。

- 3 -

倪华一走，海瑞就开始仔细查看起那些青册来，他重点查看了淳安县近几年的户籍和赋税。

他翻到一页，见上面记载着淳安县的建制："淳安，有乡十四个，都三十五个，图八十个，里一百二十个……"

他继续翻阅，见上面载着淳安县的户籍情况："洪武二十四年，淳安在籍户数一万六千三百三十七户，人口七万七千三百零七口。到嘉靖中叶，淳安在籍户数一万一千三百七十四户，人口四万六千七百一十二口。"

"也就是说，这几年淳安县的人口减少了将近一半。"海瑞凝视着面前的青册，自言自语。

这些人到哪儿去了？他们为何要离开自己的生养之地？海瑞后来在和淳安的官员交谈时才得知，这些人大多数都是种地的农户，他们携老带幼逃往其他地方，大多成了无家可归的流民，有的逃到其他省份谋生，有的逃入深山老林里采矿成为矿徒，有的开垦山地成为棚民，还有的干脆下海做起了海盗。而这些人之所以成为外逃流民，都是因为官府的赋税太重。

接着，海瑞又翻看了淳安县前两年的财政税收记录。上面记载，淳安县官有、民有的田地、山塘共计八千一百四十六顷三十六亩，每年负担夏绢一万六千一百七十五匹，农桑绢三百二十六匹，盐粮三千八百八十二石九斗……

"苛捐杂税，苛捐杂税啊！这样的赋税，让老百姓怎么活？"看到青册上的这些记载，海瑞感慨万千，不停地摇头。

花了一天半时间，海瑞浏览完了倪华和赵品仙送来的青册，对淳安县的人文地理、行政建制、户籍人口、财政税收情况有了大概的了解。

他吩咐站堂衙役去把倪华叫来。

自从县丞刘齐信被绳之以法之后，上面一直未给淳安县衙派新的县丞，所以他有事只能找主簿倪华来商量。

不多一会儿倪华来了，海瑞问他："这些青册里面涉及淳安县的，是不是你记录的？"

"回禀大人,不是下官记录的。"倪华回答。

海瑞问:"那是谁记录的呢?"

"赵品仙。"倪华告诉他。

海瑞吩咐站堂衙役:"去把户部司吏赵品仙叫来。"

"是。"站堂衙役听命走了出去。

一会儿,赵品仙来了。

"这里边都是你记录的吗?"海瑞指着案桌上的青册问赵品仙。

"最近十年都是卑职记录的。"赵品仙以为是青册上的记录出了差错,小心翼翼地走上前来。

"既是如此,那淳安的情况你应该很清楚,对吧?"

"卑职不敢说全部了解,但至少这十年的情况卑职是比较清楚的。"

"那本县问你,淳安县这些年的赋役真如你所记录的那么重吗?"

"回禀大人,青册是一个地方的历史记录,反映的是一个地方的历史,卑职只能如实记录,绝不敢胡乱为之。"

"不看还不知道,一看吓一跳!这两日本县查阅了一下这些青册,感觉淳安老百姓的赋役还真不轻,县衙每年的开支也不少啊!"

"谁说不是呢?但这些都是朝廷规定的,县衙作为朝廷的一级政府机构也不能不执行啊,海大人,您说是吧?"

"这么重的赋役,你说老百姓咋承受得了?"

"岂止是老百姓,海大人,就是那些里长、甲长,他们也一样承受不了啊!"

"这话怎么说?"海瑞盯着他问。

赵品仙告诉他,洪武年间,人们觉得当个里长、甲长是件光宗耀祖的事情,在淳安县的乡村,人人都抢着当。可现在大家都怕当里长、甲长,甚至是避之而唯恐不及。

海瑞问他是啥原因。

赵品仙说:"明太祖统一天下之后,从洪武十四年开始,在全国设立了里甲制,将户籍和赋役合并管理。明太祖重视里长、甲长这些乡村里的头面人物,甚至时不时还召见这些人,这些人觉得很荣耀,也就争着当。可嘉靖中叶以后,朝廷的赋役一年重过一年,而且这些赋役各地不均衡,这就导致了大量的老百姓往外逃,许多地方里甲破碎紊乱,户籍管理和赋役的征收受到了极大影响。"

海瑞问他："老百姓赋役加重，与这些里长、甲长有何关系？"

赵品仙说："关系大喽！"

"仔细说给本县听听。"

"大人您是知道的，我大明的赋役征收一直采取的是连带制，也就是说，一户欠收得由其他九户补足，一甲欠收得由其他九甲补足，而责任呢？最后还是要落到这些甲长和里长头上，一旦赋税徭役征收不齐或出点啥差错，县衙就拿他们这些人来问罪，这些里长、甲长实在是不堪重负。还有，淳安这个地方是徽州和饶州的通道，倭寇常来侵扰，倭寇之乱与平倭，让路过淳安境内的上下官员络绎不绝，这就给地方上增加了大量的接待费用，里长、甲长接待不周，就会给人留下说辞。为这事，许多里长、甲长纷纷辞职不干了！"

"谁说不是啊！"一旁的倪华感叹道。

海瑞点头，沉思。他想，耳听为虚，眼见为实，光凭青册记载和赵品仙的话肯定不行，得沉下去调查。

海瑞查阅了一会儿青册后回到住处。他想晚上去找倪华聊聊。

— 4 —

吃过晚饭，海瑞来到倪华家。

"哟，海大人，您怎么来了？您不事先知会一声，下官也好去接您嘛！"倪华和家里人还在吃晚饭，见海瑞从门外走进来，赶紧站起来打招呼。

倪华知道海瑞一定是有事找他，三下五除二把饭吃完，二人往书房走去。

进到书房坐下，倪华开门见山地说："海大人，有事您就说吧。"

"本县刚来淳安，很多情况还不清楚，今晚来你这儿，是想了解些情况。"海瑞也不遮掩，直话直说。

倪华问："海大人想了解哪方面的情况？"

海瑞说："你知道什么就说什么，随便聊。"

"您还是给个范围吧，海大人，要不下官还真不知道从何说起！"倪华笑着说。

海瑞想了想，问他："当今官场中，有没有让你觉得反感的东西？"

"有!"倪华不假思索。

海瑞说:"说说看。"

"送礼,这是当下大家最反感的事,下官也认为这是官场盛行的最不好的一种风气!"看得出,倪华对这事也很不满。

海瑞问他:"为何要送礼?送给谁?"

倪华说:"海大人刚来,可能有所不知,朝廷每隔三年要对州县一级的地方官进行一次政绩考察,考察由吏部或都察院的人主持。这种考察,直接影响到地方官员的仕途和命运,所以在考察时地方上的官员往往都会给前来考察的京官们送礼,想办法巴结这些京官,让他们在考察时多给自己美言几句。"

"据本县所知,地方上的这些官员,每年的薪俸并不高啊!"海瑞一脸微笑。

倪华说:"海大人说得没错,从太祖开始,地方上的官员薪水就少之又少,就拿我这个正九品的主簿来说吧,一年的薪俸也就是五点五石米。说句实话,这点薪俸连养家糊口都不够,不要说结余了。下面那些吏员更不用说了,薪俸更是少得可怜。"

"既然连养家糊口都不够,那他们哪来的银子去送礼呢?"海瑞又问。

"哪来的银子?贪呗!靠搜刮老百姓,靠吃拿卡要或增添赋银呗!除了这些,还能有啥办法?"倪华有些激动。

海瑞问他:"你能不能说具体些?"

"每到要朝觐的时候,县里就向老百姓科派,科派来的费用都作为地方官到北京朝觐的差旅费和礼金礼物。就拿咱们淳安来说,每次朝觐向里甲摊派的白银就高达二百四十两。这些银两,名义上说是礼节上的需要,说穿了就是向京官行贿的赃物!"倪华越说越气愤。

"既是这样,为何没有人站出来反对?"

"这已是官场惯例,谁会出来反对?再说,反对也没有用。而且,还会得罪人,谁还会出来反对呀?"

"倒也是。"海瑞沉思着点了点头。

"本县看了一下近几年的青册,县衙的开支很大。你说,县衙一年的开支咋会那么大?"海瑞问他。

倪华说:"时下,官场盛行一个不成文的规矩。"

"啥规矩?"海瑞望着他。

倪华说:"据属下了解,但凡上面出巡到当地的官员,包括巡按御史、分巡道、分守道,还有他们的吏书,知县都得向他们馈送银两,多则几百两,少则五六两,这已经成了惯例,而淳安县是往来于皖、浙、赣三省的水陆交通枢纽,境内的新安江是出入境的重要通道,过境官员频繁。这些过境官员和他们的随从所需的食物、马匹,还有船轿和挑夫,均由县衙负责提供。"

"县衙这些开销,银两又从哪儿来?"

倪华两手一摊:"还不是从老百姓身上来!"

"这项开销摊到老百姓身上,每丁要拿出多少银两?"海瑞又问。

倪华眼睛朝上立了立,估算了一下:"少则三两,多则四两。"

"苛捐啊!"海瑞痛心地说。

倪华摇摇头:"县衙也没办法!"

……

"好吧,今晚就聊到这儿,时间不早了,不打扰你们休息了,本县该走了!"海瑞又向倪华了解了其他一些情况,见时间晚了,就告辞了。

– 5 –

尽管头天晚上倪华跟海瑞说了不少情况,可海瑞觉得还得找驿站了解一下。因为驿站是负责接待上级官员的对口衙署,一年上面来了多少官员,用了多少钱他们最清楚。

在淳安县,接待上级官员的驿站只有一个,那就是城西新安驿。

下午,海瑞叫上倪华一同来到新安驿。

"余……余大人,不……不好了……"驿丞余德龙坐在桌子边翻看接待登记簿,看今年一共接待了多少上边来的官员,驿吏刘正平急慌慌地跑来禀报。

"看把你急的,有啥事慢慢说,什么不好了?"见刘正平急成那个样儿,余德龙说。

"海……海县令和倪……倪主簿他们要……要来咱们驿……驿站……!"刘正平本来说话就有些结巴,加上一急,半天才把话说完。

"你说什么?海县令和倪主簿要来咱们驿站?"余德龙站起来。

"他们啥时候来,听说了没有?"

"马……马上就……就到。"

"刘元，走，叫上大家一起到外边去接海县令和倪主簿！"余德龙听说海瑞他们马上就到，急忙一边吩咐副手刘元，一边率先走出门来。

刘元叫上驿站的其他人跟着出来。

"海县令、倪主簿，来之前您二位知会一声，卑职也好去接呀！"余德龙和刘元他们刚走到门外，海瑞和倪华就到了。

"我和倪主簿又不是找不到你这儿，有啥好接的？以后接人这种烦琐的事大家都不要做了，谁要来他自己会来。"海瑞边走进驿站边说道。

余德龙赶紧说："是，是，听海大人的！"

"海大人，倪主簿，驿站条件简陋，您二位随便坐！"余德龙把自己的坐椅让给海瑞，叫倪华坐在旁边一张凳子上。

落座后，海瑞问余德龙："你叫啥名字？驿站是你负责吗？"

余德龙回答："回禀大人，卑职名叫余德龙，负责驿站近十年了。"

"你呢？"海瑞又问坐在余德龙旁边的刘元。

刘元站起来："卑职刘元，负责协助余大人办差。"

刘元回答后坐下。

海瑞又问："你们驿站有多少人？"

"一共二十来个。"余德龙回答。

海瑞说，人手少了点。

"你统计过吗，今年上面到咱们淳安出巡的官员有多少？"海瑞切入正题。

余德龙说："多得很，今年到目前为止已经来了八十多人。"

"这才五月呀，就已经来了八十多人？"海瑞有些不敢相信。

余德龙说："这还只是个概数，恐怕还不只这些。"

"来的都是些什么人？"

"有巡盐御史，也有提督总兵；有兵马司指挥，也有中护军；有盐铁史，也有督学。此外，还有他们的书吏、三亲六戚和哥们儿……反正，什么人都有。"余德龙数都数不过来。

海瑞问他："不出公差的来这儿你们也接待？"

"来的都是官，都是客，咋能不接待？不但要接待，还要接待好，接待不好他们要找麻烦呢！"余德龙一副无奈样。

"朝廷不是规定了接待标准吗？"海瑞问他。

余德龙说:"是规定了标准,可事实上,没有哪一次接待不是超过标准的!"

"是啊,次次接待都超标!"刘元补充道。

"不但超标,还超得很厉害!"驿站一名吏员说。

"为何不按标准接待呢?"海瑞问他们。

余德龙说:"我们倒是想按标准接待,可来的任何一位官员我们都得罪不起,这个事情,倪主簿最清楚不过了。"

"是啊,来的每一位官员脾气都大,驿站真是不敢得罪!"倪华叹息道。

海瑞问:"你们这儿一年光接待大概要花多少银子?"

"不会下两千五百两!"余德龙大概算了一下。

海瑞问他:"这些银两从何而来?"

"增加老百姓赋税呀!"余德龙摊开双手。

"是啊,一有接待,官府就给当地老百姓增加赋税,把负担转嫁到老百姓身上。"倪华接过话。

"不光是这些,更严重的是,这些官员来了,当地老百姓还要无偿地出苦力,给他们挑东西、拉纤等,老百姓活也干不成,误了农时。"

听了他们这番话,海瑞感叹:"难怪本县在来的路上,看到不少地方十室九空,田地荒芜!"

余德龙说:"赋税太重,老百姓没办法种田,只好逃到外乡去谋生。"

……

见情况了解得差不多,而且时间也不早了,海瑞说:"行吧,今日就聊到这儿,改日咱们再细聊。"

见海瑞和倪华起身要走,余德龙赶紧说:"海县令、倪主簿,今日就在我们这儿吃顿饭吧!"

"不用麻烦,我们回去吃。"海瑞说着站起身就往外走。

倪华本想在这儿吃了饭再走,见海瑞往外走,只好跟着他出来。

余德龙等人见留不住,只好出来送他们。

海瑞边走边对余德龙和刘元说:"记住,今后不管是啥官员来,一定要按朝廷规定的标准接待,一律不得超标。"

"这……这恐怕不行吧,海县令!"余德龙很为难地看着他。

海瑞说:"没什么不行的,你按本县说的办就是!"

"卑职怕……"余德龙欲言又止。

海瑞知道他想说什么,赶紧说:"你怕什么?天塌不下来,就算塌下来,有本县替你们顶着!"

"是。"余德龙不敢再说什么。

海瑞说:"我回去后拟一个标准给你们,今后你们就按这个标准接待,不得超标。"

"是。"余德龙说。

"好了,你们回去,不要送了,今后不管是县衙或是上面的官员来,你们都不要接送。"海瑞告诉余德龙。

"这不妥吧,海大人?上面来了官员驿站的人接送一下,卑职觉得也是应该的。不去接送,人家会骂我们不懂礼数。再说,怕上面……"余德龙不好再说下去。

见他不听安排,海瑞有些生气,说:"本县说了不接就不接,他们生得有脚,要来他们自己会来!"

"好,卑职听从吩咐就是!"余德龙站直身子。

随后几日,海瑞又通过县衙一些人了解到,县里各个衙门的官员都在巧立名目,向老百姓敲诈勒索,给老百姓增添了不少负担。

不久,严州府的批文下来了,同意海瑞对县丞刘齐信的处置意见。海瑞按严州府的要求,将刘齐信进行了法办。

乡民们听到刘县丞被法办的消息,都欢呼雀跃,奔走相告。在咒骂刘县丞的同时,乡民们对海瑞大加赞赏,说他做了一件深得民心的大好事,是个难得的好官。

第6章　暗访民情

听赵品仙这么说,海瑞非常愤怒:"怪事,真是怪事!有上千亩田地的一分赋税不交,而只有一二十亩田地的,反倒要交不少的赋税,你说,这是哪门子王法?"

— 1 —

海瑞知道,光向属下了解情况还不行,从他们这儿了解到的只是衙门里的一些问题,要想了解老百姓疾苦,还得到民间去走走,看看老百姓到底过的是啥日子。

海瑞吩咐站堂衙役:"你去把倪主簿和户房的赵司吏请来,本县有事找他们。"

"是!"站堂衙役出去请倪华和赵品仙。

一会儿,倪华先来了,他问海瑞:"海大人,有何吩咐?"

海瑞说:"县衙里的事这些天你多费些心,本县要和赵品仙一起去下边走一圈,了解些情况。"

"海大人,您有事找卑职?"正说着,赵品仙走了进来。

海瑞告诉他:"你和本县去下面的乡里走一圈。"

"遵命!"赵品仙说道。

倪华问海瑞:"海大人准备去哪些地方?"

海瑞说:"先到附近的乡村转转。"

"要不要多带些人去?"倪华关心地问。

"本县是去调查了解情况,又不是去打架,带那么多人干吗?"海瑞说。

倪华担心地说:"我是怕……"

"怕啥啊?怕老百姓把本县给吃了?哈哈,本县看不会的!"海瑞打趣地说。

倪华说:"既然如此,卑职听大人安排。"

"哦,还有一件事。"

"请大人吩咐。"

"你派个人去仁寿乡芹川村,把叫朱七、黄三的两个村民给本官找来。来后叫他俩候着,本县晚上回来后要见他们。"

"是,大人。"

听了海瑞的话,倪华心想,哎,怪了,这海大人刚来淳安,又没下过乡,怎么会认识这两个人呢?他到底是啥来头?

海瑞吩咐赵品仙:"你赶紧去准备一下,我们这就出发。"

不一会儿,赵品仙回来了。见他穿得像模像样的,海瑞说:"你就穿这身官服去?"

听了他的话,赵品仙觉得有些奇怪:身为县衙官员,下去了解民情不穿官服穿什么?这官服就是身份,不穿着去谁理你呀?

于是,他问海瑞:"海大人,下去了解民情不穿官服还能穿啥?"

"去换身老百姓穿的,不要穿官服!"海瑞说。

赵品仙只好回去找衣裳换。

"哦,记着带些干粮!"海瑞叫住他。

"还要带干粮?"赵品仙更是惊讶。

海瑞说:"到时候不怕饿你就不带,反正本官是要带的。"

赵品仙只好照他说的去办。

赵品仙换好衣服,带着干粮回来。见海瑞已经换好衣服带着干粮站在门外,赶紧走过来。

赵品仙用怪异的眼神盯着海瑞,问:"海大人,您就这样下去?"

海瑞反问他:"怎么?本县这样下去不行?再说你现在不也和本县穿的一样?"

"卑职哪敢说不行啊!"赵品仙赶紧打哈哈。

倪华见他俩穿成这个样子,也觉得怪好笑,但没敢笑出声。

"海大人,先去哪儿?"赵品仙问。

海瑞说:"开化乡近些,就先去开化乡吧。"

赵品仙见没其他人跟随,又问:"就我们俩?"

"嗯。"海瑞点头。

赵品仙更纳闷：以往洪县令出门不带十个也要带八个手下人跟着，这海县令怎么就只带自己呢？

于是忍不住问他："海大人，以往洪大人出门，不带十个也要带八个弟兄一起跟着去，可大人您怎么就只带我一个人啊？"

海瑞说："咱们此行是去调查民情了解民意，不是去打架，带那么多人干吗？你说，带那么多人要给老百姓增添多少负担？再说，带那么多人去，老百姓会跟你说实话？老百姓不说实话，我们下去又有何意义呢？"

赵品仙这才明白，海瑞要微服私访。

出城一两里地就是开化乡，二人很快就到了乡里。海瑞见前边住着一些农户，对赵品仙说："走，到那儿去看看！"

海瑞带着赵品仙走到一座茅舍前，见一中年汉子在坝子里晒稻谷，就上前和汉子搭讪。

"老兄，今天收成如何？"

汉子长叹一声道："唉，前些日子老天爷总是不下雨，田干得开口，穗子出不来，就算是出了也尽是些秕壳！"

海瑞弯下腰撮起一撮谷子在手上，仔细一看，还真有大半是秕壳，痛心地说："这老天爷真是不长眼啊！"

"海大人，要不要和他仔细谈谈？"赵品仙低声问。

海瑞说："当然要谈。"

于是赵品仙客气地问汉子："老哥，我们想和你聊聊，能否耽误你一会儿？"

汉子看了他俩一眼，觉得不像是坏人，便放下手上的活儿，说："那就到屋子里坐吧。"

"多谢，多谢！"赵品仙朝汉子道谢。

海瑞和赵品仙随汉子进到屋里。汉子的妻子在做饭，见有客人到来，觉得自己的家实在是有些简陋，腼腆地对他俩说："对不起两位客官，我们家实在是不成样子！"

"不用客气，不用客气！"赵品仙赶紧说。

汉子问海瑞和赵品仙："敢问两位客官是做什么行当的？"

赵品仙赶紧说："做生意的。这年头谁都怕饿死，我们家老爷想趁有点余钱，买点谷子放着以备急用。"

"要是这样的话，那两位客官走错路喽，我们连自家吃的都成问题，哪还有谷子卖给你们？"

海瑞问汉子："你们家种有多少亩田？"

汉子说："十亩一分。"

"哟，记得这么准啊？"海瑞笑着说。

汉子的妻子接过话："租人家的田来种，到时候要交人家租子，哪能记不准呀？"

"哦？是租别人家的田来种呀，我还以为是你们自家的田呢！"海瑞装着吃惊的样子。他知道，这年头许多老百姓都没有田地，多半都是从当地乡绅那儿租来种。

赵品仙问汉子："就收这点谷子或是还有啊？"

"就这么点！"汉子叹息道。

"怎么？十亩多田就收这点谷子？"赵品仙有些不相信。

"天太干了，没收成！"汉子的妻子告诉他。

海瑞问："要交人家多少租子？"

汉子说："十五石。"

"你这儿有多少谷子？"赵品仙看着坝子上晒的谷子问汉子。

汉子瞟了眼晒在坝子上的谷子，然后说："最多也就十二石。"

"也就是说，连交人家租子都不够。"海瑞看着汉子。

汉子说："是啊！"

"那你们家以后吃啥？"赵品仙问。

"唉，我们也不知道这以后的日子咋过呀！"汉子忧心忡忡地说。

汉子的妻子早已在一旁抹起了眼泪。

见汉子和他妻子都很伤感，海瑞说："既然你们家没有多余的谷子，那我们到其他家去问问，看别人家有没有多余的。"

汉子说："两位客官不要白跑了，这个村的人家，除了出租田的大户人家，谁家也不会有多余的谷子。"

"真的啊？"赵品仙吃惊地问。

汉子的妻子说："我们都是庄稼人，哪会骗你们！"

"哦，那谢谢你们，我们告辞了。"海瑞和汉子夫妻道别。

二人又朝村里的其他人家走去。

"老天爷啊老天爷,咱祖祖辈辈没造过啥子孽嘛,你为何不让咱们活啊!"

海瑞和赵品仙在村里转了一会儿,见有位七十多岁的老汉坐在自家门前的石墩上哭泣。海瑞感觉奇怪,便走上前去问:"老人家,您哭啥啊?"

见有人来,老汉抹着泪说:"我和老伴辛辛苦苦种下的五亩稻田,全因为这老天干旱,颗粒无收,可催粮官照样要收咱家的赋税,你说我老俩口咋活啊?呜……呜……"

"唉,真是人整人整不死,天整人草不生啊……"一旁的赵品仙长叹道。

"老人家,您别伤心,保重身体要紧!"海瑞安抚老汉。

老汉抹了把眼泪,抬起头来。海瑞这才问他:"老人家,你说官府要收你家的赋税,那我问你,你家一年要交多少赋税呀?"

"六石粮啊!"老汉告诉海瑞。

海瑞有些吃惊:"要交这么多?"

"嗯。"老汉点头。

海瑞又问他:"你家今年颗粒无收,他们也要收取这么多赋税?"

"哪能少一分一厘啊?"老汉一副无助的样子。

海瑞问:"那些有田的大户人家呢?他们交多少?"

"这我不知道。"老汉摇摇头。

赵品仙接过话:"据卑职所知,他们几乎分文未交。"

"嗯?有这等事?"听了赵品仙的话,海瑞一下子气上来。

赵品仙说:"是有此事。"

"真是太不讲天理了!"海瑞气得胡须直颤。

"敢问两位客官是什么人?"老汉这才想起问海瑞和赵品仙。

"哦,我们是过路的,适才口渴了,想来讨口水喝。"赵品仙赶紧说。

"原来是这样,请二位客官稍等,我进屋去给你们舀来便是。"老汉说完转身进屋。

转瞬,老汉用葫芦瓢盛着一大瓢水出来:"来,两位客官,你们喝吧!"

海瑞接过水瓢咕噜咕噜喝了两口,递给赵品仙。

"谢谢大爷,我们走了!"赵品仙和海瑞向老汉道别。

离开老汉家,赵品仙问:"海大人,快到午饭时间了,还要去其他地方吗?"

海瑞说:"咱们不是带有干粮?走,找个地方吃点儿,再去其他村子看一下。"

二人坐在村头的石墩上,胡乱吃了点干粮,又继续往附近的村子走去。

在这个村转了几户人家,问了一些情况,天已经黑了下来,海瑞这才说:"走,回县衙,明日再来。"

- 2 -

回到县衙,赵品仙准备回家吃饭,海瑞说:"你也别回家了,就去我那儿随便吃点,顺便再聊聊。"

见海瑞有事要问自己,赵品仙只好听从他的安排。

到了海瑞住的地方,海瑞吩咐仆人海安:"海安,你多做些菜饭,今儿有客人。"

"是,老爷!"海安应道。

"你对今天调查到的事有何看法?"海瑞问赵品仙。

"老百姓赋税过重,民不聊生!"赵品仙快言快语。

海瑞摇了摇头,叹息道:"唉,我没想到淳安会是这么个状况,老百姓的日子过得实在是惨啊!"

"海大人,淳安的这种状况已非一日两日了。"赵品仙告诉海瑞。

"我问你,那些占有几百上千亩良田好土的乡绅,他们一年向朝廷缴纳多少赋税?"

"据卑职所知,这些大富人家交的赋税都不多,甚至有的一年到头分文不交。"

"分文不交?"海瑞盯着赵品仙,心里的气直往头顶冒。

赵品仙说:"卑职不敢在大人面前撒谎。"

"岂有此理,占着大量良田好土,却不向朝廷缴纳分文赋税,而那些一年颗粒无收的贫困人家却要交百十亩田的赋税。查,明天继续查,要真是这样,本县绝饶不了这些乡绅!"海瑞气往头顶上冲。

"时候不早了，还是先吃饭吧。"这时，海安已把饭菜端上桌，见老爷震怒，急忙劝他。

三人边吃边聊。

吃完饭，海瑞对赵品仙说："哦，你把今日下去了解到的情况给我写下来，明日一早交给我。"

"是，大人，卑职回去就去办。"赵品仙说完转身走了。

"海大人，朱七和黄三已经来了。"

赵品仙前脚刚走，主簿倪华后脚就跟了进来。海瑞问："他俩在哪儿？"

倪华说："在县衙大堂候着。"

海瑞说："走，去看看他们。"

二人朝县衙大堂走去。

"小民叩见海大人！"朱七、黄三见倪华和海瑞来了，赶紧下跪行礼。

海瑞笑着说："免礼，免礼！"

"谢海大人！"朱七、黄三说完站起来。

海瑞叫他们在一旁落坐，然后对倪华说："倪主簿，他俩的事想必你都问过了吧？"

倪华说："问过了。"

"既然都知道了，那本官就不必再说了。"海瑞说。

海瑞转向朱七、黄三："今后你俩就在县衙当差，听候本官调遣。奉禄嘛，与其他衙役同等，你俩没啥意见吧？"

"没有，没有！感谢大人还来不及呢，哪还有啥意见？"朱七赶紧表态。

"今后大人有事，尽管吩咐就是，我俩一定全力做好！"黄三也跟着表态。

海瑞说："好，那就这样，倪主簿，你给他俩找个住的地方。"

倪华说："属下马上就去安排。"

次日一早，海瑞来到县衙大堂，赵品仙把写好的调查材料送到海瑞手上。

"嗯，不错，放我这儿。"海瑞看了一下材料。

赵品仙见得到县令大人称赞，心里高兴，笑着说道："海大人过奖了！"

海瑞问他："你是淳安土生土长的人，你觉得，淳安最大最有钱的乡绅是谁？"

赵品仙说："要说淳安县最大的乡绅，恐怕莫过于县城西北面永平乡那个叫王珏的人了。"

"王珏？他家离这儿有多远？"海瑞问。

赵品仙说："不远，就三四里地。"

海瑞又问："这家人的情况你熟悉吗？"

"这王珏本是个富家公子，少时读过一些书，识得些字，但未曾出过仕。他爹离世后，他仗着自家有些财产给朝廷捐了些钱，捞了个监生来做……"赵品仙给海瑞介绍。

"这人是怎么发家的？"

"当初，朝廷授予他的监生本是个不管事的闲职，可在乡人眼里他也算是个有文化的人，都敬重他。这人也有些脑子，他利用乡人对他的敬重，加上家里又有些钱，就在乡里做起了油漆和茶叶生意，几年下来赚了不少银子。后来他又通过一些农户投献，开始购置田产，慢慢就成了远近闻名的大户人家。"

海瑞听了之后，说："去换身衣服，我们去会会此人。"

"是！"赵品仙说完转身准备去家里换头天穿的衣服。

海瑞叫住他："不用回家，衣服我已经为你准备好了。"

"海大人，不穿头天穿的那身衣服了？"赵品仙疑惑地问。

"拿过来！"海瑞朝屋里叫道。

一衙役抱过来两套衣服，一套是给海瑞穿的商人的长衫，一套是给赵品仙穿的下人的衣服。

一会儿，俩人都换上了衣服。

"海大人，怎么今日又穿成这样了？"赵品仙不解缘由。

海瑞说："昨日我俩是去农户家里，而今日我俩去的是有钱有势的乡绅家，你穿成那样他能理你？我俩得打扮成一主一仆的商人，装着去收购谷物，这样他才会接待你，也才会跟你说实话。"

"原来是这样啊！"赵品仙恍然大悟。

"海大人，今日还带干粮吗？"赵品仙以为今日去乡绅家就有吃的了。

海瑞说："当然要带，不带到时候饿了我俩啃石头呀？"

赵品仙尴尬地立在那儿。

海瑞说："还不快去准备，愣着干吗？"

"是，大人！"赵品仙说完转身去准备干粮。

等赵品仙带着干粮来了，"主仆"二人就朝城西北走去。

路上，海瑞问赵品仙："这王家有多少田地？"

赵品仙说："具体数字我记不清，但绝不下一千亩。"

"你敢肯定？"

"我敢肯定。"

"他家一年向朝廷缴纳多少赋税啊？"

"好像分文未交。"

"你说啥？他家有一千亩土地，居然一分赋税都不缴纳？"海瑞惊讶地问。

"没错，海大人，在我的印象当中他家是一分赋税也没缴纳过。"赵品仙肯定地说。

海瑞问："那些替朝廷收取钱粮的册书不知道？"

赵品仙说："不是册书不知道，是因为虚税太多。"

"虚税太多？这是什么说法？"海瑞有些不明白。

赵品仙告诉他，大明建立之初就将全国田地丈量过，但丈量不准确，每亩田实际只有八分，有的地块甚至只有五六分，但户主却要按一亩来足额缴纳赋税。而这些赋税分摊不均，大户人家欺占隐瞒大量田地，却不向官府缴纳赋税。

"咋会分摊不均呢？"

"海大人应该知道，我大明赋税的征收，是依据每户人家对土地的拥有量来定的，官府在核定各户田地时，这些大户人家依仗权势，上下疏通关系，贿赂核定土地的官员。这样，核定土地的官员就把当地肥沃的田地都分给了他们，而农户们分得的都是偏远零散和贫瘠的田地。有的大户人家私自挪动两家田地的界桩，把农户开垦成熟了的田地霸占据为己有。有的还出钱请人开垦了大面积的荒地，但这些开垦出来的荒地他们却不向朝廷缴税。"

"还有这等事？这简直是目无王法！"海瑞一脸愤怒。

赵品仙说："海大人，您才来，不了解淳安情况，目无王法的事多着呢！"

"嗯？难不成还有更目无王法的事？"海瑞不解地问。

赵品仙说："有。"

"说来听听。"

"比如有的大户人家，通过玩弄诡寄、飞洒等手段，把自家该上的赋税转嫁到农户身上,以此逃避赋税。"

"诡寄?是啥意思?"海瑞原本是从教的,对这些事不太清楚。

赵品仙告诉他:"大明律法规定,仕宦和坤衿人家,有优免杂役的特权。后来,这些仕宦和坤衿人家的徭役均可免掉。而那些没有优免权,但又坐拥大量田地的大户人家就诡称这些田地是乡宦、举监、生员、吏丞、坊长、里长或灶户家的,把田地伪报在他们名下,借以逃避赋役。这种办法,当地人称为诡寄或花诡,有的人又把它叫作贴脚诡寄。"

"那飞洒呢?"

"飞洒,也是大户人家逃避赋税的一种手段,是指大户人家串通地方上的官吏,将自家的田地赋税化整为零,分洒到其他农户的田地上,以此来逃避朝廷的赋税。"

海瑞又问:"那些农户,他们一户有多少田地?"

"一般几亩,最多不过二十亩。"赵品仙回答。

"那这些农户一年要交多少赋税?"

"这就多喽!光田赋就有夏税、秋粮,比如田亩税、地丁税,还有水脚钱、车脚钱、口食钱、蒲篓钱、竹篓钱。除此以外,还有粮耗、火耗,沿江一带还有神佛钱……饷,有辽饷、剿饷、练饷。徭役,有按户分派和按丁分派两种。按户分派的叫里甲,也就是由每家每户出人充当里长或甲长。按丁分派又有常役和杂役两种,常役就是出人充当粮长、解户、马船头、馆夫、弓兵、皂隶、门禁等;杂役则是官府临时签派的活儿。杂七杂八加起来,大约五十个左右。原来朝廷的征收银,每丁一年仅为六钱,粗略算了一下,现在这些农户每丁一年少则要出一两二钱银子,多则高达十几两。"

"要是遇到收成不好的年成咋办?"

赵品仙笑着说:"海大人,赋税是朝廷定了的,到时候你就得交,不交官府会定你谋反罪名,哪还管得了你收成好不好啊?"

听赵品仙这么说,海瑞非常气愤:"怪事,真是怪事!有上千亩田地的一分赋税不交,而只有一二十亩田地的,却反倒要交不少的赋税,你说,这是哪门子王法?"

赵品仙摇头:"没办法,整个淳安都是这样。"

"贪墨,真是贪墨!"听了赵品仙这番介绍,海瑞气得差点说不出话来。

两人往前行了一会,赵品仙指着前方告诉海瑞:"海大人,前面就是王珏家。"

海瑞抬头一看，一座红墙琉璃瓦大院横在眼前。

— 3 —

咚咚咚，咚咚咚。

到了大院门口，见红色的朱漆大门从里面闩着，赵品仙上前敲门。

"来啦！"声音从里面传来。

门"吱嘎"一声打开，一个约莫六十多岁的干巴老者从两扇门中间探出头："你们找谁？"

听了他的话，赵品仙有些不高兴，沉着脸说："还不快把门打开，海县令海大人来巡察！"

"县令不是姓洪吗？哪来的海县令啊？"干巴老者有些不买账。

"叫你开你就开，啰嗦个啥？"赵品仙见他那副狗仗人势的样子，心头陡然升起一股无名之火。

见他发火，干巴老者不情愿地打开门让他俩进来。

"还不快去给你家主人通报！"干巴老者正要关门，赵品仙对他说。

"这就去，这就去！"见赵品仙那副凶样，干巴老者赶紧跑进去向主人王珏禀告。

"这院子够气派的嘛，我看淳安县衙也比它好不到哪儿去！"海瑞打量了一下院子，摸着下巴对赵品仙说。

"嗯，是够气派！"赵品仙没听出他的意思，还以为他是在称赞这户人家的豪宅。

海瑞问赵品仙："其他乡绅的宅子是不是都这样豪华？"

"大概都差不多吧！"赵品仙说。

海瑞说："看来这些乡绅都很富有嘛。"

"应该都不错。"赵品仙说。

……

一会儿，一个四十多岁的男人踱着方步慢悠悠地从里面走出来，后面跟着先前来开门的干巴老者。这个男人便是赵品仙说的乡绅王珏。

人还没到面前，海瑞就端详起他来：身材高大，耳肥脸胖，一身黑色绸缎长衫，头戴黑色绅士帽……

"这位是……？"王珏来到海瑞和赵品仙面前，问赵品仙。他以前和赵品仙见过两次面。

赵品仙指着海瑞给他介绍："王公，这位是新来的县令海瑞海大人。"

"哦，原来是海大人呀，失敬，失敬！早就听闻咱们淳安要来一位新县令，但一直未曾谋面，没想到今日海大人光临寒舍，王某倍感荣幸，海大人，请进，请进！"听说是新县令，王珏一下子客气起来。

"寒舍？呵，要是咱们淳安的老百姓都有你这样的寒舍，那淳安就是人间天堂了！"听了王珏那虚伪的话，海瑞很是反感。

"也倒是，也倒是！"见海瑞奚落自己，王珏有些尴尬，扯着脸假笑道，然后说干巴老者，"海县令来了，快去叫香雪准备茶水！"

"是，老爷！"干巴老者说完急匆匆朝屋里走去。

"叫她用我平时吃的上好的碧螺春！"王珏提醒干巴老者。

干巴老者回了下头："明白了，老爷！"

王珏领着海瑞和赵品仙朝屋里走去。

"海大人，请上座！"进了屋，王珏招呼海瑞。

"不用客气。"海瑞在屋子中间一张枣红大靠椅上落座。这椅子是王珏平时坐的。

随后，王珏又招呼赵品仙："来，您也坐！"

赵品仙在右边一张椅子上坐下。

王珏坐在海瑞左边。

"王公家是何地人氏？"海瑞喝了茶水，问王珏。

王珏笑着回答："回海大人的话，我家祖祖辈辈都居住在这永平乡，是土生土长的永平人。"

"王公真有能耐，打拼下这么大的产业。"海瑞嘴上说着，眼睛却在环视屋子里的摆设。

"是啊，王公不愧是一方大家啊！"赵品仙附和道。

王珏笑了笑："谈不上产业，就经营点田地养家糊口，让两位大人见笑了！"

海瑞说："这么大的家当，还说是养家糊口，王公，你这分明是在向本县令哭穷啊！"

"王公家业大，还说只是为了养家糊口，王公这口气未免也太大了吧？"赵品仙笑道。

王珏说："两位大人，鄙人的确是没啥产业，要说有产业的话，也就是千把亩不出产的贫瘠田地。"

"千把亩不出产的贫瘠田地？"海瑞抚摸着下巴，像是在问自己，然后说"王公等会儿能否带我们去看看？"

王珏说："就怕海大人嫌远难走。"

海瑞说："行，那等会儿你带本县去看看，看是不是贫瘠之地，是不是不出产。"

"大人真要去啊？"赵品仙看着海瑞。

海瑞盯了他一眼："你说呢？"

赵品仙低下头，他知道这话不该问。

王珏以为海瑞是说着玩的，没想到他会认真，便有些不自在了。因为他说的这上千亩田地，根本不像他说的那样都是不出产的贫瘠田地，而尽是些土肥水好的田地，海瑞要真去看了，岂不露了马脚？

海瑞看出了些端倪，但没说破，而是继续问他："王公拥有这么多田地，一年向朝廷缴纳多少赋税啊？"

"赋税？"王珏有些惊慌，因为他家根本就没向朝廷缴纳过什么赋税。

"王公家有这么多田地，难道没向朝廷缴纳过赋税吗？"海瑞追问。

"这……这……"王珏伸手抹了把额头上冒出的汗，不知道说什么好。

海瑞说："没有缴纳是吧？没缴纳就没缴纳，咋还搪搪掩掩的呢？"

"禀告海大人，鄙人还真是没缴纳……"王珏低下头。

"王珏啊王珏，你叫本县如何说你？乡绅乡绅，是一乡之绅，一乡之望，在乡间承担着传承文化教化一方之责，而像你这样坐拥田地千亩却分文不向朝廷缴纳赋税的人，又怎么能教化一方百姓呢？"

停了停，海瑞又说："本县问你，你是如何躲避这赋税的？难道那些册书不管你吗？"

"他们……他们……"王珏结巴着。

"他们什么？他们是不是收了你的好处，把你应该缴纳的赋税转嫁给其他农户了？"

"是倒是这样，但大人刚来，是怎么知道的啊？"王珏觉得奇怪。

海瑞说："本县自有法子，这你就不用管了！"

"不缴纳赋税的乡绅也不只我王珏一个啊！"王珏觉得有些冤。

海瑞看了他一眼："还是先管好你自己吧！"

王珏不再说话。

一直愣在一边的赵品仙，怕再说下去大家都不好看，赶紧打圆场："哎，海大人，你不是说要去看看他们家的田地吗？"

海瑞说："嗯，那就走吧。"

王珏领着海瑞和赵品仙去看他家田地。

"禀告大人，这片便是我家的田地。"来到一个山岗上，王珏手往前一指，告诉海瑞。

海瑞手搭凉棚放眼四望，一眼望不到头，脚下皆是能出产的肥田好土，田地间沟渠纵横，沟渠中清水哗啦啦地流淌着。

"这就是你说的不出产的贫瘠田地？"海瑞盯着王珏。

王珏低头不说话。他能有啥话可说？

海瑞说："我看你这田地不只千把亩呀！"

"回大人话，这只是个大概的数目！"王珏不敢看他。

"大概的数目？给本县说实话，你家到底有多少亩田地？"

王珏望了他一眼，说："实有一千三百七十二亩。"

"鱼鳞图册上记载有这么多吗？"海瑞回过身问赵品仙。

赵品仙摇摇头："没这么多。"

海瑞又问了王珏家的一些情况，然后心情沉重地对赵品仙说："好，我们走吧。"

赵品仙问是回王珏家还是回县衙，海瑞说去附近的河村看看。

"海大人，鄙人刚才已经吩咐下人做好菜饭，去我家把饭吃了再走吧！"王珏挽留海瑞和赵品仙。

海瑞朝他摆摆手："不用，本县自己带有干粮。"

王珏大吃一惊："啊？海大人，您到我这儿视察还怕没饭吃？还自带干粮！"

"你回去吧，海大人说不用就不用，你也别再等了。"赵品仙怕他再说错话，赶紧给他使眼色，示意他不要再说话。

王珏会意，说："既是这样，那鄙人改天再到县衙拜访海大人。"

海瑞不耐烦地说："拜访之事就不劳烦了，你回去想想自家的赋税怎么交吧。"

赵品仙示意他先回去。

"海大人，那鄙人就此告辞！"王珏说着给海瑞和赵品仙行礼。

海瑞说："回去即刻将该缴纳的赋税补缴了！"

"鄙人一定补缴！"王珏赶紧表态。

"嗯，算你识趣！"海瑞说。

海瑞和赵品仙二人往附近的河村走去。

— 4 —

海瑞和赵品仙在河村一带找了几户人家，仔细地向他们了解土地、收成和赋税情况，不知不觉天黑了下来。

赵品仙见回县衙是不可能了，便问海瑞："海大人，天已经黑下来了，县衙回不去了，是不是找户人家歇一宿？"

"这儿有没有客栈？"海瑞问赵品仙。

赵品仙说："据属下所知，河村一带都找不到客栈，要住也只能去村民家里住。"

海瑞郑重地说："不行，咱们不能打扰乡民，给人家增添负担。"

"那怎么办？总不能睡在这地上过夜吧？"赵品仙问。

海瑞抬头，见前面不远处有栋房屋，像是座寺庙，对赵品仙说："哎，你看，前面好像是座寺庙，咱们不妨去那儿过上一夜，明日再回去。"

"这……这怎么能行啊，海大人？"听了海瑞的话，赵品仙简直不敢相信，堂堂一个县令，下乡居然去寺庙过夜，说出去人家还不笑掉牙？

"有何不行的？走，别磨蹭了！"海瑞催赵品仙。

赵品仙无奈，跟着他朝前面那栋房屋走去。

"行，就在这儿住！"二人来到房屋前，海瑞如获至宝。

"海大人，这房屋如此破烂，哪能住啊？"赵品仙看着烂兮兮的房屋说。

"不就睡一夜吗？将就将就！"海瑞说着先进了房屋。

赵品仙没办法，只好跟着进来。

二人进了屋子，借助屋外的光亮随便找些东西铺在地上倒下就睡。

时下正值夏天，蚊虫苍蝇不少，又没有蚊帐，二人睡到半夜，海瑞被一只蚊虫咬醒，赶紧坐起来拍打蚊虫。

"啪……啪……"海瑞打了一会儿蚊虫，隐隐约约听到楼上也有拍打蚊虫的声音。

海瑞感到有些奇怪：这楼上莫非也有人住？

"哇……哇……"正在他感到奇怪的时候，又有婴儿的啼哭声传来。海瑞想，这可能是一户人家，如果是这样，咱们可不能在这儿打扰人家休息。

海瑞起身，悄然无声地摸过去推赵品仙。

赵品仙没被蚊虫咬，睡得很沉，但被海瑞一推，也醒了过来。

"走，这是一户人家，咱们不要打扰人家！"海瑞附着他耳朵说。

"海大人，睡得正香呢，怎么……"赵品仙不情愿地说。

"嘘！"海瑞赶忙竖起一根手指，示意他不要说话，以免吵到楼上的人。

赵品仙没办法，爬起来悄悄和他走出屋子。

"海大人，睡得好好的怎么要走啊？"赵品仙边走边低声问海瑞。

海瑞压低声音说："你没听到楼上有人？"

"他有他的，我们睡我们的，相互又不影响，何必要走呢？"赵品仙有点儿不高兴。

海瑞说："另找个地儿睡又有何不可呢？"

"呵！可这深更半夜的去哪儿找睡处啊？"赵品仙呵欠连天。

海瑞说："找找，这附近肯定还有寺庙。"

二人借着朦胧的夜色找了半天，还真在村头找到了一座破庙，二人就在庙里过了一夜。

天亮了，海瑞和赵品仙翻爬起来，发现身上沾了不少草屑，赵品仙打趣地说："哈哈，海大人，咱俩像不像刺猬？"

海瑞笑道："你别说，还真有些像！"

赵品仙说："海大人，咱俩真要这样走出去，人家不骂咱俩才怪！"

海瑞说："此言差矣，若是昨晚咱俩去打搅人家睡觉，那人家才真要骂咱俩呢！"

"现在是回县衙，还是去哪儿？"赵品仙问。

海瑞对昨天晚上那房屋里传来的哭声还是充满疑问，他想，那庙里怎么会有人居住呢？我俩是不是走错了地方，走到人家屋里去了？可那分明像座寺庙啊！不行，还得去看看。于是，他对赵品仙说："走，咱们去昨晚的那个房屋看看。"

二人来到那房屋前一看，原来这是一个旧祠堂。海瑞上楼察看了一下，里面住着一家大小三口。一位衣着破烂的三十多岁的汉子，一位和汉子年纪差不多的妇女，妇女怀中抱着个婴儿。

"你们怎么住到这儿来了？"海瑞问汉子和妇女。

汉子见有人问他，说："没办法，没家啊！"

"你们是这个村的？"赵品仙问他。

汉子说："我们是从其他村要饭到这儿，没有住的，见这儿空着没人住，就在这儿住下了。"

听了汉子的话，海瑞便起了怜悯之心，从身上掏出随身带的银子递给这汉子："来，我这儿有些银子，你们拿去救一下急吧！"

汉子接过银子感激地说："谢谢，谢谢，您们真是好人呐！"汉子一家不停地感谢海瑞和赵品仙。

路过桐梓源时，赵品仙发现前边不远处有位老妇在水田边徘徊，便对海瑞说："哎，海大人，您看那老妇在那儿走来走去的，她是要做什么呀？"

海瑞说："走，过去看一下。"

俩人便朝那老妇走去。

到了近前，见那妇人一脸焦急，旁边放着一些秧苗。海瑞问她："老人家，您是不是遇到什么难办的事了？"

"唉，这么大一块田，俺一个七十多岁的老人，这秧可怎么插啊？！"老妇焦急地说。

"你儿子儿媳呢？"赵品仙问老妇。

老妇悲痛地说："我那儿子呀，半年前去山上砍柴，从山崖上摔下去摔死了。儿媳见我儿子死了，怕养不活一家人，喝下半瓶农药也去寻他丈夫去了！"

"那你老伴呢？"海瑞问她。

老妇说："别提我那老伴，他得了肺病，已经卧床五六年了！"

"这样啊！不要紧，老人家，我们来帮您！"海瑞说着撩起衣服，挽起裤子，脱下鞋子，和赵品仙一起下田帮老妇插秧。

见他俩下田帮自己插秧，老妇感动得不得了："哎呀，你们咋这么好？来帮我家插秧啊！"

老妇要下田，海瑞说："老人家，您年纪大就别下来了，这秧我们帮你插完就是！"

老妇说："既是这样，那我回家去煮碗麦片粥来给你们喝！"

海瑞知道，她不愿意闲在那儿看他们插秧，便说："也行！"

"哎呀，那辛苦你俩了！"老妇说着往家里走去。

插了一早上，秧快插完了，老妇也把麦片粥煮好端到了田边。

"来来来，先歇会儿喝碗粥再插！"老妇叫海瑞和赵品仙上坎来，然后用碗盛好粥，一人端一碗给他们。

"嗯，好喝，好喝，有点像珍珠粥！"海瑞端着麦片粥闻了一下，香喷喷的，喝了一口，很好喝，随口夸赞道。

"嗯，很爽口！"赵品仙喝了一口，也说。

"对不起两位呀，家里没什么好吃的，只能用这个来招待你们喽！"

海瑞说："兵荒马乱的，能吃上这个就已经不错了！"

"哎，海大人，您刚才说这粥像啥？"赵品仙边喝粥边问海瑞。

"珍珠粥！"海瑞边喝边说。

赵品仙高兴地说："珍珠粥！好啊，海大人，这名字取得好啊！"

"嗯，这名儿真的很好，以后咱们就管它叫珍珠粥！"老妇听了高兴地说。

"好，那就叫它珍珠粥吧！"

喝了一会儿麦片粥，海瑞和赵品仙又下田继续插秧，直到把这块田的秧插完，俩人才回县衙。

这事经老妇一传，便传遍了整个桐梓源。从此以后，桐梓源一带每当新麦收获，村民家家户户都会煮上一锅麦片粥，一家老小围着喝，以此来纪念海瑞。

– 5 –

回县衙的途中，海瑞问赵品仙："淳安县像王珏这样的乡绅有多少？"

赵品仙朝上立立眼睛估算了一下，告诉海瑞："应该不下二十户。"

"二十户？"海瑞像是在想什么事情。

"对，二十户！"赵品仙非常肯定。

"这二十户乡绅一年应该向朝廷缴纳多少赋税？"海瑞又问。

赵品仙说："大人，这得要属下回去算一下才知道！"

"好，回去你马上给本县仔细算一下，看这二十户乡绅一年应该向朝廷缴纳多少赋税！"海瑞叮嘱他。

回到县衙，赵品仙翻出鱼鳞图册，用算盘噼哩啪啦地算了半天，然后来告诉海瑞："海大人，这些乡绅一年应该向朝廷缴纳的赋税，大约是八千多万石粮，七千八百万两银。"

"现在能收到的是多少？"

赵品仙翻了下账本，说："现在能收到的，粮不足一千万石，银不足两千两。"

"老百姓上缴的呢？"

"据记载，淳安县有老百姓一万一千零四户，这些老百姓的土地不及那些乡绅的五分之一，可他们一年上缴九千九百七十八万石，银九千九百九十七万两。"

"苛捐杂税，真是苛捐杂税啊！难怪老百姓要逃往他方！"听了赵品仙报出的数字，海瑞既吃惊又气愤。

接着，赵品仙又说："正因为赋税太重，里长甲长不好当，许多地方的里长甲长纷纷申请辞职。"

"哦。"海瑞会意，点了下头。

赵品仙走后，海瑞一直在思索一件事：淳安的赋税制度非改革不可了，而且须将此事作为县衙第一要务。

在海瑞到来之前，淳安县县境的学风不是很好，甚至是有些颓废。海瑞发现，有些生员谋取仕途不是扎实求学，而是想走后门找捷径，导致一些生员不学无术徒有虚名。

海瑞想做一些改革。

"知县大人，在忙啥呀？"

一日，海瑞正在思考如何改变县境学风问题，一个人来到了他的衙署。来者不是别人，是淳安县儒学教谕赵公辅。

"哎，公辅，你怎么来啦？"

赵公辅是湖北枣阳人，是海瑞来淳安任知县的第二年才考中的举人。赵公辅考中举人后，便到淳安县学出任教谕。他一到淳安，便马上来拜访海瑞。二人经过彻夜长谈，彼此有了很深的了解。

这时见他突然到来，海瑞有些吃惊，赶紧笑着起身和他打招呼。

"咋啦？知县大人不欢迎啊？"赵公辅笑着说。

海瑞知道他是在开自己玩笑，一边请他入座一边说："请都请不来，哪能不欢迎？"

待赵公辅入座，海瑞去给他泡茶。

"你来得正好，本县有个事正好请教你一下！"海瑞边递茶水给赵公辅边说。

听他这么说，赵公辅赶紧说："知县大人客气，什么事您说就是，缘何还用'请教'二字，这不是折煞公辅吗？"

海瑞告诉他："本县来了之后，发现县境内的学风不是很好，部分生员谋取仕途不是靠扎实求学，而是想走后门找捷径，导致有些生员不学无术，徒有虚名而已。"

"嗯，知县大人说的这个问题，公辅也有所察觉。"赵公辅端着茶水，作沉思状点了点头。

"知县大人有何想法？"

"本县想在这方面做些改革。"

"好事，这是好事啊！"赵公辅觉得他这想法很好，"只是不知道知县大人有何良策。"

海瑞将自己的一些想法告诉赵公辅，然后说："你不帮忙出出主意？"

"理应，理应！"赵公辅赶紧笑着回答，然后谦虚地说，"只是公辅一时还没啥良策可献。"

海瑞说："这事不急，你回去后想想这个问题，想出头绪了咱俩再沟通，你看如何？"

"行！"赵公辅说。

见他这么爽快，海瑞端起茶杯，说："来，本县以茶代酒，敬你一杯！"

随后，赵公辅说："不瞒知县大人，公辅今日登门拜访，实有一事相求。"

海瑞说："什么事你说。"

"你刚才说的学风问题是个大事，但还有一事，不知道知县大人注意到没有？"赵公辅望着海瑞。

海瑞见他绕弯子，说："公辅有事直言，不必绕弯子。"

见海瑞这么爽快，赵公辅说："好，那我就直说了。县城东边的清溪书院于成化十一年所建，时至今日已有八十多年历史，因为损毁，弘治四年时任知县的刘簏拨款重修过。现如今此书院已破败不堪，公辅此来，就是想请知县大人拨些款重修此书院，好让它发挥作用。"

"嗯，你这个提议很好！"海瑞说。

"谢谢知县大人！"见他答应了，赵公辅非常高兴。

不久，海瑞下拨款项，在县城城隍庙左边重新选址修建清溪书院，并命赵公辅执掌修建工程。之后，海瑞又拨款改建了县城另外一所书院。

对赵公辅的处世态度和为人，海瑞非常钦佩，而赵公辅呢，也没因做教谕俸禄不丰厚而对教学有所懈怠，反而以任教谕一职为荣，尽心尽力做好本职工作，用自己的言行去影响当地士子。

赵公辅在教学改革上还给海瑞出了许多主意，不仅成了海瑞在淳安推行教育革新的有力帮手，还成了海瑞的挚友。

— 6 —

海瑞是以读书入仕的，对人才特别重视。

一日，他听赵公辅说，当地威坪河村有位年届四十三岁的老生员，名叫徐廷绶，考了多年的科举就是不第，但此人却很有才华。二人欣然同往威坪河村去会徐廷绶。

"哟，海县令，赵教谕，您们怎么来了呀？"海瑞和赵公辅到的时候，徐廷绶正在家里看书，他没想到海瑞和赵公辅会来家里，赶紧吩咐家人做饭。

"知县大人听我说起你，马上就说要来看看你！"赵公辅告诉徐廷绶。

"谢谢，谢谢！谢谢赵教谕和知县大人！来，两位大人请坐！"徐廷绶有些受宠若惊，连声道谢，赶紧招呼他们坐下。

待二人落座，徐廷绶给他们泡茶。

赵公辅问："锦泉，最近在忙些啥啊？"

锦泉是徐廷绶的别号。

"瞎忙！"因为赵公辅是教谕，平时接触士人的时间要多些，徐廷绶和他很熟，说话也就很随意。

海瑞问他："是不是又在备考啊？"

徐廷绶把茶水端给二位，面露忧伤："哎呀，考来考去觉得也没啥意思，都有些不想考了！"

海瑞知道他屡试不第，边接他递过来的茶水边鼓励他："不能灰心，一定要继续努力下去，只要你努力了，定会有出头之日！"

"锦泉，知县大人说得对，你不能泄气啊，只要你继续努力，定会有回报的！"赵公辅也说。

徐廷绶端着茶水坐回座位，然后说："谢谢知县大人和教谕鼓励！"

"记住，一定不能泄气！"海瑞喝了口茶水，加重语气说。

"好，既然知县大人和教谕都这么说了，那廷绶继续努力就是！"徐廷绶当即表态。

海瑞说："这就对了嘛！"

"以你的才华，相信你一定会成功！"赵公辅也说。

徐廷绶笑着说："但愿不会让两位大人失望。"

"你这是谦虚。"海瑞说。

徐廷绶笑了笑，说："知县大人不畏权贵，在淳安悉心为民办事，廷绶也听闻了，实在是敬佩至极！"

赵公辅接过话："是啊，知县大人来淳安后，替老百姓做了不少实事，特别是对老百姓和咱们学子这一块的事情，知县大人更是做得不少。"

"这些事，咱们淳安老百姓和学子们都是看得到的，也会铭记于心！"徐廷绶无限感慨地说。

海瑞谦虚地说："哎，都是本县应该做的，不值一提！"

"知县大人谦虚！"徐廷绶对海瑞说。

见徐廷绶谈吐自如，海瑞这才知道赵公辅之前的话并非虚言，心里感叹，此人的确很有才华，如若加以器重，定成大器。

从此，海瑞一直对徐廷绶给予关注和鼓励。

后来，赵公辅和徐廷绶一同参加京师会试并一同考中进士，朝廷升赵公辅为靖安县知县，授徐廷绶为京师刑部主事。

海瑞万分高兴，替二人祝贺，并前往送行。

三人遂成为挚友。

不久，因受朝中奸人陷害，海瑞调离淳安，去江西赣州府兴国县任知县。

事后徐廷绶受乡亲们的委托，写了篇名叫《去思碑》的文章，以此来纪念海瑞对他们的家乡所作出的贡献。

徐廷绶后来在官场上的所作所为，在很大程度上是受海瑞的影响。

第7章　上书废银

> 海瑞也不服气，说："下官可管不了这么多，下官只知道淳安县衙的财政已经出现亏空，淳安老百姓的赋税多如牛毛，不少人家就是因为承受不起这么多的赋税和徭役才举家逃往他乡……"

- 1 -

晚上，躺在床上的海瑞很难入眠。

在这几日的调查中他发现，地方财政无力运转，主要缘于县衙接待过往官员经费超支过大，造成财政亏空，而要想扭转这一局面，得废除赵品仙说的常规银。

他在考虑要不要把这些情况向上司严州府反映，反映了他们会不会不理睬？如若不理睬，自己岂不是白费一番劲。

不行，倘若再这样下去，大明王朝的江山必不可保，必须得向知府大人反映，让他赶紧禀报朝廷。可废除常规银牵涉面太大，上至朝廷巡抚大员，下至县衙的吏员，弄不好会得罪一大片人，如何反映这事？

海瑞思索了一阵，心里有了主意。他起身披衣下床，走到书案边拿出个空贴子，准备给严州府知府韩叔阳写禀帖。

他提笔站在案前凝思了一下，在禀帖封面上写下了"均徭禀帖"几个大字，然后摊开帖子在上面写道：

"……合县皆称近日夫马支用过多，上司派下馈送人情过厚……憔悴日盛……"

在这个禀帖里，海瑞以讨论的口吻劝说韩叔阳，上级官府一定要节用，要懂得体恤民生，不要动不动就派人下到县衙来巡察，给地方官府和老百姓增加赋税。海瑞列举了一些数据和事实，诉说了每年过往淳安县境的官员实在是过多，县衙开支过于繁重，县里的老百姓为此而承担的银两和苦力已经到了极限，劝他不要一味花银子讨好上面来的各级官员，要多为地方上和老百姓着想，给底下减轻点负担云云。

数日后，海瑞的这个禀帖递到了严州府知府韩叔阳手上。

"榆木脑袋，真是榆木脑袋，这种事情你海瑞也说得出口，真是不懂官场上的规矩！"韩叔阳见到海瑞写给他的禀帖，对他提出的这一问题嗤之以鼻、毫不理会。

海瑞叫人将禀帖送上去后，眼巴巴盼着韩叔阳回他的话，而且希望韩叔阳能够采纳他的建议。许久不见严州府回话，海瑞猜想这韩叔阳多半是没采纳自己的建议。

正在海瑞左盼右盼的时候，海瑞接到了韩叔阳差人送来的一封信件。

海瑞大喜过望，还以为韩叔阳同意废除常规银，派人来给他回复。海瑞哪会想到，韩叔阳在信上只字未提废银的问题，更没有提半点意见。他只告诉海瑞，邻近的建德县县令跟他反映，说他们近日来接待费用十分紧张，而淳安县要宽松一些，两县是邻县，犹如亲兄弟一般，有事理应相互帮衬。他的意思是，想请海瑞划拨些银两资助一下建德县，问海瑞意下如何。

"好你个韩叔阳，本县反映的问题你不但不理，反而敲起本县的竹杠来了，叫本县出银子资助其他县接待上面来的官员，岂有此理！告诉你，这事连门儿都没有！"看了韩叔阳的来信，海瑞气不打一处来，马上提笔给韩叔阳回信，阐述了自己的态度。

海瑞在回信上说："下官呈报废银一事，皆为地方和百姓考虑，知府大人不采纳下官意见也就罢了，反而倒替建德县向我淳安县索要银子……淳安地瘠民贫，自身难保，无力资助，望韩知府见谅！"

"海瑞啊海瑞，连本府的话你都敢不听，我看你真是要反天了！既是如此，那日后你也休想让本府罩着你！"韩叔阳见到海瑞的回信，气得暴跳如雷，狠狠地将海瑞的回信扔到地上，然后一屁股跌坐在椅子上生闷气。

建德和淳安都在韩叔阳治下的严州府辖区内，而且两县相邻。建德县县令为银子的事来找过韩叔阳，韩叔阳曾夸下海口，说这事包在他身上。这下见海瑞不买他的账，不拿银子资助，韩叔阳在建德县县令面前觉得很没面子。他想，有机会一定要整治一下这个愣头青，让他尝点苦头。

这时，州同曲平有事来找，见知府一个人坐在使椅子上生闷气，便问道："怎么了，韩大人，咋一个人坐在这儿生闷气？"

"唉，别说了，真是气死老夫了！"韩叔阳没好气地说。

"又是谁……"曲平正想问是谁，突然瞥见了他脚边海瑞的回信。

曲平上前捡起来看了一下，气愤地说："这个海瑞，真是太不像样，小小一个知县，连知府大人都管不了你？这也太嚣张了！我看，有机会得整治一下这刺头儿，看他还敢不敢嚣张！"

"不过……"曲平煞有介事。

"不过什么？"韩叔阳见曲平这副模样，便问。

曲平说："据下官了解，这人脾气特别拗，听说他在福建延平府的南平县做教谕时，有一次延平府知府去南平县学督导教育，他听说后不但不到城外迎接，而且待这位督学到县学后，其他人都行跪拜礼，可海瑞就是不跪，只是躬身给知府行了个礼便站在那儿。延平府知府本想发火，但又觉得当着这么多人的面发火有损自己形象，只好忍着。可和他一同去的另一位官员却看不过，就送了海瑞一个'海笔架'的外号。不久，海瑞这个外号便传遍了延平府。"

"真有这事？"韩叔阳问。

曲平告诉他："不但有，还有更过分的，他后来得罪了一个更大的官员。"

"什么官员？巡按御史？"韩叔阳很好奇。

"是的，是巡按御史。"曲平说。

韩叔阳睁大眼睛望着曲平："他也不跪？"

"嗯。"曲平点了一下头。

"唉，这人还真是个惹不起的愣头青！"韩叔阳一脸无可奈何。

曲平说："这事韩大人不用着急，往后有机会再慢慢收拾他。"

"好，不说他了，你有事就说吧。"韩叔阳对曲平说。

"下官昨日收到一个县送来份禀帖，是反映灾情的，你先看一下吧。"曲平从长衫袖子里抽出禀帖递给韩叔阳。

韩叔阳心情不好，说："好，你先下去，我看了再跟你说。"

海瑞向严州府上书废银的事就这样搁置了，但他知道，这是件涉及国计民生的大事，绝不能就此放弃，还得找机会上报朝廷。

— 2 —

机会终于来了。

一日，衙役来报，说收到一封严州府的紧急公文。

海瑞打开公文一看，是知府韩叔阳的亲笔信。韩叔阳在公文里说，京城来的巡按御史崔栋马上要来淳安巡察，叫他做好接待准备，不得有误。对上级官员频繁地来巡察，海瑞非常反感，心里不大高兴。但没办法，再说又是他韩叔阳亲自交代的，不得不照章办事。

可海瑞转念一想：哎，这不正好是个机会吗？崔栋是从京城来的，又是皇帝派来的巡按御史，也就是钦差大臣，权力大得不得了，在地方上看到的听到的他都可以直接呈报给皇上。他来淳安后，如若将废银一事告诉他，请他将事情转呈皇上，这事不就好解决了？

想到这里，海瑞一边安排接待崔栋的事，一边将要求废银的事情再次写成呈文，待崔栋来了之后好交给他带走。

三日后，崔栋在浙江省有关官员和严州府知府韩叔阳等地方官员的陪同下来到了淳安县衙。

韩叔阳怕海瑞这个愣头青犯犟不肯接待崔栋，将他拉到一边，问他准备得如何。

海瑞告诉他，已经按他的意思准备好了，叫他放心就是。皇上的钦差来地方巡察政务，这是朝廷大事，来的钦差代表着皇上，他的话就是皇上的话，海瑞对这事并不糊涂，又岂敢怠慢他崔栋呢？

韩叔阳听海瑞说已按他的意思准备好了，心里的石头才算落下。但他还是不放心，问海瑞："给他们的银子准备好了吗？"

"都准备了。"海瑞说。对这事海瑞虽说反感，但此时也只能照办。

"多少？"韩叔阳又问。

海瑞伸出两个指头。

韩叔阳明白，他为崔栋准备了二百两银子。

"其他人呢？"韩叔阳又问。

海瑞说："少不了他们的。"

韩叔阳说的其他人，是指与崔栋一同来的书吏等随行人员。送礼，这些人自然也是少不了的，要是谁送礼只送给来的官员不送给他们，那这些人就会生恨，以后他们会在主子面前尽说你坏话。所以，但凡与巡察官员一同来的，没有谁不送他们礼的，只不过是银子的数量少些罢了。

崔栋此次到浙江，主要是巡察地方上的官风。他在淳安县的几个地方转了一下，傍晚就回县衙了。按照惯例，县衙自然得好酒好肉地招待他们，让他们吃得好、喝得尽兴。

"崔大人，这次巡察下来觉得怎么样？能否透露点儿给下官，也好让下官做整改准备。"

酒桌上，韩叔阳想借敬酒的机会从崔栋这儿询问巡察的情况。要知道，如果巡察出地方上有问题，作为一州知府，他韩叔阳脱不了干系，同样也要承担一定责任，轻则调离严州府，重则丢官问罪。

崔栋告诉他："问题不少，但不算大。"

崔栋的话令韩叔阳百思不得其解。于是，他对崔栋说："恕下官愚钝，崔大人能不能说明白一些？"

崔栋说，这事朝廷有规矩，他不能说，说了就是泄露机密，到时候皇上要问罪的。

见他把话堵死，韩叔阳也不好再问，只是恭恭敬敬地敬酒，陪他吃好喝好玩好，尽量不得罪他，省得他回京城后在皇上面前说自己的不是。

陪同崔栋，海瑞作为接待方的主角，酒席上当然也少不了他。海瑞本不大喝酒，但为了应酬也不得不敬崔栋几杯，尽尽地主之谊。

海瑞怀里揣着他要给崔栋的废银呈文，他本想在酒桌上拿出来给崔栋，但他没有这样做。一是这事他曾经给知府韩叔阳递过禀帖，可韩叔阳置之不理，若是这个时候把呈文交给崔栋，怕韩叔阳脸上挂不住。二是大家都在轮流给崔栋敬酒，这个时候来做这个事，怕扫了他的酒兴，惹他不高兴，要么拒收你的呈文，要么臭骂你一顿说你不懂事。不仅是崔栋骂你，就连韩叔阳和其他在场的人也要骂你。挨顿骂倒是小事，关键是想反映的问题没着落。真要是这样，那岂不误了大事？

想到这儿，海瑞觉得还是等他巡察完要回去的时候再交给他。他也像韩叔阳一样，给崔栋敬酒，陪他聊天，让崔栋尽情玩乐。

"哎，海县令，听说你们这儿风景不错，是真的吗？"崔栋突然问。

"要说风……"

"是有不少美景，下官也有好长时间没到淳安来了，这样，海县令，你安排一下，明日我们陪崔大人去转转！"

海瑞正要回崔栋的话，没想到韩叔阳抢先接了过去。听韩叔阳这么说，海瑞只好说："好，下官马上安排。"

"崔大人，韩大人，你们先喝着，我去安排一下明日游览的事。"趁大家在敬酒的当儿，海瑞转了出去。

在外面候着的县衙主簿倪华见海瑞走出来，上前问他："海大人，有事？"

海瑞告诉他："巡按御史想出去看看淳安的风景，你看去哪儿？"

"还以为他明日就走了呢，怎么又要去看风景啊？真不知道他是来巡察政务，还是来游山玩水！"倪华心里很不舒服。

见他有怨气，海瑞说："少说话，去安排便是。"

倪华想了一下，说："那就带他去青溪坐船走一趟，然后再带他去南山潭看一下。"

海瑞说："行，你去安排！"

倪华嘟着嘴点头。

"下官都安排好了，明日一早吃了早餐，我们便出发。"海瑞回到桌边，边落座边告诉崔栋和韩叔阳他们。

"去哪儿？"韩叔阳问。

"去青溪坐会儿船，那儿两岸风景非常不错。待游完了，我们再去南山潭看一下。"海瑞回韩叔阳的话。

"嗯，青溪那地方的确不错，有点看头！"韩叔阳讨好地告诉崔栋。

"舟轻不畏险，逆上子陵滩。七里峡天翠，千重云木寒。古祠鸣野鸟，乱石激春湍。正与高怀惬，宁歌行路难。"随行的一位官员听说要去青溪，不觉附庸风雅吟起了北宋诗人梅尧臣的《送崔主簿赴睦州清溪》。

"好！"众人给这位官员鼓掌。

见众人给他鼓掌，这位官员高兴地说："好地方，好地方，是得去看一下！"

"青山复渌水，想入富春西。夹岸清猿去，中流白日低……"另一位随行官员受到感染，也跟着吟诵起唐李频的《送张郎中赴睦州》。

众人又是一阵称赞、鼓掌。

"不错不错，看来大家对这青溪还是很熟悉的嘛！"崔栋夸赞两位随行官员。

韩叔阳赶紧接过话："下官去过一次，那儿的风景真还不错，江水清澈，犹如一面平而光亮的镜子，又如一道如画屏风。乘船行游溪中，山水人鸟，还有两岸山中攀爬的猴子，构成了一幅静谧和谐的山水画卷，真是美极了！"

"南山潭如何？有没有看头？"一位官员问。

"青溪碧沄沄，彻底无纤尘，下有严陵滩，遥连新安津。手持一竿竹，直钩钓游鳞，白鹭随我立，沙鸥为我群……"

之前第一个站出来吟诗的官员想在大家面前卖弄一下，赶紧又吟出了徐楚《南山潭》中的诗句。

这首诗让在座的人仿佛看到了南山潭水清见底，潭边渔翁持竿闲坐垂钓，白鹭、沙鸥江面上低空盘旋的优美画面。

"好，那明日我们就去游一下青溪和南山潭。"海瑞说。

崔栋对海瑞说："听海大人安排！"

- 3 -

次日，海瑞和韩叔阳等地方官员陪崔栋去青溪和南山潭观赏风景。

头天晚上，县衙主簿倪华就与景点上的人联系，叫他们做好安排，不得有误，而且倪华已先带着人去打前站了。

早晨吃了早餐，海瑞和韩叔阳就陪着崔栋等人去青溪。

"这青溪真像你们说的那样很美？"路上，崔栋笑着问海瑞和韩叔阳。

韩叔阳奉承："的确很美！到时候崔大人一定会因为它的美而陶醉！"

"真的啊？"崔栋有些不大相信。

韩叔阳说："下官不敢哄骗大人！"

……

说话间，他们已经来到了青溪码头。

"走，崔大人、韩大人，咱们上船！"海瑞招呼崔栋和韩叔阳。

崔栋等一行官员鱼贯上了艘专门为他们准备的游船。

这是一艘特大的机动游船，船身扎着五彩绳，显得很是气派。这种游船，只有朝廷派来的大员才有资格享受。

在韩叔阳和海瑞等地方官员的陪同下，崔栋乘着船开始畅游青溪，欣赏清溪两岸的优美风景。

"大家注意安全！"船员提醒船上的人，然后将船朝前方的江心开去。

游船不快不慢地向前行驶着。

"突突，突突突……"因为逆水行驶，船身负重而行，一路上发动机如老牛般叫个不停。

"哇，真是太美了！"先前吟诗的一位随行官员看着岸上的景色，禁不住惊呼起来。

另一位随行官员也感慨道："不错，不错，的确是难得的好风光！"

"嗯，不错，真不错！"崔栋长时间在京城，很少下到地方，淳安他没来过，对青溪的美景自然也是第一次欣赏到。看到溪两岸绿树丛生，青色满目，偶尔还能看到一两只猿猴在那绿丛中追逐嬉戏，也禁不住称赞起来。

"淳安的美景还有很多，崔大人要经常下来走走！"韩叔阳趁机吹捧。

一旁的海瑞瞟了他一眼，意思是说：你韩叔阳倒是会做人情，可你知不知道县衙和老百姓的苦？

"是得多找机会下来走走，要不然哪知道这儿有如此美妙的人间仙境啊！"崔栋笑着说。

"崔大人若是经常下来，我们这些做属下的也才有机会沾您的光，跟着享受享受这人间美景啊！"一随行官员说出他的心里话。

崔栋说："这巡察，也不是你想下来就下来的，还得皇上朱批呢！"

"崔大人可以去争取嘛！"另一随行官员说。

崔栋说："我看你们都很想往这下边跑呀！"

"下来有吃有喝有玩的，人家把你当爷一样伺候，临走还要送些地方上的特产和银两，在京城里待着，成天就是和那些纸啊笔的打交道，又没有什么油水可捞，大人，您说谁不想下来啊？"一位随行的书吏说。

"是啊，崔大人，以后您就多带我们大家下来转转嘛！"另一位随行的书吏也说。

韩叔阳说："对对对，崔大人，以后多带他们下来逛逛，浙江的美景很多，特别是我们这严州府，风情浓郁，小吃很有特色，玩的地方也多！"

听了他们的对话，海瑞心里很不是滋味：干吗京师的这些人都想着来下面捞上一把？难道就没有王法了？还有你韩叔阳，你在这些京城来的人面前装什么大佬，你知道他们来一回县衙要花多少银子？守边的官兵来文书告急，说他们军备空虚，军心开始涣散，这些你难道不知道？你真是不顾你的属下和地方上的老百姓死活啊！

海瑞想的这些，韩叔阳何尝不明白？他明白得很，但没办法，他也不敢得罪这些京城来的官员，他不会拿自己的前程开玩笑。其实他不过是打肿脸充胖子，他也不希望这些人经常下来。

待他们聊得差不多了，海瑞和崔栋开始聊时下的一些政事，聊官风官德。

"如今这官场，腐败重重……崔大人，如若这样下去，下官怕我大明江山社稷不保啊！"海瑞痛心疾首。

崔栋叹息道："是啊，有些事情本官也是看不下去，但整个官场从上到下皆如此，你说有啥办法？"

这崔栋也算是个比较正直的官员，对时下的一些腐败现象也是有些看不惯。

海瑞见时机成熟，趁机从怀中掏出早已写好的废银呈文递给他："崔大人，这是下官写的一份关于废除常规银的呈文，想请大人代转皇上，请皇上务必体恤地方和百姓，废除这常规银。"

韩叔阳见海瑞和巡按御史聊起官场的事，心里很不高兴：海瑞啊海瑞，你这个愣头青，他崔栋是皇上派来巡察地方的钦差，这是什么时候啊，你和他聊这些，你这不是在给本府惹祸吗？

又见他突然向崔栋提及废除常规银一事，还把呈文递交给崔栋，知道要坏大事。但他见崔栋和海瑞很聊得来，也不敢说海瑞什么，只好闷着不说话。

崔栋接过海瑞写的呈文翻了一下，问海瑞："这事你为何不向严州府呈报？"

"下官已经报过了。"海瑞低着头说。

好你个海瑞，你居然使出这么一招，看崔栋走了我怎么收拾你！韩叔阳瞪了海瑞一眼，心里狠狠地骂道。然后，赶紧给崔栋禀报，"崔大人，这事海县令是给下官呈报过"。

尽管天气不是很热，可他额头上的汗珠已经一颗一颗地从发际间冒了出来。

对韩叔阳的反应海瑞当然清楚，他就是故意要让他难堪一回。韩叔阳看他的时候，他装着没瞧见，其实他心里明白得很。

"好，我先将你的呈文带回去！"崔栋对海瑞说。

"谢谢崔大人！"海瑞双手一拱，给崔栋行礼。

见崔栋没有追问下去，韩叔阳这才松了口气。但他对海瑞还是很气，只不过有崔栋在，他不得不装出一副若无其事的样子。

游了青溪，已经到了吃中午饭的时候。韩叔阳怕饿着巡按御史，便说："崔大人，时间不早了，我看吃了饭再去游南山潭吧？"

"行，那就先吃饭吧！"崔栋说。

— 4 —

趁菜还没端上来的工夫，韩叔阳悄悄将海瑞叫到屋外一角，带气地说："刚才你怎么去和崔大人说那些事？你知道会是什么后果吗？就拿常规银来说，这事已经成了不成文的规矩，不是你海瑞想废就能废的，这牵扯到若干京官，包括他崔栋，这样做要得罪多少京城来的官员你知道吗？唉，不是我韩叔阳说你，你真是榆木脑袋啊！"

韩叔阳连珠炮般数落了海瑞一顿。

海瑞也不服气，说："下官可管不了这么多，下官只知道淳安县衙的财政已经出现亏空，淳安老百姓的赋税多如牛毛，不少人家就是因为承受不起这么多的赋税和徭役才举家逃往他乡……"

"不要节外生枝！"韩叔阳不高兴地说。

海瑞说："韩大人，正因为县衙财政不济，守边的军费都无法开支。前天，下官还接到守边军派人送来的告急文书，说因为官府拖欠他们军饷，军心极为涣散，而倭寇又猖獗地频频侵犯，怕是抵挡不住了！"

"你……"

"韩知府、海县令，菜已经上来了，可以吃饭啦！"韩叔阳正在发火，县衙一名差役来报。

怕崔栋等不及，韩叔阳和海瑞赶紧进屋。

吃过中午饭，海瑞和韩叔阳又带着崔栋一行来到南山潭。

与青溪相比，南山潭又是另一番景色，它呈现给游人的是典型的峡谷式景观。这儿不仅有飞瀑、深潭、涧流，还有悬崖峭壁和许多怪岩，如石和尚、金银瀑、斤丝潭、深谷鸣蛙、雄狮吼天等。其中的天兴潭，四周悬崖万仞，奇险无比，又有瀑布自空中直冲深潭，潭上窄下宽，状若倒置的陶锅，半藏于峡谷之中，潭水清澈，水鸟时而掠过潭面，时而空中飞翔，游鱼成群结伴在水中嬉戏。潭边绿树成荫。还有不少的古木、古迹。

"真是一山有一景，十里景不同啊！"站在南山潭边，看着这如画的景色，崔栋又发起了感慨。

"据说这儿还是龙王居住之地呢！"韩叔阳告诉崔栋。

听了韩叔阳的话，崔栋惊讶地问："什么？龙王居住在这儿？不会吧？"

韩叔阳笑着说："这只是传说，龙王是不是真的居住在这儿，下官也不得而知。但遇干旱之时，周边的乡民都跑到这儿来摆香案向龙王求雨。"

"哼！"崔栋鼻子哼了一声，脸上似笑非笑。

海瑞走上前，说："崔大人，到那边山顶上去看看吧！"

"山上有啥好看的啊？"崔栋问。

海瑞说："那儿有好几个景点，值得看一下。"

"好几个景点，啥景点？"崔栋又问。

"大人，那儿有贵门更楼、鹿门书院，还有访友桥等一些景点，值得去看一下。"韩叔阳接过话。

崔栋说："那就去看一下吧。"

一行人来到山顶的贵门更楼前，崔栋停下，驻足观望。崔栋看了一会儿，感叹道："嗯，壮观，很壮观！"

"这贵门更楼和那边的鹿门书院，系南宋名儒吕规叔和他儿子吕祖颢所建，大学问家朱熹还来此给人们讲过学。"海瑞给崔栋解释。

"嗯，有点儿意思！"崔栋点头。

韩叔阳对崔栋说："那边还有个访友桥，去那边看看。"

一行人又朝前面的访友桥走去。

"缘何叫访友桥？"崔栋边走边问。

韩叔阳说："说起这桥，还有一个典故。"

"还有个典故？说来听听！"崔栋说。

韩叔阳得到崔栋鼓励，继续说道："大家都知道，这南宋的朱熹是个大学问家，他喜欢有学问的人，到处寻访名儒。他听说住在这儿的吕规叔很有学问，便来此地寻访。据说朱熹来这儿寻访吕规叔的时候，见这桥上有个人在边观风景边吟诗，便走上前去向这人打听吕规叔家住在什么地方，恰好这人就是吕规叔。朱熹听说他就是自己要找的吕规叔，很是高兴。待朱熹说明来意后，二人在桥上相谈了好一阵，后来二人觉得对方都是可交之人，便在桥上结拜为异姓兄弟。这事在当地被传为佳话，人们便把这桥叫作'访友桥'。"

"那边岩石上刻有'石泉漱玉'，这是谁的手笔啊？"一位随行官员问。

"那是朱熹的手迹。"海瑞告诉这位随行官员。

另一名随行官员问："缘何叫'石泉漱玉'呢？"

海瑞告诉他："一日，朱熹站在桥上听到桥下的淙淙流水声，觉得很是受听，便叫人找来笔墨，欣然在那石壁上题下这几个字。"

"原来如此！"随行官员恍然大悟。

随后，海瑞和韩叔阳带着崔栋等人又看了一些景点，便回到了县衙。

因为还要去其他地方巡察，崔栋等人吃过中午饭便走了。

临行之时，海瑞提醒崔栋，请他多多关注废银之事。崔栋告诉他，这事牵扯到很多官员，叫他最好不要去惹这个祸。

海瑞向他陈述了自己的想法，请他无论如何将呈文转交给皇上，只要这事皇上同意，即便是砍下自己的头他也毫无怨言。见他这么执着，崔栋只好说等他回去后再说。

海瑞只好耐心地等着。

废除常规银，崔栋知道这是个烫手的山芋，虽说他也知道常规银给地方上和老百姓带来了沉重负担，但真要废除了，那些去巡察的京官，还有他们的随行官员和吏书的财路也就断了，这些人能答应？朝廷虽说没有明文规定地方上一定要巡察的官员送银子，但这事儿已经成了不成文的规矩，是和尚头上的虱子明摆着的，你能改变？

回到京城，崔栋没敢把海瑞的呈文交给皇上。他想了半天，最后在呈文上批了"淳安地瘠民贫，准予酌情办理"几个字，叫人转送给海瑞，算是给他一个回复。

见到崔栋这个回复，海瑞知道他没把自己的呈文交给皇上。

哼，酌情处理，什么叫酌情处理啊？他仔细思索了一下，嘀咕道："管他呢，既然你让本县酌情处理，那本县就按自己的方法来处理。"

— 5 —

海瑞查看过县衙账本后，发现县衙每年支付过往淳安县境的官员、上司来淳安县考察的费用，以及县衙各种各样接待花费的银子多得吓人。海瑞还发现，一些官员在接待过程中大作手脚、中饱私囊。而这些接待用的银两摊派在老百姓身上，每个男丁至少出银三两，多的达四两。他觉得这实在是太高，老百姓无法承受。

海瑞决定降低接待规格，以减轻老百姓和县衙的负担。他做出规定，以后用于县衙支付接待的费用，每丁只能收取银子二钱五分，不得多收，违者交刑房处置。

他让衙役将这个规定张贴在县衙门前，并让相关衙门人员和老百姓知晓。

海瑞减少征收用于接待过往官员的银两，淳安百姓大为称赞。一日，几位老百姓专门来到县衙，当面称赞他。

"海县令，您真是为我们老百姓做了件大好事啊！"

"别的县令只想着搜刮咱们老百姓的钱财，可您却为我们减少了征收的银两，您真是好人啊！"

"唉，要是当官的都像您海县令这样，那我们老百姓的日子就好过多喽！"

海瑞叹息道："说句实在话，要是上面官员能够多为咱们老百姓着想，多怜悯咱们老百姓一点，用钱节省一些，那这些接待费用每丁征收二分五厘银子都有剩余！"

一日傍晚，倪华笑着对海瑞说："海大人，你减少征收接待银两这个事情，老百姓反映非常好！"

海瑞愧疚地说："本可以只征收二分五厘的，但没办法，执行不下去，对于淳安百姓，我这个县令没有尽到一个父母官的责任！"

倪华说："海大人不必太自责，有些事不是咱们县衙能掌控的。再说，降到二钱五分就已经很不错了，咱淳安的老百姓已经很感激了！"

"光减少征收老百姓的银两还不行，关键还得降低过淳安县境官员和来考察官员的接待标准。"海瑞对倪华说。

"降低接待标准？这……这不合适吧，海大人？"听他这么说，倪华吓了一跳，"废除常规银就已经得罪了上面来的这些官员，再降低他们的接待标准，他们还不把咱们吃了呀？"

海瑞斩钉截铁地说："不降低接待标准不行，必须降低！不仅是接待的银两，就是接待用的船只、口粮、伙食也要降低标准。"

"准备怎么个降法，海大人考虑了吗？"倪华问。

海瑞说："本县心中有数。"

"什么标准？"

"比如，从淳安顺水而下的一般官员，接待标准可以考虑鸡二只，值银五分；肉二方，值银四分五厘；鱼二尾，值银二分八厘；鸡蛋十五个，值银二分二厘；京果四色，值银五分；油盐四色，值银一分；凉菜一盘，值银五厘；蜡烛十支，值银二分五厘；米五升，值银三分；柴四束，值银二分五厘；酒一樽，值银五分。"

"照这个标准，接待一名上面来的官员，只需花三钱六分银。这倒是节省了不少。"倪华掐指算了算。

海瑞说："而且，今后如遇物价上扬，银两不增；如遇物价下跌，相应减少银两。"

"那遇到吏部、户部、礼部、兵部、刑部、工部六部的尚书，亦或是都察院的都御史、大理寺卿、通政使司这些'大九卿'官员来了咋办？"倪华突然问。

海瑞告诉他："如果这些人来了，接待标准自然要提高一些，但也不能无限制地提高，得有个限度。"

"怎么个提高法？"倪华又问。

"可以在上面这个标准上加鹅一只，值银八分；加火腿一只，值银一钱二分；其余蔬菜酌量增加，但不能超过六分银。这样接待下来，用银也不过是六钱多点而已。"

"好，好！"听他这么一说，倪华连连称赞。

海瑞这一做法，不仅让上面的官员恨他，也让地方上的官员恨死了他，但海瑞无所畏惧。这只是他施政上锐意改革的开始，更多的革新还在后头。

– 6 –

浩浩荡荡的新安江，无情地将淳安县隔成了南北两半。

淳安县衙的办公地点历朝历代都设在新安江北面，居住在新安江北面的百姓到县衙办事就方便得多，而居住在新安江南面的百姓就不那么方便了，他们要到县衙办事，来回都得花银两乘坐民船，这就无形中增加了他们的家庭负担。

一日，海瑞去江南面的仁寿乡劝课农桑，他告诉老百姓："今后你们若有事，可以直接到县衙来给本县反映，本县定会尽量给大家处理。"

"海县令，您的心意我们领了，可我们要去一趟县衙很不容易！"一老者叹息道。

"是很不容易啊！"一位四十来岁的男子附和。

"虽说不是经常去县衙，但有事总得去，这条江的确是给咱老百姓带来了不方便。"旁边一个人说。

一位头包白帕的中年妇人接过话："不仅是去县衙不方便，就是要到那边的乡里走个亲戚串个门也很不方便。"

海瑞没明白他们想表达的是啥意思，便说："从这儿到县衙也不是很远，这有啥不容易呢？"

中年男子说："海县令，您有所不知，从咱们仁寿乡到县衙，距离倒是不怎么远，可这江把我们拦在这边，去一趟着实有些不容易。"

"我们过一回江，船家要收不少银子，一回两回还行，可去多了，这也是一笔不小的开支啊！"老者告诉海瑞。

包白帕的中年妇人说："俺家一年光坐船就要支出好几钱银子。"

"嗯，长此以往，的确是一笔不小的开支！"听他们这么一说，海瑞觉得有些道理，"这样，你们反映的这个问题，本县回去召集有关衙门商议一下，看有什么办法可以解决。"

"县令大人若是帮我们解决了这个问题，那大伙儿一定会非常感激您！"那位四十来岁的男子说。

包白帕的中年妇人说："就是就是，海县令要是帮了这个忙，那我们仁寿乡的老百姓几辈子都会记着您的！"

"请大伙儿放心，这事本县一定做到！"见他们高兴成这个样子，海瑞很是欣慰。

次日早晨，海瑞召集主簿倪华和县衙六房的司吏议事。

"诸位，昨日本县到仁寿乡去劝课农桑，那儿的百姓告诉本县，说新安江把他们隔在那边，他们来趟县衙实在是很不方便！"

"他们又不经常来县衙，有何不方便的呀？"

"不方便就不方便呗，这有何办法？总不能替他们搭座桥吧？"

"若真能在江上搭座桥，那倒也方便南北两岸的人来往！"

"搭座桥也不是不行，关键是银子从哪儿来。"

海瑞刚开了个头，下面的人就议论开了。

"本县问过这些人，他们说，过一次江船家要收不少银子，一回两回倒还可以，可次数多了这笔开支也不小。有位中年妇人告诉本县，她家一年光坐船就要支出好几钱银子。"

听海瑞这么一说，工房司吏吴天罡说："嗯，的确是一笔不小的开支。"

"这的确是个问题，没座桥，两岸的老百姓来往是很不方便！"刑房的司吏吕焕闸也说。

工房司吏吴天罡说:"你们说得都对,关键要有银子,没有银子说了也白搭!"

"就眼下来说,搭桥是不可能的,为啥?搭桥要花很多的银两,县衙财政空虚没有钱,只能想其他办法。那怎么办?为了方便南北两岸的人往来,本县令昨夜想了一下,能不能设立一个义渡会,以义渡会的名义动员一些有爱心的富户或人士捐献一些银子,然后用这些银子购置些田地搞点经营,经营得来的钱就作为义渡会的经费,再由义渡会购置三条船,并雇用些船手来免费摆渡南来北往的人。购船的银子和船手的薪金,都用义渡会的经费来开支。这个办法大家看行不行?行,就马上着手办。"

"好!这个办法好啊!"倪华高兴地说。

工房司吏吴天罡说:"嗯,既不用县衙的钱,又省事!"

户房司吏赵品仙说:"海县令就是不一样,点子比咱们多!"

大家一个劲儿地称赞海瑞。

"既然各位都同意本县令这个意见,那事不宜迟,马上就成立义渡会。义渡会成立后,即刻到各乡开展募集事宜,请那些有钱有爱心的乡绅、隐退的朝廷官员献点爱心捐出点银子来。当然,县衙各部门的官员职员,能捐的也要捐点。"

随后,大家商议成立了义渡会。

义渡会由工房司吏吴天罡牵头,再从户房、礼户等部门抽些吏员参加,同时也邀请了一些里长、甲长参与进来。

次日,义渡会的人就在县衙和各乡张贴告示,并开始到各乡募集银子。

听闻海县令成立义渡会募集银子搞摆渡的事,不少乡绅和隐退官员都积极支持,南北两岸的老百姓也高兴万分,有的老百姓还捐了银子。

半年后,船买到了,船手也雇到了,免费摆渡百姓的事开展起来了。老百姓都说:"这海县令,就是个好官!"

第8章　为母祝寿

"就是平常老百姓，为自己的父母做寿也要摆席设宴，请三五桌客人，何况他还是个县令，这海瑞咋这么吝啬，两斤肉就把他母亲的七十大寿给打发了？"坐在瘦个子官员旁边的一位矮胖子官员惊奇地说。

- 1 -

一晃，到淳安上任已经两个多月了，按理说海瑞是个大孝子，他早该把母亲谢氏和妻子王氏，还有儿子中砥他们接到淳安来了，可海瑞整天不是忙着下乡就是在县衙大堂处理政事，把接母亲和家小来淳安一起住的事给忘得一干二净。

海瑞母亲今年刚好满七十岁，还有一个月她老人家的生日就要到了。这事海瑞忘记了，仆人海安却没忘记。

一天晚上，海安见海瑞稍有点空闲时间，便问："老爷，咱们来这儿已经两个多月了，是不是该去把老夫人和夫人她们接过来了？还有，再过一个月便是老夫人七十大寿，这事该怎么办啊？"

海瑞这才想起母亲和妻子王氏她们来，赶紧说："对对对，是应该把她们接过来了，你看我忙得把这事都给忘了，幸好你提醒。这样，等我把手上的事处理完了，我就安排人去接她们。"

两日后，海瑞打发人去接母亲谢氏和妻子王氏她们。

不久，母亲谢氏和妻子王氏被接来了。一道跟着来的，还有老仆人汪熙。汪熙本不想来的，说他老了不中用了，谢氏舍不得他，左劝右劝才把他给劝来。

"娘，孩儿没在的这段时间，您老人家受苦了！"见到母亲，海瑞赶紧给她赔礼道歉。

谢氏说："如今你身为县令，是一县百姓的父母官，你有许多的事情要做，娘就是苦点儿也不会怪你。"

"谢谢娘能理解孩儿的难处！"母亲能这样理解自己，海瑞非常感激。

谢氏说："你是娘身上掉下来的肉，娘还能不理解你吗？再说，你来上任的时候娘就对你说过，这官不做则罢，做就要做个好官。如今你一心扑在政事上，娘高兴还来不及，哪儿还会怪你呢？"

海瑞说："感谢娘！"

"这话听起来就有些生分了！"谢氏说。

海瑞笑起来："这倒也是！"

"是啊，一家人还说啥谢不谢的呀！"妻子王氏也说道。随后拉过站在一旁的儿子，说："中砥，还不快叫爹！"

"爹！"

中砥甜甜地叫了一声海瑞。

"嗯，乖！"海瑞伸手抱过儿子。

海瑞在南平做教谕的时候，妻子王氏给他生了个儿子，海瑞给他取名中砥，如今中砥都两岁多了。看着可爱的儿子，海瑞愧疚地对妻子王氏说："真是辛苦夫人你了！"

见夫君心疼自己，王氏很是感激，说："刚才不是都说了吗，一家人说这些做啥？相夫教子，本就是贱妾分内之事。要说辛苦，夫君一天为县衙的事奔波劳累，那才是真的辛苦！"

"好，不说了！"见王氏这般懂事和体贴自己，海瑞心里十分温暖。

"哎呀，老爷，老夫人和夫人她们一路奔波，十分疲劳，先让她们进屋坐下歇歇再说，怎么老让她们在这儿站着说话呢？"海安见老夫人和王氏她们站在外边说话，赶紧说道。

海瑞对母亲说："是啊，光顾着说话了！走，娘，先进屋坐下休息一会儿，再慢慢说！"

"不碍事，不碍事，都到家了，还怕得不到休息呀！"谢氏笑着说。

一家人进了屋。

"嗯，不错，够宽敞的！"进了屋，谢氏这儿瞧瞧，那儿看看，边看边夸。

"比起南平，那真是要好一千倍！"看着这宽大气派的房子，老仆人汪熙一脸喜色。

海安说："当然喽，在南平，那是教谕住的地方，这儿是什么地方啊？这儿是县令大人住的地方，是县衙，哪儿能比？"

汪熙赶紧说："对对对，不能比，如今咱们家老爷做了大官，就是不一样！"

见大家都喜气洋洋的，海瑞笑着说："是不一样，是不一样！"

谢氏听了，一下子严肃起来，说儿子："瑞儿，房子是变大变好了，可做人的原则却不能变，你可不能忘了当初娘跟你说的话啊！"

海瑞赶紧说："娘放心便是，您老人家的教诲孩儿断然不敢忘记！"

谢氏说："娘相信你也不敢忘记！"

"好吧，菜饭都做好了，等老夫人和夫人歇歇就吃饭。"海安说着进厨房去端菜饭。

不一会儿，菜饭全摆上了堂屋桌子。都是些家常便饭，也没有什么好菜，更没有酒肉。

"孩儿不知你们今日到，也就没什么准备，都是些粗茶淡饭，娘，你们就将就吃吧。"见桌上没有什么像样的菜，海瑞怕母亲生气，赶紧先给她道歉。

谢氏笑着说："瑞儿，你就别说了，就是有准备，娘也知道你拿不出啥好菜来！"

"说句实在话，孩儿的确也拿不出什么像样的东西来招待娘！"见母亲揭穿自己的谎言，海瑞笑着自我解嘲。

谢氏又笑着说："当娘的又不是不知道你那性格，一件衣裳穿了那么多年也舍不得丢，你还能拿出好东西来招待娘？不过，节约是好事，当官也不能瞎浪费。要是县令大人都带头铺张浪费，那底下的人还不跟着大吃大喝呀！"

海瑞说："娘说得是。"

"您别说了，老夫人，老爷也真是够节约的了。我们刚到这儿的时候，他见这后院里有一片空地，高兴得不得了，当时就对我说，'海安，你看这片地多好，每天下班了我就来和你刨地，然后咱们整些瓜豆青菜之类的种上，以后咱们就不用上街去买菜了'。"

海安接着说："也不是我在老夫人面前告老爷的状，自从我们来到淳安，老爷他还真一次肉都没买过。"

"真的啊？"王氏睁大眼睛问海安。

海瑞说："是有这回事，但这不是钱很有限吗？"

"那肉吃不吃也没啥，你看，你们不是长得一肥二胖的吗？没事没事，多吃点自家种的蔬菜，对身体还有好处！"谢氏笑着对海安说。

"老夫人说得对，平时吃清淡的对身体有好处，就应该多吃些蔬菜。"汪熙插话。

尽管没有肉吃,但这顿饭海瑞一家吃得非常开心。

- 2 -

几日后的一个下午,海瑞刚从县衙大堂理政回到家里,妻子王氏就过来说:"夫君,后天就是母亲七十岁寿辰,大家得给她老人家祝个寿啊!"

一旁的老仆人汪熙也说:"是啊老爷,老夫人今年七十高寿,是得给她老人家好生祝贺一下!"

"你俩说得对,老夫人一生劳苦,如今咱们家的生活也算过得去,是应该给她老人家好生做个寿!"听了妻子和汪熙的话,海瑞若有所悟地说。

"老爷,那您看这寿宴咋办?"汪熙问海瑞。

海瑞说:"这事我还得跟老夫人商量一下。"

过了一会儿,海瑞来到母亲谢氏的房间里。他问谢氏:"娘,过两天就是您七十大寿了,孩儿准备给您老人家做个寿,您看咋办才好?"

"你觉得咋办好?"谢氏反过来问他。

海瑞告诉她:"娘,刚才汪熙他们建议孩儿,说孩儿如今当了县令做了官,应该拉开排场,请乡邻和儿子在县衙的亲朋好友,还有官属来给您老人家祝贺祝贺,一来好让您高兴高兴,二来也可给儿子撑些门面。"

谢氏说:"瑞儿,你觉得这样做妥当吗?"

海瑞说:"孩儿刚才跟他们说,寿要做,但是不能搞得太铺张,到那天随便做桌饭,家里人一起来给您祝贺祝贺,有个意思就行,没必要浪费钱财,更不要兴师动众地去请什么人来祝贺。"

"娘知道你一向节俭,现在做了官,听说你也一再地主张勤俭节约,这是好事。行,娘支持你,就按你说的去办吧!"谢氏说。

见母亲这样说,海瑞非常高兴:"感谢娘的支持!"

"老爷,老夫人怎么说?"海瑞刚从谢氏房间出来,等在外边的汪熙便过来问他。

海瑞告诉他,老夫人说了,就按我刚才跟你们说的去办。

"人不请,那这菜总得要备办一下吧?"汪熙说。

海瑞想了一下,说:"这好办,咱们刚来的时候,海安和我就在后院的空地里种了些菜，南瓜、豇豆、茄子、白菜、葱葱、大蒜什么都有，虽然长得不是很好，但也还能将就吃。这样，明日一早你和海安去摘一些来，我再上街去买点肉，咱们一家好好给老夫人祝贺祝贺！"

来淳安后，海瑞一直没买过肉吃，这下听说他要去买肉，海安非常高兴，说："好的，老爷，明日一早我就叫上老汪去园子里把菜摘来！"

次日，天还没大亮，海安便叫上汪熙去园子里摘菜。

海瑞拎着篮子上街了，他慢悠悠地来到集镇上卖猪肉的这条街。

"哟，海县令，您来买肉啊！"卖肉的屠户们从没见过海县令上街买肉，这下见他来了，以为来了个大主子，争着和他搭话兜揽生意。

海瑞不说话，只是朝他们点头，最多也只是"嗯嗯嗯"的答应。他这个肉摊子上瞧瞧，那个肉摊子上看看，就是不说要买多少。

"咋卖？"最后，他站在唐屠户的摊子前。

唐屠户说："十二文一斤。"

海瑞小声地对唐屠户说："卖这么贵啊？"

唐屠户说："海县令，这已经够便宜的了！"

海瑞顿了一下，说："给我来两斤。"

"就两斤，多了我可不要！"海瑞提醒他。

"好，两斤就两斤！"唐屠户说着提刀割肉。

"海县令，不是咱们这些卖肉的说您，自打您来到淳安这地儿，咱们还没见您来买过肉呢！怎么，今儿个家里来客人了？"唐屠户边割肉边问。

海瑞摇摇头，告诉他："不是，明日是我老母亲七十岁生日，我给她做个寿。"

"哦，是这样啊！"唐屠户有些惊讶，心想：给你老母亲祝寿就买两斤肉？这也太抠门了吧。

"来，不多不少，恰好两斤，海县令您自己看秤！"唐屠户提秤给海瑞看，并且有意把声音放大。

海瑞付了二十四文铜钱，拎着篮子往回走。

"海县令买肉啦！海县令买我家的肉啦！"唐屠户像一大早捡了个金元宝，待海瑞一走，便朝街上的人大呼小叫起来。

"真的买了？"听到唐屠户咋呼，一个姓钱的屠户走过来问他。

"真的，不信你问问李三和刘小毛！"唐屠户指着他身边姓李的屠户和姓刘的屠户，不容质疑地对姓钱的屠户说。

姓钱的屠户问姓李的屠户和姓刘的屠户："是真的吗？"

"真的，拎着肉刚走！"两个屠户同时回答。

"买了多少？"

"两斤！"唐屠户告诉他。

姓钱的屠户听了，惊讶地大声问道："什么？两斤？这么大个县令，才买两斤肉？"

唐屠户说："两斤已经不错了，这还是为他老母亲祝寿，要不他还一两都不买呢！"

"哈哈，哈哈哈哈……"姓钱的屠户笑得直不起腰。

听到他们三人在议论海县令买肉的事，其他屠户也跟着过来凑热闹，一时间满大街议论纷纷。

在家里做事的海安，心里一直喜滋滋的，还以为老夫人做寿他家老爷会破例买个五六斤肉拎回来。

见老爷上街回来了，海安赶紧上前迎接。

"老爷，您买的肉呢？"见海瑞手上没拎着肉，海安觉得有些奇怪，便问他。

"在这儿。"海瑞将篮子递给他，然后转身去自己的书房做事。

海安接过篮子一看，就一小坨肉，像只刚满月的小猫睡在篮子里。海安不好说什么，接过篮子悄悄进了厨房。

正在洗菜的汪熙走过来问："老爷买的肉呢？"

海安不说话，把篮子递给他看。

"啊，给老夫人做寿，老爷就买这点肉？我看不超过两斤吧？"汪熙对海安说。

海安赶紧竖起一根指头，示意他小声点，让老夫人听见不好。

谢氏正好走过来，听说儿子为她祝寿只买了两斤肉，不但没生气，反而笑着对汪熙和海安说："家里就这么几个人，两斤肉足够了，怎么，你们还嫌少啊？不少不少！"

听到母亲和两个仆人在说话，海瑞从书房走出来，问他们："你们在说些啥啊？"

见两个仆人愣在那儿，谢氏赶紧说："没说啥，没说啥，你去忙你的！"

海瑞说:"好的,我去给娘写幅字。"

"写啥字啊?"听说儿子要给自己写字,谢氏问。

海瑞说:"今日给娘做寿,孩儿就给娘写幅'寿'字吧。"

谢氏高兴地说:"好,好!"

"娘您等着,孩儿这就去写。"海瑞说。

"好!"谢氏笑咪咪地说。

海瑞转身进屋去写字。

"字写好喽!"一会儿,海瑞两手牵扯着一幅字画从书房走出来。

谢氏、汪熙、海安,还有王氏,一齐围了过来,见他写的是个两尺见方的"寿"字,这字龙飞凤舞的,很是漂亮,大家一下子高兴起来。

"哟,老爷的字真是越写越漂亮啦!"看到这个遒劲有力的"寿"字,海安在旁边夸道。

汪熙也笑着夸道:"嗯,不错,真是不错!"

"瑞儿,'寿'字有这么写的吗?娘怎么看不懂呀!"谢氏左看右看,就是看不懂儿子写的这个字,便问他。其实,汪熙和海安也不认识海瑞写的这个字。

海瑞笑着告诉她:"娘,这个'寿'是个合体字,它由'生母七十'四个字组成。"

"难怪,我咋看也不像以前看到过的'寿'字,原来老爷是多了份心思!"汪熙笑着说。

"是啊,我也没看出来!"海安赶紧附和。

谢氏心里高兴,也笑着说:"难得我家瑞儿有这份孝心。好,这字好!

傍晚,汪熙、海安和王氏将饭菜做好,海瑞一家老小给老夫人谢氏祝寿。

"祝母亲寿比南山,福如东海!"王氏将婆婆扶到上座坐好,然后转过来和海瑞一起上前给她叩拜。

"祝老夫人高寿!"

"老夫人万寿无疆!"

汪熙、海安也过来给谢氏祝寿。

祝完寿,大家便开始吃饭。晚上的寿宴,菜很丰富,肉虽然少了点,可海瑞一家吃得非常开心。

俗话说，好事不出门坏事传千里，海瑞只买两斤肉给七十岁老母亲祝寿的事经唐屠户、钱屠户在街上这么一闹，满大街传得沸沸扬扬，有的人骂他抠门不孝敬老人，也有人说他是个好官不铺张浪费，说什么的都有。

这事在当地传传也就罢了，可偏遇到一个嘴快的人。这人叫马忠，六十多岁了，是浙江总督胡宗宪府上一个打杂的下人。

马忠是淳安县人，他老家就在这条街上，这几日请假回家来办点事。海瑞在街上买肉的时候，他正好也在街上买肉，对海瑞买肉的事和唐屠户、钱屠户他们的议论看得一清二楚，他也觉得这事很好笑。

第三天，马忠回到胡宗宪府上，把这事说给他身边的人听，他身边的人就把这事作为茶余饭后的谈资到处说。很快，海县令买两斤肉给老母亲祝寿的事，就传到了胡宗宪的耳朵里。

"你们说什么？严州府淳安县县令海瑞给他七十岁老母祝寿只买了两斤肉？"胡宗宪问下人。

"是的，胡大人，这是马忠昨天从老家回来时说的。他还说，他当时就在场。"一个下人告诉胡宗宪。

"马忠呢？你们把他给我叫来，我问问他是不是真有这回事！"胡宗宪很好奇。

一会儿，马忠被叫来了，胡宗宪笑着问他："马忠，严州府淳安县海县令给他老母亲祝寿只买了两斤肉，真有这回事？"

马忠说："胡大人，这事当时我就在场，千真万确！"

"哈哈……哈哈哈……你们说这海瑞，咋这么抠门啊？"听马忠这么说，胡宗宪笑出了眼泪。

几个下人也跟着他大笑不止。

下午，胡宗宪召集部属商讨政事。在商讨政事之前，他戏谑地笑着告诉部属："先给大家说件事，今日本总督听人说，严州府淳安县的县令海瑞为他老母亲祝寿，上街买了两斤肉！"

"堂部大人您说什么？海瑞为他老母亲祝寿只买了两斤肉？"一位官员还以为是自己的耳朵出问题了，手摸着耳朵好奇地问胡宗宪。

胡宗宪笑着说："对啊，我府上有个下人，他老家就在淳安。我问过了，他说他当时就在场，这事假不了。"

"堂堂一个县令，给自家老母亲祝寿居然只买两斤肉，你们说，还有比这更抠门的人吗？"一位瘦个子官员看了在座的人一眼，笑着问大家。

"就是平常老百姓，为自己的父母做寿也要摆席设宴，请三五桌客人，何况他还是个县令，这海瑞咋这么吝啬，两斤肉就把他母亲的七十大寿给打发了？"坐在瘦个子官员旁边的一位矮胖子官员惊奇地说。

"天下奇闻，真是天下奇闻啊！"

"好了，好了，不说他了，议事，议事！"见大家说够笑够了，胡宗宪说道。

过了一段时间，他们当中的一个官员到京城去办事，这个官员的朋友在京城请他吃饭，酒桌上，这个官员把这事拿出来调侃，他这些朋友听了差点笑晕过去。这个官员的朋友都是官场中人，事后他们又把这事当作笑谈。这下，满北京城的官场都知道了这个事，海瑞因这事成了名人，只不过人们在说他的时候，话语里充满了讥笑和戏谑。

– 3 –

时间过得有些快，一晃海瑞母亲和妻子来淳安与海瑞居住已有四个月了。

在福建南平的时候，海瑞的妻子王氏就已怀孕。看着王氏的肚子一日比一日挺得高，海瑞高兴，谢氏更高兴，只是不知道王氏这肚子里的孩子是男是女。

海瑞倒没什么，可谢氏每天都在心里祈祷，期望儿媳怀个男孩。谢氏还时常当着海瑞和王氏的面唠叨："哎呀，要是给咱们海家再添个男丁，那就好喽！"

婆婆的话让王氏心里无形中产生了压力，生怕自己的肚子不争气，给海家生下个女孩儿来。真要是这样，那婆婆的脸色恐怕就没现在这么好看了。王氏心里焦虑，成天过着提心吊胆的日子，时时处处讨好婆婆。还好，王氏的肚子还算是给她争气。

冬月里的一天，王氏突然喊肚子疼。谢氏是过来人，明白儿媳妇就要临盆了，赶紧一边把她扶到床上去，一边吩咐老仆人汪熙："快去县衙大堂叫老爷，就说他媳妇马上要生了，叫他赶紧找医官来帮忙接生！"

"老夫人您别急，我马上就去！"汪熙说着赶紧转身跑去县衙大堂叫海瑞。

"老爷，夫……夫人她……她……"汪熙有些激动，加上年纪大了跑过来有些气喘，来到县衙大堂，结结巴巴地告诉海瑞。

"慢慢说，慢慢说，什么事慢慢说！"海瑞见他慌成这个样子，赶紧安慰他。

"要生了！"汪熙喘着气说。

"要生了？谁要生了？"汪熙的话说得太突兀，海瑞一时没反应过来。

"夫人她……她要生了！"汪熙补充道。

海瑞这才听明白，对他说："夫人要生了？走，回去看看！"

"等一下，老爷！"汪熙叫住老爷。

"等一下？还不赶快走，生孩子这种事还能等？"海瑞不解地看着汪熙。

汪熙告诉他："老夫人叫……叫老爷您去叫医官来帮忙接生！"

"对对对，先去叫医官！"海瑞这才醒悟过来，吩咐站在一旁的朱七，"朱七，你赶快去叫白医官，我先回去！"

"是！"朱七说着转身往县衙大门外跑去。

海瑞随仆人汪熙回到内宅。

"妈呀，疼死我了……"躺在床上的王氏，因分娩带来的痛苦而不停地喊叫。

"忍住！忍会儿就好了！"谢氏俯在床边照料和安慰王氏，生怕出半点儿差错让孙子没了。

"没事吧？"海瑞走上前来轻声问母亲。

"叫医官没有？"谢氏问他。

海瑞说："叫了，已经叫朱七去叫了，马上就到！"

不一会儿，朱七带着女医官白玲来了。

"在哪儿？"白玲急慌慌地问在门口的老仆人汪熙。

"在那边屋子里！"汪熙边说边带她朝王氏的屋子走来。

白玲进屋，仔细检查了一下王氏的身体，然后赶紧和谢氏一起忙乎起来。

"啊……啊……"一声婴儿的啼哭打破了满屋焦虑的气氛。

"生了生了，是个男孩！"白玲抱着王氏生下的孩子，高兴得像是自己生的。

知道自己生下的是个男婴，王氏心头的那块重石落地了。

见王氏生了个男孩，海安和汪熙也替海家高兴。

海安给海瑞道贺："恭贺老爷，是个男孩！"

"恭贺，恭贺！"汪熙也赶紧说。

白玲笑着给海瑞道喜："恭贺海县令、王夫人喜得贵子！"

"谢谢大家！谢谢大家！"海瑞高兴地向大家道谢。

过了一日，谢氏抱着孙子对海瑞说："瑞儿，你有文化，你给他取个名字吧！"

海瑞朝上立立眼睛想了一下，说："就叫中亮吧。"

"好，中亮这个名字好，就叫中亮！"谢氏觉得这个名字很好，高兴地说。

海瑞的妻子王氏和汪熙，还有海安、黄三、朱七等人也说这个名字很好听。

家里又添了人丁，海瑞一家自然是乐翻了天。谢氏说："瑞儿啊，咱家喜添人丁，待孩子满月了，得找个好日子给我这孙子办个热热闹闹的满月酒，让大家来祝贺祝贺！"

海瑞说："娘，孩儿在全县提倡节约，我看这满月酒就算了吧？"

谢氏说："咱们不铺张，但形式要有，这毕竟是咱海家的一件大喜事！"

海瑞拗不过母亲，只好说："行，但简单些，不得铺张浪费。我看，也不用请客了，就做桌菜饭，家里人祝贺一下就行了。"

满月酒那天，还真没人来家里祝贺，就只有海瑞一家和黄三、朱七给孩子祝贺。

席上，王氏笑着说："这满月酒办的，倒是有点亏了我们家亮儿。"

"其实，海大人应该知会一下大伙儿，让大家来祝贺祝贺！"黄三说。

朱七也说："黄三说得对，应该知会知会大伙儿呀！"

谢氏知道王氏心里有些委屈，笑着说："祝贺的人是少了点，但这没啥，只要咱家孙子身体健康就行，不必把这事放在心上！"

海瑞说："这满月酒不过是个形式而已，娘说得对，只要孩子身体健康就行。"

"没什么，我不过是说说而已。"王氏说。

谢氏说："好，不说了，不说了，大家吃饭吧！"

海瑞给妻子王氏夹了菜放在她碗里："来，夫人，你辛苦了，多吃点补补身子！"

"是啊，又替我们海家添了个男丁，辛苦你了！"谢氏对儿媳王氏说。

王氏赶紧说："谢谢夫君，谢谢母亲，这本来就是我这个做妻子和儿媳的分内事，不辛苦，不辛苦，只要能让母亲和夫君高兴就行！"

"好了，好了，大伙都别说了，吃饭，吃饭！"海瑞说。

– 4 –

月底，又到了官员们发薪俸的时候。

这一日，海瑞来到户房。

"海县令过来，有什么事要吩咐吧？"赵品仙问海瑞。

海瑞问："你这儿是谁在负责官员薪俸的发放？"

负责发放薪俸的司典何明初站起来："禀报海县令，是卑职在负责发放！"

海瑞说："你把县衙发放薪俸的册子拿来我看看。"

"好，海县令，您稍等一下，我这就去拿！"何明初说着转身就去拿发放薪俸的花名册。

一会儿，何明初把县衙发放薪俸的花名册拿来递给他："海县令，都在这儿，请您过目！"

海瑞接过花名册翻看起来。翻到有自己薪俸的那一页，海瑞仔细地看了起来。

"给我支笔！"海瑞盯着花名册上自己所得的薪俸项目，对旁边户房的人说。何明初递支毛笔给他。海瑞接过毛笔，把自己薪俸的"柴草补贴费"那一项画掉。

"海大人，您这是……？"站在他背后的何明初见了，吃惊地问。

海瑞告诉他："但凡有柴草补贴的官员，这项费用从下月起，以后都不发放了。这个月的已经发了，其他人的不管，发放就发放了，我的在下月的薪俸里扣掉。"

"海县令，这柴草补贴是朝廷规定允许发放的，也是你们该享受的，您咋不要呢？还有……还有其他官员，不发的话他们能同意吗？"何明初问。

海瑞说："我清楚这是朝廷规定的，也是允许发放的，我也想要。但时下老百姓穷得连饭都吃不上，我想，在淳安这个补贴咱们就不要了，给朝廷节省些钱，这样也可以给老百姓减轻一些负担。就这样，我的这项费用就从下月薪俸中扣除，至于其他人的，过两日本县召集大家议事时我会跟他们说。"

"海县令，您的薪俸本来就不高，依下官看这项补贴还是保留吧？"赵品仙看着他。

海瑞说：“本县刚才说了要扣，你怎么说不扣呢？这不是公开抵抗本县吗？”

"行，卑职照办就是！"听他这么说，赵品仙急忙表态。

"卑职一定照海县令说的去办！"司典何明初也赶紧说。

海瑞又翻了翻其他人的看了一下，然后把花名册还给司典何明初，吩咐他做账时细心一些，不要弄错，并叮嘱他保管好这些账册。

何明初说他会注意的，叫他放心就是。

海瑞又和他们交谈了一阵，见没什么事了，便回县衙大堂办其他事情。

— 5 —

一个月后的一天，海瑞从乡下劝课农桑回到家里，见堆放在院子一旁的柴枝丫是枯干的，一点也不像新砍的，便把海安和汪熙叫来。

海瑞指着那些柴问他俩："这些柴是干的，一点也不像新砍来的，你们跟我说说，这是怎么回事？"

海安低着头不说话。

汪熙看了他一眼，又看了海瑞一眼。见老爷脸色严肃，便如实说了。

"老爷，事情是这样的，街上有个人见我们是您的家仆，便想巴结我们。前些日他见我们去山上打柴，便跟我们说，你们不用去打了，以后我给你们家送来就是。今日中午，他就给我们送来了这柴。"

海瑞听了，严肃地批评他俩："你们咋能这样做呢？"

"老爷，是我们不对，今后我们不会这样做了！"汪熙低着头给海瑞认错。

"我们再也不敢了！"海安也说。

王氏见夫君在教训两个仆人，走过来说："夫君，算了吧，不就是一担柴吗？他们平时也很辛苦，干吗对他们发火呢？"

"瑞儿，我看就饶了他们这一回吧！"谢氏也来替海安和汪熙求情。

海瑞对她俩说："不行，他们这种做法会坏掉社会风气！"

"人家把柴都送到家了，你叫他们咋办啊？"王氏说。

海瑞对海安和汪熙说："你们马上去把送柴的人找来，看他这些柴值多少钱，把钱付给人家，给人家道个歉！"

"快去找人吧，海安！"见海瑞给他俩台阶下，谢氏赶紧说。

"好，我马上去！"海安说完，转身就去街上找送柴的那个人。

海瑞转身进屋，拿了五十枚铜钱出来递给汪熙："等会儿那人来了，看多少钱，付给人家，记住给人家道个歉！"

"对不起老爷，给您添麻烦了！"汪熙接过海瑞手上的铜钱，不好意思地说。

不一会儿，海安领着送柴的汉子来了。

"哎呀，不就是一担柴吗，多大点事呀？海县令这么认真干吗？"送柴的汉子叫嚷嚷跟在海安后面。

海安说："求你别嚷了，这事是我们不对，收了你的柴。你觉得是小事，但在我们家老爷看来就不是小事，他说了，这会坏了咱淳安的社会风气。"

"好好好，我不说了，我不说了！"送柴的汉子说。

送柴的汉子和海安进了院子。

"对不起，我们不应该收你的柴，我们在这里给你道歉！"见汉子来了，汪熙赶紧先给他道歉。

"不用，不用！"汉子说。

汪熙问他："你看这柴值多少钱，我们把钱给你。"

"付啥钱呀？你们不要，我挑回去就是了！"汉子说。

"不，我们家老爷说了，一定要把钱付给你。你看，他把钱都拿给我了！"汪熙说着把手上的铜钱拿给他看。

这时，谢氏和王氏也过来了，王氏对汉子说："对不起，他们俩收了你送的山柴，刚才海县令责骂了他俩一顿，这柴我们已经收下了，你就把钱收下吧！"

"收下了也好给他们俩一个台阶下！"谢氏望着汉子说。

见她俩这样说，汉子说："好好好，既然你们都这样说了，那我就收下。这柴在场上也值不了多少钱，你们就给我五十个铜钱吧！"

汉子回去后，逢人便说："这海县令啊，真是个大清官，连一担山柴他也不受人家的！"而海安和汪熙呢，再也不敢收别人的东西了。

第9章 整治官风

送礼办事，这已成了官场铁律，身在官场不送不收，那你就是官场另类，你能在这个圈子里生存得下去？再说不去给上司送礼，他会提拔你？不去送礼，你办得了事？海大人，你这样做岂不是断了大家的升迁之路，葬送了大家的前程？

- 1 -

海瑞走访下属时得知，在淳安县，公款送礼恶习弥漫着整个官场，官员不论大小，都在利用手中权力，用公款向上级官员送礼，以此达到自己升迁或办事的目的。说好听点，这些人是在送礼，说难听点，他们就是在行贿。最关键的是，送礼的银子并不是他们自己的，而是以各种赋税名义从老百姓身上搜刮来的。

俗话说，上梁不正下梁歪，官员们这样做，下面的一些胥吏和乡绅也跟着效仿，经常给他们送礼，以达到自己的某种目的。

官场这种糜烂之风，让老百姓怨声载道。

看到这样的官场风气，海瑞非常气愤："不成体统，真是不成体统啊，倘若再不加以整治，这淳安官场恐怕要烂成一摊泥！"

海瑞决心整治淳安官场风气。

下午，他吩咐衙役朱七："你去知会一下倪主簿，请他告知县衙各个衙署官员，明日一早到县衙大堂，本县令有要事给他们交代。"

"卑职领命！"朱七说完转身离去。

次日一早，县衙的主簿、典史，吏房、户房、礼房、兵房、刑房、工房等六房司吏及巡检、税课大使、驿站驿丞、医官、管河厅、巡捕厅、巡检司、水马驿、急递铺、递运所、社稷坛、山川坛、邑厉坛、僧会司、道会司、税课局、河泊所、工部分司的负责人，还有衙役、皂吏等一干县衙公职人员，一并聚集在县衙大堂。

"把这么多人召集到这儿，这新来的县令到底要干啥？"刑房司吏吕焕阐问坐在他旁边的工房司吏吴天罡。

"不知道！"吴天罡摇摇头。

"洪县令来淳安这么多年也没好生召集过大家到县衙大堂，这海县令没来几天，就把这么多人召集到这儿来，他这是要干什么啊？"兵房司吏江少硅也在问。

"唉，不知道是好事还是坏事呢！"巡检钱正书无不担忧地说。

税课大使曾明涛说："钱巡检，你担心什么，等会儿海县令出来不就知道了。"

正在大家议论不止的时候，海瑞背着手来到了县衙大堂。见他来了，坐在桌案边的主簿倪华赶紧站起来。

海瑞落座，环视了一圈，侧过身低声问身边的倪华："都到齐了吗？"

"都到齐了！"倪华侧过脸来告诉他。

海瑞刚来不久，有些衙署吏员还不认识，倪华给大家介绍："诸位，洪县令已经升迁到严州府任职，这位是刚来咱们淳安接任县令一职的海瑞海大人，本主簿提议，大家以热烈的掌声欢迎海县令的到来！"

倪华接着说："日后各官及县衙所有公职人员，一律都得听从海县令调遣，齐心协力协助海县令办好咱们县衙的一切事务，不得有任何违抗，若有违抗，县衙将按朝廷律例惩办！诸位都要养家糊口，在县衙谋一份差事不容易，本主簿不希望看到在座的哪一位受到惩办，可一旦丢了官弃了职，自己的妻儿老小怎么办？他们可是要吃要喝的！正因如此，请在座的各位共同协助好海县令把咱们淳安的事情办好！下面，请海县令给大家训话！"

倪华说完把脸转向海瑞，"海大人，请！"

海瑞环视一下堂下的官员吏员，开始训话。

"诸位，由于洪县令的升迁，本人遵从朝廷吏部安排，来淳安县接替洪县令，望各位日后精诚团结，竭尽全力支持本县工作。本来，本县要去拜会诸位的，但事务繁忙，一直未能去成，只得把诸位召集到这儿来。其他的话，本县就不多言，本县先给大家说一件事。"

海瑞喝了口放在面前的茶水，继续说："本县来淳安后，仔细查阅了一下淳安县的青册，也到县衙一些人家和乡下去走访了一下，对咱们淳安的情况有了个大致了解。"

"他才来多久啊，就已经下去调查情况回来了？"

"这海县令是有些古怪，来了不先和大家打个招呼，倒先悄悄下去搞什么调查，我看，这人不怎么好处！"

"以往哪一个县令下来不是先让下面的人来拜访自己大捞一把？老夫还没见过像他这样一来就自己悄悄去乡下搞调查的！"

"此人是有些不同凡响！"

……

下面的人议论着。

见大家议论纷纷，倪华赶紧站起来说："诸位先不要议论，先听海县令说！"

下面的人这才静下来。

海瑞接着说："本县在青册中看到，洪武二十四年，淳安县在籍的户数为一万六千三百三十七户，人口七万七千三百零七口。可到去年，淳安县在籍户数仅一万一千三百七十四户，人口四万六千七百一十二口。也就是说，这些年来，咱们淳安县的人口减少了将近一半。"

"不会吧？咋会少这么多人？"

"他是不是弄错了哦？"

"照他这么说，这些人跑哪儿去了呢？"

海瑞的话，很多人都不相信，都以为他在胡说八道。

"可本县又看到了一组数字，仅前年一年，淳安县衙支出的常规银就达五千一百一十两，上级官员吃住开支一千零八十九两……其他支出三百七十五两。上一年，县衙支出常规银五千三百一十一两，上级官员吃住开支一千一百零八两……其他支出三百九十五两……"

"县衙一年要支出这么多银子？不可能吧？"医官白玲皱着眉疑惑地问。

"没有什么不可能的！"旁边一位官员说。

"这么大的开支，我也有些不相信。"巡检钱正书附和。

"情况真如他所言，信不信由你。"先前说白玲的那位官员说。

海瑞喝了口茶，继续说："昨日，户房司吏赵品仙还告诉本县，说在淳安县，不少乡村的里长甲长辞职不想干了。诸位，上面我说的这些数字说明了啥问题？赵司吏的话说明了啥问题？本县告诉大家，这说明咱们淳安县的人口在急剧减少，说明淳安县衙的开支实在是过大，说明淳安县百姓的赋役太重日子不好过，说明淳安县的里长甲长不好当！"

海瑞越说越激动。

"这是和尚头上的虱子，明摆着的事情！"

"赋役重，这是朝廷规定的，谁敢不执行？你海瑞敢？"

"县衙开支大，上面来的官员你敢不接待？上面要的银两你不给，不怕人家告你藐视上级官员？"

"就是嘛！"

海瑞的话又让台下的人交头接耳议论起来。

倪华见状，又赶紧站起来说："安静，安静，听海县令说！"

下面的人这才又静下来。

海瑞继续说："淳安县人口急剧减少，可这些人去了哪儿呢？本县告诉诸位，这些减少的人口，他们有的逃往外地谋求生路，有的逃入深山采矿做了矿徒，有的进山开垦山地成为棚民，有的甚至下海做起了海盗。这些人都是因为承受不了沉重的赋役才背井离乡远走他方。可能有人会问，有朝廷给俸禄，一天只是去下面跑跑腿支支嘴，这些里长甲长为何会觉得这官不好当呢？本县告诉你们，因为他们怕完不成上面交办的征收任务受到处罚，才不愿意当这个里长甲长……"

"是这回事！"

"没办法，下边收不来，上面逼着要，里长甲长成了风箱里的老鼠，两头都受气！"

"官不大，但的确是不好当！"

下面的人又开始议论。

"大家静一静，先听海县令把话说完嘛！"倪华生气地对下边的人说。

海瑞接着说："本县还听说，在咱们淳安县，整个官场上上下下都盛行着用公款请客送礼的恶习，官场上官员不论大小，但凡手中稍微有点权力，都无一不在用掌握的权力、用掌管的公款向上级官员送礼，巴结讨好上面来的官员，以此达到自己升迁或某种不可告人的目的。而下面的官员或公职人员呢，也在效仿，向他们的上司行贿送礼。有人会问，这些送礼的银子从哪儿来？是他们自己掏腰包吗？本县来告诉大家，请客送礼花的这些银子，一分一厘都不是他们自己的，而是以各种赋税的名义从老百姓身上搜刮来的，这就无形中加重了老百姓的负担，搞得老百姓怨声载道，可咱们的老百姓却敢怒而不敢言！"

海瑞停了一下，继续说："不知在座的各位听说过没有，本县倒是听说了，坊间到处都在流传，如今只要舍得花钱，没有什么事摆不平，做官只要肯花钱，你的官就当得大，办事只要你有钱，啥事情都摆得平。不花钱，官你别想当，事情你别想办。衙署本来是为老百姓办事的，可如今却成了官员们的买卖场，成了官员升官发财的地方，你们说，这成何体统？这种歪风邪气若不根除，有朝一日，咱们淳安县衙怕保不住，大明的江山社稷怕保不住！"

海瑞告诫大家："身为朝廷公职人员，吃着朝廷的俸粮，就得一心一意替朝廷做事，替老百姓办事，而不是当官捞好处。本县已经着手撰拟相关禁令，今后县衙里但凡公职人员，不论官阶大小级别高低，均不得再行送礼收礼之事，不得再借此搜刮民脂民膏，若有抗令者，本县令将按出台的禁令实施处罚，决不轻饶！"

海瑞的一番话让在座的每一位官员或公职人员无不脸红心跳。说句实在话，这些官员或公职人员，没有哪一位没向他们的上司送过礼，没有哪一位没收受过别人的东西，都送过收过，只是送多少收多少不等罢了。但是，他们有谁会觉得这是不应该的呢？他们都觉得，别人都在送也都在收，我为何又不送不收？送礼办事，这已成了官场铁律，身在官场不送不收，那你就是官场另类，你能在这个圈子里生存得下去？再说不去给上司送礼，他会提拔你？不去送礼，你办得了事？海大人，你这样做岂不是断了大家的升迁之路，葬送了大家的前程？

听到海瑞说今后不得再行送礼收礼之事，不少人心里极为不满，一个个像霜打的茄子蔫了，全闷着不说话。

终于有人忍不住了。

"海大人，下官有一言，不知当讲不当讲？"兵房司吏江少硅站起来问海瑞。

海瑞看了他一眼，说："有话请讲。"

江少硅说："下官以为，送礼之事是时下各个官场都已默认了的事情，海大人没必要去阻止，况且这送礼也是出于无奈。作为地方官员或公职人员，如果不向上司送礼，哪来出头之日？哪来的锦绣前程？再说，想办点事情你不去送礼，咋又能办得成？下官以为，谁都不会嫌自己银子多，硬要把身上的银子送出去，不过是出于无奈罢了。"

"照你这么说，你不去贿赂上司，就是有政绩吏部也不会给你升迁？而你去贿赂了上司，出了问题吏部就永远不会罢你的官？"海瑞盯着他，打趣地问。

江少硅说:"这个道理下官不是不懂,只是……"

"只是什么?"见江少硅不把话说完,海瑞追问他。

"只是如今这送礼之事已成了官场铁律,海大人怕是难以抑制!"江少硅说完低下头。

"是啊,这送礼之事在官场已经成了不成文的规矩,谁敢去动它呀?"巡检钱正书在下面附和。

税课大使曾明涛说:"眼下这种局面,依下官看谁也难以改变!"

听了他们的话,海瑞说:"没有什么是铁定的,也没有什么是一成不变的,实话告诉你们,本县对送礼收礼之事绝对不会纵容,更不会坐视不管。本县告诫诸位,自今日起,在淳安县,但凡有收礼送礼者,本县将以行贿受贿之罪加以严惩,希望诸位好自为之!"

见海瑞决心已下,其他人不敢再多言。

海瑞看了下面的人一眼:"诸位,本县刚才说的是公款送礼之事,下面,本县再给大家说一个问题。"

下面的人又在交头接耳地议论。

倪华沉下脸,叫大家不要再说话。

"常例。说起常例,大家恐怕都不陌生吧?"海瑞盯着下面的人问。

海瑞接着说:"本县在调查中了解到,在淳安,不少官员在替朝廷征收赋税或在执行其他政务时巧立名目,借机盘剥百姓,从中捞取好处。本县说的这个事,在座的各位心知肚明,不用我多说。更可恶的是,这种不得人心的事情已经成了常例,地方上无人管,朝廷也不愿说,可却苦了一方百姓。这些所谓的常例,到底有多少?咱们先来看看知县一年的常例收入吧。"

海瑞从桌案上拿起一个册子,念道:"夏绢银一百六十两;夏样绢八匹;秋粮长银二十两;农桑样绢四匹;折色粮银四两;清军匠每里银一两;农桑绢银十两;审里甲丁田每里银一两;盐粮长银十两;直日里长初换天字下程一副外,白米一石或五斗,八十里皆然;审均徭每里银一两;造黄册每里银二两;经过盐每一百引银一钱,每年约五万引;住卖盐每一百引银一两,每年约有七千余引;催甲每里银一两;样漆一百斤;俸米每石折银一两……"

念了好一气儿,海瑞才念完。

他喝了口茶,扬了扬手上的册子,对下面的人说:"这些常例多达二十多项,它们就像一副副枷锁架在老百姓的身上。诸位,仅知县一人一年就有这么多常例，你们说，老百姓承受得起吗？"

见没人说话，海瑞接着说："一个县的县衙，除了知县还有县丞、主簿、典史，还有六房司吏、衙役等，他们也有这样那样的常例，你们给本县说说，咱们的老百姓怎么活呀？"海瑞越说越气。

"他说的这些都存在，可哪一任知县没收？县丞、主簿、典史包括下面的衙役，哪一个没收？"

"他这是要干什么呀？"

"听说这人厉害得很，他是不是要在淳安拿大家开刀？"

不少人又在议论，他们感觉到了海瑞的严厉，甚至在心里已经有了些惶恐。

就在大家慌乱之际，海瑞又说："自今日起，从本县令开始，无论是谁，所有常例一律革除。另外，领有柴草补贴的衙署官员，从下月起包括本县在内，这项费用不再发放，若有违反者，无论是谁，一律送刑房查办，绝不姑息！上月发放给本县的，头几日本县到户房时已叫他们从本县这个月的薪俸中扣除，其他人的发放就发放了。"

海瑞这话一出，尤如投下一颗重磅炸弹，大家心里更是又惊又怕，而且还很愤怒。

"啊？他是人还是阎王？"

"他怎么敢这样做？"

"看来，得想办法整治整治他！"

"对，官上有官，人上有人，咱们改天去找州府的人，还怕治不了他。"

有几个官员在下面叽里咕噜地说着。

海瑞没理他们，继续说："还有一个问题。"

"还有问题？"有官员不耐烦了。

"这段时间本县还发现，有的部门在办公用纸方面大手大脚，特别浪费。时下，县衙的财力极为紧张，这事也得整治一下。自今日起，各个衙门须从节俭出发，注意节约用纸。今后但凡用纸，一律先向倪主簿申报后再领用，绝不能再铺张浪费……"

"怎么？连办公用纸他也要管？"一名官员气愤地说。

另一名官员摇摇头："活阎王，真是个活阎王！"

"我看这官场是待不下去了！"另一官员感叹。

海瑞又强调了一些政事，然后问在场的人还有没有要说的。

见没人说话，海瑞宣布散会。官吏们一个个耷拉着脑袋退出会场。

- 2 -

上次海瑞上书严州府废银，有官员就站出来反对，认为他这样做断了京官们的财路，会得罪上面来的那些巡察大员，无论是对地方官员个人的升迁或是对淳安县的发展都不是好事。这下，他又提出不准大家用公款送礼和收受礼品礼金，还要废除大家的常例，甚至连办公用纸他也要管，这一桩桩一件件，没哪一样不牵扯到地方官员们的切身利益。

不准用公款送礼和废除常例，这就等于断了地方官员和公职人员的财路。官员们的俸薪本来就不高，有的连养家糊口都成问题，平时里全靠这些外快来补贴家用，这下全给他们断了，他们还不闹翻天？

海瑞的做法，让淳安官场立刻像发生了十级地震，一下子乱了起来。有的直接去找海瑞，告诉他这事行不通；有点来头或背景的人，到严州府甚至去省城京城告状，说他海瑞要断大人们的财路，要葬送地方官员们的前程，要阻碍淳安的发展，这事不管不行了，求省城京城的大人们来管管他这个人，甚至有人提出，最好是把他海瑞调离淳安。

对这些，海瑞没理会。可有些事情，容不得他不管。

一日，海瑞正在县衙大堂批阅下面送来的奏贴，一衙役进来附着他的耳朵说："海大人，听说有人到京师告您的状了。"

"有人到京师告本县的状？他们告本县什么啊？"海瑞放下手上的奏贴，追问衙役。

衙役说："他们告大人不准他们收礼送礼和革除大家的常例。"

"什么？告本县不准他们收礼送礼和革除大家的常例？岂有此理，这收礼送礼说穿了就是行贿受贿，这是朝廷明令禁止的。再说这常例，也是官员们在做事的时候借机敲诈盘剥老百姓，这些人还觉得他们有理得很？这还要不要王法了？"听了衙役的话海瑞气昏了，把手上的奏贴一下子砸到地上。

见他气成这样，衙役赶紧说："大人息怒，别气坏了身子！"

海瑞忍着愤怒，问他："告状的都是些什么人知道吗？"

"听说是……是……"衙役不敢说下去。

"是谁？直说！"海瑞见他说话吞吞吐吐，知道他害怕。

"听……听说是礼房的司吏冯天得冯大人!"衙役身子抖得像筛糠。

海瑞问:"就他一个人?"

"还有……还有刑房的司吏吕焕闸吕大人!"衙役低着头说。

海瑞骂道:"这个冯天得,真是无法无天了!还有那个吕焕闸,居然敢联合起来去上面告本县的状,我看这两个都不是什么好人,一定是有什么见不得人的东西藏着掖着。哼,可别让本县查出来,否则本县绝不会轻饶你们两个!"

"大人,这事卑职也是听别人说的,大人可别告诉他们说是卑职告诉大人的!"衙役跪下求海瑞。

海瑞说:"我知道,这儿没你的事,你起来,别动不动就下跪!"

"谢谢大人!"衙役这才站起身来。

海瑞又说:"你先下去吧。"

"那卑职先下去了!"衙役说完,弯着腰退出县衙大堂。

待报信的衙役退出去,海瑞在想:挺快的嘛,这事我还没动手,他们倒对本县有动作了。

"哼,是得好好整治一下这帮贪得无厌的家伙!"海瑞愤愤地说。

可怎么收拾这帮家伙呢?海瑞知道,虽然自己在议事的时候说过这事,但这帮子人很滑头,在禁令还没出台之前着实不好收拾他们。

想到这里,海瑞气愤地说:"等着,本县早晚会收拾你们的!"

海瑞根据衙役提供的线索,派黄三和朱七暗中调查衙役说的事情。

"这事须得谨慎,万万不能走漏风声!"海瑞叮嘱黄三和朱七。

— 3 —

"海县令,永平、常乐几个乡的里老要来见您,您看见还是不见?"下午,海瑞在县衙大堂批阅卷宗,一衙役进来禀报。

"见,咋不见啊?快去请他们进来!"海瑞听说有里老求见,也没有问这些人是有啥事要见他,便急忙对进来向他禀报的衙役说。

转眼,衙役领着几位老者进来了,他们都是附近几个乡的里老。

"坐坐坐!"海瑞见他们来了,赶紧招呼他们坐下,然后吩咐衙役给他们上茶。

进来的几位里老一边向他道谢一边坐下。

见他们都端上了茶水，海瑞这才问他们："今日几位来这儿，想必是有事要跟本县说吧？"

"对对对，我们今日来县衙，是有事要给县令大人禀报！"一位年纪稍大点的老者急忙回答。这人是永平乡的一个里长，名叫方惟德。

海瑞问他："你是哪个乡的？怎么称呼？"

"禀报县令大人，小民是永平乡的里长。"方惟德移开嘴边的茶杯，赶紧咽下茶水，对海瑞说。

"是啊，县令大人，我等就是有事情要给您禀报！"一位穿蓝色长衫的里老附和。这人是仁寿乡一位里长，名叫周玉龙。

"我等以为，这事非得来给县令大人禀报不可！"坐在周玉龙旁边的里老张佑全说，他是常乐乡下溪里的里长。

海瑞喝了口茶，问他们："几位向本县禀报啥事啊？"

方惟德看了周玉龙、张佑全一眼。

周玉龙和张佑全明白他意思，朝他点了下头。

见他们默许，方惟德便对海瑞说："是这样的，县令大人，今日我等来这儿，是想给县令大人禀报一件事关老百姓的大事情！"

"嗯，你说！"海瑞鼓励他。

方惟德说："自从洪武年间朝廷明确以后，咱们淳安县的土地，黄册上就没有变过，可实际上呢，由于天灾和祸患，咱老百姓的赋税却是翻了好几翻，而一些官员和乡绅，他们的田地不少，可向官府缴纳的赋税却不是很多，甚至有些交都不交！"

"就是啊，有些乡绅或退隐的官员田地上千亩，可他们向官府缴纳的赋税还没有那些只有十来亩田地的人家多！"张佑全接过方惟德的话。

"这种情况还不少！"周玉龙附和。

海瑞告诉他们："这个情况前一阵本县下乡去调查时也听说了。"

听海瑞说他已经知道此事，几位里老有些吃惊，你看看我，我看看你。

"哦，这个事海县令也听说了？"方惟德问。

"嗯。"海瑞朝他点头。

张佑全问："那这事该咋办呀？"

"你们说咋办才好？"海瑞反问他们。

方惟德说："请求官家重新清丈各家各户田地，按各家各户实有田地亩数来征收赋税，这样要合理一些。"

"对，重新清丈田地，重新造黄册，让那些乡绅和退隐官员与咱们老百姓一样，有多少田地交多少赋税，不能让他们把自家应该缴纳的赋税转嫁到咱们农户身上！"张佑全激动地说。

周玉龙说："今日我等来县衙，就是想联名请求县令大人替老百姓做主，请求朝廷丈量和清查现有田地，重造黄册，按现有田地征收赋税，要不然咱们老百姓真是活不下去了！"

"你们有奏请的文书没有？"海瑞问他们。

"有啊！"方惟德说着从怀里掏出他们事先写好的文书递给海瑞。

海瑞接过来仔细看起来。

"好！"看完文书，海瑞右手一拍桌案，告诉他们，"待本县再做一些调查之后，便以县衙名义上书严州府，请求他们批准本县在淳安县境清丈田地，重新核算各家各户的赋税，绝不让那些田地多、有肥田的乡绅和隐退官员，将他们应该向朝廷缴纳的赋税转嫁到大伙身上！"

见他这么说，方惟德高兴地说："谢谢县令大人！县令大人若能在淳安重新清丈田地核算赋税，那就是为淳安老百姓做了件了不起的大事！"

"若能像海县令说的那样，那淳安老百姓真要叫您（海青天）了！"周玉龙很兴奋。

"对，淳安百姓一定不会忘记海县令的！"张佑全跟着附和。

海瑞说："几位里老放心就是，这事本县令一定会替你们做主。但这事还得先上报严州府，由他们上报给朝廷后才能实施，大家得耐心等着！"

待方惟德等人退出县衙大堂，海瑞自言自语道："这事再不整治，恐怕老百姓真要造反了！"

– 4 –

大明王朝的县令不只是一个县的行政长官，一天也不光是处理日常政务。因为淳安地处沿海一带，住地居民时常遭到倭寇和海盗袭击，海瑞还得做好抵御倭寇和海盗的边防事务。他还是一个县的司法长官，还得审理大量的民事纠纷和刑事案件。

地处江南水乡的淳安县，商业很是发达，利益纠纷接连不断，争夺开矿权、争夺山林土地、婚外奸情、偷摸扒窃之类的民间诉讼层出不穷，甚至有些人为了点鸡毛蒜皮的事也要到县衙来讲理。

这些事情虽说没有抗击倭寇海盗那么重要，但也会影响县里的经济发展和社会安定，海瑞不得不花大量的精力和时间来处置。

这日下午，海瑞进到县衙大堂坐下，准备批阅昨日驿站送来请求报销的账册。突然，一阵闹嚷嚷的声音从外边传来。

他正要问一旁的朱七，主簿倪华进来了："大人，进贤乡的二十多名乡民聚集在一起，硬要闯进来找大人告状，下官叫黄三和其他衙役将这些人拦在门外了！"

"找本官告状？他们要告什么人？"海瑞皱着眉问倪华。

倪华说："下官听他们说，他们要告乡里征收钱粮的方册书。"

"告他什么？"

"说是告他多收了他们的耗银。"

"嗯？还有这等事？"海瑞沉下脸问。

倪华说："下官还未查明，不敢妄言。"

"朱七，你去告诉黄三，放他们进来，本县要问个仔细！"海瑞告诉朱七。

"是，大人！"朱七说着跑出门去。

待朱七出去，海瑞指着身边的空位对倪华说，"你坐到这儿来"。

"是，大人！"倪华走到海瑞身边的空位子上坐下。

朱七来到门外，见这些乡民闹嚷嚷地拼着劲儿要往里闯，黄三和几名衙役拼命拦着。

"黄三，海大人有令，放他们进去！"朱七见状，赶紧喊黄三。

听了朱七的话，黄三和其他几名衙役退到一边，放开了这些乡民。

"走，去找县令大人！"

这些乡民听说县令大人要见他们，一下子拥进县衙大堂。

见这些人一窝蜂进来，海瑞拿起桌案上的惊堂木往桌上一拍："来者何人？"

进来的乡民被惊堂木拍下的声音震住，一齐在桌案前下跪叩头。

"禀告县令大人，我等皆为进贤乡犁头里的乡民！"跪在前面的干瘦老汉说。

海瑞问他们："你等擅闯县衙，是为何事？"

"我等前来状告乡里征收钱粮的册书方磊,请大人为我等做主!"干瘦老汉气愤地回海瑞的话。

"是啊,县令大人,您要为我等做主啊!"一位包白帕的中年汉子附和。

"请县令大人替我等做主!"

乡民们大呼小叫。

"你等要告他什么?"海瑞问。

干瘦老汉气愤地说:"我等告他征收钱粮时故意压低银色,多收耗银,中饱私囊!"

"请县令大人判他返还我等多收的耗银!"一位长脖子妇女说。

"请县令大人查明真相,将此人打入死牢!"包白帕的中年汉子叫道。

"你等先将实情慢慢给本县令道来!"

干瘦老汉说:"这狗贼征收我等耗银时,故意压低咱们上缴银子银色,还翻倍加收我等耗银,让我等蒙受损失!"

"每户加收尔等多少耗银?"海瑞问。

干瘦老汉说:"各户上缴的银两不等,他加收的耗银也不等,但我们看得出来,他加收的耗银,要比县衙规定的耗银多出一倍!"

"他这是中饱私囊!"包白帕的中年汉子附和。

长脖子妇女说:"望县令大人替我等做主!"

经过一番询问,海瑞大体了解了这些乡民反映的问题,于是吩咐朱七:"本官着你和黄三带两名衙役立即前往进贤乡,将方册书给本县传来,本官有话要当面问他。"

"是!"朱七和黄三领着两名衙役赶往县城东北面的进贤乡。

— 5 —

一两个时辰后,朱七等人将征收粮银的册书方磊带到了县衙大堂。方磊见这架势,知道是有人在县令面前告了他,便赶紧跪下:"县令大人,卑职不知为何被传到此?"

海瑞看了那些乡民一眼,然后问他:"你是进贤乡的册书方磊吗?"

"禀告县令大人,卑职正是进贤乡册书方磊。"方磊低着头回答。

海瑞将惊堂木往桌上一拍,喝问道:"大胆方磊,你为何在替朝廷征收粮银时擅自翻倍征收乡民的耗银？"

"县令大人，这……这……"方磊似有难言之隐。

海瑞怒视着他："本县告诉你，这些都是进贤乡的乡民，他们今日到本县这儿告你在征收粮银时多收了他们的耗银，本县问你，你为何要多收他们的耗银？多收的这些耗银又去哪儿了？你给本县从实招来，免受皮肉之苦！"

"还我们银两！"

"打死这狗官！"

"请县令大人替我等做主！"

愤怒的乡民高声呼喊着。

方磊吓得缩成一团，不敢说话。

"还不想承认是吧？"海瑞问他。

方磊低着头。

海瑞突然吼道："来人，给我大刑伺候！"

站在方磊后面的几名衙役，听到县太爷发令，举起刑杖就要往方磊身上打。

"我招，我招，我全招！"方磊见要受皮肉之苦，赶紧给海瑞叩头。

海瑞威严地说："那就如实招来，如有半句谎言，本县令绝不轻饶你！"

方磊这才抬起头来，一五一十地把事情说了出来。

原来，县衙里的县吏、衙役们下去乡和里替官府征收粮银时，都是在他家里白吃白喝，而且每顿都要有酒有肉招待，要不然这些县吏、衙役就会不高兴。他们一不高兴，在你纳银入库时他们就会变着花样刁难你，要么说你缴纳的银子银色不好，要么说你缴纳的分量不足。这些人都是县衙里的官差，册书当然不敢得罪，只得硬着头皮招待他们。一顿两顿也就罢了，就当是做个人情，可这些人隔三岔五地去，而且一去就是三五成群的，时间长了册书家里当然撑不住。为了弥补这些人给自己带来的损失，只好在乡民缴纳银耗时多收一些银两。

"卑职知道多收乡民的银两不对，但卑职也是出于无奈，望海县令饶恕！"方册书说完又给海瑞叩头。

"原来是这样啊！"

"没想到他们这些册书也有苦衷！"

"照他这样说，坑害咱们乡民的还是那些县吏和衙役！"

"对，就是那些人！"

听了方册书的话，乡民们这才清楚方册书多收他们银耗是怎么回事，对他也很是同情。

"原来是这帮贪吃贪喝的污吏在作怪！"海瑞恨得咬牙切齿。他对乡民们说，"乡亲们，现在情况大家都清楚了，不是方册书想多收你们的银耗。是因为那些下去征收钱粮的县吏和衙役经常在他们家白吃白喝。你们不要怪方册书，要怪就怪那些贪吃贪喝的县吏和衙役！"

"是啊，要怪就怪那些县吏和衙役！"

"可人家是当官的，谁敢怪他们？"

"是啊，谁敢怪他们呀？这不是等于没说吗？"

乡民们激动起来。

海瑞见状，赶紧说："乡亲们，都怪本县令没管好手下的这些人，请乡亲们放心，待本县令查清事情原委，一定会对这些人加以严惩，给大家一个交代！"

"海县令，这些人要严惩啊，要不然咱们老百姓真是活不下去了！"一老汉眼巴巴地望着海瑞。

海瑞说："老人家，您放心，本县令一定不会放过这些人！"

"有县令这句话，我们就放心了！"

"是啊，有海县令替我们撑腰，我们就不怕了！"

……

乡民们又嚷闹起来。

海瑞赶紧说："乡亲们，你们先回去，本县令马上召集县衙所有的粮吏和差役训话，对犯事的粮吏和差役进行查处，你们就先回去吧！"

"谢谢海县令，我们这就回去！"

"走，回去！"

"海县令，您一定要替我们撑腰啊！"先前的老汉在转身时又强调。

"放心吧！"

打发走了进贤乡的这些乡民，海瑞立即吩咐站堂衙役："赶紧知会县衙所有的差役和粮吏，叫他们马上到县衙大堂集中，本县令有事交代。"

"是！"站堂衙役应答后，转身出去。

没多久，县衙所有的粮吏和差役都来了。

海瑞沉下脸，说道："今日把大家急急招拢来，是有一件极为重要的事情要给大家交代。"

海瑞看了看大家，继续说："你们知不知道，就在刚才，进贤乡的几十位乡民聚集在本县这儿。他们来做什么呢？本县告诉你们，他们是来告状的！"

"聚集在这儿告状？告什么人的状啊？"有人问。

"也许有人会问，他们来这儿告什么状？告哪些人的？本县告诉你们，这些人是来告代替县衙的差役粮吏征收粮银的册书方磊，他们说方磊多收了他们的银耗，还把方磊押到了这儿。"

"这些乡民胆子够大，居然敢把乡里的册书押来这儿！"

"这不是找死吗？"

"是呀，这些乡民咋如此胆大？"

有人又在议论。

海瑞接着说："本县告诉你们，借助征收粮银多收老百姓银耗，借机盘剥百姓，连本县令都觉得这个姓方的册书该死。"

"这种人是该死！"

"把这个方册书处罚不就完了吗？"

"是呀，何必兴师动众地把大家叫来！"

有人很不耐烦。

海瑞接着说："可待本县查明情况后才得知，该死的不是这个方册书，而是咱们县衙里征收粮银的这些粮吏和差役！这些粮吏和差役，打着替官府征收粮银的幌子，每次下去就窝在人家册书家里白吃白喝，这还不打紧，打紧的是，若是人家没有好酒好肉招待，这些人心里就不高兴，一不高兴，他们就在人家纳银入库时换着花样刁难人，要么说人家的银色不好，要么说人家缴纳的分量不足。册书们没办法，只得硬撑着招待他们。当然，吃喝一顿两顿也不足为怪，就算是人情吧，可这些人隔三岔五地去，而且一去就是三五个人。时间长了，这些册书家里当然撑不住。为了弥补这些人给他们带来的损失，册书们只好在乡民缴纳银耗时多收些银两。多收了人家银两，老百姓能答应吗？当然不答应。于是，他们只好把罪怪在册书们身上，你们说，这能行吗？"

"说了半天，罪推到了我们这些粮吏和衙役身上了！"粮吏郑泰很不服气。

"下去征收粮银，总要吃饭嘛，有何大惊小怪呢？"粮吏鲁山玉一副不以为然的样子。

差役徐大伍大声对他旁边的人说："看来海县令是不饶咱们了！"

"若是这样，今后让他自己去征收！"差役张全说。

海瑞继续说："本县告诉大家，这事必须一查到底，不管涉及谁，只要查实有这种行为，一定按律例给予严惩，绝不姑息！这事就请吏房去调查处理，处理完了将结果张贴公布，一来给其他人一个警诫，二来也给老百姓一个交代！"

海瑞此话一出，有此劣迹的粮吏和差役感到非常惊恐，他们不知道会受到什么样的处罚。

接着海瑞向大家宣布："自今日起，以后县衙的官员和役吏，不论官阶高低，也不论职务大小，但凡因公务下到乡或里，须俭朴行事，膳食只能是平常饭菜，绝对不能铺张，更不得敲诈和鱼肉百姓，否则无论是谁，本县令将严惩不息。"

"他……他怎么……"听到海瑞这么宣布，粮吏鲁山玉气得发抖。

"鲁兄，不要乱说话！"见他要撒野，旁边的差役徐大伍怕他吃亏，赶紧用手捂住他的嘴。

鲁山玉挣扎了几下，这才安静下来。

在这些犯事的粮吏和差役中，他是最让册书们讨厌的一个。一次，他和其他粮吏去征粮，在册书家吃饭的时候，正好册书家那天没酒。这下鲁山玉可不高兴了，不但臭骂了那册书一顿，还掀翻了人家的饭桌。尽管册书给他解释了许多遍，可鲁山玉还是不依不饶，大骂册书。册书给他说了一箩筐好话，说改日一定把今日的酒给他补上，加上有其他差役相劝，他这才饶了这册书。今日见海瑞规定得这么严厉，觉得海瑞这是不拿他们粮吏当人，想质问海瑞为何要这么做。

海瑞正在气头上，要不是徐大伍制止了鲁山玉，海瑞肯定会当场收拾他。

后来吏房查出他有问题，海瑞叫人将他和其他犯事的粮吏差役一并进行了严厉处置。

这之后，下去征收粮银的粮吏和差役很少有人犯事。

第10章 裁员减费

海瑞一边拟文上报朝廷，让朝廷下令不论官家还是农户，每户均按实有的人丁和田产来服徭役；一边在自己的辖区实施裁员和简化办事程序，以减少农户服役时间。

- 1 -

一日，海瑞到安乐乡调查时发现，有些地方庄稼成熟了烂在田地里没人收，便问随行的户房司吏赵品仙："哎，这些庄稼咋烂在田里没人收？"

赵品仙告诉他，有些人家的男丁到县衙或驿站去服徭役了，家里没有劳力，这些人家的庄稼也就没人收割了。

"辛苦一年种出的庄稼烂在田地里，家里却没粮吃没银子缴纳官府赋税！"海瑞沉着脸说。

"有啥办法呢，官府下派的徭役不去服不行，不去服就会被扣上造反的帽子，轻则杖责几十大板，重则打入监牢，不敢不去，可去了这田地里的庄稼又没人收。"赵品仙脸上显露出无奈的表情。

听了赵品仙的介绍，海瑞心如刀绞：这怎么行？庄稼是农户们的命，没有庄稼他们活不了，其他人也活不了。再说，这庄稼种出来烂在田地里没人收割，多可惜呀！

再可惜也没办法，除非你海县令给咱们把这沉重的徭役给免了。可这又怎么行呢？免了徭役那些活儿由谁来干？免是不可能的，能减少点服役的天数就不错了。

"这些农户一户一年要服多少天徭役？"海瑞问赵品仙。

赵品仙告诉他，这要看这家人拥有的田地和丁男情况。

"回去后查一下，看朝廷在这方面具体有哪些规定！"海瑞说。

赵品仙说："属下回去就查。"

"哦，叫各乡里甲统计一下，看这样的人家有多少，能不能采取什么补救办法？你看，这些成熟了的庄稼烂在田地里，多让人心疼啊！"

"属下回去就安排。"赵品仙回海瑞的话。

次日,海瑞和赵品仙又在常乐乡、和义乡和仁寿乡等一些地方发现有庄稼烂在田地里无人收割的现象。

海瑞感到了问题的严重性。他对赵品仙说:"走,去村里找些人家问问情况。"

俩人进了村。

"兄弟,前面坳子上那块田是谁家的啊?怎么庄稼成熟烂在地里也不去收,多可惜呀!"在一农户菜园边,赵品仙问正在锄地的汉子。

"那是叶大娘家的,他儿子不在家,叶大娘年纪大了身体又不好,做不动,也就没人去收了!"汉子停下手里的活告诉赵品仙。

"她儿子去哪儿了?"海瑞问。

汉子说:"还能去哪儿呀?服官役去了呗!"

"他去哪儿服官役了?"赵品仙问汉子。

汉子边锄地边回答赵品仙:"听说是到新安驿站,不过,我也不太清楚,你得去问叶大娘。"

"她家住哪儿?这个时候她在家吗?"海瑞问。

汉子直起腰,两手按在锄把上,偏着头望了望前面不远处一间茅屋,对他们说:"我看她门是开着的,应该在吧!"

"好,谢谢你,兄弟,我们去她家里看看!"赵品仙跟汉子道谢。

"不用客气!"汉子笑着说。

海瑞和赵品仙朝叶大娘家茅屋走去,可到了茅屋门口,却不见人。

"屋里有人吗?"赵品仙朝屋子里喊道,喊了好几声,才见一个年迈的老妇人拄着根拐杖艰难地从屋里走出来。

"你们找谁呀?叶二他不在家。"见门口站着两个人,老妇人问。

"老人家,您就是叶大娘吧?"赵品仙问。

"我就是,你们是来找我儿子叶二的吧?"叶大娘问。

海瑞告诉她:"我们一个都不找,我们来和您聊聊天,行吗?"

"行,咋不行啊!"叶大娘说,"那就进屋去坐吧。"

"好!"海瑞说着过来扶着她一起进屋。赵品仙见了,赶紧过来帮着扶叶大娘。

"大娘,听说您儿子去驿站服官役了,是不是?"海瑞边走边问叶大娘。

"是啊,他都去一个多月了!唉,他这一去啊,家里连庄稼都没人收喽!"叶大娘叹息着告诉海瑞。

海瑞问她:"您家就一个儿子?"

"我家就这一个儿子,再没什么人了。"叶大娘告诉海瑞。

赵品仙问:"那您老伴呢?"

"唉,别提那死老头了!得了痨病,三年前就丢下我们母子走了!"

"我一个老婆子腿脚不大方便,你们就自己找坐的吧。"进了屋,叶大娘对海瑞和赵品仙说。

"我们自己找,来,您先坐下!"赵品仙边说边和海瑞扶叶大娘在一条凳子上坐下,然后各自找了张凳子,在叶大娘对面坐下来。

"大娘,今年轮到您家服徭役了吗?"赵品仙问。

"哎呀,按理说我们家去年才服的役,不知咋的,前一阵里长又来知会我们家,说这一甲又轮到我们家服役了。我儿子叶二和他们论理,可哪理论得过呀,他们硬把我儿子拉去服役。这不,都去了一个多月了!"

"您儿子还要服多久的役啊?"海瑞问叶大娘。

叶大娘说:"好像还有十几天就可以回来了。"

"你们家的庄稼,成熟了烂在田里没人收,这事您知道吗?"海瑞问。

叶大娘无奈地说:"咋不知道呀?但没劳力,烂就让它烂吧,有啥法子呢?"

"能不能请些人去帮忙收呢?"赵品仙问。

叶大娘头摇得像拨浪鼓:"连吃的都没有,哪有钱去请人啊?再说,咱们这儿的男丁,有点力气的都去服徭役了,这附近也难找到人。"

海瑞对叶大娘说:"但这很可惜呀,庄稼成熟了不收。"

"唉,都知道可惜,但有啥法子呢?"叶大娘叹息道。

见帮不了叶大娘什么忙,赵品仙对海瑞说:"既是这样,海大人,我们再到别家看看吧。"

海瑞和赵品仙走出叶大娘家茅屋,又去别的人家打听情况。

在后来的调查中海瑞发现,那些官僚乡绅等大户人家为了逃避朝廷下派的赋税和均徭,故意隐瞒实有的男丁数,一户有二三百个男丁的,只报五六个,而那些一户仅有三四个男丁的小户人家,报的却是二到三个男丁。特别是一户只有一个男丁的人家,只得如实全报了。这样,大户人家就把他们应当向朝廷缴纳的赋税和该服的徭役，无形中转嫁给了贫困的小户人家。

海瑞从簿籍上得知，老百姓承担的徭役名目多达五十个。

其实，这些徭役多为里甲摊派，朝廷下派的并不算多，老百姓对朝廷下派的徭役并不是十分害怕，他们怕的是里甲摊派下来的徭役，这些徭役折合成银子后，老百姓家每个男丁竟然要承担三四两银子，而原来均徭的征收银每个男丁才负担六钱银子。

海瑞还得知，老百姓对官府的均徭越来越不满，甚至非常愤怒。

- 2 -

"不好了，海大人，外面有人打起来了！"

海瑞和赵品仙从乡下调查回来，饭还没来得及吃，一衙役便急匆匆地跑来家里告诉他。

"什么？打起来了？什么人？在什么地方？为啥事？"海瑞急切地问。

报信的衙役告诉他："就在县衙大门外，听说是梓桐乡两个甲的乡民，为服徭役的事到县衙里找您评理，没想到他们到了大门外竟然打起来了！"

"走，去看看！"海瑞怕这些人闹出大事，丢下脸帕，顺手拎起挂在旁边衣架上的衣裳，叫上衙役就往外走。

海瑞和衙役来到县衙大门外，这些人已经停止了打架，但仍吵得不可开交。

"你说，你们凭啥让我们去服这徭役？"一位头戴毡窝帽的老者上前争辩，他是三甲的人。

"本来就该你们去，你们凭啥不去，反而要叫我们的人去？"一位穿黄马褂的中年汉子说毡窝帽老者，这人是一甲的。

"今年是该你们的人去！"一甲的甲长马大由说。

毡窝帽老者问马大由："你凭啥说应该是我们的人去？"

"凭啥？你问我我咋知道？"马大由说。

毡窝帽老者反问他："你是甲长，你不知道谁知道？"

"不要闹了，你和他们讲不清楚，干脆进去找县令大人，县令大人说该谁去就谁去！"三甲另一个汉子在一旁气着脸叫嚷。

……

"不要闹，不要闹，海县令来了！"一甲有人眼尖，看到海瑞来了赶紧叫他这边的乡民。

"来了也得讲理嘛！"三甲有人咕哝。

海瑞走到他们跟前，沉着脸问："什么事到县衙大门口来打架啦？还要不要王法？"

"县令大人，您可得帮我们评评理，今年本该轮到他们去服徭役，可他们却叫我们这甲的人去，您说这合理吗？"穿黄马褂的中年汉子抢着告诉海瑞。

"啥叫我们该去呀？我们这一甲的人去年才去服的役，凭啥今年还要叫我去？"毡窝帽老者上前争辩。

"你不讲理！这是官家立的规矩，又不是我们立的，你们凭啥不去呀？"一甲中一个穿对襟衣的青年说毡窝帽老者。

"就不该我们去！"毡窝帽老者气冲冲地说穿对襟衣的青年。

"就该你们去！就该你们去！"一甲中一位中年妇女也朝毡窝帽老者叫嚷。

……

海瑞见他们吵来吵去的，也没听出个结果，便说："好了，好了，都不要吵了，走，有什么事进大堂去，大家坐下来好好说，不要在这儿大吵大闹，这是县衙，这样吵闹不成体统！"

"对，有理就进县衙说呗！"穿对襟衣的青年借机说中年妇女。

毡窝帽老者不服气地说："进去就进去，有理走遍天下，无理寸步难行，难不成还怕他们？"

"好，去就去！"中年妇女嘟着嘴，和大家一起跟着海瑞朝县衙大堂走去。

进了县衙大堂，海瑞走到桌案后面在椅子上坐下，然后对站在下边的乡民们说："你们给本县令说说，这到底是什么回事！"

"我来……"

"先让我来说！"

一甲的甲长马大由正要上前给海瑞解释这个事，没想到三甲的毡窝帽老者一下子抢到了他前头去。

海瑞见状，笑着说："好好好，你先说，你先说！"

见县令大人先让他说，马大由只好退下来等着。

毡窝帽老者说："是这样的，县令大人，按照官家规定，这一轮徭役理应由他们一甲的人去服。为啥呢？因为我们这一甲的人去年才去服过，今年还轮不到我们这一甲，要明年才轮到。可他们不去，偏说是轮到我们这一甲的人了。大伙都不服气，就来县衙准备找县令大人评理，没想到到了这门口，他们的人却动手打我们的人，县令大人，您说这合理吗？"

"他说得不对！"

毡窝帽老者话刚说完，一甲甲长马大由赶紧说。

海瑞问他："他说的哪儿不对了？"

"都不对！"马大由回答海瑞。

"嗯？都不对？"海瑞听了马大由的话，觉得有些吃惊，便问他："那你说说是怎么回事。"

马大由说："事实是这样的，他们三甲的人虽说去年去服了徭役，可前年和大前年都是我们这一甲的人去的，按理他们也应该连续服两年，所以今年应该轮到他们这一甲的人去。可他们想赖账，说要叫我们这一甲的人去，我们这一甲的乡民很不服气，这才和他们闹起来。要说打人的事，也是他们中有人先动手了，我们的人才动手的！"

"对，是他们的人先动手打我们一甲的人，我们才动手的！"一甲的人在下面喊起来。

"是他们先动手！"

"对，是他们先动手，不是我们先动手！"

三甲的乡民也在下面叫起来。

"啪！"

海瑞见状，站起来拿起案上的惊堂木往下一拍，沉下脸："闹什么闹？你们以为这是在你们家？都给本县听好了，这是县衙大堂，但凡来这儿的，都得遵守规矩，谁敢乱来那就是藐视公堂，轻则杖责二十大板，重则打入监牢，我看谁敢再闹？"

下面的乡民被海瑞震慑住了，一下子鸦雀无声。

海瑞见场面安静下来，这才说："轮到你们哪一甲去服徭役，这事户房的人一查便知，用不着争论。我看，这事由户房去处理，待户房查清楚了，该哪一甲的人去就哪一甲的去，如有不执行者，按大明律例处置。黄三，你通知户房，请他们立即调查处理此事，处理完了呈报给本县令！"

"是。"站在一旁的黄三应答。

"另外，打架的事情，谁先动的手，一时也查不清，待刑户的人去调查后，谁先动的手，必先处理谁。当然，其他动手打人者，也会一并受到相应处罚。此事就到此为止，大家先回去。"

一甲和三甲的乡民们，边议论边回家了。

— 3 —

徭役如何服朝廷本来就有规定，梓桐乡一甲和三甲的乡民怎么会为这事扯皮呢？联想到这几天在乡下调查的情况，海瑞觉得这不是件简单的事情。

待梓桐乡的乡民们一走，他马上找来朝廷的相关律例翻查起来，看农户服徭役的事具体是怎么规定的。

海瑞终于找到了一段记载赋役的文字："赋役之法……役曰里甲，曰均徭，曰杂泛，凡三等。以户计曰甲役，以丁计曰徭役，上命非时曰杂役，皆有力役，有雇役。州府县验册丁口多寡，事产厚薄，以均适其力……"

这段文字记载了农户要服的役分三种，也就是甲役、徭役和杂泛三种。甲役，又叫里甲，以户来计算；徭役，后来又叫均徭，以一户中的男丁来计算；杂泛，又叫杂役，有力役和雇役两种。力役，后来又叫力差，也就是亲身去充服，比如当保安、巡夜、押运、做饭，或者是当挑夫、看守仓库这些活儿。雇役，后来又叫银差，轮到服差的人家，把银子交给官家，由官家统一招募其他人去替服差，比如供给官府、学堂或者官府其他公有部门的盘缠、纸张、马匹、厨料等，这些都属于银差的范畴，这些银差，农户要么交纳实物，要么交银子给官家，不管交什么，反正都是白交，而且必须交。服役多少，由州县核实黄册上记录各户人丁和田产的多少来安排，这是对农户下派徭役的一个重要依据。

海瑞继续查阅其他资料，发现洪武十四年所定赋役黄册又有记载："命天下郡县编赋役黄册。其法：以一百一十户为里。一里之中，推多粮者十人为长；余百户，为十甲，甲凡十人。岁役里长一人，管摄一里之事。城中曰坊，近城曰厢，乡都曰里。凡十年一周，先后则各以丁粮多寡为次。"

黄册另一处还记载："凡各处有司，十年一造黄册，分豁上中下三等人户，仍开军民灶匠等籍，除排年里甲依次充当外，其大小杂泛差役，各照所分上中下三等人户差。"

也就是说，里甲安排承担的是正役，按照丁粮的多少为依据，十年为一个周期轮流服役，不能脱免和逃避。按照赋役黄册统计，朝廷根据田产和人丁的多少量定各户的等级，按照户的等级下派徭役。

杂泛差役是指民间出办供官府使用的银两和供官府差遣的役夫，其下派和里甲下派的正役是有区别的。杂泛差役和里甲正役一样，十年为一个周期，依其户等轮充的一部分称为"均徭"，另外一部分遇事则派，无事则休，没有定额。

海瑞想，既然徭役是按照田产和人丁下派，那么田产和人丁都是要承担徭役的，这就存在有田产的丁和无田产的丁。有田产的户，在承担田产的正役时，余丁也应承担力役，而没有田产的户不承担田产的正役，但必须承担丁的力役。只有田产却没有人丁的情况，几乎是不存在的。朝廷按人户所从事的职业定立户籍，依据每户人丁和田产多少，把人户厘定为三等九则，并以这样的户籍和户等制度为根据下派徭役，这是不会改变的。

如此说来，朝廷下派的徭役无非就是两种：一种是规定一些人户承当某种特定的徭役，并编入相应的户籍，这样的差役要长期甚至世代充当。而另一种是，政府根据需要和役种的轻重，按每户人丁和田产多少来安排，这样的差役与户籍无关，但有年限规定，可以更替。

海瑞对朝廷的规定仔细分析了一番，发现按每户"人丁多寡"和"事产厚薄"来下派徭役，表面上看起来很合理，但有一个问题，朝廷没有详细规定"人丁多寡"和"事产厚薄"的具体标准，而各地的历史、政治、地理、社会等方面明显存在着差异，这就导致了徭役的下派量不尽相同，难以在全国形成统一标准，执行标准不同，难免会产生不公。这种与生俱来的不公平，使徭役的下派一开始就埋下了罪恶的种子，最终必然要带来致命的恶果。

通过查阅资料，海瑞还发现，朝廷对一部分人群实行了徭役优免制度。哪些人群呢？一种是具有特殊身份的人群，包括皇族、勋戚和鳏寡孤独者，另一种人群是庶民专职役户，再一种人群就是官绅阶层。

对这几种人群的徭役优免，朝廷又是如何规定的呢？

海瑞发现，对皇族、勋戚的徭役优免，朝廷规定："各处功臣之家，户有田地除合纳粮莫夫役。"也就是说，对皇族、勋戚和功臣等这些大户人家，全家除了田赋以外的所有差役都通通免掉了。

朝廷之所以这么做，是因为虽说这些人是官绅一族，但他们又有高于官绅阶层的特殊地位，由于他们身份和地位特殊，徭役的优免似乎就是必须的，无可厚非。

另外有资料记载："丁曰，成丁，曰，不成丁，凡二等。民始生籍其名，曰，不成丁；年十六，曰，成丁。成丁而役，六十而免。"

这里的丁是指成年男子，朝廷规定，十六岁至六十岁为成年男子，都是男丁都要服徭役，而十六岁以下和六十岁以上的男子，则可以不服徭役。

"二年令凡年八十之上，只有一子。若系有田产应当差役者，许令雇人代替出官；无田产者，许存侍丁与免杂役。"

也就是说，还有一些特殊酌情优免的弱势群体。洪武二年规定，年龄大于八十岁的人，不仅自身不服任何徭役，还可以免除其一子的杂泛差役，使其可以全心赡养老人。

对鳏寡孤独和有残疾的弱势群体，朝廷也有一些相应的照顾。洪武三年规定，凡民间寡妇三十以前夫亡守志至五十以后不改节者，旌表门闾除免本家差役。弘治元年也规定，寡妇免除本身的徭役，而家人见丁编当。

这些人具有这样的权利是大明律例允许的，但是优免的都是杂泛差役。对田赋和里甲正役，不同的人优免数额不一样。

朝廷将其控制的所有人户编成不同的役种，为每种役种定立了役籍，按照朝廷的需要分派他们各种差役，这就出现了承担不同役种的专职役户。

对这些庶民专职役户的徭役优免，朝廷也有相应规定。比如："国初核实天下户口，俱有定籍，令各务其业……凡户三等：曰民，曰军，曰匠。民有儒，有医，有阴阳；军有校尉，有力士、弓、铺兵；匠有厨役、裁缝、马船之类；濒海有盐灶；寺有僧，观有道士；毕以其业著籍。"

"凡各处有司，十年一造黄册，分豁上中下三等人户，仍开军民灶匠等籍，除排年里甲依次充当外，其大小杂泛差役，各照所分上中下三等人户差。"

"凡天下各色人匠编成班次，轮流将其原勘合为照，上工以一季为满，完日即查原勘合及工程明白便放回，周而复始……起取撮工本户差役，定例为免二丁，余丁一体当差。"

除此之外，就是对进士、举人、贡监生员等官绅阶层的优免。洪武十年太祖下令："食禄之家，与庶民贵贱有等，趋事执役以奉上者，庶民之事也。若贤人君子，既贵其家，而复役其身，则君子野人无所分别，非劝士待贤之道。自今百司见任官员之家有田地者，输租税外，悉免其徭役。"

明初规定，京官之家除税粮及里甲正役外，优免一切杂泛差役，外官按品阶递减。到了明朝中叶，官员以品阶来限额优免丁粮或丁田，限额外的丁粮田与乡民一样当差。如嘉靖二十四年，一品京官优免粮三十石，免丁三十人；一品外官优免粮十五石，免丁十五人；二品京官优免粮二十四石，免丁二十四人；二品外官优免粮十二石，免丁十二人；三品京官优免粮二十石，免丁二十人；三品外官优免粮十石，免丁十人；四品京官优免粮十六石，免丁十六人；四品外官优免粮八石，免丁八人；五品京官优免粮十四石，免丁十四人；四品外官优免粮七石，免丁七人；六品京官优免粮十二石，免丁十二人；六品外官优免粮六石，免丁六人；七品京官优免粮十石，免丁十人；七品外官优免粮五石，免丁五人。

从这些数字来看，朝廷规定官绅阶层的徭役优免数额相当丰厚，可事实上大多数官绅还不满足，还要求朝廷对他们实行不受限制的任意免除，朝廷一旦不同意，他们就对优免的限定数额进行百般抵制和阻挠，甚至通过诡寄、花分、寄庄等不良手段隐蔽缺乏优免权的人户，将自己应该承担的徭役转嫁到农户身上。这样，他们就捞到了不少好处，但老百姓却遭了殃，许多人家因为承受不起这些繁重徭役，只好离家外逃。

"真是人心不足蛇吞象啊！"看到这些数据，结合看到的事实，海瑞不禁感叹起来。

不行，这些不合理制度非改革不可，再不改革，老百姓定然会起来造反。

海瑞一边拟文上报朝廷，让朝廷下令不论官家还是农户，每户均按实有的人丁和田产来服徭役；一边在自己的辖区实施裁员和简化办事程序，借以减少农户服役时间。

– 4 –

海瑞打发人去把主簿倪华和户房的人找来，与他们一起商量上书平均徭役一事。

倪华和户房的人来后，海瑞说："本县在近日的调查中发现，淳安县农户承担的徭役实在是太繁重了。有不少地方，农户家里因为男丁都去服官家分派的徭役，庄稼成熟烂在田里也无人收割，这实在是让人痛心。还有，今日梓桐乡一甲和三甲乡民为服徭役一事也闹到了县衙。"

"官家的徭役不都是要服的吗？"户房吏员张超问。

赵品仙也说："是啊，海大人，这是无法更改的啊！"

海瑞没回答他们，而是说："本县查了一下资料，知悉老百姓承担的正役和各种杂役都非常多，他们实在是承受不起。本县准备将这一情况上奏朝廷，请皇上下令按每户实有的人丁和田产下派徭役。县衙一些没必要的办事程序本县也决定裁减，并精简部分人员。这样做，一来可以节省县衙财政开支，二来可以减轻农户一些人力负担，不知几位意下如何？"

"大人，这怕是行不通吧？"倪华看着海瑞。

"有什么行不通的？"海瑞问他。

倪华说："农户怎么服徭役，朝廷是有规定的，我们上书要求为农户减少服役，朝廷哪能答应呀？"

"是啊，海大人，这事得好生思量啊！"赵品仙附和。

海瑞说："本县知道有规定，可你们仔细想过没有，这里面有一些问题。"

"什么问题？"赵品仙问。

海瑞告诉他："那些进士、举人、贡监生员，还有皇族、勋戚、功臣等官绅阶层，朝廷给他们减免了不少徭役，可他们仍不满足，还想方设法将他们应服的徭役转嫁到农户们身上，这很不公平！"

"这下官不是不知晓！"赵品仙说。

海瑞说："知晓就行了，还有什么可说的？"

"海大人，下官以为，一来这事奏上去朝廷不一定认可，二来裁减了人员，那县衙有些事就没有人可支配了！"赵品仙有些着急。

一旁的张超说："除了朝廷下派要到京城去服役的人员，驿站那儿还经常向咱们户房要人，把这些人员减裁了，海大人，户房实在是没人支使了！"

倪华也说："海大人，下官觉得他们说得不无道理。"

海瑞想了一下，说："上奏朝廷的事一定要办，这没话说。在县境内实施简化不必要的办事程序，精简可有可无的人员，这事势在必行，也得办。"

看他这么坚定，倪华和赵品仙等人也只好服从，都说既是这样就听从安排。

海瑞说干就干。

一日，他将县衙各个衙署的官员召集来，对他们讲述了简化办事程序和精简人员的原因和意义，然后当场宣布："自今日起，各衙署从农户抽来的人全部放假，让他们回家务农，遇到有差遣再书面知会其返回衙署。县内各个衙署，由原来的三人值班改为由一人值班，各个衙署有三名吏员的现一律留一人办理政事即可，其余二人回家务农，待有事再知会返回衙署。以往每日均要到县衙听差应卯的里长，现改为每月初一和十五两日到县衙办公听差，其余时间让他们去干自己的农活。至于各衙署间的比较，因为上面有规定，县衙不能废除，但咱们可以据实改革。原各衙署每月举行一次的比较，今后改为季终和年终四次，按规定日期进行。吏房和礼房全年不用进行比较，兵房和刑房只在季终进行比较，但承发房每月每季都必须进行比较……如有违反者，按相关禁约进行处置。"

简化不必要的办事程序很多人都没意见，可精简人员这事牵涉个人的薪俸问题，反响就大了，被精简的人员薪水少了有意见，留下值班当差的，活儿多了薪俸没增加也有意见。

海瑞不管这些，他将这些规定叫人抄写若干份，然后拿到各处进行张贴。老百姓看到这个规定，欣喜若狂，奔走相告，都说海县令又替大家办了桩好事。

— 5 —

大明王朝为了让官员专心履职，同时为避免土生土长的官员拉帮结派挤兑外来官员，对官员的任职实行回避制度。也就是说，官员不论大小，一律不能在自己的家乡做官，只能到异地任职。而新提拔或调动的官员上任时往往都会拖家带口，带着妻子儿女一大帮人到任职的地方同吃同住，这不仅让朝廷增加了大量的财政开支，还滋生了新的官场腐败。

每位官员到任，朝廷除了要安排其办公用的物品，还得再拨专款为其配备桌椅板凳、锅瓢碗盏、大床小床等一些家用的物品和器具，也就是人们常说的安家费。当然，官员的级别和官阶不同，安家费的数目也不尽相同。

海瑞翻看了一下朝廷的有关规定，一位知县上任，朝廷就得为他下拨安家费十五两银子，让他自行置办家庭日用物品和器具，而县丞、主簿、教官等一些官员安家费略少一点，各为十二两银子。典史是一个县的首领官，虽然级别较低，甚至是不入流，但他们的安家费也有九两银子。

相对于其他省份，浙江省较为富裕，官吏们的事务也比较多，因此省府对朝廷的规定作了上调，官员们备办家庭日常用品和器具的费用也就高些，在朝廷规定的基础上，县丞、主簿、教官等官员的费用各增加银子二两一钱八分五厘。

这些新增的费用，银子从哪儿来？当然也是摊派到地方百姓身上，可名义上却是由朝廷拨款。因为这些是专用资金，新的官员到任上级都会如数将这笔资金下拨到地方上，而一些县令到任后，将前任留下的旧家具修补后将就用不再购置新的，上面拨给他购买家具的银子也就进了他的腰包。这还不算，更严重的是有些县令还会在上面规定的经费额度上大做文章，想办法多占多捞，这样县令用于搬迁时购置家庭日常用品和器具的资费，实际已经达到了四五十两银子。

还有一件事，那就是官员离任时都会把剩下的银子和家具全部带走，实在带不走的，官员就拿来做人情，把它分给自己的下人或给朋友，这就造成了朝廷资产的流失。

海瑞算了一笔账，光是官吏的这些安家费，朝廷一年就要支出一大笔银两，而这些银两最终还是以赋税的名目加摊到老百姓身上。

这一现象，海瑞觉得很不合理，也必须改进。他规定，对新调来淳安县的大小官员，安家费拨付一律执行朝廷和省府有关规定，不得突破这个底线，如有违反者将依照律例和他制定的《兴革条例》进行处置。县衙官员离任，其办公用品和家具一律按原来登记的件数清点归还县衙，一件也不许带走。离任官员留下的办公用品和家具，能修复的就修复，修复好了新来的官员就将就用，以节省财政开支，坏了不能修复的，新的官员来后再进行添补。上面下拨的资金，多余的先存放在县衙账上留用，以免流失给朝廷带来损失。

海瑞的这个做法，虽然得罪了不少地方官吏，但为县衙节省了不少钱，同时也不同程度地减轻了老百姓的负担，淳安老百姓很是感激。

细心的海瑞还发现，这些年在淳安县城，只要是逢年过节，地方上的粮长里长等小官吏，就会纷纷争着给县衙里各个衙署的人送菜送米面送柴火。

这些小官吏为何要这样做？是不是县衙里这些人和他们交情很深，逢年过节送点礼物给他们，表示和他们关系很好呢？不是，他们是要用这些东西来塞住县衙这些人的嘴。

俗话说，吃人嘴软拿人手短，这些人得了人家好处，日后哪好意思与他们反目？这样一来，粮长里长们日后在征收老百姓钱粮时占老百姓便宜，这些人也就不会去管，粮长里长们就可以肆无忌惮地盘剥和敲诈老百姓。

一日早晨，海瑞把主簿、典史和六房的司吏，还有吏员召集来，将这件事跟他们说了。

"这些都是人之常情,没必要去管!"

"是啊,又不是什么大不了的事!"

"都习惯了,怕是刹不住了,就随它去吧!"

"这事没必要上纲上线,有这点时间和精力,倒不如去干点大事!"

"是得刹住,再不刹不行了!"

"老百姓都已经骂娘了,再不刹,他们可要造反了!"

"是啊,这关系到民心向背!"

"刹,必须得刹!"

这些人意见很不一致,有的赞成有的反对,持反对态度的讲了他们的理由,持赞成态度的也说出了他们的想法和顾虑,反正,对这件事公说公有理婆说婆有理。

"依本县看,这股歪风不刹不行,如果任由它发展下去,日久天长,它必定会败坏咱们淳安官场的风气,我们必然会失去人心,丢掉民心!"海瑞见大家争执不下,赶紧表明自己的态度。

"对,海县令,这股歪风一定要刹!"

"不刹不行!"

听了海瑞的话,持赞成态度的人马上站出来力挺海瑞。而持反对态度的人呢,闷着不说话了。当然,他们不会傻到当面反对自己的上司,要是这样的话,海瑞自然不会给他们好果子吃,这一点他们心里都明白。

海瑞告诉大家:"粮长里长给各衙署送薪送菜这事,本来在之前发布的《兴革条例》中就有规定,只是没那么细。我看,除了《兴革条例》中有规定,还得专门颁布一个《禁馈送告示》,日后再有粮长里长行送薪送菜之事,就依《兴革条例》和此告示之规定进行处罚,经劝告不听情节严重的,移交给监察部门进行严肃处理。我已经告知户房,本县令的柴草补贴费从本月起一律不再发放,如若发现发放此项贴费大家可以举报,甚至可申请州府按律处置。本县今日在此公开声明,本县令如若不为公,滥支滥用县衙一分钱粮,谁发现均可以击鼓状告本县令,本县令决不自行赦免处罚!"

"是得发布一个详尽告示,否则遇事不好处理!"

"海县令想得可真周到!"

"他居然连给自己的柴草补贴费都取消了!"

几个司吏、典吏在称赞海瑞。

"我看，告示发布的事就交由倪主簿去办，等我拟好告示内容再交给你。"海瑞告诉倪华。

倪华说："好，下官等您拟出告示内容，就着人抄写，然后拿到县衙门外去张贴。"

"不能只在县衙门外张贴，还要拿到各乡各里去张贴，让那些粮长里长，还有乡民都知晓这个事！"海瑞对倪华说。

倪华赶紧应道："是，下官按海大人说的去办。"

"至于日后有违反者，查办之事就交由吏房和监察两部门去具体负责。"海瑞接着说。

"遵命！"

吏房和监察部门的人听了赶紧表态。

当日下午，海瑞就拟定了《禁馈送告示》内容。海瑞在告示中规定，今后凡有送薪送菜入县衙者，以行贿罪论处。

海瑞不但规定不准粮长里长给县衙的官员送薪送菜送米面，他还依据《大明律》中上司接受属下馈送土特产，受者杖责四十，送者杖责二十的规定，要求县衙守门人员阻止所有送礼者进入县衙，守门人员若放送礼者进入县衙，将对其重责枷号。

次日，县衙发布的《禁馈送告示》就贴满了淳安县的大街小巷和各乡各里。

老百姓听闻县衙张贴出告示，争先恐后围拢来观看。

"海县令又出新政了！"

"海县令又替咱老百姓做好事了！"

"听说官家给他的柴草补贴费他都取消了！"

"清官，真是清官啊！"

老百姓见出台的告示是对自己有利的，争相传颂。

尽管海瑞的规定严厉，仍然有人偷着行送礼收礼之事，只是没有之前那么明目张胆了。

第11章　清丈田地

海瑞决定在淳安全县重新丈量每家每户的田地，然后将重新丈量出来的田地亩分按户造册登记，以后不论贫富，就按这个数据来向各家各户征收赋税和安排徭役。

— 1 —

这日，海瑞带着倪华去梓桐乡调查田地问题。

路途中，海瑞见一位老农坐在路边的田埂上呜咽，还不停地用手抹眼泪。

海瑞看了一眼倪华，说："走，过去问一下是怎么回事！"

两人走到田埂边，倪华走上前去问老农："老人家，您缘何坐在这儿哭泣啊？"

见有人问话，老农更是伤心，哽咽着说："你们看，这田里颗粒无收，今年官家的赋税拿啥交呀？老天爷，这还要不要人活啊？哎呀，我的天呐，你不如让我死了算了啊！"

老农哭得悲天跄地，双手使劲地捶打自己的胸口。

"老人家，您莫哭，您给我们说说这到底是怎么回事。"倪华见状，赶紧蹲下去安慰老农。

海瑞抬头望了一下面前的庄稼地，因为天干得厉害，种在田里的稻子全干死了。海瑞走进田里拉起一箢稻杆，见上面一颗谷子也没有，眼睛湿润着叹息道："老天爷，你怎么不长眼？你这样做叫咱的老百姓咋活啊？"

老农一直哭着，倪华不停地安慰。

海瑞走到老农身边，问："老人家，您家住在哪儿？离这儿远吗？"

老农用手擦了把眼泪，站起身来指着前面："不远，就在前面的山坳上！"

"我们想到您家里坐一下，顺便了解些情况，行吗？"海瑞问。

倪华赶紧给老农介绍："这是新来的县令海大人。"

"啊？您是新来的县令？县令大人，您可要给小民做主啊！您看这庄稼……"老农听说眼前这人就是新来的县令，马上又呜咽起来，说着就要给他下跪。

海瑞赶紧扶住他:"别这样,别这样!"

"县令大人,您要给我们做主,要不我们真活不下去了啊!"老农泪眼婆娑地求海瑞。

海瑞说:"怪我没做好这个县令,我对不起大家!"

老农见他很愧疚的样子,说:"这哪儿能怪您呀?要怪也只能怪这老天爷不长眼!"

"是啊,这老天爷真是不长眼啊!"海瑞叹息道。

见他情绪平稳了些,海瑞说:"走吧,去您家里坐坐。"

"好,好!"老农往前带路。

路上,海瑞问老农:"您家里还有些什么人?"

老农说:"就老伴和一个儿子。原本有一个女儿,但为了逃生,已经出嫁到远处去了。"

"哦。"海瑞点了点头。

倪华问老农:"刚才那稻田是您自家的吗?"

"是自家的。"老农回倪华的话。

"有多少亩?"海瑞问。

老农说:"不多,就三亩二分。"

"旁边有一大片好田,那不是您家的?"倪华问。

"官爷,您说笑了,能有这几亩薄田就不错了,咱哪有福气拥有那么多田啊?"老农说。

倪华告诉海瑞:"我看那坝田不下十七八亩。"

海瑞点头。

倪华又说:"那些田不但面积大,还很肥。"

海瑞问老农:"那些田是谁家的呢?"

"唉,还能是谁家的啊?当然是程老财家的了!"老农叹息着说。

"程老财?他家拥有这么多田,他是什么人?"听了老农的话,海瑞皱着眉头问。

"这些田算啥啊?还不到他的零头!"老农说。

"哦?还不到零头?难道他家有几百亩田?"倪华很吃惊。

"应该不下三百亩。"老农告诉倪华和海瑞。

"有这么多？"海瑞也很吃惊。

老农肯定地说："绝对不下这个数！"

说话间，三人就到了老农家。

"县令大人，来，往屋里坐！"老农招呼海瑞和倪华。

倪华和海瑞跟着老农进了屋。

"爹，他们……"老农的儿子在家里打理农具，见父亲领着两位官人模样的人来家里，觉得有些奇怪。

"哦，这位是海县令海大人！"老农指着海瑞给儿子介绍。

"这位……哦，不好意思，这位官爷，刚才小民还没请教您尊姓大名！"老农不好意思地看着倪华。

"哦，他叫倪华，是县衙的主簿，你们就叫他倪主簿吧！"海瑞对老农父子俩说。

"见过海县令！见过倪主簿！"老农的儿子招呼道。

"坐坐坐！别站着！"老农和儿子招呼海瑞和倪华。

海瑞和倪华坐下。

"哎，刚才说了半天，还不知道你们姓甚名谁呢！"倪华笑着对老农说。

"哦，小民也忘记告诉两位官爷了！"老农有些不好意思，"小民姓程，贱名天立。这是小民的儿子，叫德福。"

海瑞沉下脸说："以后不许再说什么贱啊小的，直接说名字！"

"这……这……在官爷们面前，这怎么能行呢？"老农感觉有些羞愧。

海瑞说："这没啥，大家都是人。"

"既是这样，那就谢谢海县令了！"程天立受宠若惊，赶紧拜谢海瑞。

"谢谢海县令！谢谢两位官爷！"德福也跟着他爹拜谢海瑞和倪华。

待程天立和儿子德福坐下，海瑞话入正题。

"今日来你们家中，是想向你们打听一下这个地方田地的问题，希望你们把知道的都如实地告诉本县令和倪主簿。"

"你们父子俩不要有任何顾虑，这次海县令来，就是想了解一下各乡在田地和赋税方面的情况，你们知道啥就说啥。但有一点，要说实话！"

"两位官爷尽管问，但凡我们知晓的，我们都会说！"程天立告诉海瑞和倪华。

德福也说："对，只要是我父子俩晓得的，我们都会说的！"

"好!"倪华朝他们父子俩点头。

"哎,咋没见你老伴呢?"倪华突然想起还没见到程天立的老伴。

德福笑着说:"哦,我娘有事去邻居家了,等会儿她才回来!"

"是这样啊,好吧,那我们就不等她了!"倪华说。

海瑞问他们:"你们家一共有多少田地?"

"田就是你们刚才看到的那块,三亩二分,地呢,两亩六分,都是祖上留下来的。"程天立告诉海瑞。

倪华赶紧记上。

"就这么点儿?"海瑞问。

程天立无奈地说:"这是老辈人留下的,想要多也不行啊!"

"像你们家这样的农户,田地是不是都和你们家差不多?"海瑞问。

德福说:"都差不多,再多也不过十把亩,多也多不到哪儿去。"

倪华问:"你们家一年向县衙缴纳多少赋税?"

"要说这赋税啊,那就多喽!"程天立叹息道。他侧身看了儿子一眼,似乎有些不愿提及。

海瑞说:"您说说,我们看有哪些赋税,县衙收缴的是多少?"

"今日海县令下来调查,就是想看看大家上缴的赋税是不是合理,如果不合理,县衙就会上报朝廷给大家适当减免,所以希望你们能如实告诉我们。"见程天立有所顾虑,倪华赶紧说。

"减免?真能给我们家减免这赋税?"程天立既兴奋又有些不大相信。

"那就要看你们说不说实话了。"海瑞用话激他。

"说说说,咋不说呢!"程天立说,"我实话告诉两位官爷,我家这几亩田地,一年光交粮银就是五两二钱。除了这些粮银,还要缴纳不少耗银,这说的还只是缴纳的银两。另外,还有军役、力役、杂役之类的徭役。俺家有丁一人,遇到有官员下来,每年还要到驿站或其他地方服两个月的徭役。这些赋税和徭役,压得我们喘不过气来,有的时候为了服官家的徭役,家里连庄稼都没人种,若是两位官爷能替我们这些农户减免点赋税,那我们真要叫两位官爷'青天大老爷'了!"

"是啊,要是两位官爷能替我们家减免点赋税,我和我爹真要叫您们'青天大老爷'了!"德福也说。

程天立补充道:"不光是我父子俩叫,种庄稼的人都会叫!"

第 11 章 清丈田地

"好，那本县还有些事要问你们。"海瑞对程天立和德福说。

程天立看着海瑞："海县令您说。"

海瑞说："我问你们，刚才说程老财家有那么多田地，他们家一年给县衙缴纳多少赋税？服多少役？"

"叫他们家缴纳赋税和服徭役，那他不杀人才怪！"德福吃惊地看着海瑞。

海瑞和倪华相互望了一眼。

"你们意思是说，他家不缴纳赋税也不服徭役？"倪华问。

德福摇头："从来没见他家交过什么税、服过啥徭役！"

"他家没有男丁吗？"倪华问德福。

程天立激动地说："他家三个儿子，个个都大气饱力的，咋没男丁？"

"你们能肯定他家没向县衙缴纳赋税和服徭役？"海瑞望着他父子问。

程天立说："我敢打包票！"

"如果我和我爹说的是假话，让雷劈了我们父子！"德福站起来赌咒。

海瑞笑着说："不用，不用，这就是个调查！"

倪华也说："只要你们说的是实情就行，没必要这么认真！"

程天立和德福这才冷静下来。

海瑞说："来，言归正传，我们继续。"

"好！"德福说。

海瑞问："刚才你们说的这个程老财，应该是大家给他取的绰号吧？"

德福说："是的，他就像个抠财主，所以大家就送了他这么个外号！"

"那他真名叫什么？"海瑞问。

"程朝生。"德福告诉海瑞。

海瑞又问："敢连官家的赋税都不交，这个人是什么样的人？听说过吗？"

程天立说："这个程朝生，本是我们这个村土生土长的人，后来读书考试中了举人，在省里做了官。几年前，不知何故就退隐在家了。"

"他家怎么会有这么多田地呢？"倪华问。

"他家祖上本来就有权有势，他一回来，就花钱想办法置田买地，然后把自家的田地放出去给当地一些没有土地的农户种，自己只管收租子。后来有些人家交不起官家的赋税，就把土地投献给他家，做了他家的佃户。这人心狠，每到收租子的时候他都要对大家进行盘剥，所以大家就给他取了这个绰号。"程天立告诉倪华。

"原来是这么回事。"海瑞若有所思地说。

倪华气愤地说:"这程老财胆子也太大了,坐拥这么多好田好地,居然连朝廷的赋税都不缴纳,我看他这是讨死!"

"像他这样的人,乡里还有吗?"海瑞问程天立父子。

德福说:"有,像他这样的老财主乡里还有好几个!"

海瑞说:"好,谢谢你们父子俩给我们提供了这些情况!"

"那,海县令,您刚才说给我们减免赋税,这话算数吗?"程天立不放心,问海瑞。

倪华给他解释:"减免赋税是朝廷的一件大事,关乎千家万户,不是说减免就能马上减免,这要等海县令把情况调查清楚上报给朝廷,由朝廷来定。不过你们放心,这事应该能成。"

"倪主簿说得对,这事得等一等。本县令现在就答复你们,这事一定能成,但可能要先对各家各户的实有田地重新进行丈量,重新登记造册,然后依据各家各户实有的田地面积,重新明确赋税和徭役。"

"好,我们等着!"德福和他爹高兴地说。

"我们得走了!"海瑞说着和倪华站起身来。

程天立赶紧挽留他们:"不慌不慌,两位官爷,在我家吃了饭再走!"

海瑞说:"不用了,我们还要去其他地方,再说我们带有干粮,饿不着的!"

程天立父子一再挽留,海瑞还是坚持要走。

海瑞和倪华又到其他里甲找了些农户了解情况,绝大多数农户反映,他们田地少,家里男丁也不多,但缴纳的赋税却很重,服的徭役也多,而当地那些拥有几百上千亩好田好地、家里又有几十上百个男丁的乡绅或官宦人家,反而缴纳的赋税不多,甚至是分文不交,徭役也不服。

这些农户都很气愤,大骂官家不公平。

在梓桐乡转了一天,海瑞对倪华说:"看来问题绝非我们想象的那样简单,问题很严重,我想,咱们还得到其他乡去做些调查。"

二人说着往永平乡赶去。

— 2 —

海瑞和倪华到永平乡的时候,天已经黑了下来。

"天都黑下来了，咱们还没吃晚饭，是不是先到乡里把饭吃了再去？"倪华说。

"我们不是带有干粮吗？走，去那边找个地方坐下，先吃点再去农户家。"海瑞看到前边不远的地方有个石墩，就和倪华朝那儿走去。

"海大人，下官是怕长期这样下去，你身体挨不住啊！"倪华边走边说。

海瑞说："这没什么！"

二人走到那石墩处坐下。

海瑞拿出出门前夫人王氏给他烙的饼，开始啃起来。

倪华从袋子里拿出两个包子，想吃，却有些咽不下去。见海瑞吃得津津有味，心里不禁感叹：唉，你这是何苦呢？下乡搞调查也是为了公事，堂堂的县令大人到了乡里，乡里的那些官儿敢不好生侍候你？何必这么作贱自己呀？理解的人说你是为民，不理解的人还以为你是脑子有毛病。

"怎么？吃不下去？"见他不吃，海瑞问。

倪华叹息道："海大人，不是下官说你，你没必要这么做。你想想，你一个县令大人，走到哪儿谁敢不侍候好你呀？可你……"

"可我怎么啦？"见他有话要说却没说，海瑞追问。

倪华说："你这又何必呢？你看，这饼带在身上一天都凉透了，这样长久下去，你这身子骨哪儿能顶得住啊？"

"没事，你别为我担心，赶明儿在永平调查完了，咱们就先回去，过两日再来。"海瑞说。

倪华这才用手撕着包子，边吃边说："好吧，听你的。"

见倪华吃完了包子，海瑞说："走吧，这下农户们正好做完活回家了，好找人。"

二人站起来，朝一户人家走去。

门虚掩着，里面透出微弱的灯光，倪华上前敲门："喂，有人吗？"

"有！"随着话音，一位三十开外的农妇从屋里走了出来。

见是两位男人，妇女伸手在围腰上擦了擦刚才洗菜时沾的水，盯着他俩警惕地问："请问你们是？"

见她有些警惕，倪华赶紧说："大妹子，不用怕，我们是县衙里来搞调查的，我叫倪华，是县衙的主簿，你就叫我倪大哥吧，这位呢，是海县令海大人。"

妇女听说是县衙里的人，而且县太爷也来了，更是有些紧张，胆战心惊地问："调查？调查什么啊？我家里又没人犯事！"

"我们是来调查土地和赋税问题，不是说你家有人犯事了来调查！"倪华赶紧告诉她。

"我家田地就三五亩，赋税也刚交了，两位大人还来调查啥呀！"妇女惊慌地说。

"不是不是，大妹子你误会了，我们是来调查一些相关问题，你不用怕！"倪华不知道怎么说才好。

"好吧，那你们先进来吧！"妇女身子抖得很厉害。

海瑞见了赶紧安慰她："妹子，你不用怕，我们是来请你帮忙的。"

听海瑞这么说，妇女心里这才稍稍平稳了些。

见只有她和女儿在吃饭，海瑞觉得有些奇怪，便问她："你家就你们母女俩？"

"我男人刚去京城服徭役，父母两年前离世了，家里就剩下我和女儿丫丫。"

"哦，原来是这样啊！"海瑞醒悟似地说。

– 3 –

"是这样的，我们发现一些地方田地少的人家缴纳的赋税和服的徭役，比那些田地多、人丁也多的乡绅或官宦人家缴纳的还要多，这对大家很不公平，想来找你们了解一下情况，看这边是不是也是这个样子。"

"海县令的意思是，如果你们这儿也是这种情况的话，海县令会上报朝廷，重新给大家清丈田地，让每家每户不论贫富都按照实有的田地亩数来缴纳赋税和服徭役，这样对大家才公平。"倪华插话道。

"唉，天下乌鸦一般黑，哪儿不一样啊？"妇女摇头叹息。

"听你这么说，你们这儿也是这种情况？"倪华问。

妇女"嗯"地应了一声。

海瑞说："你能不能给我们说详细点？比如，你们家有多少亩田和地？一年向官家缴纳多少赋税？服多少天徭役？这儿比较富裕的有哪些人家？他们家大约有多少亩田和地？有多少男丁？他们一年缴纳的赋税和服的徭役又是多少？"

这些，你知道的都给我们说说。"

"越详细越好！"倪华提醒她。

妇女说："好吧，那我就把我知道的都跟你们说说吧。"

"哦，忘记问了，你叫啥名字？"海瑞问。

"我叫周玉芬。"

"你娘家是哪儿的呢？"海瑞问。

"安福乡的。"

"好吧，你说。"倪华说。

"要说我们家的田地啊，六亩还不到，就五亩半多些，田有两亩多点，剩下的都是地。这些田地都是瘦薄田地，一年收的谷子也就是三四石，包谷五六石，可我们家一年缴纳的赋税却不少！"

"缴纳多少？"倪华问。

"六七两银吧。"周玉芬回答。

"这么多啊？"海瑞问。

"这只是正税，另外还有火耗、银耗、常规银、脚钱等一大堆，有些我还数不出来。"

"这些又要上交多少银两？"倪华问。

"不下四五两。"

"今年轮到你们家服徭役了？"海瑞问。

"听说是朝廷安排的！"周玉芬告诉海瑞。

倪华问："是到京城服役吧？"

"嗯。"

"服多长时间？"

"两个月！"周玉芬回答。

倪华问："就只服这两个月，还是还要到其他地方服役？"

"听说今年我家只服这两个月。"

海瑞问："你们这儿的大户有哪些？能给我们说说吗？"

周玉芬想了想，告诉海瑞："要说这儿的大户，四甲的吴老抠家就算得上。"

"嗯，仔细说说。"海瑞朝她点头。

周玉芬说："他家的田地，恐怕有上千亩，我们这儿的好田好地都是他家的，像我们这些农户，多少有几亩田地也都是些瘦薄不出产的。"

倪华问："你说的吴老抠，真名叫啥？"

"这人叫吴仁帮。"周玉芬告诉倪华。

海瑞问："这家人向官家缴纳的赋税和服的徭役，你了解吗？"

"没见官家叫他家交过什么粮和银子，更没见他家人去服过什么役！"周玉芬摇头。

倪华有些不相信。他看了眼海瑞，然后问周玉芬："不会吧？他家有这么多田地，一不给官家缴纳赋税，二不出人去服徭役。"

周玉芬继续摇头："真没见过他家交啥粮，纳啥税，徭役也没见有人去服。"

"他家没有男丁？"倪华问。

"三四个儿子，谁说他家没有男丁？"周玉芬很是激动。

海瑞说："凡是有田地的人家都要向朝廷缴纳赋税，有男丁的人家要服徭役，这是朝廷规定的，他家一不缴纳赋税，二不出人去服徭役，就没有人管他家？"

周玉芬苦笑："管？谁敢管啊？人家官府里有人！"

"官府里有人？他家有谁在官府里？在哪个衙门？"海瑞问道。

周玉芬说："听说吴老抠有个小舅子在京城里做什么官！"

"在京城做官？这人姓什么？在京城的哪个地方知道吗？"倪华追问。

周玉芬摇头："不知道，只是听人说他有个小舅子在京城做官。"

"在京城做官，这人到底是谁？在京城的哪个衙门呢？"海瑞沉思着。

倪华气愤地说："真是狗仗人势，有个小舅子在京城做官就连朝廷的赋税都可以不缴纳了！"

"回去找人查查这个人！"海瑞吩咐倪华。

倪华说："是，查到了奏请皇上处置，要不然真乱套了！"

"哎，你们为何叫他吴老抠呢？"倪华突然问周玉芬。

周玉芬气愤地说："他这个人，不但不给官家纳粮交税，不服徭役，对他家的佃户也很苛刻，就是种的田地一颗收成不得，他还是要收租子，一分也不能少，少了他就去告官，说佃户赖他账。这人实在是太抠，大家暗地里就给他取了这个绰号。"

"原来是这样啊！"倪华感叹道。

接着，周玉芬又说道："去年，他家的佃户刘小民，因为天太旱，田地没收成，这吴老抠硬逼着他家交租，刘小民两口子含着眼泪手拉手准备去跳河自尽，后有人拦着劝说了一番，两口子才没跳。"

"哦？还有这等事？"海瑞吃惊地问。

周玉芬说："这事大伙儿都知道，不信你们可以去问问其他人家。"

海瑞说："不用去问，我们相信你说的。"

倪华看了海瑞一眼，意思是问得差不多了，海瑞点头。

二人离去。

路上，倪华问海瑞："要不要去趟她说的那吴老抠家？"

海瑞说："暂时不用去。"

哎，他海瑞做事一向是重证据的，这下怎么啦？人家反映吴老抠家的事情，他怎么不去当面查个清楚呢？倪华觉得有点纳闷，但又不便说，便问："那现在咱们去哪儿？"

海瑞说："再去这个甲和其他甲找两三户人家问问情况。"

原来，海瑞是怕去了吴家会打草惊蛇，他是想等找人在京城查到他那小舅子，将事情奏请皇上后再作打算。

倪华只好跟着他去找其他人家调查情况。在这些人家里，也有人跟海瑞和倪华反映了吴老抠家的事。

"可以回去了！"见情况调查得差不多了，海瑞微笑着对倪华说。

倪华有些忍不住，问道："海大人，既然人家反映了吴老抠家的事，那咱们为何不当面去他家查清楚这个事呢？"

海瑞这才告诉他："我怕草一动蛇就跑了！你想想，如果咱们这个时候去他家问这个事情，他势必会叫人去给他小舅子通风报信，到时候咱们就无法做下去了。"

"原来海大人是怕打草惊蛇呀！"倪华这才醒悟过来。

海瑞笑着说："如果让皇上先收拾了他那小舅子，咱们要收拾他吴老抠，那还不容易？"

"妙，海大人这招的确妙！"倪华不得不佩服海瑞。

— 4 —

回县衙的第二天，海瑞就托在京城衙门任职的朋友帮忙查吴老抠小舅子的事。

很快，海瑞便收到了他这位朋友的回信。信上说，吴老抠小舅子名叫程应亭，是户部的太仓库副使。

得到这一消息，海瑞很是高兴，马上提笔将吴老抠家有大量田地却不向朝廷缴纳赋税、服徭役的情况以及吴老抠仗其小舅子在京城做官，在地方上欺压百姓、无恶不作的劣迹写成奏疏，派人送到京城转呈嘉靖皇帝，请求他下诏免了程应亭的职务，自己才好在地方上处置这个吴老抠，勒令他向朝廷补足原先没有缴纳的赋税，补服朝廷安排的徭役，并对他欺压百姓的恶行进行处罚，还老百姓一个公道。

随后，海瑞又带着人到其他乡和里开展了一些调查，得出的结论是，在淳安县的各乡各里，很多田地多而且肥沃、男丁也多的富裕人家或乡绅乡宦之家，每年向朝廷缴纳赋税都不是很多，服的徭役也少，有的人家甚至长年不缴纳赋税和不服徭役，而那些仅有几亩贫瘠田地的农户，一年却要向朝廷缴纳许多赋税，服若干天的徭役。一些交不起租的老百姓，只好去找当地的乡绅借款，或把自己的土地投献给这些乡绅乡宦，成了他们的佃农。而一些乡绅不顾农户死活，不管有无收成，到时候只管照收租子。沉重的赋税，逼得许多人家活不下去，只好携家带口逃往他方，淳安农村出现了十室九空的凄凉景象。

看到这一情况，海瑞很气。这时，他想起了倪华跟他说过的话："大明在建立之初，就对全国的田地丈量过，但丈量不准确，每亩田实际只有八分，有的地块甚至只有五六分，但户主却要按一亩来足额缴纳赋税。而这些赋税分摊不均，大户人家欺占隐瞒大量田地，却不向官府缴纳赋税。"

海瑞赶紧查阅官府的一些资料，的确如倪华所说，朝廷在建立之初就已经对各地的田地进行过丈量，但由于一些客观因素或主观因素，当初丈量的田地不是那么准确，加上各种各样的原因，乡村里的绝大部分田地都被那些乡绅占据着，以种田为生的农户反而没有多少田地。其实，农户的田地原本是不少的，只是由于各种各样的原因，他们的田地才逐渐变少，甚至没有了。但是，他们要缴纳的赋税和服的徭役大多数人家却仍然存在，并没有减少。这样，就加重了这些农户的负担。

海瑞决定在淳安全县重新丈量每家每户的田地，然后将重新丈量出来的田地亩分按户造册登记，以后不论贫富，就按这个数据来向各家各户征收赋税和安排徭役。

他将调查的情况写成《量田申文》呈报严州府,希望严州府转呈朝廷,允许他在淳安县实施重新丈量每家每户田地的主张。

可海瑞左等右等,就是等不来上面的批文。他想了又想,干脆不等了,马上着手实施自己的政治主张。

他亲自制定了《量田则例》,并在全县范围内公布,说丈量田地的时候就以此为准,谁也不得擅自改变。

在《量田则例》中,海瑞规定了丈量田地的许多细则和方法,比如丈量田地的时候以日升日落定东南西北四个大方向,再以此定出东南、西南、东北、西北四个方位,然后再定出方位内的路、山、溪流的走向。依据方位的划定,来划出田地的大致界限,然后再仔细查找地形的四至界限,标出具体的田地号,但凡旧鱼鳞册上与现在测绘图形不符合的,以现在测绘的为准。

海瑞非常重视一个问题,丈量田地必须选在有太阳的晴朗日子,这样做便于看清方向,以免因方位不准出现偏差。等看定方向后,再慢慢来绘出地块的图形。

丈量山地,他也有自己的一套方法。绘制山地图册,他采取折倒的画法,不画成平面的,这样绘出的地块图形,不论是方圆斜曲,都与田地山塘的形状一致。

海瑞创造的日升日落测绘法,与以往的测绘方法相比的确要合理得多,这种方法绘制出来的鱼鳞图册,四至界限更为明晰,这就减少了以往乡民因山地界限不明而产生的纠纷。

丈量田地过程中,海瑞还亲力亲为,经常和大家一起深入实地开展丈量。不光如此,他还亲自画了不少的示意图,要求各乡各里对照丈量。

一日,在丈量一位老农家的山地时,老农站在山前问他:"山这么高,大家只能看到人站的这一面,看不到它的背面,看得到左边但看不到右边,海大人,这怎么丈量啊?"

"是啊,这怎么丈量?"

"这山这么高,又陡,人都上不去,别说丈量了!"

以往没遇到过这种事情,参加丈量的人也觉得这是个问题。

"有办法!"海瑞说。

"什么办法啊?"有人问。

海瑞指着前面要丈量的山告诉他们:"大家都看见了,这山又高又陡,人肯定是上不去。上不去，是不是就不丈量了呢？这肯定不行。那怎么办？大家看一看，这山虽然陡，但它还可以下弓步，咱们怎么不采取下弓步的方式来测量它呢？"

"对对对，海大人这个办法好！"老农明白了海瑞的意思。

参与丈量的一个高个男青年高兴地说："是啊，咋没想到这个方法呢！"

"海大人给咱们解决了一个大难题！"参与丈量的一个中年男子也说。

中年男子突然问："哎，那遇到连弓步都不能下的山咋办？"

"这也好办！"海瑞笑着说。

中年男子谦虚地说："那请海县令说给我们听听！"

海瑞告诉他们："再陡的山，都能找个点来定桩，你们说是不是？只要找到这个点，咱们就可以采取牵绳的办法来丈量它，以后若是遇到这种连弓步都不能下的山，大家就采取这种方法。"

"嗯，有道理。"老农频频点头。

中年男子高兴地说："我看这办法不错！"

"海县令就是海县令，没有他想不出的法子！"高个男青年笑着夸海瑞。

中年男子挠着头问："丈量的问题倒是解决了，可这山地的图块又怎么绘制呢？"

"这你不用担心，我已经给你们想好了办法！"海瑞告诉他。

"哦？海县令连这个都想好了？"中年男子一脸吃惊。

"来来来，大家蹲下来，我在地上画给你们看。"海瑞蹲下去，在场的几人围着他蹲下。

海瑞在地上找了根干树枝，边在地上画边告诉他们："……那边的山是看不到的，但咱们采用了折倒的绘制方法，那一座山的前后左右咱们都能详细地绘制出来。按这个办法，不管是哪一座山，只要标有号和地界，山地的界限就都能让人在这个图上看得明明白白。即使是在半山腰上，只要它标了地块号，也都能看清楚。"

"那么，山连山，或者山中有田有地有水洼，又怎么绘制呢？"中年男子像在考海瑞。

"这也不难！"海瑞对中年男子说，"山连山，我们先绘制一座山，再根据另一座山的方位接着绘制另一座。有田地，就绘制田地，有水洼就绘制一个坑形。如果水洼后连着一座山，在坑形后接着绘制山就行了。大家都听明白了吗？"

"原来是这样！"中年男子说。

高个男青年也说："听明白了！"

老农笑着说："海县令的法子就是多！"

海瑞强调："但有一点，这山地的亩分不可能像山下的田地一样，必须进行折算，要不然大家在缴纳赋税的时候又会出现不公平的现象。"

"海县令考虑得真周到！"老农由衷地说。

"如何折算？"中年男子又问。

海瑞说："我看可以这样，丈量后的山地，原则上以三亩加七百二十步折算为一亩山下的田地。然后，我们再看这山地的肥瘦如何，是土多或是石头多，陡或是不陡，水源好不好，是偏僻或是不偏僻。依据这些情况，我们将山地分为九个等次来分别确定征收的赋税额度，这样就公平得多了。"

老农说："这个法子好，这样，那些大户人家也就占不到啥便宜了，大家都一样缴税纳银。"

"重新清丈田地的目的，就是要让大家都公平！"海瑞告诉老农。

海瑞又说："鉴于往常田地产业的争执很大，这次田地的丈量，只以现有的业主为准，以往的就不再去管它。"

"但那些长时间没人耕种的田地怎么办？"老农问海瑞。

海瑞说："对于那些长时间没人耕种的田地，由县衙收回后分给那些没有田地的人家去耕种，不能再让它荒着，荒着多可惜呀！"

"对对对，不能一边让田地荒着，一边让人没田地种！"老农觉得海瑞处处都在为老百姓着想。

— 5 —

在严州府辖区，淳安县算是个大县，全县共辖十四个乡、三十五个都、八十个图、一百二十个里。其中，开化乡位于县城附郭，县城西面是梓桐乡，县城西北面是永平乡，县城北面是长乐乡和常乐乡，县城东北面有进贤乡、安乐乡和昌期乡，县城东面有太平乡、清平乡、安福乡和龙山乡，县城东南面是和义乡，县城南面是仁寿乡。

淳安县地域不小，却以农业为主产业，县境内矿产不多，没什么大的支柱产业，而且这个地方土地贫瘠，多半只能种茶叶、竹子、杉木、柏树，加上受那些不良乡绅官宦的欺压，老百姓日子过得不是一般的苦。海瑞提出重新清丈田地，老百姓非常高兴，对他的这个施政方略给予了极大的支持。特别是永平乡的方惟德、仁寿乡的周玉龙、常乐乡的张佑全等这些里老，他们都积极支持和配合海瑞实施田地清丈。

不论是什么改革，总会触及一些人的利益，这些人就会极力反对，甚至是抱团抗衡。

海瑞提出重新清丈田地，这无疑触及了那些拥有百亩千亩良田好地，又不愿意向朝廷缴纳赋税和服徭役的地主、乡绅和官宦们的切身利益。既是如此，这部分人肯定要极力反对，不但反对，他们还要抱团来抵抗和破坏。他们有的到清丈现场去瞎闹，有的暗地里去州府省府甚至到京城去找关系，想方设法阻挠海瑞在淳安县境内重新清丈田地。

重新清丈田地会触及这些人的利益，海瑞心里明白，但海瑞早已下定决心，就算是遇到天大的阻力也要实施下去。

一日下午，海瑞带着人在梓桐乡清丈田地，乡里有个叫张九鸣的乡绅带着十几个家丁气势汹汹地来阻拦。

"县令大人，我们家这田地是老祖宗留下来的，有多少亩朝廷黄册上写得清清楚楚明明白白，还需要重新来丈量吗？"张九鸣质问海瑞。

"那好，把你家的地契拿来给本县令看看，看是不是和朝廷黄册上写的一样。"海瑞漫不经心地说。

"哼，我家的地契怎么能随便拿给人看？"张九鸣仗着他三哥在省府衙门里当差，语气傲得不得了。

"不拿出来是吧？不拿出来本县令咋知道你家的田地山林有多少亩？又怎么知道与朝廷黄册上记录的是否相符呢？"海瑞一步步套他。

"就不给你看！"张九鸣耍横，他怎么敢拿出来？最初他家田地山林不过二三十亩，这些年，他父子俩通过投献等一些手段对农户进行盘剥，早已翻了若干倍，他要真拿出来，那不是露出马脚了？

见他如此不讲理，旁边的人很看不过，一个个恨得直咬牙。但见他带来的十几个家丁一个个凶神恶煞，也无可奈何。

海瑞忍住心中怒火，对他说："实话告诉你吧，你家原来有多少田地和山林，本县令来的时候就已经查阅了存放在县衙的青册，你不用说本县令都知道。至于你家现在有多少田地和山林，那要等本县令清丈了才清楚。不过，有多少亩你心中有数，也不用本县多说。"

这时，一个家丁走到张九鸣身边对他耳语了几句。

"既是如此，你们想丈量就丈量，不量是我张家的，量了还是我张家的！"张九鸣听了那家丁的话，态度来了个一百八十度大转变。原来，那家丁跟他说，他听人说这海瑞是个惹不起的官，劝他最好不要惹，免得麻烦上身。

海瑞笑着说："这就对了嘛！"

"算你狠！"张九鸣说完转身吩咐家丁，"走，回去！"

众家丁恶狠狠地看了一眼海瑞，然后跟着他们的主子走了。

"这个杂皮，仗着他二哥在省府当差，把海县令都不放眼里了！"参与丈量的一个小伙子气愤地朝着张九鸣的背影骂道。

"难怪他那么凶，原来是有亲人在省府当差呀！"另一个小伙子说。

"怎么？他有个哥在省府当差？"听说张九鸣有个二哥在省府当差，海瑞追问这小伙子。

"是的，他二哥张九啸在省府当差！"小伙子告诉海瑞。

海瑞问他："是做什么的知道吗？"

"我也是听人说的，这人具体在省府当啥差我也不知道！"小伙子告诉海瑞。

海瑞对大家说："好，本县令会安排人去查这个事。别管他了，咱们继续量地。"

海瑞和其他人继续丈量田地。

因为在乡村指导大家搞田地清丈，海瑞已经好几日没回县衙了。新的县丞还没来，县衙里的事都委托主簿倪华暂时打理。

这日下午，他对参加田地清丈的乡官说："丈量的方法和规则你们都清楚了，明日你们继续，本县已经有好几日没回县衙了，得回去看看。"

"这儿有我们在，您去吧海县令，您是一县之主，县衙里哪能离得开您啊？"乡官说。

"丈量中若遇到什么困难，马上派人来告知我，我会来处理。田地清丈不是小事，这牵涉到每家每户今后赋税的征收和徭役安排，丈量中一定要仔细，丝毫不能马虎，马虎了就要出问题。"临走时海瑞一再叮嘱他。

乡官说："我们会的，海县令，您放心去吧！"

海瑞回县衙处理了两日政务，还是放心不下田地清丈的事。

他告诉倪华："田地清丈是大事儿，我怕自己不在会出事，还得到乡里去。目前县衙里也没什么大的事要处理，你继续代本县主持县衙里的事务，如果有啥特别的事派人来告诉我，我马上就赶回来。"

"是，海大人，您就放心去吧，这里有我在不会出什么事的。万一有什么大的事情，我会马上派人向您禀报！"倪华知道海瑞的性格，这种事情不亲自在场他放心不下，听他这么说便满口答应。

"那就辛苦你了！"海瑞对倪华说。

倪华说："要说辛苦，为了清丈田地，您成天在乡下奔波劳累，海大人才是真正的辛苦！"

海瑞说："那明日本县就下乡去了。还是那句话，要有什么处理不了的事情，及时派人来告知本县。"

"海大人，您也要注意自己的身体啊，这样下去，我怕您吃不消呢！"倪华忧心地说。

海瑞拍拍胸脯，笑着说："没事，你看我这身子骨，挺得住的！"

见他这样，倪华也不好再说什么。

次日，海瑞又赶去了乡下。这次，他把衙役黄三也带上了。

通过海瑞等人近一年的努力，淳安县的田地清丈基本结束。

在这一年里，海瑞没日没夜地和大家一道奔忙在乡下的田间地头和山林里。渴了，捧口溪水喝；饿了，拿出自带的干粮。

这些老百姓都看在眼里记在心上，他们都感叹遇上了一个好官。

在海瑞看来，奔波劳累是小事，最让他头疼的是来自方方面面的压力。土地的清丈会使一些乡绅、官宦等大户人家的利益受到损害，这些大户人家总是想尽办法阻止。可海瑞并没向他们低过头，而是凭着自己的智慧和斗志与这些人周旋，见招拆招，使得田地清丈得以顺利进行。

海瑞重新清丈田地，目的就是要让那些坐拥大量田地的富户与农户一样，按自己的实有田地面积向官府缴纳赋税和服徭役，避免这些富裕人家把他们应该缴纳的赋税和应该服的徭役转嫁到贫困农户身上，让缴纳赋税和服徭役实现公平公正，以减轻农户负担，同时，也增加了朝廷的财政税收。

田地清丈只是海瑞实施均徭减役的前奏，清丈一结束，海瑞就组织户房、粮科、税科的人员依据朝廷相关规定，对照各家各户的田地亩分，核算他们应该缴纳的赋税和应服的徭役，然后出台相应措施，开始了大规模的均徭役、减赋税活动。

海瑞的这一做法，不仅相对实现了徭役和赋税的公平化，也为后来大明首辅张居正实施"一条鞭法"奠定了一定的基础。

第12章 惩治恶少

"海县令，你真不认识他？那我告诉你吧，他可是大名鼎鼎的浙江总督胡总督的三公子，你这么怠慢他，就不怕日后他在胡总督面前奏你一本？"二狗狗仗人势，威胁海瑞。

- 1 -

海瑞制定的《兴革条例》刚颁布，就有人来蹚这颗雷了。这个人是浙江杭州城里一个有名的花花公子。

阳春三月，江南水乡草长莺飞，正是出游的好时节。寻常百姓携家带眷踏青赏花游山玩水，好不自在。居住在城里的公子哥们，更是仰山慕水，邀约着到处巡游。

一家高档酒店里，一缕阳光透过木格子窗孔洒落到卧室里的大金丝木床上。

也许是受阳光的影响，睡在床上的胡三醒了过来，他打了个长长的哈欠，光着身子从床上坐起来。昨晚他与身边这位年轻女子无尽缠绵后有种虚脱的感觉，早晨就多睡了会儿。

胡三揉了揉惺忪的眼睛，下床走到窗边一把扯开粉红的纱窗，双手推开红木窗子。窗外阳光明媚，园子里的地上冒出来一片嫩绿的草芽，园中一棵桂树枝青叶茂，三两只春鸟在枝丫间叽叽喳喳闹嚷着。

一股清风吹来，胡三顿感心旷神怡。

"雪嫣，快起床，天气好得很！"胡三扭过头朝睡在床上的年轻女子叫道。床上的年轻女子，就是他刚才叫的雪嫣，是他昨天从一家青楼带回来的烟花女子。

雪嫣被他的叫声吵醒，懒洋洋地睁开双眼，口气略带抱怨："哎呀，起这么早干吗？"

"快起来，准备赶路！"胡三边穿戴边催她。

雪嫣不情愿地从床上撑起身子穿衣。

二人下楼一番洗漱，胡三对站在旁边侍候他的男子吩咐："二狗，知会所有人，准备赶路！"

"是!"二狗说完转身出去知会其他人。

这次出游归来要路过淳安县境,头天晚上胡三就和随行的人说好了,淳安风景不错,大家在淳安玩上一天才走。

二狗心里明白,胡三公子带大家出来巡游,不光是玩耍,更主要的是借着他爹的名义搜刮一些财宝回家。这一路游来,他已经搜刮了不少东西,有名家字画、青花瓷、青铜器,还有能吃能喝的土特产。当然,还有白花花的银子。不用说,这些财宝和银子自然都是当地的官员进贡的。

这个胡三,便是权倾一时的浙江总督胡宗宪的三公子胡柏奇。此人是个地地道道的纨绔子弟,交了不少狐朋狗友,仗着他老爹的权势,一天正事不干,只知道四处巡游,吃喝玩乐寻花问柳,给他爹胡宗宪添了不少麻烦。

这次外出巡游,胡三整了支长长的队伍,除了他那些狐朋狗友,连同侍候他的,足足二十人余人。因为他爹是鼎鼎大名有权有势的浙江总督,借着他爹的名义,不管走到哪儿,这些人的吃喝拉撒都不是问题。当地不少官员也巴不得通过他巴结上胡大总督。

"出发!"见人到齐了,骑在高头大马上的胡三公子搂着情人雪嫣,发出号令,然后带着他这支巡游队伍浩浩荡荡地向淳安方向进发……

中午时分,胡三的巡游队伍来到了淳安县城。

快到城边,二狗跑上前来:"三公子,先去县衙还是先去驿站?"

驿站是县衙专门接待上级官员和来宾的地方,有吃的也有住的。朝廷有规定,但凡上面来的官员或客人,一律在此接待。

胡三知道此行没什么公干,全是来玩的,就对二狗说:"直接去驿站!"

"要不要先派个人去知会一下这儿的县令海瑞,让他来驿站拜见公子?"二狗讨好地问。

"用不着这么麻烦,到时候驿站的人自会去跟他说!"胡三带着巡游队伍径直往驿站方向奔去。

"你们是……"

驿丞余德龙不认识胡三,见有人来,问他们。

"你眼瞎啊?连胡总督的三公子你都不认识!还不赶快派人去叫你们海县

令过来！"胡三正要说什么，二狗却抢过话头。

骑在马背上的胡三见此，得意扬扬地吹着口哨。

"马上马上，我马上派人去禀报海县令！"余德龙听说来人是胡总督的儿子，急忙说，然后吩咐站在身旁的副手刘元，"刘元，快去县衙禀报海县令，就说胡三公子他们来了！"

"是！"刘元说完，转身去拉出一匹马骑上，朝县衙方向急驰而去。

"对不起，胡公子，有失远迎，有失远迎！"待刘元一走，余德龙鸡啄米般点头给胡三赔不是。

马背上的胡三昂着头爱理不理。

余德龙见了，赶紧笑着对他说："这样，胡公子，您和您的朋友先到那边房间休息，海县令一会儿就到！"

"哼，这个海瑞，本公子来了他不赶紧来见，竟敢如此怠慢！"胡三很不高兴，嘀咕着跳下马。

二狗赶紧给他把马拉去一边拴着。

余德龙领着胡三一行往驿站里的房间走去。

"就这么个破地方？"进了房间，胡三见房屋陈旧，床铺也不是新的，怒着脸问余德龙。

"他娘的，这地方像狗窝一样，哪是人睡的地方！"

"奶奶的，把我们当成什么人！"

"这个海瑞真是不识抬举，胡三公子和他的朋友来了他就这样招待！"

胡三那群狐朋狗友也跟着骂骂咧咧。

余德龙赶紧拱着双手，赔着笑脸："淳安地处边远，条件简陋，还望胡公子多多担待！"

"滚！"胡三朝余德龙吼道。

"是，是！胡公子先休息！"余德龙蔫着脸赶紧退出房间。

余德龙知道，这些人等会儿要吃饭，赶紧去安排人做饭。他不敢超标，就按海瑞规定的标准来安排伙食。

- 2 -

"海县令，浙江总督胡宗宪的三公子带着一大帮人到了淳安，现住在驿站!"刘元气喘吁吁地走进县衙,弯腰拱手给海瑞报告。

海瑞正在看一份诉状,听了刘元的话,不屑地说:"他来他的,有什么好奇怪的?"

海瑞只顾看他手上的诉状,把刘元晾在一边。

刘元急了,说:"海县令,此人可是胡宗宪胡总督的儿子,怠慢不得啊!"

"不就是胡宗宪的儿子吗?又不是胡宗宪,管他做甚?再说他来又不是公干,县衙可以不管他。"海瑞说完继续看他手上的诉状。

"海县令……"

"去吧去吧,该怎么接待就怎么接待,我在忙,别再烦我!"海瑞生气地朝刘元挥挥手。

"这不妥吧,海县令?"刘元祈求般盯着海瑞。

海瑞说:"没啥不妥的,就这么办,出了事有本县顶着。"

"唉……"刘元本以为海瑞会和他一道去驿站见胡三,见他这种态度,只好叹着气走出县衙。他知道头儿余德龙在那边着急地等着,便赶紧骑马回去。

路上刘元在想:这胡公子来头不小,可海县令又不买账,这事怎么办呢?哎,管他呢,先回去再说,海县令不是说过,出了事有他顶着吗?

"驾!"刘元一扬马鞭,策马奔回驿站。

其实,胡三要来淳安的消息已经有人通报给海瑞了,刚才他不理刘元,是不想接待这个玩世不恭的公子哥儿。县衙本来就穷,接待经费很紧张,接待朝廷来公干的官员都成问题,哪还有闲钱来接待他们这些不务正业的公子哥们?再说海瑞当上县令后,就要求驿站的人接待过往官员时必须节俭,不得铺张浪费,为了让驿站的人接待时好操作,他还给他们规定了接待标准,并告诉他们,任何人来也不能超过这个标准。

海瑞觉得,胡三来了,不能因为他是胡宗宪的儿子就坏了这个规矩。如果因为他坏了这个规矩,那自己以后就无法施政了,所以他有意不理刘元,但他还是在关注这个事情。

"吁!"不多时,刘元回到了驿站,他勒住马跳下来。

见刘元一个人回来,余德龙赶紧走过来悄声问他:"海县令呢?"

刘元小声地告诉他:"海县令说了,该怎么接待就怎么接待,他在忙,来不了!"

"这……这……这怎么行呀？"听了刘元的话，余德龙急得直跺脚，"唉，这海县令……"

坐在屋子里的胡三早已等得不耐烦了，大声喊道："二狗，你去看看，这海瑞咋还没来？他是不是不想见我胡三？"

"是，我马上去问！"二狗点头哈腰。

二狗找到余德龙，不高兴地问："怎么这么长时间了，你们海县令还不来见我家三公子？"

"我去跟胡公子说！"余德龙和二狗往胡三房间走去。

"事情是这样的，胡公子，海县令有要事还在处理，他说等会儿才来。他已经吩咐过了，让我们先接待公子！"进屋见到胡三，余德龙赶紧赔着笑脸打马虎眼。

"哼，我看他这架子也太大了！你们问问他，这个县令他是不是不想做了？不想做有的是人做！"胡三本以为他来淳安之后，海瑞会屁颠屁颠地跑来见他，然后把山珍海味、美女娇娘给他送过来，让他舒舒服服玩上一日，走的时候再送些金银财宝，没想到海瑞会这么怠慢自己，居然敢不来接待自己。

"刘元，快去看一下饭做好没有，做好了先招呼胡公子他们吃饭，别怠慢了胡公子！"余德龙吩咐刘元。

"是！"刘元转身离去。

一会儿，刘元回来说："可以开饭了！"

"胡公子，请先去用餐吧！"余德龙对胡三说。

胡三铁着脸，不高兴地跟着余德龙走出房间。

菜饭摆上桌，一盘酸辣椒炒鸡蛋，一盘青椒炒瘦肉，一盘瘦肉炒棚瓜丝，一盘煳辣椒炒豆腐干，一钵排骨炖白萝卜。

四菜一汤，全按海瑞规定的标准做的。

没想到胡三坐下后，眼睛一扫，鼻子一哼："就这么几个菜？把我胡三当叫化子吗？"

"是啊，整这么几个菜，是不是瞧不起我家公子？"二狗偏着脑壳附和。

"哼，也不想想，我们家三公子是什么人！"

"真是死脑筋，胡总督胡大人的三公子来了也不好生招待，我看他这县令是当到头了！"

胡三的人跟着骂骂咧咧。

余德龙见胡三这伙人嫌伙食不好，赶紧说："胡公子，海县令有令，不准铺张浪费，这些……这些都是按海县令要求的标准做的。他说过，不论什么官员来，都只能是四菜一汤，我……我也不敢坏……坏这规矩啊！"

"还敢顶嘴，把他给我拉出去，吊起来狠狠地打，看他还敢不敢！"见余德龙还争辩，胡三气得暴跳如雷。

听到主子发话，二狗和其他几个打手一窝蜂上前，将余德龙捆起来吊在外边的大树上。

"啪，啪啪……"

胡三走上前去，狠命地用皮鞭抽打余德龙。

余德龙被打得受不了，哭爹喊娘地大叫起来。

刘元见状，赶紧悄悄叫人跑去县衙给海瑞报信。

"不好了，海县令，那胡公子把余驿丞吊在树上打呢！"来报信的人告诉海瑞。

"我看这小子真是无法无天了！"海瑞一脸气愤，吩咐一旁的黄三："快，备马！"

海瑞一声令下，带着衙役和一班捕快急匆匆往驿站赶去。

- 3 -

"救命啊，海县令……"

吊在树上的余德龙，见海瑞带着人来了，急忙向他求救。

"住手！"二狗等人还在抽打余德龙，海瑞大声喝住他们。

"谁胆子这么大，敢在本县地盘上撒野？"海瑞知道有人指使，故意气愤地问。

"是本公子！"坐在椅子上的胡三，跷着二郎腿不屑地看了海瑞一眼，慢吞吞地说。

海瑞见他如此傲慢，猜他就是胡总督的儿子胡三。

"你是谁？干吗叫他们乱打人？"海瑞装着不知，故意质问他。

"我是谁？哈哈，哈哈哈，你们听，他居然连我是谁都不知道！"胡三大笑，然后对二狗说，"二狗，你来告诉他我是谁！"

"海县令，你真不认识他？那我告诉你吧，他可是大名鼎鼎的浙江总督胡总督的三公子，你这么怠慢他，就不怕日后他在胡总督面前奏你一本？"二狗狗仗人势，威胁海瑞。

黄三、朱七和捕快们气愤地瞪着二狗和胡三这些人。

"不管是你谁，先把人放下来！"海瑞说完，两名捕快把余德龙放下来扶到一边休息。

胡三不可一世地对海瑞说："你真不怕我在我爹面前奏你一本？"

海瑞正想说他，一眼瞥见驿站里摆满了箱笼，而且每个箱笼上都贴着官衙的封条，马上命令身边的黄三和朱七："去把箱笼给本县全打开！"

黄三和朱七等人上前准备撬开箱笼。

见海瑞要开他的箱笼，胡三一下子从椅子上蹦了起来，霸道地说："这全是官家之物，我看谁敢动？"

"什么官家之物，本县看这些箱笼里装的全是赃物，给本县通通撬开！"海瑞命令黄三和朱七等人。

"是！"黄三和朱七等人听令，将箱笼强行撬开。

胡三见海瑞来硬的，也没办法，只好眼睁睁地看着黄三和朱七等人撬箱笼。

"大人，箱子里全是金银财宝！"箱子打开后，黄三上前来给海瑞禀报。

海瑞知道，这是胡三一路搜刮来的民脂民膏，不禁怒从中来。他本想教训胡三和二狗几句，但他脑子转了一下，看了捕快和衙役们一眼，严正地说："本县告诉大家，胡总督这个人本县非常了解，此人是个清廉正直的官员，生活一向俭朴，他巡察各地时曾经告诫过地方官员，接待他要本着节俭的原则，不能铺张浪费，能吃能住就行。这么好的官员，他的儿子一定也是个知书达礼的人，你们说是不是？"

"是！"众衙役和捕快齐声应答。

胡三和他那群狐朋狗友不知道海瑞要干什么，只能愣在原地听着。

海瑞接着说："你们看，这人带着一帮人来到淳安，不是嫌给他们住的不好，就是嫌给他们吃的太差。而且，他还带有这么多金银财宝，你们说，胡总督哪会有这样的儿子？我看，这人定是个冒牌货！吴捕头，还不快将他拿下？"

"是！"听了海瑞的话，捕头吴德坤高声应道。随即命令捕快王奇、陈东："拿下！"

王奇、陈东听令，立即上前将胡三等人绑了。

"海瑞，我是胡宗宪总督的儿子胡柏奇，你这么对我，你会后悔的！"胡三朝海瑞嚣张地叫道。

"大胆狂徒，到了这个地步，再敢冒充胡总督的儿子招摇撞骗，看回县衙本县令怎么收拾你！"海瑞朝他怒骂道。

"都给我放老实点！"捕头吴德坤朝胡三等人吼道，然后走过来问海瑞，"接下来怎么办？"

海瑞命令他："通通押到县衙听候审理！"

"是！"吴德坤回答，然后命令王奇、陈东等捕快："押回县衙！"

将胡三、二狗等人押解到县衙后，海瑞在想如何对付胡宗宪。其实，他并不是不知道这人就是浙江总督胡宗宪的儿子胡三，他是想借此机会打压一下这个游手好闲的公子哥。但他心里明白，这胡宗宪毕竟是浙江总督，有权有势，在东南一带谁也得罪不起，这事不想个万全之策，自己还真难以下台。

海瑞想了想，心生一计。

– 4 –

审堂内，后墙上"明镜高悬"的匾牌显得格外威严。堂内两边摆放着审讯犯人使用的各种刑具。桌案前，四名衙皂杵着廷杖分立两旁。

海瑞铁青着脸端坐在桌案后，命令衙役击鼓升堂。

"将人犯押上来！"三声鼓响，海瑞朝门外叫道。

一会儿，两名捕快将五花大绑的胡三押了进来。

"跪下！"一捕快对胡三喝道。

胡三不跪。

他身后的捕快朝他左腿弯踢了一脚，胡三不得不跪下去。

"啪！"

海瑞将惊堂木往案上重重一拍，喝问道："下跪何人？"

胡三冷笑道："哼，海瑞，你别给我装糊涂，你明知道我是浙江总督胡宗宪的儿子，可你还敢这样对待我！"

海瑞对他怒目而视："总督大人一生清廉，哪会有你这样的不肖子？"

"海瑞，我真是浙江总督胡宗宪的三儿子胡柏奇！"胡三生怕海瑞听不清楚，大声说道。

"啪！"

海瑞又将惊堂木一拍，怒吼道："大胆狂徒，都到了这个地步，还不从实招来，还敢装胡总督的儿子！我看你这是罪上加罪！"

"哼，你一个小小的县令，我装你又能把我怎么样？"胡三斜着眼挑衅道。

海瑞知道，不给他来点下马威不行，于是朝站在下面的衙皂叫道："我看他是不见棺材不掉泪，来，打他四十大板，看他还敢不敢跟本县装！"

胡三吼叫道："海瑞，你这般对我，难道你这县令真不想做了？"

"给我打！"见他如此嚣张，海瑞怒火中烧。

"啪，啪啪……"衙皂得令，抡起廷杖狠狠地朝胡三身上打去。

"哎哟，妈呀，疼死我了！"胡三被打得喊爹叫娘。

海瑞知道，再打下去可能会死人，若是死了人，到时候还真无法给胡宗宪交代，倒不如诳诳他，叫他自己承认是假冒的胡公子，让他在供状上自己画押，到时候也好想办法给胡宗宪交差。

想到这儿，海瑞走下去对他说："我说，你还是招了吧，招了就没事了！你要再不承认自己是假冒的胡公子，我就叫他们继续用刑。"

胡三这才知道，他爹的权势在海瑞面前一点用也不起，他想，再这样下去自己可能会被打死，好汉不吃眼前亏，不如先承认了再说。于是，他像泄了气的皮球，承认自己是假冒的胡公子，又将自己如何一路游山玩水，如何盘剥百姓钱财，如何在驿站吊打驿丞的事全招了。

"哎，这不就对了。"待胡三交代完毕，海瑞说。

海瑞叫人把供状拿来，让胡三看了，又叫他在上面画押按手印。

胡三有些不情愿，海瑞说："你不画押按手印，不是等于没说吗？你没说，那这刑不是还要用吗？"

胡三想，反正这又不是真的，再说，就算是真的，等我回到家了他也奈何我不得。于是，便在供状上画押并按下了自己的手印。

见胡三入了套，海瑞命令衙皂："把他拉下去关起来，听候处理！"

两名衙皂将胡三拖下去关到一个房间里。

随后，海瑞继续审问二狗等人。

二狗等人也将他们一路的劣行全招了。

"大人，箱子里的那些银子怎么办？"黄三问海瑞。

"一律充进县库！"海瑞告诉黄三。

"是！"

审讯完毕，海瑞立即提笔给胡宗宪写了一封书信，大意是说：总督大人，您曾经告诫过下官，但凡上级官员巡察地方，地方上的官员接待时一律从简、不得铺张。今日本官遇一公子哥儿，自称是您的三公子。此人来到淳安县城，驿站尽心接待，可他却嫌伙食不好，把驿丞余德龙吊在树上毒打。此人带了不少人来淳安，箱笼中藏有大量银子。本官想，大人一向居官严厉，哪会有此狂儿？下官疑此人假冒贵公子之名，四处招摇撞骗，实在是有损大人名节，故将其绑了，现派人押赴总督府听候总督大人发落，以儆效尤，不知妥否，请总督大人明示。

给胡总督的书信写好，海瑞马上派人将胡三押解到省城总督府交给胡宗宪，由他去发落自己的儿子。

驿站的人见海县令替他们出了这口恶气，别提有多高兴了。

路上，胡三和二狗仗着有胡宗宪撑腰，不停地乱骂押解他们的捕快。因为海瑞有交代，不管他们怎么骂，捕快就是不还口，像没听见一般。

– 5 –

"这……这是怎么回事？"

胡宗宪正在府上和一位武官谈论防御海盗和倭寇的事，见儿子胡三被人捆绑押解到府上，很是吃惊。

"堂部大人，您有事下官先告辞，防倭之事咱俩改日再议。"武官见此情景，知趣地告辞。

胡宗宪说："行，那你先走，我先处理一下这事。"

"你给我说，这是咋回事？"待那武官走后，胡宗宪沉下脸问儿子。

"爹，海瑞他……"

"堂部大人，他们竟敢……"

"总督大人，这人冒充你家公子到淳安四处招摇撞骗，还指使人吊打驿站人员，海县令吩咐我等将此人押解到总督大人府上，听候大人发落，海县令还给总督大人写了一封书信。"

胡三和二狗正要向胡宗宪告状，一捕快赶紧接过话，并将海瑞写的书信递给他。

胡宗宪沉着脸，接过海瑞写给他的书信看起来。

"你……你真是……唉……"看完书信，胡宗宪气得直跺脚，指着胡三想说什么，却没说出来。他恨自己这个儿子不争气，尽给他丢脸，气得转过身对家丁说："还不快给他解了，嫌不够丢人是吧？"

押解的捕快趁机说："总督大人，卑职的差已经办完，得回去交差了。"

胡宗宪知道吃了海瑞的哑巴亏，但也不好发作，朝押解胡三的两名捕快不耐烦地挥挥手："去吧去吧！"

"谢总督大人！"两名捕快对视一眼，转身走出了总督府。

"海县令，您交办的任务卑职已经完成！"两名捕快回来给海瑞复命。

海瑞问他俩："怎么样？胡总督看了我写给他的书信，说了些什么？"

"总督大人看了您写给他的书信，非常气恼，跺着脚指着儿子想说什么，却没说出来。"一捕快说。

"然后呢？"海瑞追问。

"然后他叫一个家丁给他儿子解了绑，还说道，'还不快给他解了，嫌不够丢人是吧？'"另一捕快告诉海瑞。

这在海瑞的预料之中，而且他要的就是这个效果，听完了两名捕快的话，笑着说："好，好！"

海瑞这一招很高明，但很多人都替他捏了把汗。你想，一个小小的七品县令，想见他胡宗宪这样的大人物，就算是去了总督府门外，至少也要等上十天半月，可他海瑞却不畏权势，竟敢得罪他胡宗宪，还派人将他儿子绑了送到他府上。海瑞这样做，难道就不怕影响他日后的升迁？又怎能不让人替他捏把汗？

胡宗宪也是个精明人，明面上他绝不会为这种事去得罪海瑞，他只能叹自己的儿子不争气。再说这事海瑞也做得聪明，虽说是将了他一军，但也给他台阶下。要是海瑞把这事捅到皇上那儿去，那自己在皇上面前怎么交代？皇上要是因为这事不高兴，自己今后在朝廷怎么混呢？

胡宗宪只好打落门牙往肚里吞，忍着不说话。

这事就这样过去了，胡宗宪也不再提起。当然，他儿子胡三是不会就此罢休，肯定恨死了海瑞，想找机会报复他。

其实，惩治胡三只是海瑞与浙江地方高官一次间接性的较量，这次和他较量的不过是地方上的高官，而且这只是他们的家人，毕竟不是官员本人。倘若遇到中央一级不守官规的朝廷官员或顾命大臣，海瑞敢不敢和他们对抗？会不会做个缩头乌龟？

凭海瑞的性格，他应该不会，因为在海瑞的心中，他认定自己是在替朝廷和皇上办事，他维护的是大明朝廷的权威，维护的是人间正义和公平，他觉得，只要自己的行为和做法能给地方上的老百姓带来幸福和安康，不要说是丢掉他头上的那顶乌纱帽，就是砍下他的头，他也无所畏惧。

后来的事实证明，海瑞的确是个不怕死也不怕得罪人的官员。但了解他的人都知道，海瑞所做的这一切，都是因为他心中有一个信仰，为了这个信仰，他会舍命奋斗一生。

第13章　赈济灾民

　　海瑞说："来,你们马上把我刚才写的这个告示抄写若干份,抄写好后连夜派人拿到县城和各乡的大街小巷张贴,让大家都尽快知道这个事情,我想,这对灾民缓解饥饿会有些好处!"

– 1 –

　　刚来淳安县一年半,海瑞就遇到了百年未遇的冬旱。

　　几个月没下雨,连河水都干了,乡民们种的麦子、油菜等冬季庄稼全干死在田地里。

　　随着干旱的持续,次年一开春,就闹起了春荒,家家户户都没粮了,人们逃的逃散的散,饿死在路边的人不少。

　　面对这一惨状,作为一县长官,海瑞看在眼里痛在心上。他想,如何才能让大家渡过这道坎呢?

　　海瑞决定动用县衙职权,责令各乡有粮的富裕人家主动开仓借粮给灾民们。他把主簿、典史、教谕、训导、巡检、坝官、衙役、门子等县衙各个衙署的官职人员全部召集起来,吩咐他们立即奔赴各乡,责令有粮的富裕人家主动开仓借粮,以解灾民们的燃眉之急。

　　海瑞告诉他们,如果遇到不主动救济灾民的富裕人家,马上命人上门去查验他家储粮,储粮多的人家,除了留足自家人吃的,其余全部没收入官库,再由县衙发放给灾民。

　　大灾之年,不少人都在想办法帮助灾民,可也有一些不讲天良的富豪之家趁灾荒之机哄抬物价谋取个人私利,大发灾难财。

　　一日夜晚,海瑞正和主簿倪华、新任县丞汤用等人在商讨解决饥荒问题的办法,突然朱七进来禀报:"海大人,仁寿乡有人反映,说有富豪哄抬物价高价卖粮,一些乡民因为没有钱买粮,只好把家里值钱的东西拿来和他们换粮,再这样下去恐怕不行呀!"

　　"居然还有这种事情?"听了朱七的话,海瑞非常气愤,"走,带本县去看看，看是谁这么大胆。"

海瑞和汤用、朱七、黄三等人立即赶往仁寿乡。

到了仁寿乡，朱七指着前面告诉海瑞："就在那儿！"

顺着朱七手指的方向，海瑞看到不远处有上百名灾民挤在一户人家门口买粮，台阶上一中年汉子翘着二郎腿坐在一张红木椅上监督伙计卖粮。

"这户人家姓什么？户主叫啥名字？"海瑞边走边问朱七。

朱七说："只知道姓王，具体叫什么名字还不知道。"

说话间，海瑞他们已经来到这户人家门前。

"请让一下，请让一下！"朱七拨开买粮的人群，请他们给海瑞让出一条路。

"你叫啥名字？"海瑞走到中年汉子面前，一脸怒气地问。

海瑞这些天都忙着下乡和大家一起抗旱，不大穿官袍，刚才又走得急，就穿了他平时穿的那件旧布袍。中年汉子见突然钻出一个土里土气的年近五十的汉子，就黑着脸高声问他："你是什么人？"

"先别管我是什么人，回答我你叫什么名字！"海瑞威严地说。

中年汉子见他虽然穿得不怎么样，但气势逼人，又有几个大汉跟在他身边，知道有些来头，不敢再造次，软下来不情愿地告诉海瑞："我叫王奇德。"

"什么？王奇德？我看你应该叫王缺德才对！"海瑞揶揄他。

"请问你是……"听了海瑞的话，中年汉子有些生气。

"王奇德，你真是眼瞎，这是海县令海大人，还不赶快下跪！"汤用见王奇德如此无理，朝他吼道。

"啥？您就是海县令海大人？实在是对不起，海大人，都怪小的有眼无珠，您就饶了小人这一回吧！"听说面前站的是一县县令，中年汉子吓得快要淌尿，对着海瑞连连磕头。

"饶你这一回？你抬起头来看看这些灾民，他们一个个因为没饭吃，饿得面黄肌瘦，有的人妻离子散，面临着死亡的威胁，可你不但没有一点恻隐之心施舍救助，也不把县衙政令放在眼里开仓借粮给他们，反而乘机哄抬物价，高价售粮发灾难财，我看你的良心真是被狗吃了！"海瑞气得差点昏倒。

"海大人，我错了，求大人开恩饶我这一次！"王奇德又连磕了几个响头。

"朱七、黄三！"

"到！"

"你们看他家有几口人有多少粮,按县衙规定,给他家留足吃的,余下的全部就地发给这些灾民!"

"是!"朱七、黄三应答。

"海大人,这……这……"听说要把他家的粮食分给灾民,王奇德急了。

"这什么这?是不是没让你到县衙去吃顿板子你不甘心?"汤用说。

王奇德不敢再说话。

听说要把王奇德家的粮食无偿分给他们,灾民们欢呼雀跃,连声感谢海瑞。

朱七、黄三他们问清了王奇德家一共四口人,加上其他人员共计十余人。他们盘点了一下,王奇德家共有粮食两百多石,除了留给他家吃的,全部分给了灾民们。

海瑞警告王奇德:"念你初犯,板子就免了!但下不为例,若有再犯,定然不饶!"又转身吩咐汤用:"回去马上发布《劝赈贷告示》,日后但凡在灾荒之际勒索贫民,质物典当倍约利息乘机发灾难财的,一律严惩不贷!"

待分发完了粮食,海瑞等人赶回县衙时,已经是午夜丑时。

海瑞不但分了王奇德这种不讲天良乱发灾难财的富户人家的粮食给灾民,对那些能急人之所急,主动将家里积存的谷物借贷给灾民,甚至是不取利息的富户,交代县衙给予奖励,不仅如此,他还亲自书写"尚义"匾额,派人敲锣打鼓送上门悬挂,同时将捐献事迹整理成文字,待修县志时进行收录,让捐献者流芳百世。

针对王奇德家这种情形,海瑞又制定了《禁约》,对那些仍无恻隐之心,并继续趁灾荒之际放贷加倍收取高利的恶劣富豪,鼓励灾民检举揭发,一经查实给予严办治罪。

《禁约》一出,不少富豪有了收敛,但也有个别富豪仍自行其事。龙山乡的富豪周秋利,在《禁约》贴出十日后仍向灾民高利发放借贷,海瑞接到灾民举报后对其严加惩办。

海瑞一手惩办不良富豪,一手指示各乡里长甲长和老人积极宣扬《劝赈贷告示》,劝导本乡富户发善心做善事,主动救助当地灾民。

海瑞这一招虽说起些作用,但淳安县存粮不多,对全县这种大面积的饥荒来说无异于杯水车薪。

看到县境内不断有人饿死,海瑞心急如焚,千方百计寻求解决饥荒的办法。

- 2 -

一日响午,海瑞到梓桐乡去察看灾情。路途中,他看到一位老汉在挖野菜,便走上前去问他:"老人家,您挖这个是做什么?"

"唉,没粮食吃,只能挖这个填肚子喽!"老汉叹息着告诉他。

"这个也能吃?"海瑞拿起老汉挖的野菜问。

老汉告诉他:"只要猪能吃的,人就能吃。"

"这种野菜叫什么?"

"其他地方我不知道人家叫它啥,反正俺梓桐乡这地方大家都叫它蕨根。"

海瑞又问他:"在这地方,这种野菜多吗?"

"多,到处都是!"老汉告诉他。

听老汉这么说,海瑞心中在想,咋不动员灾民上山去挖些野菜来暂时充饥呢?

"谢谢您老人家!"海瑞和老汉告别。

海瑞又到其他地方询问了一些村民,他们告诉海瑞,当地不只有蕨根这种野生植物能充饥,还有绿葱根、葛根、野苎麻根、老鸦馒头等许多野生植物都能充饥。

海瑞一听,立即回到县衙起草文告,将这些能充饥的植物和食用方法告诉灾民们,让他们赶紧上山下地去寻找这些植物,暂时解决饿肚子的问题。

海瑞想,不如叫汤用他们几个一起来帮忙,多抄写些告示拿到县城的大街小巷和各乡去张贴,让大家都知晓这个事。

"朱七,你去帮我把汤县丞和倪主簿他们请来!"

一会儿,汤用和倪华来了。倪华问海瑞:"海大人,有何吩咐?"

海瑞说:"来,你们马上把我刚才写的这个告示抄写若干份,抄写好后连夜派人拿到县城和各乡的大街小巷张贴,让大家都尽快知道这个事情,我想,这对灾民缓解饥饿会有些好处!"

"是!"汤用和倪华马上找笔墨铺纸抄写海瑞写的《济饥物件》告示。

三人忙了一个多时辰,写了二三十张告示,海瑞对汤用和倪华说:"行了,赶紧安排人拿去张贴,明日大家看到就可以去挖野菜充饥了!"

汤用边收拾告示边说:"好,我们马上安排人去张贴。"

蕨根，洗净捣碎，自九月至三月粉多，至四月初抽青粉少，兼食嫩茎，即蕨菜。

松花，用热水或饭汤调食，比米面诸谷反能久而不饥，和米麦面蒸食之亦可。然只四月有。三四月，正饥时也。味胜蕨，但不可多得。

葛，捣碎用水洗出澄粉，其味胜蕨。

绿葱根，有臭气，须换水浸洗七十二次，不然毒人。

札扭根，晒干捣碎，成米成粉，煮吃。

野苎麻根，去皮捣碎成粉作饼。

布谷柴子，舂成米煮粥。

老鸦馒头，锤碎和水，用绢袯滤汁做腐。

榔树根皮，剥下熏燥研末做饼。

浙江省严州府淳安县县衙署
嘉靖三十九年二月十二日

次日，县城、乡村的大街小巷都贴满了告示。

老百姓看了县衙张贴的告示，奔走相告，纷纷上山挖蕨挖葛、采松花、挖野菜，并按告示上说的方法做来充饥。

海瑞这个办法对淳安的春荒起到了一定的缓解作用。

- 3 -

傍晚，刚从东山乡察看灾情回来吃过晚饭，海瑞正准备到县衙大堂去写灾情呈报给严州府，一名衙役慌慌张张地跑来禀报："海大人，不好了，五都源西田畈村和东田畈村的人争放水打起来了！"

"走，去看看！"海瑞二话没说，叫上这名衙役就往五都源赶。

"你们的田干，我们的田就不干了？"

"要放大家一起放，凭啥你们先放？"

"这是洪县令规定的，有本事你们找他去！"

"我不知道啥红县令白县令，我只知道我家的田干了要水淹！"

"谁敢不给放，就干他！"

"你敢？！"

"不信你试试！"

……

二人急匆匆赶到五都源，看到两个村的村民操着锄头、扁担或铁锨之类的家什聚集在水渠一石碣旁边，正准备斗殴。

"住手！"

千钧一发之际，海瑞和那名衙役赶到了。见两边的村民要打起来，海瑞大声喝住。

"乡里乡亲的，有啥事不能好好说，偏要动手，都把家什放下，都把家什放下！"海瑞说。

"海县令，你给我们评评理，大家的田都干，他们西田畈村的人凭啥就不让我们一起放水淹田？"一穿短褂的中年汉子见海瑞来了，上前找他评理。

这中年汉子是东田畈村的村民，姓杜，叫杜大力，去年海瑞到东田畈村调查土地数量时去过他家，所以他一下子就将海瑞认出来了。

"哦，原来是你啊！有话好好说，有话好好说！"海瑞也认出了杜大力，赶紧劝他。

"是他们不讲理！"杜大力告诉海瑞。

"谁不讲理了？"一个眉心有颗黑痣的中年妇女凶巴巴地驳杜大力的话。

"这是洪县令规定的，又不是我们规定的！"一个背有些驼的老汉挤上前来蛮有理地说。

这二人都是西田畈村的。

"谁规定的也不行，我们就是要放水！"东田畈村一个女的跳出来。

"你还讲不讲理？"驼背老汉虎着脸说黑痣妇女。

"只要有水淹田就行，讲啥理啊？"黑痣妇女还没说话，另一中年汉子先搭上话了。

两边的人争吵不停，眼看又要打起来。

"都不要吵了，既然海县令来了，听海县令怎么说！"见此情景，跟着来的衙役急忙上前制止。

海瑞站上一个石磴，双手在嘴前握成筒子："各位父老乡亲，你们先听我说一句好不好？"

"好，你说！"东田畈村一村民叫道。

海瑞说："你们先去休息一下，待本县了解了情况，再决定怎么放水，你们说行不行？"

"行！"

两村的村民都觉得他说得有理，齐声说。

海瑞说："那你们就先去休息，本县马上着手调查此事。"

两个村的村民回家去休息，等着海瑞的调查。

海瑞吩咐衙役："你去把这两个村的族长给本县找来。"

"是！"衙役说完去找这两个村的族长。

一会儿，衙役将两个村的族长带来了。

"海县令，找我俩有啥事啊？"西田畈村的族长王福问海瑞。

海瑞对他俩说："走，带本县去田头看看。"

海瑞想先实地勘察一下两村的水田。

两位族长领着海瑞和衙役往田头走去。

边走海瑞边问他们："你们两个村以前争抢过水吗？"

"没有啊，都是因为今年天太旱，水不够用大家才争起来的！"东田畈村的族长刘天光说。

王福接过话："他说得对，以往我们五都源水够用的时候，没有谁争过水。今年天旱得厉害，五都源的河流干涸了，只有源头的小溪尚有些水，水不够灌溉田了，大家这才来争！"

"就算是争，也不像今年这样争得厉害！"刘天光补充道。

海瑞作沉思状："照你俩这么说，以往这儿的水浇灌田还是够的。"

王福说："平常年景还是够的。"

海瑞问他俩："你们西田畈村和东田畈村各有多少田？"

王福说：我们西田畈村大约一百二十亩。"

"我们东田畈村约有一百三十来亩。"刘天光告诉海瑞。

海瑞想了一下，说："好，今日就这样，你们二人先回去。"

两个村的族长走后，海瑞对衙役说："走，我们再去村子里找些年岁大的老人了解一下情况。"

海瑞和衙役先来到西田畈村一老汉家中。

"老人家，还没休息啊？！"见老汉还在门边乘凉，手里还拿着把扇子在不停扇，海瑞上前问道。

"太热了，没法睡！"老汉告诉海瑞。

海瑞了解到，老汉姓王，叫王有先。

"老人家，我们是县衙里的，想向您打听一下，白天大家争水的事你知道不知道？"海瑞问。

"知道，咋不知道啊？"老人停下手里的扇子，起身从屋里端出凳子来给海瑞和衙役。

海瑞接过凳子挨在他旁边坐下，问："那你觉得应该由哪个村先放水才对？"

老汉无可奈何地说："这从何说起呢，石碣本是由西田畈和东田畈两个村按田亩的多少共同出钱修造的，但只开了一条水渠。按地段来讲，我们西田畈在上游，水渠的水先经过西田畈再流到东田畈。平常年景水够用，大家都觉得无所谓，可一遇到天旱，两个村的人就要争水了。"

"有人说，应该让你们西田畈村的先放满水，才让东田畈村的人放水，这是咋回事？"海瑞问。

"这个事啊，前些年洪县令作过规定，具体咋回事，老夫也不太明白，你去问问其他人吧！"

"好的，打扰您了，老人家！"海瑞说着站起身来，衙役也跟着站起来。

"没有，没有！"老汉很客气。

海瑞说："那我们走了，您好好休息！"

"你们慢走！"

海瑞和衙役又在西田畈村找了一男一女两位老人了解了一下，情况也和老汉说的差不多。

"听他们这么说，好像是他们应该先放水。"衙役对海瑞说。

海瑞说："不能光听他们西田畈村的，走，去东田畈村看看再说。"

二人又往东田畈村走去。

"老人家，您还没有休息啊？"在一户人家，衙役问一老妇。

老妇说天热睡不着，多坐一会儿。

"我们是县衙里的，这位是海县令。"衙役指着海瑞告诉她。

"老人家，我们想向您打听件事。"海瑞说。

老妇说："啥事，你说。"

海瑞问："你们两个村在争水您知道吗？"

"知道啊！"

"西田畈村的人说，应该由他们先放，您觉得对不对？"

"他们那是瞎扯！"

"咋说他们是瞎扯呢？"

"那是姓洪的县令听信西田畈村人的一面之词，按水往低处流的原则，规定由他们西田畈村人先放，等他们浇灌好田了，再让我们放。等他们放完了我们东田畈村人拿啥来放啊？再说，等他们的田浇灌好了，我们的禾苗早就干死了，你说这怎么行？"

原来是这么回事！听了老妇的话，海瑞和衙役心里有了数。

"感谢您，老人家，我们走了！"衙役对老妇说。

出了老妇人家的坝子，衙役对海瑞说："太晚了，不行先回去明日再来吧？"

海瑞说："两个村的村民都憋着一肚子火在等着，今晚不摸清楚情况明日怎么处理这事？"

衙役只好说："那再去找一家了解一下。"

二人又找了一户人家。

"那你说让哪边先放合理些？"海瑞问。

"要说合理啊，我看还得先量一下两个村的田，然后根据两个村的田亩来决定怎么放水。"

海瑞觉得他说得有道理。

"好，我们先了解一下情况，明日再作决定！"海瑞说。

次日一早，海瑞带着人又来到五都源，两村的群众早就等在那儿了。

海瑞将他们昨天晚上了解到的情况跟大家说了，然后对大家说："我们先去量一量你们两个村的田，然后再来决定怎么放水。"

随后，海瑞带着人实地丈量了西田畈村和东田畈村的田。经过实地丈量，西田畈村有田一百二十二亩，东田畈村有田一百三十一亩。

海瑞把两村的村民带到水渠边，告诉他们："你们两个村实有的田都量出来了，我现在根据你们两村田亩的多少，叫一个石匠来凿平一块大石头，再在上边凿两条同样深的槽，东边一条宽十五寸，西边一条宽十六寸，把这块大石头平放在石碣上，你们两村各自在石槽下面挖筑水渠，一条到西田畈，一条到东田畈，任水自流，以后谁也不能动它，两村和睦相处共同发展，你们觉得如何？"

"这个办法好啊！"

"还是海县令英明！"

"这样做很公正！"

"既然这样，那本官可要回县衙了！"海瑞笑着对村民们说。

海瑞和他带来的人，在人们的欢呼声中离开五都源。

- 4 -

淳安大旱之时，海瑞不顾天气炎热，一会儿察看苗情，一会儿踏勘水源，一会儿又帮老百姓车水，日夜奔忙在乡间。

这日早晨，他正和灾民们在新安江边车水，县丞汤用急匆匆地来找他。

"大人，刚接到严州府下发的一道公文，说浙江总督胡宗宪大人端午节要来淳安观看龙舟竞渡，命各县赶紧筹派十只龙船参加竞渡。还说，为了办好这个竞渡活动，博得胡大人高兴，各县还须派两百名青壮年四月中旬到州府集中参加竞渡训练。"汤用说完，将公文递给海瑞。

看了严州府的公文，海瑞心里很不是滋味：若不执行，知府韩叔阳肯定不高兴，若要执行，时下又是抗旱的关键时刻，全县上下都在忙着抗旱，哪儿抽得出人去参加竞渡训练？

海瑞觉得，民以食为天，这个时候宁可负上也决不能欺民，他想了一下，计上心来。

他叫人找来笔墨，然后提笔给韩叔阳写了一首诗作为回应：

农村无闲月，五月双倍忙；
秧苗开五叶，桑蚕两寸长。
春忙一身汗，秋收万担粮。
民之父母官，划啥空闲船？

写完，海瑞吩咐汤用："你叫人马上送去给韩大人，就说淳安大旱，已经饿死了不少人，县境内的人都在竭力抗旱保苗，无法抽人参训。"

"海大人，这……这恐怕不妥吧？"汤用盯着他问。

海瑞说："没啥不妥的，没事，你派人送去给他就行，天塌下来有我顶着！我把这诗抄六份，你叫人分别送去给其他六个县的县令。"

"大人这是……"汤用不解地问。

海瑞说："你先别管，照本县说的去办就是。"

海瑞知道法不责众这个规则，他一个人势单力薄，想对抗严州府是不可能的。他写诗给其他县令，目的是想通过他们来共同对抗严州府搞的龙舟大赛。

海瑞写的诗送到严州府后，严州府的人把它交给了韩叔阳。

韩叔阳一看是海瑞写的，骂道："这个海瑞，真是头犟驴，在哪儿做官都惹事，这总督大人要来看龙舟竞渡，大家不把这事办好，会有好果子吃吗？我看他这是以下犯上！"

韩叔阳吩咐手下："你们修书一封，马上送给海瑞，叫他立即来严州府见本知府，本知府得问问他，敢抗命犯上，是谁给他这么大胆子？"

"是！"手下人转身离去。

给海瑞的书信还没有送走，其他各县有呈文报上来了。韩叔阳一看，口气都和海瑞的差不多，都推说这段时间农忙，实在是派不出人来参加龙舟竞渡训练，望知府大人能体恤下属和老百姓。

"反了！反了！州府安排的事他们都不听了！"韩叔阳看了其他县呈报的回文，暴跳如雷。

站在一旁的同知滕玉道见韩叔阳对这事大发脾气，劝道："韩大人，去年入冬以来，严州府各地一个多月没下雨，出现了百年难遇的干旱，各县出现春荒，老百姓逃的逃散的散，还死了不少人。据下官了解，时下这些县的官员都一边组织百姓抗旱，一边想办法解决饥荒问题，的确是抽不出人来。我看要不这样，我们具文呈报胡总督，把这个情况如实给他汇报，就说今年我们的龙舟竞渡搞不成了，请他明年再来观看，您看如何？"

"你是口含灯草说得轻巧，这种话本知府敢给他胡总督说吗？我这头上的乌纱帽不想要了？"韩叔阳瞪着眼说。

塍玉道争辩："胡总督也是个知情达礼的好官，相信他能体恤民情，不会怪罪我们的。"

"龙舟竞渡不办也罢，但不能这样算了，摊下去的钱粮还得派人去崔征！"韩叔阳想了想，对塍玉道说。

塍玉道说："韩大人，那我们就拟呈文上报胡总督了。"

"人招不来，龙舟竞渡办不成，不报又能怎样？拟吧，报吧！"韩叔阳有些不耐烦。

在海瑞的抗争下，这一年的龙舟竞渡就这样不了了之，其他县衙也不用再为这事煞费苦心。

龙舟竞渡停了，但催征钱粮的事却一点也没松下来，各县还得如数向严州府上缴摊派下来的钱粮。可老百姓连吃的都没有，都上山去挖野菜来充饥，哪来粮食上缴啊？

海瑞又为民请命，二次上严州府去找知府韩叔阳，请求他减免淳安县百姓的钱粮。

"海瑞，胡总督说要来我们这儿观看龙舟竞渡，为了办好这次赛事，严州府发文要求各县派人参加龙舟竞渡训练，你身为一县县令，不派人参加也就罢了，还写什么狗屁歪诗来忽悠本官，又三番五次跑到这儿要求本官减免下派到你县的钱粮，我看你真的是狗胆包天啊！本官告诉你，减免钱粮的事，没门，赶紧回去给本官准备，按时按数上缴，否则你头上的乌纱帽就自己把它摘下来！"

海瑞刚开口，就被韩叔阳臭骂一顿。龙舟竞渡没搞成，让胡宗宪观看不成大赛，韩叔阳觉得伤了面子正找不到出气筒，这下海瑞又来求他减免下派的钱粮，正好撞上了他的枪口。

海瑞一时没办法，只好灰头土脸地回淳安县衙。但他不死心。

回到县衙，海瑞马上叫朱七、黄三次日带着一帮乡民来到严州府门口，一边大声喊叫要求减免钱粮，一边将干枯的稻草一捆一捆地扔进府衙。

站在门前的几名衙皂前来制止，哪里制止得住？眼看扔的稻草就要堵死府衙的大门，一衙皂赶紧去给韩叔阳报信。

"不好了，韩大人，有一帮人在往府衙前扔稻草，衙门都快被堵死了。我们去制止，可这些人不听，您快去看看吧！"衙皂慌慌张张地给韩叔阳报告。

"什么？有一帮人在往我府衙前扔稻草？是些什么人？"韩叔阳吃惊地问。

衙皂说:"卑职没来得及细问。"

"走,去看看!"韩叔阳跟着报信的衙皂往外走。

"你们……你们这是干什么?要造反吗?"韩叔阳出来,见府衙门前堆满了干枯的稻草,而且一帮乡民还在不停地往门前扔稻草,便喝问他们。

"知府大人,您看,我们种的庄稼全干成这个样子,您叫我们拿啥向官家交钱交粮啊?求您高抬贵手,给我们减免了吧?"朱七、黄三和乡民们停下来,齐刷刷地跪着求韩叔阳。

"你们是哪儿的?"韩叔阳沉着脸问朱七、黄三和乡民们。

一乡民说:"禀报知府大人,小民是淳安县的!"

"谁教你们这么做的?你们不知道这儿是知府衙门吗?"韩叔阳沉下脸质问。

"知道,咋不知道啊!"朱七、黄三和乡民说。

韩叔阳怒着脸:"知道还这么做,就不怕我治你们的罪?"

"知府大人,我们也是没办法呀,小民们求您了,给我们减免钱粮吧,要不然我们真活不下去了!"朱七边央求边和乡民们给韩叔阳磕头。

"大人要不给我们减免,饿死打死都是个死,我们不如就死在这儿算了!"朱七按海瑞的交代煽动大伙儿。

"兄弟们,饿死是死,被知府大人处死也是死,不如就死在这儿!来,继续给我扔!"黄三转身朝乡民们高声叫喊,并抓起一捆稻草往衙门前扔去。

听他这么叫喊,乡民们一齐站起来,发疯似的抓起身后的稻草继续往前面扔。

"大人,这样下去恐怕不行啊!"有人对韩叔阳说。

韩叔阳不知这是海瑞的计,只好对朱七、黄三和乡民们说:"停停停,本府同意给你们减免,你们不要再扔了!"

听韩叔阳说同意减免钱粮,朱七、黄三等人才住手,并跪下对他道谢:"谢谢知府大人,您的救命之恩,小民们永生不忘!"

韩叔阳不耐烦地说:"你们给我把这些稻草拉走,不然本府不给你们减免!"

"行,我们这就搬走!"朱七高兴地说,然后转身朝乡民们叫道,"兄弟们,既然知府大人同意给咱们减免钱粮了,那大家就把这些干枯的稻草拉走,不要挡了韩大人的道!"

"好的!"乡民们应答。

随后,朱七和黄三领着乡民们兴高采烈地回去给海瑞报告。

听朱七和黄三他们说韩叔阳同意给淳安县的百姓减免钱粮,海瑞很是高兴,叹息道:"唉,这也算是为灾民们做了件好事吧!"

– 5 –

王奇德趁饥荒放高利借粮和求严州府减免钱粮两件事情,让海瑞意识到了粮食的重要性,他决定以这次饥荒为契机,对全县的粮食储备进行一次大整顿。

他通过调查了解到,早在洪武二十三年,淳安就在县东部的龙山乡、南部的仁寿乡、西部的梓桐乡和北部的常乐乡修建了储粮仓。因为这些粮仓不大,储粮不多,看守这些粮仓费用又高,加上长期以来当地没出现过灾荒,县里对这些粮仓也渐渐失去了管理,现在这些粮仓都已经损坏得差不多了。

海瑞叫人将这些粮仓里存有的一些饥荒粮运到县城,在县城修建几座仓库集中管理,以便日后再遇到饥荒时,好由县衙统一调配发往各乡赈济灾民。

海瑞明白了一个问题:挖野菜充饥,责令富户放粮济民,整顿储粮都不过是权宜之计,想要解决干旱造成的威胁,让老百姓不缺粮,还是要带领老百姓兴修水渠,保证干旱之年也有水浇灌农田,保住农户们种的禾苗不受旱灾侵害,确保粮食稳产增收,否则旱情还会再度重演,乡民们还是会被活活饿死。

淳安县城有条长长的古渠,海瑞下乡时听老百姓说过,这是一位名叫贺齐的人带领当地百姓开凿的。这条古水渠,从县城西边引西山的泉水,通过县城一直向东部延伸,具有灌溉、排涝、洗涤、消防多种功能,对县城经济发展具有不可低估的作用。海瑞还听说,以往遇到开科考试,县衙都会对这条水渠进行疏浚。

海瑞决心保护好这条古水渠,他时常带领县衙的官员去疏浚水渠,发动居住在渠道两旁的居民时时进行疏浚,防止渠被淤泥或杂物堵塞。

乡亲们见他这样替大家着想,从心底里敬佩他。

海瑞还贴出告示,要求水渠两岸的住户每月初一和十五必须对水渠进行一次疏通,让它长年顺畅流淌。

县衙告示一贴出,大家都非常拥护,一到日子,水渠两岸的住户就会自觉组织起来扛上铁锹铲子,下到水渠里清除里面的淤泥和污物,让水渠通畅无阻。

古渠的疏通，不仅使附近的田地得到了很好的灌溉，就是暴雨季节来了也不会出现涝灾。清洁的渠水，还方便沟渠两岸乡民洗衣洗菜。

乡民们由衷地赞叹："这位海县令真是个难得的好官啊！"

第14章　巧断命案

再一看伤口周边的肉，也有两种颜色，一种很红，是沾了血的那种颜色，而另一种很暗，是血不流了之后打出来的，也就是说打是打了，但打时并没有出血。再想一想那木棒上的血，没有渗透进去，完全像是涂抹上去的……

- 1 -

刚从仁寿乡劝课农桑回到县衙，海瑞突然想起了洪英明说的胡胜祖人命案，便问旁边的典史周岱："邵时重关押在哪儿？"

周岱告诉他在城南监狱。

"走，去那儿看看！把朱七和黄三也叫上。"海瑞对周岱说。

"这个案子你了解吗？"路上，海瑞问周岱。

周岱回答："了解一些。"

"洪县令走的时候不是说这个案子已经审结了吗？这么长时间了凶手怎么还关着？"海瑞又问。

周岱说："这个案子有点复杂。"

……

说话间，他们已来到监狱大门前。

"海县令，您下来视察咋不先知会一声？卑职也好去接您嘛！"稍许，司狱官骆真屁颠屁颠地带着狱吏王洪山从里面走出来。

"本县令有脚，接就不用了！"见他一副吹捧相，海瑞心里就有几分不高兴。

"海县令说得是！"显得有些尴尬的骆真赶紧自我解嘲。

海瑞问："邵时重关在哪儿？"

骆真说："此人是个重刑犯，关在死牢里。"

"带我去看看。"海瑞说。

"请海县令跟我来！"

骆真说着将海瑞等人带往死牢。

"冤枉！我冤枉啊！"海瑞等人来到一间牢房前，牢房里传出呼喊声。

"闹什么闹？"一狱卒朝牢房里吼道。

海瑞问骆真："这人是谁？"

一旁的王洪山抢着回答："回县令大人的话，这人就是邵时重。"

"洪县令不是说这个人命案已经审结了吗？这么长时间了，凶手咋还关在这儿？"海瑞边往前走边不解地问周岱。

周岱正要回话，司狱官骆真上前禀报："海县令，这个案子是审结了，但洪县令还没来得及上报给刑部，待上报刑部核批后才能问斩。"

"青天大老爷，我没杀人，我是被他们冤枉的呀！"见海瑞等人来到牢门前，邵时重喊得更凶。

"把牢门打开！"王洪山正要吼牢里的邵时重，海瑞朝守门的狱卒命令道。

骆真赶紧阻拦："海县令，这使不得呀！"

海瑞问他："有何使不得？"

"海县令，这人是死刑犯，卑职怕……"骆真做出副担心的样子。

"怕什么怕？我堂堂一县县令，难道还怕一个关押在牢里的死囚？别啰嗦，赶紧打开，我要和他谈谈！"见他不开门，海瑞更是生气。

骆真只好叫狱卒把牢门打开。

海瑞走进牢房里。

周岱、骆真，还有王洪山和守门的狱卒赶紧跟着走进来。

"注意保护海县令！"骆真对王洪山说。

王洪山听了，赶紧和狱卒围到犯人邵时重的身边。

"青天大老爷，求您救命啊！"见海瑞走进来，戴着脚镣手铐的邵时重"扑通"一声给他跪下，头磕得如鸡啄米。

海瑞一把扶起他："你先起来。"

"大人，我真是被……被胡胜荣他们两兄弟冤枉的啊！"邵时重泪流满面，哽咽着告诉海瑞。

海瑞告诉他："我是新来的县令海瑞，你若有冤屈，慢慢给本县道来，本县一定给你做主。但本县有言在先，绝不能有半句虚言！"

"谢谢县令大人，大人若能救贱民一命，贱民愿意来生做牛做马报答大人的救命之恩！"

"你给本县说说，这是怎么回事？"海瑞开导他。

"事情是这样的，我家和胡家……"邵时重用脏得无法再脏的袖子擦了擦脸上的眼泪，将事情的原委一五一十地给海瑞道来。

听了邵时重的陈述，海瑞感觉这里面一定有冤情，便问他："你说的都是真的？"

"贱民不敢在大人面前撒谎，说的都是实情，绝无半句谎言，如有半句谎言，天打雷劈！"邵时重赌咒。

海瑞问他："既是如此，你缘何不向严州府申冤？"

"这年头，哪有我们小老百姓申冤的地方啊？再说他胡家势大，我又如何申得了冤啊？只有在牢中等死！呜……呜……"邵时重说完，又呜咽起来。

海瑞安慰他："既是这样，那你先在这儿待着，待本县查明案情再作定论。倘若真如你所言，本县定会还你一个公道。"

"谢谢县令大人！"邵时重说着又要给他磕头，海瑞赶紧扶起他。

走出这间牢房，海瑞又到其他牢房看了一下关押的人犯，然后对司狱官骆真说："你把邵时重这个案子的卷宗找来给我，本县令要带回去仔细看看。"

"是，我马上叫人去给您拿来！"骆真说，随后吩咐王洪山，"钥匙在这儿，你马上去存放案件卷宗的档案柜里，把这个案子的卷宗取来。"

"是。"王洪山拿着钥匙去取卷宗。

趁王洪山去取卷宗的当儿，海瑞顺便向骆真和狱卒了解这个案子的一些情况。海瑞想，莫非这邵时重还真是被人冤枉的？

他问骆真这个案子是怎么判的，骆真告诉他："这个案子是洪县令亲自审的，最后判邵家无理，杀人凶手邵时重被判死刑，只等上报刑部核批后问斩，正要上报的时候，洪县令调走了，这个案子就搁下来了。怎么？海县令觉得这个案子有问题？"

海瑞想了一下，说："有没有问题暂且不敢说，待本县看了案子卷宗，派人再作调查才能断定。"

"海县令，这个案子洪县令都已经审结了，要是……要是翻案的话，那……"骆真显得很着急。

"那什么？本县只是说等看了案子卷宗，派人调查一下再作定论，也没有说一定要翻案嘛，骆司狱官这又着什么急呢？"

"没着急，没着急！"骆真伸手擦了擦头上冒出来的汗。

海瑞笑着说："还说没着急，你看汗水都出来了！"

"哦，天有些热！"骆真自我解嘲。

"卷宗拿来了，骆司狱官！"这时，王洪山把这个案子的卷宗拿来了。

"直接给海县令！"骆真对王洪山说。

王洪山把卷宗递给海瑞。

海瑞接过卷宗，问："这个案子的所有卷宗都在这里面吗？"

"都在这里面！"王洪山点头。

"一份不少，都在里面！"骆真补充道。

"好！"海瑞说，随后叮嘱骆真和王洪山，"看好犯人，不要让他出什么问题！"

骆真赶紧说："请海县令放心！"

海瑞转身对周岱说："走，回县衙。"

"是！"周岱说。

海瑞和骆真等人告别，然后与周岱等人一起回县衙。

回到县衙大堂，海瑞把邵、胡两家案件的卷宗打开，仔细阅读起来。他想从中找出蛛丝马迹。海瑞翻阅了半天卷宗，似乎发现了一些问题，但他还不敢确定，还得派人前往案发现场作调查核实。

– 2 –

"鼕……鼕……鼕……"

海瑞还没来得及派人去调查核实，就有人来告状了。

这日早晨，海瑞还在县衙大堂翻阅卷宗，突然一阵鼓声传来。有人敲了放在衙门外坝子里的那面大鼓。这面大鼓，是他为方便群众喊冤告状而叫衙役们安放在那儿的。

"大人，有三名汉子在击鼓，他们说要向大人告状。"

"去将他们带进来！"海瑞说。

"属下这就去！"衙役说完跑出大堂。

海瑞吩咐另一名衙役："你去把汤县丞和周典史请来，叫他们与本县一起升堂审案！"

"是，大人！"衙役转身去请县丞汤用和典史周岱。

不一会儿，汤用和周岱来到大堂上，在海瑞左右旁坐下。

听说海县令要升堂审案，八名衙役赶紧杵着廷杖，威武地站到案前两边。

海瑞吩咐朱七："去将击鼓的人带进来！"

转瞬，朱七将击鼓的三名汉子带进大堂。

见县太爷海瑞端坐在大堂正中的桌案后，三名汉子"扑通"一声一齐下跪，口里哭喊道："启禀县太爷，小民们有状要告！"

海瑞看了一眼跪在下面的三个汉子，拿起案上的惊堂木"啪"的一声拍下，问道："下跪何人？"

"回禀县太爷，小民乃常乐乡贵龙坞村民胡胜荣。"年纪最大的汉子抬头看了一眼海瑞，禀告道。

"小民胡胜佑。"年纪稍轻些的汉子报上自家姓名。

"小民邵镛。"年纪最轻的汉子说。

三人报完姓名，均低下头去。

听了他们报上姓名，海瑞想，我还没去找你们，你们却找来了。正好，本县先审审你们。

海瑞问他们："尔等状告何人？状告何事？"

"回禀青天大老爷，我等要告本村恶人邵时重，他打死了我家兄长胡胜祖！"叫胡胜佑的汉子诉说道。

胡胜佑抬起头诉说完毕，赶紧低下头去。海瑞见了，问他："他缘何要打死你家兄长？"

"他……"

"启禀县太爷，邵时重乃本村村霸，此人一向刁顽奸劣，无恶不作，他企图霸占我家山地，占地不成，故而打死我家兄长！"胡胜佑正准备回答海瑞，胡胜荣却抢着说了。

海瑞问胡胜荣："你家兄长是何时被打死的？尸首现在何处？"

"回禀县太爷，我家兄长前些日在山地上被邵时重用木棒打死，尸体现停放在小民家中。"胡胜荣回完话又低下头去。

听了胡胜荣的话，海瑞问他："你家兄长前些日就被人打死，为何今日才来报案？"

"回禀县太爷，我家兄长被害，全家老小痛不欲生，需要安置死者，再说，这个案子我们已经报过，洪县令也审了，但凶手至今未处决，我们心里着急，听说县太爷您来了，我两兄弟和内侄邵镛便来击鼓喊冤，请县太爷替小民做主！"胡胜荣说完又将头低下。

海瑞问他："你兄长的尸体官家验过吗？"

"前些日子洪县令曾派仵作验过。"胡胜荣回话。

海瑞说："你把事情经过给本县仔细道来，不得有半句虚言！"

听了海瑞的话，胡胜荣抬起头，看了身边的兄弟胡胜佑、内侄邵镛一眼，然后把他们之前密谋编造的那套鬼话全道了出来。

"回县太爷的话，事情是这样的，邵家和我胡家向来不和，因为两家的山地挨着，为了地界问题，我们两家多次闹过矛盾，这事村民们都知道。前些日子，我家兄长胡胜祖去山上察看自家山地，不巧碰到了邵时重。因为之前有过矛盾，俩人就争吵起来，邵时重要打我兄长，我兄长被迫还手，与他扭打起来。扭打之中，邵时重顺手从地上捡起一根木棒，狠狠打向我家兄长头部……"

胡胜荣抹了把眼泪，继续说："就这样我家兄长被他活活打死了。晚上，我们见兄长没回家，就到处去找，最后……最后在山地上找到了他。我们还以为他是突发疾病死的，谁知道，我们在离他不到两米远的地方看到了一根沾满血迹的木棒。我家兄长和谁有仇啊？是谁会这样对他下狠手呢？我们仔细想了一下，我家兄长向来为人老实，从不惹事，谈不上有什么仇人，要说仇人的话，也只有邵时重，因为我家兄长曾经为了自家地界和他吵过几次架，我们兄弟断定，打死我家兄长的无疑就是邵时重。县太爷，您可要为我们做主，将凶手快快处决，替我家兄长申冤，要不我家兄长到了地底下也不安心啊！"

胡胜荣说完大哭起来。

"县太爷，您一定要替我们做主啊！"

"请县太爷一定给我们申冤啊！"

胡胜佑和邵镛也跟着干号。

海瑞又问胡胜荣:"你说你家兄长是邵时重打死的,可有人看见?"

"有没有人看见我不知道,但我敢肯定,我家兄长胡胜祖就是被他打死的!"胡胜荣不容置疑地说。

海瑞问他:"何以见得?"

"回县太爷的话,我这么说是有依据的。"

"说来听听。"

"一是我家兄长是在我家和邵家的地界边被打死的。若是其他人打死的,那肯定不会在这儿。二是小民刚才说了,我家兄长向来为人老实,从不惹是生非,谈不上有何仇人,其他人是不会害他的,而邵时重曾经和他吵过几次架,为了争夺和霸占我家的山地,也为了泄愤,肯定是他害死了我家兄长。三是他有打死我家兄长的凶器,就是那根木棒。"

"那根木棒在哪儿?"海瑞问。

胡胜佑说:"木棒我们已经上交县衙了!"

"木棒在县衙里放着。"周岱告诉海瑞。

"黄三、朱七!你们去把这根木棒给本县取来!"

一会儿,黄三和朱七将那根被视为凶器的木棒取来了。

海瑞接过木棒,仔细检查了一下,总觉得哪儿有些不对劲。他转身吩咐旁边的典史周岱:"你马上带人去胡家察看一下现场。"

"遵命!"周岱回答。

"此案重大,待周典史带人去察看现场后择日再审,现在退堂!"海瑞宣布退堂。

退堂后,海瑞把周岱叫到一边,低声叮嘱他:"此案人命关天,察看现场时须得仔细些,万不可马虎大意。"

"请大人放心,卑职知道怎么做。"周岱表态。

随后,周岱带着捕头吴德坤还有几名捕快,由胡胜荣带路,前往常乐乡贵龙坞胡家去了。

— 3 —

周岱和捕快们来到常乐乡贵龙坞胡家。

"你兄长尸首在哪儿?"周岱问胡胜荣。

"在堂屋里!"胡胜荣等人领着周岱和捕快们朝自家堂屋走去。

堂屋中间,一个大红棺材摆放在那儿,胡家已经把胡胜祖的尸首入殓装棺,准备三日后下葬。

"把棺材打开,我要查看尸体。"周岱对胡胜荣兄弟说。

"大人,我们有禁忌,死者一经入棺,就不能开棺!"胡胜荣说。

"我家兄长被人打死已经够凄惨的了,再说前些日都已验过,你们为何还要开棺验尸?不行,我不同意!"胡胜佑蛮横地说。

"不能开!"旁边的邵镛吼叫道。

周岱说:"这事人命关天,你们不让开棺查验尸体,又如何知道真凶是谁。"

"真凶就是邵时重!"

"是啊,不是他能是谁啊?"

"人明明就是他邵时重打死的!"

……

胡家人一阵吵闹。

"别说没用的话,开棺!"周岱吼叫道。

"大人,真要开棺啊?"见周岱态度坚决,胡胜荣心虚了。

周岱吼道:"开!"

胡家人哭着闹着,但还是阻挡不了,只好让他开棺。

两名捕快将棺材盖揭开,一股尸臭气扑鼻而来。

周岱和吴德坤走上前。

周岱捂着鼻子扒了一下胡胜祖的头,胡乱查看了一下他头上的伤口,就赶紧叫捕快将棺材盖上。

吴德坤凑过来问周岱:"周大人,怎么样?"

"头上有伤口,说明这人还真是被人用木棒打死的。"周岱告诉他。

吴捕头说:"那我们可以回去复命了。"

周岱说:"还不行。"

"为啥?"吴德坤问。

周岱说:"咱们到村里去走走,向村民们打探一下案情,好给海大人回话。"

"是!"吴捕头说。

周岱和吴捕头在胡家附近找了几个村民了解案情。

"这胡胜祖真的是邵时重打死的吗?"吴捕头问一位做针线活的中年妇女。

妇女放下手上的针线活,肯定地说:"有那根木棒作证,不是他打死的会是谁?"

吴捕头问她:"他们两家以前有没有啥矛盾?"

"不但有,还深着呢!"做针线活的中年妇女说。

周岱问:"他两家有啥矛盾?"

"为了一块山地的地界,两家一直闹得不可开交,这不,邵家还打死人家胡胜祖!"做针线活的妇女好像有些不平。

见不远处有一位穿短褂的中年汉子在门口磨石上磨刀,周岱和吴捕头走过去。

"请问,胡胜祖被人打死了,你知道吗?"吴捕头问穿短褂的中年汉子。

穿短褂的中年汉子边磨刀边回答:"都是隔壁邻居,咋不知道?"

"那你觉得他会不会是邵时重打死的?"周岱问。

穿短褂的中年汉子停下来,说:"这还有假?人都死在那儿摆着。再说,还有那根打人的木棒作证呢!"

"胡胜祖是什么时候被打死的,知道吗?"周岱问他。

穿短褂的中年汉子抬头想了想,说:"已经好几天了。怎么,这个案子不是都判决了吗?咋还要来调查啊?"

吴捕头说:"还有些疑问。"

"是这样哦。"穿短褂的中年汉子说。

"好,谢谢你!"周岱和吴捕头向穿短褂的中年汉子道别。

吴捕头见前边有位老汉,对周岱说:"前边有个老汉,走,我们再去问问。"

周岱点头。

"老人家,您好!"周岱客气地和老汉打招呼。

吴捕头说:"老人家,你们村的村民胡胜祖被人打死了,这事您知晓吗?"

"知晓知晓,听说就是我们村的村民邵时重打死的!"老汉说,然后问吴捕头和周岱,"你们找我啥事啊?"

吴捕头说:"我们就了解一下情况,没什么。"

老汉问:"了解情况,你们是县衙来的人?"

"嗯，我和周大人都是县衙来办案的。"吴捕头告诉他。

老汉说："那你们得为人家胡家做主，把凶手处决了，才能平民愤啊！"

……

吴捕头对周岱说："有这些人的证词，我觉得差不多了，你觉得呢？"

周岱和吴捕头对这些人的话信以为真，他们哪知道，这几个村民都是胡家家族的人，他们说话自然偏向胡家。

周岱对吴捕头说："不行，海大人吩咐过，要仔细些。走，我们再去现场看看。"

随后，周岱和吴捕头在胡家人的带领下，带着两名捕快去了胡家人所说的案发现场。

"大人，我家兄长就是在这儿被邵时重打死的，……"胡家人给周岱和吴捕头做了些情况介绍。

"嗯。"周岱点了一下头。

"这下行了吧？"勘察了一会儿现场，吴捕头问周岱。

尸体查看了，证词有了，现场也勘察了，周岱觉得，邵时重打死胡胜祖，已经是板上钉钉的事了，就说："走，回去！"

胡胜荣说："这下你们该相信了吧？"

"不用你们操心，海县令一定会秉公执法！"周岱说。

"那我还去不去县衙？"胡胜荣问。

吴捕头说："你是原告，明日得跟着去听审。"

"大人，我们还要处理我家兄长的丧事，我就不用去了吧？"胡胜荣央求。

"不行！"周岱说。

随后，周岱和吴捕头回县衙向海瑞复命。

在县衙大堂，海瑞问周岱："你去查了，是怎么回事？"

周岱禀报："大人，我已查验了尸首，胡胜祖被人打死是事实。我还和吴捕头向村民们作了些调查，都说胡胜祖是被本村村民邵时重打死的，原因是为了争胡家的山地。"

"吴捕头，是这样吗？"海瑞问吴德坤。

"县令大人，情况真就是这样。"吴德坤说。

听了他们的话，海瑞觉得这事很蹊跷。他想，是不是自己有些钻牛角尖了？如果真如他们所说，那关在死牢里的邵时重为何会那么声嘶力竭地喊冤呢？不对，这事不会这么简单，其中必有隐情。人命关天，这个案子绝不能草率处理。

他吩咐捕头吴德坤："去死牢里把邵时重提来，再审一下他。"

"是。"吴捕头说着带捕快去死牢里提人犯邵时重。

不多时，邵时重被捕快带到大堂上来。

"冤枉啊，青天大老爷！"跪在地上的邵时重哭喊道。

"啪！"海瑞惊堂木一拍，问道："邵时重，胡家兄弟告你打死他们的兄长胡胜祖，你却说你有冤，本官问你，你有何冤？"

邵时重赶紧叩头："青天大老爷，小民真是被冤枉的啊！"

海瑞说："不少人都说胡胜祖是你打死的，你却说你有冤，这到底是怎么回事，你老实给本官道来！"

邵时重直起腰身，把事情的来龙去脉再次给海瑞作了陈述："回禀青天大老爷，事情是这样的，我们邵家和胡家都住在常乐乡的贵龙坞……小人出外就医，头几日才返回家，这事左邻右舍可为小民作证，他胡胜祖是我不在家的时候死的，怎么能说是小人打死的呢？"

"完了？"海瑞问道。

"事情就是这样的，青天大老爷，您要给小民做主啊！"邵时重一连给海瑞叩了几个响头。

海瑞说："真的假不了，假的真不了，你是不是凶手本县自会查明。你起来吧，这事本县还得作进一步调查，也不能光听你的一面之词。"

"谢谢青天大老爷！"邵时重说完直起身来。

海瑞对吴捕头说："将他先押下去！"

"是。"

两名捕快将邵时重押回死牢。

"大人，这……"周岱不解海瑞之意。

海瑞说："走，去常乐乡贵龙坞胡家，我要亲自开棺验尸。"

听说还要去胡家开棺验尸，周岱心里有些不快："大人，这案子您不是派卑职去现场查过了吗？"

海瑞说："是查过了，但本县认为结论与事实有些不太相符，所以我得亲自去开棺验尸。"

周岱说:"既是如此,卑职就陪大人再去一趟。"

于是,海瑞带着验尸官和众捕快赶往常乐乡贵龙坞胡家。

原来,海瑞趁周岱和吴捕头去胡家查斟现场的时候,对审理胡家人的情况进行了一番疏理,发现这个案件有不少疑点。第一,胡家人在陈述案情时言语闪烁,几次陈述完了都赶紧低下头去,不敢正视他,似有隐情。第二,胡家人说胡胜祖死后两日才找到,可从周岱他们调查的情况来看,案发现场离村子并不远,而且胡胜祖的尸体就在山地上,很容易被人发现,怎会两日后才找到呢?这有些离谱。第三,虽然有打人的那根木棒作证,但胡家人怎么就知道胡胜祖一定是邵时重打死的呢?还有,那根带血的木棒,上面的血像是涂上去的。再有,刚才提审邵时重时,他说胡胜祖死时他外出就医,头几日才返回家门,而且这事左邻右舍可为他作证。

海瑞仔细查看过那根带血的木棒,总是觉得有些不对劲儿,才决定去一趟胡家亲自开棺验尸,查明案件真相。

— 4 —

到了胡胜祖家,海瑞命令众捕快:"来,将棺木抬到屋外的坝子里去!"

"县太爷,您这是要干啥啊?"见这情景,胡胜荣着急地问海瑞。

海瑞告诉他:"本县要亲自开棺验尸。"

胡胜荣觉得情况有变,慌恐地问海瑞:"我兄长的尸体之前洪县令已派仵作来验过,适才县衙的周大人又带人来验过,现在咋还要验啊?翻来覆去地折腾,这不是对死者不尊吗?"

"海县令有疑问,要亲自开棺验尸!"周岱告诉胡胜荣。

胡胜荣怕海瑞验出真相,心更虚了,低声说道:"尸体都验过了,凶手也抓了,处决凶手就是,还有啥疑问啊?"

见捕快们还不动手,海瑞催促他们:"抬啊,还愣着干啥?"

"是!"众捕快说着准备将胡胜祖的大红棺材抬到坝子里去。

"不能开棺!"

"不能开!"

"我的夫啊,你连死了都不得安生,你上辈子作了啥孽啊?"

"爹……"

胡胜荣、胡胜佑，还有胡胜祖的妻儿，一齐哭喊着不让抬。

害怕事情败露，胡胜荣跪在海瑞面前求道："县太爷，小民求您了，我兄长的棺材就不要开了！"

"为何不开？"海瑞质问他。

"县太爷，我家兄长死得已经够惨了，您就让他得个安宁吧！"胡胜荣哭着给海瑞叩头。

胡胜佑气愤地说："是啊，我家兄长死得够惨了，你们三番五次开棺验尸，这不是存心让他在九泉之下不得安生吗？"

"不能开棺，就是不能开！"邵镛跟着哭喊。

海瑞正告他们："开棺验尸，是为了查明案子真相，不开棺，本县咋知道事情真相呢？本县告诉你们，这棺，开也得开，不开也得开！"

"不能开！"

"不能开啊！"

……

胡家人一齐扑在棺材上，死活不让抬走。

海瑞给捕头递了个眼色。

"动手！"吴捕头命令众捕快。

"散开！"一些捕快将胡胜祖家人强行拉开，一些捕快赶紧将棺材抬到屋外的坝子里。

胡家人奔死奔活地要扑向棺材，被捕快们拉住。

县太爷要对胡胜祖开棺验尸的消息像长了翅膀，一下子传开了，附近村子的不少村民都赶到这儿来看热闹。

怕群众不明事情真相，引起骚乱，周岱赶紧叫吴捕头安排众捕快维护周边秩序。

吴捕头告诫看热闹的群众："诸位，村民胡胜荣等兄弟今日又到县衙状告本村村民邵时重，说邵时重想霸占他家山地，占地不成，就打死了他们的兄长胡胜祖。海县令觉得此案有些蹊跷，决定亲自开棺验尸，查明案子真相，请大家稍安勿躁，如有肇事阻挡者，将严惩不贷！"

吴德坤话刚说完，人群中就有人议论了。

"为了霸占他家山地而打死他？不可能，绝对不可能！"听了吴德坤的话，人群中一老者摇着头说。

"说邵时重打死胡胜祖,谁信啊?"一位中年妇女说。

一位中年汉子笑道:"嗯,这回可有热闹看喽!"

海瑞在坝子一边的一张藤椅上坐下,两名捕快站在他身旁。

"打开棺盖!"海瑞环视一下四周,命令捕快。

将棺盖打开,胡胜荣和胡胜佑等人哭天喊地地又要扑向棺材,众捕快赶紧将他们拦住。

"把尸体抬出来!"海瑞站起来命令捕快。

四名捕快将胡胜祖尸体从棺材中抬出来放到旁边的一块白布上。

海瑞走近胡胜祖的尸体,弯下腰去察看了一下伤情,然后对身后的验尸官说:"把伤口处的头发给他剃了。"

"是!"验尸官拿出剃头刀,上前剃胡胜祖头上伤口处的头发。

众人不知道海瑞到底要干什么。

"海大人,剃完了。"验尸官向海瑞报告。

海瑞蹲下去,伸手扒开伤口看了好一会儿,站起来对吴捕头说:"你去给本县找块破碗瓷片来。"

"是!"吴捕头说完去找去了。

嗯?他拿破碗瓷片来做啥?验尸官和捕快们百思不得其解。

"大人,瓷片找来了。"不一会儿,吴捕头回来了,把手上的破碗瓷片递给海瑞。

海瑞接过瓷片,扒开伤口,然后用瓷片在伤口里的颅骨上慢慢刮起来。

一下,两下,三下……

海瑞发现,他扒开胡胜祖头颅伤口时,表面有鲜红的血迹渗出,就连颅骨的断裂处也有。可他在颅骨断裂处用瓷片刮了几下,血迹却不见了。

但凡人被打伤,骨头里一定会有瘀血,而且呈紫红色或淡红色,可骨头里却不见血。海瑞觉得,这人不像是被打死的。

再一看伤口周边的肉,也有两种颜色,一种很红,是沾了血的那种,而另一种很暗,是血不流了之后打出来的,也就是说打是打了,但打时并没有出血。再想一想那木棒上的血,没有渗透进去,完全像是涂抹上去的……

这些迹象表明,尸体上的血,包括伤口上、骨缝里,还有木棍上的,都是后来才涂上去的,而尸体头部所受的重击,则是在人死后血液凝固了才被打的。

刮了尸体骨头，海瑞又仔细地查验了尸体的口腔和身体。这一验，他完全明白是怎么回事了。

海瑞站起来，对周岱和众捕快说："验尸结束，将胡家人带回县衙，本县要重审这个案子！"

众捕快立即将胡家两兄弟和邵镛一并带回县衙。

– 5 –

"升……堂！"

衙皂高声叫道。

县衙大堂上，海瑞端坐在桌案后的椅子上。下边，八名衙皂威严地分立两旁。

海瑞吩咐衙皂："将他们带进来！"

"带人犯！"衙皂朝外面叫道。

几名捕快将邵时重，还有胡家两兄弟和邵镛一并带进县衙大堂。

"县太爷，小民实在是冤枉啊！"邵时重哭喊道。

"县太爷，我家兄长死得好惨，您要替我们做主啊！"

"是啊，县太爷，您得还我家兄长一个公道啊！"

见邵时重叫冤，胡家兄弟也跟着喊叫起来。

海瑞看了胡胜荣一眼，叫道："胡胜荣！"

"小民在！"听到县太爷叫，胡胜荣赶紧回话。

"本县现在问你几个问题，你得如实回答，听清楚了吗？"海瑞问胡胜荣。

胡胜荣低着头："回县太爷的话，小民听清楚了。"

"本县问你，你兄长胡胜祖出事之前，是否得了重病？"

胡胜荣听了一愣，觉得海瑞可能发现了什么。他想了想，便说："我家兄长是生过重病，要不然也不会被邵时重几下就打死了。"

海瑞接着问他："既然你们说你们家的兄长是被人打死的，那为何又过了几日才到县衙来报案？"

胡胜荣脱口就说："回县太爷的话，我们两日后才在山上找到我家兄长的尸体,再说我们还要安顿他的后事,所以过了几日才来报案。"

海瑞听了点点头,叫仵作拿出那根沾了血的木棒交给胡胜荣,并问他:"这根木棒,是不是就是你们在现场找到的杀人凶器?"

胡胜荣接过木棒看了一下,不假思索地说:"回县太爷的话,这根木棒就是我们在现场找到的,它就是邵时重打死我兄长的凶器!"

海瑞又问他:"你看清楚了?"

胡胜荣肯定地回答:"回县太爷,小民已经看清楚了,一点不假,这上面还沾有我兄长的血!"

海瑞突然一拍惊堂木,对他大喝一声:"撒谎!"

海瑞这一声吼,让本就心虚的胡胜荣心里更加慌乱。

海瑞又说:"你再仔细看看!"

仵作把木棒上击打头部的位置指给胡胜荣看。

因为胡家兄弟说胡胜祖是被邵时重用木棒打死的,头骨都打裂了,这说明打的力度非常大,木棒应该有木屑、断裂。

仵作把木棒上沾了血的地方轻轻撬开一些,只见外面有血的地方,里面却一点血迹也没有。

胡胜荣的脸刷的一下变得煞白。

海瑞大声地说:"本县查验尸体头部伤口的时候,见血一直渗到颅骨上,包括颅骨断裂的地方表面都有血迹,可本县用瓷片在颅骨断裂处刮了几下,血迹却不见了。但凡人被打伤,骨头里一定会有瘀血,而且呈紫红色或淡红色,可骨头里不见血。这说明什么?说明这人不是被打死的。本县再一看伤口周边的肉,也有两种颜色,一种很红,是沾了血的那种颜色,而另一种很暗,是血不流了之后被打过的颜色,也就是说打是打了,但打的时候并没有出血。种种迹象表明,你兄长尸体上的血,包括伤口上、骨缝里,还有木棒上的,都是后来涂抹上去的。而尸体头部所受的重击,则是在他死后血液凝固了才被打的。从你兄长的口腔和身体来看,也不是被木棒打死的,而是病死的。还有,你家兄长死的时候,邵时重正好不在家,他在外就医,有人给他证明。"

听了海瑞的一番分析,胡胜荣和胡胜佑兄弟俩,还有邵铺,身子开始发抖。

海瑞冷冷地看着他们,大喝一声:"胡胜荣、胡胜佑,你俩棒打亲兄之尸而嫁祸他人,还不快从实招来!"

"我们招,我们招!"

见事情败露，胡家两兄弟和邵镛"扑通"一声跪下，然后把整个案情原原本本说了出来。

原来，胡胜祖是得病死的，但在他死之后两天，胡胜荣突然想起，兄长胡胜祖在死之前，他在山上见过邵时重，当时邵时重是一个人，而且邵时重也没发现胡胜荣。在此之前，胡家跟邵家为了山地争得不可开交，不仅胡胜祖跟邵时重争地，胡胜荣和胡胜佑跟邵时重也另有土地纠纷。而他们的内侄邵镛，也跟邵时重有些过节。胡胜荣脑筋一转，跟弟弟胡胜佑商量，准备借哥哥的尸体来陷害邵时重。哥弟俩盘算，邵时重一旦被判刑入狱，那邵家的山地自然也就被他两兄弟夺过来了。于是，他两兄弟在兄长胡胜祖的尸体上做了番手脚，然后勾结内侄邵镛到县衙诬告邵时重打死他们的兄长。他们哪知道，海县令识破了他们的诡计。

大堂上，海瑞高声宣判："邵时重无罪释放，胡胜荣、胡胜佑两兄弟和邵镛诬陷他人有罪，即日收监，打入死牢，待本县禀报刑部核批后，择日开刀问斩！"

"给我拿下！"海瑞命令众捕快。

捕快将胡胜荣、胡胜佑和邵镛押入死牢。

胡家人认罪伏法，邵时重得以平冤昭雪。

这下，整个淳安县城轰动了，大家奔走相告，都说淳安新任县令是断案如神的"海青天"。

后来，海瑞又在本地破了许多案子。

不仅如此，省府和严州府也请他去帮忙破了不少案子。海瑞成了名副其实的"海青天"。

第15章 防倭治乱

训练了许久乡兵，海瑞发现，抗击倭寇和海盗不只是军队和乡兵的事，要想让地方上实现自保，还得改革一下当地的治保制度，发动乡民一起来防范倭寇和海盗侵扰。

- 1 -

嘉靖年间，官府沉重的赋税让部分逃难农民被逼下海成为海盗。这些人为了谋生，到处抢夺财物，骚扰百姓。除了当地海盗，日本倭寇也常在东海沿岸江浙一带侵扰百姓。海盗为增强实力，还常常和日本倭寇勾结在一起。

海盗和倭寇所到之处，烧杀奸淫劫掠财物，无恶不作，给当地百姓带来了巨大灾难，老百姓一听说海盗和倭寇要来，吓得魂飞魄散，奔的奔逃的逃，百姓的安全成了一大问题。

作为淳安县的最高行政长官，海瑞心里明白，除了发展地方经济，整饬吏治，官府和百姓的安危也是他不得不考虑的问题。

如何防御倭寇和海盗，保一方百姓平安，着实让海瑞费了一番心思。

明代的淳安县城，没有完整的城墙护城，原有的一些断断续续的城墙，也在元明战争中给毁掉了，进入明朝后一直未得到修复，这就让倭寇和海盗有了可乘之机。

仔细思索了一下，海瑞决定先筑牢淳安县城城墙。

淳安县城坐落在龙山脚下西南方向，登上龙山山顶向下俯瞰，整个县城犹如一头横卧的水牛，城池也沿着牛的形状而筑。

海瑞听人说，成化年间县衙的官员也曾商议修筑城墙防护县城。修筑城墙是个大事，官员们听说有位叫商辂的家乡人在京城做大学士，而且此人是三元及第，可谓学富五车，便写信请他说说对修筑城墙的高见。

也许那时倭寇和海盗还没有盛行，商辂回信告诉他们，淳安县城像牛的形状，倘若筑了城墙，这"牛"便被关在围栏中了，建议不要筑城墙。商辂一句话，修筑城墙的事也就搁浅了。直到海瑞来之前，淳安县城一直没修筑城墙。

时过境迁，此时的淳安和那时已不一样，倭寇、海盗和矿匪盛行，这伙人到处烧杀抢劫无恶不作，要想从根本上消除治安隐患，防御敌人偷袭，还得筑好县城城墙。

海瑞做事极为民主，他把县衙各房的司吏典吏，还有乡长里老等一些人召集起来商议此事。

商议的结果，大家一致认为，如今形势不同往日，倭寇和海盗猖獗，矿匪横行，淳安县城时不时受到侵扰，县城安危是个大问题，一旦防守不严，这些人攻打进来，那就是淳安城民的灾难，修筑城墙不仅是大势所趋，而且是迫在眉睫的头等大事。

见大家都是这个看法，海瑞决定修筑县城城墙。他马上带着县丞汤用、主簿倪华、典史周岱和兵房等部分衙署负责人，到县城边界进行实地考察，看如何修筑城墙。

在考察时，海瑞发现淳安县城西北依靠山麓，容易受到水淹，县城东部地势低下，倘若用土来筑墙，防守效果不够好，县城南边一带，乡民临溪而居，且溪水深而地势险要，只要用石头筑平溪岸，就可以当城墙使用，而且不用筑墙头。

考察结束，海瑞召集大家再次商议，大家认为他的想法可行。于是，海瑞将修筑淳安县城城墙的利害关系以及如何修筑，写成《筑城申文》上报严州府，请求批准修筑。得到批复后，他立即发动全城百姓动工修筑。

在修筑城墙之前，海瑞亲自带着人丈量墙基深浅，详细预算各项工程费用。他初步估算了一下，筑城墙需要的银子不下一万两。

这么大笔款去哪儿筹措？伸手找严州府要？想都不要想。向乡民摊派？这么多银两，虽说是取之于民用之于民，但难免会加重百姓负担。

左也不行右也不行，怎么办呢？

海瑞只好硬着头皮去找里老们商量，他把情况给里老们说了，然后告诉他们，这笔巨款哪儿都无法出。

"这么大笔款是不好筹备！"

"嗯，是有些难办！"

"可这城墙不修又不行，这如何是好？"

里老们摇头。

"本县令打算这么做，大家看行不行？"海瑞望着他们。

"海县令，有啥好主意您说就是！"

"是啊，说出来，可行，大家支持就是！"

里老们说。

海瑞说："本县令的打算，一是向各里甲征收一些，具体办法以甲为单位，一般人家酌情出银二到三两，富裕的人家，鼓励他们出银五两。二是用纸赎来开支，也就是说，剩下的绝大部分缺口资金，用乡民到县衙打官司的讼纸开销来填补。"

"既不怎么增加乡民负担，也不伸手向上面要钱，嗯，好主意！"

"行，就这么办！"

见他出的这个主意很不错，里老们赶紧表态。

"那就有劳各位，希望各位下去多给乡民们解释，讲清利害关系，让他们支持本县令！"

"这是职责所在！"

里老们对海瑞说。

因为有海瑞亲自指导，没用多长时间，城墙就修筑好了。并取名"贺城"。

县城有六座城门，海瑞也给它们取了名。南面的叫"澄清门"，东南面的叫"振德门"，东面的叫"还淳门"，西面的叫"环翠门"，东北的叫"孝义门"，北面的叫"巩安门"。

在这些城门上，海瑞还设置了哨台，以便观察敌情。这是海瑞防御倭寇和海盗攻城的一个奇招。当然，要有效防御和抵抗倭寇、海盗和矿匪，光靠修筑这样一座城池显然是不够的，还得有其他配套措施。

— 2 —

日本倭寇和当地海盗的侵扰，受害的不仅仅是老百姓，还涉及朝廷的安危，所以朝廷也不断地派出军队来抵抗。

就在海瑞来淳安县这一年，朝廷派出老将俞大猷率领明军到江浙一带抗击倭寇和海盗，使倭寇和海盗受到了重创，倭寇和海盗不得不把侵犯重点转移到福建和广东沿海一带。

可是，倭寇和海盗仍时不时来江浙一带进行骚扰，于是朝廷又派出名将戚继光来浙江，让他负责防守宁波、绍兴和台州三府。

戚继光抵达浙江后，大规模招募当地民壮组建戚家军，并加以严格训练。

由于戚家军军纪严明、作战勇猛，沉重打击了前来侵犯的倭寇和海盗，江浙一带的抗倭形势有了重大转机。但是，由于倭寇和海盗势力强大，仍未从根本上杜绝其侵扰。

淳安县位于新安江中游，无论是水路或陆路，都是倭寇和海盗侵扰内地的必经之地，当地官府和百姓时刻都有被侵扰的危险。

日本倭寇和地方海盗势力强大，光靠戚继光的军队难以抵御，这一点海瑞心中有数。可是，面对日本倭寇和地方海盗的骚扰侵犯，自己又该怎么办呢？

海瑞在想，既然光靠军队不行，那就组织和操练地方上的乡兵协助戚家军抗击倭寇和海盗，实现地方自保。可如何组织和操练地方上的乡兵呢？他觉得应该先听一下县衙佐贰官和兵房等下属有关衙署负责人的意见，然后再作决策。

这日早晨，海瑞把县丞汤用、主簿倪华、典史周岱和兵房等部门的司吏、典史召集到县衙二堂，一起商讨此事。

"诸位，时下倭寇和海盗疯狂侵扰本土，官署和百姓都不得安生，本县令今日请大家来，共商如何组织和操练乡兵事宜……"

海瑞客气一番，引入正题。

"诸位心里可能都清楚，只靠戚将军的人是难以抵挡这些凶悍的倭寇和海盗的，咱们得组织起地方力量进行自保，各位如若有好的对策和建议都说出来，只要可行，本县令一定采纳！"海瑞告诉在座的人。

"海县令说得对，光靠戚将军的军队，的确难以抵挡倭寇和海盗，还得加强操练乡兵，以此来抵御这些强盗！"兵房司吏江少硅第一个发言。

"卑职以为，咱们不仅要操练原有的乡兵，还要让各乡各里赶快动员当地民壮加入乡兵队伍里来，壮大乡兵力量！"坐在江少硅身边的典吏姚明礼接着说。

"对，须得壮大乡兵队伍，要不然咱们的兵力实在是太弱了！"兵房吏员张齐附和。

海瑞听了，频频点头，然后问司吏江少硅："各乡现在大约有多少民壮？"

"全县十四个乡原有民壮三百来名,上面抽派去一百多名搞海防,州府又调走十余名去管理仓库和处理刑狱,现全县民壮估计不超过一百四十名!"江少硅告诉海瑞。

海瑞说:"本县令明白了,咱淳安县的民壮已经不多,往后再也不能让上面抽派了。"

"上面说要抽派,下边哪敢不派?"江少硅一脸无可奈何。

典吏姚明礼附和:"是啊,海县令,上面说要抽派,兵房不敢不派啊!"

"这事尔等不用管,本县令自有安排。"海瑞说。

江少硅说:"既然海县令这么说,那我等当然没说的。"

海瑞说:"现在各位急需做的,就是先把现有的民壮动员起来,让这些人赶快加入乡兵队伍里来,壮大咱们的乡兵队伍。另外,找几位懂武艺的人,对这些乡兵加强操练,提升他们的战斗力,否则一旦倭寇和海盗来了,这些乡兵也只能跟着老百姓逃跑。"

"对呀,得赶紧操练咱们的乡兵!"张齐赞同海瑞的说法。

江少硅担心地说:"操练乡兵是必然的,关键是去哪儿找教官!"

海瑞满有信心地告诉他:"这没问题,只要你们将人组织起来,教官本县令去帮你们找就是。实在不行,本县令去找戚继光将军,请他从军营中抽派一两名武艺高强的教官来帮咱们操练。"

"好!"一说起操练乡兵,令江少硅头疼的就是找不到好的教官,这下听海瑞说帮忙找,心里特别高兴。

典史周岱说:"若能从军营里请来武术教官,那这事就好办了!"

"我看还是咱们的海大人主意多啊!"主簿倪华笑着说。

海瑞说:"那这事就这么定了。"

海瑞想,如果地方上有武艺高强的人,也可以请他们来做教官。可他打听了半天,也没找着适合的人。他想,干脆就去找戚继光将军,他的军营里有的是武术教官,请他派一两个来帮操练乡兵他必定会答应。

次日,海瑞带着周岱去戚家军军营找戚继光。

"好事,好事,本将军一定鼎力支持!"见到戚继光后,海瑞和周岱说明来意,戚继光爽快地答应了他们的请求。

见戚继光鼎力支持,海瑞和周岱急忙站起来拱手感谢。

"两位大人不必客气，抗击倭寇和海盗，本来就是本将职责所在，你们能组织乡兵协助，本将感谢还来不及呢！这样，我派洪钟和吕梁去帮你们操练，这两人不但功夫了得，对阵形也很熟悉，你们看如何？"

"听将军安排！"海瑞和周岱再次站起来，异口同声地说。

戚继光微笑着朝他俩示意："坐下，坐下，刚才都说了不必客气！"

"谢谢将军！"二人再次道谢，然后坐回原位。

戚继光问："他们何时去？"

"越快越好！"海瑞赶紧说。

戚继光吩咐身边的亲兵："你去把洪钟和吕梁叫来！"

"是。"亲兵说完转身走出门去。

不一会儿，洪钟和吕梁来了。

"请问将军有何吩咐！"洪钟和吕梁问戚继光。

"来，我给你俩介绍一下，这位是淳安县的县令，海瑞海大人！"戚继光指着海瑞说。

海瑞和周岱赶紧站起来。

"洪钟和吕梁上前和海瑞施礼打招呼。

海瑞笑着和他俩回礼。

"这位是县衙的典史，周岱周大人！"戚继光又指着周岱给洪钟和吕梁介绍。

三人相互问好。

"坐坐坐，都坐下！"戚继光招呼大家，然后对洪钟和吕梁说，"海大人和周大人想请我派两名武术教官去帮他们训练乡兵，我想了一下，你们两人武功不错，对阵形又熟悉，打算派你们去，你们觉得怎么样？有没有啥困难？"

"服从将军命令！"洪钟和吕梁站起来给戚继光行礼。

戚继光说："那你们准备一下，吃了午饭就随同二位大人一起去淳安。"

"是！"洪钟和吕梁声音洪亮。

"你俩到淳安后，一定要发挥你们的特长，帮他们把乡兵操练好，不要辜负了两位大人和我的期望！"戚继光叮嘱他俩。

洪钟和吕梁表态，绝不辜负将军和海瑞他们的期望。

海瑞感激地说："麻烦戚将军和二位了！"

戚继光说:"不用客气,都是一家人!走,去吃饭!"

"这顿饭我们来请吧!"海瑞说。

戚继光笑着说:"两位大人来到军营就是客,哪能让你们请吃饭呢?"

"既是这样,我和周典史就不客气了,哪日戚将军去县衙,我们再做东!"海瑞和周岱随戚将军等人去军营里就餐。

吃过午饭简单准备了一下,洪钟和吕梁便同海瑞和周岱急匆匆赶往淳安县城。

次日,洪钟和吕梁开始操练乡兵。

数日后,各乡送来了三十多名民壮,海瑞让他们加入乡兵队伍,和乡兵一起操练。

一日夜晚,洪钟和吕梁向周岱报告,说训练乡兵的场地太小,教乡兵们习练武艺倒没问题,但要教他们演练阵形就不行了。

周岱说:"走,我们一起去向海大人禀报,由他来定夺。"

周岱说完,和他俩就往县衙大堂走去。

"海大人,时下这个练兵场太小,只能让这些乡兵习练武艺,若要教他们演练阵形,还得选一个宽敞的场地才行。"

"的确是太小了,摆不成阵!"

到了县衙大堂,洪钟和吕梁向海瑞禀报。

"行,明日本县就和你们去看,你们觉得哪儿合适就选哪儿!"海瑞毫不迟疑地表态。

"谢谢海大人支持!"洪钟和吕梁没想到他做事这么爽快,心里很是高兴。

次日下午,海瑞带着他俩在县城附近转了一圈。

吕梁发现县城东庙旁的一片空地很适合,便对海瑞说:"我看这儿很不错,就建在这儿吧?"

海瑞问洪钟:"你的意见呢?建在这儿行吗?"

洪钟说可以。

海瑞马上说:"既然你俩都说可以,那就建在这儿。这样,划地八十亩,你们看够不够?"

"八十亩足够了!"洪钟很高兴。

海瑞说:"行,本县马上安排经费开建教场,好让你们教这些乡兵演练阵形。"

没几日，教场就建好了。后来海瑞还在教场旁边建了阅武堂，供他和上面来的官员视察乡兵操练情况。不仅如此，他还结合淳安县实际，亲自拟定和颁布了《兵备道军政条约》，规定乡兵的组织办法。

他的这些措施，不仅壮大了乡兵队伍，也大大提升了乡兵的素质和战斗力。

– 3 –

训练了许久乡兵，海瑞发现，抗击倭寇和海盗不只是军队和乡兵的事，要想让地方上实现自保，还得改革一下当地的治保制度，发动乡民一起来防范倭寇和海盗的侵扰。

正德年间王阳明巡抚赣南时不是推行过"十家牌法"吗？听说效果很不错，为何不借鉴他这个方法来管理淳安的治安呢？海瑞突然想到了这件事。

"对，借鉴王大人这个方法来改革地方上的治保制度！"海瑞为他的这个想法而高兴。

他马上召集人员到县衙二堂来商议此事。

"各位，对防范和抗击倭寇海盗，本县有个想法想告知大家！"

"海县令又想到什么新招了？"江少硅笑着说。

"什么想法啊？海大人，你快说呀！"张齐等不及了。

汤用笑着对海瑞说："海县令，你看他们都等不及了，你就别绕弯子了，快告诉大伙吧！"

"好！"海瑞说，"各位应该都知道，自太祖登基以来，地方上一直实行的是里甲制，但由于赋役的加重和不均，地方上里甲人口大量逃亡，朝廷已经无法控制，特别是本朝中期以后，里甲制已是名存实亡，失去了它应有的作用。"

"海县令的意思是……"汤用看着海瑞，想听他说下文。

海瑞说："本县令的意思是想改革一下当地的治保制度。"

"可这如何改啊？"周岱一脸疑惑。

"治保制度是朝廷定的，又执行了这么多年，咱们县衙能改变吗？"张齐心里也很疑惑。

海瑞对他俩说："制度是死的，可人是活的，再说朝廷定的这个制度施行了这么多年，境和事都变了，当然得改革，否则就很难适应当下的形势。"

"可咋改啊？"张齐又问。

"不知各位是否记得，当年王阳明大人巡抚南赣时实施的'十家牌法'？"海瑞扫视在座的人。

张齐摸着头："倒是听说过。"

"记得，记得！"江少硅说。

"听说他这个办法效果不错！哎，海大人的意思莫不是想借鉴他这个办法来管理咱们淳安地方上的治安？"姚明礼似乎猜透了海瑞的想法。

"你说得没错，本县令正有这个想法！"海瑞笑着告诉姚明礼。

"这个想法好！"听说要借鉴王阳明的"十家牌法"来管理淳安地方上的治安，主簿倪华非常赞同。

"既然大家都觉得王巡抚的这个'十家牌法'不错，那就借它来用用！"张齐笑着说。

海瑞告诉大家："王巡抚的这个'十家牌法'是不错，但是，他是在赣南用，咱们这儿可不是赣南，而是淳安。从时间上来说，他那是正德年间，而现在已经是嘉靖时期，地点和时间都不同了。"

"海大人的意思是说，他这个办法咱们不能借用？"刚才还高兴的江少硅，被海瑞的这番话浇得冰凉冰凉的。

"海大人，你刚才说得好好的，说能借用，这下您又说不能，这是什么意思啊？"张齐问。

"是啊，我也听糊涂了！"周岱撇着嘴说。

见大家误解了自己的意思，海瑞赶紧说："大家别急，本县令话还没说完。王巡抚的这个办法是好，但不能照搬照套，得在他这个办法的基础上，结合咱们淳安的实情加以改进，找出一个适合咱们这儿的办法。"

"对对对，不能照搬照套！"

"有道理！有道理！"

海瑞接着告诉他们："其实，王大人当年推行的这个'十家牌法'，源于北宋改革家王安石变法中的保甲法。正德年间，王大人受正德皇帝派遣，到赣南一带巡抚，他怕地方上出现动乱，就在赣南城发明了'十家牌法'来管理当地的治安。王大人的做法是将城中所有民户按每十家编列为一牌，开列好各户的籍贯、姓名、年龄、容貌和所从事的职业，每日由一家出门，沿门按牌审查。

为了方便管理，他又在'十家牌'中增设了保长，一旦遇有人户被盗，保长负责及时率领所管的各甲民户设法拦截和缉捕盗贼，而且所有人户都要听从保长调度，不得违抗命令。但有一项，保长不得干预各家的诉讼问题。他还命令各个城郭坊巷和乡村在重要地方设立一面大鼓，凡遇人户被盗或出什么事情，便叫人击鼓告知大家。一处击鼓，其他各处一齐响应，民户听到鼓响，立即手持器械来抓捕盗贼。王大人还推行乡约，在各个乡设约长若干人，设置登记文簿，登记同约人的姓名，记录这些人出入的所为和个人善恶，以便掌握这些人的动向。"

"源于大改革家王安石？"

"难怪这么管用！"

……

大家又开始议论起来。

海瑞说："本县揣摩，王大人的'十家牌法'，实际上是'寓兵于农'的做法。这种方法对保卫地方治安倒是发挥了不小作用，但保甲这种编法实际上只注重地域上的集中和人户丁口职业，咱们何不将它改为以现在住址的人户为标准，把相邻的十户人家编为一甲，将三甲至五甲编为一个保，再从乡里选一些既有威信又有财力的人来担任保长或甲长，有事由保长甲长带领甲里的乡民来处置。这个办法，本县令将它命名为'保甲法'。"

"对对对，这个办法好！"江少硅又兴奋起来。

汤用说："这就叫活学活用。"

"海大人不愧是咱们的当家人，办法就是多！"周岱笑着夸海瑞。

海瑞说："既然大家都觉得这个办法好，那咱们就这么办。但这只是本县令的初步想法，待本县令思考成熟，拟定好告示，各位就去动员各乡，让乡民们积极支持和参与进来！"

"是！"江少硅等人说。

三日后，海瑞拟定了保甲告示，并命人拿到县衙门口和各乡去张贴。

保甲告示规定，凡是年满十五岁以上的男子，都要轮流参加保甲，一律不得躲避，而且所有参加保甲的人都要去县衙有关部门领取门牌，各家各户人员的年龄、相貌，须全部登记在册。各个保甲不分白天夜晚，轮流值班巡察，有二到三个成年男子的人家，必须出一个男子来领牌参加值班巡察，倘若这户人家只有一个成年男子,这户人家可以不出人丁参加巡察。巡察人员巡察时,若是遇到行迹可疑的人和可疑的事,必须立即击鼓报警,保长听到报警鼓声,马上率领这个保各甲的全体乡民追查捕捉。若是保长不履行职责,或者是哪一户人家不参与,县衙将按规定对其治以重罪。

保甲告示还规定,各保保长要率领乡民习练武艺强身健体,增强乡民保家卫国的本领和防身技能,武艺练得好的乡民,县衙还给予一定的奖励,距离县城不超过三里远的乡民,武艺好的可以参加乡兵操练,每日奖励大米一升,中午供给果饼午饭。

为使保甲法顺利推行,使之在防倭治乱方面真正发挥作用,海瑞除了安排县衙的人下到乡里督查,自己还不辞辛劳时不时到乡里巡察,看各乡是否真正落实了这个制度。

– 4 –

尽管海瑞费尽心血,但保甲法的推行效果并不是很理想,保甲告示在县衙门口张贴出来,起初还有些乡民来观看,可过了两三日,就没人来看了。

乡里的情况更不妙。

在仁寿乡,兵房司吏江少硅和吏员张齐来到乡民王二牛家里。

"哟,江司吏,今日咋有空儿来我家串门呀?"二牛爹认识江少硅和张齐,见他俩来了,一边挪板凳一边笑着说。

江少硅接过板凳,笑着说:"看你说的,就好像几年没来你家一样!"

"嗯,你别说,你俩还真是有好些日子没来我们家串门了!"二牛爹说。

张齐接过话:"倒是有些日子没来了!"

"怎么?就您一个人在家?老嫂子和二牛呢?"江少硅坐下后,见只有二牛爹一个人在家,便问他。

"刚去睡!"二牛爹告诉江少硅。

江少硅说:"睡这么早干吗?"

"天这么冷,坐着又没事!"二牛爹告诉江少硅,随后朝他和张齐说道,"来,这儿有火,坐过来暖和些!"

江少硅和张齐将板凳移到火堆旁。

二牛爹朝内屋叫道:"二牛,江司吏和张吏员来了,赶快起来!"

"哦！"二牛在内屋应答。

二牛边穿衣裳边从里面走出来，然后与江少硅和张齐打招呼。

张齐问他："干吗睡这么早？"

"没事，天又很冷，不睡觉坐着干吗？"二牛笑着说，然后问他，"您和江司吏今晚咋会想到来我们家啊？"

张齐说："没事过来你家串串门，怎么？不欢迎？"

"欢迎，咋不欢迎呢！"二牛拉条板凳挨他旁边坐下。

这时，二牛妈也起来了，走出来与江少硅和张齐打招呼："哟，两位大人来我们家了！"

"是啊，来你们家串门！"江少硅笑着说。

张齐说："老嫂子，睡了就别起来了嘛！"

"嗨，你们来了起来陪你们坐一下嘛！"二牛妈说。

二牛爹问江少硅："江司吏，你们俩今晚来，不会真是来串门的吧？"

江少硅说："你倒是说对了，我和张齐来是有个事想问问你们。"

"啥事啊？"二牛爹边弄柴火边问。

张齐直奔主题，问他："县里张贴的告示你们看过了吗？"

"什么告示？"二牛反问他。

"保甲告示。"见他那副表情，张齐看了头儿江少硅一眼，说。

江少硅问二牛："怎么？不是都张贴在乡署的门口了吗？你们没看到？"

"没看到！"二牛摇头。

二牛爹也说："我也没看到！"

"好几日没去乡里了，没看到，就是看到了，不识字也是白看。"二牛妈也说。

张齐问他们："没听邻居们说起过这事？"

"没听过。"二牛摇头。

"从来都没听说过这事！"二牛爹和二牛妈告诉张齐。

张齐和江少硅对望了一眼。

张齐告诉他们："前不久，我们叫人在各个乡的乡府门前张贴县衙推行保甲法的告示，你们咋都说没看到呢？而且还说没听人说过，这就奇怪了！"

"是没听说过呀！"二牛爹说。

"可今日我去乡里，也没见乡府门前有人在看什么告示嘛！"二牛接过话。

二牛爹边拨弄柴火边漫不经心地说:"不过,这种告示也没几个人看。"

"为啥呢?"张齐问他。

二牛爹抬起头看着张齐和江少硅:"你们想想,就算是县衙要推行什么保甲法,这也是官家的事,与我们这些平民百姓有何相干?这不相干的事也就没人去关心,这告示你说还会有几个人去看呀?"

"是呀,他推行他的,与我们没啥相干!"二牛妈抚弄着头发。

"推行不推行还不是老样子,海盗和倭寇照样来烧来杀来抢!"二牛也说。

"哎,话可不能这么说,海县令推行的这个保甲法,可是用来抵御海盗和倭寇的呢,咋能说它与大家不相干呢?我看相干大了!"听了他们的话,江少硅说。

"二牛爹,难道你忘了那日海盗来抢你家的事了?"张齐说。

二牛爹接过话:"哪能忘得了?"

江少硅说:"海县令在咱们淳安推行这个保甲法,就是要组织大家一起来抵抗海盗和日本倭寇,不让这些人再来侵犯咱们老百姓!"

"海盗和倭寇那么凶残,我不信这个啥保甲法能抵挡得住,到时候还不是照样抱着头到处逃奔!"二牛妈直摇头。

江少硅说:"那依你说,就任由那些海盗和倭寇来烧来抢了?"

"不这样,有啥办法?"二牛爹两手一摊,满脸无奈的样子。

江少硅说:"正因为这样,海县令才设立保甲制,发动乡民一起来共同抵抗,不让海盗和倭寇来侵犯咱们。"

"管他呢,万一那些海盗和倭寇来了,大家就逃吧,手腕子扭不过大腿,谁还敢和那些人较劲?"一旁的二牛说。

见二牛破罐子破摔,张齐说:"要是大家都这样想,那海盗和倭寇就啥都不怕了,想来抢就抢,想来烧就烧,你们说是不是这样?"

"你说的意思我们不是不明白,但这有啥法?靠我们这些手无寸铁的乡民去抵抗那些凶巴巴的海盗和倭寇,那简直就是拿鸡蛋去碰石头,自己讨个粉身碎骨!"二牛爹说。

"你意思是说,这事我们不用去管了?"江少硅说。

二牛爹说:"依我看,还是别去管,要管也由官家去管。"

"好了，爹、两位大人，您们也别争了，我看这事啊，过不了几日乡官们就会下来告诉大家，要不要搞这个什么保甲法，听他们的就是。"见三人争议不休，二牛怕他们伤了和气，赶紧劝住。

二牛妈也说："二牛说得对，要不要在咱们这儿推行保甲制，就等乡官来通知了再说，大家不必争个不休。"

"好好好，说点别的吧！"张齐说。

江少硅说："不管咋说，这是县衙安排的事情，大家要支持，县衙也是为大家好！"

二牛爹说："我们尽力而为吧。"

江少硅和张齐在王二牛家坐了一会儿，就和他一家告别了。

走出王二牛家，张齐说："这王二牛和他爹，简直太怕死了！"

"这也怨不得他们，那次海盗来抢他们家，实在是太残忍了，想起来都后怕。"江少硅说。

"我看他家这是活该！"张齐很气恼。

江少硅说："不说他家了，我们再去找一家了解下情况。"

"好。"张齐应道。

二人朝不远处一户人家走去。

这是户男丁比较多的人家，户主姓李，叫李东河。

李东河有四个儿子两个女儿，长子二十三岁，次子二十二岁，三子二十岁，第四子十九岁，全是大气饱力的汉子，因为家穷都还没成家。两个女儿还小，一个十六岁，另一个十四岁。

江少硅和张齐来到李东河家的时候，李东河的大儿子虎子正在门口劈柴。

"请问你们是……?"见江少硅和张齐朝他家走来，虎子不解地问。

"我们是县衙的，他叫江少硅，是兵房的司吏。"见他很是不解，张齐指着江少硅给他介绍。然后，又介绍自己，"我叫张齐，也是兵房的人。"

"两位大人来我家有啥事?"虎子问。

江少硅告诉他："保甲法你知道吗?"

虎子摇摇头。

张齐说："我们就是来了解这个情况的。"

"那两位大人进屋坐吧。"虎子丢下劈柴的斧子。

"好！"

江少硅和张齐跟着虎子进了屋。

屋子里有一大堆人，都是虎子的家人，见虎子领着两个不认识的人进来，一个个睁大眼睛看着他们。

"爹，这是县衙来的两位大人，他们说是来了解什么保甲情况。"虎子给他爹说。

"哦，请坐请坐！"听说是县衙来的，李东河赶忙让座。

"梅子，快起来让坐！"李东河说小女儿。

梅子赶紧起来。

"坐坐坐！"李东河招呼江少硅和张齐。

"打扰你们了！"江少硅抱歉地说。

"没事没事！"虎子爹赶紧说，停了一下，问，"不知两位大人光临寒舍有何贵干？"

"哦，我来介绍一下，他叫江少硅，县衙兵房司吏，是我的头儿。"张齐指着江少硅给虎子一家介绍。随后，自我介绍，"我叫张齐，也是县衙兵房的。"

"哦！"李东河点头。

"我们这次来，是奉海县令之命来了解一下保甲法的施行情况。"张齐说明来意。

"原来是这样哦！"李东河说，"不过，二位说的什么保甲法，我倒是还没听说过。"

江少硅问他："县衙早几日已叫人在乡府门口张贴过保甲告示，你们没见着？"

"哎，二狗，你下午不是去了趟乡里吗？你看到这告示没有？说的是咋回事呀？"

"乡府门口倒是去过，但我没见有人在那儿看啥告示嘛！再说爹您又不是不知道，儿子一字都认不得，就算是张贴了，它认得我我也认不得它呀！"虎子说。

"唉，"李东河感叹儿子吃了没文化的亏。

虎子说："告示我真没见着，但我路过乡里钱财主家大院门口时，见几个乡绅老爷在那儿议论什么,还骂骂咧咧的,他们会不会是在议论这个事呢?"

"有可能!"李东河说。

虎子问:"照这么说,县衙推行的这个保啥甲法对他们这些人莫非有不利之处?"

"爹不知道,这得问江大人和张大人。"李东河摇头。

江少硅笑着说:"这有可能,海县令一来就清丈田地,得罪了不少乡绅和大户人家。"

"管他什么保啊甲的,这些事情是官家老爷们的事,又不要你管,着啥急?"站在李东河旁边的三儿子羊子不以为然地说。

张齐听了,赶紧说:"小伙子,你这个说法不对,县衙推行这个保甲法,是为了更好地防范和抗击倭寇海盗,保大家的平安,怎么能说是官家老爷们的事呢?"

"这是大家的事,人人都要参与进来,怎么能说不急呢?"江少硅批评羊子。

虎子妈说:"你们说的啥,我这个老婆子一点也听不懂!"

"妈,他们说县衙要搞个什么保甲法,可能会牵扯到大家的利益。"在旁边的四儿子马儿告诉她。

"哦,是这样的啊!"虎子妈说。

张齐问他们:"这事你们里长没跟你们说?"

"没有呀!"李东河说。

听了李东河的话,江少硅气愤地说:"这些里长在干什么啊?咱们着急死了他们却死了也不着急!"

"这事得赶快给海县令禀报!"张齐说。

江少硅着急地对李东河一家说:"这事大家要赶快参与进来,要不然倭寇和海盗来了大家又要遭殃!"

"如果乡长里长来知会,我们家照办就是!"李东河表态。

"要的就是你这句话!"江少硅说。

"好,打搅你们了!"

江少硅和张齐起身告辞。

— 5 —

如果说江少硅和张齐在王二牛家遇到的情况很尴尬的话，那典史周岱和衙役姜鲁在安福乡遇到的情形就特别糟糕了。

那日，典史周岱和衙役姜鲁到安福乡去督查保甲法推行情况，到了以后，姜鲁指着前面一个大院告诉周岱："那儿就是乡绅洪福寿家。"

"走，去他家坐坐。"周岱说。

俩人朝洪福寿家走去。

洪福寿是个退隐乡官，原先在安福乡供职，几年前退出官场，一直在家待着。起初他家田地并不多，就靠着祖上留下的二十来亩田地过日子。但这人头脑灵活，他见田地多的人家日子都好过，便用在乡里供职的薪水购置了一些田地，然后租给那些没田的农户去种，自己只管坐在家里收租。慢慢地，他家也富起来了，如今他家已拥有好几百亩田地，在安福乡也算是大户人家。虽说都是乡绅，但这人不是很坏，对百姓不是十分苛刻，当地百姓还不是太恨他。

此时洪福寿正在家里会客，客人自然也是一些乡绅之类的。

"哟，周大人，怎么来也不提前知会一声？"洪福寿见过周岱，此时见他突然来到家中，一下子客气起来。

周岱说："我来乡里督查保甲法推行情况，路过你这儿，顺便来找你聊聊。"

"欢迎！欢迎！"洪福寿对周岱和姜鲁拱手行礼。

待周岱和姜鲁坐下，洪福寿给在座的几位客人介绍："这是县衙典史周岱周大人！这是衙役姜鲁姜大人！"

听说他俩是县衙来的，几个乡绅嘴上说欢迎，但并非很热情。这点，周岱和姜鲁不是没看出来。

接着，洪福寿又给周岱和姜鲁介绍在座的几人："这位是吴先生，这位是黄先生，这位是朱先生，这位是刘先生。"

周岱和姜鲁分别和他们打招呼。

"周大人和姜大人光临寒舍，定是有什么事吧？"洪福寿边给周岱递茶水边问。

周岱说："无事不登三宝殿，有事才登宝殿门，被你说中了，还真有一事来向洪先生打听。正好，吴先生、黄先生、朱先生和刘先生也在，也顺便向他们打听一下。"

"有事你就说吧！"洪福寿说。

周岱说："为了有效防范和抗击倭寇和海盗，海县令在全县各乡推行保甲制，想必几位先生也清楚这件事，只是不知各位对这个保甲法的推行有何看法？"

"有何看法？他玩这一套把戏行得通吗？我看行不通！"身穿暗红色绸缎长衫的吴先生板着脸说。

个子瘦削、脸上全是麻子的朱先生接过话："哼，他之前清丈田地，现在又要搞什么保甲，这分明是在找咱们这些人的茬！"

"依在下看，他这是没安好心！"个子胖墩、一脸横肉的刘先生说。

抽着烟的黄先生将手上的黑金竹烟杆往脚尖上磕了磕，眨巴着眼慢条斯理地说："什么保甲不保甲，难道你们还看不出？他海瑞分明是要整治咱们这些大户人家！"

听了几位乡绅的话，周岱和姜鲁知道这些人对保甲法的推行有抵触情绪。

海瑞在淳安推行保甲制，虽说在防范倭寇和海盗侵犯、稳定地方治安上会起一定作用，但施行这个制度，这些乡绅和大户得出钱出力，不再像以前那样坐享其成。特别是之前实施的田地清丈，让这些乡绅和大户人家的利益受损，他们哪会支持保甲制的推行？

听他们这么说，周岱正色道："各位，你们都是地方上的知名人士，是有文化的乡贤，家境也非常殷实，但今日你们说这种话，显然就不对……"

"这有啥不对？"

"咱没说错嘛，他海瑞分明就是想借此整治咱们这些大户！"

"是啊，这没啥不对的嘛！"

"难道还不让人说话？"

还没等周岱把话说完，几个乡绅就叫嚷起来。

姜鲁听不下去了，站起来气愤地质问他们："几位先生，难道你们就没看到倭寇和海盗侵袭时的惨状？你们那么富有，就不怕那些倭寇和海盗再来侵扰你们？海大人推行这个保甲制度，就是要动员大家一起来防范和抗击倭寇海盗，实现地方上的自保，这个时候你们不站出来支持，还要拖大家后腿，你们应该吗？"

姜鲁越说越气。

几个乡绅被他呛了一气，大气也不敢出。

"姜大人息怒，气大伤身，有话好好说！"洪福寿见状，赶紧站起来边劝说他边按他坐下，姜鲁太气，不坐。

"姜鲁，坐下！"周岱见了，朝他叫道。

姜鲁这才坐下，但怒气未消。

几个乡绅绷着脸不说话。

场面很尴尬，周岱知道再待下去说不定会出什么事，站起来对洪福寿说："洪先生，今日多有得罪，但这几位先生实在是太令人失望了，打搅了，我们先告辞！"

"这是……"

"好了，你也不用说了，几位好自为之吧！"洪福寿想说什么，周岱打断了他的话，然后对姜鲁说，"我们走！"

见周岱和姜鲁生气地走了，几位乡绅待在那儿。

"哎呀，我说你们……"洪福寿跺了跺脚。

"洪先生，我家里还有点事，先告辞！"

"哦，我突然想起，今晚我岳父要来家里，得回去准备准备，我就先走一步！"

"哎，我昨天答应我小舅子，今日要陪他去开化乡的，怎么忘了呢？我得走了！"

……

刘先生等人见他想说什么又不好说，一个个溜走了。

"各位慢走，不送！"洪福寿脸色冷若冰霜。

"真是太气人了！"

路上，姜鲁还在生气。

周岱说："别管这些人，回去后给海大人禀报，看他不收拾这些人才怪！"

姜鲁说："是得收拾收拾这些人，否则这保甲法是推行不下去了！"

"什么？还有这种事情？"

下去督查的人回来给海瑞禀报，他大吃一惊。他没想到，保甲制的推行会是这么个情况。

其实保甲法的推行，不仅是乡民和那些乡绅大户不支持，一些吏胥、里老也在抵触。乡民们不支持，是因为他们没有文化，看不清保甲法给他们带来的好处，担心参加保甲后倭寇和海盗会报复他们，也就宁愿过着倭寇和海盗来侵扰时的奔逃生活，不愿意参加保甲。乡绅大户不支持，是因为他们记恨海瑞清丈田地，让他们的利益受到极大损失。而那些多少有点权力的吏胥、里老，在海瑞来淳安之前，无不借官府之势谋取私利，甚至有些还将官府视为宦途上的进升阶梯，海瑞来后对官场实施铁腕整治，这些人再没空子可钻，断了财路，于是叫嚣着抵抗保甲法的施行，他们和乡绅大户勾结起来，向乡民大肆宣扬说倭寇和海盗都极为凶残，保甲制根本对抗不了，保甲法纯粹是荒唐之举，谁家要是参与了必然会遭到报复，到头来白白搭上性命。

江少硅说："保甲制的推行老百姓不支持情有可原，因为他们没有文化，就是有也不高，对保甲制不理解，再加上那些乡绅、吏胥和里老从中作怪，他们当然更害怕了。"

"依卑职看，还得想办法向乡民宣扬保甲制，让乡民们知道保甲制对大伙有哪些好处，这样乡民们才会接受。"张齐补充道。

姜鲁说："你说的这只是一方面，还有那些乡绅大户和吏胥、里老的抵抗、对保甲制的反动宣扬更为关键，他们到民众中宣扬保甲制这样不好那样不行，老百姓听了肯定会更害怕，更不会支持和参与到这个制度中来。就拿我和周大人在安福乡遇到的那几个乡绅来说，他们真是可恶，我看他们是从骨子里恨保甲制，像这样的人得想办法收拾收拾，要不这保甲制还真难施行下去！"

"姜鲁说得有道理，下官也觉得该收拾一下这些人，不然的话这保甲制可能会推行不下去！各位不知道，那天这几个乡绅的做法实在是令人气愤，我和姜鲁刚开口，他们就开始发难了！"周岱也很气。

听了姜鲁和周岱刚才的发言，主簿倪华提出了自己的看法："这些乡绅和大户认为，前不久实施的清丈田地让他们受了巨大损失，他们还在记恨着这事。他们之所以反对施行保甲制，不是看不到这是为防御和抵抗倭寇海盗实现地方上自保，而是觉得海县令这是在针对他们，又要整治他们这些大户。其实，他们也畏惧倭寇和海盗，只是不愿意得罪这些人罢了。利益受损，加上心里恐惧，他们自然要抵触。还有，那些手上有点权力的吏胥里老，在海大人来这儿之前，大多借他们手中的权力谋取自身利益，海大人对官场的铁腕整治，断了他们的财路，于是这些人便和乡绅大户凑到一起，到处宣扬倭寇海盗都极为凶残、保甲制根本对抗不了，是荒唐之举等等。一句话，这些人就是想阻止保甲制的推行和实施。刚才姜鲁说了，像这样的人，得想办法收拾一下，下官赞同这个意见。"

"看来这些乡绅大户和那些吏胥里老，是保甲制施行的绊脚石，如果不想办法收拾几个，保甲制的推行的确是寸步难行！"县丞汤用也说了自己的看法。

"其他几位，还有要说的吗？"海瑞看了一眼没有发言的吏员。

几位吏员说没有要说的，听从安排。

海瑞这才说："刚才听了各位的发言，有些事的确让人气愤，比如那几个乡绅。大家心里都清楚，本县令之所以要推行这个保甲制，是基于朝廷的军队在抵抗倭寇和当地海盗方面有些力不从心，有时顾及不到咱们。虽说咱们也发展了一些民壮加入乡兵队伍里来，也请了军营里的武术教官来操练乡兵，但要实现自保这些措施还远远不够，这才考虑实施这个改革。可本县令没想到这个制度的推行会遇到这么多事，会这么艰难。说实在话，这个制度的改革实施，本县令是反反复复作了一番思考的，其目的就是为了做到'内可安民、外可御辱'，可这样一个好制度偏偏有人要反对，说它不行，而且还要站出来抵抗……"

海瑞端起桌上的茶杯喝了口茶，继续说道："老百姓不理解不接受，各位可以去多做动员，向他们讲清楚实施这个制度的内容和好处，让他们接受，但乡绅大户和吏胥里老也反对，也起来抵抗，这怎么办啊？"

"斩杀几个，我看这些人还敢不敢反对！"

"是该杀几个！"

"对，要杀，不杀肯定不行！"

"是得杀几个，但有些人该杀，有的人不该杀，得区别对待，也不能大开杀戒。再说，杀人是要讲程序的，不是想杀就杀。本县令想了一下，大家再下去摸摸底，对那些仅是有点抵触情绪的乡绅大户、吏胥里老，多做些教育，让他们认识到实施保甲制的好处，赶快转变自己的观念，接受和支持保甲制的推行。对那些一意孤行，仍抵抗到底，到处煽动民众反对保甲制的乡绅大户、吏胥里老，一经查实，定斩不饶！"

"好！"

"真是太好了！"

"海县令英明！"

见海瑞下了决心，张齐、姜鲁、江少硅等人心里感觉很痛快。

"行，这事就这样定了，各位先下去摸摸底再说。如若遇到什么新情况，回来再作商议！"

这件事让海瑞看到，保甲制要顺利推行，下面那些乡绅大户、吏胥里老是关键，这些人毕竟是地方上的权威，在乡民中说话比较有分量，若没有这些人站出来支持，啥事情都不好办。

海瑞把这些人找来和他们仔细谈心，给他们讲解推行保甲制的好处，试图打开他们的心结，让他们转变观念主动支持和参与保甲制的推行。一些乡绅大户、吏胥里老听了，表示服从县衙的安排，尽力支持保甲制推行。可个别乡绅大户、吏胥里老仍然四季豆不进油盐，丝毫听不进去，企图抵抗到底。对这种人，海瑞决定杀鸡给猴看，惩办一两个，关他一批人。

待周岱和姜鲁他们调查摸底回来，海瑞就呈报上级，杀了一个死命违抗的乡绅，把两个吏胥、一名里老关进了县衙大牢。

海瑞还亲自到一些百姓家中，给他们讲解实施保甲制的好处，许多老百姓听了，才明白为何要推行这个制度，也才慢慢接受和参与进来。

见保甲制的推行渐渐得到老百姓的支持和拥护，海瑞信心百倍，将其与乡兵体制改革结合起来实施，让它发挥更大的威力和作用。

— 6 —

"出事了，海县令！"

这日下午，海瑞正在教场检阅乡兵操练阵形，一名衙役从县衙跑来禀报。

"出什么事了？"见他慌里慌张的，海瑞问道。

"九里岗那边有人来报，说银洞塌了，死了不少人，矿工家属和老板打起来了！"衙役给他禀报。

"什么？银洞塌了？"海瑞吃惊不小，旋即，对身边的汤用、倪华和周岱说,"走,去看看!"

"哦,去告诉朱七、黄三,叫他俩把县衙里的衙役全带来。"海瑞告诉报信的衙役。

"等等!"

报信的衙役刚转要身离去,海瑞又叫住他。

"给吴捕头说,叫他也带着捕快们赶过来!"

"是!"

安排完毕,海瑞带着几人急忙往出事地点九里岗赶去。

明朝嘉靖年间,淳安及其周边的地区,上山挖矿炼银成为一股风潮,朝廷屡禁不止。

淳安县有个村叫河村,它背后的九里岗里有个叫银山的小村庄。这个村庄的前面有个岩洞,因为洞里的矿石含有银的成分,当地村民便把它叫作"银子洞"。

随着邻县挖矿风潮的蔓延,淳安县的个别商户老板便打起了"银子洞"的主意,他们采取合股方式,出资招来几百个穷苦百姓,便偷偷地在洞里开矿炼银。

随着银矿的开采和冶炼,几个老板的钱袋子越来越鼓。几个老板的腰包倒是鼓起来了,可矿工们呢?因为受他们的盘剥压榨,不但没挣到钱,一个个还磨得骨瘦如柴,像猴子似的。这还不算,更可恶的是几个老板只顾赚钱,一点也不考虑矿工的生命安全,对矿洞的安全设备不投入资金,矿工们时时受到生命威胁,一旦有矿难发生,不少人就会把生命葬送在洞里。

早上,银洞又发生塌顶事故,据说有十几个矿工深埋在洞底下无法施救,甚至连尸体也拉不出来,有些矿工侥幸逃出来了,也是缺胳膊少腿的。

矿工家属听说后,就来找老板,要他们赔偿。几个老板怕出钱,赔偿不到位,死难的矿工家属就和他们打了起来。

一名侥幸逃生的矿工见情况不对就跑来县衙报案。

衙役李昂接到报案后马上跑去给海瑞禀报。

海瑞一行来到矿洞前,矿工家属还在和几个老板撕扯吵闹。见此情景,海瑞马上命几个老板拿钱出来赔偿死伤矿工的家属,然后命令捕头吴德坤带捕快将几个老板押到一边，等会儿押往县衙听候处置。

此时正值秋季，天气非常炎热，海瑞在地上撑了把凉伞，命几名衙役鸣锣击鼓，然后找人来填平洞子，将矿工遣散，让他们回家务农不要再来开矿。

见洞子填平了，海瑞打来一根水火棍插在洞前的岩石上，表示永镇银山，不许人再来开采。

随后，海瑞撰写了《谕矿徒告示》在附近张贴，告诫盗掘挖矿的人，叫他们不要再掳掠朝廷矿产，毒害附近村落住户，否则将依照朝廷律例严加惩处，绝不姑息迁就。

谁都知道，银矿的开采和冶炼是个暴利行业，有人赚便宜钱，就有人来抢钱。在银洞被填平之前这附近也出了不少矿匪，虽说官家派人打击过，但还是难以根除。海瑞把洞子填平，矿匪这一问题也随之得到解决。

修筑城墙、扩充和操练乡兵、推行保甲制、遣散矿工，这一系列措施对防范和抵抗倭寇海盗、打击矿匪起了很好的作用，地方上的治安慢慢有了好转。

第16章　智拒钦差

鄢懋卿本想路过淳安时和夫人吃喝玩乐一气、大捞一把再走，没想到海瑞会是这么个铁公鸡，看了海瑞给他的禀帖，气得咬牙切齿，恨不得吃他的肉剥他的皮。

- 1 -

若说上次惩治胡宗宪的儿子胡柏奇得罪了一个大官的话，那这次海瑞得罪的便是个其他人惹不起的通天人物，这人就是朝廷巡视大员、都察院左副都御史、大明首辅严嵩的干儿子鄢懋卿。

有人可能会问，一个小小的县令，咋会去得罪这么个通天人物呢？

众所周知，食盐是人们生活中离不开的日常用品，很多时候它比黄金还要贵重。正因为它贵重，能卖出好价钱，许多奸商就会囤积居奇牟取暴利，这就会影响百姓的生活。

一来为防止奸商囤积居奇，影响老百姓的生活；二来销售食盐能够给官府带来巨大税收，因此朝廷对食盐的制造和销售都实行管控。

盐政收入自古以来都是朝廷财政的重要支柱，大明王朝也不例外，早在明太祖朱元璋时期，朝廷就在朝中设置了盐政机构和盐官，还颁布了盐法，加强对食盐的生产和销售管理。商贩们若想销售食盐，就得到朝廷盐政管理部门办理盐引，也就是贩卖食盐的营业执照，并按规定缴纳相关的税费。而这些盐政税收，朝廷除了作为军费，多用于宫廷开支。

嘉靖年间，朝廷的一些皇室，还有宦官、贵族和官僚，见持有朝廷颁发的盐引就能支取大量食盐，便通过各自的关系向盐政部门讨要盐引，然后拿着盐引到盐场去支取食盐，再将到手的食盐转手倒卖给盐商从中牟取暴利，这一现象越演越烈，使得朝廷在浙东、浙西、淮南、淮北、长芦、河东等地的盐政出现了混乱局面。这不仅破坏了朝廷制定的开中盐法制度，也严重影响了朝廷的盐政收入。

知悉这一情况后，为了收拾混乱的盐政局面，稳住朝廷盐政收入，确保朝廷经济命脉不受影响，户部尚书方钝立即具文呈报嘉靖皇帝。

接到方钝呈报，嘉靖皇帝立即召集朝中大臣商议此事。大臣们都建议选派巡盐御史到这些地方对当地的盐政进行巡查，纠出乱政官员和那些利用盐来牟取暴利的皇室贵族及官宦。

巡盐御史是皇帝派出的钦差，代表朝廷和皇帝巡查地方盐政，巡查中遇到特别重大的事他才奏请皇帝裁决，一般的事完全由他自行决断，职权大得要命，能与各省区行政长官分庭抗礼，对于知府以下的官员他可以不放在眼里，而且这一次的巡查不像以往只是一个地方而是八个省，可想而知他的权力有多大。

地方上的官员一听说巡盐御史要来，竞相讨好巴结，对其大肆行贿，而下来的巡盐御史呢，拿了这些人的好处，自然会替他们说一些好话。

既然巡盐是个肥得流油的美差，谁不想捞到这份差事呢？于是，不少大臣都向嘉靖皇帝推荐自己信得过的属僚来当这个美差。可这份美差岂是你想得到就能到得的？这得看你有没有这个实力。

朝廷上一番争荐，嘉靖皇帝像抛绣球一样，最后把这个巡视大员的美差抛到一个叫鄢懋卿的手上。

可能有人要问，这鄢懋卿到底有何能耐，怎么能打败众多的竞争对手把这份美差抢到手呢？

这不得不说他背后的一个人。

鄢懋卿背后的这个人不是别人，就是他的干爹、朝廷内阁首辅严嵩。严嵩是嘉靖皇帝身边的红人，其在朝中的地位可谓一人之下万人之上，无人能敌。

鄢懋卿是都察院左副都御史，在朝中是正三品的大员，本身就位高权重，加上有他干爹严嵩在嘉靖皇帝面前竭力举荐，其他人哪是他的对手，这份美差自然就非他莫属了。当然，严嵩举荐他去当这份差也不是白举荐，鄢御史去下面捞得了好处，回来首先得向他进奉。

这次到江南八地巡查盐政，不光是鄢御史和他的随从，还带着他夫人和丫环。

嘉靖三十九年三月，也就是浙江淳安一带大闹春荒的时候，巡盐御史鄢懋卿带着替天子巡狩的使命，带着他的一大队人马从北京城浩浩荡荡向江南出发了。

鄢懋卿和夫人每到一处，就先打发旗牌官知会沿途各省府州府，意思是他要来巡查盐政了，叫他们做好迎接准备。

听说鄢懋卿奉皇上之命下来巡查盐政，沿途各地官员知道又要被他敲诈勒索一笔，心里不禁暗骂，可骂归骂，还得想办法筹足银子来"孝敬"他这个钦差大臣。

在鄢懋卿和他夫人还没到来之前，各地大小官员就开始忙乎起来了，负责筹备银子的赶紧筹备银子，负责接待的赶紧做好房间酒席安排，负责找船的找船，负责找纤夫的找纤夫，个个忙得团团转，生怕哪儿做不周得罪了他，被他回京后在皇上面前乱奏一本，毁了前程不说，弄不好还会掉脑袋。

鄢懋卿一路南下，游山玩水，巡视了河东、长芦、淮北、淮南等地的盐政后，继续南下往浙东、浙西等地进发。

在来浙东、浙西巡视之前，鄢懋卿就派人给严州府和徽州府发了函文，他发函的目的，无非就是告知地方上的官员，我这个巡视大员马上要来你们这儿巡查盐政，赶紧给我做好接待准备。沿途的省州郡府和县衙的长官接到鄢懋卿的函文，哪里敢怠慢？

浙江省严州府知府韩叔阳接到的函文中说，鄢懋卿马上要到徽州府的齐云县去巡查。虽说齐云县不属于严州府，但去那儿要路过严州府所辖的淳安县，鄢懋卿说他可能会在那儿停留些时日。

韩叔阳接到公函，生怕误了大事丢了自己头上的乌纱帽，赶紧派快马将公函送给海瑞，叫海瑞务必做好各方面接待准备。

下午，海瑞在县衙大堂召集属官商讨有关事宜。

"诸位，你们看这事……"

"海大人，严州府的紧急公函！"海瑞刚开始讲话，衙役朱七急匆匆走到他身边打断他的话，并递给他一份公函。

"他娘的，又遇到下来搜刮民财的了！"海瑞看了公函随口骂道。

见他发火，县丞汤用小心地问："怎么了，海大人？"

"韩知府说，朝廷都察院左副都御史鄢懋卿奉皇上指令要来徽州府齐云县巡查盐政！"海瑞告诉汤用。

"又不是到咱们淳安县来巡查，管他呢！"主簿倪华一副无所谓的样子。

典史周岱也说："是啊，他又不是来咱们淳安县，关咱们啥事？"

海瑞沉着脸说："不是你们说的那么简单。"

汤用看着海瑞手上严州府来的公函，说："我看一下是怎么回事。"

海瑞将手上的公函递给他。

看完后，汤用问海瑞："海大人，这可怎么办？"

韩知府送来公函知会的意思，海瑞心里非常明白，无非就是要他安排好吃喝拉撒，让鄢懋卿和他夫人一行吃好喝好睡好，同时还要备办一些银子和地方特产，让他们走的时候带走。

周岱不耐烦地说："这鄢懋卿，路过就路过呗，为何还要折腾咱们淳安一番？"

"他不是去齐云县巡查吗？到了齐云县怕人家不接待他？怎么要叫咱们淳安来招待他呢？"倪华也很不高兴。

"你知道什么叫雁过拔毛吗？"海瑞问倪华。

倪华明白了海瑞的意思。

汤用对倪华和周岱说："你们不知道，这鄢懋卿是当朝宰相严嵩的干儿子，又官居都察院左副都御史，得罪不起呀！"

周岱说："这次鄢御史他们来的人多，光接待就需要一大笔银两，更不要说封红包、送礼物了。"

"县里这么穷，哪来那么多银子接待他们？这事怎么办啊，海大人？"倪华望着海瑞。

汤用摇摇头："哼，要接待又没钱，不接待又不行，最关键的是没办法给韩叔阳知府交差，这事还真不好办！"

"这事先搁着，容本县想想再说。先别管他，来，咱们继续议先前的事。"

听海瑞这么说，大家暂时把这事搁下。

– 2 –

待议事结束，海瑞思考着如何应对鄢懋卿巡查路过淳安接待的事情。

海瑞打听到，鄢懋卿因为有他干爹严嵩在背后撑腰，每次出行，一路上都是浩浩荡荡耀武扬威，老百姓见了在底下骂声连连。但地方上的官员却不敢得罪他，他每到一地，地方上的官员都要大酒大肉招待，而且山珍海味一应俱全，就连盛菜用的盘子都是用黄金做的，一桌酒席下来要花费三四百两银子。他睡的地方，房间、床帐都非常奢华，房间里的厕所还得用彩锦装饰，马桶也是镶金镶银。凡是他可能经过的地方，地方官府都会划拨专款，临时为他装修高档华丽的住房。不仅如此，他还要大肆收受地方上的贿赂，而且来者不拒，有多少收多少。

鄢懋卿借巡盐之机到处游山玩水挥霍一下也就罢了，可他还带上他的夫人一起出门敛财。鄢夫人是个喜欢显摆的人，每次出门总是要叫人给她备顶五颜六色的大轿。鄢懋卿要讨好夫人，当然得照办，不但照办，而且还把他夫人坐的轿子装饰得十分华丽，在阳光照耀下金光闪闪的。

鄢夫人的轿子有个好听的名称，叫"五彩舆"，这个名称据说是鄢懋卿取的。

本来，乘坐八抬大轿就已经够威风的了，可鄢夫人觉得八抬显示不出自己的高贵身份，也就整了个十二抬的，而且还不要男人来给她抬轿。

鄢懋卿迁就夫人，命人从京城挑选十二个美女专门来给她抬轿。这十二个美人抬五彩大轿，的确吸引了不少人，每到一处，路上的行人无不驻足观望。每当这个时候，鄢夫人的虚荣心就得到了满足，走到哪儿都有种高高在上的感觉。

鄢夫人还喜欢帮自家男人数银子，一旦有官员进贡，鄢懋卿就把银子交给夫人。看着滚进腰包里的银子，鄢懋卿和夫人很是激动，觉得出巡就是件美差，整日好吃好喝好玩不说，还有大堆大堆的银子进入腰包，也就乐此不疲。

鄢懋卿出巡时和夫人一路骄奢淫逸，极度挥霍，恨不能将各地好吃的吃尽，好喝的喝尽，好玩的玩尽，将地方上的珠宝银子全部搜刮卷走。

但鄢懋卿不是普通百姓，他是正三品官员，皇帝钦差，也就是人们说的朝廷命官，所以在皇帝或其他朝臣面前他还得装出一副清正廉洁的样子。他不装不行，不装就会有人弹劾他，让他丢官弃职，所以他得装。

每次出巡之前，鄢懋卿都会告诫属下：巡视南方盐政，这是受皇上嘱托，使命重大任务艰巨，得遵守巡视规矩，不能乱收地方上的金银财物，吃住行能简则简，尽量不要给地方上增添麻烦。他还要求各地官员对自己进行监督，不要让他违纪，以免辜负了皇上的重托云云。

让人觉得好笑的是，鄢御史说的是一套做的又是一套。他脸皮很厚，表面上装得非常廉洁，非常理解地方上的难处，觉得来巡盐给地方上添了麻烦，不想打搅人家，而实际上呢，他一路都大吃大喝。不仅如此，他还大肆搜刮地方上的金银财宝和文物，不好的他不要。

海瑞还了解到，仅仅在两淮盐商重镇扬州，鄢懋卿和夫人就从地方上搜刮了几百万两银子，这些银子他带回京城后，除一部分进贡给他干爹严嵩，其他都进了他的私人腰包。

掌握了鄢懋卿夫妇这些恶行，海瑞想出了应对的办法。他想，鄢懋卿既要做婊子又要立牌坊，那我就用你的矛刺你的盾。

海瑞马上来到县衙大堂，提笔给鄢懋卿写了一封劝他不要来淳安的禀帖：

"……御史大人曾说过，凡有益于盐政者，我三司并府州县等官具帖详报……御史大人也曾说过，自己素性简朴，不喜承迎，凡饮食供帐俱宜俭朴为尚，毋行过为侈华。方今民穷财尽，宽一分则民受一分之赐，务须体谅……御史大人谆谆然不一而止，仰知台下为民为国，言出由中，非虚设也……本邑小，不足容车马，若见罪，请取他道往。"

海瑞在禀帖中说，御史大人曾经公开说过，巡视盐政，目的是为了有益于朝廷盐政的管理，巡视过程中要处处为朝廷着想。御史大人还说过，自己从来都是生活简朴，不喜欢奉承迎接，各州县在这次巡盐中，对自己及随从的接待要本着节俭的原则，不要铺张浪费超标准接待，以免浪费朝廷和百姓钱财。御史大人还说，如今地方上财力物力拮据，老百姓十分贫穷，上面下来的官员，对地方上的接待宽松一分，老百姓就能得到一分恩惠。御史大人的这些话，让下官感到御史大人处处为民着想，实在是让下官敬佩之至。可下官却听说，御史大人在巡查盐政途中，不仅大吃大喝大肆挥霍，还和夫人到处搜刮地方官府和百姓钱物，这与御史大人倡导的厉行节约和爱民精神可不相符呀！御史大人，淳安这个地方不是很大，而且地瘠民穷，实在是无法接待鄢御史您这样的钦差人物。再说，此时淳安一带正遭遇大旱之灾，没啥可进贡给御史大人及您的夫人。为此，请御史大人绕道而行。御史大人，您看如何？

在写给鄢懋卿的这封禀贴里，海瑞先忽悠了鄢懋卿一番，然后话峰一转，列举了他在巡查盐政过程中的恶行，这无异于是先给他吃颗糖再打他一闷棒，然后说出不能接待他的客观原因，表明自己的态度。

海瑞这一招，可谓绵里藏针极为高明，让鄢懋卿哑口无言。

鄢懋卿一行来到毗邻淳安县的一个地方，见这儿风景优美，他和夫人要观一下风景，命令抬轿的美女停下轿子。

"喔，这景色真是美不胜收啊！"看到眼前的美景，鄢夫人发出感叹。

鄢懋卿笑着说："这算啥个啊？等明日到了淳安，你才知道啥地方的景色叫美！"

"夫君是说淳安的风景比这儿的还美？"鄢夫人说。

站在她身旁的鄢懋卿笑着告诉她:"淳安县不光风景美,风情也很浓郁,那儿好吃好喝好玩的东西太多了,到时候夫人你就尽情欣赏吧!"

"淳安这么好玩,等到了那地方,咱就尽情地玩个够!"

……

行进在路途中的鄢懋卿和夫人,此时正在想着如何在淳安这个风景如画的地方好好享受一番。

"报!"

突然,轿前一军士来报。

"什么事?"鄢懋卿掀开轿帘,不耐烦地问。

"淳安县县令海瑞送来禀贴!"军士将海瑞写的禀贴恭敬地递上来。

原来,海瑞听说鄢懋卿一行已经快到淳安县边界了,禀帖写好后也没送给州府的韩知府过目,就直接派人骑着快马将它送到了鄢懋卿手上。

"他娘的这个海瑞,你不接待本官也就罢了,还写此帖来揭本官老底羞辱本官!也罢也罢,本官就不去你那儿了!"

鄢懋卿本想路过淳安时和夫人吃喝玩乐一气、大捞一把再走,没想到海瑞会是这么个铁公鸡,看了海瑞给他的禀帖,气得咬牙切齿,恨不得吃他的肉剥他的皮。

但他也听说过海瑞是个铁面无私的人,也耳闻去年他整治浙江总督胡宗宪儿子胡三的事。他想,如果此时去招惹海瑞,说不定会给自己招来什么麻烦,不如现在不去惹他,待以后有机会了再收拾他。

想到这儿,鄢懋卿也不跟严州府知府韩叔阳打招呼,决定不在淳安县境停留,直接去徽州府的齐云县。

到了淳安县边界,鄢夫人还以为会按之前说的在淳安住上一两日,欣赏一下这儿的美景和风情才走,见夫君的轿子没停下,便打发人去问鄢懋卿。

鄢懋卿板着脸说:"你去告诉夫人,不在这儿停留了,直接去齐云,原因以后我给她解释!"

"是,大人!"

就这样,鄢懋卿和夫人悄无声息地带着自己的人直接去了安徽省徽州府的齐云县。

海瑞和汤用、倪华、周岱等人听说鄢御史不来淳安了,高兴万分。高兴之余,倪华突然问:"海大人,这样做就不怕鄢御史日后为难您?"

"是啊,海大人,鄢懋卿毕竟是皇上派来的巡视大员,得罪了他,回去后他在皇上面前乱说你一通,或者日后他在仕途上为难您,这可怎么办呀?"汤用替担心海瑞。

"还有韩知府,他是直接的上司,如何向他交代?"周岱也问。

海瑞说:"诸位不用替本县担心,万一鄢懋卿想在皇上面前说点什么,就让他去说罢了,就算他日后想为难本县,本县也无所谓。至于韩大人那儿,本县自会跟他说清楚这件事!"

听他这么说,汤用、倪华、周岱等人也不好再说什么。

后来,鄢懋卿到了浙东宁波府的慈溪县,县令霍与瑕见他不顾地方死活,到处搜刮民财,便直言顶撞他。

鄢懋卿对霍与瑕恨之入骨。

– 3 –

严州府知府韩叔阳以为鄢懋卿一行会来严州府,在安排人知会海瑞后,也赶紧叫知府的官员们做好接待准备,然后焦急地和同知滕玉道、通判黎文勋等一干官员等待鄢懋卿的到来。

可韩叔阳他们左等右等,就是不见鄢懋卿和他夫人的影子。

"哎,按公函上说的时间,鄢御史应该早就到了,可这都过去好几天了,怎么还不到呢?"韩叔阳背着手,烦躁地在府衙大堂里来来回回地走。

"是不是鄢御史临时改变主意,不来咱们严州府了?"通判黎文勋忐着眼问韩叔阳。

同知滕玉道摇摇头:"行程定下了他不可能改变!"

"你赶快派个人去打听一下,这到底是怎么回事?"韩叔阳对黎文勋说。

"下官马上安排人去打听!"黎文勋应道。

派去的人回来了,他告诉韩叔阳:"韩大人,鄢御史已经从其他地方绕道走了。"

"啥?绕道走了?"韩叔阳听了,吃惊不小。

"千真万确,韩大人,鄢御史真的是绕道走了!"打听消息的人肯定地告诉他。

"哎,不是说好要从淳安过吗?咋又不来了呢?"韩叔阳心里既疑惑又有些失落，口中嘀咕，继而问打探消息的人，"问过没有，到底是啥原因？"

打听消息的人告诉他："问过了，说是因为淳安的县令海瑞给鄢御史写了个禀帖。"

"海瑞给他写了个禀帖？啥禀帖？"韩叔阳追问。

打探消息的人摇摇头："是啥禀帖卑职不清楚，只听说是海县令在禀帖里挖苦了鄢大人一番，鄢大人一气之下就带着他的人绕道直接去了徽州府的齐云县。"

"这海瑞……唉！"韩叔阳气得一屁股跌坐在椅子上。

"即刻派人知会各县，叫他们的县令马上来严州府，本知府有要事和他们相商！"韩叔阳黑着脸对媵玉道说。

"好，下官马上安排！"媵玉道说着退出大堂。

海瑞这样做，韩叔阳怕给严州府的官员带来祸患，赶紧叫人知会各县的县令前来商议对策，看这事还能不能采取啥措施进行补救。

各县的县令接到州府通知，连夜从四面八方赶到严州府。

议事堂内，韩叔阳见到海瑞气得直跺脚，劈头盖脸一顿大骂："海瑞啊海瑞，你是多大的官啊？竟敢用禀贴挖苦他，难道你不知道他鄢懋卿是皇上派下来的钦差？是朝廷的巡视大员？你一个芝麻大的淳安县令，你得罪得起他吗？你知道你这么做，会给淳安县和严州府带来啥后果？本官看你胆子实在是太大……"

韩叔阳滔滔不绝地骂个不停，似乎这样他才觉得解气。

海瑞二话不说，一直低着头听他训斥，待韩叔阳训斥够了，气也消得差不多了，这才起身上前给他行了个礼，然后一言不发地走了。

"哎？他这是……"

其他官员见海瑞就这样走了，惊奇地看着他。

海瑞没管他们，径直朝门外走去。

"他怎能目无尊卑？韩大人这么说他，他还敢自己走了？"

"这海瑞咋这么憨？他这么做不是要累及我等？"

"谁给他这么大权力？连皇上派下来的钦差他也敢得罪，他这不是讨死吗？"

"你们没听说过？老夫听闻此人为官常给上司惹事！"

"此人在福建延平府南平做教谕时，就因为不给来督学的上司下跪，才得了个'海笔架'的绰号!"

"他娘的,他咋这么喜欢惹事?"

……

一些县令和州府官员对海瑞骂骂咧咧。

韩叔阳见海瑞一声不吭地走了,本想叫他回来,可海瑞的性格他不是没领教过。他想,若是叫他回来,待会儿大家你一言我一语地说他,以他那犟牛脾气,恐怕不好收场,也就任由他去了。

韩叔阳平下气来,和大家一起商议如何补救这个事情,韩叔阳和其他官员一样,担心朝廷会问罪。特别是韩叔阳,作为一个知府,在自己的辖区内出了这样的大事,他估计自己头上的这顶乌纱帽是保不住了。

省里的一些官员听说京城来浙江严州府巡视盐务的钦差大臣因为淳安县县令海瑞的一份帖子而绕道走了,都认为京城会降罪到省府,到时会牵扯上自己,也纷纷大骂海瑞。

过了许久,见鄢懋卿并没给韩叔阳和严州府制造什么麻烦,也没有听到对海瑞有些什么惩罚,严州府的官员们又不得不佩服起海瑞的胆量来。

一日,韩叔阳遇到海瑞,赶紧带着歉意赞扬他:"海瑞,你的这个做法倒是保护了严州府淳安百姓,实在是难为你了!"

海瑞也不说话。他不想说什么,但他心里在想,你现在对我说这个话,你那日当着那么多官员的面对本县令大发雷霆的时候,你咋不说这个话呢?

其实,韩叔阳心里也感到很愧疚,但他当时的担心也并非多余,他得为其他官员着想。

"唉,要是没有海瑞,不知道严州府又要被鄢懋卿勒索走多少银子啊!"

"这海瑞,是有些了不起!"

"唉,咱们严州府要是多几个像海瑞这么有骨气的官员,咱们老百姓的日子就好过喽!"

一些官员赞扬海瑞。

鄢懋卿没有为难韩叔阳和严州府官员,没有对海瑞做出什么惩罚,并不等于他不计较这事,像他这么高级别的官员,把面子看得比命还重,他哪忍受得了海瑞那番挖苦?怎会不记恨海瑞?但他不得不装一下,特别是在其他官员和皇上面前。

回到京城的鄢懋卿越想越气,决心要整治海瑞一下,以解自己的心头之恨。但他不敢公开报复海瑞,他得利用其他人来整治海瑞。

这日夜晚,鄢懋卿把他的党羽袁淳叫来喝酒。喝着喝着,鄢懋卿叹息道:"唉,这年头官也不好做啊!"

"鄢大人,谁又惹了你?"见鄢懋卿垂头丧气的,袁淳问道。

鄢懋卿说:"你有所不知,这次本官去江南巡视盐政,遇到两个家伙,一个是慈溪县的知县霍与瑕,另一个是淳安县的知县海瑞。"

袁淳端起酒和他碰杯:"这俩人咋啦?"

"这两个厮对本官实在是太不敬!不但不好生招待本官,还不进献该进献的财物。特别是严州府淳安县那个海瑞,居然敢写帖子侮辱本官,可恶,实在是可恶啊!"鄢懋卿端起酒,边说边与袁淳碰杯。

"鄢大人这次去巡视盐政,是代天子巡狩,是皇上派出的钦差,这些人也敢对你不敬,真是太放肆了!"袁淳非常恼怒。

"倘若不除掉这个两个厮,日后咱们这些监察御史真是难做事了!"鄢懋卿说。

袁淳赶紧讨好:"大人,你把这两人交给下官,待有机会下官来替你收拾他们!"

"有你这句话,本官就欣慰多了!来,不说这事,咱们喝酒!"鄢懋卿再次举杯。

"干!"袁淳与他碰杯。

鄢懋卿和袁淳在等待时机。

— 4 —

一晃又到了第二年巡视盐政的时候。这次鄢懋卿有事没亲自去,他派袁淳去巡察。

他给袁淳交代:"这次下去,你去一趟淳安,看那海瑞还敢不敢轻视上面去的官员!"

"放心吧,大人!"袁淳会意。

没几日,袁淳带着人出发了。

袁淳一行到了淳安,海瑞按朝廷规定接待了他和他的随从。但海瑞还是不迎不送，更不向他送银两物品。

海瑞叫人安排了四菜一汤，再加鹅一只，火腿一只，然后陪他一起吃饭。

袁淳看着桌子上的菜，嘴都气歪了，老是不动筷子。其实，这已经是按九卿大员标准来接待他了，可袁淳还不知足。

见他不动筷子，海瑞说："袁大人，朝廷有规定，下官不能违抗，只能是这样接待您了，再说淳安县条件简陋，有不周的地方还望大人多多包涵！"

"既是如此，本御史就不劳烦海县令了，我等自去找寻吃的！"袁淳说完，气恼地带着他的人往外走。

见袁淳生气，海瑞也没管他，起身送他到门外，不亢不卑地说："既是如此，那就实在是对不起袁大人了！"

出了县衙，袁淳骂道："哼，真是个不识抬举的东西，回去看本官怎么收拾你！"

见海瑞是这么个态度，袁淳知道捞不到什么好处，次日一早就带着他的人马走了。

袁淳本就是来找茬儿的，见海瑞这样接待他，自然是一肚子火。

但让他更窝火的事还在后头。

离开淳安县，袁淳带着他的人马到徽州去巡查。在淳安他没捞到啥好处，但在其他地方他却搜刮到了不少金银财宝，而且装了满满三艘大船。

袁淳和他的人回去时走的是新安江这条水路，而且要过淳安县境。

一日，码头上的水哨见从徽州方向驶来三艘大船，水哨打旗号，要他们停靠接受检查。

"这是贡船，你们无权检查！"船上的人蛮横地说。随后，这几艘大船加足马力，扬帆而去。

水哨见他们不听旗号，赶忙派人跑到县衙来给海瑞禀报。

"海大人，有三艘徽州方向来的大船，不听旗号停靠接受检查，而是强行加足马力扬帆而去！"

"嗯？有这种事？"听了水哨的禀报，海瑞很生气。他想，来往于江上的船只从来没有不接受检查的，这些人有啥理由不接受检查？他马上带着几名衙役赶往码头。

到了码头，他和衙役们跳上一叶轻舟，命令水哨一起顺江追赶那几艘大船。

刚才离去的那三艘大船被拦住了，海瑞命令衙役和水哨上船开舱检查。大家都没想到，这船上装的都是些栽着花草的花钵。

　　海瑞正在纳闷，从船尾钻出来一个人。让海瑞没想到的是，竟是巡盐御史袁淳。

　　"不好意思，袁大人，过往船只都要接受检查，这是朝廷规定的，也是本县职责所在。您的船只不听水哨旗号停靠接受检查，按规定要作罚银处理，还望袁大人见谅！"海瑞笑着告诉袁淳。

　　听了海瑞的话，袁淳大笑："你要罚银？"

　　"是的，袁大人，这是朝廷规定的，本县不敢违抗！"海瑞不亢不卑。

　　"老夫为官一身清廉，那来银子给你罚啊？倘若你硬要罚的话，那就拿几盆花，权且充当罚银吧！"袁淳对海瑞说。

　　海瑞知道他这是在忽悠自己，便想对策。海瑞暗想，这些花盆一定是有问题。

　　见海瑞有些迟疑，袁淳假笑着说："你不要，老夫可要开船走人了，皇上还等着老夫回去禀报巡盐的事呢！"

　　"既然袁大人都这么说了，那卑职也只有这样了！"海瑞见抓不到他什么把柄，只好顺水推舟去捧花盆，以便探个虚实。

　　"大胆狂徒，竟敢捧走献给皇上的贡花，你这不是讨死吗？别动，再动本官治你欺君之罪！"突然，袁淳朝海瑞大声吆喝。他没想到，海瑞真的敢去捧花盆。

　　海瑞听他说是贡花，又见袁淳这样，只好叫水哨们放走他的船只。

　　看着扬长而去的三艘大船，海瑞心里很不是滋味。

　　和衙役们一起回到县衙，海瑞仍在思忖：就算装的是贡花，也是可以检查的，可他们为啥不让检查？再说我去捧花盆的时候，他袁淳为何会显得那么慌张？莫非问题真出在花盆里？

　　对，他那花盆肯定有鬼！

　　"那船有问题，不能让它走了！朱七、黄三，赶紧带上人追船！"海瑞命令在一旁的朱七和黄三。

　　"是！"朱七、黄三应答着出去叫其他衙役和水哨。

　　"海县令，杭州要的那批毛竹，上面已经来人催了好几次，何时动手砍伐？"

海瑞他们正要出发的时候，一个衙役来问。

哎，何不放毛竹将江道挡住让那几只船过不了，再上船仔细检查呢？听了衙役的话，海瑞突然心生一计。

"大人，人都到齐了！"朱七、黄三带着人来给海瑞禀报。

海瑞说："不慌，本县刚才想了一个新办法！"

"什么办法？"朱七、黄三问他。

海瑞将他的想法告知他们。

"海大人这招很妙！"朱七、黄三笑道。

海瑞三两下拟好公文，派人骑马火速赶到辖区内新安江边的锦溪乡，叫人天黑前务必砍好一万根竹子，并将其投入江道最窄的铜官水道。

打发人送走公文，海瑞叫来几名衙役，对他们交代了一番，然后吩咐他们马上骑马赶到铜官水道。

一切安排就绪，海瑞这才慢慢带着人赶往铜官水道。

锦溪乡的乡官接到海瑞公文，马上发动好几百乡民上山砍竹。一个时辰，这些毛竹便投放到了海瑞要求的地方。

竹子将水道全部堵塞，一时间江面上的大小船只均无法通行。

三艘大船闯过淳安县城水上关卡，袁淳和他的手下以为平安无事了。

"兄弟们，这下没事了！来，拿酒来，咱们痛饮三杯！"船上，袁淳对手下人大声吆喝。

"好！"袁淳的手下听了，高兴得不得了。

袁淳和他的手下在船上摆开酒桌，狂喝滥饮……

"不好了，袁大人，前面水道被堵，咱们的船无法前进！"正当袁淳和他的手下开怀畅饮的时候，一名手下来报。

"什么？水道被堵？"

袁淳没想到会发生这样的事，赶紧跑上船头察看。这一看，让他目瞪口呆，江面上尽是毛竹，估计有一里多长，而且有些山民还在往江里投竹子。

"这儿是什么地方？"袁淳气急败坏地问手下人。

"大人，这儿叫铜官水道，隶属淳安县的锦溪乡！"一名手下禀报。

"你是说咱们还没出淳安县？"

听了手下人的话，袁淳心里有些发毛。可他毕竟是京官，啥世面没见过？他马上冷静下来，整理了一下官服，对着江边那些投竹子的山民大叫："喂，那边的山民你们给我听着，我是京城来巡查盐政的御史袁淳，要急着赶回京城面见皇上，我命令你们，赶快把江上的这些毛竹给本官拖开，让本官的船只过去！如有不服从命令者，定斩不饶！"

"这些毛竹朝廷也是急着要用，上面说了，一刻也耽误不得，对不起了，袁大人！"山民们回话。

听了山民们的话，袁淳着急起来。之前在淳安县城就差点被海瑞识破花盆里的秘密，今晚若是过不了，等那小子醒悟了追赶过来，那麻烦可就大了。

袁淳一时束手无策。

"大人，何不赏他们些银子，叫他们挪开那些竹子，让我们的船过去？"一名手下给他出主意。

"好，你跟他们说！"

手下人马上对着那边的山民喊道："喂，那边的山民兄弟，你们听着，刚才袁大人说了，只要你们把江面上的竹子拖开，让我们的船过去，每人赏银三两！"

"淳安虽然很穷，但我们这些山民也很有骨气，不义之财，我们绝不会要的！"山民中有人回话。

"如果袁大人真要打赏我们，就从船上拿盆花赏我们吧，给我们花盆了，我们自然会给你们挪开这些竹子！"另一山民对袁淳手下说。

袁淳想，那花盆里藏的全是金银，咋能给他们呢？他转念一想，这些山民懂个啥，他们要花盆就给他们花盆，等他们发现花盆里藏有金银时，老夫早已到了京城，还怕他们不成？

袁淳哪会想到，这山民是海瑞安排在山民中的衙役。于是他对手下说："告诉他们，只要将竹子挪开，要花盆就给他们花盆。"

"喂，袁大人说了，只要你们将竹子挪开，要花盆就给你们花盆。但说好了，只能给一盆！"

"一盆就一盆，反正就是个意思，又不是拿你们的花去卖赚银子！"

"行，那你上船来捧花盆吧！"袁淳的手下人说。

"好的，我马上过来！"这位乔装的山民回答。

乔装的山民立即过来在船上捧了一盆花，并对袁淳他们说："我马上叫人拢开竹子让你们过去!"

"好的!但要快点!"袁淳的手下说。

"行!"乔装的山民捧着花盆边往回走边回答。

乔装的山民捧着花盆回到人群中,一边吩咐人假装拢竹子,一边抱着花盆去给海瑞禀报。

这时,海瑞已经带着人赶到了锦溪乡。

"海大人,花盆已经拿到!"衙役把从船上捧来的花盆递给海瑞。

海瑞接过花盆掂了掂,觉得很沉,叫人将花盆里的土倒掉一看,果不其然盆底藏着不少金银元宝。

"走,去江边找袁淳!"

海瑞马上带着人赶往江边。

到了江边,海瑞劈头就问袁淳:"袁大人,你身为京官,缘何出尔反尔?"

"海瑞,你说话注意些,本官怎么出尔反尔了?"袁淳不高兴地反问海瑞。

海瑞说:"白日里你不让我动那花盆,说是给皇上的贡花,还说要治下官欺君之罪,可你夜里却把花盆赏给一个山民,你这不是出尔反尔是什么?"

听海瑞这么说,他猜到海瑞发现了花盆里的秘密,头上一下子惊出了汗水,结结巴巴地说:"这……这里面的花,有些是……是我自己带回去装点我花园用的,海……海县令要是喜欢的话,可以拿几盆去。"

"那谢谢袁大人!"海瑞欣然答应。

"兄弟们,赶紧给海县令搬下去我们好走!"袁淳朝手下叫道。

"不用麻烦,我自己来。"海瑞说着马上动手去搬花盆。

袁淳的手下见海瑞是县官,哪会让他自己搬呢,争着来捧他手上的花盆。海瑞见时机来了,手不经意一松,花盆掉在船上摔成几块,藏在里面的金银元宝全滚了出来。

海瑞看了袁淳一眼,没说话。

见此情景,袁淳吓昏了。

海瑞叫人检查船上那些花盆,见都是一样,板着脸问他:"袁大人,这是咋回事?"

见无法抵赖,袁淳只好承认,这些是他趁着奉旨巡盐,从各地搜刮来的金银珠宝。

海瑞脸一黑，对袁淳大声斥责道："袁大人，你身为朝廷命官巡盐御史，却不知自重，借巡盐之机到处搜刮民财，挥金如土，鱼肉百姓，不知袁大人可否知罪？"

袁淳自知有罪，不敢再说什么，不停地抹着头上的汗。

"哼！"海瑞气愤地瞪了他一眼，叫人清点那些花盆后才放他走了。

– 5 –

"大人说得没错，淳安那海瑞还真是一个不识抬举的东西，下官这次去淳安，吃饭时他想用四菜一汤再加只鹅加只火腿就想把小的给打发了！"

一回到京城，袁淳气急败坏地将这事报告给鄢懋卿。当然，他不会把他一路搜刮民财，并将金银财宝藏匿在花盆中被海瑞识破的事告诉鄢懋卿。

"怎么？上次他不让老夫去淳安，这次你去他四菜一汤就打发你了？"鄢懋卿有些不相信。

"他那猪狗都不吃的菜饭，我哪会吃呢？我带着大家去下馆子了！"袁淳气得脸如猪肝。

鄢懋卿咬牙切齿地说："这厮实在是太张狂，不找个机会好生整治他一下，他不知道自己有几斤几两！"

"当然要整治，不整治咱俩难咽下这口气！"袁淳气恼地说。

鄢懋卿说："还有慈溪县的霍与瑕那厮，也不是啥好东西，老夫上次去慈溪县巡盐，他对老夫也非常不敬，说三道四的！"

二人密谋了一番，决定由袁淳来弹劾海瑞和霍与瑕。

"哼，看我如何整治这二厮。"袁淳凶神恶煞地说。

六月初一，嘉靖皇帝在西苑太液池的毓德宫召集众臣商议政事。议政快结束时，嘉靖皇帝问众大臣还有没有其他事要奏，没有就退朝。

鄢懋卿见状，急忙使眼色给袁淳。

袁淳会意，赶紧走上前去："启禀皇上，微臣有事要奏。"

"袁爱卿所奏何事？"嘉靖皇帝边理整龙案上的文书边问袁淳。

袁淳低着头说："微臣要弹劾浙江严州府淳安县知县海瑞和浙东宁波府慈溪县知县霍与瑕。"

"嗯？你要弹劾浙江严州府淳安县知县海瑞和浙东宁波府慈溪县知县霍与瑕？袁爱卿，区区一个知县，袁爱卿要弹劾他们什么呀？"听了袁淳的话，嘉靖皇帝觉得有些奇怪。

其他大臣听了也很不理解，心里都在想：呀，这两个县令咋得罪他袁淳了？

只听袁淳给嘉靖皇帝禀报："皇上，淳安县知县海瑞，慈溪县知县霍与瑕，倨傲弗恭，目无官长，不明事理，在鄢懋卿大人和本官下去巡查盐政之时……"

"真有此事？"听了袁淳的话，嘉靖皇帝有些生气。

"卑职不敢乱言！"袁淳低着头。

"鄢爱卿，真有此事？"嘉靖皇帝转向鄢懋卿。

鄢懋卿赶紧走上前来："启禀皇上，确有此事。这二人实在是太傲气，对皇上派下去巡视的大员十分藐视，目无朝廷和皇上！"

"这霍与瑕和海瑞，实在是太放肆！好吧，鄢爱卿、袁爱卿，你们下去，朕会处置他二人，以示警戒。"嘉靖皇帝听信二人谗言，决定惩诫一下海瑞和霍与瑕。

"谢皇上！"袁淳和鄢懋卿相互瞟了一眼，先后退下。

不少大臣都有耳闻，这海瑞和霍与瑕均是直臣，刚才袁淳弹劾他俩纯属污告。但他们没想到的是，嘉靖皇帝居然会听信这两个奸佞小人之言，不问青红皂白就要治这二人的罪。

不久，嘉靖皇帝果真将霍与瑕革职查办，海瑞也差点被免去知县一职，因朱衡暗地里力保，才幸免一难。

霍与瑕是广州府南海县人，是朝廷原礼部尚书霍韬的儿子。此人性格耿直，不拘小节，对贪污腐败之事一向看不惯。去年鄢懋卿下到浙东宁波府慈溪县巡视盐政，到处搜刮民脂民膏，霍与瑕实在是看不下去，便顶撞了他。

霍与瑕没想到鄢懋卿会这么小气，居然指使其党羽袁淳对他进行弹劾。他更没想到，嘉靖皇帝会听信这两个奸人的污告，罢免了自己。

一气之下，霍与瑕回到自己的家乡南海闲居，再也不过问政事。

这事让海瑞也受到一些影响，但有朱衡暗中相助，鄢懋卿和袁淳一时也拿他没办法。

鄢懋卿和袁淳不会就此罢休，他俩仍伺机报复海瑞。

第17章 考核受阻

朝廷有个不成文的规矩，倘若一个官员被言官们发现有不良举动受到弹劾，那这个官员就得自动离职。朱衡知道，袁淳之所以这样做，是想逼海瑞自动离职，借此报复他。

— 1 —

掐指一算，海瑞在淳安任知县快三年了，也就是说到了任满升迁的关口。

按照以往的惯例，朝廷吏部要对各州县的地方官员进行考察，然后以他们的政绩来决定升迁去留。

朝廷对官员的考察，分为京察和外察。京察又叫内计，是对在京城朝中供职的各个京官的考察。因为除了北京还有留都南京，所以京察又分为南察和北察，北察在北京城举行，南察在南京城举行。外察也叫外计或朝觐，这是对各地官员的考察，一般三年一次，由官员自己到北京城或南京城的吏部递交考察申请，吏部同意了再派京官到地方上进行实地考察。

外察的结果，直接关系到地方官员的升迁去留，因此外察京官给吏部的上奏就显得十分重要，也就是说，这些外察京官的话能决定每一位地方官员的前程，他们说你好你就能得到升迁，说你没有政绩或不称职，那你不但得不到升迁，甚至有可能连你原来的职位都保不住。正因为此，一到朝觐的时候许多地方官员就到处托人找关系，竞相向考察他们的京官送物送银子进行多方打点，好让这些京官在上奏吏部时帮自己说上几句好话。

对地方官员的考察，一般由吏部和都察院来主持，以吏部考察为主，都察院考察为辅。吏部考察后，若都察院有言官弹劾被考察的官员，那么这名被考察的官员也无法通过。

这年冬季，海瑞撰写好申请考核申文，准备上京城向吏部申请考核，寻求升迁机会。

海瑞想，要是京城吏部或哪个部门有熟人或朋友，请他们帮自己向吏部引荐一下，那考核这事就好办多了。可海瑞一直都在县一级的地方部门任职，很少有机会去京城，更没机会结交京城里的官员。

来到京城的海瑞举目无亲，这如何是好？他突然想到，巡盐御史袁淳不是到过淳安吗？何不找他帮下忙呢？于是，他抱着试一试的心理，把写好的申文亲自送到都察院袁淳的住处，请他帮忙协调吏部考核自己。

"袁大人，下官在淳安任知县快三年了，按朝廷规定，下官拟写了份考核申文，但下官在京城没有熟人，烦请大人帮忙协调一下，让吏部对下官进行考核，不知大人愿否帮下官这个忙。"海瑞边说边从长袖里抽出写好的考核申文递到袁淳手上。

"好，好，好！"袁淳没想到海瑞这个愣头青会来找自己，而且要他帮忙协调吏部考核他。他看了眼海瑞，假装热情地连说了三个"好"字。

听他连说三个"好"字，海瑞还以为他很乐意帮他的忙，赶紧说："下官在此谢过大人！"

知道在这些京官家里不便久留，海瑞和袁淳聊了几句，便离开了。海瑞哪知道，他走错了庙拜错了神，袁淳还记着他的仇。

从袁淳家里出来，海瑞边走边埋着头在想，这袁淳到底能不能帮上自己的忙，没想到与对面走来的一个人撞了个满怀。

"哎，海瑞，你怎么会在这儿？"海瑞还没回过神来，对方已经认出了他。

"朱提学，您咋也在这儿？"听对方叫自己，海瑞这才认出他来，这人便是他在福建南平任教谕时的老上司、严州府提学朱衡。

朱衡告诉海瑞，他早已调到吏部，现在是吏部侍郎。

"你来京城，是不是为了考核的事？"

"对对对，我在淳安做知县快满三年了，所以来京城申请吏部对我的政绩进行考核！"

朱衡问："你的考核申文呢？带来了吗？"

海瑞说："我刚才把它交给都察院的袁淳袁大人了。"

"什么？你把你的考核申文交给他了？你咋不直接交到吏部或给我呢？"朱衡着急地问。

海瑞说："我不知道朱大人调到吏部来了。再说，我在京城也没有熟悉的人，想到他去年到过淳安，与他有过一面之交，也就把我的申文交给他了。"

"这下麻烦了！"朱衡皱着眉头。

海瑞说："这有什么麻烦的，考核不是由吏部和都察院一起考核吗？他是都察院的人，我把考核申文交给他应该没错嘛！"

"是没错，但你忘了你在淳安得罪过他和鄢懋卿的事了？他们还愁找不到机会整治你呢，这下倒好，你主动将自己送到人家砧板上！"朱衡说。

"那这下咋办？您可得帮我啊朱大人！"听他这么一说，海瑞这才感到事情的严重性。

朱衡说："唉，你太过老实！也罢也罢，你都交给他了，也只好等着瞧了，到时候我过问一下这事。"

"谢谢朱大人！"海瑞赶紧道谢。

朱衡说不用客气，旋即对他说，"别说这事了，走，去我那儿吃饭，顺便聊聊。"

见他真诚邀请自己，加上好几年没见了，海瑞便去了朱衡家。

在朱衡家，朱衡问起了海瑞的工作，也将他的情况给海瑞说了。他告诉海瑞，其实他一直都在关注他的情况。

他对海瑞说，官场上的事情，并非都是非黑即白，有些事情是说不清道不明的，谁也无法去评判，倘若一个人在官场过于耿直，遇到见不惯的事就说就去反对，那会得罪完身边的人，使自己陷于孤立的境地，一旦出点问题，大家就会一起来攻击他，导致他走入绝境。

他劝海瑞灵活一些，遇事要学会变通，要不然吃亏的是他自己。当然，也不能丧失做人的原则和底线，否则也不是一个好官。

海瑞聆听着他的教诲，他觉得这位老上司还是和从前一样关心自己，从心底感激他。

见海瑞穿着一身破旧衣裳就来京城申请考核，朱衡心里很不是滋味，觉得他实在是太寒酸，可也不好开口说他。在官场不比在自己家里，在自己家里你想咋穿就咋穿，没人敢说你半句，可这是在官场，你的穿着不得不讲究一些，要不然人家会说你不修边幅，瞧不起你。

作为海瑞曾经的老上级，朱衡觉得不说他又不行，于是便委婉地说："我知道你一向节俭，可你怎么穿着这身衣裳就来京城了呢？好歹你是个县令，你这样去见吏部或都察院的大人们，他们会说你丢了朝廷官员的脸面。我建议你回去后换身衣裳，省得人家对你说长道短。"

海瑞赶紧说："朱大人提醒得对，下官回去就换！"

二人聊了一阵，吃过饭，海瑞离开了朱衡家。

见海瑞把他的考核申文送到自己手上，袁淳兴奋得像打了鸡血，他表面应付着海瑞，心里却在说："哼，你这个愣头青，这下可有你好看的！"

"鄢大人，机会来了！"晚上，袁淳拿着海瑞的考核申文去找他的上司鄢懋卿。

"看把你兴奋的，啥机会呀？"鄢懋卿笑着说。

袁淳一脸坏笑，拿出海瑞的考核申文递给他。

"这个傻蛋，真是背鼓上门，自己讨打！"鄢懋卿看了海瑞的考核申文，恶狠狠地骂道。

袁淳谄媚地说："鄢大人，这下你我可以出口恶气了！"

鄢懋卿神色凝重地说："袁大人，你别高兴得过早！"

"大人咋说这个话？难道还有什么不妥的地方？"袁淳摸着下巴，不解地问鄢懋卿。

鄢懋卿看着他，不无担忧地说："袁大人，你不要忘了，还有一个人。"

"谁？"袁淳睁大眼睛看着他。

"朱衡。"鄢懋卿喝了口茶，告诉袁淳。

"你说的是吏部那个朱衡？"

"对，这人在福建省任过提学，是海瑞的老上级，现在已经调到吏部，而且还是侍郎，他待海瑞可是一直不薄啊！"

"你是说这人会帮海瑞？"

"不是不可能！"

袁淳问他："那你觉得这事咱们该怎么办？"

"他的考核申文不是交给你了吗？"鄢懋卿说。

袁淳说："他的考核申文是在我这儿。"

"那你就找个理由，不让吏部和都察院接受他的考核申请，这样，就算他有天大的政绩他也挪不了窝。只要他挪不了窝，那他就别想升迁。"

"嗯，鄢大人这招很妙！"袁淳趁机吹捧。停了停，他摸着头问鄢懋卿，"但是，找个什么理由呢？"

鄢懋卿想了想，说："这人不是很傲气吗？哼，咱们何不以他'倨傲弗恭，不安守分'为由，让吏部和都察院不接受他的考核申请呢？"

"对，这样一来朱衡就是想帮他也难！行，麻烦大人给我支笔，我马上就在他的考核申文上写批语，待我向吏部通报了，再给他打回去！"袁淳有些兴奋。

笔找来了，袁淳想都不想，提笔就在海瑞的考核申文上写下了一行批语："知县海瑞方呈给由，而己为升任之状，倨傲弗恭，不安守分。"

写完递给鄢懋卿："鄢大人，你看这样行吗？"

"好，好！这下可有他好受的！"鄢懋卿看了他写的批语，连声说好。

袁淳咬牙切齿地说："这种人就得让他尝尝苦头，否则他不知道天多高地多厚！"

— 2 —

海瑞申请考察的事，朱衡一直记挂着。

一日，他来都察院找袁淳。

"袁大人，听说淳安县知县海瑞已经把他的考核申文递交到大人这儿了，有这回事吗？"

"嗯，是有这么回事！"袁淳漫不经心地说。

"是这样的，袁大人，吏部经过商议，觉得这个海瑞在淳安县的政绩很不错，拟提拔他到嘉兴府任通判一职，过两日我们就要向皇上奏报此事，我想看一下他的考核申文。"

"拟提拔他任嘉兴通判？"

"是的。"

"恐怕不妥吧？"

"袁大人觉得有何不妥呢？"

"这人一向倨傲弗恭，不安守分，袁某以为，还须让他在淳安县知县位置上再加以磨砺为好，暂不对其进行考核。"

"哦？袁大人是这样认为的？"

"不只是袁某这样认为，都察院这边很多人都这样认为。"

朱衡说："不管咋样，我作为吏部侍郎，请袁大人还是把他的考核申文给我看一下。"

袁淳没办法，只好把海瑞的考核申文取来递给他。

"哟，袁大人都已在上面写了批语啊！"朱衡故意笑着说。

按理说，地方官员的考核申文须经吏部和都察院共同审核再作定论，可袁淳擅自在海瑞的考核申文上作了批语，这很不符合程序。

见朱衡这么说自己，袁淳只好说："这人实在是太傲，袁某以为，吏部也好，都察院也好，都不应该批准他的考核申请！"

"但按朝廷惯例，袁大人这也不符合规定啊！"朱衡说。

袁淳说："这事是有些不合规，但袁某也是在为朝廷选拔人才把关。"

朱衡说："好吧，袁大人，海瑞的功过是非也不是你我二人能够定论的，还得听听其他人的意见。这样，海瑞的考核申文我先拿走，至于怎么给他定论，到时候再说吧。"

"既然朱大人要带走，那袁某也没办法。但我还是那个意见，此人太过傲气，其考核申请暂时不宜批准，还须让他在县上磨砺磨砺。"袁淳见拗不过朱衡，只好让他拿走海瑞的考核申文。

"谢谢袁大人，朱某就此别过！"朱衡给袁淳行礼。

"朱大人不必客气！"袁淳心里虽说不高兴，但都是朝廷中人，而且他朱衡还是吏部的侍郎，面子上还要过得去，便假装笑脸给朱衡回礼。

朝廷有个不成文的规矩，倘若一个官员被言官们发现有不良举动受到弹劾，那这个官员就得自动离职。朱衡知道，袁淳之所以这样做，是想逼海瑞自动离职，借此报复他。

朱衡拿着海瑞的考核申文回到吏部，把它交给尚书郭朴。

"岂有此理，对地方官员考核本是我吏部的事，他袁淳不就是个巡盐御史，怎么手伸这么长？"郭朴是个正直之人，见袁淳擅自在海瑞的考核申文上写了批语，心头不禁起了怒火。

"这袁淳做事是有些过火！"站在一旁的朱衡说。

郭朴问："我听说这海瑞是个不错的县令，在淳安县为老百姓做了不少实事，老百姓很喜欢他。"

朱衡告诉他："我在福建任提学的时候，海瑞在延平府的南平做教谕，这人我比较了解，性格直率，敢说敢干，当年他在南平县的教育上就做了许多改革，深得百姓和下属喜爱。"

"既然如此，这袁淳为何又这般恨他呢？"郭朴又问。

朱衡说:"尚书大人,事情是这样的,去年三月,都察院鄢懋卿大人受皇上委派到江南巡视盐政,鄢大人借此带着他夫人到处搜刮民脂民膏,闹得民怨四起,海瑞在淳安县任知县,听说这鄢大人想借路过淳安的机会在那儿大捞一把。当时正值淳安一带遭遇百年难逢的大旱灾,老百姓生活在水深火热之中,淳安县衙财力也很不济,为了不给县衙和当地百姓增添负担,海瑞就给鄢大人写了一封禀贴。据说鄢大人在出发之前就派人给地方上下了道文书,说他一向廉洁,这次到江南巡盐不想打扰地方百姓,叫地方上接待时不要过于铺张,实则上他却到处在敲诈勒索,光在扬州一地就搜刮白银几百万两。"

"他这不是既做婊子又立牌坊吗?"听了朱衡的话,郭朴很气愤。

"是啊,所以海瑞在给他的禀贴里将了他一军,先夸了他一番,然后笔峰一转,又点出了他到处搜刮民财的事。然后告诉他淳安地小民贫,接待不了他这样的大人物,恳请他不要来淳安,省得打扰地方百姓。"

"后来呢?"郭朴问。

朱衡说:"海瑞刚直不阿的名声,鄢大人也有所耳闻,接到海瑞的禀贴后,他怕惹出什么是非出来,便没去淳安,而是和他夫人悄悄绕道走了。"

"哦,还有这等新鲜事?这海瑞挺聪明的嘛!"郭朴笑着说。

"但鄢大人为这事恨上海瑞了,总想找机会整治他,可他又觉得自己官高位重,自己出面怕惹来其他大臣非议。后来他的同党,也就是都察院御史袁淳奉他之命又到淳安去巡盐,他便指使袁淳下去后为难海瑞。但这海瑞真是聪明,使计查出了袁淳沿途搜刮的金银财宝,让袁淳很是难堪。袁淳很气恼,回来给鄢大人一说,二人都很气,说有机会一定要整治海瑞。这下好了,海瑞这个愣头青把他的考核申文交到了袁淳手里,指望他帮忙。他哪知道,人家正张开口袋等着他钻。这不,袁淳接到他的考核申文后,马上去找鄢大人密谋了一翻,便擅自在海瑞的考核申文上写下了这几句批语,企图阻止吏部和都察院对海瑞进行考核。"

"这哪能行?吏部为朝廷选人,就是要选像海瑞这样勤政为民、百姓喜欢的人,他们咋能这么做?这不是不把本官和吏部放在眼里吗?"听了朱衡的话,郭朴非常愤怒。

这时,吏部另一名侍郎走上前来,劝说郭朴:"尚书大人,这鄢大人和袁大人都是严阁老的人,依下官看这事还得仔细考量一下。"

"真是欺人太甚!"

"他们这是狗仗人势!"

"袁淳是都察院的监察御史,在选人上他有权弹劾咱们吏部的考察对象,再说还有鄢大人给他撑腰,他要发难,到时候咱们吏部也拿他没办法呀!"

"依我看,这事还得从长计议,就先让他们三分吧!"

吏部有些人见袁淳这样霸道,虽说都为海瑞打抱不平,但也不想得罪袁淳,他毕竟是五品京官,而且还和内阁首辅严嵩裹在一起。

郭朴和大家商议了一番,还是把考核申文退还给了海瑞。

正因为有袁淳和鄢懋卿阻拦,海瑞进京申请考核的事落空了,只好在淳安县继续待命。

– 3 –

"诬蔑,纯属诬蔑!"

看到考核申文上袁淳的批语,海瑞方知上了袁淳的当,气得跺脚大骂。

海瑞哪会服气?他马上提笔给袁淳写了封名为《申盐法察院袁文》的申文递交上去,驳斥袁淳对他的诬蔑。

袁淳接到海瑞这个申文后更加恼怒,又在上面写下了更为恶毒的批语:"汝欲学府官样,还未!还未!"

海瑞接到回文,知道袁淳这是在骂他不够当府一级的官员,想学府官的派头还早得很。

见此人这般恶毒,海瑞更是气愤。但气愤归气愤,又能把人家怎么样呢?人家是五品京官,自己只是个区区七品县令,再说他还有鄢懋卿和严嵩等人在背后给他撑腰。

海瑞无可奈何,只能连声叹气。

吏部尚书郭朴在朝中职权也不小,他听朱衡说海瑞在淳安任上的确是做出了不少政绩,深得百姓爱戴,觉得此人是个难得的人才,不想放弃,就暗中安排人对海瑞进行考察。

吏部派的人经过一番认真考察,证实了海瑞在淳安知县任上锐意改革,积极整顿吏治清除官场积弊,重新清丈田地让大户和贫民同等缴纳赋税和服徭役，操练乡兵抗倭防盗，真正替朝廷和老百姓办了不少实事，政绩非常突出，应该提拔。

这一年的五月，吏部还是决定让海瑞到浙江嘉兴府任通判一职，协助那儿的知府处理政务。

吏部将任命海瑞为嘉兴府通判的事禀报嘉靖皇帝，嘉靖皇帝也听说过海瑞的事，觉得这人还不错，便同意了吏部的任命意见。

袁淳和鄢懋卿听闻皇上同意海瑞到嘉兴府任通判一职，心里很是着急，便赶紧去找嘉靖皇帝，设法阻止海瑞到嘉兴府任职。

一日夜里，他俩来到嘉靖皇帝住处。

"鄢爱卿，袁爱卿，你俩深夜前来，有急事要给朕上奏？"嘉靖皇帝见他俩人深夜来访，便问道。

见皇上这么问，袁淳赶紧说："启禀皇上，我俩有紧要之事，不得不来打搅皇上！"

"什么事啊？"嘉靖皇帝漫不经心地问。

袁淳看了鄢懋卿一眼。

鄢懋卿用眼神示意他先说。

袁淳说："下官听说皇上同意海瑞到嘉兴府任通判一职。"

"嗯，是有这么回事。"嘉靖皇帝说。

袁淳着急地说："皇上，海瑞这人实在是太傲气，鄢大人和下官下去巡盐，都受到他的刁难，这人实在是不能重用啊！"

"皇上，此人一向自傲，目中无人，嘉兴通判一职甚为重要，依微臣看，实不能委与此人，望皇上三思！"鄢懋卿火上浇油。

袁淳又说："在下官看来，此人连做个县令都不称职。"

"此人真如你们所言？"嘉靖皇帝半信半疑。

袁淳和鄢懋卿赶紧叩头："句句如实，绝无半点谎言！"

"那吏部怎么说他是个人才，在淳安知县任上做了许多实事，深得百姓喜欢呢？"嘉靖皇帝问他俩。

袁淳低着头："回皇上，这都是吏部右侍郎朱衡在偏袒他。"

"皇上，这海瑞在淳安是做了些事，但此人的确过于自负，志大才疏，与许多官员都合不来，如若将他放到郡府通判这样重要的位置，恐怕他会更加傲气不服管啊！"鄢懋卿再往火上泼油。

"罢了罢了，倘若如此，此人怎能重用呢？"听了他俩人的话，嘉靖皇帝很生气，吩咐站在一旁的宦官黄锦，"你去把郭尚书给朕叫来，朕有事跟他说。"

"是。"黄锦转身离去。

一会儿，郭朴来了。

"皇上，这大晚上召微臣过来，有甚急事？"郭朴跪着问嘉靖皇帝。

嘉靖皇帝说："刚才听鄢爱卿他们说，海瑞这人很是傲气，又志大才疏刚愎自用，嘉兴府通判这么重要一个职位，怎么能让他去担任呢？"

郭朴看了看一旁的袁淳和鄢懋卿，知道是他俩在捣鬼，便向嘉靖皇帝禀报："皇上，不是这样的，海瑞这人……"

"好了好了，你也不用多说了，此人绝不能重用，他要是再不悔改，朕看他那县令也别做了。至于下步怎么调用，你们吏部看着办吧！"嘉靖皇帝打断郭朴的话。

郭朴不敢再说什么。

见皇上这个态度，袁淳和鄢懋卿心里窃喜，俩人嘴角隐隐露出一丝不易察觉的暗笑。

"是，皇上！"郭朴低着头立在那儿。

嘉靖皇帝说："好了，你们都回去吧，朕想休息了。"

"皇上晚安！"

给嘉靖皇帝道了安，袁淳、鄢懋卿和郭朴一齐退出，然后各自回府。

就这样，嘉靖皇帝受袁淳和鄢懋卿蛊惑，一气之下又批示吏部，不能让海瑞去嘉兴府担任通判一职。不仅如此，还准备罢了海瑞淳安县知县的职务。

见袁淳和鄢懋卿一直从中作梗，吏部拿这事也没办法，也只能暂且搁下。

吏部内定海瑞到嘉兴府任通判一事，海瑞早就听闻了，而且还听说六月就要调走，可现在又听说都察院的监察御史袁淳要弹劾自己，他不知道到底是咋回事。

海瑞知道，经袁淳和鄢懋卿二人这一鼓捣，自己的升迁就泡汤了，弄不好还会丢了原来的官职。但不管怎么样，自己在淳安任知县已经有三年，按朝廷用人规定，不管结果是好是坏他都不会再在这儿做这个知县了，挪窝是迟早的事，只是不知道去哪儿罢了。

对升迁之事，海瑞一时也没再去管。

- 4 -

官场中，但凡在任上有点作为的官员，不论职级高低，一旦擢升高就或平调别处任职，考虑得最多的，就是继任者对自己在任时的施政方针或策略是一以贯之继续执行或是搁置一边自行其事，亦或是反其道而行之以此标榜自己的新政，摄取民心捞取政绩。

对这一点，海瑞心里不是不明白。海瑞不怕自己的政绩被上司或老百姓抹杀。公道自存，人心自在，老百姓是有眼睛的，只要你心中装有老百姓，实打实地为老百姓做事，他们一定会把你永记心里，绝对不会忘记你的，所以海瑞并不担心这个问题。

海瑞早已看出，在淳安官场有不少在任的官员或仕宦，存在着竞利争胜利自罔上的心理，他希望这些人能够放弃这种对上对下都极不负责的狭隘心态，以天下为己任，把老百姓当作自己的子民，真心实意地为他们做点事。

他想，在淳安这三年虽不敢说自己有多大贡献，但有些经验教训还是值得总结的，而且自己也针对这些政事撰写发布了不少文稿，不妨将它们梳理编纂后刊印成册，供后面来的人作施政参考，也不失为一件有意义的事情。

想到这儿，他便将自己在淳安这几年撰写的有关施政方针和策略的文稿翻出来，抽空将它们进行梳理编纂。想着待梳理和编纂完毕，再将它们刊行出来，日后自己真要是走了，就留给淳安。

海瑞加班加点忙乎了大半年，终于将这些政事文稿编纂完毕，准备自己出钱找人将它刊印出来。为了让人一看就明白，他将这个册子取名为《淳安县政事》。

不仅如此，他还将自己平时和友人来往的一些书信和时文，还有应酬文字等，一并汇编成《淳安稿》一书加以刊布。

海瑞听说，但凡著作出书的人，在自己的书刊印之前总是要请名家或自己的上司作序，以此抬高自己的身价。

海瑞不走这条路子，他觉得那是沽名钓誉，上司也好，名家也好，他懒于去管，他自己作序。

一日，主簿倪华和户房司吏赵品仙来到海瑞书房，见他已经把《淳安县政事》和《淳安稿》编纂完毕，倪华拿起来翻了翻，一番称赞后劝说他："海大人，出本书不易，下官刚才看过了，你编写的《淳安县政事》和《淳安稿》这两本书的确很不错，下官建议你请上司或名家来帮你写个序，这样不仅你的书更有名气，还能借此机会亲近上边的人，他们一旦赏识你，那大人你就前途无量了！"

"是啊，海大人，出本书实在是不容易，下官觉得倪主簿刚才的话您可以考虑考虑。"赵品仙附和。

海瑞笑了笑说："一个人的文章是好是坏，天下自有公论，用不着去搞那些虚伪的东西。若借出书来亲近上司，博得上司欢心，让其赐个一官半职，那岂不辱没了本县做这事的初衷？本县编辑出版《淳安县政事》和《淳安稿》，无非是想给后面来的人施政时作个参考，让他们为淳安百姓多做点实事罢了，未曾有其他幻想。"

"海大人心存天下，胸装黎民百姓，下官愚钝，未能识得此心，实在是有愧于大人！"听他这话，倪华赶紧拱手给海瑞道歉。

赵品仙也低着头说："海大人，下官说话欠考虑，下官知错了！"

见他俩这样儿，海瑞笑着说："无妨，无妨！你俩不必惊慌，本县令丝毫没有怪罪你们的意思！"

见他无责怪之意，倪华赶忙说："谢海大人宽宏大量！"

"谢谢海大人！"赵品仙也急忙说。

停了一会儿，倪华突然问："哎，海大人，升迁之事有啥新消息没有？"

"没有。"海瑞摇了摇头。

"可这么长时间，吏部的考核应该早就过了啊，咋还没一点消息呢？会不会……"倪华替他担心。

海瑞说："切肉的刀在人家手上，有什么办法？只得听从人家的喽！"

"海大人，下官听说调动都得去找人打点打点，要不然……"赵品仙说了半截话。

海瑞说："打点啥？做官是替朝廷做事，为一方老百姓分忧，要像你们说的，做官都要去找人打点，那还做什么官啊？倒不如回家去种田算了！"

"海大人说的也是。"赵品仙非常尴尬，低着头。

倪华见状，赶紧打圆场："没什么，大人耐心等着，吏部总会有安排的，要不然对大人也没个交代。"

海瑞说:"好啦,别说这个事了,回去做你们自己的事吧,本县也要做事情了!"

"那大人您忙着!"见他这么说,倪华和赵品仙赶紧跟他道别,然后退出他的书房。

— 5 —

海瑞的事情,朱衡的确很上心。

一日,朱衡去问郭朴:"尚书大人,海瑞的事您老打算作何处置?"

郭朴叹息道:"袁淳和鄢懋卿一直盯着他,皇上又作了批示,唉,对他老夫一时也爱莫能助呀!"

"听说皇上还想免他知县的职,有这回事吗?"

"皇上是有这个意思,但没有明说。"

"尚书大人,这海瑞实在是个难得的人才和忠臣,您可不能让他就这样毁了啊!"朱衡求郭朴。

郭朴说:"你不用担心,这事我会处理。"

"若是这样,朱衡代海瑞在这儿谢过尚书大人了!"朱衡说着向郭朴行了个拱手礼。

"海瑞和你是亲戚吧?"郭朴突然问朱衡。

朱衡听得出他的意思,赶紧说:"尚书大人,下官和海瑞非亲非故,只是下官在福建做提学时与此人有些交往,后来此人到淳安做了知县,下官听说此人在淳安锐意改革,为百姓做了不少实事,深得老百姓爱戴。但他的改革触及到一些官员的切身利益,得罪了不少官员,袁淳和鄢懋卿鄢大人就是其中之一。"

"他的事我也听闻了一些,只是这事有那两个人从中作梗,实在是不好处置啊!"郭朴显得很为难。

"那这事您看……"朱衡眼巴巴地望着郭朴。

郭朴沉思了一阵,说:"我看,只能先把他平调到其他地方,以后再从长计议。"

听他这么说,朱衡没说话,他想,郭朴会把海瑞安排去什么地方呢?他试着问郭朴:"敢问尚书大人,您老准备把他安排到哪儿?"

郭朴说:"昨天晚上我看了一下,赣州府兴国县知县刚离任,这个职位还空着,不如就让他先去那儿吧。"

"尚书大人要让他去江西?听说那儿的条件不是一般的差呀!"朱衡没想到他会安排海瑞去那么个穷地方。

"没办法,只能这样了!"郭朴说,"只有这样才能保住他的官阶,否则,他连现在这官阶也保不住!"

"看来也只能这样了。"朱衡理解郭朴的难处。

就这样,吏部将海瑞平调到江西赣州府兴国县去任知县。话说回来,没被降低官阶,这已经是海瑞不幸之中的万幸了。

朱衡的力保海瑞不知道,当然,朱衡也不会给他说,他不是施恩就要图报的那种人,他是看到海瑞为人正直有能力,能为百姓做事,才冒着风险尽心尽力帮他,并非想求回报。

就在这个时候,王氏又给海瑞生下了一个女儿,海瑞给她取名玉瑶。可惜的是,这孩子生下没几日就夭折了。

孩子的夭折让海瑞更加痛苦。

第18章 贬谪兴国

海瑞沉下脸说:"值不了几个钱?值不了几个钱就要侵吞?我可给你们几个说,作为朝廷的人,做人做事都要干干净净,绝不能贪半点公家便宜,虽说一把火锨值不了几个钱,但那也是钱,我海瑞绝不能让人说闲话!"

— 1 —

朝廷对自己的调动,海瑞没说什么,他就是想说也没用,摆在他面前的只有两条路:要么像霍与瑕那样负气回到自己的家乡闲居,从此不再过问政事,要么就是听从吏部安排,赶快到江西赣州府兴国县这个条件恶劣、环境艰苦的地方去做县令。

海瑞当然不会认怂,不就是去一个条件和环境差点的地方做官吗?只要是块金子到哪儿都能发光,去那儿干好了,说不定皇上哪天高兴了又会把自己调到其他地方。

之所以会出现这样的结局,完全是拜巡盐御史袁淳所赐。袁淳从中作梗,不仅是他袁淳的主意,还有都察院左副都御史鄢懋卿的指使。对这些,海瑞心里清楚得很。但没办法,人家那么大的官,自己想扳也扳不倒人家,只得认命了。

海瑞决定去兴国县上任。

"这不是让人家从米箩筐跳到糠箩筐?"

"是啊,不但肉没得吃,反而连青菜都差点吃不上了!"

"真不知道这皇上是怎么想的?"

县衙里的人听说海瑞不但没得到提拔,反而被平调到贫困偏僻的江西赣州府兴国县去任县令,都替他不服气。

"吏部这些狗官,真是有眼无珠,海大人这样务实的好官他们不但不重用,反而还将人家调到那种地方去!"

"官腐,真是官腐啊!"

"真不知道他们要用啥人?"

"还不就是因为得罪了袁淳那狗官!"

"这年头,不给那些狗官们送钱,哪能上得去?"

在海瑞衙署里,汤用和朱七、黄三等人气愤不已。

见几人都在替自己打抱不平,海瑞说:"在哪儿都是做官,都是替老百姓做事,再说这是朝廷的旨意,没啥可说的,去就去吧。"

"理是这个理,但咱们实在是替大人不服,他们凭啥这样对待您?"朱七气愤地说。

黄三附和:"是啊,他们凭啥这样对待您海大人?这公平吗?"

"不是不公平,是太不公平,但事已至此又有啥办法?朝廷的旨意你总不能违抗,违抗了就会定你以下犯上的罪名,到时候怕是连性命也难保啊!"汤用无奈地说。

海瑞说:"这世上不公平的事多着呢,你们说,那些占有许多好田好地的乡绅赋税分文不缴,可那些田地绝收的佃农一年却要缴纳那么多赋税,这又公平吗?不公平,但不公平又咋样?只能靠我们这些人去慢慢改变。"

"海大人,我们是替您不服!"黄三对海瑞说。

海瑞说:"你们的心意我领了,没事,去就去吧,是金子在哪儿都能发光,好了,你们都去吧!"

见他这么说,众人只好陆续散去。

海瑞回到家里,妻子王氏见他垂头丧气的,便问道:"夫君,今日缘何精神不佳啊?是不是遇到啥不顺心的事了?"

"我要去兴国县了。"海瑞不冷不热地告诉她。

王氏说:"在这儿好好的,干吗要去兴国啊?去兴国任啥职?"

海瑞说:"仍是做县令。"

"这兴国县在哪儿?"

"兴国……"

"老爷你说啥?你要调去兴国县做县令?"

海瑞正要告诉妻子王氏兴国县在什么地方,没想到老仆人汪熙听到了他和王氏的对话,赶紧走过来问。

"是的,吏部要求赶快到任。"海瑞告诉汪熙。

汪熙问:"是吏部下文调老爷去的?"

"嗯。"海瑞点头。

"这兴国是在哪个省哪个府啊?那地方条件如何?苦不苦呀?"汪熙望着海瑞。

海瑞告诉他,兴国县隶属江西省赣州府,是个边远偏僻的小县,条件自然比这儿差。

王氏听了,不解地问:"前不久不是听夫君说,朝廷叫你到嘉兴府去做什么通判吗?这下怎么调你去条件这么差的地方做知县呢?"

"是啊,老爷,这是为啥呀?"汪熙也觉得奇怪。

海瑞说:"官场上的事情很难说得清楚,就是说了你们也不懂。"

汪熙说:"道理都一样,这有啥不懂?"

"是啊,夫君来淳安替皇上做了那么多事,老百姓都在传,说你是个好官,可吏部却这样对你……"

"唉,有些事情,不是你们想象的那么简单!"海瑞感叹。

王氏又问:"事已至此,夫君去还是不去?"

"吏部文都下了,不去哪能行?不去,就只有回老家去闲居!"海瑞一脸无奈。

汪熙说:"老爷的意思是不去不行了?"

"嗯。"海瑞朝他点头。

"这皇上,怎么能这样对待我家老爷?"汪熙嘀咕。

海瑞说:"这也没啥,在哪儿都是做官,就是条件差些,没什么可怕的。"

汪熙难过地说:"老爷,我们只是为您感到不平!"

"你们不用……"

"什么平不平的,老汪,你们在说啥呀?"

海瑞刚要说汪熙,叫他不必替他操心,没想到母亲谢氏从里屋走了出来。刚才她听到汪熙在说什么为老爷感到不平的话,便出来问汪熙。

"老夫人,老爷他……"

谢氏见汪熙老泪纵横,赶紧问:"老爷他怎么啦?"

"事情是这样的,娘……"海瑞赶紧接过话,把他的事告诉母亲。

"这……这……"

谢氏还没说完,便晕了过去。

"娘,您怎么啦!"

"娘，你醒醒！"

"老夫人，您醒醒，您醒醒啊！"

海瑞和王氏、汪熙见状，急忙呼唤谢氏。

"夫人，掐人中！"汪熙对王氏说。

"让我来！"海瑞说着伸手往母亲的人中穴掐去。

折腾了好一阵，谢氏才醒过来。

"我这是怎么啦？"醒过来的谢氏问海安和汪熙他们。

汪熙告诉她："老夫人，刚才您晕过去了。"

"娘，您吓死我们了！"王氏心痛地说。

"我晕过去了？我出来的时候不是好好的吗，咋晕过去了呢？"谢氏不相信地看着王氏和海瑞他们。

海瑞说："是孩儿把自己去兴国的事告诉娘，娘才晕过去的。"

"这……这是到底是怎么回事，瑞儿？娘记得上次你跟娘说过，吏部要提拔你到什么嘉兴府去任通判一职，这下不但没提拔你，反而把你调到那么个偏僻的地方去做知县，瑞儿，你给娘说实话，是不是你在官场中贪污受贿，朝廷才这么对待你？"谢氏像不认识的盯着儿子。她从小就要求儿子，做人要做个好人，做官要做个好官，见出现这样的事，她以为是儿子做了对不起朝廷和百姓的亏心事，皇上才罚他去那么艰苦的地方。

"娘您放心，孩儿绝不会做这等有辱朝廷和家门的事！"海瑞问心无愧地告诉母亲。

谢氏说："你的话娘不是不相信，只是娘不明白朝廷为何要将你调到那地方去，而且是平调。"

"娘，孩儿实话告诉您吧，这全都是京城里的鄢懋卿和袁淳两个人搞的鬼！"海瑞告诉母亲。

"你是说，是这两个人害了你？"

"正是。"

"那娘问你，这鄢懋卿和袁淳是什么人？"谢氏问海瑞。

海瑞告诉母亲，鄢懋卿是都察院的左副都御史，当朝权相严嵩的干儿子。袁淳呢，是都察院的一名御史。

谢氏觉得奇怪，问海瑞："瑞儿，这两人远在京城，你在这淳安县衙做官，他们缘何要陷害你？你和他们到底有啥过节？"

海瑞这才将鄢懋卿和袁淳如何到江南一带来巡视盐政，如何借巡视盐政之机到处游山玩水，搜刮民脂民膏鱼肉百姓，他又如何智拒鄢懋卿，如何带领县衙的人查证袁淳在船上的花盆暗藏金银元宝的事全给母亲说了。

"这么说，这两人是在报复你了！"官场上历来都是尔虞我诈，存在着不少风险，就算是你不整人家人家也可能会整你，这谢氏不是不明白。

"是的，因为记恨孩儿，这两人捏造事实在皇上面前弹劾孩儿，说孩儿倨傲弗恭不安守分，其实孩儿是在替皇上反贪治腐，为老百姓着想，哪来什么倨傲弗恭不安守分啊，这分明是他们捏造事实诽谤和污陷孩儿。与孩儿一同被这两人污陷的，还有一个叫霍与瑕的人，皇上命人将这人的职革掉了。"

"这霍与瑕又是个什么人，咋也招惹了这两个人？"

"这霍与瑕是慈溪县令，是朝廷原礼部尚书霍韬的儿子。此人和孩儿一样，性格直率，做事不拘小节，但对贪污腐败之事却非常痛恨。去年，鄢懋卿奉皇上之命到慈溪县巡视盐政，霍与瑕见他到处搜刮民脂民膏鱼肉百姓，实在是看不下去便顶撞了他，没想到鄢懋卿小气，前不久指使其党羽袁淳对他和孩儿进行弹劾，皇上偏听这两个奸人的污告，罢免了他的县令职务。霍与瑕一气之下便回了自己的家乡南海，从此不再过问政事。听说皇上也准备免去孩儿的县令一职，幸好孩儿原来的老上司、吏部侍郎朱衡大人力保，孩儿这才得以保下知县这个官职。"

"唉，皇上咋就这么糊涂，不问清楚就免人家官职，我看他是个昏君，地地道道的昏君！"谢氏气得直跺脚。

王氏说："娘，这也不怪皇上，要怪就怪那两个奸人，要是没有他们在皇上面前乱说话，皇上也不会这么做。"

"是的，要怪就怪那两个奸人！"汪熙也很气愤。

谢氏望着海瑞："瑞儿，你打算怎么办？这兴国，你是去，还是不去？"

海瑞说："这是没办法的事情，不去，只能像霍与瑕那样，回老家闲居。"

"你的意思是要去？"谢氏说。

海瑞坚定地说："一定要去，不去不枉了娘对孩儿的教诲？"

谢氏说："那好，娘支持你！"

这时，去山上打柴的海安回来了，听说自家老爷被奸人陷害，要被朝廷调到江西省的兴国去了，又哭又骂，海瑞和王氏、汪熙等人劝了好一阵才把他劝住。

- 2 -

来接替海瑞的是一个叫刘以身的人,听说很快就要到任了。

过几日就要去兴国县上任,海瑞知道,按规矩要将以往朝廷给自家使用的公物清点移交给县衙。

海瑞叫仆人海安和他到县衙大堂清点物品,叫汪熙在家里理整自己的家居用品,到时候好移交。

怕汪熙一个人在家忙不过来,他打发人去叫朱七和黄三。

"大人,您有何吩咐?"朱七和黄三来了。

海瑞说:"汪熙在家里帮我清点平时用的公家财物,我怕他一个人忙不过来,你俩去协助他一下,赶紧清理明日我好交接。"

"是,大人!"朱七和黄三应道。

海瑞叮嘱朱七和黄三:"记住,清点时仔细些,不要遗漏了什么东西!"

"记住了!"朱七和黄三说道。

见朱七和黄三来了,汪熙问他俩:"我家老爷是不是有什么吩咐?"

黄三说:"没什么吩咐,海大人怕您一个人忙不过来,叫我俩来帮忙。"

"那就动手吧。"汪熙边清点东西边说。

"好的!"朱七和黄三说着和汪熙忙起来。

三人忙乎了半天,基本上清点完了。

黄三见汪熙弯着身子到处在找什么东西,便问他:"汪伯,您在找什么呀?"

"按照清册,还差一把火锹!"汪熙告诉黄三。

黄三不屑地说:"不就一把火锹,找不到就算了,费这么大的劲去找它干吗?"

"是啊,一把火锹,用了好几年,找不到就算了呗,何必去找它呢!"朱七也说。

"不行,我家老爷交代过,这些东西一件也不能少!"汪熙边找边对黄三和朱七说。

听汪熙这么说,黄三和朱七只好跟着他一起到处翻找。可找了半天,还是没找着那把火锹。

朱七说："又值不了几个钱，找不到就算啦，等会儿给海大人说一下就行了。"

"怪了，还是找不着！"王氏听说找不到一把火锹，也跟着到处翻找，可就是找不着。

"没办法，实在找不着只有去跟老爷说了！"汪熙拍了拍手上的灰尘。

王氏说："也只有去跟他说了。"

三人来到县衙大堂给海瑞复命。

"都清点好了？"见他们来了，海瑞问。

汪熙赶紧说："老爷，都清点好了，就差一把火锹，实在是找不到。"

"我们都找遍了，的确是找不到！"黄三补充。

海瑞叫汪熙把清册拿给他。

汪熙将清册递给他。

海瑞看了一下，取出点碎银递给汪熙，说："这些都是公家财物，一件也不能少，找不到就赔。这样，你去场上给我买把新火锹来，明日一起交接。"

"大人，就一把旧火锹，没必要这么认真吧？"朱七见他这么认真，大着胆子说他。

"是啊，大人，一把火锹又值不了几个钱，不见就算了，交接的时候说清楚，然后在清册上注销就行了！"黄三附和。

海瑞沉下脸说："值不了几个钱？值不了几个钱就要侵吞？我可给你们几个说，作为朝廷的人，做人做事都要干干净净，绝不能贪半点公家便宜，虽说一把火锹值不了几个钱，但那也是钱，我海瑞绝不能让人说闲话！"

随后，对汪熙说："赶紧去买来。"

朱七和黄三被他呛得满脸通红，只好低着头说："大人教训得是，我们会牢记在心！"

"好，老爷，我马上去买！"见他已经这么说了，汪熙赶紧去买。

一会儿，汪熙买来了一把新火锹，并将它放到要交接的公家财物里，然后在清册的"火锹"一栏打上勾。

次日，海瑞当着县衙人的面，将自己用过的公家财物一一点交给新来的县令刘以身。

"哟，这把火锹怎么还是新的啊？海大人，你一直没用？"交接的时候，刘以身突然看到了那把新火锹。

海瑞笑着解释："不瞒刘大人，分派给我的那把火锹实在是找不到了，我只好叫他们去买了一把新的。"

"海大人，你……你这也太……不就一把火锹吗？"听了海瑞的话，刘以身很吃惊。

海瑞一脸严肃："刘大人，你现在是一县之令，你可不能这么说，虽然这只是一把火锹，但它毕竟是公家财物，如果一个人连一把火锹都看得上，金银珠宝他还不贪？遇到有人送钱物他还不要？许多贪腐官员，就是从一些蝇头小利贪起的！"

"海大人教训得是，以身一定谨记你的教诲！"在来淳安之前，刘以身就听说过，这海县令非常清廉，但他没想到，一把平常用的火锹找不着，海瑞也要买把新的来补上，敬佩之情油然而生。

"连一把不到一钱银子的火锹不见了他都要赔，这样的官实在是难找！"

"清官，真是清官啊！"

"这是咱们淳安人的福！"

……

在场的人议论不止。

公物交接仪式很快完毕。

"哦，刘大人，你来一下！"海瑞叫刘以身。

"好，马上！"刘以身正在给主簿倪华交代事情，听海瑞叫他，赶紧走过来。

刘以身跟着海瑞进了他原来的书房。

海瑞走到书柜边，从一个柜里拿出一本书稿递给刘以身："刘大人，这是我在淳安任上的一些体会，我已将它们汇集成册，我将它送与你，就算是留个纪念吧。"

刘以身接过书稿一看，是一本《淳安政事》，知道这是海瑞多年的心血凝聚而成的，忙将书稿递还给他："海大人，这礼太重了，以身实在是不敢接受，请大人收回！"

"这是我送你的东西，又不是赃物，你有啥不敢接受的？收着，也许对你今后的施政会有些帮助！"海瑞将书稿塞到他手上。

"海大人，这样的重礼，以身何以回报啊？"刘以身接过书稿，激动地看着海瑞。

海瑞说："你不用再说了，只要你今后清廉为官，在任上能替淳安的老百姓办实事，就是对我最好的回报。"

见他这么说，刘以身觉得再推就是却之不恭了，赶紧说："既然海大人如此厚爱，那以身收下便是，请海大人放心，以身定会牢记你的嘱托，洁身自好，尽我之力替淳安的老百姓办些实事，绝不辜负您的一番苦心！"

海瑞说："有你这句话，我就放心了。"

刘以身想表达一下他的心情，对海瑞说："海大人就要离开淳安了，为了表达小弟的一份心意，我请海大人一家吃个便饭，就当是给你饯行。"

"饭可以吃，但要从简，不得铺张浪费，三菜一汤，绝不能多！"海瑞给他定下规矩。

"行，就按海大人说的，三菜一汤。"刘以身知道他的脾气。

吃完饭，海瑞带着家人和仆人准备离开。

刘以身和县衙的人陪着海瑞一家走出县衙大门，海瑞突然想起什么，朝旁边的黄三叫道："黄三，给我取笔墨来！"

"是！"黄三说完返回县衙大堂去给海瑞取笔墨。

众人不知道海瑞要干啥。

"给，大人！"黄三从县衙大堂拿来了海瑞平时用的笔，端着盛有墨汁的墨砚，把毛笔递给海瑞。

海瑞走到县衙大堂前的照壁前，将毛笔在砚台里饱蘸浓墨，稍稍凝神，提笔在照壁上挥毫起来。

"尔俸尔禄，民脂民膏。良民易虐，上苍难欺"，转瞬，十六个龙飞凤舞的大字飞上了照壁。

"好，好！"众人一齐鼓掌。

刘以身心里明白，海瑞之所以在照壁上题下这十六个字，目的是想用它来警醒自己和淳安的官员要奉公守法为民办事，赶紧握着海瑞的手说："谢谢，谢谢海大人，我和淳安的官员一定会把它作为座右铭，时刻牢记在心！"

海瑞笑着说："刘县令能明白我的意思就行！"

"好，时候不早了，就此告辞！"海瑞拱手和大家告别。

"一路保重，以后常回淳安！"刘以身拱手回礼。

- 3 -

"海县令不能走!"

"海县令,您不能走啊!"

"把海大人留下!"

……

海瑞和家人正要转身离开,不远处涌过来一大群人。他们之中,有县城的住户、商人、教师,也有来自附近乡镇的乡民。

他们听闻海瑞要离开淳安去江西赣州府的兴国任县令,就自发组织起来到县衙来挽留他。

"谢谢,谢谢各位父老乡亲,海瑞的去留吏部已有定论,而且任命文书已下,实在是没办法,海瑞只能离开你们了!新来的刘县令,他也会做个好县令,公正廉明地替大家办事,你们放心吧!"

"我们真不想让您走啊,恩公,您就留下来吧?!"

"海老爷,您就留下来吧!"

海瑞一听,这声音很熟悉,他仔细一看,是邵时重夫妇,二人跪在前面,脸上挂满了泪水……

"请起,请起!"海瑞走上前去,准备将邵时重夫妇扶起。

"恩公要是不答应我夫妇俩的请求,今日我夫妇俩就跪着不起!"

"是啊,恩公要是不答应的话,我俩就跪着不起!"

邵时重夫妇犟着不起来。

见此情景,海瑞心头一热,泪珠从眼里滚落下来。

看到海瑞流泪,在场的不少人都跟着落泪。

是啊,咱们当官只要真心替老百姓办实事,哪有不受爱戴的啊!

"你们先起来,我才考虑留不留下!"见他俩不起来,海瑞只好哄他们。

邵时重夫妇这才站起来。

"恩公,您一定得答应我们呀!"邵时重和妻子眼巴巴地望着海瑞。

见乡亲们挽留海瑞的激情不退,刘以身怕耽误了海瑞的行程,便上前对大家说:"乡亲们,你们请回吧!海大人一家还要赶路,大家就不要耽误他们了!"

"不行,得把海县令留下!"

"对，得留下他！"

……

乡民们又是一阵高呼。

刘以身继续说道："我刘以身向大家保证，我会像海大人一样，做个百姓敬仰的好官！请大家放心就是，在我任上，我一定会秉公办事，一定不会贪受一分钱财，我也会和海大人一样，带领父老乡亲们一起共同建好咱们的淳安！"

乡民们还是不让道。

刘以身流着泪告诉他们："海大人这样的好官，不仅你们舍不得他走，我刘以身也舍不得让他走啊！可朝廷已经下了调令，海大人不走不行，他不走就会违反朝廷命令，就会被朝廷问罪，你们能忍心让海大人被朝廷问罪吗？我想都不愿意吧？刚才我也说了，我会像海大人一样，一定会秉公办事，不贪受一分钱财，也会带领大家一起建设咱们的淳安！再说，海大人不是无情无义的人，以后他还会回来看咱们的，大家就听我刘以身一句，让海大人走吧！"

"是的，今后我一定会来看大家的！"海瑞接过话。

"海老爷，您说话一定要算数啊！前些年要不是您，我这把老骨头早就打鼓了啊！呜……呜……"一名弯腰驼背的老妇呜咽着朝海瑞喊道。

海瑞一看，是前年闹大饥荒时，他送饭团给她的那位老妇人。当时，因为出现了罕见的干旱天气，农户们种下的庄稼颗粒无收，淳安县到处闹饥荒，县境内的人逃的逃散的散，路旁边躺着不少饿死的人。那日，海瑞带着人去乡下，和大家一起想办法度过荒年。在路边，海瑞遇到了这位被饿得奄奄一息的老妇人，便从口袋里摸出自带的干粮饭团给老妇吃下，又把带的水给她喝了几口，老妇人才慢慢地苏醒过来。要是不海瑞，这老妇人怕是活不到今日。

"算，咋不算啊？父老乡亲们，你们放心，到了那边，我有空了就来看你们！"海瑞对老妇人说，也是对乡亲们说。

"既是留不住，那我们也不耽误您了，只是由此去兴国路途遥远，您要保重身体啊！"老妇人的话发自肺腑。

"海大人，您要保重啊！"

"海县令，您们一家一路平安！"

"一定要来看我们啊！"

……

乡亲们对海瑞一家恋恋不舍，不想离去。直到看不见海瑞和他家人的影子才慢慢散去。

– 4 –

海瑞带着家人经过半个多月的颠簸，在一个傍晚，来到了兴国县县城。

兴国县县衙各官，早已列队在县衙门前等候。因为原来的县令卢宁已经离任，迎接他们的就只有县衙佐贰官和六房司吏。

"海大人，下官可把您等来了！"县丞祝斌见新任县令一家到了，赶紧走上前来和海瑞及家人打招呼。

"欢迎海县令一家到来！"

"老夫人、王夫人，您们辛苦了！"

县衙的主簿、典史，还有吏户礼兵刑工六房司吏，也上前与海瑞和他的家人打招呼，欢迎他们一家的到来。

随后，海瑞一家随县丞祝斌等人进入县衙。

"哎，卢知县呢，咋没见他呀？"海瑞还不知道前任知县卢宁已经去上任了。

祝斌有些不好意思地告诉他："对不起，海大人，卢大人等了您好长一段时间，前几日上面催他赶紧去上任，他只好先走了。"

"手续如何交接他有交代吗？"

"县衙大印他已放在下官那儿，其他的他已交代下官，说等大人您来了，委托下官与您进行交接。"

"行。"

"海大人，我看时候不早了，您和老夫人、海夫人旅途奔波劳累，不如先把饭吃了休息一夜，明日再进行交接，您看如何？"

海瑞抬头看了看，见天已经黑了下来，便说："既是如此，明日就明日吧，也不急在这一时。"

"但有个事，晚餐从简，不得铺张！"海瑞强调。

"那是那是！下官已经听说了，海大人一向主张节俭！"祝斌笑着回答。

海瑞说："本县一路走来，注意观察了一下，兴国这个地方，并不比浙江严州府的淳安县富裕，以后大家都要注意厉行节约。"

"下官知道！"祝斌赶紧回答。

随后，海瑞一家和祝斌他们一起进餐。

要开席的时候，老仆人汪熙走到王氏身边，悄悄对她说："夫人，今日可是老爷的五十岁生日啊！"

"哟，这么久一直忙着赶路，你不说我们大家都忘了呢！好，知道了！"王氏说。

汪熙回到座位上。

"来，各位，咱们一起敬海大人和老夫人、海夫人，对他们一家的到来，表示热烈欢迎！"

虽说接待简朴，但基本的礼节要有。开席后，祝斌端起酒杯站起来对县衙的人说。

"感谢各……"

"我先说一句吧！"

海瑞正要感谢县衙的人，妻子王氏打断他的话。

海瑞和谢氏感到很突然，以为王氏不懂礼节。

王氏看着海瑞和谢氏问道："夫君，母亲，你们知道今日是啥日子吗？"

海瑞和谢氏一愣。

还没等海瑞和谢氏说话，王氏接着说："今日是腊月二十七，是我夫君五十岁的生日！"

海瑞和谢氏这才明白过来。

谢氏笑着对大家说："哟，你们看，这么久只顾着赶路，连我瑞儿的生日都忘了！"

海瑞接过话，笑着说："不要说娘您忘了，就是我自己也忘了！"

"这不正好？我等一起来为海大人祝寿！诸位，我等实在是荣幸，不但迎来了咱们的县令大人，还能在此为他的五十岁生日祝寿，来，我提议，为海大人的五十大寿干杯，祝海大人福如东海，寿比南山！"

"祝海大人福如东海，寿比南山！"在祝斌的带领下，大家齐声高呼。

"谢谢各位，谢谢各位！"海瑞双手端起酒杯向大家道谢。

"也祝老夫人、海夫人健康长寿，福寿万年！"祝斌没有忘记祝福谢氏和王氏。

"祝老夫人、海夫人健康长寿，福寿万年！"大家又跟着祝斌祝福谢氏和王氏。

"谢谢大家!"

"谢谢,谢谢!"

谢氏和王氏等人也赶紧向祝斌和大家道谢。

祝斌早已安排好住的地方,吃过晚饭,海瑞一家便到住处休息。

看到县衙的条件没淳安好,海安嘀咕道:"这地儿,比淳安差得真是太远了!"

汪熙说:"差就差些吧,咱老爷都没叫苦,你叫啥苦呀?要让老爷和老夫人听到了,不骂你才怪!"

"不知道老爷会在这儿待上几年?"

"管他几年啊,老爷在,咱们就在!"

"老汪,你就不觉得这地方环境太差吗?"

"海安,不是我汪熙说你,咱们这些做下人的,只要老爷能够留下咱俩,有口饭吃就已经不错了,哪还能去谈环境好坏呀?"

"我说老汪,你就不怕死在这儿?"海安说。

"哎呀,我这把老骨头,死在哪儿不是死呀!"

"真没出息,好了,不和你说了,睡觉!"

汪熙本想说海安,见他已用被子蒙着头睡了,只好摇摇头。

– 5 –

次日,在主簿沙海洋的主持下,县衙举行了交接仪式。

"海大人,这是县衙的大印!"县丞祝斌捧出县印,郑重地交给了海瑞。

海瑞接过大印,随后,按规矩拜庙、点卯、盘库、阅城……

交接的程序就算基本完成了。

海瑞开始了他在兴国的从政生涯。

第19章　寻访名贤

海瑞仔细看了书稿，觉得很不错，内容丰富不说，叙述有法，论理有章，便说："此书不错，真乃风水书中之精华，建议廖老先生尽快将之刊印出来，以发扬廖氏一门风水之术。"

- 1 -

从祝斌和沙海洋等人口中海瑞了解到，去年闽、赣、粤等地发生了流民起义，因为这一年是古历辛酉年，人们就叫它辛酉兵变。

这次兵变也波及兴国县，流民们三次劫掠焚毁兴国县城，导致这儿闾里萧条，十室九空。

此时兵变的影响仍未消除，县境仍是千疮百孔满目疮痍，放眼一看，到处是被毁的村庄、荒芜的农田，百姓流离失所，和海瑞初到淳安时没多大差别。

望着眼前的悲凉景象，海瑞心里涌起一阵巨大的疼痛。他想，当年到淳安县，自己做的第一件事就是先到一些衙署和乡村进行调查，对县情作方方面面的了解之后，再做出具体的施政方略，看来在这兴国县还得这么做。

海瑞清楚，自己若大张旗鼓下去调查，必然得不到实情，还是得明查暗访，这样得来的情况才会真实。

通过一个多月的明查暗访，海瑞对兴国县的屯田、地利、隘所、赋役、逃民、清官、冗员方方面面的情况有了详细了解。

他还发现，这儿官府的苛捐杂税同样多如牛毛，官员随意摊派和敲诈勒索百姓的事也是时有发生，乡绅大户盘剥农户现象也很严重，县衙各衙署机构臃肿人浮于事。

"唉，真是天下乌鸦一般黑呀！"海瑞不禁感叹道。

海瑞在想，要改变兴国的这种状况，必须像在淳安一样，来一场大刀阔斧的革新，狠下心清除以往的积弊和陈腐旧习，否则兴国的发展和兴旺无从谈起。

将调查得来的情况作了一番梳理和分析后，海瑞制定了他来兴国县的第一个施政方略，并将它命名为《兴国八议》，提出了自己的革新主张。

身为官场中人，海瑞心里明白，自己的这些革新主张还须取得上司的批准和支持，才有可能得以顺利实施，于是他把自己的这个施政方略呈交给南赣巡抚吴百朋。

吴百朋也算是个有作为的官员，看到海瑞刚来兴国县任县令就有此举动，赶忙展开他递上来的呈文，看他到底写了些什么。呈文一展开，吴百朋见上面写道："一曰屯田。永乐二年，发军下屯，大造屯田黄册，军民各有定分，诚足兵足食，良法矣。自是而后，军无耕作之劳，倍收子粒之利，事犹可言……第不知于事体如何也。二曰地利。昔人谓江右有可耕之民，而无可耕之地，荆湖有可耕之地，而无可耕之人……一举而合省之民，均有利焉，是亦抚绥一盛举也。三曰隘所。奉文查议各地方隘官，应否禁革。兴国县先年止设隘长总小甲，无隘官、千百长，不能诘奸缉盗，专一吓骗商民……卑职未敢以为然也。四曰均赋役。古先圣王，九两民业，九职厚民生，而其取诸民也。又定为九赋之法。盖别内外远近，多寡轻重，使适相均称也……君子有絜矩之道，而天下之情无别也……"

海瑞在这篇《兴国八议》里，从八个方面充分论述了兴国县目前的状况。第一，军屯制度日益腐败，军队不断侵占与屯田相邻的民田；第二，隘所设置过多，隘长不但不诘奸缉盗，反而吓骗商贾和老百姓，隘所成为扰乱社会治安、掠夺民财之所；第三，赋税繁重，百姓不堪重负……这些弊端逼得老百姓大量往外逃亡，导致县境内人丁稀少村巷萧条，县城外房屋没几栋、人户没几家。也就是说，时下兴国县地薄民贫吏治腐败，积重难返，请求朝廷和江西布政使司派员体察实情，调查各县丁粮虚实，合理分摊赋役，减轻兴国县老百姓的负担。

海瑞写这篇呈文，目的是想让朝廷和州府减轻百姓的负担，厘清宿弊发展生产，让地方上的老百姓尽快过上好日子。

"好，好！写得漂亮，不但有理有据，而且论理也非常充分！"吴百朋大加赞赏，立即提笔在呈文上作了批复，同意海瑞提出的改革意见和主张，并立即叫人送给海瑞。

见自己的主张得到了巡抚大人的认可，海瑞非常高兴，马上把县丞、主簿、典史等佐贰官及吏、户、礼、兵、刑、工六房的司吏全召来，共议实施改革事宜。

"……机构臃肿，人浮于事；苛捐杂税，多如牛毛；贪赃枉法，敲诈勒索……这些现象，无处不有，无时不在，给诸位说句心里话，本县没有想到在这么边远偏僻的一个小县，同样存在着这么多弊病。这些弊病不除，诸位，兴国何以发展？兴国何以兴旺？"海瑞把自己调查得到的情况作了通报，然后望向大家。

"他来兴国还不到两个月，怎么就知道这么多事？"

"这些事他是怎么知道的呀？"

"看来，这个新来的县令不简单！"

"兴国这些诟病，根子太深，一时半会儿谁也改变不了！"

"说不定他真有什么良策！"

"那就看他了！"

海瑞的话句句是事实，下面的人听了，不禁议论起来。

接着，他又告诉大家："可能有人会问，本县刚来兴国不久，咋就了解了这么多情况？我实话告诉各位，这一个多月来，本县一直都是在搞调查，刚才说的这些情况都是本县从下面搜集到的，并不是本县在此空口胡说……"

"原来如此，我说他刚来咋就了解这么多事！"

"依老夫看，他这是要大干一番了！"

"在淳安他就是这样，大刀阔斧搞改革，老百姓倒是得了不少利，可官场上的人就惨了！"

"莫非他在兴国也要这么做？"

"不是没有可能！"

有些官员开始担心起来。

"好啦，大家别吵了，听海大人说！"见下面的人议论纷纷，县丞祝斌赶紧说。

海瑞说："面对这样的状况，本县决定，在兴国实施一系列改革。据本县所知，目前一些大户人家和乡绅，占有成百上千亩好田好地，可这些人家每年向朝廷缴纳的赋税却少得可怜，有的甚至分文不缴纳，而那些仅有几亩或十来亩瘦田薄地的人家，每年却要向朝廷缴纳比这些大户和乡绅多若干倍的赋税，你们说，这公平吗？不公平！本县已经听说，在本县到来之前，前任县令卢宁卢大人就已带着人对辖区内的田地重新进行过清丈，但清丈还没结束他就调走了。本县决定，在他的基础上继续对辖区内的田地进行清丈，根据清丈核定的田地亩分重新确定每家每户的赋税和所服徭役，还老百姓一个公道！"

"对呀，这才是为老百姓做事嘛！"

"有些大户真是太不像样，拥有大量田地，可就是不想缴税，该服的徭役也不安排人去服！"

"这种人是该收拾，再不收拾，真是对不起老百姓！"

……

"待本县说完，你们再说好不好？"见下面的人又在议论，海瑞说。

见他这么说，这些人才不说话了。

"本县可以告诉各位，清丈田地，平均赋税和徭役，这只是本县在兴国实施改革的第一步，还有许许多多的事都得改革，比如，各衙署里的冗余吏员，官员们花样繁多的常例，还有一些不该有的苛捐杂税，各衙署用纸浪费的现象等，本县均要革除。"

"他说啥？要革除大家的常例？"

"他自己不是也有一份吗？"

"连办公用点纸他都要管，是不是管得太多了？"

"哼，裁减各衙署冗余吏员，我看他能不要谁？"

……

一听他说这些，下面的人又议论起来。

见下面又在不停地议论，海瑞干脆不说话，等他们说完了再说。

沙海洋见状，赶紧制止下面那些人："刚才海大人说了，你们有话等他说完你们再说。"

下面的人这才停止议论。

海瑞见大家不说话了，这才接着说："实话告诉大家，对这一系列的改革，本县已经有一些措施，而且已将之写成《兴国八议》呈报上面。昨日，本县已接到南赣巡抚吴百朋吴大人的批复，同意本县的意见。时下，就是让诸位去组织实施，请各衙署履行职责，分头做好自己该做的事……"

海瑞按照他的施政方略，开始在兴国县掀起了一系列政治改革。

清丈田地平均赋税徭役，裁减多余机构清除闲职吏员，废除官员不该收的各种常例为百姓减负，打击豪强恶霸还一方社会平安等，通过这一系列的改革，兴国县的面貌渐渐有了改观，官场开始呈现出风清气正的景象，原先外流的农户也开始返回故土耕种田地，社会风气日渐好转，治安较为稳定……

见自己的改革取得了初步成效,海瑞脸上露出了些许笑容。

- 2 -

海瑞雷厉风行实施政治改革,一心替老百姓办事,当地一些乡贤名士对他很是佩服,不少人都来县衙或他的官邸拜访,与他促膝谈心,而海瑞呢,也经常下到乡村走访一些乡贤名士。

一日,海瑞带着人到梅窖乡一个叫三僚的村庄去清丈田地。他和大家一起丈量土地,巡视勘察,定弓步,厘册号,审田形,忙得直不起腰来。

下午忙了一阵,海瑞觉得太累,叫大家歇一会儿。

正在丈量的这块田地是在半山腰上,海瑞见旁边有个小山堡,便叫大家到那儿去坐着歇会儿。坐在那儿还可以观看山下山庄的风景。

"哎,你们发现没有?我发现这个山庄的地形很有意思!"海瑞左手在额前搭成凉棚,朝前面的山村扫视。

"海大人,您说什么?这个山庄的地形很有意思?"坐在他旁边的沙海洋问。

海瑞微笑道:"你们瞧,从这儿往下看,下面的山庄正好是一张完整的太极图!"

"嗯,下官看到了,海大人可能还没听说过,这个山庄尽出风水大师!"沙海洋告诉海瑞。

海瑞一惊:"你说啥?这个山庄尽出风水大师?"

"是的,海大人。"沙海洋一脸微笑。

"出了哪些风水大师?"海瑞问。

见他很感兴趣,沙海洋告诉他,这儿原先是个默默无闻的小山庄,唐僖宗坤符十八年,被朝廷封为金紫光禄大夫、司天监正的风水大师杨筠松携其门徒曾文讪、廖瑀、刘江东、黄妙应等人来此授徒传业二十余年,这儿便成了风水宝地。时下这个山庄里居住的人,主要是曾、廖两户大姓人家。从他们的祖上曾文讪、廖瑀起,这儿的风水之术便代代相传。据记载,自五代十国以来,这儿就出了十多位国师,五六十位明师,白衣承昭等人还被皇帝直接封为钦天监博士。到了明代,这儿的风水先生更是成了皇家的御用风水师,先后有数十人奉诏供职于朝廷的钦天监，专司皇家风水。

"这儿真有那么多能人？"听了沙海洋的介绍，海瑞很是好奇。

沙海洋笑着说："当然啦，这儿的乡民还广泛流传着廖公廖均卿为皇家定陵区的佳话呢！"

"说来听听！"沙海洋的话，勾起了海瑞对这个村庄的浓厚兴趣。

见他真的想听，沙海洋便给他讲开了。

"永乐五年，徐皇后不幸病故，成祖因为想迁都北京，便下令将徐皇后的棺材暂时安放在南京的皇宫内。随后，命礼部尚书赵羾四处寻访风水大师，等确定皇家陵区后再安葬徐皇后。赵羾四处走访了许久，听说这儿的廖均卿精通风水，便把他引荐给成祖，成祖在南京召见了廖均卿。"

"连成祖都接见过此人？"海瑞打断沙海洋的话。

"嗯，是接见过他！"沙海洋告诉海瑞。

海瑞连声称赞："了不起，了不起！"

沙海洋接着说："成祖问了他一些风水方面的事，廖均卿说得头头是道。又听说他是唐朝风水大师杨救贫的传人，成祖便命他去为皇家寻找风水宝地。廖均卿带着人先后在南京察看了孝陵的风水，然后又去了北京。在北京，廖均卿先后察看了京西燕台驿、玉泉山、潭柘寺、香山、茶湖岭、洪罗山、百叶山，然后又察看了辛家庄、斧口、谷山、文家庄、石门驿、汤泉、禅峰寺，还是没有寻到真龙宝地。"

"莫非是徒有虚名？"海瑞问。

沙海洋说："不是徒有虚名，您听我说。"

"永乐五年六月初一，廖均卿带着人到了北京昌平的黄土山。来到山顶，廖均卿登高纵目，见该处风水绝妙，为他处所不及，便马上绘了张山势草图揣着下山。他将在北京寻找风水宝地的情况写成奏本，重新绘制好他在黄土山察看到的山势图，便回南京准备给成祖禀报寻找风水宝地的情况。八月初一，他趁成祖上朝时献上了他的奏本和山势图，并建议成祖亲临黄土山察看，成祖听了非常高兴。"

海瑞禁不住又问："成祖答应去黄土山了吗？"

"海大人您听我说！"

"当时，还有两个风水大师，一个叫王侃，一个叫巫涯，这二人也各自向成祖献上了他们为皇家寻找风水宝地的奏本，成祖比较了一下他们三人的奏本和绘制的图形，最后决定采纳廖均卿的建议，并定于初八日带着风水师一同前往黄土山定穴位。初八日半夜子时，成祖将几位风水大师召至跟前告诉他们，相比之下廖均卿所寻地点要好些，于是便赐廖均卿一把金剑、一把银锄，让他去点龙穴。到了黄土山，廖均卿放好罗盘定好线，用成祖赐的银锄开挖放棺材的地穴。听说穴位定了，成祖非常激动，便下令将黄土山改名为天寿山。"

海瑞笑着问沙海洋："就这样算了？"

"当然不是！"沙海洋说。

海瑞说："那你说！"

沙海洋接着告诉海瑞："永乐八年某日，成祖召见廖均卿和王侃、巫涯三位风水大师，询问天寿山皇陵工程进展情况。王侃、巫涯二人见廖均卿抢了头功，对他心存恶意，便向成祖禀报，说廖均卿挖伤了地脉，地穴涌泉不止，他这是在戏弄皇上。成祖问廖均卿是怎么回事，廖均卿给他解释，说这是真龙聚处穴位无偏，只要皇上亲临此处泉水会立即停止。成祖听了觉得有些神奇，便叫大臣们择个好日子，然后带着文武官员和廖均卿等人前往天寿山。到了天寿山，成祖见地穴之处泉水依然在喷，于是龙颜大怒，责问廖均卿为何要戏弄他。廖均卿不慌不忙，说臣还没喝山，只要臣几声大喊，罗盘下地一照，泉水便会立即停止。成祖一听，叫他赶紧喝山。廖均卿摆好架式，向山上喝道：'山家二十四向，土地、龙祖、天星、地曜、二十八宿，祖师杨救贫曾文讪、廖瑀公，今弟子廖均卿为永乐圣主立万年之基业，千载之皇陵，万里山河皆归圣主，现在皇帝御驾亲临，着令泉水立即停止……'"

"说来奇怪，廖均卿还未喊完，地穴内的泉水就不往上冒了。成祖龙颜大悦，正要赏赐廖均卿，廖均卿又向成祖奏道：'泉下三尺，有石盆一个，石鲤鱼一对，请万岁立即下令开挖。'成祖马上令人往下探挖三尺，果然挖出了石盆和石鲤鱼。成祖夸奖道：'神了，神了！廖均卿非凡人，诚乃仙风道骨，喊山山应，喊水水停，真乃朕之奇遇！'"

"后来呢？"海瑞问。

"成祖说要封他官，廖均卿拒绝了，成祖要赐他许多黄金，他也不要，他说事已做毕得回老家三僚了，成祖只好封他个有名无实的官号，赐给他一把扇子，还在扇面上题了一首诗。"

"成祖封给他啥官号？"

"钦天监五品灵台博士。"

"那在扇面题的又是啥诗呢?"

"江西一老叟,腹内藏星斗;断下金石鲤,果然神仙口;赐官官不要,赐金金不受;赐尔一清风,任君天下走。"沙海洋随口吟出。

"咋听起来像是你题的一样!"海瑞开玩笑地说。

"海大人,下官可不敢,下官也没那文才!"见海瑞这么说,沙海洋赶紧说。

"没想到三僚还出了这么个能人!"海瑞说。

"这样的能人多嘍!"

"还有谁啊?"海瑞问他。

"还有廖文政、廖景庵、曾从政、曾邦旻……"沙海洋数了一大堆。

"看来这廖文政、廖景庵是廖均卿的后人了。"海瑞说。

沙海洋说:"正是!廖文政是廖均卿的孙子。嘉靖十五年,朝廷在京城举行风水术士考试,廖文政去应考,得了第一名,嘉靖皇帝便叫他去安徽凤阳给皇家迁造先帝仁宗皇帝的陵墓。嘉靖二十一年,仁宗皇帝陵墓迁造完毕,他便请求回乡了。"

"此人还在世吗?"

"已去世多年,但他的孙子廖景庵还在。"

"这廖景庵如何?"海瑞问沙海洋。

"当然也是个风水大师!当年他随祖父廖文政去给仁宗皇帝迁造陵墓,嘉靖皇帝也给他封了个钦天监博士,然后就随他祖父回来住在这山下的庄子里。"

海瑞说:"日后你带本县去会会此人。"

"行!"沙海洋高兴地说。

"哎,海大人也喜欢风水术?"沙海洋突然问海瑞。

海瑞告诉他,他不是喜欢风水术,而是想借风水术来改造这儿的环境。

"休息够了吧,休息够了继续干活!"海瑞对大家说。

"好,干活!"大家齐声回答。

海瑞和大家又继续丈量田地。

— 3 —

一日夜里,海瑞把沙海洋叫到住处。

海瑞递上一杯茶给沙海洋,对他说:"这两日县衙事情稍微少些,明日你陪本县去趟三僚，去会会你说的那个廖景庵。"

"好的，海大人去时叫下官就行！"沙海洋接过茶水。

"嗯。"海瑞点头。

"就这事？"沙海洋问。

海瑞说："就这事。"

沙海洋喝完杯中茶水，海瑞准备给他续满，沙海洋用手捂着茶杯站起来说："行了，海大人，下官还有点事，就先告退了。"

"既是如此，那你去忙。"海瑞站起来送他。

"明日再会！"

"你慢走！"

次日，沙海洋带着海瑞来到三僚村。

到了三僚村村口，沙海洋指着前面不远处一座院子说："他就住在那个院子里。"

"住的地方不错嘛！"海瑞看着前面的院子说。

沙海洋告诉海瑞："等会儿到了他家，你看他院子的坐向。"

"哦。"海瑞应道。

不一会儿，沙海洋和海瑞来到了廖景庵家院子大门前。见门关着，沙海洋上前叩门："请问有人在家吗？"

"来啦，来啦！"一个女人的声音从门里传出。

门开了，一位五十来岁的女人走出来。

见了沙海洋，女人笑着说："哎哟，怎么是你啊，沙主簿？来来来，快进进来坐！"

这女人是廖景庵的夫人，沙海洋来过廖景庵家，她认识沙海洋。

"哦，我给你介绍一下，这位是新来的县令海瑞海大人！"沙海洋指着海瑞告诉女人。

"哟，原来是海县令啊，景庵常提起你！"女人听说他就是海瑞，赶紧打招呼。

"这是廖老先生的夫人！"沙海洋又给海瑞介绍。

海瑞道："廖夫人好！"

"别客气，走，进屋去！"廖夫人笑着将他们让进院子里。

"廖老先生在家吗？"沙海洋问廖夫人。

"在，不在还去哪儿？"廖夫人笑着说，随后又问，"你们有事找他？"

"是我想拜会拜会他！"海瑞接过话。

"哦，是这样啊！他在家，好像在书房里！"廖夫人告诉海瑞。

"景庵，海县令来了！"进了客厅，廖夫人赶紧去书房叫廖景庵。

廖景庵在书房里问："老婆子，你说啥？"

"海县令和沙主簿他们来了！"廖夫人重复道。

"海县令来了？"廖景庵在书房里问。

"是啊，客人都进屋了，你还不快出来！"廖夫人说他。

"马上，马上！"廖景庵在屋里说。

"哎哟，今日是什么风啊，把二位吹到老夫家里来了呀！"见了海瑞和沙海洋，廖景庵打趣地说。

"前不久听沙主簿说起老先生，本想前来拜访，但事务繁多，以致今日才来拜会！"海瑞站起身和他寒暄。

"哎呀，老朽何德何能呀，让海县令屈驾寒舍，有愧，有愧！"廖景庵很是谦虚。

海瑞笑着说："咋能这么说？廖先生是一方名贤，本县来家里拜访也是应该的嘛！"

"让海县令见笑了！"

"哪里，哪里！"

廖景庵说："沙主簿倒是来过老夫这儿几次！"

"是啊，都是来向廖老先生请教一些问题！"沙海洋笑着说。

廖景庵仍谦虚道："请教谈不上，相互学习切磋是可以的！"

"廖老先生谦虚！"沙海洋说。

"来，海县令，喝茶！"

廖夫人端上茶水递给海瑞和沙海洋。

"谢谢！"

"谢谢廖夫人！"

二人向廖夫人道谢。

"不必客气！"

"廖老先生，今日海瑞来访，一来是拜望一下老先生，二来是想向您请教一些事情，还望老先生不吝赐教！"海瑞将话题引入正题。

"哎，过奖，过奖！"廖景庵谦虚道。

海瑞喝了口茶，说："老先生谦虚，谁不知道廖老先生是风水大家啊！"

"老朽不才，不过，说到风水之术，老朽倒是略懂一二！"廖景庵把茶杯放到旁边的红木茶几上。

海瑞说："老先生不是略懂，而是这方面的专家了，要不然嘉靖皇上哪会封你个钦天监博士呢！"

"是啊，这可不是一般的封赐，而是当今皇上亲封的，并非一般人可得！"沙海洋在一旁附和。

"也倒是！"廖景庵一副淡然的样子。

海瑞问："廖老先生，这风水之术真有那么深奥吗？"

廖景庵说："说它深奥，也深奥，因为还是有很多人不懂；说它不深奥，也不深奥，世间万事万物，只要你去研究，也不是什么很神秘的东西！"

"哦，原来是这样啊！"海瑞作深思状。

"真的有这么简单？"沙海洋问廖景庵。

廖景庵说："是啊，就这么简单！"

沙海洋笑着说："看来老先生一定是得了'糯饭公'他老人家的真传了！"

"谁是'糯饭公'啊？"海瑞有些好奇。

廖景庵笑道："我老祖廖公讳均卿在世时特别喜欢吃糯米饭，廖氏后人便称他为'糯饭公'，如今，每到清明节这山庄里的人都要祭祀他！"

"哦，还有这么个故事啊！"海瑞笑道。

几人聊了一阵，沙海洋提议去瞻仰一下文政公的墓地。

廖文政的墓地离这儿不远，几人很快就走到了。

"这便是老朽的祖父廖公之墓地。"廖景庵指着廖文政的墓碑告诉海瑞。

"这墓地修得真是大气！"沙海洋不无感慨。

廖景庵告诉他们，文政公这墓地是他自己在世时选的。

"嗯，下山虎座势，实是大气，不愧为风水大师！"海瑞看了一下这墓地的座向，然后轻声称赞道。

"这当然喽，一代风水大师，连自己的墓都搞不好，那还行？"

听他们两人这么夸奖，廖景庵急忙道谢："谢谢海县令和沙主簿夸奖！"

海瑞走近墓碑，仔细观看墓志铭："……先后授钦天监博士、钦天监员外郎、登士佐郎等职。嘉靖十八年，廖文政奉旨治理黄河，任治河钦差，驻凤阳府，征发安徽、河南民工三万人，操劳三年，根治二省水患……"

"不错，不错，实在是有功之人！"看完，海瑞感叹。

廖景庵说："老祖在世，倒是为百姓做了点事！"

海瑞说："不是做了点，是大功在世啊！"

看完了文政公的墓地，天已经黑了，几人又回到廖景庵家中。是夜，海瑞和沙海洋就住在廖景庵家里，三人聊了一夜。

此后，廖景庵便和海瑞常来常往，有的时候海瑞去廖景庵家，有的时候廖景庵来海瑞住处。因为话很投缘，俩人一见上面，很多时候都彻夜长谈。

– 4 –

廖景庵想将廖氏一门风水术发扬光大，曾将他随祖父廖文政为皇家看风水记下的笔记整理成书，并将其命名为《文政公实录》。

在与海瑞的多次闲聊中，廖景庵觉得海瑞看待事物的观点有可取之处，想让他帮自己指点指点。

一日，他带着《文政公实录》来到海瑞住处。

"海县令，老朽跟随祖父文政公替仁宗皇帝迁造陵墓时做了些笔记，老朽将这些笔记整理了一下，并将它命名为《文政公实录》，现将此书带来，想请你指点一二，不知海县令可否赐教？"廖景庵说着将书稿拿出来递给海瑞。

海瑞见了，高兴地说："能拜读到廖老先生宝物，已很荣幸了，哪还敢谈'赐教'二字？"

"谢谢海县令！"见他乐意为自己指点，廖景庵赶紧道谢。

海瑞仔细看了书稿，觉得很不错，内容丰富不说，叙述有法，论理有章，便说："此书不错，真乃风水书中之精华，建议廖老先生尽快将之刊印出来，以发扬廖氏一门风水之术。"

"海县令过奖了，哪有你说的这般好？说到刊印，那还得修整修整，不能让它出些许差错，也还得筹借经费。不过，请海县令放心，老朽定会尽快完成此事！"廖景庵见他如此高度评价这本著述，觉得受之有愧，赶紧说。

"廖老先生若不嫌弃，我来给文政公的画像题一首诗，您觉得如何？"海瑞看到里面有一幅廖文政的画像。

听他说要为里面的画像题诗，廖景庵甚是高兴，赶紧说："若能得海县令题诗，那真是锦上添花，老朽求之不得！"

海瑞找来纸和墨宝，凝神想了一下，提笔写了一首像赞诗："德容怡怡，冠服堂堂，嶽渎明鉴，星斗胸藏……公之有庆，悠久无疆。"

然后署名：琼州海瑞题赠。

"妙，妙，妙！海县令真可谓是饱读诗书腹中藏墨，出口成章，出口成章啊！"廖景庵看着海瑞题在纸上的诗，不停地夸赞。

海瑞谦虚："哎，涂鸦之作，难成大雅，只怕是入不了廖老先生法眼！"

"否也，否也！"廖景庵连连摇头。

二人又聊了些有关风水的话题，便休息了。

次日起床，洗漱一番，廖景庵便带着他的著述，还有海瑞题的画像诗，兴高采烈地回去了。

"有才，真是太有才了！"

廖景庵逢人便夸赞海瑞的才华，还把画像诗示以他人。

又一日，海瑞和沙海洋来到廖景庵家，三人又聊了起来。聊着聊着，廖景庵问："海县令，不知你注意到没有？"

"注意什么？"海瑞不经意地问。

"你真还没注意到？"廖景庵反问。

"不知道廖老先生指的是哪方面？"海瑞实话实说。

廖景庵告诉他："老朽仔细观察了一下，兴国县城这地势，三面环山，但县城东南面的章、贡两江汇合处，江水浩荡，终年向北奔流一去不返。从风水角度来看，这水口不封不秀，实是散气泄水，人去财空！海县令既然来了，老朽提个醒，不得不注意这事啊！"

沙海洋说："老先生说得有道理，这地方看上去是有这么回事。"

"嗯，是有一定道理！"海瑞点头，然后问廖景庵，"那廖老先生觉得应该怎么做才好？"

廖景庵说："老朽以为，既然是泄气，那就得堵，得聚！"

"咋个堵法？咋个聚法？"海瑞又问他。

廖景庵静默了一下，对海瑞说："在这儿的春口坝一带，植松数万，即可堵聚。"

"那就依你说的,在此处植松。这样,择个日子,到时请你与我等一同前往此地察看地形面貌,看怎么个植法。"海瑞当即表态。

廖景庵说:"既是用得着老朽,老朽定然随行!"

"这事不能少了你!"海瑞笑着说。

廖景庵掐了掐手指,然后对海瑞说:"下月初八是个好日子!"

"那就定在下月初八!"海瑞说。

次月初八一早,海瑞带着廖景庵和县衙的人来到一座山上,观察春口坝一带地形。

"您说得没错,在那儿植上数万株松苗,几年后这些松苗长大长高,也就能形成你说的堵和聚了!"海瑞观察了一下,然后指着前方的春口坝对廖景庵说。

廖景庵说:"海县令已经看到了?"

海瑞点了点头:"看到了!"

"那何时动工植松?"廖景庵问。

海瑞笑着说:"廖老先生莫急,这事要一些资费,本县令还得去筹措呢!"

廖景庵告诉海瑞,经费他能资助一些。

海瑞听了很是高兴,向他行拱手礼:"那就先谢了,廖老先生!您看,这事您不仅劳心,还要破费!"

旁边的沙海洋也说:"是啊,老先生既费心又费钱啊!"

"哎,别这么说,替家乡百姓尽点力罢了!"廖景庵还是很谦虚。

海瑞说:"既是这样,本县也捐献一月薪俸,然后再募集些,就可以做这个事了!"

"这下你不是也破费了?"廖景庵笑道。

沙海洋说:"既然海大人都捐了,那下官也捐一月的薪俸!"

"好!"海瑞说。

廖景庵对他俩说:"官员的薪俸本来就低,你们捐了薪俸,一家人的日子咋过?"

"不碍事,不碍事,节约点就过去了!"海瑞说。

"海大人说得对,节约点就过去了。"沙海洋也说。

一个月后,海瑞督率县衙官吏,还有县城内的老百姓,一起到县城东南的春口坝种下数万株松苗。

几年后,这些松树长大长高,既将春口坝绿化了,又像廖景庵说的,封堵了泄气散财的坝口,当地的老百姓非常高兴,都说海县令又替大伙儿做了件大好事。

第20章　怒斩二张

二人心想，既然是你海瑞送上来的菜，我俩为何不尽情享用呢？本来见到这两位姑娘，张豹、张魁就生了淫念，见她俩来给自己行礼，更是欲火焚身，顾不得海瑞等人在场，放肆地伸手去搂两个姑娘……

-1-

下午，海瑞刚和沙海洋等人从乡下清丈田地回到县衙，衙役贺老六来报，说上午有好几个山户来找他，见他没在就先回去了。

海瑞问他们有啥事，贺老六告诉他，这些人没说。

"没说？"海瑞觉得有些奇怪。

贺老六说："什么事他们是没说，但他们说了，下午还会再来找您！"

"那就等他们吧。"海瑞说。

正说着，这帮山户就来了，男男女女七八个。

"海县令，我们有事要给您禀报，请县令大人为我们做主！"见到海瑞，为首的中年男子赶紧说。

"是啊，海县令，您要给我们做这个主啊！"一位额头有痣的老者也说。

海瑞问他们："你们是哪个乡的？啥事要本县给你们做主？"

中年男子气愤地说："我们都是宝城乡坊坑村的，小民叫蓝大兴。昨日有两个官家的人来我们村里，说是替官家采买木材，但他们出价太低，我们不想卖！"

"不卖就不卖嘛，这有啥好说的呢？"海瑞说。

蓝大兴说："可他们硬要逼我们卖给他们，不卖不行。他们还说，他们是替官家采买木材，要是谁敢不卖那就是与朝廷作对，就要绑谁去见官！"

"嗯！还有这等事？敢到本县的地盘来强买强卖，胆子够大的嘛！这两个人叫啥名字？从哪儿来的？"海瑞听了蓝大兴的话，气得身子发抖，问他们。

一妇女走上前来告诉海瑞："具体叫啥我们也不知道，只听说一个叫啥豹，一个叫啥魁。"

"什么豹什么魁？我看他们就是吃人的豺狼虎豹！"一年长点的中年汉子气得脸铁青。

蓝大兴告诉海瑞："这两个人，一个叫张豹，一个叫张魁，听说是两兄弟。"

"对对对，就叫张豹、张魁，听说他俩是从南昌来的，是两兄弟。还说他们有个叔叫……叫什么来着？"额头有痣的老者问蓝大兴。

蓝大兴说："我一时也想不起来！"

"哦，想起来了，叫张鏊，听说这人以前是个大官，在朝廷里做啥书！"蓝大兴皱着眉头，想了半天才想起。

"哦，对了，兵部尚书！"额头有痣的老者接过话。

蓝大兴说："对，兵部尚书！"

这些人说了半天，海瑞算是听出了个子丑寅卯。他们是说，从南昌来了两个叫张豹、张魁的人，他们打着为朝廷采买木材的旗号，来这儿强买强卖，而且这两个人是两兄弟，他们有个叔父叫张鏊，以前曾在朝廷做过兵部尚书。

海瑞问这些山户："这两个人还在吗？"

"在，还在我们那儿以收购木材为名进行坑蒙拐骗！"先前的那妇女告诉海瑞。

海瑞问了个大概，吩咐衙役郑小龙："你去把姚捕头给本县叫来！"

"是！"郑小龙说完去叫捕头姚平荣。

一会儿，姚平荣来了，看到眼前围着好些山户，问海瑞："海大人，有何吩咐？"

海瑞说："这些山户来反映，说有两个叫张豹、张魁的人打着他叔父张鏊的招牌，在他们那儿以采买木材为名，对老百姓进行坑蒙拐骗、强买强卖，你叫上几个捕快，与他们一起去宝城乡坊坑村把这两个人给本县抓来，本县审审他们。"

"是，大人！"姚平荣转身出去。

海瑞对这些山民说："你们叫人跟着姚捕头，去把那两个人抓到县衙来！"

"是，海县令！"蓝大兴说完，叫上几人跟着姚平荣走了，其余的人在这儿等着。

姚平荣回到巡捕房，立即叫上几名捕快，跟随着几名山民往宝城乡坊坑村急匆匆赶去。

"你叫什么名字？"路上，姚平荣问刚才说话的妇女。

妇女告诉他，她叫吴小花。

"你呢？"姚平荣又问额头有痣的老者。

"我叫吴光民，他叫张林荫。"额头有痣的老者先介绍自己，然后又指着先前说话铁青着脸的中年男子告诉姚平荣。

"好！"姚平荣边走边点头。

到了坊坑村，走在姚平荣前面的蓝大兴说："姚捕头，就在前面。您看，他们还在那儿强行收购山户的木材！"

"出价这么低，我凭啥要卖给你们？"前面的土坝子里，一个穿短褂的小伙子正在与采购木材的张豹、张魁理论。

张魁凶狠地说："小子，你给老子听好，你卖也得卖，不卖也得卖，这由不得你！"

穿短褂的小伙子不服气地说："我就是不卖，看你能把我怎样？"

"你这刁民，老子不拿点颜色给你看，你是不知道老子张豹的厉害！"张豹说着扬起手上的粗麻绳就要往穿短褂的小伙子身上打去。

"住手！"犹如一声晴天霹雳在张豹耳边响起。

张豹一怔，见一个捕头带着捕快来到他面前，后面跟着一群两眼射出愤怒火焰的山户。

"你胆敢阻拦爷的事？是不是活腻了？"自恃有他叔父张鏊在背后撑腰，张豹没把姚平荣和捕快们放在眼里。

"我问你，你俩兄弟是不是在这儿强买山户们的木材？"姚平荣两眼逼视着他。

"我们这是在替朝廷采买东西，劝你还是识相些，别来蹚这浑水，要不然老子让你吃不完兜着走！"张魁走上前来。

"把他俩给我绑了！"姚平荣命令身后的捕快。

"是！"几名捕快听到命令，扑上去绑张豹和张魁。

"你们敢？"张豹瞪着捕快们。

"你们是谁？我叔父是朝廷原兵部尚书，想绑我？你们真活腻了。"张魁威胁捕快。

捕快边捆绑边骂道："抓的就是你这种狗仗人势的杂碎！"

"你会后悔的！"张豹朝姚平荣吼叫。

姚平荣没理他，朝捕快们威严地叫道："带走！"

乡民们见张豹、张魁这两个恶人被捕快抓走了，高兴万分。

— 2 —

捕快们将张豹、张魁俩兄弟押解到县衙大堂跪下，等候海瑞对他俩进行审讯。

见人已经抓来，海瑞马上升堂审讯。

"张豹、张魁，你俩可知罪？"海瑞问跪在下面的张豹和张魁。

"我们何罪之有？"张魁不屑地瞟了一眼海瑞。

张豹反问海瑞："是啊，县令大人，我们何罪之有？"

"大胆狂徒，居然敢仗着有你叔父张鳌撑腰，到本县的地盘上来坑蒙拐骗，还不赶快从实给本县招来！"海瑞"啪"的一声将惊堂木往桌案上一拍，双目怒视着张豹和张魁。

"哈哈，你既然知道我叔父，还敢在这儿审我们，就不怕我叔父找你麻烦？"海瑞没想到张魁会这么放肆。

"还不赶快将我俩兄弟放了，你不怕到时候我叔父找你算账？"张豹乜着眼看海瑞。

海瑞见这俩人如此放肆，愤怒至极，吩咐捕快："既是如此，棍棒伺候，本县看他俩招还是不招！"

四名捕快听到海瑞命令，廷杖一齐往张豹、张魁身上猛揍，打得二人哭爹叫娘。但二人自恃有其叔父张鳌撑腰，继续对海瑞吼叫道："海瑞，你会后悔的！"

海瑞瞪着眼问他俩："招，还是不招？"

张豹、张魁不说话，企图蒙混过关。

"不招是吧？"海瑞转向捕快们，"不招就给本县继续打，直打到他们招了为止！"

"我们招，我们招！"好汉不吃眼前亏，见捕快们举起廷杖，张豹、张魁赶紧说。

随后，二人一五一十地把他俩假借为朝廷采买木材的名义，到这儿来坑蒙拐骗的事实全部向海瑞招供。

海瑞本想将他二人送去上边治罪，回头一想得给张鏊一个面子，毕竟人家做过朝廷兵部尚书，适才已经打了他二人一顿，也算是教训了他们，不必再送去上边治罪。

待二人签字画押后，海瑞教训张豹和张魁："你俩走吧，不要再让本县听到你们在这儿狗仗人势为非作歹，否则本县必送你们去上边治罪！"

张豹、张魁不说话，赶紧溜掉。

"大人，咋不治这二人的罪？"

"就这样放他俩跑了，海大人？"

"海大人，不能就这样饶了他们呀！"

见海瑞放走了张豹和张魁，山户们不服气，纷纷质问他。

说实话，放走这两人，海瑞心里也非常难过，但他没办法。面对山户们的质问，只好憋屈着给他们解释。

– 3 –

海瑞怎么也想不到，这张豹、张魁恶性不改。

"咚咚咚，咚咚咚……"

一日，吃过早饭，海瑞正要叫上衙役出门去乡下劝课农桑，突然堂前一阵鼓声传来。

"去看看，是谁在击鼓？"海瑞吩咐跟随他的衙役贺老六。

"是，大人！"贺老六听命跑了出去。

贺老六来到县衙大门前一看，一小女子在使劲地击打告状的大鼓。

"哎，你为何击鼓？"贺老六上前问小女子。

小女子说："我有状要告！"

"你要告谁？"贺老六问她。

小女子说："我要告张豹、张魁那两个挨千刀的！"

"他们怎么啦？"

"他们强抢民女！"小女子愤怒地说。

"好，你跟我来。"贺老六带着这女子往县衙里走来。

"海大人，这女子说她有状要告！"贺老六告诉海瑞。

"县太爷,您要为小女子做主啊!"小女子跪下哭喊着连连给海瑞磕头。

海瑞立即升堂。

一班衙役也马上站拢来。

见这小女子年约十七八岁,长得眉清目秀,但披头散发的,衣裳也被人撕烂了,海瑞问道:"来人姓甚名谁?要状告何人?"

小女子哭着回话:"民女黄珠珠,民女要状告官差张豹、张魁!"

"又是这两个恶棍!"海瑞气愤地说,然后问黄珠珠,"你为何告他二人?"

黄珠珠哭诉道:"我告他俩仗势欺人强抢民女!"

"强抢民女?在本县这儿还会出这等事?既是如此,你仔细给本县道来!"海瑞说。

黄珠珠声泪俱下,说:"张豹、张魁借为官家采买木材的名义,到我们这儿到处强抢民女陪他们夜里寻欢作乐。一日,他俩看上了民女,欲将民女抢走,民女宁死不从。民女父母给他俩跪下,求他俩放了民女,没想到被他们活活打死。民女怕再遭他们毒手,趁天黑逃了出来。民女逃了一夜,这才逃到了县城。有人给民女指点,来县衙找县太爷告状,民女这才来击鼓喊冤……"

"这两个厮!"听了黄珠珠的诉说,海瑞气得要吐血。

"姚捕头,你带些捕快去将这二人给本县抓来,这回本县非治他们的罪不可!"海瑞一边安抚黄珠珠,一边派捕快去抓捕张豹、张魁。

"大人,听说这张豹、张魁手下多了不少打手,怕是不好抓这二人!"捕头姚平荣告诉海瑞。

海瑞沉思了一会儿,想出了一条妙计。

海瑞叫人备办了些山珍海味,然后带着几名乔装打扮的捕快,前往张豹、张魁扎营的地方。

见到张豹、张魁二人后,海瑞故意说道:"对不起二位,上次多有失礼,请二位多多包涵,同时还望二位今后在张大人那儿替本县多说些好话!"

张豹、张魁因上次的事还在记恨海瑞,板着脸不理睬他。

海瑞继续说:"今日本县令来此,一来给二位赔个不是,二来本县令备了些山珍海味,想与二位聊一聊,不知二位肯赏脸否?"

听说带来了好吃的东西,张豹、张魁立即露出笑脸,连声说:"那就屋里坐吧!"

进屋坐下，海瑞假意与张豹、张魁攀谈起来，还命随行捕快将带来的山珍海味摆上桌子。

海瑞与张豹、张魁边吃边聊。突然，海瑞说："本县令欲与二位结拜为兄弟，不知二位意下如何？"

张豹、张魁听海瑞说要与他们结拜为兄弟，两人都想：他是一县之长官，若能与他结拜为兄弟，有他给咱们撑腰，那咱们在这儿不是想干啥就干啥了？到时候有谁还敢说三道四？

张豹赶紧笑着说："好事，天大的好事啊，马上就结拜，马上就结拜！"

"对对对，马上就拜！"张魁也笑着说。

张魁命令手下："摆香案，今日两位爷要与海大人结拜！"

"好嘞！"几个打手赶紧找来东西设置香案。

"今日我三兄弟有幸在此相遇，愿结为异姓兄弟，有天地作证，我三兄弟不能同年同月同日生，但愿同年同月同日死……"

香案摆好，海瑞假装与张豹、张魁两兄弟按江湖规矩磕头结拜。海瑞年纪长些，为大哥，张豹为二哥，张魁为小兄弟。

见与海瑞结拜了兄弟，张豹、张魁心花怒放。

海瑞见二人已上套，便对他俩说："张豹、张魁，既然我们三人已结拜为兄弟，你们公差到兴国这地方，当大哥的得尽地主之谊，望二位给当大哥的一个面子，明日到城里的县衙去坐坐，喝点小酒，城里好看的姑娘多，当大哥的顺便找两个来陪陪两位兄弟，让两位兄弟好生高兴高兴！"

"好，既然大哥有这份心意，我兄弟俩怎敢拂大哥的面呢？"听海瑞说要找美女来陪他们，张豹早就有些心猿意马。

张魁附和："是啊，不去咋行？咱们刚结拜，不去人家不是要笑话我俩兄弟不够意思吗？"

海瑞见他二人同意进城，便对他俩说："这样，当大哥的先回去备办，明日好迎接两位兄弟！"

"好，那大哥就先回去！"张豹不知死活。

张魁说："明日我们一早就来！"

"好的，大哥在城里等候两位兄弟便是！"海瑞笑着说。

海瑞说完，带着几名乔装打扮的捕快先回城里。

路上，一捕快不解地问海瑞："海大人，咱们为何不在这儿抓这两厮呢？"

"你没看他手下有那么多打手？"还没等海瑞开口，另一捕快说。

海瑞接过话："是啊，他们人太多，要是动起手来咱们会吃亏！"

"大人是想把他二人哄到县衙里来，好瓮中捉鳖吗？"捕快又问。

"嗯，算你聪明！"海瑞笑着点了下头。

捕快笑着说："大人这一招真高！"

另一捕快说："你以为海大人那些山珍海味是白送的？"

"当然不会喽！"捕快笑着说。

几人一路说笑，很快就到了县衙。

海瑞把县衙里的人叫来，给他们交代一番，然后让大家回去做好准备。

晚上，一切准备就绪，只等张豹、张魁这两个恶贼入瓮。

- 4 -

次日一早，张豹、张魁收拾打扮一番，便准备进城。

张魁问张豹："哥，要不要带些人跟着去？"

"我们是去会结拜大哥，又不是去闯营，带人干啥？难道你不嫌他们碍手碍脚？"张豹看着他煞有介事地说。

张魁明白他的意思，笑着说："哈哈，这倒也是！"

"走，出发！"张豹很威武。

"驾！"二人骑着马往兴国县城赶。

县衙里，海瑞和几名捕快已经打开口袋，只等张豹和张魁来钻。

还不到吃中午饭的时候，张豹张魁二人就赶到了县衙。

"欢迎两位兄弟到来！"站在县衙大门外等候的海瑞，见这两个厮终于来了，心里非常高兴，但他不露声色。

"感谢大哥盛情款待！"

"大哥果真是性情中人！"

"请！"海瑞请他俩进入县衙大堂。

进到县衙大堂，张豹、张魁看见海瑞把接待地点设在这儿，俩人心里一悸，异口同声地问道："大哥，这是……"

这两个厮在这儿吃过苦，海瑞知道他俩在想什么，便笑着说："两位是我的结拜兄弟，当大哥的怎敢怠慢呢？为表当大哥的这份情谊，大哥就把接待地点放在这儿，一来显现出大哥的诚意，二来兄弟你俩也有面子，你们说是不是？"

"原来是这样哦，谢谢大哥，谢谢大哥！"张豹拱手致谢。

"大哥真不愧是我俩的结拜弟兄！"张魁感激地说。

海瑞说："应该，应该！"

此时，门外锣鼓喧天。

张魁问海瑞："大哥，这又是……"

海瑞脸上挂着笑容："等会儿兄弟就知道了！"

转瞬，两个浓妆艳抹、面若桃花的漂亮姑娘笑吟吟地进来，径直走到张豹、张魁面前躬身给他们行礼："小女子见过两位大人！"

"好，好！"

张豹、张魁色迷迷地盯着两位姑娘。二人心想，既然是你海瑞送上来的菜，我俩为何不尽情享用呢？本来见到这两位姑娘，张豹、张魁就生了淫念，见她俩来给自己行礼，更是欲火焚身，顾不得海瑞等人在场，放肆地伸手去搂两个姑娘……

海瑞见时机已到，突然一声怒吼："给本县拿下！"

一时间，装扮成服务人员的捕快上前将张豹、张魁按住捆得像个粽子。

"海瑞，你不得好死，待我出去了定会把你劈来喂狗！"

"海瑞，你赶紧放了我俩，要不然我叔父会让你死得很惨！"张豹、张魁这才知道中了海瑞的计，破口大骂。

海瑞不理睬他们，对捕快们说："升堂！"

其他人赶紧把饭桌抬走，几名捕快将张豹、张魁押到案前跪下。八名衙皂马上站立两旁，等着用棍棒伺候他二人。

"大胆张豹、张魁，竟敢假借为朝廷采买木材之名，到我兴国县来强买强卖敲诈勒索，强抢民女祸害百姓，还不赶快给本县如实招来！"

"说我等敲诈勒索，强抢民女，你有证据吗？没有证据，胡乱污陷我等，海大人，你可想好会是什么后果？"

"是啊，你拿出证据来呀！"

张豹、张魁自恃有张鏊撑腰，不但不招供，还威胁海瑞。

海瑞气急，知道不给他们点苦头，他们断然不会招供，便朝二人吼道："大胆刁民，还敢狡辩，不给你俩一点颜色看看，你俩不知道本县厉害！来人，各打四十大板，看他俩招还是不招！"

"海瑞，你可不能乱来！"

"你要乱来，我叔父真饶不了你！"

见海瑞要动大刑，张豹、张魁气急败坏地叫道。

"本县倒是要看看你家叔父如何饶不了我，来，动手！"海瑞命令站在两边手按着廷杖的衙皂。

"听令！"两边的衙皂立即抡起廷杖朝张豹和张魁猛打。

张豹、张魁被打得鬼哭狼嚎。

"本县再问你们，招还是不招？"打了四十大板，海瑞问二人。

张魁哼着说："你拿出证据来呀！"

"是啊，没有证据，这不是想污陷我们吗？"张豹叫嚣。

海瑞说："我看你俩是不见棺材不掉泪，好，叫证人！"

"之前你俩兄弟来过这儿，强买强卖、敲诈勒索之事就不用我再说了吧？"

"那么强抢民女呢？"张豹问。

海瑞说："这事你俩真不承认？"

"证据，你有何证据？"张魁问海瑞。

海瑞见他俩想抵赖，亮出底牌："传民女黄珠珠！"

"传民女黄珠珠！"一衙役朝外面叫道。

黄珠珠来到县衙大堂，走到张豹、张魁面前，愤怒地问他俩："难道你俩忘了我是谁了吗？"

张豹、张魁抬头望了她一眼，然后说："我们不知道你是谁，你别想冤枉我们！"

"冤枉，你俩恶贼强抢民女，强迫她们陪你俩寻欢作乐，还敢不承认！难道你两个恶贼忘了吗？那日你俩遇见民女，要民女去陪你们，民女宁死不从，你俩便要强抢，民女年迈的父母上前跪着求情，可你俩却……却活活将我父母打死，这些，难道你俩也忘记了吗？……"黄珠珠声泪俱下，控诉二人的罪行。

"冤枉，冤枉啊！"

"真是冤枉啊！"

张豹、张魁还想抵赖。

海瑞一声大喝："张豹、张魁，都这个时候了你二人还想抵赖，我看你俩真是不想活了！"

"海瑞，你一个芝麻大的县令，这样对待我俩兄弟，头上的乌纱帽真不想要了？"张豹朝海瑞狂叫。

"我劝你还是想明白点，赶紧把我兄弟俩放了，要不然日后会有你好过的！"张魁也威胁道。

海瑞拿起桌上的惊堂木"啪"的往桌上一拍，命令两边站着的衙皂："王子犯法与民同罪，张豹、张魁二人身为官差却知法犯法，理应罪加一等，来，再各打四十大板，然后将二人打入死牢听候发落！"

海瑞拟写狱词报严州府，准备待严州府核准后对二人进行处斩。

张豹、张魁在兴国县被海瑞打入死牢等待问斩的事，立即有人通报给了正在南昌养老的张鳌。

张鳌赶紧四处活动，用银子上下打点相关官员，让他们替侄子张豹、张魁说话，让海瑞免他俩兄弟一死。

一些官员听说张豹、张魁是原兵部尚书张鳌的侄儿，吓破了胆，甚至有些还想借机吹捧，便纷纷劝说海瑞，叫他不看僧面看佛面，得饶人处且饶人，张鳌虽然告老还乡但仍有势力，没必要招惹他。张鳌也听说过海瑞的脾气，他也不敢硬来，他写了封书信让人捎给海瑞，还给海瑞送了不少黄金白银，求他放两个侄子一马，饶他们一命。张鳌还放话说，只要海瑞领他这个情，他还可以让海瑞升官发财。

张鳌在信中还说，希望他审慎地处理此事。

海瑞哪会看不明白，张鳌这是软硬兼施，可海瑞偏偏不买账，他给张鳌回了封书信，说："法可执于庶民，不可行于乡宦，俗有是说，然论道理法度不如是也。有官守者，不可与俗同谋同道也。"

深明大义的海瑞，当然不会徇私枉法，他义正词严地告诉张鳌，此二人罪大恶极，必须斩杀以儆效尤，身为朝廷命官，他不能徇情放了他们，否则上对不起朝廷，下对不起黎民百姓。

"真是四季豆不进油盐，蠢货一个！"见海瑞不买自己的账，张鳌气得暴跳如雷，大骂他胆大包天不识抬举。

海瑞知道张鳌势力不小，还会阻拦此事，便直接给江赣总督吴百朋写信，希望他能仗义执言助己一臂之力。海瑞在信中说，张鳌自恃权势，暗中为其两个侄子开罪，干扰地方司法，并斥责赣州府知府慑于张鳌权势徇情枉法，同时附上确凿的人证、物证，说自己要宣判张豹、张魁两个恶贼为死刑，替老百姓伸张正义。

吴百朋也畏惧张鳌，但他还是同意了海瑞的意见，判张豹、张魁两个恶贼死刑，并向刑部报请复核，然后由海瑞在兴国县依法问斩。

刑部同意吴百朋的意见，并作了批复。

刑期很快就到了，海瑞正准备对张豹、张魁斩首示众，不料张鳌还不死心，又派人到赣州府要求对张豹、张魁暂缓执刑，还派人向海瑞放话，问他知不知道张尚书的厉害。

海瑞会买他这个账？

对于张鳌，海瑞当然是知道的，此人是当今宰相严嵩儿子严世蕃的同党，且任过朝廷兵部尚书，不但权倾一时，而且从京城到地方关系盘根错节，此人和他主子严世蕃一样，贪赃枉法无恶不作，不论是老百姓或朝廷正直大臣，一提起他也是怨声载道，可因为他和严氏父子是同党，大家一时间也拿他没办法。

"当官不为民做主，不如回家卖红薯，就算是人头落地，本县也要斩杀了这两个恶贼，为兴国县的老百姓铲除祸害！"

海瑞说完，摘下头上的官帽，厉声对来人说："你回去告诉张鳌，要杀要剐我海瑞等着，但张豹、张魁这两个恶贼必须斩杀，绝不饶恕！"

"海瑞，你……你会后悔的！"见他这个态度，来人气得说不出话来，只好夹着尾巴灰溜溜地走了。

行刑的日子到了，海瑞叫人把张豹、张魁两个恶贼五花大绑押到刑场跪下。

此时，刑场周围早已人山人海，大家都想看看这两个恶贼的下场，想一睹这个不畏权势、正气浩然、威风凛凛的海县令的风采。

"张豹、张魁二贼，仗着其叔父张鳌……此等恶贼不杀，不足以平民愤！本县令宣布，今日对此二贼斩杀于此，以平民愤。待时辰一到，立即将二贼开刀问斩！"

海瑞历数二人罪行。

"该杀！"

"这等恶贼该杀！"

"青天，真是青天啊！"

……

围观的乡民们高呼。

"斩！"

午时三刻，海瑞朝二人大喝一声，并把令签狠狠掷于张豹、张魁面前。

早已准备好的两名刀斧手，将手上锃亮的大环刀往后一挥，两颗血淋淋的人头顿时滚落在地。

见张豹、张魁两个恶贼被斩杀了，乡民们欢呼雀跃！

– 5 –

斩杀张豹、张魁，海瑞知道，张鏊对自己恨之入骨，恨不能吃了自己的肉，剔了自己的骨头，但他无怨无悔，也没有丝毫畏惧。

惩治恶人为民除害，这是民心所向，作为一县之令，这也是自己的职责所在没什么可后悔的。

内心强大的海瑞，早就有了心理准备。

俗话说，正主子不忙断脚杆慌张，海瑞没着急，但有人替他着急。就在张豹、张魁被斩杀的当天晚上，吏房的司吏雷天云来到海瑞住处。

"海大人，今日斩杀张豹、张魁，下官觉得大人有些欠考虑。"雷天云进门还没坐下便说。

海瑞问："何以见得？"

"海大人有所不知，这张鏊虽说是从朝中退了下来，可他的门生和亲信遍地，还有些势力啊！就拿兴国来说，不少衙署都有他的门生亲信，这些人日后恐怕会给海大人带来麻烦！"雷天云一副担忧样。

海瑞招呼他坐下，然后问他："那你觉得本县该不该杀这二人？"

"该杀！"雷天云两个眼珠转了转，回答海瑞。

海瑞说："既然他二人该杀，那不就得了，还有啥好说的呢？"

"下官不是说这两个人不该杀，下官是替海大人……"雷天云看着海瑞，没把话说完。

"替我咋啦？"见他不把话说完，海瑞问他。

雷天云这才说："下官是替海大人担心啊！"

"担心什么？怕他也杀了本县不成？"海瑞问他。

"不是，不是！"雷天云赶紧说。

海瑞问他："那是什么？"

雷天云说："下官猜想，日后张鳌定会指使他的亲信暗中刁难海大人，甚至有可能暗中叫人弹劾您！"

"哈哈，本县连他派人暗杀都不怕，还会在意他叫人刁难或弹劾？"海瑞哈哈大笑。

见他这样，雷天云说："海大人，您刚来兴国不久，恐怕有些事您有所不知，兴国地儿不大，看似边远偏僻，但人际关系还是很复杂，下官今日来您府上没别的意思，也就提醒一下大人。"

"谢谢你的提醒！不过，本县既然这么做，自是有心理准备，你不必替本县担心。实话告诉你吧，在斩杀张豹、张魁这二贼之前，本县已先禀告过江西巡抚吴百朋吴大人，是吴大人向刑部报核，刑部同意斩杀的，张鳌他要怪就去怪吴大人好了。不过，本县估计他也不敢去招惹吴大人！"

"什么？斩杀张豹、张魁是吴巡抚向刑部报核的？"听海瑞这么说，雷天云有些吃惊。

这时，海安把茶端上来，分别给雷天云和海瑞递上一杯。

"来，喝茶！"海瑞说。

"好！"雷天云接过茶杯。

斩杀张豹、张魁，必然要招惹上他张鳌，换作其他人来当这个县令，给十个胆子也不敢。

这张鳌是个什么角色？刚退养的兵部尚书，曾经是皇帝身边的顾命大臣，就算是退养在家但余威尚在，他有些话皇上还是要听，有很多人招惹不起他，也只有海瑞这个天不怕地不怕的官场愣头青才敢招惹他。

其实，作为一个芝麻官，海瑞不是不知道自己的地位及手中权力，碰上张鳌这样有权有势的朝廷命官，和他抗衡无异于拿鸡蛋去碰石头，结果不言而喻。

海瑞的胆量和执拗，雷天云早有耳闻，不足为怪，他没有想到的是，海瑞会在斩杀张豹、张魁之前先给江西巡抚吴百朋禀报，而且还得到了他的同意。海瑞这样做无异是设置了一道防火墙：嘿嘿，斩杀你两个侄儿是巡抚大人报批核准的，你要怪就去怪他，怪不得本县！

"你要不信，可以去问问巡抚大人！"海瑞说，他料定雷天云也没胆儿去问。

果然，雷天云说："下官不敢，下官不敢！"

"喝茶！"海瑞见他惊恐，便说道。

雷天云端起茶喝了一口，说："谢谢，谢谢海大人！"

见他放下茶杯，海瑞问："雷司吏还有什么话想对本县说吗？"

他这话明显是下逐客令，雷天云赶紧对海瑞说："没有了，没有了，海大人休息，下官告辞！"

雷天云站起身来往外走。

"行，本县令还有事要做，就不留你了！"海瑞站起来送他出门。

令海瑞想不到的是，他前脚刚送走雷天云，后脚又有人来了。

来人是谁？是县丞祝斌和主簿沙海洋，这二人在县衙里是海瑞的佐贰官，也就是辅佐他理政的副手，他们这个时候约着来海瑞府上，无疑也是来劝说海瑞的。

"进屋坐！"见二人来了，海瑞招呼他们。

"好！"祝斌和沙海洋边应答边进屋。

待大家坐下，祝斌说："海大人，下官和沙主簿来您府上，是有件事非跟你说不可。"

"本县知道，你俩要说的是关于本县斩杀张豹、张魁这件事情。"海瑞知道他俩的来意，干脆直接说了，省得他俩像雷天云一样扭扭藏藏的。

见他直接点穿了，祝斌看了沙海洋一眼，赶紧说："大人明鉴，我俩的确是为这事而来。"

"是啊，海大人，我们正是为这事而来！"沙海洋附和。

"哼哼，你们咋不早说呢？人都杀了，你们才来说又有何用？"海瑞故意说道。

"但这事我和沙海洋认为……"祝斌也学雷天云只说半截子话。

"你们认为怎么样？"海瑞问他们。

"我俩认为这事必然会招惹上他张鳌。"沙海洋说。

海瑞说："你这话等于没说，难道本县还蠢到连这件事会招惹他张鳌都不知道？"

"大人息怒，下官不是这个意思！"见他发怒了，沙海洋急忙赔罪。

祝斌也说："是啊，海大人，你是知道的，我俩绝对没这个意思，我俩是想提醒一下海大人，日后要注意这个人，省得遭他暗害。"

"本县明白你俩是一片好心，但这事做都做了，还有什么好后悔的？本县告诉你们，刚才雷天云来过，也是来劝说本县的，而且他还对本县说，张鏊的门生亲信遍布各地，就是在兴国县这么个小地方，他张鏊的门生亲信也有不少。我跟他说，这事本县既然要做也就不会怕，大不了日后他张鏊使点手脚，叫人刁难本县，甚至暗中叫人向皇上弹劾本县！"

"这正是我俩担心的。"沙海洋说。

海瑞告诉他俩："不该来的不来，该来的一定会来，你们不必担心，本县已有心理准备，到时候见招拆招，光怕是没用的。"

沙海洋说："既然海大人这样说，我俩也无话可说。大人的气魄和正直，着实让下官佩服，下官甚感惭愧！"

"是啊，海大人为民着想，敢于与恶人作斗的气魄让下官甚为感动，下官将以大人为楷模！"祝斌也说。

海瑞说："雷天云不是跟本县说，张鏊在兴国的门生和亲信也不少吗？你们若是真心替本县着想，那就花点心思帮本县注意一下，看都是些什么人，他们下一步会玩些什么花招，以便本县好应对。"

祝斌和沙海洋答应了。

"但要注意方式，不要让他们发现了！"海瑞提醒他俩。

"大人放心，我们会掌握分寸！"沙海洋告诉海瑞。

祝斌说："海大人，要没其他事我俩就先走了。"

"嗯，你们去吧。"

祝斌和沙海洋走出海瑞住处。

— 6 —

海瑞斩杀了自己的两个侄儿，张鏊发誓一定要报复。可现在自己已退出官场，如何报复得了海瑞？虽说还有严世蕃他们在朝中，但已有不少言官在底下弹劾他父子二人，靠他们恐怕是无望。

张鏊想来想去，决定花重金聘请江湖杀手刺杀海瑞。

这日下午，海瑞因有事下班晚一些。

"海大人，您还没走啊？"海瑞正在县衙大堂整理案上的文书，衙役郑小龙走进来。

海瑞说："马上就走，你也回去歇歇。"

"我等您，海大人！"郑小龙说着来帮海瑞收拾案上的东西。

郑小龙边帮海瑞收拾东西，边笑着说："海大人，您斩杀了张豹张魁那两个恶人，老百姓真是太高兴了！"

"这还用说？"海瑞说。

郑小龙问："海大人，张鳌那老贼他真不会报复您吗？"

"报不报复那是人家的事，我哪知道呀？不过我猜测，他肯定会找人来报复。"海瑞告诉他。

"真的啊？"郑小龙睁大眼睛，脸露惧色。

"嗯。"海瑞点头。

郑小龙问："但张鳌他怎么报复？他会不会请杀手来刺杀您啊？"

海瑞告诉他，这不是不可能。

"那海大人您还是要注意些，万一他真派杀手来刺杀您，那很危险啊！"郑小龙说。

海瑞说："一切随缘，万一要碰上也没办法！"

"大人还是小心点为好！"郑小龙说。

"哈哈哈……哈哈哈……"

郑小龙话音刚落，衙署内突然荡起一阵哈哈大笑的声音，这笑声让人毛骨悚然。

郑小龙和海瑞抬头四处观看，也不见人影。

正在惶惑之际，又听到这人说："原来你也有怕死的时候！海瑞，早知这样你又何必当初呢？"

"你是谁？"海瑞抬起头寻找此人。

"什么人？有种你下来，不要连面都不敢现！"郑小龙抬头张望。

还是不见人影。

"我只是受人之请，前来取你海瑞性命，甭管我是谁！"杀手冷冷地说。

海瑞有意激他："就算是死，你也得让我死个明白是吧？咋不敢现身呢？"

"嗖！"只见两道寒光闪过，海瑞和郑小龙的颈窝处已分别抵上了一把雪亮的剑尖，剑身后站着个黑衣蒙面汉子。

"别动！动就先弄死你！"郑小龙想挣扎，蒙面汉剑尖往前抵了一下。

"海瑞，今日便是你的死期，你还有什么话要说，我好转告你的家人！"蒙面汉问。

"是不是张鏊派你来的？"海瑞脸不变色心不惊。

蒙面汉反问他："是又如何？不是又如何？"

"你觉得他那两个侄子不该杀吗？"海瑞问蒙面汉。

蒙面汉说："我只知道拿人钱财替人消灾，至于这两人该不该杀，不是我要管的事。"

"我看你糊涂！"海瑞骂他。

"你说什么？"蒙面汉问海瑞。

"我说你糊涂！"海瑞一字一顿地重复道。

蒙面汉听了冷笑："哼，我糊涂？我看你才糊涂！张鏊这样的人你也去惹，你不是自己找死吗？"

"你看，反正我们俩人马上都要成你的剑下鬼了，你能让我看一下你的真面目吗？"海瑞说。

郑小龙也问："还有，敢不敢说出你的名字？"

"哈哈……哈哈哈……你俩真要死得这么明白？"蒙面汉大笑。

"我刚才不是说过了，死也要死得明白吗？"海瑞说。

蒙面汉想，这个时候谁也救不了你俩，反正你俩马上就要去见阎王了，就是告诉你俩也无妨，于是握剑的左手迅速缩回，往脸上扒下面罩露出面容，随后左手又将剑尖抵住郑小龙的颈窝，对海瑞和郑小龙说："行不更名，坐不改姓，本人姓徐名晃，江湖人称'剑无魂'！"

"徐晃，我问你，你为何要来刺杀本县？是张鏊派你来的吧？"海瑞问他。

"知道就好！"蒙面汉说。

郑小龙说："你知道海大人杀那两个恶人，老百姓有多高兴吗？"

蒙面汉说："刚才已经说了，我只知道拿人钱财替人消灾，至于这两个人该不该杀不关我的事。"

"所以说你糊涂！"海瑞说。

蒙面汉问他这话怎么说。

海瑞说：本县杀了该杀的人，替民除了害，你却受恶人指使来刺杀本县，你这不是糊涂是什么？

"既然拿了人家钱财，就得替人家消灾，这是江湖规矩。不管你们怎么说，今日你俩是死定了，你们有什么要告诉家人的赶紧说，我好送你们一起上路！"蒙面汉催海瑞和郑小龙。

"喳！喳！"

只听两声剑与剑撞击的声响，一汉子飘然落在海瑞、郑小龙与蒙面汉之间，蒙面汉的双剑已脱离了海瑞和郑小龙的颈窝。

海瑞定睛一看，是巡捕房捕头姚平荣。

郑小龙也看清了。

见自己的双剑被弹开，蒙面汉一惊，他没想到会有人来救海瑞，于是赶紧跳开。

"剑无魂，你这个忠奸不分的小人，收了张鏊那贼多少钱财，竟然来刺杀海大人？"姚平荣说。

蒙面汉问姚平荣："姚捕头，请你别挡我的道，否则对你不客气！"

"看剑！"姚平荣不想和他多说，挥剑便向蒙面汉刺去。

蒙面汉舞动双剑相迎，二人撕杀打斗起来。

"小龙，快去捕房叫捕快！"海瑞朝郑小龙叫道。

"是！海县令，您自己保重！"郑小龙赶紧跑去巡捕房叫人。

"海大人，您也走！"姚平荣边挥动宝剑和那蒙面汉打斗边叫海瑞。

"姚捕头，那你当心点儿！"海瑞见帮不上忙，说了一声赶快离去。

见自己要刺杀的对象跑了，蒙面汉赶紧丢下姚平荣去追赶海瑞。姚平荣见状，急忙挥剑上前拦住，二人又是一番撕打。

蒙面汉见姚平荣剑势凌厉，加上刚才海瑞已经叫郑小龙去搬救兵，知道这次无法得手，只好虚晃一剑，朝姚平荣丢了枚烟幕弹，然后借助烟雾掩护逃走了。

"快，快，就在前面！"郑小龙领着捕快和衙役来到时，蒙面汉已经不见了影踪。

"让海县令受惊了！"姚捕头愧疚地对海瑞说。

"没事，没事，虚惊一场！"海瑞一副无所谓的样子。

"没事就好！"姚平荣说。

郑小龙说："不过，海县令还是要注意，这人一定是有来头！"

"哎，你怎么会来这儿呢？"海瑞突然问姚平荣。

姚平荣告诉海瑞，他有点事来找他，没想到恰好遇到此事。

"原来如此！"海瑞说，随后又问姚平荣，"姚捕头来找我有啥事？"

姚平荣见海大人刚才受了惊吓，想让他早点回去休息，便说："这事不急，明早再给您禀报！"

"那大家都回去吧！"海瑞说。

"海县令保重！"

郑小龙和捕快们与海瑞道别。

"我送您回住处！"姚平荣还是有些不放心。

海瑞不要他送，姚平荣坚持要送。

"这人胆子也太大了，居然敢来县衙大堂刺杀你！"

"夫君，我看你还是要注意些！"

"是啊，这人没有得手，说不准他还会再来！"

……

回到家里，谢氏、王氏，还有海安等人听说有刺客来县衙大堂刺杀海瑞，都替他担心。

"没事没事，这没啥可怕的！"海瑞安慰他们。

也不知道为什么，蒙面汉失手后，好长一段时间也没来找海瑞的麻烦。是这蒙面汉怕姚平荣，亦或是他良心发现，觉得不应该杀海瑞这样的好官呢？

谁也说不清楚。

大明第一清官

[进京]

万松 著

中册

中国书籍出版社
China Book Press

图书在版编目（CIP）数据

大明第一清官——海瑞：全三册/万松著.-- 北京：中国书籍出版社，2022.7
ISBN 978-7-5068-9052-6

Ⅰ.①大… Ⅱ.①万… Ⅲ.①海瑞（1514-1587）—传记 Ⅳ.①K827=48

中国版本图书馆CIP数据核字（2022）第108091号

大明第一清官——海瑞（中）

万松　著

责任编辑	彭宏艳
责任印制	孙马飞　马　芝
封面设计	东方美迪
出版发行	中国书籍出版社
地　　址	北京市丰台区三路居路97号（邮编：100073）
电　　话	（010）52257143（总编室）（010）52257140（发行部）
电子邮箱	eo@chinabp.com.cn
经　　销	全国新华书店
印　　刷	三河市顺兴印务有限公司
开　　本	710毫米×1000毫米　1/16
字　　数	1200千字
印　　张	61.5
版　　次	2022年7月第1版　2022年8月第1次印刷
书　　号	ISBN 978-7-5068-9052-6
定　　价	128.00元（全三册）

版权所有　翻印必究

目 录
CONTENTS

第21章	入京履职	325
第22章	买棺死谏	341
第23章	打入天牢	356
第24章	遇赦出狱	378
第25章	卷入争斗	398
第26章	外放应天	414
第27章	威震江南	430
第28章	鼓励告状	452
第29章	勒令退田	471
第30章	劝说徐阶	488
第31章	奸人捣乱	505
第32章	阿兰告状	521
第33章	阁臣插手	535
第34章	判斩徐瑛	550
第35章	治理水患	568
第36章	遭人弹劾	584
第37章	归隐琼山	607
第38章	伤心葬母	623
第39章	惹怒权辅	635
第40章	御史落泪	645

第21章　入京履职

这位主事又说："海兄，我知道，你在地方上干得轰轰烈烈，可京城这地儿情况不一样，你想干也干不成，既然来到这地儿，我劝海兄还是安心养老，别再有其他想法了。"

- 1 -

被贬到边远偏僻的江西赣州府兴国县来任县令，这都是鄢懋卿和袁淳两人从中作梗，并非海瑞自己所愿。当时海瑞想上朝争辩，但朝廷有规定，只有四品以上的官员才能上朝面见皇上进言，自己区区一介七品县令，哪能见到皇上的面？皇命不可违，海瑞只得服从吏部调动。

俗话说善有善报恶有恶报，鄢懋卿、袁淳及其主子严嵩、严世蕃等人作恶多端，除了海瑞和霍与瑕，见不惯他们恶行的人还有不少，而且这些人一直在弹劾严嵩等人。

早在嘉靖三十二年（1553），兵部尚书赵锦、武选司员外郎杨继盛就向嘉靖皇帝弹劾过严嵩，说他把持朝政，文武官员的升迁去留他根本不问官员的能力和政绩，只问贿赂了他多少银子，军中将领为贿赂他而克扣下属士兵军饷，官员为贿赂他而到处搜刮民财或向下属索贿，整个朝廷被他弄得乌烟瘴气。

同一年，南京御史王宗茂也向嘉靖皇帝弹劾严嵩，说时下朝廷财产不足以支撑边疆一年军费，而严嵩父子所积攒的财产却足以支付边疆数年的军费，希望朝廷收缴严家财产来解决这个问题。

南京山东道御史林润弹劾严世蕃死党鄢懋卿，说他利用手上权力勒索下属银两过万，染指民间诉讼造成不少冤案，日费千金置办酒宴，虐杀无辜引起民愤，疯狂向两淮盐商敛财，差点激起民变。

可叹的是嘉靖皇帝昏庸，听不进忠劝，弹劾严嵩父子的官员被他罢官的罢官，斩杀的斩杀，下狱的下狱，而严嵩父子及其党羽鄢懋卿、袁淳等人依然逍遥法外。

恶人终有恶报，嘉靖四十年，御史邹应龙在次辅徐阶授意下又向嘉靖皇帝弹劾严嵩父子及其党羽。嘉靖皇帝见弹劾严嵩父子的官员太多呼声过大，不得不于次年五月勒令严嵩致仕，并将他的儿子严世蕃发配雷州充军，严嵩父子这才退出掌控多年的权力舞台。

严嵩父子倒台不久，南京广东道御史郑洛弹劾鄢懋卿和大理寺卿万寀、太常寺少卿万虞龙等人朋比为奸贪财黩货。

见弹劾鄢懋卿的人很多，嘉靖皇帝这才觉得这人有问题，派人调查核实后，下令削去鄢懋卿都察院左副都御史和巡盐御史之职。

落魄的凤凰不如鸡，被削去职务的鄢懋卿，失去了往日的嚣张与威风，灰溜溜带着他那好面子的老婆回江西老家丰城去了。

随后，鄢懋卿的走狗袁淳也东窗事发，被嘉靖皇帝发配到关外戍守边关。

京师发生的这些很快传到了兴国县。

一日，海瑞正在县衙大堂和县丞祝斌、主簿沙海洋，还有六房司吏商议政事，一个衙役进来禀报："海县令，赣州府通报！"

衙役说着把手上的通报呈给海瑞。

海瑞接过一看，兴奋得不得了，大声笑道："倒了！终于倒了！"

"海大人，您说谁倒了？"沙海洋问海瑞。

海瑞告诉他，严嵩父子倒台了。

"严嵩父子倒台了？是真的吗？"祝斌不相信。

"嗯！"海瑞点头，并将赣州府通报递给他。

"哦？还有鄢懋卿和袁淳！"祝斌满脸兴奋。

沙海洋急切地说："给我看看！"

祝斌将赣州府的通报递给沙海洋。

沙海洋看了通报，骂道："他娘的，这伙恶贼早就该倒台了！"

"下官曾听说，吏部本来是让海大人去浙江嘉兴府任通判的，就是被这伙人阻挠才来咱们兴国县任县令，海大人，是不是有这回事？"祝斌看着海瑞。

海瑞点头。

"唉，官风不正，官风不正啊！"祝斌长叹，"好在这伙恶贼倒台了，否则不知道又要有多少人遭他们祸害！"

沙海洋对海瑞说："海大人，时下这伙恶贼倒台了，说不定上面又会把你调走。"

"调不调那是吏部的事，非本县自己所能决定。但作为朝廷官员，拿着朝廷薪俸，吏部叫去哪儿就去哪儿，哪能够讨价还价？"海瑞一脸严肃地说。

"这倒也是！"见他这么严肃，沙海洋觉得自己不该说这个话。

"如今严贼这伙人倒台了，咱们应当替海大人高兴！"祝斌说。

海瑞说："本县的个人升迁去留并不重要，重要的是朝廷安危，严嵩一伙倒台，应该说是皇上的福，也是我大明王朝和老百姓的福，对本县来说没啥好祝贺的，真要祝贺的话，得替皇上和朝廷祝贺。"

"海大人说得对，严嵩一伙倒台，的确是皇上的福，是我大明王朝和老百姓的福！"典史魏健说。

"说得好，说得好！"在座的人都说。

"好了好了，不说这个事了，开始议事吧！"海瑞笑着说。

海瑞和祝斌、沙海洋等人开始商议政事。

政事商议结束，众官吏各自散去，海瑞一个人在大堂里。

海瑞想，这严嵩和鄢懋卿、袁淳一伙虽说倒台了，但就自己这个性格，嘉靖帝不一定会重用自己。

海瑞仍然在兴国县做他的县令，仍然继续施展他的政治报负。

一转眼，海瑞来兴国县任县令已有一年半时间。

严嵩一伙倒台后，受处置的官员不少，朝廷许多衙门一下子少了不少官员，一时间各个衙门的事务难以运转，急需补充一批官员，特别是文官。

吏部尚书严讷见此状况很是忧虑，赶紧禀报嘉靖皇帝。嘉靖皇帝听了，决定通过考调方式在全国选拔一批官员进京履职。

这时，内阁次辅徐阶已经接任首辅一职。

一日夜里，嘉靖皇帝把徐阶和严讷召进毓德宫。"皇上，有事吩咐微臣？"徐阶问嘉靖皇帝。嘉靖皇帝说："你们先坐下，朕慢慢跟你们说。""谢皇上！"徐阶和严讷叩谢皇上，然后各自在对面的座位上落座。

嘉靖皇帝将他的意图告诉他们，并对严讷说："严爱卿，这次考选就由你来主持。"

"谢皇上信任，微臣肝脑涂地，一定竭尽全力办好此事！"待嘉靖皇帝把话说完，严讷赶紧站起来表态。

嘉靖皇帝语重心长地说："严爱卿，选拔官员事体重大，它关系到我大明王朝的兴衰，这事朕就拜托于你，你要多费些心思，选拔出一些有德有才的人入朝，绝不能再让严党之流的人进到朝中来啊！"

"微臣尊命！"严讷向嘉靖皇帝叩拜。

"严爱卿起身，不必多礼！"嘉靖皇帝叫严讷起身。"谢皇上！"严讷起身坐回原位。

嘉靖皇帝又给徐阶交待一番，要他做好这次文官选拔监督，然后二人退出宫去。

- 2 -

海瑞在兴国县的政绩，老百姓有目共睹。曾经帮过他的吏部右侍郎朱衡，也听闻了海瑞在兴国县的事迹，他得知皇上要在全国招考一批文官到朝中做事，便赶紧来找吏部尚书严讷，极力向他推荐海瑞。

朱衡向严讷介绍了海瑞在兴国的政绩，然后说："严老，这海瑞实在是个难得的人才，这次一定要将他选进来啊！"

严讷说："海瑞的事本官都知道，你放心吧，到时本官一定会将他选拔进来的。不过，他还是得来参加考试，如若考不上，那本官也没办法。"

"请严老放心，他一定会来应试的，而且下官相信他一定能考上。"朱衡告诉严讷。严讷说："凭海瑞的能力，本官也相信他能考上。"

"谢谢严老，下官就此告辞！"

"嗯，你慢走！"

次日，朱衡托人带信给海瑞，说朝廷准备在全国招考一批官员进京城做事，让他做好应试准备，到时去报考。

没几日，吏部将招考官员的告示张贴出去。一些有报负的地方官员和才子见了告示，纷纷报名应试。

海瑞听从朱衡的建议，也报名参加应试。

很快，招考开考。考试这天，作为主考官的严讷，特别留意海瑞的考试情况。

见海瑞很快就做完了试卷，严讷走过去看他的试卷。

"嗯，不借，的确是个才子！"看完了海瑞的试卷，严讷禁不住频频点头，脸上露出惊喜之色。

考试刚一结束,朱衡就去找严讷。

"严老,海瑞这人如何?"

严讷笑着说:"不错,的确有才!"

朱衡迫不及待地问:"严老的意思是他已经被录取了?"

"对,他已经被录取了。"严讷笑着告诉他。

"谢谢严老!"朱衡说完,给他行了个拱手礼。

严讷说:"不用谢,是海瑞自己有才,我不过是替朝廷选拔人才罢了。"

朱衡说:"海瑞再有才,如若没有严老的慧眼,那他海瑞也只是一匹关在马厩里的千里马,没有用的!"

"你说的也是,千里马也得要有伯乐,如若遇不到伯乐,那和一匹普通的马没啥区别。所以啊,咱们这些相马的,一定要心存公正,做个好伯乐,让更多的千里马出来奔驰。这样,就不怕我大明王朝不兴旺发达了!"严讷感慨地说。

朱衡说:"严老真是替皇上和朝廷操心了!"

"不过是尽本职而已。"严讷说。

朱衡说:"严老谦虚!"

旋即,他问:"几时公布榜文?"

"就这几日。"严讷告诉他。

朱衡又问:"敢问严老,对海瑞吏部打算如何安排?"

严讷笑着道:"朱衡,你对这海瑞真是够关心的啊!"

"人才嘛,严老都这么关心,下官也该关心他一下嘛!"朱衡也笑着说。

"北京户部云南清吏司有一个主事位置还空着,本官打算让他先去那儿干着再说。"

"好,下官代海瑞先拜谢严老!"朱衡说着给他行拱手礼。其实,朱衡心里清楚,户部云南清吏司主事虽说是个正六品,但是个没有职权的闲职。

随后,朱衡告辞。

几日后,榜文贴出来了。海瑞一看,果然榜上有名,心里着实高兴。

海瑞长期在地方上任职,根本不知道京城户部云南清吏司主事这个职位到底是干啥的。他还以为,从此自己就可以放开手脚,在京城大力施展自己的才华和报负了,哪想到朝廷给他的是一个手上没有多大实权、让他养老的闲职?

回到兴国县，海瑞将此喜讯告诉家里人，家里人都替他高兴。母亲谢氏问他："瑞儿，这户部云南清吏司主事是个啥官啊？"

"娘，这是个六品官！"海瑞告诉母亲。

"六品，好啊！"其实，谢氏也不知道这六品究竟是多大的官。

海瑞告诉谢氏："娘，这官虽说不是很大，但孩儿总算进了京城，成了名副其实的京官。"

"是啊，我们家老爷终于能进北京城了！"海安替老爷高兴。

"恭贺老爷！"汪熙向他祝贺。

王氏只是微笑。

海瑞告诉谢氏："娘，吏部公文催得急，说时下朝廷缺人手，要孩儿赶紧收拾行装进京上任，孩儿准备过些时日就带着一家老小一起上京城。"

"瑞儿，娘听说北京那地儿寒冷，娘年事已高，怕受不了那般寒凉，娘就不随你去了。"谢氏说。

海瑞说："娘，您这么大岁数，我们都走了您一个人留这儿，没人照顾怎么行呀？"

谢氏说："要不娘就回琼州老家，那儿的老房还在，再说家族里还有那些侄男侄女，他们也会照应为娘的。"

"这怎么行啊？娘，您还是和我们一起去北京，在那儿孩儿也好照顾您。"海瑞一再劝说母亲。

见儿子硬要自己去北京城，谢氏有些不高兴，沉下脸说："瑞儿，娘都说了，北京那地儿寒冷，为娘受不了那风寒，你咋还叫娘去呢？"

"老爷，要不这样，您带着夫人和海安去京城，我留下来照顾老夫人吧？"汪熙给海瑞建议。

"我也留下来照顾老夫人，好让老爷放心去京城做事！"海安也说。

谢氏听了，说："不行不行，他们都去京城了，我一个老婆子还在这兴国待着干吗？"

见母亲执意不肯去北京，海瑞有些为难。虽说汪熙和海安都说愿意留下来照顾母亲，但海瑞还是放心不下。

"要不这样，娘，我带着中亮、中砥陪您去琼州老家居住，夫君他带着汪熙和海安去京城，您看这样如何？"一直在旁边没说话的王氏，见夫君很为难，开口道。

见儿媳这么说，谢氏想了想，说："这样也行，瑞儿去京城，事情肯定不少，他带着汪熙和海安去，有人帮他料理家里的事儿，也好让他安心办公家的事。"

海瑞觉得妻子王氏说的这个办法也还可行，见母亲也同意了，自己一时又想不出好的办法，只好同意。他愧疚地对妻子王氏说："那就辛苦你和母亲了！"

"瑞儿，不要说啥辛苦不辛苦的，这次朝廷提拔你实属不易，你去了京城，要一心一意办好公事，切莫辜负了朝廷对你的重用，这也是为娘对你的唯一要求。"谢氏语重心长地说。

王氏也说："是啊，娘说得对，夫君到了京城，一定要认真做好自己的事情，切莫辜负了朝廷对夫君的厚爱，更不要让人家瞧不起夫君！"

"放心吧，我会的！"海瑞对母亲和妻子说。

这事就这样说定了。

－ 3 －

想到自己就要与母亲和妻儿分离，海瑞准备做顿可口的菜饭，与他们好好吃顿离别晚餐。他拿出点碎银对老仆汪熙说："这次别离后，我们一家不知何时才能相见，这样，你去街上买点肉来做顿可口的菜饭，我们一家人吃个团圆饭。"

"是，老爷！"汪熙接过海瑞递过来的碎银，转身上街去买肉。

因为要离开兴国县了，海瑞叫上海安回县衙大堂整理自己办公用的物品，到时候好移交。妻子王氏也赶紧在家收拾要带走的东西，谢氏则在一边帮着准备做饭用的柴草。

"哎，老汪，今日咋来买肉了？海县令家里有喜事？"街上，卖肉的屠户肖老九问汪熙。

汪熙告诉他："我家老爷要离开这儿到京城去任职了，老夫人和王夫人不去，要回琼州老家。唉，一家人要别离了，老爷打发我来买点肉做顿好菜饭，吃了好赶路！"

"你说什么？海县令高升了？"肖屠户听了汪熙的话，很是惊奇。

汪熙说："是啊，朝廷催得急，叫我家老爷赶快去京城上任，过几天就走了！"

"海县令要离开咱们了？是真的还是假的？"旁边一个姓张的屠户听了，也问汪熙。

汪熙说："张屠户，我家老爷的事我哪敢开玩笑？"

"海县令在兴国替咱们老百姓办了许许多多的好事，现在他要离开咱们了，咱们得留住他呀，你们说是不是？"张屠户听了汪熙的话，朝旁边的人喊叫起来。

"是的，不能让海县令走！"

"是啊，这样的好县令咱们哪舍得让他走啊？"

"这肉不卖了，走，去县衙找海县令，劝他一定要留下来！"

"好！"

张屠户和肖屠户等人放下生意，带着人闹闹嚷嚷地往县衙走去。

"你们……你们不能去啊！"汪熙没想到会出现这种事情，赶紧对张屠户和肖屠户他们说。

"咋不能去？咱们就是要去劝海县令留下来！"张屠户和肖屠户他们不听，继续朝县衙大堂走去。

海瑞正在和海安收拾物品，见一群人闹哄哄地来到县衙门口，还以为是出了什么事，便打发海安："你出去看看是怎么回事。"

海安走出门来，见是街上卖肉的张屠户和肖屠户他们，汪熙拦也拦不住，便问汪熙："老汪，这是咋回事？"

"哎呀，他们听我说老爷要离开兴国到京城任职，硬要来请老爷留下来，我拦也拦不住啊！"汪熙无奈地对海安说。

"是的，我们来请海县令留下来！"张屠户望着海安。

"我们家老爷……"

"本县倒是想留下来，可这是朝廷的旨意，本县可不敢抗命呀！"海安正要给张屠户他们解释，海瑞已经走出门来，见是这么回事，便笑着对他们说。

"海县令，您不能走啊！"

"海大人，您走了我们这些老百姓咋办呀？"

"是啊，您走了谁来替我们说话办事啊？"

"求您还是留下来吧,县令大人!"

"谢谢乡亲们的好意,本县刚才说了,这是朝廷的旨意,本县不能违抗!"

"真就不能不去,海县令?"

"是啊,不能不去京城吗?"

"真的不能!"海瑞告诉他们。

"唉,那就没办法喽!"下面的人摇头叹息。

海瑞拱手说:"大家的心意,我海瑞领了,你们请回吧!"

"看来真是没办法留下他了!"

"那您何时走啊?海大人!我们来送送您!"

"待几日交了手续便走!"海瑞告诉他们。

"那到时我们来送您!"

海瑞说:"不麻烦大伙儿了,你们都很忙,去做自己的事吧!"

"没什么麻烦的,再说,我们以往麻烦海县令还少吗?"

"是啊,以往我们没少麻烦海县令啊!"

"行,不打搅海大人了,到时候我们来送他就是!"

经这几个屠户一闹腾,满县城的人都知道海瑞要离开兴国去京城任职了。

几日后,海瑞交接了手续,安排人送母亲和妻小去海南琼州府琼山县老家,便带上仆人海安和汪熙准备北上京城任职。

出发之日,兴国县城的官员和老百姓,不论老的少的男的女的,全来给海瑞送行。

"海县令,您怎么就这样离开咱们了呀?"

"海大人,您不要走啊!"

"海县令,您这一走什么时候能回来呀?"

"海县令,您走了,咱们还能遇上像您这样的好官吗?"

……

人们流着眼泪,簇拥在海瑞的轿蓬马车旁,海瑞只好从马车上下来,边走边和大家告别。

"谢谢各位父老乡亲,大家的心意我海瑞领了!"

"我会永远记住你们的!"

海安赶着马车，慢慢跟着前行。

出了城，海瑞才上了马车。

"海县令，等一下！"

这时，后面传来一个人的喊声。大家回头一看，是宝城乡三僚村的风水大师廖景庵老先生。

听说廖景庵来了，海瑞又赶紧下车。

"廖老先生，你咋也来了啊？"见他跑得满头大汗，海瑞心疼地说。

廖景庵假嗔道："你还说，要离开兴国也不说一声，也好让老夫来给你饯行！要不是听我那侄儿说，老夫还不知晓你今日要走呢！"

"哎呀，此事仓促，未来得及告知，实在是抱歉，还望廖老先生见谅！"海瑞向他拱手赔罪。

廖景庵望着他："难道你就这样走了？"

"不这样走，怎么走啊？"海瑞望着他反问。

"就不留下点东西？"廖景庵问他。

海瑞知道他要什么，回头命车上的汪熙："汪熙，给我取笔墨来！"

"不用了，我这儿有！"廖景庵说完从背上的袋子里拿出笔墨和纸。

海瑞笑着说："廖老先生，您这是有备而来啊！"

廖景庵也笑着说："老夫不有备而来，你不早跑了呀！"

海瑞哈哈大笑，然后道："行，就留下点东西权当纪念吧！"

旁边一青年和廖景庵把纸铺平。

海瑞拿起毛笔蘸饱墨汁，在纸上唰唰唰舞了几下，顿时纸上留下了两行龙飞凤舞的赠别诗："此日殷勤话知己，明朝远帆带云流。"

"好诗，好诗啊！"

众人见了，无不称赞。

海瑞对廖景庵说："廖老先生保重，时候不早了，海某得走了！"

"好，一路平安！"廖景庵收了字画，抹了把眼泪，握着海瑞的手说。

"海大人慢走！"

"海县令一路平安！"

"一路顺风，海大人！"

……

马车已出城很远很远，廖景庵和乡民们还在目送着，频频向海瑞挥手。

海瑞流着眼泪,朝他们挥手告别……

海瑞离开了兴国,但兴国人永远不会忘记他。

− 4 −

经过一番艰难跋涉,海瑞和仆人海安、汪熙终于来到了京城。

到了京城,海瑞先去吏部报到。

朝廷有规定,官员到京城的衙门上任前,都得先到吏部报到,然后再由吏部的人带去衙门里上任。

"海瑞,你终于来了!"

海瑞和海安、汪熙他们刚到吏部大门口,便遇到了他的老上级、吏部右侍郎朱衡。

"朱大人,您还在吏部?"海瑞问道。

朱衡笑着反问他:"不在吏部在哪儿?"

"吏部好,吏部好!"海瑞笑着连声说。

朱衡虽说是海瑞的老上级,但才大海瑞一岁,都是同龄人,加上朱衡这人很随和,二人说话也就没那么多讲究。

见他身后跟着两个人,朱衡看着他们问海瑞:"他俩是……?"

"哦,他们是我家里的仆人,他叫海安,他叫汪熙!"海瑞赶紧给汪熙介绍。

然后,海瑞带着海安和汪熙,跟着朱衡往他办公的衙署走去。

"来,随便坐!"朱衡招呼海瑞和海安、汪熙,然后去泡茶。

"你们是从兴国起程的吧?"朱衡边泡茶边问。

"是的!"海瑞应答。

朱衡又问:"走了多少天啊?"

海瑞想了想,说:"二十多天。"

"来,喝茶!"朱衡递一杯茶水给海瑞。

"谢谢!"海瑞接过茶杯。

朱衡又把茶水递给海安和汪熙。

"谢谢朱大人!"海安和汪熙赶紧站起来接过,并向他道谢。

"不客气!"朱衡说,然后看着海瑞,"这么大老远过来,真是够辛苦的!"

海瑞端着茶水，笑着说："说不辛苦是假的！"

"多谢朱大人的帮助，要不海瑞也不可能来到这人人羡慕的京城！"海瑞已经知道自己能来京城是他帮的忙，喝了口茶水感激地说。

"哎，这都是你自己的努力！"朱衡非常谦虚。

海瑞说："若是没你帮忙，我海瑞就是有天大的本事，也还在兴国县那偏僻的地方做事，哪能来到这繁华的京城里啊？"

朱衡喝了口茶，说："若说要谢的话，那你得谢一个人。"

"谁啊？"海瑞睁大眼睛望着他。

朱衡告诉他："吏部的严讷严尚书，他也非常赏识你，你的事全靠他了。"

"哦，那我改日去拜访一下严大人！"海瑞说。

朱衡说："是该去拜访一下！"

"改日我一定去！"海瑞说。

"嗯。"朱衡点了下头。

聊了一会儿，朱衡说："这样，你先去吏部把手续办了，我马上带你去户部。"

"是！"海瑞说着去办理上任手续。

办理好了上任手续，朱衡叫上一位下属，一起带着海瑞去户部云南清吏司上任。

在户部云南清吏司，朱衡按程序代表吏部给司里的人介绍了海瑞的情况，向大家宣布了朝廷对海瑞的任命，希望司里的同僚对他多加关照，相互帮衬，然后又给海瑞提了些要求。

海瑞按程序作了表态发言。

程序走完，朱衡对海瑞说："好了，我还有事得赶回去。"

海瑞送他出来。

见旁边没外人，朱衡提醒海瑞："京城不比地方上，要注意改改自己的脾气，凡事三思而行，不能由着自己的性子。"

海瑞表示感谢，并说自己一定会注意。

朱衡和他的下属走了。

"各位，你们先忙着，我先去找个住的地方，明日再来上班。"因为住的地点得由自己安排，海瑞回到司里，和同僚们交谈了一会儿，便先告辞，去寻找居住的地方。

当日，海瑞在一条街上找了个四合小院，和海安、汪熙住下。

— 5 —

在地方上当父母官忙惯了的海瑞，以为到了京城，自己会比以前更忙，可在户部云南清吏司就职几个月，却成天无所事事，来不来也没人过问，其他几位主事也是如此。

海瑞觉得有些奇怪。

起初他还以为是自己刚来，部里的头儿不好安排他做事。时间长了，海瑞才知道不是这么回事。

一日，他实在忍不住了，便问司里坐在一旁看书的另一位主事："哎，老兄，我咋觉得司里的人一天像没啥事干，是不是以往都是这样啊？"

这位主事把书丢到桌上，和他拉起话儿来："司里嘛，平时都没多大事，大伙儿想来就来，不想来也没谁说你，只有在遇到部里或司里的头儿出差，抑或开展京畿巡查、库房清点时，他们才会让咱们领衔办理或协助办理一些事情，平时大伙儿没事就喝喝茶、看看书、写写字，以此打发一天的时间。"

"没事儿干？"听了这位主事的话，海瑞很是吃惊，"地方上的官员成天忙得团团转，户部是朝廷的一个重要部门，管理着全国的粮税田地，这清吏司咋会没事干呢？"

"海兄，你刚从地方上调上来，有所不知，朝廷这户部清吏司主事一职，其实就是光有级别而没有实权的闲差，吏部安排咱们这帮臣子来这儿，就是让咱们养养老，不要再在衙门里指手画脚的。"

原来如此！海瑞方才明白，朝廷把自己调来京城并不是要重用自己，而是让自己来京城养老。他想，在地方上当个县令，虽然官品不高官职不大，好歹还能替百姓说点话办些事，可来到这京城，自己反倒什么事也干不成，甚至连说话也不起用了。

这位主事又说："海兄，我知道，你在地方上干得轰轰烈烈，可京城这地儿情况不一样，你想干也干不成，既然来到这地儿，我劝海兄还是安心养老，别再有其他想法了。"

海瑞没再说话。他想，不行，我不能就这样闲着，得给自己找些事情来做，要不然对不起朝廷给自己的这份俸禄，对不起普天下的老百姓。

海瑞在户部云南清吏司待了几个月，因为不能替百姓办事，成天心烦意躁。但主事这个职位，干啥事都得由上司来安排，不是自己想到哪儿就到哪儿，想干啥就干啥。但他转念一想，这也是没办法的事情，也只有先在这儿待着，说不定哪天皇上想通了，又让自己到其他部门去干点事也不是没有可能。

正在海瑞心烦意躁的时候，有一个人来找他了，这人便是新考中的进士、庶吉士王弘诲。

王弘诲是海南琼州府定安县人，与海瑞的老家属同一个州府，在京城这个地方，二人算得上是老乡。

对王弘诲来说，海瑞算是老前辈了，海瑞的名声他早有耳闻，对海瑞的为人佩服得五体投地。他刚到京城，也没什么朋友，听说海瑞已到京城户部云南清吏司任主事，便来他家里拜访。

一日夜晚，王弘诲找到海瑞家。

咚咚咚，咚咚咚。

"谁啊？"老仆人汪熙在院子里扫地，听到门外有人敲门，在门里问。

王弘诲在门外应道："我是王弘诲，请问海瑞海大人是不是住在这儿？"

"是！"汪熙边回答边走过去开门。

门开了，汪熙见一个年轻人拎着礼物站在门口，便问："刚才是你在敲门吧？"

"是是是，我是王弘诲，和海大人是老乡，听说他来京城任职了，晚生特意来拜访他老人家，请问您老是……？"王弘诲简要地自我介绍后笑着问汪熙。

"哦，我叫汪熙，是这里的仆人！"汪熙说着把王弘诲让进院子里，然后关上门。

王弘诲问："海大人在家吗？"

汪熙说："在，在书房里看书。"

"走，屋里坐！"汪熙领着王弘诲往客厅里走去。

进了屋，汪熙说："你先坐着，我去禀报我家老爷。"

"好的！"

汪熙来到书房，向海瑞禀报："老爷，有个叫王弘诲的年轻人来找您，他说是您的老乡。"

"王弘诲？"海瑞皱着眉想了一下，问，"哦，他人呢？"

汪熙说："在客厅里候着！"

海瑞赶紧走出书房。

"海大人，您好，我是王弘海，听说您来京城任职了，晚生特意来拜访！"

"原来你就是新考取的进士王弘海啊？"海瑞一脸惊喜。由于年纪悬殊，王弘海认识海瑞，海瑞却不认识他。

王弘海应答："是的！"

"喔，真是年轻有为啊！"见他人很年轻，海瑞夸奖道。

"海大人过奖！"王弘海谦虚地说，然后告诉海瑞，"海大人可能还不知道，我老家也是海南琼州府的。"

"哦？你家是哪个县的？"听说他也是海南琼州府的，海瑞赶紧问他。

"定安县！"王弘海告诉海瑞。

海瑞笑着说："哦，我们还是老乡呢！"

"地地道道的老乡！"王弘海很自豪，"海大人的名字，晚生听了如雷贯耳！"

海瑞说："不敢当！不敢当！"

"真不是晚生说假话，的确如此，海大人的名声和事迹，晚生早有耳闻！"王弘海坦诚地告诉海瑞。

海瑞问："你现在在哪个衙署就职？何职务？"

"禀告海大人，晚生不才，现供职于翰林院，朝廷临时授予晚生庶吉士一职。"王弘海谦虚地说。

"慢慢来，谁都有个过程。"海瑞安慰他。

王弘海问海瑞："海大人来户部云南清吏司有好几个月了吧？"

"半年多了！"海瑞立立眼睛想了一下，说。

王弘海又问："海大人原先在地方上做知县，是一方诸侯，啥事都是自己说了算，现在到京城户部做主事，还习惯吧？"

"唉，别说了，在地方上还能实打实替老百姓说点话办点事，可现在，一天就窝在司里，我还真不适应！"

"主事这个职务本来就是养老的，没啥职权，想替老百姓说话办事也很难，海大人在地方上为老百姓办实事惯了，在这个闲职上一时间肯定有些不适应。不要紧，过一阵子习惯就好了。"王弘海说。

"习惯？我看我是无法习惯！"海瑞有些气愤。

王弘海问他："莫非海大人之前对户部云南清吏司主事这个职务一点也不了解？"

"不了解。"海瑞摇头。

王弘海说:"不管怎么说,和知县相比官品提了一级,再说进了京城,不再在那些地方受苦了。"

海瑞说:"苦?苦算个啥?让人难受的是成天坐着拿朝廷薪俸却不干事,这老百姓要骂娘的呀!"

"海大人一心为国为民,又非常有能力,也许过一阵,皇上会重新安排您的!"王弘海安慰海瑞,"不过主事就是言官,如遇贪腐之人或朋奸之事,海大人可以将自己的想法告诉皇上,这也是替百姓和朝廷办事。"

"你说得也是。"海瑞作沉思状。

和海瑞天南地北地交谈了一阵,王弘海就告辞了。

临出门前,他说:"晚生也没啥好孝敬海大人的,来时顺便在店铺里买了两盒铁观音,望海大人笑纳!"

"哎,来就来,你咋还拎着东西来呢?拿回去!"海瑞说着拎起王弘海带的礼物,硬往他手里塞。

王弘海推了半天,解释了许多,海瑞也不听。最后王弘海挣脱他的手,就往外跑。

海瑞见状,只好对他说:"那下不为例,如若下次来再带东西,我可不接待你了!"

"海大人留步!"王弘海回过身与海瑞告别。

之后,王弘海经常来海瑞家,向他请教一些问题,海瑞偶尔也会去他那儿串串门,拉拉家常。

也许是性格使然,在京城,除了朱衡,海瑞似乎就只有王弘海这个可信赖的朋友了。

嘉靖四十四年三月,刑部尚书黄光升查明严世蕃有谋反意图,同时查明他的死党罗文龙私通倭寇,便禀报嘉靖皇帝。嘉靖皇帝大怒,下令斩杀了严世蕃和罗文龙,还查抄了严家财产,严党彻底倒台。

第22章 买棺死谏

听嘉靖皇帝说要抓海瑞,黄锦赶紧躬身禀告:"皇上,这海瑞历来都有痴名,想必他已料定上此疏犯的忤逆之罪,自己必死无疑。听闻来上奏之前他已将棺材买好放在家里,也将家小和仆人都遣散了,奴才以为他是抱着必死之心来的,他没跑,还在大门外边候着呢!"

- 1 -

大事有尚书和左右侍郎顶着,小事有吏员衙役在做,在县令位置上忙惯了的海瑞,觉得实在是闲得有些不耐烦。

"主事就是个言官,如遇贪腐之人或朋奸之事,海大人可以弹劾他们,将自己的想法告诉皇上,这也是在替百姓和朝廷办事……"海瑞想起了那日王弘诲对他说的话。

自己不是言官吗?言官干的事就是弹劾官员,要是朝廷的官员出了问题不弹劾,那自己这个言官不就失职了?身为朝廷官员,拿着朝廷俸禄,倘若在位不干事,咋对得起朝廷和老百姓、对得起自己拿的这份俸禄?

海瑞坐不住了,他要用自己手上的权力,弹劾不良官员。可他要弹劾的不是京官,更不是地方上的官员,他要弹劾的是手握生杀大权的当今皇上嘉靖。

在海瑞心里,他只认一个理:在朝廷他嘉靖也是官,而且还是最大的官,其他官员出现贪污或做错事都可以弹劾,他嘉靖皇帝做错了事,缘何又不能弹劾呢?

来京城之前,海瑞一直在地方上任职,虽说地方上也有权力上的争斗,但和京城里的争斗相比,简直就是小巫见大巫,算不了什么,而京城朝中官员之间的尔虞我诈、刀光剑影,远比地方上的激烈得多。

在户部云南清吏司,一位同僚告诉海瑞,嘉靖二十一年的一个冬夜,乾清宫里发生了一场宫变,杨金英等几个怨恨皇上的宫女欲勒死他,可由于慌乱,几个宫女在勒皇上时出了差错,皇上得救侥幸活下来,之后皇上就再也不敢相信身边任何一位宫女。怕自己再遭不测，皇上干脆搬到西苑太液池内的毓德宫里居住，并一直在那儿独居，除了严嵩、徐阶等几位阁臣来禀报政事，其他官员他一概不见。几年前的一个夜晚，皇上和宫女尚美人在毓德宫豹房嬉戏，尚美人在帐幔内燃放焰火引发了大火，将毓德宫烧得一干二净，皇上不得不搬进旁边的玉熙宫。前年四月，内阁次辅徐阶将原来的毓德宫修复好后，皇上这才移驾原址，并将毓德宫改名为万寿宫。

这位同僚还告诉海瑞，皇上欲求长生不老，受身边蓝道行等江湖术士蛊惑，在西苑内设坛成天祈福和炼丹药，连朝也懒得上。朝廷里一些官员听闻此事，就想尽一切办法去讨好皇上，竞相给皇上进献一些所谓的祥瑞征兆之物，以博取皇上欢心，为日后升官发财铺路搭桥。每当有人来进献物品，宫里的礼官们就赶紧上表给皇上致贺，这个时候皇上就会喜形于色，对进献物品的大臣胡乱给予升职或嘉奖。许多大臣见这些人进献祥瑞之物后都升官发财了，也效仿这些人到处去搜罗一些所谓的祥瑞之物来进献皇上，以便从皇上那儿捞到些好处。皇上堕政，让不少心术不正的官员钻了空子，他们借搜罗祥瑞之物的机会到处敲诈勒索甚至杀人放火，弄得社会民不聊生，老百姓怨声载道。

听了这人的话，海瑞气愤地问："这满朝文武大臣，就没一个给皇上提个醒儿？"

"咋会没有？太仆寺卿杨最和给事中顾存仁、高金、王纳言等大臣就曾经上疏过皇上，恭请他回朝理政，结果你猜怎么着？皇上不但听不进去这些大臣的建议，先后把这些大臣全杀了，还诛灭人家九族！"同僚说完不停地摇头。

"后来就没人劝谏皇上了？"海瑞问。

同僚压低声音："皇上这么狠，谁不怕掉脑袋？我跟你说海兄，这二十年来，特别是在太仆寺卿杨最被杀之后，这满朝文官武将就再也没有人敢向皇上进言了。"

"身为一国之君，二十年不上朝处理政事，悲哀，真是我大明朝的悲哀啊！照这样下去，我大明江山不是要拱手送给人家了？这不行，我得上疏进劝皇上，请他务必顾及国体赶紧回朝处理政事，尽快扭转朝廷危局！"海瑞既愤慨又着急。

"海兄，进劝皇上这事非同小可，我劝你还是仔细掂量掂量，切莫到时候搬起石头砸了自己的脚！"同僚关切地劝说道。

海瑞义无反顾地说："这没啥好掂量的，进劝不成，大不了一死，只要能保我大明江山社稷，哪怕是死，我也觉得值了！"

见海瑞这么坚定，同僚摇摇头，说："既是如此，那我就无话可说了，海兄好自为之吧！"

心气难平的海瑞回到住处，关上书房门，马上提笔撰写给嘉靖皇帝的奏疏。

汪熙和海安把饭做好，去叫了几次他也不出来吃。

也许是激情所致，抑或是胸中有丘壑下笔有峥嵘，海瑞感觉此时自己的思维甚是敏捷，下笔如行云流水。凌晨的时候，一篇洋洋洒洒上万言的《治安疏》挥毫而就。

这篇奏疏，虽说写得不是花团锦簇，但却词采郁郁、骨气清峻、铿锵有力，让人读来犹如沉钟之音荡气回肠。

奏疏撰写好了，但海瑞心里还是有些纠结。他心里十分清楚，这个奏疏一旦送到皇上手里，他采纳了，那自己就是替朝廷和天下黎民百姓做了桩好事，可以名留青史，如若他不采纳，那就要重蹈之前几位大臣的覆辙，招至横祸，真要是那样，到时候不仅自己性命不保，还会被诛灭九族殃及家人。他想，这奏疏就算是写好了，自己也不能冒冒失失地递交上去，还得仔细斟酌斟酌，考虑清楚了再呈交给皇上。

海瑞将奏疏锁进桌箱里，然后躺在床上想了整整一夜。

天快亮的时候，海瑞终于下定了决心：事关我大明王朝的生死存亡，国事危及，此疏不奏不行，就算是嘉靖皇帝杀了我，灭了我九族，我也要上奏。

海瑞明白，这奏疏一送上去，自己基本上就是个死了没人埋的人，不如自己先上街去把棺材买好，找人安顿了家小，再将奏疏交与他嘉靖皇帝，以死进谏。

棺材倒是好办，花点银子去街上买来就是，可找谁来安顿自己的家小？自己来京城还不到一年，没认识几个朋友，就算认识几个也算不得知心，这事哪能托付给他们？

突然，海瑞起了王宏海。他想，这王宏海和自己都是海南琼州来的，是真正的同乡，这几个月彼此交往也比较多，他一定会帮自己的。对，等把棺材买来了，去找一下他。

在海瑞看来，他这次上奏皇上，就是与家人生死别离。

- 2 -

当日,海瑞没去户部清吏司上班。用过中餐,他翻出家里剩下的银子,从中拿了八两,就一个人上街了。

他去给自己买棺材。

平日里逛街的时候,海瑞见过一胡同里有家棺材铺,就径直朝那儿走去。

棺材铺的老板杜老头认识海瑞,见他来了,连忙和他打招呼:"哟,海大人,今日咋有时间来我这儿逛啊?"

"我想买口棺材。"海瑞告诉他。

"哟,海大人,您就别开玩笑了,您这身板这么硬朗,咋会来买这东西哦?"杜老头笑着说。

"我说的是真的!"海瑞一本正经。

"海大人真的要买啊?!"杜老头不相信。

"买!"海瑞说,然后朝屋里走去。

"多少钱一口?"海瑞这口看看,那口瞧瞧,然后问杜老头。

杜老头虽说觉得奇怪,但见他不像说假话,便说:"货不一样,看海大人要哪种货色的。"

海瑞告诉他,一般的就行。

"那您看这口怎么样?"杜老头指着一口薄木棺材问海瑞。

"行,要多少钱?"

杜老头说:"说句实在话,要是别的人,这口棺材少了十两二钱银子,我无论如何也不会卖,既然是您海大人要,那我就亏本卖算了,十两银子您看行不行?"

海瑞说他就只有八两银子。

杜老头想了一下,说:"八两银子是亏点,但既然是您海大人要,就当我一分钱不赚,白帮您做好了。行,你啥时候要?我找人帮您送去!"

"马上就送!"海瑞说。

"马上就送?"杜老头迟疑了一下。

海瑞说:"嗯,马上送。"

"行,海大人,您坐下等一会儿,我这里送货的人出去了,我马上去叫他们来给您送去！"杜老头说着拉一条凳子递给海瑞。

海瑞坐下等人给他送棺材。

一会儿，两个中年汉子随着杜老头回来了。杜老头说："二虎、三虎，海大人要个货，你们俩帮他送一下。"

"是！"二虎、三虎应答。

海瑞把银子给了杜老头，然后和两个中年汉子拉着棺材往家里走。

"哎，老爷，您咋拉口棺材回家来啦？"

见自家老爷去街上买了口棺材回来，在门口做事的海安吓了一大跳，便大声地问他。

海瑞说："等会给你说。"

"啥？老爷买口棺材回来？"刚才海安声音太大，在屋里做事的汪熙听到了，嘀咕着赶紧走出门来看个究竟。

汪熙有些纳闷：老夫人虽说年事已高，可她在琼山老家又不在这儿，老爷再孝顺，也不至于从这北京城买口棺材找人拉到海南琼山去吧？

"老爷，老夫人又不在这儿，您买棺材来做啥呀？"来到门口，汪熙见老爷真的叫人拉来一口棺材，便疑惑地问道。

"不是给老夫人买的。"海瑞告诉汪熙。

"不是给老夫人买的？"汪熙更是不解。

海安听说这棺材不是给老夫人买的，也很疑惑，问道："老爷，不是给老夫人买的，那这是给谁买的啊？"

海瑞说："我自己用的。"

"你自己用的？不会吧，老爷？"海安睁大眼睛，刚才听老爷说不是给老夫人买的，他还以为汪熙老了，是给汪熙备办的，这下听他说是给他自己买的，吓了一大跳。

"老爷，您说啥？给您自己买的？"汪熙也不敢相信。

"老爷您这是……"海安见老爷神神秘秘的，也想问个究竟。

送棺材来的二虎和三虎，也以为海瑞是替他父母买的棺材，这下听海瑞说是给他自己买的，二人也觉得很奇怪，他身体看上去这么好，咋早早就为自己备办这东西了？这东西放到屋里不觉得晦气？

二虎忍不住问他："海大人，看您身板这么硬朗，咋这么早就备办这东西啊?"

"当今皇上听信奸人蛊惑,独居西苑一心设坛祈福不上朝理政,一些大臣或官员为讨好他,争相给他进献有祥瑞征兆的物品……"

待二人帮他把棺材抬进院子里,海瑞这才告诉他们,他买这棺材的缘由。

"老爷,您这么做,就不怕老夫人和夫人在老家担心吗?"听说老爷要以死向皇上进言,汪熙很是担心。

海安也说:"是啊,老爷,这事您得想好啊!"

"唉,这皇上也是,他是一朝之君,怎么能这么做呢?他这么做,不是害了天下百姓吗?"二虎叹息道。

"昏君,真是个昏君!"三虎骂道。

"是啊,皇上他这样做多不应该啊!"汪熙也说。

海安说:"这皇上也是,一天正事不做,去念啥佛呀?"

三虎问:"难道就没有人管得了他?"

"天底下他最大,还有谁管得了他?"海安说。

听了他们的话,海瑞说:"正是没人管得了他,我才去劝说。"

"他是一国之君,您咋劝得了呀?老爷!"汪熙问海瑞。

海瑞说:"我要向他上疏,劝他顾及国体,赶快上朝处理政事,扭转朝廷危局!"

"这会不会被杀头呀?"二虎睁大眼睛问。

海瑞告诉他:"皇上要是采纳了我的意见,这就是我一份天大的功劳,他若是不采纳,那我就会像之前的那些大臣一样,被他派人杀掉,而且还要诛连九族。"

"那您还要去?"二虎说。

"是啊,老爷您就别去了吧!您就是不替自己着想,也得替老夫人和夫人她们着想啊!"汪熙眼巴巴地望着海瑞。

海安也劝道:"还有中亮和中砥,您要是去了,万一……万一有个三长两短,他们孤儿寡母的,您叫他们咋办啊?"

"死对我来说不足惜,我主意已定,你们也不用再劝。"海瑞告诉他们,"我料定此次给皇上上疏必是凶多吉少,为了不连累你俩,你们自行找出路去吧!"听了他的话,汪熙、海安不敢再说什么,只是不停地落泪。

"那你们忙着,我俩先走了!"二虎和三虎说完,转身走了。

待二虎和三虎走了，海安问海瑞："老爷，既然你主意已定，我们也不便说什么，只是……只是老夫人和夫人您如何安顿？要不要让她们知道这事？"

海瑞告诉他："夫人和老夫人，还有中亮、中砥，老爷我自有安顿，但此事先不能让他们知道！"

"我想还是告诉他们一声吧，老爷？"汪熙看着海瑞。

海瑞说："不能告诉！"

"既是这样，我们听老爷吩咐就是！"汪熙没精打采地说。

海安知道，老爷定下的事再说也没用，干脆不说了。

"好吧，你们去做饭吧，吃了饭我还得出去一趟。"海瑞说，他说的要出去一趟，就是去找王弘诲帮他安顿家小。

"好，老爷，我们这就去做。"

海安和汪熙说完，转身进厨房去做饭。

– 3 –

吃过晚餐，海瑞要去王弘诲家，海安说要跟他去，海瑞不让，说他一个人去。

王弘诲住的地方离海瑞住的地方也不是很远，没多久，海瑞便到了他家。

"哟，海大人，您咋来了？来，快进屋来坐！"见海瑞来了，王弘诲赶紧招呼他。

"我来是有一事相托，不知……"

"进来再说，进来再说！"

王弘诲打断海瑞的话，将他迎进屋。

"我有一事想……"

"哎呀，海大人难得来，今日既然来了我去弄两个菜，咱俩先喝两杯，其他事待会儿再说。来来来，海大人，您先坐着，我马上去弄菜！"

王弘诲说完去厨房弄菜去了，海瑞只好等着他。

转眼，王弘诲弄来了两个凉菜，把酒和杯子找来，然后斟好，坐下来准备和海瑞喝酒。

"来，海大人，晚生先敬您老一杯！"王弘诲端起一杯酒双手递给海瑞，旋即又端起自己的酒杯，准备和他碰杯。

海瑞接过酒杯，但他没和王弘海碰杯。他放下酒杯，对王弘海说："你先放下酒杯，我有个事想跟你说。"

王弘海只得先放下酒杯。

海瑞说："今日我有一事相托，不知你肯不肯帮我这个忙？"

"看海大人您说的，咱俩又不是外人，什么事您说！"王弘海说。

海瑞说："弘海啊，你来京城几个月了，可能你也听说过，当今皇上不上朝理政，而是一心在西苑设坛炼丹念佛祈福，一些大臣进劝，他不但不听，反而还将进劝的大臣关的关杀的杀。再这样下去啊，我怕大明王朝就要土崩瓦解，毁在他手上了。为了大明的江山社稷，为了天下黎民百姓，我想冒死进谏皇上。奏疏我已经写好了，但我心里清楚，这个奏疏一旦送到皇上手里，他若是采纳，那当然是大功一件，他要是不采纳，那我不仅自己性命不保，还会诛灭九族。"

"什么？海大人，您要进劝皇上？"听了海瑞的话，王弘海惊出一身冷汗。

海瑞告诉他："是的，我要进劝皇上上朝理政，不要再炼什么丹求什么福。"

"海大人，皇上不上朝的事宏海早有耳闻，但进劝皇上这事实在是太冒险，晚生劝您还是不要去，以免惹火烧身。再说，面见皇上要四品以上的官员，您也见不到他！"王弘海劝说海瑞。

海瑞说："我清楚自己只是个六品官员，没资格上朝面见皇上直陈事情。要说冒险，我觉得做啥事都有风险，不冒险是做不成的。也正因为要冒险，我才来找你。至于说见得到见不到皇上，你就不用操心，我自有办法。"

"可这事恐怕我也起不到什么用啊，海大人！"王弘海说。

"起用！"海瑞说着从怀里摸出事先准备好的银子递给王弘海，"这是二十两银子，虽然不多，但也是我这么些年来的全部积蓄。"

"海大人，你这是要干啥呀？莫非来我家喝两杯酒您也要付钱不成？"王弘海听说过海瑞从来不贪别人便宜，但也不至于来自己家里喝两杯酒也要付钱吧？

海瑞见他误会了，赶紧说："不是，不是！刚才我不是说了吗？我有一事要托付于你！"

"我还以为海大人来晚生这儿喝杯酒也要给钱呢！"王弘海说，"晚生刚才说了，啥事海大人说便是，能办的晚生一定照办，绝不推辞！"

海瑞这才郑重其事地对他说："我知道，这次给皇上劝言，定会有杀身之祸。在京城我也没有啥知心朋友，要说知心一点的也就是你。如若我回不来，我的后事和家人就全托付给你了，我想这事你不会推辞吧？"

海瑞说罢，两眼祈求般看着王弘诲。

王弘诲一听是这事，紧张地盯着他问："海大人真要豁出命去进劝皇上？"

"不瞒你说，下午我已上街将棺材买来放到家里了，如若我不能从朝上回来，到时候就烦你随便找个地方，用这口棺材将我葬了了事。另外，我母亲和妻儿他们都在海南琼山，日后你若能替我照看一下他们，我在九泉之下也会感激不尽！"

见海瑞一心以死进劝皇上，王弘诲深受感动，当即慷慨激昂地说："海大人为了天下苍生以命死谏，实为大义，既然我俩是同乡，海大人又如此信任，把这等大事托付于晚生，晚生岂能推脱？真要推脱，那就显得我这个同乡太不仗义了！"

"谢谢，谢谢你能帮我这个忙！"海瑞急忙拱手给他行礼。

王弘诲赶紧说："海大人不必这般客气，这都是我应该做的！"

"弘诲，既然你答应了我，那就请收下这点银子，以便今后照料我的家小。"海瑞说着把手上的银子硬塞给王弘诲。

王弘诲死活不接，说："海大人为了劝说皇上连命都不顾了，我为海大人做点事，还有脸收您的银子，那不被天下人耻笑？"

海瑞说："你不收不行，不收，说明你不是真心帮我。"

"既然海大人话都说到这个份上，看来我不收是不行了，好，我收下，我收下！"王弘诲说完从海瑞手里接过银子。

见他收了银子，海瑞从桌上端起酒杯，高兴地说："来，喝两杯，就当是替我壮行！"

"好，但愿海大人此举成功，来，晚生敬您一杯！"王弘诲端起酒杯和他相碰。

"干！"

二人一扬头，把酒喝下肚。

放下酒杯坐下，王弘诲问："海大人打算何时去上奏皇上？"

海瑞说："我准备明日去万寿宫试试，看能不能见皇上一面，能见就当面将奏疏呈交给他，如若不能，就想办法叫人转交给皇上。"

"这么急？"

"早一日是一日！"

"这也倒是!"

二人聊了一会儿,又喝了几杯,海瑞站起身要告辞。

王弘海送他出门。

海瑞转身往自己住的地方走去。

夜黑而静,但海瑞却心潮翻滚。

明日,明日自己将会是个什么样子?皇上看了自己的进言是大加赞赏,还是臭骂一顿,并叫锦衣卫将自己投入大牢严刑拷打?他不得而知。

海瑞一路跌跌撞撞往家里走。

海安和汪熙见一大晚上了老爷还没回来,俩人很是着急,守在院门口等他。

"哎,老爷回来了!"海安眼尖,见前面有个影子,知道是老爷回来了,高兴地对汪熙说。

"老爷,您咋这么晚才回来呀?"待海瑞走近,汪熙心疼地说。

海安闻到他身上有一大股酒气,知道他喝酒了,赶紧和汪熙扶他进屋,然后服侍他上床休息。

– 4 –

次日早晨,海瑞起床后梳洗了一番,然后穿戴整齐,揣上他给嘉靖皇帝的奏疏,准备前往万寿宫。

临走时,他站在堂屋里抚摸了一下放在那儿的棺材,对着它自言自语地说:"老朋友,等着吧,老夫可能要用上你了!"

"老爷,您真要去啊?"汪熙从旁边的屋里走出来,老泪纵横地问海瑞。

海瑞说:"大丈夫一言九鼎,言出必行,岂能反悔?"

"老爷,您这一去,怕我们主仆再无相见之日,既是如此,请再受海安一拜,以谢老爷这么多年的收容之恩!"海安说着给他叩了三个响头。

海瑞扶起他,眼睛红红地对他和汪熙说:"你们侍候我和老夫人、夫人这么多年,结果是这个样子,实在是对不起你们,今日一去必定是凶多吉少,我走之后,你们自己去逃生吧!家里也没啥积蓄,也没什么可给你们!"

"老爷,您不用说了,这些我们都知道,只是您这一去,不知……"海安泪如雨下,说不下去了。

"恕老爷不能照顾你们,如有来生,我们再在一起。"海瑞含着眼泪拍了拍他和汪熙的肩膀，然后义无反顾地转身走出门去。

"老……爷！"海安含着眼泪，声嘶力竭地朝着他的背影哭喊。

"老爷，您这是为啥呀？！"汪熙蹲在地上，哭喊着用双手捶打着自己的头。

海瑞没回头，绝决地往前走去，他得去拯救大明王朝，拯救天下的黎民百姓，这是他的使命。

海瑞一路豪气地来到西苑万寿宫大门外。

"你是谁？要干什么？"守门军士见他要闯进宫，便上前阻拦。

要面见皇上自己的官品不够，海瑞心知肚明。但他不管这一套，就要往里闯，见有人拦着，便对他们说："户部云南清吏司主事海瑞，有急事面奏皇上！"

"没有皇上吩咐，任何人都不能进宫！"守门军士说。

海瑞问他："那有急事如何上奏？"

守门军士问他有没有奏疏。

海瑞说有。

守门军士叫他将奏疏给他，他帮送进去。

"行，那我在门外候着！"见不能进去，海瑞只好从袖子里抽出写好的奏疏递给守门军士。

"哦，你告诉里面的人，就说我海瑞在这儿等着皇上的答复，如若皇上不答复，我就不走，皇上要杀我的话，就说我棺材已经买好，并安顿了家小，就等着他派人来杀我好了！"海瑞叫住守门军士。

守门军士不说话，拿着奏疏往宫里走去。

海瑞眼巴巴地在门外候着。

"公公，户部云南清吏司主事海瑞有急事奏请皇上！"军士进了宫里，把海瑞的奏疏交给侍候嘉靖皇帝的宦官黄锦，并把海瑞刚才的话告诉他，然后走出宫门。

见守门军士出来了，海瑞问："奏疏交给皇上了吗？"

"已交给黄公公，他会帮你递交给皇上，你可以走了！"守门军士告诉海瑞。

"不行，我得等皇上答复！"海瑞说。

守门军士说："皇上岂能马上答复你？"

"那我就在这儿候着，待皇上答复了我再走。皇上要不答复，我就不走！"海瑞说。

见他这么固执，守门军士说："随你便，你要想候就候着！"

"皇上，户部云南清吏司主事海瑞有急事要奏！"宦官黄锦给嘉靖皇帝禀报。

嘉靖皇帝问："所奏何事？"

"海瑞有奏疏呈给皇上！"黄锦说着将海瑞的奏疏呈上。

治安疏？这海瑞要干啥啊？嘉靖皇帝接过黄锦递过来的奏疏，扫了一眼封面，心里咯噔了一下，然后翻开看了起来：

"……陛下则锐精未久，妄念牵之而去矣，反刚明而错用之，谓遥兴可得而一意玄修。富有四海，不曰民之膏脂在斯也，侈兴土木。二十余年不视朝，纲纪弛矣。数行推广事例，名爵滥矣。二王不相见，人以为薄于父子；以猜疑诽谤戮辱臣下，人以为薄于君臣；乐西苑而不返宫，人以为薄于夫妇。天下吏贪将弱，民不聊生，水旱靡时，盗贼滋炽，自陛下登极初年，亦有之而未甚也。今赋役增常，万方则效陛下，破产礼佛日甚，室如悬磬，十余年来极矣。天下因即陛下改元之号，而亿之曰：嘉靖者，言家家皆净而无财用也……"

"这个海瑞，他是想气死朕！"

嘉靖皇帝看罢海瑞的奏疏，气得七窍生烟，狠狠地将奏疏砸在地上，旋即对站在一旁的黄锦吼道，"快快快，去把这人给朕抓来，不要让他跑了！"

听嘉靖皇帝说要抓海瑞，黄锦赶紧躬身禀告："皇上，这海瑞历来都有痴名，想必他已料定上此疏犯的忤逆之罪，自己必死无疑。听闻来上奏之前他已将棺材买好放在家里，也将家小和仆人都遣散了，奴才以为他是抱着必死之心来的，他没跑，还在大门外边候着呢！"

"这……这海瑞他……"黄锦的话让嘉靖皇帝更气。

"奴才罪该万死！"黄锦见了，赶紧下跪请罪。

"皇上，龙体要紧，不必为这等小人伤了身子！"

"是啊，皇上，龙体安康才是天下百姓的福啊！"

"皇上，您得保重龙体呀！"

……

在嘉靖皇帝身边的大臣和道士也赶紧跪下。

"罢了罢了，就让他去吧！"嘉靖皇帝气得将头扭向一边，不耐烦地对他们说。

"卑职遵命！"

"奴才遵命！"

见皇上有了态度，黄锦和嘉靖皇帝身边的大臣、道士赶紧叩头。

黄锦叫过一太监，对他耳语一阵。

太监奉命走出宫门，来到海瑞身边，黑着脸说："你还愣在这儿？还不赶紧逃命去，皇上已经被你气昏了头，先前还说要叫人抓你呢！"

听了太监的话，海瑞说："我海瑞既然来了，就做了死的准备，还怕皇上派人来抓我不成？"

"我说你这个愣头青，真是不知死活！既是如此，那你就在这儿等死吧！"见海瑞一副死猪不怕滚水烫的样子，太监丢下句话，气恼地转身进宫了。

这皇上，您到底是个啥态度，起码也得给我个信儿嘛！海瑞在门外等了老半天，除了先前那太监来没头没脑地丢下一句话，就再也不见人来回他话，更没有人来抓他。

海瑞几次想闯进宫，可守门军士就是不让他进。没办法，海瑞只好回家。

海瑞没精打采地走进门来。

"老爷，您怎么回来了？我们还以为您……"正在收拾东西准备逃走的海安，见自家老爷回来了，赶紧问。

"是啊，老爷，我们都以为您回不来了呢，这下好了，您回来了我们就不用走了！"在一旁收拾衣物的汪熙，放下手上的衣物激动地说。

海瑞闷着不说话，他能说什么呢？他的奏疏皇上还没有答复，再说，这事是福是祸还没个定论，万一哪天皇上发疯了说要抓他，自己又怎能逃得过？

海安和汪熙见老爷不说话，也不敢多问。

"老汪，快去做饭，这一早上老爷肯定饿慌了！"汪熙吩咐海安。

"好，我马上去做！"海安说着转身去厨房做饭。

海瑞觉得很累，坐在椅子上闭着双眼。汪熙见了，赶紧去给他泡茶。

海瑞很焦急，他焦急并不是怕死，他急的是嘉靖皇帝不采纳他的建议，毫无醒悟地继续躲在西苑万寿宫里与那帮奸人炼丹祈福，不上朝过问政事，大明的江山社稷危在旦夕。

- 5 -

嘉靖皇帝被海瑞在奏疏上骂得七窍生烟，急得大喊要抓海瑞，可听了宦官黄锦的话，觉得拿海瑞没办法，加上身边的太监和大臣劝说，气渐渐消了一些。

见皇上气稍稍消了些，黄锦捡起他刚才扔在地上的奏疏放到龙案上。

嘉靖皇帝刚才是气糊涂了，也没仔细看海瑞上的奏疏，这下气消了一大半，人也冷静下来了，他又重新拿起海瑞上的奏疏翻来覆去地看了好几遍，然后放回龙案上。

反复读了海瑞的奏疏，嘉靖皇帝似乎为海瑞的勇气和对朝廷的忠心所感动，长叹一声："唉，你海瑞倒是有点儿像商纣朝敢于死谏的比干，可惜我朱厚熜不是商纣那样的昏君！"

"皇上，海瑞这奏疏……"黄锦怕嘉靖皇帝看到海瑞的奏疏会很心烦，想把它拿走。

"就把它留在这儿！"嘉靖皇帝知道黄锦的心思。

"奴才遵命！"黄锦躬着身子退下。

买好棺材，遣散家仆，上奏疏骂皇帝，这种事自古以来是没有的，可他海瑞却敢为天下先。这事一下子震惊了朝野上下，不少官员都在猜想，海瑞这回必死无疑，特别是海瑞的那些死对头，更是巴不得他的脑袋早点儿搬家落地。

"行事这么鲁莽，一点也沉不住气！"曾经多次帮过海瑞的吏部右侍郎朱衡想不到海瑞会做出如此举动。

朱衡心里特别冒火，他觉得海瑞这样做实在是太不争气，这下自己想帮他也帮不上了，再说也不想帮了，再帮恐怕连自己也要搭进去。

海瑞骂皇帝的事，不久便传到了他的老家海南琼山，也传进了他母亲谢氏和夫人王氏的耳朵里。

谢氏和王氏听到这个消息，犹如五雷轰顶，顿时昏了过去。她们知道，上朝骂皇上是大不敬，是天下大罪，必遭皇上五马分尸诛连九族。

待婆媳二人苏醒过来，相拥着痛哭了一场。

谢氏对儿媳王氏说："你说这瑞儿，他胆儿咋这么大呀？他居然上奏骂皇上，你想，这皇上是一朝天子，哪是他能骂的呀？唉，我看瑞儿小命是难保了！"

王氏擦了把眼泪说："娘，我得去趟京城！"

谢氏说："为娘也想去看看瑞儿，可由此去京城，路途遥远，如何去得了啊？"

"那这事咋办？总不能不管他吧？再说还有海安和汪熙他们，夫君他真要是出了啥事，那他俩咋办呀？"王氏一急，眼泪又不停地往下淌。

"唉，这事急也没用，不如等等再说，说不定海安会来找我们！"谢氏说。

王氏说："可我还是放心不下夫君，娘，你说他要真有个啥意外，咱这一家子怎么活呀？"

"不光是你急，为娘也急！但急也没有用，还是等等再说吧，我相信海安他一定会来的！"谢氏说。

王氏虽说心里急，可一时也想不出啥好办法，只得听从婆婆的。

婆媳俩左等右等，没等来海安，也没听人说海瑞在京城被皇帝关了或杀了。

婆媳俩觉得有些奇怪。

不仅她们俩觉得奇怪，在京城的海瑞也觉得奇怪，这么久了，这皇上既不回复自己的意见，也不派人来抓自己。

朝廷里的事非常复杂，官员们因为权力之争，你弹劾我我弹劾你的事成天在发生。嘉靖皇帝当时没抓海瑞，不是怕海瑞，也不是发善心，他是在想，他海瑞这么嚣张，敢上奏疏骂一朝之君，会不会是背后有人在指使？如果有的话，那他的同党又是些什么人？

嘉靖皇帝想放长线钓大鱼，这才把事情搁了下来，一时间对海瑞不管不问，可他心里却波涛翻滚，暗藏着杀机。

一晃一个月又过去了，海瑞还是安然无恙。这到底是咋回事？难道皇上采纳了自己的建议？不可能，按皇上那性格，有人这样骂他，他还能忍受？但要说他要对自己下手，那缘何又迟迟不动手呢？

海瑞心里很是纳闷。

难道嘉靖皇帝真就不和他计较了？

那是不可能的。

第23章 打入天牢

听黄光升这么说，徐阶知道他是想救海瑞一命，便说："刚才黄尚书说了，此时下定论还为时过早，依老夫看，这事不着急，待老夫去探探皇上口风，看皇上是何态度，到时再作定论也不迟。"

— 1 —

果然不出所料。

一想到海瑞那刻薄的责备和辱骂，嘉靖皇帝就咽不下这口气，再说他还怀疑海瑞的弹劾是有人在背后指使，真要有人在背后指使，那必须得查清楚指使他的人是谁。

一日夜晚，嘉靖皇帝派人把东厂锦衣卫一头目叫来，然后命令他："这海瑞骂主毁君，简直就是悖道逆臣，你马上带人去将此人抓来严加审讯，此人胆子这么大，朕要看他背后的主谋到底是何许人！"

"卑职领命！"锦衣卫头目领了嘉靖皇帝指令，立即转身走出去。

锦衣卫头目突然回过身来问嘉靖皇帝，"皇上，他的家人抓不抓？"

站在嘉靖皇帝身边的宦官黄锦手拿拂尘，躬着身子上前奏道："启禀皇上，奴才听说海瑞的家小没随他来京城，家里现在只有他和两个仆人。"

"他的家小呢？"嘉靖皇帝怒着脸问黄锦。

黄锦小心翼翼地回答："回皇上话，海瑞的家小在他老家海南省琼州府琼山县。"

嘉靖皇帝命令锦衣卫头目："那就先去把海瑞和他那两个仆人抓来！"

"卑职领命！"锦衣卫头目应答。

东厂锦衣卫是朝廷的特务机关，这里的人直接由皇帝管辖，有事直接向皇帝禀报，这些人的职责主要是替皇帝搜集官员的劣迹和罪行，有着至高无上的生杀大权。锦衣卫的人个个武功高强、凶狠无比，朝廷官员一听闻锦衣卫来了，魂都快没了。

锦衣卫头目从嘉靖皇帝那儿领了指令，马上赶到东厂召集手下，前往海瑞住处抓人。

来到海瑞住处,锦衣卫的人立即将住宅团团围住,领头的手往前一挥:"上!"十多名锦衣卫人员即刻饿狼般扑进海瑞家里。

"你们是什么人?"海瑞正在屋里抚摸他买来的那口棺材,见有人冲进屋来,质问他们。

"少给老子啰唆!"一名锦衣卫将海瑞摁倒在地,另一名锦衣卫上前帮忙捆绑。

被摁倒在地的海瑞扭过头问捆绑他的人:"你们到底是些什么人?"

"锦衣卫!"抓他的人从腰间掏出一块腰牌,在他眼前亮了一下。

"啊,你们是东厂的?"海瑞这才明白,这一天终于到来了。

锦衣卫的人将海瑞捆了个结结实实。

"你们不能抓我!"海瑞大声地说,抓他的锦衣卫丝毫不理睬,把他押到锦衣卫头目面前。

海安见锦衣卫连他也要抓走,怒问他们:"我有何罪?你们凭啥抓我?"

"老实点,要不然老子一刀宰了你!"一锦衣卫见海安吼叫,狠狠扇了他一耳光。

海安听说过,锦衣卫杀人不眨眼,弄不好真被他们杀了,不敢再说话。

汪熙老实,人也老了,不敢出声,任由他们捆了去。

"押走!"锦衣卫头目对手下发出命令。

"皇上,海瑞和他的两个仆人已押解过来!"锦衣卫头目来万寿宫给嘉靖皇帝复命。

嘉靖皇帝说:"立即安排人审讯!"

"是!"锦衣卫头目说,然后又问他,"要不要去海南抓他的家人?"

嘉靖皇帝想了一下,告诉他:"派人去把他们给朕抓来!"

黄锦听了,上前禀告:"皇上,海瑞母亲谢氏年已八十,杀她不但无益,恐怕还会惹来闲话,是不是饶了这妇人一命?"

"那就不抓她!除了谢氏,其余通通给朕抓来!"嘉靖皇帝对锦衣卫头目说。

"卑职明白!"锦衣卫头目说完,转身出去带人骑乘快马去海南琼山抓捕海瑞家小。

几日后，锦衣卫来到了海南琼山，很快找到了海瑞老家的房子。

待天黑后，这伙锦衣卫扑进了海瑞家的老房子里。

"你们是些什么人？"王氏问抓她的锦衣卫。

"锦衣卫！"一锦衣卫恶狠狠地告诉他。

王氏质问："你们为啥要抓我们？"

"去问你男人吧！"抓她的锦衣卫边捆绑边说。

王氏问："我夫君他怎么啦？"

"他怎么啦？他上奏疏辱骂皇上，已经被打入天牢了！"另一名锦衣卫不耐烦地说。

听了锦衣卫的话，王氏并没有吃惊，因为她之前就听说了这事。但她问锦衣卫："不可能，我夫君怎么会去骂皇上呀？"

"哼，怎么会？你男人什么事干不出来？"锦衣卫盯着她说。

王氏这才知道，夫君真是闯祸了，继而对捆她的锦衣卫说："可这不关我们的事，你们为何要抓我们？"

"你男人犯的是诛灭九族的大罪，你不知道？"捆她的锦衣卫说。

"走，少给老子啰唆！"锦衣卫推着王氏走出来。

王氏一看，儿子中砥、中亮也被他们抓了，便质问他们："孩子这么小，他们有啥罪？你们也要抓！"

锦衣卫没理她。

两个孩子吓得发抖，蜷缩在一起，两名锦衣卫看守着他们。

"娘，他们为何要抓我们呀？"

"娘，我好害怕！"见王氏出来了，两个孩子惊恐地朝她叫道。

"别怕，孩子，没事的！"王氏鼓励两个儿子。

中砥问："娘，要带我们去哪儿呀？"

王氏说："娘也不知道！"

旁边，一名领头的在指挥抓人。这时，一名锦衣卫人员问领头的："大人，他母亲抓不抓？"

领头的说："算啦，都快要入土的人了，抓去了麻烦，就放她一马吧！"

"为何不抓？"锦衣卫问领头的。

领头的说："这老婆子都快八十岁了，你想让她死在天牢里？皇帝有令，留她一条狗命!"

谢氏听到外边闹哄哄的,走出来一看,见来的人把儿媳王氏和两个孙子全抓了,怒问他们:"你们为啥抓他们?他们犯了啥王法?"

领头的朝她吼道:"再闹,再闹连你一块儿抓走!"

谢氏说:"你们抓人总得有个理由吧?"

"老婆子,你儿子海瑞上奏疏责骂皇上,皇上已将他打入死牢,还要诛灭九族,这下你明白了吧?"一锦衣卫告诉谢氏。

谢氏不再说话,她心里清楚,这都是儿子惹的祸。等了这么久,没等来海安,却等来了这些凶残的锦衣卫。

"都抓了?"领头的问。

"大人,都抓了,连他两个儿子也抓了!"一名锦衣卫给领头的报告。

不到一盏茶的功夫,海瑞的妻子王氏,还有她的两个儿子中砥、中亮,就全被锦衣卫抓了。

"全部带走!"领头的发出命令。

"我的天呐,这是什么世道啊,我儿子不就是上个奏疏说他皇上几句吗?咋就把我全家都给抓了啊……"眼睁睁看着家里人被抓走,谢氏跺脚大哭。

谢氏哭了一会儿,不哭了。

京城,西苑万寿宫内。

嘉靖皇帝问锦衣卫头目:"都抓来了吗?"

"皇上,按您的吩咐,人全部抓来了,您看怎么处置?"锦衣卫头目来给嘉靖皇帝禀报。

嘉靖皇帝说:"先关进你们锦衣卫的监牢,马上严加审问!"

"卑职明白!"锦衣卫头目应答,然后走了出去。

除了他母亲,海瑞一家老小和仆人,都被关进了京城阴森恐怖的北镇抚司监牢里。

锦衣卫的人连夜对海瑞进行审讯,要他供出上奏之事到底是受谁人指使、同党有哪些。

"说,何人指使你上奏的?谁是你的同党?"锦衣卫头目恶狠狠地逼问海瑞。

"我没有同党，也没有人指使我，这事是我自己一人所为！"海瑞昂着头平静地回答。

锦衣卫头目说："你一个小小的六品主事，连上朝面见皇上的资格都没有，你却上奏疏辱骂皇上，这等大不敬的恶行，还说没人指使没有同党，你当我是三岁小孩吗？"

"没有就是没有！"海瑞说。

这次上疏的确是海瑞个人行为，根本没有人指使。

"真不想招？"锦衣卫头目盯着他。

海瑞质问他："我说过没人指使我，我也没有什么同党，你叫我招什么？莫非要我冤枉人？"

"看来不让你吃点苦头，你是不会招的，打，给我狠狠地打！"审他的锦衣卫头目咬牙切齿地朝手下人吼叫。

啪，啪啪……

两名锦衣卫听令，抡起棍棒狠命地朝海瑞身上打去。

"哎哟……哎哟……"

一阵钻心的疼痛，让海瑞忍不住发出声来。

"说不说？不说打死你！"锦衣卫头目恶狠狠地问。

海瑞蔫蔫地说："我……没……没什么……好……好说的……"

"给我狠狠地打！"见他不说，锦衣卫头目又朝手下吼叫。

啪，啪啪……

又是一阵棍棒往海瑞身上打去。

打了六十大板，海瑞头一偏，晕了过去。

"冷水侍候！"锦衣卫头目朝手下叫道。

一名锦衣卫拎来一桶冷水，朝海瑞脸上"哗"地泼去。

受到冷水刺激，海瑞抽搐了一下，随即又人事不省。

见问不出啥名堂，锦衣卫头目又提审了王氏和仆人海安、汪熙，同样一无所获，只好将他们押回牢房。

锦衣卫头目把审问情况写成呈词，呈报给嘉靖皇帝。

"招了吗？"嘉靖皇帝见锦衣卫头目来了，赶紧问他。

"一个字也没招！"锦衣卫头目把呈词呈递给嘉靖皇帝。

起初，嘉靖皇帝怀疑海瑞是受被他勒令致仕还乡的次辅吕芳指使，可他看了呈词，觉得有点纳闷：怎么会一点也不招呢？难道这事真是他一个人所为，与吕芳无关？按理说他海瑞应该没这么大胆子。

"皇上，下一步怎么办？"锦衣卫头目问。

嘉靖皇帝想了想，说："把他们移交给刑部，让刑部的人去审！"

嘉靖皇帝还不死心。

"遵命！"

锦衣卫头目说完，走出万寿宫。

- 2 -

刑部的人开始会审海瑞。

"提人犯海瑞！"负责审理海瑞的主审官对站在门边的衙皂叫道。

"是！"衙皂应答着去天牢里提海瑞。

一会儿，头戴枷锁脚上镣铐的海瑞被押到审判台前。

"给他打开枷锁！"主审官命令衙皂。

衙皂听令，给海瑞打开枷锁。

海瑞抬头一看，八名凶神恶煞的衙皂杵着廷杖立在自己两旁。他知道，自己如若不招，这些衙皂手上的廷杖就会雨点般落在他身上。

但海瑞毫无惧色，为了大明江山社稷，他连死都不怕，还惧怕这点皮肉之苦？

"海瑞，你可知罪？"坐在审判席上的主审官黑着脸问海瑞。

海瑞轻蔑地瞟了他一眼，反问他："我何罪之有？"

"大胆海瑞，你上奏疏辱骂皇上，还敢说你没有罪？"主审官朝海瑞吼道。

一陪审官员问他："是什么人指使你上奏的？你的同党有哪些？赶紧说出来，省得受皮肉之苦！"

"没人指使我，我也没有什么同党，上奏进劝皇上是我个人所为，不关别人的事。"海瑞说。

主审官问他："不想说是吧？"

海瑞说："我都说了，这是我个人所为，没有谁指使，也没有什么同党，你们还要我说什么？我总不能瞎编一些出来吧。"

"真不想说？"主审官提高声音。

见他这样，海瑞也放大声音："已经告诉你了，我没什么可说的！"

"说了你不就没事了。海瑞，我看你还是说了吧！"另一陪审官员对海瑞进行哄劝。

海瑞不说话。

"不说就给我狠狠地打，看是他嘴硬还是廷杖硬！"主审官气得胡须乱颤。

海瑞有气无力地说："你们想打……就打吧……反正我没……没什么可说的！"

啪，啪啪……

两名衙皂抡起廷杖，轮番狠命地朝海瑞身上打去。

"哎哟……哎哟……"

海瑞又是一阵喊叫，但他还是只字未吐。

"说不说？"主审官气歪了嘴。

海瑞头往下吊着，气息微弱地说："我……我没……没什么……好……好说的……"

"继续给我打！"主审官命令衙皂。

两名衙皂噼哩啪啦地又打了一阵，见有些不对劲，停下手里的廷杖给主审官禀报："大人，他好像……"

一陪审官员问："是不是死了？若是死了不好给皇上交待，是不是暂停一下明日再审？"

见海瑞歪着头不动，主审官想了一下，说："行，先押下去，明日接着审！"

海瑞被押了下去。

"提王氏！"主审官朝门外叫道。

一会儿，海瑞的妻子王氏被押进来。

"王氏，你丈夫海瑞上奏疏辱骂皇上，他是受何人指使，同党有哪些，你可知晓？"主审官问。

王氏回答："大人，我和母亲在老家海南琼山居住，我夫君他自己在京城居住，再说我们又没来京城，我们连他上奏皇上都不知晓，咋知道他受何人指使，有何同党呀？"

"你是他妻子，这种事情难道他不告诉你？"

"大人，我刚才说了，我和我母亲是在海南琼山居住，我夫君他是在京城，我们不知晓他的事情。"

"你母亲知道这事吗？"

"她和我都住在海南琼山，她咋知晓啊？"

一陪审官员听王氏这么说，对着主审官耳语："看来她真是不知道这件事。"

"你就没听他说过要上奏的事？"主审官不死心。

王氏摇摇头："没听说过。"

"如果你知道，就快告诉本官，若是隐瞒不报，本官会对你动用大刑！"

王氏告诉他："这事我真的啥都不知道！"

"把她押下去先关着！"见问不出什么来，主审官只好叫人把王氏押下去。

"提海瑞家仆！"待王氏押下去后，主审官又朝门外叫道。

"大人，是两个一起押来，还是先押一个？"负责提人的衙役问主审官。

"两个一起押上来！"

转眼，海安和汪熙被押了进来。

"台下下跪之人报上名来！"主审官对跪在台下的海安和汪熙叫道。

海安和汪熙听了，赶紧报上自己的姓名。

"小民海安！"

"小民汪熙！"

主审官问他俩："你们是海瑞什么人？"

海安回答："我俩都是他家的仆人！"

"是的，我们都是他家的仆人！"汪熙回答。

主审官问："你们知不知道你家主人上奏一事？"

"知道，知道！"汪熙赶紧说。

"你呢？"主审官问海安。

海安低着头回答："知道。"

"那你们说说，他为何要去上奏？有没有谁来指使他？还有哪些人来和他商量过上奏的事？"

汪熙说："回大人话，我只知道那天晚上我家老爷把自己关在书房写个什么奏疏。次日吃了中午饭，他自己一个人去街上买了口棺材回来，过了一日，他说他要去向皇上进劝。我知道的就是这些！"

"你们有没有发现，有其他人来和他商量什么？"主审官问汪熙。

"没有！"汪熙摇头。

"你呢？有啥要说的吗？"主审官问海安。

海安也摇头："没有了，我知道的和他说的一样。"

主审官威胁海安和汪熙："你们要是知道什么，就赶紧说出来，不然的话有你们好受的！"

"大人，我们真没什么要说的了！"汪熙说。

"押下去！"见审不出什么东西，主审官只好叫人把海安和汪熙押回牢里关着。

后来，刑部的人又翻来覆去地对海瑞进行严刑拷打，可与在锦衣卫的监狱一样，也没问出什么来，只好把他继续关在监狱里，听候皇上发落。

主审官和陪审官员把审理情况给刑部尚书黄光升汇报后，黄光升就和他们一起来给嘉靖皇帝禀报。

"皇上，还是问不出什么来！"主审官给嘉靖皇帝禀报。

"怪事，这海瑞，他嘴咋就这么硬？难道他真的就不怕死？"嘉靖皇帝嘀咕。

"皇上，卑职估计，上奏这事是海瑞的个人行为，根本就没有人指使，也没有什么同党。"黄光升向嘉靖皇帝说出他的看法。

"你敢肯定？"嘉靖皇帝逼视着他。

黄光升说："我看十有八九是这样。"

"的确是问不出什么！"主审官补充。

"这人嘴太硬了，没办法！"陪审官员也说。

见刑部都审不出什么来，嘉靖皇帝感觉心烦意躁。

"好了，你们别说了，就先关着吧！"

"是，皇上！"黄光升等人回答。

北京户部有个叫何以尚的司务，见皇上把海瑞关着但又不杀他，揣测皇上是不想让海瑞死，就写了封奏疏给皇上，请求他把海瑞给放了。

"真是个不识实务的东西！"看到何以尚的奏疏，嘉靖皇帝气愤地骂道。

"快，去把这人给朕抓起来，抓来了立即审讯，看他是不是海瑞的同党！"

查不出指使海瑞的幕后人，嘉靖皇帝本来就很心烦，见何以尚来替他求情，以为何以尚就是海瑞的同党，一气之下命锦衣卫抓了他。

"说，你是不是海瑞的同党？"锦衣卫审讯何以尚。

"啥同党啊？我不过是见皇上不想杀他，才求皇上放了他罢了，这也有罪吗？"何以尚不服气地说。

"哎，我看他是嘴硬，给我狠狠地打，看他招还是不招？"锦衣卫的头目气急败坏地说。

"嘴硬，我看你嘴硬！"锦衣卫的打手，打一下骂一下。

何以尚也算是个硬汉，忍受着剧痛，瞪着双眼说："你们打吧，打死我也没说的！"

锦衣卫打手对他又是一阵毒打。

"昏过去了，大人！"打手给头目报告。

"好了，好了！先押下去！"

见何以尚还是不说，锦衣卫头目只好去给嘉靖皇帝禀报。

"皇上，这人嘴也挺硬，没问出什么东西！"锦衣卫头目给嘉靖皇帝禀报。

嘉靖皇帝听了，气恼地说："杖打五十大板，投进监狱里关着，等候发落！"

"皇上，刚才卑职已经对他用过刑了。"锦衣卫头目禀报。

嘉靖皇帝说："再打五十大板！"

于是，锦衣卫又打了何以尚五十大板，然后将他投进天牢。

— 3 —

对海瑞审了几日也审不出什么名堂来，刑部的人也拿他没办法。

一日下午，刑部尚书黄光升召集人商议如何处置海瑞。

主审海瑞的官员恶狠狠地说："这人居然敢上奏辱骂皇上，实在是狂妄至极，必须处以极刑！"

"像他这种胆大包天之徒，就该绞死他！"一位的陪审官员露出凶相。

另一位陪审官员也跟着附和："是的，对他这种人是该处以极刑！"

听了大家的发言，黄光升觉得这事得听一下内阁的意见，于是对大家说："海瑞上奏这个事，事关重大，我看，还是待本官与内阁商议禀报皇上之后，由皇上来定夺吧！"

见他这么说，其他人不再说话。

黄光升也是个比较正直的官员，这个时候他之所以这么说，其实是想救海瑞一命。

次日下午，黄光升便去内阁找几位阁臣商议此事。此时，次辅袁炜、严讷已相继病归，内阁只有徐阶、李春芳、郭朴、高拱四位阁臣。

商议的时候，四位阁臣都发表了意见。

"海瑞身为六品主事，不自量力，竟敢上奏疏辱骂皇上，实是大逆不道，应该处以绞刑，借以警示他人！"次辅高拱提出自己的建议。

听了高拱的话，郭朴没说话。李春芳是个老好人，当然也不会说什么。

见二人都不开口，首辅徐阶也不说话，黄光升便说："依我看，这事事关重大，得听听皇上的意见再说，现在下定论为时尚早，不知几位阁老意下如何？"

高拱听出了黄光升的意思，他是不赞成自己刚才的意见，也就不想说话了。

郭朴和李春芳还是不说话。两人都很圆滑，都想先听听首辅徐阶的意见再见机行事。

听黄光升这么说，徐阶知道他是想救海瑞一命，便说："刚才黄尚书说了，此时下定论还为时过早，依老夫看，这事不着急，待老夫去探探皇上口风，看皇上是何态度，到时再作定论也不迟。"

见他二人是这么个态度，之前说要绞死海瑞的高拱，也不好再说什么。

"我觉得徐阁老和黄尚书说得有理，先探探皇上口风，到时再作定论。"郭朴发言。

李春芳本不想说什么，见郭朴都发言了，也得表个态，便说："既是这样，那就先听听皇上的意见吧。"

"那这事就这样定！"首辅徐阶说。

众人散去。

其实，首辅徐阶早就在关注海瑞了，他之所以关注海瑞，当然有他的目的。

朝廷历来关系复杂，官员暗中拉帮结派的事常有，但凡有点实力的人，特别是几个阁臣，都在想办法把人拉到自己身边，以壮大自己实力，巩固自己在朝中的地位和权势。

徐阶关注海瑞，无非也是这样。他听说海瑞被皇上下令抓了，几次起念，想进劝皇上放海瑞一马，可有件事让他一直不敢轻举妄动。

那是三年前的一个夜晚，还是次辅的徐阶在值庐房值庐，嘉靖皇帝派身边的宦官黄锦来叫他去西苑玉熙宫。

进玉熙宫见到嘉靖皇帝，徐阶叩问："皇上，有何事要吩咐微臣？"

"徐爱卿不必多礼，起来说话！"嘉靖皇帝说。

"谢皇上！"徐阶起身落座。

嘉靖皇帝端起龙案上的金杯，喝了口茶水问："宫殿修复进展如何？"

徐阶禀报："回皇上，刚刚竣工，如皇上愿意，两日即可移宫。"

"好啊！徐阁老做事真是神速，三个月，才三个月，这新宫就竣工了！"一想到又可以回毓德宫了，嘉靖皇帝很是高兴。

"可是……"徐阶看着嘉靖皇帝，欲言又止。

见他说话吞吞吐吐，嘉靖皇帝说："可是什么啊，有话直说！"

"皇上，可是有许多大臣都希望皇上移驾大殿，不知皇上是不是……？"徐阶虽说老谋深算，但此时头上也冒了层冷汗。他心里明镜似的，这话万一皇上听了不高兴，弄不好会惹来杀身之祸，可不少大臣托他给皇上禀报，他又不得不说。

"又是那些大臣！朕在这西苑不是好好的吗？他们为何非要逼朕回那乾清宫不可？"听了徐阶的话，嘉靖皇帝果然很不高兴。

见嘉靖皇帝发火，徐阶赶紧下跪叩拜："臣罪该万死，臣不该提及这事，望皇上恕罪！"

"这事朕没怪你！"嘉靖皇帝说。

"谢皇上！"听皇上说他没怪罪自己，徐阶心里的那块石头才落了地。

嘉靖皇帝告诉他："不过，你去告诉他们，回不回乾清宫是朕的事，叫他们不要乱嚼舌根子，朕要回去的时候自然会回去！"

"微臣遵命！"徐阶赶紧说。

见徐阶愣在那儿，嘉靖皇帝说："好，就这样，你回去吧！"

"微臣告退！"徐阶说完走出玉熙宫，回值庐房继续值庐。

出了玉熙宫，徐阶满头大汗，他掏出手帕擦了擦，长叹道："今夜好险啊！"

想起这事，徐阶又将救海瑞的念头按了下去。但他仍没放弃，他在寻找机会，今日见黄光升这么说，趁机提出自己的意见。

一日，嘉靖皇帝有事在万寿宫召见次辅高拱。

"那个海瑞你们内阁是何意见？"嘉靖皇帝突然想起海瑞的事，顺便问他。

高拱不假思索地说："这人实在是太可恨，竟然敢上疏责骂皇上，分明是不把皇上放在眼里，是大不敬，而且此事在官员中影响较为恶劣。皇上，微臣以为应该对其施以绞刑并诛灭其九族，以绝后患！"

嘉靖皇帝问他："那你给朕说说，朕真像他海瑞说的那样，昏庸无道吗？"

"这海瑞纯是一派胡言！皇上自登基以来，时时在为我大明王朝的基业日夜操劳，处处在替黎明百姓着想，已经是辛苦至极，万民敬仰，何来的昏庸？何来的无道啊？他海瑞纯粹是在污蔑皇上，实是可恶至极！"

听高拱这么说，嘉靖皇帝沉默不语。他想，自己是不是昏庸无道，自己心里有数，高拱这话不过是在讨好自己罢了。

但嘉靖皇帝不想拂高拱面子，毕竟他是内阁次辅，是自己身边的顾命大臣，于是说："这海瑞，的确是有些可恶，朕是想杀了他诛他九族，但朕怕这样做会引来一些闲话，朕真不知如何是好啊？"

高拱煽动嘉靖皇帝："对他这种不识大体，随意妄议皇上的恶毒之人，微臣以为，皇上不能手软，应该加以严惩才是。"

嘉靖皇帝听得出，高拱对海瑞成见极深。但嘉靖皇帝不明白他为何如此恨海瑞，也不便开口问他。

片刻，他又问高拱："你说海瑞背后会不会有人指使？他有没有同党？有，他的同党又是些什么人？"

"这……这微臣倒还没发现，不过，不过他上疏责骂皇上是事实，微臣以为，光凭这一点就可以治他海瑞死罪！"高拱拿不出证据也不敢乱说，但他还是希望嘉靖皇帝治海瑞死罪。

嘉靖皇帝说："朕也听说过，这海瑞对朝廷还算是忠心耿耿，在地方上做知县时也替老百姓做了些事，这人不好的是有个臭脾气，谁都不买账！"

"这……这微臣倒也听说过一些！"见嘉靖皇帝间接夸海瑞，高拱怕再说海瑞的不是皇上会怪罪于他，赶紧说。

话说回来，嘉靖皇帝被海瑞责骂，连他自己也觉得骂得有些道理。是啊，这二十多年来，自己何时好好上过朝听听大臣们的意见啊？自己若不是听信那几个道士的话去炼什么丹求什么福，天天声色犬马、花天酒地过日子，哪又会遭受此人的责备和辱骂呢？

嘉靖皇帝作了一番反省。

可就算是如此,你海瑞有话也可以好好说,也不能这样骂朕啊,朕是一朝之君,你这样做把朕置于何处?就不怕伤了朕的颜面?

"皇上,还有事要吩咐吗?如若没有,那微臣就先告退。"见嘉靖皇帝陷入沉思之中,高拱觉得该找个机会退出去了,要不然他再问一些涉及海瑞的话,自己也不好回答。

嘉靖皇帝正烦着,见他说要走,便说:"去吧,去吧!"

"微臣告退!"高拱躬身退出万寿宫。

— 4 —

也许是心头焦虑,过度烦躁,这一年的秋天,嘉靖皇帝病倒了。

一日,他感到心情很是郁闷,便把内阁首辅徐阶召来,准备和他商议禅让皇位给皇太子朱载垕的事。

严嵩倒台后,徐阶因修复被大火烧毁的毓德宫有功而升任首辅,而且深得嘉靖皇帝喜爱,但凡有军政大事,均先召他来一同商议。

"皇上把微臣叫来,有事吩咐?"徐阶到来之后,赶紧问嘉靖皇帝。

嘉靖皇帝告诉他:"近日朕感觉心里很是郁闷,找徐爱卿来,是想与你议议禅让皇位给皇太子这个事。"

"原来是为这事啊!"徐阶还以为找他来是为海瑞的事情。

二人议了会儿皇太子继位的事,徐阶借机问:"皇上,那海瑞您准备怎么发落?"

嘉靖皇帝长叹道:"其实啊,海瑞说得也不是一点道理都没有,可在朕的心里,壬寅宫变的阴影实在难除,你叫朕如何能临朝听政?"

停了一会儿,他又自我检讨:"这段时间,朕反思了一下,的确,朕平时在生活上是有些不够检点,这才导致自己身体多病,要是朕能够召集爱卿们到便殿议政,哪会遭受他海瑞这般责备和辱骂?"

徐阶急忙安慰他:"皇上不必自责,这海瑞也实在是太不懂事,就算是要上疏皇上,言词也应委婉一些,皇上毕竟是一朝之君,得顾及颜面嘛,咋能这么放肆呢?"

"是啊,这海瑞实在是太放肆了!"嘉靖皇帝非常气愤,继而说道,"朕猜想,他背后是不是有人指使,倘若他背后有人指使,那这人又是谁呢?"

徐阶想了一下，说："微臣以为，这事应该是他海瑞一人所为，并无他人指使。"

"何以见得？"嘉靖皇帝问。

徐阶说："海瑞这人做事一向我行我素，上奏这事他绝对不会是受人指使！"

"那……"

"皇上，刑部尚书黄光升求见。"

嘉靖皇帝正要问徐阶，一太监走进来禀报。

"请他进来。"嘉靖皇帝对太监说。

"是！"太监躬身行礼，然后手握佛尘转身走了出去。

"微臣给皇上请安！"

转瞬，刑部尚书黄光升进来了。

嘉靖皇帝问："黄爱卿，有何事啊？"

"皇上，微臣为海瑞之事而来！"黄光升直奔主题。

嘉靖皇帝笑着说："呵，朕和徐阁老正在说他的事呢！"

见皇上这么说，黄光升赶紧说："皇上，海瑞上奏皇上言词是有些过急，但微臣对此人略知一二，这人性格太过于直率，行事不懂得转弯，给微臣的感觉是有些愚忠。这次上奏皇上，微臣以为完全是他个人所为，没人去指使他。微臣还以为，海瑞的出发点也是好的，他也是为了我大明江山能够长久，皇上不必把他放在心上，就当他是儿子骂老子罢了！"

见黄光升这么说，嘉靖皇帝知道他和徐阶都在替海瑞说话，便问他："你觉得真是这样？"

"皇上，据微臣所知，事情的确是这样！"黄光升肯定地回答。

"刚才徐阁老也是这么给朕说。"嘉靖皇帝说，"如果海瑞真如两位爱卿所言，那你们觉得朕该怎么处置他才妥？"

"臣建议暂且将他关押在牢里，待事情查明后再说！"徐阶赶紧说。

徐阶怕嘉靖皇帝一怒之下要了海瑞的命，如果只是要了海瑞的性命也就罢了，关键是嘉靖皇帝还要诛灭他的九族。他也觉得海瑞这人很不错，与其他一些官员相比，是个正直而有能力的官员，想尽力挽救他。

"微臣觉得徐阁老言之有理！"见徐阶这么给皇上建议，黄光升赶紧附和。

见他俩都这么说，嘉靖皇帝说："那就依两位爱卿之言，暂且将他关着，日后再作定论。"

"微臣遵命!"徐阶、黄光升两手一拱，赶紧回话。

应该说，海瑞没被嘉靖皇帝杀掉，徐阶和黄光升两人起了很大作用。

海瑞入狱后，不光是何以尚、内阁首辅徐阶和刑部尚书黄光升替他求情，还有户部主事徐廷绶，海瑞的同乡王弘诲，这些人都在设法帮助和照顾他和他的家人。

听到海瑞和家人被抓入狱的消息，王弘诲想来照料他和他的家人，但监狱不是菜市场，不是你想来就来想去就去的，再说海瑞是皇上盯着的重要钦犯，不是你想来照料就能来照料的。有好几次，看守监狱的狱吏威胁他，说海瑞是钦犯，如若再来探看将视其为同党一并处死。但王弘诲没被他吓倒，仍然继续来探望海瑞和他的家人。后来，在黄光升的周旋下，狱吏们给他提供了一些方便。

嘉靖皇帝不上朝理政，黄光升本就有些看不下去，海瑞上疏建议他上朝理政，这事他非常支持。海瑞被嘉靖皇帝打入监牢，他听了就非常反感，所以想尽自己的努力挽救海瑞。

黄光升知道王弘诲和海瑞是老乡，王弘诲要探看和照顾海瑞一家，他当然愿意帮王弘诲。这样，王弘诲就能够多些机会探看海瑞和他的家人，给他们送物送药和安慰他们。

"海大人，真是让您受罪了!"见海瑞遍体鳞伤，人也消瘦了不少，走进监牢里的王弘诲不禁悲从中来，眼泪直往下掉。

海瑞却笑着说："不碍事，受这点苦算什么？一个人要想干一番事业，必然得担些风险，甚至是杀头的风险，这事我既然决定这么做了，也就没啥可后悔的，大不了嘉靖皇帝把我给杀了，这没什么可怕，你也不必替我担心!"

王弘诲说："海大人，晚生曾经劝过您，这事不能做，可您不听我劝。皇上他已经听不进任何忠言了，您看，您去劝他，他不但不采纳您的建议，反而还把您关进大牢，甚至想要您的命，晚生倒是觉得真没这个必要!"

"身为大明朝臣，我等不给皇上进谏谁来进谏？难道就眼睁睁看着我大明的江山社稷让别人夺去？"海瑞有些激动。

见他很是激动，王弘诲赶紧说："好了好了，不说这事了，我带来些衣物，还有些敷伤口用的药。来，我先给您把药敷上!"

这时，狱吏给海瑞送来了菜饭。

"您吃啊!"见海瑞不吃，王弘诲说。

"不吃！"海瑞赌气。

王弘诲说："您咋不吃呢？莫不是刚才晚生说了您两句，就生晚生的气了吧？"

"我不是为这个。"海瑞摇头。

王弘诲问他："那为啥呢？"

"我要绝食！我看嘉靖皇帝还听不听我的建议！"海瑞告诉王弘诲。

"使不得，使不得，海大人，身体是自己的，不能拿自己的身体来出气！"王弘诲赶紧劝他，"来，赶紧吃了，我好给您伤口敷药！"

王弘诲左劝右劝，海瑞才勉强把饭吃下去。

王弘诲告诉他，锦衣卫已经去海南琼山把他夫人和两个儿子都抓来了。

"我母亲呢？他们也抓来了？"海瑞急切地问。

"他们没抓老夫人，说皇上下令，老夫人年岁大了，没抓她。"

"这帮畜生！"海瑞骂道，他没问为什么，他知道会有这么一天。

海瑞恳求王弘诲："弘诲，麻烦你抽个时间去琼山一趟，帮我安慰一下我母亲，她年岁大了，我怕她想不开，有什么闪失。"

王弘诲说："好。"

"真是麻烦你了！"海瑞感激地说。

王弘诲说："海大人不必客气！"

趁海瑞吃饭的时候，王弘诲又去探看了海瑞的妻子王氏，他的儿子中砥、中亮，还有仆人海安、汪熙他们，也给他们送去了些衣物。

"麻烦您了，王大人，以后若是我们出得去，我们必定做牛做马报答您！"王氏流着眼泪给王弘诲道谢。

王弘诲说："夫人不用客气，海大人受此磨难，我作为同乡，尽点微薄之力理所当然。"

"能有您这样的同乡，是我们上辈子修来的福啊！"王氏说。

"夫人不用这么说，你们放心，我只要有空就会来看你们和海大人的。"王弘诲告诉王氏。

"谢谢！"王氏躬身给他行礼。

"谢谢您了，王大人！"

"真是万分感谢！"

"谢谢王大人！"

海安、汪熙等人也来向王弘诲道谢。

王弘诲说:"大家都不用客气!"

"哦,中砥、中亮还好吧?"王弘诲问王氏。

"自那日官府去抓我们,中砥、中亮就受了惊吓,一到晚上就经常胡打乱说,王大人,我还真怕他俩出啥事啊!"

"唉,他们居然连孩子都不放过。"王弘诲叹息道。

汪熙气愤地说:"是啊,孩子有啥罪?他们也要抓!"

王氏说:"一人出事,全家遭秧,这有什么办法?"

"老爷咋样?"海安问。

王弘诲不想让他们伤心,只好哄他们:"海大人没事,你们放心好了!"

"没事就好,没事就好!"汪熙连声说。

王弘诲告诉他们,过几日他去趟海南看老夫人。

"那太谢谢您了,王大人,我们真不知道该如何报答您!"王氏感激地对他说。

海安、汪熙也很感激他。

王弘诲叫他们不必客气。

告别王氏和海安他们,王弘诲回去给海瑞的伤口敷药。

三日后,王弘诲到海南琼山去看望海瑞的母亲谢氏。

来到海瑞的老家,得知海瑞的侄儿侄女都在照看谢氏,王弘诲很是高兴。

"这瑞儿,他咋这么糊涂啊?那皇上是你能劝得了的吗?"说起海瑞的事,谢氏很是伤心。

王弘诲赶紧安慰她:"老夫人不要担心,海大人会没事的。"

有事没事,王弘诲心里也没有底,但为了安慰海瑞的母亲,他也只能这么说了。

"王大人,你就别哄我老婆子了,瑞儿的事有多大,我这老婆子心里清楚。但我听人说,他这也是为了大明的江山才去上奏皇上的,这事瑞儿做得对,依我老婆子看,只要皇上他愿意听,就算是丢了咱们全家的性命也值了!"谢氏说。

王弘诲说:"老夫人深明大义,真是令晚生敬佩!"

"唉,可惜的是皇上他听不进去啊!"谢氏叹息。

王弘诲赶紧安慰她。

见她平静下来了，才跟她说了海瑞和王氏他们在牢里的一些情况。

王弘诲把海瑞给他的二十两银子拿出来交给谢氏，说："这是海大人在上奏皇上之前就给我的，说是他如果出现什么意外，就用它来打理他的后事和安顿他的家小，现在我把它交到老夫人手上，由老夫人去处置。当然，如若有事，我也会尽力帮助您们的！"

谢氏说："瑞儿和王氏他们在京城的监狱里，少不了给你添麻烦，你还是留在身边用吧。"

王弘诲说什么也不答应。

见他这样，谢氏只好收下。

又安慰了谢氏一番，给海瑞的侄儿侄女交待了一下，王弘诲就赶回京城了。

回到京城，王弘诲把他到海南琼山看望老夫人的情况告诉了海瑞。听说母亲没什么事，海瑞心里的石头才落了下来。

经常冒着生命危险来探望、来送衣送药的还有一个人，那就是刑部郎中徐廷绶。

徐廷绶是浙江淳安人，嘉靖四十一年春，徐廷绶考中进士后朝廷授予他刑部主事，这时已升任刑部郎中，也在京城为官。

徐廷绶和王弘诲、海瑞都是一个性格，直率仗义，看不惯阴险狡诈之人。海瑞在浙江淳安知县任上，徐廷绶还未出仕，而且成了屡试不第的老生员。正当徐廷绶灰心失意、无心科举之时，海瑞给了他许多鼓励和关照。这下，他听闻海瑞上奏得罪嘉靖皇帝被打入天牢，也很气愤，恨自己无能救不了海瑞。后来海瑞转入刑部大牢，他便冒着受牵连的危险，一有机会就来探望海瑞，还到处寻医问药，到狱中替海瑞疗伤，海瑞最后才得以从死牢中站着走出来。

— 5 —

"我怕，我怕……"

"有鬼……啊……有鬼……"

尽管有王弘诲和徐廷绶等人照料，但海瑞的两个儿子中砥和中亮在锦衣卫的人抓他们时受到了惊吓，在朝廷的天牢中，两个孩子一到晚上总是惊慌，常常胡言乱语，见到有人来就会惊恐地缩成一团，嘴里叫着"不要抓我……不要抓我……"

"有鬼……有鬼啊，娘！"

"娘……我……我害怕！"

这天晚上，中砥和中亮又叫起来。

"砥儿、亮儿，你们俩咋啦？"见两个儿子缩成一团胡言乱语，王氏心痛地问他们。

汪熙说："可能是那天被抓来的时候吓着了。"

"中砥、中亮这么小，抓我们的时候那些人又那么凶，可能真是被吓着了。"海安也说。

汪熙愤怒地骂道："这些天打五雷劈的，把孩子吓成这个样子！"

"别怕，孩子，有娘在，没事，没事！"王氏赶忙将两个儿子拉到身边护着。

汪熙问王氏："夫人，要不叫管牢的找个医师来给中砥和中亮看一下吧？"

"叫他们找医师？哼，他们要能帮你找医师看病，他还关你呀？"海安说。

汪熙说："照你这么说，那就只能眼睁睁看着中砥和中亮死在这牢里？"

"哼，你要有本事，你去请啊，又没谁阻拦着你！"海安说。

"海安，你咋这么说话？"汪熙气恼地看着海安。

海安说："我不这么说怎么说啊？"

"懒得和你说！"汪熙自己走到一边去。

"好了，你们都别吵了！"见他俩为儿子的事吵起来了，王氏说他们。

"夫人，你看他刚才那态度！"汪熙委屈地说。

王氏对汪熙说："都别说了，他也是没办法才说那个话，你就别跟他计较了！"

汪熙这才不说话了。

时间一晃又过了两个月，中砥、中亮还是一直经常乱喊乱叫，而且人也瘦了许多。

一日，王氏见管牢的来了，说："官爷，求求您了，我两个儿子被吓病了，麻烦您帮忙找个医师来给他们看一下吧，要不然他们就没命了！"

管牢告诉她："这我做不了主，得皇帝爷答应！"

"求您帮下忙好不好，再不医治我这两个儿子真就没命了！"王氏说着给他跪下。

管牢的人说："你赶紧起来吧，我真没办法！"

恰好这时徐廷绶来了，见王氏给管牢的人下跪，赶紧上前问是怎么回事。

王氏泪眼婆娑地告诉他："徐大人，我两个儿子因为受了惊吓，经常胡言乱语，而且身体越来越消瘦，怕是要没命了！"

徐廷绶进去看了看海瑞的两个儿子，摇了摇头："这是因为惊吓过度，吃药是治不好的！"

"那怎么办啊，徐大人，孩子这么小，总不能让他俩死在这儿吧？"王氏眼巴巴地望着他。

徐廷绶告诉她，等他去问问王弘诲，看有没有啥办法。

王弘诲听说后，来看了一下，也是直摇头，说恐怕是无能为力了。

王氏一听两个儿子真没救了，抱着两个儿子哭道："儿呀，你们这是惹谁了呀，怎么让你俩把命搭在这儿？真是作孽啊！"

王弘诲和徐廷绶安慰了王氏一番，摇着头无可奈何地走了。

"中砥，你怎么啦？"这天晚上，王氏见中砥高烧不退，而且双眼紧闭奄奄一息的样子，赶紧叫他。

"中砥，你醒醒，你别吓娘啊！"见唤不醒儿子，王氏着急起来，一声连一声地叫。

听到王氏的叫声，汪熙和海安急忙围过来。

"中砥，你咋啦，快醒醒，快醒醒啊！"

"中砥，你别吓我们啊！"

"儿子，你可不能走啊，你走了娘咋办啊？"

"中砥，你咋能丢下我们走了啊！"

……

一时间，呼喊声、哭声响成一片。可他们的呼喊声和哭声，却没有唤回中砥。

三日后的一个晚上，海瑞的另一个儿子中亮也死在了牢中。

两个儿子的死，对海瑞和王氏打击非常大。

海瑞听到消息后，几次哭昏过去。而王氏，整日像丢了魂似的，一天到晚喊叫着两个儿子的名字。

管牢的人见王氏两个儿子死了,她也变得这般疯癫样,长叹道:"唉,作孽,真是作孽啊!"

第24章　遇赦出狱

宋清平压低声音告诉他:"你还想上什么路啊?告诉你,先皇昨晚驾崩了,新皇今儿个已登基。按照朝廷以往的惯例,新皇登基必然会大赦一批牢里的人犯,海大人,你马上就要自由啦!不仅如此,你可能还会官复原职呢!"

– 1 –

由于身体原因,嘉靖皇帝早年一直没有子嗣,这事成了他最大的一块心病。

为了延续子嗣,并幻想长生不老,加上受邵元节、陶仲文和蓝道行等江湖道士的蛊惑,嘉靖皇帝长期服用这些人给他炼的丹药。不仅如此,这几个道士还给嘉靖皇帝推荐各种各样的房中术,嘉靖皇帝求子心切,就猛吃道士们给他炼的丹药,而且夜夜纵欲。

道士们给嘉靖皇帝炼的丹药,其实是用水银和雄黄,再加上初潮少女的经血,然后捏成丸子放进炉火中烧炼而成。这水银和雄黄吃进肚子里,对人的身体本身就有害,加上过度纵欲,嘉靖皇帝身子骨也就一日不如一日。

海瑞上奏之后,嘉靖皇帝就病了,到了十月,他已经病得起不了床。

一日上午,睡在龙床上的嘉靖皇帝觉得心情烦躁,就叫宫女扶他起来去宫外走走。走着走着,他突然觉得胸口憋闷得慌,随后就倒在地上口吐白沫不省人事,他身边的太监陈洪、滕祥等人见状,赶紧叫人将他抬回宫里。

从那个时候起,嘉靖皇帝的病就一直不见好转,而且越来越严重。

为陪护皇帝,首辅徐阶和次辅李春芳等内阁的人一直住在离嘉靖皇帝不远的值庐房里,万一皇上有个什么闪失,也好及时赶到。

一日夜里,徐阶从值庐房去宫里看嘉靖皇帝。见到嘉靖皇帝,徐阶劝说道:"皇上,还是叫御医来给您看一下吧?"

嘉靖皇帝不高兴地说:"叫什么御医啊?蓝道行他们就是御医,而且还是神医!蓝道行已跟朕说了,这是朕快要升仙的征兆,这事你不用说了!"

碰了一鼻子灰,徐阶觉得皇上是无可救药了。

稍后，嘉靖皇帝对徐阶说："几年前你不是说过，众爱卿都想要朕回到乾清宫吗？"

见他又提起那事，徐阶头上又开始冒汗。

"皇上……"

"朕今日叫你来，就是想和你商议一下这件事，看朕何时搬回去为好。"徐阶刚要说话，嘉靖皇帝打断了他的话。

"皇上，移驾之事非同小可，这事待微臣找人查看一下日子，再请皇上定夺吧！"徐阶见他同意移驾乾清宫，心里暗自高兴，但他觉得这件事实在是太重大，便这样建议嘉靖皇帝。

听了徐阶的话，嘉靖皇帝说："既是如此，那你赶快找人去查，查好了赶快来告诉朕，朕好定搬迁的日子。"

"微臣遵命！"徐阶赶紧说。

嘉靖皇帝叮嘱他："还有，你得多费点心思，看这次移宫怎么个移法，千万不要出什么差错。"

"微臣知道了，皇上！"徐阶应答。

"好吧，就这事，你回去吧，朕想休息了！"嘉靖皇帝有气无力地说。

徐阶退出万寿宫，边走边摇头叹息。

回到值庐房，徐阶告诉他的门生张居正，说皇上就是性子犟，说叫御医去给他看病，他说蓝道行就是御医、神医，还说蓝道行说他马上就要成仙升天了。他和张居正默默对坐着，一句话也不说。

见他心情不好，张居正小心翼翼地试探道："依老师之见，皇上这病……"

此时，外面正下着大雨，徐阶抬头看了看窗外，无可奈何地说："唉，做好准备吧！"

张居正知道，次辅高拱自从进入内阁后，一直在顶撞他的老师，便又劝说徐阶与高拱和好。

徐阶不说话。

两日后，徐阶告诉嘉靖皇帝，说十二月十四日是个好日子，这天皇上可以移驾乾清宫。

嘉靖皇帝点头表示同意。

日子一晃到了十二月初，嘉靖皇帝的病一日比一日严重，有时候一咳就是半天，甚至神志也有些不清，下的手诏常常逻辑混乱。他自己也明白，自己将不久于人世。

这个时候的嘉靖皇帝，心如死灰，感觉万事皆空。

想想自己为守住老祖宗留下的江山，大半生时间和精力都花在和自己手底下一些大臣的争斗上，耗尽了心血，嘉靖皇帝不禁留下眼泪，悲叹道："唉，人这一辈子，活着到底有啥意义呀？和他们争了大半生，自己又得到了什么？到头来，还不是油干灯尽生命将息，一捧黄土盖身罢了！"

一日夜晚，嘉靖皇帝对伺候在身边的陈洪说："你替朕去把徐阁老请来，朕有重要事情跟他交待。"

"是，皇上！"陈洪说完走了出去。

随后，嘉靖皇帝又叫人去知会李春芳和陈以勤等阁臣。

"徐阁老，皇上请您过去，说有事情要跟您交待。"陈洪来到值庐房告诉徐阶。

有事情要跟我交待？皇上这几日病重，莫非他……

听了陈洪的话，徐阶一个想法突然跃上心头。他知道，近几日嘉靖皇帝的身子骨一日不如一日，在世的时日不会长久。他隐隐感到，皇上把自己叫去，可能是要安排后事了。

想到这儿，徐阶赶紧跟着陈洪奔向万寿宫。

"皇上只叫我吗？"徐阶边走边问陈洪。

陈洪告诉他，皇上也叫了人去通知李阁老和陈阁老他们。

徐阶来到万寿宫，上前问嘉靖皇帝："皇上，感觉身体好些了吗？"

见徐阶来了，嘉靖皇帝叫在身边侍候他的宫女将他从龙床上扶起来。

"朕这身子，怕是好不起来喽！"嘉靖皇帝脸上挂满了悲伤。

徐阶安慰他："有老祖宗保佑，皇上一定会好起来的！"

嘉靖皇帝说："徐爱卿啊，那些都是哄老百姓的话，你何时也学得这一套来哄朕了啊？"

"微臣不敢，微臣只是祈求皇上万福！"听了嘉靖皇帝这话，徐阶赶紧说。

"徐爱卿，朕今日叫你来，是有些事情想跟你交待一下，朕怕哪天一口气上不来就晚了。"

不一会儿，内阁次辅李春芳、陈以勤等一些顾命大臣也来了。去年十一月，次辅严讷因病辞职，今年三月，徐阶又推荐裕王的讲师郭朴和高拱到内阁充任次辅。这时候，郭朴和高拱也来了。

待李春芳、陈以勤、郭朴、高拱等阁臣问候嘉靖皇帝一番，嘉靖皇帝才郑重地对他们说："众爱卿，朕觉得最近自己的身体状况实在是一日不如一日，恐怕朕的大限就要到了，朕今日把你们几位叫来，是有些事情得跟你们交待一下。"

"皇上，您不必自悲，您会好起来的！"

"是啊，皇上，您一定会好起来的！"

"皇上，您千万不能这么说啊！"

……

徐阶、李春芳、陈以勤、郭朴等人赶紧给他跪下，流着眼泪安慰他。

"好啦，你们都起来，起来听朕说吧！"嘉靖皇帝说。

徐阶等人起身围到他身边。

"朕是想……咳……咳咳……咳咳咳……"嘉靖皇帝刚要说话，却一下子咳嗽起来，而且一直咳个不停，最后昏了过去。

徐阶和李春芳、陈以勤、郭朴等人赶紧叫侍候他的宫女将他扶下躺着。

"快，叫御医！"

"皇上，您没事吧？"

"皇上，您不要吓我们呀！"

……

众人慌作一团。

一会儿，御医来了。

"怎么样？"待御医看了一下嘉靖皇帝的病，徐阶问他。

御医摇了摇头。

嘉靖皇帝就这样昏迷着躺在龙床上。

- 2 -

这一天终于来了。

嘉靖四十五年十二月十四日夜晚，一直处于昏迷状态的嘉靖皇帝已经奄奄一息，守在一旁的徐阶心里咯噔了一下：怕是熬不过今夜了！

果然不出所料，两个时辰后，守在龙床边的徐阶见嘉靖皇帝身子猛地动了一下，然后头一歪，就一命呜呼了。

顿时，万寿宫里响起一片哀号之声。

在皇上驾崩的日子里，内阁次辅李春芳、郭朴，吏部左侍郎兼翰林院学士陈以勤都到了皇上跟前。可不知道是何原因，次辅高拱却没到场。

作为首辅，徐阶一直保持着清醒的头脑，他知道，国不可一日无君，嘉靖皇帝驾崩了，得赶紧让新皇登基。但嘉靖皇帝之前因一直处于昏迷之中，没留下遗诏。这可怎么办？不行，皇上驾崩的消息暂时还不能让人散布出去，待把一些事处理好了再诏告天下。

于是，徐阶马上警告在场的几位阁臣、太监和宫女："皇上驾崩的消息谁也不准说出去，待事情处理好后，再发讣文诏告天下！"

几位阁臣、太监和宫女赶紧点头。

随后，徐阶吩咐李春芳、郭朴和陈以勤："几位先在这儿稳住场面，我出去一下，等我回来！"

"是！"李春芳等人回应。

李春芳、郭朴和陈以勤哪知道，徐阶是避开他们去内阁找他的得意门生张居正代嘉靖皇帝起草遗诏。

徐阶急慌慌地跑回内阁。这时，他的门生、翰林院学士张居正在内阁等着，见徐阶急慌慌跑来，便问："皇上是不是……？"

"刚刚驾崩！"徐阶一脸肃穆。

听说皇上已经驾崩，张居正脸色也赶紧跟着肃穆起来。

徐阶说："开始说正事吧！"

张居正心里明白，老师说的正事，指的就是代皇上草拟遗诏。他心里却想，草拟皇上遗诏是朝廷的一件大事，按惯例一般都要由内阁几位大学士共同商拟，就他们两人，好像不妥吧？

他沉默了一下，试探性地问徐阶："老师，还是请李阁老和高阁老他们来商量一下再起拟妥当些吧？"

徐阶想都不想，说："情况特殊，时间紧急，不用叫他们了，你我二人就足够了，赶紧找空诏和笔墨来！"

徐阶本就是想避开李春芳、郭朴和陈以勤他们，特别是与他不和的次辅高拱。天缘巧合，正好高拱此时不在，日后他要想说点什么也没法说。

"老师，万寿宫那边……"张居正担心万寿宫那边会出乱子。

徐阶说:"没事,那边我已经安排好了,当务之急是赶紧起草好先皇遗诏,明日好让太子登基!"

"老师考虑得很是周全!"张居正心里会意,也趁机夸了一下徐阶。

张居正把一张空诏和笔墨拿来,便和徐阶商量着如何起草嘉靖皇帝的遗诏。

一个时辰不到,遗诏就起草好了。徐阶和张居正仔细地检查了两遍,见没什么问题了,赶紧把它收好。

"走,去万寿宫!"徐阶说。

"哦,等等!"徐阶突然说。

"老师,还有什么事?"张居正问徐阶。

徐阶说:"还得替新皇起草一份赦免名单。"

"对对对,差点把这事给忘了!"张居正说完,赶紧又找来笔墨,铺开纸。

张居正提起笔,突然问徐阶:"要不要把黄光升尚书找来商议一下?"

"时间紧急,先拟出一份名单,明日再与他商榷!"徐阶说。

二人商量了一下,立即给新皇拟了一份赦免官员的名单。

师徒二人会意地对望了一眼,如释负重地走出内阁大门。这时,天边已经露出了鱼白肚,二人急匆匆地朝往万寿宫赶去……

次日,大明王朝的文武百官齐聚太和门。按先皇嘉靖遗诏,裕王朱载垕在此宣布登基,改国号隆庆。当然,嘉靖皇帝的这个遗诏,是徐阶和张居正师徒二人的杰作,并非嘉靖皇帝亲笔。

文武百官按程序一番朝拜,裕王朱载垕正式登基成为新皇。

见裕王朱载垕顺利地登上了新皇的宝座,徐阶和张居正会心地笑了,这预示着他们已经能够左右新皇,大明王朝今后一段时间的军政大事多半都会按他俩的意图去行事。

"哎,起草先帝遗诏阁臣应该都要在,他徐阶为啥不让我等参加?"

"哼,要你参加他就不是徐阶喽!"

"这徐阶,也未免太……"

李春芳、陈以勤、郭朴等人这才知道上了徐阶的当。

高拱更是气得要死,大骂徐阶:"他娘的,这全是他徐阶的主意!"

可为时已晚，事情已成定局，几名阁臣一些无谓的争吵罢也掀不起什么大浪。

按朝廷惯例，新皇即位要做的第一件事，就是大赦一批因上疏谏言而被关押在牢中的大臣和官员，并官复原职，对已经被迫害致死的大臣或官员给予澄清罪名，并进行加封，以安民心，体现新皇仁政。

于是，徐阶立即给隆庆皇帝谏言："皇上，按照以往惯例，新皇即位应即刻大赦一批有冤情的大臣和官员，恢复其官职，若已被冤判至死，应给予澄清罪名进行加封，以安民心，体现新皇的仁政，皇上您看……"

"那你觉得哪些人可赦？"隆庆皇帝问他。

徐阶上前，从袖筒里抽出他和张居正早已拟好的赦免名单，递给隆庆皇帝："微臣已代皇上拟了一份名单，请皇上过目。"

"徐爱卿原来早有准备啊！"见徐阶马上就拿出了赦免名单，隆庆皇帝笑着说。

"微臣想，这事早晚都是要做的，早做早好，也就先做了些准备。"徐阶低着头说。

"朝廷赦免可是个大事，这个名单黄光升知道吗？"隆庆皇帝随便看了一下名单，因为要赦免的人太多，他一时也看不过来。

张居正看了一眼徐阶。

徐阶明白他的意思，于是对隆庆皇帝说："时间太急，还没来得及给黄尚书过目！"

隆庆皇帝说："黄光升是刑部尚书，这事不能没有他的意见，赶紧拿给他看一下，看有没有要增删的。"

"是，微臣这就请他来商议此事！"徐阶赶紧说。

赦免名单本应该由刑部提交，见徐阶和张居正先拟好了名单再拿来给他过目，黄光升心里有些想法，但为了大局，他没说什么。他看了一下名单，说："行，就这些吧。"

随后，徐阶把赦免名单提交给隆庆皇帝。

"黄光升看过了吗？"隆庆皇帝看了徐阶呈上的赦免名单，问徐阶。

徐阶说他同意了。

隆庆皇帝说："行，就按你们说的，朕赦免了这些人，待朕宣布以后，立即知会刑部放了他们，然后让吏部恢复他们的官职。已经死了的，均给予加封并进行抚恤！"

"微臣遵命！"徐阶叩拜。

十二月二十六日，隆庆皇帝命宣旨太监向文武百官宣读先皇遗诏：

"朕以宗人入继大统，获奉宗庙四十五年。深惟享国久长，累朝未有。乃兹弗起，夫复何恨！但念朕远奉列圣之家法，近承皇考之身教，一念惓惓，本惟敬天助民是务，只缘多病，过求长生，遂致奸人乘机诳惑，祷是日举，土木岁兴，郊庙之祀不亲，明讲之仪久废，既违成宪，亦负初心。迩者天启朕衷，方图改彻，而据婴仄疾，补过无由，每思惟增愧恨。

"盖愆成昊端伏，后贤皇子裕至。仁孝天植，睿智夙成。宜上遵祖训，下顺群情，即皇帝位。勉修令德，勿遇毁伤。丧礼依旧制，以日易月，二十七日释服，祭用素馐，毋禁民间音乐嫁娶。宗室亲、郡王，藩屏为重，不可擅离封域。各处总督镇巡三司官地方攸系不可擅去职守，闻丧之日，各止于本处朝夕哭临，三日进香差官代行。卫所府州县并土官俱免进香。郊社等礼及朕祔葬祀享，各稽祖宗旧典，斟酌改正。

"自即位至今，谏言得罪诸臣，存者召用，殁者恤录，见监者即先释放复职。方士人等，查照情罪，各正刑章，斋醮工作采买等项不经劳民之事悉皆停止。于戏子以继志述事并善为孝，臣以将顺匡救两尽为忠。尚体至怀，用钦未命，诏告天下，咸使闻之。"

随后，宣旨太监又宣读被赦人员名单。

因有刑部尚书黄光升和首辅徐阶的帮助，这次大赦，海瑞和何以尚均在释放人员名单中。

- 3 -

天牢里暗无天日，虽说海瑞性格刚烈，但这牢中的日子实在是不好过，妻子王氏和海安、汪熙他们也关在这牢中受苦，再说还有好多事没替老百姓做，海瑞不禁感叹："这日子何时能了啊？"

因为有事，王弘海已有好几日没来牢里了，海瑞不知道今日他会不会再来给他送药。他身上的伤口有些发炎，若再不上药恐怕会危及生命。

正在海瑞想这事的时候，提牢主事宋清平提着个篮子，打开牢门进来了。

因为到了吃晚饭的时候，提牢主事来给他送晚餐。

看到宋清平，海瑞觉得有点奇怪：这人往日见了自己都拉长着脸，怎么今日他脸上却像开了花，笑得那么灿烂呢？

再一看，菜饭也和往日大不一样。往日里，多是一个炒洋芋，一个水煮白菜，外加一碗米饭，菜汤里看不到油星儿，饭是用发霉了的米煮的。今儿个，一盘色味俱佳的青椒炒鸡蛋，一盘油黄油黄的凉拌卤肉，一盘香酥酥的花生米，一碗白得发亮的米饭。除此之外，还有一壶绍兴老酒。

往日，宋清平将菜饭放到海瑞平时吃饭的烂木桌上，黑着脸说声"开饭"就转身走了，待时间到了又来收走碗盘。今日却不同了，他慢慢揭开篮子盖，笑眯眯地从里面一样一样地把东西端出来摆放到桌上，然后对着桌上的菜饭笑道："嗯，今儿这菜不错！"

嘉靖皇帝驾崩，太子朱载垕继位，大明王朝是真正改朝换代了。虽说嘉靖皇帝死了，大臣和官员们还处在悲痛之中，但新皇登基，还得祝贺一番，所以还是搞得热火朝天。

天牢里却是另一个世界，外面是什么样子，关在里面的人压根儿就不知晓，加上新皇赦免官员的文书还没送到牢里，海瑞当然不知道自己已经被皇帝赦免。

被判死罪的人在行刑之前吃顿上路饭，也叫断头饭，这情景对海瑞来说最熟悉不过了。因为他当过县令，审判和斩杀过不少人犯。以前经过他判斩刑的人，上路前监狱都会先让人犯大吃大喝一顿，然后刽子手再送他们上路。此时此景，他当然明白是怎么回事。

嗯，难道今日自己的大限到了？

哎呀，不就是个死吗？有何惧怕的，若是惧怕，自己当初也不会上奏嘉靖皇帝了。没什么，为了大明江山，就算是死也死得其所，只要嘉靖不听我海瑞谏言，哪怕是到了阴曹地府，我同样还是要给他上疏。

宋清平摆放好酒菜，海瑞以为等他吃完了这顿上路饭，行刑的刽子手就要将他押解到西市去斩首。

"来来来，海大人，今日下官陪你喝两盅！"宋清平笑眯眯地朝海瑞叫道。

哎，今儿个太阳从西边出来了？这宋清平平日里凶巴巴的，今日咋啦？居然说要和一个将死的囚犯吃断头饭，还要陪着喝酒。

海瑞瞟了他一眼，将脸转到一边不理睬他。

宋清平见他不理睬自己，笑着说："这么好的菜饭，这么美的酒，你要不吃，岂不可惜了？"

海瑞以为宋清平是在激他，冲着他说："吃就吃，不就是个死吗？有什么可怕的？"

"哎，这不就对了？"宋清平笑着说。

"来来来，这是绍兴老酒，很不错的，咱们先干它一杯！"宋清平端起一杯满满的酒递给海瑞，然后自己也端起一杯。

海瑞看也不看他，一扬脖子，独自把酒吞下肚去。

"哎哎哎，你这人怎么能这样？我好心好意请你喝酒，咋不等我一下就独自把酒给喝了呢？来来来，我重新给你满上！"宋清平见他一个人先把酒喝了，提起酒壶又给他杯子里斟满。

"不过这一回你可不能先喝，得等我一下！"宋清平提着酒壶提醒他。

海瑞顾不了那么多了，和宋清平一起边吃菜边喝酒。一想到马上就要离开人世，海瑞放开口海吃海喝起来。

吃了一气，喝了一气，海瑞忍不住问宋清平："何时送老夫上路？"

"哈哈……哈哈哈……哈哈……"宋清平笑个不停。

海瑞盯着他问："你笑什么？"

"哈哈……哈哈哈……"宋清平还是笑个不停。

海瑞生气了，大声问他："我问你笑什么？"

"刚才你说什么来着？上路，上啥路啊？"宋清平笑着反问他。

海瑞高声地说："你这不是明摆着让我吃了断头饭，好押我去西市斩首吗？"

"原来是这么回事啊。"宋清平笑着说。

宋清平压低声音告诉他："你还想上什么路啊？告诉你，先皇昨晚驾崩了，新皇今儿个已登基。按照朝廷以往的惯例，新皇登基必然会大赦一批牢里的人犯，海大人，你马上就要自由啦！不仅如此，你可能还会官复原职呢！"

"你这消息可靠？"听宋清平这么说，海瑞既惊又喜，赶紧靠近他追问。

宋清平说："这是我一个好友从宫中听来的，消息绝对可靠。海大人，今儿个本主事自备酒菜与你祝贺，以后大人要是升官了，可别忘了小弟啊！"

"哎呀我的皇上啊，您咋就这么走了啊？我给您的谏言您还没给个准信儿呀，您说您这一走，微臣去找谁说啊？皇上啊，您不能就这么走了啊……呜……呜……"海瑞没回答宋清平的话，而是像抽风一样突然号啕大哭起来。

"哇……呃……"哭着哭着，海瑞一下子呕吐起来，把刚才吃的喝的全吐了出来。

海瑞哭的不是自己和家人保住了性命，他哭的是嘉靖皇帝，这嘉靖皇帝驾崩了，他的谏言没人听了，没人听那以后这朝廷咋办？新登基的皇上能听自己的谏言吗？海瑞心里没个底儿，所以他哭。

"海大人，你这是咋啦？命保住了你应该高兴才是啊，你咋哭起来了呢？"宋清平见状，扳着他的身子问他。

"呜……我的皇上啊，你不能走啊！"海瑞哭得更厉害了，宋清平怎么劝也劝不住。

这一夜，海瑞哭了个通宵，有好几次，还哭昏了过去。

— 4 —

次日下午，朝廷派人来天牢里宣读新皇朱载垕赦免人犯的诏书。

"圣旨到！"

随着一个拉长了的声音，一名宣旨太监随着提牢主事宋清平来到牢门外，他身后还跟着两名佩剑的随从。

宋清平将牢门打开，宣旨太监和随从进来。

"海瑞接旨！"宣旨太监双手捧着皇帝圣旨，朝坐在牢房里的海瑞叫道。

听说皇帝圣旨来了，海瑞知道赦免他的圣旨到了，赶紧走过来跪下接旨。宋清平走上前，给他把手铐和脚镣打开。

见海瑞已跪下，宣旨太监展开隆庆皇帝诏书宣读："奉天承运，皇帝诏曰……海瑞从官以来，忠心耿耿，效忠朝廷，并能为民办事，因直言上疏，惹怒先帝而入狱。今日新皇登基，大赦人犯，海瑞虽上疏怒及先帝，但念其皆为朝廷，出于忠心，免其无罪，至今日起释放出狱，官复原职，任户部云南清吏司主事一职。望海瑞能以此为训……钦此。"

"谢主隆恩，吾皇万岁，万岁，万万岁！"海瑞朝着圣旨叩头。

"吾皇万岁，万岁，万万岁！"宋清平等人也急忙跟着叩头。

圣旨宣读完毕，宣旨太监对海瑞说："海大人，你可以出去了。"

"谢大人！"海瑞起来，抱拳给宣旨太监行礼。

宣旨太监回礼："海大人不用客气！"

"恭贺海大人！"宋清平笑着恭贺海瑞。

"多谢关照！"想起他平日里的凶巴样，海瑞心里就觉得烦，朝他丢下一句话，转身出了牢门。

"海兄，咱们终于出来了！"出了牢门，海瑞遇到了一个人。

这人是何以尚。

"你……你怎么也在这儿？"海瑞不认识何以尚，他更不知道何以尚是替他求情才被嘉靖皇帝关到这儿的。

何以尚说："海兄，你不知道吗？我是替你在先皇面前求情，被先皇叫人抓来关在这儿的呀！"何以尚被杖打一百廷杖，身上的伤到现在还没好。

看着满身是伤的何以尚，海瑞流着泪拉着他的手说："谢谢你，何兄，海瑞连累你了！"

"海兄，不必说这些，我没怪你的意思！"何以尚说。

海瑞说："可是这先帝，他……他怎么能这样对待你呀？"

"你看，你还不是一样！好了，不说了，好在新皇已经登基，还赦免了咱们。这下好了，咱们又重获自由了！"何以尚高兴地说。

海瑞擦干眼角的泪水，说："是啊，我们又重获自由了！"

正在这时，王弘诲和徐廷绶来了。

"海大人，晚辈来晚了！"王弘诲愧疚地对海瑞说。

"都已经出来了啊！"徐廷绶也说。

"出来了！感谢两位前些日子的照料啊，要不是你们，恐怕我海瑞早就死在里面喽！"海瑞感激地对王弘诲和徐廷绶说。

"这是我们应该做的，不必记挂于心！"徐廷绶说。

王弘诲也说："是啊，海大人为了进劝先皇，连命都舍得，我俩尽点微薄之力，又有啥不行的呢！"

"来，我给你们介绍一下，这位是……"

"海大人不必介绍，我们都知道的，这是何以尚何大人！"王弘诲打断海瑞的话。

"对，他的事我们都听说了，真是敬佩啊！"徐廷绶由衷地说。

海瑞说："你们都知道了，我却还蒙在鼓里！"

"这没什么，换作其他人也会这样做的！"何以尚谦虚地说。

"海大人，那我们走吧，夫人还在那儿等着！"王弘诲说。

这时，何以尚的家人也来接他了。

"好吧，何大人，那我们先走了，改日再聊！"

"好的，改日再聊！"

"改日聊！"

海瑞和王弘诲等人与何以尚道别。

"我夫人和海安他们呢？他们出来了吗？"海瑞问王弘诲和徐廷绶。

王弘诲告诉他："我和徐大人已经把他们接出去了。"

"他们现在在哪儿？"海瑞迫不及待地问。

"他们在外边等着呢，只是……"王弘诲看着海瑞。

"只是什么？"海瑞发觉有些不对劲，盯着王弘诲问。

王氏因为两个儿子的死，精神上受了刺激，现在说话有些疯疯癫癫，徐廷绶怕海瑞一时接受不了这个现实，赶紧递眼色给王弘诲，意思是叫他暂时不要告诉他。

"也没什么，我们赶紧走吧，他们还在那儿等着呢！"王弘诲会意，赶紧岔开话题。

"嗯，那就走吧！"海瑞心里明白，他们有事瞒着自己。

待见到王氏和海安、汪熙，海瑞才知道是怎么回事。

"还我儿子，你们还我儿子！哈哈……你们还我儿子啊！"王氏哭了笑，笑了哭。

见妻子王氏变成这个样子，海瑞心痛极了，流着泪伤心地说："唉，咋弄成这样啊？"

"老爷，您不用伤心，我们会照顾好夫人的！"

"是啊，老爷，今后我们一定会照料好夫人！"

"事已至此，海大人，就听天由命吧？"

"您身上的伤还没好，也要注意自己的身体啊！"

几人赶紧安慰海瑞。

海瑞告诉他们，他要赶回去看母亲，也顺便把妻子送回去。

— 5 —

十多日后,海瑞和妻子王氏,还有仆人海安、汪熙回到了海南琼山老家。

"娘……"

"瑞儿!"

母子相见,俩人相拥而泣。

"瑞儿,你……你咋这么傻啊?"谢氏老泪纵横,双手捶打着海瑞的肩膀。

"娘,都是孩儿的错,孩儿让您担心了!"海瑞含着眼泪给母亲赔不是。

"还我儿子!还我儿子来啊!哈哈,哈哈哈……"

"啊?她怎么啦?砥儿和亮儿呢?"谢氏见儿媳王氏疯疯癫癫的,觉得有些不对劲,问海瑞和海安、汪熙他们。

"老夫人……中砥和中亮,他……他们……"

海瑞正要告诉母亲,海安却在一边呜咽着说。

"快说,砥儿和亮儿他们怎么啦?"谢氏睁大眼睛,追问海安。

"中砥、中亮他们……他们在监狱里……呜……呜……"海安说不下去了,只是一个劲地哭。

谢氏一急,气血攻心,一下子昏倒在地。

"娘!您咋啦?"

"老夫人,您醒醒啊!"

……

大家赶紧将谢氏扶到床上进行抢救,海瑞给她掐了人中穴,谢氏才慢慢苏醒过来。

"你说,你说!我儿媳她怎么啦?还有,还有我的孙子砥儿、亮儿呢?他俩是咋死的?"谢氏问海瑞。

见瞒不住了,海安望着海瑞:"老爷,您就告诉老夫人吧!"

海瑞只好如实将儿子中砥、中亮因为受到刺激相继死在监狱中、妻子王氏因为两个儿子死了变疯的事告诉母亲。

"天呐,这是什么世道啊?我两个孙子招惹谁了,可怜我那两个孙子啊,他们小小年纪，就离我而去，这是为啥啊？老天爷啊老天爷……"

听了儿子的话，谢氏又悲天怆地地大哭了一场。

"娘，人死不能复生，砥儿和亮儿已经去了，您要保重自己的身体啊！"海瑞流着眼泪安慰母亲。

"是啊，老夫人，保重身体要紧！"海安也劝说老夫人。

"孙子孙子去了，儿媳儿媳疯了，叫我这日子咋过啊？"谢氏哽咽着说。

"没事，娘，还有我和海安、汪熙他们！"海瑞说。

海安也说："是啊，老夫人，还有老爷和我们呢！"

"儿子，你们还我儿子啊！哈哈……哈哈哈……"

王氏一直说着疯话。

"可你媳妇那样子，今后怎么办啊？"谢氏看着在一边疯疯癫癫说着话的王氏，心痛地问海瑞。

"娘放心，我会安排好的！"海瑞安慰她，然后说，"有些事情我还得回去处理，先让海安和汪熙在家照顾你们，过一段时间我安顿好了，再来接你们去京城和我一起住。"

"眼下这状况，也只能这样了！"谢氏抹了把眼泪。

海安说："老夫人放心，我和汪熙会在家照料好您和夫人的！"

"是啊，老夫人，您放心就是！"汪熙也说。

谢氏说："真是辛苦你们了！"

海安说："不说了，老夫人，你们一家对我们恩重如山，我们感谢还来不及呢！"

晚上，海瑞把海安叫过来，交待他："海安，你和汪熙多费点心，帮我照料好老夫人，特别是夫人，你们也多费点心，再不能让她们出什么事了。待我回京城把事情处理完安顿好住处，就来接你们。"

"老爷，有我们在，您就安心去吧！"海安说。

"那就有劳你们了！"

三日后，海瑞回京。

海瑞刚回到京城，就听到一个消息，吏部已将他从户部云南清吏司调到兵部武库司，仍然是主事，品级和职务不升不降。

一日，王弘诲遇到海瑞，问他："海大人，他们怎么又把你调到兵部去了?"

海瑞忧伤地说:"在哪儿都一样,同样干不了啥事!"

"这吏部也是,只是平调又不提拔,何必要动人家呢?"王弘诲嘀咕。

不知是吏部听到了海瑞的话,还是皇上的意见,不久,吏部又将海瑞调到外尚宝司任司丞,官阶仍是正六品,职责是替皇上掌管宝玺、符牌和印章,实则无印可掌,说穿了,仍是个没事干的闲职。

像海瑞这样的人,外尚宝司还有两个人。

本以为出狱后隆庆皇帝会重用自己,但海瑞没想到皇上还是一而再,再而三地将他安排到这些闲职上。

海瑞有些火了,正好自己的老母在老家没人照料,一气之下他给隆庆皇帝上了道《乞终养疏》,请求皇上准许他回海南琼山老家养老并照料自己的母亲。

隆庆皇帝刚登基不久,这个时候哪会让海瑞回家养老呢?

隆庆皇帝不准奏,海瑞也不敢擅自回海南老家。

吏部的人听说海瑞给隆庆皇帝上疏奏请回家养老,知道他这是在撒气,于是向皇上建议,说海瑞是个干实事的人,而且能力也还不错,不能把他放到那些闲职上,还是要把他放到实职上去,一来让他真正替皇上和朝廷做点事,二来也可安抚一下他。

听说他在地方上破了好多悬案,有人提议,将他安排到大理寺去,让他办些案子。

在司里没事干,要回老家皇上又不准奏,海瑞觉得这日子非常难熬。同僚们见他成天心烦意躁的,没少来安慰他,可他还是没法安静下来。

正在他焦躁不安的时候,吏部的调令来了。海瑞一看,是调他到大理寺做右侍丞。

这右侍丞,官品是正六品,连他在内大理寺共有六人。去大理寺做右侍丞,官阶倒是没提升,但它和兵部武库司主事和外尚宝司司丞不一样,前面两个是有职无权的虚职,一天让人闲得发慌,而这大理寺右侍丞,却是有职有权的实职,一天有干不完的事。

这下海瑞可高兴了,他高兴的不是手中有了权力,而是觉得自己又可以替老百姓做些事了。他认为自己在办案上还是有些能耐的,这下去到大理寺,自己又可以放开手脚干一番事了。

两日后，海瑞高高兴兴地到大理寺做他的右侍丞去了。

三个月后，吏部将海瑞转为左侍丞，官品为正六品上，相当于正五品，算是得到了提拔。

海瑞不知道，他这大理寺右侍丞和左侍丞，都是得力于首辅徐阶的提携。

– 6 –

一晃，从狱中出来已经半年多了，有好几次，海瑞想去拜谢一下和首辅徐阶一起营救过自己的刑部尚书黄光升，但由于诸多原因他一直未能如愿。

一日，他对仆人海安说："海安，你去准备一些礼物，明日和我去趟福建泉州晋江。"

"是，老爷，我下午就去准备！"海安知道他要去拜谢黄光升，因为黄光升家就住在晋江。

海瑞叮嘱他："记得多买些礼物！"

海安说："我会的。"

"老爷，就这些礼物，您看少不少？"下午，海安将礼物买来，问海瑞。

"行，就这些，礼轻情义重，主要是去看他，礼物多少不是问题。"海瑞看了礼物，觉得还不错。

次日一大早，海瑞就叫海安带上礼物，一人骑乘一匹马，便直奔福建泉州府晋江潘湖临漳而去。

从北京到福建的泉州府，路途遥远，海瑞和海安赶路十几日，有些人困马乏。他们来到一个小镇上，天色已晚，海瑞见前面有个小旅馆，便吩咐海安停下来歇歇脚，次日再走。

到了旅馆门口，俩人跳下马背，走进旅馆。

俩人在旅馆里简单洗漱了一番，到街上吃了点东西，然后又回到旅馆里休息，准备次日继续赶路。

时间还有些早，二人便躺在床上聊起天来。

"老爷，听说黄尚书已经致仕了，您还去看望他？"海安说。

海瑞立即沉下脸，说："海安，不是老爷说你，你这话不对，人家致仕回乡就不看人家了？你记住，人要记情，别人对自己有恩，只要有能力就要报答，没能力就等机会。一句话，不能忘记了别人对你的恩情。你别看老爷有的时候很不讲情面，可那是为了公干，是为了自己的职责，而不是老爷不懂世间的人情世故、不讲情义。黄光升和徐阶徐阁老救了老爷一命，老爷若不去拜谢他，岂不是要遭人唾骂？前不久他致仕回乡，那都是拜高拱所赐，时下皇上又让他复出，任南京刑部尚书一职，但他却回老家了。老爷此番去拜见他，也好趁此机会恭贺他，一举两得有何不好？"

"老爷说得是，海安知错了！"挨了海瑞一顿训，海安有些不好意思，赶紧给他认错。

俩人聊了一会儿，海瑞说明日要赶路赶紧休息，二人便躺下睡了。

次日，二人吃了早餐又继续赶路。

赶了半个多月的路，海瑞和海安终于来到了福建省泉州府城南十里许的潘湖边上。

这时一件怪异的事情发生了。

路过潘湖临漳田都元帅庙前时，海瑞骑乘的马突然不走了。海瑞感觉奇怪，便下马察看是怎么回事。

正在疑惑时，海瑞抬头一看前面是一座庙，才恍然大悟，知道是这马通人性，要他下来跪拜。

海瑞走进庙里，对着里面供奉的元帅塑像拜了三拜，然后吩咐海安向附近的村民借来文房四宝，当场挥毫泼墨，书写了"歇马庙"三个字，然后和海安骑马继续赶路。

后来乡人将海瑞写的"歇马庙"字帖作为庙额，放置于庙门上方。

海瑞和海安来到了黄光升府邸前。

海安走上前对守门的老者说："麻烦您给黄尚书通报一下，就说北京来的海瑞想拜见他。"

"好的，你们稍候，我这就去禀告我们家老爷！"守门老者说完往府里走去。

"老爷，外面有个叫海瑞的人说要来拜见您！"守门老者向黄光升禀告。

"你说什么？海瑞来了？他不是在京城吗？怎么到这儿来了？"黄光升正在书房里看书，听守门老者说海瑞来拜见自己，有些不敢相信。

"他人呢？"黄光升又问。

"在门外候着！"守门老者告诉黄光升。

黄光升说："快快快，请他进来，我在客厅等他！"

"是，我这就去请他进来！"守门老者说着走出去。

"海大人，我们家老爷有请！哦，老爷说他在客厅等您！"守门老者出来对海瑞说。

"好，谢谢！"海瑞给他道谢。

海瑞和海安走进府里，找个地方把马拴好，就去拜见黄光升。

"黄大人，海瑞今日特来拜谢大人的营救之恩！"见到黄光升，海瑞赶紧拜谢。

"不必客气！"黄光升说，然后指着他对面的两张红木椅子说，"来，二位请坐！"

海瑞示意海安将礼物放到旁边的桌子上。

"两位客人请用茶！"二人刚落座，一女仆将茶水送到海瑞和海安面前。

黄光升问海瑞："你不是在北京城里吗？咋这么大老远地跑到我这儿来了呀？"

海瑞喝了口茶，边放杯子边回答："实在是对不起黄大人，好几次都想来拜谢大人的，可公事繁忙一直脱不开身。前些日听闻黄大人又出任南京刑部尚书，觉得可喜可贺，也就赶来了，一来感谢大人前些时间的营救之恩，二来顺便恭贺大人！"

黄光升说："说起营救之事，那是老夫应该做的。要说恭贺，也没必要，不就是个有职无权的南京刑部尚书吗？有啥值得恭贺的呀？"

听他这么说，海瑞知道他心里有些事不痛快，赶紧说："救命之恩没齿难忘，必定要来感谢。海瑞知道，前些时日皇上叫大人回乡，这都是次辅高拱在使坏，要不然也不会这样，好在皇上英明，不全信那高拱，又让大人复出，赐南京刑部尚书，虽说不如北京的刑部尚书，但海瑞觉得也该恭贺呀！"

黄光升说："好啦，不说这事了，说说你在京城怎么样，过得还好吧？"

"禀告黄大人，时下皇上已调海瑞到大理寺供职，做左寺丞！"海瑞回话。

"好，这就好！"黄光升连连点头。

"这都是托黄大人的福！"海瑞谦虚地说。

黄光升说："这是你自己努力的结果！"

海瑞和黄光升话很投机，二人聊了好半天。当晚，海瑞和海安在黄光升府上过夜。

次日，海瑞说他有事还要去一趟晋江，便离开了黄府。黄光升见他有事，也不便挽留。

原来，海瑞是要去晋江看望他的另一位恩人赖存业。

海瑞小时候家中贫困，时任琼山县教谕的晋江人赖存业给了他不少帮助，海瑞感恩，顺便也去看望他一下。

看望了昔日的恩人，海瑞和海安赶紧回到京城。

海瑞没有想到，接下来的日子里，他会卷入一场阁臣之间的争斗。

这场争斗，又给他的仕途埋下了不小的祸患……

第25章　卷入争斗

"无聊，真是无聊！"见御史齐康无端弹劾曾经有恩于自己的首辅徐阶，海瑞心头火起，立即写了《乞治党邪言官疏》，上朝堂在皇上面前竭力反驳齐康对徐阶的污蔑之词。

– 1 –

隆庆二年四月，大明王朝高层出现了一场你死我活的争斗。

这本是一场内阁之间的争斗，与海瑞一点关系都没有，海瑞完全可以置身事外。

但海瑞却被卷了进来。

这是为何呢？第一个缘由，是他那直言不讳的性格。第二个缘由，是他要回报之前首辅徐阶对他的救命之恩。

这场阁斗的主角是朝廷内阁首辅徐阶和次辅高拱，这二人之间的争斗殃及池鱼，而海瑞就是这池子里的一条鱼，一条不是很大的鱼。

说起来高拱不应该和徐阶争斗，他更不应该恨徐阶，他进内阁任次辅还是徐阶举荐的。可这高拱缘何不买徐阶的账，恨死他，而且还要和他斗个鱼死网破呢？

事情还得从头说起。

高拱是官宦子弟，他的父亲高尚德，是正德十二年的进士，历任山东按察司提学佥事、陕西按察司佥事等职，后官至光禄寺少卿。而高拱是嘉靖二十年的进士，朱载垕为裕王时任侍讲学士，也就是裕王的老师。嘉靖四十五年三月，坐上内阁首辅位置的徐阶见他是个人才，便向皇帝引荐他，让他做了文渊阁大学士，并进入内阁任次辅，高拱从此进入大明王朝的高层核心。与高拱一同进内阁的还有吏部尚书郭朴，这人也是徐阶引荐的。

身为首辅，徐阶在内阁处理政务时总是以自己的意见为主，不大听得进其他人的意见。见他这样，作为内阁次辅的高拱心里也就有些不舒坦，老是看不惯他。

按理说次辅是首辅的左膀右臂，对上司首辅的决策只能是协助执行和提些建议，如何决策那是首辅的事，自己不能越权和干预。可高拱却摆不正自己的位置，他自恃有才，又做了隆庆皇帝九年的侍讲，认为自己进朝廷内阁做事不过是早晚的事，对于徐阶的推荐他毫无感恩之意，对徐阶的尊重也就无从谈起。

自从进入内阁，高拱一点也不买徐阶的账，不仅如此，他还处处顶撞徐阶，让徐阶常常在其他阁臣和官员面前难堪，其他次辅见了也替徐阶不服。

高拱的心思徐阶心知肚明，心里也很冒火，换作是别人他早就发火了，但徐阶毕竟身处官场多年，为人老道圆滑，对高拱的不敬从不表露出来，遇到高拱顶撞总是一笑了之。

高拱与徐阶之间的矛盾激化和爆发，始于嘉靖皇帝遗诏的起草。

嘉靖皇帝暴病而亡，徐阶作为内阁首辅理应召集次辅李春芳、郭朴、高拱，还有陈以勤、张居正等内阁主要成员共同起草遗诏，可徐阶没有这样做，嘉靖皇帝驾崩后他让李春芳、郭朴、陈以勤等人留在宫里，然后借故跑回内阁，独自和他的得意门生张居正两人一起代替嘉靖皇帝起草了遗诏。

高拱知道这件事后，认为嘉靖皇帝遗诏的起草是徐阶有意避开他和李春芳、郭朴、陈以勤几个阁臣，故意不让他们知道和参与。

李春芳、郭朴和陈以勤几人倒没话说，可高拱气得暴跳如雷，说徐阶独裁，骂他霸道。

早在两个月前，在徐阶扶持下四十三岁、上个月刚提拔为礼部尚书的张居正，进入了大明王朝的内阁任次辅，成为内阁中最年轻的大学士。徐阶为了避嫌，同时把曾经堵住严世蕃之口的陈以勤引入了内阁。

张居正刚入阁没几天，高拱就开始向徐阶发难。

这日，徐阶召集李春芳、郭朴、高拱、陈以勤等内阁成员议事。议事前，徐阶像往常一样，先来了一段开场白："……按惯例……"

"惯例？什么是惯例啊？按惯例，先皇的遗诏必须得由内阁大学士共同草拟，可你为何擅自做主呢？"徐阶的开场白还没讲完，高拱突然站起来高声质问他。

徐阶没想到高拱会向他发难，一时竟不知怎么回答他。

"高阁老，这事就算了吧？"见徐阶下不了台，张居正赶紧站出来替他解围。

高拱指着张居正鼻子教训他:"太岳,你给我坐下,那时的内阁还没你说话的份!"

张居正万万想不到,与他曾经是好兄弟的高拱会这么专横跋扈,并对自己说出这番话来,一时间也愣在那儿。

其他人见高拱这样嚣张,都闷着不说话。

高拱得理不饶人,继续逼视着徐阶:"你说,你给大家说说啊!"

徐阶心存顾虑,不说话。

张居正觉得高拱太过分,便站起来说道:"高阁老,草拟先帝遗诏时,我们到处找您,可您不在呀!"

鬼才找过高拱。

张居正这样说高拱,有他的想法,而且也是站得住脚的。为啥这么说呢?高拱虽然为阁臣,但这么大岁数了还膝下无子。他讨了个小妾,为有个子嗣继承自己的家业,他常常连上班都不顾,偷偷回家和小妾温存。在此之前,吏部就有个叫胡应嘉的言官弹劾过他,说他在内阁值守的时候经常跑回家。

当时嘉靖皇帝已经处于昏迷状态,连朝政都懒得打理,高拱这点事他就交由徐阶组织内阁的人来讨论。

这事让徐阶很为难,但他还得做个好人。他劝说其他几个阁臣,这事说大也大说小也小,大家都在一个锅里舀饭吃,没必要去深究。内阁的人见他这个首辅都这么说了,也不好再说什么,这事也就这样不了了之。徐阶还安慰高拱,叫他不要理这事儿,时间一长,也就风平浪静了。

高拱自己也心知肚明,胡应嘉的弹劾并非捕风捉影,还真有其事,他也不好争辩。

后来高拱暗底下一打听,得知胡应嘉和徐阶是老乡。知道他俩有这层关系,高拱气得七窍生烟,大骂徐阶:"徐阶,你不是人!你这狗东西,既想当婊子,又想立牌坊!"

高拱这话传到了张居正耳朵里,他赶紧来劝说高拱:"高阁老,您就给徐阁老留点面子吧!"

张居正还劝说他,不要当着那么多人的面顶撞他的老师,他毕竟是内阁首辅,这样顶撞他不好。可高拱听不进张居正的劝说,反而当着张居正的面大骂徐阶,说他枉为人臣,说话做事当面一套背后一套。

不仅如此，他还告诉张居正："太岳，你把我的话传给你老师，这个仇我高拱早晚得报！"

当然，这些都是以往的事。

此时，高拱被张居正将了一军，感觉无话可说。可他也不是省油的灯，他侧过身问一旁的次辅李春芳："难道李阁老当时也不在场？"

李春芳本就是个老好人，平时走路都怕树叶子落下来砸到自己的头，这个时候他当然更不想惹事上身，赶紧朝高拱摆手："容我想想，我那日是去哪儿了……"

高拱知道李春芳怕事，还没等他想好，他便转向郭朴和陈以勤："郭阁老和陈阁老呢？是不是也不在啊？"

郭朴和陈以勤两人都不说话。

对徐阶的做法，郭朴虽然心里也不舒服，但他不想说破，木着个脸看向徐阶。陈以勤呢，则懒得去管这件事，将头掉向一边，想着晚上回家后到底要吃些啥。

"你觉得这遗诏如何？"一直沉默着不说话的徐阶，突然抬头向高拱发问。

高拱没反应过来，问徐阶："你说什么？"

徐阶加重语气，重复了一遍刚才的话："我是问，我拟的先皇遗诏如何？"

徐阶心里想，先皇的遗诏已经颁布，谁敢说它不好？说它不好，就是对先皇大不敬，必然会遭到其他阁臣的攻击。

高拱没想到他徐阶会这么问，一时找不着理由反驳他，只好说："当然好，但你也不能擅自做主！"

徐阶两眼盯着他，不置可否地说："你觉得好就行！"

高拱无言以对，僵硬地立在那儿。

斗不过徐阶，高拱很是气恼。但他并未就此罢休，他觉得必须扳倒徐阶。

- 2 -

六年一次的京察很快又到了，朝廷将对六品以下的京官来一次大考核。按照惯例，京察由吏部尚书和都察院长官左都御史共同组织人来考察。

主持这次京察的吏部尚书是杨博。

杨博和高拱私交甚好，二人经常往来。按理说他们私下交好，这也无可厚非，但坏就坏在京察这件事上。

京察结果一出来，细心的张居正发现，似乎与高拱和杨博有点关系的京官，考核结果都很优秀，没有一个被废黜的，而与他的老师徐阶有关系的京官，考核下来均是不合格的。

这事不只是张居正发现了，首辅徐阶自然也发现了，但他没有吱声，他要看事态朝哪个方向发展。

几日后，朝廷大臣和官员们看到，吏部那个最喜欢弹劾人的言官胡应嘉，向皇上弹劾吏部尚书杨博，说他在京察中徇私舞弊，借京察泄私愤打击异己。

胡应嘉这一出，明眼人都看得出是徐阶的杰作，也就是说，他弹劾杨博是受徐阶的指使。

遗憾的是，胡应嘉这一出失败了。按规矩，吏部对京官们考察结束之后，要和本部言官一起审核考察结果，待大家一起签字同意了，吏部尚书才能向外公布考察结果。既然胡应嘉是吏部言官，审核考察结果肯定在场，你肯定是签字同意了的，至少是征求过你的意见，可这个时候你却跳出来弹劾你的上司杨博，说他徇私舞弊，这不是自己在打自己的耳光吗？

见自己的属下向皇上弹劾自己，杨博震怒了，马上向隆庆皇帝禀报，无论如何要胡应嘉给他一个说法。

胡应嘉弹劾杨博这事，隆庆皇帝也看出了其中的蹊跷，他想给徐阶一个台阶下，便下令由徐阶来组织内阁的人商议如何处罚胡应嘉。

"像胡应嘉这种小人，理应将其革去职务，贬为庶民！"内阁的人在商议时，高拱率先跳出来发言。

次辅郭朴对徐阶之前草拟先帝遗诏不叫他参与也很不满，而且他也是河南人，与高拱算得上是半个老乡，多少有些感情，见高拱建议革去胡应嘉职务，也跟着附和："这胡应嘉，身为吏部言官，说话做事前后不一，枉为人臣，着实应该革职，贬为庶民！"

听了这二人的发言，徐阶明白他们是要致胡应嘉于死地，这明摆着就是在针对徐阶。

这下该怎么办？他想寻求个助手。

他看了看陈以勤，陈以勤低下头不敢和他对视。他看高拱，高拱气着个脸。他只好看向自己的门生张居正。

高拱知道他们的关系，也顺着徐阶的视线去看张居正，看他是何反应。

见二人都盯着自己，张居正不得不表态："这胡应嘉出尔反尔，着实应当受罚，可削职为民似乎太重了吧？"

"重了？若不是皇上仁慈，他胡应嘉早就没命了，你还说重了？"高拱一听，这张居正分明是在袒护胡应嘉，气得胡须立起来。

徐阶知道李春芳是好人，把希望放在他身上，于是又问李春芳。

李春芳说由他做主。

徐阶问陈以勤，陈以勤突然一下子咳嗽起来，直向徐阶摆手，意思是说他这时说不了话。

徐阶没办法，只好忍痛革去胡应嘉的职务，将其贬为庶民。

高拱以为革了胡应嘉的职就万事大吉了，没想到胡应嘉被革职的消息一传出，言官们都愤怒了，一起来弹劾他。

最先向高拱发难的是欧阳一敬，这人任兵部给事中时曾弹劾过九人，而且有八人被罢官，被人称作"劾神"，这时他把矛头指向高拱，连高拱都觉得这下自己不死也得脱几层皮。

高拱心里清楚，欧阳一敬背后站着的人是徐阶，但这事他不服，他上奏皇上反驳欧阳一敬。

平时高拱盛气凌人，很多人都看不惯他，见他上奏反驳，礼部言官辛自修马上联合都察院御史陈联芳上奏弹劾他，说他没有做次辅的肚量，不配做内阁次辅。

在欧阳一敬等人的围攻下，高拱蔫儿了，加上张居正从中周旋，他同意徐阶的建议，将革去胡应嘉的职务改为调胡应嘉去福建省建宁任推官。

胡应嘉去福建省建宁任推官的圣旨才下，欧阳一敬再度弹劾高拱，说他威制朝坤，专权擅国，理应去职。

高拱斗不过他，一气之下向皇上奏请辞职，隆庆皇帝没准奏，高拱只好忍着气留了下来。

高拱自然不会服气。

哼，难道只有你徐阶有言官，我高拱就没有？高拱当然也有他的言官，他的门生、都察院御史齐康就是他的言官。

高拱指使齐康到处收集徐阶及其三个儿子的相关材料,然后二人经过一番密谋,以齐康名义写了《为险邪贪秽辅臣,欺主背恩,专权蠹国,十分不忠,乞赐罢黜究治,以隆初政事》奏疏上奏隆庆皇帝。

在这本奏疏里,齐康极尽言官之能事,大肆弹劾徐阶专权蠹国,并纵容其三个儿子徐璠、徐琨、徐瑛勾结地方官吏,横行乡里,欺压百姓,无恶不作,请求皇上罢免徐阶内阁首辅一职,并惩办其三个儿子。

明眼人一看便知,这是要把徐阶从首辅的位置上拖下来。

一日,齐康趁隆庆皇帝上早朝的时候,赶紧递上他写的这份骇人听闻的奏疏。

齐康自恃有高拱这个次辅做后台,他上的奏疏言辞激烈毫无忌惮。

朝堂上,看着旁边的高拱扬扬得意,徐阶心里明白是怎么回事,但令徐阶没想到的是,高拱和齐康会剑走偏峰,从他几个儿子下手做文章。

高拱和齐康这一招,就连张居正也没想到。

徐阶和张居正在朝堂上都非常尴尬。

从朝堂上回来,徐阶把张居正叫来,二人商量了一番,赶紧写了份《被论自陈》的奏疏呈给隆庆皇帝。

针对齐康的弹劾,徐阶竭力替自己辩解。他在这本奏疏里说:

"劾臣过恶,并及臣男徐璠、徐琨、徐瑛,臣细读一遍,除描写造作之词,暧昧无稽之事,天地鬼神所共照察,臣俱不须辩。"

为表明自己问心无愧,徐阶还向隆庆皇帝提出了辞职请求。

"一名小小御史,竟敢如此胆大妄议朝廷命官,这成何体统!"

"这齐康能有这么大胆子?依老臣看,这人是高拱的门生,不过是受高拱指使罢了!"

"这等奸佞小人,理应给予法办,否则,不知道日后他还会搞出啥幺蛾子来!"

堂堂一朝内阁首辅向皇上提出请辞,此事非同小可,一些正直的大臣和官员实在是看不下去,纷纷站出来谴责齐康,直指他是高拱的门生,是受其指使,并要求皇上对齐康进行严厉惩处。

齐康这般污劾首辅徐阶,有个人极为愤怒。这人是谁?他就是连嘉靖皇帝都敢弹劾的大名鼎鼎的海瑞。

"无聊,真是无聊!"见御史齐康无端弹劾曾经有恩于自己的首辅徐阶,海瑞心头火起，立即写了《乞治党邪言官疏》，上朝堂在皇上面前竭力反驳齐康对徐阶的污蔑之词。

当然，海瑞反驳齐康并非是为了巴结讨好徐阶，只不过是出于义愤和感恩而已，所以他既不找徐阶商量，也不告诉徐阶他要替他上疏反驳齐康。

早朝的时候，海瑞将他所写的奏疏呈递给了隆庆皇帝。海瑞在奏疏里说：

"……阶事先帝，无能救于神仙土木之误，畏威保位，诚亦有之。然自执政以来，忧勤国事，休休有容，有足多者。康乃甘心鹰犬，捕噬善类，其罪又浮于高拱。……"

意思是说，首辅徐阶事奉先帝，虽说有不能挽救于神仙土木工程的失误，惧怕皇威保住自己的地位和俸禄之事，但自从他任内阁首辅主持阁政以来，一心忧劳国事毫无私心，而且气量宽宏容得下人，有很多值得大家称赞的地方。御史齐康甘愿充当他人鹰犬和走狗，捕风捉影如此无端攻击诬陷好人，罪比在背后指使他的高拱还要人……

海瑞秉公直言，极力替徐阶辩护。海瑞这样做徐阶很是感激，但是，海瑞也在自己的仕途上埋下了一颗定时炸弹。

"说得有道理，这种甘当别人鹰犬和走狗的人，的确比他背后的人还坏！"

"真不知道，这种人咋会让他来做御史？"

"可恶，真是可恶极了！"

……

朝堂上，不少大臣和官员都觉得海瑞说得很对，纷纷指责齐康甘当别人走狗，实在是可恶至极，应当进行惩办，以平众愤。

"身为朝廷内阁次辅，居然指使门生污劾首辅，高阁老，你实在是不应该啊！"

"还有齐康，作为一名监察百官的都察院御使，不认真行使自己的职责，居然甘当他人走狗诬陷良臣，可恶，真是可恶！"

"像齐康这种走狗，不惩办不行！"

"皇上，微臣请求罢了高拱次辅一职，以慰人心！"

"微臣请求皇上严惩齐康，以警示他人乱弹劾良臣！"

随后，文武百官中的九卿科道重臣，也一齐向高拱和齐康发难，请求皇上罢免高拱职务，重惩其党羽齐康。

众人都在指责齐康，甚至有人指名道姓说是自己在背后指使，高拱气得差点吐血，头上直冒冷汗，但又不敢发作。

见此情景，隆庆皇帝明白是怎么回事了，他愤怒地看了一眼高拱，问他："高爱卿，你给朕说说，这是怎么回事？"

"皇上，这……这……"高拱赶紧上前，他不敢抬头看隆庆皇帝，只是低着头结结巴巴地说。

"齐康，你可知罪！"隆庆皇帝转向下面的齐康，大声质问。

"卑职知罪！"齐康急忙走上前来跪下。

隆庆皇帝立即降诣，将齐康连降两级，发配边关充军。

对高拱，隆庆皇帝没做出什么定论。

对徐阶的辞职请求，隆庆皇帝降旨：

"览奏，卿素效忠恳，朕已久悉，兹当初政，方切倚毗，岂可遽因浮言求退！宜遵前谕，即出供职，不允辞。"

很明显，就是对他的请求不允。

"哎，对他高拱咋办，皇上咋没说？"

"是啊，这有些不对呀！"

"高拱是皇上的老师，你说，皇上还能对他怎么样？"

……

众臣悄声议论着。

皇上这么处理这事，对徐阶来说有了台阶下，当然也不再说什么，安心在内阁效命隆庆皇帝。

高拱就不一样了，虽说隆庆皇帝没说要罢免他的职务，但事情到了这个地步，他也觉得无颜再在朝中待下去了，假托自己身体不好，主动向隆庆皇帝奏请辞去内阁次辅一职。

隆庆皇帝考虑再三，准了他的奏。

几日后，高拱灰溜溜地回了老家河南新郑。

— 3 —

徐阶和高拱的内斗刚结束，另一个人又起来弹劾徐阶，而且这人的弹词刀刀见血毫不留情，这人便是言官张齐，这一次徐阶算是真的完了。

这到底是怎么回事呢？

话得从隆庆皇帝说起。

隆庆皇帝刚登基时还上朝理政，大臣们都觉得他是个圣明君王，可没想到才登基两年，他就步嘉靖先帝后尘，叫人满天下给他寻找美女、购买珠宝，而且还喜欢游宴，把好端端一个皇宫变成他玩耍的夜市。

照这样下去，这大明的江山让人堪忧。作为内阁首辅的徐阶，当然看不下去，但他又不好直接说隆庆皇帝，于是他暗示言官，叫他们进谏皇上，要他少贪玩一些，多花些时间和精力上朝理政。

可任由言官们如何进言，隆庆皇帝就是置之不理。

徐阶真拿他没办法，只好采取与他唱对台戏的方式，以此来让他收收玩心。

这下隆庆皇帝不高兴了，加上他身边的太监陈洪、滕祥和孟冲在一旁进谗言，说了徐阶一大堆坏话，隆庆皇帝慢慢疏远徐阶，徐阶的谏言他也不再理。

六月的一日，隆庆皇帝说他要去南海子狩猎，言官们听了一齐上疏反对，可隆庆皇帝却丝毫不予理睬。

见皇上不理这些言官，徐阶不得不亲自上疏劝说隆庆皇帝，要他不要去南海子狩猎。

隆庆皇帝同样不理睬他，带着一帮人硬是去了南海子。

作为内阁首辅，隆庆皇帝的这种做法让徐阶无地自容。徐阶便连续三次向隆庆皇帝奏请辞职回乡。

徐阶本意是试探隆庆皇帝的，想让隆庆皇帝上朝理政，但他这一试，便试出了问题。

众所周知，徐阶历来不喜欢和那些太监打交道，对隆庆皇帝身边的陈洪、滕祥和孟冲这三个太监瞧不顺眼，陈洪、滕祥和孟冲三人便心生芥蒂，决定找机会在皇上面前奏他。

见徐阶连续三次上请辞，隆庆皇帝觉得有点心烦，便问身边陈洪、滕祥他们的意见。

陈洪趁机蛊惑："皇上的讲师高阁老，明显就是被他撵走的，连皇上的讲师他都敢撵走，奴才觉得他也太不把皇上放在眼里了！"

孟冲道："像他这种人，皇上可得当心呀！"

"奴才们是您身边的人,他平时连正眼都不瞧奴才们一眼,这分明是不给皇上面子!"滕祥也说。

三个太监在隆庆皇帝面前对徐阶狂轰滥炸,徐阶要是在场,恐怕要气得吐血。

这时候,一个名叫张齐的言官又向隆庆皇帝上奏弹劾徐阶。

张齐的弹劾可谓猛烈,他弹劾徐阶三件事:一是说他不忠。张齐说嘉靖帝在的时候,徐阶大兴土木和大规模搞道教,而先帝驾崩后他却和张居正草拟遗诏细数先帝的不是。二是说他不义不信。张齐说,徐阶和严嵩共事十五年,严嵩父子做了那么多坏事,他不进劝也不弹劾,而严嵩父子一倒台他就到处为难严嵩。三是说他无能。张齐说,当年俺答汗进攻滦河时,还是裕王的隆庆皇帝问徐阶如何防守,徐阶一言不发,找不出防守方法。

张齐弹劾的这几件事也不无道理,就连张居正也默认,所以言官们不再替徐阶说话。

张齐奏疏一上,陈洪、滕祥和孟冲三人也跟着来弹劾了。

见张齐和三个太监又来弹劾自己,徐阶急忙上奏疏辩驳。可隆庆皇帝已经下了决心,任他徐阶再怎么辩驳也无济于事。

徐阶看这架势,只好再次请辞。这一次,隆庆皇帝没再犹豫,立即准了他的奏。

隆庆二年七月,在朝廷做了十七年大学士和七年内阁首辅,为朝廷铲除巨贪严嵩父子的徐阶,退出了大明朝堂,结束了他的政治生涯,回老家颐养天年去了。

徐阶一走,内阁次辅李春芳便坐上了首辅这把交椅。四个月后,海瑞被调离北京,到南京通政使司任右通政,官阶升到正四品。

南京是朝廷的陪都,虽说朝廷在北京城的中央机构这儿都有,但皇帝在北京城里,这儿的中央机构,除了南京户部管理南方户籍和南京兵部统领南京军队,其他机构几乎就是摆设。在这儿任职的官员,也没有啥权力可言。

海瑞官品是提了一级,但除了每月薪俸多了一些,又回到了以往没有权力的闲职上。甚至有人说,海瑞是在北京城混不下去了,才被调到南京城的。

看样子,海瑞又要上疏奏请皇上准许他回家养老了。但这次海瑞没这么做,而是去海南琼山老家把家人接来南京城里和他一起居住。

也许是为了安慰海瑞，就在这一年，朝廷追封海瑞的父亲海瀚为中宪大夫，官阶正四品，并授予海瑞母亲谢氏为四品恭人。

俗话说，不孝有三无后为大，儿子中砥、中亮死后，海瑞也想有个儿子。再说，这时候的海瑞已是五十五岁的人了，他母亲已经八十一岁，仆人汪熙又老得快动不了，妻子王氏整天疯疯颠颠，海安一个人无法照料这个家。

经母亲谢氏同意，海瑞先后纳了两个小妾，一个姓韩，小名玉露；另一个姓邱，小名兰兰。

俗话说，天有不测风云，人有旦夕祸福。

这一年七月，是海瑞一家最不幸的日子。海瑞的小妾韩玉露，为一件事情被婆婆谢氏说了几句，一时想不开，便找了根绳子上吊死了。九日后，也许是因为丧失两个儿子悲伤过度，海瑞的妻子王氏也在夜间离开了人世。

亲人的不幸离去，让海瑞倍感悲伤。不久，小妾兰兰给他生了个儿子，海瑞给他取名中期。这个儿子的出生，算是让海瑞得到了一丝宽慰。

隆庆三年春，隆庆皇帝听从吏部建议，又将海瑞调回北京任通政使司正四品右通政，负责提督誊黄，也就是替皇上管理和督察下发的诏书。

海瑞官品没变，只是换了一个地方，仍是一个没有实权的闲职。

海瑞觉得皇上真是不想让他干事了，于是又上奏隆庆皇帝请求回老家海南养老，但隆庆皇帝没有准奏。海瑞不敢抗命，只好快快不乐地到京城去上任，并把一家老小都带到京城。

- 4 -

南方气候较为温暖，海瑞母亲在南方生活惯了，来北方很不适应，觉得这儿的气候实在是太寒冷，加之海瑞在官场上又不顺心，来了不久便不想在京城住了。

一日，她对海瑞说："瑞儿，你还是把我送回海南老家去吧，这儿的气候实在是太寒冷，娘受不了。"

海瑞心里明白，母亲是见自己在官场上连连受挫，心情不好，便说："娘，您都八十多岁的人了，您回老家没有人照料，孩儿咋能放心让您回去呢？您和我们住在一起，好歹还能有人照料您啊！"

谢氏说："那儿不是还有我的侄男侄女吗？你放心吧，娘回去了他们会来照料的，不用你操多大心。"

"就算是有他们照料，可您这么大岁数了，万一有个病什么的，路途这么遥远，到时候您叫孩儿怎么办呀？娘，您还是不回去为好！"海瑞竭力劝说母亲。

谢氏有些生气，说："瑞儿，娘不是说了吗？这北京城的气候实在是太寒冷，娘受不了，海南那边的气候要暖和些，娘回老家好过一点！"

海瑞的小妾兰兰也劝她："娘，您还是别回去，和我们在一起，我们也好照料您，您都这么大年纪了，一个人回去老家哪行呀？"

"是啊，老夫人，您就别回去了！"仆人海安也来劝说。

谢氏固执地说："你们都不用劝了，我一定要回去，你们找人送我就行了，说这么多做啥呀？我又不是三岁小孩！"

"老夫人，大家都是一番好意！"海安说。

谢氏说："这我知道，可你们也别再留我了，我真是受不了这儿的气候！"

见劝不住母亲，海瑞只好说："既然娘执意要回海南老家，那孩儿也没办法。好吧，待两日我将手上的活做完了，我和海安送您回去。"

"你最好快些！"谢氏生怕海瑞不送她回老家。

海瑞是个大孝子，赶紧："娘，我会的。"

两日后，海瑞和海安将谢氏送往海南琼山县老家。

路途中，谢氏对海瑞说："瑞儿，你都是五十多岁的人了，娘有句话不得不说。"

"娘，您说，孩儿听着就是。"海瑞应道。

"娘也听人说了，那嘉靖皇帝的确是有些混账，你上奏责骂他，娘觉得你做得对。但娘也知道，这官场是个大染缸，什么人都有，有的时候啊，你不害人家人家也要害你。娘就是想提醒你，以后做事得好生掂量掂量，你看你，虽说责骂嘉靖那昏君也是应该的，但……但我们一家付出的代价也太大了。要不是他嘉靖驾崩新皇即位，你怕是连命都没了啊！"

"娘的话孩儿记住了！"海瑞怕母亲伤心，赶紧说。

海安接过话："老夫人说得对，老爷，日后不管做啥事，真得好好掂量掂量，要不然太吃亏了。就拿您责骂嘉靖先帝来说，我和汪熙也劝说过老爷，可老爷您……"

"海安，你别说了，我做事自有分寸。"听海安这么说，海瑞有些不高兴。

第25章 卷入争斗

海安说："老爷，我这不过是一点建议，您别计较。"

"我知道！"海瑞说。

谢氏说："娘知道你的性格，见不惯官场上那些龌龊事，但娘要说你，有些事该忍还得忍，不能由着性子来。唉，娘这一回海南啊，不知道啥时候才能见到你们，也不知道日后会出啥事！"

"娘放心就是，我会记住您说的话，孩儿都五十多岁的人了，自己的事情自己会处理，娘也不用担心。"海瑞说。

"你妻子也离开人世，还有那玉露，娘不就说她几句吗，咋就也……唉，这事也怪娘！"谢氏抹了把眼泪。

见母亲伤心，海瑞赶紧安慰她："娘，她们都去了，您老人家也不用伤心，保重自己的身子要紧。"

"是啊，老夫人，保重身子才是主要的！"海安也说。

谢氏不停地流泪。

到了海南琼山老家，海瑞拿了些银子给母亲，并给侄儿侄女们交待了一番，希望他们帮忙照料好母亲。

侄儿侄女们叫他放心，他们会尽力照顾好她。

"娘，孩儿得走了！"海瑞跪着对母亲说。

谢氏说："娘知道你还有不少事情要做，你就去吧！"

"娘，那您多保重，我们走了！"海瑞起身准备离去。

"老夫人，那我们走了！"海安也向谢氏告别。

"你们去吧！"谢氏说，"哦，海安，老爷忙，汪熙老了做不了事，你和兰兰在家要多费点心啊！"

海安赶紧说："放心吧，老夫人，我们会的！"

安顿好母亲，海瑞和仆人海安又急忙往京城赶。

回到京城后，海瑞想：反正一天也是闲着，不如把自己几年来撰写的文稿翻出来整理一下，将它们编辑成册以备用。

于是，海瑞把他几年来撰写的文稿翻出来，仔细校对一番，将它们编辑成册，取名《备忘集》，并刻印出来以备日后之用。

— 5 —

谁都想不到，高拱还会打回来。

隆庆二年十二月，吏部尚书杨博致仕还乡，次辅张居正和大太监李芳奏请皇上，建议他重新起用高拱，让他回内阁做事。

当时隆庆皇帝本就不想让高拱走，见有人奏请让他回内阁，也就顺水推舟准奏，并让高拱重新回内阁任次辅一职。

回到内阁的高拱得寸进尺，奏请皇上把吏部尚书这个位置赐给他。

高拱本是隆庆皇帝的老师，上次不得已离开内阁，隆庆皇帝就舍不得他走，加上事前高拱在陈洪、滕祥和孟冲三人身上下了些"猛药"，这三人在隆庆皇帝面前添把火，隆庆皇帝想都不想就答应了他的请求。

高拱重返朝廷内阁，而且还兼任吏部尚书，海瑞没想到，徐阶也没有想到。

先前弹劾高拱的胡应嘉，听闻高拱又回到了朝廷内阁，吓得七窍出血，一下子昏倒在地，不久一命乌呼。而欧阳一敬呢，也知道自己的末日到了，请求解官回乡。

隆庆皇帝知道欧阳一敬和高拱是死对头，而且高拱就是因他和胡应嘉等言官的弹劾，才不得不致仕回乡，这下高拱重回内阁，肯定不会饶了他，怕到时引来新的麻烦，也准了他的奏。

欧阳一敬在归途中郁郁而死。

胡应嘉和欧阳一敬的死，让弹劾过高拱的言官们人心惶惶，生怕一夜醒来就被高拱派人抓去折磨至死。

高拱为人狡诈，他虽然恨这些言官，但他不会一上来就向他们讨债，他知道和这些言官斗得讲究方式。

为缓解紧张气氛，也为了笼络人心，高拱通过自己的门生和心腹对外放话要安抚这些言官，说徐阶昔日对他也是有恩的，后来是因为一些小事才导致他们不和，他不会怨恨徐阶，更不会怨恨大家，大家也不用紧张。他还放出话，说自己已经作了反省，会改变自己过去的一些不好的做法，与大家齐心协力辅佐皇上治理朝政。

言官们见他言之凿凿，颇为大度，心里稍安了一些。

徐阶致仕回乡后，次辅李春芳接任首辅一职。

李春芳为人宽厚，做事特别小心，缺少做首辅的气魄和能力，而高拱仗着自己是皇上心腹，又犯了老毛病，根本不把李春芳放在眼里，说话做事很是张扬，内阁的事几乎都是他说了算，他倒像是首辅，李春芳是次辅。

　　李春芳心里也很清楚，高拱已经架空了自己，虽说自己是内阁首辅，但其实就是个摆设。

　　李春芳便接二连三地向隆庆皇帝请求辞职，可隆庆皇帝一直没准奏。

第26章 外放应天

海瑞想：都察院右佥都御史这个职位本身就很重要，是许多人可望而不可及的，更何况还要挂任总督粮储、提督军务，巡抚素有"鱼米之乡"称号的江南十一个府州，这已是权倾朝野的钦差大臣，皇上这么信任自己，还有啥可讨价还价的呢？

- 1 -

六月，京城的天气很不错，蓝天白云，气候温和。

十四日下午，隆庆皇帝对伺候在身边的近侍太监说："去把户部尚书张守直给朕叫来，江南的税收去年收不上来，朕要问问他是怎么回事。"

"是！"近侍太监应道，然后转身去安排人到户部知会尚书张守直。

"张大人，皇上有请！"到了户部，近侍太监安排来传话的人告诉张守直。

听说皇上有事找自己，张守直赶紧跟着来传话的人往宫里赶。

"皇上找我有啥事啊？"张守直边走边问来传话的人。

来传话的人告诉他："好像是有关江南一带税收的事吧！"

张守直心想，江南的赋税去年一点也收不上来，皇上这会儿是不是要拿自己问责？身为朝廷户部尚书，掌管着全国的财政预算和税收，自己要做的事情就是开源节流，确保朝廷财政开支，可这江南的赋税收不上来，朝廷用度又大，财政一度出现亏空，要说自己没有责任那是不可能的。可去年江南一带出现水灾，庄稼要么被水淹，要么被大水冲走，老百姓没粮没钱，甚至连肚子都填不饱，叫他们拿什么来缴纳赋税？

想着想着人已经进了宫，张守直问隆庆皇帝："皇上，有事要给微臣交待？"

隆庆皇帝板着脸，不高兴地问："张爱卿，去年江南的赋税一点也收不上来，你给朕说说这是怎么回事。"

见皇上很不高兴，张守直小心翼翼地禀报："启禀皇上，微臣前些日已去调查过了，去年江南的应天、常州、苏州、松江、安庆一带发生水灾，水患非常严重，老百姓种的庄稼要么被水淹，要么被大水冲走，有的人家颗粒无收，连吃的粮食都没有。有的老百姓的土地被当地地主豪绅兼并，就算是有点收成，缴纳了地主家的租子已是所剩无几，加上地方官吏又层层盘剥，老百姓根本就没有赋税上缴朝廷。不仅如此，不少老百姓因为饥荒都往外地逃生去了，当地房屋十室九空，没多少人家了，所以这税就……"

"所以这税就收不上来，是不是？"隆庆皇帝逼视着张守直。

"是……是的！"张守直不敢抬头。

"既是如此，为何不早报给朕？"隆庆皇帝这才知道江南发生了水灾。

见皇上埋怨自己，张守直低着头说："微臣是想等把情况收齐了再禀报皇上。"

隆庆皇帝说："现在朝廷国库亏空如此大，前方戚继光他们又在催要军饷，你叫朕如何是好？你说你这个户部尚书是咋当的？"

"微臣知罪！"张守直赶紧给隆庆皇帝叩头赔罪。

停了一下，隆庆皇帝问他："这事总不能这样拖下去吧？依你之见，这事该咋办？"

"微臣建议皇上派个能力强点的人去巡抚江南，一来治理水患，二来整治一下那儿的吏治，也许这样能缓解一下赋税收不上来的情况，不知皇上意下如何？"张守直说。

隆庆皇帝抚弄着下巴想了一下，说："行，明日下午朕叫内阁的人来议一下，听听他们是何意见，然后再定夺。"

"皇上英明！"张守直赶紧说道。

隆庆皇帝说："到时候你也要来参加！"

"微臣一定到！"张守直回话。

隆庆皇帝说："你先回去吧。"

"微臣告退。"张守直退下。

次日下午，隆庆皇帝将内阁的首辅李春芳、次辅陈以勤、张居正和吏部尚书张守直等人叫到跟前。

李春芳小心翼翼地问隆庆皇帝："皇上，叫微臣们来，有何事要吩咐？"

隆庆皇帝说："你们先坐下，朕今日找你们来，是有个事想跟大家议一议。"

"谢皇上！"李春芳给隆庆皇帝行礼，然后找个位置坐下。

次辅陈以勤、张居正和吏部尚书张守直等人也分别上前给隆庆皇帝行礼，然后各自找座位坐下。

隆庆皇帝告诉他们:"去年,江南各地的税赋收不上来,朝廷财政亏空过大,朕不知道是何原因,昨日朕召见了户部的张爱卿,他告诉朕,是因为去年江南应天、苏州、常州、松江、安庆、池州、广德一带水患严重,灾害不断,老百姓死的死逃的逃,惨境凄凉。朕还听说,那儿不少官员贪墨成风吏治腐败,一些官员与商家勾结贪赃枉法,甚至强占民众土地欺压民众,百姓怨声载道……"

"皇上的意思是……"李春芳试探性地问隆庆皇帝。

隆庆皇帝反问道:"朕想派个既正直又能够办事的人去巡抚江南十府,你们能否给朕推荐一个合适的人选?"

李春芳抚弄着下巴,若有所思地说:"近年来应天一带是有些乱,水灾也的确不少,这微臣也听说过,皇上是应该派个人去这些地方巡抚一下,尽快扭转这个不利局面。至于选派谁去最为适宜,微臣还没想过这个事,容微臣想想。"

隆庆皇帝说道:"各位爱卿帮朕好好筛查一下,看吏、户、礼、工这些衙门有没有合适人选,若有,可从这些部门去挑选,若是没有,各省那些既清正廉明又勤政的地方官员也可以提拔上来使用。"

"哎,皇上这一提醒,微臣倒想起一个人来,不知皇上满不满意?"张守直卖了个关子。

隆庆皇帝说:"张爱卿,你就不要在朕的面前卖关子了,你要是觉得谁能担此重任,就直接说出来!"

见隆庆皇帝这么说,张守直赶紧说:"微臣不敢!"

"哎,这有何不敢的呢?"隆庆皇帝说。

张守直低着头说:"这个人皇上不是太喜欢。"

"谁啊?你还没说出来,怎么就知道朕不喜欢呢?"隆庆皇帝笑着说。

张守直说:"微臣要推荐的这个人,是四年前买棺材上疏先帝,被先帝打入死牢,后因皇上隆恩大开,大赦其罪,才得以出狱并官复云南清吏司主事、现任通正使司右通政的海瑞。"

"你说的是他?"隆庆皇帝一惊。

听了张守直的话,李春芳、陈以勤、张居正也吃惊不小,一齐将眼光投射到他身上。

"皇上恕罪,都怪微臣老眼昏花,不识能人!"见隆庆皇帝这副表情,张守直一惊，以为他要降罪给自己，赶紧上前叩头请罪。

隆庆皇帝见他吓成那样，赶紧笑着说："张爱卿，快起来，朕没有怪罪你的意思！"

"谢皇上隆恩！"张守直这才抹了把头上的冷汗，起身回到自己的位置上坐下。

隆庆皇帝说："你说的这个海瑞朕知道，此人是个直脾气，从他买棺材上奏先帝这事来看，倒不失一位敢言敢做的人。唉，说句实话，能有如此胆略和担当的人，如今朝上怕是不多了！"

"皇上说得极是，此人不但有能力而且很正直，微臣听闻此人在福建南平任教谕时就得了个'海笔架'的外号。"内阁首辅李春芳应道。

"'海笔架'？这是怎么回事，说来给朕听听！"隆庆皇帝好奇地看着李春芳。

李春芳说："皇上，事情是这样的，那年，福建延平府知府到南平县县学视察教育，海瑞在那儿做教谕，他的手下都建议他去城外接一下知府，他不去，说但凡上级有官员来县学视察，大家一律到县学明伦堂去见他们，不用去外边接。然后，他叫县学的训导、教官和生员都到明伦堂集中等候知府等人的到来。延平府知府带着延平府同知等一帮官员到后，众教官和生员赶紧齐唰唰地跪成一片。站在海瑞左右两旁的两位训导也跟着大家一齐跪下，唯独海瑞站着。他微微躬了下身子，双手作揖，对知府和其他官员说，县学教谕海瑞迎见知府及各位大人。先前有两位训导站在他身边还不觉得，两位训导跪下后，他一个人立在那儿就非常打眼。知府见他没跪下，问他为何不下跪，他和知府论理，弄得这知府很不自在。知府倒没说什么，可他身边的同知却愤愤不平地对知府说，你看他那熊样，立在那儿就像个山笔架。这之后，他这个海笔架的外号就在延平府和其他地方传开了。"

"哦，还有这回事！"听了李春芳的话，隆庆皇帝忍不住笑起来。

李春芳又说："正因为此人是个直性子，在地方上做官时得罪了不少人。"

"都得罪了哪些人啊？"隆庆皇帝问。

李春芳告诉他："比如，原来的巡盐御史鄢懋卿、袁淳，还有致仕还乡的兵部尚书张鏊等一些官员。除了这些，他在整顿地方吏治时也触及了地方上一些官员和士大夫的利益，得罪的人也不少。但这人在地方上做官时替老百姓做了不少实事，老百姓很是喜欢他，每在一地要离任，老百姓都哭着挽留他不让他走。"

"是啊，如今官场风气不好，像他这样真正为朝廷做事的良臣是不太多！"隆庆皇帝感慨万千。

李春芳劝说隆庆皇帝："皇上，像他这种人就应该提拔重用，让他多为朝廷出些力啊！"

"李爱卿说得对，像这样的人就该提拔重用，要不然大臣们会心寒的。"隆庆皇帝说。

李春芳赶紧说："皇上英明，皇上能这样想，我大明王朝不怕不兴旺！"

"陈爱卿，你觉得呢？"隆庆皇帝看着陈以勤。

陈以勤对海瑞这人不怎么感兴趣，本不想表什么态，见皇上点名，不得不说。他见皇上有委派海瑞作为钦差去巡抚江南的想法，觉得这个时候站出来反对不是好事，再说自己和海瑞也没什么厉害冲突，没必要得罪他，不如做个顺水人情，于是赶紧上前回隆庆皇帝的话："微臣没什么意见！"

"张爱卿呢？"隆庆皇帝问张居正。

"臣遵从皇上旨意！"张居正赶紧回答。对海瑞，张居正虽说有些看法，但他觉得，此时江南的确需要他这样的人，也就没多说。

"你马上打发人去通政使司把海瑞给朕叫来，朕要与他细谈！"隆庆皇帝对近侍太监说。

"遵命！"近侍太监说完，出去打发人通知海瑞。

近侍太监出去后，隆庆皇帝在想，让海瑞去巡抚江南应天十府，他一个正四品通政使司右通政能行吗？地方上那些官员会不会不买他账？转念一想，他是代朕去巡抚，他的话就是朕的话，谁敢不听？

恰在这时张守直开口了，他向隆庆皇帝禀报："皇上，这海瑞是有些能力，但江南那地方情况复杂，这皇上是知道的，就他那个正四品通政使司右通政，他去了镇得住地方上那些官员吗？微臣觉得，是不是给他……"

"你说得有道理，朕也在想这个问题。不过，朕心中有数，等他来了再说吧。"隆庆皇帝说。

张守直退回座位上。

李春芳也有这个想法，但张守直抢先说了，而且皇上也说他心中有数，知道这事皇上会考虑，也就不再提。

- 2 -

不一会儿，海瑞来了。

"启禀皇上，海瑞已经带到！"去通正使司通知海瑞的人，进来禀报。

隆庆皇帝说："叫他进来！"

"是！"

"皇上，叫微臣来有何吩咐？"海瑞叩问隆庆皇帝。

隆庆皇帝微笑着说："坐下朕给你说！"

"谢皇上！"海瑞向隆庆皇帝谢恩，然后在一张椅子上坐下。

"你就是那个买棺材上奏先帝的海瑞？"隆庆皇帝问海瑞。

海瑞不知他问这话是啥意思，赶紧上前下跪，低头说："启禀皇上，正是罪臣！"

"起来，起来。"隆庆皇帝笑着说。

"谢皇上！"海瑞起身回到座位上。

李春芳等人也吃了一惊，还以为隆庆皇帝要处置海瑞，见他这么说海瑞，才松了口气。

隆庆皇帝笑着问海瑞："在通政使司怎么样？"

"承蒙皇上牵挂，说实在的，皇上，微臣并不是很开心。"海瑞实话实说。

听了海瑞的话，李春芳、陈以勤、张居正和张守直等人的心一下子又悬了起来：这海瑞，怎敢在皇上面前说这话呢？你三番五次惹皇上生气，是不是想再次进天牢？

几人都把目光集中到隆庆皇帝身上，看他怎么处置海瑞。再一看海瑞，却一副若无其事的样子。

"不是很开心？给朕说说，有啥不开心的？"隆庆皇帝仍笑着问海瑞。

李春芳、陈以勤、张居正、张守直又一齐看向海瑞，他们不知道这个愣头青还会吐出什么惹祸的话来。

海瑞对皇上说："微臣觉得，在那儿一天没多少事干，闲得太无聊！"

"原来是这为事啊？"隆庆皇帝面带微笑。

海瑞说："嗯，就是这事！"

听他这么说，李春芳、陈以勤、张居正和张守直等人悬着的心这才放了下来。

隆庆皇帝扫了众人一眼，接着问海瑞："朕今日找你来，就是要找事给你干，不知你可否愿意？"

"请皇上吩咐，海瑞愿为皇上和朝廷效劳！"听说皇上要找事给自己做，海瑞非常高兴，赶紧向他表态。

隆庆皇帝告诉他："你的情况，刚才李阁老已经跟朕说了，朕知道你为人正直，一身正气，朕也知道你很有能力，在地方上为官能够造福一方，深受当地百姓喜爱，实属难得！"

"承蒙皇上夸奖，微臣做得不够，有许多事情还没替老百姓做，实在是对不起百姓，更对不起朝廷和皇上，微臣寻思着，皇上要是哪日能再让微臣去替老百姓做些事，那该多好！"海瑞既谦虚又向隆庆皇帝道出了自己的意愿。

一旁的李春芳看着隆庆皇帝微笑。

隆庆皇帝也看着他微笑。

隆庆皇帝问海瑞："你真是这么想的？"

"微臣不敢撒谎，刚才所述句句是实！"海瑞一脸诚实。

隆庆皇帝告诉他："朕接到下面来报，说江南应天十府水患连年，地方上吏治腐败，一些官员与商家勾结贪赃枉法，还有些官员强占百姓土地欺压百姓，民怨极大。不仅如此，那儿的税赋也收不上来，严重影响了朝廷财力，朝廷财政亏空极大。昨日户部尚书张守直给朕建议，派一个既有能力又清正廉洁的人去那儿巡抚，张爱卿向朕竭力推荐你，刚才朕又征求了一下内阁和户部的意见，大家一致同意派你去，朕觉得你也很合适，想派你代朕巡抚江南应天十府，不知你是否愿意前往？"

"微臣生为朝廷的人，死为朝廷的鬼，皇上尽管吩咐便是，微臣万死不辞！"海瑞慷慨激昂。

见海瑞有如此雄心，隆庆皇帝非常高兴，对他说："好，朕要的就是你这句话！"

"不过……"海瑞有些难为情。

隆庆皇帝见他欲言又止，便说："海爱卿，有什么话直说无妨。"

海瑞看着隆庆皇帝："皇上，那微臣就直说了。不过微臣事先声明，微臣可不是向皇上讨要官职！"

"嗯，你说吧！"

"此去江南巡抚应天十府，责任重大，江南高官云集，微臣这等级别怕是镇不住那儿的官员啊！"

"朕现在就任命你为都察院右佥都御史，到江南巡抚应天、苏州、常州、镇江、松江、徽州、天平、宁国、安庆、池州等十府及广德州，替朕总督粮储、提督军务和督察百官。"

旋即，隆庆皇帝又说，"你的官阶已是正四品了，而且此去江南巡抚，你是代朕去的，你的话就是朕的话，他们不敢不听！"

海瑞想：都察院右佥都御史这个职位本身就很重要，是许多人可望而不可及的，更何况还要挂任总督粮储、提督军务，巡抚素有"鱼米之乡"称号的江南十一个府州，这已是权倾朝野的钦差大臣，皇上这么信任自己，还有啥可讨价还价的呢？

"谢皇上隆恩，吾皇万岁，万岁，万万岁！"海瑞赶紧上前跪谢皇恩。

"吾皇万岁，万岁，万万岁！"

李春芳、陈以勤、张居正和张守直等人也赶紧叩谢隆庆皇帝。

"都起来吧！"隆庆皇帝说。

海瑞等人起身回到座位上。

首辅李春芳语重心长地对海瑞说："海大人，你这次代皇上巡抚江南，肩上责任重大，你要多花些心思，做出些成效，切莫辜负了皇上和朝廷的一番期望！"

"请李阁老放心，海瑞定会尽力！"海瑞说。

"李阁老说得对，海大人，此去江南巡抚，虽说困难不少，但你一定要想办法克服，绝不能让皇上和大家失望！"陈以勤也说。

海瑞说："请大家放心，海瑞一定不会让皇上和大家失望！"

张居正说："海大人有此决心，实在是难能可贵。不过，正如刚才两位阁老说的，此去江南巡抚，困难重重，你得多花些心思，遇事要三思而后行，绝不能莽撞行事，如若莽撞行事，不但事做不成，还会给朝廷和皇上带来麻烦。再说，对你也不利啊！"

张守直也说："是啊，海大人，此次去江南，困难的确不少，你一定要有心理准备，免得到时候乱了方寸！"

"张阁老和张尚书的话，海瑞谨记就是！"海瑞见张居正和张守直这么说，赶紧回他们的话。

"皇上，微臣何时起程？"见自己又能去地方上为老百姓做事了，海瑞有些急不可待。

见他这么急，张居正说："皇上连诏书都还没下，你急个啥？"

被张居正这么一说，海瑞感觉很尴尬。

隆庆皇帝说："事情虽然紧急，但也不急在这一时。待朕下诏了，你即刻启程。"

"微臣遵命！"海瑞向皇上拱手行礼。

隆庆皇帝吩咐李春芳："李爱卿，你赶紧命人起草文书，先把海大人下去巡抚的文书下发到江南各地，让当地的官员都知晓，海大人下去后才好替朕巡抚。"

"微臣遵命，微臣会抓紧办这事！"李春芳应道。

"好吧，你们都下去吧。"隆庆皇帝对李春芳、陈以勤、张居正、张守直和海瑞说。

众臣告别隆庆皇帝，走出宫。

– 3 –

从宫里出来，海瑞直接回家。

路上，海瑞在想，此次代皇上去江南十地巡抚、总督粮储和提督军务，对自己的仕途来说是件好事，但任务艰巨，风险也不小。听闻江南十府是产粮之地、富庶之乡，商贾云集，可那儿不少官员和地主豪绅与京城里的官员有着千丝万缕的关系，人际关系极为复杂，稍不小心就有可能出差错……

想着想着，不知不觉到了家门口。院子的门虚掩着，海瑞轻轻推开走进来。

小妾兰兰正在池子边洗菜，见他回来了，与他打招呼："老爷，您回来了！"

兰兰虽然和海瑞同床共眠，而且给他生了个孩子，但她毕竟是海瑞纳的小妾，不是明媒正娶的妻子，所以她对海瑞不称夫君，和海安、汪熙一样称他老爷。

海瑞"嗯"了一声，随后问她："海安呢？"

兰兰说他在屋里。

海瑞说："赶紧做饭，吃了赶紧收拾东西！"

"怎么啦？老爷！"兰兰边洗菜边问。

海瑞告诉她："我们得挪地儿了。"

"为啥啊，老爷？我们不是刚从南京来到京城吗？咋又要挪地儿了？"兰兰有些不明白。

海瑞告诉她："下午皇上把我叫去，说要我代他去江南十地巡抚，我们得搬到苏州去住。"

"是这样啊！"兰兰说。

"你快去叫海安，叫他帮你做饭！"海瑞说，然后去书房收拾东西。

"好的，老爷！"兰兰说完端着洗好的菜进屋，然后朝另一间屋子叫道："海安！"

"有啥事啊，夫人？"海安听到兰兰在叫自己，在屋里问。

兰兰说："老爷回来了，你赶紧过来帮忙做饭。"

"好的！马上就来！"海安回答。

厨房里，兰兰和海安二人在忙着做饭。兰兰在灶上切菜，海安在帮她烧火。

"老爷说马上要搬家！"兰兰边切菜边告诉海安。

"你说啥？我们要搬家？"海安以为是自己的耳朵出了问题，停下手上往灶堂里塞的柴草吃惊地问。

"是啊，我们马上要搬家了！"兰兰边切菜边回答海安。

海安问："咱们才回北京多久呀，咋又要搬家了？"

"老爷要去外地任职。"兰兰把切好的菜放进锅里，边翻炒边告诉海安。

海安问搬去哪儿。

"江苏苏州。"兰兰说，"老爷说了，他要代皇上去巡抚江南十地，住苏州城里。"

海安问这是什么时候的事。

"老爷刚才进屋的时候说的，他叫咱们赶紧做饭，说吃了好做事，我估计是要收拾东西吧！"

"老爷说哪天走？"

"他没说，估计就这几日。"

菜饭做好了，海安去书房请海瑞出来吃饭。

老仆人汪熙也来了。

兰兰将儿子抱在腿上，边吃边给他喂饭。

"老爷，听夫人说我们马上又要搬家了？"海安问海瑞。

海瑞说："今日下午皇上把我召进宫里，任命我为都察院佥都御史，要我代他去江南十地巡抚，总督粮储和提督军务，住苏州城里，这家不搬不行啊！"

"代皇上巡抚江南十地，总督粮储和提督军务，这可是钦差大臣，好啊，我们家老爷升官了，这是大喜事！"海安高兴得合不拢嘴。

"祝贺老爷！"听海安这么说，小妾兰兰也很高兴。

"好啊，老爷，这下您终于熬出头了！"汪熙也祝贺老爷。

海瑞说："不就是代皇上去巡抚江南吗，这有啥稀奇的？再说，去那儿也不一定是好事儿！"

"是倒是这样，但比在京城那些衙门闲着好啊，您说是不是，老爷？"海安说。

海瑞说："到哪儿都得由朝廷安排，由不得自己，皇上叫去就去吧，没办法！"

"真替老爷高兴！"兰兰一脸喜气。

海安突然问："哦，老爷，我们去苏州了那老夫人呢？是不是该接她来一起住了？"

兰兰也说："是啊，苏州的气候不像北京，要暖和得多，我想娘她一定会同意来和我们一起住的。"

"等我们先去苏州城里安顿好了，再去接她老人家！"海瑞告诉海安和兰兰。

好长时间没见到老夫人了，听说老爷要接她来苏州一起住，海安非常高兴。

海瑞说："好了好了，都别说了！吃饭，吃了饭赶紧收拾东西，到时候好搬家，皇上只给我五天时间，五天后就得启程！"

"好，吃饭吃饭！"海安也说。

吃过晚饭，海瑞叫海安和小妾兰兰赶紧收拾衣物，他自己回到书房理整他平时的书稿，到时好带走。

七月七日，皇上的诏书终于下了。

送诏书的人告知海瑞，皇上说了，五日时间一到，要他即刻赶往苏州。

次日，海安正在打扫院子，突然听到门外有人敲门，便赶紧去开门。

"哟，是您啊，王大人？快进屋里来坐！"门一开，见是王弘诲，海安赶紧招呼他进屋，然后朝屋里喊道，"老爷，王大人来了！"

"什么？王大人来了？"听到海安在院子里喊，海瑞赶紧走出屋来。

"哟，是弘诲啊！"见到王弘诲，海瑞赶忙将他迎进屋。

"恭贺！恭贺！恭贺海大人荣升江南巡抚！"王弘诲笑着给海瑞道贺。

进了屋，海瑞问他："今日没去衙门？"

"听说海大人要去巡抚江南，怕日后见面的日子不多，所以特地来见一下海大人啊！"王弘诲笑着说。

海瑞赶紧向他道谢："感谢你有这番心意！"

"这是晚生应该做的，海大人不用客气！"王弘诲说。

"来，王大人，喝茶！"海安端着泡好的茶水递给王弘诲。

"好，谢谢！"王弘诲接过茶，问海瑞，"何时启程？"

海安把茶杯递给海瑞。

"还有四天。"海瑞告诉王弘诲。

"这么急啊？"

"皇上说给我五天时间准备！"

"海大人做事就是这么雷厉风行，真是令晚生佩服！"王弘诲夸道。

这时，又有人敲门。

海安赶紧去开门。

"哟，徐大人，您也来了啊？"见徐廷绶也来了，海安笑着说。

听海安这么说，徐廷绶说："怎么？莫非已经有人来了？"

"王弘诲大人已经来了，正在屋里和我们家老爷聊着呢！"海安告诉他。

"哦，他还抢我先了！"徐廷绶笑着说。

海安赶紧招呼他："快进屋去坐！"

"你怎么来也不约一下我？"进了屋，徐廷绶笑着说王弘诲。

王弘诲说："不知道徐大人要来，要不早约你了！"

"好好好，都坐下吧！"海瑞说。

"恭喜啊，海大人，恭喜您荣升江南巡抚！"徐廷绶朝海瑞抱拳行恭贺礼。

"谢谢，谢谢！"海瑞笑着拱手回礼。

然后三人坐了下来。

徐廷绶对海瑞说："哎，我真不明白，皇上这下怎么想通了，命您为都察院金都御史，还让您代他去江南十地巡抚，总督储粮和提督军务！"

"是啊，我也很纳闷这事！"王弘海接过话。

见他们这么说，海瑞笑着说："哎，不过是代皇上去巡抚江南，替他做事罢了，没啥稀奇的！"

"这可是钦差大臣、封疆大吏，官不小啊，海大人！"徐廷绶对海瑞说。

王弘海也说："是啊，这是见官大一级，替皇上代言的钦差啊！"

"不过，海大人，我听说那些地方很复杂，大人去了可得小心一些！"徐廷绶提醒海瑞。

王弘海说："这也没啥可怕的，海大人去是代皇上巡抚，说穿了是替皇上代言，他的话就是皇上的话，没谁敢不听！"

"小心使得万年船，那个地方的确人际关系复杂，还是小心些为好！"徐廷绶说。

"谢谢两位提醒和关心，我注意点就是！"海瑞说。

徐廷绶问何时启程。海瑞告诉他，还有四天就走。

"到时候我来送送您！"徐廷绶说。

"我也来！"王弘扬海也说。

海瑞说："心意我领了，你们忙就不用送了！"

王弘海说："再忙也得来送送您呀！"

"是的，再忙我们都要来送你！"徐廷绶说。

三人聊了很长时间，王弘海见时间不早了，便和徐廷绶告辞。

"那好，我送你们出去。"海瑞和他二人走出屋子。

— 4 —

"你们听说了吗？海瑞马上就要来咱们这儿代皇上巡抚了！"

"什么？这活阎王要来应天？"

"这个灾星一来，恐怕咱们的日子就不好过喽！"

……

海瑞要到江南十府代皇上巡抚，并总督粮储、提督军务、督察百官的消息，像一枚炸弹丢到了江南十府，苏州、常州、镇江、松江、池州等地，大街小巷都在传递着海瑞要来巡抚的消息。

海瑞的官声早已在外，听说他要来江南巡抚，江南的老百姓翘首以盼，希望他这个清官能来整治一下这儿的贪官污吏。

老百姓欢迎海瑞，可有人不欢迎海瑞，比如那些贪赃枉法的官员，还有那些敲诈勒索欺压百姓的土豪劣绅。

一时间，江南的官场犹如平地起惊雷，从省府到知府，从知府到县衙，但凡有污点的官员，均犹如惊弓之鸟、秋后蚂蚱，惶惶不可终日。

哼，惹不起躲得起，我死活不和你海瑞碰面，你也拿我没办法。于是，当地的一些官员辞官的辞官、辞职的辞职，一个个准备溜之大吉。

一些强占百姓田地的地主和土豪劣绅更是怕得如同丢了魂魄，但这些土财主宁愿丢命也不愿丢财，他们于是便想了一招，关闭门户不让海瑞进门，甚至有的大户人家怕海瑞来了找麻烦，赶紧找人将原先漆得油光锃亮的朱红大门胡乱弄些墨汁或脏水泼上去，故意将门弄得很陈旧的样子，让人看了觉得他家很穷很寒碜。

集镇的大街小巷，原先那些莺歌燕舞，富家公子云集的各种娱乐场所，也空无一人。平日里穿绸着缎的乡绅们，此时也纷纷换上了打了补丁的破衣烂衫，和街头要饭的叫化子没啥两样，但老百姓一看就知道他们是在装穷卖苦。

有一个朝廷派来巡察江南织造的宦官，往常出门耀武扬威，只要他一出门必须是八人抬的大轿，老百姓见了都骂他太招摇，这下听说海瑞要来当地代皇上巡抚，这位官员慌忙叫人将八抬大轿改为四抬，后来索性连轿子都不坐了，出门和老百姓一样靠两条腿走路。

一位朝廷派去镇守南京的太监，路过应天时还以为像以往一样，地方上会有人好酒好肉招待，走的时候还能顺便搜刮些银子，见地方上没人来接待他，这太监正要发脾气，有人告诉他，说海瑞马上就要到这儿来巡抚，地方上很多官员都不想干了，哪还有人来侍候你啊？这太监早就耳闻海瑞厉害，听了这人的话，赶紧带上手下溜走了。

这些官员、乡绅或大户人家，时时都是胆战心惊的，生怕哪一天海瑞就突然找上了他们家的门。

一些手眼通天的官员，上京城找吏部诉苦，请吏部将海瑞调去其他地方，不要让他来江南了。

吏部的人说这是皇上旨意，没人敢违抗。

- 5 -

一眨眼，五天时间就到了。

早晨，海瑞收拾好行装，带着小妾兰兰和儿子，还有仆人海安和汪熙，还是像他几年前到北京户部任主事一样，在院门口乘坐上轿蓬马车，准备往江苏苏州赶。

徐廷绶一大早就来为他送行，对他千叮咛万嘱咐，像是海瑞去了江南真要出什么大事一样。

海瑞笑着说："你放心就是，我会小心的。虽说那地方复杂，可我海瑞诏狱都进过，还怕他们那些人不成？"

徐廷绶说："海大人，话倒是这么说，但江南地域宽阔，又是富庶之地鱼米之乡，那儿来京城做官的人不少，地方上的那些官员和地主乡绅，与这些官员关系千丝万缕，绝不能掉以轻心！"

海瑞说："你的话我记住就是。京城这地方，官场更是微妙，你们自己也要多个心眼，平时该说的说不该说的不要乱说。"

二人惺惺相惜地说了半天，海瑞说他得走了。

"哎，那晚王弘诲不是说他要来送你的吗？咋不见他呢？"徐廷绶突然说。

"可能是有啥事来不了，没关系，到时候我们还会见面的。我还是那句话，京城这地方官场更微妙，你们自己也要多个心眼，保护好自己，有什么事多和弘诲商量！"海瑞语重心长地对徐廷绶说。

徐廷绶说："海大人放心，我们会注意的！"

"那我走了，你们多保重！"海瑞和徐廷绶告别。

"那你们慢……"

"海大人，等一等！"

徐廷绶话还没说完，突然听到有人朝这边大声喊道。

海瑞和徐廷绶、海安他们朝后边望去，不远处有一个人急匆匆地朝这边跑来。

"是弘海！"徐廷绶惊喜地说。

"那就等他一下吧！"海瑞说着跳下车来。

"对不起，海大人，有点事儿耽搁了！"来到海瑞的马车前，满头大汗的王弘诲气喘吁吁地对海瑞说。

徐廷绶说："我就说嘛，那晚说好的今日来送海大人，刚才我还问咋不见你呢。"

"不好意思，不好意思，我不是有意要来晚的！"王弘诲赶紧赔罪。

徐廷绶笑着说："你别误会，我不是这个意思！"

"我那晚不是说过吗，有事你们去忙你们的，就不要来送了！"海瑞对王弘诲说。

"说好了要来送，就一定要来送！"王弘诲一副信守诺言的样子。

"谢谢！谢谢你和廷绶能来送我们！"海瑞向王弘诲道谢。

王弘诲拉着海瑞的手叮嘱他："海大人，去到江南那地方一定要小心啊，那儿人际关系实在是太复杂，您去了千万要小心！"

"哈哈，这话刚才廷绶已经叮嘱过我了！你们也不用担心，我会注意的！"海瑞说道。

海瑞说："我刚才也跟廷绶说了，在京城，你们俩遇到事情要多商量，这京城比江南要复杂得多，人际之间的关系更微妙，得更加小心！"

"我俩会的，您放心去就是！"王弘诲说。

海瑞说："好，路程太远，我们得走了，你俩回去吧！"

徐廷绶说："送君千里终有一别，海大人，那你们走吧！"

"好，那我们走了！"

海瑞上车。

兰兰和海安跟徐廷绶和王弘诲挥手道别。

海安赶着马车，缓缓向前行进。

马车已经远去，王弘诲仍朝那边探望着。

徐廷绶见了，说："王大人，海大人的车已经远去，咱们回家吧！"

"好，我们回去！"王弘诲这才回过神来。

第27章 威震江南

"督抚大人,如今这苏州城之所以是这个样子,是……是因为本地的官员,还有那些乡绅、商贾和大户,他们听闻督抚大人一向做官严明,生怕大人来了找他们兴师问罪,只好辞官的辞官辞职的辞职,大多数商贾和乡绅,还有一些大户人家,关门的关门,外逃的外逃……"

— 1 —

"驾,驾!"

这次到江南巡抚十府,海瑞驻扎的是苏州城里的巡抚衙。出了京城,海安便赶着轿蓬马车马不停蹄地朝苏州进发。

海瑞本可以走水路,但他没走,他走的是陆路,从京城出发,经天津过保定,再经衡水、德州、济南、徐州、扬州、京口、南京,最后才到苏州。

不到半月,海瑞的轿蓬马车便出现在苏州城内。

看到这儿到处是一片萧条景象,海瑞觉得有些纳闷,便问赶车的海安:"哎,早就听闻苏州是鱼米之乡,商贾云集之地,风土人情极为浓厚,既是这样这儿应该是一片热闹非凡的景象才对呀,可你看眼前这光景,缘何如此凄凉啊?"

"我也觉得有些奇怪!"海安边赶车边应道。

这是为啥呢?莫非这儿也和自己当年到淳安、兴国时一个样,也是吏治腐败、赋税沉重、民不聊生?若是这样,那此次巡抚江南,自己肩上的担子就更重了。

海瑞心里掠过一层阴影。

走了一程路,海安说:"人们都说这苏州和杭州是天底下景色最美最热闹的地方,可眼前这光景与人们说的不大相称!"

"是有些不大相称。"海瑞接过话。

江南十府是经济最发达的地方,是大明王朝的东南财税区。就拿苏州府来说,朝廷每年大约十分之一的粮食和赋税都来自这里,除此之外常州、松江、杭州、嘉兴、湖州等几个州府，都是大明朝的粮袋子和钱袋子。

有道是天下乌鸦一般黑，江南十府虽说是风景秀丽的鱼米之乡，可这儿也并非人间天堂，这儿和其他地方一样，官场黑暗，官场上官员之间拉帮结派敲诈勒索时有发生。这儿的豪门富户多如牛毛，而且这些大户人家与北京城或南京城里的官员都有着千丝万缕的关系，人际关系盘根错节，往往是牵一发而动全身。

"找个地方把车停下！"海瑞瞥见路边有几个百姓模样的人站在那儿，便吩咐海安。

海安问："有事，老爷？"

海瑞告诉他，前边有几个人，他下去打听一下情况。

"吁！"海安喝吼着拉车的马，靠边找个地方把马车停下。

马车还未停稳，海瑞就跳下车朝路边那几个人走去。

见马车突然停了下来，车内的兰兰掀开帘子，伸出头来问："咋停下来了？"

海安告诉她："老爷说他下去打听点事。"

"哎，他去打听啥呀？"兰兰皱着眉不解地问。

海安说："老爷觉得这个地方很是凄凉，说他去问问到底是咋回事。"

"哦。"兰兰将头缩回车内。

海瑞来到那几个人旁边，客气地问："哎，兄弟们，有个事想向你们打听一下！"

"什么事啊？"一个穿短褂的中年男子见他一身官员打扮，不耐烦地问他。

海瑞笑着说："人们都说'天上有天堂，地上有苏杭'，这儿应该是很热闹的啊，可我咋觉得这么冷清呢？"

"哼，贪官敲诈，土豪盘剥，老百姓快活不下去了，许多人家都携儿带女地往外逃，你还指望它怎么热闹？我给你说，能看见人就算不错了！"穿短褂的中年男子一副气愤样。

旁边一个头戴瓜皮帽的老者附和："是啊，这年头，你能在这儿见着人就已经很不错了！"

"他俩说得对，到处是贪官污吏和土豪劣绅，这些人敲诈勒索、大肆盘剥，咱老百姓都被他们榨干了，加上年年水灾，老百姓活不下去，只能往外逃啊！"一个方脸男人告诉海瑞。

"原来是这样！"海瑞抚摸着下巴，醒悟般地说。他想，果真如自己揣摩的那样。

"哎，你们几位为何不逃走呢？"海瑞突然问他们。

"谁不想逃？但上有老下有小，咋逃？再说逃去哪儿呀？"穿短褂的中年男子说。

方脸男人摇头叹息："是啊，想逃也没法逃，只能是待在这儿，过一日算一日喽！"

从与他们的交谈中，海瑞明白了个大概，便与他们告别："好，谢谢几位，打搅了！"

"不用客气！"几个男子见他说话很温婉，不像其他官员，说话的语气才平和了些。

"走！"坐回马车上的海瑞吩咐海安。

到了苏州城里，海安问："往哪儿走，老爷？"

"先去趟苏州府，再去巡抚衙。"

"好的！"

"驾！"海安一扬鞭，马车往苏州府衙门方向奔去。

海瑞的轿蓬马车来到苏州府衙门前已是晌午。

海安停下马车，跳下来对守门的军士说："麻烦你进去通报一下，就说新任督抚海大人到了。"

"好，你们稍等，我马上进去禀报！"守门军士听说是新任督抚大人到了，赶紧进去通报。

报信的守门军士进去后，海瑞跳下车来，和海安站在一边等着。车内的兰兰见马车又停下了，掀开车帘，问："怎么又停下了？"

海安走过来告诉她："已经到了，夫人，下车吧！"

"原来是到了苏州城，我说怎么又停下来了呢！"兰兰说完，抱着儿子下车。

随后，老仆人汪熙也走下车来。

"张大人，新任督抚海大人到了！"守门军士向同知张年禀报。

"督抚大人到了？在哪儿？"张年问。

第27章 威震江南

知府郑瑜走的时候交待过张年,如若新的督抚来了他不在,一定要好生接待督抚大人。

守门军士告诉他:"在门外候着!"

"走走走,快去迎接督抚大人!"张年急忙叫上通判史平明、吏目伍龙玉随报信的守门军士往外走去。

张年和史平明、伍龙玉走出门来,见有一辆轿蓬马车停在那儿,旁边站着几个人,猜想是海瑞和他的家人,三人赶忙走上前去。

来到轿蓬马车前,张年见有一个穿官服的男人站在马车旁边,知道他就是海瑞,躬身笑着问道:"请问您就是新来的督抚海大人吧?"

"他就是从京城新来上任的督抚大人!"海瑞刚要说话,海安指着他告诉张年。

"不知督抚大人今日到来,下官有失远迎,请大人恕罪!"张年赶紧给海瑞拱手陪罪。

"你们是……"海瑞看着张年和史平明、伍龙玉。

张年赶紧说:"哦,我来介绍一下。我叫张年,是苏州府同知。"

然后指着史平明、伍龙玉二人:"他叫史平明,苏州府的通判;他叫伍龙玉,苏州府的吏目。"

"督抚大人到来,我等有失远迎,还望大人恕罪!"

"有失远迎,实在是对不起海大人!"

史平明、伍龙玉二人也赶紧跟着陪罪。

海瑞说:"不知者不为过,几位不必自责,再说本官也一向不主张到城外来迎接上面来的官员。"

一阵寒暄之后,海瑞一家子跟张年三人进入府里。

"郑大人呢?"海瑞边走边问张年。

张年说:"回督抚大人的话,郑知府昨日到松江府办事去了。"

"府里没接到本官要来巡抚的公函?"海瑞问他。

张年说:"接到了,郑知府和下官们等了好几日,见等不到督抚大人,又不知督抚大人何日到来,他便先去那边办点事。但他已经交待过下官,如若督抚大人您来了他不在,要下官好生接待大人。"

"原来是这样啊,没关系,郑大人不在府里,你们在也一样!"海瑞爽朗地说。

"谢督抚大人！"见海瑞善解人意，张年和史平明、伍龙玉三人很是感激。

- 2 -

一行人进了苏州府衙，张年吩咐手下人安排海瑞的家人到一旁休息，然后和史平明、伍龙玉带着海瑞来到他的衙署。

待大家坐下，一衙役把茶水端上来，海瑞问张年："本官曾经听说，这苏州府是个富庶无比、风光旖旎的鱼米之乡，就好比是天上人间，可在本官看来，这地方鸡不鸣狗不叫的，何等凄凉，哪有天上人间的景象啊？说它是天上人间，倒不如说它是死水一滩，你给本官说说，这到底是何原因啊？"

"这……这……"张年看了史平明、伍龙玉一眼，不知如何回答才好。

见海瑞问到这事，史平明和伍龙玉心里也替张年捏把汗，他俩怕说漏了嘴，不敢乱插话。

见张年说话吞吞吐吐，海瑞不耐烦地说："有啥说啥，吞吞吐吐地干啥啊？"

"督……督抚大人有所不知，正因为……正因为……"张年斜着眼瞟了海瑞一眼，不敢往下说。

海瑞冒火了，对他吼道："正因为什么？有什么话就说别磨磨叽叽的，又不是女人！"

见他发火了，张年这才壮着胆子说："正是因为督抚大人您来了，这才弄成这个样子的。"

"你说啥？是因为本官来了，苏州才弄成这个样子的？"海瑞以为是自己听错了。

"大家都这样认为。"张年低着头不敢看海瑞。

海瑞逼视着他，问道："你的意思是说，这儿本来是很繁荣热闹的，是因为本官来了这才变得如此萧条凄凉，是吗？"

"督抚大人，下官可没这么说！"张年看着海瑞。

海瑞说："你仔细说说，这到底是为何？"

"督抚大人，下官不敢隐瞒，如今这苏州城之所以是这个样子，是……是因为本地的官员听闻督抚大人一向做官严明疾恶如仇，生怕大人您来了找他们碴儿问他们罪，只好辞官的辞官，辞职的辞职，而大多数商贾和乡绅，还有一些大户人家，则关门的关门，外逃的外逃……"见实在是推不下去了，张年只好把实情告诉海瑞。

"哼，还有这等事？"听了张年的话海瑞吃惊不小，真不敢相信会发生这样的事。

张年低着头说："是有这么回事，督抚大人。"

"本官又不是老虎，他们有何惧怕的？"海瑞说。

"这些人是惧怕督抚大人的威名！"张年瞟了一下海瑞。

"俗话说，心中无冷病哪怕吃西瓜，这些人心里如若没有鬼，他们还惧怕什么？逃什么？如此看来，这些人背地里定有甚么见不得人的勾当。跑，跑就无事了？跑得了和尚跑不了庙，待本官一一查明以后，定轻饶不了这些人！"海瑞越说越气。

"督抚大人说得是！"张年低着头，身子犹如筛糠。

坐在他旁边的史平明和伍龙玉，更是吓得连大气都不敢出。

"督抚大人，在外人看来，这苏州府是繁荣无比，可不瞒督抚大人，事实上这儿老百姓的日子并不好过，官员盘剥，豪绅霸占，有地耕种的人家交不起沉重的赋税，无地耕种的人家更是纷纷逃往他乡谋求生路……"待海瑞气消了些，史平明便把地方上吏治如何腐败，一些官员如何敲诈百姓，地主豪绅又如何巧取豪夺、吞并百姓田地等一系列时弊给海瑞作了一番介绍。

伍龙玉无可奈何地说："是啊，督抚大人，下官们也是有难言之隐啊！"

"时弊不除，百姓难以为计，朝廷难得民心，既然皇上把这重任交于本官，本官就是粉身碎骨也要将这江南治理出个模样来，这才不枉朝廷和皇上的一番信任！"海瑞当着三人的面发誓。

张年感慨地说："难得督抚大人有这番雄心，治理苏州本是下官的职责所在，劳烦督抚大人操心，下官心里实在有愧，如若日后督抚大人有用得着下官的地方，督抚大人尽管盼咐便是，下官定竭尽全力配合。"

海瑞说："纵观历史，历朝历代莫不如此，一旦朝廷吏治出现腐败，必将导致国破家亡，夏商周如此，唐宋元也不例外，若想挽救国家于水火，兴我大明王朝基业，务必要先根除吏治腐败这一时弊！"

史平明给海瑞续上茶水，坐回位置上，听了海瑞这番话，又见张年表了态，也跟着赶紧表态："只要督抚大人定下决策，下官定然全力效劳！"

"是啊，督抚大人，只要你下决心整治，下官唯大人马首是瞻！"伍龙玉站起来。

"啪!"海瑞拍了一下面前的桌子,大声地说,"好,郑大人回来了你们就告诉他,本官巡抚江南就从整顿吏治开始!"

"一定,一定!"张年和史平明、伍龙玉赶紧说。

海瑞与张年、史平明、伍龙玉三人又聊了好一会儿,把苏州及其他一些地方的情况也大致了解了一下,然后问他们:"巡抚衙在哪儿?"

"离这儿不远!"张年告诉他。

海瑞说:"那好吧,你们忙你们的,本官要去巡抚衙了!"

张年、史平明和伍龙玉留海瑞一家在府里吃晚饭,海瑞没答应,还说他们:"你们可能也听说过,本人为官一方,向来不准许搞请吃,就是本官和本官的家人也是如此。请各位记住,日后谁要是搞请吃,本官决不轻饶!"

"下官记住了!"张年、史平明和伍龙玉三人低着头齐声说。

"我们陪大人去巡抚衙!"史平明说。

海瑞说:"不用,我自己去!"

张年说:"既是这样,那我们安排个人给大人领路!"

海瑞第一次来苏州,也不知道这巡抚衙在哪儿,就说:"行,那你们安排个人领路吧。"

张年看了史平明和伍龙玉一眼,然后说:"我来领路吧。"

史平明和伍龙玉看了张年一眼,异口同声地说:"那就辛苦张大人了!"

海瑞与张年、兰兰和汪熙,走出苏州府衙大门,坐上海安赶的轿蓬马车去巡抚衙。

海安按照张年的指引,驾着轿蓬马车往巡抚衙赶去。

巡抚衙离苏州府府衙不是很远,海瑞和海安他们很快就到了。

在巡抚衙门口下了车,见这儿冷清清的,海瑞打趣地说:"哟,咋这么清静啊!"

张年急忙说:"督抚大人,前任督抚已经调走,听说只有一名坐营官留在这儿等候大人。这位坐营官可能也不知道督抚大人今日到来,估计这会儿回家吃晚饭去了。"

"没有,卑职一直在这儿候着督抚大人的!"张年话音刚落,一个人带着两名标兵从巡抚衙里走了出来,这人便是留在此等候海瑞的坐营官王先成。

"您就是新任督抚海大人吧？"王先成走过来说道。

海瑞告诉他："我就是海瑞！"

"欢迎，欢迎！"王先成笑着说，然后告诉海瑞，"前任督抚一个月前已经调走，把总也不在，现巡抚衙除了几名令吏、典吏和一些标兵，就我一个人在！"

海瑞问他："把总是谁？"

"施占洋！"王先成告诉他。

一阵寒暄后，王先成和标兵领着海瑞和张年，还有海瑞的家人往巡抚衙里走去。

"督抚的印件在哪儿？"海瑞边走边问王先成，他最关心的是督抚的印件。

王先成说："督抚的印件，前任督抚将它留在我那儿。他吩咐过，等大人您来了，就把它交给大人。"

听他这么说，海瑞说："好！"

"督抚大人，您看何时举行交接仪式？"王先成急于把印件交出来，便问海瑞。

张年赶紧对王先成说："督抚大人一家还没吃晚饭，吃完饭再说这个事吧。"

"对不起，对不起，卑职只顾接两位大人，没注意这个事！这样，请大家先到衙里休息，卑职马上安排！"王先成赶紧赔罪。

"不妨，不妨！"见他慌成那个样子，海瑞说。

王先成转身对他身后的两名标兵说，"你们俩赶紧去安排一下菜饭！"

"是！"两个标兵说完，急忙去安排菜饭。

张年抱歉地说："委屈海大人了！"

"卑职失礼，实在是不好意思！"王先成红着脸对海瑞说。

海瑞说："不就是吃饭吗？早点晚点也没关系！"

待进了巡抚衙坐下，海瑞问了王先成一些巡抚衙的情况，王先成一一作答。

"督抚大人，那这印件……"王先成又提起移交印件的事。

"你看你看，又来了，刚才不是说好等吃了饭再说这事吗？咋又提这事呢？"见王先成又提移交印件的事，张年赶紧说。

海瑞接过张年的话："印件的事，我看这样吧，明日上午移交。虽说前任督抚走了，但交印是个大事，仪式还得举行，但简单一些！"

"好，那就听督抚大人的，明日上午再移交。"王先成说。

张年开他玩笑："你怕啥？印件在你那儿还飞了不成？"

"张大人，这可是贵重之物，万一有个闪失，卑职肩膀上这颗葫芦怕是要搬家呀！"王先成笑着说。

张年说："你说得对，这印件确是贵重之物，但在这巡抚衙里谁有这么大的胆子，敢来偷走它呢？"

王先成说："张大人，小心驶得万年船，不怕一万就怕万一，卑职觉得还是谨慎点好！"

"这也倒是！不过，我想一个晚上问题也不大，就辛苦你再保管一个晚上，等明日举行了交接仪式再将它交给本官！"海瑞笑着对王先成说。

"行，明日就明日，这么多天都过去了，也不差这一晚上。"王先成对海瑞说。

随后，王先成说："督抚大人，您和家人的住处都安排好了，就在衙里边，饭还有一会儿才弄好，不如卑职先带您去看一下，也顺便把东西放好！"

"这样也行！"张年接过话。

海瑞说："那就先过去看一眼，把东西放好再来吃饭。"

海瑞叫兰兰、海安、汪熙等人从车上拿下东西，然后和张年跟着坐营官朝住的地方走去。

东西放好，大家坐了一会儿，一标兵走到王先成身后对着他耳语了几句。

"督抚大人，张大人，饭已经做好，咱们过去吃饭吧。"王先成站起来对海瑞和张年说。

海瑞说："行，那就去吃饭！"

吃过晚饭几人聊了一会儿，张年说府里还有些事要处理，他得先回去。

"哦，你转告郑大人，叫他回来了来巡抚衙一趟，本官有事找他。"海瑞告诉张年。

"是！"张年回过头。

张年一走，王先成见没什么事了，也对海瑞说："督抚大人，我看也没啥事了，我就先回去，您们奔波了一天也要休息！"

"好，你去吧！"海瑞说。

王先成又说："如若有事，叫卑职就行。"

"好的!"海瑞说。

王先成和两名标兵与海瑞一家道别,然后走了出去。

次日上午,巡抚衙举行印件交接仪式。

因为前任督抚不在,交印仪式就显得简单一些。按照官场交接礼仪,海瑞行了九叩三拜之礼,跪着从坐营官王先成手上郑重地接过印件。

凝视着手上的印件,海瑞知道从此之后自己肩膀上多了一副沉甸甸的担子。

海瑞把印件递给一名令吏,吩咐他保管好,和王先成聊了一阵后开始办公。

当夜,把总施占洋也回来了。

– 3 –

次日,知府郑瑜从松江府回到了自己的府里。

郑瑜一进府里,张年就赶紧给他禀报:"郑大人,新任督抚海瑞和他的家人已经到了。"

"新任督抚到了?啥时候到的?"听了张年的话,郑瑜赶紧问他。

"昨日晌午到的。"张年告诉他。

郑瑜问:"督抚大人来府里没有?"

张年说:"来了,但他马上又去巡抚衙了!"

"他在府里都说了些什么?"郑瑜问张年。

张年低头闷着不说话。

"你咋不说话?"见他不说话,郑瑜追问。

张年于是将海瑞来府里的实情告诉了他。

这可怎么办?听了张年的话,郑瑜心里紧了一下,他警告自己,今后做事得小心点。

稍停,他又问张年:"他留下什么话没有?"

"哦,他说了,叫你回来了去他那儿一趟,他有事找你。"

有事找我?听说督抚大人有事找自己,郑瑜心里又是一惊,他到底有啥事找我?

郑瑜有点心虚，不敢去见海瑞。但不去肯定不行。

郑瑜只好硬着头皮去巡抚衙拜见海瑞。

"下官不知督抚大人昨日能到，未能远迎，望督抚大人恕罪！"到了巡抚衙，郑瑜见到海瑞就叩拜赔罪。

"郑大人请起！"海瑞赶紧上前扶起他。

"谢督抚大人！"

海瑞叫郑瑜在他对面的椅子上坐下，然后问他："去松江府，事情都办妥了？"

"都办妥了！"郑瑜回答。

海瑞又问他："今日回来的吧？"

"下官刚从松江府回来，听同知张年说大人已经到了，下官马上就赶过来了！"郑瑜说。

海瑞把茶水端给他，说："本官刚到此地，找你来，是有些事想和你商议一下。"

商议？商议的话就应该不是和自己的事有关，而是其他事情。想到这里，郑瑜心里轻松了不少，急忙说："什么事，督抚大人您说！"

海瑞问他："这事可能张同知他们都跟你说了。"

郑瑜知道，他说的是苏州景象萧条的事情，便赶紧说："都说了！"

"那你觉得，苏州出现这种景况，主要是啥原因？"海瑞喝了口茶，看着他问。

"督抚大人，其实苏州一直以来都是一派繁荣景象，下官以为，苏州之所以会出现如此萧条景况，是因为……"郑瑜不敢看海瑞。

"是因为本官来了才出现的，是吧？"海瑞盯着郑瑜。

"下官不敢这么说！"郑瑜瞥了海瑞一眼。

海瑞说："郑瑜啊郑瑜，你让本官怎么说你？其他人有此想法本官还能理解，可你身为苏州知府也这么说，您不觉得自己的话可笑吗？"

"督抚大人恕罪，下官只是实话实说！"见自己的话触怒了海瑞，郑瑜连忙上前给他叩拜请罪。

海瑞见他给自己下跪，说："有话起来好好说，不要动不动就下跪！"

"是！"郑瑜站起来，灰溜溜退回到座位上。

待郑瑜坐下，海瑞问他："苏州府出现这种萧条景况，你觉得真是本官来的原因？"

"的确是他们惧怕督抚大人的官威！"郑瑜说。

"那你给本官说说，这些辞职外逃的官员，他们有没有做过见不得人的事？"

郑瑜说："肯定有，要不他们也不会惧怕大人！"

"郑瑜啊郑瑜，本官真没想到，风光秀丽富庶无比的苏州，吏治会这么腐败，朝廷把这么好地方交给你来管，你却将它治理成这个样子，你摸摸自己的良心，是不是对得起朝廷和皇上？"海瑞很是气愤。

郑瑜低着头说："都怪下官无能，没治理好苏州，下官愧对朝廷和皇上！"

"我相信不只是你这儿，其他州府也是一个样。"海瑞说。

海瑞接着说："既然皇上派本官来江南总督粮储、提督军务和巡抚应天府，那本官肯定不负使命，要对江南进行一番整治。吏治不清明，百事不兴，什么都无从谈起。既是如此，本官就先从整顿吏治开始！"

"督抚大人英明，下官听从大人安排，竭尽全力协助大人做好此事，让苏州官场风清气正，以此将功补过！"郑瑜借机表明自己的态度。

海瑞说："郑大人能够认识到这一点，那本官就放心了。"

"请督抚大人放心，下官绝不食言，否则任由大人处置！"郑瑜生怕海瑞不信。

海瑞问他："依你看，苏州的吏治应如何整治才是？"

郑瑜想了一下，说："敲山震虎。"

"如何敲山？如何震虎？"海瑞看着他问。

郑瑜说："那些辞职外逃的官员，他们肯定是有问题的，要是没有问题的话，他们也不会惧怕督抚大人而往外逃了。下官想，不如就从这些外逃官员入手，查一查他们，然后按大明律例将这些人绳之以法，这就是下官所说的敲山。"

"震虎呢？"

"震虎就是通过对那些外逃官员进行惩办，以此来震慑在位的大小官员，让有问题的官员主动投案自首减轻处罚，让没有问题的官吏吸取教训。通过这些手段，还苏州官场清明。"

"嗯，这个办法不错！"海瑞点了点头，作沉思状。

见海瑞肯定了自己的意见，郑瑜说："这只是下官的一点建议，具体如何实施，还得和督抚大人一道商议制定具体的方案才行。"

海瑞说："这事你回去尽快和张年他们先商议出一个具体方案，我们再共同商讨，然后按方案实施整治。但要记住一点，要确保它的可行性，更要注意保密！"

"一切听从大人的安排！"郑瑜说。

见没什么事了，海瑞说："好，你先回去。"

"下官告辞！"

路上，郑瑜摸着脑门子庆幸道："天呐，好险呀，幸亏他还不知道自己的那些事，要是知道的话，今日恐怕是回不来了！"

— 4 —

兰兰和海安非常想念老夫人，但他们见老爷一来苏州就忙起来，也不好开口问他何时能去接她。

一日下午，海安对兰兰说："夫人，老爷一来这儿就忙个不停，他是不是又把接老夫人的事给忘了？"

兰兰对海安说："我也想说，但见他这么忙，开不了口！"

"他再忙，也不能把老夫人留在那边不管呀！"海安说，"不行，等会儿老爷回来了我得跟他说这个事！"

兰兰说："我们来苏州城都快二十天了，是该提醒一下老爷！"

"吃晚饭时我提醒老爷一下。"海安说。

傍晚，海瑞回来了。

吃晚饭的时候，兰兰看了海安一眼，海安明白她的意思。

"老爷，我们来苏州城都快二十天了，可还没去接老夫人呢！"海安边给海瑞夹菜边说。

"是该去接娘了！"兰兰也说。

海瑞把筷子往桌上一丢，看着兰兰和海安："哎哟，你们看，我这一来就忙，要不是你们提醒，这事我还真忘了！"

"老爷，那啥时候去接娘来苏州啊？"兰兰问海瑞。

海瑞说："这样，我刚来苏州，这儿的事情很多走不开，海安，你去帮老爷接一下老夫人！"

听海瑞说他不能去接婆婆，兰兰赶紧说："老爷，接娘你不亲自去，这不好吧？"

"是啊，老爷，您要不亲自去，怕老夫人会生气呢！"海安也说。

海瑞说："没事，你回到老家跟老夫人说清楚，就说老爷本来要亲自去接她老人家的，但政务繁多实在是走不开，请她谅解，她一定不会生气的！"

"既然老爷这么说了，我去就是。"海安说。

"若是娘不想来怎么办？"兰兰问海瑞。

海瑞说："娘不想在北京，是那儿的气候寒冷，这儿不一样，气候较暖和，她一定会来的！"

"既是这样，那海安早点去吧！"兰兰看着海安。

海安问什么时候去。

海瑞告诉他，明日就可动身去接老夫人。

海安高兴地说："行，我明日就走！"

"路途遥远，老夫人年纪又大了，路上一定要注意安全。"海瑞叮嘱。

海安赶紧说："放心吧，老爷，我一定会照顾好老夫人的！"

"好，那辛苦你了！"

"老爷不必这么说，我早就想去接老夫人了！"

次日，海安去海南琼山老家接谢氏。

十多日后，海安来到了海瑞的老家。

"哎，海安，你怎么回来了？老爷他们呢？"突然见海安回来，谢氏急忙拉着他问。

"进屋我再给老夫人说！"海安说。赶了十多日的路，他是有些累了。

"好好好，歇一下，先喝口茶！"谢氏赶紧去给他倒茶水。

海安喝了口茶水，才告诉谢氏："老夫人，老爷和我们已经搬到江苏的苏州住了！"

"你说啥？瑞儿和你们搬到江苏苏州住了，为啥呀？"谢氏惊讶地问。

海安高兴地告诉谢氏："老夫人，您不知道，老爷他升官了，皇上让他巡抚江南十府，总督那儿的粮储和提督军务，还让他监察那儿的文武百官，住在苏州城的巡抚衙里，我和夫人、汪熙也就跟着老爷来了！"

"你说啥？皇上让瑞儿巡抚江南？"听了海安的话，谢氏更加惊讶。

"嗯！"海安微笑着点头。

谢氏满脸喜色："瑞儿他真是有出息了！"

海安告诉她："老爷太忙，脱不开身，让我来接老夫人去苏州一起住！"

"不去，我就在这儿，哪儿也不去！"谢氏告诉海安。

听她说不去，海安急了："那儿环境那么好，您怎么不去呀，老夫人？"

"你回去告诉瑞儿，就说我说的，我在这儿住习惯了，啥地方都不去！"谢氏说。

"老夫人，您要不去，我咋给老爷交待？"海安可怜巴巴地望着谢氏。

见他一副着急的样子，谢氏说："没啥不好交待的，你照我说的告诉瑞儿就是，他不会为难你的。"

"您还是去吧，老夫人，老爷特意让我来接您啊！"海安竭力劝说谢氏。

见他有些啰唆，谢氏生气地说："海安，我都跟你说了，我哪儿都不去，你就不要再劝我了！"

"可这……"海安急得要淌眼泪。

不管海安怎么劝，谢氏就是不去。

海安没办法，只好回去给老爷复命。

"你说什么？老夫人她不愿来？"

海瑞没想到，母亲会不来跟他们一起住。

"你咋不好生劝劝老夫人呢？"兰兰说海安。

海安说他都劝了十八遍了，可老夫人死活都不答应。

"唉，她不来就随她吧，有机会我们再回老家看她老人家！"海瑞叹息着对兰兰和海安说。

"也只能这样了！"兰兰一脸无奈。

— 5 —

海瑞把母亲的事暂且放在一边，回过头忙他的政事。

对苏州，或者说对江南的初步认识，海瑞是从看到的景况和苏州府郑瑜、张年几个地方官员的口中了解到的，那其他地方是不是也是这样呢？海瑞觉得，还是要像到淳安和兴国时一样，开展明察暗访，先掌握真实情况再制定巡抚的施政方略，这样，处理起具体事务来才会得心应手。

先从哪个府访查起呢？

苏州府是江南最有名的知府，吏治又这么糟糕，那就从苏州府查起。

海瑞做事向来雷厉风行，主意一定，次日他便带着人悄悄去民间暗访。

苏州府下辖吴县、长洲、常熟、吴江、昆山、嘉定和太仓等十个县，可他只用了二十多天时间就走了一遍，然后又到其他几个府转了一圈。

通过明察暗访海瑞了解到，每年一到雨水季节，当地的吴淞江、白茆河就要涨大水，这两条河一涨大水，苏州和太湖沿岸老百姓辛辛苦苦种下的庄稼，要么被大水冲走，要么被大水淹没，导致老百姓没粮收，加上地方官吏层层盘剥，老百姓没钱没粮不但纳不起赋税，就连自家吃的粮食也没有，一些人家被逼得没办法，只好背井离乡逃往其他地方。

海瑞还了解到，当地吏治就如张年他们说的腐败到了极点，地方上一些不法官吏与地主豪绅串通一气，巧取豪夺吞并田地，贪赃枉法敲诈勒索，谋财害命无恶不作……

这让海瑞很气愤。

官不清廉，民众遭殃，吏治腐败不仅成了地方百姓的一大祸害，还威胁到了朝廷的赋税和财政。

海瑞决定先整顿这儿的吏治，然后再发动老百姓治理吴淞江和白茆河，让农户们种下的庄稼免遭水害确保粮食丰产。这样，既可让地方上的老百姓有饭吃有钱用，又能确保朝廷能征上税，解决朝廷财政亏空问题。

从何处入手治理？

思索良久，海瑞决定从苏州府这个烂摊子着手。因为在江南十府中，这儿算是高层核心，一旦有什么风吹草动，都会牵扯到其他任何一个地方。只要将这儿捋清了，那其他地方就好办多了。

海瑞心里明白，用人来管人或管事都是件难事，只有形成了制度或禁令让大家一起来遵守，才好办事情。基于这种考虑，他结合调查得来的情况，先后出台了《督抚条约》《续行条约册式》《考语册式》等一系列地方性规章制度和禁令，大力整治地方上的吏治，惩办贪官污吏，力图打造一个政治清明的江南。

海瑞在条约中规定，今后任何官吏都不得搞迎来送往，不准接受他人请托和请客送礼,也不准向百姓摊派苛捐杂税和差役,不得包揽民间诉讼欺压打官司的百姓。官吏在履行职责时必须尽心尽职,不得敷衍塞责,更不得假公济私和侵吞他人财产或者滥用权力强取民财民物和差派役皂骚扰乡里,禁止个人在家里私设家役和招募兵丁,禁止贿赂书吏,官员出行需要车马必须按规定安排,不得私自调用,等等。

海瑞严令巡抚范围内各个府州县的官吏,不论职务大小级别高低,必须遵守这些规章制度和禁令,凡有违抗者一律按规定进行惩办。

"阎王,真是阎王啊!"

"待不下去了,真是待不下去了!"

"赶快逃吧,晚了怕是连命都难保啊!"

这些规章制度和禁令张贴出来后,各府州县但凡有污点的官吏都感到非常恐惧,行事一下子变得十分谨慎,生怕一不小心撞到了海瑞的枪口上。一些通过贿赂买官来做的官员,赶紧交出印件闻风而逃,而那些有权有势的土豪劣绅或仕宦人家,也赶紧收敛他们的嚣张行为,再不敢有半点张扬,平时作恶多端的土豪劣绅或仕宦人家更是不敢住在本地,趁夜黑携家带口悄悄搬去外省躲藏起来。

规章制度和禁令有了,但能否施行得下去还是个问题。

一日早晨,海瑞刚起床就听到巡抚衙外闹嚷嚷的,他走出去一看,几十位乡民聚集在门口吵着要进衙门来,几名衙役在费力地劝阻他们。

"督抚大人出来了!"乡民中一位中年汉子见海瑞出来了,朝与他一起来的人喊叫。

"督抚大人,小民知道您是青天大老爷,您可要替我们这些小民做主啊!"一老汉"咚"的一声给海瑞跪下。

"大人,您一定要为我们家做主啊!"老汉旁边的一位老妇流着泪跟着跪下,她是老汉的老伴。

"陈得荣这狗官欺人太甚,请大人给民女做主!"一年轻女子也跟着跪下去。

"督抚大人,您要给我做主啊!"

乡民们纷纷给海瑞下跪。

几名衙役见状要来拉开这些乡民,海瑞摆手示意他们不要拉。

海瑞说："乡亲们，大家都起来，有什么事慢慢给本官说！"

"督抚大人，陈得荣这狗官仗着他是知县有权有势，在这一带敲诈勒索欺男霸女，您可要管管啊！"先前的那位老汉抹着眼泪告诉海瑞。

"可怜我那女儿，她死得好冤啊！"老汉的老伴哭喊道。

海瑞问老汉和他老伴："你女儿怎么啦？"

"陈得荣这狗官实在不是人，那日他带人下乡来我家催粮，见我女儿媚娘长得漂亮，硬逼着我女儿嫁给他。我女儿见他年纪大了不从，他便派人来我家里强抢，我女儿死活不从碰墙死了……"老汉泪流满面，说不下去了。

"呜……呜……大人，您可要替我女儿做主，还我女儿一个公道呀！"老妇人呜咽着说道。

听了老汉和他老伴的话，海瑞气得发抖："居然还有这种事发生？"

老汉赶紧说："大人，这种事小民哪敢乱说呀？再说，乡邻们都能替我们家作证！"

"是有此事！"一个中年汉子站出来替老汉和老妇人作证。

中年汉子身旁的一个年轻妇女也站出来气愤地告诉海瑞："这陈得荣就是个畜生，两个老人没冤枉他！"

"督抚大人，这狗官实在是太可恶了！"站在前面的一个小伙子握紧了拳头。

"既有这事，你们当时咋不去官府告他？"海瑞问老汉和老妇人。

老汉流着泪说："这县衙上上下下都是他陈得荣的人，哪有我们百姓告状的地方啊？"

中年汉子说："如今这县衙，衙门大大开，有理无钱莫进来，我们这些穷人能告得了他？要是告得了，哪还用等到今日？"

"再说这些狗官，他们官官相护，谁能告得倒他？"小伙子气愤地瞪着眼。

"这个陈得荣，身为一县父母官，不为百姓生计着想，却尽干些欺男霸女之事，真是枉为人臣，本官不让你吃点苦头，你是不知道本官的厉害！"听了乡民们的话，海瑞怒不可遏。他对老汉和老妇人说，"你们放心，这事本官一定会给你们做主！"

老汉听了，赶紧给他磕头："谢谢大人，大人若能替我女儿申冤，我女儿在九泉之下也瞑目了！"

老妇人也跟着老汉给海瑞磕头："大人若能为民妇女儿申冤，民妇下辈子做牛做马来报答大人！"

海瑞伸手去扶老汉和老妇人："好了，你们都起来，本官说了一定为你们做主！"

"还有什么要向本官反映的吗？"海瑞问其他乡民。

乡民们齐声说："今日大伙儿都是来替两位老人作证的！"

"好！"海瑞说，然后转身吩咐身边一衙役，"你去把鲁捕头给本官叫来，本官有事吩咐！"

"听令！"衙役说完，赶紧去叫捕头鲁清德。

海瑞见乡民们都站在外边，赶紧说："大家都进去里面坐吧，本官已经安排人去叫鲁捕头了，等他来了，本官即刻叫他带人去捉拿陈得荣这狗贼！"

"谢谢督抚大人！"

"督抚大人，一定要惩办这狗官啊！"

"放心吧，本官会依法处置他的！"

"早就听闻督抚大人是个好官，果真如此！"

乡民们一阵高兴，边往巡抚衙里走边议论。

不一会儿，捕头鲁清德来了。

"督抚大人，对卑职有何吩咐？"鲁清德进门便问。

海瑞告诉他："刚才乡民们反映，吴县县令陈得荣，不但不替百姓做事，反而做些敲诈勒索欺男霸女之事，百姓痛恨至极，本官现着你即刻带人到吴县将他捉来，待本官审理查明其罪行后加以惩治，给乡民们一个交待！"

"听从督抚大人吩咐，卑职马上带人去吴县捉拿此人！"鲁清德向海瑞行拱手礼。

"嗯，你去吧！"海瑞说，"哦，动作要快，乡民们都在候着！"

"遵命！"鲁清德转身退出巡抚衙门，带人去吴县捉拿知县陈得荣。

鲁清德带人去吴县捉拿陈得荣的这段时间，海瑞向又乡民了解了一些情况。

– 6 –

一个时辰后,鲁清德和捕快们将五花大绑的陈得荣押到了海瑞面前。

"你还我女儿来!你还我女儿来呀!"老妇人见陈得荣被抓来了,哭着上前撕扯他,衙役们赶紧将她拉开。

"你这不得好死的狗官!"老汉铁青着脸,也要上前打陈得荣。

"老人家,您不要激动,他会受到惩罚的!"衙役们边劝说边拉他。

"打死这狗官!"

"这种人要碎尸万段!"

"血债要用血来还!"

乡民们情绪激昂,恨不能吃了陈得荣的肉。

"好了,大家不要闹,听督抚大人说!"鲁捕头赶紧站上前劝说这些乡民。

乡民们这才勉强平静下来。

"跪下!"见陈得荣还站着,鲁清德朝他吼道。

"本县令是朝廷命官,你怎敢叫我下跪?"陈得荣凶巴巴地质问鲁清德。

海瑞见他还如此嚣张,朝捕快叫道:"脱了他的官袍!"

"你们……"陈得荣还想再挣扎,捕快们按住他,三下五除二脱下了他的官袍。

"本县令是朝廷命官,你们强脱本县官袍,知道是什么后果吗?"陈得荣歇斯底里地对捕快们叫道。

海瑞朝他大声吼道:"你是朝廷命官不假,但你不替朝廷和百姓办事,反而专门做些敲诈勒索欺男霸女之事,你还有脸说你是朝廷命官?我看你连狗都不如!"

"你是?"陈得荣不知道上面坐着的是新来的督抚,抬头惊疑地看着海瑞。

海瑞怒视着他,一字一顿地说:"本官是新上任的督抚海瑞!"

"怎么?你就是海瑞?"陈得荣睁大眼睛,惊疑地问。

"正是本官!"海瑞的话落地有声。

"督抚大人饶命,下官该死,下官该死!"海瑞的厉害陈得荣早有耳闻,这下听说他就是海瑞,吓得魂飞魄散,赶紧叩头求海瑞饶命。

见他这个狼狈样，海瑞说："早知今日，你又何必当初呢？"

陈得荣不敢抬头。

海瑞怒斥他："陈得荣，你身为一县县令、一方百姓的父母官，理应替朝廷管理好一方，多替老百姓做些实事，可你却一心谋取私利，千方百计敲诈百姓，还经常欺男霸女，你说，你对得起你这一身官袍，对得起朝廷和一方百姓吗？如若各县县令都像你这般，那我大明江山社稷岂不是要葬送掉了？"

"下官知罪。"陈得荣低着头。

"杀了这狗官！"

"打死他！"

"将他打入天牢！"

乡民们握紧拳头。

"大家不要闹，都听督抚大人的！"鲁捕头又赶紧制止乡民们。

海瑞看着陈得荣，说："抬起头来！"

陈得荣不得不将头抬起。

"你自己看你作了多少恶！"见乡民们情绪激昂，海瑞怒着脸说。

陈得荣恨不得地上有个洞钻进去。

海瑞继续朝他吼道："说，你强抢这老汉的女儿，致其死亡是怎么回事？"

"下官那日下乡催粮，到了这户人家，见老汉的女儿长得好看，下官就想娶她为妾，可她不从，下官就派人……后来听说她撞墙死了。"

"你这天杀的，你还我女儿，你还我女儿来呀！"陈得荣刚说完，老妇人哭闹着又要上前去打他。

捕快们又赶紧拉住她。

"你……你这狗官……"老汉气得昏了过去，海瑞叫人把他扶到一边去抢救。

海瑞怒问陈得荣："还有呢？"

"就这事，其他没有了！"陈得荣想隐瞒其他罪行。

"你敢说没有！"一中年汉子与他怒目相对。

一中年妇女怒视着他："你派人催粮打伤我儿子，你就忘了？"

"你叫人强行把我家的猪拉走，你也忘了！"一个小伙子站上前来。

海瑞看着他，说："怎么？还想抵赖吗？"

"好，我说我说！"

陈得荣这才将他做的坏事全交待出来。

待他交待完毕,海瑞马上对其进行宣判,将他打入牢里。

"这才是咱们百姓的好官啊!"

"感谢督抚大人替咱们这些小民百姓申冤!"

"督抚大人,真是青天大老爷啊!"

见海瑞惩办了陈县令,乡民们欢呼不已。

海瑞说:"这是本官应该做的,今后大家有冤都可以来巡抚衙门申冤,本官定会替你们做主!"

"谢谢督抚大人!"

"谢谢海青天!"

第28章 鼓励告状

次日,海瑞叫人带着他写的告示到常州、镇江、松江等各地州府,要他们抄写告示拿到州府驻地和各县张贴,让乡民们知道有冤的都可以去巡抚衙门告状,而且还不收诉讼费。

– 1 –

江南十府吏治是很腐败,但海瑞去各地转了一圈,却很少有人来向他告状。没人来告状,他就没由头去惩治那些贪官污吏。

海瑞心里琢磨:这是咋回事呢?

"这县衙上上下下都是他陈得荣的人,哪有我们百姓告状的地方啊?"

"如今这县衙,是衙门大大开,有理无钱莫进来,我们这些穷人能告得了他?要是告得了,哪还等得到今日?"

"再说这些狗官,他们官官相护,谁能告得倒他?"

他突然想起前些日那老汉和乡民们说的话。嗯,莫非是地方上的官府太黑暗乡民们不敢来告状?若是这样那本官为何不发出告示鼓励乡民们来巡抚衙门告状,逼这些人现出原形呢?如若有人来告状指控这些贪官污吏,那本官就可以审理处置这些人,到时候这些人就是想逃也逃不了。

对,出告示鼓励乡民们来巡抚衙门告状!

海瑞马上找来纸和笔,坐在文案前草拟告示:

本官受皇上钦派到江南实施督抚,为惩办贪官污吏,肃清大明吏治,让官场实现风清气正,振兴我大明王朝,自今日起,各乡民若有冤屈者,可到巡抚衙申告,申告费用一律免收。

特此公告
督抚海瑞
隆庆三年八月十四日

第28章 鼓励告状

"尤三!"

海瑞拟好告示,朝门外叫道。

"大人,有何吩咐?"叫尤三的衙役走进来问。

海瑞眼睛检视着文案上的告示,说:"来,你先把这告示拿到巡抚衙门前张贴,待我再写一些,你再叫人拿到各州府,叫他们抄写后在州府和各县张贴。"

"是,大人!"尤三说完拿起文案上的告示,去找了糨糊,然后拿到巡抚衙大门外去张贴。

尤三出去后,海瑞继续写告示。

"哎,老兄,你看这告示,督抚大人说自今日起乡民有冤屈的可到巡抚衙来告状,而且还免收诉讼费呢?"

尤三刚贴好告示,就有人来围观了,其中一个头戴麦草帽、穿青灰马褂、双手杖着挑柴扦担的中年汉子看了,告诉他旁边穿青色对襟衣的中年汉子。

"你说啥?"穿青色对襟衣的中年汉子问他。

戴麦草帽的中年汉子说:"告示上说,打今日起,乡民若是有冤屈的可到巡抚衙门来告状,而且不收告状的诉讼费。"

"啊?有这等好事?"穿青色对襟衣的中年汉子不认识字,他不相信,问戴麦草帽的中年汉子。

"是的,督抚大人在告示上说了,大家有冤屈的都可以来巡抚衙告状,一分钱都不收。督抚大人还在衙里写告示,明日叫人送到各府县,叫他们抄写张贴。你们若有冤屈可来巡抚衙告状,海大人一定会给你们做主!"尤三笑着告诉他们。

"打官司不收钱,我活这么几十岁还是头一次听说!"穿青色对襟衣的中年汉子还是有些不相信。

"告示你看不懂,可这官爷说的话你都不信?"戴麦草帽的中年汉子对穿青色对襟衣的中年汉子说。

尤三接过话:"他说的是真的,老哥,你家里要是有冤屈的话就来衙里告状吧,督抚大人一定会替你申冤!"

"真的啊?"穿青色对襟衣的中年汉子高兴地问尤三。

"是真的,告示上说得明明白白。"尤三刚要说话,一个识字的老先生抢先告诉穿青色对襟衣的中年汉子。

"好,那我这就去告状!"穿青色对襟衣的中年汉子说着就要往衙门里闯。

见他这么莽撞，戴麦草帽的中年汉子赶紧拉住他，并低声说："你急啥？过一两日看看情形再说！"

"这……这不是告示都贴出来了吗？还等啥呀？"穿青色对襟衣的中年汉子疑惑地看着戴麦草帽的中年汉子。

戴麦草帽的中年汉子把他拉到一边，然后说："你做事咋这样莽撞？万一……"

"没有什么万一，有状就来告吧，督抚大人叫张贴这告示，就是鼓励大家来告状的，不要有何顾虑！"尤三给他俩打气。

"好，好，我们改日再来！"戴麦草帽的中年汉子说完拉着穿青色对襟衣的中年汉子走了。

这时，围观告示的人越来越多。

"什么？打官司不要钱？"

"是的，督抚大人说了，来巡抚衙打官司不要钱！"

"这新来的督抚大人就是不一样！"

"天下奇闻，真乃天下奇闻，从没听说过打官司不要钱的！"

围观的人七嘴八舌议论着。

尤三回到衙里，海瑞还在挥舞着笔墨写告示。见他进来了，海瑞边写边问他："告示张贴出去了？"

"张贴出去了！"尤三应道。

海瑞眼睛盯在纸上，又问："有没有人来看？"

尤三说："有几个人，有一个中年汉子还想来衙里告状呢！"

"人呢？"听说有人马上就要来告状，海瑞一下子兴奋起来。

尤三告诉他："被他的同伴拉走了。"

"拉走了？他们为何不来告状？"海瑞觉得奇怪。

尤三说："这卑职就不知道了，看他们那情形，估计是怕像以往那样，告不翻人家怕遭对方报复吧？"

"嗯，你说得有道理！"海瑞手握着笔沉思。

尤三说："大人，依卑职看，还得想办法打消乡民的顾虑，要不恐怕没人会来告状。"

"你说得对，是得想办法打消这些人的顾虑。因为那些有权有势的人经常和官府的人勾结在一起,这些人私下给了官府的人好处,乡民们的官司哪会打得赢呢?所以这些乡民心存顾虑,不愿意来告状。"海瑞说。

尤三问:"那怎么才能打消乡民们的顾虑,让他们来告状呢?"

"这样,咱们多写些告示,大张旗鼓宣扬这个事情,待乡民们知道巡抚衙真正是在给他们撑腰,他们就敢来告状了!"海瑞告诉尤三。

"大人这个办法好!"尤三称赞。

海瑞说:"好,那我抓紧写!"

"大人,还有一个办法。"

"什么办法?"

"大人可派些人拿着告示去街头宣传。另外,大人安排各府县除了张贴告示,也可这样叫人拿着告示上街宣传。"

海瑞夸赞尤三:"对对对,这个办法好!这样可以提高宣传的力度,明天就安排!"

尤三说:"大人,要没事卑职就先出去了。"

"你去吧。"海瑞说。

尤三退了出去。

次日,海瑞叫人带着他写的告示到常州、镇江、松江等各地州府驻地和各县张贴,让乡民们知道有冤的都可以去巡抚衙门告状,而且还不收诉讼费。

"有冤可以申,告状不要钱!"这下,江南十府各个县的乡民们都在奔走相告,到处传送着这个消息。

"小民状告乡绅汪宝奎强占我家田地!"

"草民状告吴县县丞李高虎强行收取我的口粮!"

"民妇状告钱乡绅抢粮打伤民妇丈夫!"

……

果真有人来告状了,不仅有人来,来的人还差点挤破了巡抚衙的门。大家都争着往衙门里挤,生怕督抚大人不受理他们的案子。

"别慌,一个一个来,督抚大人都会受理你们案子的!"几名衙役费力地劝阻着往门里挤的乡民。

- 2 -

巡抚衙内,海瑞在询问告状的乡民。

"你们叫啥名字?是何方人氏?"海瑞问跪在审案台前的一对中年夫妇。

跪着的男人看了一眼旁边自家的女人。

女人点了下头,示意他回海瑞的话。

跪着的男人得到妻子默许,赶紧回答海瑞:"回大人的话,小民叫方老九,家住苏州府吴江县严墓乡西亭村。"

"你呢?"海瑞又问跪着的女人。

"民妇叫陈小花,是他的妻子,同他住在一处。"妇人说着扭头看了一眼旁边跪着的男人。

海瑞问他俩:"你夫妇俩要状告谁?状告他什么?"

方老九说:"小民告的是本地乡绅'汪霸天'汪宝奎,他强占我家田地,请大人给我做主,判他归还我的田地!"

"大人,那田地可是我家的命根子,请大人一定要判他还给我家啊!"妇人边叩头边求海瑞。

海瑞问:"他霸占了你们家几亩田地?"

"五亩二分。"方老九回答。

海瑞问:"你们可有证据证明这田地是你们家的?"

"这坵田地我家祖祖辈辈就种着,大人要不信可去问那儿的村民,他们都能替我家作证。"

海瑞说:"打官司是要讲证据的,你们说'汪霸天'霸占你家田地,你们可有这田地的契约?"

"当然有!"方老九夫妇俩齐声回答。

海瑞问:"带来了吗?"

"带来了!"方老九说着从衣袋里掏出一个油布包,将包打开取出里面的田地买卖契约。

站在旁边的衙役接过去呈给海瑞。

这张契约是用毛笔写在白绵纸上的,由于年头久了,纸张已经发黄,但白纸黑字记得一清二楚,证明了这坵田地就是方家祖上用三两银子从一罗姓人家手里买过来的。

海瑞看了之后，说："好，只要有这个东西就好办！"

随后又对他夫妇俩说："这样，来告状的人多，你们先回去，三日后再来巡抚衙门听候判决。"

"谢谢督抚大人！"方老九高兴得不得了，赶紧给海瑞叩头。

"大人，您一定要将这田地判给我家啊！"陈小花眼巴巴地望着海瑞。

海瑞说："你放心，本官一定会秉公执法，是你家的一定会判给你家。"

"谢谢大人，那我们先回去了！"方老九和妻子陈小花起身向海瑞道谢。

海瑞对他夫妇俩说："嗯，去吧！"

待方老九和陈小花夫妇二人退出巡抚衙门，海瑞吩咐站在旁边的衙役："下一个。"

"下一个！"

衙役朝外边叫道。

很快，一个弯腰驼背的老者走了进来。老者一进来，便扑通一声跪倒在案前，老泪纵横地对海瑞说："大人，您可要给草民做主啊！"

"你姓甚名谁？家住何方？"海瑞问老者。

老者回答："草民名叫何玉良，家住吴县望亭乡何家角村。"

"你要状告何人？"海瑞问他。

"草民要告县丞李高虎！"何玉良气愤地说。

海瑞又问："因何事告他？"

"草民告他带人强行收走我的口粮！"

海瑞说："何玉良，这到底是咋回事，你仔细给本官道来，本官才好判决！"

何玉良声泪俱下地说："今年地方发了大水，我种的稻子被大水淹了，就收了两石稻谷，我想留下来填肚子，没想那日县衙的县丞李高虎带人来强行给我收走了。大人，我家里就那点儿谷子，这下全被他们收走了，这叫我怎么活呀？"

"真有这种事？"海瑞气愤地问。

"大人，草民没说谎啊！"何玉良怕海瑞不相信，赶紧补充道。

海瑞说："本官不是不相信你！"

"大人，求您判他将粮食还给草民，要不草民就只有等着饿死了！"何玉良哭着求海瑞。

海瑞说:"本官一定会替你做主,你起来先回去,三日后本官派人将这县丞捉来审问,要真有此事,本官令他退还你粮食便是。"

"大人真是好官呐,谢谢大人,谢谢,谢谢!"听海瑞说要判李县丞把粮食还给自己,何玉良连连给海瑞磕头。

海瑞说:"嗯,你先回去吧!"

何玉良起身退出衙门,边走边不停地说:"好人,真是从来没遇到过的好官啊!"

"下一个。"海瑞吩咐站在一旁的衙役。

"下一个!"

衙役又朝门外叫道。

……

这一日,海瑞接待了二十多个告状的乡民。还有许多告状的乡民在等着受理案子,因为天黑了,而且自己太累,海瑞只好叫他们次日再来。

"哎呀,真是太累了!"海瑞从桌案后站起来,用手不停地捶打着自己的背和腰。

站在旁边的衙役问他:"大人,这告状的人咋这么多呀?"

海瑞说:"这说明以往这儿的地方官府太黑暗,乡民们有冤无处申,这下可以告状了,也就像洪水一样暴发了。"

"大人,这么多乡民来告状,又不要诉讼费,会不会……"衙役心存顾虑,疑惑地看着他。

"你是担心有人会借机乱告状冤枉好人是不是?"见他这么问,海瑞说。

"是的!"衙役说。

海瑞说:"这不是没有可能,但你不用担心,本官会处理好这个事。"

- 3 -

三日后,海瑞吩咐捕头鲁清德安排捕快去吴江县严墓乡西亭村将强占村民方老九家田地的"汪霸天"汪宝奎捉拿来审问,并把原告方老九和他妻子陈小花叫来听审。同时,吩咐鲁清德带些捕快把县丞李高虎押来候审。

"卑职遵命!"捕头鲁清德领命而去。

午时,捕快们把"汪霸天"汪宝奎押来了。方老九和妻子陈小花也一同来听审。

捕快们将汪宝奎押到巡抚衙审堂案前跪下。

方老九和他妻子陈小花，还有一些乡民在一旁听审。

"下跪何人？"海瑞拿起惊堂木往面前的案上一拍，大声质问跪在前面的汪宝奎。

汪宝奎被惊堂木的声音吓了一大跳。待他回过神来，才慌里慌张地对海瑞说："禀告抚台大人，小民叫汪宝奎，系吴江县严墓乡西亭村乡绅。"

乡绅？哼，本官看你是土豪。海瑞气不打一处来。

"汪宝奎！"海瑞高声朝他叫道。

"小民在！"汪宝奎一扫往日的威风，像只狗一样佝偻着身子回答海瑞。

海瑞盯着他："本官问你，你是不是强行吞并了村民方老九家的田地？"

"没有啊，抚台大人，小民哪敢做这种事情啊？"汪宝奎眼珠子转了转，回海瑞的话。

"前两日方老九和他妻子陈小花都到本官这儿来告你了，难道你还想抵赖？"

"什么？他们到抚台大人这儿来告小民了？"汪宝奎故作惊讶，其实他早就知道方老九夫妇来告他的事了，他装聋作哑，企图蒙混过关。

"前两日方老九和他妻子陈小花到这儿来告你，说你强行霸占了他家五亩二分田地，本官已经记录在案，你是不是想看一下？"

"哎哟，抚台大人，小民不敢，小民不敢！"听了海瑞的话，汪宝奎赶紧给他磕头。

"那你好生想想，是不是真有这么回事。"海瑞盯着他问。

"容小民想想，容小民想想！"见海瑞两眼盯着自己，汪宝奎心头有些虚了，头鸡啄米般点了几下。

汪宝奎知道抵赖不了，假装想了一会儿，对海瑞说："抚台大人，小民想起来了，是有这么回事。"

"这田地是方老九一家的命根子，你给人家霸占了，人家没田地种，一家子咋生存？本官问你，是不是该退还给人家？"

汪宝奎赶紧争辩："禀告抚台大人，方老九家这田地是他家自愿投献到小民名下的，根本不存在小民强行霸占一说啊！"

"我家不是自愿的!"听汪宝奎这么说,站在一旁的陈小花马上接过他的话。

"汪宝奎,你说话得有良心,我家哪会自愿啊?"方老九说。

"投献?这投献是什么玩意儿你以为本官不清楚吗?本官告诉你,你所说的投献,不过是你们这些地主豪绅惯使的骗人手段罢了!你们趁人家承受不起官家征派的沉重赋役,借助你们手中的免税特权,让这些人家将田地托寄在你们名下以减轻赋役。表面上看来,你们是帮了人家一把,事实上呢,你们暗中兼并了人家土地,久而久之,这些人家失去了自家的田地,而你们呢?却拥有了大量的田地。你们拥有这些田地,却隐瞒田地的实际亩数,不向朝廷缴纳自己应该缴纳的赋税,也不派人去服役,而是将其转嫁到这些贫困人家身上。汪宝奎,本官说得对吗?"汪宝奎还想争辩,海瑞接过话教训了他一顿。

汪宝奎低着头不说话,因为海瑞的话句句说在了点子上,他简直无法争辩。

海瑞接着说:"刚才本官听你说,方老九他们家将田地投到你的名下是自愿的,这点我相信。但本官问你,方老九他们家若不是被逼无奈,他们能将自家的田地托在你名下?肯定不会!既然是这样,这哪会是自愿的呢?"

见汪宝奎不说话,海瑞问他:"你说是不是?"

汪宝奎低着头小声地回答:"大人说得是!"

"大人,可这事其他乡绅也是这样做的啊!"汪宝奎突然说。

海瑞说:"本官知道,像你这样用这种办法吞并人家田地的人不少。实话告诉你,本官这次受皇上委派巡抚江南十府,就是要整治这种腐败现象,让你们这些人将田地退还给那些种田人,让他们活下去,让他们不背井离乡。本官已经看过,方老九家有契约,这田地实属他方家,本官今日判你即刻将田地归还方老九夫妇,你认不认?"

"既然抚台大人说了,小民认就是!"汪宝奎耷拉着脑袋。

海瑞又说:"你这样做就对了。不过,恐怕还会有其他乡民来告你,你可要做好思想准备!"

汪宝奎说:"小民知道。"

"好吧,你回去吧!"海瑞说。

"谢谢,谢谢督抚大人!"见"汪霸天"愿意把田地归还自家了,方老九和陈小花激动得热泪盈眶,高声喊叫着给海瑞道谢。

海瑞对他夫妇俩说："你们不用谢我，这是本官应该做的。那田地已经归你们家了，你们去种就是。"

"大人，您真是青天大老爷啊，我夫妇回去后请人把大人的像画了挂起来，永远不忘记大人的大恩大德！"方老九激动地说。

陈小花也动情地说："要是有来世，民妇一定做牛做马报答大人！"

"好了，好了，回去吧！"海瑞笑着说。

"谢谢督抚大人！"

"谢谢啦！"

临走，夫妇俩又向海瑞道谢一番。

方老九和陈小花一走，海瑞对站在旁边的衙役说："去看看鲁捕头的人把吴县县丞李高虎押来没有？"

"是！"衙役说完走了出去。

转瞬，衙役进来禀报："大人，鲁捕头的人刚把李高虎押到，现在一房间关着。"

"即刻将人带进来！"海瑞说。

"是！"衙役说完转身朝门外叫道，"带李高虎！"

两名捕快将李高虎押了进来。

"跪下！"李高虎不跪，两名捕快强按他跪下。

海瑞看了眼跪着的李高虎，惊堂木一拍，问道："台下跪着的是何人？"

"吴县县丞李高虎！"李高虎理直气壮地回答。

海瑞问他："李高虎，你可知罪？"

"卑职不知有何罪？"李高虎不屑一顾。

见他态度如此恶劣，海瑞火了，"啪"的一声再将惊堂木往案上一拍，厉声说："大胆狂徒，到了本官这儿还如此狂妄！本官问你，你是否带人去望亭乡何家角村强行征收乡民何玉良家的粮食？"

"抚台大人，征收粮税是卑职的职责，卑职有罪吗？"李高虎昂着头反问海瑞。

海瑞气愤地说："一个老人，家里就那么点粮你都给他强行征了，难道你不想让人家活了吗？"

李高虎争辩："朝廷律例规定，缴粮纳税，这是乡民应尽的义务！"

"本官知道这是乡民应尽的义务，可你征收了人家粮食，人家家里一粒粮都没有，你难道要叫人饿死不成？更何况这是一位无依无靠的老人，你难道就没一点怜悯之心？"海瑞质问他。

"依抚台大人说，这县衙的粮税不征收了？"李高虎乜着两眼。

海瑞说："征粮也得分情况，这种特殊情况你也要征？"

李高虎不说话。

"本官责令你马上安排人将粮食退还给何玉良，要是饿死人，本官一定拿你是问！"海瑞说李高虎。

李高虎说："既然抚台大人这样说了，卑职回去安排人还粮食给他就是。"

海瑞说："本官令你将粮食两日之内派人送到何玉良家！"

"卑职照办！"李高虎低下头。

见李高虎服软，海瑞说："本官见你还能知错，也就不再追究你的责任，你回去吧！"

"是。"李高虎退出衙门，但他心头不平。

海瑞对站在一旁的何玉良说："你先回去，李县丞马上派人将粮食送到你家里。"

何玉良流着泪感激地说："大人真是救命恩人，要不是大人，草民怕是要饿死在家里呀！谢谢，谢谢大人！"

何玉良流着眼泪高兴地走出巡抚衙。

海瑞接着审案。

次日，李高虎派人将强征的粮食送回了何玉良家。

— 4 —

一日下午，海瑞从乡下回来，见巡抚衙门被乡民围得水泄不通，便上前问他们："各位父老乡亲，你们是哪儿的？来找本官有什么事？"

"大伙儿都是昆山县蓬朗乡的，都是来告郑炳元这老东西！"一个站在前面、跛着脚的汉子愤怒地告诉海瑞。

"都是来告郑炳元的？"海瑞觉得有点奇怪，便问这跛腿汉子。

乡民们齐声回答："是的，大伙儿都是来告郑炳元这老东西的！"

海瑞问跛腿汉子："郑炳元是什么人？你们为何要告他？"

"这老东西原先在昆山县县衙做官，后来不做官了，回到蓬朗老家乡下做了缙绅。按理说，他做缙绅后应该给乡亲们办点好事才对，可他却仗着自家有钱有势，想方设法吞并我们这些穷苦人家的土地！"跛腿汉子告诉海瑞。

海瑞问他："你家田地被郑炳元吞并了？"

跛腿汉子说："这老东西三年前来我家，说什么把田地投献在他名下，我家就可以少缴田赋和不服徭役了。我不知道他这是在给我下套，就答应将我家祖上留下来的七亩田地全投献在他名下，然后一家人去租种他家的田地，不知道到后来这田地怎么就变成他家的了。更可恶的是，今年收租子时，他又让人做手脚多收我的谷物，我不服和他辩理，他就叫家丁来打我，把我腿打折了，如今我这腿还没好呢！"

跛腿汉子说完撸起裤脚给海瑞看。海瑞弯下腰看了一下，见他腿上还留有伤痕。

海瑞问他："你叫啥名字？"

"我叫罗先平！"跛腿汉子回答。

海瑞点了点头，表示知道。

"你呢？因何事要告他？"海瑞问和罗先平站在一起的穿无袖短褂的小伙子。

"我也是来告他吞并我家山地的！"小伙子说。

海瑞问："你家也把田地投献给郑炳元了？"

小伙子摇摇头："不是。"

"那是什么？"

小伙子说："我爹告诉我，有一年郑炳元这老东西来我家找我爹，说我家山地多，每年要向官府缴纳的赋税也多，并且还要服徭役，他是退职还乡的县官，若是将我家的田地寄托在他家名下，我家就不用缴纳赋税和服瑶役了。我爹听他这么一蛊惑，就把我家的几十亩山地全寄在他家名下。可过了几年，郑炳元这老东西硬说这些山地是他家的，这下我爹才知道上了他的当，扯着他去县衙找官家论理，想要回我家这些山地，可天下哪有穷人说理的地方，这老东西早和官家勾结好了，我爹刚一开口，那位官爷就吼他，说这山地明明是他郑炳元家的休要赖人家，还叫衙役将我爹赶出了衙门。前些日我听说大人来这儿主持公道，就和大伙儿来告这老东西了！"

"小伙子，这也就是投献！"海瑞告诉他，然后问，"你叫啥名字？"

"我叫罗小龙！"小伙子回答。

海瑞又问："你爹呢？叫啥？"

小伙子说："我爹叫罗天福。"

"嗯。"海瑞点了下头。

见有个中年妇女费力地往前挤，海瑞问她："你有啥要告的？"

"大人，民妇告郑炳元这恶棍强抢民女！"中年妇女"咚"的一声给海瑞跪下。

海瑞赶紧说："有话站起来说！"

"谢谢海大人！"中年妇女站起来。

"先报上名来。"海瑞说。

中年妇女回答："回大人话，民女叫孙玉香。"

海瑞说："说吧，到底是怎么回事？"

"事情是这样的，两个月前郑炳元这恶棍带人来我家收租，他见我闺女李小嫆人长得好看就起了色心，硬要我家女儿嫁给他做妾，我家不答应，他就叫人送来二十两银子和一些布匹，硬把我家闺女抢走了。我闺女到了他家死活不从想跑回家，他就整天派家丁看管。我闺女见逃不出来，一天晚上趁看管她的家丁不注意，从他家楼上跳下来摔死了……"

孙玉香话还没说完，就伤心地哭了起来。

"惨，真是太惨了啊！"

"这郑炳元的确不是个东西！"

"像他这种人，就应该千刀万剐！"

其他在场的人跟着孙玉香落泪。

"海大人，您可要替民妇做主啊！您要不替民妇做主，那民妇只好不活了啊！"孙玉香声嘶力竭地哭喊，并跪下连连给海瑞叩头。

听了孙玉香的陈述，海瑞怒发冲冠，愤慨地说："你放心，这厮这等可恶，本官定会替你做主！"

"这等恶人不收拾不行啊！"

"强抢民女，真是没王法了！"

"像他这种恶贯满盈的恶棍，应该斩杀！"

乡民们气愤地议论着。

海瑞见前面一位脸颊清瘦的老者眼巴巴地看着自己，便平复了一下自己的情绪，问他："你呢？是不是也要告郑炳元？"

　　"大人说得没错，草民这次来巡抚衙，就是要告他郑炳元！"老者告诉海瑞。

　　"你告他什么？"海瑞问老者。

　　老者说："告他侵占我家的土地！"

　　又是侵占土地啊？看来，这江南各地地主豪绅吞并农户土地的事情还真不少。

　　"他占了你家多少土地？"海瑞问。

　　老者说："五亩，全是上等好土！"

　　"他是咋侵占你家土地的？"海瑞问他。

　　老者气愤地说："还不是那一套，骗我说把土地托在他名下，就可以不纳税不服役了，然后叫我租种他家的土地，把租子交给他家。我当时和他约好，说这土地以后还是我家的，没想到几年后他不认账了，硬说这土地是他家的！"

　　"以往你去找过官府吗？"海瑞问他。

　　"找过了，但没用，官府说，这白纸黑字的，人家有证据。"老者摇摇头，然后求海瑞，"大人，听说您是个清官，您可要替小民做主啊！"

　　海瑞说："放心吧，本官会替你做主的。"

　　"谢谢大人！"老者赶紧给海瑞行礼。

　　见天色已晚，海瑞说："好了，大伙儿都先回去，待明日本官差人将郑炳元押来审问，再给大伙儿答复！"

　　"谢谢大人！"

　　告状的乡民们走后，海瑞吩咐鲁捕头："你今夜就带人赶去昆山县蓬朗乡，将郑炳元抓来，明日本官要在巡抚衙大堂审他！"

　　"卑职遵命！"

— 5 —

　　次日下午，捕快们将郑炳元押到了巡抚衙大堂。

　　审堂上，海瑞端坐在案后。

　　郑炳元被押到审堂上跪下。

海瑞将惊堂木往案桌上"啪"的一拍，厉声喝问："下跪者何人？"

"小民郑炳元！"见海瑞一脸怒气，郑炳元心早虚了，低声回答。

海瑞怒问道："郑炳元，你可知罪？"

"小民无罪可知！"虽说有点心虚，但郑炳元认为自己曾经在县衙里做过官，回乡后享受着朝廷的一些恩赐，可说是乡里有权有势的缙绅，他想，就算是自己有罪海瑞也定会网开一面，说话也就有些放肆。他哪知道海瑞不吃这一套，莫说是在县衙做过官，就算是在京城皇帝身边做过事的，只要是犯了事儿，海瑞也不会放过。

一听他这话，海瑞心里就起火，但海瑞隐忍住心里的怒火，问他："无罪可知？郑炳元，你知道昨日昆山县有多少人来告状你吗？"

"小民素来遵章守法，有啥可告的？"郑炳元以为海瑞刚来此地，不知晓他在乡里的恶行。

"素来遵章守法，没啥可告的？"海瑞盯着案台前面跪着的郑炳元，低声重复着他刚才的话。

"真的没啥可告？"见郑炳元推得一干二净，海瑞再次问他。

郑炳元说："督抚大人，小民真的没啥让人可告！"

"不见棺材不掉泪是吧？"海瑞说，然后对站在一旁的衙役说，"把罗先平、孙玉香他们带进来！"

罗先平、孙玉香、罗小龙等人一大早就来巡抚衙门外候着了。从头天了解的情况来看，海瑞知道这郑炳元罪大恶极。他怕郑炳元被押来之后，乡民们忍不住心里的痛恨会冲上去打他，就叫人先把罗先平、孙玉香、罗小龙等人安排在一间屋子里候着，待审理郑炳元才叫他们上堂来听审。

"督抚大人叫你们去审堂里听审！"衙役来到屋子里，告诉孙玉香和罗先平、罗小龙他们。

孙玉香和罗先平、罗小龙等人听说督抚大人叫他们，一下子拥出屋子往审堂里走来。

"郑炳元，睁开你的眼睛看看这些是什么人！"海瑞说。

郑炳元扭头往两边一看，见是孙玉香、罗先平和罗小龙他们，而且一个个攥紧了拳头对他怒目而视。

"郑炳元，你这狗东西，还……"孙玉香实在是忍不住，想冲上去打郑炳元，海瑞伸手示意旁边的衙役制止她。

突然，海瑞目光如电石火光般射向郑炳元，并高声问他："郑炳元，你知道这些是什么人吗？"

郑炳元不说话，耷拉着脑袋跪在那儿。

"你要不知道，本官来告诉你，这些都是昨日到本官这儿来状告你的乡民，这下你可知罪了吧？"海瑞说。

郑炳元知道无法抵赖了，赶紧说："小民知罪，小民知罪，请督抚大人饶了小民一命！"

"还我地来！"

"把田还给我！"

"你还我女儿来！"

"打死这狗东西！"

"杀了他！"

……

愤怒的乡民情绪激昂。

看到这架势，郑炳元早已吓软了。

海瑞对他厉声说道："既是知罪，还不赶快将你的恶行从实招来，免得本官对你动大刑！"

"我招，我招！"郑炳元如鸡啄米般朝海瑞叩头。

"前些年，我通过投献欺骗手段，将乡民罗先平家的七亩田地骗到自己名下……还有，两个月前小民带人到孙玉香家收租，小民见他闺女长得漂亮，想将她女儿娶来做妾。她家不答应，小民就叫人送去二十两银子和一些布匹，然后把她闺女给抢走了。她闺女到了小民家后死活不从想跑回家，小民就派家丁看管。一天晚上，她闺女趁看守的家丁不注意，从小民家楼上跳下来摔死了……"

郑炳元将他犯下的罪恶一五一十地招了。

"郑炳元，你这狗东西，还我女儿！"一旁一直流着泪的孙玉香，听了郑炳元说到她女儿的事情，悲痛一下子涌上心头，哭叫着又要冲上前打他。

旁边的乡民赶紧拉住她："玉香，你忍住，督抚大人会给你做主的！"

"这天杀的，你还我女儿来啊！"孙玉香呜呜地哭着。

见她伤心成这个样子，乡民们也跟着流泪。

郑炳元的罪行已经查明，海瑞当堂宣判："经本官审理查明，昆山县蓬朗乡缙绅郑炳元，从昆山县衙致仕还乡后本应顾及乡情，替地方乡民做些好事实事，但其不但不做，反而还仗着自己有钱有势，采取不同的欺骗手段吞并贫困乡民的田地，多收乡民租子。更为可恶的是，不守我大明朝廷律例，强抢民女并致人跳楼死亡……缙绅郑炳元实为罪大恶极，千夫所指，不杀不足以平民愤。为了警示他人，同时也为了还受害者一个公道，本官现依照大明律例相关规定，判决郑炳元斩首示众，以儆效尤。其吞并侵占农户的田地，按各户亩数一律归还原有农户。现将罪犯郑炳元羁押于牢所，待本官将案情上报刑部核准后，即刻执行死刑！"

随后，海瑞命捕快将郑炳元押到牢里。

"督抚大人万岁！"

"谢谢督抚大人！"

"这才是替咱们老百姓做主的好官啊！"

"海大人，您真是青天大老爷啊！"

乡民们对海瑞称赞不已。

— 6 —

连日来都有不少乡民来告状，海瑞一直在巡抚衙忙着审理案子。他觉得，应该到其他府去看看，若是有人来告状，那就现场审案，效果说不定还要好一些。

下午，海瑞对身边的衙役尤三说："明日你和本官去松江府。"

"是，大人！"尤三恭敬地说，"哦，大人，要不要准备一下？"

海瑞沉下脸说："准备什么？我不是说过吗？出门轻车简从，少打扰地方。"

"是，大人。"尤三红着脸走开。

次日一早，海瑞带上衙役尤三，叫上车夫赶起他的轿蓬马车，朝松江府方向赶去。

路上，车夫问他："大人，之前知会过松江府没有？"

海瑞说："知会人家干吗？"

听他这么说，车夫不说话了，赶自己的马车。

海瑞继续教诲他和尤三："记住，以后和本官出门，一律轻车简从，不得打扰地方。若是每去一处都提前给人家打招呼，那要给人家添多少麻烦呀？不仅仅是添麻烦，人家还会误认为本官是来大吃大喝的，想让人家好生招待一下自己，甚至想要人家进贡些财物。若是这样，那岂不坏了朝廷的官风和规矩？所以，咱们不能这么做。"

"大人教训得是！"尤三和车夫同声说。

轿蓬马车行驰了许久，终于来到了松江府衙门前。

"吁！"车夫把马车停下。

尤三从车上跳下来。海瑞说："去给守门的通报一声，就说是巡抚衙门的海瑞来了。"

"大人，要不要叫他去给李知府通报一下？"尤三扭头问海瑞。

海瑞说："不用，我们直接进府去。"

"是！"尤三说完，走向前面的守门军士。

"督抚海大人来了，请你们放行。"尤三对守门军士说。

听说督抚大人来了，守门的军士赶紧放行。

尤三坐到马车上，跟着进府。

"哎呀，海大人，咋不先知会一声，好让下官去接您呢？"知府李平度感到很突然。

海瑞笑着说："你怕本官找不着你这儿？"

"不是不是，下官是怕海大人说下官不知礼数！"李平度赶紧说。

海瑞说："什么礼数不礼数，以后那些冗余的礼节咱们都免了，多花些时间和精力考虑国计民生的事情。"

"海大人说得是！"李平度说。

待下人把茶水端到大家手上，他问海瑞："海大人这次来，有何事吩咐下官？"

海瑞喝了口茶，说："自从本官叫人张贴出告示之后，巡抚衙门来告状的乡民不少，不知松江府这边如何，是否也有人来告状？"

"禀报大人，下官这儿倒是没人来呢！"李平度告诉海瑞。

海瑞苦笑："哼，这倒有点怪了，到巡抚衙告状的人就差没有挤破门，本官应接不暇，李大人这儿倒好，居然没人来！"

见他话中有话，李平度赶紧辩白："下官已按照督抚大人吩咐，叫人在知府驻地及各县张贴了告示，可不知啥缘由，就是没人来下官这儿告状。"

"各县是什么情况?不会也没人来告状吧?"海瑞问李平度。

李平度说:"没见哪个县上报,下面的情况下官还不是很清楚。"

"华亭县那边怎么样?"海瑞问。

李平度摇摇头:"不太清楚。"

海瑞说:"要不咱们去一趟华亭县。"

"现在?"李平度问。

海瑞说:"对,现在就去!"

"你去把车夫叫来,本知府要和海大人去华亭!"李平度对站在他身边的衙役说。李平度虽说是知府,但他出门也是乘坐马车,从来不要轿子。

"是!"衙役说完转身出去叫车夫。

一会儿,车夫来了,李平度对海瑞说:"那就走吧,海大人!"

李平度正准备上自己的马车,海瑞朝他叫道:"李大人,你来和本官坐,让他们坐你的马车。"

"是!"李平度说着走过去上了海瑞的轿蓬马车。海瑞叫尤三过去和李平度带的衙役坐一架马车。

叫李平度和自己坐一架马车,海瑞是想在路上先和他了解一下华亭县的情况。

"驾!"车夫见他俩坐稳了,赶着马车往华亭县方向奔去。

尤三和那衙役坐的马车紧跟在后面。

第29章　勒令退田

听赵无良说他愿意退还乡民们的田地,海瑞觉得达到了目的,于是说:"这事就这样,你回去后即刻将田地退还给他们,本官不再追究你的责任,如若拖延或不退,那本官将对你处以重罚!"

- 1 -

路上,海瑞问李平度:"这告示贴出好几日了,你们松江府这么安静,难道老百姓就没要说的?"

"下官也觉得有些奇怪,可没人来说事,下官也没办法啊!"李平度一副无可奈何的样子。

海瑞说:"依本官看,不会这么简单。"

"那依海大人看,这问题出在哪里呢?"李平度看着前方。

海瑞笑着说:"这事应该我问你才对!"

李平度摇了下头:"下官实在是找不出原因。"

"既然这样,那咱们就从华亭县开始找吧?"海瑞看着他。

"行,一切听从海大人的!"李平度赶紧表态。

"吁!"

见车夫把轿蓬马车停下来,海瑞掀开帘子伸出头问道:"到了?"

"已经到了,海大人!"车夫回答海瑞。

"那咱们下车吧。"李平度说着掀开马车帘子先跳下车。海瑞也跟着下车。

"谁是这儿的县令?"海瑞问李平度。

李平度告诉海瑞是王明友。

海瑞问他:"此人如何?"

李平度眯着眼,脸带一丝不明的笑意,不置可否地说:"不太好说!"

"有啥不太好说的?"海瑞边朝华亭县衙走去,边问身边的李平度。

李平度笑着告诉海瑞:"等见了此人你就知道了。"

听他这话，海瑞心里不禁打了个问号：莫非这人……

很快，他们进到了县衙里。

"哟，李大人，您来咋不先知会一下，也好让卑职去接您嘛！"知县王明友正在和他的佐贰官谈论事情，见李平度和海瑞突然到来，惊慌地赶紧站起来迎接。

李平度对他说："明友，这位是新来的督抚海瑞海大人。"

"不知督抚大人驾到，未能远迎，请督抚大人恕罪！"王明友赶紧点头哈腰过来给海瑞行礼。

"免礼！"见他那副样儿，海瑞料定此人不是什么好人，便沉下脸做出爱理不理的样子。

见海瑞对自己爱理不理的，王明友有些尴尬，但又不敢发作，只好强装笑脸对海瑞和李平度说："大家坐，大家坐！"

王明友把海瑞引到自己坐的金丝楠木座椅上坐下，让李平度坐在海瑞旁边，再把其他人安排坐下，自己才在海瑞对面找个位置坐下。

见大家都落了座，海瑞问王明友："王知县，本官一到江南便贴出了鼓励乡民告状的告示，告示一张贴，苏州那边告状的乡民差点儿挤破了巡抚衙的大门，华亭这儿如何？是不是也有人来告状？"

"回督抚大人的话，告示卑职也按大人的要求及时派人贴出去了，但效果不是很明显，到现在为止还没见乡民来告谁的状。"王明友禀告海瑞。

王明友对此事有些看法，但又不敢明着对抗，就让手下在县衙大门外随便张贴了一张告示敷衍了事，事后他又派人暗中将告示偷偷撕掉了，因此对告状这事许多乡民都不知晓。再说王明友常常和那些土豪劣绅勾结在一起，以往有乡民来告状，打输官司的都是乡民，这告示就算是贴出去了，乡民们也不会相信，也就没有人来县衙告状。

"一个告状的都没有？"海瑞觉得很是奇怪，盯着他问。

见他有些生气，王明友低着头说："一个也没有。"

"王知县，这是怎么回事？"李平度见海瑞很气，想调节一下气氛，便问王明友。

王明友说："李大人，县衙已按海大人和您的要求照办了，可……可没人来告状，卑职也没办法呀，卑职总不能去拉人家来告状，李大人，你说是不是？"

"好了好了,你不要说了,现在也不晚,你看采取啥法子来弥补这事?"见他还要争辩,李平度怕海瑞发火,赶紧制止他。

"如何弥……"

"马上安排人抄写告示拿到县衙门口和各乡、村张贴,就说本官现在华亭县衙现场办公,受理乡民诉状,并且不收诉讼费用,各乡、村如若有冤屈者,可马上到县衙来告状!"王明友刚开口,海瑞打断他的话说。

"是,卑职照办!"王明友这下急了,赶快安排文房抄写告示。

不一会儿,十多张告示抄写出来了,王明友叫人立即拿到县衙门前张贴,还派人骑着快马分头到各乡、村进行张贴。

"你安排好,本官要在这儿办案三日!"海瑞对王明友说。

"是,但……"王明友好像还有话说。

李平度朝他吼道:"但什么但?督抚大人都发话了,还不快去准备!"

"是,那督抚大人和李大人先坐着喝茶,卑职这就去安排!"王明友躬身向海瑞和李平度行了个礼,然后退出去安排。

王明友出去后,海瑞问李平度:"李大人,对这人,你有何看法?"

"不好说!"李平度还是那句话。

海瑞问他:"此人是不是办事能力太差?"

"也不是办事能力差。"李平度摇摇头。

海瑞说:"那就是也有问题,是吧?"

"哼!"李平度哼声鼻音,然后说,"大概吧!"

海瑞听出了李平度话里的意思,但他不知道李平度和王明友也是一路货色。

海瑞心里暗骂:"王明友,待本官拿到证据,看本官如何收拾你!"

这时,王明友回来了。

李平度问他:"都安排妥当了?"

"都安排妥当了!"王明友回李平度的话。

李平度想敲打他一番,便问他:"王大人,你给我和海大人说实话,你平时是不是有些事情做得不妥?"

王明友说:"李大人,卑职觉得没啥事做得不妥啊!"

"那华亭县为何一个来告状的乡民都没有?你不觉得这不正常吗?"李平度盯着他问。

王明友说："卑职也觉得有些不太正常，但没人来告状，卑职也没办法呀！"

"好啦，不讨论这事了，我相信这些告示贴出去后，马上会有人来告状的，不相信你们看！"海瑞打断他俩的话，他不想再听王明友胡扯。

这时下人来报，说饭已经做好。

王明友正好找个台阶下，急忙站起来说："督抚大人，李大人，时候不早了，先去用餐吧。"

"海大人，那就先去用餐！"李平度站起来请海瑞。

海瑞说："行！"

三人往餐厅走去。

用过中餐休息了一会儿，海瑞叫王明友带着他到县衙的各个衙署去转一圈。

转了一个下午，海瑞了解到不少情况。有人向他反映，说致仕回乡的徐阶，纵容他的弟弟徐陟和他的三个儿子徐璠、徐琨、徐瑛，不但借助他的权势大肆兼并贫民土地，还横行乡里欺男霸女无恶不作，当地百姓既恨又怕，敢怒而不敢言。

晚上，海瑞躺在床上翻来覆去睡不着。他在想，这徐阶做过内阁首辅，不是一般的官员，虽然他致仕回乡了，可余威还在。再说，当年自己上疏惹怒嘉靖皇帝，他曾经救过自己一命，是自己的恩人。这下有人反映他这个事，本官到底如何做才好？总不能不顾百姓放过他吧？这次巡抚江南，自己受隆庆皇帝委派，是皇上的钦差大臣，要是这样做了，那咋对得起隆庆帝？对得起当地百姓呢？

这一晚，海瑞失眠了。他料定，这告示一贴出，明日定会有人来喊冤告状，而且肯定有告徐家的。

– 2 –

鼕鼕鼕，鼕鼕鼕……

"我们要状告徐家！"

不出海瑞所料，次日一大早，随着几声急急的鼓响，七八个乡民就在县衙外喊冤了。

海瑞和李平度听到鼓声，知道有人来告状，急忙赶到县衙大堂审案。

昨日海瑞去各衙门了解情况，是王明友陪着去的，对大家反映徐家的事他很清楚。这下听到鼓响，他心里一惊：不好，这些刁民真来告状了！

王明友很害怕，他怕乡民们借机揭发他以前那些见不得人的事。但他心里明白，再怕也得去，便硬着头皮来到县衙大堂，陪着海瑞和李平度审案。

"督抚大人，您要替我们申冤呀！"

"是啊，要替我们申冤啊！"

"大人，您就行行好吧！"

……

告状的乡民一下子涌进来，齐刷刷地跪在审案台前求海瑞。

"尔等何许人？有何冤屈？"海瑞按审案程序，把惊堂木往桌上一拍，问台下跪着的人。

"回大人的话，我叫黄二胖，我们都是华亭县华亭乡徐家村的，村里的徐家霸占我们田地，我们来告他家，要他家归还我们的田地！"跪在中间的一位壮汉告诉海瑞。

跪在他旁边的方脸汉子说："我叫黄天立，我家田地也是被他徐家父子霸占了，听闻大人一向英明，昨日又见乡里张贴了告示，这才过来告他徐家！"

"是啊，听说大人能替我们这些庄户人家说话，我们这才来的，要是海大人也像往日那些狗官一样，老袒护那些大户人家，我们还不来呢！"跪在左边当头的矮个儿老者对海瑞说。

听了矮个儿老者的话，坐在审案台上的李平度不自觉地看了一眼右边的知县王明友，见他脸上有些挂不住了。

从矮个儿老者的话里，海瑞知道王明友与这事定有瓜葛。他本想追问王明友是咋回事，见他早已噤若寒蝉，也就没问，反而问跪在矮个儿老者右边的小伙子："你呢？"

那小伙子说："我姓徐，在兄妹中排行第二，村里人都管我叫徐二。按理说我也是徐家人，不应该来凑这个热闹，但我家的五亩多地也被他徐瑛霸占了，我也是来告他徐瑛父子的！"

"还有你，也是来告徐家占你家田地的吧？"海瑞问跪在最右边一个穿着灰色马褂的年轻人。

"我叫陈安，村里人管我叫虾子。大人说得对，我也是来告徐家父子侵占我家田地的!"虾子说。

海瑞问他们:"你们说的徐家,是不是从朝廷致仕还乡的徐阶徐阁老家?"

"正是他家!"跪在中间的黄二胖告诉海瑞。

虾子也说:"吞占我们田地的不只他徐阶,还有他弟弟徐陟和他三个儿子徐璠、徐琨、徐瑛!"

"特别是他那第三个儿子徐瑛,在当地更是欺男霸女无恶不作!"矮个儿老者气愤地说。

嗯?怎么都是告徐家的呢?听了乡民们的陈述,海瑞心里觉得有些不对劲。

海瑞继续问他们:"徐家的人是怎么侵占你们田地的?占了多少?"

"因为官家的赋税和徭役太重,我们承担不起,只好将田地投献在他家名下,少交些赋税少服点徭役,可没几年,他就把我家的田地变成他家的了!"黄二胖告诉海瑞。

"他占了你家几亩田地?"海瑞问他。

"十二亩半。"黄二胖回海瑞的话。

听了黄二胖的话,海瑞点头。

"你家呢?被占了多少?"海瑞问穿马褂的年轻人。

穿马褂的年轻人告诉海瑞:"我家田地不多,只有七八亩,但都被他家侵占了!"

矮个儿老者气愤地说:"我家五亩田也全被他徐瑛占了!"

……

听了乡民们的陈述,海瑞觉得情况基本弄清楚了。但这事牵涉到徐阶一家,他不得不慎重处理,于是便对乡民们说:"你们先回去,等本官把情况核实清楚后再给你们一个答复。"

"抓来一审不就明白了?为啥还要等啊?"

"莫非这海大人和他王明友是一路货,也是要袒护他徐家?"

"应该不会,早听说了,他是个替民做主的好官!"

"那他为何不去抓人来审?"

"事情太复杂,得慢慢来,你莫急嘛!"

听海瑞说要大家等着,告状的乡民议论开来,有的甚至怀疑他也是在袒护那些大户人家。

"都散了吧!"李平度对乡民们说。

乡民们只好怏怏不乐地散去。

"这几个刁民,简直是无法无天了!"王明友嘀咕道。

海瑞看了他一眼,王明友赶紧把头低下去。

"海大人,忙乎了半天也够累了,先去休息一下!"李平度关心地对海瑞说。

王明友说:"督抚大人,李大人,我看时间也不早了,不如先把饭吃了再说。"

海瑞边收拾刚才询问乡民们的记录边说:"行!"

– 3 –

鼕鼕……鼕鼕鼕……

海瑞和李平度、王明友正要出县衙大堂,突然,外面的鼓声又雨点般响了起来。

"又有人来告状了!"李平度看着海瑞。

海瑞看了知县王明友一眼,意思是说:你不是说没人来告状吗?怎么又有人来了呢?

王明友明白海瑞眼里的意思,闷着不说话。

海瑞对李平度说:"既然有人来了,那就等着吧!"

"是!"李平度说。

见两位上司都没走,王明友只好留下来。

十几个乡民涌进县衙大堂,见到海瑞后齐声说:"大人,我们要告状!"

"尔等要告谁呀?"

"我告当地的大乡绅赵无良!"

"我也要告他!"

"我要告汪九那狗乡绅!"

"我也要告他汪九!"

乡民们七嘴八舌地说。

海瑞问:"你们家住何处?缘何要告这两人?"

"我是修竹乡朱家角的!"

"我也是！"

"我俩也是！"

告豪绅赵无良的几位乡民告诉海瑞。

"我们是白沙乡白沙里曲水村的！"

"我们也是白沙乡白沙里曲水的！"

"我家也是！"

告汪九的几位乡民说。

"你叫啥名字？缘何要状告赵无良？"海瑞问最先说话的那个乡民。

这位乡民说："回海大人的话，我姓蒋，名叫蒋大武，我来告乡绅赵无良，他侵占我家的土地，我要他归还我家！"

"赵无良咋会侵占你家土地呢？"海瑞问他。

蒋大武说："他说，我家只要将自家的土地投献给他，我家就不用缴纳官家赋税，也用不服徭役了，谁知道他是骗我的，过了几年他就说我家这土地是他家的了！"

"他占了你家几亩土地？"

"七亩半。"

"你为何不到县衙来告他呢？"

"告过了，可县衙的官都被他拿钱收买了，哪告得翻他呀？"

"嗯！"海瑞边听边点头，然后问另一位乡民，"你呢？是不是也要告赵无良侵吞你们家田地？"

"是的！"修竹乡的其他几位乡民一齐回答。

海瑞问："你们也是把自家土地投献给他了？"

"是的，大人，我们都把土地投献给他家了，后来他说这些土地是他家的不还我们了！"一位乡民气愤地说。

"嗯，本官知道是怎么回事了。"海瑞说。

"你们几位呢？为何要告汪九？"

"我叫姚晃，和他们白沙里的一样，是来状告汪九侵占我们家田地的！"

"是的，大伙儿都是来状告汪九的！"其他几位乡民附和。

"你们将具体情况给本官仔细道来。"海瑞说。

叫姚晃的乡民说："前年腊月二十八，汪九去我家劝我把家里的田地投寄在他家名下，说这样我家就可以不向官府缴纳赋税也不服徭役了。我不知道这是他设下的计谋，就把自家土地全投在他名下，然后去他家租地来种向他交租，后来他来搜刮我家租子，我就向他要还田地，可他告诉我，说那是他家的土地。我也来县衙状告过他，可……"

姚晃看了一眼坐在台上的王明友，不敢说下去。

"是不是县衙的官员袒护这汪九，你没打赢官司？"海瑞接过姚晃的话问他。

"海大人，李大人，我没钱送人，哪打得赢这官司呀？"姚晃沮丧地看着海瑞和李平度。

海瑞瞥见王明友微怔了一下，知道这事他也脱不了干系。

"你们也来县衙告过汪九？"海瑞问和姚晃一道来的其他几位乡民。

"告过，但没用啊！"其他几位乡民也说。

海瑞转过身看了王明友一眼。

王明友赶紧低下头去。

"县衙的捕头是谁？"海瑞问。

"回督抚大人的话，是单金峰。"王明友告诉海瑞。

海瑞说："马上把他叫来，本官有事要吩咐于他。"

"你去把单捕头叫来，就说督抚大人有事找他。"王明友回过身朝站在下面的一名衙役叫道。

"是！"衙役说完出去叫捕头单金峰。

不一会儿，捕头单金峰来了。

王明友告诉他："督抚大人找你。"

单金峰猜想中间坐着的就是督抚大人，便单膝跪地，朝海瑞拱手："督抚大人，华亭县衙捕头单金峰已到，有事请大人吩咐！"

海瑞说："你马上安排一组人去白沙乡，将乡绅赵无良抓来，另外，再派一组人去修竹乡将乡绅汪九也抓来，本官要审这两个人。"

"卑职遵命！"单金峰说完，转身急匆匆走出大堂。

— 4 —

很快，单金峰就带着捕快们将白沙乡的乡绅赵无良抓来了。

海瑞和李平度、王明友坐在县衙大堂的审台上。

"押进来！"海瑞吩咐站堂衙役。

站堂衙役对着门外高声叫道："带乡绅赵无良上堂！"

赵无良本是个监生，一向自视清高，虽说身上五花大绑，但被押解到县衙大堂还是一副孤傲样，见了海瑞也不下跪。

"跪下！"一捕快见了，在后面朝他脚弯处踢了一脚，赵无良这才跪了下去。

"堂上下跪何人？"之前听乡民诉说此人恶行，海瑞就非常冒火，此时见他很不买账，狠狠地将惊堂木往案上一拍，朝他厉声问道。

跪着的赵无良一脸不屑："本人姓赵名无良！"

"赵无良，你可知罪？"海瑞问他。

"请问督抚大人，我犯了何罪？"赵无良昂首反问海瑞。

海瑞厉声说："大胆刁绅，这么多乡民都来告你借助投献一事将他们的田地据为己有，逼得他们无田无地耕种，而你占了他们的田地又不向官府缴纳赋税和服徭役，还问本官你犯了何罪，难道这不是罪吗？"

"这些田地都是他们自愿投寄在本人名下，并非本人强占！"赵无良狡辩。

"我们若不是承受不起官府的苛捐杂税，谁还会把田地投寄给你？"一乡民质问他。

"要不是受你的骗，谁会把田地投寄在你名下？"

海瑞说："赵无良，这些乡民被你侵占的田地本官已经查清楚，本官命你即刻退还他们，不得拖延！"

"他们既然投献给本人，本人为何要退还他们？"赵无良还不服气。

海瑞告诉他："赵无良，本官今日审你，就是因为他们来告你侵占他们的田地，本官念你没有其他恶行，也就没对你动用大刑，今日判你将侵占的田地即刻退还他们，如若不从，那就只有大刑侍候！"

赵无良见硬不过海瑞，怕他真会对自己动大刑，只好蔫巴巴地说："既是如此，我退就是。"

"我们的田地又回来了！"

"这下我家又有田种了！"

"谢谢督抚大人！"

乡民们听说赵无良答应退还自家田地了，激动得高声呼叫起来。

"安静，安静，听海大人说！"见乡民们很是激动，旁边的李平度赶紧制止。

乡民们这才静下来。

海瑞对赵无良说："这事就这样，你回去后即刻将他们的田地退还给他们，本官不再追究你的责任，如若拖延或不退，那本官将对你处以重罚！"

"本人不敢！"赵无良低着头。

"给他松绑！"海瑞吩咐捕快。

捕快给赵无良松了绑，海瑞说："好了，你回去吧！"

"谢督抚大人！"赵无良不情愿向海瑞鞠躬拱手，然后退出县衙大堂。

待赵无良走后，海瑞对朱家角村的村民们说："你们也回去吧！"

"谢谢督抚大人！"

"要不是督抚大人，我们哪要得回自家田地啊？"

"督抚大人真是个青天大老爷！"

修竹乡朱家角村的村民们满意地走了。

海瑞问站在门边的衙役："白沙乡白沙里曲水村那乡绅抓来没有？"

"早已抓来了，单捕头将他押在外边一房间里候着的！"衙役告诉海瑞。

海瑞说："告知单捕头，将此人带进大堂来！"

"是！"衙役说完转身出门去通知单金峰。

白沙乡白沙里曲水村乡绅汪九，被两名捕快五花大绑押了进来。

告他的乡民们也跟着进来听审。

"跪下！"捕快命令汪九。

汪九倒是挺听话，说跪下就跪下。

"汪九，你知道本官今日为何要将你押到这儿吗？"海瑞问他。

汪九磕头如捣蒜，对海瑞说："小民知道，小民知道！"

"那你还不赶紧招来。"海瑞说。

"小民招，小民全招！"汪九说。

"近些年来，小民通过投献、诡寄，还有飞洒等不法手段，将一些乡民的田地骗到手后，又想办法将其据为己有，然后让这些乡民……小民有罪，小民有罪！"

汪九一五一十将他侵占乡民们田地的事情向海瑞招供。

"既是如此，那这些田地你是退还他们还是不退？"海瑞问他。

汪九急忙说："退退退，小民不敢不退！"

"嗯，算你知趣，既是这样本官就不再追究你了，但你须在三日之内将侵占的田地退还给乡民，否则本官拿你是问！"海瑞盯着他说。

"是是是，小民回去就将田地全部退还他们！"汪九赶紧表态。

"有田种喽！有田种喽！"

"终于又可以种自家田了！"

"督抚大人英明！"

"海大人真是个好官！"

白沙乡的乡民们也激动得齐声欢呼。

看到乡民们这样兴奋，海瑞心里很是高兴，他说："乡亲们，你们都回去吧！"

"感谢督抚大人！"

"谢谢督抚大人？"

"感谢海青天！"

……

告状的白沙乡乡民又是一阵高呼。

待告状的乡民们散去，海瑞想：这几日告状的乡民，为什么有不少人都是来告当地的乡绅大户吞并他们田地的呢？前不久本官下去各地调查，也有许多人向本官反映这个事。看来，富户兼并贫户土地这种现象还真不少，是个普遍性的问题。倘若真是这样，那本官就要组织各地清丈田地，勒令这些乡绅大户将侵占的田地退还给被侵占的贫困人家，要不然这些人家不是饿死就是逃往外地，这不仅影响到当地贫困农户的生存，也严重影响了朝廷的财政税收。

"对，清丈田地，勒令退田，让土地重新回到种田农户的手中，不能再让那些乡绅大户占着大量的好田好地不纳税不服役！"海瑞用手一拍桌案，站起身来。

听海瑞这么说，李平度知道海瑞要在江南掀起一波大浪，这波大浪犹如海啸，必定会冲倒不少地方官员。

县令王明友更是浑身不自在，他心里清楚，以前不是没有乡民来状告乡绅大户侵占他们的田地，是因为他收了这些乡绅好处，判乡民们败诉，乡民们才不来告了，这下海瑞要动真格的，勒令乡绅们退田还地，他担心自己和乡绅勾结的事会露出马脚。若是这样，海瑞定然不会饶自己。

三日后，海瑞离开了华亭县，回苏州巡抚衙门。

– 5 –

回到苏州巡抚衙门,海瑞马上以督抚的名义草拟文书和告示,并派衙役骑快马将文书和告示送到各州府,要求各州府及时将告示抄写后拿到所管辖的县、乡、村进行张贴,勒令土豪劣绅将侵占的田地退还给乡民。

海瑞在文书和告示中规定,如有官员违抗或土豪劣绅拒不执行,巡抚衙将一律给予严惩,绝不姑息。

各州府的官员畏惧海瑞,接到他下发的文书和告示,慌忙派人知会辖区各县县令,要他们赶快抄写后拿到县衙门外及各乡张贴,让当地的乡绅和乡民都知晓此事,并叫州县衙赶紧组织官吏清点当地土豪劣绅侵占的田地,勒令这些土豪劣绅马上将侵占的田地退还给乡民。

"阎王,真是个活阎王!"

"他要大家退地?他这要得罪多少官宦和权贵啊?"

"哼,这地他退得了吗?"

"听说这人是有些不好惹!"

"他这是没把咱们这些乡绅放在眼里!"

"上京城找人告他去!"

"上京城告他,让他滚回去!"

"对,让这个不知好歹的东西滚出咱们江南!"

官府的告示一贴出,侵占乡民田地的土豪劣绅们坐不住了,惊慌地奔走相告。一些在京城有点关系的人,准备上京城找人帮忙,想把他海瑞撵出江南。

特别是华亭县的一些乡绅,他们知道徐阶曾经在朝廷里做过内阁首辅,官儿不小,而且在华亭县这个地方他家占的田地最多,用句话来说他们是一条绳子上的蚂蚱,于是这些人便去找徐阶商量,请他出面去劝说海瑞,让海瑞打消这个念头。

土豪劣绅们的这些行动传到了海瑞耳朵里,海瑞非常气愤,决定杀鸡给猴看,惩治一两个乡绅,要不然这田地还真退不了。

徐阶家的事,前两日已经有乡民反映了,海瑞当然得去找他。

一日,海瑞到常州府无锡县督办退田情况,无锡县坊前乡春潮村几位村民来府里向他告状,说当地乡绅吴绍鹏占了他们的田地不还。

海瑞正愁没机会，这下听说有乡绅敢抗命，决心惩治这个乡绅。

海瑞吩咐县令顾天云："顾县令，你安排一下，让县衙的捕头带些人去坊前乡将这个吴绍鹏给本官押来，本官要升堂审他。"

"是，下官这就去安排！"顾天云回海瑞的话，然后吩咐站在他身后的皂吏，"快去把晏捕头叫来！"

"是！"皂吏说完跑去巡捕房叫捕头晏明迁。

巡捕房不是很远，没多大功夫，捕头晏明迁就到了。

"县令大人，有何事要吩咐卑职？"晏明迁一进来就问顾天云。

顾天云没回答他的话，而是指着海瑞和常州府知府梁影月告诉他："这位是新来的督抚海瑞海大人，这位是常州府知府梁影月梁大人！"

"见过两位大人！"听顾县令介绍，晏明迁赶紧拱起双手给海瑞和梁影月行礼。

随后，海瑞指着下面来告状的乡民们说："刚才这些乡民告诉本官，说坊前乡的乡绅吴绍鹏作恶一方，采取欺骗手段侵占了他们的田地，本官令你即刻带人去坊前乡将这恶绅押来，本官要升堂审他。"

"遵命！"晏明迁回答，随后到巡捕房带着三名捕快，骑着快马去坊前乡捉拿乡绅吴绍鹏。

"禀报督抚大人，卑职已将姓吴的乡绅押解来了，现在外边候着，请督抚大人发话！"

一个半时辰后，晏明迁和捕快们将乡绅吴绍鹏押解到县衙。

"押进来！"听晏明迁说人押解来了，海瑞吩咐他。然后整理了一下官袍，与陪同他一起来的梁影月，还有知县顾天云，一块坐在县衙大堂审讯吴绍鹏。

告状的乡民们站在一旁听审。

"啪"，海瑞将惊堂木往桌案上猛地一拍，开始审讯吴绍鹏。

也许是海瑞用力过猛，跪在下面的吴绍鹏吓了一大跳。

"吴绍鹏，本督抚问你，你可知罪？"海瑞厉声问吴绍鹏。

吴绍鹏仗着自己有个妹夫在京城刑部任司务，没把海瑞放在眼里。他用眼睛乜了一下海瑞和梁影月、顾天云，鼻子哼了一声，说："小民不知身有何罪？"

见他这般无理，海瑞拿起案上的惊堂木又拍了一下，逼视着他："吴绍鹏，你最好放老实点，本督抚若没掌握你一些罪证，怎会将你捉拿于此！"

吴绍鹏昂起头，问海瑞："那你说说小民何罪之有。"

"吴绍鹏，本县知道你有个妹夫在京城刑部任职，今日督抚大人是受天子之命下来巡抚江南，你那妹夫也保不了你！"顾天云对吴绍鹏说。

"难怪如此嚣张！"听顾天云这么说，海瑞才知道这人为何如此傲慢，原来是仗着他有个妹夫在北京城的刑部做官。

梁影月也对吴绍鹏说："顾县令说得对，这下谁也保不了你，本府劝你还是从实招来，省得对你动用大刑。"

"小民没啥可招！"吴绍鹏还是死不认罪。

海瑞火了，高声命令立在吴绍鹏两边的四名皂吏："来人，打他四十大板，本督抚看他还敢不敢嚣张！"

"海瑞，我会到京城告你的，难道你就……"吴绍鹏话还没喊完，四名皂吏已将他按在桌凳上噼哩啪啦地打起来。

"哎哟……妈呀！"刚打了二十板，吴绍鹏就叫喊起来。

海瑞向四名皂吏挥手，示意他们暂停。

不知是故意装还是真挨不住了，吴绍鹏趴在上桌凳上不起来。

海瑞吩咐皂吏拉他下来跪下，然后说："这下应该招了吧？"

"我没什么可招的，你们要我招什么啊？"吴绍鹏想要无赖，仍不想招供。

站在一旁的乡民们气愤地看着吴绍鹏。

海瑞怒视着他："本督抚再问你一遍，你是不是采取欺骗手段侵占这些乡民的田地？"

"我没有侵占他们的田地，那都是他们自愿投在我名下的！"吴绍鹏耷拉着脑袋有气无力地说。

"那都是因为你骗我们的！"

"就算是投在你名下，咋就变成你家的了？"

"若不是你耍手段骗人，我们会把田地投寄在你名下？"

见吴绍鹏这么说，乡民们愤怒了，连声质问他。

吴绍鹏不说话。

海瑞说："听到了吧，吴绍鹏，要不是你使手段，这些乡民怎会将自家田地投寄在你家名下？告诉你，本督抚是奉皇上之命前来应天十府巡抚。刚才听顾县令说，你有个妹夫在刑部，但本督抚实话对你说，他也保不了你。本督抚奉劝你一句，这些田地是农户们的命根子，你最好还是如数退还给他们，切莫再抱什么幻想！"

"小民没田可退没地可还，你们想怎么样就怎么样！"吴绍鹏做出一副死猪不怕滚水烫的样子。

海瑞大声地对下面的四名皂吏说："给本督抚再狠狠地打二十大板，看他退还是不退！"

"妈呀，痛死我了！"吴绍鹏像先前一样，杀猪般喊叫起来。

"说，退还是不退？"海瑞盯着他。

吴绍鹏哼哼唧唧地说："那些都是我的田地，我没啥退的，要田要地没有，要命有一条，你们打吧，打死了我妹夫会来找你们算账的！"

"给我继续打！"见他还仗势欺人，海瑞震怒了。

四名皂吏打完四十大板，吴绍鹏已是半死，海瑞吩咐捕快把他拖到县衙的牢房里先关着，过后再作处理。然后，叫告状的乡民先回去。

"督抚大人，我们的田地咋办啊？"这些乡民怕要不回被吴绍鹏侵占的田地，眼巴巴地望着海瑞。

吴绍鹏的态度着实让海瑞觉得心烦，他正在想如何应对这事，看到乡民们如此着急，站起来对他们说："请大家放心，本督抚一定会帮你们要回被侵占的土地，只是这事得有一定时间。这样，你们先回去，待有消息了本督抚会遣人通知你们！"

"督抚大人，我们相信您，但不要让我们等得太久啊！"一乡民说。

海瑞说："放心吧，本督抚做事一向雷厉风行，绝不会让大家等很长时间！"

"乡亲们，既然督抚大人都这样说了，那咱们就先回去，等督抚大人的消息吧！"先前那乡民说一同来的人。

"好！咱们回去等督抚大人的消息！"

"督抚大人，您说话可要算数啊！"

海瑞说："一定算数！"

乡民们这才散去。

等告状的乡民走了，李平度问海瑞："海大人，这事咋办才妥帖啊？"

"这吴绍鹏不是仗着他有个妹夫在京城刑部吗？"海瑞问。

顾天云惊慌地说："是啊，督抚大人，他妹夫是京官，得罪了他怕是不好收场啊！"

"这事的确有点棘手!"李平度作沉思状。

海瑞说:"不就是个刑部司务吗?他能硬得过皇上?别怕,这事待本官奏请皇上后再作定论。本官已经想过,要在江南各地重新清丈田地,让那些官宦乡绅将侵占的田地退还给乡民势必会遇到一些阻碍,本官若不处置一批人,那这事干不下去。正好,本官就拿他吴绍鹏来开刀,杀一儆百,我看还有谁敢抗令。再说本官有尚方宝剑,还怕他一个刑部的司务不成?本官这样做,是想让各地官员知道,这是皇上的旨意,而非我海瑞妄行,否则不用多此一举!"

顾天云讨好地说:"督抚大人英明!"

"原来如此!"李平度恍然大悟。

因为有其他事情,海瑞暂时回到了苏州巡抚衙门。

处理完这件事后,海瑞立即起草给皇上的奏请。

海瑞先奏明吴绍鹏侵占乡民田地的事实,然后重点奏明吴绍鹏仗着有一妹夫在刑部任职而不遵行退田指令,严重影响一方田地的清退。最后说,为杀一儆百,确保田地清退顺利推进,请求皇上准予斩杀吴绍鹏。

奏请写好,海瑞立即遣人骑快马将它急送到京城,让人转交给隆庆皇帝。

海瑞的请奏递上去后,隆庆皇帝很快就回复了,并准了海瑞的奏请。

接到皇上批复,海瑞立即赶到无锡县县衙,命人从牢中将吴绍鹏斩首示众,并督促县衙组织人清理被吴绍鹏侵占的田地,然后一一退还给乡民们。

"感谢督抚大人!"

"督抚大人真是好人呐!"

"下辈子做牛做马报答海大人!"

拿回田地的乡民们激动得流泪欢呼,并对海瑞赞口不绝。

通过斩杀吴绍鹏,各州府县的地方官员和土豪劣绅知道海瑞是动真格的了,本来想从中做些手脚的人也不敢了。

后来,海瑞在镇江府又斩杀了一个抗令的乡绅,退田活动算是有了些进展。

第30章　劝说徐阶

见徐阶和三个儿子脸色都不好看，海瑞知道他们不欢迎自己，便佯装笑脸说道："我知道，我这个时候来，阁老一家都不欢迎，可没办法啊，这事总得有个结果，不然海瑞也无法给皇上和乡民们交差！"

- 1 -

海瑞惩办的这些土豪和官绅，不过是些毛毛虫，真正的大地主、大豪绅还未露面。

有人来告状，说当地真正的大地主、霸占和吞并农户田地最多的就是徐家。哪一个徐家？告状的说，就是曾经在朝廷做内阁首辅、现在已经致仕回乡的徐阶家。

其实早在走访调查中海瑞就已经知道，江南侵占贫困农户田地最多的不是别人，正是几年前救过他一命的内阁首辅徐阶一家。这徐家才是华亭县甚至是应天十府中真正的大地主。据说他家的田地不少于二十万亩，甚至有人说有四十万亩，而他家这些田地大多是通过投献、放高利贷抵押等方式，从贫困农户手里剥夺过来的。

海瑞刚来苏州巡抚衙的时候，就有人来反映徐家侵占田地的问题。前段时间海瑞来华亭县，更是有不少乡民来县衙告徐家，说徐家侵占了他们的田地。

看来得去找徐阶这个恩人谈谈了。

对，去找他谈谈，若真像乡民们说的那样，那我海瑞绝不会留情面，一定会叫徐家将侵占的田地退还给乡民们。

几日后的一个晌午，海瑞风尘仆仆地来到徐阶家。虽说海瑞早就和徐阶认识，但那是在官场上，徐阶的老家他还是第一次来。

"哎呀，海督抚，你咋悄无声息地就来了呀？你提前知会一声，老夫也好派犬子去接你嘛！"听说海瑞来了，徐阶赶紧出门迎接。

"汝贤哪敢劳阁老大驾啊？"对徐阶这个有救命和提携之恩的恩人，海瑞自然得尊重三分，见他出来迎接自己，赶紧上前与他寒暄。

"走走走，进屋坐，进屋坐！"徐阶笑着对海瑞说，随后领着他进屋。

徐阶的长子徐璠、次子徐琨和第三个儿子徐瑛赶紧过来与海瑞打招呼。

海瑞还礼。

"阁老，海瑞这次奉皇上之命来江南巡抚，想必阁老已经知道这事了。"嘘寒问暖了一阵，海瑞切入正题。

莫说是皇上派人巡抚江南这种大事儿，就是有只猫掉进厕所里，都会有人来告诉徐阶。

"哎呀，老夫已经致仕，只想清静清静，哪还有闲心去过问朝廷的事啊？"当了那么多年的内阁首辅，徐阶很圆滑。

海瑞说："阁老，海瑞这次奉皇上之命来巡抚江南，一是要整饬这儿的吏治，二是要治理吴淞江和白苑河的水患，三嘛，就是要重新清丈一下这儿的田地，还田于民。海瑞这次来松江，主要就是为清丈田地这事而来的，希望阁老能够支持。"

"啥？海大人清丈田地清到我们家来了？"听海瑞说是为清丈田地而来的，一旁的徐瑛站起来瞪着眼质问海瑞。

坐在一边的徐璠、徐琨也瞪着眼睛看海瑞。

"坐下，说话这么没规矩！"见儿子徐瑛这么冲动，徐阶赶紧沉下脸喝住他。

徐瑛不服气，扭着脸一屁股重重地坐回凳子上。

徐阶笑着对海瑞说："老夫还以为海督抚大老远来，是和我叙旧的呢，原来是来清退田地的呀！"

"海瑞此番拜访，既是来与阁老叙叙旧，也是为了公事而来。"海瑞听出他话中有话，也说得滴水不漏。

徐阶说："适才瑛儿的话多有得罪，还望海督抚多多包涵！"

"想必在徐阁老的心里，海瑞不会这么没气量吧？"海瑞笑着说。

徐阶说："哪里哪里，海巡抚是做大事的人，哪会跟犬子计较呢？不过，瑛儿的话虽说鲁莽了点，可他说得也并非一点道理也没有。说实话，就连老夫也想不明白，海巡抚来松江清退田地怎么会清到老夫家里来了呢？怕是有什么误会吧？"

海瑞说："徐阁老，不是海瑞有意为难你们家，确是有人到我衙署告状,说你们家占了他们大量田地,所以我才来了解一下情况,看到底是怎么回事。"

"谁胆子这么大,敢到官府去告我徐家的状,看我不整死他!"徐瑛狂妄地骂道。

他这是在威胁自己,海瑞不是不明白。

见三儿子徐瑛口无遮拦,怕他惹恼了海瑞,徐阶赶紧骂道:"你这孽障,还不快给我滚出去!"

"父亲,他……"

"滚!"

徐瑛还想说什么,徐阶朝他怒吼道。

尽管徐瑛蛮横,但他毕竟怕徐阶。他瞪了海瑞一眼,气冲冲地站起来,转身拂袖而去。

"没教养,真是没教养啊!都怪老夫没管教好,海巡抚你莫计较!"见三儿子徐瑛这样,徐阶假意给海瑞赔罪。

海瑞当然心知肚明,但他不挑明不点破,只是笑着说:"不碍事,不碍事!"

听海瑞这样说,徐阶料想此事肯定没这么简单,海瑞是啥性格他徐阶完全清楚,他此番前来必然有所准备,于是便说:"海巡抚,依老夫看这事的确是有些误会,刚才听你说有人到官府告老夫家的状,老夫猜想可能是有人想在背后谋害老夫,才出此损招。"

"徐阁老,实话跟你说吧,告你们家的人还真是不少。"海瑞不动声色地敲打着徐阶。

徐阶喝了口端在手上的茶水,说:"海巡抚,老夫也实话跟你说吧,老夫一家在江南的确是有些田产,但不是很多,而且这些田产都是通过合法方式取得的,至于你说的占别人家田地之事,这的确是个误会,绝对不存在这种事情。"

"徐阁老这么说,海瑞当然也不好说什么,既然有乡民来告状了,海瑞就得查,也好给这些人一个交待。这样吧,这事待我带人查了再作定论。不过海瑞有言在先,倘若真查出什么问题来,那得请阁老担待一些,否则海瑞不好给乡民们交待,在皇上那儿更是不好交差。"

"海大人,您这样做是不是过分了些?"一直没说话的徐璠问海瑞。

这徐璠读书不少,做事和他爹一样非常谨慎,徐阶在任的时候,遇事总是与他相商,而且他总能出些主意,徐阶很看重他这个儿子。徐阶被高拱斗败致仕后，就将他一起带回乡了。

"海大人，好歹我父亲做过大明内阁首辅，再说他也曾救过您一命，这样做，不觉得有些过分吗？"徐琨跟着附和。

"徐璠、徐琨，瑛儿不懂事，你们俩也不懂事？跟着起什么哄？"徐阶对两个儿子吼道。其实，他巴不得两个儿子这样说，也好给海瑞一个下马威。

见他们父子在给自己演双簧，海瑞笑着对徐璠、徐琨说："两位世侄，刚才海瑞说了，这事待调查了才作定论，你们急啥呢？不用急，不用急！"

海瑞这话是说给徐阶听的，其实要说着急，徐阶比他三个儿子还着急。

"海巡抚说得对，这事急个啥呢？等他调查后是什么情况再说也不晚嘛！再说，还得感谢他来提醒咱们家呢！"徐阶对两个儿子说。

海瑞说："皇命在身，这也是没办法的事。"

"都曾在官场混过，老夫又不是不理解你！"徐阶说。

海瑞双手拱起，给他行礼："感谢徐阁老理解！"

"哎，不必客气！"

徐阶表面热情，心里却在翻江倒海：你这个不知感恩的小人，当年要不是老夫救你一命，你早已成了死人，如今你不但不报恩，还找到了老夫的门上，早知今日老夫哪会救你？"

因为话不投机，海瑞和徐阶闲扯了一会儿，就与他父子三人告辞。临别时，海瑞一语双关地说："放心吧，徐阁老，我还会再来的！"

"欢迎！"徐阶强装笑脸。

"再会！"海瑞跟徐璠、徐琨告辞。

徐璠、徐琨不冷不热地说："慢走，不送！"

- 2 -

海瑞一走，徐瑛进屋来了。

他一进门就对徐阶说："爹，不是瑛儿说您，像他这种无情无义的小人，您还跟他客气啥呀？"

"不是当爹的硬要说你，瑛儿，你给我惹的事还少吗？你应该像你两个哥哥一样，多读点书，脑子里多装些墨水，不要成天老是干些拈花惹草的无聊事，净给我惹麻烦！"徐阶板着脸说他。

停了停，徐阶又说："你遇事动点脑子好不好？就像先前这事，你明明知道海瑞来者不善，还要去招惹他，这不是自己在讨死吗？你知道爹为何叫你出去？海瑞既然来华亭县了，你做的那些混账事他迟早会知道的，爹是怕你和他弄僵了，他好找借口收拾咱们家！"

徐阶这么一教训，徐瑛赶紧给他爹道歉："爹，孩儿知错了！"

"知错就好！"徐阶绷着个脸。

徐琨说："瑛弟，爹说得没错，你不该和海瑞顶，就是要顶也得讲究点策略，绝不能硬来，此时海瑞是皇上派下来的钦差，权力之大你还不清楚？你去惹他，等于是鸡蛋碰石头，你碰得过他？要学会隐忍！"

"我最担心的，是你跟赵小兰的事被海瑞发现！"徐璠面布愁云。

经徐璠这一提，徐阶也担心起这事来。他对徐瑛说："你大哥说得对，若这事被海瑞知道了，你连命都难保！"

"那这事咋办啊？"见他们都这样说，徐瑛也着急起来。

徐阶说："咋办？事情已经出了，只有听命了！"

徐琨说："瑛弟，不是二哥说你，那些拈花惹草的事你最好不要做了，再这样下去，你迟早会栽在这件事上！"

"赵小兰一家去县衙告过状，虽说被县令王明友给挡下了，但这事你是知道的，我费了不少力，银子也送了不少。海瑞来了，这事得再去找一下王明友，再送些银子给他堵死他的嘴，要不这事恐怕会麻烦！"徐阶沉着脸说徐瑛。

徐璠有些恨他这个不争气的弟弟，不客气地说徐瑛："咱们占人家田地，地契本来就是假的，为这事赵大柱就被气死了，你又去强抢人家女儿，导致人家去县衙告你。最棘手的是，王明友在审堂上叫人打死了人家赵玉山！"

徐琨叹息道："要想救瑛弟一命，看来也只有这样做了！"

"你们在说些啥啊？"

这时，徐阶的妻子沈仲恒从外面走了进来，见丈夫和三个儿子在说着什么，便问他们。

"说些啥？还不是你这儿子做的好事？"徐阶一脸怒气看了旁边的徐瑛一眼说。

见丈夫说话带气，沈仲恒不高兴地说："我儿子做些什么了？"

"母亲，海瑞受皇上委派来咱们这儿巡抚，爹和我们担心瑛弟强抢赵小兰的事会被他知道。"徐琨告诉她。

听了徐琨的话,沈仲恒睁大眼睛:"你说啥?海瑞这活阎王要来咱们这儿巡抚?"

"是的,母亲,他刚才还来咱们家了。"徐琨告诉他母亲。

"瑛儿这事真要被他海瑞知道了,那还了得啊?你们这么聪明,赶紧想办法呀!再不赶紧想办法,瑛儿的命怕是要被这个活阎王拿去呢!"沈仲恒急得像被猫抓,眼泪也流了下来。

徐阶没好气地说:"我们这不正在想办法吗?"

"母亲您别着急,我们正在和爹想办法!"见母亲急成这个样子,徐璠赶紧安慰她。

"都是你!都是你这个不争气的东西惹的祸!"沈仲恒对徐瑛嗔道。

徐瑛愣在一边不敢说话。

徐阶对妻子说:"不单是他这个事,海瑞这次来还冲着咱家的田产!"

"田产?这活阎王到底是要做啥啊?"沈仲恒气恼地问徐阶和三个儿子。

徐瑛告诉她:"母亲,海瑞刚才在咱们家说,他要清退乡官们的田产!"

"这个海阎王,真是无法无天了,内阁首辅家的田地他也敢清!"沈仲恒气坏了。

见妻子这样说话,徐阶赶紧说:"好了好了,你去休息,不要再给我惹事了,这事我们会想办法处理!"

"那你们赶紧想办法,要不然我怕过不了多久咱们家那些田就不姓徐了啊!"沈仲恒对徐阶说。

"母亲,您去休息,我们会想办法的!"徐琨过来劝他母亲。沈仲恒这才不情愿地离开。

徐璠说:"这样,爹,我立即带两百两银子去县衙找县令王明友,叫他务必保住瑛弟。至于田产的事,咱们再从长计议,儿子相信海瑞不会这么绝情。"

"光打点王明友恐怕还不行。"徐阶想了一下,对徐璠说。

徐琨说:"爹说得对,光去打点王明友恐怕真还不行,松江知府李平度对瑛弟的事也出过力,这个人看来还得去打点一下。"

"上次不是给他们那么多银子了?咋还要给他们银子?咱们家又不是银子多了用不完!"徐瑛嘟着个嘴。

"你懂个屁!"徐阶朝他吼道,"你以为老子真是家财万贯花不完!要不是为了保你这条小命，老子才不花这些冤枉钱！"

徐瑛不敢吭声。

"瑛弟你少说点。"徐琨说他。

徐璠说："爹，我看这事宜早不宜迟，晚了恐怕会生出其他枝节。"

"好，晚上你拿了银子先去找王明友，与上次一样，给他两百两。"徐阶告诉徐璠。

"李平度呢？"

"仍然给他三百两吧。"

徐璠说："恐怕这两人的手下也得散些碎银。"

"你看着办！"徐阶说。

晚上，徐璠从家里取了银子，就去知县王明友的私宅找他。

徐璠到王明友家的时候，王明友正在宅院里的一棵紫荆花树下逗他挂在树上的鹦鹉。

"哟，王县令，真有闲情啊！"见王明友这样逍遥自在，徐璠打趣地笑着说。

"哎哟，徐大公子，今儿咋有空来串门儿呀？！"王明友见徐璠此时到来，知道他肯定是为徐瑛的事来找他，但他装着不知，笑着对徐璠说。

"好你个老奸巨猾的王明友！"徐璠猜到王明友已经知道他来的目的，心里不禁骂道，但他嘴上却说："在家闲着没事，来走走，来走走！"

"请，屋里坐，屋里坐！"王明友请徐璠进屋。

"来，喝茶！"

二人坐下，手上端上了茶，王明友招呼徐璠。

"不是外人，王县令不必这般客气！"徐璠说。

王明友喝了口茶，问徐璠："徐大公子今儿到寒舍不会真是来串门儿的吧？"

"真是啥事都瞒不过王县令！"徐璠喝了口茶，笑着对王明友说。

王明友说："说吧，有啥需要王某效力的！"

"上次瑛弟的事，想必王县令还没忘记吧？"徐璠说。

"瑛弟的事……"王明友假装记不起了，右手摸着后脑想了一下，"哦，想起来了，想起来了，你说的是你三弟徐瑛和赵小兰的事吧？"

"对对对，就是这事！"徐瑶赶紧说。

王明友装着不明白地问："哎，那事不是都了结了吗？又咋啦？"

"海瑞那阎王不是来了吗？家父怕这事会露馅，特意叫我来找你。"徐瑶告诉他。

"那你们想怎么样？"王明友问。

徐瑶说："家父的意思是，想请你和李知府一如既往关心我瑛弟。"

"那还用说？没事，量他海瑞也查不出来！"王明友霸气地说。

徐瑶说："不过，这事还是小心为好，海瑞的确不是一般人，万一……"

"徐大公子说得也是！"王明友笑着说。

"这是家父的一点心意，望王县令收下！"徐瑶趁机从袋子里摸出给王明友的银子。

"这……"

"一点心意，一点心意！"

"哎呀，这徐老也太客气了嘛！"

王明友假意客气了一番，接过银子放到茶几下面。

见银子已经送出去了，徐瑶就说："哟，你看我这脑子，昨日答应要去一个侄儿家的，却把这事给忘了。我看时间还早，我还是去一趟，王县令你忙，瑛弟的事就劳烦你多费点心！"

徐瑶走出王明友家。

次日，徐瑶又到松江府知府李平度家，把银子送到他手上，请他多多关照徐瑛的事。

李平度收了银子，说："你们放心就是，这事我知道怎么做。"

徐瑶拱手道："那就拜托李大人了！"

二人聊了一会儿，徐瑶离开了李平度家。

"徐家真是有钱！"

看着桌子上徐瑶送来的三百两银子，李平度抚弄着山羊胡，得意地笑着。

— 3 —

海瑞对徐瑛强抢赵大柱女儿赵小兰的事还不知情，他只知道徐家在华亭县坐拥不少田地。

那日，从徐阶家回到华亭县衙后，他就在想：这徐家在华亭县到底有多少田产？怎么才能查清这事呢？户房，对，户房是管一县田地的衙门，应该能查到他徐家的田产。

海瑞来到县衙户房，对司典金蝉说："你把县里的青册拿来我看一下。"

"要哪个乡的啊，督抚大人？"金蝉问。

海瑞说："先拿华亭乡的来。"

"你去把华亭乡的青册抱来，督抚大人要用！"金蝉吩咐手下。

"是！"

一会儿，金蝉的手下将华亭乡的青册抱来了。

海瑞拿起青册，一页一页地查看起来。

"嗯，有了！"海瑞翻到一页，见上面记着徐家的田产："徐阶，有田五万亩，有山地三万亩；徐瑛，有田五万亩，有山地二万五千亩；徐璠，有田三万亩，有山地一万三千亩；徐琨，有田三万亩，有山地一万二千亩。徐陟，有田……"

海瑞知道，这不过是官方数据，徐家真正拥有的田产应该不只这些，不如再找当地的一些官员和老百姓问问情况。

海瑞将徐家这些田产数据抄写在本子上，然后对金蝉的手下说："好，可以抱回去了！"

"查到了，督抚大人？"金蝉问。

海瑞说："嗯，查到了。"

海瑞告别金蝉和户房的人，回到他办公的地方。

次日，海瑞带着和他一同来的巡抚衙衙役三宝到华亭乡调查徐家的田产情况。王明友说陪他去，海瑞委婉地说："你忙就不用去了，我带个人去就行。"

"那我叫典史陆满红陪您去吧？"王明友说。

"不用！"海瑞知道他心里藏着的小九九。

海瑞带着巡抚衙役三宝出发了。

"大人，先去哪儿？"到了华亭乡，三宝问海瑞。

海瑞告诉他："先去乡里找几个乡官问问。"

不一会儿，海瑞和三宝找了几位乡官打听情况。

"哎，你们知道徐家有多少田、多少地吗？"海瑞说明来意后，问几位乡官。

一位脸上有颗黑痣的乡官问："你说的是徐阶徐阁老家？"

海瑞说："对，就是他家。"

"说起他家呀，整个华亭乡，数他家的田地最多！"一位穿长衫的乡官告诉海瑞。

一位白胡须乡官说："岂止是华亭乡？就是整个华亭县，他徐阶家的田产都是最多的！"

"大概有多少亩你们听说过吗？"海瑞问白胡须乡官。

白胡须乡官说："连田带地，我估计不下三十万亩！"

"嗯，恐怕还不只这些！"一位方脸乡官接过白胡须乡官的话。

海瑞问："徐家这些田地，都是他家祖上留下来的？"

"屁，绝大部分都是人家投寄在他家名下，后来就不明不白地变成他家的了！"方脸乡官气愤地告诉海瑞。

"这些人家咋会把自家田地投寄给他徐家呢？自己不种吗？"海瑞问。

白胡须乡官说："还不都是官家逼的！"

"怎么这么说呢？"海瑞问他。

白胡须乡官告诉海瑞："投寄田地的，多半是那些贫穷的农户，当然也有一些稍富点的小地主或中农。这些人家承受不起每年官家下派的繁重赋税还有劳役，只好狠下心把自家的田地投寄在徐家，好让自家减轻一些赋税和劳役。可这些人家根本想不到，过了一段时间徐家就说这些田地是他家的了呢？"

"先骗，然后再强占！"脸上有黑痣的乡官说。

穿长衫的乡官说："再就是放高利贷，还不起了用地来抵！"

"就没有人去告他徐家？"海瑞问。

方脸乡官说："有啊！但告得了吗？"

"曾经有人去华亭县县衙和松江州府告过徐家，可十家告有十家输！"白胡须乡官告诉海瑞。

海瑞问："为啥会这样啊？"

"为啥？徐家有钱有势呗，官司还没打，人家往那些官员腰包里一塞银子，审案的官员要么说你没证据，要么强行说你是在污告人家，于是叫那些皂吏狠狠地揍你一顿，再将你轰出来，你说你还能不输？"穿长衫的乡官气愤地告诉海瑞。

"原来如此！"听了这些乡官的话，海瑞非常气愤，他没想到地方官府会这么黑暗，勾结徐家欺压当地百姓。

"谢谢各位！"海瑞拱手给这几位乡官行礼。

"不客气！不客气！"乡官们笑着拱手回礼。

海瑞对乡们官说："我们还有些事，就此告辞！"

"海大人慢走！"乡官们和海瑞、三宝道别。

告别了几位乡官，三宝问海瑞："大人，接下来去哪儿？"

海瑞告诉他："再去徐家村找些人问问。"

于是二人又朝徐家村走去。

进了徐家村，海瑞看到前面有两父子在翻田，便对三宝说："走，过去和他们聊一下。"

"老哥，在翻田呐？"二人走过去后，海瑞朝老汉打招呼。

见有人和自己打招呼，老汉搭话："到季节了，就这点田，再不翻来种，一家人就没吃的了！"

"老人家，做累了，歇会儿吧？"三宝说老汉。

海瑞也说："来，歇会儿，和你们聊点事！"

"啥事啊？"老汉停下活问。

海瑞说："你们先过来嘛！"

"哎，歇就歇会儿！"老汉说着放下手上的活走过来。

"你也过来歇会儿吧！"海瑞对老汉的儿子说。

老汉喊儿子："强子，歇会儿再翻！"

"好，我马上过来！"老汉儿子回他爹的话。

老汉过来坐在海瑞的对面。

"你家就这么点田？"三宝问他。

老汉说："本来不只这点，可前不久涨大水，被冲走了一些！"

"原来是这样啊！那一家人的口粮恐怕都成问题了吧？"海瑞望着他问。

老汉叹了口气："这是天灾，没有办法啊！"

"向你打听个事，不知道老哥是不是清楚。"海瑞将话引入正题。

"啥事你说！"老汉从衣袋里掏出烟杆和烟盒，拿出些烟叶，问海瑞和三宝，"你们来一杆不？"

海瑞和三宝告诉他不会抽烟。

停了一下，海瑞问他："在你们这儿，谁家的田地最多啊？"

"说到田地啊，当然是徐家喽！"这时强子过来了，听到海瑞问这个事，抢着告诉海瑞。

"我儿子说得对，没哪家比得过他家！"老汉把烟点燃，吸了一口。

海瑞问他俩父子："为何说他徐家最多呢？"

"占人家的多呗！"强子一脸不屑。

老汉说："徐家有人做大官，村子里将田地投寄到他家名下的人家很多，占的田地也就多！"

"他家大概有多少亩田地啊？"海瑞问。

强子说："嗯，看样子恐怕要有三四十万亩！"

"这么多啊？"海瑞一脸惊讶。

老汉点头："应该差不多！"

"哎，你们问这干吗？"老汉突然问海瑞。

"没什么，就随便问问！"海瑞怕他父子俩走漏风声让徐家人知道他们在调查徐家的田产，只好这么说。

老汉哦了一声。

"这徐家人在当地如何？"海瑞又问。

老汉摇摇头："好事不多，坏事倒做了不少，特别是徐阶那第三个儿子徐瑛！"

强子气愤地说："不但占人家田地，还抢人家女儿，真是坏事做绝！"

"能不能给我们说详细点？"海瑞盯着强子问。

"说起这徐……"

"咳！"强子正要告诉海瑞徐阶家一些情况，老汉咳了一声，瞪了儿子一眼。

强子会意，急忙改口："哦，我也只是听人家说，具体情况不大清楚！"

"好了，时候不早了，我们得去干活了！"老汉怕海瑞他们再问下去，徐家知道了会找他们报复，赶紧和儿子起身回到田里继续翻田。

"谢谢你父子俩！"海瑞朝老汉和强子道谢。

"不用客气！"老汉和强子边回田里边回答。

离开这儿，海瑞和三宝又找几个村民了解了一下徐家的情况，然后回到县衙里。

"如何？督抚大人，了解到啥情况啊？"海瑞和三宝刚回到县衙，王明友就过来向他们打听。

海瑞说："没了解到啥，就出去走走。"

王明友知趣，见海瑞不想说，也没敢再问。

— 4 —

心中有数的海瑞再次来到徐阶家。

"你咋又来了？"徐阶见他又来了，老大不高兴。

海瑞笑着道："哈哈，徐阁老，我说过我还会来的，不仅现在来，恐怕以后都还要来！"

将海瑞让进屋后，徐阶不冷不热地问："怎么样，查到什么了吗？"

海瑞说："嗯，阁老你别说，还真让我查到了一些情况。"

"啥情况？"徐阶以为海瑞在骗他。

海瑞说："这不查呢还不知道，这一查啊，还真让人吓一大跳！"

徐阶一惊，但他转念一想，应该不会，说不定他是在诈老夫。他稳住情绪，问海瑞："什么事让人吓一大跳呀？"

见他装傻，海瑞微笑着说："阁老致仕回乡才一年多，可家里的田产的确置得不少啊！"

"那你说老夫家有多少田产？"徐阶试探他。

海瑞告诉他："据华亭县的青册记载，阁老连同三位公子的田产一共有二十四万亩，另外还有你弟弟徐陟，有田地六万多亩。这是官方青册记载的，应该不会有假吧？"

"居然去查青册了！"徐阶在心里想道，嘴上却问海瑞，"那……"

徐阶刚要说话，海瑞伸手制止他："其实，这只是官方数据，阁老家的田产还不只这些，我走访了一些乡官和村民，他们都说，在华亭乡，不，在华亭县，田产最多的就是阁老家，没有人能比得上。据人们估计，阁老家的田产恐怕不下四十万亩，这还不算你弟弟徐陟的。"

居然敢有人给海瑞反映老夫家的情况？听了海瑞的这番话，徐阶有些震怒，但他还是忍住了，他知道海瑞的性格，这愣头青一发起飙来比牛还犟。他眯着眼问海瑞："那又怎么样？"

"退田给人家！"海瑞语气坚硬。

"你说什么，退田？那些都是老夫自家置办的田产，你叫老夫退给谁呀？"徐阶一听说要他退田给人家，再也忍不住，高声质问海瑞。

"阁老息怒，待我慢慢跟你说。"

"有屁就放，放了走人！"

海瑞说："据我了解，阁老家的田产至少有一半是通过投献、飞洒、放高利贷后冲抵等手段得来的，而这些阁老应该比我清楚。自我来江南之后，有不少人都在状告你们徐家，说你们家使用欺骗手段侵占了他们的田地，要求你们家归还人家。这些，在公堂上都记录在案了，而且这些人还等着你们家退田还地，阁老怎会说退给谁这样的话呢？"

"谁敢动我徐家田产，我让他不得好死！"徐瑛突然闯进屋来，怒视着海瑞。

"谁让你进来的？"见徐瑛冒冒失失闯进屋来，徐阶两眼瞪着他，怒吼道，"滚出去！"

海瑞知道，徐阶这是有意骂给他听的。

"爹，他欺人太甚！"徐瑛望着他爹，气得脸如猪肝。

见他还不出去，徐阶又朝他一字一顿地吼道："我叫你滚出去！"

徐瑛这才走出门去。

"犬子无理，海督抚多包涵！"徐阶代儿子给海瑞赔礼。

海瑞笑着说："无妨，无妨！"

徐阶说："不瞒你说，老夫家田地是不少，但老夫有数千家人，多半的田地是他们的，真正到老夫名下却无几许。老夫知道，你这次是受皇上之托巡抚江南，清退田地也是你的一项职责，老夫也不能为难你。"

海瑞说："徐阁老能理解海瑞的难处就好。"

"海瑞，看在老夫当年救你一命的份上，你看这事能不能通融通融，让老夫随便退些田地出来，让你好在皇上面前交差。至于村民那边如何应付，你自己去想办法，你看行不行？"徐阶知道海瑞不达目的不罢休，不得不让步。

海瑞双手朝徐阶一拱，说道："徐阁老当年出手相救，恩海瑞永生不忘，但你说的这事不行。如若海瑞这样做了，那上对不起皇上和朝廷，下对不起华亭百姓，海瑞断然不能这样做，还望徐阁老谅解！"

"你难道真一点情也不记？"见他不给面子，徐阶心头火起。

海瑞说:"我刚才说了,救命之恩不敢忘记,但你说的肯定不行!"

"那你觉得怎么样才行?"徐阶双眼盯着海瑞。

海瑞说:"按理,你们家应该将侵占的田地全部退还给农户,念在你曾经在朝廷做过内阁首辅,又救过我一命,我折中一下,你们家留下几百亩,其余退还给人家如何?"

"你说什么?留几百亩,其余全部退还给人家?"徐阶以为他听错了。

海瑞一字一顿重复道:"是的,留下几百亩来自家用,其余全部退还给人家!"

"海瑞,你是不是疯了?你也不看看是在哪儿,居然敢说出这样的话!"徐阶彻底震怒了。

"不管在哪儿,我都得这么说!"海瑞也不示弱。

见他如此强硬,徐阶软了下来,说:"留几百亩,其余全部退,这是不可能的!"

海瑞想了一下,说他:"那就退还一半,这下该行了吧?"

"一半?不可能,不可能!"徐阶将头摇得像拨浪鼓。

海瑞两手一摊:"这已经是底线了,如若这样都不行的话,那我也没办法了,阁老你自家看着办吧!"

"不行,绝对不行!"徐阶语气仍很强硬。

海瑞见和他说不到一块儿,而且时间也不早了,站起身来:"我劝阁老好生想想刚才我说的话。时间也不早了,我还有些事要回县衙处理,就此告辞!"

"慢走,不送!"徐阶沉着脸。

海瑞出了徐阶家的门,朝华亭县县衙走去。

— 5 —

海瑞又到徐家去了。

徐阶和他三个儿子见海瑞死缠着他家不放,心里自是窝火,但又有些奈何他不得,爷儿四人一商量,觉得非找人帮忙不可了。

他们一边稳住海瑞,一边上京城找人帮忙。那日海瑞离开他家后,徐阶就安排大儿子徐璠给他的学生、内阁次辅张居正写信,求他劝说海瑞。

可到现在还未收到张居正的回信，海瑞又来家里了，爷儿四人心头很是不安。

"坐吧！"尽管心里不待见他，可徐阶还得招呼他。

"阁老不必客气！"海瑞自己找张椅子坐下。

见徐阶和三个儿子脸色都不好看，海瑞知道他们不欢迎自己，便佯装笑脸说道："我知道，我这个时候来，阁老一家都不欢迎，可没办法啊，这事总得要有个结果，不然海瑞也无法给皇上和乡民们交差！"

徐瑛恨恨地说："我说海瑞，你是鬼还是人啊？老是这么缠着我们徐家不放？"

见他说话这么放肆，海瑞忍住怒气，说："世侄啊，话说得何必这么难听呢？"

"你觉得难……"

"徐瑛，你给我出去！"

徐瑛正要发作，他爹徐阶赶紧吼住他。

"这是在我家，我为何要出去啊？"徐瑛顶嘴。

徐璠劝说他："瑛弟，你还是出去吧，省得惹爹发脾气！"

徐瑛站起来，猛地掀开椅子，愤愤不平地走出去。

"海大人，您给世侄一句实话，真要我们徐家退出一半田地吗？"徐璠问海瑞。

"那日我已跟阁老说了，这是底线。"海瑞告诉徐璠。

徐璠问他："难道就没有商量的余地了？"

海瑞摇了摇头："真没有了！"

"海大人，世侄倒是觉得，做人不能这么绝情，更何况我爹还曾经救过您一命，就冲这事，您也得关照一下我们徐家吧？"一旁的徐琨说。

海瑞严肃地说："阁老的救命之恩海瑞不敢忘记，也不会忘记，但事情一码归一码。再说，你们家侵占人家的田地理应全部退还人家才对，可只让你们退出一半，我才好给乡民和皇上交差，若这样都做不到，那就是在为难我了！"

"你真就不能再通融通融？"徐琨再次问他。

海瑞摇摇头："这事真没办法！"

"好了，不要再说了！"徐阶铁青着脸站起来，"你海瑞现在是皇上派的钦差,朝廷四品大员,位高权重,老夫已致仕回乡,话说再多也不管用了,这事你想咋办就咋办,不用再说了!璠儿,替爹送客!"

徐阶说完转身进了书房。

海瑞见徐阶下了逐客令,也不好再说什么。

"对不起,海大人,请吧!"徐璠站起来请海瑞离开。

海瑞起身走出徐阶家。

路上,海瑞在想,这事到底咋办?

想去想来,海瑞觉得,不对徐家来点硬的是不行了,他在心里说:"哼,我海瑞三番五次上门去劝你徐阶,可你徐阶却不买账,既然你不仁,那也别怪我不客气!"

海瑞准备对徐家砍下马刀了。

第31章 奸人捣乱

海瑞心里总认为老百姓都是弱者,断案的时候总觉得乡民们反映的问题都是真实的,也就偏向于乡民,他根本没想到会有人钻空子,以专打官司来谋取利益。

– 1 –

鼓励告状的告示张贴出来之后,告状的人越来越多,多的时候一天有上千人,连巡抚衙门都快被挤破了。

看到有这么多人来告状,海瑞很是高兴。他想,有这些人的控告和检举揭发,地方上那些贪官污吏,还有那些横霸一方的土豪劣绅,一个个都会现出原形,到时候就好收拾这些人了。

鼓励乡民告状,海瑞的本意是要逼地方上那些贪官污吏现形,以便整顿地方吏治,在江南十府打造一个清明的官场生态。

海瑞的出发点是好的,可却出现了让他意想不到的局面,准确地说,场面失控了。

告状不收诉讼费,意味着打官司不花钱,这就让一些奸诈小人有机可乘。一些奸诈之人见乡民们打赢了官司,不但把田地要回来了,有时还会得到一些银子作为补偿。这些人就在想:与其成天脸朝黄土背朝天地种田种地,不如去胡乱找些理由打官司告状,官司打赢了还有油水可捞。

于是,这些奸诈小人抱着种肥田不如告瘦状的扭曲心态,总是隔三差五地来巡抚衙告别人的状。

这样一来,被冤枉和误判的人也不少,不少中产阶层人士,特别是那些正派的乡官缙绅,一不小心就让人给告了,这就激起了不少乡官缙绅的愤怒。

出现这种事情,这些乡官缙绅把责任全推到海瑞的头上,他们认为,若不是海瑞鼓励大家告状,自己哪会被人污告?于是就把怒气全撒到海瑞头上,要么联合起来反对,要么上省府或京城找关系告海瑞,想方设法抵制他出台的这个政策，甚至有人扬言，要将他海瑞赶出江南。

海瑞因为急于推进退田，也就没把这事放在心上，仍然一如既往地鼓励大家来告状，这就使乡官缙绅与他的矛盾越来越深，恨他的人也越来越多。

一日，巡抚衙役尤三跟他说："大人，您要小心一些，听说有人想加害您呢！"

海瑞听了不屑地说："兵来将挡，水来土掩，没啥可怕的，你不用替本官担心，想害我的都让他们来，本官若是怕了也就不会来这江南了！"

尤三敬佩地说："大人有这番气概，尤三誓死跟随大人！"

这日早晨，海瑞还在屋里梳洗，一巡抚衙役慌里慌张地跑进来禀报："督抚大人，不好了！"

"啥事这么惊慌？"海瑞边洗漱边问衙役。

衙役告诉他："刘二又带着人来告状了！"

"哪个刘二？"海瑞停下洗漱，扭转头问他。

"就是几日前来告吴乡绅的那个刘二。"

"好，我知道了，你先去府衙大堂，叫他们等着，我马上就来。"

"是！"

衙役说完转身跑了出去。

刘二是苏州府吴县清溪乡的乡民，其在村里是个游手好闲、好吃懒做的家伙，他听说海瑞鼓励乡民告状而且还不收诉讼费，就动起了歪脑筋。他纠集村里几个和他一样的青年，专门捏造假证据去告地方上的那些乡绅，以此谋取私利。在此之前，他已经告了三个乡绅，海瑞都是判他赢了官司。

尝到了打官司告人的甜头，刘二不断地来告状。

转瞬，海瑞来到府衙大堂上。

"督……督抚大人，小……小的有状要告！"见海瑞来了，说话有些结巴的刘二赶紧朝他叫道。

海瑞问他："你又要状告何人？"

"禀……禀报督……督抚大人，小的这次告……告的是乡……乡绅黄麻子。"

"乡绅黄麻子？哪个黄麻子？真名叫啥？"海瑞有些疑惑，沉思着问刘二。

见他似乎不太明白，刘二赶紧说："是……是的，小的要告……告他黄……黄麻子，他的真名叫黄……黄天龙。"

"你缘何要告他？"

"这黄……黄麻子他……"

"他怎么啦？"海瑞追问。

"他……他……"刘二半天也没说出什么名堂来。

海瑞说："说话利索点，他什么他？"

刘二赶紧说："对……对不起大人，小……小的打小说话就……就这样。"

"本官问你，你要告他什么？"海瑞望着刘二。

刘二说："告……告他放……放高利贷侵……侵占我……我家的地。"

"你把事情说具体一些，本官才好为你讨回你家的地！"海瑞说。

"事……事情是这……这样的，我……我家原来有……有十亩地，前……前年因为我爹去……去世，就……就给他黄麻子借……借了三……两银子，说……说好一年还，给他二……二两银子的利。可到一年后，我没……没那么多银子还……还他。我说先……先还他四两银子，过……过三个月再还……还他，并给他一些利息，他……他死活不干，派……派家丁将我家三亩地插上标……标签，说这地是……是他家的了，不给我种。"刘二结结巴巴地说了半天，才将事情说了个大概。

海瑞问他："真有此事？"

"真……真有此事，不……不信您问他们！"刘二指着和他一同来的几个人。其实，这几个人和刘二是一伙的。

"督抚大人，是有这回事，我可替刘二作证！"一个戴瓜皮帽的中年汉子站上前来告诉海瑞。

一个瞎了只眼的老者也出来替刘二作证："他说得没错，真有这回事！"

"这个事我也清楚，刘二没有冤枉他黄麻子。"一个穿花格子衣裳的中年妇女也说。

海瑞思忖：难道还真有这事？

海瑞觉得，这些乡民以往受欺压惯了，有冤也不敢来伸张，这下连告几人也属正常。再说，这些乡民素来都是被乡绅欺压的对象，他们反映的问题应该不假。于是，他吩咐尤三："去将鲁捕头叫来！"

不一会儿，捕头鲁清德来了。

"督抚大人，有事吩咐？"鲁清德问海瑞。

海瑞说："你马上带人去吴县清溪，把黄天龙给本官捉来，本官要审他。"

"遵命！"

鲁清德说完转身走出去。

鼕鼕鼕，鼕鼕鼕……

突然，外面的鼓声又响了起来。

海瑞问尤三："这又是怎么回事？"

"可能又有人来告状了！"尤三告诉他。

海瑞叫他出去看看。

"我要告状！"

尤三到了门口，见昆山县蓬朗乡乡民黎民才在敲鼓，他妻子和一帮子人站在旁边，便问他："怎么又是你？你又要告何人？"

黎民才说："我来告县衙户房司典程九如！"

"你告他什么？"尤三问他。

黎民才说："等到了大堂我再说。"

尤三叫他等着，督抚大人还在审一个案子。

黎民才只好在外边等着。

"什么人在敲鼓？"尤三回到大堂，海瑞问他。

尤三回答："那个叫黎民才的，说他又要来告县衙户房司典程九如。"

"告县衙户房司典程九如？他为何要告程九如？"海瑞问。

尤三摇头："他没说，他说等到了大堂才说。"

海瑞说："那就叫他在外边等着！"

"已经跟他说了。"尤三告诉海瑞。

– 2 –

黄天龙被押进来了。

"跪下！"

捕快见他来到审堂上还直直地站在那儿，命令他下跪。黄天龙扭转头看了捕快一眼，见他双眼瞪着自己，不得不跪下。

海瑞命原告刘二也跪在他旁边。

黄天龙侧过身看刘二，不知是怎么回事。

"黄天龙，你是否知罪？"海瑞将案上的惊堂木一拍，威严地问黄天龙。

黄天龙说："督抚大人，我黄天龙虽是乡绅，但我一生本分，从没干过啥坏事，哪来的罪啊？"

"刘二，你把你之前的话再说一遍！"海瑞看着刘二。

刘二又结结巴巴地将他先前说的话重复了一遍。

"刘二，你这是血口喷人，我放高利借给你是真，但你不是都已经还我了吗？我何时抢了你家的地了？"听刘二这么说，黄天龙才知道原来是刘二这些人来告他，气愤地质问他。

"我家三……三亩地被他霸……霸占，这……这大伙儿都……都是知道的，你们说是……不是？"刘二问和他一起来的人。

"是！"几人齐声道。

黄天龙说："那三亩地是你自愿卖给我的，我给了你五两银子，怎么说是我霸占的呢？"

"你……你说是我卖给你的，那你拿……拿得出证据吗？"刘二问黄天龙。

"我拿不出！"黄天龙扭过头说。

刘二质问他："既……既然拿不出证……证据来，那你……你不是抢的是什么？"

"对，这明明就是抢嘛！"

"抢了人家的地还不承认。"

"有本事你拿出证据来嘛！"

"我们都看着他派家丁去插地界的！"

刘二找来的证人都在指证黄天龙。

海瑞听了，觉得和刘二一起来的这些人说得有道理，就大声问黄天龙："黄天龙，大伙都证明是你抢了人家的地，你还敢狡辩？"

"冤枉啊，大人，我真的没有抢他家的地，我得他家的地是用银子买来的啊！"黄天龙哭喊着告诉海瑞。

刘二见黄天龙这么说，赶紧装出可怜兮兮的样子，边给海瑞叩头边哭着说："督抚大……大人，您要替……替小民做主，他……他真是抢了我家的地，这……这都有大伙儿作……作证的呀！"

"是啊，我们都可以作证！"

刘二的证人又一齐说。

"黄天龙，你说那地是你花银子买的，你拿得出地契吗？"海瑞问黄天龙。

"督抚大人，不瞒您说，这地契原本是有的，可我家里去年被盗了一次，这地契就不见了！"

听了黄天龙的话，海瑞以为他是在骗他，厉声说："黄天龙，分明是你霸占了人家三亩地，你还说没有，还说什么地契被盗了，地契这么重要的东西，怎么会轻易弄丢了呢？你明明是在说假话！"

"督抚大人，我没说假话呀！"黄天龙争辩。

见他还敢争辩，海瑞怒了，说："你这等小人，本官本想判你将刘二家的地归还于他就算了，可你不但不知错还要狡辩，本官要不惩戒你难以服众，来人，廷杖侍候，罚打二十廷杖！"

"谢督抚大人！"刘二高兴得不得了，赶紧给海瑞叩头称谢。

"督抚大人英明！"

"大人真是明察秋毫！"

刘二叫来的人恭维海瑞。

"大人，小民真是冤枉啊！"黄天龙大叫，然后扭头骂刘二，"刘二，你这混账，我饶不了你！"

"给我打！"海瑞命令衙役。

几名衙役抡起廷杖狠命朝黄天龙身上打去。

"哎哟，痛死我了……"黄天龙喊叫着。

刘二和他的证人见了，心里偷着乐，但他们不敢露出半点笑容，全装着一副哭丧样。

待衙役打完二十廷杖，黄天龙已是半死。

衙役们把他拖出去后，黄天龙的家人将他抬走了。

这事海瑞还真是冤判了，那三亩地黄天龙真是用银子从刘二手上买的。刘二为了自己的私利，去黄家偷回他写给黄天龙的地契，然后邀约人来巡抚衙打官司，诬陷黄天龙侵占了他家的三亩地。黄天龙拿不出地契，海瑞又无法查清，就认为真是黄天龙侵占了刘二家的地，这才判他将那三亩地归还刘二。

随后，海瑞又开始询问黎民才和他老婆。

"下跪何人，报上名来！"海瑞程序式地问黎民才。

跪在下边的黎民才回话："启禀大人，小民是苏州府昆山县蓬朗乡的乡民黎民才。"

"你呢？"海瑞问他旁边跪着的妇人。

妇人回答："民妇乔花，是他的妻子。"

"听说你们要告县衙户房司典程九如，是吗？"海瑞问黎民才夫妇。

黎民才说："是的，我俩就是来告县衙户房管土地的司典程九如的！"

"他是县衙的人，这你可知道！"海瑞说。

黎民才说："王子犯法与民同罪，他犯了法，理应受到惩罚！"

"那你俩告他什么？"海瑞问黎民才和乔花。

黎民才说："小民告他对我老婆欲行不轨！"

"有此种事情？"海瑞问黎民才。

"大人，小民不敢说假话，不信你问我老婆乔花和他们！"

"你仔细将事情经过给本官道来，本官定会为你做主。"听他这么一说，海瑞很生气，便对他说。

"事情是这样的，上个月初九，程九如到我家知会我，说要清丈田地，我去赶集不在家，只有我老婆乔花一人在家。这程九如见我老婆长得漂亮，就动手动脚调戏她，想对她行不轨。我老婆誓死不从，边喊叫边拼命反抗，隔壁邻居姚平虎听到我老婆的喊叫声，马上来到我家，见到此番情景大声诉责程九如，并拿着一条木棍要打他，程九如这才赶紧跑了。事情的经过就是这样，望大人给小民做主，惩办程九如这淫贼！"黎民才气愤地向海瑞陈述案情。

海瑞问乔花："事情真是这样？"

"是这样的，大人，您要给民妇做主，要不民妇真没脸见人啊！"乔花梨花带雨地哭着说。

"乔花！"乔花话刚说完，旁边有位捧着件衣裙的老妇人叫她，并用眼神示意她自己手上的衣裙。

"哦，我在和这厮撕打时，这厮还扯烂了我的衣裙！"乔花向海瑞补充道。

"衣裙呢？"海瑞问乔花。

"拿过来！"黎民才朝老妇人叫道。

老妇人会意，走上前将手上的衣裙呈到海瑞面前。

海瑞接过来看了一下，将它放在案台上。

"你们能替她作证？"海瑞又问姚平虎等人。

姚平虎理直气壮地说："小民亲眼所见，能为她作证！"

"能，这事我们都知道！"其他几人附和。

听他们这么说，海瑞说，"光听你们一面之词还不行，本官得将此人捉来与你们对质。"

听说督抚大人要抓程九如来对质，黎民才和他老婆乔花有些心虚了，二人互相看了一眼。

证人姚平虎等人也看向他俩口子。

黎民才想，那日去他家的就程九如一个人，可我有这么多证人，还有物证，他就是有十张嘴也说不清楚，这督抚大人再英明，他也不能不相信咱们这些人的话，如果这时候自己心虚了，那谎言就不攻自破。

想到这儿，黎民才镇定下来，对海瑞说："督抚大人说得对，也不能光听我们的一面之词，还得听那厮怎么说。不过我们相信，事实就是事实，谅他也推翻不了！"

"对质就对质，这都是事实，我还怕他不成？"

"是啊，我们这些人都能证明！"

"有乔花被那厮扯烂的衣裙作物证，他想耍赖也赖不掉！"

乔花和证人姚平虎等人也跟着瞎起哄。

"鲁捕头！"海瑞叫鲁清德。

"卑职在！"在门外的鲁清德赶紧回答，并走进大堂里来。

海瑞命令他："你马上带人去昆山县衙将程九如给本官带来。"

"好，卑职这就带人去！"鲁清德说完转身离去。

待鲁捕头走后，海瑞对黎民才等人说："好了，你们先出去歇着，待鲁捕头他们将人抓来了大家再进来。"

"是！"黎民才说，"走，大伙儿先出去透透气！"

乔花和姚平虎等人跟着黎民才走出大堂，来到一个角落。

"民才，我好怕，这事会不会露馅啊？"刚到角落里，乔花迫不及待地问黎民才。

"嘘！"黎民才瞟了旁边一眼，竖起右手食指，示意她小声一点，不要让人听见了。

"是啊，民才，嫂子也好怕啊！"老妇人身子有些发抖。

姚平虎也心虚地问黎民才："民才哥，这事这样整下去行吗？万一……"

"大家沉住气，不要慌。我告诉你们，这事就算他程九如来了也不碍事。你们想想，这事我们之前是谋划好了的，整个事情没有谁知道，也就是说他程九如找不到证人，他说的话督抚大人是不会相信的，只有我们说了算。再说，我们还有乔花被扯烂的衣裙作证，大家放心好了，我们不会输的！"黎民才说。

"妈呀，我以为这事要搞砸呢！"老妇人似乎松了口气，轻拍着胸脯说。

姚平虎说："民才哥这么一说，我心里的这块石头也落地了！"

"我就知道我老公是做大事的人！"乔花夸奖自家男人。

"都这么长时间了，这人怎么还没抓来？"乔花在一旁嘀咕。

鲁清德带着人去了快一个时辰，黎民才和姚平虎他们似乎等得不耐烦了。

"哎，你们看，程九如被抓来了！"突然，老妇人对黎民才和乔花他们叫喊起来。

"还真来了！"黎民才无头无尾地来了一句。

姚平虎说："走，去大堂！"

黎民才、乔花、老妇人、姚平虎等人赶紧往巡抚衙大堂走。

"大伙儿一定要沉住气！"黎民才边走边压低声音提醒乔花和老妇人他们。

— 3 —

巡抚衙大堂上，程九如被两名捕快押跪在审案台前。黎民才和他老婆乔花，还有姚平虎等人也在案台前跪下。

"啪！"海瑞将惊堂木往桌案上一拍，开始审案。

"台下跪着的是何人？"海瑞按惯例问程九如。

程九如没回答海瑞的话，而是一脸冤屈地朝他大声叫道："督抚大人，卑职冤枉啊！"

"本官问你姓甚名谁！"海瑞问程九如。

程九如安静下来，回答海瑞："姓程名九如。"

"从事何职业？"

程九如回答："昆山县县衙户房司典。"

"程九如！"

"在！"

"本官问你，身为朝廷官员，缘何借公差之机对民妇乔花欲行不轨？你这样做官德何在？"

"督抚大人，我冤枉啊！"

"对方人证物证俱在，还能冤枉你不成？"

"督抚大人，我实在是被冤枉的呀！"

"你这狗官，乘公办之时欲对民妇行奸淫之事，你还有脸说民妇冤枉了你，大人，您得替民妇做主啊，要不民妇真没脸活了！"听程九如喊冤，黎民才暗中掐了把跪在他旁边的乔花。

乔花会意，马上哭喊起来。

"你这是血口喷人！"程九如朝乔花怒吼道。

"你们大伙儿看，他做了坏事还这么凶，我的天呐，这还有没有王法呀？"乔花号啕起来。

"程九如，你这禽兽，对我老婆欲无礼，这下到了公堂还要狡辩，真是无法无……"

"好了好了，别再说了，待本官来问他！"黎民才话还没说完，台上的海瑞发话了。

海瑞问程九如："程九如，你说你是被他们冤枉的，那本官问你，你去过他们家没有？"

"督抚大人，我是去过他们家，但我是去知会他家清丈田地的事，没有做他们说的那种事情！"

"有人给你证明吗？"

"没有！"

"你是一个人去他们家的吗？"

"我当时带了两个人，但为了省时，到了他们寨上后我安排他俩去其他人家，我一个人去了黎民才家，准备知会他家后再去知会挨着的几家人。"

"你去黎民才家的时候，是不是只有他妻子乔花一个人在家？"

"是的，就她一个人在家。我问她黎民才在不在家，她告诉我，说他赶集去了，就她一个人在家。"

"那你有没有对她动手动脚？"

"没有,绝对没有,她是冤枉我的。见他男人不在家,我知会她后就去知会别的人家去了。督抚大人,您要相信我啊!"程九如恳求海瑞。

听程九如这么说,海瑞怒道:"他们缘何不冤枉别人,偏偏要冤枉你?本官问你,和你一道去的是哪两个人,他们能证明你是清白的吗?"

"不能,我出了黎民才家的门,便去知会姚平虎和其他几家人,然后我去村头和他们会合。最后,我们一起回到县衙户房。"程九如告诉海瑞。

黎民才赶紧说:"大人,他这是耍赖啊!"

"大人,我们人证、物证俱在,他想赖也赖不掉,您说是不是?"姚平虎附和。

"大人,您要不给民妇做主,民妇这就去死!"乔花假意哭着站起来要去撞墙,一旁的衙役赶紧将她拉住,叫她回案前跪下。

"大人啊,可怜可怜我这弟媳吧!"老妇人也跟着假号起来。

海瑞对程九如吼道:"程九如,你好大胆子,这分明是你借公干之机对民妇乔花欲行不轨,你还狡辩,本官念你恶行未遂未做出恶果,但你身为朝廷官吏,此事不仅败坏官风,影响还很坏,今日本官判你给她和他丈夫赔礼,赔偿他夫妇二人抚慰费十两银子,当场付清,否则本官将你押入牢中关你半年,你看你是愿意给银子还是愿意被关押?"

"大人,我真是被冤枉的啊!"程九如无奈地看着海瑞。

海瑞不理他,问:"你愿意给银子,还是愿意被关押?"

"好吧,我给他们银子,但这事我不服!"程九如内心虽然愤怒,但也只有忍了。

程九如说他没带这么多银子,只有五两。

海瑞叫他先向人借,过后再还人家。程九如只好向人借了五两银子,加上自己带来的一并拿给乔花两口子,海瑞这才放了他。

程九如出了巡抚衙门,愤愤而去。

再说黎民才和他老婆乔花拿到赔偿的十两银子后,与姚平虎、老妇人等人高高兴兴地走了。晚上,这几人聚集在乔花家高兴地分着得来的银子。

- 4 -

在淳安和兴国县知县任上,海瑞就断过不少案子,还被老百姓亲切地称为

"海青天"。

海瑞心里总认为老百姓都是弱者,断案的时候总觉得乡民们反映的问题都是真实的,也就偏向于乡民,他根本没想到会有人钻空子,以专打官司来谋取利益。

来到江南之后,海瑞断了许多案子,替不少人家要回了被土豪劣绅和乡官侵占的田地,有的人也因为打赢了官司获赔了不少银子。

马有失蹄人有失足,海瑞断案也有失误的时候。比如,吴县清溪乡的刘二,还有昆山县的黎民才和他老婆乔花状告的这两桩案子。

海瑞的误判,让一些好人成了受害者。

应天十府民间案子多如牛毛,海瑞有时候一天要接好几桩案子,错判的案子当然也不只这一两桩。

案子错判了,那像黄天龙、程九如这些被枉判的人会服气吗?当然不会。那这些人又会怎么办?他们认为,源头还是在海瑞那里,若不是他鼓励告状,也不会出现这种枉判的结果。因为心里有气,他们要么联合其他乡绅起来反抗海瑞的政令,要么就上京城找人告海瑞。

一日,海瑞下乡去督办田地清退情况,黄天龙听到消息,就邀约一帮乡绅来围攻他,要他给个说法。

身为督抚的海瑞,认为这些乡绅是故意闹事,准备下令抓了这些乡绅。

可这些乡绅一点也不怕,他们指责海瑞:"你身为督抚,断案时理应明察秋毫,可你却不顾事实,一味偏信那些乡民的话,让案情黑白颠倒,把好人说成坏人,让多少人受到冤枉!"

海瑞觉得自己断的案都是正确的,他叫捕快把这些乡绅抓来狠狠教训了一顿,然后才放他们回去。

黄天龙和这些乡绅拿海瑞无法,只好暂时忍住心里的愤怒。黄天龙发誓,以后有机会一定会整治海瑞。

程九如就不像黄天龙那么软气了。那日,他从巡抚衙门回去后,还了借来的银子,待自己的伤稍好一些,便准备了些盘缠,去京城找人告海瑞。

程九如有个叔叔在朝廷吏部做官,他此番进京,就是去找他这位叔叔。

在京城,程九如的叔叔听了他的诉说以后非常愤怒,但海瑞是皇上派去巡抚江南的钦差,他也不敢乱动海瑞,只好软气地对程九如说:"眼下海瑞是皇上派去江南巡抚的钦差,还不好收拾他,等有机会了再收拾他!"

"那侄儿就这样被他冤枉打了二十廷杖？"程九如问他叔叔。

他叔一副无可奈何的样子，说："当然不会就这样放过他，这事还得找机会，眼下你去碰他无异于鸡蛋碰石头。"

"可这要等到何时啊？"程九如似乎很没有耐心。

他叔说："叔也无法答复你，叔只能跟你说，只要一有机会叔就会想办法整治他，你放心好了！"

程九如说："既然叔都这样说了，侄儿就等吧！"

他叔说："你也不要在京城待着，一来花销大，二来显眼。这样，你先回去，装着没事的样子，一天该干啥就干啥，有机会了叔会知会你。"

程九如无奈地说："行，我明日就回去。"

程九如从京城一回到家里，那些乡绅就来找他了。

一个白胡须乡绅问他："九如，啥情况？你叔能搬得倒海阎王吗？"

"九如的叔在吏部供职，那可是个管官的部门，要整治他海瑞还不容易？"坐在白胡须乡绅旁边、右脸上长颗瘩子的乡绅说。

"哎，不说了，我叔说眼下还不能整治海瑞，因为他是皇上派下来巡抚江南的钦差，权力大得很，他也拿他没办法！"程九如叹着气告诉他们。

一个说话嗡声嗡气的乡绅问："咋啦？这事还有些棘手？"

"是有些棘手！"程九如说。

脸上长瘩子的乡绅又问："那这事就这样算了？"

"当然不能就这样算了，我叔说了，等有了机会再收拾他不迟。"程九如告诉他。

白胡须乡绅捋着他那又长又白的胡须说："等有机会？他海瑞要是一直不走呢？那不等到猴年马月啊？"

程九如说："没办法，也只能是这样了！"

"等吧等吧，那就等吧！"说话嗡声嗡气的乡绅有些灰心。

"既是这样，那咱们就不打搅九如了。"脸上长瘩子的乡绅扫了其他乡绅一眼。

"先回去，先回去！"说话嗡声嗡气的乡绅应和。

"好，等有了消息再来！"白胡须乡绅也说。

程九如说："等我叔那边有消息了，我马上告诉几位！"

白胡须乡绅等匆匆离去。

后来，程九如的叔通过吏部言官弹劾海瑞，加之朝廷高层有人看不惯海瑞，海瑞被免去了巡抚官职，程九如算是出了他心中的这口恶气。

当然，这些海瑞都不得而知。

— 5 —

海瑞在江南应天十府鼓励乡民告状，不仅惹恼了那些侵占田地、欺压百姓的官宦乡绅，也让一些在京城的官员对他有了看法，这些官员在京城开始攻击他。

最先向海瑞发难的是北京刑部给事中舒化。

话说这舒化，海瑞不认识，更谈不上与他有冤仇和过节，可他缘何要弹劾海瑞呢？问题当然是出在海瑞整饬江南吏治这件事情上。

舒化觉得，海瑞这个人虽然很有气节，也是位耿直的官员，但他在官场上的一些做法实在是太过分，甚至是有点不近情理，在巡抚应天十府时定下的一些规矩，与官场多年来形成的习惯皆相悖。

舒化立即给朝廷上疏，建议朝廷重新派个人去巡抚江南，把海瑞调回京城，封他个享受待遇的虚职，这样既可让地方上安静，不至于闹出什么不利于朝廷的事来，又可以成全海瑞的名节。

舒化写好弹劾海瑞的奏疏，准备待隆庆皇帝上朝时呈交给他。

冬天，北京城的气候虽说很寒冷，但因为要和文武大臣议事，早朝隆庆皇帝还是要上的。

这一日，早朝的时间到了。

舒化拿着写好的奏疏走进太和门。

朝会开始后，隆庆皇帝和文武百官议了几位大臣上奏的事，然后问大家："众爱卿，今日还有要奏的没有？"

见没有人吱声，舒化急步走上前来："皇上，卑职有一事要奏，望皇上恩准！"

"哼，这舒化，有事不早说，偏等到要散朝了才说！"

"是啊，咋要等到散朝了才说呀？"

"真是的，我有事还急着回家呢！"

眼看朝会要散了，大家都想急着回去办自己的事情，见舒化这个时候站出来说有事要禀告皇上，心里很是不痛快。

"舒爱卿所奏何事？"隆庆皇帝问舒化。

舒化躬身道："卑职要奏江南巡抚海瑞。"

嗯？你要奏江南巡抚海瑞？隆庆皇帝以为自己的耳朵出了毛病，便问他："舒爱卿缘何要奏他海瑞呀？"

舒化说："海瑞迂滞不近事体，在江南所立条例非近人情，出乎寻常之外……卑职以为，此人宜与两京清秩处之，不可重用！"

"此言差也！海瑞这人虽说性格刚烈，做事有些不近人情，但也不似你说的这般。老夫听闻，此人在应天十府还是做了一些事情，而且深得民心，怎么能让他回来呢？"舒化刚把话说完，内阁次辅兼吏部尚书高拱就赶紧上前反对。

其实，高拱巴不得海瑞早死，海瑞帮徐阶弹劾他的那一箭之仇他还没报，此时他反对舒化弹劾海瑞，是因为他听说海瑞在华亭县逼徐家退田，还想处死强抢民女的徐家三公子徐瑛，他想借刀杀人，利用海瑞来整治他的死对头徐阶。

按理说徐阶已经致仕，与他高拱没啥可争的了，但官场上的事谁也说不清楚，万一徐阶哪天又重出江湖，那他高拱可能又要打起背包滚回老家了。

高拱之所以反对舒化弹劾海瑞，还隐藏着一层意思，那就是他要让隆庆皇帝知道他并非是个记仇的小人，让隆庆皇帝高看他三分。

见高拱站出来反对，隆庆皇帝对舒化说："把你的奏疏递上来给朕看看。"

"是！"舒化从袖子里抽出写好的奏疏举过头顶。

近侍太监走下来，将舒化手中的奏疏接过，然后走上去呈递给隆庆皇帝。

"此人怎么会弹劾海瑞呢？莫不是又受何人指使吧？"

"不像是受人指使！"

"他说得也不无道理，这海瑞做事是有些过急和张扬，听说应天十府的好些官员都被他整得够呛！"

"像海瑞这种食古不化的官员，活该被人弹劾！"

"老夫早已耳闻江南吏治腐败，是该有个人去治理一下了！"

不少大臣交头接耳议论着。

隆庆皇帝看完舒化的奏疏，将它丢在面前的龙案上，然后说："舒爱卿，朕听闻海瑞到了应天之后，大力革兴吏治，鼓励乡民告状，惩治贪墨之人，组织地方官员清丈田地，勒令霸占流民田地的地主官绅还田于民，还带人考察了吴淞江和白茆河，准备组织当地百姓修浚吴淞江和白茆河，治理江南一带水患，活儿干得风生水起,虽说海瑞有些做法是过了点,也不太近人情,但这也是朕的旨意,难道舒爱卿觉得不妥吗?"

"启禀皇上,卑职不敢,卑职只是担忧他会给皇上惹麻烦!"舒化赶紧说。

隆庆皇帝笑着说:"舒爱卿,江南情况复杂,传闻吏治十分腐败,海瑞能够打破常规鼓励乡民告状,逼那些贪官污吏现形,打造一个清正廉明的官场,让官员们真正为民做事替朕分忧,朕以为这不失为一件好事,怎么能说他迂滞不近事体呢?依朕看,像他这样的人应该给予重用才对!"

隆庆皇帝不仅不理会舒化的弹劾,还对海瑞大加赞赏,这令舒化十分尴尬。

"皇上,他这样做真会……"舒化还想争辩。

隆庆皇帝沉下脸,问他:"怎么?朕刚才说的还不够明白吗?"

"皇上说得极是,是微臣失察,请皇上恕罪!"舒化碰了一鼻子灰,生怕隆庆皇帝怪罪自己,赶紧跪着向他请罪。

隆庆皇帝一脸严肃,提高声音说:"这事到此为止。朕也不怪罪于你,其他人也别再议论了。"

"谢皇上不罪之恩!"见皇上没有怪罪自己,舒化心上那块石头才落地了,又赶紧叩拜。

"好了,你下去吧!"隆庆皇帝不耐烦地朝舒化挥了挥手。

"谢皇上!"

舒化起身怏怏地退了下来。

高拱和他手下的人见了,窃笑不止。

"这舒化也是,管啥闲事,人家海瑞又没招惹你,你无事去弹劾人家干啥?这下好了,差点把皇上给得罪了,真是自取其辱!"

"真是的,人家在江南施政关你何事?"

"他这种人啊,就是狗拿耗子多管闲事!"

"皇上没降罪于他,算他走运了!"

其他大臣见舒化这个狼狈样,也觉得好笑,个别大臣本来也想弹劾海瑞的,见隆庆皇帝这样说,不敢再说什么了。

后来,隆庆皇帝还叫人带话给海瑞,鼓励他好好干。

海瑞继续整饬吏治、清退土地,还准备带领老百姓治理吴淞江和白茆河河道,消除这一带的水灾。

第32章　阿兰告状

"民妇叫洪阿兰，民妇的丈夫叫赵大柱。乡里的徐家三公子徐瑛假造地契，霸占我家田地，民妇的丈夫去找他论理，他就叫他的家奴殴打民妇丈夫。想到无端受人欺凌，民妇的丈夫越想越气，三个月后吐血死了……"

– 1 –

舒化在朝会上弹劾海瑞的时候，海瑞正带着人在华亭县华亭乡督办退田还地的事情。

海瑞想再到徐家劝说一下徐阶，一早便带着巡抚衙役尤三往徐家村走去。

快到徐家村村口，尤三仿佛听到前面不远处有女人哭泣的声音，他侧耳仔细听了一下，便对海瑞说："大人您听，前面好像有人在哭。"

海瑞抬头往前一看，见前面不远处有个妇人坐在路边的石磴上，便对尤三说："走，过去瞧一下！"

"是！"尤三应道。

海瑞和尤三来到妇人面前，见妇人抹着眼泪独自一人伤心地哭泣。

"婶子，您为何在此哭泣啊？"尤三上前问妇人。

妇人见有人来问，更是哭得惊天动地："我的老天爷啊，你叫我怎么活呀……"

"这是新来的督抚大人，婶子您有啥冤屈可以告诉大人，大人能帮您申冤。"尤三开导她。

妇人听说站在她面前的是新来的督抚大人，急忙止住哭声，惊奇地问尤三："你说啥？他是新来的督抚大人？"

海瑞告诉她："不错，我就是新来的督抚海瑞，你有何冤屈尽管告诉我，我替你做主就是！"

"我的青天大老爷啊，您可要给民妇做主啊！"妇人急忙站起来，边叩拜海瑞边哭诉。

海瑞和尤三将她扶起来坐到石磴上。海瑞问她："你叫啥名字？到底有何冤屈？"

"民妇叫洪阿兰，民妇的丈夫叫赵大柱。乡里的徐家三公子徐瑛假造地契，霸占我家田地，民妇的丈夫去找他论理，他就叫他的家奴殴打民妇丈夫。想到无端受人欺凌，民妇的丈夫越想越气，三个月后吐血死了……"洪阿兰说到这里，气血攻心昏了过去。

"快，掐人中！"海瑞扶起洪阿兰，叫尤三。

尤三赶紧伸手往她人中穴掐。掐了好几下，洪阿兰才慢慢苏醒过来。

"我……我这是咋啦！"苏醒过来的洪阿兰见自己被海瑞扶着，问是怎么回事。

尤三说："婶子，您刚才昏过去了，是我给您掐了人中穴，您才苏醒过来的。"

"怎么说着说着就昏过去了呢？"海瑞亲切地问。

洪阿兰说："民妇是过于伤心了！"

"你说的徐瑛，是不是徐阶的儿子？"海瑞问。

洪阿兰说："是的，就是徐阶的第三个儿子！"

"你接着说。"海瑞说。

接着，洪阿兰告诉海瑞："这徐瑛侵占了民妇家的地，气死民妇的丈夫赵大柱不说，更让人气愤的是，今年的清明节，我和我女儿小兰，还有她爷爷赵玉山一起去横云山下给民妇的丈夫上坟，没想到遇到徐瑛。这厮见我女儿小兰长得漂亮，顿起色心，硬要叫我女儿嫁给他做小妾，我一家不从，没想到……没想到这厮竟叫他的家奴抢走民妇的女儿！"

"光天化日之下竟敢强抢民女，这厮胆子也太大了！"尤三气愤地骂道。

洪阿兰说："徐家三个儿子，仗着他爹在朝上做过大官有钱有势，啥坏事都干尽，特别是他家这第三个儿子徐瑛，更是无恶不作，在当地专干一些欺男霸女的事情！"

"你咋不去官府告他？"海瑞问她。

洪阿兰说："去了，民妇当日就和民妇的公公赵玉山去县衙告这厮，但没想到县令王明友和徐家勾结在一起，借口民妇没有证据，说我们诬告徐家，要把民妇和民妇的公公轰出县衙。民妇的公公上前和他论理，他却叫衙役将民妇的公公当场打死在公堂上……"

洪阿兰话未说完，已泣不成声。

海瑞问洪阿兰："可有证人？"

"小女现在还在他徐家！再说那日上县衙告状，邻居们也去了，他们都能替民妇作证！"洪阿兰流着泪告诉海瑞。

"这个徐瑛，欺男霸女，鱼肉百姓，实在是可恶至极！还有王明友那狗东西，身为一县县令，不替百姓生计着想也就罢了，反而勾结恶人欺压百姓，我海瑞要不斩杀了这两个恶人，就对不起华亭县的父老乡亲！"海瑞气得浑身发抖。

尤三对洪阿兰说："婶子，您到巡抚衙门去告徐瑛和王明友，督抚大人会替您申冤的！"

"这样，你备好状纸，到苏州巡抚衙去喊冤，本官替你做主就是！"海瑞告诉洪阿兰。

"民妇听大人的，待民妇备好状纸，就去巡抚衙喊冤！"洪阿兰说。

见她情绪稳定了些，海瑞说："好了，你先回去，我们有事也要走了。"

"谢谢海大人，谢谢这位官爷！"洪阿兰给海瑞和尤三叩头。

海瑞赶紧扶起她："赶快走吧！"

洪阿兰与海瑞、尤三告别。

"哦，除了状纸，喊冤时记得带着证人来！"海瑞提醒洪阿兰。

"是！"洪阿兰应答后走了。

洪阿兰走后，尤三问海瑞："大人，还去不去徐家？"

海瑞说："咋不去？"

海瑞和尤三来到徐家，只有徐琨在家，徐阶和徐璠、徐瑛都不在。

见徐阶不在，海瑞也不想说什么，他气愤地对徐琨说："哼，你那兄弟干的好事，我看他怎么收场？"

"我兄弟咋啦？他做了什么对不起大人的事啊？"徐琨装傻。

尤三说："徐二公子，你就别装了，到时候等着给你弟弟收尸吧！"

徐琨继续装傻："你俩在说什么啊？我咋听不明白？"

"到时候你会明白的！"海瑞铁青着脸，然后对尤三说，"我们走！"

徐琨心里清楚，海瑞知道他弟弟徐瑛和赵家的事了，赶紧派人去找他爹徐阶和他哥徐璠回来商量对策。

- 2 -

"鼟鼟鼟，鼟鼟鼟……"

几日后的一个下午，苏州巡抚衙门外，妇人洪阿兰使劲地擂着摆放在那儿告状用的大鼓。旁边站着一大群人。

巡抚衙门外的衙役见有人擂鼓，知道又有人喊冤来了，赶紧走过去。

"你是何人？有何冤屈？"衙役看了看旁边站着的那些人，然后问洪阿兰。

"民妇洪阿兰，告徐瑛目无王法、霸占田地、强抢民女，告华亭县县令王明友勾结恶人徇私舞弊、草菅人命枉断官司！"洪阿兰告诉衙役。

衙役说："你们跟我来吧！"洪阿兰停止擂鼓，和那些人跟着衙役朝巡抚衙大堂走来。

海瑞早在大堂的审案台上坐着了。

进了大堂，衙役指着洪阿兰给海瑞禀报："督抚大人，这人来告状！"

"嗯，本官知道了，你下去吧！"

见海瑞坐在台上，洪阿兰赶紧下跪。

"你是何人？要状告谁？"海瑞知道下面跪着的是洪阿兰，但按程序他还得问。

洪阿兰说："民妇洪阿兰，前来状告华亭县华亭乡徐家三公子徐瑛和华亭县县令王明友。"

"你要告他俩什么？"

"民妇告徐瑛霸占田地、强抢民女，告华亭县县令王明友勾结恶人徇私舞弊、草菅人命枉断官司！"

"你仔细将事情说来。"海瑞对洪阿兰说。

洪阿兰哽咽着向海瑞陈述冤情。

"你为何不去官府告状？"海瑞问。

洪阿兰说："民妇当日就和民妇的公公赵玉山去县衙告过，但没想到县令王明友会和徐家勾结在一起。王县令借口民妇没有证据，说我诬告他徐瑛，叫人强行将民妇和民妇的公公轰出县衙大堂。民妇的公公上前与他论理，他却指使人对我公公一阵毒打，当场将民妇的公公打死在公堂上。海大人，您可要替民妇和小女做主呀！"

洪阿兰哭着连给海瑞叩了几个响头。

"尤三！"

"到！"

"去告诉鲁捕头，叫他马上带捕快去华亭县华亭乡徐家村将徐瑛这厮给本官捉来，本官要仔细审审这恶人！"

"是！"

"等等！"

尤三正欲转身离去，海瑞又叫住他。

海瑞朝他招了一下手，尤三知道他有话要对自己说，便赶紧走到他身边。

海瑞对着他耳语了一阵。

海瑞告诉他，叫他给鲁捕头说，到了华亭县后顺便去知会一下县令王明友，就说本官叫他来陪同审案。他还告诉尤三，叫鲁捕头不要让王明友知道他们去抓徐瑛。

本来海瑞是想叫捕快去抓王明友的，但他想这事还得讲究些策略，于是叫鲁清德去知会王明友，说是叫他来陪同审案。

"遵命！"

尤三转身出去。

"地被霸占了，丈夫被气死了，女儿被抢了，公公被打死了，唉，真是够凄惨的啊！"

"督抚大人，您一定要惩办徐家这个恶少啊！"

"更可恶的是那个县令王明友，他肯定是得了徐家好处，要不然咋会枉判？"

"你不问问这徐瑛的爹是谁？他可是朝廷原来的内阁首辅，去年七月他才致仕回乡的呢！"

"自古官官相护，遇到这种事情他王明友还不和徐家滚在一起？"

下面的人纷纷议论。

海瑞知道，从苏州府去松江府华亭县需要时间，捕头鲁清德他们一时半会儿是回不来的，就叫洪阿兰等人先找地方休息，等鲁清德他们将徐瑛，还有那县令王明友带来了再升堂审理。

几个时辰后，鲁清德和捕快们将徐家三公子徐瑛五花大绑地押到了巡抚衙。县令王明友也跟着来了，只是没有绑他。

见徐瑛被押来，王明友也到了，海瑞升堂继续审案。

为稳住王明友，海瑞叫他和自己一起坐在台上。

"督抚大人辛苦！"见到海瑞，王明友免不了奉承一番。

海瑞笑着说："没你辛苦，大老远的叫你来这儿陪本官审案！"

"下官不敢,下官不敢!"王明友连声说。

原告洪阿兰已经在台下跪着。

徐瑛被押进大堂。

"督抚大人,这……"王明友见洪阿兰跪在下面,又见徐瑛被押了进来,知道是怎么回事,顿时脸吓得惨白。

但他假装镇静。

海瑞笑着说:"等会儿你就知道了!"

王明友不知海瑞这话是什么意思,心里像几只吊桶打水,七上八下的。

"跪下!"衙役命令徐瑛。

徐瑛平时在乡里骄横惯了,见衙役叫他跪下,扭头瞪了那衙役一眼,骂道:"妈的,你算什么东西,敢叫老子跪下?"

"徐瑛,你睁开眼看看这是哪儿?"那衙役受了侮辱正待发作,海瑞将惊堂木往案上一拍,喝问徐瑛。

"是哪儿又怎么样?你能把本公子怎样?海瑞,我劝你还是赶快将本公子放了,要不然有你好看的!"

"放肆!"那衙役给他后腿弯一脚。

徐瑛一下子双膝跪了下去。

"你敢踢老子?"徐瑛扭头骂衙役。

海瑞又将惊堂木往案上一拍,怒吼道:"徐瑛,这是朝堂不是你家,你给本官放老实点,本官若不是看在徐阁老的份上,早将你打入牢中。本官劝你赶快将自己的罪行从实招来,省得本官对你动刑!"

"哼,想对本公子动刑,你敢?"徐瑛还在嚣张。

见他如此嚣张,海瑞对站在徐瑛两旁的衙役叫道:"给我大刑伺候!"

四名杵着廷杖的衙役听令,正要行刑。

"且慢!"

随着这声音,有一个人走进大堂来了,他身后还跟着两个男人。这人便是致仕回乡的徐阶,他身后的是大儿子徐璠和次子徐琨。

"徐阁老,你怎么也来了?"海瑞走下案台来和徐阶打招呼。海瑞这话有两层意思,一层意思是说,徐阁老,您老人家怎么为这事亲自来了呢?第二层意思是说,你徐阶怎么不避闲?我海瑞审案你来插什么手?

徐阶黑着脸说:"哼,老夫要再不来,恐怕我这儿子要被你打成肉酱了!"

"阁老言重了,海瑞哪敢啊!"海瑞赔着笑脸说。

徐璠板着脸:"海大人,您这是干什么?就算我三弟有什么过错,也不至于要了他的命嘛!"

"是啊,海大人,我弟弟犯了什么大罪,以至于您这样对他呀?"徐琨很不高兴。

"你弟弟犯了什么罪?哼,我给你说,你们徐家没一个好东西,到处霸占别人家的田地,强收地租,特别是你这个花花公子弟弟,不但霸占别人家的田地,还欺男霸女无恶不作,至今我女儿还在你们徐家,你还问你弟弟犯了什么罪,我给你们徐家说,你们的罪大了去!"

海瑞正要问徐阶和他儿子来做什么,没想到跪在地上的洪阿兰一下子被徐家三父子的话惹怒了,气愤地数落他的罪行。

"徐阁老,你听到了吧?不是海瑞要你儿子的命,是你这儿子实在是不争气啊!"海瑞趁机将了徐阶一军。

鲁捕头和捕快们去抓徐瑛的时候,徐瑛没在家。鲁捕头和捕快们打听到,徐瑛正在街上的一家妓院里和一群妓女鬼混,便马上赶到这家妓院将徐瑛抓了,并赶紧悄悄将他押解来巡抚衙。徐阶和徐璠、徐琨并不知道徐瑛被押来巡抚衙,是妓院里老鸨告诉徐家的,他们才知道徐瑛被人抓走了。徐阶猜想这事一定是海瑞干的,便带着两个儿子直往苏州的巡抚衙来了。

"爹,您得救儿子呀!"徐瑛见海瑞要对他动大刑,赶紧求他爹。

徐阶气恼地朝他骂道:"你这不争气的东西,净给老子丢脸!"

骂完,他问海瑞:"海大人,你看这事能不能卖老夫一个面子,让老夫将这孽子带回去教训教训,让他不要再做那些事了?"

海瑞没有说话。

"大人,您要替民妇做主啊!"见海瑞没说话,洪阿兰哭着求道。

"是啊,大人,这人作恶多端,你可不能放虎归山啊!"

"督抚大人,你一定要秉公执法啊!"

随洪阿兰来的那些人也赶紧向海瑞求情。

"好了,你们都别说了,本官自有主张!"海瑞想了一下,对洪阿兰他们说,然后转过身对徐阶说,"既然阁老都这么说了,海瑞当然不能拂您的面子。徐瑛你可以带回去,但我把话搁在这儿,这案子还得查,若查出他的确犯了不可饶恕之罪,那谁也保不了他!"

"听海大人的。"徐阶顺水推舟。

"大人,不能这样啊!"

"督抚大人,都说您断案英明,您怎么这样做啊?"

"徐瑛明明犯了死罪,您怎么能放了他呀?"

洪阿兰和随她来的人朝海瑞喊叫。

海瑞朝他们摆摆手,然后对徐阶说:"好了,你将他带回去吧。"

"谢了!"徐阶朝海瑞拱了拱手。

徐璠、徐琨赶紧将徐瑛带出巡抚衙。

出门的时候,徐瑛扭过头,瞪着海瑞恶狠狠地说:"看我如何整死你!"

"你这孽仗,还不赶快给老子滚!"见儿子还想惹事,徐阶赶紧呵斥。

徐璠和徐琨急忙推着他往外走。

待徐家父子走了,洪阿兰流着泪问海瑞:"督抚大人,您这是为何啊?"

海瑞安慰她:"没事,本官会给你一个交待的!"

"大人,您可别哄民妇啊?"洪阿兰无助地望着海瑞。

"督抚大人,您真得为她做主呀!"

"本官会的,你们放心吧!"海瑞说,"你们先回去,听候本官知会。"

洪阿兰等人只好先回去。

- 3 -

海瑞之所以放徐瑛回去,一是徐阶亲自出面来说情,他不得不给他面子;二是他还没有完全收集到徐家特别是徐瑛的犯罪材料,还不是对他徐家动手的时候。要不放徐瑛,那徐家父子肯定会在公堂上闹出是非,到时恐怕收不了场,若是那样岂不是自己给自己找难堪?权衡再三,海瑞决定先放了徐瑛。

为了让收集的证据更完整齐全,做到铁证如山万无一失,海瑞又带着人到华亭县各地继续开展明察暗访。

"唉,说起徐家啊,真是太霸道了,方圆百里不少人家的田地都被他家吞了!"在华亭乡徐家村一户农户家里,一老者用叹息的口气告诉海瑞和尤三。

尤三问:"村里田地被徐家吞并的人家多吗?"

"哼,不要说徐家村,就连这华亭县的田地都快姓徐了!你们说,咱老百姓这日子如何过啊？"站在老者旁边的年轻小伙子气愤地说。这年轻小伙子是老者的独子，名叫徐小壮，村里人都叫他阿壮。

海瑞问他父子俩："你们家有没有田地被徐家侵占？"

"我家倒是没有！因为我家田地少，不想投寄在他家名下。"阿壮告诉海瑞。

海瑞问他："这徐家村，把田地投寄在徐家名下的大概占几成？"

阿壮说："凡是田地多点的人家都把田地投给他了，因为官家的赋税和徭役都挺重，这些人家为了少缴纳些赋税和少服点徭役，只好把自家田地投给他家。可徐家太阴，过了些年就变着法将人家的田地整成他家的了！"

"地方上没人管这些事吗？"尤三问他。

阿壮说："管？谁来管？徐家在当地是大户，特别是徐阶和徐陟，都在京城做过大官，谁还敢管？"

"这不是太没王法了吗？"尤三问。

老者接过话："王法？什么王法？在这徐家村，他徐家几父子就是王法！"

"不是有县衙吗？这些人咋不去县衙告他家呢？"海瑞看着老者问。

老者说："不要说县衙，就是去了松江府，也没你说理的地方！"

"我爹说得对，就是你到松江府去告，也肯定是告不倒他徐家的，因为他家势力太大，又有钱，只要有人去告他家的状，他们往那些狗官的包里塞点银子，你再有理那些狗官都会说你是诬告人家，轻则叫人将你从衙门里轰出来，重则打你一顿。一年前，村上有个叫徐天冬的人去县衙告徐家二公子徐琨，说徐琨霸占了他家的田。可徐天冬没想到，徐琨早和那县令王明友勾结好了，徐天冬在县衙大堂话还没说上几句，就被王明友那狗官叫衙役轰出了县衙，说他诬陷徐琨。你们说，还有咱穷人说理的地方吗？"

"这家人住在哪儿？"听他这么说，海瑞赶紧问。

"这家人……"

"咳……咳！"

阿壮正要告诉海瑞，他爹在旁边急忙咳嗽，示意他不要说这个事。阿壮明白他爹的意思，不再说下去。

海瑞和尤三看了一下他父子的眼神，知道老者是怕惹事。尤三鼓励他们父子："你们别怕，海大人是皇上派下来的钦差，是专门来督查这些事的，知道啥你们就说啥，用不着隐藏。"

"他说得对，你们别怕，知道啥就说啥，没人敢对你们咋样！"海瑞也说。

老者说："真是对不起两位大人，这事我们还真不是很清楚，是那日在路上听人说了个大概。"

任由海瑞和尤三怎么引导，阿壮父子就是不肯说，只告诉他们，这家人住在村东头，也是姓徐，叫他们自己去打听。

见他们不肯说，海瑞和尤三便不再问。

"赵家的事你们听说过了吗？"海瑞问阿壮父子。

老者问："哪个赵家？"

"赵小兰家！"尤三告诉老者。

"这事倒是听说过，听说很惨，但具体情况不是很清楚！"老者怕儿子说什么，赶紧告诉海瑞。

海瑞知道他心存芥蒂，也不好再问，便"哦"了一声。

见打听不出什么来，海瑞准备去村东找他们说的那家人问问，便看了尤三一眼。

尤三会意，站起来对阿壮父子说："麻烦你们了，我们还有些事，得走了！"

海瑞也站起身说："谢谢你们，如若有啥要反映的，可到苏州府巡抚衙去找我。"

说完，海瑞和尤三朝村东头走去。

"阿壮，你咋不懂事？遇到人就说三道四的，你不知道徐家人的厉害？"海瑞和尤三一离开阿壮家，阿壮的爹就训起他来。

"这不是没告诉人家吗？再说人家都说了，他是皇上派下来的钦差，他还斗不过徐家父子？你怕啥嘛？"阿壮不服气。

阿壮爹说："你嘴还犟？要是哪天徐家人找上门来，你才晓得厉害！"

"我才不怕他！"阿壮嘟着个嘴。

阿壮的爹见说不过他，只好说："好了好了，不说你了，去，把门口那些柴劈了！"

阿壮去门口劈柴。

海瑞和尤三来到村东头，好不容易找到阿壮说的那家人。

"请问这是徐天冬的家吗？"

二人到了徐天冬家，见一个妇女在门口的竹杆子上晒衣裳，尤三问她。

"你们是？"这妇女是徐天冬的妻子何巧莲，见突然来了两个陌生男人，她很害怕，惊恐地望着他们问道。

见她这么紧张，三尤赶紧说："你别害怕，我俩不是坏人，我俩是从苏州府来的，有些事想找你们打听打听，没啥恶意。"

"巧莲，你在和谁说话？"

屋里传出一个男人的声音。随着这声音，一个身子瘦削的男人从屋里走了出来。

"他是我男人徐天冬。"何巧莲告诉海瑞和尤三。

说话间，男人已经来到身边，他问海瑞和尤三："你们是……？"

"啊，天冬，这位大哥说他们是从苏州府来的！"何巧莲告诉自家男人。

"苏州府来的？"徐天冬用手挠了挠头，小声嘀咕。突然，他问，"你们俩从苏州府来，听说那儿来了个啥新督抚，专门替百姓打抱不平，你俩知道吗？"

尤三看了一眼海瑞，笑着说："哈哈，远在天边，近在眼前，这位便是你说的新督抚海瑞海大人！"

"啥？他就是新来的督抚大人？"徐天冬和何巧莲睁大眼睛异口同声地问。

海瑞笑着告诉他夫妻二人："没错，我就是新来的督抚海瑞！"

"督抚大人，您要替草民做主啊！"徐天冬一下子在海瑞面前跪下，流着泪说道。

见男人给海瑞下跪，何巧莲赶紧跟着下跪："是啊，大人，您可要替我家做主啊！"

"快起来吧，你们的事我已经听说了，今日我就是为这事而来，待会儿你们仔细给我说说。"海瑞弯下腰扶起徐天冬夫妇。

"是，大人！"徐天冬和何巧莲赶紧说。

徐天冬和何巧莲夫妇赶紧将海瑞和尤三让进屋。进屋落座后，海瑞对徐天冬夫妇说："说说吧，这到底是怎么一回事？"

徐天冬这才将事情的来龙去脉告诉了海瑞和尤三。

海瑞听了，气愤地骂道："王明友这狗东西，真不是人！"

"还有那徐琨，到处欺压百姓！"尤三也愤愤地说。

原来，徐天冬的祖上留给他夫妻二人七亩二分地，若干年来他们家一直种着，没想到一年前，他家这片地被徐阶的二儿子徐琨看上了。徐琨先是说要出银子跟徐天冬买下，可他出的银子实在太少，加之田地是一家的命根子，徐天冬夫妇二人不想卖，想留着自家种。

徐琨就耍了个计谋，将徐天冬家这片地的一半强占到手，徐天冬当然不肯，就去县衙打官司。可徐琨和县令王明友串通好了，徐天冬怎么会打得赢？王明友派人将他轰出县衙大堂，说他诬陷徐琨，徐天冬无奈只好认了。

"你就这样认了？"尤三问。

徐天冬无助地说："没办法，谁叫我们是穷人呢？"

"不要怕，你们准备好状纸到苏州巡抚衙来告他，本官一定会替你们要回他霸占的田！"海瑞对徐天冬夫妇说。

徐天冬说："如果真能要回我家的田，我们会感激不尽的！"

"放心吧，海大人定会替你们夫妇二人做主的！"尤三对徐天冬说。

"真是太谢谢两位大人了！"何巧莲再次给海瑞和尤三道谢。

见事情打听清楚了，海瑞对尤三说："我们走吧！"

徐天冬夫妇留他们吃饭，海瑞说："不用，我们都带有干粮。"

"啥？督抚大人，您这么大的官下乡还带干粮？"何巧莲眼睛瞪得大大的，这种事她这辈子还是第一次听说。

尤三笑着告诉她："海大人都习惯了！"

徐天冬不无敬佩地说："大人，像您这样清廉的官，实在是难找了！"

"好啦，别说啦，我们走了！"

海瑞说着走出徐天冬家，尤三紧跟其后。

"海大人，你们慢走！"

"慢走，海大人！"

徐天冬和何巧莲和海瑞他们道别。

海瑞和尤三回过头，朝他夫妇俩人挥手告别。

— 4 —

"爹，你堂堂一个内阁首辅，难道还怕他官阶仅四品的海瑞吗？"那日，徐家父子回到家后，徐瑛不服气地对他爹说。

"啪！"徐阶重重地给了他一记耳光，气恼地骂道，"你这不争气的东西，你给我惹的祸还少吗？海瑞虽然只是个四品官员，但他现在由皇上钦点来巡抚应天十府，还要总督粮储和提督军务，他是钦差你知道吗？他的话就是皇上的话，你去惹他这不是讨死吗？"

"这……这是？"徐瑛还想说什么，旁边的徐琨赶紧制止他："瑛弟，你就少惹爹生气吧，爹为你的事已经够操心的了！"

"不是，我是说……"

"走，走，你出去，让爹安静一会儿！"

徐瑛还想再争辩，徐琨赶紧推着他出去。

"爹，您息怒，瑛弟他不懂事，您别和他一般见识！"徐琨回过头安慰他爹。

徐阶说："琨儿，这不是见识不见识的问题，海瑞要对咱们徐家动手了啊！他这次动你瑛弟，分明就是在向我示威！"

徐阶心里明白，海瑞是不会就这样罢休的，他要拿徐瑛开刀。一旦徐瑛被他以霸占农户田地和强抢民女的罪名处斩，那徐家就大祸临头了。对徐家来说，霸占乡民田地的不只是徐瑛，徐璠、徐琨，还有徐陟，同样也霸占了不少，海瑞这一刀砍下来，倒下的当然不只是徐瑛一个人，而是徐家一群人。

"看来得先想办法救瑛弟！"回到屋里的徐璠说。

徐阶望着徐璠，说："他给我捅了那么大的娄子，你说咋救呀？"

"看来得动用爹在京城的关系了。"徐璠作沉思状。

"也只有这样了！"徐阶叹息。

徐琨叹息道："唉，上次我哥写信给张居正，他也不回，也不知道这张大人是啥意思？"

"张大人不回信，也许有他的难处。"徐璠说。

徐阶低头踱着方步，沉思着。此时他在想，什么原因使张居正没给徐家回信呢？

海瑞第一次来徐家后，徐阶就叫长子徐璠给已经升任内阁次辅的张居正写信，希望他对自家的事能帮上点忙，可不知什么原因，张居正一直没给他回信。

那么，为什么张居正没给他们回信呢？

徐璠写信给张居正的时候，张居正和次辅赵贞吉正斗得火热，而且赵贞吉似乎占着上风。在这个关键时刻，倘若张居正给徐家回信，这事让赵贞吉或者他的人知道了，那张居正日子肯定不会好过。基于这个原因，徐家父子这才没有等到他的回信。

见张居正不回信，徐阶想，你不回信，那老夫就叫人直接去找你，看你是啥态度，于是徐阶备上三万两银子，叫徐璠直接上京城去找张居正。

"爹，孩儿去了他不买咱们的账咋办？"徐璠有些担心。

徐阶说："不会的，张居正这个人爹清楚得很，他不是那种人，他之所以没有给咱们回信，肯定是有其他原因，你就放心去找他吧！"

"好，孩儿明天就启程前往京城。"

徐阶叮嘱他："多备些银子。"

"孩儿明白。"

"你明日早些走！"徐阶说，"记住，千万不要让海瑞觉察到！"

"孩儿会注意的，只是……"徐璠欲说还休。

徐阶问他："只是什么？"

"只是我不在家，你们可要当心些，海瑞已经疯了，说不定哪天他又会找上门来！"徐璠担心他走后，海瑞会再来找他爹和他的两个兄弟，逼他们退还田地。

"你不用担心，他一时还奈何不了爹的！"徐阶说，"你快去快回，只要能得到张居正的帮助，咱们徐家就有救了！"

次日一早，徐璠带着银子，叫上家奴腊狗，骑着马悄悄往京城奔去。

– 5 –

海瑞料定徐家绝对不会轻易退还他们霸占的田地，他们一定会去京城找援手。

海瑞清楚，徐阶和高拱是死对头，官场这么险恶，这个时候内阁的次辅高拱肯定是不会帮他徐家的，不但不会帮，反而还会落井下石，趁机置徐阶于死地，否则，说不定哪天高拱又得从内阁滚回老家，甚至是丢掉性命。

像过筛子一样在头脑中过了一遍，海瑞觉得能帮他徐家的，也只有次辅张居正了。

海瑞也明白，有的时候情大于法，张居正是徐阶的得意门生，徐阶又对他有提携之恩，张居正一定会想办法帮徐家。

清丈田地，退还民田，这是皇上交给自己的使命，如若完不成，怎么给皇上交待？不行，既然徐家霸占了人家的田地，徐瑛抢了人家女儿，那我海瑞就得照章办事秉公执法，不管你张居正怎么帮他徐家，我海瑞毫无畏惧，大不了摘了我头上的这顶乌纱帽。

第33章　阁臣插手

"白圭兄，看来这次我们徐家这祸是躲不过了，云岩这次来，就是受家父之托，望你务必帮个忙！你看，能不能从内阁或吏部那边给海瑞施加点压力，让他放我徐家一马？"徐璠企盼地望着张居正。

– 1 –

那日徐璠和家奴腊狗骑乘快马离开华亭乡后，便夜以继日马不停蹄地奔向京城去找内阁次辅张居正。

数日后，二人赶到了京城。

徐璠做过太常寺卿，当年他家与张居正往来也不少，他对京城非常熟悉，很快就找到了张居正的住处。

徐璠吩咐腊狗上前敲门。门开了，一老头出来问："你们找谁？"

腊狗说："我和我家少爷来找张阁老，麻烦您通报一声，就说徐璠徐大公子有事来找他。"

"你们稍等一下，我这就去禀告我们家老爷。"老头将院门关上，去给张居正通报。

老头来到张居正的书房，轻轻推开门："老爷，外面有两个人，说是找您的。"

"谁啊？"此时，张居正正在书房想他和赵贞吉之间的事情。

老头说："他说是徐璠徐大公子。"

听说是徐璠，张居正便跟着老头走出书房，来到院中。

"客人来了怎么还闩着门呢？"张居正问老头。

"大人吩咐过，但凡不认识的人来，需经大人同意了才准许进入。"老头边说边抽开门闩，将门打开。

"白圭兄，近来可好？"见张居正出来接他，徐璠赶紧上前与他打招呼。

"哎，云岩，你不是在老家华亭吗？咋来京城了？"张居正说，然后招呼他和腊狗，"快快快，屋里坐！"

张居正是权倾朝野的内阁次辅，许多官员见了都得向他叩拜，称他一声阁老或张大人，哪敢和他称兄道弟？但徐璠不一样，他是徐阶的儿子，而张居正是徐阶的门生，徐阶是他的恩师，论辈分他和徐璠是平辈，而且关系又特别亲近，所以徐璠与他兄弟相称。

　　三人便往屋里走。

　　"咋不先打声招呼？"张居正说徐璠，而且口气里略带些许埋怨。

　　徐璠说："待会儿再跟白圭兄说！"

　　听他这么说，张居正想起了前段时间他写给自己的信。他想，徐璠定是为海瑞逼他家退田地的事而来。

　　三人进屋落座，下人将茶水端来，张居正这才问徐璠："恩师近来可好？"

　　徐璠没回答他的话，反问他："白圭兄，前段时间家父叫我写给你的信你没收到？"

　　张居正听得出，他话里带有责备的意思，便说："收是收到了。"

　　"既然收到了，白圭兄理应给我们回一下才对！家父在家多急啊！"徐璠有些不高兴。

　　见他面露不悦，张居正说："云岩老弟，居正不是不知道恩师着急，我这儿出现了点情况，无法给你们回信！"

　　"内阁的情况家父清楚，赵贞吉在和你绞着，你是担心他会借题发挥让你下不了台。"徐璠一语点破。

　　"实出无奈！"张居正赶紧说。

　　徐璠说："好了，不扯远了，白圭兄，瑛弟和赵小兰的事你可能也听说了吧？"

　　张居正说："听说过。"问道："怎么？海瑞他知道这事了？"

　　"不但知道，估计瑛弟是逃不过这一劫了！"徐璠沉着脸焦虑地说。

　　"那你这次来……"

　　"海瑞揪着这个事不放，估计他是想从瑛弟这儿下手，然后再清算我们徐家。"

　　"恩师没和他好生谈谈？"

　　"谈了好几次，但没用！"

　　"海瑞不买账？"

　　"人家是皇上下派的钦差，哪会买账呀？"

听徐璠这么说，张居正很气愤："这个海瑞，真是个愣头青，好歹徐阁老救过他一命，怎么连这点情面都不给，还讲不讲情义啊？"

"白圭兄，看来这次我们徐家这祸是躲不过了，云岩这次来，就是受家父之托，望你务必帮个忙！你看，能不能从内阁或吏部那边给海瑞施加点压力，让他放我徐家一马？"徐璠企盼地望着张居正。

张居正沉思了一下，说："我先给他写封信，劝说一下他。若是他不听，那我再给吏部那边打招呼。高阁老已经回到内阁，他不是也恨海瑞吗？"

见他提到高拱，徐璠赶紧说："不行，不行，家父与高拱向来不和，这事要让他知道了，他还不借机整治家父啊？"

"这事我知道，我会掌握分寸。"张居正告诉徐璠。

听他这么说，徐璠觉得也不能强求于他，只好说："行，只是希望白圭兄能尽快处理这个事，估计海瑞马上就要对瑛弟下手了，家父在家很是着急。"

张居正说他马上就给海瑞写信。

"我能不能将这信直接带给海瑞？"徐璠问。

张居正说："不行，这样会给他留下口实，到时候你们父子俩都说不清楚。"

"那怎么办？时间不等人啊，万一海瑞老是见不到你的信，那……"徐璠担心地望着张居正。

"不用担心，你先回去，我现在就写信，然后马上派人乘快马送到海瑞手上。"张居正神情沉稳地告诉徐璠。

"也行，那就有劳白圭兄了。白圭兄忙，兄弟就不打搅了！"徐璠说完起身离座。

他看了腊狗一眼。

腊狗会意，急忙从包里取出一个锦盒递给他。徐璠接过来放到旁边的茶几上，然后说："白圭兄，这是家父的一点心意，不成敬意，望白圭兄收下！"

"使不得，使不得！"张居正知道锦盒里装的是啥东西，赶紧推辞。

徐璠说："白圭兄，你要这样就见外了！"

张居正说："这些都是我该做的，你告诉恩师，请他放心，只要我能办到的事定然努力去办！"

"若白圭兄硬要推辞，那家父在家更是不放心了！再说，你也要打点其他人嘛！"徐璠说。

"你既是这样说，那我收下！"见徐璠这么说，张居正只好收下了他们送的银子。

见他收下了银子,徐璠说:"白圭兄,那就不打搅了!"

"行,那你们先回,我马上给海瑞写信!"张居正说。

- 2 -

徐璠和腊狗离开张居正家没几日,海瑞就收到了他写来的信。

那日,海瑞正在巡抚衙大堂翻阅卷宗,尤三手里拿着一封信走进来:"大人,您的信!"

"我的信?哪儿来的?"海瑞眼睛盯着卷宗问尤三。

尤三告诉他:"京城来的,好像是张居正张阁老写给您的!"

"什么?张居正写给我的?"海瑞赶紧放下手上的卷宗,从尤三手里接过信封。他先前的猜测没错,张居正真的要帮徐家忙了,而且把话带到了他这儿。

海瑞急忙撕开信封,抽出里面的信纸仔细看了起来。

信不是很长,就一页,字也不是很多,就五六百字,可对海瑞来说,字字如冰雹,一颗颗砸在他的心上,让他既痛苦又气愤。

张居正在信里说,近日耳闻海大人在江南应天十府大刀阔斧整饬吏治,又突破常规鼓励乡民到巡抚衙告状,要求退还田地,还闻海大人正在勘察淞、白江河,准备带着民工治理,真是可喜可贺……退田还地也好,整饬吏治也好,均是为了一方安定,为了朝廷长治久安,固然应该。随后张居正话峰一转,在信里说,凡事得有个度,听闻应天十府一带因告状之事频繁,地方上出现种肥田不如告瘦状之传言,不少官宦乡贤受到奸人污告,反响过大,是不是该好好斟酌斟酌,适而有度,以免引起不必要的纠纷和矛盾,给朝廷和皇上惹麻烦。另外,听闻海大人去华亭找过徐阁老,要他退出田地,这事我以为,徐家在华亭算是名望大族,加之阁老才从内阁首辅位上致仕回乡,声望要紧,这样逼他实在不妥。再者,阁老也曾在你危难之时救你一命,我想你也会念及此情的吧?徐阁老是我恩师,这你是知道的,能否给一薄面放他徐家一马,叫他们适当退出些田地让你有个差交就行,不必非要他家将几十万亩田地悉数退还。还有徐公子与赵家之事,也望仔细斟酌,切莫留下遗憾,不知海大人意下如何?

"哼,这徐阶,果真让张居正来给我施压了!"海瑞看完张居正写给他的信，将信丢到一旁独自生起闷气来。

尤三见他生闷气，小心翼翼地问："大人，张阁老怎么说啊？"

"还能怎么说？还不就是要我少退徐家的田地！"海瑞怒气冲冲地说。

尤三也很气愤："这徐家还真有一手，去找张阁老来压制大人。这张阁老也是，手伸得太长，远在京城却管起应天的事来了！"

"别管他，徐家的田地照退！"海瑞说。

尤三担心地问："张阁老这样帮徐家，海大人，这地徐家能退吗？"

"至少也要他退出一半！"海瑞神情坚定。

尤三问："徐家要是不退呢？"

"那我海瑞就让他徐家不得好日子过！"海瑞断然道。

尤三忧虑地说："可徐阁老毕竟做过内阁首辅，又刚致仕，加上又有次辅张居正张阁老帮徐家，怕是不好动他家啊！"

"没啥不好动的！"海瑞胸有成竹地说，"待忙完了吴淞江和白茆河的治理工程勘察，本官就即刻将情况上奏皇上！"

"妙，大人这招真妙！"听海瑞这么说，尤三脸上乐开了花。

见他这副模样，海瑞心情也好了起来，笑着说："看把你乐的！"

尤三笑了笑，说："大人，没事的话卑职先下去了！"

"去吧！"海瑞说。

尤三高兴得像个孩子似的走了出去。

话是这么说，可张居正毕竟是大权在握的内阁次辅，海瑞觉得，这事还得给他回个信儿，才好有个交待。

可这信怎么回？

海瑞想：是屈服于他的威力俯首听命放徐家一马，还是坚守自己的初衷逼徐家退出田地？要是听命于张居正，那皇上那儿自己怎么交待？乡民们那儿又如何去面对？难道就眼睁睁看着他们跪在自己面前呼天喊地地求助不管？

海瑞想来想去，觉得还是不能听从张居正的。哼，管他呢，大不了不要自己头上这顶乌纱帽。

"对，就这样！"海瑞豪迈地说，立即提笔给张居正回信。

信写好了，海瑞吩咐尤三，叫他拿去驿站交给驿差。

"记着叫驿差及时送达！"海瑞叮嘱道。

"知道了，大人！"尤三答道。

尤三拿着回信出去。

海瑞坐在椅子上休息了一会儿，突然想起有好长一段时间没去军营提督军务了，于是，叫上巡抚衙的另一衙役三宝，便朝苏州府驻地的军营走去。

海瑞和衙役三宝来到驻地军营大门前。

"督抚大人，今日怎么有空到这儿来呀！"海瑞来过好几次，守门军士认识他，见他和三宝来了，一边打开门，一边和他打招呼。

"刘教官在吗？"海瑞问守门军士。

守门军士告诉他："他在训练场那边。"

"他在训练士兵？"

"是的，督抚大人，要不卑职去通报一下？"

"不用，我们直接去那边找他。"海瑞说。

守门军士说："那我带您过去。"

海瑞摆摆手，说："守在你的位置上，我们自己去。"

"是！"守门军士回答。

海瑞和三宝朝不远处的训练场走去。

"嗨！"

"嗨！"

"杀！"

"杀！"

……

天上，一轮火辣辣的太阳悬在空中。训练场上，一队一队站列整齐的士兵在拼命地加强刺杀训练，嘴里不时发出震天响的喊杀声。

驻军教官刘超武站在一旁督促士兵训练。

看到这一幕，海瑞感到非常欣慰，不禁鼓起掌来。

"海大人，你怎么来了？"刘超武听到掌声，才知道海瑞来了，赶紧过来和他打招呼。

"辛苦，辛苦！"海瑞对刘超武说。

刘超武微笑道："职责所在！"

"来，海大人，请坐！"刘超武教官带着海瑞和三宝来到台上，请他观看训练。

"嗨！"

"嗨！"

"杀！"

"杀！"

……

"队形整齐，训练有素，不错，真不错！"海瑞盯着训练的队伍，由衷地称赞。

刘超武谦虚地说："承蒙海大人夸奖！"

"不过，还欠火候，刘教官还得多费些心，继续带领大家操练，否则上了战场会吃亏。因为我们面对的敌人都是训练有素的，没有过硬的军事技能不行。"海瑞说。

刘超武说："海大人放心，我会的！"

海瑞观看了一阵士兵操练，在刘教官的陪同下察看了军营武器装备和士兵们的吃住情况，对他提出了一些要求和建议，就回巡抚衙了。

– 3 –

"真是个不识抬举、忘恩负义的东西，枉徐阁老救他一命，早知这样，还不如让先帝杀了他！"张居正看完海瑞的回信，气得将信甩到地上骂道。

"老爷，你这是？"张居正的夫人见他突然发起脾气来，想问他是咋回事。

张居正铁青着脸说："没你的事！"

"你刚才说什么海……海瑞，我听说这人性格有些古怪，他怎么啦？你发这么大脾气！"张夫人睁大眼睛望着他。

张居正生气地说："怎么啦？他在应天十府巡抚，要叫徐阁老家退田还地，徐璠之前来信，我没回。这下海瑞又去徐阁老家，硬要逼着他家退出一半田地，徐阁老着急了又叫徐璠来家里找我，叫我帮忙劝说一下海瑞，让他放徐家一马。前些日我写信给海瑞，没想到他却给我回了这么封信，真是气死人了！"

"这个海瑞也真是，好歹你也是个内阁次辅，怎么连你的话都敢不听了呢？"张夫人捡起地上的信看后嘀咕道。

"哼，我看他这辈子不要出头了！"背着双手在客厅里走来走去的张居正说道。

"徐阁老不是救过他一命吗？他这样做，真是连点情义也不讲！"张夫人埋怨海瑞。

张居正说："情义？他要讲情义就不会这样一意孤行了！"

"那徐阁老家的事咋办？阁老是你的恩师，有恩于咱们家，总不能就这样看着海瑞胡来，逼阁老家退出田产吧？"张居正夫人问。

张居正沉思了一下，说："这事得从长计议，遇到这头犟牛我一时也拿他没办法。再说，他身后还有皇上给他撑腰，得谨慎行事，鲁莽不得，否则到时连我自己也脱不了身。"

"这倒也是！"张夫人应道。

张居正觉得，得赶紧给徐璠写一封信，赶紧想其他办法。

事不宜迟，他马上进到书房提笔给徐璠写信。

张居正在信上告诉徐璠，叫他转告徐阁老，说这事非同小可，赶紧带着银子到京城来，打点各方关系，给海瑞施压，否则难以摆平这事。

信写好后，张居正走出书房，吩咐下人去把心腹吕冲叫来。

"阁老，有何吩咐？"不一会儿，吕冲来了。

张居正拿起刚才写好的信，说："我这儿有封急信要送给华亭县徐家大公子徐璠，你马上骑乘快马将信送去不得耽误！"

"是，老爷！"吕冲应答。

"记住，这事千万不能走漏风声，信要亲自交给徐家大公子或徐阁老！"张居正叮嘱他。

吕冲点头，然后将信塞进衣服夹层，转身去马厩里牵出一匹快马，然后翻身上马连夜赶奔华亭县华亭乡徐家。

几日后的一个傍晚，吕冲来到徐家大院门前。他翻身下马，疾步走近看守大门的老头："我是从京城来的，有急事见徐大公子，烦你通报一下！"

"你稍等！"听说是从京城来的，守门老头赶紧跑进屋去给徐璠通报。

"大少爷，外边有个人说是从京城来的，有急事求见！"

"快，赶紧请他进屋来！"

自那日从张居正家回来后，徐家父子都在焦急地等待着张居正的消息，可一直没有回音，一家老小寝食难安，听说有人从京城来，徐璠估摸着是张居正派来送信的，心里兴奋得不得了。

"是！"

守门老头出来告诉吕冲："你跟我来吧！"

吕冲跟着老头走进徐璠的屋子。

"徐公子，我受张阁老委派，前来给贵府送信！"见到徐璠，吕冲给他行礼，并将信文给徐璠。

徐璠急不可待地展开张居正给他的书信看起来。

徐璠看完张居正给他的信，"啪"地一声将书信砸在旁边的桌案上，气急败坏地打发人去叫他爹徐阶和徐琨、徐瑛两个兄弟。

- 4 -

片刻，徐阶和徐琨、徐瑛急匆匆地来了。

一进屋，徐阶就急着问徐璠："璠儿，怎么回事，张阁老有消息了？"

"这海瑞真不是人！"徐璠铁青着脸将张居正写给他的信递给他爹。

徐阶接过信，看了一眼坐在旁边的吕冲。

"爹，他叫吕冲，是张阁老派来给我们送信的！"徐璠赶紧给他介绍。

徐阶这才心急火燎地展开信仔细地看起来。

吕冲见徐家父子有事要商量，自己不便在场，便告辞，徐璠给了他一锭银子。

徐阶继续看他的信。

在一旁的徐琨、徐瑛，从哥哥徐璠刚才的话里和脸色断定，张居正肯定没给他们徐家带来什么好消息，二人脸色也有些不好看。

"连内阁次辅张居正他都不买账，看来这海瑞是跟咱们徐家耗上了！"徐阶边看信边冷冷地说。

"爹，要不我去宰了他！"徐瑛怒气冲天。

听徐瑛这么说，徐阶知道他又犯浑了，瞪了他一下。

徐瑛闷着。

见他这样，徐琨便说："瑛弟，不是二哥说你，你做事就爱冲动。你动脑子想一想，宰了他，这不是罪上加罪吗？"

徐璠也说："你二哥没说错，你一遇事就冲动，海瑞是什么人？不冷静一点吃亏的最终还是自己！"

"好了，不要再说了！"心绪不宁的徐阶说几个儿子。

徐瑛嘟着个嘴："那你们说怎么办？总不能就这样任由他海瑞宰割咱徐家吧？"

"你看，又冲动起来了！你急个啥嘛，等爹看了信再说！"徐璠说徐瑛。

徐瑛这才像面敲破了的鼓，没声了。

徐阶看完信，把信丢在桌案上，问徐璠和徐琨："你们两个觉得这事咋办才好？"

徐璠说："看来海瑞是要和咱们徐家死磕到底，张大人那边又帮不上忙，这如何是好？"

徐琨拿起张居正的信看起来，突然，他说："张大人不是在信上说，叫大哥赶紧带上银子去京城打点打点，疏通各方关系吗？"

"这爹不是没看到，只是这关系如何去疏通？打点哪些人？要花多少银子才行？不要银子花了不说，找不对人事情还办不成！"徐阶说。

徐璠说："信我也看了，只是像爹说的，这关系如何去疏通？找哪些人合适？这些都需要咱们思量。"

"爹和大哥说的也是！"徐琨无计可施。

在一旁闷着的徐瑛接过话："不都说解铃还须系铃人吗？既然张大人这么说，路是他指的，何不去找他呢？"

"爹，瑛弟说得也对，这主意是他帮出的，咱们再去京城找他不就行了？"徐璠似乎一下子醒悟过来。

"对对对，叫大哥再去找张大人！"徐琨也很兴奋。

徐阶沉思片刻，说："海瑞这样逼咱们家，看来不破财是不行了。好吧，璠儿，那你就带着些银子去京城找居正吧。至于怎么去疏通，打点哪些人，等你去了京城，我想居正他会跟你说的。"

"爹，您可要想好，这可不是一点银子就能打发的，少说也要几万两啊！"徐璠望着他爹。

徐瑛听了，不高兴地说："大哥，你咋这么说？这银子难道比我的命还贵吗？再说咱们徐家又不是没银子！"

"瑛弟，大哥不是这个意思，大哥是说，这次要花的银子的确很多，得好好商量！"徐璠见他误解自己，赶紧跟他解释。

"是啊，瑛弟，大哥没有不救你的意思，你多心了！"徐琨也说。

徐阶瞪了徐瑛一眼，骂道："孽障，这下知道要命了？"

见老子发火了，徐瑛低头搓着双手，不敢再吱声。

徐琨说："爹，这事不仅事关瑛弟性命，也关乎咱们徐家的几十万田产，就是花再多银子也得去打点，要不然后果不堪设想！"

"不要说了，璠儿，明日你就带着八万两银子去京城找张居正，务必请他帮这个忙。爹提醒你一句，那些言官不可小觑。"徐阶说。

"孩儿明日就出发。"徐璠说。

徐瑛说："大哥，要不我和你一起去吧？"

"在家给我好生待着，不要给你大哥添麻烦了！"徐瑛刚一开口，徐阶就朝他吼道。

徐琨也说："三弟，大哥会处理的，你就在家待着吧！"

"好好好，我哪儿也不去！"徐瑛气冲冲地说。

徐璠说："放心吧，瑛弟。"

徐阶对徐璠说："这次你带的银子比较多，怕路上不安全，还是叫腊狗和你一道去好些。"

"也行！"徐璠说。

徐阶又说："你先把银子兑成银票，到了京城再兑换成银子，这样更安全些。"

"是！"

次日，徐璠带着八万两银票，叫上腊狗再次去京城找张居正。

— 5 —

徐璠和腊狗来到京城，直奔张居正的宅院。

"云岩，你们快进屋使坐！"张居正还没回家，接待徐璠和腊狗的是张居正的夫人。

"嫂夫人，白圭兄还没回来？"徐璠边进门边问。

"应该马上就回来了！"张夫人告诉他。

这时，下人把茶端来。

张夫人在他们对面找个位置坐下，然后问徐璠："云岩这次来，定是为你们家田产和你弟弟徐瑛的事吧？"

"嫂夫人怎么知道呢？"徐璠正要喝茶，听她这么问，赶紧问道。

张夫人说："哎哟，云岩啊，你不知道，居正那日接到那个什么海瑞的回信后，气坏了！"

"嫂夫人你别说了，白圭兄都在信上给我们说了！"徐璠说。

张夫人说："唉，这个海瑞啊，真是个死脑筋，做官这么多年，对官场上的事啊，一点也不开窍！连徐阁老和居正这样的人他都不给面子，真不知道他在官场上是咋混的！"

"人家现在是皇上钦点的钦差大臣，哪还买咱们的账啊？"腊狗插话。

"钦差大臣咋啦？他这个钦差大臣不就是个正四品，有徐阁老和居正的官大吗？是他脑子不开窍，想得罪人！"张夫人说。

"可他海……"

"你们在说些啥啊？什么大不大的呀？"

话被进门来的张居正打断了。

见张居正回来，徐璠赶忙站起来与他打招呼："白圭兄，回来了！"

"云岩，这么快就来了啊？"张居正笑着对徐璠说。

徐璠告诉张居正："事情紧急，接到白圭兄派人送去的信，家父就马上让我来找你，商量一下这事到底怎么办才妥当。"

"连我都没想到，他海瑞会是这么个态度！"张居正在徐璠对面坐下。

徐璠说："看来，不逼死我徐家他海瑞是不会放手的！"

"海瑞的脾气，大家都知道，这人性子刚烈，什么人都不放在眼里，时下又有皇上替他撑腰，恩师和高阁老又有隙，若不想个万全之计，你们一家怕是难过这一关啊！"张居正说道。

"那依白圭兄，这……"徐璠试探性地问。

张居正端起桌上的茶水喝了一口，凝思道："看来这事只能上下打点疏通关系了。"

"来的时候家父跟我说了，一切听从白圭兄安排。"徐璠赶紧说道。

张居正想了想，然后对徐璠说："这样吧，先找恩师在京城里的一些熟人，打点一下，好让他们到时候出一些力。"

徐璠点点头，他觉得张居正这个想法可行。

随后，张居正又轻描淡写地说了一句："海瑞不离开应天，始终是个麻烦。"

这句话点醒了徐璠，他对张居正说："我来的时候家父提醒我，说那些言官说不定也可帮上忙，是不是也找些言官，打点一下让他们弹劾海瑞，给他施加点压力？"

张居正笑道："姜还是老的辣啊，恩师这个办法好！"

"但是找哪几个言官呢？"徐璠问。

张居正说："这个你不用担心，我来安排。"

"你觉得戴凤翔如何？"

"你是说吏部的给事中戴凤翔？"

"正是！"

张居正说："此人系海盐人，嘉靖三十八年中己未科三甲进士，一年多前，也就是隆庆元年才转为吏部给事中，此人倒是有两下子。"

徐璠告诉张居正："听闻此人对海瑞在应天的一些做法也是很不满！"

"那不正好？"张居正说。

徐璠说："行，我去找一下他。"

"嗯。"张居正点头。

"那其他的就有劳白圭兄了！"徐璠向张居正拱手行礼。

"好！"

"你带了多少银子？"张居正又问徐璠。

徐璠告诉他："八万两。"

"行，不够再说。"张居正担心他带的银子不够打点那些人。

徐璠说："好！"

"是银票吧？"

"嗯。"

张居正说："那你先将银票换成银子，然后你留一部分，其余的交给我。"

"好，明日我就去兑换。"

次日一早，徐璠赶紧和腊狗去兑换银票。

银子兑换好了，按张居正的吩咐，徐璠留下一部分去打点戴凤翔等一些言官，其余的全交给张居正。

徐璠很快打听到戴凤翔的住处。

晚上，徐璠带上三万两银子，一个人去戴凤翔住的地方找他。

戴凤翔住在一个小巷子里，房屋也不是很宽，就两间房屋。

见门是关着的，徐璠上前敲门。

"你是？"门开了，见门口站着个穿戴整齐的中年男人，戴凤翔问。

"我是徐璠，你是吏部的给事中戴大人吧？"徐璠报上姓名，他和戴凤翔相互都不认识。

"这名字听起来咋这么熟悉？"戴凤翔自言自语地说，他觉得这人好像在哪儿听说过，然后问徐璠，"你是哪个徐璠？"

徐璠说："我是徐阶的大儿子徐璠，原在太常寺供职，任太常寺卿，后来跟家父回老家华亭了。"

"原来是徐大公子光临寒舍，凤翔有眼不识泰山，请进，请进，徐公子！"戴凤翔赶紧请他进屋。

进到屋里，戴凤翔赶紧给徐璠挪椅子，然后转身去泡茶。

"来，徐公子，请喝茶！"将茶送到徐璠手上，戴凤翔在他对面坐下后，问道："徐公子今日光临寒舍，是有事要吩咐凤翔吧？"

徐璠喝了口茶，然后说："没事就不能来找你聊聊？"

"哪里哪里，徐公子能光临寒舍，是我的福气，随时欢迎，随时欢迎！"戴凤翔满嘴油滑。

徐璠先不切入正题，而是问他："海瑞这人你听说过吧？"

"咋没听说过？这人是大明官场上有名的榆木脑袋，做事一根筋！"戴凤翔说。

徐璠又问他："那此人在江南应天十府的做派你听说过吗？"

"都听说过！这个海瑞，听说他在那儿搞什么吏治改革，退田还地，弄得地方上乌烟瘴气，得罪了不少人！就连我都看不下去了！哎，徐公子怎么想起问海瑞的事来了？"戴凤翔评价了一番海瑞，突然悟出点什么，便问徐璠。

"哼，这海瑞，连我徐家都不放过！"徐璠冷哼了一声。

听了徐璠的话，戴凤翔吃惊不小，惊呼道："啥？连首辅大人家他都敢动？海瑞这胆子也太肥了吧？"

"我就是因为这事来找你的。"徐璠见他对海瑞成见不浅，知道找对了人，便趁机说道。

戴凤翔说:"啥事你说!"

徐璠从包里拿出一个装有三万两银子的盒子,说:"这是一点意思!"

"徐公子,你这是……"

"莫推辞!莫推辞!"戴凤翔刚要推辞,徐璠伸手制止他。

戴凤翔说:"既是这样,需要小弟做什么你说!"

"你不是言官吗?"

"哦,徐公子的意思我懂了,要我弹劾海瑞!"戴凤翔一下子明白了他的意思。

徐璠说:"对,我要你弹劾海瑞!"

"小弟愿为徐公子一家效犬马之劳!"戴凤翔朝徐璠拱手说道。

徐璠也向他拱手道:"感谢戴大人,事成之后还有重谢!"

"凤翔受之有愧,待事成之后再说吧!"戴凤翔说。

见事情办妥了,徐璠起身:"那这事就拜托你了,凤翔老弟,你忙着,我还有些事要办,就此告辞!"

"好,徐公子慢走!"戴凤翔明白,他还要去找人。

徐璠回过身,压低声说:"能找帮手的话,最好找些帮手,银子没问题!"

"我懂!"戴凤翔笑着和他招手。

张居正这边也全力地帮徐璠活动。

在京城待了几日,该花的银子花了,该打点的人打点了,徐璠和腊狗回到了华亭县老家。

"如何?都打点好了吧?"一到家里,徐阶和徐琨、徐瑛就来问他。

徐璠告诉他们:"都打点好了,就等着吧。"

徐阶和徐琨、徐瑛听了,觉得心里算是踏实了一些。

第34章　判斩徐瑛

"徐瑛不但捏造契约侵占他人田地，还无视大明律令强抢民女。不仅如此，徐瑛还行贿地方官员，导致案子枉判，并致人死亡，实乃罪大恶极，按大明律处以斩刑！"

- 1 -

徐阶派大儿子徐璠去京城请张居正找人打点，还找言官弹劾自己，这些事海瑞都不知晓。

对徐家，海瑞觉得还是要做到仁至义尽，他准备去松江府华亭县华亭乡和徐家父子再谈谈。

这日夜晚，海瑞只身一人前往徐阶家，准备再次劝说徐阶父子把田地退出来。海瑞估计，他给张居正的回信，张居正一定已经告诉了徐家父子。那这次去他家，怎么和他父子交谈？是不是能谈得拢？若是谈不拢，那自己又怎么办？

路上，海瑞一直在琢磨这些问题。

想着想着，海瑞已经来到徐家门口。

"海瑞，你真是阴魂不散，我徐家哪辈子得罪了你？"见他又来了，徐阶沉下脸说。

见他揶揄自己，海瑞说："恩公，你咋这么说呢？海瑞三番五次来劝说你们家退出田地，这也是在帮你们家，为你们好啊！"

"我不是你的恩公，你的恩公早死了！"徐阶拉长着脸。

在一旁的徐瑛恨意上脸："海瑞，你有话快说有屁就放，我父子几人没时间跟你磨嘴皮子！"

"瑛儿！"徐阶怕儿子再捅娄子，赶紧喝住他。

见徐瑛出言不逊，海瑞心头很火，但他一时还不想撕破脸皮，便忍住火气笑着说："瑛侄，有话好好说，用不着这么动气！"

"动气你又敢把我怎么样？"徐瑛挑衅地问海瑞。

"徐瑛,你想死是不是?赶快给我滚出去!"见徐瑛还在和海瑞呛,徐阶再次喝吼他。

这时,徐琨从外面走进来,听见吵闹声,便问:"吵吵闹闹的,又是怎么啦?"

瞥见海瑞,不友好地说:"我说瑛弟怎么又和人吵起来了呢,原来是海大人又来咱们家了!"

海瑞知道他们不欢迎自己来,于是便说:"我不来,你们家的事能了吗?"

"那我们还得感谢海大人了?"徐琨两眼乜着海瑞,有些不耐烦地说。

海瑞说:"感谢倒不用,你们徐家将侵占的田地退还给人家就行。只要这些田地退了,我海瑞可能就不来了!"

"海瑞,你……算了算了,不说你了!"徐阶想说什么,好像又说不下去。

"阁老有话就说!"先前称徐阶为恩公,让他发了脾气,海瑞不再叫他恩公,而改称他为阁老。

徐阶沉下气问:"海瑞,老夫问你,你真要逼死我才算是不是?"

"徐阁老言重了,这怎么叫逼你呢?清丈田地,将侵占的田地退还于民,这既是皇上的旨意,是我巡抚应天十府的职责,也是乡民们的呼声,既然占了人家田地,就得退还给人家,怎么说是我逼你呢?"海瑞不卑不亢地说。

徐琨接过话:"那你总得讲点人情吧?"

"这是我的职责所在,没有人情可讲,都讲了人情,那这田地还退得下去?"海瑞盯着徐琨问。

"那你就退吧,我看你退得下去不!"徐瑛又跳出来说话了。

海瑞火了:"退得下去也要退,退不下去也要退,这侵占的田地一日退还不了农户,我海瑞就一日不回京城!"

"哼,回京城?怕你没这个机会了吧?"徐瑛冷哼道。

听徐瑛这么说,海瑞:"我知道你们徐家有能耐,但我海瑞今日将话搁在这儿,这田地若真是不退还乡民,我还真就不回京城了!"

"海大人,有话慢慢说,何必动这么大的火呢?"海瑞话音刚落,徐璠接过话走了进来。

海瑞铁青着脸说:"要说我火气大,那也是你们徐家父子逼的!"

"此话言重了,海大人,你是四品官员,又是皇上下派的钦差,我们徐家哪有那么大的胆子逼你呀?"徐琨说。

"好了好了，你们都不要吵了！"见他们吵得不可开交，徐阶觉得心烦，对海瑞说，"海瑞，既然你话都说到这个份上了，那也不用多说，你想咋办就咋办吧，老夫奉陪！"

海瑞也不示弱，冷冷地说："徐阁老，海瑞再奉劝您一句，还是不要走这步险棋！"

"走这步险棋，也是你给逼的！"徐阶也冷冷地说。

海瑞说："我没逼你，高拱那才叫逼你！"

一听他说起高拱，徐阶更气："海瑞，你莫拿高拱来压老夫！"

"我没拿他来压你。"海瑞嘴上这么说，心里知道戳到了徐阶的痛处。

徐璠接过他爹的话，说："海大人，有些事情我劝你还是好生想想，不要太自以为是，把自己看得过高，就这事来说，谁输谁赢鹿死谁手还难说呢！"

"爹您少和他费口舌，他想咋办就咋办，还怕他不成？"徐瑛凶狠地看着海瑞。

见他们说话阴阳怪气的，海瑞说："知道你们徐家势大银子多，说话底气足，但海瑞奉劝一句，这是皇上给我的使命，不管有多大阻力，我非得完成不可，你们一家既是这个态度，那我也不必多说，望好自为之！"

海瑞说完，疾步走出徐家。

回到了苏州府巡抚衙，海瑞很气，他觉得这徐家父子太嚣张了。

海瑞心里也很清楚，徐家父子之所以这样蛮横，一是徐家在华亭县的势力很大，徐阶又是刚致仕的首辅，还有余威；二是徐家背后有张居正这样的阁臣给他们撑腰。

"不管了，既然徐家霸占了乡民们的田地，那就得让他退还给人家。徐瑛强抢民女，那是死罪，他是死定了的！"

坐在巡抚衙审案台上的海瑞，下定了要徐家退田和处死徐瑛的决心。

为稳妥起见，海瑞除了继续到处收集徐家霸占乡民田地、徐瑛强抢赵小兰的有关人证和物证，还找有关衙门人员了解情况，做这些人的思想工作，减少各方面阻力。

在华亭县，徐家的势力可说是上下纵横，浸透到各个地方，稍微有点风吹草动，信息就传到徐家人的耳朵里去了。海瑞的调查可谓困难重，甚至是处处碰壁。

可海瑞并没有气妥，而是信心百倍地去做，因为他心中有一个坚定的信念：要把田地还给那些贫困的乡民，要判斩徐瑛，替洪阿兰一家讨回公道。

- 2 -

经过调查取证，海瑞完全掌握了徐家父子霸占他人田地、徐瑛强抢民女赵小兰和华亭县县令王明友收受贿赂、颠倒黑白诬陷赵家的罪证，同时也知道了松江府知府李平度收受徐家银子、包庇徐瑛的罪行。

海瑞决定开庭审理徐陟、徐璠、徐琨、徐瑛等人，还有他家的家奴，逼他徐家退田还地。至于徐阶，只要他退了田还了地，那也不为难他。

"尤三，你去把鲁捕头叫来，我有事要给他交待！"早晨，刚走进巡抚衙大堂的海瑞吩咐站在门边的尤三。

"大人，是不是又要审徐瑛那厮了？"尤三问。

"不只他一个！"海瑞告诉他。

尤三高兴地说："徐家人作恶多端，早该受惩罚了！"

"把鲁捕头叫来后你就带人去知会洪阿兰，叫她来听审对质。还有那些证人，也叫他们一起来作证。"

"是，大人！"尤三转身去叫捕头鲁清德。

海瑞想在审堂上拿下李平度，他拿出一封信给衙役三宝，吩咐他："你把这封信送给松江知府李平度大人！"

"是！"三宝拿着信走了。

捕头鲁清德很快来到巡抚衙大堂，他问海瑞："大人，有何吩咐？"

海瑞告诉他："你即刻带着捕快到华亭县华亭乡徐家村，将徐陟、徐璠、徐琨、徐瑛，还有他家的家奴，一并押解到巡抚衙门，本官要审他们。"

"海大人，这回可不能再放过这几个厮了！"鲁清德恳求海瑞。

海瑞说："放心吧，罪证确凿，这下他们想赖也赖不掉！"

"卑职这就带人去华亭抓这些人！"鲁清德说。

海瑞叮嘱他："这次要抓捕的人较多，徐家在华亭县又是首屈一指的官宦大族，抓捕时一定要注意，切莫出啥差错！"

"我会注意的！"鲁清德说完准备转身离去。

"等等！"海瑞叫住他，"在抓徐家人的同时，将徐瑛那贼抢去做妾的民女赵小兰解救出来，并让她来指证徐瑛！"

"是!"鲁清德说完,转身去组织捕快到华亭县抓捕徐家的人。

海瑞算了一下时间,就算是顺利,鲁清德和捕快们抓徐家人从松江府华亭县华亭乡徐家村带到巡抚衙门,至少也要明日晌午才到,自己正好利用这个空档梳理一下手上掌握的材料。为了不耽误审案,他把坐营官王先成和几个标兵叫来帮忙。

"大人,鲁捕头他们去抓人,应该不会出啥事吧?"王先成边整理材料边问海瑞。

这也是海瑞最担心的。因为徐家养有不少家奴,而去的捕快又不是很多,他们肯定会反抗。

"应该不会!"海瑞说。为稳定人心不自乱阵脚,海瑞只能这样告诉他。

见他这么说,王先成说:"不出事就好!"

"徐阁老还会不会像上次那样来闹公堂?"王先成又问。

海瑞说:"不好说。但这次由不得他,他要闹,你们就派人把他劝走。若他不听劝,我还有皇上御赐的尚方宝剑。毕竟这是巡抚衙公堂,我料他也不敢在此胡闹!"

"我想他也不敢,哪怕他曾经做过首辅,但大明的巡抚衙公堂也不是闹着玩的地方,他也不会不顾及自己的身份,敢这么明目张胆地来大闹公堂!"王先成说。

海瑞"嗯"了一声,点了下头。

虽然海瑞猜测徐阶不敢来大闹公堂,但不怕一万就怕万一,徐阶硬要来公堂上胡闹也是有可能的,不得不防。

其实这一点海瑞早就考虑过,他把巡抚衙的把总施占洋叫来,叫他把衙里的标兵安排好,在审理徐家人时若发现什么异常举动,马上配合鲁捕头的人控制局面,绝不能让场面失控。

海瑞将巡抚衙门的公干人员全部召集来,给他们做了一番交待,叫他们做好应急准备。他一再强调,绝不能走漏半点风声,谁要是走漏了风声必拿其是问。

海瑞说:"好了,时间不早了,你们回去吧,明日都打起精神,尽好自己的职责。"

"是!"

其他人员散去。

王先成没走,他在等海瑞。

海瑞说:"你也去休息。"

"那您?"王先成关切地看着他。

海瑞说:"没事,我马上也去休息。"

王先成说:"海大人,那您早点休息!"

"嗯。"海瑞边点头边整理桌案上的东西。

王先成转身走出去。

王先成刚走到门边,有两个汉子走了进来,这两个人是军营里的两个小头目,他们来和海瑞商量明日护卫之事。

王先成驻足,警惕地看了他们一眼。

"两位来了!"见他们来了,海瑞和他们打招呼。

这两人瞟了一眼门边的王先成。

海瑞知道他俩的意思,赶紧告诉他们:"没事,自己人!"

"先成,给两位客人泡茶!"海瑞朝王先成叫道。

王先成赶紧应答,并转身走进来。

海瑞见王先成疑惑地看着他们,这才将实情告诉他。原来,海瑞怕到时候巡捕房的捕快和衙里的标兵控制不住场面,两日前已暗中和驻地军营联系好了,请他们派一队军士前来支援。到时候这些人就在巡抚衙门附近隐蔽的地方,一旦发现情况不对,他们就冲出来稳控局面。为了防止走漏风声,海瑞没告诉大家。

"原来是这么回事!"王先成这才明白。

"来,我给你介绍一下!"海瑞对王先成说,然后指着来的两个汉子告诉他,"这是王校尉,这是杨校尉。"

"这是王先成,巡抚衙的坐营官,也是我的得力干将!"海瑞又指着王先成告诉他们。

"两位请坐,我去给你们泡茶!"王先成说着转身去泡茶。

王校尉和杨校尉落座。

"兵都准备好了吧?"海瑞问他们。

"一百二十人,全在待命!"王校尉告诉海瑞。

"好,两位辛苦!"

王校尉问海瑞明日他们的兵怎么布局。

"你们的兵几时能到？"海瑞问他。

王先成将茶端了上来

杨校尉喝了口茶，回答道："海大人需要几时到我们就几时到！"

"好，那就寅时吧，为了隐蔽趁天未亮进入好些！"海瑞说。

杨校尉说："没问题，一定准时到达！"

"到时兵力怎么布置？"王校尉问。

海瑞指着身后和两边的屏风，说："这儿安排十人，两边各安排五人。"

"其余的兵呢？"王校尉问。

海瑞说："其余的兵叫他们隐藏在巡抚衙门四周，如出现异动就出来接应。"

王校尉说："行，就按您的安排！"

然后，海瑞和王先成带两位校尉察看了一下巡抚衙门周围的地形。

随后，两位校尉和海瑞、王先成告别。

"两位慢走！代我向将军问好！"海瑞、王先成和他俩道别。

"一定！"

待两位校尉走后，海瑞见时间不早了，便和王先成回去休息。

午夜寅时，两位校尉带着他们的兵悄悄来到巡抚衙门，按海瑞的安排，大堂后边埋伏十人，两边屏风后各埋伏五人，其余均隐蔽在衙门四周。

衙门里的公干人员也各自到了指定的位置。

海瑞起床洗漱了一番，穿上官袍来到了大堂。

万事俱备，只待鲁捕头他们将徐家人押解到了便升堂审问。

— 3 —

天亮了，洪阿兰及她的证人，还有其他田地被徐家霸占的乡民，在尤三的带领下来到巡抚衙外边候着。

"都来了？"海瑞问尤三。

"都来了！"尤三回答。

"好！"海瑞点头。

海瑞等人左等右等，就是不见鲁捕头他们将徐家人押解过来。

都已经这个时候了，这鲁清德他们怎么还没回来，是不是真出问题了？一阵不祥之感袭上海瑞心头。

海瑞在大堂里来回踱着方步。

"大人，辰时都快过了，是不是……"王先成看着海瑞欲言又止。

海瑞没说话，他知道王先成也在担心鲁捕头他们。

王先成和海瑞的担忧并非多余，鲁清德和他的手下去华亭县抓捕徐家人时还真遇到了点麻烦。

鲁清德和捕快们来到华亭县，他叫捕快们先去华亭乡徐家村，他到县衙去知会县令王明友。

进了县衙，见王明友正在和典史嘀咕什么，鲁清德告诉他："王县令，督抚大人盼咐本捕头来知会你，叫你即刻赶去苏州府的巡抚衙，明日陪他审徐家人。"

"你说什么？他明日要审徐家人，审谁啊？"王明友吃惊不小，皱着眉头问鲁清德。

见他这么问，鲁清德想起了临走时海瑞的交待，便说："督抚大人说，你去了就知道了。"

王明友明白鲁清德是在敷衍他，也就不再多问，便说："好吧，本县即刻起身！"

见他这副嘴脸，鲁清德心里有些气，冷冷地说："行，我还有事，先走了！"

"嗯！"王明友不冷不热地哼了他一声。

鲁清德转身出去骑上拴在外边的马，追赶捕快们去了。

鲁清德刚走，王明友心里就开始打鼓。虽然鲁清德不说，但他知道海瑞明日要审的是哪些人。海瑞审这些人，他知道意味着什么，而且还要叫他陪审。当然，他并不知道海瑞叫他陪审是要稳住他，待判决了徐瑛等人后马上将他拿下。

在县令这个官位上，王明友贪赃枉法，收受大户人家的贿赂，颠倒黑白枉判了不少案子，让不少没钱没势的乡民蒙受了不白之冤，特别是徐家，他没少收人家银子。

这下听说要审徐家的人，徐瑛肯定是首当其冲。这案子一审，他和徐家的事情必然露馅。

王明友见鲁清德来知会他，知道鲁清德带人来抓徐家的人了。

他马上叫来一个心腹，吩咐他立即去给徐家人报信。

这个心腹听了王明友的吩咐，马上转身骑马去了徐家。

然后，王明友简单收拾了一下东西，叫上轿夫便往苏州府巡抚衙赶去。

王明友预料此去苏州府巡抚衙定然不会好过，但海瑞是皇上派下来的钦差，再说审的又是他管辖地的人，只得硬着头皮去了。

松江知府李平度接到海瑞的信后，也和王明友一样的心情。但他认为海瑞不敢把他怎么样，便准备了一番叫上轿夫，坐上轿子往苏州府巡抚衙赶。

捕快们去徐家抓人，是步行去的，虽说他们早于王明友的心腹去徐家，但王明友的心腹骑快马，又是抄近路，在鲁清德和捕快们到达徐家时，王明友的心腹早已到达徐家，把海瑞要抓他们的消息告诉了徐家。

徐璠、徐琨和徐瑛，还有徐陟和他徐家的家奴听说海瑞已经派人来抓他们了，相互串通准备往外逃，还让人把赵小兰绑了带在身边。

这些人刚走到村口，远远看到鲁清德和捕快们朝村子里跑来了，便在村子里四处躲藏起来。

鲁清德叫人把住路口，然后带人在村里搜寻。搜了好半天，才将徐家这些人全部抓获，并解救了民女赵小兰。

"来了，来了！"正在海瑞等人着急的时候，有人在外边喊叫起来。

王先成看了海瑞一眼，脸露喜色。

海瑞说："出去看看！"

王先成赶紧走出去。

见鲁捕头和捕快们押着徐璠、徐琨和徐瑛他们来了，急忙返回大堂，告诉海瑞："海大人，鲁捕头他们来了！"

"好！叫大家各就各位！"海瑞边整理官袍边吩咐王先成。

"是！"王先成说完去告诉巡抚衙门的人。

海瑞拉开身后的屏风，示意那些兵士做好准备。

海瑞坐回审案台后的椅子上，等着鲁捕头和捕快们将人押解进来。

"海大人，早！"

这时，华亭县县令王明友来了。他跟海瑞打了招呼，准备往一边坐。

"你是来陪审的，坐到本官这儿来！"海瑞说。

王明友也不推辞，上台来就在海瑞右边坐下。

"待会儿你只管听就行，不用多言。"海瑞告诉王明友。

王明友赶紧说:"是,是!"

随后李平度也到了。海瑞叫他在自己的左边坐下。

李平度本应在王明友的前头到,可他故意在路上拖延时间,所以在王明友的后面赶到。

– 4 –

徐璠、徐琨和徐瑛等人被押进来跪下。

八名衙皂杵着廷杖威武地立在两旁。

海瑞开始升堂审案。

王明友看这阵势,面色有些发白。他想,海瑞是动真格的,徐家的人会不会供出自己来呢?

王明友越想越怕,汗珠从头上冒了出来。

海瑞扭头扫了他一眼,见他不停地用袖子擦脸上的汗,心里说:"哼,等下有你好看的!"

李平度心也是虚的,赵家的案子他脱不了干系。

见王明友这个狼狈样,洪阿兰和乡民们心里感觉痛快,有人轻声地骂道:"哼,你这狗官也有今日!"

"升——堂!"

皂吏拉长声音喊道。

"肃——静!"衙皂们唱喊道。

顿时,大堂内鸦雀无声。

"啪!"坐在审案台后面的海瑞将惊堂木使劲往案上一拍,威严地问徐璠、徐琨和徐瑛等人:"台下跪的是何人?"

"海瑞,你别给老子装腔作势,我等乃大名鼎鼎的徐家三公子你也不认识了?"徐瑛瞪着眼说。

"瑛弟!"跪在徐瑛旁边的徐璠赶紧瞪了他一眼,示意他不可鲁莽。

海瑞见他如此咆哮公堂,又将惊堂木往案上一拍,怒斥道:"大胆狂徒,到了这儿还如此放肆!"

"下跪之人报上姓名、住址和职业!"海瑞对跪在下面的徐家三公子和徐陟,还有他们的家奴叫道。

"在下徐璠,住华亭县华亭乡徐家村,原为朝廷太常寺卿,现在家闲居。"

"在下徐琨,住华亭县华亭乡徐家村,原为朝廷尚宝司卿,现在家闲居。"

"在下徐陟,住华亭县华亭乡徐家村,原为朝廷南京工部侍郎,现在家闲居。"

徐璠、徐琨和徐陟分别报上姓名、住址和职业。

"你呢?"海瑞怒视着徐瑛。

徐瑛还想犟着不回答,跪在他身边的徐璠悄悄扯了一下他的衣裳,示意他赶紧说。徐瑛这才不耐烦地回答:"在下徐瑛,住华亭县华亭乡徐家村,原为朝廷尚宝司卿,现在家闲居!"

海瑞教训他:"徐瑛,本官告诉你,这是巡抚衙公堂,不是你徐家,你还是给本官放老实些!"

徐瑛不服气,乜着眼凶狠地看着海瑞。

"你们几个,报上名来!"海瑞继续问徐家的那些家丁。

"小的叫徐五。"

"小的叫牛二。"

"小的叫狗崽。"

"小的叫……"

徐家的家丁纷纷报上姓名后,海瑞问徐家三个儿子和他们的叔叔徐陟:"徐璠、徐琨、徐瑛、徐陟,知不知道今日本官为何要将你们抓来过堂?"

徐璠、徐琨和徐陟回答说知道。

可徐瑛偏要耍横,说他不知道。

"不知道是吧?不知道本官让他们来告诉你!"海瑞说朝那些乡民们说,"你们给他说说!"

"还我田来!"

"还我家地来!"

"你这强盗,伪造地契霸占我家田地,你还敢说不知道!"

"你这恶棍,你不得好死,还我女儿来!"

乡民们早就憋屈着,听海瑞这么说,纷纷控诉徐家侵占他们的良田好土,洪阿兰控诉他强抢她女儿赵小兰为妾。

海瑞对徐瑛说:"听到了吗?这下你知道是为什么了吧?"

徐瑛一下子成了闷葫芦。

海瑞说:"先说你家侵占乡民田地的事,待会儿本官再仔细说你的事。"

徐家几公子不作声。

"徐二!"

"到!"

"陈安!"

"我在这儿,大人!"

"黄二胖!"

"在!"

"徐天冬!"

"大人,我早到了!"

……

海瑞一个一地点名,然后对他们说:"你们不是要控告徐家侵占你们的田地吗?"

"是的,大人!"

徐二、陈安、黄二胖、徐天冬等人一齐回答。

"既然如此,那你们将事情的经过如实给本官道来,不得捏造事实,诬陷他人。若你们说的属实,本官定然替你们做主要回田地,倘若有人捏造事实诬陷徐家,本官绝不轻饶!你们听清楚了没有?"

"听清楚了!"

徐二、陈安、黄二胖、徐天冬等人齐声说。

"那就一个一个说吧!"

"我叫黄二胖,因为官家的赋税和徭役太重,我家承担不起,前几年我只好将我家十二亩半田地投献在徐家名下,想减少些赋税和徭役,可后来徐家二公子徐琨就说我家的这些田地是他家的了。我不知道,我家的这些田地咋就变成徐家的了!"

黄二胖第一个站出来控诉徐家霸占他家的田产。

"嗯。"海瑞朝黄二胖点了点头。

"下一个!"海瑞朝下面叫道。

"我叫徐二,我家的五亩多地也被徐家霸占了,我也是来告徐家父子的。就像黄二胖刚才说的,我家想减少缴纳赋税和徭役,就把地投寄在他徐家名下,可过了几年,我家这几亩地就不明不白地成了徐家的。我去县衙告状,没告赢,地就这样被他家霸占了!"

徐璠心里暗骂海瑞。

徐琨和徐陟，还有那些家奴，跪着不说话。

徐瑛瞪着眼，时而看一下海瑞，时而又看一下陈述案情的乡民，意思是以后还想报复。

"徐天冬，你呢？"见徐天冬不说话，并时不时看徐家几叔侄和坐在台上的县令王明友，海瑞知道他怕徐家人和王明友，故意问他。

徐天冬还是有些犹豫。

"不要怕，有事就说，有本官替你做主！"海瑞鼓励他。

徐天冬这才鼓起勇气站出来："我叫徐天冬，徐家三公子徐瑛借投献之名霸占了我家的六亩二分田。我到县衙去告他，可没想到他早和王县令勾结好了，我在县衙大堂话还没说几句，就被王明友这狗官叫衙役轰出了县衙，说我诬陷他徐瑛。天地良心，我哪敢诬陷他呀？"

海瑞扭头看了眼身旁的王明友，见他脸色发白，不停地擦着头上的汗珠。

"你，胡说八道，谁……"

"王县令，先听他们说！"见王明友想威协徐天冬，海瑞赶紧制止他。

王明友这才不说话。

"下一个！"

"我叫田玉华，我告徐家的家奴徐五打伤我儿子！"

"你说吧！"

"去年三月，徐家……"田玉华边哭边诉说徐五打伤他儿子的经过。

随后，其他乡民也来控诉徐家。

听完乡民们的控诉，海瑞非常气愤，对跪在台下的徐瑛等人说："都听见了吧？占了人家那么多田地，还装着不知道！"

"督抚大人，您可要替我们做主，叫他家归还我们的田地啊！"

"是啊，海大人，他们不归还田地，我们没田地种，不但缴不起官家的赋税，一家老小就连饭也没的吃！"

"一定要叫他家归还我们的田地！"

"霸占我们家的田地就得归还！"

乡民们请求海瑞。

海瑞手朝前压了压，告诉他们："大家不要激动，本官一定会将徐家侵占的田地退还给你们，待会儿本官再宣判！"

"谢谢海大人!"

"谢谢海青天!"

……

乡民们欢呼。

听到呼声,跪在台下的徐家儿公子身子颤抖起来。

"现在,请大家一起听听乡民洪阿兰的控诉!"海瑞说。

洪阿兰早已等不及了,听海瑞这么说,赶紧走上前来,将愤怒的眼光箭一般射向跪在前面的徐瑛。

徐瑛顿时面如土色。

转瞬,洪阿兰又将愤恨的眼光投向坐在台上的县令王明友。

王明友心跳加快,手不停地擦头上的汗水。

随后,洪阿兰忍住心里的悲痛向海瑞控诉了徐瑛的罪行。

"民妇叫洪阿兰,我丈夫叫赵大柱,公公叫赵玉山,我的女儿叫赵小兰。一年前,乡里的徐家三公子徐瑛假造地契,霸占我家田地,我丈夫去找他论理,他就叫家奴殴打民妇的丈夫。无端受人欺凌,民妇的丈夫越想越气,三个月后便吐血身亡……"

洪阿兰泪如雨下,说不下去了。

"这徐家真是太霸道了!"

"什么人家的地他们都霸占!"

"太目无王法了!"

在场的乡民愤怒地议论着。

"接着说!"海瑞对洪阿兰说。

"这徐瑛霸占了民妇家的地,气死民妇的丈夫赵大柱不说,更让人伤心的是今年的清明节,民妇和女儿小兰,还有她爷爷赵玉山一起去横云山下给民妇的丈夫上坟,没想到遇到徐瑛。这厮见民妇女儿长得好看,一下子起了色心,非要叫民妇女儿嫁给他做妾不可,民妇一家不从,没想到这厮竟叫他的家奴强行抢走民妇的女儿小兰!"

"畜生,真是畜生啊!"

"猪狗不如的东西!"

"光天化日之下强抢民女,还有没有王法啊?"

人群中有人在骂,也有人在责问。

洪阿兰接着控诉。

"民妇和公公赵玉山去县衙告过他,没想到县令王明友和徐家勾结,借口民妇没有状纸和证据,说民妇和民妇的公公诬告徐瑛,便叫人将民妇和民妇的公公轰出县衙。民妇的公公上前和王县令理论,他却叫人将民妇的公公当场打死在公堂上……"

由于悲伤过度,洪阿兰话没说完,一下子昏倒在大堂上。

"阿兰,你咋啦?"

"洪阿兰,你醒醒!"

"目无王法,真是目无王法啊!"

"颠倒黑白、贪赃枉法的狗县令,应该打死他!"

乡民们围上来呼叫洪阿兰,有些在骂徐瑛和王明友。

听到这儿,王明友的脸早成了一张白纸,在台上坐不住了,想走。

海瑞见他想溜,喝住他:"王县令,你要去哪儿?"

"太热了,卑职想出去透透气!"王明友找借口。

海瑞知道他心思,说:"本官都不怕热,你还怕热?"

王明友愣在那儿。

"坐下来!"海瑞命令他。

王明友只得坐下。

李平度见此情景,预感今日可能要出事。

经过乡民们抢救,洪阿兰醒过来了。

洪阿兰"扑通"一声跪下来求海瑞:"督抚大人,您要替民妇做主啊!"

"你先起来,把状子拿给本官!"海瑞说。

洪阿兰起身,从怀里摸出状子递给海瑞,然后回到下边跪下。

"徐瑛,刚才洪阿兰说的可是事实?她没冤枉你吧?你还有什么可说的?"

"阿兰一点也没冤枉他,全是事实!"

"对,都是事实!"

"我们都可作证!"

……

洪阿兰带来的证人纷纷发言。

"今日落在你手里,算是我徐瑛倒霉,要杀要砍随你的便!但我没有抢赵小兰,是她自己愿意替他爹来我家抵债的!"徐瑛还在死鸭子嘴硬。

海瑞说:"我看你是不见棺材不掉泪!来人,传民女赵小兰!"

听到海瑞说传赵小兰,徐瑛一下瘫软下去。他知道,只要赵小兰一上场指证他,一切都完了。

海瑞预料到徐瑛在堂上抵赖,所以鲁捕头他们将赵小兰带来的时候,他故意先不让她出场,待徐瑛耍赖的时候才叫她出场来指证。

"你这畜生,你也有今日!"赵小兰被两名衙皂带进来了。

仇人相见分外眼红,赵小兰见到徐瑛,两眼射出火焰,朝他怒骂。

"小兰!"见女儿突然出现在眼前,洪阿兰激动地朝她喊叫。

"来者何人!"海瑞按程序问赵小兰。

"民女赵小兰!"赵小兰忍住心里的愤怒,跪着告诉海瑞。

"你有何冤屈?"海瑞问她。

"民女被徐家三公子徐瑛强抢为妾,民女……"随后,赵小兰哭着将自己被徐瑛强抢到徐家做妾的过程陈述了一遍。

"徐瑛,你还有什么话可说?"海瑞高声质问徐瑛。

徐瑛耷拉着脑袋一言不发。

见徐家的犯罪事实已经查明,海瑞拿起惊堂木往桌案上重重一拍,站起来威严地说:"鉴于徐璠、徐琨、徐瑛、徐陟利用投献、飞洒、诡寄等手段侵占农户田地和徐瑛强抢民女赵小兰的事实已经查明,现本官对此事进行判决!"

见海瑞要判决案子了,乡民们往前挤着,生怕听漏了一句话。

海瑞宣判:

"……徐璠、徐琨、徐瑛、徐陟侵占乡民的田地,一律在半月内退还给原田地主人。徐璠、徐琨和徐陟为富不仁,鱼肉乡里,民怨极大,按大明律例将其统统革去功名,并将徐璠、徐琨发配边关充军。鉴于徐陟年事已高,削籍为民。"

海瑞看了徐瑛一眼。

"徐瑛不但捏造契约侵占他人田地,还无视大明律令强抢民女。不仅如此,徐瑛还行贿地方官员,导致案子枉判,并致人死亡,实乃罪大恶极,按大明律处以斩刑!"

宣判到此,海瑞看了一下身边的县令王明友和李平度,然后接着宣判:

"华亭县县令王明友,身为一县县令不为民生谋计,而是贪赃枉法颠倒是非,收受徐家贿赂枉断案子,并草菅人命指使衙皂将洪阿兰的公公赵玉山活活打死在县衙公堂，按律当斩！原松江知府李平度，作为华亭县衙上司，本负有监督责任，可他对此事却完全失察，不仅如此，他还收受徐家好处，按大明律将其革职囚禁，听候朝命！为还民公道，先将几人押进大牢，待本官将案情报请刑部核准后即刻执刑！徐家一干家奴，按律论罪处理，罪行较重者，一律充军，罪轻者，关押数日放人！"

徐瑛、王明友和李平度听到判决，身子一下子软了。

候在一旁的捕快，立即上前将三人押下去。

"感谢督抚大人！"

"真是青天大老爷啊！"

"感谢海青天！"

……

将徐家霸占的田地判还原来的主人，惩治徐家三个公子和徐陟，特别是判斩徐瑛和王明友，这是民之所盼，人心大快。

海瑞的判决刚一落地，乡民们兴高采烈，相互拥抱，都说海瑞是青天大老爷。

"感谢海大人的救命之恩！"洪阿兰和女儿赵小兰，更是跪着连连给海瑞叩头。

"娘！"赵小兰一下子扑倒在她娘的怀抱。

"小兰！"洪阿兰紧紧抱住女儿。

俩人哭得像泪人。

乡民们见了，无不在替她母女流泪。

捕快们将徐家人悉数押到大牢里关押，告状的乡民们这才散去。

晚上，海瑞立即着手写审案报告上报朝廷刑部。

两日后，海瑞派人将审案报告送去京城的刑部，请其核准后行刑。

— 5 —

见海瑞不仅判他家将侵占的田地退还，还将他第三个儿子徐瑛判为斩刑，长子徐璠、次子徐琨流放边关充军，弟弟徐陟削籍为民，徐阶急得如热锅上的蚂蚁。

徐阶一面给张居正写信，叫他想办法救徐瑛的命；一面花钱买通司礼监秉笔太监冯保，让他伺机在隆庆皇帝面前说海瑞坏话，动摇隆庆皇帝对海瑞的信任；另一方面派人联系吏部给事中戴凤翔，让他尽快弹劾海瑞。

张居正和赵贞吉为争权一直在耗着，不敢明目张胆帮徐家，但他答应徐阶，一定会暗中周旋。

秉笔太监冯保伺候在皇上身边，常与隆庆皇帝亲近，有机会向隆庆皇帝谏言。徐阶备了不少银子，亲自写了封信说明自己的意思，然后暗中叫人送去给他。

冯保收了徐家送来的银子，看了徐阶给他写的信，当即找张纸条，在上面写下"放心"二字，交予送信送银子的人。

见到冯保的纸条，知道送的银子起了作用，徐阶的心一下子松了许多。但他觉得还是不够保险，又给首辅李春芳写了封信，求他帮上一把。

李春芳是个老好人，回信答应尽力帮他，但他也说了一句，海瑞性格太犟，这事又有皇上在背后撑腰，恐怕也帮不上什么大忙。

见李春芳这么说，徐阶对他也不抱什么希望，只是长叹："唉，人走茶凉啊！"

上次徐璠就找过戴凤翔，也给他送了银子，他也答应去向皇上弹劾海瑞，只是得找机会。见徐阶派人来催他，他告诉徐阶派来的人，叫他回去告诉徐阶，让他放心，他会尽快找机会在隆庆皇帝面前弹劾海瑞。

第35章　治理水患

当户部尚书张守直把海瑞只用五六万两银子就将吴淞江和白茆河两条河道修浚完工的事禀报给隆庆皇帝时,隆庆皇帝一点都不相信,张守直赶紧说:"是的,皇上,微臣绝无半句虚言!"

— 1 —

江南的应天十府及广德州位于太湖平原,这里田地肥沃雨水较多,种植稻谷具有优势,自古以来就是鱼米之乡,也是朝廷的产粮大区。

据说成化八年朝廷定的漕运总数为四百万石,江苏、浙江两地的漕粮就占了一百九十六点五万石。在天顺年间,朝廷税粮总数为二千六百五十六万石,苏州、松江、常州、镇江、杭州、湖州等七府就占五百八十六点三万石,而这七府中的苏州、松江两府额田只占全国耕地面积的百分之一点七,但这两个府每年朝廷所取的漕粮和税粮却是最多,占总额的百分之十三。由此可见,苏州、松江两府在朝廷的财政税收上具有举足轻重的地位。

有利必有弊,应天十府及广德州雨水较多有利于种植稻谷,但过多的雨水又产生了洪灾,而且受灾程度极为严重。

就在海瑞受命来江南巡抚之时,应天、常州、苏州、松江一带又发生了一场重大的洪灾,老百姓种的庄稼要么被洪水淹没,要么被洪水冲走,庄稼颗粒无收,老百姓没饭吃,路上到处是饿死的人,地方上的赋税也收不上来,朝廷财政一度出现严重亏空。

朝廷财政出现亏空,但用度却非常大,这让刚刚登基的隆庆皇帝心急如焚。这次他让海瑞巡抚应天十府,除了整顿那儿的吏治和清退田地提督军务,还有一个最重要的目的,那就是治理当地水患确保粮食生产,让当地老百姓不仅有饭吃,还能缴纳朝廷下派的赋税,使朝廷财政亏空得到缓解。

虽说鼓励乡民告状、逼土豪劣绅退田还地也是大事,但海瑞不可能成天纠缠在这些事上,他还得抽出时间来治理当地水患。

在来江南之前,海瑞就仔细查阅了一些资料,对江南十府的山川地貌、水文特征、水利状况和水涝灾害做了一番研究。

海瑞发现，成化年间工科给事中徐恪在论述太湖平原水患时就说过："三江既淹其二，而自宋以来生齿日繁，沙草日积，桥梁鏊堰日兴，下流因以日壅。故水之来易以溢，而流之去无所趋，未免停聚其间，渐为吴患。"

徐恪所说的三江，就是东江、淞江和娄江。东江、娄江约在唐代中期前就已经淤塞，到了宋代就仅有吴淞江一条干流可以排洪，只能是依靠太湖东北、东南的三十六浦排泄江水。到了南宋，因东南方的海潮入浸严重，东南沿海港浦基本被堵断了。元末之后，吴淞江淤塞更为严重，官府虽说下拨钱粮疏浚过吴淞江，但因力度不够，仍是时疏时塞。究其原因，主要是太湖下游田面高程较低，而水位较高，江平流缓排泄不畅，一旦上游涨水或长时间下大雨，河湖并涨便积涝成灾。

善于研究问题的海瑞发现，徐恪的论述阐明了一个道理：太湖的江水能否迅速通过下游河道流入大海，是治理太湖平原水患的关键。

海瑞也仔细研究过南京太仆寺丞归有光对太湖治理的著作《三吴水利录》和《奉熊分司水利集并论今年水灾事宜书》，这些研究对后来他治理太湖水患产生了极大的影响。

来到江南后，海瑞对这儿的水利和水患问题进行了广泛的实地调查，分析水患形成的主要原因，并多方寻找治理良策。

海瑞在调查中发现，地方上一些分管水利的官员不管水利而去管其他事务，导致地方官府对水患治理不力，水患加剧。

一日，海瑞在松江府遇到府里分管水利的一名官员，便问他："这儿的水患是如何造成的？如何去治理它，你有没有思考过？"

"这……这……"这位官员平时没有思考这个问题，什么也答不上来。

海瑞见他一问三不知，怒斥道："你身为地方上分管水利的官员，本官问你有关水患的问题你却啥也说不上来，枉拿朝廷禄俸，你告诉本官，到底一天是在干些什么？"

这时知府李平度还没东窗事发，仍在知府位上。见海瑞发火了，这位官员看了一眼站在他旁边的李平度，战战兢兢地告诉海瑞："禀告督抚大人，下官虽说是分管水利，但下官实际是去管案子，所以……所以对这儿的水患……"

"荒唐，真是荒唐，分管水利的官员去管案子，你说，这不是误了朝廷和百姓的大事吗？"海瑞说。

"都怪下官处事不当，望督抚大人恕罪！"李平度赶紧站出来赔罪。

海瑞摇着头痛心地责问他："李平度啊李平度，管水利的官员你安排去管案子，你说你这知府是咋当的？"

面对海瑞的责问，李平度无言以对。

旁边管水利的那位官员发现，李平度转身时狠狠地瞪了他一眼。

下乡调研时，海瑞看到水灾过后百姓没粮吃，到处是饥饿的流民，而且饿死的人不少。海瑞叹息道："本官来到此地，才知道这儿的富饶原来全是虚名。唉，真是苦了当地百姓啊！"

海瑞经过一番思索，认为治理江南的水患，必须与抓粮食生产，解决乡民的饥饿问题同步进行，而当务之急就是疏浚吴淞江消除水患。

海瑞到处疾呼："吴淞江是国计所需民生所赖，疏浚之事一日也不能等待！"

海瑞亲自带着人到吴淞江进行实地巡察和勘测，并多方走访当地老百姓，收集相关资料，寻找治理河道的方法和途径。

他还把几个知府和县上的官员召集起来，听取他们治理吴淞江的意见和建议。

"永乐元年，吴中涨发大水，户部尚书夏原吉采用前人主张，疏导吴淞江水经浏河出海，同时又开浚范家浜，上接大黄浦，下到南跄浦口。也就是说，他将范家浜扩大为黄浦江，黄浦江的水流改由范家浜东流至复兴岛附近同吴淞江水流汇合后，折向西北流经吴淞江口再流入大海。这个办法，下官认为就很好！"松江府一名官员建议。

一位县丞接过话："天顺二年，崔恭治水时疏浚了吴淞江中段，自夏驾口开至嘉定庄家泾，下游段自新地开挖，东至吴淞江巡司，与宋家浜相接。这样，吴淞江下游分成旧江、新江两支，新江渐成正流，这个办法也不错。"

"正德十六年，李充嗣开浚下游旧的江道，又开新的入浦之道经北新泾至曹家渡以下向东通达黄浦。下官以为，这个办法也是可借鉴的。"松江府一位同知也说。

随后，不少官员谈了各自的看法。

从他们的话里，海瑞听出他们对吴淞江的治理主要有两种主张：一是开挖和扩大东江下游的入海口，涨大水时让江里的水顺畅地流入大海，以免阻塞出现水灾；另一种是专门治理吴淞江，让吴淞江水流仍从南跄浦这个地方流入大海。

于是他对大家说："'力全则势壮，故水驶而常流；力分则势弱，故水缓而易淤。此禹时之江，所以能使震泽底定，而后世之江，所以屡开而屡塞也。'这是归有光在他的著作《奉熊分司水利集并论今年水灾事宜书》中说的，本官认为这话不无道理。"

海瑞喝了口茶，接着提出自己的主张："三吴的水利应当疏浚，使之入海，自古以来都是如此。娄江、东江系入海之小道，唯有吴淞江才能尽泄太湖之水，由黄浦流入大海。近些年来，地方上管理水利的官员失职渎职，巡抚巡按等官员亦不注重水患治理，日久天长，河涎出现淤泥填塞，导致江河之水不通畅。因为久雨，太湖之水便四处奔涌，必然会形成涝灾，淹没良田和庄稼祸害百姓，比如嘉靖四十年，还有眼下，莫不如此。再说，浙江的杭州府和嘉兴府，湖州三府与苏州、松江、常州三府的百姓共用太湖之水，吴淞江之水通畅，六府都能得利，吴淞江之水堵塞，六府都要受其害。本官的意思是说，治理水患太湖之水不宜排泄，只宜疏浚吴淞江，解决江水淤塞问题，这就意味着咱们要疏通吴淞江下游和上游淤地，让吴淞江成为黄浦江的支流……"

海瑞赞同只拓宽吴淞江，解决吴淞江的淤塞问题，反对排泄太湖水。

为什么呢？因为太湖的水虽然会危害当地百姓，但对当地百姓也有利，如果排泄太湖的水，太湖必然会干涸，这对当地百姓没有好处。

"这个办法好！"

"不错，不错，就按督抚大人这个办法来！"

"督抚大人真有远见，是不能排泄这太湖的水！"

见自己的意见得到众人首肯，海瑞决定就这么干。

松江府一位官员告诉海瑞，说以前的苏淞巡按吕光洵特别重视太湖水患问题，他曾亲自到吴淞江和白茆河一带进行过实地考察，并亲手绘制了详细的水文图，遗憾的是没多久吕光洵就调走了。

"这幅水文图现在何处？"海瑞问这位官员。

"我只知道有这幅图纸，至于这图纸在哪儿我也不知道！"这位官员说。

海瑞说："图纸的事情过后再议，现在咱们再说一下治理的经费。"

"是啊，治理河道需要一大笔经费，这些经费从何而来？"

"的确，经费是个大事！"

"没经费当然是治不成的！"

"朝廷既然要治理河道，经费当然得由朝廷下拨，要不这么大笔款咋筹？"

"都靠朝廷下拨，是不可能的。"

官员们议论起来。

海瑞说："各位，按理说治理河道应该由朝廷出钱，可时下朝廷财政亏空厉害，边防上又催着要军费，朝廷哪来钱给咱们治理河道啊？治理……"

"没钱还谈啥治理河道，这不是瞎胡闹吗？"有位官员很不高兴。

"没钱咋去治理啊？不如不说这事！"

"大家议了半天，等于没说！"

海瑞话还没说完，又有人站起来说话了。

"这样，今日就议到这儿，待本官带人实地勘查和组织人测量工程后，再来商议经费的事。"海瑞看着大家。

"先测算工程用费，再来商议经费的事也行！"

"这还差不多！"

"也只能是这样了！"

其实，经费的事海瑞也很担心，但他心中已经有了主意，只是还不够成熟就没说出来。

- 2 -

海瑞知道，要治理吴淞江和白茆河，吕光洵绘制的这幅水文图至关重要，得想办法把它找到。

但这幅水文图到底在何处呢？

海瑞想，吕光洵当时是苏淞巡抚，他调走的时候会不会把这幅图也带走了呢？既然这幅图是为治理吴淞江和白茆河而绘制，离开这儿它就失去了意义和价值，吕光洵应该不会将它带走，如果没带走，那他又会放到什么地方呢？海瑞分析来分析去，觉得这幅图可能就存放在苏州府的档案室里。

海瑞决定去苏州府的档案室里找一找。

"我是新来的督抚海瑞，我想到你们这儿找一幅绘图，不知道有没有。"海瑞来到苏州府档案室，对管理档案的人说。

管理档案的人说他刚调来不久，对这里的情况不是很了解，他也不知道有没有他说的这幅绘图。

海瑞说:"那麻烦你将门打开,我自己去里边找。"

管理档案的人把门打开了。

此后一段时间,海瑞白天黑夜都泡在苏州府的档案室里,到处翻找吕光洵绘的水文图。

还真被海瑞猜中了,吕光洵走的时候就把这水文幅绘图放在这儿了,只是后来一直没人过问罢了。

"可把你给找到了!"一日夜晚,海瑞终于在一个角落里找到了这幅水文绘图。

他赶紧把图打开,仔细地查看起来。

"好,好啊!"查看了水文绘图,海瑞欣喜若狂。

吕光洵绘制的这幅图,不但非常详细还很准确,后来这幅水文图在治理水患中帮了海瑞不少大忙。

海瑞结合吕光洵绘制的水文图,对自己调查得来的数据和资料进行了一番认真分析和研究,终于找到了治理吴淞江和白茆河的方法和途径。

"这图纸我带走了。"海瑞告诉管档案的人。

管档案的人拿出一个登记簿,说:"大人,麻烦您在这儿签个字。"

海瑞拿起笔在登记簿上签上自己的名字,高兴地拿着图纸走了。

海瑞拿着吕光洵绘制的水文图,亲自带着人到吴淞江进行实地勘查。

一日下午,他对上海县知县张巅说:"本官委派你组织人员对吴淞江的治理工程进行实地测量,做出修浚经费预算,然后及时禀报本官。"

"属下遵命!"张巅回道。

随后,张巅带着一帮人加班加点开展工程测量,然后抓紧做预算。十多日后,张巅带着人来巡抚衙门给海瑞禀报。

"督抚大人,你要的预算做出来了。"

"说说看,什么情况!"

"按原来的河道测量,此次量得淤塞浚地长一万四千三百三十七丈零三尺,原江面宽三十丈,按商议准备开挖十五丈,经过我等仔细预算,治理吴淞江工程预计要用工银七万六千一百零二两二钱九分。"

"算得这么精准啊?!"海瑞笑着说。

张巅赶紧说:"督抚大人,这只是个预算。"

"是啊，督抚大人，这只是个预算，具体还要看实际开支！"随张巅来的人说。

海瑞说："好，就按你们说的！"

"谢督抚大人！"张巅和属下赶紧说。

海瑞说："辛苦你们了！"

张巅和属下说："职责所在，不辛苦！"

工程方量和预算都出来了，海瑞赶紧召集地方上相关衙署的官吏来商讨经费筹措和开工事宜。

海瑞告诉大家："本官到吴淞江进行实地勘查后，委派上海县知县张巅组织人员对吴淞江的治理工程开展测量。经过十多日的努力，张巅等人已经将工程方量测量出来，并做出了预算。"

"哟，这么快啊？"

"还不到二十天，工程方量和预算都做出来了？"

"真快啊！"

这么快的速度，大家有些不敢相信。

"张知县，你来给他们说说吧！"海瑞对张巅说。

张巅站起来："好，那我就给各位说说。受督抚大人委派，本知县组织人员加班加点对吴淞江治理工程进行了实地测量。此次测量，是按原来的河道进行测量的，量得淤塞浚地长一万四千三百三十七丈零三尺，原江面宽三十丈，按商议准备开挖十五丈，经过我等仔细预算，治理吴淞江工程预计要用工银七万六千一百零二两二钱九分……"

"当然，这只是预算，具体还要看实际支出。"张巅强调说。

待张巅说完，海瑞说："在座的各位都听清楚了吧？这次治理吴淞江河道，大概要用工银七万六千一百零二两二钱九分，这是一笔不小的资费！"

"这么多银子，去哪儿弄？"

"七八万两银子，这可不是小数目！"

……

不少人都担心筹措不到经费。

海瑞说："本官知道，各位都为治理河道的经费发愁，不瞒各位，本官也为此事发愁。但发愁归发愁，还得想办法。各位心里都明白，时下朝廷财政亏空，不可能指望上面拿出这么多钱来治理河道。

"朝廷不给钱，拿什么来治理？"

"是啊，朝廷得想办法给钱！"

听说朝廷不拿钱，有不少人出现了消极情绪。

见他们这样，海瑞说："本官想了一下，旋即上报朝廷，请求朝廷允许本官动用衙门赃罚、地方赈济及节年导河夫银等款项来支付所需工银。但考虑到工程量太大，筹划的银两可能不够，因此还要请求朝廷允许本官适量留取苏州、松江、常州三府漕银和调取应天府等府州县的库贮，可将这几府的二十万石漕粮折算为银两上交，调取米粮留作饥民的吃粮。这样一来，不仅可以解决饥民吃粮问题，而且漕粮改折银两后的差额也解决了疏浚工程大部分经费。"

"我看这个办法可行！"

"这倒是个办法，但上面能答应吗？"

"答应不答应，他督抚大人会去周旋，又不用你操心！"

有几位官员在议论海瑞提出的办法。

"督抚大人，就算朝廷允许你动用衙门赃罚、地方赈济、节年导河夫银和这二十万石漕粮，可这些够开支民工的工银吗？"一位官员站起来问。

海瑞说："当然不够！"

"那缺额部分咋办？"这名官员又问。

"是啊，缺额部分又咋办呢？"另一名官员也问。

海瑞说："本官想过了，缺额的部分银两发动地方的官员和乡绅捐资赞助。"

"这行得通？"有人怀疑地问。

海瑞说："治理河道是利在当代功在千秋的好事，本官相信他们会支持的！"

"官员资助？大家每月就那么点薪俸，叫人家捐了，一家老小吃啥？"

"他咋想得出？治理河道把主意打到咱们这些官员身上来了！"

"问他捐不捐，他捐我就捐！"

"哼，想叫那些乡绅捐钱，连门都没有！"

一说到要官员们捐资，有些人就不高兴了，也有人担心那些乡绅不支持。

"叫诸位捐资来治理河道，这也是没有办法的办法，既然大家都拿着朝廷的薪俸，本官想，在朝廷有困难的时候也应该伸出援助之手。当然，本官也知道大家的薪俸不高，但节省一点家里的开支，本官看也是可以的嘛！好，这事就这样定了，事后各位再去动员当地的乡贤，请他们也支持支持，能支持多少算多少……"

果然不出官员们所料，地方的那些乡绅听说海瑞要他们出钱出粮修浚吴淞江和白茆河，纷纷找借口反对。这些人觉得，他们的话海瑞肯定不会听，得找一个能管得住海瑞的人来劝说他才行。

找谁呢？

这些人一下子想到了徐阶。嗯，徐阶徐阁老不是致仕还乡了吗？听说他是海瑞的救命恩人，他的话海瑞不可能不听，再说要出钱的话他徐家也跑不掉。对，大家一起去找徐阁老，让他来阻止海瑞修浚吴淞江和白茆河。

"徐公，听说这海瑞要修浚吴淞江和白茆河，修浚这两条河要花若干的钱和粮，他海瑞哪来这么多钱和粮？还不是分摊到咱们这些人的头上，到时候徐公您家里恐怕也……"

"那你们说，这事该咋办？"徐阶问这些人。

"徐公，这事若我们去劝阻海瑞，他必不会听我们的，您老是他的救命恩人，您的话他不可能不听，您看能不能去替大家说句话，劝他不要修了？"

徐阶家自顾不暇，哪还有心思去管这个事情？听了他们的话，不高兴地说："这事老夫无能为力，你们自己去找他吧！"

见他不肯出面，一乡绅心里很不乐意，出了徐阶家的门，便嘀咕道："不帮就算了，做出不高兴的样子干什么呢？"

另一乡绅悄声说："好了，不要说了，他家的事就够他心烦的了，他哪有心思来帮咱们？"

"没啥，他不帮咱们另找他人就是！"另一乡绅说。

几人说着离开了徐阶家。

后来，这几名乡绅在省里找到一名官员，这名官员去劝说海瑞，被海瑞狠狠教训了一顿。

海瑞修浚吴淞江和白茆河的奏疏上报朝廷后，户部觉得他这办法还不错，很快给了批复。于是，海瑞带着民工们开始治理河道。

海瑞准备先治理吴淞江，待吴淞江治理得差不多了，再治理白茆河。

海瑞抓住冬闲这个时机，准备在来年正月初三正式动工。在工程上，他委托苏州府的推官龙宗武和松江府同知黄成乐具体负责吴淞江的疏浚工程，让上海县知县张巅和嘉定县知县邵一本督工，他自己则负责整个修浚工程的巡察。

– 3 –

隆庆四年正月初三，本是访亲会友的悠闲日子，可这儿的老百姓却扛上锄头、铁铲等工具，随巡抚大人海瑞走上吴淞江堤坝开始治理河道。

为便于有效监督和掌握工程进展，海瑞干脆在河道旁边设置临时行署在那儿办公，疏浚工程一开始，他便经常乘坐小船，往来于工程施工各处进行巡察。

修浚吴淞江的工程倒是动工了，但海瑞发现进展并不是很快，心里有些着急。

这到底是什么原因呢？海瑞百思不得其解。

一日，他趁民工们休息时，走过去问一些民工："哎，老哥，这工程进展咋这么慢？都开工这么多天了，怎么才修了这么一小段呢？"

"咋这么慢？海大人，这您得去问问那些管工程的官爷们了！"一民工苦笑道。

另一民工悄悄告诉海瑞："海大人，管理工程的几个官爷和当地的地主乡绅相互勾结，故意让大家磨洋工，您来了他们就叫大家赶紧做个样子给您看，等您一走，他们就叫大家丢下工具不干，说不干都有粮领。听这几个官爷一蛊惑，很多人怕累就拖着做一点算一点，根本不把这活儿当回事！"

"有这种事情？"海瑞怀疑地问这位民工。

这民工说："小民哪敢哄骗大人？"

"不过，大人您可千万不能说这是我告诉您的！"民工叮嘱海瑞，他担心人家会报复他。

"放心吧，我不会告诉其他人的！"海瑞悄声告诉这民工。

原来是这么回事！海瑞低头沉思。后来，他想了一个妙招。

一日夜里，他叫人悄悄把两头瘦小的猪放到临时行署里，还埋伏了几名捕快，然后对衙役尤三和三宝说："你们去把负责工程的那两个千户给本官叫来。"

"是，大人！"尤三应答，然后转身和三宝去叫在工地上监工的两个千户。

待尤三和三宝出去后，海瑞给留在临时行署里的几名捕快交待了一番，叫他们到时候依计行事。

不一会儿，尤三和三宝带着那两个负责监工的千户来了。

"督抚大人，把卑职叫来，是不是有什么事要吩咐？"两个千户不知道海瑞找他们来干啥，见他黑着个脸，其中一个小声地问。

"给我拿下！"

听到海瑞发话，站在旁边的几名捕快上前将两个千户按住。

"督抚大人，您……您这是……"见此情景，两个千户慌了。

海瑞当场宣布："张晶亮、刘德朋，你俩领了朝廷薪俸不为朝廷办事，反而勾结不法地主和乡绅阳奉阴违，指使人干活磨洋工，故意阻挠河道修浚，按大明律例，本官现宣判你俩死刑，斩立决！"

"饶命啊，督抚大人！"

"求督抚大人饶小的一命，小的再也不敢了！"

张晶亮、刘德朋哭丧着脸求海瑞。

海瑞把脸转向一边没理他们。

"饶命啊，督抚大人……"

"督抚大人，求您饶我一命啊……"

见海瑞不理睬他们，二人知道命难保了，便放声大叫。

两名捕快往他俩嘴里一人塞了一团麻布。

二人再也叫不出声。

海瑞叫人悄悄把这二人拉出去关在别的地方，然后又命人把先前拉来的那两头猪不声不响地杀了，还故意弄了一地的血，造成杀人假象。

次日一早，海瑞叫人贴出告示，说两名负责管理工程的千户因勾结地主乡绅破坏河道修浚，昨晚督抚大人已按律例将此二人当场斩杀，并埋在他临时行署的地下，望其他官吏引以为戒，不要再犯此错误，否则定斩不饶。

"还真杀了啊？"

"这也太过分了吧？"

"最好还是老实些，别让他逮着，要不然到时候小命就没了！"

告示一出，整个工程现场都轰动了，特别是那些和当地地主乡绅勾结起来阻挠河道修浚的人，更是闻风丧胆，再也不敢在下面做小动作了。

海瑞这招还真灵，起到了敲山震虎的作用。这下，修浚河道的工程进展快多了。

尤三笑着对海瑞说："海大人这招真管用！"

"你不想想，海大人是什么人，是有大智慧的督抚大人！"三宝说尤三。

海瑞抚摸着花白的胡须，看了两名衙役一眼，会心地笑了。

吴淞江修浚工程有序地进行着。

海瑞觉得，光治理吴淞江还不行，还得把白茆河治理了，否则仍然解决不了庄稼被淹被冲走的问题。

说起这白茆河，元朝末年张士诚治理吴地时就已经有了，当时的河宽三十余丈，长九十余里，正因为有它，太湖的水才得以流往大海。也就是说，白茆河成了太湖水流入大海的重要通道，一旦堵塞，太湖水将成为祸患，白茆河治理事关重大。

可现在这白茆河到底有多宽有多深？是否治理得了？海瑞在心里打了几个问号。

带着这些问题，他沿着白茆河做实地踏勘，发现这河最宽的地方不超过四丈，最深的地方不超过四尺，而河道最狭的地方宽还不到两丈，水深还不到三尺。

"完全能够治理！"海瑞对同行的人说。

海瑞决定，连白茆河一起治理。

经过一番考虑，他指派常州通判姜国华负责河道测量，做出疏浚约二十八里长的河身的规划。

海瑞算了一下，修浚白茆河预计用工银四万一千二百三十八两。为解决百姓饿饥问题，他吸纳本地许多饥民参加修浚河道，这样既解决了修浚河道的劳动力问题，也缓解了百姓的吃粮问题。

一切准备就绪，隆庆四年二月初九日，白茆河的修浚工程正式动工。

见姜国华工作很认真，动工之时海瑞吩咐："你来负责总的稽察！"

姜国华说："听督抚大人安排。"

海瑞又对常熟县县丞夏佑和典史钟应享说："你俩来负责督促施工。"

"是，督抚大人！"

海瑞刚来应天的时候，一些豪强地主因为怕被他整治就在密谋，与在京城的御史对他进行弹劾，让他自己滚出江南，甚至让他丢掉头上的乌纱帽。

　　海瑞带领民工修浚吴淞江的时候，京城就有官员在等着看他的笑话。他们想，海瑞治理水患一旦不成功，他们就落井下石，给他来个致命一击，让他永远翻不了身。

　　这些别有用心的地主豪绅听说海瑞为了赶工程，把两位负责工程的千户杀死在他的临时行署里，觉得机会来了，想以此来做文章。

　　海瑞在的时候，临时行署在用着，到底杀没杀这两个千户，这些地主豪绅也拿不准，拿不到杀人的证据，他们也不敢轻易去告海瑞。

　　待修浚工程一结束，海瑞将他在工地上临时设立的行署撤了。这伙人赶紧去那儿，想从中找点陷害海瑞的证据。

　　他们到了临时行署那个地方，果然见有两个坟堆，以为拿到了海瑞杀人的证据，欣喜若狂。

　　一个矮个头豪绅对一个脸有黑疤的豪绅说："这下好了，只要有这两座坟堆，我看他海瑞就是有十张嘴也说不清！"

　　"等下拿到证据，咱们就去找徐阁老，叫他帮大家写状词，然后咱们到京城去告他海瑞！"脸有黑疤的豪绅凶狠地说。

　　矮个头豪绅接过话："对，去京城告他，为了让工程进展快一点，他居然杀朝廷命官，我看他是活到头了！"

　　"两条人命，他海瑞想不死都不行！"一个满脸横肉的豪绅奸笑道。

　　"快，赶紧把坟挖开，将两位千户大人的尸体刨出来！"旁边一个地主催促一同来的人。

　　几个地主豪绅说完，拼命地挥舞着锄头铁铲开挖两个坟堆。

　　坟堆刨开了，几个地主豪绅傻眼了。

　　"哎？怎么是两头猪啊？那两位千户大人的尸体到哪儿去了呢？"脸有黑疤的豪绅惊讶地问。

　　"怎么？这坟里埋的是猪？不会吧？"矮个头豪绅不相信，走近一看，还真是两头猪烂在里面，嘴里嚷道，"哼，这就怪了。"

　　一个地主说："我明明看见那两个衙役将两位千户大人叫到这儿的，而且次日海瑞也叫人张贴了斩杀两位千户大人的告示，说两位千户大人被他斩立决，还说尸体就埋在这临时行署的地下。可挖出来的是两头猪，这到底是咋回事啊？"

"不对，咱们都上海瑞的当了！"一个豪绅说。

脸有黑疤的豪绅问他："你这话怎么说？"

这个豪绅给他解释："你们想，这海瑞是皇上派来的朝廷命官，他能不懂朝廷律例？他会为了河道的工程进展就将两位千户大人杀了？要是这样滥杀官员，他向朝廷交得了差？"

"嗯，这位大哥的话我听明白了，这是海瑞设的局，他这是杀鸡儆猴，故意做给其他人看的。"矮个头豪绅像是明白了什么。

这个豪绅说："对，他表面说是杀人，暗底下杀的却是猪。说杀人，还故意张贴告示，是为了骗过人们的眼睛。"

"那这两位千户大人被他弄到哪儿去了呢？"一位地主疑惑地问。

"肯定是拉到别的地方关着！"脸有黑疤的豪绅说。

"有可能，要不然怎么会找不到他们的尸体。"一位豪绅说。

矮个头豪绅叹道："哎呀，还说弄他海瑞一回，没想到空欢喜一场，算了算了，斗不过他海瑞，各自散了吧！"

"散了散了！"

"真是白忙活一场！"

"走吧，走吧！"

这伙人就这样散了。

因为海瑞采取以工代赈的方式，民工们觉得这不仅治理了地方上的水患造福自己，而且通过做工还领得了粮食填饱了肚子，做工积极性都很高，吴淞江和白茆河的修浚如火如荼地进行着，用不了多久就可以完工。

一日，海瑞对姜国华说："你算一下，这一江一河的修浚，估计要花多少银子。"

"是，下官这就算。"

姜国华找来算盘，噼里啪啦地扒了一阵，兴奋地对海瑞说："海大人，下官算了一下，照这样下去，吴淞江和白茆河的修浚，所用银子不到六万两！"

"啥？不到六万两？"听了姜国华的话，海瑞有些不相信。

"是的，不到六万两！"姜国华肯定地告诉他。

海瑞高兴地说："好，好啊！"

"下官真有些不敢相信，修浚吴淞江和白茆河这样大的工程，竟然只花五六万两银子，奇迹，真是奇迹啊！"姜国华说。

海瑞笑着说："这没啥好奇怪的！你想想，民工们白天黑夜地这么使劲，像是干自家的活一样。进度快了，当然就省钱了，你说是不是这个道理？"

"是倒是这个理，但这都是海大人采取了以工代赈这个方法，工程进度才会这么快，而且又省了不少银子。说句实在话，这都归功于海大人想出的这个妙招！"姜国华由衷地说。

海瑞说："功劳是大家的，不是我一个人的，要是没有大家的努力，我海瑞想要这工程快也快不了，想省钱也省不了！"

"海大人这是谦虚！"姜国华说。

海瑞说："好了，不说这个了，走，去工地上看看！"

说完，和姜国华一起往工地走去。

海瑞边走边对姜国华说："叫大家再节约一些，争取不要突破六万两银子。"

姜国华应道："是！"

为让修浚工程早日完工，海瑞不知多少个日夜都泡在工地上，有好几回，民工们劝他休息一下，他都说："不碍事，不碍事！"

— 5 —

海瑞在江南殚精竭虑修浚吴淞江和白茆河的事，很快就传到京城户部尚书张守直耳朵里。

张守直极为高兴，立即去给隆庆皇帝禀报。

"你说什么？这么长的两条河道，修浚工程海瑞就花了五六万两银子？不可能，不可能！"

当户部尚书张守直把海瑞只用五六万两银子就将吴淞江和白茆河两条河道修浚完工的事禀报给隆庆皇帝时，隆庆皇帝一点都不相信，张守直赶紧说："是的，皇上，微臣绝无半句虚言！"

"真的啊？"隆庆皇帝问。

张守直说："皇上，这全是真的！"

"这海瑞还真有两下子！"见张守直这么说，隆庆皇帝面露喜色，摸着下巴赞叹道。

这海瑞的确是有些能耐。张守直见皇上很是欣慰，禁不住也在心里暗中佩服起海瑞来。

令张守直更高兴的是，这下江南的水患得到了治理，江南一带不再受涝灾的侵害，外流的老百姓也慢慢返回来耕种那些荒芜的田地。张守直仿佛看到，江南十府繁荣的景象又回来了，这样一来，地方上的赋税又可以收缴，朝廷的财政将会有所好转。

张守直想，海瑞还真是帮了本官一个大忙。

想到这儿，张守直对隆庆皇帝说："皇上，像海瑞这样的忠臣能臣，还得重用啊！"

"张爱卿觉得朕该怎么重用他呢？"隆庆皇帝笑着问张守直。

见皇上问自己，张守直赶紧说："微臣以为，像海瑞这样的人才，完全可以再给他提一级，让他到更重要的部门去任职。"

隆庆皇帝心情复杂地说："他这个人啊，是有能力，但也有争议，比如说他那性格，实在是又直又犟，先帝在位时他就冒天下之大不韪，上奏辱骂先帝，弄得先帝下不了台。"

"此人是直，不但直还犟，有的时候是让人下不了台，皇上，可他是为了朝廷和社稷的安危，也是出于一片忠心，望皇上能往开一面，这等忠臣实在是难得！"张守直劝说隆庆皇帝。

隆庆皇帝沉思了一下，对张守直说："嗯，张爱卿的话朕可以考虑，但眼下还不是时候，海瑞代朕巡抚江南的任务还没有完成。这样，等他巡抚江南回来再说吧！"

"谢皇上！皇上如此英明，我大明王朝将来必定会更加兴旺发达！"张守直赶紧说。

隆庆皇帝说："好了，要没其他的事，张爱卿就下去吧，朕还要看一下昨日兵部呈报来的急文。"

"微臣告退！"张守直告别隆庆皇帝，退出万寿宫。

第36章　遭人弹劾

拿人钱财就得替人消灾，徐家的银子可不是白给人的，戴凤翔收受了银子，自然要替徐家做事。就在舒化弹劾海瑞不久，吏部的给事中戴凤翔经过一番精心谋划，又上朝弹劾海瑞。

— 1 —

无论是整饬吏治还是清丈田地勒令退田，亦或是修浚吴淞江和白茆河，毫无疑问都会触及到江南官绅的切身利益，这些人必然要站出来极力反对海瑞，甚至是对其进行大肆攻击。

隆庆四年正月，也就是海瑞带领大批民工修浚吴淞江不久，就有人向海瑞发难了。

一日下午，海瑞正拿着吕光洵绘制的水文图与民工们研究开挖河道有关事宜，巡抚衙门一个当差的慌里慌张跑来说："不好了，督抚大人，听说有人在京城弹劾您了！"

"有人弹劾本官？什么人弹劾本官啊？"海瑞边看图纸边问。

当差的说："听说是吏部的给事中戴凤翔。"

"你说啥？海大人不辞辛劳，夜以继日在这里指导大伙儿修浚河道，居然还有人在京城弹劾他？这人是不是疯了？"

"这戴凤翔是不是脑子有毛病？"

"这么好的官员他们也要弹劾，我看这些言官真是一天吃了饭找不到事做！"

在场的民工听了，都很气愤。

海瑞沉思了一下，他想，吏部给事中戴凤翔连听都没听说过，他为何要弹劾本官？哎，随他去吧，天塌不下来，就算是塌下来本官也得先把这河道治理好了再说。

海瑞对当差的说："好了，本官知道了，你先下去。"

"是！"

当差的转身离去。

"海大人,您可要当心啊!"

"是啊,海大人,这年头人心不古,有些人啥事都做得出来!"民工们关切地说。

"来,别管他,咱们继续!"海瑞说着又和民工们一起拿着图纸研究开挖河道的事。

拿人钱财就得替人消灾,徐家的银子可不是白给的,戴凤翔收受了银子,自然要替徐家做事。就在舒化弹劾海瑞不久,吏部的给事中戴凤翔经过一番精心谋划,又上朝弹劾海瑞。

"各位爱卿,有没有其他的事要奏?"隆庆四年二月上旬某日,隆庆皇帝一上朝就像往常一样,习惯性地问下面的文武百官。

"皇上,卑职有一事要奏!"待其他大臣奏完了事情,戴凤翔趋步上前。

隆庆皇帝问:"戴爱卿欲奏何事?"

"卑职要奏应天巡抚海瑞!"戴凤翔低着头说。

"你要奏海瑞?上次舒化奏他,朕没准,这次你又要奏他,说说看,你要奏他什么?"隆庆皇帝一听又是奏海瑞的,不禁皱了一下眉头。

戴凤翔不慌不忙地说:"卑职奏他三件事。"

"哪三件?仔细说给朕听听,看你奏的是不是有理!"隆庆皇帝一副爱理不理的样子。

"第一,卑职奏其沽名乱政,祸乱法纪,大肆煽动刁民讼告地方缙绅,庇护奸民,鱼肉乡绅。海瑞巡抚应天十府,大肆煽动刁民讼告地方的缙绅,无端剥夺他人财产,致使民间出现种肥田不如告瘦状的怪异现象……第二,卑职奏其不顾伦理,谋杀妻妾。早在五个月前,海瑞的妻妾相互争宠,海瑞偏袒宠妾殴打正妻,导致同一天晚上其妻妾相继自缢而亡,其有谋杀妻妾之嫌。第三,卑职奏其勾结倭寇,致使倭寇得以侵扰沿海一带。海瑞与倭寇歃血盟誓,导致江浙一带城池沦陷倭寇横行……上述所陈,句句如实,卑职请求皇上罢免其巡抚一职,加以惩办,以正视听。"

戴凤翔一口气数完海瑞三条罪状,最后要求隆庆皇帝罢免海瑞官职,并加以严惩。

"不可能吧?海瑞会是这种人?"

"反正我不相信海瑞会是这种人!"

"我也不相信！"

"也难说，海瑞性格刚烈！"

"前不久他的妻子和一小妾相继亡故，倒是有所耳闻，但没听说是海瑞杀的呀！"

"说他勾结倭寇，打死我也不信！"

"有事说事，扯人家家里私事干吗？"

"戴凤翔这样做，我看八成是受什么人指使！"

一些大臣开始议论起来，但很多人不相信戴凤翔的话，甚至有人怀疑他是受别的人指使。

见戴凤翔污弹海瑞，户部尚书张守直急忙走上前："启禀皇上，微臣以为，戴凤翔刚才所奏不实。据微臣所知，海瑞一到应天，就雷厉风行整顿地方吏治、清退地主乡绅侵占贫民的田地，让许多农户有了田地耕种。不仅如此，他还组织流民用以工代赈的方式修浚吴淞江和白茆河，而且替朝廷节省了一大笔银两。至于说他鼓励乡民告状，那不过是他的一种施政方略而已，微臣认为没有不妥之处。说他谋杀妻妾，纯属诬陷。海瑞是死了一妻一妾，但并非是海瑞谋杀。据微臣所知，其妻王氏是病死的，其小妾韩氏，则是因为一件小事与其婆婆谢氏吵闹，被婆婆说了几句重话，上吊自杀身亡。说他勾结日倭，那更是无中生有，海瑞一到应天就与驻地兵备道官员相商抗倭事宜，积极组织兵民抗击倭寇，何来勾结之说？刚才戴凤翔所陈，恳请皇上仔细斟酌，以免冤枉了好人，伤了众臣子之心！"

"嗯，你下去吧！"隆庆皇帝对张守直说。

"这海瑞，肯定是得罪了谁！"

"他性格太刚直，在江南又搞那么大动作，能不得罪人？"

"不知这戴凤翔又是受何人指使！"

大臣们又议论开来。

隆庆皇帝问戴凤翔："戴爱卿，可有奏疏？"

戴凤翔应道："有！"

"呈上来给朕看看。"隆庆皇帝说。

戴凤翔从长袖里抽出奏疏双手举过头顶，随堂太监走下来接过去呈给隆庆皇帝。

隆庆皇帝展开奏疏仔细看起来。

之前张守直给他禀报过，说海瑞在应天做事兢兢业业，不仅整顿吏治、清退富豪乡绅侵占的田地，还组织流民用以工代赈的方式修浚吴淞江和白茆河，而且替朝廷节省了一大笔钱，这下又见他站出来替海瑞说话，对质戴凤翔所陈，隆庆皇帝甚是疑惑。

看完奏疏，隆庆皇帝将它丢到一边，然后问内阁首辅李春芳："李阁老！"

"臣在！"听到皇上叫自己，李春芳赶紧上前。

隆庆皇帝问："你对这事是何看法？"

"皇上，臣以为这事……"

李春芳说了半截，不说了。

"以为这事怎么啦？"见他说话吞吞吐吐，隆庆皇帝说。

李春芳说："臣以为此事有待查清后再议。"

"那这事就交由你们内阁去议如何？"隆庆皇帝将球踢给他。

李春芳一向胆小怕事，见皇上把这个烫手的山芋扔给自己，心中暗暗叫苦。但圣命不敢违，只好双手一拱："听从皇上吩咐！"

见他表了态，隆庆皇帝说："好，那这件事就交与你内阁去议，有了结果马上呈报给朕。"

"臣尊旨！"李春芳说完退了下来。

"你也下去吧！"见戴凤翔还躬着身立在那儿，隆庆皇帝说。

"谢皇上！"戴凤翔这才退下。

但戴凤翔有些不情愿，因为皇上没给出个结论，而是叫内阁先议，万一内阁不赞成自己的说法，那岂不是白忙乎了一场？自己白忙乎一场倒是无所谓，关键是徐家在等着，自己收了人家那么多的银子，若是如不了他徐家的愿，那自己如何给徐阁老交待？可皇上已经这么说了，自己也没办法，也只能静观其变。

李春芳接了这个活儿，一点儿也不敢耽误，下午就召集内阁成员商议此事。

"对戴凤翔弹劾海瑞这事，各位怎么看？"李春芳说完，扫视了一下在座的人。

这时高拱已经回到内阁，并官复原职任次辅一职，他觉得海瑞在应天巡抚的做法实在是太过，但他不露声色。

听李春芳这么问，他慢腾腾地说："人倒是个好人，只是不太会做事。"

张居正听得出，其他人也听得出，高拱这话明显是忽悠大家的。

赵贞吉想当老好人，看破不说破。

轮到张居正了，他不冷不热地说："海瑞做事是有些不计后果，导致许多人都反对他。"

张居正对海瑞的为官之道本来就持反对态度，徐家对他有恩，而且徐阶还要他帮忙，这个时候他哪会替海瑞说话？

商议了一阵，李春芳问："那大家觉得，对海瑞的任用问题有何建议？"

听李春芳这么问，高拱觉得整治海瑞的机会来了，赶紧说："这等不二之臣，老夫以为应免去其一切职务，让其致仕回乡！"

李春芳见高拱对海瑞下此狠手，说："海瑞巡抚江南是皇上首肯的，如若将他一棍子打死，怕是皇上那儿也通不过，不如先免去他应天巡抚一职，以原职总督南京粮储！"

见李春芳这么说，高拱也怕惹众怒，只好说："既然李阁老都说了，那就先免去他应天巡抚一职，以原职总督南京粮储！"

张居正暗笑，这不正好？再推他一下，让海瑞离开应天，也好帮徐阁老家一把，于是说："李阁老、高阁老都这么说了，我也同意这个意见！"

赵贞吉说："既然大家都说了，我也表个态吧，刚才李阁老和张阁老都说了，同意将海瑞调到南京去任职，我看也行，李阁老说得好，不能一棍子把人打死，否则到时候还真不好在皇上面前交差。"

见次辅陈以勤不说话，李春芳问他："陈阁老，你的意见呢？"

陈以勤说他同意这个意见。

免去海瑞应天巡抚一职，以原职总督南京粮储，李春芳见大家都表态了，说："既然几位都表态了，我看就把海瑞调到南京去做个闲差，具体的就请吏部安排，大家有意见没有？没有的话此事就议到此，本首辅去给皇上呈报。"

众人沉默不语。

李春芳宣布散会，然后赶紧去给隆庆皇帝复命。

听了内阁的意见，隆庆皇帝想，也好，要不海瑞也太狂妄，不知道收敛，于是对李春芳说："好，就按你们的意见去办吧！"

"谢皇上！"李春芳告退。

二月二十五日，朝廷正式下令免去海瑞应天巡抚一职，以都察院右佥都御史一职命他总督南京粮储。

在高拱的竭力举荐下，隆庆皇帝升保定巡抚、右佥都御史朱大器为都察院右副都御史，接替海瑞去江南巡抚应天十府。

- 2 -

海瑞的事，京城都快闹翻天了，可他自己却还蒙在鼓里，不分白天黑夜地泡在河道上指挥地方官和民工们修浚吴淞江和白茆河。

三月初二日傍晚，海瑞和姜国华、夏佑、钟应享一起从工地上回来，正准备用餐，巡抚一衙役给他送来一份京城下发的邸报。

看了邸报，海瑞知道吏部的给事中戴凤翔在朝会上向皇上弹劾自己。

"诬陷，纯属诬陷！"海瑞气极，将邸报狠狠地砸在餐桌上。

姜国华等人见海瑞突然发火，不知道发生了什么事。

姜国华问他："海大人，出了啥事啊？"

"你们看！"海瑞指了指桌上的邸报。

姜国华拿起桌上的邸报，夏佑和钟应享也凑过身子一起来看，这才知道有人在京城向皇上弹劾海瑞。

"无聊，这人真是太无聊！"姜国华气愤地说。

夏佑也很愤怒："这些言官，海大人在一线拼命做事，他们却在背后捅刀子，简直是没良心！"

"这个戴凤翔，我看也不是个好东西！"钟应享愤愤不平地说。

都把自己告到皇上那儿去了，这事非同小可，海瑞知道再也不能置若罔闻，他决定去京城向隆庆皇帝上疏，与戴凤翔辩诬。

海瑞吩咐姜国华、夏佑和钟应享三人："治理工程马虎不得，你们三位注意监工，我得去京城面见皇上陈述，不能让戴凤翔就这样诬陷本官！"

姜国华说："您放心去吧，海大人，这儿有我们守着，不会出啥事的！"

"这关乎到大人的名声和前程，一定要去！"钟应享说。

夏佑说："这戴凤翔肯定是受人指使，海大人一定要注意！"

"谢谢几位，我会注意的！"海瑞说，然后叮嘱他们，"有事就派人来告诉本官！"

"是！"姜国华、夏佑和钟应享等人应答。

当日，海瑞回到苏州巡抚衙，连夜写好辩词。次日一早，海瑞告诉仆人海安,说他要去京城一趟,叫他备好马车。"

"老爷,您回京城做啥?"小妾兰兰不知道自家老爷要去京城与戴凤翔辩诬,问道。

"是啊,老爷,才来苏州城几个月,您咋要去京城呢?"

"你们别问了,我有急事,得去一趟!"海瑞不想让家人担心,没告诉他们。

一旁的汪熙也想问他,见他心情不好,只好闷着不问了。

马车准备好了,海瑞带上辩词,告别家人,坐着马上一路心急火燎地往京城赶去。

"老爷,这么急着去京城,到底有啥事啊?"路上,海安问。

海瑞这才把事情给他说了。

"这戴凤翔真不是人。"海安听了非常气愤。

到了京城,海瑞和海安先找了个地方住下,等待皇上开朝会。

终于等到隆庆皇帝上朝了,海瑞揣着写好的辩词,怀着愤愤不平的心情,一脸愤怒地走进太和门。

"海瑞不是在应天巡抚吗?怎么来京城了?"

"是啊,他不是在应天吗?咋来参加朝会呢?"

"他是不是又有事要奏请皇上啊?"

"海瑞是来找皇上论理的!"

海瑞的突然到来,让一些不知就里的大臣很是吃惊,而那些知道前些日吏部给事中戴凤翔弹劾海瑞的大臣,明白海瑞是来干啥的。

朝会开始,隆庆皇帝边整理龙案上的奏章边问站在下面的文武百官:"各位爱卿,今日有事要奏的请说吧!"

海瑞赶紧从人堆里走上前来:"启禀皇上,微臣海瑞有事要奏!"

"海瑞,你不是代朕在应天巡抚吗?咋来了呢?"见海瑞在朝上奏事,隆庆皇帝大吃一惊。

海瑞气愤地说:"皇上,微臣是在应天代皇上巡抚,但这事微臣不得不来!"

"是不是戴凤翔弹劾你的事?"隆庆皇帝似乎忘记了这事。

海瑞说:"正是!"

隆庆皇帝说:"有什么话,你就说吧!"

"启禀皇上，前些日吏部给事中戴凤翔所弹微臣，无一字是臣本心，无一事是臣所行，其弹劾纯属诬妄，海瑞断然不服，今日特来辩诬！"

海瑞说着将带来的辩词拿出来举过头顶。

随堂太监走下来接过，然后拿上去呈给隆庆皇帝。

隆庆皇帝从太监手上接过海瑞提交的辩词，说："你继续说。"

"第一，其弹劾微臣沽名乱政，祸乱法纪，大肆煽动刁民讼告地方缙绅，庇护奸民鱼肉乡绅，微臣认为这纯属无稽之谈，故作申明。微臣自到应天十府后，秉承皇上旨意，大力整顿吏治，惩办贪官污吏，力争打造一个清明的地方官场，组织地方官员清丈田地，勒令侵占民田民地的乡官和豪绅大户将所侵占田地退还农户。与此同时，采取以工代赈的方式，组织和带领流民修浚吴淞江和白茆河，眼下两工程正在如火如荼地进行。微臣以为，自从到了应天以后，微臣就兢兢业业做事，特别是在修浚吴淞江和白茆河期间，更是不分白天黑夜和地方官员、民工们一起在工地上。至于说鼓励乡民告状，那不过是微臣使用的施政方法而已，根本不是戴凤翔所说的为了贪图名利祸乱法纪。诚然，在整顿吏治和清退田地时，必然会出现一些意想不到的事，但皇上您也清楚，江南十府情况复杂，特别是苏州府、松江府一带，官场吏治实在是腐败到了极点，贪官污吏成堆成串，一些官吏勾结乡绅大户，欺压百姓无恶不作，地方百姓怨声载道，微臣之所以鼓励乡民告状，就是要揪出贪官污吏清除官场污垢，并非贪图名利祸乱法纪，更不是什么庇护奸民鱼肉乡绅！"

海瑞顺了口气，继续辩道："第二，其弹劾微臣不顾伦理，谋杀妻妾，说微臣妻妾相互争宠，微臣偏袒宠妾殴打正妻，致同一晚微臣的妻妾相继自缢而亡，此事不实。微臣的小妾韩氏因一小事与微臣母亲谢氏拌嘴，微臣母亲说了她几句，小妾韩氏想不通，于七月十一日夜趁家人不备上吊自杀，而微臣的妻子王氏，是因为微臣的两个儿子在牢中受到惊吓死亡后精神失常，日久天长其心力交瘁，于七月二十四日晚上病逝。微臣与妻子王氏和小妾韩氏相互恩爱，韩氏还替微臣育了一子，怎么能说是微臣谋杀了她们呢？"

"这是人家的家事，这戴凤翔怎么管到人家家里去了？"

"简直无聊！"

"依老夫看，这是别有所图！"

有大臣在底下议论。

海瑞接着说："第三，其弹劾微臣勾结倭寇，致使倭寇得以侵扰沿海一带，并说海瑞与倭寇歃血盟誓，导致江浙一带城池沦陷，倭寇横行……皇上，微臣到江南后，立即与地方驻军官兵共商防倭大计，巡察军士练兵勘察防备，全力组织地方军民抗倭。此事地方驻军官兵可以作证，何来的勾结倭寇，与倭寇歃血盟誓之说？……戴之所言，不过是逞己邪思点污善类，不为报国而是行私，望皇上明察！"

海瑞力陈事实，替自己辩护。

"是啊，这哪像勾结倭寇之人啊？"

"依老夫看，这戴凤翔肯定是收受别人好处，受人指使故意诬陷人家海瑞！"

"人家在前面做事，他却在背后捅刀，可怕，真是可怕！"

"这种人不会有好下场！"

听了海瑞的自辩，不少大臣愤愤不平，都在替海瑞说话。

隆庆皇帝边听海瑞陈述边看他的辩词，见海瑞自辩完了，说："海瑞，朕听说你在应天替朕做了不少的事，深得地方百姓喜爱，可这事朕交给内阁讨论过，他们提出了意见和建议，说免去你应天巡抚一职，以都察院右佥都御史一职去南京总督粮储，同时升保定巡抚、右佥都御史朱大器为右副都御史，代替你巡抚应天十府，且朕也同意了内阁的意见，你就别再说了，以后再说吧。"

"皇上，微臣有何过错，要革了微臣巡抚一职？"听隆庆皇帝的话，海瑞心头一急，说道。

隆庆皇帝说："这事朕已下诏，你就认了吧！"

海瑞心里虽说不服，但皇上都这么说了，他哪敢抗命？只得口含黄连赶紧高呼："谢主隆恩！"

随后，其他大臣又向皇上上奏了一些事情。

朝会散了，海瑞心里悲愤，深一脚浅一脚地走出了太和门。

"惨，真是惨啊！"

"唉，都是他那脾气惹的祸！"

"听说在江南他连徐阶都不放过！"

"他这不是搬起石头砸自己的脚吗？"

大臣们边往回走边议论。

其实这些海瑞不是不知道，但是他骨子里有一个信仰：做官就得为百姓做事，得替朝廷和皇上分忧。

正是因为有了这个信仰，海瑞才不计个人得失。

"当官不为民做主，不如回家卖红薯，不就是摘了自己头上应天巡抚这顶乌纱帽吗？没这顶乌纱帽，老夫也照样替老百姓做事！"

此时的海瑞，心里想的是他来京城后河道治理会不会出什么问题，于是他又马不停蹄地赶回了苏州，与姜国华、夏佑和钟应享他们一起，全身心投入到河道治理之中。

– 3 –

户部尚书张守直对戴凤翔弹劾海瑞一事，心里一直替海瑞不服。那日在朝会上，他站出来反驳戴凤翔，他没想到皇上会将此事交给内阁去议，更没想到李春芳等人会向皇上建议免去海瑞应天巡抚一职，让海瑞到南京去总督粮储。让张守直无法理解的是，皇上居然同意了内阁那几个人的意见。

张守直想，这事不能就这样算了，这样对海瑞实在太不公平，等到下次朝会的时候，我还得奏请皇上收回成命，让海瑞还是巡抚江南十府，因为那儿实在太需要他这种敢说敢做的官员了。

这日早朝，张守直待其他大臣奏完事情后，走上前对隆庆皇帝说："皇上，微臣有事要奏。"

"张爱卿所奏何事？"

"皇上，微臣以为，言官戴凤翔所弹海瑞之事不符实，微臣多方打听，海瑞之所以会被他弹劾，是因海瑞到了应天十府以后大力推行吏治改革，特别是他破陈出新鼓励乡民告状和清退田地，得罪了地方上一些有劣痕的官员和地主乡绅，就连前任首辅徐阁老他也得罪了，地方上的那些官员和乡绅，恨不能吃了他的肉啃了他的骨头！"

"那你认为海瑞是受冤枉了？"隆庆皇帝说道。

张守直说："皇上，微臣以为，戴凤翔弹劾海瑞，或许是受人指使，亦或是收受了别人好处。上次海瑞上朝会自辩，大抵已将受污之词陈清，但微臣没想到皇上会将此事交与内阁议论，更不会料到内阁给皇上建议免去海瑞应天巡抚一职，让他到南京总督粮储。微臣昨日接到地方来报，那日海瑞上朝会自辩后，因心中担心吴淞江和白茆河的修浚工程，便不顾受人弹劾之痛，马不停蹄回到苏州后立即赶往工地，与地方官员和民工一起研究河道治理中出现的问题。"

"哦,真是这样?"隆庆皇帝有些不相信。

"的确如此,皇上!"张守直说。

隆庆皇帝沉默不语。

"皇上,如今这样的官员实在是不多,为了我大明的江山社稷,微臣恳请皇上收回成命,让海瑞重回苏州巡抚应天十府,因为那儿实在是太需要他这种敢说敢做的官员。同时,恳请皇上派人查清戴凤翔弹劾海瑞的有关事宜,还海瑞清白!"张守直因为激动,眼泪也流出来了。

"启禀皇上,刚才张尚书所言臣觉得欠妥。臣听闻,海瑞在应天我行我素,丝毫不把其他官员放在眼里,地方官员与之难以相处关系甚僵,因海瑞无节制地怂恿乡民告状,导致不少奸民污告乡官大户,一些奸民甚至不务正业专事官司谋取私利,地方上流行着一句话,'种肥田不如告瘦状',这就搅乱了地方社会秩序,乡宦们因不得安宁而怨气冲天,四处告海瑞,只是皇上未曾耳闻罢了。海瑞身在官场,却毫不顾及同人颜面,以退田地为名借机整治徐家,惹怒前任首辅徐阶,徐阶也有所申诉。以此观之,臣以为皇上免去海瑞应天巡抚一职,让其总督南京粮储,这已是皇恩浩荡,轻饶了海瑞。臣还以为,吏部言官戴凤翔弹劾海瑞并无过错,再说这也是他作为言官的职责所在!"隆庆皇帝正要回复张守直,不料次辅高拱站出来说话了。

随后,戴凤翔也站出来反辩。

"皇上,海瑞在应天的所作所为大家有目共睹,微臣与海瑞并无来往,从未与他有隙,怎会污陷他呢?微臣之所以要弹劾他,是地方官员来微臣处诉苦,说海瑞在应天十府借整顿官场吏治,大肆整治与他不交好的地方官员,弄得人人自危,人心恐慌。他还借清退乡民田地之机整治乡绅官宦,甚至连前任首辅徐阶徐阁老一家也不放过,弄得民怨极大。他鼓励乡民告状,导致奸民到处污告,更是扰乱了地方秩序,微臣听之,实在是很愤慨。为安抚人心,保我大明江山社稷得以稳定,故微臣上朝弹劾于他,但微臣所言皆为事实,绝无妄言,更不是有意污陷他海瑞,皇上可派人实察。刚才张尚书所言,微臣也认为欠妥,请皇上鉴之!"戴凤翔说完,给隆庆皇帝深深鞠了一躬,然后立在那儿听候隆庆皇帝发话。

"海瑞的事很难说,他那性格是有些让人受不了!"

"听说他在地方上干了不少实事,老百姓的口碑很好呢!"

"这人呐,有人要整治你,什么话不能说啊?"

"公说公有理,婆说婆有理,这到底是咋回事呀?"

……

听张守直、高拱、戴凤翔三人辩来辩去,不少大臣都被他们搞糊涂了。

"皇上……"

"好了,你也不用说了!"

张守直见高拱、戴凤翔又在诬陷海瑞,非常气愤,正欲再替海瑞辩解,隆庆皇帝制止了他。

隆庆皇帝见张居正闷在一边没发言,问他:"张阁老,你对这事有何看法?"

见皇上点自己的名,张居正走上前来:"启禀皇上,海瑞之事臣也有所耳闻,但不详尽,故未发言。不过,海瑞之事上次已经有了定论,此时再说已无意义,臣以为不再议为好,以免引起臣子之间矛盾,给朝廷带来新的麻烦,不知皇上意下如何。"

张居正刚才之所以不发言,是因为他忌惮赵贞吉,他怕赵贞吉发现他在帮徐家后会以此向他发难。

"嗯,张阁老所言极是,这事已经有了定论,况且朕也下诏,不宜再议,这事就此罢休,决不允许再议!"隆庆皇帝说。

见皇上这么说了,张守直也不敢再说什么。

"好吧,你们都退下吧!"隆庆皇帝朝张守直、高拱、戴凤翔、张居正等人挥了挥手。

高拱、张居正、戴凤翔、张守直四人退下。

没有替海瑞说上话,张守直心里很难过。回到家,气还没消的张守直悲愤地说:"倘若让这些言官这样闹下去,长此以往,必将给我大明造成祸端啊!"

帮不了海瑞,张守直除了替他叹息,也别无他法,他愤怒地骂道:"小人,都是些小人!"

— 4 —

"海大人,情况怎么样?"一回到工地上,姜国华、夏佑和钟应享便围上来问海瑞。

海瑞摇摇头，叹了口气，沮丧地说："唉，不好说啊！"

见他这个样子，姜国华、夏佑和钟应享知道情况有些不妙。

钟应享说："海大人，您把这儿的履职情况给皇上禀报，他还不护着你？"

"是啊，您为咱老百姓做的这些事，大家都是看在眼里记在心上的啊！"夏佑附和。

海瑞说："事情不像你们想象的那么简单，朝廷上关系也很复杂！"

"您都已经去皇上面前申辩了，皇上还不相信你？"姜国华说。

海瑞告诉他："皇上说，这事已交给内阁去议了。"

"那他们议得怎么样？"姜国华迫不及待地问。

海瑞告诉他："内阁议了半天，最后首辅李春芳建议免去本官应天巡抚一职，以都察院右佥都御史一职去南京总督粮储，同时升任保定府巡抚，右佥都御史朱大器为右副都御史，代替本官巡抚应天十府。"

"什么？免去大人应天巡抚官职，到南京总督粮储？皇上咋这么昏头啊？"夏佑替海瑞打抱不平。

钟应享担心地说："眼看这治理工程很快就要成功了，海大人，您要是走了，这工程咋办啊？"

海瑞说："在其位谋其政，朱大器来了他应该会管的。"

"这事已经是板上钉钉了？"夏佑不死心地问。

海瑞告诉他："皇上说已经下诏。你们是知道的，皇命难收，本官只得认了！"海瑞一脸无奈。

"这事既然皇上下了诏，还真是无招了！"姜国华叹息着安慰海瑞，"去就去吧，海大人，不就是摘了应天巡抚的帽子，这有啥？你替这儿的老百姓做了这么多事，老百姓是记住的，再说哪天皇上要是高兴了，说不定又会让你回来！"

钟应享说："姜大人说得对，海大人替咱们地方上的老百姓做了这么多好事实事，老百姓心中有数，大家永远都不会忘记的，如果他们知道海大人要离开这儿，肯定舍不得您走！"

"去哪儿本官都无所谓，只是这修浚工程还没完工，本官有些放心不下啊！"海瑞叹息。

夏佑一脸无奈："是啊，眼看这工程快要完工了，要是海大人离开这儿去南京，下官们就没主心骨了，不知道以后这河道怎么办呢，总不能丢下不管吧？"

海瑞说:"没事,只要本官在一天,就和大家干一天,再说这河道的治理工程也差不多了,只有少数工程未完成,你们也不用焦心。"

"话是这么说,海大人,但我们还是非常担心,万一什么地方出现差池,那我们可对不起老百姓啊!"钟应享不无担忧地说。

海瑞说:"别怕,如果本官走了这工程还没完成,本官相信新来的巡抚也会组织大家继续完成的。"

"但愿新来的巡抚也像海大人这样敬业啊!"钟应享很是伤感。

海瑞说:"好了,别说这事了,皇上既然已经下诏,本官肯定要不了几日就要走了,咱们还是赶紧商议一下你们提出的问题。"

见他这么说,姜国华、夏佑和钟应享赶紧展开图纸,继续和海瑞一起研究河道治理中遇到的问题。

"你们看,这个地方河道比较窄,水流也比较急,如果采取……"海瑞指着图纸说。

夏佑指着图纸的一个部分,问道:"大人,如果从这边开挖一条沟渠,将这儿的河水往这边分流一部分,不就可以减缓这儿的水流量了吗?"

"你说的也是个办法!"姜国华看着图纸,喝了一口的茶水说。

"这个办法好倒是好,但施工量大,一下难以完成。"钟应享抚摸着下巴,眼睛盯着图纸说。

海瑞想了一下,说:"工程量是有点大,但这是唯一的办法,也只能这样做了。"

"既然海大人觉得可行,那就这样定了吧?工程量大,咱们就多组织些人力施工,一定要将它拿下来!"姜国华坚定地说。

钟应享说:"行,我赞同国华的意见!"

"我也赞同!"夏佑也表态。

海瑞见大家都同意这个办法,赶紧拍板定案:"既是这样,那就这样定下来。时间来不及了,你们几个得赶紧组织人施工!"

"是!"姜国华说。

等待新任巡抚朱大器来接替的海瑞,和地方上的官员们奔忙在吴淞江和白茆河的河道修浚工地上。

民工们听说海瑞马上要调离这儿了,过来向他问长问短,问这问那。

一个戴着麦草帽的高个儿民工问他:"海大人,听说您要调走了,有这回事吗?"

"是有这回事。"海瑞告诉他。

"那您还成天和我们在这工地上忙来忙去,就不休息一下?"

海瑞说:"本官也想休息,但这河道还没修浚,再说大家都在忙,本官能忍心丢下大家不管?"

"大人说的也是!"戴麦草帽的高个儿民工笑着说。

"也就是海大人,换作其他官员早就溜之大吉了,哪会像海大人这样,还整天和大家一起忙啊?"一个中年民工由衷地说。

"这就是我们苏州百姓的福!"一位个子不是很高的女民工说。

海瑞笑着说:"承蒙各位夸奖,本官受之有愧!受之有愧!"

"不是我们夸奖您,是海大人做事实在让我们老百姓打心里敬佩!"女民工说。

见大家这样夸奖自己,海瑞心里算是得到了些许宽慰。

这日早晨,海瑞正在和姜国华、夏佑和钟应享他们在工地上察看施工情况,衙役尤三拿着一份京城来的文书,跑来禀报:"大人,吏部来了调令,说是要调你去南京呢。"

"早知道了!"海瑞忙着和姜国华、夏佑和钟应享他们讨论察看工程,连吏部的调令都没看。

"大人?"尤三站在那儿,很为难的样子。

见他愣在那儿,海瑞问他:"还有事?"

"调令上说,叫您在十日内赶到南京任职,不得有误。"尤三说。

"十日内?新任巡抚朱大器还没来,本官将这个摊子交给谁?"海瑞觉得朝廷追得太急。再说,这河道修浚正是关键时刻,如若自己走了,这工程还能不能继续下去也是个问题。

尤三说:"驿差说朱大人即日就到。"

"把调令给本官看一下!"海瑞说。

尤三恭敬地递上吏部的调令。

海瑞接过调令一看,上面真是这么说的,说新任巡抚朱大器即日到任,命海瑞交接相关手续后十日内务必到南京赴任,不得延误。

看罢吏部的调令,海瑞叹息道:"唉,这分明是在逼本官啊!也罢,等他朱大器到了明日本官移交手续后就走!"

"海大人,怎么说走就走啊?就不能等这工程完工了再走?"见海瑞有些生气,夏佑安慰似地问他。

钟应享不满地说:"这吏部也是,干吗让人走得这么急?"

"吏部调令下了就没办法,不去也得去,没谁敢不听。"姜国华说钟。

海瑞告诉他们:"看来,本官不得不走了,吴淞江和白茆河的修浚工程大部分都已完工,剩下一些扫尾工程问题也不是很大。这样,你们几位再辛苦一些时日,务必监督好施工,确保工程质量和工期,尽快将整个工程完工,否则这段时间大家就白忙乎了。"

"海大人,您心里真是时时装着老百姓啊,在这种情况下你也要将事情安排好才走!"姜国华抹着眼泪动情地说。

钟应享激动地说:"要不咱们去京城向吏部求情,请他们将海大人继续留在这儿!"

"对,请吏部将海大人留下来,这样的好官我们需要,老百姓也需要!"夏佑附和。

"没用的,吏部既然下了调令就得服从,不然就是抗命,轻则丢官重则诛灭九族!"

海瑞知道他们舍不得自己走,但没办法,身为朝廷命官,哪能抗命呢?于是说:"几位的心意海瑞领了,没必要去做那些担风险的事。"

"难道就这样让海大人走了?"夏佑看着姜国华和钟应享问道。

钟应享无奈地说:"有啥办法?"

"也只能是这样了!"姜国华说。

海瑞说:"去南京也没啥,我只是没想到刚来吴地九个月就走了,没替这儿的老百姓做多少事,心里实在是不安。"

"海大人已经做得够多的了,有多少来这儿的官员真正替老百姓做点实事好事的呀?还不是来捞一把就拍拍屁股走人,哪会像海大人,脚还没踏进苏州的地儿,就开始在想老百姓的事了!"夏佑由衷地说。

姜国华说:"夏县丞说没错,海大人虽然来苏州才九个月,可做了不少实事,这些都是大家亲眼见的,没半点虚假!"

"可有些龟孙子就是见不得海大人这样替老百姓做事的好官,总是想方设法在背后整人!"钟应享很气愤。

夏佑也说:"皇上也犯糊涂,就不下来听听老百姓是何意见,光坐在朝堂上偏信戴凤翔那等小人乱进谗言!"

"嘘!小心隔墙有耳!"姜国华竖起一根指头,扫视一下周围,提醒钟应享和夏佑。

夏佑见了,赶紧住声。

海瑞低声说:"行了,这事就此打住,别再说了!"

当日,新任巡抚朱大器到了苏州,与海瑞进行了交接。

"拜托了,朱大人!"

"海大人客气!这是本官的分内之事,理应做的!"

海瑞将修浚吴淞江和白茆河的工程情况与朱大器做了交接,希望他继续督促搞好这两个工程,给老百姓和皇上一个交待。

– 5 –

次日晌午,海瑞简单收拾了一下行囊准备往南京赶。

突然,巡抚衙门前涌进来不少老百姓,都是苏州城里的市民,他们听说海瑞要离开这里到南京去任职,纷纷关门歇业,跑来巡抚衙挽留他。

"这样好的官,朝廷怎么要调走他呢?"

"督抚大人,您不能走啊!"

"青天大老爷,您就不走了吧?"

"海大人,我们舍不得您走!"

老百姓呼喊着拦在海瑞面前。

见此情景,海瑞热泪盈眶,声音嘶哑地对大家说:"乡亲们,谢谢你们,谢谢你们记得我海瑞!但我感到对不起你们,没能替你们做多少事。吴淞江和白茆河的修浚,还有一些扫尾工程,本以为能在这儿和大家一起把这一江一河修浚完,没想到吏部会将本人调往南京。我海瑞来这儿,想做的事太多,可惜都无法做了,实在是对不起大家!"

"不能不去?"

"是啊,苏州百姓需要海大人这样的好官!"

"在哪儿都是做官,就在这儿做吧!"

"留下吧,督抚大人!"

老百姓恳请海瑞留下,不要去南京。

海瑞告诉大家:"乡亲们,我也不想走啊!但这是吏部的命令,身为朝廷官员,我不能抗命,抗命是要被杀头的,没办法,我还得去!"

海瑞接着说:"你们放心,到了南京我也会想念大家的,大家要有啥事,就去南京找海瑞吧!"

"听海大人这么说,那肯定是留不住大人了!"

"既然如此,那我们就送送你吧!"

"我们盼着海大人回来!"

……

老百姓流着眼泪,自动分为两边,给海瑞一家让出一条道来。

"谢谢!谢谢乡亲们!"

海瑞边走边向市民们道谢。

街上的老百姓,都站在街两边为他送行。

"谢谢!谢谢乡亲们!"海瑞见了,赶紧向他们道别。

不少老百姓一直把海瑞一家送到城边,直到看不到马车影子。

苏州百姓缘何会这样喜爱海瑞呢?这都缘于海瑞做官心里总是装着老百姓,把老百姓的事当作自己的事来做。

海瑞来应天十府的时间不到一年,但他为江南的老百姓做的实事数也数不完。

特别是吴淞江和白茆河的开通,不仅让太湖湖水直接流入海洋避免涝灾重现,通过诸多渠道得以引湖中之水浇灌农田,实现旱涝无忧,而且还救济了当地几十万饥民。

除了疏浚吴淞江和白茆河,海瑞还根据当乡民的反映和要求,委派松江府同知黄成乐、吴守吉进行查勘,对嘉定县夏驾口、吴江县长桥处、长洲县宝带桥等地的水道逐一疏浚,在吴淞江旁开垦熟田四十余万亩,让百姓得到许多实惠。

一位曾经想弹劾海瑞的御史感叹道:"这万世之功,还是被海瑞修成了啊!"

— 6 —

对海瑞的处置高拱不满意,他觉得在罢免海瑞职务这个事上,首辅李春芳虽然定了调，但自己作为吏部尚书又是内阁次辅，主动权还掌握在自己手里，加上李春芳又是个和事佬，还有做海瑞文章的空间。

如今海瑞已经被免去应天巡抚之职到南京任总督粮储，手中已没有多大实权，可高拱不给海瑞喘息的机会，他要趁热打铁再推海瑞一下。

高拱琢磨来琢磨去，觉得要置海瑞于死地，还得靠隆庆皇帝这棵大树，他想趁海瑞还没到南京赴任，赶紧找个机会到隆庆皇帝面前再烧一把火。

可这把火怎么烧？正在高拱苦思无策的时候，有人来帮他了。

三月二十三日下午，高拱正在内阁看吏部送来的折子，御史杨邦宪拿着一个折子走了进来。

"高阁老，在忙啊！"杨邦宪跟高拱打招呼。

"有事？"高拱问他。

杨邦宪拿出个折子递给高拱，说："阁老，卑职有一个折子，您看一下！"

"什么折子？"高拱边接折子边问。

杨邦宪说："阁老看过就知道了。"

高拱接过折子，见是《议革南京督粮都御史疏》，随手翻了一下，见里面是杨邦宪详议裁减南京督粮都御史的事，正中下怀，赶紧悄声说："走，去老夫府邸一叙。"

二人到了高拱府上，高拱兴奋地对杨邦宪说："邦宪老弟，你真是及时雨呀，老夫正在想这南京储粮要不要归并的问题，没想到你对这事还有这番详细的论述，好，真是好啊！"

"怎么？阁老觉得可行？"杨邦宪没想到他的折子会得到高拱的首肯。

高拱告诉他："不是可行，是十分可行！"

"那就好，那就好！"杨邦宪心里很是激动。

高拱立即在折子上写下了"见任南京粮储都御史海瑞依议裁革"的批示。

"折子先留在这儿，晚上老夫拿着它去找皇上，请他准奏将南京粮储一职归并到户部，裁减冗员！"高拱告诉杨邦宪，"当然，老夫也会在皇上面前奏明，这份功劳归你！"

"承蒙阁老关心！"听了高拱的话，杨邦宪急忙给他行礼。

见没其他事，杨邦宪说："阁老，要没其他事卑职就先走了！"

高拱说："好，你去吧！"

杨邦宪走出高拱府邸，高拱送他出来。

"邦宪老弟，这事暂且不要张扬！"高拱叮嘱他。

"放心吧！"

转身进门的高拱，恶狠狠地说："海瑞啊海瑞，这下你走到尽头了！"

晚上，高拱独自一人来到了乾清宫。趁隆庆皇帝高兴，他拿出杨邦宪写的折子说："皇上，御史杨邦宪给微臣送来一个折子，建议裁掉南京粮储一职。"

隆庆皇帝没说话，接过他手上的折子仔细看起来。

"皇上，其实南京粮储之职责，户部本身就承担着，再在外边设置个南京粮储都御史，微臣觉得有些多余，为了便于管理理应裁减，不知皇上意下如何？"高拱火上浇油。

"这个职位不是已经给海瑞了吗？裁减了海瑞咋办？"隆庆皇帝说。

高拱说："他不是还有都察院右佥都御史一职吗？就让他回都察院任右佥都御史也行啊！"

听高拱这么一鼓捣，隆庆皇帝也觉得有些道理，便不假思索地说："既然高爱卿这样说了，那就裁减了吧。"

"那海瑞那边……"高拱说了个半截话，等着隆庆皇帝表态。

隆庆皇帝说："海瑞那边朕立即下诏，就让他回京城，到都察院任他的右佥都御史。"

"皇上英明，微臣立即着手裁减！"见隆庆皇帝答应了自己的请求，高拱十分高兴，双手一拱，弯下腰深深地给他鞠了一躬。

当夜高拱回到吏部，马上将文选司的人叫来，立即代皇上草拟诏令，裁革南京粮储都御史这一职位。

三月二十五日，正当海瑞匆匆忙忙赶去南京上任的时候，隆庆皇帝向各地发出诏令，裁革南京粮储都御史之职。

海瑞被彻底罢官了，他这时才感觉到，自己脚下的路荆棘丛生，稍不留意就会踏入别人为他布好的陷阱。

得到这一消息后，海瑞知道是高拱从中作梗，怒气冲天。

气愤至极的海瑞本想去找皇上理论，可他转念一想，如今高拱已回到内阁，又成了皇上身边的红人，既然皇上听信高拱，自己就算去理论一番也是毫无用处。

海瑞心存一丝幻想，他觉得张居正可能还会帮自己一些忙，于是便向张居正写信求助，请他在皇上面前替自己说几句好话，让皇上收回成命重新启用他。

"哼，这下你知道来求人了？那日你不是连我这个内阁次辅的账都不买吗？这下想来叫我帮你，告诉你门都没有，你还是回你的老家海南琼山好好养老吧！"接到海瑞的信，张居正随便看了一下便丢到旁边。

张居正给海瑞回了封信。他在信中轻描淡写地说："三尺之法不行于吴久矣，公骤而矫以绳墨，宜其不堪也。如今，朝中讹言沸腾，听者惶惑。……此事，太岳实在是爱莫能助，还望见谅！"

见到张居正的回信，海瑞知道他计前嫌不肯帮忙，便又给首辅李春芳写信，向他解释他之所以要逼徐家退还田地、判斩徐瑛的事，求他帮自己渡过这个难关。

海瑞在信中说："徐阁老被他三个儿子和他弟弟徐陟害得够苦了，徐家产业之多实在令人惊骇，这也是他自找的。徐家身为官宦大族、名望之家，在地方上如此为富不仁，实在是有损无益，可为后车之戒。"

李春芳比张居正更甚，接到海瑞的信后，连信也不给他回，省得让人说闲话。

见这些人都不肯帮自己一把，海瑞愤怒了，他以身体不适为由，连夜提笔给隆庆皇帝写了封《告养病疏》的辞呈，恳请隆庆皇帝准他回海南琼州府琼山老家养病。

海瑞在奏疏中说，微臣两次遭人弹劾，对于自己众说纷纭，而微臣以为，自己所做之事没有任何不对。微臣自担任应天巡抚以来，事事皆尽心尽力，但凡遇事均征求下属和民众意见，所做之事皆符合大明律法。既然民利已兴，民害已除，请皇上下诏告诫新任抚臣朱大器，让他不要因为微臣受他人诽谤而轻易更改臣作的规章制度……近日微臣身体欠佳，恳请皇上赐微臣回海南老家，告老还乡，怡养天年！"

海瑞虽然有些傲气，但他做事踏实，对朝廷衷心耿耿，又深得百姓爱戴，隆庆皇帝也想挽留他，对他的奏疏不准奏。

海瑞去意已决，见隆庆皇帝不准奏，便一而再再而三地向隆庆皇帝递交辞呈。

这一日，海瑞又带着请辞随文武百官来到朝会上。

朝会开始，隆庆皇帝按惯例问下面的文武百官："各位爱卿，今日有没有事要奏?"

海瑞瞟了左右一眼,见没人上奏,赶紧走上前去,从袖口中抽出请辞举过头顶:"启禀皇上,微臣再请致仕回乡养病,恳请皇上恩准!"

"这海瑞,咋又来请辞了?"

"哎呀,不就是嫌他那官没啥职权怄气呗!"

"哼,你看他,老是一副恃才傲物的样子!"

"他以为天底下谁都不如他!"

朝堂上,文武百官见他老是向皇上请辞,议论纷纷。

"海爱卿,朕不是跟你说过,不准你辞职吗?你咋又来请辞呢?"见海瑞又来请辞,隆庆皇帝不耐烦地说道。

海瑞说:"皇上,既然微臣已无可用之处,那又何必占据禄位呢?恳请皇上还是准奏微臣辞职吧!"

隆庆皇帝生气地说:"你真要辞职?"

海瑞说:"微臣有病在身,实须回乡养病,恳请皇上准奏为谢!但微臣有句话,不知皇上爱不爱听?"

"你说!"隆庆皇帝说。

海瑞气愤地说:"……如今满朝文武皆妇人之见,皇上,您万万不能听从啊!"

"哎?他怎么能说这种话呢?"

"这不是把我等都当大头白菜了?"

"真是满朝文武官员都不如他海瑞?"

听了海瑞这话,朝上文武百官无不愤怒,齐刷刷将眼光射到他身上。

首辅李春芳笑着说:"海瑞啊,这么说来,我岂不是成了老太婆了?"

听李春芳这么说,一些大臣忍不住笑起来。

"既是这样,那朕就准你的奏吧!"

见海瑞在满朝文武百官面前说话如此放肆,隆庆皇帝觉得他太过孤傲,心里很烦,一气之下便降旨准奏他告老还乡。

"谢主隆恩!"海瑞退下。

不久隆庆皇帝下诏,让海瑞致仕回老家琼山养病。

隆庆四年四月的一日,海瑞怀着悲愤的心情离开了京城,回老家海南琼州府琼山县石峡岭闲赋养老。

海瑞这一去便是十六年。

海瑞离开应天不久,徐家人在张居正的周旋下全部得到改判,徐瑛免死,徐璠、徐琨无事,徐陟和徐家的家奴也相应减轻了罪行。

后来,任苏州知府的蔡国熙在高拱授意下,判斩了徐瑛,流放了徐璠、徐琨等人,同时也斩了华亭县县令王明友,松江府知府李平度待朝廷发落。

第37章　归隐琼山

见儿子辞官回乡了还经常往州府和县衙里跑，一天到晚都在忙着官家和百姓的事，谢氏说："瑞儿，你都不再公干了，还时常往官衙里跑些啥呀？"

- 1 -

头天晚上，海瑞就叫仆人海安和汪熙收拾好了要带走的东西。次日一早，他就带着小妾兰兰和儿子，还有老仆人汪熙，叫海安赶着轿蓬马车往老家海南赶。

路上，海安担心地问："老爷，咱们这样回去，要是老夫人问起怎么说呀？"

"是啊，老爷，这事咋跟娘说呀？"兰兰也很担心。

汪熙说："老夫人快八十岁的人了，经不起折腾，她要是知道老爷被朝廷罢了官，我担心她承受不了！"

"怎么说？就直说呗！"海瑞一脸无所谓。

听老爷这么说，海安说："老爷，这样不妥吧？万一老夫人听了……"

是啊，母亲从小含辛茹苦把自己拉扯大，还教自己读书识字，就是盼望自己将来能有出息，有一官半职为门庭增光，自己虽说已是四品官员，但被罢官回乡了，这不是好事儿，要是母亲知道了她能承受得了吗？唉，现实就是现实，这是回避不了的，到时候只有给她慢慢解释了。

于是对兰兰和海安、汪熙说："我知道你们担心老夫人知道我被朝廷罢了官，心里不好受怕出事。"

"老夫人年岁大了，我是有些担心啊！"海安说。

汪熙也说："不得不担心啊！"

"老爷，他们说得没错啊！"兰兰说。

"你们不用担心，我自会给老夫人说清楚。"海瑞说他们。

"驾！"上了大路，海安一声吆喝，轿蓬马车急速往前奔去。

十九日后，海瑞一家回到了老家海南省琼州府琼山县老家。

海瑞他们到家的时候，谢氏正在房前的坝子里凉晒衣裳。海瑞见了，赶紧叫她："娘，您在晾衣服啊！"

听到有人喊自己，谢氏回过身一看，见是儿子一家回来了，高兴地问："哎，瑞儿，兰兰，你们怎么都回来了呀？"

"娘，这段时间您过得还好吧？"海瑞热泪盈眶，已经很长时间没见到母亲了，海瑞十分想念。

"好，怎么不好呀？"谢氏不知道儿子是因为罢官才回老家来的。

兰兰也关切地问："娘，您没什么事吧？"

谢氏咧着嘴笑着说："能有什么事呀，这不好好的吗？"

"老夫人没事就好！"海安说。

汪熙也说："是啊，只要老夫人平安无事，我们就高兴！"

"娘，上次我叫海安来接您去苏州，您怎么不去呀？"海瑞问母亲。

谢氏说："娘老了，哪儿都不想去，就想待在老家。"

谢氏看着儿子说："你看，你们一去就是这么长时间！"

"这不回来了吗？"海瑞笑着说。

"回来就好！回来就好！"谢氏高兴得像个孩子。

谢氏突然觉得有些不对劲，盯着儿子问："哎，瑞儿，怎么你们突然一下子全回来了呢？你在苏州不忙吗？"

跟在后面的海安和汪熙相互望了一眼，看老爷怎么回答。

海瑞笑着说："娘，孩儿等会儿再跟您解释！"

"娘，老爷刚回来，就让他先歇歇，等会儿再问他吧！"兰兰看了海瑞一眼对谢氏说。

谢氏说："好好好，等会儿再说，等会儿再说！"

海瑞扶着母亲进屋，海安、汪熙拎着行囊跟在后面。

瑞儿向来是个孝子，对自己的话更是言听计从，但他有很长时间没回来看自己了，请人写信去问他，他老是说在忙着政事脱不开身，待有空了就回来看自己，这下不声不响地就回来了，该不会是遇到啥麻烦吧？心思缜密的谢氏心还悬着。

"瑞儿，你给娘说，这么不声不响地回来，是不是遇到了啥麻烦事？"刚进屋落座，谢氏就迫不及待地问。

"老夫人……"见谢氏要问个仔细，海安想劝说她不要问。

海瑞朝海安摆了摆手，示意他不要说话，然后说："娘，孩儿也不瞒您，孩儿这次回来就不走了，孩儿辞官了。"

"你说啥？瑞儿，你辞官了？你的官被朝廷罢免了？"谢氏吃惊不小，赶紧问道。

海瑞告诉母亲："娘，孩儿不孝，但孩儿不是被朝廷罢了官，是孩儿自己向皇上请求辞去官职的。"

"瑞儿，你为啥要辞官啊？是你贪污了，或是收受人家贿赂了啊？"谢氏追问。

"老夫人，这事……"

"海安，你不要插话！"

海安正要说话，被谢氏制止了。

汪熙也想劝说谢氏，见她制止了海安，也就不敢再说。

"娘，您从小就教育孩儿，孩儿哪会去做那种上对不起朝廷下对不起黎民百姓的事啊？"海瑞说。

"是啊，娘，老爷他哪会做那种大逆不道的事呢？"一旁的兰兰说。

谢氏愁着脸问海瑞："那你给娘说说，你为何要辞官？"

"娘，事情是这样的，孩儿受皇上指派，到江南巡抚应天十府。孩儿到了江南以后，见那儿的吏治非常腐败，一些地主豪绅侵占了百姓不少田地，就连原来的内阁首辅徐阶一家，也侵占了老百姓的不少田地，老百姓没田地种，加上那儿水灾连年，种的庄稼没收成，不少人家携儿带女逃往他乡谋求生路。孩儿想让地方上的官场变得清明一些，就大刀阔斧在那儿整顿吏治，让地主豪绅把侵占的田地退还给农户，还惩办了一些贪官污吏，孩儿没想到会惹怒地方上的那些官宦乡绅，他们勾结起来整治孩儿。吏部有个言官叫戴凤翔，这人收了徐阶家的好处，就到皇上面前弹劾孩儿，皇上听信谗言将孩儿的应天巡抚一职免去，让孩儿去南京总督粮储。孩儿想，去就去吧，只要能替老百姓做点事就行，管他官职大小，可孩儿正要赶去南京任职的时候，又听说内阁次辅高拱使坏，让皇上将南京粮储一职归并到户部，只让孩儿到京城做原来的都察院右佥都御史，孩儿觉得没意思，就向皇上奏请辞职还乡。起初皇上不同意，一直挽留孩儿，孩儿连续上了几道请辞，皇上才准奏。"

海瑞只好把实情告诉了她。

"这皇上真是头脑发昏，咋能听信那些小人的谗言？我儿子是个什么样的人他还不清楚吗？唉，这皇上真是糊涂呀！"听了儿子的陈述，谢氏非常难过。

谢氏劝海瑞说："瑞儿，既然皇上这么昏庸，你也这把年纪了，那就好好在家陪陪娘，平平淡淡过完这辈子算了，不要去多想！"

"孩儿心有不甘啊！"海瑞告诉母亲。

谢氏说："不甘心又能咋样？算了，别再想那些事了，既然朝廷不用那就好生歇歇吧！"

"看你这么多年累的，老爷，就听娘的话好生歇歇，保养好自己的身体要紧！"兰兰也劝道。

"是啊，老爷，您就听老夫人和夫人的吧，保养好自己的身体就行，别再想其他的了！"一旁的海安也劝说海瑞。

"行行行，都听你们的。"海瑞笑着说。

兰兰说："好，不说了，去做饭，我都有些饿了！"

"好，做饭吃，做饭吃！"海瑞对大家说。

一家人开始去做饭。

- 2 -

一晃海瑞回到老家快一个月了。

"中期，中期，你咋啦？"

一日下午，中期和邻居的孩子从外边玩耍回来，到家不一会儿，兰兰发现儿子昏倒在门槛边，赶紧跑过去一把将他抱起来，并叫喊着问儿子。

海瑞和海安、汪熙听到兰兰的喊叫声，赶紧围过来。

"儿子，你怎么啦？儿子，你醒醒啊！"海瑞焦急地呼叫着儿子。

"醒醒啊，中期！"

"中期，你怎么啦？"

海安和汪熙也跟着喊叫。

无论大家怎么喊叫，中期还是紧闭着双眼，像死了一样。

"我孙子咋啦？"在屋里的老夫人谢氏听到大家在叫中期，也赶紧走出来问。

"娘，村子里有郎中吗？"海瑞问谢氏。

谢氏说:"有有有!"

"快,快去叫郎中!"海瑞见儿子脸上和身上发红,嘴唇发乌,知道病情不轻,赶紧对海安说。

海安听了,急忙跑去村里找郎中。

"海安,你快点哈!"老夫人催海安。

海安边跑出去边应答:"好的!"

一会儿,郎中刘道凡来了。

"我儿子怎么样,刘医师?"待郎中检查完了中期的病情,兰兰急不可待地问道。

"看来这孩子是没救了!"刘郎中无奈地摇了摇头,对海瑞等叹息道。

"你说啥?我孙子没救了?"谢氏听刘郎中说中期没救了,性急地问道。

"嗯!"刘郎中无奈地朝她点了点头。

"刘医师,你是不是诊断错了?我孙子咋就没救了呀?"谢氏不相信眼前的事实。

兰兰眼泪汪汪地说:"是啊,我儿子出去的时候还好好的,才一眨眼工夫,咋就会没救了呢?"

"估计他是吃了什么东西中毒了,要不没这么快。"刘郎中告诉他们。

谢氏一把鼻涕一把泪地哭喊着:"我这可怜的孙子啊,中砥、中亮都去了,你可不要再离开我了啊!要再离开,叫我这老婆子怎么活呀!"

兰兰想了想,说:"中期和隔壁家孩子就在寨边玩儿,会吃啥东西呢?"

"是不是吃了什么野果子之类的中毒了?"海安突然发现中期的手心沾有一些紫黑色的液汁。

兰兰说:"这寨子里哪有什么野果啊?"

"把隔壁那孩子叫来问问!"汪熙说。

经汪熙一提醒,海瑞赶紧说:"对对对,把隔壁那孩子叫来问一下,看是不是吃了啥有毒的东西!"

隔壁的小孩叫来了,兰兰问他:"吕吕,你刚才和中期出去玩,你们在外面捡啥东西吃没有?"

"刚才我们在那边摘野果子吃,他吃了很多很多!"吕吕告诉兰兰。

兰兰问他:"你没有吃吗?"

"我只吃了两颗。"吕吕说。

海瑞问他:"这果子是什么颜色?有多大啊?"

"乌红乌红的,像这么大。"吕吕说着伸出右手小指比给大家看,然后又告诉大家,"中期他刚才还吐了。"

海安自言自语地说:"乌红乌红的,像这么大,是什么果子呢?"

"乌红乌红的,像这么大……"兰兰也在想到底是什么野果。

"哦,我知道了,寨子边有一棵水马桑!"谢氏突然想了起来。

"对,现在正是水马桑成熟的时候,中期肯定是吃水马桑中的毒!你们看,他手上的紫黑色就是摘水马桑留下的!"海安急切地说。

"没错,是吃了水马桑中的毒!"刘郎中肯定地说,"哎,刚才我怎么没想到这事呢?"

"这果子有这么毒吗?"海瑞问刘郎中。

刘郎中告诉他,这水马桑就长在路边,果子成熟的时候呈紫黑色,有点像蓝梅和桑葚,吃起来酸甜可口。但这种果子有剧毒,要是吃多了,就会中毒死亡。一开始是神智昏迷不清,感觉肚子很痛头很晕,然后反复抽搐、呕吐,最后死亡。你们看,这孩子就是这种状况。"

"刘医师,你可要想办法救我这孙子呀!"谢氏求刘郎中。

刘郎中说:"老夫人,我是行医的,救死扶伤是我的本分,能救我当然会救。"

兰兰伸手往儿子鼻孔靠了靠,惊慌地说:"咋没气了?"

"什么?没气了?"海瑞一惊,伸手往儿子鼻孔靠了靠,的确是没气儿了,悲痛地摇了摇头。

"唉,真是没救了!"汪熙老泪纵横。

"我的孙子,你咋就离开我们去了呀!老天爷啊老天爷,我们海家是造了什么孽啊,你怎么让他们一个个都离我而去啊!"谢氏一阵悲嚎。

海瑞和海安赶紧将谢氏扶进屋去。

进了屋,谢氏还是不停地哭泣。

"呜……呜,中期,你咋就这么离开娘了啊?"兰兰抱着中期的尸体,泪如雨下。

"夫人,人死不能不复生,节哀吧!"汪熙抹着眼泪劝兰兰。

海瑞在一边抹泪。

海安抹着泪劝他:"老爷,节哀,身体要紧!"

随后，乡邻们和海安他们将中期抱去山上找个地方埋了。然后，一家人悲悲切切地哭了一场。

几年时间，三个儿子和两个女儿相继死亡，加之自己仕途不顺，海瑞被折腾得快要挺不住了。

可是，日子还得过。

一切又归于平静。

- 3 -

回到老家，总不能闲着，一大家子人还得穿衣吃饭，还得应酬，处处都需要钱。以前没有被罢官还有薪俸支撑，这下被罢了官薪俸没有了，得挣些钱来养家。

可做啥呢？总不能去挑肩磨担吧？自己一大把年纪了，挑不起也抬不起，只能找点轻巧的活儿做，挣点小钱来养家糊口。

好在自己有文化，也写得一手好字，可去传授一些知识给村里的孩子们。于是海瑞就去做私塾先生，教孩子们读书，除此之外写点字去卖换两个小钱，也其乐融融。

海瑞虽说罢官回乡了，但他毕竟做过朝廷四品官员，名声又那么大，有不少人很佩服他，来找他拜师学艺。其中，有个叫许子伟的少年就拜在了海瑞门下。

"大叔，请问这是海公海瑞家吗？"一日，海安正在门口劈柴，一位少年走上前来问他。

"是，你有啥事？"海安没在意，边劈柴边问。

少年告诉海安："晚生听闻海公很有学识，特来向他老人家拜师学艺。"

"什么？你是来找我们家老爷拜师学艺的？"海安这才留意起这位温文尔雅的少年来。

"正是！"少年诚恳地说。

海安说："他在书房写字，来，我带你去找他！"

"谢谢大叔！"少年给海安行礼。

海安带着少年去书房找海瑞。

进了书房，海安告诉海瑞："老爷，这小伙子说他要向您拜师学艺。"

"听闻海公很有学问,晚生特来拜师学艺,请海公收下晚生吧!"少年见到海瑞,立即向他叩拜。

海瑞见这少年不但风度翩翩,而且还很懂礼貌,心下喜欢,赶紧伸手将他扶起:"请起,请起!"

"不,海公答应收晚生,晚生才起!"少年低着头固执地说。

海瑞笑着说:"好好好,我答应你,我答应你!"

少年这才起身。

等他坐下后,海瑞才问他:"你叫啥名字?住在啥地方啊?"

少年回答:"晚生叫许子伟,当地人氏。"

"今年多大了?父母都健在吧?"海瑞又问。

许子伟告诉海瑞,他今年十五岁,父亲去年刚去世,现由庶母守节教养。

海瑞和许子伟拉了会儿家常,说:"好,从明日开始,你就来跟我学吧!"

许子伟又要下跪,海瑞赶紧说,"这礼就免了,但有一个要求,学习必须刻苦,不能随意消磨光阴!"

"晚生谨记海公教诲!"许子伟赶紧表态。

海瑞说:"既然拜我为师,那今日起我俩就是师徒关系了,你就称我为老师,不要再叫我海公了!"

"谢谢老师!"许子伟马上改口。

就这样,许子伟拜在了海瑞门下。

由于家庭的影响,许子伟学习十分刻苦,海瑞也觉得孺子可教,便悉心传授。

许子伟天资聪颖,他不但学习刻苦,还善于思考问题,经常就一些实事与海瑞进行探讨,而且常常能提出一些很有见地的意见和建议,海瑞很赞赏他。

许子伟问海瑞:"老师,对当朝的时政您如何评价?"

海瑞想了想,对他说:"当今时政,腐败是不少,皇上也想尽力扭转这种局面,可这并非简单的事情,得花很大力气和时间。身为大明臣民,只要尽心做好自己的事就行,有些事情不是你我能左右得了的。"

许子伟边听边不住地点头,他觉得老师说得很有道理。作为大明的臣民,只能尽全力去做好自己该做的事,很多事的确我们想管也管不了。

"学生不明白,老师这样尽心尽力替百姓和皇上办事,可为何还会遭到那些人弹劾?再说,皇上怎么也会那么昏庸,不问青红皂白就削了老师的职呢?"

见他说到自己的事，海瑞苦笑道："官场上的事很复杂，不是一两句话能说得清楚的。老师的事，主要是内阁次辅高拱在作祟，他想报复老师。"

"难怪人家说官场就是战场，的确太复杂了！"许子伟感叹。

"好啦，不说这事了，来，我们抓紧学！"海瑞翻开书催许子伟。

后来，许子伟修成正果。在海瑞这儿学习了一年，升入乡学成了秀才，后又参加乡试考中举人，再后来到京城会试，荣登进士，朝廷授予他行人司行人，最后官至户部给事中。

对海瑞的悉心教诲，许子伟非常感激，他曾经发誓，这辈子不忘恩师的教诲。

许子伟性格孤傲，但做人坦诚，为官忠贞廉洁，骨硬如铁，在大明朝的那些谏臣中资历声望都很高。后来他上疏弹劾一位权贵，在朝会上顶撞皇帝，皇帝一怒之下将他贬到贵州铜仁府去任职。

由于看不惯官场上的钩心斗角和尔虞我诈，不久许子伟便弃官回到海南老家侍养老母，从此不再入仕。

许子伟这种孤傲的性格，不能不说是受了海瑞极大的影响。

— 4 —

辞官回到老家，海瑞也时时在想着如何为当地百姓办些实事，替朝廷和皇上分忧。

虽然身居乡野，可海瑞无时不在关注着地方上的吏治，对地方上的那些贪腐现象恨之入骨。

海瑞经常去琼山县衙和琼州府，向县令或知府等人反映地方上的腐败问题，痛骂欺压百姓的贪官污吏，与知府或县令一起探讨地方政令的利弊，以促进地方上的发展。时间长了，州郡和县衙里的许多官员都与他成了无话不说的朋友。

一日，海瑞给琼州分巡道唐敬亭建议，说地方上的土地已经多年未清丈了，各家各户土地占有情况已经发生了极大变化，一些官员和地主豪绅兼并了农户的田地，还将自家应该缴纳的赋税转嫁到农户身上，农户们的赋税十分沉重，州府应该组织人员重新清丈田地，将官员和地主豪绅兼并的田地退还给农户，让他们自己耕种。时下朝廷的赋役种类繁多，缴纳数量过重，应该上报朝廷适当给予减轻。

他还告诉唐敬亭，他在淳安县和江南巡抚任上试行过一条鞭法，建议他不妨在这儿试行一下。

"嗯，海公说得极是，各县的土地是早该清丈了，赋役也得实施一些改革，要不然老百姓真是活不下去了！"唐敬亭觉得海瑞说得很有道理，"不过，得有人来做这个事，但……"

唐敬亭赞同海瑞的意见，但苦于没人来抓这个事，也没经验。

"没问题，条例老夫来帮你们草拟，图样老夫来帮你们绘制，这你不用担心了吧？"海瑞见他担忧没人来牵头做这个事，更担心没经验做不好，便主动请缨。

唐敬亭很是感动，说："既然海公都这样说了，那我还有什么可说的呢？没问题，改天我和知府他们商量一下，就开始着手实施这个事，只不过，要辛苦海公了！"

"没事没事，能为家乡做点儿事也是应该的，巡道大人不必多虑！"海瑞说。

海瑞回家后立即着手起草地方上清丈田地的条例，仔细绘制图样……

见儿子辞官回乡了还经常往州府和县衙里跑，一天到晚都在忙着官家和百姓的事情，谢氏说："瑞儿，你都不再公干了，还时常往官衙里跑些啥？"

小妾兰兰也说："是啊，老爷，皇上都不待见你，你干吗还这么热心朝廷的事呢？"

"习惯了！"海瑞笑着说，"再说你看那些老百姓，他们过的是什么日子啊？我去官府给那些地方上的官员说说，有时候还可以帮上他们一些忙！"

"唉，你呀，就是闲不住！"谢氏说。

海瑞说："娘，您看那些百姓多苦啊，儿子想帮他们一把！"

"老夫人，您不知道，老爷在哪儿都是这样，总是不顾自己，一心把百姓的事装在心中，生怕什么事办不好！"海安告诉谢氏。

"好吧，那就由着他吧，只要他觉得好就行！"谢氏对海安说。其实，她知道儿子是怎么想的。

由于有海瑞牵头，不久，琼州府各县开始大面积开展田地清丈，并按照一条鞭法改革了赋役。

对此，地方上的百姓非常高兴，不但大力支持，还踊跃参与。

这些改革博得了民心，但也大失官心，地方上的一些官员和地主豪绅对海瑞怨气冲天，纷纷反对。

海瑞没理这些人，而是在分巡道唐敬亭等地方官员的支持下，一如既往地继续开展田地清丈。

"清丈田地，为的就是还老百姓一个公道，要公平公正，不能有半点舞弊，你这样做，不是在害老夫吗？不行，赶紧把它给我加上去！"

一日，人们听到海瑞在衙署里毫不留情地斥责书吏袁鸿海。

"卑职知道错了，海公，我马上把它加上去就是！"袁鸿海自以为聪明，没想到遭海瑞一顿斥责，赶紧跟他认错。

这是咋回事呢？

原来，在清丈到海瑞家的田地时，书吏袁鸿海见海瑞非常辛苦，出于对他的敬佩，在上报他家的田亩时就给他家少报了一亩八分田，而且事先也没跟海瑞说。

海瑞在审查上报材料的时候，发现自家的田地少报了，就问袁鸿海是怎么回事，袁鸿海这才道出实情。

海瑞不但叫袁鸿海将少报的田地补上去，还狠狠斥责了他一顿。

"海公就是清廉！"

"佩服，下官实在是佩服！"

这件事被分巡道唐敬亭和知府大人知道了，他们打心底敬佩海瑞的为人。

海南省琼州府地处沿海，日本倭寇时常勾结当地海盗入境烧杀抢夺，可地方守军却无力抵抗，当地老百姓一听说倭寇来了，就到处躲避。

"快逃啊，倭寇来了！"

一日，海瑞正在给门生讲课，突然听到外面有人叫喊。

一个门生颤抖着身子说："老师，赶快让大家走吧，这倭寇太凶了，杀人放火啥都干，到时怕大家命不保！"

海瑞说："你们都别动，待老师先出去看看是怎么回事。"

"老师，您可要快点啊，晚了怕跑不脱呢！"这门生说。

"嗯，老师知道！"

海瑞快速走到门外，看到人们东奔西逃，于是，他赶紧进屋对门生们说：

"你们跟我来！"

海瑞找了个地方，让门生先藏起来，待倭寇走了才让他们出来。

海瑞非常生气，愤愤地说："猖獗，真是太猖獗了！这样下去老百姓怎能安生？"

当海瑞听闻当地防守倭寇的驻军将领是两广军门史际时，便立即去找他。

见到史际，海瑞严厉地责问他："史军门，倭寇侵犯我境，你缘何不组织官兵抵抗？"

"海公啊，不是本军门不组织抵抗，而是实在无法抵抗啊。"史际无奈地说。

海瑞非常愤怒："你知道吗？由于你们的不作为不抵抗，倭寇疯狂地残害当地百姓，让百姓不得安宁！"

史际诚恳地问："海公，您曾经在浙江淳安和江西兴国做过县令，这些地方也有倭寇来犯，海公是如何组织地方上的乡民和驻军抵抗这些倭寇的，能否赐教一二？"

"老夫在淳安和兴国做县令时，对倭寇的防范和打击，主要是在乡里对乡民采取了保甲制，组织精壮乡民加强训练，同时……"海瑞将自己在淳安和兴国的做法给他作了详细介绍，并结合琼州的实际，给他提出了一些防御和剿灭倭寇的建议。

史际按照海瑞的策略和建议，积极组织官兵和乡民联防联治，有力地打击了倭寇，保了一方百姓平安。

当海瑞了解到驻军首领广东按察司副使、分巡海南兵备道副使陈复升也曾经在户部任过主事时，便给他写信，也向他提出了一些防御和抵抗倭寇的建议。

陈复升接到海瑞的信，认为他提出的意见很有见地，心里特别高兴，称赞道："嗯，这海瑞，身退心不退，就算是辞官回老家了，也一如既往地把老百姓和朝廷的事装在心里，可敬，可敬！"

为了有效防范倭寇和海盗的侵犯，海瑞还建议陈复生修筑邑城，以防其攻城。

陈复生觉得海瑞这个建议很好，便命令琼山县县令顾乃猷发动乡民用石头修筑邑墙。

邑墙修筑好后，起到了很好的防御作用，陈复生非常高兴，夸海瑞替地方官府和百姓做了件大好事。此后，海瑞和陈复升经常在一起探讨琼山县的抗倭防盗事宜。

陈复升极为敬佩海瑞，海瑞也很欣赏直率的陈复升，两人成了知心朋友。

隆庆五年，史际升为浙江布政司参政，海瑞先后两次给他写信，详细陈述地方上的安危和自己在县令任上的做法，供他参考，史际很是感动，将他的这些措施和经验运用到实际中，取得了很好的治理成效。

– 5 –

一日夜里，几个老者来海瑞家里找他聊天。

聊着聊着，海瑞问他们："咱们这儿的庄稼如何啊？"

一位头发花白、脸庞清瘦的老者摇头叹息道："海公啊，咱们三门坡一带的田，由于没有长流的灌溉水源，大家种下去的庄稼只有靠天下雨来灌溉，唉，要是能凿一条沟渠，将山上的泉水引来灌溉这些田，该多好啊！"

"是啊，咱们这一带的田都是干巴田，庄稼没多大收成，若是能把山上的泉水引下来灌溉这些田地，那庄稼必定丰收！"一位嘴上刁着烟斗的老者也说。

海瑞问他们："山上有没有水源可引？"

"有，那边山上有股水大得很，若是能引过来，当然好喽！"一位穿长衫的老者告诉海瑞。

海瑞说："这样，明日你们带我去实地看一下，看能不能引过来，若是能引过来，咱们就组织大家凿一条沟渠，将它引来灌溉田地。"

"海公这个想法好！"头发花白、脸庞清瘦的老者笑着说。

穿长衫的老者说："既是这样，明日我们几个带你去看！"

"好，明日一早就去，你们来早点儿，去晚了日头辣，晒人得很！"

"行！"

几位老者高兴地说。

聊了一阵，几位老者告别海瑞回家睡觉去了。

次日一大早，海瑞刚起床洗漱好，几位老者就来了。

"海公，洗漱好了吗？"昨晚穿长衫的老者问海瑞。

海瑞告诉他洗好了。

"那就走吧!"穿长衫的老者说。

"好!"海瑞拿上一个草帽,跟着几位老者上山去了。

海瑞和他们边走边聊。

"这事以前你们没想过?"海瑞问。

头发花白、脸庞清瘦的老者告诉他:"想是想过,但没这个能力来引!"

"就看海公这次能不能办成这个事!"昨晚刁烟斗的老者说。

海瑞问他们:"是不好施工还是没钱?"

"主要是没钱!"刁烟斗的老者告诉他。

海瑞问:"估计要花多少钱?"

穿长衫的老者摇摇头:"没几千两银子,估计干不下来!"

海瑞说:"好,等察看了地形再说。"

几人继续往对面的山上走去。

来到一个山丫处,几个老者站在那儿不走了。

海瑞问他们:"哎,咋不走了呢?"

"就在那儿!"穿长衫的老者手指着对面的山腰告诉海瑞。

海瑞抬头一看,只见前面的山腰间冒出一股碗口般大的清泉,但泉水出来后全落进它下面的深洞里。

海瑞看了,觉得要引出来不是很难,便对几位老者说:"这泉水是可以引的,待会儿回去咱们再仔细商议商议,看如何来引它出去。"

"关键是钱从哪儿来呀,海公!"头发花白、脸庞清瘦的老者说。

海瑞说:"没钱,咱们就组织大家义务投劳,反正这水引出来都是大家享用,自己的事情自己办,这不就减少了开支?当然,一些材料是要花钱的,这个大家来想办法。我想了一下,动员那些大户人家捐献一点,我再去找县衙拨一点,这不就解决了吗?"

"海公这个办法好!"穿长衫的老者听海瑞这么说,脸上挂满了笑。

"行,那就按海公的意思办!"刁烟斗的老者说。

头发花白、脸庞清瘦的老者说:"既是这样,就这么定了吧!"

海瑞说:"只要大家齐心协力,没有办不成的事!"

紧接着,海瑞一边动员乡民们施工,一边动员那些有钱的大户人家捐资。

乡民们和那些大户人家都为海瑞的热情所感动，纷纷出力出钱支持。

见筹集的资金实在是不够，海瑞又到县衙去找县令顾乃猷。顾县令吩咐管水利的户房，让他们拨些银两支持。

户房的人觉得这是件好事，拨了些银两进行资助。

海瑞还与乡民们一道扛上工具去开凿沟渠，一天干得满头大汗。乡民们劝他休息一会儿，他却说："没事，大家都加把劲，早一点把沟渠修好将水引出来，早一点用上！"

乡民们见他这把年纪了都在卖力替大家做事，深受感动，也就干劲十足地干活。

没多久，这条沟渠修好了。

"若是没有海公，这水还出不来呢！"

"是啊，海公真是功德无量啊！"

"能用上这么好的水，不能忘记海公！"

……

看着清亮的泉水流到农田里庄稼得到浇灌，乡民们欢呼雀跃，对海瑞感激不尽。

海瑞还鼓励乡民们以德修身树立良好家风，地方上的社会风气变得风清气正。

当然，他不只是要求别人这么做，他率先而行做出榜样。

— 6 —

一日傍晚，海瑞和乡民们正在帮一家办喜事的人家写对联，海安满头大汗地跑来："不好了老爷，汪熙死了，老夫人叫您快回去！"

"你说啥？汪熙死了？"海瑞大吃一惊，赶忙丢下手中的笔，就往家里跑。

老仆人汪熙已经九十多岁，半个月前受了点风寒就躺倒在床，都是海安和兰兰他们在照料。

汪熙为人老实，虽然年岁大，但自从来到海家后打柴、做饭、种菜，什么活都干，话却不多，谢氏、海瑞还有兰兰都很喜欢他。

他和海安也很处得来，长期以来两人相互照应，共同服侍好海瑞一家。

他死了，海瑞一家都非常伤心。

"老汪啊老汪，你咋就这么走了啊？你虽为咱家的仆人，可咱们亲如一家啊……"海瑞悲哀地哭喊着。

"老爷，老汪已经走了，您也别太悲伤啊！再说，您们一家对他够好的了，相信他也不会有什么遗憾，您还是节哀吧……"海安泪流满面地安慰海瑞。

"是啊，老爷，您要保重啊！"兰兰也劝说海瑞。

海瑞这才止住哭。

见母亲谢氏也在一边伤心地流着眼泪，海瑞赶紧过去安慰。

感念汪熙的情分，海瑞一家筹了些银两，办了汪熙的丧事，在当地的后山上选了个地方把他安葬了。

当地人都说这汪熙遇到了好人家。

第38章　伤心葬母

陈复升知道，海瑞这个人一向清廉，虽说官至四品，但家中并无积蓄，致仕回乡后没有了薪俸，这下他母亲离世了，估计连安葬费都成问题，便问他："汝贤兄，是不是没银子安葬老夫人？"

- 1 -

万历三年，海瑞的母亲谢氏已经八十七岁高龄了。

琼州府琼山县地处南方，相对北方来讲气候较为暖和，但入冬以后仍然寒冷。谢氏年岁已高，经不住寒凉，加上年轻时劳累过度，身上留下了病常常咳嗽。再加上儿子海瑞在朝廷被人陷害罢官回乡，三年多了也不见朝廷重新启用，心里很不是滋味。

这一年的冬天，谢氏病倒在床。海瑞和他的侍妾兰兰，还有仆人海安，一直在床前端水喂药服侍着。

进入隆冬，天气变得越来越寒冷，谢氏的身体也一日不如一日。

生老病死谁也绕不开，海瑞知道，母亲迟早有一天要走的。

海瑞心里万分焦急。

眼下家中没有一点存银，粮食也没几斗，还有棺材墓地和石碑，这些都需要银子，倘若哪天……那她的后事如何办理？总不能草草将她安葬了吧？要是这样，那咋对得起母亲的养育之恩？自己虽然为官这么多年，但家庭拮据，从来没好生给母亲添件衣物，让她老人家吃顿好菜好饭。

想到这些，夜深人静时，海瑞常常暗自流泪。

一日夜里，海安对海瑞说："老爷，老夫人这病怕是……"

"你不用说了，我知道！"海瑞说。

兰兰也说："老爷，家里要银子没银子，要粮没粮，要是娘哪天……到时怎么办呀？"

家里的境况海瑞心中有数，听海安和兰兰这么说，他也不知道该怎么办，只是闷着不说话。

"哎呀，病来如山倒啊，可这一病，就躺在了床上！"

"这人啊，岁数大了，就容易得病！"

"没事的，老太太身子骨这么硬朗，过不久会好起来的！"

"老太太，您好好休息，看您这身子骨，问题应该不大！"

自从海瑞母亲病倒之后，左右乡邻经常来看望她，对她问长问短，给她一些安慰。

"哎呀，让大家费心喽！"谢氏头脑还清醒的时候，对来看她的人说些感激的话。

"感谢各位的关心！"

但海瑞心里明白，这些都是慰藉之词。

见母亲的病一日比一日严重，海瑞也一日比一日焦虑，人也憔悴了不少。

一日晌午，海瑞在坝子里修理锄头，在屋里照料谢氏的兰兰跑出来慌慌张张地对他说："老爷，您快进屋，娘好像不行了！"

海瑞丢下锄头，赶紧跑进屋去。

"娘，您怎么啦！"

"娘，您醒醒啊！"

……

海瑞泪流满面，跪在母亲床边连声喊叫。

兰兰也哭喊道："娘，您别吓我们呀！"

"老夫人，您这是怎么啦？"海安从山上打柴刚回来，听说老夫人不行了，丢下柴就跑进屋来，站到谢氏床边带着哭腔不停地叫着。

谢氏微微张了一下嘴，似乎想说什么，但始终说不出来。

"娘，您想说啥？"海瑞问她。

谢氏望了海瑞和兰兰一眼，两颗泪珠从眼角滚出，头一偏，离开了人世。

"娘，您怎么就这么走了啊！"

"娘，您不能丢下我们呀！"

"老夫人……"

海瑞和兰兰、海安声嘶力竭地哭喊着。

母亲去世了，得给她办后事，要买棺材、制石碑、买墓地，这些都需要银子，可家中没几文，这如何是好啊？

海瑞因焦虑和悲伤过度，一下子昏倒在地。

海安和兰兰见了，赶紧将他扶起来，给他掐了一会儿人中穴，海瑞才慢慢苏醒过来。

- 2 -

"陈大人，听闻海瑞母亲仙逝，要不要去看一下？"

广东按察史兵部副使府邸，陈复升正在看一份防倭通报，一名亲兵进来报告。

"什么？海瑞母亲去世了？"听了亲兵的话，陈复升很是吃惊。

亲兵说："卑职也是刚听说。"

"非去一趟不可，你去马厩里把我的马牵来！"陈复升说。

"现在就去？"亲兵问他。

"嗯，马上就去！"

"是！"

亲兵跑去马厩里将陈复升的马牵来。

"你和我一起！"陈复升对亲兵说。

"是！"亲兵又去马厩里牵出一匹马。

见他把马牵来了，陈复升说："走！"

两人翻身上马。

"驾！"二人马鞭一挥，直奔海瑞的家而去。

陈复升在做广东按察使司副使、分巡海南兵备道副使时，海瑞在防倭抗倭方面给他出了不少主意，从那时起两人就成了知心朋友，这下听闻海瑞的母亲离世，他当然得去看看。

"以见，你这么忙，怎么也来了啊？"见陈复升来了，海瑞赶紧打招呼。

陈复升说："老夫人去世，我不来哪行啊！"

"汝贤兄，人死不能复生，老夫人走了，保重身体要紧，就节哀顺变吧！"见海瑞瘦了不少，知道他是为母亲的事操劳过度，赶紧安慰海瑞。

这时，兰兰把茶水端来了。

"老夫人啥时候得的病啊？"陈复升问海瑞。

"家母已经病了很长时间了,请郎中来给她看也不见好转,昨日晌午一过便走了!"海瑞告诉他。

"啥病?"陈复生关心地问。

"唉,积劳成疾,加之为我焦虑忧郁,经常咳嗽,郎中说是年轻时劳累过度,犯了老毛病!"海瑞叹息着告诉陈复生。

"老夫人年轻时真是够苦的了!"陈复升叹息,随后又问海瑞,"老夫人的后事,你打算怎么办?"

海瑞不说话。家中没有钱,他也不知道这事究竟如何办。

见他愁眉苦脸的,陈复生猜想他肯定是为钱的事发愁。

陈复升知道,海瑞这个人一向清廉,虽说官至四品,但家中并无积蓄,致仕回乡后没有了薪俸,这下母亲离世了,估计连安葬费都成问题,便问他:"汝贤兄,是不是没银子安葬老夫人?"

海瑞还是闷着不说话。

兰兰在一旁见了,流着泪对陈复升说:"家中就那些破烂东西。"

"你倒是说话呀?"见海瑞闷着不说话,陈复升说。

海瑞这才说:"不瞒你说,以见,家中就只剩下三两银子了。"

听了海瑞的话,陈复生叹息着说:"唉,也真是,别人当了几年官腰缠万贯,可你官做到四品,却连自家老母离世了都没钱安葬!"

"就知道海大人一生清廉,从来不贪,可没想到会连自家母亲都无法安葬!"陈复升的亲兵也感叹起来。

陈复升想了想,对海瑞和兰兰说:"这些年我多少积攒了点,安葬老夫人的后事,我来安排,你们别焦心!"

"唉,以见,这怎么好……好意思啊?"海瑞羞愧地说。

"汝贤兄,你我不是外人,再说你帮了我不少的忙,我总该回报一下吧?好了,你不要说了,就这样,银子我来负责!"

"多谢以见老弟在为危难时刻解囊相助!"海瑞赶紧拱手道谢。

"多谢陈大人!"兰兰也赶紧下跪道谢。

"多谢陈大人!"海安也跟着跪下。

"都不用客气!"陈复升赶紧将兰兰和海安扶起。

随后,陈复升和海瑞商量谢氏的安葬事宜。

二人细算了一下,少说也要上百两银子。这么大一笔钱,怎么好叫人家出呢？海瑞心存顾虑。

陈复升说："汝贤兄，别担心了，就按刚才我俩商量的办。"

对陈复升的倾力相助，海瑞不知道说什么好。

有了陈复升的资助，海瑞才得以完成母亲的后事。

"拿那么多银子来替朋友的老母亲办后事，这是何等情义呀！"

"这种事情我还是第一次见到！"

"的确是少见！"

乡邻们听说此事后，都对陈复升赞叹不已。

– 3 –

"圣——旨——到！"

一日下午，海瑞正跪在灵前给母亲烧纸钱。突然，听到前方有人高声宣叫。

坝子里的人抬头一看，房屋前边的大路上，两乘快马驮着两人朝这边飞奔而来。

原来，远在京城的万历皇帝听报，说海瑞的老母亲谢氏去世了。万历皇帝认为谢氏勤俭持家，虽然年轻失夫，但将海瑞拉扯大并教育成人实属不易，算得上贞节孝顺、深明大义的贤妻良母，加之海瑞在朝廷做过四品官员，其母亲符合大明诰封礼制，便下诏诰封她为太恭人，立即命礼部派人带着诏书前往海瑞老家宣诏。

两乘快马来到坝子里，从马背上跳下两名宣旨官，其中一人从锦盒里拿出皇上下的圣旨高声叫道："海瑞接旨！"

海瑞赶紧走出到坝子里跪下，口中高喊："臣海瑞跪接旨！"

在场的人也都跟着跪下。

宣旨官展开圣旨宣读：

"奉天承运，皇帝诏曰，兹有海南琼山海瑞之母谢氏，贞节孝顺，宽和谦恭，深明大义，实为我大明朝贞妇烈女典范，为彰显其德，诏示后人，特诰封为太恭人……"

"谢主隆恩，皇上万岁，万岁，万万岁！"海瑞叩头谢恩。

"皇上万岁，万岁，万万岁！"在场的人一齐跟着海瑞叩头。

"都起来吧！"宣旨官叫海瑞和大家起身。

接了圣旨，另一官员从马背上取出一包东西递给海瑞："海大人，这是朝廷奖赏的银两和物品！"

海瑞接过银两和物品，转手交给其他人。

宣旨的官员对海瑞说："带我俩去老夫人灵前行个礼。"

海瑞领着礼部的两位官员往母亲灵前走去。

两位宣旨官来到海瑞母亲灵前，点了三柱香，行了礼。

然后，海瑞领着他们走到坝子里坐下，然后吩咐人送上茶水。

"两位贵姓？"海瑞这才想起问他们姓名。

宣旨的那位官员两手往胸前一拱："免贵姓黄，黄宏宇。"

"这位呢？"海瑞将目光转向另一名同行的官员。

"免贵姓童，童雷！"随行官员同样两手往胸前一拱。

海瑞听了，抱拳说："真是辛苦两位了！"

"应该的，应该的！"

"海大人，老夫人是什么时候离世的啊？"落座后，黄宏宇问海瑞。

海瑞告诉他已经有四日了。

"啥病啊？"童雷问。

海瑞说："唉，年岁高了，啥病都有，主要是年轻时过度劳累所致。"

黄宏宇说："人死不能复生，海大人节哀顺变！"

聊了一阵，黄宏宇和童雷说他俩要赶回去。海瑞听了，对他俩说："在这儿住一晚，明日一早再走。"

黄宏宇说："不了，既然皇上交待的事情已经完成，我俩得赶回去复命。"

童雷也说："来时尚书大人交待了，部里还有事情，叫办完这里的事马上就赶回去。"

"既然这样，那我也不好留你们，把饭吃了才走！"海瑞对黄宏宇和童雷说。

"也行！"黄宏宇想了想说。

海瑞叫人把菜饭端上桌。

"条件简陋，随便吃点！"海瑞说。

黄宏宇边吃饭边说："海大人这儿的确很简陋，我们回去后也给皇上说说。"

海瑞赶紧说："不用不用，不要给皇上和朝廷添麻烦！"

"海大人一生勤俭节约，真是名不虚传！"童雷说。

海瑞说："朝廷还在困难期，理当节约用度。"

"海大人说得极是！"黄宏宇说。

"海大人，这是我们的一点心意，请您收下！"在交谈中，黄宏宇和童雷得知安葬费都是陈复升资助的，就将身上带的银两拿出一些给海瑞。

海瑞不要。

"那就多谢二位了！"黄宏宇和童雷左说右说，海瑞才收下。

吃过饭，黄宏宇和童雷要赶回京城复命，海瑞和家人见挽留不住，只好送他们上路。

"海大人，保重！"

"慢走，一路平安！"

"海夫人，保重！"

"一路平安！"

黄宏宇、童雷与海瑞及他的家人道别后，扬鞭策马往京城赶去。

– 4 –

别看海瑞性格刚烈，对那些贪官污吏丝毫不客气，可在家他却是个出了名的孝子，对他母亲的孝敬和顺从，可以说很少有人比得上。

也许是觉得外出做官时陪母亲的时间不多，谢氏的灵柩在出殡之前，海瑞每夜都守候在母亲的棺木旁边。

想起母亲一生的凄苦和劳累，海瑞心如刀绞，伤心欲绝，好几次哭昏在母亲的棺木旁。

"老爷，你不能这样，这样会坏了身子啊！"

"老爷，您得挺住，这一家子还得靠您来支撑呀！您要是有个三长两短叫我们怎么活呀？"

见海瑞这么悲伤，兰兰和海安很是替他担心。

几日后，海瑞母亲出殡了。

这日早晨，时辰一到，人们就将海瑞母亲的灵柩缓缓地抬向石峡岭要下葬的地方。

抬丧的队伍缓缓向前走去，海瑞在前面抱着着母亲灵牌，三步两步地跑在抬丧人的前面。一到有沟和桥的地方，他就赶紧匍伏在地上给母亲搭桥。待抬丧的人走过，他又赶紧撑起身子往前跑。

兰兰和海安穿着孝服跟在后面伤心地哭着送灵。

待灵柩下葬的时候，海瑞又是一阵恸哭，昏倒在母亲的灵柩上。众人赶紧将他扶下来。

乡邻们和请来的匠人忙了一整天，总算是把谢氏的坟砌好了。

待把灵幡烧了，送走了做道场的先生才算结束。

就这样，在广东按察史兵部副使陈复升的资助下，海瑞得以将母亲的灵柩按当时的礼制进行安葬，让她入土为安。

母亲的丧事办完了，海瑞得给母亲守孝三年。

海瑞和海安在墓地旁边搭建了一个简易棚子，每日替母亲守孝。

"堂堂四品官员，连母亲死了都没钱安葬，做的是啥官呀？"

"像他这样做官，不如在家种田算了，省得辱没了祖宗的脸面！"

"窝囊，这真是太窝囊了！难道他就不怕后人指着脊梁骨骂吗？"

"他儿子都死光了，哪来的后人？"

"做官做到如此清廉，我还第一次见！"

"是呀，我活了九十多岁，还从来没见过这样清廉的官啊！"

海瑞葬母的事，世人议论纷纷，说好的有，说歹的也有。

"老爷，外边都在议论您……"一日，海安在外面听到人议论自家老爷，回家告诉海瑞。

"议论我什么？"见海安不把话说完，海瑞赶紧追问。

"他们……他们都说老爷您……"海安还是说不出口。

见他这个样子，海瑞火了："说我什么你就说呗，有啥好犹豫的？"

"他们都说……都说你这官白当了！"海安知道再不说老爷更要发火，只好将在外边听到的话如实告诉老爷。

听了海安的话，海瑞笑着说："我还以为什么大事，白当就白当呗，别人爱怎么说就让他们说去！"

"可……"

"可什么可？我不是说了，这些人爱怎么说就让他们说去，别管他！"

海安还想说什么，海瑞打断了他的话。

三年的守孝时间很快就满了，海瑞又开始去做他的事情。

海瑞这一生过得非常凄凉和悲苦，妻子王氏和爱妾韩氏，还有三个儿子和两个女儿都先后离他而去，如今母亲又离开了他，家里就剩下他和侍妾兰兰、仆人海安相依为命。

海瑞就像颗不生锈的螺丝钉，永远有使不完的钻劲。守孝一结束，他就去县衙和州府给那些地方官员提施政方略和防范倭寇的建议，继续教他的一些学徒，继续带着乡民们整治乡风民俗。

– 5 –

海瑞不甘心就这样做个乡野之人，他还想回朝廷替皇上和老百姓做些事。

早在隆庆六年，海瑞就给次辅张居正写过一封书信，委婉表达了自己想回朝做事为朝廷出力的意愿，未能如愿。

既是如此，那就安心在家养老吧，自己已是六十好几的人，还去想这些事干吗？再说一个人想干事，在哪儿都能干出一番事业来，何必非要到朝上去呢？

海瑞自我安慰。

当然，如果他日皇上突发奇想，又诏自己回朝，那自己也肯定会去。

一日，几位乡贤来海瑞家里聊天。

一位穿花青长袍的乡贤问他："海公，难道你就这样待在家里了？"

"不待在家里还能干啥？"海瑞喝了口茶说道。

另一位穿紫色长袍的乡贤说："你就没想过再回朝廷去？"

"想过，但皇上不让，想又有啥用？"海瑞无奈地说。

穿紫色长袍的乡贤叹息道："唉，这皇上也是，这么好的人不用，到底要用啥样的人？"

海瑞说："在家有啥不好，养养身子，有时间和精力就替大家做点事情，还能和你们唠唠家常。"

"你说得也是，只是可惜了你这人才！"旁边一位个头较为矮小的乡贤接过海瑞的话。

海瑞说："也没啥可惜的，我大明朝有的是人才！"

"人才是有，但那些人不替咱们老百姓做事，一天只知道敲诈盘剥咱们老百姓，哪像你，心里装着咱们老百姓啊？"个头较为矮小的乡贤感慨地说。

"你这是抬爱老夫了！"海瑞笑着说。

个头较为矮小的乡贤认真地说："不是我抬爱你，是你已经这样做了，这大家都看见的！"

"是啊，谁替老百姓做事，我们心里亮堂着呢！"穿紫色长袍的乡贤说。

穿花青长袍的乡贤附和："是啊，我们心里亮堂呢！"

"不说这些，不说这些，来，喝茶喝茶！"海瑞端起茶杯对几位乡贤说。

个头较为矮小的乡贤喝了口茶，放下杯子，对海瑞说："说不定哪天皇上开恩，又把你召回去也难说！"

"无妨无妨，在哪儿都一样，在朝上替皇上办事也是做事，在老家替大家办事也是做事，只不过做的不是大事罢了！"海瑞说。

"你这话不对！"穿花青长袍的乡贤说。

海瑞凝了一下神，问他："怎么不对？"

"在朝上替皇上做的事都是些关乎国家江山社稷的大事，在咱们这儿做的事，相比之下要小些，也不能说是小事，比如你去给军门和布政使提建议，让他们如何施政、如何搞好抗倭，还有带领乡亲们凿渠引水矫正乡风，哪一件不是关乎民生的大事？怎么能说它小呢？我看不小！"穿花青长袍的乡贤分析给海瑞听。

海瑞说："你说得也对，事不分大小，只要是对我大明朝有利，对老百姓有好处，都是大事，都应该去做！"

"但我还是希望皇上能把你召回去，让你多做些事情。"个头较为矮小的乡贤诚恳地说。

海瑞摇了摇头，伤感地说："唉，这样的机会，老夫恐怕是不会有了！"

"别灰心，说不定哪日皇上想开了，机会就来了！"穿紫色长袍的乡贤说。

"但愿吧！"海瑞叹息。

几位乡贤和海瑞聊了好一阵。见时间不早了，几位乡贤和海瑞告别回家了。

日子不知不觉到了万历十一年。

一日下午，寨中有家人娶儿媳妇，知道海瑞的字写得好，便来请他去撰写香火和门联。

但凡寨邻有事海瑞有求必应，他马上拿上墨和毛笔跟着来请他的人走了。

到了这家人的屋里，海瑞磨好墨汁，铺开纸开始写香火和对联。刚把香火写好，海安从外面走进屋来兴奋地告诉他："老爷，老爷，我刚才在街上听人说，云龙姑爷他中了！"

"中了？中啥啊？"海瑞没太在意海安的话，边写对联边问。

海安提高声音："云龙姑爷考中进士了？"

"你说的是真的？"海瑞停下笔，睁大眼睛问他。

海安生怕老爷不相信，一本正经地告诉他："是真的，老爷，街上的人都是这么说的！"

"这云龙，终于考中了！"听了海安的话，海瑞非常激动。

刚才海安说的云龙，就是海瑞的同乡、他的侄女婿梁云龙。此人为了步入仕途努力多年，但一直未能如愿，这下听说他终于考中了进士海瑞很是替他高兴。此时，梁云龙已经五十五岁，如今考中进士，可说是大器晚成。不管怎么说，总算是修成了正果。

海瑞奋兴地对海安说："你先回家，等下我回去写封信给他祝贺祝贺！"

"是！"海安先回去了。

"你们说的云龙是谁啊？"旁边一位看他写字的老者不解地问。

海瑞告诉他，这人叫梁云龙，是他的侄女婿，也是他的好友。

"哦，原来是这样啊！"老者说。

"好，香火和门联都写好了，我已经给你分好，你找人贴一下，我得回去给我那侄女婿写封信！"

"吃了饭再走嘛！"主人家说。

海瑞边收拾笔墨边说："晚上再来吃！"

"吃了再走！"老者及家人留他。

"好了，就这样，你自己找人贴一下，我先走了！"海瑞说完拿着笔墨急匆匆走了。

海瑞三步并作两步回到家里，马上走进书房给在京师的梁云龙写信。

这信如何写呢？海瑞站在桌案边稍稍想了一下，提笔写道："……自得闻高第以来，日日月月喜之。生之喜，与他亲之喜异。尽谓贤亲平日志趣，借此阶梯，大可发泄。吾琼他日增一贤者士夫，不比他甲第荣华，俗眼与之，仁人君子不与……"

海瑞在信中说，自从得知他荣登进士之榜以后，自己替他非常高兴等。海瑞还在信中谆谆告诫梁云龙，交友是大事，在今后的日子里要注意交朋结友，千万不要与那些不讲仁义不懂情意的小人结交。

信写好后，海瑞叫海安把信送去驿站交与送信的驿吏，让他们尽快送到梁云龙手上。

过了不久，梁云龙接到了海瑞的信，仔细阅读起来。

"恩公，您真是一刻也没忘记云龙啊！"看完海瑞的信，梁云龙深感恩师的一片苦心，不禁感动得流下泪来。

第39章　惹怒权辅

"他张居正咋能做出这种事情？大明的会试是为朝廷选拔精英人才，连皇上都要亲自出马对举子们进行面试，他张居正身为大明内阁首辅，这样做成何体统？不行，这事我海瑞还真得给他吕调阳说说！"海瑞义愤填膺，替应试的举子们鸣不平。

- 1 -

隆庆六年六月十六日，裕王朱翊钧，也就是万历皇帝，刚登上皇位六天，张居正利用司礼监太监冯保，将隆庆皇帝的老师、原来的首辅高拱从内阁挤走，从而坐上了内阁首辅这把椅子执掌大明国事，辅佐年仅十岁的万历皇帝朱翊钧，成为大明王朝权倾朝野的人物。

张居正一坐上内阁首辅这把交椅，便对朝廷六部尚书和内阁人员进行了一次大换血，除了原来的工部尚书朱衡原位不动，他将原来的兵部尚书杨博调整为吏部尚书，把太常寺卿、国子监主管陆树声调任礼部尚书。

他还听从杨博的建议，将蓟辽总督谭纶调任兵部尚书，将户部右侍郎王国光提升为户部尚书，任命三边总督王之诰为刑部尚书。

六部尚书人员刚确定，张居正又着手引进内阁人员，竭力拉拢自己的亲信。他想让吏部尚书杨博来做次辅，但考虑到杨博已经担任吏部尚书，如果再将他引进内阁做次辅，怕他权力太大不服管，于是他将原来的礼部尚书吕调阳引进内阁，让他来做次辅。

吕调阳性格温顺，张居正觉得容易掌控。

虽说张居正治政有方，但他有一个弊病，那就是心存私念，过分考虑自己的事情，特别是在他大儿子张敬修参加会试这个事情上，他做得的确不够体面，这事又让海瑞给撞上了。

裕王朱翊钧登基后的第二年二月，也就是万历元年二月，朝廷三年一次的会试又要在京城举行。

这次会试，张居正的长子张敬修也参加了。

张敬修虽为内阁首辅之子，但其学业并非像他爹一样出类拔萃，这也是最让张居正担忧的，于是张居正私底下去找这次会试的主考官吕调阳，想让他暗中帮儿子一把，确保张敬修考中进士夺取功名。

一日夜里，张居正带着儿子张敬修来到吕调阳家。一番客套之后，张居正对吕调阳说："和卿，这次会试，犬子敬修也在其中，到时得麻烦你关照一下啊！"

和卿是吕调阳的别号，张居正这样称呼他，显得距离拉近了不少。

"张阁老都这么说了，这个面子和卿哪能拂啊？"吕调阳对张居正打哈哈。

吕调阳是个较为正直的朝廷大臣，见内阁首辅为了让自己的儿子能考中进士，破坏朝廷规矩，心下有些看不起他。

有可能是张敬修嘴巴不严实，张居正请吕调阳会试时关照儿子的事不知怎么被人知道了。

"他张居正这样做，把咱们这些举子放到什么位置？这明显不公！海公，这事您得替咱们讨个说法呀！"

一日，海瑞去琼山县衙办事，有人把这个消息告诉了他。

"他张居正咋能做出这种事情？大明的会试是为朝廷选拔精英人才，连皇上都要亲自出马对举子们进行面试，他张居正身为大明内阁首辅，这样做成何体统？不行，这事我海瑞还真得给他吕调阳说说！"海瑞义愤填膺，替应试的举子们鸣不平。

海瑞对这位举子说："行，回去后我即刻就给吕大人写信。"

回到家里，海瑞立即提笔给吕调阳写信。

"吕公，朝廷三年一次的举子会试马上就要开始了，到时天下贤才将在京城齐聚一堂，这是我大明王朝的一件幸事。但朝廷会试是为了从万千举子中选拔精英，让他们日后好替朝廷出力，这是举朝上下关注的大事，望吕公能秉承公道，不做徇私舞弊之事，为大明朝廷选拔出真正的贤良……吕公若能做到这些，于朝廷是大功一件，而且万千学子也将感激不尽。"

海瑞笔峰一转，道出自己要说的话："不过，这次会试，汝贤听闻首辅张居正长子张敬修也来应试，而且还听闻张居正暗中嘱咐吕公，到时给他儿子一些关照。汝贤在想，居正作为内阁首辅，在会试这个事上本应秉承公道，更不能为自己的儿子而坏了朝廷规矩。居正此举，对其他学子甚是不公，也会让他声誉遭毁……吕公身为会试主考之官责任重大，望不要一时犯了糊涂，为其儿子而徇私舞弊，使朝廷会试丧失公允。吕公如若不顾公正，硬要做此等见不得人的龌龊事，到时必遭万千举子唾骂，实为不值。……汝贤给吕公写此信不为何，就是为朝廷江山社稷着想，为居正和吕公名声着想，为参加会试的举子说句公道话，如有不妥之处，望吕公见谅！"

"海瑞啊海瑞，真是哪儿都有你啊！"看了海瑞给自己的信，吕调阳摇头，"这样也好，老夫正好给他张居正一个交待。"

会试结果公布，张敬修果然在这次会试中落第了。

"这吕调阳，不是说好要帮我的吗？这是怎么回事？"见自己没考中，张敬修气急败坏，在家又砸盘子又摔碗，大骂吕调阳。

见是这么个结果，张居正也很冒火，急匆匆地去吕调阳家找他兴师问罪。

"和卿，这是咋回事啊？"在吕调阳家里，张居正沉着脸问吕调阳。

吕调阳没说话，而是将海瑞给自己的信拿出来递给张居正。

"这个海瑞，真是无孔不入，阴魂不散！"张居正看完，脸都气青了。

吕调阳无可奈何地说："会试毕竟是朝廷的一件大事，和卿也不敢擅作主张，更何况海瑞……"

吕调阳没把话说完，看着张居正，看他是何反应。

张居正非常恼火，对着吕调阳说："这海瑞，好人不做，偏要做歹人！"

张居正说完拂袖而去。

事情到此也就罢了，可参加这次会试的举子多为江南人，他们知道这件事后，愤愤地指责朝廷会试不公，令张居正十分尴尬。

一气之下，张居正下令不准这次考中的进士进行馆选。

城门着火殃及池鱼，这次考中的进士丧失了做储相的机会，他们对张居正非常不满。但没办法，胳膊扭不过大腿，只能是自认倒霉。

海瑞是爱管闲事，但为了举子们的事他居然管到了内阁首辅的头上了，江南的举子听闻这件事后，对海瑞大加赞赏，这就加剧了张居正对海瑞的厌恶，甚至是痛恨。

- 2 -

让张居正恨透海瑞的还有一件事,那就是张居正替父丁忧。

说起来这事与海瑞一点关系都没有,但这事牵扯到海瑞,张居正把心里的愤恨也记在他头上。

万历五年九月,张居正的父亲张文明在老家湖北江陵病逝。依照大明王朝礼制,朝廷官员父母离世,无论多大的官,都得回家奔丧,为死者守孝二百七十天后再回朝履职。

按理说自己的父亲过世,张居正应该回去奔丧守孝才对,可一来刚坐上首辅的位置,需要处理的事务太多脱不开身;二来皇上即将大婚,要操办的事很多,张居正想借此机会在万历皇帝面前表一下自己的忠心,就没回去奔丧守孝,而是打破礼制在朝会上向万历皇帝请求夺情不回去奔丧,在内阁一边处理政事一边替父守孝。

见张居正为了朝廷的事连为他父亲奔丧守孝都放弃了,万历皇帝对他大加赞赏,大婚就要到来,万历皇帝准了他的奏,让他就在内阁戴孝理政。

于是张居正就每日穿着素服在内阁理政,替父亲守孝。

"毫无礼制,真是毫无礼制呀!"

"哼,这种人心中连父母都没有,还会有国家?"

"真是连禽兽都不如,父亲死了都不回去守孝!"

"他这还不是为了在皇上面前表功!"

张居正的做法让朝廷上下一片哗然,不少大臣对他议论纷纷,甚至是严厉谴责。

张居正夺情,不回家替父亲奔丧守孝,不仅遭到朝中大臣的谴责,在朝外,议论和谴责张居正失德缺礼的也大有人在。

在南京宁国府,有个名叫吴仕期的生员听闻这件事后非常气愤,觉得张居正不回家丁忧为父守孝,不讲礼制,根本不配在朝堂上做官,这样的人在朝堂上做官有辱朝廷。

吴仕期想上疏万历皇帝,让万历皇帝罢免张居正的内阁首辅之职,可吴仕期觉得自己是个微不足道的小文人,怕自己的话皇上不肯听。他曾经听闻过海瑞备棺上疏骂嘉靖皇帝的事,还听说海瑞的官儿不小,觉得他说话有分量,想借他的口来向万历皇帝上奏，于是便暗中以海瑞的名义撰写了一个《劾居正疏》的奏疏准备上奏万历皇帝。

在奏疏中，吴仕期指责张居正不遵守朝廷礼制，连自己的父亲离世都不回家奔丧守孝，其目的不过是为了自己升官，而不是真正为了朝廷，这样的人连禽兽都不如，不配做大明王朝的内阁首辅。

吴仕期以海瑞的名义写奏疏上奏万历皇帝也就罢了，可他还冒天下之大不韪，杜撰了一道万历皇帝罢免张居正内阁首辅官职、提拔海瑞为内阁首辅的假圣旨。

皇帝金口玉言，诏书是谁都能下的？吴仕期竟敢以皇帝的名义向国人下诏，按大明王朝律例这是啥罪？死罪，不但是死罪，还要满门抄斩诛灭九族。

吴仕期这事本身就够惹祸的，可偏又遇到江浙一个好事的人，这人觉得张居正这事海瑞替大家出了口恶气，想赞扬一下他，便找了一家专门搞刊印的店子，将吴仕期杜撰的奏疏和假圣旨一并刊印出来，到大街上见人就发。

"朝廷又启用海瑞了，海大人又要高升了！"

"张居正倒台了！"

"海瑞海大人要做内阁首辅了！"

江南的举子们见了，信以为真，相互聚集在一起高兴地替海瑞祝贺，并到处传播。

俗话说，好事不出门坏事传千里，这事很快就传到了京城张居正和万历皇帝的耳朵里。

"这个不知死活的海瑞，竟然如此胆大妄为，敢冒朕的名义下此假诏！几位爱卿，速派人去江南查清此事，如若情况属实，速将海瑞及家人一并抓来，朕要将他满门抄斩！"

万历皇帝大怒，把张居正和次辅张四维等阁臣找来，叫他们赶快派人去查清此事后向他禀报。

张居正更是愤怒，对其他人说："这海瑞真是胆大，竟敢假冒皇上名义下此诏书辱没老夫，我看他是活腻了！"

张四维不相信海瑞会这么做，对万历皇帝说："皇上，海瑞虽说性子刚烈，可他应该没这么大的胆子，这其中会不会有误？"

"海瑞那个性格，依老臣看，此事定是他所为！"张居正气愤地说。

张四维说:"现在还不好下定论,待派人调查了再说!"

"好啦,你们都不要说了!"见他俩人还在唠叨,万历皇帝火了。

"微臣知错了,请皇上息怒!"见皇上发火了,张四维赶紧跪下。

"张爱卿!"

"臣在!"

张居正听到万历皇帝叫他,赶紧上前。

万历皇帝说:"你赶紧派人去江南调查此事,不得有误!"

"臣遵命!"张居正躬身回万历皇帝的话。

万历皇帝朝他和张四维等挥了挥手:"你们都退下吧!"

"是!"

见皇上很不高兴,张居正、张四维等人赶紧退下。

一回到内阁,张居正便派人带着锦衣卫到江南一带调查奏疏和假圣旨一事。

– 3 –

这位官员带着锦衣卫到了海瑞家中,不问清红皂白就将海瑞和他的家人绑了。

"你们为何平白无故抓人?"

"我们犯了啥罪啊?"

"你们不能乱抓人!"

海瑞一家朝抓他们的锦衣卫大喊大叫。

"你们为何要抓我和我的家人?"海瑞质问绑他的锦衣卫。

带队的官员铁青着脸:"为何绑你?哼,难道你自己做的事你不知道?"

"我做什么了?"海瑞大声地问这位官员。

带队的官员拿出假诏,质问他:"这是什么?"

海瑞一看是道假诏,正要申辩,这官员说:"海瑞你好大胆,致仕回乡了还不安分守纪,居然向皇上上疏骂张阁老,还假冒皇上名义下此假诏欺蒙国人,你该当何罪?"

"老夫冤枉!此事绝非老夫所为,定是有人栽赃老夫!"听了这位官员的话,海瑞才知道被人陷害了,便大声喊叫起来。

这官员听他这么喊叫,便问他:"你说什么?这事是别人陷害你的?白纸黑字,这明明是你的名字,你说有人陷害你,谁信?"

"是的,有人陷害我,假诏绝非老夫所为!"海瑞理直气壮地告诉他。

"那向皇上上奏是你所为吗?"官员盯着他问。

"老夫成天在地方上忙这那,哪有工夫向皇上上奏?"海瑞申辩。

"照你这么说,这奏疏和假诏都不是你所为了?"带队的官员顿觉疑惑,拿出那封奏疏问海瑞。

海瑞说:"老夫已经说了,此事绝非老夫所为,定是有人想陷害老夫,老夫的家人和乡邻都可替老夫作证,如若不信你们可去调查!"

"不是他所为,那又是何人所为呢?"带队的官员觉得这事有些蹊跷。

稍顿,带队的官员说:"既是这样,那你和你的家人不要外出,就待在家里,待我们查清楚后方可外出。"

海瑞说:"老夫定会协助你们调查清楚此事,尽快还老夫一个清白!"

"先将他们放了!"带队的官员对锦衣卫说。

经过一番调查,此事为江南文人吴仕期和江浙那个好事者所为,与海瑞毫无瓜葛。

海瑞一家听说后,心上的石头才落地。

带队的官员命令锦衣卫,将吴仕期和江浙那个好事者及他们的家人全部缉捕带回京城,打入死牢,等待皇上处置。

"张阁老,经过多方调查,此事确实不是海瑞所为!"带队调查的官员回到京城后,马上向张居正和张四维等阁臣禀报。

"真不是他所为?"张居正不相信。

这位官员郑重其事地说:"我们在当地的官员和百姓中仔细调查过了,这事的确不是海瑞所为,是南京宁国府里一个叫吴仕期的文人,因为对阁老不满,想借此发泄一下他的私愤,但又觉得自己没有地位说话没人听,听人家说海瑞官儿比较大,说话有分量,于是他就私自以海瑞的名义写了封奏疏交到朝廷有关衙门,有关衙门因为不知情,把这奏疏上奏给皇上。这人又以海瑞名义杜撰了一封假圣旨,说……"

"好了好了,别再说了!"张居正打断他的话。

张四维一下子站起来:"我就说嘛,海瑞没这么大胆!"

其他阁臣不说话。

张居正气得抓起旁边茶几上的一只茶杯,"啪"的一声摔在地上,茶杯摔得粉碎。

带队去调查的官员吓得身子直打哆嗦。

见他吓成那个样子,张居正不耐烦地说:"好了,你下去吧!"

这位官员躬着身子转身走出内阁。

"你们也走吧!"

见他发火,其他阁臣知趣地散去。

张居正一屁股跌坐到椅子上,独自在那儿生闷气。

随后,张居正去乾清宫把情况禀报给万历皇帝。万历皇帝听了,下令将吴仕期和江浙那个好事者及他们的家人全部斩杀。

- 4 -

吏部的给事中雒遵,觉得海瑞不仅能干,而且非常的勤政清廉,是个难得的人才,便向朝廷吏部建议,重新启用海瑞。

雒遵没有想到,吏部给他的答复是:"瑞秉忠亮之心,抱骨鲠之节,天下信之。然考其政,多未通方。只宜坐镇雅俗,不当重烦民事。"

意思是说,海瑞这个人对朝廷和皇上是很忠心,也很有气节,他这些品格天下人都认可,这没什么可说的。但考察他的为政,却是很难通过,就算是要启用他,也只能是给他一个闲职,不能重用。

雒遵心里清楚,这不过是吏部的一个托辞。

除了雒遵,向朝廷和皇上举荐海瑞的人也不少,但都未被采纳。

杨博对海瑞的印象也不错,觉得其能够做事,也非常清廉,做了吏部尚书后,他听闻海瑞有重返朝廷做事的心愿,很想建议朝廷重新启用海瑞。

一日,他试探性对张居正说:"张阁老,听人说致仕回乡的海瑞放出话来,只要阁老您一声令下,他海瑞马上就赶来为您和朝廷效劳,您看能不能……"

听了杨博的话,张居正不说话。

杨博又说:"这个海瑞,你们不说下官也了解,此人并非是以言乱政的小人，而且他的做官准则可说是当今官场的标杆，下官在想，若是朝廷能重新启用此人，一来可以让朝廷其他的官员观瞻，二来朝廷官场风气也会为之而改变。"

见杨博这么推崇海瑞，张居正不置可否地笑了笑，无任何表态。

杨博揣摸不透张居正心里的想法，不再说什么。但杨博认为，作为朝廷吏部尚书，自己的职责就是向朝廷举贤荐能，他觉得还是要向张居正力荐海瑞。

几日后，杨博又去找张居正。他对张居正说："时下海瑞虽然在老家闲居，但听说他仍然有一腔抱负，时常给地方上的官员提些为政的建议，并将他整理的书稿提供给地方官员作施政参考，足见他还有替朝廷做事的想法和激情。除此而外，他还带领地方上的老百姓修渠引水，老百姓很喜欢他，像他这样的人朝廷理应重用，不能让人才闲置。下官以为，启用了海瑞，就等于收了天下士人的心！"

拗不过杨博，张居正只好说："那这样，你们吏部派人去海瑞老家考察一下，再依据考察情况来定。"

杨博说："这样也行，下官明日就派御史单云亭带着吏部考功司的主事刘平去海瑞老家考察。"

其实，张居正叫吏部派人去考察海瑞，另有目的，不是真正想启用海瑞。

— 5 —

万历皇帝对海瑞还是有好感的，他登基以后曾经几次在朝会上提出要启用海瑞，但都被张居正找理由给阻拦了。

张居正是内阁首辅，是万历皇帝的左膀右臂，朝廷的一切军机大事，万历皇帝没哪一件不与他商量，没哪一件不听取他的意见和建议，张居正的话万历皇帝不听似乎也不太妥。

可以说，只要有张居正在内阁，海瑞永远也得不到朝廷重新启用。海瑞要想复出，除非张居正死了。这话，张居正自己也说过。

那日，吏部尚书杨博向张居正推荐海瑞，张居正叫他安排人先去考察海瑞，杨博心里替海瑞高兴，回到吏部立即将御史单云亭和吏部考功司主事刘平叫来，给他俩吩咐了一番，叫他俩次日便启程前往海南。

杨博把御史单云亭单独叫到一边给他交待："此次去考察海瑞，是本官向张阁老多次力荐他才答应的，你和刘平到那儿后一定要认真考察，因为这关系到朝廷用人问题。"

"下官明白，请大人放心！"单云亭向杨博表态。

杨博对他和刘平说："海瑞现在住在老家海南琼州府琼山县，这事有点急，路途又十分遥远，你俩明日一早就动身，快去快回，张阁老和皇上都在等着你俩回来复命！"

单云亭说："下官记住了！"

"请杨大人放心，我们一定不辱使命！"刘平也向杨博表态。

其实，杨博并不知晓张居正叫他安排人去考察海瑞的真正目的，他还以为张居正想通了，对海瑞尽释前嫌，想重新启用他来给朝廷和皇上做事。

第40章　御史落泪

"唉,海大人,没想到你在位时一心替朝廷和百姓操心劳累,如今致仕回乡,境况却是如此悲凉,我看你这日子实在是……"单云亭忍不住抹了把眼泪。

- 1 -

次日,天刚微微发亮,两匹快马驮着两人从京城出发,奔往海南省琼州府琼山县。

马背上的这两人,正是身负重任的单云亭和刘平,他俩代表朝廷吏部去海瑞老家考察海瑞致仕回乡后的所作所为。

因为路途很远,为了赶时间,单云亭和刘平连夜策马狂奔。

路上小憩的时候,刘平问单云亭:"单大人,你说,这海瑞都致仕回乡了,吏部还要考察他干吗?"

单云亭哼了一声,说:"你有所不知,这是张居正张阁老的意思。"

"张阁老的意思?张阁老这是啥意思啊?"刘平睁大眼睛看着单云亭。

单云亭告诉他:"杨大人向张阁老推荐海瑞,想让朝廷重新启用他,可张阁老对海瑞不是很看好,不想用他。杨大人一再举荐,张居正拗不过杨大人,这才叫杨大人安排我俩去海瑞的老家考察,然后再根据考察情况来决定启不启用。"

"原来是这么回事!"刘平说。

单云亭摇了一下头,说:"但我估计不是这么简单。"

"这话又怎么说?"刘平问他。

单云亭问他:"徐阶家的事你听说过吗?"

"这与徐阶家有何关系?"刘平反问。

单云亭哼了一声:"关系大喽!"

"关系大?"刘平十分不解地望着单云亭。

单云亭告诉他:"海瑞到应天代皇上巡抚江南的时候,在那儿清退大户人家侵占乡民的田地，在松江府的华亭县，徐阶家侵占的田地最多，听说有三四十万亩，海瑞要他家全部退还给被侵占的农户，可徐阶父子死活不肯，海瑞就想办法逼他。还有，徐阶的三儿子徐瑛是个花花公子，假造地契骗人家田地不说，在当地还经常欺男霸女，他强抢民女赵小兰为妾，还害死了赵家两个人。"

"还有这种事情？"刘平有些不相信。

单云亭点点头，继续说："海瑞一向疾恶如仇，他查清这些事情后，不仅判徐家父子将侵占的田地退还人家，还判斩徐瑛，让他两个哥哥被流放，他叔叔徐陟削职为民。你想想，徐阶能就此罢休？能让他儿子轻易丧命？"

"当然不会！"刘平说。

单云亭继续说："徐阶因海瑞上疏骂先帝时救过海瑞一命，求他放徐家一马，可海瑞就是不答应。当时张居正还是内阁次辅，他是徐阶一手提拔起来的，徐阶对他有恩。徐阶叫张居正劝海瑞，让他放徐家一马。张居正写信给海瑞，叫他得饶人处且饶人，给自己留条后路。没想到海瑞是头犟牛，连张居正的面子都不给。再加上海瑞那个性格，张居正很不看好他。杨大人一再推荐海瑞，他实在是拗不过去了，才叫吏部安排我俩来考察海瑞。其实，张居正的目的是想看看海瑞在老家是不是有不利于朝廷和他的言行，若是有，他就会趁此机会收拾海瑞。"

"还有这样的事啊？单大人，你说得也太玄了吧？"刘平吃惊地说。

单云亭说："有些事情杨大人没说，这是我个人分析的，也许杨大人也不知晓张阁老的真正目的。"

"搞半天还有这么个玄机在里面，官场的事真是太复杂了！"刘平叹了口气。

单云亭冷哼了一声："复杂？这算啥复杂？比这复杂的事还多着呢，只是你不知道罢了！"

"不过，我刚才说的你可别对外人说，省得惹祸！"单云亭提醒刘平。

刘平说："放心，就是烂我也要让它烂在肚子里！"

俩人聊了一会儿后，翻身上马，继续赶路。"

单云亭与刘平不分白天黑夜地策马赶路，奔波了半个多月，终于来到了海南省琼州府境内。

"先去哪儿？"刘平勒住马缰问单云亭。

单云亭说："先去琼山县石峡岭下田村海瑞家，然后再去琼山县衙和琼州府。"

二人策马直奔琼山县石峡岭下田村海瑞家。

"大嫂，请问一下，海瑞家在哪儿？"

来到下田村村口，单云亭见前边有个中年女人在地里干活，便勒住马缰跳下来走上前问道。

见有人问路，中年女人停下手中的活，指着前边说："你们往前走，村头第三家便是！"

- 2 -

"单大人，是不是搞错了？海瑞虽说已经致仕，但之前是都察院右佥都御史，堂堂的四品官员，就算再穷，也不至于住这样的房屋吧？"

见眼前的房屋不仅窄小还很破烂，刘平有些不相信，以为是那女人给他们指错了。

"按道理是这样，但人家说是这儿，别管它，先去问问再说！"见门是开着的，单云亭说。

刘平跳下马，将马的缰绳递给单云亭，然后上前去问。

"请问有人在家吗？"

"谁啊？"

屋子里传出一个女人的声音。

"请问这是海瑞海大人家吗？"听到屋里有人回话，刘平朝门里问道。

门开了，从屋里走出来一个女人，是海瑞的小妾兰兰。

"请问您们是……"兰兰见一个官员打扮的人来敲门，又瞥见坝子里有个男的牵着两匹马站在那儿，便朝刘平问道。

"请问你是……"刘平没回她的话，而看着兰兰问道。

"我是他的小妾邱兰兰！"兰兰告诉刘平。

"哦，我们是从京城来的，我叫刘平，是吏部的主事，请问海大人在家吗？"刘平作了一番自我介绍，然后笑着问兰兰。

没等兰兰回答，他扭身朝单云亭叫道："单大人，就是这儿！"

单云亭赶紧过来找地方把马拴好。

"我们俩受朝廷吏部委派，特来找海大人了解一些事情，请问他在家吗？"刘平看着兰兰又问。

"他一早就出去了，不过，一会儿也要回来了！"兰兰告诉刘平。

单云亭把马拴好走过来，刘平告诉他："这就是海大人的家，这是他小妾邱兰兰。"

随后又指着单云亭给兰兰介绍："这是吏部的御史单云亭单大人。"

单云亭跟兰兰打招乎。

兰兰还礼。

"两位大人快屋里坐！"兰兰客气地将单云亭和刘平让进堂屋。

"真是对不起两位大人，我家条件简陋，两位大人切莫见笑！"兰兰边拿凳子给单云亭和刘平，边不好意思地对他们说。

"唉，我们也没想到，海大人致仕回乡住的竟是这样的房屋呀！"见兰兰这么说，单云亭摇了摇头叹息道。

"实在是太简陋了，刚才我们还以为是走错人家了呢！"刘平说。

"让两位大人见笑了！没办法，我家老爷做官时没积攒下半点钱财，现在住的这老屋，还是他祖上留下来的！"兰兰有些伤感。

二人坐下后，扫视了一下这屋子，里面连像样点的家具都没有，就几件平常人家用的家什。

如果不是亲眼所见，单云亭和刘平根本不会相信。

刘平摇摇头，叹息道："唉，这海大人，官至四品，在朝中名声如此响亮，真没想到他住这么狭小简陋的屋子！"

单云亭说："是啊，海大人一生清廉，薪俸又低，还要养活这一家老小，肯定是攒不下钱的！"

聊了一阵，没见海瑞回来。"

见时候不早了，兰兰对单云亭和刘平说："单大人，刘大人，您们先坐着，我去做饭。"

"嗯，你去忙！"单云亭说。

兰兰转身进了厨房。

唉，家里没什么像样的菜，拿什么来招待这两位大人啊？兰兰在厨房转来转去，很是发愁。

趁兰兰去做饭，单云亭和刘平又聊起海瑞这个家来。

刘平说："我看海大人的日子不好过！"

单云亭告诉刘平："听说前两年他老母亲过世，还是他一位好友出钱帮忙安葬的，要不还难以入土为安呢。"

"不会吧？一个四品官员，连自己的母亲去逝都没钱安葬？"刘平惊讶地问道。

单云亭说："确有其事！"

刘平说："做官做到这个份上，还有何意义？"

"但他到哪儿老百姓都喜欢他！"单云亭说。

刘平摇头："但也不能这样啊！"

……

- 3 -

"哎，这是谁的马啊？还两匹！"海瑞回来了，走到坝子里见一旁拴着两匹大马，自言自语道。

这时，兰兰出来抱柴草，见海瑞回来了，赶紧朝他叫道："老爷，你可回来了！"

"这是谁的马啊，拴到咱们家坝子里来了！"海瑞问。

兰兰告诉他："是京城来的两位大人的，他们来了好一会儿，在家里等你。"

"京城来的，谁啊？"听说是从京城来的，海瑞吃了一惊，赶紧问兰兰。

兰兰说："别问了，你进屋去就知道了！"

海瑞三步并作两步走进屋里。

"原来是你们啊，刚才看到坝子那边拴着两匹马，我还问是谁的呢！"见单云亭和刘平来了家里，海瑞很是高兴，赶紧和他俩打招呼。

一阵寒暄之后，坐下来。

"海大人，您还是这么忙啊？"单云亭笑着说。

海瑞笑着说："哎呀，回来后没事干，总不能闲着，得找点事来做嘛！这不，就去找了几个孩子教他们识些字，这样也好打发时间。"

"这也倒是！"单云亭笑着说。

刘平也说："找点事干也是好事啊！"

"人不能闲，一闲就完了！"海瑞说。

刘平说："是啊，做人也好，做官也好，能够像海大人这样，的确是高境界了！"

"不敢当，不敢当！"海瑞说，然后问他们，"两位大老远从京城来到寒舍，想必是有事而来吧？"

"不瞒海大人，我们这次……"

"老爷，您先过来一下！"

单云亭正要告诉海瑞他们此行来的目的，兰兰来叫海瑞。

见兰兰打断客人的话，海瑞觉得她没礼貌，正想说她，单云亭笑着说："没事，您先去吧！"

"什么事啊，你没见我在和两位大人说话？怎好打断人家呢？"海瑞低声责备兰兰。

"不是，老爷，我是想问你拿什么招待两位大人，快到吃饭时间了，可家里像样的菜都没有！"兰兰低声说。

"原来是为这事啊！"海瑞这才意识到这个事情。他想了一下，对兰兰说，"这样，去把那只母鸡抓来宰了！"

"老爷，那鸡……"兰兰舍不得。

海瑞说："你别说了，赶紧去抓来宰了！"

"我没杀过鸡，不敢杀啊！"兰兰望着海瑞。

海瑞问兰兰："海安呢？"

"他去打柴还没回来！"

"啥事啊，老爷？"这时海安从后门走了进来。

见他回来了，海瑞说："快快快，你去把那只母鸡揪来宰了，没什么菜招待单大人和刘大人！"

单大人和刘大人？海安听了，问海瑞和兰兰："哪儿来的客人啊？"

"你先别说了，快去抓鸡！"海瑞说。

"是，老爷，我这就去把鸡给抓来！"海安说着捞脚挽手地往屋子后面的鸡圈走去。

"饭我已经煮上了，快去把鸡杀了好做菜！"兰兰催促海安。

海安应道："好的，夫人！"

"快一些，时候不早了！"海瑞叮嘱他。

安排好了，海瑞赶紧回到堂屋里。

"不好意思，刚才家人有点事叫我去一下！"海瑞笑着说。

"没事，没事，来，咱们继续！"单云亭说。

海瑞说："好！"

单云亭说："那我就不绕弯子了，实话告诉您吧海大人，这次我和刘平主事来，主要是受吏部的委托来考察您，所以想请海大人将回乡后的一些情况如实告诉我们，我们也好回去给杨博尚书禀报。至于禀报后朝廷怎么安排海大人，那我们就不得而知，只能请海大人等待消息了。"

"听单大人这么说，莫非朝廷又要启用我家老爷了？"海瑞正要说话，一旁的兰兰先开了口。

单云亭告诉她："有可能，但现在还不知道是什么情况，要等我们考察回去禀报吏部和内阁的张阁老后才知道。"

"哦，是这样啊！那俩位回去后可要多为我家老爷美言几句啊！"兰兰说。

"请夫人放心，我们一定会替海大人说话的，但夫人也知道，决定权不在我俩手中，我们也只能是多说些好话！"单云亭对兰兰说。

"我知道，我知道！"兰兰高兴地说。

"那好吧，话归正题，就请海大人将回乡后的情况如实告诉我们。"单云亭对海瑞说。

"好，那我就把我的情况简要地告诉两位吧！"海瑞说。

"做好记录！"单云亭对刘平说。

刘平点头，从包里拿出笔纸，然后望着海瑞。

"自从隆庆四年四月从京城回到老家海南琼山后，除了在村上找几个孩子给他们上上课，教些知识外，平时也经常……"

"两位大人，我家老爷虽说没在官场，但他回来后也替当地官府和乡亲们做了不少实事。"海瑞刚开口，兰兰插进话来。

单云亭和刘平笑了。

海瑞赶紧说："兰兰，您不要插话，我会跟两位大人说的！"

"是！"一想到朝廷又要启用自家老爷了，兰兰一脸灿烂。

单云亭说："海大人，您继续说！"

海瑞继续给他们汇报自己回乡后的情况。

"老夫自去年四月请辞回乡后,一直待在家里。闲暇之时,招些学徒给他们讲讲学,挣点生活费,另外就是整理一下自己多年来从政写的感悟文字,还有奏疏、函牍,准备将它们编本《备忘录》,供地方上的官员施政时作参考。有的时候,也去琼山县衙或琼山州府给知县、知府或兵备道将官们提个醒。再就是和村民一起修渠引水,解决当地田地的灌溉用水……两位大人,我就说到这儿,看还有没有什么需要补充的?"

"海大人介绍得比较全面,我觉得没什么补充的了!"刘平笑着说,然后转向单云亭,"单御史,你觉得呢?"

单云亭没回答刘平,看着海瑞问:"海大人在老家期间,没做什么对不起朝廷的事吧?"

听了单云亭的话,海瑞赶紧说:"两位大人回去后告诉皇上和吏部,请他们放心就是,海瑞一向安分守纪,在老家这段时间绝对没过做一件对不起朝廷和皇上的事!"

"那就好!"单云亭说。

海瑞说:"哦,麻烦两位回去后告诉皇上,如果皇上和朝廷还需要我海瑞去做点事的话,海瑞即刻赶到就是!"

刘平说:"好的,我们一定把海大人的话带到!"

"那拜托两位了!"海瑞向二人抱拳行礼。

这时海安过来告诉海瑞:"老爷,饭菜做好了,先吃饭吧,两位大人肯定饿了!"

"哦,我给两位大人介绍一下,这是我家的仆人海安!"见海安出来,海瑞指着他给单云亭和刘平介绍。然后,又分别指着单云亭和刘平对海安说,"这位是单御史单大人,这位是刘主事刘大人!"

单云亭和刘平与海安相互问好。

海安说:"饭做好了,两位大人,先去吃饭吧!"

海瑞站起身来对单云亭和刘平说:"好,先去吃饭,吃了饭再谈!"

"行,那就先吃饭!"单云亭和刘平站起身来。

单云亭和刘平与海瑞一家围到饭桌边,准备吃饭。

单云亭和刘平看到,桌上除了一钵清炖鸡肉,一盘酸辣椒炒鸡蛋,两碗青菜和一个辣椒蘸水,就没别的了。

单云亭和刘平不知道，如若他们不是从京城来的尊贵客人，哪会有鸡肉吃？可就是这些菜，海瑞已经尽最大的努力了。

"等一下！"大家端起碗正要吃饭，海瑞突然说。

"咋啦，老爷？"小妾兰兰还以为出了啥事，不解地看着他。

海瑞站起来，去屋里取出点碎银来递给仆人海安："去村头打斤包谷酒来，两位大人来一趟不容易，我得敬他们一杯酒！"

"对对对，得敬两位大人一杯酒！"兰兰也赶紧说。

"海大人，酒就不喝了！"见海瑞要叫仆人去打酒，单云亭和刘平赶紧劝住他。

海瑞说："没事的，他去一会儿就来！"

"两位大人稍等，一会儿就来了！"海安拿着海瑞给的碎银出去了。

单云亭说："实在是太麻烦你们了！"

海瑞说："什么麻烦不麻烦的啊，你们远道而来，是该敬你们一杯，这是我的心意！"

不一会儿，海安把酒打来了。

酒倒好了，海瑞端起酒碗说："来，二位辛苦了，我敬你们一杯，以表谢意，家境就是这样，招待不周，请二位见谅！"

"海大人，你们一家太客气了！"刘平感激地说。

"没啥好吃的招待两位大人，实在是不好意思！"兰兰觉得很过意不去。

"夫人不必客气，这已经够好的了！"单云亭赶紧说。

"来，喝！"海瑞举起酒碗。

三人将酒碗碰在一起。

"来，吃菜吃菜！"海瑞招呼他们。

"海大人不用客气！"单云亭和刘平赶紧说。

他俩都觉得海瑞非常客气，一点也不像人们说的那样孤高自傲，没人情味儿。

席间，单云亭和刘平又问了海瑞一家生活上的一些细节，海瑞如实回答。

单云亭看到只有他的小妾兰兰和仆人海安还能干些活儿，便问海瑞："海大人致仕回乡，薪俸没有了，靠什么来养活一家人啊？"

海瑞告诉他："平时我帮人写写字，赚点小钱，再就是村里有些人家找我去教他们的孩子识文断字，家长给些学费。"

刘平问:"还有其他收入来源吗?"

海瑞摇头:"就这些!"

"除我家老爷这点收入,家里再也没啥收入了!"海安说。

兰兰也说:"是啊,家里经济不宽裕,好在我们家吃的菜都是自己种的,烧的柴也是海安上山去砍,省了点开支,要不还真过不下去!"

海安抹了把眼泪,告诉单云亭和刘平:"我家老爷在朝廷做官时,还有薪俸来支撑一家人的生活,现在他致仕回乡薪俸没了,全家就靠他一个人去帮人家写写画画、教教孩子赚点钱来养家糊口,想起来也真是难为我家老爷了!"

"就靠你这点微薄的收入,能养活一家人?"单云亭问海瑞。

"吃简单一点,穿差一些,也勉强能维持下去。"海瑞说。

海安说:"不瞒两位大人,还真有接济不上的时候。"

"唉,海大人,没想到你在位时一心替朝廷和百姓操心劳累,如今致仕回乡,境况却是如此悲凉,我看你这日子实在是……"单云亭忍不住抹了把眼泪。

海安说:"单大人,希望您们回去多给我家老爷说些好话,让皇上把他召回去替朝廷做事领点薪俸,要不这一家人如何过得下去啊?"

单云亭擦了擦眼角的泪水:"放心吧,我俩回去后会把你们一家的境况如实禀报给朝廷的!"

"来,吃菜,吃菜!"海瑞往单云亭和刘平碗里各夹了一块鸡肉。

"好好好,我们自己来,海大人你别客气!"

……

吃完饭,单云亭和刘平与海瑞一家又聊了一阵。然后单云亭告诉海瑞,他们还要去琼山县衙,就此告别。

海瑞一家见挽留不住,只好送他们走了。

当日傍晚,单云亭和刘平离开海瑞家,又到琼山县衙找人考察海瑞。

— 4 —

"请问你们找谁?"

单云亭和刘平来到琼山县衙大门前,想往县衙里走,守门的拦住他俩问。

第40章 御史落泪

"我们是从京城来的,有要事找你们张知县!"单云亭告诉守门的。

守门的说:"请两位稍候,我去给知县大人通报一下!"

守门的进县衙大堂去给县令张云通报。

"张县令,外面来了两个男人,说是从京城来的,有要事要见您!"

"京城来的?"张云阅了一天的卷宗,似乎有些累了,正靠在椅子上闭目养神,听见守门的来禀告,一下子睁开双眼。

随后吩咐守门的:"请他们进来!"

"是!"守门的转身走出县衙大堂。

"张县令在大堂等二位!"

单云亭和刘平朝县衙大堂内走去。

"张县令,我们是吏部的,我叫单云亭,吏部御史。"单云亭自我介绍。随后又指着刘平给他介绍:"他叫刘平,吏部的主事。"

"欢迎!欢迎!"张云与单云亭和刘平打招呼。

"我俩这次来琼山,主要是受内阁首辅张阁老和吏部尚书杨博杨大人的委派,前来考察海瑞。"单云亭向张云说明来意。

"两位大人远道而来,辛苦,辛苦!"张云听说单云亭和刘平是朝廷派下来考察海瑞的京官,更加客气起来。

"走,两位大人,随下官去三堂!"张云将单云亭和刘平领进后面的三堂。

单云亭和刘平随知县张云往三堂走去。

张云边走边问:"两位大人还没吃饭吧?"

"吃过了!"刘平说。

"吃过了?在哪儿吃的啊?"张云有些不相信。

单云亭说他:"不瞒张县令,我俩已经去过海瑞家了,在他家吃的饭!"

"你们已经去过海瑞家了?"张云有些吃惊。

"是的!"刘平告诉他。

张云说:"两位大人干吗不来县衙吃呢?怕我张云招待不周吗?"

"不是,不是,海瑞的家人做好饭了,我俩就在他家吃了!"单云亭赶紧解释。

张云说:"那两位大人有何要吩咐的,尽管说。"

"张县令还没吃饭吧?"单云亭问张云。

张云告诉他还没吃。

"那你先把饭吃了我们再谈吧!"单云亭说。

张云急忙说:"不碍事,不碍事!"

单云亭说:"时候不早了,你还是先吃饭我们再细聊。"

"既是这样那我就先去吃饭。走,去下官家里喝茶!"张云对单云亭和刘平说。

待张云吃了饭,三人又回到三堂。

"马上就考察?"张云问。

单云亭说,时间紧,马上就考察。

"需要找哪些人?"

单云亭说:"有些情况我们在海瑞那儿已经了解过,麻烦你把县丞、主簿、典史和六房的一些司吏找来,我俩找他们再了解一下海瑞的情况。"

"好!"张云说。

随后,张云安排衙役分头知会县丞、主簿、典史和六房的司吏,叫其马上到二堂来。

第一个接受问话的是典史龙大鹏。

"我们是吏部下来考察海瑞的,想向你了解一下海瑞回乡这段时间的一些情况,希望你能把你知道的如实地告诉我们。"单云亭对龙大鹏说。

"海瑞是我们这里的人,他做官时做了不少实事,又非常清廉,这我听说过,人很不错。他致仕回乡后,也为地方上的老百姓办了不少实事。"龙大鹏告诉单云亭。

"能具体说说吗?"刘平问他。

"据我所知,他经常来县衙和我们的张县令探讨一些理政问题,还给张县令和我们提一些治理县政的好建议,比如说如何清退田地、如何调整赋税、如何组织兵民防倭抗倭等,他都提出了一些可行的建议和意见。总归一句话,他这个人很不错!"

刘平和单云亭点头。

"有没有听说或发现他回乡这段时间,说过或做过有损朝廷的事?"单云亭又问。

"没有发现,也没听说过。"龙大鹏摇了摇头。

刘平问:"老百姓对他评价如何?"

说起龙大鹏说:"老百姓对他的评价就是一个字'好'!"

刘平边记录边会心地朝单云亭点了点头。

单云亭问龙大鹏："还有什么要补充的吗？"

"没有了！"

第二个接受问话的是兵房的司吏王相毂。

单云亭说："请你来，是想给我们说说海瑞回乡后这段时间的一些情况。"

"您是指？"单云亭这么问，王相毂觉得范围太宽泛，不知从何说起。

单云亭说："你知道啥就说啥。"

王相毂似乎听明白了，他说："海瑞这个人，回乡后的确是做了不少事情，比如，他经常来和卑职探讨防倭抗倭的一些事情，还给卑职出了不少主意，卑职很感谢他。除此之外，他还带领当地老百姓开渠引水，让地方的一田地得到浇灌……总之，老百姓很喜欢他！"

"他有没有做过啥对不起朝廷和百姓的事？比如，侵占人家田地之类的。"单云亭望着他。

王相毂肯定地说："他这个人心里就只有老百姓，绝对不会做这种事的！"

"如果朝廷还想启用他，你觉得可以吗？"刘平问。

听刘平这么说，王相毂说："当然可以了，他这个人是做大事的，朝廷早就该重新启用他了！"

"还有什么要补充的吗？"

"没有了！"

接着，单云亭和刘平向县丞、主簿、其他司吏了解了一些情况。

最后是县令张云。

"张县令，朝廷这次对海瑞的考察非常重视，因为这关系到朝廷选人用人的问题，你是这儿的父母官，对这儿的情况比较熟悉，听说海瑞回到家乡后经常来县衙与你和其他官员谈论一些问题，请你给我俩具体说说他的一些情况，比如思想、生活，为县衙和老百姓做的一些事，还有，他回乡后对朝廷是何看法，有没有消极的地方，有没有做出对朝廷不利的事？请你都给我们说说。"

张云说："那下官就把了解的一些情况给两位大人简要作个汇报。"

张云端起面前的茶喝了一口，继续说："海瑞这个人，以前下官也听说过一些有关他的事情，比如他在浙江的淳安县，在江西赣州府的兴国县，都为地方百姓做了不少实事。后来到户部做清吏司主事，上奏劝说嘉靖先帝差点儿丢了性命，但隆庆皇帝后来又重用他，让他去巡抚应天十府。在这些地方，他替老百姓做了很多实事，当然也得罪了不少人，这其中包括对他有救命之恩的徐阶徐阁老。但是大家也看到了，他得罪的这些人，几乎都是些贪官污吏，或者是一些欺压百姓的地主豪绅，对老百姓他却是百般爱护。"

"你说的这些我们都知道。"刘平说。

单云亭说："你还是给我们说说他致仕回乡后的情况，特别是先前我给你说的那几个方面的问题。"

张云说："海瑞的祖上给他留下了一间老屋，还有一些田地。他致仕回到琼山县老家下田村后，一家老小包括他家的仆人海安都住在这儿。因为致仕回乡后没有薪俸了，一家子要吃要喝，他有文化，毛笔字又写得很好，平时他就帮人家写写对联，教教别人家的娃儿念书识字，挣点小钱来养家糊口。"

"听说他与你，还有县衙的不少人都有交往，你说说看。"见他说不到点子上，单云亭说。

"他和我，还有县衙其他人交往是比较多，他经常来县衙和我谈一些理政方面的事情，比如田地清丈、老百姓的赋税、防倭抗倭、农田水利等，无所不谈，他还把他在淳安县和兴国县任县令时的一些从政经验毫无保留地说给我们听，希望我们多替地方上的老百姓做些实事。他这个人一向嫉恶如仇，特别痛恨地方官员的贪污腐败，只要一说起官员的腐败问题，他就非常气愤！"

"有没听到过他有什么怨言？或者是做一些对不起朝廷和老百姓的事？"刘平问张云。

"这倒没有。从他的言谈和与他的交往中，感到他对朝廷和皇上都很忠心，而且还希望有朝一日能回到朝廷做事。他这个人的缺点就是人太直率，又比较刚劲，做事和为人都不圆滑，这也是他得罪人较多的原因。但他对朝廷对皇上绝对是忠心耿耿的，没有二心！"

"对张居正张阁老，他有没有说过什么不好听的话？"单云亭问。

"没听说过！"

谈话结束已经夜里九点钟了。

次日一早，单云亭和刘平又往琼州府赶。

在琼州府作了一番考察了解，次日下午单云亭和刘平便赶回京城复命。

– 5 –

十多日后,单云亭和刘平回到了京城。

"……杨大人,情况就是这样。"

一回京城,二人便向杨博汇报考察的情况。

"照你俩这么说,海瑞虽然闲居乡下,可他还是替地方官府和老百姓做了不少事情。"杨博说。

单云亭说:"他的确是做了不少事情!"

"家里生活条件特别差!"刘平补充道。

"他有没有回朝廷做事的意愿?"杨博问。

单云亭说:"他说了,只要朝廷需要他,他随时听从召唤!"

"他真有这个意愿?"杨博问。

单云亭说:"是他亲口告诉我俩的!"

"对,是他亲口说的!"刘平附和。

听完了单云亭和刘平的汇报,杨博想,这下好了,张居正不用海瑞也不行了。

杨博对单云亭和刘平说:"走,你们和我一道去给张阁老汇报。"

"大人,时候不早了,是不是明日再去,省得打搅张阁老休息?"单云亭问杨博。

"好吧,那就明日一早去给他汇报,"杨博说,"你们也辛苦了,先回去休息。"

单云亭和刘平走出杨博府邸。

次日一早,杨博带着单云亭和刘平来内阁给张居正汇报考察海瑞的情况。

到了内阁,杨博见张居正在批阅下面报来的奏章,上前对他说:"张阁老,我们来给您汇报一下海瑞的考察情况。"

"哦,考察回来了?"张居正放下手上的奏章。

单云亭说:"禀报阁老,卑职和刘平昨晚就赶回来了,怕打扰阁老休息,就没来向您禀报。"

"是啊,见时间晚了怕影响阁老休息,就没来禀报,但他俩昨日回来后先把情况给下官说了。"杨博告诉张居正。

张居正问:"是啥情况?"

杨博看了单云亭、刘平一眼,示意他俩给张居正汇报。

单云亭和刘平会意。

单云亭对张居正说:"张阁老,情况是这样的,那日卑职和刘平接受考察海瑞的任务后,便马不停蹄地赶往海瑞的老家海南省琼州府琼山县。到了那儿,我们先到石峡岭下田村海瑞老家了解了一下他的生活情况。"

"他在老家生活得怎么样?"张居正问。

"清苦、寒酸,我只能用这几个词来形容了!"单云亭说。

张居正问他:"这话怎么说?"

单云亭说:"我俩到了下田村后,依一位路边干活的中年女人指点来到了海瑞家门口。眼前是一栋窄小、破烂的房屋,我俩简直不敢相信这就是海瑞住的房子!"

"是啊,实在是太简陋了,我都不敢想象!"刘平摇着头补充。

"照你们这么说,海瑞在老家没建大宅院?"张居正沉思着问。

刘平说:"没建,一家人就住在简陋得不能再简陋的三间小瓦房里。"

单云亭说:"家里也没几件像样的家什,和普通人家没啥差别!"

"这海瑞节约惯了,他做官都提倡节约,肯定不会建大宅子!"杨博感叹道。

张居正问:"其他还了解到什么?"

"海瑞回乡后,还关注着国事,经常向州、县的官员提一些建议,比如,如何施政、如何抗击倭寇、如何征收赋税等,他还将他在淳安、兴国等地做县令时的一些做法和经验告诉地方上的官员,让他们施政时作参考,地方上的官员对他很感激。"单云亭告诉张居正。

刘平接过单云亭的话,继续说道:"不光这些,海瑞还带领当地村民开挖沟渠,将山上的一股泉水引下山来,使当地一大片田地得到了浇灌,不再是望天水田。"

"听一些村民说,他还和大家一起整治社会风气,褒奖拾金不昧行为。"单云亭补充道。

张居正问单云亭和刘平:"海瑞在回乡这段时间,有没有说过啥不利于朝廷和皇上的话?"

"问过了,他们说没有这方面的事。"单云亭说。

刘平说："是的，接受问话的人都说没这方面的事。"

"他有没有做过啥不利于朝廷和皇上的事？"张居正又问。

单云亭摇摇头："据我们了解，没做过。我们也问了，就是对张阁老，他也没说过什么不好听的话。"

张居正问："他现在是什么想法？"

单云亭正要回话，杨博抢先说道："海瑞向他俩透露，只要朝廷需要，他马上就回朝替皇上和朝廷做事。"

"有这个想法，是好事。"听杨博这么说，张居正不冷不热地丢出这么一句。

"那阁老您看……"杨博望着张居正。

张居正闷着不说话。

杨博知道他的心思，催问道："张阁老，海瑞回乡后替地方和百姓做了不少的实事，他又流露出想替朝廷和皇上做事的心愿，说明他一直没有忘记朝廷和皇上，还想替百姓做点事，您看能不能……"

"是啊，阁老，能不能重新启用海瑞啊？"单云亭也望着张居正。

刘平恳求张居正："阁老，请您给皇上建议，重新启用海瑞吧。"

见三人都在替海瑞求情，张居正闷了半天，才说："这事以后再说吧。还有什么事没有？没有的话就这样，老夫还有事要做。"

杨博、单云亭、刘平听得出，张居正是在下逐客令。

"既是这样，那我等就不打搅阁老了！"杨博说，"不过，请阁老考虑一下，最好还是把海瑞用起来。"

张居正说："这事日后再说吧。"

杨博、单云亭、刘平与张居正告辞。

路上，刘平问杨博："杨大人，张阁老是不是对海瑞成见很深？这么好的人他不用，他到底要用什么人啊？"

"听了他的话，我也有些费解！"单云亭摇头。

杨博："启用海瑞？我看他没说要整治海瑞就是好的了！"

"这是为啥啊？"刘平问杨博。

杨博说："以后你们就知道了！"

| 复出 |

大明第一清官

下册

万松 著

中国书籍出版社
China Book Press

图书在版编目（CIP）数据

大明第一清官——海瑞：全三册 / 万松著. -- 北京：中国书籍出版社，2022.7

ISBN 978-7-5068-9052-6

Ⅰ.①大… Ⅱ.①万… Ⅲ.①海瑞（1514-1587）—传记 Ⅳ.①K827=48

中国版本图书馆CIP数据核字（2022）第108091号

大明第一清官——海瑞（下）

万松 著

责任编辑	彭宏艳
责任印制	孙马飞　马　芝
封面设计	东方美迪
出版发行	中国书籍出版社
地　　址	北京市丰台区三路居路97号（邮编：100073）
电　　话	（010）52257143（总编室）（010）52257140（发行部）
电子邮箱	eo@chinabp.com.cn
经　　销	全国新华书店
印　　刷	三河市顺兴印务有限公司
开　　本	710毫米×1000毫米　1/16
字　　数	1200千字
印　　张	61.5
版　　次	2022年7月第1版　2022年8月第1次印刷
书　　号	ISBN 978-7-5068-9052-6
定　　价	128.00元（全三册）

版权所有　翻印必究

目 录
CONTENTS

第41章	巡抚举荐	663
第42章	北上就职	675
第43章	惩戒部属	690
第44章	打黑除恶	707
第45章	升堂审案	723
第46章	兵部诘问	738
第47章	暗夜遭袭	752
第48章	奸人串通	767
第49章	后宫护短	782
第50章	皇上力保	797
第51章	明察暗访	815
第52章	上书皇帝	832
第53章	移官都察	848
第54章	惩治言官	863
第55章	狼狈为奸	883
第56章	房寰发难	896
第57章	联名辩诬	910
第58章	晋江奔丧	923
第59章	撒手人寰	941
第60章	万人送灵	957
后 记		971

第41章　巡抚举荐

官场里虽说有不少人看不惯海瑞，但在邓栋眼里，海瑞这个人不仅是个正直可靠的大臣，更是个难得的治世人才，能替百姓和朝廷办事，又深得民心，皇上应该尽快让他出来替朝廷做事才对。

- 1 -

已经不被万历皇帝宠信的首辅张居正，在万历十年（1582年）六月二十日，万分不情愿地离开了人世。

张居正在世的时候因位高权重，又是万历皇帝和陈皇后、李贵妃身边的大红人，而且还有宫里的大总管、太监冯保经常替他挡事，满朝文武官员没人敢动他一根毫毛。这下张居正一命呜呼，情况可就不大一样了。

因为一句"十岁太子怎么治得了天下"，前任首辅高拱就被冯保赶下了台，而他却成了万历皇帝和陈皇后、李贵妃身边的大红人，并曾经在朝上权倾一时。可冯保没想到，此时他还没来得及挣扎一下，就被掀翻在地。

万历皇帝派人抄了冯保的家，从他家里搜出金银一百多万两，还有珠宝无数。按大明律例，这些赃物足以让冯保诛灭九族。

冯保的家刚被查抄，就有人站出来告诉万历皇帝，说冯保搜刮那么多金银财宝，完全是受张居正的蛊惑，倘若没有张居正做后台，借冯保一百个胆子他也不敢这么做。

"这冯保平时那么嚣张，原来是有张居正在背后撑着。嗯，这个张居正！"这些人的话起了作用，万历皇帝很是生气。

朱翊钧登基做皇帝时因为年岁尚小，陈皇后和李贵妃很不放心，就让张居正全权辅佐他，所以无论大事小事朱翊钧都得听从张居正的，好像朱翊钧不是皇帝，张居正才是万人敬仰的皇帝。

朱翊钧已经长大，而且有了自己的主见，张居正一死，他就真正掌权了。

万历十一年三月初十，皇权在握的朱翊钧威武地下令抄张居正的家，剥夺其一切封号。

刑部的人来抄家时，张居正的家人遭到了严刑拷打。张居正的一个儿子因经受不住拷打，以自戕的方式结束了自己的性命。

张居正一家彻底垮台了。

万历皇帝对海瑞本来就很感兴趣，张居正垮台了，海瑞也就有了复出的机会。

京城里朝堂上发生的这些重大变故，不久就传到了海南琼山的海瑞耳朵里。海瑞先是一惊，继而心中暗喜：之前老是受张居正打压，这下张居正死了，说不定皇上会重新启用自己。

海瑞太想出来替朝廷和百姓做事了，他眼巴巴地等着朝廷召唤他。

海瑞知道，朝廷发生的这些重大变故，地方上的其他人也一定会知道，甚至比他知道得早。

一日，几位乡贤来找海瑞聊天。一位乡贤说："海公，我们也听说过，内阁首辅张居正在位的时候一直在打压你，现在他作古了，你应该去京城找一下皇上或者吏部，请求他们让你复出，给你个一官半职，有些薪俸，也好养老呀！"

"是啊，老爷你应该去找找皇上！"

"老爷若是去找一下皇上，说不定还真能回到朝廷做事！"

侍妾兰兰和仆人海安也劝他去京城找找皇上，请求皇上和朝廷重新启用他。

对他们的劝说，海瑞不置可否。

海瑞觉得皇上若是想重新启用自己，自会派人来这儿找他，用不着自己去京城求人。若是皇上不想重新启用自己，就算去京城找他也没啥用，弄不好还会碰一鼻子灰。

于是海瑞对他们说："朝廷这官，不是你想做就做的，得听皇上的。他若是要用你，你不去找他，他也会派人来找你，他要是不想用你，你就是去找他也是白搭。"

"唉，海公，你都这么大岁数了，还去求啥官？劝你别去想那些事了，就这样过自己的清净日子多好啊！出去做官，倒是威风一些，可万一不小心又得罪了皇上，哪天他治你个大罪，你自己丢命不说，还会连累家人，到时候后悔都来不及！"

"是啊，海公，别再想去朝廷做官的事了！"

"官场的险恶你又不是没领教过,你在官场几起几落,难道还没看透这些事情?劝你就和咱几个老哥在这山野里过闲云野鹤的日子算啦!这日子虽说清苦一些,但远离纷争,说话做事不用提防别人,有何不好呢?"

海瑞说:"去不去做官由不得我,得听朝廷和皇上的。皇命不可违,皇上若要老夫去,老夫不去也不行啊!"

其实,海瑞并不是想做多大的官,也不是为了做官捞取啥好处,他是一心想替老百姓和朝廷做点事情。

俗话说得好,在其位才能谋其政,朝廷不给你做事的平台,你有再大的理想也是枉然,所以海瑞才一直想复出到朝堂上做官。但他心里非常清楚,这种事情绝不能冒失,得耐心地等待。

皇天不负有心人,海瑞还真等来了这一天。

- 2 -

朝堂上阁臣之间、官员之间无休止的明争暗斗,加之皇上失察,让大明王朝失去了不少忠良之臣,万历皇帝明显感觉到自己身边已经无良臣可用。

万历十二年十二月某日,心里焦急的万历皇帝不得不在奉贤殿召集群臣商议朝廷用人问题。

"列位臣工,我大明王朝乃一泱泱大国,朕今日将列位臣工召集起来,是想请你们帮朕举贤荐能,让一些忠诚可信之人进入朝堂来替朕办事,不知列位臣工能否替朕推出一些人选?"万历皇帝对站在下面的众臣感慨一番,然后问道。

张居正一死,次辅申时行接替了他的位子,见皇上这样问,他和许国、王锡爵、王家屏三位阁臣对视了一下,一齐走上前来:"皇上英明,时下招揽人才,实乃朝廷之大事!"

"几位爱卿能有此忧患意识就好!"万历皇帝说。

万历皇帝又问:"那众爱卿觉得有哪些人可推荐呢?"

"启禀皇上,微臣以为广东道监察御史潘远平可以选用!"

"皇上,老臣以为海南琼州府知府梁达是个人才,可选拔上来使用!"

"禀报皇上,山东布政使靳永山治政有方,可以调上来使用!"

……

听了万历皇帝的一番话，几位说话有些分量的阁臣和一些大臣赶紧向皇上举荐自己看中的人。

广东巡抚邓栋也在场。邓栋是个直臣，见这些人都在使劲推荐自己的亲信，丝毫不替大明江山社稷着想，心里难免有些气愤，赶紧走上前来禀告万历皇帝："启禀皇上，时下朝廷不是缺少大臣，而是缺少有才干而且忠于朝廷的忠臣良将，微臣以为，有一个人可以启用。"

"说说看，是谁？"邓栋的为人，万历皇帝有所耳闻，见他这个时候站出来举荐人，很感兴趣，便盯着他问。

邓栋不慌不忙地告诉万历皇帝："微臣要举荐的是十五年前致仕回乡、一直闲居在海南琼州府琼山县老家的海瑞。"

官场里虽说有不少人看不惯海瑞，但在邓栋眼里，海瑞这个人不仅是个正直可靠的大臣，更是个难得的治世人才，能替百姓和朝廷办事，又深得民心，皇上应该尽快让他出来替朝廷做事才对。

其实隆庆皇帝在世的时候，邓栋就向朝廷举荐过海瑞。隆庆皇帝也几次想重新启用海瑞，但都被首辅高拱和次辅张居正等阁臣给挡了回去。

邓栋觉得这是个千载难逢的机会，于是便上前请求万历皇帝重新启用海瑞。

"嗯，邓大人很有眼光，此人的确不错，忠耿老实，也很有能力，还深受百姓喜爱，是应该重新启用！"

"这人是很有能力，老百姓也喜欢他，但他个性太强，太直率，据说和他在一起的官员没有一个与他交好！"

"此人是太固执，但的确很有能力，不管是在淳安、兴国知县任上，还是在应天巡抚巡视大员任上，都干得风生水起，深得地方老百姓的爱戴！"

"正因为他性格直率不讲私情，他才敢向先皇进言，才会得罪高阁老、张阁老，还有徐阁老这些人！"

下面的大臣听到邓栋向万历皇帝推荐海瑞，开始议论起来，不少正直的大臣都觉得皇上应该重新启用海瑞。

"杨爱卿，你觉得此人如何？可以重新启用吗？"见大臣们议论纷纷，万历皇帝想听听他和首辅申时行的意见，于是便问吏部尚书杨巍。

见皇上点自己的名，杨巍赶紧走上前来。此人是经首辅申时行举荐，去年七月才任的吏部尚书。

"启禀皇上，微臣以为此人可重新启用。"杨巍也是个正直的官员，他知道时下朝廷急需用人，并且他也听说过万历皇帝几次想重新启用海瑞，只是因前任内阁首辅张居正从中阻拦才没实现。

"好，你退下吧！"万历皇帝说。

"谢皇上！"杨巍退下来。

万历皇帝将目光转向首辅申时行："申阁老，你的意见呢？"

申时行急忙走上前来。

申时行对海瑞的事有所了解，他也希望海瑞能复出到朝中任职，为朝廷做事，邓栋的举荐他很赞同，于是便对万历皇帝说："皇上，依微臣看，此人可以重新启用。"

"皇上，此人万万不可重新启用！"

正当万历皇帝要准奏的时候，旁边却杀出个程咬金。此人不是别人，是都察院的副都御史单柯。单柯是徐阶当年一手提拔起来的，他一直想找机会替徐家报仇。这下听说皇上要重新启用海瑞，赶紧站出来反对。

"为何不可启用？"万历皇帝问他。

单柯说："皇上还记得先皇在世的时候，此人备棺上奏的事吗？"

"当然记得！"万历皇帝没抬眼看他，而是伸手拿起案上的一本奏疏看起来。

单柯说："此人既然敢对先皇做出如此大不敬之事，微臣担心……"

"你担心啥？"万历皇帝将手上奏疏随意丢到案上，不耐烦地抬起头盯着他。

"微臣怕他也会……对……对皇上有不敬之举，望皇上三思！"单柯弯着腰低着头。

"是啊，皇上，微臣觉得单大人说得对，此人不可重新启用啊！"与海瑞有怨的一个吏部侍郎也走上前来。

"怎么？你也觉得海瑞不能重新启用？"万历皇帝盯着这个侍郎。

这个侍郎说："皇上，此人刚愎自用，做事过于张扬，无论是在地方上还是在京城，得罪的人都不少，这在朝中无人不知无人不晓，这样的人皇上若是启用了，怕众臣不服啊！"

"哼，张居正在的时候朕几次要启用海瑞，他百般阻拦，现在张居正死了，你们还来阻拦朕，这是何意啊？"万历皇帝气恼地质问单柯和这个侍郎。

"皇上息怒，微臣不敢！"见皇上发火了，单柯和这个侍郎赶紧朝他叩拜请罪。

万历皇帝怒着脸："好了，你俩下去吧！"

"谢皇上！"两人灰溜溜退下。

有个别大臣也想劝万历皇帝不要启用海瑞，见万历皇帝是这么个态度，也不敢吭声。

万历皇帝决定重新启用海瑞。

"若是让海瑞复出，你们觉得将他放到何处合适？"万历皇帝巡视着在场的大臣。

许多大臣不说话。

吏部尚书杨巍又走上前来："皇上，北京通政司左通政一职尚空缺，要不就让海瑞来替补这个职位吧？"

"既然这个职位空着，那就让他替补上吧。"申时行也表态。

万历皇帝想了一下，对杨巍和申时行说："要不这样，让他到南京都察院去任右佥都御史，二位觉得怎么样？"

"请皇上定夺！"听万历皇帝这么说，杨巍和申时行赶紧回答。

万历皇帝说："既是这样，那就请吏部代朕拟旨，待朕过目后马上下诏。诏书下后，吏部即刻派人通知海瑞速到南京就职，不得有误！"

"微臣这就去办！"杨巍回话。

"谢主隆恩！吾皇万岁，万岁，万万岁！"见皇上已经同意启用海瑞，邓栋和其他大臣赶紧替海瑞谢恩。

万历皇帝对杨巍说："好了，杨爱卿，你退下吧！"

"微臣告退！"杨巍退回群臣中。

随后，几位大臣又向万历皇帝举荐了一些人。万历皇帝审定后，吩咐吏部代他拟旨下诏。

"今日就议到这儿，散朝！"万历皇帝朝大臣们挥挥手。

在一片"恭请皇上回宫"声中，宫女和太监拥着万历皇帝回宫。

众大臣这才鱼贯而出，退出奉贤殿。

朝廷对海瑞的重新启用，一些正直的大臣很替他高兴，可那些和海瑞有嫌隙的大臣心里却非常不舒服，他们想办法阻拦他复出。

– 3 –

吏部尚书杨巍领旨后，回到吏部安排人草拟重新启用海瑞的圣旨。

经过几番折腾，万历十三年正月十日，朝廷正式下诏重新启用海瑞，让他去南京都察院任右佥都御史。

诏书一下，杨巍即刻派宣旨官骑乘快马到海南琼山海瑞老家宣读圣旨。

"圣……旨……到！"宣旨官到了海瑞家门口，跳下马来，取出皇帝圣旨拖长音调高声朝屋里叫道。

万历皇帝召集群臣商议用人之后，海瑞的同乡好友土弘海马上就写信给海瑞，将朝廷重新启用他的消息告诉了他，这下听闻有圣旨到，海瑞猜想一定是朝廷吏部给他送来了任命文书，便赶紧带着侍妾兰兰和仆人海安出来跪接圣旨。

"臣海瑞接旨！"海瑞低着头说道。

宣旨官展开圣旨，宣读："奉天承运，皇帝诏曰……钦命海瑞到南京都察院任右佥都御史一职，望海瑞接旨后，速到南京就职，不得有误！钦此！"

"谢主隆恩，吾皇万岁，万岁，万万岁！"

海瑞和兰兰、海安赶紧叩头谢恩。

"恭贺海大人！"宣旨官将圣旨递到海瑞手上，然后将他和他的家人扶起。

宣旨官进屋和海瑞交谈了一阵，给他作了些交代，在海瑞家吃了饭，便往回赶。

重新回到朝廷替皇上和老百姓做事，海瑞非常高兴，侍妾兰兰和仆人海安更是兴奋得不得了。

"老爷，这下你又有官做了！"兰兰笑着说。

"老爷，这下我们又可以回南京城了！"海安也笑得合不拢嘴。

海瑞平静地说："不就是回去做个官，替朝廷和老百姓办些事，有啥可高兴的啊？"

听他这么说，兰兰和海安不再说话，但二人心里还是挺高兴的，毕竟又可回到南京城这样的大城市生活，而且海瑞又有薪俸领，一家人的日子可以过得好一些了。

听说海瑞官复原职，马上要回南京城去任职，乡亲们都来替他祝贺。

"海公，你终于等来这一天了！"一位乡贤笑着说。

"我就说嘛，海公迟早要回朝堂的，你们看，这不应验了吗？"一个老者笑着对大家说。他的弦外之音是告诉人们，你们看，我的预测有多准啊！

"恭贺海公！"

"真替海公高兴啊！"

……

许多人向海瑞说恭贺的话。

之前劝海瑞不要再出去做官的那几个人也来了，见大家都在向海瑞祝贺，他们沉默着一言不发，等大家说够了，他们才开口。

"海公，我还是那句话，你都这么大岁数了还去做啥官呀？就这样过自己的清净日子不好吗？去了万一不小心又得罪皇上，到时候后悔都来不及呀！"

"是啊，海公，你就别去了，就在老家陪陪咱们几个吧？"

"你在官场几起几落，官场的险恶难道还看不明白？算了，就和咱们哥几个在这山野里过这闲云野鹤的日子算啦！日子是清苦些，但远离官场上的那些纷争，说话做事不用提防着人，有何不好？"

海瑞说："去不去做官由不得我，得听朝廷和皇上的，时下朝廷已下文书，不去就是违抗圣旨，老夫不得不去！"

"唉，既然你决意要去，咱们几个也留不住你，只是你去了要小心点儿啊！"一老者提醒海瑞。

另一老者也说："是啊，你就是脾气太直，啥都敢说啥都敢做。咱们虽说是山野之人，但也要懂得处事的绵柔之道，既然劝不住你，那你日后得改改这脾气，以免吃亏！"

海瑞说："谢谢几位的好意，我会注意的！"

重返官场对海瑞来说是件大喜事，他急于上任就职。待恭贺和劝说的人一走，他便对兰兰和海安说："你们赶紧收拾一下东西，朝廷催得急，过些时日就上路。"

"我这就去收拾！"兰兰说。

兰兰叫上海安去收拾东西。

要去南京任职了，可家人咋办？他们是去还是留？

晚上，海安问海瑞："老爷，夫人和我是跟您一道去南京还是留在这儿？"

"是啊，老爷，我们是留下来还是跟你一起走啊？"兰兰也问。

海瑞想了一下，说："我这一走，老家已经无人了，把你们留在这儿恐怕不行，这样，你们还是跟我一起去南京吧，大家在一起也好有个照应。"

"谢谢老爷！"

兰兰和海安听说老爷要带他们一起去南京，格外高兴。

– 4 –

万历皇帝向来器重海瑞，让海瑞到南京都察院任右佥都御史他觉得有点大材小用，想给他加官晋级，可让他去哪儿适合呢？

一日，他吩咐随侍太监："你去将申阁老和吏部的杨尚书叫来，朕有急事找他们商议。"

"奴才这就去！"随侍太监回万历皇帝的话，然后走了出去。

随侍太监出去后，万历皇帝陷入沉思中。他想，海瑞做事是有些呆板，性格也较为火爆，这是他的缺点，但也是他的优点。听闻南京那边官场甚是黑暗，官员贪墨成风，百姓多有怨言，若再不加以整治，恐怕真要乱成一锅粥了，得有个人去那儿替朕打理打理，我看他这性格就挺合适，不如让他到南京吏部任个三品右侍郎，让他好生替朕整治一下那里……

"皇上，这么着急召见微臣，有何急事呀？"万历皇帝的沉思被走进来的吏部尚书杨巍打断。

万历皇帝抬起头说："杨爱卿先坐下，待申阁老来了朕再跟你们两位说。"

"是！"杨巍找座位坐下等内阁首辅申时行。

"皇上，是关于哪方面的事啊？"杨巍是个急性子，坐下后又忍不住问万历皇帝。

"是关于海……"

"皇上，有急事？"万历皇帝正要告诉杨巍，首辅申时行走了进来。

见申时行来了，万历皇帝说："快来快来，朕有个急事找你俩商议！"

申时行见万历皇帝急慌慌的样子，还以为是边关又来了急报，赶紧问："皇上，这么着急把我俩召来，是不是关防又来报急文书了？"

"不是不是！"万历皇帝招招手示意他先坐下。

"那什么事这么急呀？"申时行边问走向座位。

万历皇帝说："朕觉得让海瑞去任这个右佥都御史有些大材小用了！"

"那皇上觉得应该让他去任何职才妥当？"杨巍抚摸着胡须。

申时行说："皇上，微臣以为，海瑞这个人做事较为呆板，不招人喜欢，在官场上微词颇多。皇上隆恩大开，让他复出去南京都察院任右佥都御史，就已经够他感恩几辈子了，咋能说是大材小用呢？"

杨巍接过申时行的话："海瑞这人做事是有些呆板，但很有能力，对朝廷和皇上忠贞不二，而且他心里装着百姓，无论到哪儿都替百姓办些实事，在老百姓中有很好的口碑。让他去南京做都察院右佥都御史微臣也觉得有些大材小用，的确是有点屈才。"

见万历皇帝和杨巍都觉得海瑞是屈才了，申时行问万历皇帝："那皇上觉得让他任什么职务才合适？"

万历皇帝说："朕听说南京的官场特别乱，官员贪腐严重，若再不加以严厉整治，怕是要出大乱子。"

"皇上的意思是……"杨巍用征询的眼光看着万历皇帝。

万历皇帝说："朕想让海瑞到南京吏部做右侍郎，官阶升为三品。南京吏部的尚书丘橓一时还到不了位，暂时就由海瑞代理尚书一职，让他放开手脚在那儿替朕整顿一下吏治，不知两位爱卿意见如何？"

"微臣以为，皇上这想法有道理，海瑞性格刚烈，脾气火爆，做事拉得下脸，南京官场复杂，要想整治那儿的贪腐问题，没有他这样的人怕是很难，微臣赞同皇上的看法。"杨巍率先表态。

申时行闷着不说话。

"怎么？申阁老，你觉得朕的想法不妥吗？"见申时行不说话，万历皇帝问他。

申时行不冷不热地回万历皇帝的话："既然皇上都这么说了，那微臣也没意见，就按皇上旨意办吧。"

见他这么说话，万历皇帝便问他："申阁老是不是有啥担心？"

"微臣的确是有些担心！"申时行实话实说。

万历皇帝说："说来听听。"

"皇上，海瑞这个人性格实在是太犟，遇事不懂得变通，南京吏部没有左侍郎，尚书丘橓又没到位，右侍郎是个重要角色，微臣担心提拔他任这个职后，会给皇上惹来不该有的麻烦。"申时行不无担忧地说。

万历皇帝笑着说："朕心中有数，申阁老不必担心这个事！"

"若是这样，那就好。"申时行说。

"既然都没意见了，那这事就这样定了！杨爱卿，回去后赶紧代朕草拟诏书，待朕下诏后即刻派人送达海瑞手中。"

"好，微臣即刻去安排！"杨巍从座位上站起来。

万历皇帝说："好了，你们回吧！"

"微臣告退！"

"微臣告退！"

二月十一日，万历皇帝下诏，改海瑞为南京吏部右侍郎，官阶升为三品，代理尚书一职。

吏部即刻派人骑乘快马，将诏书送给海瑞。

送诏书的人来到海瑞老家时，已经是三月上旬，有人告诉他，说海瑞和家人已经于十天前离开老家琼山，去南京都察院上任了。

送诏书的官员问清了海瑞一家行走的路线，掉转马头赶紧去追赶海瑞一家。

– 5 –

"你说什么？皇上提拔海瑞做南京吏部右侍郎了？不是说让他到南京都察院任右佥都御史吗？咋又变成了吏部右侍郎？"

"是有这么回事，不信的话你去吏部问问！"

"这吏部右侍郎官阶可是正三品，难道皇上又提拔他了？"

"是提拔他了，怎么，你觉得不对？"

"我真搞不懂，海瑞运气咋就这么好，十几年不出来，一出来就升官，我在南京吏部干了二十几年，还只是一个六品主事，你说这公平吗？"

"不公平又能咋样？有本事你去找皇上和北京吏部说去！哼，你干了二十几年，我没干二十几年？到现在老子还是个七品中书呢！"

"这海瑞，真是走运！"

"不是海瑞走运，是皇上太昏！"

……

万历皇帝提拔海瑞为南京吏部右侍郎的消息很快就传开了，南京吏部的两名官员听到这事，肺都快气炸了。

心里有气的肯定不只吏部这两名官员，南京其他部门和县上的一些官员听闻这事之后，也是一肚子气。有的说这万历皇帝是不是吃错药了，海瑞三番五次给他惹祸，到哪儿和同僚都处不来，可这皇帝小儿还一而再再而三地给他升官。有的甚至想弹劾海瑞，可又不敢，因为这是皇上亲自点的将，得罪海瑞就等于得罪了皇上，要是皇上怪罪下来，吃不了得兜着走。

南京官场这些乱七八糟的事情，很快就传到了京城。

万历皇帝听说此事，大为震怒，马上吩咐吏部和都察院派人暗中调查此事，一旦查实，就将这些官员交由吏部和刑部处置，轻则革职查办，重则打入监牢，借以警醒其他官员。

吏部和都察院得到皇上诏令，立即派人赶往南京开展调查。

调查核实后，即刻将先前吏部那两名议论朝政的官员抓捕，并交由刑部处置。

南京吏部两名官员被抓，其他官员皆胆战心惊，不敢再乱发声。

第42章　北上就职

　　临出发时，人们听说海瑞要带着家人徒步去南京城上任，有人替他担忧，也有人说他是想节省路费，可他不管这些，带着侍妾兰兰和仆人海安就上路了。

- 1 -

　　那日，在家收拾停当，告别乡邻和族人，海瑞带着侍妾兰兰和仆人海安徒步往南京城赶路任职去了。

　　从海瑞老家海南琼州府琼山县到南京城，不仅要乘船渡过琼州海峡，还要穿越好几个省份，就是乘坐马车，没个一月时间，要想到达也是不可能的，更不要说步行。

　　就算海瑞还不知道自己已经被皇上提拔为南京吏部右侍郎，以京师都察院右佥都御史身份，他也已经是朝廷四品大员，大明王朝的重臣和命官。按理说这样的朝廷大员出门，都是要带车马和随从的，再说他这时都已经七十二岁了，像他这个年纪的人，人们都要尊称为古稀老人，若无特殊情况都在家里享受天伦之乐，可海瑞却还要从南到北在路上辛苦奔波。

　　"怎么？他要带着家人徒步去南京上任？"
　　"这么远的路，居然带着家人走路去！"
　　"他这是想节省路费！"
　　"真是个老抠！"
　　临出发时，人们听说海瑞要带着家人徒步去南京城上任，有人替他担忧，也有人说他是想节省路费，可他不管这些，带着侍妾兰兰和仆人海安就上路了。

　　在琼州码头，海瑞和兰兰、海安带着简单的行李等候着对岸来的渡船。
　　天空中，一群大雁变着阵形朝北飞去。海瑞焦急地张望着来往的船只。此时，他多想变成天空中的那些大雁，早点儿飞到南京城。

"老爷，船来了！"海安见他们要乘坐的客船往岸这边驶来，朝海瑞叫道。

"哎，还真是我们要坐的船！"兰兰高兴地说。

"准备上船！"船快靠岸了，海瑞对海安和兰兰说。

客船刚靠岸停稳，人们便一窝蜂地争着往船上挤。

海瑞带着兰兰和海安赶紧跟着大家一起上船。船上的人哪知道，他们身边这位身穿粗布素服、毫无官架子的老人，竟然是即将到南京吏部上任的三品官员海瑞。

"呜……"

待人们都上了船，渡船轰鸣着驶向海对岸的码头，船的两边荡起一团团棉花般雪白的浪花。

"唉，又要离开这生吾养吾的故乡了！"一阵海风吹到脸颊上，站在船边的海瑞感慨万千。

"是啊，这一去，不知老爷还会不会再回来啊？"海安跟着感叹。

"你们看，这景色多美啊！"兰兰指着海峡两岸的景色，对海瑞和海安说。看得出，兰兰的心情非常愉快。

"嗯，这景色的确不错！"海瑞回应着侍妾兰兰。

"呜……"

渡船在海面上航行了约半个时辰，响起了几声拖长的笛鸣，然后在广东省雷州府徐闻县境内的海安码头缓缓停靠下来。

海瑞、兰兰还有海安，随着人群急匆匆走下客船。

"海安，这码头的名称咋和你名字一样？"兰兰发现这码头的名称和海安的名字一样，觉得有些奇怪，边走边笑着问。

海安笑着说："那夫人就当它是我吧！"

海瑞说："赶路，赶路，少开玩笑，这不过是个巧合，没什么奇怪的！"

见海瑞这么严肃，海安和兰兰不再说话，默默地跟着人群往岸上走。

上了岸，天色渐渐暗了下来。

"老爷，我看天色已晚，不如咱们就在这镇上歇一宿明日再走吧？"兰兰对海瑞说。

海瑞看了看天，便说："好吧，那就先歇一宿再走。"

三人来到镇上，找了个简陋的小店，准备住下。

"老爷，这店……"海安见这家店实在是太简陋，望着海瑞。

海瑞明白海安的心思，说："在哪儿不是睡觉？将就住吧，路程还远得很，得省些银两。"

听了海瑞的话，海安和兰兰默默地跟在他后面走进这家店里。

"老爷，晚餐吃些啥？"进店住下，海安问海瑞。

海瑞告诉他："一人要碗面吧！"

海安看了兰兰一眼，兰兰不好说什么，只好朝他点头。

吃过晚餐，三人聊了一阵，洗漱一番，各自上床休息。

在小店住了一宿，天刚亮海瑞就叫上兰兰和海安继续往前赶路。

-2-

海瑞带着兰兰和海安风餐露宿行走了一个多月，来到了江西与安徽交界处一个叫瑶里的小镇边上。

"歇会儿脚再走吧，我脚太疼了！"兰兰说。

海瑞说："前面是个小镇，到镇上再歇吧？"

"我这脚实在是太疼了！"兰兰带着哭腔。

见兰兰一副痛苦的样子，海安实在是不忍心，说："老爷，就让夫人歇会儿再走吧？"

一个多月来的连日步行，兰兰和海安有些撑不住了，可海瑞看上去一点事儿也没有，其实他不是不累，都七十二岁的人了，这么多天的长途跋涉他能不累吗？只不过他心里揣着一个美好的向往，这个向往支撑着他往前走。

见海安也这样说，知道他俩真是挨不住了，便说："好好好，那就歇会儿再走吧！"

三人在路边找个石礅坐下来歇脚。

兰兰将鞋带解开，把脚从鞋子里慢慢抽出。海瑞一看，兰兰的脚底起了几个血泡，怜香惜玉地说："对不起，兰兰，让你受罪了！"

"一个女人家，跟咱们两个大男人走这么多路，能不受罪啊？"海安说。

兰兰说海安："你咋这么说话？老爷这么大年纪了都没叫苦，咱们受这点苦咋就叫起来了？"

"对不起老爷，我知错了！"见兰兰批评自己，海安赶紧给老爷赔不是。

海瑞说："没事没事，我知道大家都很累！"

"老爷，我实在是撑不住了，干脆在这镇上歇一夜，明日一早再走吧？"兰兰央求海瑞。

"是啊，老爷，我这么个大男人都有点撑不住了，莫说夫人是个女的。"听兰兰这么说，海安赶紧附和。

海瑞知道路程还很远，便说："行吧，今晚就在这镇上歇一宿明日再赶路。"

突然，海安指着前方告诉海瑞："老爷，您看前面好像有个人骑着马朝咱们这儿奔来呢！"

"有人骑着马朝咱们这么奔来？他来干啥？"海瑞抬眼看前方。

海安摇摇头："我也不知道。"

兰兰也抬眼朝前方看，然后说："老爷，还真是朝咱们这儿来的！"

海瑞手搭凉棚往前再一探，那骑马的人真是朝这儿奔来。

"终于追上你们了，海大人！"

说话间，骑马的人来到了眼前，见了海瑞和兰兰、海安，赶紧跳下马来对海瑞说。

海瑞和兰兰、海安疑惑地看着来人。

"你是……？"

海瑞不知道这人是吏部派来给他送新任职文书的。

来人没有回答，而是跳下马从马背上的袋囊里拿出万历皇帝下的圣旨，面目严肃，高声叫道："海瑞接旨！"

听说是圣旨到，海瑞一惊，他在想：莫非又有人弹劾老夫，皇上又要罢免自己？

兰兰和海安也懵了：这是咋回事？皇上刚刚下诏叫老爷复出到南京做官，这还在去上任的路上，咋又来圣旨了，莫非又要罢免我家老爷的官不成？

不管怎么样，皇命比天大，海瑞抹了把头上的汗，赶紧下跪："臣海瑞接旨！"

兰兰和海安也赶紧跟着跪下。

来人是吏部派来的朝廷宣旨官，他展开圣旨，朗朗有声地念道："奉天承运，皇帝诏曰，鉴于朝廷急需用人，特命海瑞为南京吏部右侍郎，官阶正三品，因尚书丘橓还未到位，暂代其行尚书职责。此前所授南京都察院右佥都御史一职，自行免除，望海瑞接旨后速到南京吏部就任。钦此！"

原来是提拔不是免职，海瑞和兰兰、海安虚惊一场，待宣旨官念完，又急忙朝宣旨官叩头拜谢："谢主隆恩，皇上万岁，万岁，万万岁！"

海瑞接过圣旨。

"起来吧!"宣旨官朝他们叫道。

"谢大人!"三人又再次给宣旨官叩头拜谢。

待三人站起来,宣旨官这才问:"海大人,你这是怎么啦?这么远的路程你咋走路去上任?朝廷对上任官员都下拨了路费,你何必这么辛苦呢?况且还有夫人与他们同行!"

海瑞笑着说:"时下朝廷的日子也不好过,省一分是一分,不就是走点路吗?这没什么!"

"唉,海大人,要是朝廷的官员都像你这样替朝廷着想,那我大明王朝就有望喽!"宣旨官摇头感叹。

海瑞说:"让大人见笑,老夫不过是尽自己的一份绵薄之力罢了!"

"你是怎么知道我们在路上了呢?"海瑞突然问他。

宣旨官告诉他:"我从吏部拿到重新任命大人的文书后,便奉命骑乘快马赶往海南琼山。可到了你的老家,人们说你和家人在十多日前就走了,我便一路寻来,没想到在这儿追上了你们。"

"原来是这样啊,那真是辛苦你了!"海瑞赶紧说。

"海大人都没说辛苦,我哪敢说辛苦啊?"宣旨官随后说,"海大人,按朝廷要求,原先的任命文书我要带回去,你直接带着新任职文书去报到就行了。"

"行!"海瑞从行囊里拿出原来的任命文书交给宣旨官。

"好了,海大人,圣旨我已经送到,我得赶紧回去给杨大人和皇上复命,告辞了!"宣旨官朝海瑞拱手行礼。

海瑞和兰兰、海安急忙还礼并和他道别。

"老爷,刚才我和夫人还以为是皇上听了小人的谗言,又要免你的官呢?没想到是皇上给老爷加官呐!"待宣旨官一走,海安高兴地对自家老爷说。

"哎哟,刚才真是吓死我了!"兰兰心有余悸地说。

海瑞笑着说:"不要说你们,连我都以为是皇上又要罢我的官呢!"

"真的呀?"兰兰睁大眼睛望着海瑞。

海安笑着说:"想不到老爷也会这么想!"

"好了好了,咱们继续赶路吧!"海瑞说。

三人继续朝小镇走去。

这一夜,他们在这小镇上找了个简陋的小店歇了一夜。

见皇上又给自己升了一级官阶，海瑞心里有说不出的高兴。他觉得再不赶紧去上任，那真是对不起朝廷和皇上了。

"走，时间不早了，赶路！"

次日一早，海瑞催兰兰和海安继续朝南京方向赶路。

– 3 –

一晃就是两个多月。

一日傍晚，海瑞他们终于来到了南京城。

华灯初上，让本就繁华的南京城显得更加美丽和喧嚣。海瑞和兰兰、海安曾经在南京城住过，但那毕竟是十几年前的事了，如今的南京城可谓今非昔比，就是在夜晚也光彩照人，大街小巷人来人往络绎不绝，霓裳艳影随处可见。

"十几年不见，这南京城都变得快让人认不出来了！"看着五彩缤纷的南京城，海安不无感慨。

"是啊，变化的确是太大了！"兰兰也感慨起来。

海瑞摇摇头，伤感地说："繁华倒是繁华，但不知这繁华的背后藏有多少污垢啊？"

见老爷有些伤感，兰兰和海安不再说什么。

海安问海瑞："老爷，直接去吏部报到吗？"

"现在都已经是晚上了，谁还在那儿啊？"兰兰说海安。

海瑞说："是啊，现在吏部已经没人了，先找个小店歇着，吃点东西好好休息一下，明早再去报到。"

听海瑞这么说，兰兰赶紧附和："对，先找个店住下，明早再去报到也不迟，这样咱们也顺便逛逛南京城，欣赏一下南京城里的夜市！"

兰兰一脸兴奋。

"是啊，有好多年没看到南京城的夜市了，今晚得好生欣赏一番！"海安也很兴奋。

海瑞见兰兰和海安都想去逛夜市，说道："先去找店住下来，吃点东西再去逛也不迟。"

见海瑞这么说，兰兰对海安说："还不快去找店！"

"住好的店，老爷又嫌贵，住不好的店，又怕不安全，叫我上哪儿去找店呢？"海安摸着后脑勺嘀咕。

兰兰说："不就一晚上吗？海安，老爷的脾气你又不是不知道，住得下就行，把东西给我，快去找！"

海安把行囊递给兰兰。

"前面不就有一家旅馆吗？"海安眼尖，一抬头发现前面不远处有一家叫"方便客栈"的店，便对兰兰和海瑞说："老爷，夫人，你们等着，我先去那儿问问！"

海瑞说："快去吧！"

海安赶紧往前走去。

进了这家客栈，老板娘告诉海安，一人一晚上一钱银子。海安觉得有些贵，估计老爷不会同意，便又往前走问了几家，都比这家贵，就折回来了。

"老爷，我都问了，只有前面这家叫"方便客栈"的店便宜一些，其他家都很贵。我看过了，这家还不错，在街中心，上街很方便，就住这儿吧，老爷？"海安征求海瑞的意见。

"一晚上多少银子？"兰兰问海安。

海安告诉她："不贵，一人一晚上才一钱银子。"

"一钱银子还不贵，你是开银铺的吧？"海瑞瞪起眼睛说。

海安说："我已经打听过了，老爷，这家最便宜了，其他家比这家还贵！"

"那就住这儿吧？"兰兰用征询的眼光看着海瑞。

海瑞只好说："好好好，贵就贵点，时间不早了，就住这儿！"

于是，三人一起走进了"方便客栈"住下。

进屋洗漱了一番，海安问海瑞和兰兰："等会儿去吃啥啊？"

海瑞从包里摸出剩下的银子，数了数，有三两二钱，便说："吃啥都行，反正只有这点银子了，而且这几日还要开支，你们看着办吧！"

"啊？只有三两二钱银子了？"海安有些吃惊。

"是啊，就只有这点银子了。"海瑞说。

兰兰说："那就随便吃点吧！"

"老爷不是说这几日还要用钱吗？那就一人吃一碗凉面喽！"海安如霜打的茄子，怏怏地说。

见他这副表情，兰兰赶紧说："吃啥都可以，只要能填饱肚子就行，快去叫来！"

"卖凉面的摊子就在对面,干脆我们到那儿去吃吧?"海安说。

三人下了楼,直奔对面的凉面摊。

"三位是吃凉面吗?"

卖凉面的少妇问兰兰。

少妇年轻漂亮,海安和兰兰忍不住多看了两眼。

兰兰问少妇:"多少钱一碗?"

"一钱银子!"少妇微笑着回答兰兰。

"三碗三钱银子!"一旁的海安嘀咕。

海安的话被少妇听见了,她问:"要三碗是吧?"

兰兰告诉她要三碗。

"好,你们先找位子坐下,我马上给你们做!"少妇边拿碗边说。

兰兰和海瑞、海安在后面的一张桌子旁边坐下。

也许是这家的凉面味道不错,来这儿吃的人还真不少,旁边几张桌子都坐满了吃凉面的人。

"来,你们的!"卖凉面的少妇不仅人长得漂亮,手脚也非常麻利,三两下就将兰兰他们的凉面端上桌了。

兰兰和海瑞、海安各端一碗放到自己面前。

"佐料在桌子上,差啥你们自己放!"少妇说。

三人各自加了些佐料,便吃起来。大概是饿了,三人三两下就将凉面吞下了肚。

海安好像有些意犹未尽,看着旁边桌子上的凉面。

兰兰知道他还没吃饱,本想叫他再吃一碗,但怕老爷不同意,也就没说话。

"你们不是要去逛夜市吗?走吧!"海瑞没注意到海安的表情,吃完凉面对海安和兰兰说。

海安只好忍着饿跟着海瑞和兰兰去逛夜市。

— 4 —

南京城的夜市真是热闹,海瑞和兰兰、海安在城里转了一大圈。

海瑞此行是来南京城上任就职,当然没有闲工夫陪兰兰和海安到处游荡,他之所以上街，是想借此了解一下南京的社风民情。

灯红酒绿的南京城夜生活，让兰兰一时忘记了脚疼，逛了半天她还没逛够，还想再去逛。

海安说："夫人，回去吧，明日老爷还要去吏部报到呢！"

"这夜市太美了，真想再逛逛！"兰兰意犹未尽。

海瑞说："别逛了，时间不早了，早点儿回去休息，明日我还要到吏部报到。"

"还以为几位不回来了呢，我们都快要关门了！"三人刚回到客栈老板娘就说。

海安问她："时间还早嘛，咋这么早就关门？"

"客官你不知道，这南京城啊乱得很，特别是夜间，抢人的可不少！"老板娘低声说道。

"啊！还有抢人的？"听她这么一说，兰兰有些害怕起来。

听了老板娘的话，海瑞有些吃惊，问道："这南京城还有抢劫的？"

"有啊，昨天晚上就有对夫妇在前面被抢了！这些人光抢钱物还好，如果遇上女的，特别是那些长得耐看点的女人，还会被他们糟蹋！"老板娘说这话时眼睛往门外扫视了一圈，像是怕被那伙抢劫的人听见。

海安问她："出这种事官府不管？"

"哼，你还指望官家来管？我跟你说，兄弟，他们不勾结在一起就算好的喽！"老板娘摇摇头，显出愤怒又无奈的表情。

"官府的人还和这些抢劫的人勾结，不会吧？"老板娘的话让海安有些不相信。

老板娘瞟了门外一眼，对海安和海瑞他们说："你以为这官府的人都是好人啊？全是些吃人不吐骨头的杂碎！"

听老板娘这么说，海瑞知道老板娘肯定受过这些人的欺诈或者抢劫，便试探性地问："你咋这么恨官府的人呢？"

老板娘从桌子的抽屉里扯出一大把纸票："你们看看，这不是欺压老百姓是什么？你说我们能不恨这些人吗？"

海安见她拿出一大把纸票，问："这是些什么东西啊？"

老板娘问海安："你不识字？"

海安摆头："不识！"

老板娘正要告诉海安，海瑞拿起桌上的纸票仔细一看，见票面上印有"一两银"和"南城兵马司印制"字样，"一两银"是票面金额，"南城兵马司印制"是说这纸票是南城兵马司衙门印制的。

"这是咋回事？"海瑞问老板娘。

老板娘气嘟嘟地说："那伙人来我家住宿，从来不给银子，就撕几张这种纸票给你，说以后拿去兵马司衙门里找他们兑换银子，可等你去找他们兑换的时候，他们却总是推说没银子，叫你等以后衙门有了银子再来，可你去八次十次他们都是这样说，从来没有谁兑过银子，你说，这不是明着抢吗？"

"就没有人去官府告他们？"海安问。

"告？自古以来官官相护，你找谁告去？"老板娘一脸无奈。

兰兰说："南京城还有这种事，这也太乱了吧？"

海瑞又问老板娘："这些人缘何这么张狂？"

"哼，有兵马司在后面给他们撑腰，这些人能不张狂吗？"老板娘说。

"兵马司的人在后面给他们撑腰？"海瑞一下子明白是怎么回事了。

原来，朝廷为了加强对南京城的管理，和京城一样将南京城分为五城，即东城、西城、南城、北城和中城，并在五城都设立了兵马指挥司。各城兵马指挥司的品级为正六品衙门，官员均设了正指挥、副指挥长官，还有吏目等。这些兵马司相当于当地的卫戍区警备司令部，不仅负责当地城防，还负责当地的治安管理，权力很大。

起初，兵马司的人还派人上街巡逻维护社会秩序，老百姓还称赞他们。后来，兵马司的人也开始想办法捞钱，但他们又不敢直接出面，于是就勾结当地的黑帮，让这些人去替他们敲诈勒索当地的商户和居民，而这些黑帮人员敲诈盘剥来的钱财，如数上缴给兵马司，兵马司再按约定给他们提成。

为了忽悠老百姓，各城兵马司均私自印制了有自家标记的印纸票，然后由黑帮人员拿着印纸票，到各自管辖的区域范围内向沿街商家和居民家里强拿东西，走时撕几张印纸票丢给人家了事，不管你同不同意，遇到有反抗的人家，这伙人便大打出手。

因为有兵马司在后面撑腰，这些黑帮人员可说是无恶不作，商户和居民怨声载道，但没有人敢惹他们，只能是能躲避就躲避。这样一来，不少开商铺的人家连生意也不敢做，一到晚上就早早把门关了，有的甚至逃到外地。

海瑞问老板娘："像你家这种情况，其他人家遇到过吗？"

"当然遇到过,不信你们去问问那些店铺的老板,或者是街道上这些住户,看他们谁家没遇到过这种事!"老板娘说。

"军爷,求你们了,我这小店小户的做这点生意不容易,求你们放过我吧?"老板娘话刚说完,就听到对面不远处一家店铺的老板在向一伙人求饶。

"你喊叫什么?老子又不是不给你钱,只是让你赊着等兵马司有钱了你再拿去兑换!"一个满脸横肉的弓兵蛮横地对店铺老板说。

店铺老板一再央求:"军爷,你们经常来拿东西,我这小本生意实在是撑不起啊!"

"你这不识抬举的东西,再闹老子以你妨碍军务将你抓了!"另一个弓兵瞪着眼吼店铺老板。

……

"你们瞧瞧,这伙恶魔又在那儿强拿人家东西了!"老板娘望了那边店铺一眼,低声说道。

"走,过去看看!"海瑞对海安说。

兰兰有些害怕,颤抖着身子说:"老爷,你刚来,不熟悉这儿的情况,还是不要去吧?"

"老爷,您看这伙人那个凶样,您还是别管这个事吧?"海安看着海瑞。

老板娘也劝海瑞:"这位客官,你都这把年纪了,劝你还是别去招惹这伙人,去了他们将你打伤或者打出人命,你就是白挨,没人管得了这些人!"

海瑞青着脸说:"难道就让这伙恶人这样作恶不成?"

"老爷,等您上任了再去管这个事也不迟。"海安劝说他。

听海安说"上任"这两个字,老板娘有些吃惊,低声问海瑞:"你是来这儿做官的?"

海安告诉她:"我们家老爷受朝廷指派,来这儿的吏部做右侍郎。"

"啥右屎狼左屎狼啊,我听不懂!"老板娘说。

海安赶紧笑着给他解释:"不是右屎狼,是右侍郎。"

老板娘摇摇头,还是不明白。

"我这样跟你说吧,我家老爷这个官啊,就相当于吏部衙门的第二大官,在南京吏部,除了尚书大人他就是最大的官,而且我们家老爷还是皇上亲自点的将!"海安一再给她解释。

"原来是这样啊!"老板娘似懂非懂,随后又问海安,"你们家老爷这官大吗？管得了这伙恶人吗？"

海瑞接过话："不大，不大，但管这些人还是可以的。"

"那就好，那就好，你替我们管管这伙恶魔，不要让他们再来祸害咱们老百姓了！"老板娘听海瑞说能管这伙人，高兴地对他说。

海瑞看着老板娘，说："放心吧，到时候老夫会让这伙恶人受到惩罚的！"

"你若能替咱南京城的老百姓治治这伙恶魔，大伙儿一定会给你烧高香！"老板娘有些激动。

海瑞说："烧高香倒不用，因为这是老夫的本职！只是你得告诉老夫一些细节。"

"行行行，请到屋里细聊！"老板娘说完将海瑞请进里屋，兰兰和海安跟着进去。

进屋坐下，老板娘对海瑞说："适才只顾说印纸票这事了，还没请教几位尊姓大名呢！"

"他是我们家老爷，姓海名瑞，这次是受朝廷指派前来南京吏部任职的！"海瑞刚要说话，海安却抢先介绍。

"哦！"老板娘高兴地点了下头。

"这位是我家夫人，姓邱，名兰兰。"海安转向兰兰。

"哦！"老板娘又点了下头。

"我叫海安，是老爷家里的仆人。"最后，海安自我介绍。

"哦！"老板娘再次点头。

"这伙恶人是从啥时候开始骚扰大家的啊？"待海安介绍完了，海瑞将话引入正题。

老板娘说："时间太长喽，都记不清了！"

"这伙人是不是经常来你这儿住宿？"海安问她。

老板娘说："隔几天就来！他们来住宿，临走撕几张这种没用的票给你，就大摇大摆地走了，而且你还不敢说！"

"这不是……"

"我们家还算好，大不了不挣他们的钱贴补点水，白给他们住算了，可那些开店铺的，人家的东西是买来卖的得花本钱，他们拿走东西一分钱不给，就撕几张这种哄人的纸票，人家可是要贴本儿的呀！还有那些寻常人家，好不容易养大一只鸡或鹅，这伙土匪一来，捉了撕一两张印纸票给人家，拿着就走了……"

海安正要说话，老板娘抢着一口气说了好一阵。

"这不是明抢吗？"海安气愤地说。

兰兰摇摇头，感叹道："这南京城里居然还有这种人，我的天呐，真是乱得不像样了！"

"真是强盗、畜生！看老夫以后怎么收拾你们！"海瑞怒气灌顶。

海安问海瑞："老爷，那伙恶人已经走了，要不要先去问问那店家，看是什么情况，顺便收集些证据？"

"走，去看看！"海瑞说。

海瑞、海安，还有兰兰，一起来到那家店铺。

"老板！"到了这家店铺，海安向老板问候。

"你们是……"

海瑞一行都粗布素服，老板迟疑地打量着他们。

"这是我家老爷，他是刚来上任的南京吏部右侍郎。"海安赶紧给店铺老板介绍。

"当官的都没一个好东西！"老板刚刚被那伙人抢东西，余怒未消，见海安说他老爷是当官的，便气愤地骂道。

兰兰见了，赶紧温和地对老板说："你误会了，我们家老爷与刚才那些人不一样，他是受朝廷派遣到这儿来做官的，今日来晚了，要明日才去吏部报到，适才见你遭那伙人抢，才过来打听一下情况，日后好替你出这口恶气。"

"你说的是真的？"老板一下转忧为喜。

海安说："骗你有啥用啊？"

"官爷若是能替大伙管教管教这伙人，我周安给你磕一百个响头！"老板不相信似地看着海瑞。

"磕头倒不用，但你放心，周老板，这事老夫管定了！"海瑞看着老板说。

见海瑞这么说话，周安赶紧说："谢谢官爷，谢谢官爷！"

海瑞向他打听了他和其他人家被那伙人抢的情况后，叮嘱他："你们写好控告材料，拿上这些纸票，两日后到吏部来找我。"

"一定，一定！"周安急忙答应。

随后，海瑞和兰兰、海安告别周安，回客栈去了。

"撕几张废纸给人家就拿走人家东西，实在是无法无天！"路上，海安气愤地说。

兰兰使劲地摇头："长这么大还没见过这种事情！"

"好了，别议论了，回去休息！"海瑞说兰兰和海安。

几人回到旅馆洗漱一番，便休息。

躺在床上的海瑞翻来覆去睡不着，看来，这南京城的确有些不太平，自己肩上的担子真是不轻呀！

次日一大早起床随便洗漱了一下，海瑞就去吏部报到了。因为还没有落脚之地，兰兰和海安也跟着他去吏部。

十多年前海瑞就在南京城做过官，虽说这些年这儿发生了许多变化，但他很快就找到了吏部所在地。

"你说啥？这活阎王马上就要来咱们南京吏部任职了？"

"没错，听说还是正三品右侍郎呢！"

"他不是到都察院去做右佥都御史吗？咋又来咱们吏部了？这是谁出的馊主意？"

"谁出的馊主意？除了皇上还有谁？皇上要他到哪儿，他就到哪儿！"

"怕啥来啥，怕这活阎王来，他还真来了！"

"他来吏部事发突然，你没听说？都察院那帮人早就吓得腿软了！"

海瑞要来吏部任右侍郎的消息，头几日就在南京吏部传开了。他们刚走进吏部，就听到有人在议论。

海瑞装着没听见，带着兰兰和海安走进吏部衙署。

"海大人，您来了！"堂主事李享眼尖，见海瑞一行走了进来，一边赶紧使眼色给其他人，一边大声和海瑞打招呼。

在场的几个人赶紧站起来和海瑞、兰兰、海安他们打招呼让座。

朝廷已经告知海瑞，尚书丘橓因事还没来吏部上任，这段时间吏部就由他来主政。本来只是让他来协助尚书的，这下他变成了吏部的当家人。

海瑞暗想，自己得趁丘橓还没到任这段时间，放开手脚大干一番。

"衙署里有哪些人在？"海瑞问衙署里在场的人。

"都在！"李享赶忙回答。

海瑞对海安说："把吏部的任命文书给我！"

海安从行囊里取出任命文书，恭敬地递给海瑞。

海瑞将任职文书展开看了一下，递给坐在旁边的李享："你将它存档，老夫今日就算是报到了。"

"是!"李享恭敬地从海瑞手上接过文书。

海瑞告诉李享和其他官员:"朝廷已下文,新任尚书丘橓丘大人因有事到不了,吏部暂由老夫来主持。"

李享对海瑞说:"海大人,那就先去看一下您的办公地点吧?"

"行!"海瑞说。

李享先带他到尚书办公的衙署。

进了衙署,李享对海瑞说:"海大人,尚书大人还没到,您就先在这儿办公吧!"

在办公衙署随意看了一下,海瑞问李享:"右侍郎的办公衙署在哪儿?"

"就在旁边!"李享告诉海瑞。

海瑞叫人带他去看看。

一行人又跟着李享和海瑞来到右侍郎办公的衙署。

进了右侍郎办公衙署,海瑞环视了一下,说:"好,我先在那边办公,待丘大人一到,我马上就搬过来!"

随后,海瑞又随李享等人回到吏部的办公衙署。与他们简单聊了一下,海瑞站起来对李享和其他官员说:"老夫刚来,得去安排一下住的地方,明日正式上任!"

"海大人不远千里赶来上任,路途劳顿,先休息几日吧!"李享一脸讨好地说。

"是啊,海大人,您还是多休息几日吧!"其他官员也跟着说。

海瑞严肃地说:"不用,老夫明日就正式上任,望各位也准时到场,切莫耽误了公事。"

"是!"在场的官员赶紧回答。

然后海瑞三人走出吏部办公衙署。

出了吏部大门,兰兰说:"老爷,我发觉这些人好像不太欢迎您呢!"

"是这么回事!"海安附和。

海瑞说:"别管他们!"

见老爷这样说,兰兰和海安不再说话。

三人去城中寻找居住的房子。

最后他们在离吏部不远的地方找了一个四合小院,一家人就住在这儿。

第43章 惩戒部属

海瑞接着说:"为了惩前毖后,今日本官要效仿高皇帝,杖打吕天鹏二十大板,以示惩处,同时以警醒在场的各位,千万不要再蹈此覆辙。今日本官把话搁在这儿,如若今后还有人敢犯,本官绝不轻饶!"

- 1 -

次日,一大早海瑞就来到了办公的衙署。

"海大人,您看还需要些什么办公用的物品吗?如果需要,我这就安排人去买!"海瑞到衙署还没坐下,马上就有人来问这问那。这人不是别人,就是吏部的堂主事李享。

"暂时不需要!"海瑞说。

李享说:"那下官先下去了,要有啥事叫下官就是!"

海瑞查阅了一些资料。下午,李享来跟他说:"海大人,下午没什么安排吧?"

"什么安排啊?"海瑞被他说懵了。

见他没听懂自己的意思,李享笑着说:"海大人,您刚来,刚才其他几位同僚和下官商量了一下,准备晚上请您和夫人吃顿饭,也算是给您接一下风。"

海瑞沉下脸说:"来上班就上班,接什么风啊?以后这种请客的事情谁也不能做!"

见海瑞一脸严肃,李享赶紧说:"下官知错,下官再也不敢了!"

海瑞说:"你去告诉大家,饭老夫会自己回家去吃,不用你们操心。"

"下官一定告诉大家!"李享低着头。

见他一脸惶恐,海瑞说:"好,你下去吧。"

李享赶紧走了。

"怎么?他连这个面子都不给兄弟们?"李享把海瑞的话转达给那几个官员,一位郎中听了不高兴地说。

一司吏黑着脸说:"不给面子就算了,请他吃咱们还得花钱,这下倒好,钱也不用花了!"

一位员外郎说:"哼,真是不识抬举,请他吃顿饭还不给面子!"

"唉,我看咱们遇到个难处的头儿了!"另外一个司吏叹息。

李享对大家说:"海大人不接受大家的邀请,肯定有他的苦衷,好吧,既是这样大家就各自回去吧。"

李享等人各自散去。

李享和那些官员被拂了面子,心头肯定不舒服,可他们也知道海瑞的厉害,不敢乱说什么,只是在心里头暗中怨恨海瑞。

这是海瑞复出后第一天到南京吏部上班遇到的一个小插曲,也就是说,海瑞一来南京吏部上班就得罪人了。

– 2 –

海瑞的老乡王弘诲早已调来南京,这时在南京礼部任右侍郎,他听说海瑞已经来南京都察院上任了,便到南京都察院去找海瑞。

王弘诲来到南京都察院,一问才知道海瑞没来这儿,而是到南京吏部任右侍郎去了。王弘诲更是高兴,赶紧奔南京吏部去找海瑞。

"哎呀海老,您终于又出山了!"王弘诲急匆匆来到南京吏部,正好遇上海瑞从衙署里走出来。

"弘诲,你怎么也在这儿?"王弘诲的出现,海瑞感到有些突然。

王弘诲笑着说:"我听说海老已经来南京了,特意来恭贺您呀!"

"这有啥好恭贺的啊!"海瑞说。

王弘诲说:"海老回乡十六年,这下皇上让您重新出山,当然是值得恭贺了!"

海瑞笑着说:"这都是托皇上的福!"

"可晚生得到的消息是说您到南京都察院任右佥都御史,怎么一下子又跑到吏部来了呢?"王弘诲不解地看着海瑞。

海瑞笑着说:"走,到衙署里我再慢慢给你说。"

王弘诲看着他:"您不是有事要出去吗?"

"无妨,无妨,也不是啥大事,待会儿再出去也不迟!"海瑞说。

王弘诲跟着海瑞来到他的办公衙署。

"海老,这是……"见海瑞将自己领进吏部尚书的办公衙署,王弘诲以为是他领错了地方。

见他很疑惑，海瑞赶紧给他解释："尚书丘橓还未到任，朝廷叫我暂时主持吏部政务，也就暂时先在这儿办公。"

"哦，原来是这么回事，我还以为走错地方了呢！"王弘诲笑着说。

二人刚坐下，一下属将茶送来。

"晚生得到的消息，是说让您到南京都察院任右佥都御史，咋又让您到吏部来了呢？"王弘诲喝了口茶问道。

海瑞笑着告诉他："没错，起初皇上是让我去南京都察院任右佥都御史，可不知怎么突然又叫我来吏部任右侍郎了，我也是在来的路上才接到皇上改任的圣旨的。"

"恭贺！恭贺！恭贺海老复出并官升正三品！"王弘诲朝海瑞双手抱拳一拱。

"这也没什么，也就是给我一个替老百姓和朝廷做事的平台而已！"海瑞谦虚地说。

王弘诲一脸严肃："海老复出，既是民之所盼，也是朝廷所幸，相信海老出山后定会有大作为。"

海瑞说："大的作为不敢说，但我定会尽力而为。"

"海老这是谦虚，晚生清楚，海老一向做事敢作敢为雷厉风行，南京官场昏暗，贪官污吏横行，老百姓怨声载道，晚生相信海老的到来，南京官场定会有个崭新的面貌。"

王弘诲既气愤又欣慰，他气愤的的是，朝廷腐败，南京官场过于昏暗，欣慰是，海瑞来到了南京，而且是大权在握的吏部右侍郎，时下还主持着吏部的政务，他定会对南京官场来个翻天覆地的整治。

"怎么？你也觉得这南京的官场有问题？"听王弘诲这么说，海瑞盯着他问。

王弘诲摇摇头："不只是有问题，问题还大着呢！"

"说说看。"海瑞看着他。

"之前听人说起南京官场的黑暗，晚生打死也不相信，可自从晚生来到南京后，晚生亲闻……"王弘诲将他来南京所看和所感向海瑞和盘托出。

"看来这南京官场真得整治不可了！"听了王弘诲的述说，海瑞感叹道。

他突然问王弘诲："我还没问你，你咋也来南京了？什么时候来的？在哪儿高就？"

"这事说来话长，一言难尽！"王弘诲叹息道，"自从那年和海老离别后，晚生后来又在翰林院做检讨。万历五年，朝廷让晚生改任会试同考官总裁，晚生修纂《实录》进呈皇上御览，没想到皇上一高兴，便授予晚生翰林院编修一职。可在此期间，首辅张居正当权，他不问晚生政绩如何，对晚生百般挑剔和打压。"

"这张居正真没做过一桩好事！"提到张居正，海瑞就来气。

王弘诲接着说："海老知道，晚生也是性格刚正，对张居正不服，于是晚生在万历八年写了《火树篇》和《春雪歌》两篇文章，嘲讽揭露张居正。此后张居正更加怨恨晚生，暗地里报复，万历九年，他将晚生降调为北雍园国子监司业。"

"可恶，这人真是可恶！"海瑞气愤地骂道。

"直到万历十年，皇上查抄了张居正的家，张居正一伙垮台，朝廷才又将晚生提升为南京国子监祭酒。年初，又将晚生调到南京礼部任右侍郎。"

"官都做到正三品了，恭贺，恭贺！"听说他在南京礼部任右侍郎，海瑞替他感到高兴。

"晚生不才。"王弘诲十分谦虚。

海瑞说："正三品朝廷命官，已经很不错了，况且你还年轻，前途无量。"

"谢谢海老夸奖！"王弘诲说。

海瑞说，闲居琼山这么多年，真没想到自己还能复出。

王弘诲说："海老在老家海南琼山的事，晚生也略知一二。晚生知道，海老替朝廷和百姓办事的心一直未放下，只是恨朝廷内阁奸人当道，先皇和皇上几次想启用海老，都被高拱和张居正挡了回去，这次复出，实在是件高兴事。"

"这张居正，不但不帮老夫，还派人到海南琼山对老夫进行廉察，所幸老夫不是贪财之人，无把柄落到他人手上，要不老夫恐怕也落入他手里了！"海瑞叹息道。

王弘诲说："假圣旨一事幸好查清，要不海老真要惨遭他张居正的毒手！"

"假圣旨这事你也听说了？"海瑞问。

王弘诲说："北京、南京都传得沸沸扬扬，哪儿能不知道啊？"

"身正不怕影子斜，老夫没做这种事，任由他怎么查老夫也不会怕！"海瑞一副坦坦荡荡的样子。

王弘海问："海老，对张居正这个人您怎么看！"

"工于谋国，拙于谋身。"海瑞用八个字评价张居正。

王弘海沉思着点了点头："海老评得精当。"

随后，二人就当下朝廷和南京官场上的一些事情和现象聊了起来。

说起南京官场上的事，王弘海不无担忧地说："海老啊，您来吏部任右侍郎，晚生觉得这既是好事也是坏事。"

"咋这么说呢？"海瑞看着他。

王弘海说："海老在老家闲居十六年，这十六年，朝廷和南京官场变化可大了。就拿当下来说，这朝廷和南京的官场，可说是腐败到了极点！"

"嘘！"海瑞伸出一根指头，示意他小声点，谨防隔墙有耳，然后压低声音问："有这么严重？"

"您过不了多久就能体会到了！贪官污吏成片，到处充斥着钱权交易，敲诈勒索百姓的事时有发生。特别是那五城兵马司，仗着有南京兵部护着，京城有人撑腰，擅自印制印纸票，并指使社会上的地痞流氓拿着一文不值的印纸票去买东西、住旅馆，说是过后可拿去他们那儿兑换银子，可人家拿着印纸票去兑换，他们却老是推说没有银子，说白了就是骗人，是明抢！"王弘海气往头顶上冒。

海瑞点了下头："这事老夫来上任的头晚上已看到了。"

"海老您说，他们这伙人是不是明抢？"王弘海气愤地问。

"让这些人再作恶几日，待老夫收集好证据后再收拾他们。"海瑞说。

王弘海说："但愿海老能替这里的老百姓出这口恶气。"

"一定会的！"海瑞态度非常坚定。

"好，海老，您有事晚生就不耽误您了，咱们找个时间再细聊！"王弘海怕耽误海瑞办事，聊了一阵便告辞。

"行，那你慢走！"海瑞和王弘海道别。

海瑞也赶紧出门去办事。

— 3 —

海瑞上任才几日，便有人来家里给他送礼了。

海瑞心里明白，在这些送礼的人当中，少部分是真心诚意来祝贺，更多的人是为了巴结讨好自己,日后想要自己在职务晋升或其他事情上给予他们一些关照。

不管是谁送的礼,海瑞一概拒绝,哪怕是再好的朋友他都不收。他觉得,就是再穷也不能给这些投机取巧者机会。

"老爷,又有几个人来送礼了!"一日,海瑞刚从外边回到家里,小妾兰兰就说。

海瑞挥着手说:"通通叫他们拿回去!"

"不是,老爷,他们……"兰兰欲言又止。

海瑞见她欲言又止,便问:"他们怎么了?"

"他们把东西放下就走了!"兰兰一副为难样。

海瑞有些生气,责备兰兰:"你咋不让他们拿走?"

"我说了,可他们不听。"

"老爷,夫人没说错,这些人真是放下东西就走了!"一旁的海安见了,也说。

还有这种事?送礼放下东西就走,连名字也不留。海瑞一脸肃然,他觉得这里边有问题。

"东西在哪儿?"

兰兰告诉他,在那边屋子里。

"走,去看看!"海瑞说。

海瑞跟着兰兰和海安来到放礼品的屋子,见里面堆了不少东西。

海瑞见桌上有个精致的沉香小木匣,知道里面一定装有贵重东西。他走过去拿起来打开锁一看,里面躺着对金元宝。再往下一看,金元宝下面垫着张小字条。

海瑞拿起纸条仔细一瞧,上面用毛笔写着一行小字:今奉上金元宝一对,请海大人笑纳,望日后多加关照!落款是南京工部都水司员外郎何灵。

海瑞"啪"的一声将木匣子关上,放回原处。

有一个装字画的长筒,海瑞拿起从一头扭开筒盖,抽出里面装的字画。海瑞和海安摊开字画一看,画面上是矗立的山头、如练的飞瀑、杂树丛生的山丘、掩映于树后的楼阁、潺潺的流水、山路上行进的驮马……

从画风来看,这幅画的意境深远,笔墨也雄浑有力。

"嗯?这不是北宋山水画大师范宽的《溪山行旅图》吗?"海瑞一惊。他虽不是画家，但像这样的山水名画还是多少了解一些。

这是谁送来的呢？海瑞拿起画筒，将敞口的一头往下抖了抖，一张字条掉了出来。

海安弯腰将字条捡起来递给海瑞。

"奉上名画一幅，请海大人笑纳！"海瑞接过一看，字条上写着一行字，再一看落款，是江苏镇江府通判吴江龙。

海瑞将画卷起，插回画筒。

海安问："老爷，这画值钱吗？"

"不值钱他还送来？"海瑞没好气地说。

海安不敢再说话。

海瑞又看了其他礼品，有青花瓷器、珠宝之类的。他知道，这些礼品中都夹有一张字条。这些纸条上的内容大同小异，都是说明所送礼物的名称、数量，最后九九归一，要求日后提携关照。

"哼，为了升官，这些人真是舍得花血本，可老夫就不吃你们这一套！"海瑞哼了一声，说道。

他吩咐兰兰和海安："明日你们将这些东西原封不动地退回，一件也不许留！"

"是，老爷！"兰兰和海安低着头。

海瑞又叮嘱兰兰："以后不管谁来送礼，一律不准进门！"

"知道了，老爷！"兰兰回答。

次日，兰兰和海安按照送礼人的职务和名称，打听好地址，一一将礼物全部退了回去。

有几位在外地供职的好友听说海瑞复出了，而且官升正三品，因公事繁忙来不了，便通过驿吏将礼物给他寄来。海瑞见到礼物后，写了张字条放在礼物中，说心意已领，礼物送回，叫驿吏将礼物送还。

海瑞为刹住送礼这股不正之风，来南京上任十日，便亲自起草颁布了《禁革积弊告示》，以此来规范南京官员的从政行为，消除官场上的各种积弊。

海瑞在《禁革积弊告示》中规定，禁止官员借职务升迁之机请客送礼，防止下属巴结上司和官员借机敛财，避免滋生官场腐败。同时，也不许民间相互请客送礼，造成不必要的浪费，提倡勤俭节约，等等。

海瑞还向万历皇帝上了一道名为《治安疏》的奏疏，准备对南京各个衙门的不良积习和腐败问题来一场彻底的清理整治。

– 4 –

《禁革积弊告示》一贴出来，官场上请客送礼这股歪风倒是有所收敛，但也有人要来撞这个枪口，而且是撞在海瑞的枪口上。这个人是吏部的一名御史，是海瑞的下属。

这人名叫吕天鹏，刚从一个知府调到南京吏部，以前也没接触过海瑞，不知道海瑞是个什么性格的人。吕天鹏觉得海瑞是他的上司，想和海瑞套套近乎，好让他日后多关照一下自己。一日，吕天鹏事先没征求海瑞的意见，就在南京城东街找了家很上档次的馆子，包了桌酒席，还请了一些陪客，准备晚上好生宴请一下海瑞。

"海大人，等会放衙先别回家了，下官已经在东街一家馆子订下酒宴，请您喝两杯！"下午快要放衙的时候，吕天鹏来到海瑞办公的衙署，笑着对他说。

"你说什么？本官刚刚出台了《禁革积弊告示》，你就要请本官去大吃大喝，你这不是明摆着跟本官唱对台戏吗？难道本官出台的告示是一张白纸一堆废话？"听吕天鹏说要在馆子里大摆酒席请他吃喝，海瑞对他大发雷霆。

海瑞觉得吕天鹏是有意和他作对，马上叫人把他抓起来，然后打发人知会吏部的职员一起来议事厅开会。

他要狠狠整治一下这个不识时务的御史。

吏部的职员很快集中到议事厅，他们不知道上司急急把大家召来这儿做什么，大家面面相觑，谁都不说话。

见人都到齐了，海瑞扫视了一下全场，然后严肃地问在场的人："你们知道高皇帝的杖御之法吗？"

职员们低着头，一个也不敢抬头看他。

见大家都不说话，海瑞又说："你们都不知道是吧？不知道，那今日本官就让你们见识见识。"

随后，他朝旁边一道门里喊道："给本官把他押出来！"

海瑞话音刚落，有人将吕天鹏押了出来。

吏部的职员们一看，个个都傻了眼：啊？这不是吏部的御史吕天鹏吗？他到底犯了什么王法，海瑞要将他绑到这儿来示众。

海瑞对吏部的职员们说:"你们不是不知道高皇帝的杖御之法吗?本官今日就给你们说说。高皇帝在位的时候,时常对那些大行铺张的御史进行杖责,一是让犯事的御史汲取教训,二是让其他人受到警诫。这位御史大家可能都知道,他就是我们南京吏部的人,名叫吕天鹏,你们都认识吧?"

不等吏部的职员们说话,海瑞又说:"大家一定会觉得奇怪,今日本官缘何要将吕天鹏绑到这儿。那本官告诉你们,此人准备今晚在东街一家馆子大摆酒席宴请本官。作为吏部的一名御史,吕天鹏不知节俭,反而大肆铺张浪费,真是不觉得可耻。诸位都知道,本官刚刚颁布了《禁革积弊告示》,作为吏部言官,吕天鹏不但不带头执行,反而顶风作案,请问诸位,该不该惩罚?"

下面的人你看看我,我瞧瞧你,闷着不说话。

海瑞接着说:"为了惩前毖后,今日本官要效仿高皇帝,杖打吕天鹏二十大板,以示惩处,同时借以警醒在场的各位,千万不要再蹈此覆辙。今日本官把话搁在这儿,如若今后还有人敢犯,本官绝不轻饶!"

海瑞说完,朝旁边叫道:"来人,给本官杖打他二十大板,看他日后还敢不敢再宴请人!"

"海大人饶命,卑职再也不敢了!"吕天鹏赶紧求饶。

海瑞不管吕天鹏如何求饶,沉着脸朝下面的衙役命令道:"护法!"

啪,啪啪,啪……

两根法杖交织着打到吕天鹏身上。

"哎哟,疼死我了!哎哟,海大人,您就饶了卑职吧,卑职再也不敢了!"吕天鹏可怜巴巴地望着海瑞。

海瑞仍没理他。

在场的吏部职员,不少人吓得面如土色。一位御史悄声问身边的同僚:"他还真打啊?"

同僚说:"这才开始,厉害的还在后头,张公,我劝你还是注意点儿,别让海阎王抓到什么把柄,省得到时候吃不了兜着走!"

"哼,这是啥上司?连自己属下都不放过!"

"放过?放过他就不叫海阎王了!"

下面的职员窃窃私语。

"哎哟,妈……"吕天鹏被打得哭爹喊娘。

这二十板打下来,吕天鹏已是奄奄一息。

海瑞命人将他拖下去。

几名衙役上前,将吕天鹏拖了出去。

次日,南京官场和街头都在传一个消息:吏部新来的头儿海瑞,因为手下一名御史要请他吃饭,他命人杖打这名御史二十大板,打得这名御史哭爹叫娘……

"啊?他连手下人都要打?"

"听说这海瑞不好惹,大家还是收敛一些为好!"

"一句话,不要去招惹这个活阎王!"

……

南京城的官署里,不少官员都在议论此事。

这对海瑞来说既是好事也是坏事。说它是好事,是它让海瑞在南京的官场上立了威;说它是坏事,它又让许多人恨上了海瑞,给海瑞树了不少新敌。

但海瑞毫无畏惧,他觉得这是好事,至少没有人敢再违反自己制定的规章制度,为自己在南京反腐打开了一个缺口。

– 5 –

朝廷早就有规定,衙门各司官吏都得遵从上司的安排,可由于方方面面的原因,官场上下属不尊重上司的现象屡见不鲜,这就使得整个官场政令不畅,朝廷办事效率大大降低。

南京的官场也是如此。

一日,海瑞安排文选司郎中王云清去处理一桩事情。不知这王云清到底有何背景,在吏部向来不服人管,见海瑞一个右侍郎却履行起了尚书的职责,心里很是不服气,海瑞安排他去做事,就故意为难海瑞。

他问海瑞:"你一个右侍郎,咋来指挥我?"

海瑞知道他是故意与自己作对,沉着脸问他:"你觉得我这个代尚书履职的右侍郎不能安排你做事是不是?"

"不能!"王云清直杠杠地顶撞。

海瑞耐着性子劝说他:"本官是在履行职责,劝你还是服从安排,不要使性子。"

但王云清听不进去,对海瑞说:"不服从又怎么样?实话告诉你,只有尚书大人才能安排我做事，其他人无权安排我！"

见他如此蛮横，海瑞想，看来此人不收拾，日后其他人定会效仿，到时自己就不好施政了。

海瑞警告王云清："你若再执迷不悟，敢妨碍本官履行职责，本官必定拿你开刀。"

"你以为我怕你了！哼！"王云清像只斗鸡，挑衅着海瑞。

次日，海瑞在吏部职员会上宣布，免去王云清文选司郎中的职务，降为文选司主事，并撰帖禀报京城吏部备案。

"卑职知道错了，海大人，您就饶了卑职吧？卑职再也不敢了！"王云清赶紧给他叩头认错。

"这海瑞，咋这么强硬？"

"他当年连皇上都敢骂，王云清算什么？"

"这海瑞，还像当年一样，宝刀不老！"

"看来你我得小心点，尽量别去招惹他！"

几名官员在下面嘀咕。

见王云清向自己求情，海瑞说："晚啦，去做你的主事吧！"

王云清后悔已经来不及了。

吏部的职员们见海瑞处理起人来一点也不手软，对他顿生敬畏，再也不敢和他对抗。

海瑞脸上露出了微笑，他心里明白，这一招杀鸡儆猴对属下职员起了很大的震慑作用。

"大人，有您的书信！"

海瑞正要宣布散会，下面的人给他送来了一封信。

海瑞问是哪儿来的。

"京城吏部！"送信人告诉他。

海瑞拆开信一看，是户部尚书毕锵写给他的。毕锵在信里告诉他，他有两个门生想到南京的衙门来做事，希望他能安排一下。

"岂有此理！身为朝廷户部尚书，竟来干预南京吏部用人问题，是不是得了人家啥好处？"海瑞将来信扔到桌上，气愤地骂道。

晚上，海瑞按住心中的气愤给毕锵回了封信，委婉地谢绝此事。

"真是个油盐不进的混球！"毕锵接到海瑞的回信，火冒三丈。

如果说杖打吕天鹏、处置王云清和婉拒毕锵是大事，那接下来海瑞查办兵马司就更是件大事。

吃过晚饭，海瑞到西城街上散步。来到街上，海瑞感觉冷冷清清的，街道两旁的商铺多半都关着门，偶尔有商铺开着门也只是露了条缝儿。

海瑞觉得奇怪：这南京城历来是商贾云集之地，热闹非凡，按理说，住在城里的人每天晚上吃过饭都会出来散散步，买点东西，这个时候应该是最热闹的，可如今缘何这么萧条冷清呢？

海瑞百思不得其解，看到前面有家商铺亮着灯，就走过去打听。

"有人吗？"见门虚掩着，海瑞走上前去轻轻敲了敲门。

"请问您找谁？"听到敲门声，一中年汉子慌张地走到门边，伸出头盯着海瑞问。

海瑞说："我出来散步，走到这儿见你们家灯亮着，想进来和你聊一聊。"

"没啥好聊的，你走吧，我要睡觉了！"中年汉子说着做出要关门的样子。

海瑞知道他心存顾虑，便说："你不用怕，我不会拿你家什么东西，只是想和你聊会儿天。"

"那你进来吧。"中年汉子迟疑了一下，将海瑞让进屋，伸出头往外张望了一下，然后"砰"的一声赶紧将门关上。

进了屋，中年汉子指着一张板凳对海瑞说："你坐吧。"

"好！"海瑞边应答边坐下。

中年汉子拖一张板凳在海瑞对面坐下来。他妻子从里屋出来，疑惑地盯着他。

"不好意思，打扰你们了！"海瑞跟中年汉子的妻子打招呼。

"你来……"

"没事的。"

中年汉子的妻子刚想问海瑞是来干啥的，中年汉子赶紧使眼色给她，示意她别乱说话。

这一幕，海瑞全看在眼里。

"你们家咋这么早就关门了？不做生意吗？"海瑞问中年汉子。

中年汉子说："早就想关了。"

"为啥呢？"海瑞追问。

中年汉子不回答海瑞的话，打量着他警惕地问："请问您是……"

"哦，忘了告诉你们，我叫海瑞……"

"啊？你就是海瑞海大人？"海瑞说出自己的名字，中年汉子大吃一惊。

海瑞看着中年汉子："没错，我就是刚来南京吏部上任的海瑞。"

"海大人恕罪，草民有眼不识泰山！"中年汉子慌忙站起来连连给他叩头，他妻子也赶紧跟着跪下叩头。

"你们这是干吗？快起来，快起来！"海瑞赶紧走上前将他们扶起来。

"谢谢海大人！"中年汉子和妻子这才站起来重新入座。

海瑞问他们："这个时候应该正是做生意的时候，你们缘何要关门呢？而且我看这条街上不少人家都是关着门的，这又是为何？"

"海大人，您别说了！"中年汉子露出伤感的表情。

海瑞问他："为啥？"

"海大人，这……"

海瑞见他有顾虑，鼓励道："你不用怕，有本官给你做主，你说出来便是。"

中年汉子壮着胆子说："既是如此，那草民也豁出去了。"

"说吧，本官定会为你们做主！"海瑞望着他。

中年汉子这才说道："城里有一帮人，他们是兵马司招的黑帮人员，这些人经常来我们这些商铺索要东西，若是不给，他们就打就骂，还威吓说我们违抗朝廷命令，要送官府治罪。不仅如此，这些人强行拿走街坊住户的财物，见鸡就抓，见菜就拿！"

"有这等事？这些人真是无法无天了！"海瑞听了，脸气得铁青。

"海大人，您有所不知，这些黑帮人员实在是太黑，您要为草民做主啊！"中年汉子恳求道。

中年汉子的妻子对海瑞说："他刚才不是不想让大人进屋，他不认识海大人，怕您和那些人是一伙的。"

"我知道。"海瑞点了下头，随后问他们，"这些人是怎么敲诈你们的？"

中年汉子告诉海瑞："他们每个月都要向我们这些商铺索要东西，拿了东西撕几张印纸票给我们，叫我们以后拿去兑换银子，可到头来一两银子也兑换不到。"

海瑞说："你们咋不去官府告这些人呢？"

"他们有人撑腰，谁敢去告啊？"中年汉子望着海瑞无奈地说。

"刚才你们说有人给这些黑帮人员撑腰，这些人到底是谁啊？"海瑞追问。

"还不是城里兵马司和南京兵部的那些狗官！"中年汉子一脸气愤。

"兵马司和兵部的人给他们撑腰？"海瑞抚弄着下巴自言自语，然后问他们夫妻俩，"他们拿了你们的东西，有票据吗？"

中年汉子说："有！"

"你把他们给的票据找来我看看。"海瑞说。

中年汉子对妻子说："你去把那些纸条拿来。"

转瞬，中年汉子的妻子从里屋拿着一大把纸条出来。

"给，海大人。"中年汉子对妻子说。

"西城兵马司印制。"海瑞看了一下纸条，见上面印有"西城兵马司印制"几个字。

"哼，兵马司！"海瑞哼了声。

海瑞问中年汉子："他们都向你们索要了些什么东西？"

"布匹、绸缎、茶叶、柴米油盐，反正有啥要啥！"中年汉子告诉海瑞。

海瑞又问："他们一个月索要多少东西？"

"折合银子三五两不等。"中年汉子想了一下，回海瑞的话。

海瑞想了一下，又问中年汉子："是不是所有的商铺他们都索要东西？"

"一家都免不了！"中年汉子正要回答，他妻子从里屋走出来接过海瑞的话。

"这帮强盗！"海瑞气愤地骂道。

中年汉子的妻子央求海瑞："海大人，他们这样来敲诈，咱们这个小商铺都快开不下去了，您得替我们做主啊！"

海瑞说："放心吧，待本官调查清楚，一定不会饶过这些狗东西！"

"多谢海大人！"中年汉子和妻子急忙向海瑞道谢。

见时间不早了，海瑞对他们夫妇悄声道："过两日你们约些人去南京吏部告状，就说兵马司的人敲诈盘剥你们商家，这样本官才有理由惩办他们。"

"好，海大人，只要您肯为我们做主，我们明日就去约他们，让他们都去衙门里告这帮狗东西！"中年汉子说。

"时候不早了，本官先回去了。"海瑞说着站起身来要走。

中年汉子夫妇站起来送他。

"还没问你俩姓甚名谁呢！"海瑞回转身。

中年汉子说:"回海大人的话,草民姓何名小宝。"

中年汉子的妻子说:"我是他妻子,名叫陈香。"

"哦。"海瑞这才转身走了。

– 6 –

次日一早,海瑞把吏部职员全叫到议事堂,将他昨晚遇到的事告诉大家。

"诸位,昨日夜里本官到西城街上散步,看到街上十分冷清,街道两旁的商铺几乎都关着门,本官觉得很是奇怪。后来,本官看到一家商铺的灯亮着,便去找这家商铺的老板聊了一会儿。这家商铺的老板和他妻子告诉本官,说兵马司的人每月都要叫社会上的那些黑帮人员到他们的商铺里拿东西,而且拿了东西不付钱,撕几张兵马司印制的印纸票给他们就一走了之,说是叫他们以后拿着找兵马司兑换银子。可这位老板告诉本官,他们从来没兑换到一两银子。你们说,这是不是明抢?"

"海大人,您刚来南京城,这里的情况您可能还不大了解,您说的这种事在南京城早已司空见惯,并不是啥新鲜事儿!"吏部稽勋司郎中周方磊告诉海瑞。

"你说什么?这种事在南京城已经司空见惯?"海瑞像是没听清楚一样,睁大眼睛问周方磊。

周方磊肯定地说:"是的,海大人,您说的这种事情在南京城的确已经不是什么新鲜事了。"

"海大人,周郎中说得一点都没错,这种事情在南京城还真不是新鲜事儿,不仅西城有,东城、南城、北城和中城都有。"文选司郎中李继传补充。

验封司员外郎程洪龙高声道:"还不是兵马司那帮人在作怪!"

"兵马司那帮人简直就是活脱脱的土匪,甚至比土匪还凶狠,拿了人家东西根本就不给钱,撕几张没用的印纸票给人家就算了事!"堂主事李享一脸愤愤不平。

海瑞问他们:"这事难道就没有人来管过?"

"有兵部在背后撑腰,谁敢来管啊?"司务张皇说。

听了他们的话,海瑞很生气,他说:"这些人如此胆大妄为,大明王法何在?"

李继传说:"海大人,您有所不知,这兵马司在兵部和朝廷都有人撑腰,谁也不敢得罪!"

"要是这样,那偌大个南京城不就是兵马司的了?他们眼里还有没有王法?有没有皇上和朝廷?"海瑞铁着脸。

周方磊说:"海大人,话虽是这么说,但兵马司这帮人都被大家视为老虎的屁股,没谁敢摸,所以也就没人来管。"

"说白了,那些黑帮人员就是兵马司养的爪牙和打手!"程洪龙附和。

张皇惶恐地说:"海大人,不瞒您说,这五城兵马司不仅在京城有人,他们在南京城的势力也很大,得罪了他们就等于得罪了南京的整个官场,所以没人管敢,也没人愿意管!"

"照你们这么说,就眼睁睁地看着这伙人在城里坑害老百姓?倘若这样,那还要咱们这些人干啥,不如把衙署撤了叫各位回家去种地,省得浪费朝廷钱财!"海瑞怒瞪着双眼扫视下面的官员。

大家你看看我我看看你。

有几位熟悉海瑞的官员,在下边悄声议论。

"唉,这么多年了,他那刚烈脾气一点也没变!"一位脸膛儿方正的官员摇着头低声对他身旁的高个子官员说。

"要不皇上会叫他来南京?"高个子官员说。

一位身穿青布长衫的官员对高个子官员说:"哼,别看他这把年纪,说不定会将这腐败的南京官场掀个底朝天!"

"完全有可能!"脸膛儿方正的官员说。

穿青布长衫的官员叹息道:"但愿吧,这南京再不整治一下也不行了!"

见大家都不说话,海瑞说:"你们说它是老虎屁股摸不得,本官偏不信这个邪,就要摸它一下,看它是不是真的摸不得!"

海瑞决心拿五城兵马司开刀。

"我猜他就会这么做!"穿青布长衫的官员将脸转向高个子官员,用手遮着脸悄声说。

"这海瑞,还真是宝刀不老!"高个子官员笑着低声道。

脸膛儿方正的官员摇头叹息:"唉,江山易改,秉性难移,他还是像十多年前一样刚烈!"

"海大人,您刚复出来南京,还是不要去招惹这些人吧?"听海瑞这么说,怕事的张皇惊恐地劝说他。

"是啊，海大人，还是不要去惹这伙人吧？"周方磊也劝说海瑞。

"咋啦？你们都怂了？本官这把年纪了尚且不怕，你们个个年轻力壮大气饱力的，反而要当缩头乌龟？"海瑞盯着张皇和周方磊。

"不是，大人，卑职是觉得……"张皇欲言又止。

海瑞问他："你觉得什么？"

"卑职是觉得这伙人实在是不好惹，怕大人您吃亏啊！"张皇望着海瑞。

"是啊，海大人，下官们是替您担心啊！"周方磊也说。

海瑞自若地说："没什么好担心的，本官既然决定这么做了，就是丢官弃职，亦或是丢了性命也在所不惜！"

"既然海大人决心要这么做，那下官听命就是！"周方磊表态。

其他官员见周方磊表态了，也赶紧跟着亮明态度。

海瑞说："既是这样，那就请大家一起来收集证据。从明日起，你们两人一组，分别到东、西、南、北、中五城去找店铺、客栈的老板，还有街坊居民，了解和收集有关这伙黑帮人员利用印纸票敲诈勒索百姓的详细情况和证据，待收集得差不多了，咱们再来商议如何收拾这伙人，给南京城的老百姓做回主！"

"对，给咱老百姓做回主！"大家齐声说道。

海瑞提醒大家："这事须保密，谁也不能走漏风声，特别是兵马司的人，在动他们之前绝对不能让他们知道，否则就不好办了。本官建议诸位去时不要穿官服，改穿商人或老百姓服装，以免引起这帮人的注意。"

"是！"大家齐声说。

海瑞又说："另外，本官再知会一下巡城御史，请他出面协助调查。"

海瑞说："如若没什么事了，那就分组去做准备。"

第44章　打黑除恶

海瑞看了大家一眼，说："方才听了大家的汇报，感觉这南京城的兵马司无一不利用手中的权力来敲诈勒索老百姓，甚至可以说他们的这种敲诈勒索已经到了无以复加的地步，老百姓既恨又怕，再不整治这伙强盗，老百姓怕是真要起来造反了！"

- 1 -

吏部职员按海瑞的安排分为五组，次日就分别到南京东、南、西、北、中五城调查收集黑帮人员敲诈勒索老百姓的情况和证据。

早晨，周方磊一到吏部衙署，就约文选司郎中李继传到北城街上去。他俩均穿着商人常穿的青布长衫，俨然一副商人模样。

两人来到北城这条街的中段，见一家店铺老板坐在铺台后，周方磊低声对李继传说："走，去那家看看。"

李继传点了下头，两人朝这家店铺走去。

"老板，生意如何？"进了这家店铺，周方磊朝坐在铺台后的老板打招呼。

店铺老板见他两人商人打扮，猜想应该不是那伙黑帮人员，便问他俩："请问两位有什么事？"

周方磊说："我俩想来和你谈笔生意。"

"生意？啥生意啊？"老板边搭话边拖板凳给周方磊和李继传。

周方磊和李继传接过板凳坐下，老板拿了两个茶杯，准备给他俩倒茶。

李继传扫了一眼门外，见没有人，这才压低声音对店铺老板说："老兄，我实话跟你说吧，我俩不是什么商人。"

"啥？你们不是商人？那你们……"听了李继传的话，老板心里一惊，以为他们是那伙黑帮人员装扮的，惊慌地问。

周方磊见他很是惊慌，赶紧说："你别惊慌，我们不是那伙黑帮的。"

"不是黑帮的，那你们是什么人？"老板问周方磊和李继传。

李继传告诉他："我俩是南京吏部的，我叫李继传，是吏部文选司郎中。他叫周方磊，是吏部稽勋司郎中。我俩今日来，就是想向你了解和收集那伙黑帮人员印纸票敲诈大家的事，希望你能给我俩介绍些情况，若能提供证据更好。"

"哎呀，两位大人，你们不早说，刚才我还以为你俩是黑帮人员装扮的，真把我吓坏了！"老板抹着头上的汗珠说。

"来来来，先喝茶，先喝茶！"老板说着继续给他俩斟茶水。

待他把茶水斟好，周方磊说："来，你坐下！"

老板在他俩对面坐下来。

"你贵姓啊？"周方磊看着店铺老板。

老板说他姓乔，叫乔大松。

周方磊问他："前天夜里，咱们吏部的头儿海瑞在西城街上得悉，城中的兵马司指使社会上的黑帮人员，拿着他们兵马司印制的印纸票到店铺和客栈，还有居民家中进行敲诈勒索，这些人拿走东西后，撕几张印纸票给人家，说是以后拿去找他们兑换银子，不知道你们家有没有遇到过这种事情？"

"唉，别说啦！说起那伙强盗，真恨不得吃了他们的肉啃了他们的骨头！"乔大松喝了口茶，气愤地说，"这伙强盗，前两日才来我这儿拿走了两袋大米和一桶菜油！"

李继传和周方磊赶紧在本子上记录。

记录完了，周方磊问他："他们给你印纸票了吗？"

"给了！"乔大松说完转身到背后的一个柜子里拿出那些人撕给他的印纸票，"你们看，这就是那帮强盗撕给我家的！"

周方磊接过来一看，是北城兵马司印制的，票面上的面值大小不等，有值一两银的，也有值三钱银的，还有值三两银的。

"强盗，地地道道的强盗！"周方磊骂道，然后将印纸票递给李继传。

李继传看了，问乔大松："这种印纸票你家还有吗？"

"有，我那箱子里还有一大把！"

周方磊问他："你家没拿去找兵马司兑换过？"

乔大松说："去了好多次，但一两银子也没兑换到。每次去找他们，他们都说上面还没下拨银子。"

周方磊愤愤地骂道："土匪，真是土匪啊！"

"有啥办法？这些人那么凶，动不动就打人，这南京城谁敢惹他们？只能忍气吞声挨他们抢！"乔大松脸上满是无奈。

李继传说:"你放心,这回海大人来吏部,他说一定要将这伙强盗拿下,还大家一个平安,今日是他派我们来找大家调查取证,待将情况调查清楚收足了证据,海大人就要收拾他们了。"

"真的啊?"乔大松惊喜地睁大眼睛问。

李继传朝他点了点头:"嗯。"

"这海大人是谁?他有这么厉害?"乔大松不放心地问。

李继传告诉他,海大人就是海瑞,刚来南京吏部做右侍郎,此人非同一般,以前他在其他地方做官惩治过不少贪官污吏。

"这太好了!海大人要真能将这伙强盗收拾了,那简直就是我们南京城老百姓的福气!"乔大松高兴得像个孩子。

周方磊提醒他:"注意保密,在抓这些人之前,请大家不要对外声张,免得走漏风声坏了大事。"

"一定,一定!"乔大松说着往周方磊和李继传茶杯里续茶水。

"有客人来家里啊?!"乔大松妻子卢雪花从外面买菜回来,见周方磊和李继传在和自家男人谈事,笑着问道。

"这位是南京吏部稽勋司郎中周方磊周大人!"乔大松指着周方磊告诉妻子。

"周大人!"卢雪花跟周方磊打招呼。

周方磊站起来回礼。

乔大松又指着李继传给妻子介绍:"这位是南京吏部文选司郎中李继传李大人!"

"李大人!"

李继传回礼。

见大家站着,乔大松赶紧说:"坐下,坐下,都坐下!"

卢雪花也在旁边找条凳子坐下来。

乔大松脸上挂满笑:"雪花,今日两位大人给我们家带来了一个好消息!"

"一进门看你那高兴劲儿,就知道有好事!"卢雪花笑着说。

乔大松说:"周大人和李大人今日来是专门来调查那伙强盗敲诈勒索我们的事情。"

"两位大人是来调查那伙强盗的?"听了自家男人的话,卢雪花惊喜地问。

"是的,我们就是来调查那伙强盗的。待调查清楚了,再查处他们,还大家一个安宁！"李继传告诉卢雪花。

"好好好，谢谢两位大人！"卢雪花赶紧说。

周方磊说："事情还没落实，这事还得保密。"

"这事要谢也得谢海大人，我们不过是奉他的指令来调查此事。"李继传说。

卢雪花问："你们说的这海大人是谁？有这么厉害？"

乔大松告诉她："这海大人就是刚来南京吏部上任的右侍郎海瑞，可有名了！"

"原来是这样啊！"陈雪花听明白了。

"你们家的印纸票我们得拿回去做证据。"周方磊告诉乔大松和卢雪花。

"行行行，你们拿去，只要能告倒这伙强盗就行！"卢雪花说。

周方磊和李继传说："好了，我们得走了！"

乔大松赶紧挽留："吃了饭再走！"

"是啊，两位大人吃了饭再走，我这就去做饭！"卢雪花也说。

周方磊说他们还得去找其他人家调查。

见留不住，乔大松和卢雪花只好让他们走了。

– 2 –

从乔大松家店铺出来，李继传边走边问周方磊："去哪儿？"

周方磊说："再去那条街看看，说不定还会遇到那伙人。"

"好！"李继传点头。

两人朝着前边一条街道走去。

"大哥，求你们放过我家吧？你们每个月都来拿东西，我这小店实在是挨不住啊！"

"你说啥？谁拿你家东西了？我们是给银子的，不过是先欠着罢了，到时候你只管去兑换就行，又没白拿你家的！"

"再瞎闹小心爷们把你这店给封了！"

……

听到吵闹声，周方磊看了李继传一眼。李继传哼了一声："还真被你说中了！"

"去看看！"周方磊低声道。

李继传点头。

两人朝吵闹的店铺走去。

"求你们了，大哥，你们这样做我这小店真要关门了啊！"店铺里，一个黑帮人员从店里拿着两包东西要往外走，老板死拖着他手上拿的东西一再求饶。

"再不放开，小心老子揍你！"另一个黑帮人员朝那老板吼道。

这时店铺外边围了不少人。

"看什么看？走开！走开！"吼老板的黑帮人员朝围观的人大声吼道。

听他这么一吼，围观的人们赶紧散开。

"天哪，这是什么世道啊？"

"兵匪，真是兵匪啊！"

有人边走开边低声感叹。

"不行，你们不能拿我家东西！"老板死死地拽着手拿东西的那个黑帮人员不放。

"你们不能这样抢我家东西啊！"突然，一女人从店里冲出来。这人大概是老板娘，她一冲出来，就和男人一起来抢那黑帮人员手上拿的东西。

"你讨死！"这个黑帮人员朝女人肚子上就是一脚。

"啊！"女人抱着肚子蹲在地，一副痛苦不堪的样子。

"丽丽，你没事吧？"见自家女人被那人踢了，老板赶紧放开抢东西的手，蹲下来急切地呼喊着妻子。

女人倦缩成一团，双手捂着肚子不说话。

见妻子一脸惨白，老板哭着朝外边叫喊："打人啦！"

"呸，不知好歹的东西！"两个黑帮人员见他朝外边喊叫，怕人多了脱不了身，赶紧拎着东西溜走了。

李继传和周方磊看着这一幕，气得直咬牙。

周方磊朝着那两个黑帮人员的背影："呸，真不要脸，大白天的明着抢劫！"

"倘若不是海大人有交代，今日非撕了那两个人渣不可！"李继传愤愤地说。

突然，被打的女人滚倒在地，双眼紧闭。

"丽丽，你醒醒，你醒醒啊！"男人一边将妻子扶坐在地上，一边呼喊。

女人还是紧闭着双眼。

"我的天啊，这是什么世道呀？抢人家东西还打人啊！"老板哭叫着。

见那两个黑帮人员走了，人们又围过来。

李继传和周方磊赶紧走上前去。

周方磊对老板说:"赶紧叫郎中,怕晚了会出事!"

"来,我们帮你看着,你赶快去叫郎中!"

"是啊,你妻子伤得很重,还是赶快去叫郎中吧,怕晚了来不及医治呢!"旁边一汉子也劝说老板。

老板这才站起来,抹了把眼泪,跑到附近去叫郎中。

"土匪,真是土匪!"

"挨抢的不只他家,周大元家老妈养的两只鸡前几天也被这伙人抢走了!"

"唉,这世道,真是不讲王法了!"

围观的人们议论不止。

这时,老板叫来了郎中。

在周方磊、李继传和众人的帮助下,老板将妻子抬进店里,让郎中给她看病。

女人慢慢苏醒过来。

"内伤很重,是被人踢的吧?"郎中给女人检查完了,问店铺老板。

"刚才被一个进店抢东西的黑帮人员踢的!"店铺老板告诉郎中,然后带着哭腔问他,"这可怎么办啊,我妻子有没有生命危险?"

"这伙土匪,尽干些伤天害理的事!"听了店铺老板的话,郎中气愤地骂道,然后告诉他,"你妻子是伤了内体,生命危险倒是没有,不过要好好调理一下。这样,我给你开个药方,你去药铺拣几副药来给她煎服,半个月就可恢复了!"

"谢谢黄郎中!"老板感激地对郎中说。

李继传和周方磊本想告诉他们,叫他们不要慌,这伙人是兔子的尾巴长不了,早晚会被收拾的。可他俩转念一想,这样会走漏消息打草惊蛇,就忍住没说。

开好药方,郎中说他还有事得先走了。

老板又一阵感谢。

其他围观的群众也渐渐散了。

"你们俩咋还不走?"见李继传和周方磊不走,老板问他俩。

周方磊说:"你坐下,我们有几句话要跟你说。"

"有几句话要跟我说,说什么啊?"老板惊讶地望着周方磊。

李继传说:"你先坐下,我们慢慢跟你说。"

老板看了一眼躺在床上的妻子，然后坐下来："什么事你们说吧。"

李继传告诉他："我俩是南京吏部的人，他叫周方磊，我叫李继传，我俩是奉令专门来调查这伙黑帮人员敲诈大家的事，没想到在你这店里看到了这一幕。"

"这伙强盗，太嚣张了！"周方磊气愤地说。

老板看着周方磊和李继传，不相信地问："你们能管得了这伙人？"

"海瑞你听说过吗？"周方磊反问他。

老板赶紧说："听说过！就是以前来过这儿的那个海瑞吧？"

"是的！"周方磊点头。

"怎么？海大人他又回来了？"老板问。

李继传告诉他："不但回来了，他还做了我们吏部的右侍郎，官居正三品。"

周方磊说："我们这次来，就是他安排的，他说等调查清楚了这些人的罪状，马上收拾他们。"

"好，真是太好了！"老板破涕为笑。

李继传说："刚才的情况我们已经看到了，你再把你家以往受到这伙人欺凌的情况，还有你了解到的，详细给我们说说，我们回去后马上给海大人禀报。"

"好的！"

于是，他将这伙人如何经常来他家拿东西不给钱，只是撕印纸票给他家的事，还有他了解到的有关北城黑帮人员和兵马司的事一股脑儿的讲了出来。

"好，好！"听了他的诉说，李继传连声说。

"你们家应该有他们撕的印纸票吧？"周方磊问。

店铺老板说："有有有，还不少呢，这些人一个月至少要来拿一次东西，每次就撕几张票给我！"

"你拿去兑换过没有？"李继传问他。

店铺老板气愤地说："不知去了多少次，但没用，他们老是推说没银子，叫下次来。下次来也是这样，这不明显是抢劫吗？"

"好，你把这些印纸票拿给我们，我们拿去做证据。"李继传说。

听说他们要拿走那些印纸票，店铺老板有些犹豫。

周方磊说："没事，到时候会还给你家的！"

"好吧，全给你们，只要能将这些人收拾了，就是不要这些印纸票也没啥!"老板发狠地说,然后去箱子里把那些印纸票全拿来交给周方磊和李继传。

"有这么多?"看了这些印纸票,周方磊惊讶地问。

李继传气得脸铁青:"这伙土匪,这些就是他们的罪证!"

"哎,聊了半天,还不知道你和你妻子的名字呢!"周方磊突然想起来说。

"是啊,还没问你名字呢!"李继传也笑着说。

"哦,我叫王全,我妻子叫张丽丽!"老板笑着告诉周方磊和李继传。

周方磊说:"好,谢谢你!"

"应该是我们谢谢两位大人才对!你们为了咱们老百姓,这么辛苦地来调查这事!"王全感激地说。

李继传告诉他:"刚才见那两个黑帮人员抢东西打人,本想上前制止,但怕打草惊蛇就没上前制止,还望你和你妻子谅解!"

"这不怪你们。"王全十分理解周方磊和李继传。

见事情调查得差不多了,周方磊说:"那我们先走了。"

"这事得保密,不要说出去,免得误了大事!"李继传提醒王全。

"我懂!"王全说。

"王全,留客人吃了饭再走啊!"这时,躺在床上的张丽丽轻声地叫着自家男人。

"对,两位大人在我家吃了饭再走吧!"听妻子在床上这么说,王全挽留周方磊和李继传。

李继传说:"不用,我俩还要到其他地方去,看还有没有这种事情发生,有的话我们还得做调查。"

周方磊和李继传从王全家店铺出来后,又到其他地方调查有关北城黑帮人员和兵马司敲诈老百姓的事。

— 3 —

负责调查东城兵马司的这一组人,是吏部验封司员外郎程洪龙和堂主事李享。因为早晨衙门里有事,他俩约好下午去。

程洪龙家就住在东城,吃过中餐,睡了一会儿午觉,李享来他家叫他。李享来到程洪龙家,见他已经起床了,说:"那就走吧!"

"先到哪儿?"程洪龙问。

李享略沉思一下，说："干脆先去中街那头问问情况，然后再到这边。"

程洪龙点头默认。

于是二人朝中街那边走去。

快到这条街的中段，见街边一户人家门边有位头发花白的老者坐在那儿叼着根长烟杆在吸旱烟，程洪龙看了眼李享："走，去向那位老人打听打听。"

"行。"李享点头。

俩人来到老者面前，程洪龙跟他打招呼："老人家，您好！"

老者打量了一下他俩，问："你们有什么事啊？"

"是这样的，老人家，我们想跟您打听点儿事。"李享告诉老者。

老者问李享："你们要打听什么事啊？"

程洪龙说："兵马司的事。"

一听说是兵马司的事，老者警觉起来，警惕地扫视了一下四周，压低声音疑惑地问道："你们是什么人？打听这个干啥？"

程洪龙悄声告诉他："不瞒您说，老人家，我们是南京吏部派来调查兵马司那伙人的。"

"走，进屋来说！"老者看了一下四周，见没有人，站起来对程洪龙和李享说。

"好！"二人跟着老者进屋。

进屋坐下，老者不放心地问："两位真是吏部的？"

见他还有些怀疑，李享说："是的，我们是南京吏部的，我叫李享，是吏部的堂主事，他叫程洪龙，是吏部验封司员外郎。今日我们的头儿派我俩专门来调查兵马司用印纸票坑人的事，见您老人家坐在门口，也就过来向您打听，望您能将知道的事如实告诉我们。"

程洪龙问："听说有些老百姓也遭过这伙人的骚扰，进屋来强抢东西，然后撕两张印纸票丢下就走了，不知您家有没有发生过这种事情？"

"别说了，说起那伙土匪我就心寒！"老者一下子来了气。

见他这个样子，程洪龙问："您家也受到过这伙人的骚扰？"

"这伙人哪是人啊，简直就是强盗土匪！我和老伴好不容易养大两只公鸡，前几日被他们抢走了，他们撕了三张小纸条给我，说是到时候拿去找他们兑换银子。可我听说这街上好多人家去找他们兑换，那儿的人总是说没银子，说等以后有了再去兑，这些人跑了不知好多次，最后还是一两银子也没兑换到。你们说，这伙人不是土匪强盗是什么？"

"这伙人是哪日来您家里的？"李享问。

老者想了想，告诉李享："有四五天了！"

"他们抓走了您家两只公鸡？"李享问。

"是的，邻居都可作证！"老者说。

程洪龙问他："抓走的公鸡有多大？"

"一只大概有三斤重。"

李享问："除了抓走您家两只公鸡，他们还拿走了什么？比如粮食、菜之类的。"

"我家粮食不多，也没啥好菜，除了这两只公鸡他们没拿走其他的。"老者说，"我倒是听人家说，他们到了别家什么东西都拿！"

程洪龙问："他们没给你银子吗？"

"给啥银子哦，撕了三张小纸条给我，拿着东西就走了，我和老伴求他们半天，可哪有用啊？"

"他们撕给您家的印纸票还在吗？"李享问。

"在，我去拿来给你们看！"

老者起身去拿印纸票。

"你们看，就是这些东西！"老者将找出来的印纸票给程洪龙。

程洪龙看了看，递给李享。

"这些人还到别家抢过东西吗？"程洪龙又问。

老者不容置疑地告诉他："有啊，这条街开店的、开客栈的、做匠人的，还有像我们这些小老百姓，没有哪家没被他们抢过，只要是值点钱的，什么都要，不信你们去问问那边李老四，他家也被那伙人抢过！"

程洪龙点了点头。

"我们会去调查的。"李享说，然后看了眼程洪龙，意思是告诉他，在这儿调查得差不多了。

程洪龙会意，对老者说："好，谢谢您老人家！"

随后，程洪龙和李享告别老者，又到其他家去调查。

就在李继传和周方磊、程洪龙和李享他们去调查的时候，海瑞和司务张皇等人也到西城去开展调查。

经过几日的缜密调查，海瑞和吏部的人掌握了五城兵马司敲诈勒索商家和城中居民的大量证据。

– 4 –

几日后的一个下午，海瑞将调查的几组人员召集起来，汇拢他们收集的情况和证据。

"来，大家把这些天调查到的情况跟本官说一说！"海瑞看着大家。

程洪龙和李享相互看了一眼，然后程洪龙说："我将我们这一组调查的情况说一下吧。"

海瑞朝他点了下头。

"我们这一组通过三天的明查暗访，对北城兵马司利用印纸票敲诈老百姓的事有了基本的了解。在北城中街，我和李郎中先走访了一个老者，他告诉我俩，他和老伴好不容易养大的两只公鸡，十多天前就被兵马司指使的这伙黑帮人员人抢了去，然后撕几张印纸票给他们就走了。老人还告诉我们，在这条街上，开店的、开客栈的、做匠人的，几乎都被这伙人骚扰过，手段都一样。比如，他斜对面的李老四家，上个月也是被……"程洪龙一口气将他和李继享调查的情况汇报完。

"可恶，真是太可恶了！"

"这伙恶人不除，百姓难得安生啊！"

"是得下决心惩治了！"

……

程洪龙的话引起了大家的愤慨，都说要好好惩治一下兵马司和那伙黑帮人员。

"好，我也说说我们这组的情况。"李继传看了一下周方磊，然后对大家说。

"我们这一组是周方磊和我，负责调查的范围是东城。那日海大人安排此事后，因为部里还有其他事情要做，所以我俩是次日下午才去调查的。在东城的几条街，我和周主事走访了十多家商店、客栈和一些居民户，不仅了解和收集到了东城兵马司指使社会黑帮人员利用自家印制的印纸票实施敲诈抢劫的罪行，还亲眼目睹了这伙黑帮人员抢劫一家店铺并将店铺老板妻子殴打致伤的事情。比如，在忠义街中段……"

待李继传说完，周方磊拿出收集到的印纸票补充道："我们还收集到了这伙人撕给老百姓的不少印纸票。"

"有这么多啊？"看着这么多印纸票，大家都感到非常惊讶。

李享告诉大家："这只是收集到的，没有收集到的还很多。"

"我们也收集了不少，对不起，刚才忘记告诉大家了！"程洪龙接过李继传的话，并从身边的包里拿出一大叠北城兵马司的印纸票。

"这伙土匪，我们去调查的中城也有！"

"我们南城这组也收集了不少！"

"西城也有！"

其他三个调查组的人也纷纷拿出他们收集到的印纸票。

"看来，这五城兵马司没一家不黑！"大家拿出的印纸票让海瑞触目惊心。

"太黑了！"

"这伙人仗着他们在京城有后台，就到处胡作非为，实在是可恶！"

"海大人，是得下决心整治这伙人了，要不然老百姓恐怕要起来造反了！"

海瑞满脸怒气地说："放心吧，他们的日子长不了！"

"海大人真要将这伙土匪治了，那老百姓肯定永远都会感激您！"程洪龙真诚地说。

周方磊感叹："是啊，南京城的老百姓盼这一日已经盼得太久了！"

"海大人，您快下命令吧！"李享看着海瑞。

海瑞看了大家一眼，说："方才听了大家的汇报，感觉这南京城的兵马司无一不在利用手中的权力来敲诈勒老百姓，甚至可以说他们的这种敲诈勒索已经到了无以复加的地步，老百姓既恨又怕，再不整治这伙强盗，老百姓怕是真要起来造反了！"

"快下命令吧，海大人！"

"是啊，海大人，你就赶快下命令给巡捕营，叫他们抓人吧！"

"海大人，早抓一日，老百姓就少挨一日苦啊！"

大家都等不急了。

海瑞说："你们急，本官理解，可本官又何尝不急呢？说句实在话，本官比你们还急，但急也得讲究方式方法，兵马司那伙人大家又不是不知道，他们不但凶狠，而且在京城和南京城都有靠山，咱们不能鲁莽，还得商议出一个万全之策，否则不但拿不下这伙恶人，还会把自己整到牢里头去。"

"海大人说得对，得想个万全之计，不能莽撞行事！"李继传说。

海瑞接着说："好在大家都已经将情况调查得差不多了，也收集了不少的印纸票作为证据，还有被害人作的证词，只需商议个方案就可以抓人了。大家也别急，这伙人是跑不了的，一旦抓住这些人，本官定会叫他们没好日子过！"

"海大人说得对，这事急不得，得好生商议商议！"周方磊说。

海瑞喝了口茶，说："好，那我们就来商议一下方案。"

经过分析和商议，抓捕五城兵马司有关人员的方案基本定下来了，抓捕时间就定在次日凌晨。

抓哪些人呢？海瑞分析，各城街兵马司的主要头目，是印制印纸票并用来实施敲诈勒索百姓的谋划者，是真正的罪魁祸首，必须严惩。而那些弓兵和黑帮人员，则是具体执行敲诈勒索的实施者，也应拘捕惩治。

方案是基本定下来了，但海瑞心里明白，这事非同小可，绝不容许出半点纰漏和差错，须考虑周全，否则后果不堪设想。

他拿着方案思忖了一下，觉得还不够稳妥，便告诉在座的人："诸位，本官觉得这个方案还须仔细斟酌，你们觉得呢？"

"海大人觉得还有哪些地方没考虑到？"巡捕营的头目姜大贵问。

海瑞问他："你的人如何？够吗？靠得住吗？"

"没问题！"姜大贵回答。

李继传问："海大人，抓捕兵马司的人非同一般，要不要先给京城汇报一下？如果不报，怕到时候不好给皇上交代。"

周方磊也担心这个问题，他说："是啊，这事要不要先向皇上禀报一下？"

"南京五城兵马司的人作恶多端，老百姓恨之入骨，而且我们已将情况调查清楚并收集了铁证，他们的罪名已经坐实，抓捕他们必定大快人心，没必要向皇上禀报。再说，五城兵马司爪牙遍地消息灵通，等你去给皇上禀报恐怕人家早有防范了，那还抓什么人？没必要上报，直接实施抓捕就是，若是皇上怪罪下来，有本官扛着！"海瑞说。

听他这么说，李继传说："既是这样，那就按议定的方案实施抓捕。"

"听从海大人的！"周方磊也说。

海瑞提醒大家："此事一定要注意保密，无论是谁，不得向外透露半点风声，否则绝不饶恕！"

"是!"

海瑞环视了一下在场的人,然后说:"好,时候一到,准时行动!"

— 5 —

"立即行动!"

次日凌晨,海瑞对巡捕营的人下令抓捕南京五城兵马司有关头目和兵痞、黑帮人员。

巡捕营的人得到命令,立即奔向东、南、西、北、中五城抓捕。

海瑞和巡捕营的头目姜大贵等人负责在吏部衙署坐镇指挥。

去东城抓捕兵马司有关头目的人很快到了东城兵马司行营,捕快小头目林梦成带着捕快张贵方、周天山二人直扑东城兵马司指挥马应龙住的地方。

到了马应龙家门口,林梦成一挥手,张贵方"嘭"一脚将房门踢开,三人一下子冲到马应龙的床前。

马应龙搂着老婆睡得正香,突然被闯入房间的林梦成、张贵方、周天山三人惊醒,紧张地问道:"干吗?你们要干吗?"

"别动!动就打死你!"周天山警告他。

张贵方上前帮忙,二人将他按在床上,然后用随身带来的绳子将他捆了个结实。

马应龙的老婆乔萍身子缩成一团,颤抖着问林梦成:"你们……你们是什么人?干吗乱抓人?"

"少啰唆,此事与你无关!"林梦成朝她吼道。

乔萍不敢再说话。

"大胆!竟敢到兵马司来抓人,你们是不是活腻了?"被捆着手脚倒在床上的马应龙骂道。

张贵方用手在他脸上拍了拍:"别废话,老实点,否则有你苦头吃!"

"老夫是东城兵马司指挥,官品六级,谁敢动老夫?"马应龙吼道。

林梦成说:"动的就是你!"

马应龙这才明白遇到硬茬了,只好耷拉着脑袋不说话。

"押走!"林梦成命令张贵方和周天山。

张贵方和周天山将马应龙从床上拖起来,押出房间。

"你们要把他带到哪儿去呀!?"马应龙老婆小声地问。

林梦成瞪了她一眼:"不关你事,别问!"

马应龙老婆不敢再说话。

这时,巡捕营同来的其他人已将东城兵马司其他头目、兵痞和黑帮人员都绑到了兵马司行营门口。

见该抓捕的人都抓捕了,林梦成命令:"通通押回吏部!"

西城这组的人,在巡捕营小头目卢贞明的率领下,以同样的手段很快就摸到了兵马司指挥王天兴住的地方。

见院门关着,一捕快上前敲门。

"谁啊?"

敲了好一阵,门内才传出一个老头的声音,这人是王天兴找来看门的。

"吏部的,有急事找王指挥!"敲门的捕快回答。

里面的老头听说是吏部的人有急事找主人,赶紧过来开门。

门刚露了一条缝,敲门的捕快和另一捕快急速挤进去。

"你们……?"看门的老头见状,刚想喊叫,一捕快眼疾手快,一下子伸手捂住他的嘴,并将他带到一旁看守着。

卢贞明等人趁势冲进院子,直扑王天兴睡的地方。

"谁?"响声惊动了睡梦中的王天兴,他翻身警惕地问道。

两名捕快二话不说,扑上去将他按住,用绳子捆结实。王天兴老婆戴玉琼这两日回娘家了,就王天兴一个人在家。

"你们是什么人?吃了豹子胆,敢来抓我?"王天兴瞪着眼吼叫。

一捕快朝他吼道:"少废话!"

"带走!"卢贞明命令捕快。

王天兴被押解到西城兵马司门前。

见其他捕快已将其他头目和作恶的弓兵、黑帮人员都抓了,卢贞明命令将这些人押回吏部听候海瑞审理处置。

在南城和北城、中城,巡捕营的人也以迅雷不及掩耳之势,很快就将兵马司头目和弓兵、黑帮人员全部抓捕,并押往吏部。

海瑞和姜大贵没想到,没多大工夫,五城兵马司的这些人就全被抓捕归案了。

"诸位,辛苦了!"

初战告捷，海瑞非常高兴，双手一拱，给林梦成、卢贞明和捕快们行礼。

海瑞问巡捕营的几位小头目："都抓来了吧？"

"全抓来了，一个也没漏掉！"林梦成和卢贞明等人回答。

"好，先将兵马司的头目押进大堂，待巡城御史刘御史到来，与本官共同审理！"海瑞说。

林梦成、卢贞明和捕快们先将抓捕的人全部关押到吏部大堂。

第45章　升堂审案

　　海瑞说："本官没有啥敢不敢的，实话告诉你们吧，你们的罪行本官早已掌握，只不过要你们自己亲口交代而已，如若你们不想交代，本官也会依照大明律例和你们的犯罪事实进行判决。"

- 1 -

　　早在审案之前，海瑞就派衙役在街头贴出告示，说南京五城兵马司官吏，如狼之贪似虎之猛，指使弓兵和社会黑帮人员用印纸票敲诈百姓，各街巷如有被其敲诈勒索者，可到吏部来告状，他定会替其做主。倘若大家有冤不申，作恶者就会逍遥法外，冤屈就会不断发生。

　　城中居民看到告示，纷纷到吏部来告状。

　　不一会儿，巡城御史刘天宁来了。

　　海瑞请他一起在吏部大堂坐镇审案。

　　东城兵马司指挥马应龙、西城兵马司指挥王天兴、南城兵马司副指挥周皇林、北城兵马司吏目吕玉汉等五城兵马司一干头目，还有他们手下的弓兵陆明放、付小东和社会上的黑帮人员三根毛、七寸蛇、九头鸟等人被押到吏部大堂。

　　海瑞和刘天宁升堂审理这些人。

　　东城兵马司指挥马应龙问坐在台案上的海瑞："海瑞，你为何派人抓我们兵马司的人？"

　　"海瑞，你派人抓捕兵马司的人，可有皇上手谕？"西城兵马司指挥王天兴也问。

　　坐在海瑞旁边的姜大贵朝二人怒目吼道："大胆，到了这儿还如此嚣张！"

　　海瑞慢悠悠地喝了口茶，说："本官为何抓你们，你们自己心中有数，这还用本官说吗？问我有没有皇上手谕，告诉你们，没有，也没必要！"

　　"海瑞，你好大胆，没有皇上手谕，你怎敢抓捕我们兵马司的人？"南城兵马司副指挥周皇林大声质问海瑞。

海瑞忍住心中怒火，问他："要皇上手谕是吧？那本官问你，你们印制印纸票到处敲诈勒索南京城的老百姓，你们可有皇上手谕？"

王天兴狡辩："我们没有敲诈，因为兵马司没有钱，暂时从他们那儿领了东西，拿票给他们是为了让他们日后拿来兑换银两，这怎能说是敲诈？"

"是啊，这都是为了缓解兵马司困境不得已而为之，哪谈得上是敲诈勒索？"马应龙赶紧附和。

周皇林说："这事京城也知道，不信你去问问皇上！"

这下海瑞火了，怒斥道："你们休要狡辩，本官已经查明，你们利用手中权力，擅自印制印纸票并指派下边的兵丁和社会黑帮人员到城中商店、客栈、居民家中，见东西就拿，然后撕下几张印纸票给人家就走人，犹如强盗土匪，这不是敲诈勒索是什么？"

"拿走东西是事实，给他们印纸票是为了让他们日后拿去兵马司兑换银两，这有错吗？"北城兵马司吏目吕玉汉争辩。

刘天宁问他："那本官问你，老百姓是否兑换到过一两银子？"

"这……这……我可不清楚！"吕玉汉面红耳赤，一时语塞。

海瑞朝他怒吼道："这什么这？本官告诉你，经过我们多方调查，无论是东城西城，或是南城北城和中城，你们印制的这些印纸票没一人兑换到过银子，人家去兑换，你们老是找借口说没银子，叫人家下次再来，可人家跑了若干趟你们仍说没银子，这不是敲诈勒索是什么？"

"你……你……"吕玉汉指着海瑞，半天说不出话来。

海瑞高声斥责他："你什么你？还不快将犯下的罪行如实招来，难道想等本官动用大刑？"

"你敢？"西城兵马司指挥王天兴威吓海瑞。

见他如此放肆，海瑞吩咐立在堂上的衙役："他还嘴硬，来人，大刑伺候，本官看他招还是不招！"

"是！"立在堂上的衙役听令，举起廷杖便要朝王天兴身上打去。

"海瑞，你敢杖打本指挥，本指挥定会到皇上面前去告你！"王天兴暴跳如雷。

"给我打！"海瑞没理他，而是命令衙役动刑。

王天兴扭头朝海瑞大叫："海瑞，你会后悔的！"

"啪，啪啪……"

"哎哟,妈呀,疼死我了……"

一阵廷杖打得王天兴哭爹喊娘。

周皇林、吕玉汉等人见海瑞动了真格,一时不敢再说话。

"还是不交代?"海瑞喝问王天兴。

仗着有兵部替他们撑腰,而且在北京城里有人,王天兴抬头瞪了海瑞一眼,还是不交代。

海瑞命令再打,姜大贵怕再打下去出人命,赶紧侧过身来对他耳语了几句,劝他别再打了,审问其他人。

"对,可以先审其他人。"刘天宁说。

"那就先将他拖下去关着,等审了其他人再说!"海瑞看了看刘天宁和姜大贵,低声说道。

刘天宁和姜大贵朝他点头。

海瑞吩咐站在堂上的衙役:"将他先押下去关着!"

"是!"两名衙役立即上前将王天兴架着拖下去。

"不能饶了他啊,海大人!"

"是啊,不能就这样便宜了这恶贼啊!"

"海大人,这样饶了他怕放虎归山啊!"

在捕快们去抓人的时候,海瑞就派人通知乔大松、卢雪花、王全、张丽丽、头发花白的老者等受害人到场听审,必要时好让他们出来作证。

这时见海瑞要放了王天兴,站在一旁听审的乔大松、卢雪花、王全、张丽丽等人高喊着请求海瑞不要放过他。

海瑞说:"大家放心,本官不会放过他的,只是先将他关着明日再继续审问罢了!"

"好,就知道海大人不会轻易放过这伙强盗的!"人群中有人高声叫喊。

随后,海瑞和刘天宁、姜大贵又提审了其他几人,有的招供了,有的也像王天兴一样,怎么用刑也不招供。

海瑞和刘天宁、姜大贵合议了一下,决定先缓一缓,先将这些人押下去关着,次日再继续审。

明日如何审理才能让这伙人招供他们的罪行?若是定不了这伙人的罪,不能一口气将他们拿下,局面怕是不好收拾。

晚上回到家里,海瑞一直在想这个问题。

"嗯，有了！"想了半天，海瑞终于有了主意。

- 2 -

次日，海瑞再次升堂，与刘天宁、姜大贵一起在吏部大堂继续审问五城兵马司这伙人。

昨日来听审的乔大松、卢雪花、王全、张丽丽、头发花白的老者等受害人早已来到了堂上。

时间到了，开始升堂。

海瑞想先撬开王天兴的嘴，他认为王天兴是关键，他的嘴一旦撬开了，其他人就有可能松口。

海瑞决定先再次提审西城兵马司指挥王天兴。

"带人犯王天兴！"海瑞威严地朝站立在门边的听堂衙役叫道。

"带人犯王天兴！"听堂衙役朝外传话。

不一会儿，五花大绑的王天兴被押解进来。

"跪下！"押解王天兴的衙役边吼王天兴边将他强按下去。

王天兴不情愿地跪下，怒视着案台上海瑞等人。

海瑞问他："王天兴，想好了没有，招还是不招？"

"没什么可招！"王天兴将头扭向一边。

海瑞不慌不忙地说："王天兴，别以为你要无赖本官就拿你没办法，本官告诉你，如果没拿到有力证据，本官会动你？再说你看看旁边的这些老百姓，他们能饶过你吗？本官劝你还是及早招供，省得又吃苦头。"

王天兴看了一眼站在旁边的人群，见他们一个个气得恨不能剐他的皮，心里开始发虚。他心里暗想：海瑞的确没说错，这群人里面，是有能证明我西城兵马司用印纸票敲诈的人，到时他们肯定会站出来作证。再说，海瑞是个说一不二的人，我要是不招，他肯定又要对我用大刑。好汉不吃眼前亏，我不如先招了，等过了这一关再找人收拾他不迟。

想到这儿，王天兴假装服软："好，我说我说！"

"这就对了嘛！早点儿明事理，昨日还会吃那么大的苦头？"姜大贵揶揄他。

"我们西城兵马司为了给职员谋些福利，没经过上面允许，擅自印制印纸票，并叫弓兵或者是社会上的黑帮人员拿着它在西城的店铺、客栈，还有居民家里，强要东西或住宿，然后撕些我们印制的印纸票给他们，不管人家是否反对，拿了东西或住完宿就走，如果有人反抗，就叫这些弓兵或黑帮人员对其进行殴打……"王天兴不敢看海瑞，招供完了低下头去。

待录完口供，海瑞叫他在供词上签字按手印。

王天兴犹豫着不想签字按印，他心里清楚，这字一签手印一按，刚才的口供就是铁板钉钉的证据了。

海瑞瞪了他一眼。

王天兴这才拿起墨笔签下自己的名字，并在上面按上自己的手印。

"先押下去，待本官审完再一并宣判！"王天兴签字按印后，海瑞命令站在王天兴身边的衙役。

衙役听令，将王天兴押下去。

"提东城兵马司指挥马应龙！"海瑞朝站在门边的听堂衙役叫道。

"提东城兵马司指挥马应龙！"听堂衙役朝外面吆喝。

马应龙被押解进来，衙役叫他跪下。马应龙知道，不跪要吃亏，只好乖乖跪下。

"马应龙，你可知罪？"海瑞怒视着他。

"下官知罪！"马应龙低着头回海瑞的话。

海瑞说："那你还不赶快如实招来！"

马应龙赶紧说："我招，我全招！"

"最初，我们东城兵马司也是认真履行职责的，后来见各个衙门和官员都在想办法捞钱，我们也跟着打起了歪主意。"

"什么歪主意？"海瑞问他。

"我们和其他城的兵马司一样，自己印制了印纸票，在社会上招了些不务正业的黑帮人员，叫他们拿着我们兵马司印制的印纸票到街上去敲诈勒索，拿走人家东西撕几张印纸票给人家算了事。"

"这些印纸票又不是银票，给人家有啥用？"

"叫他们日后拿去找我们兑换银子。"

"有人兑换到过吗？"

马应龙低下头，说："没有。"

海瑞说："没人兑换到过，那你们这不是明抢吗？"

马应龙闷着不说话。

"好吧，先押下去！"马应龙在口供笔录上签字画押后被押下去。

"带北……"

"海大人，外面有对中年夫妇约了七八户开商铺的人家和当地居民，说要来向您告状！"

海瑞正要提审北城兵马司吏目吕玉汉，外面一衙役进来禀报。

海瑞问衙役："这对中年夫妇叫啥名字？"

衙役说他没问。

海瑞说："让他们进来！"

转瞬，中年夫妇带着一群人进来了。

"海大人，草民何小宝带人前来告状！"中年汉子上前跪下。

后面的人也赶紧跟着跪下。

事发突然，海瑞与刘天宁和姜大贵商量了一下，决定暂缓审理吕玉汉等人，先听听何小宝状告何事。

海瑞将惊堂往台案上一拍，问："何小宝，本官问你，你家住何处？要状告何人？"

其实，何小宝等人是应海瑞之约而来，知道他们要告什么人什么事，但按程序他还得问。

中年汉子回答："禀告大人，草民要状告兵马司，他们勾结社会黑帮，敲诈盘剥我等商户和住地居民。"

"兵马司？五城都有兵马司，本官问你，你们要告的是何处的兵马司？"海瑞问他。

何小宝理直气壮地回答："西城兵马司！"

海瑞说："既是如此，何小宝，你仔细将事情原委给本官道来，不得有半句假话，如有半句假话，本官将治你的罪。"

"是，大人，草民这就细细说给大人听！"何小宝说，"这些年来，当地黑邦人员三根毛、七寸蛇、九头鸟等人在西城兵马司的唆使下，经常到我家商铺……"

何小宝将这些黑邦人员如何到他们家商铺进行敲诈盘剥，如何威吓他们的事一五一十地说了一遍。

"你们呢？要状告谁啊？"海瑞问和中年汉子夫妇一起来的人。

一位穿红衣的妇女赶紧上前说："一个月前，七寸蛇、九头鸟两人来到我家，撕了一张票据放在我柜台上，不给钱就强行拿走我家布匹一丈、绿绸缎两丈……"

一驼背老者也走上前来："前两日有三个弓兵到我家强行拿走十斗大米、三十斤菜油，也是一文钱不给，光撕一张西城兵马司印制的印纸票给我家就走了！"

一老妇泣不成声地哭诉："头两个星期，他们……他们还把我女儿抢去给兵马司的一官员做小……"

"这伙天杀的，简直就是强盗！"一中年妇女气愤地骂道。

……

来人纷纷诉说黑帮和西城兵马司弓兵的罪行。

"口说无凭，你们可有证据？"海瑞问他们。

"有证据，草民不敢诬陷他们！"何小宝说着从怀里掏出一大把印纸票。

"拿上来！"

衙役走过来从中年汉子手中接过印纸票，然后交到海瑞手上。

"还有吗？"海瑞问其他人。

"有！"

"有！"

其他人赶紧把自己带来的印纸票拿出来。

海瑞看了何小宝等人拿上来的印纸票，说："好了，你们先退到一边听审，待本官审完了其他人再行宣判。"

"谢谢海大人！"何小宝等人退到一旁听审。

"带北城兵马司吏目吕玉汉！"海瑞朝门边的站堂衙役叫道。

"带北城兵马司吏目吕玉汉！"站堂衙役朝外边吆喝。

吕玉汉被带上来了，海瑞厉声问道："来者姓甚名谁？"

"卑职吕玉汉！"吕玉汉听闻过海瑞的威严，不敢抵抗。

海瑞问他："供职何处？什么职务？"

"北城兵马司，职务为吏目。"吕玉汉回答。

"吕玉汉，你可知罪？"

"卑职知罪！"

"既然知罪，那就赶紧如实招供！"海瑞说。

吕玉汉知道不招供肯定要挨板子，赶紧将他所犯下的罪行一五一十地供了出来。

见吕玉汉主动交代了罪行，海瑞说："你能坦白交代自己的罪行，待会本官定会对你轻判。"

"谢海大人！"

"先押下去！"

衙役将吕玉汉押下去。

随后，海瑞又审了其他几个城的兵马司头目和那些弓兵、黑帮人员。

在审南城兵马司副指挥周皇林时，此人嘴硬如铁，无论海瑞怎么问衙役如何打，他就是死活不张嘴，只是恶狠狠地瞪着海瑞。

海瑞叫衙役先将他押下去。

审中城兵马司指挥胡明时，这人不但不买账，还嚣张地威吓海瑞："海瑞，你敢动我们兵马司，我看你是吃了熊心豹子胆！你信不信，会有人整死你的！"

"哈哈，莫说是兵马司，就算是天王老子，只要你欺压百姓我海瑞绝不会饶他！本官警告你，识相一些赶快将你们的罪行招来，省得吃廷杖，要不然有你好看的！"海瑞哈哈大笑，然后警告他。

"你敢？"胡明咬牙切齿。

海瑞说："本官没有啥敢不敢的，实话告诉你们吧，你们的罪行本官早已掌握，只不过要你们自己亲口交代而已，如若你们不想交代，本官也会依照大明律例和你们的犯罪事实进行判决。"

"你……"胡明气急败坏地叫嚷。

海瑞吩咐站在下面的衙役："既然不招，那就廷杖侍候！"

站在胡明旁边的衙役听令，立即将胡明按在行刑的凳子上。

"海瑞……你不得好死！"胡明声嘶力竭地叫骂。

"给我狠狠地打！"海瑞朝衙役下令。

一阵噼里啪啦的廷杖声过后，胡明已奄奄一息，双目紧闭。

海瑞叫人将他拖下去关着。

待把那些弓兵和黑帮人员都审问了，海瑞告知大家，明日下午再行宣判。

— 3 —

次日下午，衙役将受审的五城兵马司头目、弓兵和黑帮人员押解到吏部大堂。

前来旁听的受害者和居民不少,拥挤着争相看海瑞是如何判决这伙恶人的。

一切准备就绪,海瑞拿出写好的判词,对下面跪着的人犯扫视了一下,开始对这干恶人进行宣判:

"胡明,中城兵马司指挥,其在中城兵马司指挥位子上不但不履行职责,反而指使其手下擅自印制印纸票,并指使弓兵和社会黑帮人员用其来敲诈勒索城中居民,民愤极大罪不可赦,且其拒不认罪。为惩前毖后警示他人,现本官依据大明律例对其进行革职查办,并判处三年徒刑,即刻打入监牢。

王天兴,西城兵马司指挥,其在西城兵马司指挥位职上不但不履行职责,反而指使其手下擅自印制印纸票,并指使弓兵和社会黑帮人员用其来敲诈勒索城中居民,民愤极大,罪不可赦。为惩前毖后警示他人,现本官依据大明律例对其进行革职查办,并判处两年徒刑,即刻打入监牢。

马应龙,东城兵马司指挥,其在东城兵马司指挥位子上不但不履行职责,反而指使其手下擅自印制印纸票,并指使弓兵和社会黑帮人员用其来敲诈勒索城中居民,民愤极大,罪不可赦。为惩前毖后警示他人,现本官依据大明律例对其进行革职查办。但念其能知罪悔过,主动交代自己罪行,对其实行轻判,判处其流放边关两年。

周皇林,南城兵马司副指挥,其在南城兵马司指挥位子上不但不履行职责,反而指使其手下擅自印制印纸票,并指使弓兵和社会黑帮人员用来敲诈勒索城中居民,民愤极大,罪不可赦,且其拒不认罪。为惩前毖后警示他人,现本官依据大明律例对其进行革职查办,对其判处三年徒刑,即刻打入监牢。

吕玉汉,北城兵马司吏目,指使弓兵和城中黑帮人员利用北城兵马司印纸票对城中居民进行敲诈勒索,民怨极大,罪不可赦。为惩前毖后警示他人,现本官依据大明律例对其进行革职查办,念其属于从犯,且认罪态度较好,能主动交代其所犯罪行,对其实行轻判,判处其流放边关一年。

三根毛,真名龙小路,系社会黑帮人员,其受兵马司指使,利用兵马司印纸票对城中居民进行敲诈勒索,民愤极大罪不可赦,现本官依据大明律例判处其两年徒刑,即刻打入监牢。

七寸蛇,真名郭洪武,系社会黑帮人员,其受兵马司指使,利用兵马司印纸票对城中居民进行敲诈勒索,民愤极大罪不可赦,现本官依据大明律例判处其两年徒刑,即刻打入监牢。

九头鸟，真名王小七，系社会黑帮人员，其受兵马司指使，利用兵马司印纸票对城中居民进行敲诈勒索，民愤极大罪不可赦，现本官依据大明律例判处其两年徒刑，即刻打入监牢。"

……

海瑞一口气将五城兵马司一干头目和其手下的弓兵、社会黑邦人员宣判完毕，衙役和捕快将这些人犯押入监牢里或进行流放。

看着收拾桌案上判词的海瑞，姜大贵脸色凝重，不无担心地说："海大人，王天兴、胡明这些人是打入监牢了，但依卑职看来他们是不会死心的，海大人可要防着他们一些。特别是那胡明，你看他一副死猪不怕滚水烫的嚣张样，想必后台是有些硬。还有那周皇林，死活不认罪，而且从他那眼神可以看出，他是很不服气的。"

海瑞边收拾东西边说："没事，翻不起多大的浪！"

"大人还是注意点好，这些人向来心狠手辣，大人如今将他们打入监牢，他们有可能会动用江湖上的人来对付大人。再说，这些人与南京兵部和北京城官员的关系都很复杂，有可能他们会指使手下人去北京城搬救兵或告大人的状。"刘天宁也说。

"由他们去吧，本官做事公正，无愧于心！"海瑞说。

见他一副无所谓的样子，姜大贵和刘天宁也不好再说什么。后来的事，证实了他俩的话并非虚言。

其实，对这些海瑞比姜大贵和刘天宁都明白，只是他的一腔正气让他心中有了百万雄兵，也就无所畏惧。

- 4 -

西城兵马司指挥王天兴的老婆戴玉琼是个泼辣的女人，她刚从娘家天津回到家里，看门的老头就告诉她王天兴被南京吏部的人派捕快抓去了。

"你说啥？南京吏部的人派捕快将老爷抓去了？"戴玉琼吃惊地问看门老头。

"是的，夫人，前天夜里抓走的，说不定老爷现在还在受拷打呢，这可怎么办呀？"看门老头望着她。

戴玉琼一脸嚣张："我夫君堂堂西城兵马司指挥，再说还有我大哥在京城里给他做靠山，谁有这么大胆子，竟敢抓我夫君，难道他不想活了？"

看门老头说："夫人，您不知道，这伙人实在是太凶了，那晚我刚把院门打开一条缝，两个捕快模样的人就强行挤进院子里来了。我见情况不妙刚要喊叫，一个高个子男人就伸手捂住了我的嘴巴，并将我带到一旁看守着不让我出声。随后，他们的人就冲进了老爷的房间，然后……然后就……就抓走了老爷！"

"还有没有其他人被抓走？"

"听说兵马司其他头目也被抓走了，还有那些替老爷他们做事的社会上的人也被抓了！"

"敢动兵马司的人，简直是讨死！"戴玉琼气恼地骂道，随后对看门老头说，"走，带着人跟我去救老爷！"

看门老头赶紧劝她："夫人，不能这样做，这样做到时不但救不了老爷，您也难脱身！"

"那你说咋办？总不能眼睁睁看着老爷在那儿受罪吧？"戴玉琼说。

看门老头说："老爷自然是要救，但不能鲁莽，得好生合计合计才行。"

"那你说，这事到底咋办？"

"我昨日上街时听人说，东城兵马司指挥马应龙、南城兵马司副指挥周皇林、北城兵马司吏目吕玉汉等其他几个城的兵马司头目也被抓走了，不如去找他们的家人商议一下，看这事他们有啥主意。"

"行，马上去找他们！"

"先去哪儿？"看门老头问戴玉琼。

戴玉琼想了一下，说："先去东城兵马司！"

主意打定，二人便急匆匆出门去找其他兵马司的人商议如何救人。

戴玉琼和看门老头心急火燎地来到东城兵马司，打听到兵马司指挥马应龙家住的地方，便朝他家赶去。

到了马应龙家，见门是关着的，看门老头上前敲门。自从那晚马应龙被抓走后，马应龙妻子乔萍便叫人将院门锁上，如果有人来敲门，问清楚了才开。

"谁啊？"门内一个女人在问，她是马家的女佣靳妈。

听到是个女人的声音，戴玉琼赶紧上前朝里边说："我是西城兵马司指挥王天兴的夫人戴玉琼，有急事来找马夫人，麻烦你开一下门！"

听门外的人说她是西城兵马司指挥王天兴夫人,有急事来找太太,女佣赶紧过来开门。

"王夫人,您们请进!"门开了,一位四十多岁的女人将戴玉琼和看门老头让进院里,然后把门关上,插上门闩。

看门老头问开门的靳妈:"马夫人在吗?"

"在。"靳妈带着戴玉琼和看门老头朝屋里走去。

"靳妈,谁啊?"屋里一个女人警惕地问靳妈,她是马应龙的妻子乔萍。乔萍生性胆小,自那夜马应龙被抓后她连门都不敢出了,整日待在屋里。

靳妈边走边回答:"是西城兵马司指挥王天兴王老爷的夫人,说是有急事来找夫人。"

"有急事找我?什么事啊?"屋里的乔萍问。

戴玉琼赶紧说:"我来找马夫人商议如何救咱们的夫君!"

"那你领他们进来吧!"乔萍对靳妈说。

"是!"靳妈应道。

靳妈领着戴玉琼和看门老头朝屋里走去。

进了屋,见乔萍胆战心惊的样子,戴玉琼说:"马夫人,你怎么被吓成这个样子?"

乔萍心有余悸地说:"王夫人,你可能不知道,那些人那个凶样,真是怪吓人的!"

戴玉琼说:"你不想想办法,难道就让自家男人受那些人的折磨?"

"我一个弱女子,这种事我能想啥办法啊?"乔萍显得很无奈。

看门老头问她:"你家里没有其他人了?"

"有,但他们能做什么呀?还不是和我一样,吓都吓死了!"乔萍告诉看门老头。

"你们兵马司的其他人呢?他们总不能就这样看着他们的头头遭罪吧?咋不和他们合计合计?"戴玉琼说。

乔萍说:"对啊,这事可以找他们商议的啊,我咋就忘了呢?唉,也是怪我一时被吓昏了,六神无主,经你这么一说,还真得去找他们商议商议!"

"王夫人,你夫君是不是也被那些人抓去了?"乔萍问戴玉琼。

戴玉琼说:"是的,我就是来找你商议这事的,看如何才能救他们出来。"

乔萍面露难色:"可我们一介女流,咋去救他们呀?"

"咱们先商量一下再说。我大哥在京城的大理寺做事，可以找他帮忙。"戴玉琼给乔萍打气。

乔萍说："我听说被抓走的还有南城兵马司副指挥周皇林、北城兵马司的吏目吕玉汉他们。"

"这事我已经知道了。"戴玉琼告诉她。

乔萍看着戴玉琼："要不我俩去找他们的家人合计合计，你看如何？"

戴玉琼想了一下，说："也行。"

"这事宜早不宜迟，现在就走吧！"乔萍说。

"嗯！"戴玉琼点头。

"先去哪儿？"乔萍问戴玉琼。

戴玉琼说："先去南城兵马司副指挥周皇林家看一下情况再说。"

"好！"乔萍应道。

三人出门，急匆匆往南城兵马司副指挥周皇林家赶去。

– 5 –

在周皇林家，几人都认为这事的根源在海瑞，是他下令抓的人。

"依我看，这事就是那个南京吏部的右侍郎海瑞作的怪，要想救人，得想办法找杀手先杀了此人，否则没用！"周皇林的家奴张迁之建议找江湖上的人刺杀海瑞。

周皇林的老婆王蓉听了，赶紧说："使不得，使不得，杀人是犯法的，不要人没救出来，到时候自己先进去坐牢了！"

"周夫人说得对，这事万万使不得！"乔萍赶紧附和。

戴玉琼想了一下，目露凶光："我看没有什么使不得的，就是要找人先杀了海瑞，才能救得出咱们的夫君！"

"我觉得这事不妥，先不说杀人犯法，到哪儿去找杀他的人呢？"看门老头问。

"这你不用担心，我有一个道上的朋友，他就是专干这的，我去找他！"张迁之说，"只不过……"

"只不过什么呀？有话就说有屁就放！"见他说话吞吞吐吐的，戴玉琼沉下脸说。

"只不过需要些这个……"张迁之伸出右手,三个指拇相互捻了两下。

大家都明白他说的是啥意思。

"不就是要银子吗?这些年老爷们替咱们挣了不少,谁家还缺啊?再说,老爷们要不是为了这个,他们还能被海瑞抓去?这个你不用操心,给老娘找到人就行!"戴玉琼说。

"既然王夫人这样说了,人没问题,包在我身上,只要银子备足了,人随叫随到!"张迁之拍着胸脯说。

戴玉琼问乔萍和王蓉:"马夫人、周夫人,你们的意见呢?同意这么办吗?"

"难道就没有别的法子吗?"王蓉问。

乔萍也问:"是啊,就没有其他办法了?"

戴玉琼说:"有,但这是最好的办法!"

"既是如此,那就听王夫人的吧!"王蓉想了一下,说。

乔萍见王蓉表了态,也只好同意这样做。

"这事不容迟疑,得及早着手!"戴玉琼告诉乔萍和王蓉。

看门老头问戴玉琼:"夫人,此事重大,要不要再去找其他兵马司的人商量一下?"

"不用了!"戴玉琼斩钉截铁地说。

张迁之说:"杀人这种事情非同小可,得花五万两银子,你们看……"

戴玉琼说:"我刚才不是说了吗?银子没问题,你赶紧去找人。你告诉他,先给一万两银子作定金,事成后马上付清,绝不食言!"

"好,我明日便去找他!"张迁之说,"但此事须保密!"

戴玉琼不耐烦地说:"知道知道,老娘又不是三岁孩子,这事还用得着你说?"

"好,事情就这样定了,银子三家分摊,各自准备好!"戴玉琼说完,带着看门老头和乔萍回去了。

次日夜晚,张迁之把人找来了给她们。

戴玉琼、乔萍和王蓉付了定金,杀手冷冷地说:"等我消息!"

戴玉琼说:"但愿你能给我们带来好消息!"

杀手点头,转身离去。

待那杀手走了,乔萍对王蓉和戴玉琼说:"好了,就等他的消息吧!"

戴玉琼沉思了一下,说:"我想了一下,咱们得做几手准备,除了找杀手刺杀海瑞和到京城找人帮忙整治他，五城兵马司和南京兵部是一家人，现在五城兵马司的人被他抓了，兵部岂能袖手旁观？我想，咱们还可以去找一下南京的兵部。"

"对，应该去找一下兵部，让他们出手帮忙救咱们的夫君！"乔萍接过戴玉琼的话。

张迁之说："这样也行！"

王蓉疑惑地问："他们会帮咱们的忙吗？"

看门老头说："兵马司是兵部管的，这事他们不会不管！"

"这事他们不帮也得帮！"戴玉琼狠狠地说。

乔萍说："既然是这样，那就去找找他们！"

王蓉看着戴玉琼和乔萍问："那咱们啥时候去找他们啊？"

戴玉琼说："明日一早就去！"

王蓉和乔萍同时说："好，明日一早去！"

"那就这样定了。"戴玉琼说。

王蓉和乔萍点头。

"明日咱们就在南京兵部门口，不再来这儿集中了！"王蓉说。

"行！"戴玉琼和乔萍说。

第46章 兵部诘问

海瑞轻蔑地瞟了他俩一眼,然后说:"他们犯了什么罪?哼,如果你们不知道的话,可以先去问问南京城的老百姓。要问本官为何叫人抓他们进大牢,两位大人问对了,本官可以给你们解释!怎么样,二位想听吗?"

– 1 –

南京兵部门口。

戴玉琼、乔萍和王蓉先后急匆匆赶来。

"你们是什么人?"

到了兵部门口,三人因为心急便径直往里闯。两名守门的军士见了,赶紧上前拦住她们。

"军爷,我们是五城兵马司的家属,请问兵部尚书大人在吗?我们有急事找他!"见守门的军士来拦她们,戴玉琼急忙告诉他。

一名军士问她:"你们找戴尚书有何事?"

"军爷,你还没听说啊?前两天南京吏部右侍郎海瑞叫人抓了五城兵马司的几位头目,他们里边有我们几家的夫君,我们来求尚书大人救我们的夫君!"戴玉琼说。

"既是这样,那你们进去吧。"守门军士放她们进了兵部大门。

戴玉琼、乔萍和王蓉急忙边往里走去。

"这尚书大人咱们都不认识,去哪儿找呀?"王蓉说。

乔萍睁大眼睛问戴玉琼:"是啊,王夫人,兵部这么大,咱们去哪儿找这啊?"

戴玉琼说:"不要紧,一处一处找,我就不信找不到他!"

说完,戴玉琼带着王蓉和乔萍在兵部里到处寻找尚书戴才的衙署。

找了好几处,还是没找到尚书的衙署。戴玉琼说:"这样找不是办法!"

"那要怎么才能找到啊?"王蓉焦虑地问。

乔萍说:"兵部地方这么大,要是不熟悉的话很难找人!"

第46章 兵部诘问

见前面来了两个兵，戴玉琼说："走，去问问那两个兵！"

戴玉琼她们赶紧朝那两个兵走过去。

"军爷，请问尚书大人办公的地点在哪儿？"来到那两个兵面前，戴玉琼问。

其中一个兵朝他们身后不远处的一间房子一指："就在那儿！"

"谢谢！谢谢两位军爷！"

戴玉琼匆忙与王蓉和乔萍往尚书办公的地点奔去。

戴玉琼识得一些字，到了尚书衙署门前，抬头见门的上方挂着块精致的牌匾，上面写着"尚书衙"三字，知道就是这儿了，便对王蓉和乔萍说："就是这儿！"

"看尚书大人在不在！"王蓉说。

"你们找尚书大人有什么事？"这时有人从屋里走出来，问她们。

戴玉琼赶紧说："是这样的，大人，我们是五城兵马司的家属，我们的夫君被海瑞叫人抓进大牢里去了，我们来求尚书大人帮我们救夫君！"

"戴大人在里边，我带你们去！"

"谢谢，谢谢大人！"

戴玉琼、王蓉和乔萍赶紧道谢。

进了屋，这人对躺靠在里边一张大椅子上、穿着将军服的老者恭敬地禀报："戴大人，这三位夫人有事找您！"

穿着将军服的便是南京兵部尚书兼参赞机务戴才。刚才带戴玉琼她们三人进来的那人叫洪升，是南京兵部的一名主事。

戴才抬头看了一眼戴玉琼、王蓉和乔萍，见是三个女人，心里暗想：这三个女人来找老夫干吗？

戴才问道："你们是什么人？"

"回尚书大人的话，我叫戴玉琼，是西城兵马司指挥王天兴的妻子，她是南城兵马司副指挥周皇林的妻子王蓉，她是东城兵马司指挥马应龙的妻子乔萍。"戴玉琼先做自我介绍，然后又指着王蓉和乔萍介绍道。

"哦，你也姓戴？"戴才听说她姓戴，将身子从靠椅上撑起来。

戴玉琼见他问自己，急忙答话："是的，大人，我姓戴！"

"我们还是同姓呢？"戴才看着戴玉琼笑着说。

见他这么说，戴玉琼有些受宠若惊，赶紧笑着说："哦！我好幸运啊！"

戴才问："说吧，你们来找我有什么事？"

"事情是这样的，戴大人，前两天吏部的海瑞叫人将五城兵马司的几个头目都抓进了大牢，其中就有我们的夫君，求戴大人救他们一命！"戴玉琼说完赶紧给他叩头。

"是啊，戴大人，求您救救我们的夫君啊！"王蓉和乔萍见了，也赶紧跪下给戴才叩头。

戴才说："起来吧，都起来吧，这事老夫早就听说了，正在想办法找海瑞算账！"

戴才问她们："你们几家在京城有关系吗？"

"有，我大哥戴玉平在京城刑部，是个侍郎！"戴玉琼告诉他。

乔萍也说："我叔马本亮也在京城兵部做事，是武……武什么司的员外郎！"

"武库司。"见乔萍说不出来，戴才告诉她。

"对对对，武库司！"乔萍说。

"我看，这事要办成还得多头准备，因为这个海瑞实在是个不好惹的茬！时下他在吏部是右侍郎，官阶三品，官儿着实不小，我们也动不了他，你们要利用好自己的关系找人帮忙！"一旁的洪升说。

"洪主事说得对，这事啊，得做多手准备！"戴才说。

戴玉琼说："不瞒两位大人，我们已经找了个江湖杀手，请他帮我们刺杀海瑞！"

"你说什么？你们已经找了江湖杀手刺杀海瑞？"听了戴玉琼的话，戴才又惊又喜。

"是的，我们已经花钱找了江湖上的杀手去刺杀海瑞，不知道那人能不能得手！"戴玉琼刚要回戴才的话，乔萍抢着说。

"这就对了！"洪升说。

"好！好！"戴才高兴得连声说了两个"好"字，然后说，"几条腿走路，我看他海瑞这回是死无葬身之地了！"

戴玉琼说："可尚书大人这边也要抓紧行动啊！"

"是啊，两位大人得帮帮我们啊！"

戴才说："你们放心，兵马司和兵部本来就是一家，老夫还能见死不救？再说他海瑞这样明目张胆地抓兵马司的人，也太不把我南京兵部放在眼里了，冲这事老夫也饶不了他！"

"只要有戴大人这句话,我们几个也就放心了!"戴玉琼高兴地说。

"对,有戴大人这句话我们就放心了!"乔萍附和。

王蓉也说:"嗯,这下我们就放心了!"

戴才说:"好吧,那三位夫人先回去,保持联系!"

"好,那就辛苦戴大人了!"戴玉琼客气地说。

戴才说:"哎,都是一家人,不必客气!"

客套一番,戴玉琼和乔萍、王蓉走出了戴才的衙署。

- 2 -

"戴大人,你看这事怎么办才好?"洪升问戴才。

戴才将身子靠向椅背,懒懒地说:"唉,我也在想这事到底要怎么办!"

"戴大人,五城兵马司和咱们兵部都是一家人,再说他们平时也没少给咱们进贡钱物,这下他们的人被海瑞抓了,咱们可不能坐视不管啊!"

戴才猛地从椅子上撑起身站起来,气恼地对洪升说:"当然要管!不管,难道还能让他海瑞骑在咱们兵部头上拉屎?"

"是啊,得让他海瑞知道,咱们南京兵部也不是好惹的!"洪升狐假虎威,接着望着戴才试探性地问,"那这事……"

戴才说:"明日老夫就去吏部问他海瑞,缘何要抓五城兵马司的人!"

洪升歪着个脑袋,火上浇油地问:"若是海瑞不买咱们兵部的账,那咋办啊?"

"老夫相信海瑞也知道兵部在南京是个啥部门,他敢不买账!他真要是不买咱们兵部的账,那老夫就到北京城去告他,看他到时候如何收得了场!"戴才自以为兵部在南京是个实权部门,根本就不把海瑞放在眼里。

"戴大人,下官听说这海瑞的确是有些不好惹,他在浙江淳安做县令的时候,就得罪过巡盐御史、皇帝钦差鄢懋卿和袁淳。后来到了京城户部做主事,他竟然连皇上也敢骂,这次要是……"

"要是什么?难道老夫还真怕他不成?你别忘了,老夫背后也是有人的!"

"戴大人说得也对,他海瑞再狠,也狠不过后宫的人!"洪升趁机讨好。

"知道还这么说!"戴才不耐烦地瞟了他一眼。

见他这副傲慢神情,洪升低着头不敢再说什么。

洪升曾听人说过，戴才有个妹妹在京城的后宫，是当今皇上宠爱的一个妃子。倘若不是他这个妹妹，他哪有福气在这儿做兵部尚书？正因为有他这个妹妹，他才坐上了南京兵部尚书这把交椅，还加了个参赞机务的官衔。

稍停，戴才又说："你去把张侍郎给老夫叫来！"

"是！"洪升说完去叫兵部右侍郎张君元。

转瞬，洪升把张君元带来了。

张君元一进门便问戴才："大人，有事要吩咐下官？"

"你明早陪老夫去南京吏部一趟，老夫要去找海瑞！"戴才嘟着嘴说。

"是！"张君元点头，随后又说，"是该去找他，不然的话对不住五城兵马司的那些兄弟们！"他知道戴才去找海瑞，就是为五城兵马司的人被抓这事。

戴才说："这事一定要叫他给我兵部一个说法，否则老夫不会放过他！"

"大人说得没错，这事是得让他给咱们一个说法，要不然他还以为咱们兵部是个好捏的柿子，抓咱们下边的人也不事先知会咱们兵部一声！"张君元说。

戴才不说话。

他在想，这个海瑞的确是个天不怕地不怕的茬，如果没有扳倒他的证据，无论谁去说他都不会买账的，更何况五城兵马司做的那些事难以站住脚。去找海瑞，主要目的是让他放人，去了如何说才妥当？才能让他把人放了？若是不想好理由，这样唐突地去找他，哪怕有后宫给自己撑腰，后果也说不清楚。

可这个理由着实不好编，戴才想了好半天也没想出来。

"大人，五城兵马司这个事你觉得他们站得住脚吗？"张君元突然问。

"站得住个屁！要站得住还能让海瑞把人给抓了？"戴才不耐烦地说。

戴才的话让张君元觉得尴尬。

可张君元心里明白，尴尬归尴尬，这事还得和他商讨出一个策略，要不然明日去吏部可能会被海瑞几句话问得哑口无言。要是这样，事情就不好办了，于是厚着脸皮说："大人，可这事得想出个策略才行啊！"

戴才问他："你觉得这事该怎么办才妥？"

"这事的确有些烫手！"

"你这不是废话吗，要不烫手我问你干吗？"

"要不这样，我们……大人你看如何？"张君元走过去，靠近戴才的脸耳语了一阵。

"嗯，好！"戴才一脸阴险的笑。

停了一下，他告诉张君元，马应龙、王天兴和周皇林几家的夫人来找过他，说她们不但会上京城找关系整治海瑞，而且已经找江湖杀手去刺杀海瑞了。

"哦，还有这种事？"张君元很是吃惊。

见他有些不相信，戴才说："这是她们亲口告诉老夫的！"

"好，几管齐下，这下有他海瑞受的了！"张君元高兴得眼睛眯成一条缝。

戴才叫他别高兴过早，这事还没定数，说不定海瑞命大，那杀手杀不了他。

"海瑞又不会武功，那杀手还杀不了他？不会，绝对不会的！"张君元说。

戴才说："那就看他海瑞的命大不大了。"

"那几位夫人不是说上京城去找关系了吗？就算是她们找的那个杀手杀不了他，他也斗不过京城的人。"张君元还是不相信海瑞能逃脱这场厄运。

戴才说："好了，不说这事了，明日咱俩去找他，问个明白！"

张君元问还有没有其他人去。

戴才说就他两人。

"要不要带几个手下？"张君元又问。

戴才说："又不是去打架，人多有啥用？"

"那明早我来大人这儿，然后咱们一道去找他。"

"嗯！"戴才哼了一声。

— 3 —

次日一大早，戴才和张君元就怒气冲冲地来到南京吏部。

"戴大人、张大人，你们咋这么早？"站在门前的一名吏部司务认识他俩，笑着问道。

"海瑞在吗？"戴才没理他，盛气凌人地问。

司务赶紧赔着笑脸，说："在！在！我带两位大人去找他！"

戴才黑着脸说："不用，老夫自己去！"

司务一脸尴尬，杵在那儿，望着戴才趾高气扬地朝海瑞的衙署走去。

张君元狐假虎威地跟在他身后。

"戴大人、张大人，今日什么风把两位给吹来了？"海瑞手上拿着一份公文，正要去清吏司找人，见戴才和张君元怒气冲冲地走进自己的衙署，不问也知道他俩是来干什么的，便不亢不卑地说。

"什么风？就是你这寒冷的海风！"戴才知道海瑞话里有话，也针尖对麦芒地说。

"请坐，请坐！"虽说明白这两位不速之客的来意，但海瑞还是客气地请他俩就座。

二人入座，海瑞给他们斟上茶。

戴才勉强接过茶，黑着脸挖苦海瑞："哟，海大人何时变得这么客气了？"

海瑞忍着气说："戴大人这话就不对了，吏部的人向来都很客气，咋还问何时呢？"

"既然这么客气，那海大人叫人抓了五城兵马司的人缘何不事先给老夫知会一声呢？"戴才将茶杯重重地放在桌子上，沉下脸质问起海瑞来。

见他这样，海瑞也把手上的茶杯重重地笃放到面前的凳子上，毫不客气地说："戴大人，今日你俩是来吏部向本官兴师问罪的吗？"

"海大人，你也不用这么气，今日我和戴大人来，就是想问一下五城兵马司的人到底犯了什么大罪，海大人要叫巡捕营将他们全都抓进大牢？"坐在戴才旁边的张君元质问海瑞。

海瑞轻蔑地瞟了他俩一眼，然后说："他们犯了什么罪？哼，如果你们不知道的话，可以先去问问南京城的老百姓。要问本官为何叫人抓他们进大牢，两位大人就问对了，本官可以给你们解释！怎么样，二位想听吗？"

"海瑞，你不要拿老百姓来说事，老夫问你，他们到底犯了什么大罪？你给老夫说清楚，说不清楚，老夫有话要说！"戴才威吓海瑞。

海瑞气愤地站起来："既然二位想听，那本官就说给你们听。五城兵马司，不管是东城西城、南城北城还是中城，他们都擅自印制印纸票，并指使人拿去敲诈勒索城中老百姓，闹得百姓苦不堪言怨声载道，请问二位，你们说他们该不该抓？"

"这……这……老夫咋没听说过？"听了海瑞的话，戴才假装不知。

"是啊，我们怎么没听说呀？"张君元附和。

见他二人装傻，海瑞冷笑道："哼，两位大人总不能一点义气也不讲啊，五城兵马司每年送了那么多银子给两位大人，可不能不认账啊！"

"你……你这是什么话？我们哪收了他们什么银子？你别……别血口喷人！"张君元看了一眼身边的戴才，手指着海瑞结结巴巴地说。

戴才老奸巨猾，不慌不忙地说："海瑞，你身为朝廷命官，说话得讲证据，可不能乱说，你说我俩收了五城兵马司的银子，得有证据，如若没有，怕到时候不好给老夫交代呢！"

"哈哈……哈哈哈……本官就知道两位大人会这么问！"海瑞大笑，突然一收笑脸，一字一顿地说："要证据是吧？本官到时自然会给你们，只是还没到时候，对不起，本官还有事要忙，恕不奉陪！"

海瑞说完转身愤然走出自己的办公衙署，到清吏司找人去了。

戴才和张元君见他走出门去，一下子愣在那儿，好半天二人才反应过来。

戴才气恼地朝海瑞的背影骂道："海瑞，你别太嚣张，要是拿不出证据，看老夫怎么在皇上那儿奏你！"

"是要好好向皇上奏他一本！"

戴才和张元君见状，只好骂骂咧咧地走了。

见这两人走了，海瑞又回到自己的办公衙署。

海瑞想，刚才他们不是要证据吗？是得好生整理一下五城兵马司敲诈勒索老百姓和他们送给南京兵部戴才和张君元钱财的罪证，要不然他们真到皇上那儿污奏自己，那真是有嘴也说不清。

想到这儿，海瑞把有关南京五城兵马司的案宗整理了一下。

做好这一切，海瑞心中有了底气，不管兵部和兵马司如何闹腾，他也丝毫不怕。

— 4 —

"大人，兵部的戴大人和张大人带着一帮人来了！"

两日后的一个下午，海瑞正在吏部衙署处理政事，一个衙役急匆匆从外边走进来给他禀报。

"他们在哪儿？"

"在这儿！"

海瑞话音刚落，戴才和张君元就跨进门来了。

"兴师动众的，你们这是要干啥？"见戴才黑着脸，海瑞沉下脸问他。

"干啥？哼哼！"戴才冷笑，随后面露凶相，"老夫今日来，就是要替五城兵马司的家属向你讨个说法！"

海瑞对他正言道："说法？啥说法？"

"五城兵马司和兵部本就是一家，你叫人抓了他们，难道就不给老夫一个说法？"戴才质问海瑞。

海瑞耐着性子说："戴大人，前两日本官不是跟你说了去问老百姓吗？今日咋还来本官这儿问这个问题呢？"

"海瑞，今日你要是不给老夫一个说法，我戴才就踏平你这吏部！"戴才瞪着双眼说。

听了戴才的话，海瑞愤怒地说："戴大人，你知道这是什么地方吗？你说这话就不怕日后被皇上听见？"

"海瑞，你不要拿皇上来压老夫，实话告诉你吧，老夫后宫有人，你还是识趣一些，赶紧把人给老夫先放了！"戴才拿后宫来压海瑞。

海瑞说："我就说嘛，这五城兵马司做事咋这么嚣张呢？原来是有后宫和你们兵部在给他们撑腰呀！"

"既然知道了，那就识趣点，省得戴大人去后宫和皇上面前奏你一本！"张君元狐假虎威。

海瑞不吃这一套，说道："戴大人、张大人，你们不这么说本官还考虑放一些人，既然你们这样说了，那本官就不必考虑这个事了，二位想怎么样，随你们的便！"

"你……你……"见海瑞不吃他这一套，戴才气得暴跳如雷。

张君元叫嚣道："海瑞，你会后悔的！"

"后悔我就不是海瑞！"海瑞告诉他。

戴才朝张君元大声叫道："张侍郎，给老夫把弟兄们叫来！"

"你要干什么？这是朝廷官署，莫非你们要造反不成？"海瑞"霍"一下站起来，义正词严地质问戴才和张君元。

"这……这……"张君元惧怕海瑞的威严，看着戴才不知如何是好。

戴才朝他吼道："这什么这，我叫你把外面的弟兄们叫进来，你没听见吗？"

"你敢？"海瑞怒视着张君元。

张君元被海瑞的气势所吓倒，去也不是，不去也不是，只好愣在那儿。

"你这个孬种！"见张君元被吓成那样，戴才朝他骂道。

吏部的人听说兵部的人在头儿的衙署里闹了起来，一主事悄悄吩咐一个衙役去巡捕营通知捕头姜大贵赶紧带人过来。

"海瑞,你真要和南京兵部对抗到底?"戴才歪着嘴问海瑞。

见他这么问,海瑞一下子火了,说:"戴才,前两日本官事务繁忙未曾与你计较,今日你和张君元又来本官衙署瞎闹,而且还带来了不少人,知道你今日在做些什么吗?本官奉劝你一句,赶紧带着你的手下走,否则事后你在皇上面前难以交代!"

戴才蛮横地说:"你答应放了五城兵马司的人,老夫就走,你若是不答应放人,老夫就不走!"

"你真不走?"海瑞盯着他问。

戴才说:"不放人就不走!"

这时,巡捕营的捕头姜大贵带着人来了。

海瑞朝姜大贵叫道:"姜捕头,本官马上修书一封,你代本官去趟京城,将此书交予皇上!"

"是,海大人!"姜大贵应道。

海瑞从桌上拿了张纸展开,提笔准备在纸上写。

张君元见海瑞动真格的,又见姜大贵带着巡捕营的人来了,赶忙对戴才耳语了一番。

"好了,老夫也不与你计较了,到时我们到皇上面前去论理吧!"戴才说完站起来就走了。

海瑞见戴才走了,故意奚落他:"戴大人,你不是说不走吗?咋一下就溜了呢?"

"在你海瑞的地盘上,老夫暂不与你计较,你等着,到时到皇上面前有你好受的!"戴才回过身说。

海瑞高声地朝他说:"本官等着你!"

戴才和张君元带上他们的人夹着尾巴溜走了。

这时,吏部的几名官员走进海瑞办公的衙署。

堂主事李享说:"海大人,这戴才在后宫有人,是有些不好惹啊!"

"他又不是老虎,有何不好惹的?"海瑞说。

稽勋司郎中周方磊说:"听说他有个妹妹是后宫宠妃,要不他也不敢这么嚣张!"

"有个妹妹在后宫,他就可以胡来了?"文选司郎中李继传气愤地说。

海瑞说:"别管他,就算他有个妹妹在后宫,他也不能把本官怎么样!"

"海大人,您还是小心一些,万一他到后宫找人到皇上面前告您一状,这事就不好办了!"李享不无担心地说。

海瑞说:"让他告去吧,本官相信皇上不会昏庸到那个地步!"

"海大人,李主事说得有道理,这种人不得不防啊!"周方磊也劝说海瑞。

姜大贵也说:"是啊,海大人,您还是得当心点!"

海瑞说:"好了,都去做自己的事吧,这事本官自有主张,大伙不必替本官担忧!"

听他这么说,众人慢慢散去。

海瑞继续处理他的政事。

— 5 —

"戴大人,海瑞怎么说?"

戴玉琼和乔萍、王蓉等人早已在兵部等着,见戴才和张君元回来了,赶紧上前问他。

张君元见状,赶紧说:"别问了,戴大人正烦着呢,这事改日再说吧!"

"怎么说?海瑞不放人!"戴才恼怒地说。

戴玉琼还以为戴才不愿意帮她们这个忙,赶紧"咚"的一声给他跪下,哭着求他:"戴大人,天兴他们还在大牢里受罪,您可得想办法救救他们呀!"

"是啊,戴大人,您得救救我们的夫君啊!"

"求您了,戴大人!"

乔萍和王蓉也赶紧跟着跪下求他。

戴才说:"你们再给老夫一些时间,老夫一定会想办法救他们。"

"谢谢戴大人!"

三人说完站起来找座位坐下。

戴才问她们:"你们找的那个杀手可靠吗?"

戴玉琼说,应该不会有啥问题。

"那就好!"戴才面露喜色。

"万一那杀手失败了,就要靠戴大人这边了!"戴玉琼眼巴巴地看着戴才。

张君元说:"你们几家在京城有没有关系?如果有,那就赶紧托人去找一下，这海瑞实在是不好对付，万一你们请的那个杀手杀不了他，怕是救不了你们的夫君！"

戴玉琼说："关系倒是有些，但他们都不是啥关键人物，怕是起不了什么作用，还是请戴大人和张大人这边多费心吧！"

乔萍也赶紧说："是啊，这事还得请戴大人和张大人多费点心啊！"

"刚才两位夫人说得对，这事还得请戴大人和张大人多费点心思，要不我们的夫君怕是要丢性命呀！"

王蓉也跟着求戴才和张君元。

张君元说："多个人多份力，就算是他们官不大位不高，但他们毕竟是在京城的衙门里做事，离皇上近，说话也方便些，你们还是去找找，让他们出面帮一下忙。兵部虽然在南京是个实权衙门，但毕竟离皇上太远，接近皇上的机会不多，很难说上话！"

"不是还有后宫吗？"戴玉琼问。

"张侍郎说得没错，兵部在南京是有点实权，但这海瑞实在不是个好惹得茬，这事办起来很棘手，如果你们几家在京城有人，那就赶快动起来。当然，兵部这边也不会袖手旁观坐视不管。至于后宫那边，老夫也会去活动活动。"戴才说。

张君元接过戴才的话："这都是为你们几家好，你们赶紧安排人去趟北京城，把能动的关系都动起来，这事才能稳妥啊！"

戴才从椅子上撑起来："张大人没说错，咱们就是要多管齐下，否则的话这事是很难办成的，你们就听他的，回去后赶紧安排人去京城，该找人的找人，该打点的打点，晚了怕海瑞那边会对你们的夫君下手。"

"既是这样，我们听两位大人的就是！"戴玉琼说。

"行，就听两位大人的！"

"回去后我们马上就着手安排这事！"

张君元说："既是这样，那你们赶紧先回去安排找人的事情，兵部这边若是有什么消息，会及时派人知会你们。"

"那就有劳戴大人和张大人了！"戴玉琼站起来向戴才和张君元说。

乔萍和王蓉也站起来向戴才和张君元道谢。

"哦，还有件事！"三人正要离开兵部，张君元叫住她们。

戴玉琼和王蓉、乔萍同时回转过身，王蓉问："张大人，还有啥事？"

"你们请的那个杀手,若有消息了要及时告知我和戴大人,让我们心中也有个数!"张君元说。

戴玉琼说:"张大人放心就是,只要那杀手得手了,我们会第一时间给两位大人禀报的。"

"行,那你们先回去!"张君元说。

三人离开南京兵部往回走。

路上,戴玉琼不无担忧地对乔萍和王蓉说:"两位妹妹,我看这事有点悬啊!"

王蓉说:"我看戴大人和张大人好像有些推诿!"

"我也有这个感觉!"乔萍说。

戴玉琼说:"他们说得也不无道理,这海瑞素来很拧,时下又执掌南京吏部,南京兵部虽说也有实权,但也有点惧怕他,看来我们还真得听他们的,动用一下京城的关系了。"

王蓉说:"连皇上他都敢骂,这人是有点拧!"

乔萍问:"这人是不是在朝中有啥人?"

"听说也没啥人!"戴玉琼摇头。

王蓉自言自语道:"怪了,这海瑞,朝中又没有啥人,他咋敢这么拧呢?"

"性格!他天生就是这个性格,做啥事都是我行我素,一向天不怕地不怕,听说官场的人都被他得罪光了。"戴玉琼告诉她。

王蓉摇摇头:"我真想不明白,他这样做到底图个啥呀?"

乔萍接过王蓉的话:"不管他图个啥,我倒是觉得,上京城找人这事得先缓一下,先看看杀手那边的情况再说。"

王蓉说:"我觉得你说得对,如果那杀手得手了,一切都不用我们考虑了。"

"先缓一下也行!"戴玉琼说。

乔萍叹息:"唉,也不知道那杀手能不能帮我们杀掉海瑞!"

"我想,他应该不会失手!"王蓉说。

戴玉琼说:"这事谁也断定不了,只能等消息。"

乔萍叹息道:"唉,那就听天由命吧!"

"也只能是这样喽!"王蓉无可奈何地说。

乔萍问王蓉:"能不能叫你的家丁催一下那杀手?"

王蓉说:"这种事怎么好去催人家呀?"

"这种杀人的买卖是不能催的,有了消息他肯定会来告诉我们。"戴玉琼说。

乔萍说:"那怎么办呀?唉,真是急死人了!"

"我看再急也得等!"王蓉说。

"好吧,那就等着吧!走,回家!"戴玉琼说。

第47章　暗夜遭袭

这儿行人渐渐稀少，环境也较为安静，黑衣人想在这儿对海瑞下手。他紧走几步跟上海瑞，然后从腋下抽出把锋利的柳叶刀，慢慢靠近海瑞。见是下手的时候了，黑衣人挥刀朝海瑞刺去……

— 1 —

这几日，海瑞被五城兵马司的事压得喘不过气来，他感觉身心都非常疲惫。

皓月当空，今晚夜色特别好。

吃过晚饭，海瑞觉得没事，想去秦淮河畔的夫子庙一带走走，一来缓解一下心里的压力和疲惫，二来也顺便了解一下近段时间南京城的社情民意。

南京的秦淮河畔，历来就有名气。从南朝时开始，这儿就是南京城名门望族的聚居之地。河的两岸酒家繁多，富贾云集。河面上，无数的商船昼夜往来，毫不停息。这些装扮绚丽的商船上，寄居着许许多多穿红着绿的歌女，她们轻歌曼舞，彩裙飘飘，引得不少文人才子流连其间。

夫子庙是南京秦淮河畔最繁华的一段，这儿青楼林立，画舫凌波，号称"十里秦淮"，素来为六朝烟花之区，金粉荟萃之所。这儿的乌衣巷、朱雀桥、桃叶渡，金粉楼台鳞次栉比，更是文人墨客和江南佳丽聚会的地方。到了夜晚，河岸两边华灯灿烂，莺歌燕舞，人潮如海。河里的游船上，歌女们穿着轻薄的彩衫亦歌亦舞，霓裳艳影如梦似幻，游手好闲的公子哥们常到这儿寻欢作乐，欢声艳语不时从船里飘荡而出。

要说秦淮河的风光，最为出名的便是河面上穿梭往来的灯船了。这些灯船悬挂着炫丽的彩灯，灯与河水相映，让夜晚的风光美丽极了，但凡来此游玩的人，无不以乘坐灯船为一大乐事。

已经是晚上八点钟光景，正是夫子庙热闹的时候，光影相映，夜色纷繁，只不过空气里多了些脂粉味儿。

海瑞独自一人，沿着夫子庙东边的河岸慢悠悠地走着。此时，他身后不远处,一名身穿黑色夜行衣的男子不紧不慢地尾随着他。

这个黑衣人,便是戴玉琼她们请来刺杀海瑞的江湖杀手。

这个时候,海瑞心里不是在叹美人之迟暮,也不是在嗟红豆之飘零,而是低着头边走边想五城兵马司的事儿,他不知道危险正一步步向他逼近。

"原来姹紫嫣红开遍,似这般都付与断井残垣。良辰美景奈何天,赏心乐事谁家院?朝飞暮卷,云霞翠轩;雨丝风片,烟波画船……"

河里游船上飘出的一串哀艳歌声,打断了海瑞的思绪。他抬头看了看前方,自己已经来到了乌衣巷,便抬脚往里走。

后面欲行刺他的黑衣杀手见他转进了乌衣巷,也悄然跟了进来。只顾往前走的海瑞,还没注意到这个想置他于死地的江湖杀手。

也许是这儿人多眼杂,黑衣杀手不敢对海瑞动手,只是悄无声息地跟着他。

海瑞边走边观看河两岸的夜景,不知不觉来到了桃叶渡。

这儿行人渐渐稀少,环境也较为安静,黑衣人想在这儿对海瑞下手。他紧走几步跟上海瑞,然后从腋下抽出把锋利的柳叶刀,慢慢靠近海瑞。见是下手的时候了,黑衣人挥刀朝海瑞刺去……

"喳!"

螳螂捕蝉黄雀在后,正当黑衣杀手的刀刺向海瑞胸前的霎那,却见眼前亮光一闪,一柄长剑凌空而下格住了他的刀尖。

黑衣杀手一惊,定睛一瞧,面前横着一位头戴黑纱帽面蒙黑纱巾,身着一身紧身黑衣的女子,随即和她打斗起来。

"海大人快走!"黑衣女子边和黑衣杀手打斗边对海瑞喊道。

海瑞定了定神,赶紧回头往人多的地方走。他本不想离开,但又怕黑衣女子替他担忧而分心,只好离开赶紧去叫人。

"有刺客!"

海瑞走了几步,见前面有人了,便朝他们叫道。人们听说有刺客,有几个胆大的男子便朝这边奔跑过来。

黑衣杀手听到海瑞喊人,赶紧朝女侠客虚晃一招,然后往旁边的林子里纵身一跃,便逃之夭夭。

女侠客收了剑走过来,对海瑞说了声"海大人保重",也转身消失在夜色里。

"刺客在哪儿？"过来的几个男子问海瑞。

海瑞告诉他们："跑了。"

"跑了？他要刺杀你，咋又跑了呢？"一个男子不解地问。

海瑞告诉他们，有位女侠救了自己，那个刺客打不过她就逃走了。

"原来是这样！"这个男子说。

另一个男子问海瑞："你是谁？那人为何要刺杀你啊？"

"我……"

"这不是海大人吗？"

海瑞正要给他们解释，他们中的一个年轻小伙子却惊呼起来。

"怎么？你就是海瑞？"刚才问他话的男子用怀疑的眼神看着他。

"是啊，他就是前些日将五城兵马司那伙人绳之以法的海瑞海大人！"认出他的年轻小伙子说。

"那，刺杀他的人又是谁呢？"男子又问。

海瑞笑着说："还会有谁？肯定是兵马司那伙人请的杀手！"

"这伙恶人，都伏法进大牢了还要兴风作浪！"一男子气愤地说。

"他日抓到这杀手，一定要严惩！"另一男子愤愤不平。

另一男子也说："助纣为虐的东西，一定要严惩！"

海瑞说："没事，先让他逍遥些日子吧！"

"走，海大人，我们送你回去！"一男子说。

海瑞赶紧说："不用，不用！"

"那杀手刚才没得逞，怕他又折回来呢！"一男子担忧地说。

海瑞说："不会的，作贼的人心是虚的，他不会再来了。"

"不怕一万，就怕万一啊，海大人！"一男子说。

海瑞说："没事没事，你们先走！"

见海瑞有些固执，三名男子安慰他一番先走了。

海瑞也跟着往回走。

海瑞边走边想那个女侠客。他觉得，那女子的身形声音，还有做事的风格，似曾在哪儿见过，但一时又想不起来。

"是她，一定是她！"回想了一阵，海瑞拍了一下大腿。他想起来了，这人就是那次在淳安县境内救过他的侠女燕三娘。

但海瑞想不明白，这燕三娘怎么会知道有人要刺杀自己？怎么又会在这儿救了自己？

原来，燕三娘为追杀一个恶贼，也来到了这夫子庙。见那恶贼朝这边跑过来，她便尾随而来，没想到恶贼没追上，反而碰上了黑衣杀手刺杀海瑞，情急之下拔剑救了海瑞，并和黑衣杀手打斗了一番。

但凡行侠的人都不想在众人面前露面，见刺杀海瑞的黑衣杀手逃走了，她也赶紧隐身离去。

– 2 –

在夫子庙桃叶渡遭人刺杀，回到家里海瑞只字未提，就像没发生过一样，次日到吏部上班，他也未向任何人提及此事。

但南京街头，老百姓却传得沸沸扬扬，有人说杀得好，谁叫他招惹兵马司的人，但更多的人却是替海瑞不服，骂这刺杀海瑞的人不长眼，连海大人这样的好官也要杀。

"夫人，听说昨日夜里有杀手在夫子庙的桃叶渡刺杀老爷！"次日下午，上街去买盐的海安听人说后，大吃一惊，回来后赶紧告诉海瑞的小妾兰兰。

"你说啥？昨日夜里有杀手在夫子庙桃叶渡刺杀老爷？"兰兰听了魂都差点儿吓飞。

海安说："街上大家都在传这个事！"

"老爷昨晚回来咋没说呀？"兰兰盯着海安问。

海安作沉思状："是啊，这么大的事情，老爷咋不告诉我们呢？"

"好在人没事，等会儿老爷回来了再问他，夫人也别担心！"海安安慰兰兰。

"老爷也是！"兰兰埋怨道。

巡捕营的捕头姜大贵听说了这件事，吃惊不小，赶紧跑到吏部来。

"海大人，听说昨天晚上有人在夫子庙的桃叶渡刺杀您，这是真的吗？"姜大贵见到海瑞便急忙问。

"嗯。"海瑞朝他点了点头。

"啊？还真有这事？卑职还以为是有人要坏大人的名声，故意诈传的呢！"听海瑞说真有这回事，姜大贵大吃一惊。

海瑞说："这没什么，不过是虚惊一场，你看，我这不是好好的吗？"

姜大贵问："海大人能不能把当时的情形给卑职说一下？"

海瑞告诉他："近日被五城兵马司的事压得有些透不过气，昨晚我见夜色很好，就独自一人去夫子庙那边走走，一是舒缓一下压力，二是想顺便了解一下民风民情，没想到走到桃花渡一段，竟遇上了这个黑衣蒙面杀手。正当这人要向我下手的时候，突然出现一位面蒙黑纱的女侠，她用剑挡住了那黑衣人的刀，我才幸免一难。"

"后来呢？"

"后来这女侠就和那黑衣杀手打斗起来。那女侠边和黑衣杀手打斗，边叫我赶紧离开，我怕那女侠分心，就赶紧离开去叫人。我往回走了几步，大声喊有刺客。那黑衣杀手听到我在喊人，赶紧朝女侠客虚晃一招，便往旁边的树林里逃了。女侠客收了剑走过来对我说了声'保重'，也转身消失在夜色里，我想向她道谢都没来得及。"

"海大人，您不觉得这事有些蹊跷？"听了海瑞的介绍，姜大贵沉思了一下，摸着下巴问。

"你的意思是说，这事与五城兵马司的人有关？"海瑞看着他反问。

姜大贵说："海大人，您想想，您将五城兵马司这伙人拿下，他们能不记恨您？除了这帮人，还有什么人这么胆大，竟敢刺杀朝廷吏部右侍郎？"

"嗯，我也这么想！"海瑞作沉思状。

姜大贵说："五城兵马司这伙人有些背景，好多人都不敢惹他们，海大人，您可得小心些啊，这个杀手没得手，说不定还会再来刺杀您！"

海瑞说："没事。"

"救您的那女侠是谁啊？"停了一会儿，姜大贵突然问海瑞。

"开始我也想不起来是谁，后来我终于想起来了，是燕三娘。当年我去浙江淳安县任县令的路上，她还救过我一命。"

"当年她也救过您一命？怎么回事啊？"姜大贵觉得好奇。

海瑞告诉他，那年他从福建延平府南平县去浙江严州府淳安县任县令时，在一个集镇上遇到一个恶乡绅的两名家丁殴打一位农妇，他就和仆人海安上前去解救这位农妇。后来这两名打人的家丁把他家主子叫来，还带来了一大帮人，准备殴打他和海安。正在危急时刻，这位女侠突然挡在了他们的面前，而且她的剑也抢在了那恶乡绅的脖颈上，恶乡绅见状赶紧求饶，女侠一阵斥责，这恶乡绅才带着他的家丁逃走了。

第47章 暗夜遭袭

"燕三娘？她怎么知道您会被人刺杀呢？"

"这我就不知道了，也许是巧合吧！"

姜大贵点了点头。

"海大人，为以防不测，卑职派些人跟着您，让他们昼夜保护您！"姜大贵说。

"没这个必要，再说那人不一定还敢来。"海瑞嘴上虽这么说，但心里还是有点担心。

"不怕一万就怕万一，海大人，我叫巴子和猴头、乌龙他们三个跟着您，这样我也放心些。"

海瑞想了一下，说："也行。"

"下午我就叫他们过来。"姜大贵说。

"好！"海瑞说。

海瑞说："你派些人手，好生查一查这个杀手，看到底是谁指使的，查清楚后告诉我。"

姜大贵说："是，大人，卑职一定会把这个事查清楚，将杀手绳之以法！"

"好！"

"海大人，要没事的话卑职就先回巡捕营了。"

"嗯，你去吧。"

姜大贵转身离去。

"怎么？海大人，昨天晚上有人要刺杀您？"

"是什么人这么胆大，竟敢刺杀朝廷命官，这不是找死吗？"

"没伤着哪儿吧，海大人？"

"这种人抓到一定要把他千刀万剐！"

直到这个时候，吏部的人才知道昨夜有人刺杀海瑞。

"老爷，听说昨日夜里有人在夫子庙桃叶渡刺杀您，这是真的吗？"海瑞刚回到家，兰兰就迫不及待的问他。

"嗯！"海瑞点了一下头。

兰兰流着泪心疼地说："那您回来了咋不告诉我和海安呀？早晨海安在街上听人说，我们才知道这事，我和海安都急死了！"

"是啊，老爷，遇到这种事情您应该告诉我和兰兰一声啊！"海安说。

海瑞笑着说："这不是好好的吗？"

"人家都担心死了,您还笑!"兰兰流着泪说。

海瑞说:"下不为例,下不为例!"

"老爷,下次遇到这类事情一定得告诉我和兰兰,省得我们担心。"海安说。

"一定,一定!"海瑞说。

海瑞觉得姜大贵分析得有道理,那个杀手这次没得手,肯定不会善罢干休,一定还会再来找自己。

下午,巴子和猴头、乌龙三人来了,他们寸步不离地跟随在海瑞身边。

海瑞觉得有些别扭,但没办法。

一晃几天过去了,一切平安无事,海瑞对巴子和猴头、乌龙他们说:"干脆你们回去吧。"

"海大人,我们回去了那杀手回来怎么办?"

"是啊,海大人,我们都回去了,就没人保护您了!"

"海大人,是姜大哥叫我们来的,我们不能回去!"

巴子和猴头、乌龙不回去。

"既是这样,那就随你们吧!"见他们这么说,海瑞只好由着他们。

幸好巴子和猴头、乌龙三人没回去,麻烦事还真来了。

- 3 -

黑衣杀手告诉张迁之,因为有人阻挡,他一时失手了。

听说刺杀海瑞失手,张迁之用失望的眼神看了他一眼。

"放心,我会再去找海瑞的!"黑衣杀手赶紧说。

"你说啥?他刺杀海瑞失手了?你不是说这人很厉害的吗,咋会失手了呢?"张迁之把这个事告诉周皇林的老婆王蓉,王蓉睁大眼睛看着张迁之。

"要不是那女刺客,他肯定不会失手!"张迁之给她解释。

王蓉问:"那你说这事咋办?他拿了咱们的钱,总不能就这样算了吧?"

张迁之赶紧说:"当然不能就这样算了,他叫我告诉你们,不必担心,他会再去刺杀海瑞,帮你们把这事办成。"

"这还差不多!"王蓉撇着嘴。

张迁之见她有些不高兴,赶紧说:"夫人放心,等他消息就是!"

"不等又能咋样？"王蓉一脸无奈。

张迁之问："夫人，那这事要不要告诉王夫人和马夫人？"

王蓉想了一下，说："我看得告诉她们，省得到时候她们埋怨我！"

"那我们现在就去找她们吧？"

"好！"

"你不是说这人很厉害的吗？咋失手了呢？"在王天兴府上，戴玉琼怒问张迁之。

"夫人，是这样的，那晚他去刺杀海瑞，被一个女刺客阻拦才失手的。要不是那个女刺客，他肯定办成事了。"张迁之说。

王蓉说："要不是那女刺客搭救海瑞，这人肯定帮我们把事情办成了。"

戴玉琼问："那这事他准备咋办？不能拿了我们大家的钱就这样走人了吧？"

"他说再找机会去刺杀海瑞！"王蓉告诉她。

戴玉琼问张迁之："这人到底行不行？不行我们换其他人！"

"他一定能帮你们办成这事！"张迁之满有把握地告诉她。

戴玉琼问张迁之："你敢保证？"

"是啊，你敢保证他能杀了海瑞吗？"王蓉也问。

"我相信他有这个能耐。"张迁之说。

"行，那就再相信他一回！"戴玉琼说，"不过，你要告诉他，若是办不成事，得把钱退还给我们，那可是我们几家凑出来的钱。"

张迁之说："行行行，不过，夫人，上次他刺杀失手是因为有人阻拦，再说那次刺杀失败，他已经感到非常耻辱了，我相信这次他一定不会失手！"

"那就这样。"戴玉琼说。

王蓉问要不要给乔萍说一下。

戴玉琼说不必了，她会找时间去跟她说。

次日下午，戴玉琼到乔萍家，把杀手失手的事告诉了她。

"我看张迁之找的这个人不一定靠得住！"乔萍担心那黑衣人杀不了海瑞。

"王夫人，这事要是办不成，你说咱们咋办啊？"乔萍问戴玉琼。

戴玉琼说："听天由命吧，要真是不行，也只能去京城找人帮忙了。"

"唉，我看也只能这样了！"乔萍叹息。

"那就等着吧！"戴玉琼没精打采地说。

- 4 -

黑衣杀手又在不停地寻找刺杀海瑞的机会。现在海瑞身边多了巴子和猴头、乌龙他们三人,他好几次下不了手。

这日,海瑞去昆山县调查,因为事多,海瑞和巴子、猴头、乌龙他们在回来的路上天就黑了。

"兄弟们,这段路不是很太平,都机灵点!"巴子边扫视周边环境边小声提醒猴头和乌龙。

"好的!"猴头和乌龙回应巴子。

见他们这么紧张,海瑞笑着说:"没事的,别草木皆兵自己吓自己!"

"大人,这段路素来不太平,还是小心点为好!"巴子边说边机灵地观察周边地形。

四人往前走了一段路,地形越来越复杂,巴子、猴头、乌龙他们更加小心谨慎。

走过这段路,前面就快到南京城了。

"唉,终于走过这段路了!"见快要走过复杂危险地段,巴子叹息道。

猴头说:"假若我是那刺客,我一定会在这段路下手!"

"是啊,可他失算了!"乌龙笑着说。

海瑞笑着说:"我就说嘛,哪有什么事啊!"

"别高兴过早,爷还在这儿候着呢!"海瑞话刚说完,前面有人丢出一句冷冰冰的话。

随着那人的话音,"嗖"的一声,一把雪亮的短刀就朝海瑞身上刺了过来。

巴子机灵,赶紧抽出腰间佩剑阻挡。

猴头和乌龙也急忙拔剑和巴子一起护在海瑞身边。

黑衣杀手将手一缩,再次挥刀刺向海瑞,巴子急忙用剑挡开。

猴头和乌龙一齐将剑刺向黑衣杀手的前胸。

黑衣杀手见状,急忙跳开。

因巴子他们人多,黑衣杀手无法得手,但黑衣杀手刺杀海瑞心切,仍然发起猛攻,而且招势凌厉,巴子、猴头、乌龙费了好大劲才将海瑞护住。

几个回合下来,黑衣杀手见占不到便宜,再打下去自己有可能会葬身三人

第47章 暗夜遭袭

的剑下，只好虚晃一招，再次逃走。

"没事吧，海大人？"见那杀手逃走了，巴子、猴头、乌龙急忙问海瑞。

"要是没有你们三人，老夫今夜真要命丧黄泉了！"海瑞气喘吁吁地说。

巴子说："海大人，我们赶紧走吧，若那人不死心再返回来，怕真就有危险了！"

"好好好，赶紧走赶紧走！"海瑞说。

巴子、猴头、乌龙三人护着海瑞赶紧朝城里走去。

"怎么？那人还真敢来刺杀海大人？"

听了巴子的禀报，捕头姜大贵不相信，然后又问，"海大人伤着哪儿没有？"

"没有！只是受了点惊吓！"巴子告诉他。

姜大贵气愤地说："看来这人不杀死海大人是不会放手的！"

猴头问他："那怎么办？"

"加强守护，绝不能让海大人受到半点儿伤害！"姜大贵说。

猴头应道："是！"

"他娘的，这海瑞身边何时多了几个护卫啊？"再次失手的黑衣杀手恼羞成怒。

黑衣杀手思谋了一番，决定利用夜晚天黑作掩护潜入海瑞的住处刺杀他。

很快，就过了十余日。

这一日，海瑞处理了不少公务，觉得有些累想早些休息。他见巴子、猴头、乌龙三人成天护着自己也很辛苦，便说："这么久你们也够辛苦的了，这样，你们回去休息一下明日再来，也顺便看望一下你们的家人。"

"海大人，我们走了，您的安危谁来负责啊？"乌龙不放心。

猴头也说："是啊，海大人，我们都走了您身边没人护卫，我们哪儿放心呀？"

海瑞说："你们去吧，没事的，那人两次失手，我看他不会再来了。"

"不怕一万就怕万一，万一他来了，您岂不是很危险？"乌龙还是不放心。

巴子不说话。

说实话，这么长时间了，巴子也想妻儿，想去看他们一眼。但他心里明白，捕头把这个护卫任务交给他，肩上的责任重大，如果回去了，万一海大人出现什么闪失，自己咋向捕头交差？他想了一下，对猴头和乌龙说："猴头、乌龙，你们两个回去，今晚我和海大人在一起，你俩去看一下家小，明日傍晚一定赶回来。"

"大哥，你不回去？"乌龙问巴子。

巴子说："海大人身边不能没有人，你们两个先回去，我守在海大人身边。"

"大哥，你不回去我们也不回去！"猴头和乌龙说。

巴子说："既然如此，那这样吧，猴头，你妻子快要生了，你先回去看一下，我和乌龙守在海大人身边。"

"大哥，这……"猴头看着巴子。

巴子说："不要说了，快去快回！"

"大哥，乌龙，那海大人的安全就拜托你们了！"

巴子和乌龙说："你快回去吧！"

"没事，你们都回去！"海瑞说。

巴子说："大人的安全是大事，再说我和乌龙家里也没什么特别重要的事，以后再回去也不迟。"

"海大人、大哥、乌龙，那我走了，我定会及早赶回来的！"猴头说完离开了。

天早已黑了下来。

海瑞吃过晚饭，因为太疲倦，早早就上床睡了。巴子和乌龙抱着剑，隐藏在海瑞住的房间门前上方，死死地盯着门前。

半夜时分，天空滚来一阵乌云。半盏茶的工夫，雷鸣电闪，下起了倾盆大雨。

此时，在不远处，一双凶狠的眼睛死死地盯着海瑞家房子。这人便是那个黑衣杀手，他趁着黑夜，向房子这边快速移动。

"乌龙，机灵点！"巴子提醒乌龙。巴子以前也是绿林出身，他知道越是这种时候，杀手越容易出现。

"嗯。"乌龙朝他会意地点了一下头。

二人借助闪电的光亮，双眼如探照灯般搜索着四周。

雨渐渐小了下来，雷不响了，偶尔还有一丝闪电，黑衣杀手觉得该下手了，他一个箭步窜到房门前，用手上的短刀拨弄门闩。

第47章 暗夜遭袭

隐藏在门上方的巴子和乌龙见有一条黑影窜过来，知道是黑衣杀手来了。

"谁？"二人边吼边提剑纵身跳下。

巴子和乌龙刚一落地，剑就同时指向黑衣杀手。

黑衣杀手一惊，借助闪电的亮光，看清了巴子和乌龙。

黑衣杀手一个矮蹲，避开巴子和乌龙的剑，挥刀猛刺乌龙。

乌龙赶紧跳开。

巴子见状，急忙挥剑刺向黑衣杀手。黑衣杀手将短刀一挡，躲开巴子的剑，回身一个矮蹲，手上短刀直往巴子裆部刺去。乌龙见了，剑往前一送，挑开黑衣杀手的短刀。

黑衣杀手越杀越狠，巴子和乌龙出招更加提防。

拼杀了几个回合，巴子瞧准一个空当，一招猛虎下山，剑尖直指黑衣杀手的咽喉。与此同时，乌龙也一招直捣黄龙，剑尖刺向黑衣杀手的胸窝。

黑衣杀手不敢再动，将手上的刀丢到地上。

"说，谁指使你来刺杀海大人的？"巴子喝问他。

乌龙伸手一把扯下他脸上的面纱。巴子和乌龙没想到，这人是个麻子，满脸的大麻窝。

"少废话，要杀要剐随你们！"黑衣杀手不屑一顾。

巴子说："说！是不是兵马司的人指使你来刺杀海大人的？"

"你们休想……！"黑衣杀手话没说完，身子突然猛向前扑向乌龙的剑尖。

乌龙和巴子没想到他会这样，大吃一惊。

血，顺着黑衣杀手的肚子流下……

转瞬，黑衣杀手倒在了地上。

屋里的海瑞睡得正香，猛然间听到屋外有打斗的声音，急忙起身开门来看，见黑衣杀手已经倒在地上，乌龙和巴子手提着剑愣在那儿。

"海大人，您怎么出来了！"见海瑞开门出来，巴子和乌龙赶紧问。

海瑞问他俩："没伤着吧？"

巴子和乌龙告诉他，没伤着。

"先到屋里喝杯茶歇歇！"海瑞说。

海瑞将茶递到二人手上，说："今晚多亏二位，要不老夫这条命真是要交给他了！"

巴子说："海大人，这人死了，很明显他是受五城兵马司的人指使，大人还得提防着点，有可能他们还会再派人来刺杀大人。"

"嗯。"海瑞点了下头，然后说，"天亮后叫人把尸体处理了。"

"大人放心，我们会处理好的！"巴子告诉海瑞。

乌龙说："大人，天还没亮，您再去睡会儿吧！"

海瑞说："很快就亮了，不睡了。"

三人坐着聊到天亮，然后巴子叫人来处理黑衣杀手的尸体。

– 5 –

黑衣杀手毙命的消息传到了王蓉和张迁之耳朵里。

"我就说嘛，这人靠不住！"王蓉气恼地说。

"我……我也没想到他会弄成这个样子！唉，这个章麻杆，真是做不成事！"张迁之说。

王蓉问他："这下怎么办？"

"还能咋办，只能去给王夫人她们说清楚了！"张迁之一脸无奈。

王蓉茫然地说："人没杀成，定金又要不回来，这咋去跟她们说呀？"

"没办法，只好跟她们实话实说了！"张迁之无奈地看着王蓉。

二人赶紧去王天兴府上找戴玉琼。

王蓉和张迁之急匆匆来到王天兴府上。

进了屋，张迁之把黑衣杀手刺杀失败的事告诉戴玉琼。

"王夫人，事情弄成这个样子，你说该怎么办啊？"王蓉用期盼的眼神看着戴玉琼。

"鸡飞蛋打，真是鸡飞蛋打啊！人没杀成，钱也丢了，这事怎么办啊？"戴玉琼像泄了气的皮球，昨天夜里她还想，这次那黑衣杀手一定会刺杀成功，没想到今日王蓉他们会给她带来这样的坏消息。

"小二！"戴玉琼朝另一间屋大声叫道。

"夫人有何吩咐？"随着声音，一个十四五岁的男孩来到戴玉琼面前，这男孩是她家的下人。

戴玉琼说："你去把马夫人请来！"

"是，夫人，小的这就去！"叫小二的男孩转身走了出去。

"这事……"

"别说了,等乔萍来了再说!"

王蓉正想说什么,戴玉琼打断了她的话。这事让她有些不高兴,特别是张迁之,之前信誓旦旦的,这下事情搞成这样,他还有脸来见自己。

"王夫人,这是咋回事啊?"

不一会儿乔萍来了,她一进屋,就心急火燎地问戴玉琼。

戴玉琼黑着脸说:"你问张迁之吧!"

"张迁之,你告诉我,这是咋回事?你那日不是说这人能办成这事的吗?这下……"

张迁之低下头说:"对……对不起,马夫人,是我高看了他章麻杆!"

"定金呢?事情没办成,难不成定金也不还我们了?"乔萍盯着张迁之问。

"定……定金恐怕是要……要不回来了!"张迁之抹了一把头上的汗珠。

乔萍说:"为啥啊?事情没帮我们办成,不该还我们定金?"

"马夫人,人都已经死了,你叫他如何还啊?"张迁之告诉乔萍。

乔萍问他:"那你说这事咋办?"

王蓉说:"人都死了,还能怎么办?马夫人,你就别逼他了!"

"是啊,人都死了,也要不回定金了!"见王蓉帮自己说话,张迁之耍起无赖来。

乔萍气愤地骂道:"倒霉透了!"

"好了,别说这些没用的了,定金要不回来是小事,关键是事没办成,我们的夫君还关在监牢里受罪!"一直气着个脸的戴玉琼开口道。

"那你说怎么办?"乔萍问她。

戴玉琼说:"还能怎么办啊?只能再筹钱找人到京城找关系告他海瑞!"

"唉,也只有这条路可走了!"王蓉哀叹。

乔萍一改平时的温顺:"那你们说怎么个搞法?不弄死海瑞,老娘决不罢休!"

"对,不弄死海瑞咱们决不罢休!"也许是受乔萍的感染,王蓉一下子也凶狠起来。

戴玉琼突然想起了什么,她问乔萍:"马夫人,上次听你说,你有个叔在京城兵部做事,咋不去找一下他呢?"

乔萍摇了摇头:"不瞒王夫人,我那叔虽说在兵部做事,但他只是武库司的一个员外郎,王夫人,你想,海瑞他那么大的官,这事皇上不出面哪治得了他?"

"这倒也是,海瑞好歹也是吏部的右侍郎,朝廷三品大员,他叔才是个员外郎,哪有能力来治海瑞?"王蓉搭话。

一直不敢说话的张迁之说:"他是治不了海瑞,但可以托他找人!"

经张迁之这么一提醒,戴玉琼高兴地说:"你说得对,可以托他去找有用的人,比如兵部尚书之类的,天下兵马司是一家,我就不相信京城的兵马司就不管南京的!"

"那我去找他试试,看管不管用!"乔萍说。

"我家小舅也在京城刑部,是那儿的侍郎,我也去找找他!"戴玉琼说。

"可这钱?"王蓉迟疑地看着她们。

戴玉琼说:"都这个时候了,你还心疼钱,你男人的命不要了?"

"王蓉,不是我说你,这些年你男人捞得还少吗?到现在了你还心疼钱。"

"你们别误会,我不是这个意思!你们说怎么办就怎么办!"王蓉自知说错了话,赶紧说。

戴玉琼告诉她俩,钱的事先别急,等她和乔萍先去北京找到人,看是啥情况再说。

王蓉表示同意。

"我们啥时候动身?"乔萍问戴玉琼。

戴玉琼说:"事不宜迟,救夫君命要紧,明日我俩就动身去京城。"

"好!"乔萍应道。

王蓉说:"那就辛苦二位姐姐了!"

乔萍说:"都是大家的事,不要说啥辛苦不辛苦的!"

"你去把钱准备好,这次需要打点的肯定不会是一点两点,我估摸着没有个五六万两银子,解决不了问题。"

"我就算是砸锅卖铁,也要把咱们的夫君救出来!"王蓉赶紧说。

次日下午,戴玉琼和乔萍带上盘缠,上京城找人帮忙去了。

第48章 奸人串通

马本亮告诉她:"你不知道,南京也好,北京也好,这兵马司都是后宫的人,他们没少给后宫好处,后宫的花销大多来自他们兵马司的进贡,这下海瑞断了后宫的财路,会有他好日子过?"

- 1 -

十多日后的一个下午,戴玉琼和乔萍出现在京城。

在街头一巷口,戴玉琼对乔萍说:"马夫人,咱们分头行动吧,三日后我俩再到这儿碰头。"

"嗯。"乔萍点头。

戴玉琼提醒乔萍:"记住,无论啥情况,三日后我俩都必须赶到此处会合!"

乔萍点头:"好的!"

二人就此分手,分别找人去了。

乔萍的叔在京城兵部,兵部里不只他叔一个,她知道不便去那儿找他叔,只能去他家里找他。

乔萍来到京城某弄堂一处大院门前。

这是个四合大院,红墙青瓦,雕梁玉栋,看上去很是豪华。院子里一株上了年成的老紫荆树,枝头的花朵开得正艳。大院的两扇油漆大门红得发亮,但院门紧闭,像是怕不速之客进了院里。

这所豪华大院,就是乔萍她叔马本亮的住所。

站在院门前的乔萍用手轻敲门。

"来啦!"院门里传来一个女人的声音,是乔萍她叔家的下人。这女人五十来岁了,姓关,叫关明珍,平时乔萍她叔家里的人都叫她关姨。关姨为人不错,做事也很认真细致,但她有个坏毛病,就是大嘴巴,家里有个什么事,总是喜欢到处乱说乱传,为这事乔萍的叔还警告过她好几次。乔萍的叔警告她时,她总是点头哈腰赶紧认错,可一转身她就忘到了九霄云外。乔萍的叔很是恼火,说她若再乱嚼舌根就将她撵出门去,关姨说她再也不敢乱说了。

"关姨,是你啊!"门开了,见是关姨,乔萍赶紧和她打招呼。乔萍以前来过她叔家,她认得关姨。

"是你啊,快进屋来坐!"关姨见是她来了,急忙招呼她进屋。

"我有点事来找我叔,他在家吗?"乔萍问。

关姨告诉她:"老爷还没回来!"

乔萍问:"我叔娘呢?"

乔萍的叔娘叫唐晓莉,乔萍有一年多没见到了。

"在在在,她在屋里和几位夫人打麻将!"关姨告诉乔萍。

"我叔娘就好打麻将!"乔萍说。

"夫人,乔萍来了!"关姨带着乔萍往屋子里走。

"这关姨,来就来了嘛,喊啥喊啊?"乔萍叔娘今日手气不好,刚放了一炮让下家胡牌,正在霉头上,听关姨大喊大叫的,非常不耐烦。

"九万!"对面的人漫不经心地丢出一张牌,然后只顾着理手上的牌。

轮到乔萍叔娘摸牌了,她摸了一张翻起来看了一眼,便丢了出去。

没想到她的下家摸到了一张三万,高兴地叫道:"自摸三万!"然后将牌推倒,脸上乐开了花。

其他三人赶紧数钱给她。

乔萍叔娘不高兴地说:"哎呀,霉死了,不打了不打了!"

众人见她不打了,只好散了。

"叔娘,在家啊?"见到叔娘,乔萍赶紧叫。

"你怎么来了?"乔萍叔娘不冷不热地问。

乔萍说:"我有点事找我叔!"

乔萍叔娘问她:"来找你叔有什么事啊?"

这时关姨把茶给乔萍端来了。

乔萍接过茶。

"夫人,我给你加点茶吧?"关姨看着乔萍叔娘旁边的茶杯。

"不用了!"乔萍叔娘说。

关姨退出房间。

乔萍将门关上,对她叔娘说:"叔娘,应龙被人抓进牢里去了!"

"你说啥？应龙被人抓进牢里去了？"听乔萍一说，乔萍叔娘大吃一惊。

"是啊，他被人抓进牢里了！"乔萍重复道。

乔萍叔娘问："什么人抓的？"

乔萍告诉她，是南京吏部右侍郎海瑞指使人抓的。

"海瑞？应龙咋惹上他了？"乔萍叔娘听丈夫说起过海瑞，知道海瑞这个人天不怕地不怕。

乔萍说："海瑞说应龙他们利用兵马司印制的印纸票敲诈勒索老百姓，可这都是冤枉应龙他们的啊！"乔萍脸上挂满冤屈。

"我跟你说，这个人连皇上都敢骂，不是那么好惹的，你叔恐怕也帮不了你们啥忙！"乔萍叔娘一副无奈的样子。

乔萍说："那这事咋办啊，叔娘，总不能就这样让应龙关在牢里受折磨吧？"

"等你叔回来了再说吧！"乔萍叔娘说。

乔萍只好等她叔回来。

- 2 -

约莫一盏茶的工夫，马本亮回来了。

"叔，您回来了！"乔萍赶紧起身打招呼。

"乔萍，你怎么来了？应龙呢，他也来了吗？"马本亮没想到这个时候乔萍会来他家。

"他没来，就我一个人来的。"乔萍告诉他叔。

马本亮问她："我还以为他和你一道来呢，他一天在忙些啥啊，不陪你来！"

"叔，应龙被人关进大牢了？"乔萍带着哭腔说。

"你说什么？应龙被人关进大牢里了？谁把他关进大牢里了？"听了侄儿媳妇的话，马本亮吃惊不小，连珠炮般问乔萍。

乔萍低着头，啜声道："他……他被南京的吏部右侍郎海瑞关进大牢里了！"

"海瑞把他关进大牢里了？这到底是怎么回事啊？"马本亮一惊，赶紧追问。

乔萍哭着说："海瑞说他们兵马司印制印纸票敲诈勒索老百姓，就……就叫巡捕营的人把他们给抓了！"

"哎呀，我一猜就是这个事！应龙啊应龙，我说过你多少次，叫你收敛一些你就是不听，这下，唉……"马本亮不停地叹气。

随后又说："乔萍，也不是当叔的说你，作为应龙的媳妇，你也应该说说他，叫他少干那些遭老百姓咒骂的事，不要成天光想着捞钱！"

"叔，我不是没说过他，可他不听我的呀！"

"哼！"马本亮哼了一声，轻蔑地说，"你说过他，恐怕你是在帮他数钱吧？"

乔萍不吭声。

稍停了一下，马本亮问乔萍："被抓的还有哪些人？"

乔萍告诉他，南京五城兵马司的头头都被抓了，还有他们手下的一些弓兵和他们请来的社会黑帮人员。

"我就知道他们迟早会有这一天！"马本亮自言自语。平时，马应龙也没少向他这个叔进贡。

乔萍求马本亮："叔，应龙他们是被冤枉的呀！"

"被冤枉的？都这个时候了你还说这个话，你以为他们的事你叔一点儿都不清楚？他们自己印的那个什么印纸票，说穿了就是白条，屁用没有，他们不过是利用手中的权力，拿它来敲诈勒索老百姓罢了！你说，哪个老百姓拿去找他们兑换到过银子？"

乔萍哭着求道："叔，就是应龙他们有错，您也得想办法救救他呀，要不今后我和孩子的日子怎么过啊？"

一直没说话的马夫人也开口了："是啊，本亮，你想想办法救应龙吧，他毕竟是你亲侄儿，再说，应龙平时也没少给咱们家好处。"

乔萍一直在旁边啜泣。

"好了，你也别哭了，我想想办法吧！"马本亮说。

见叔叔答应了自己的要求，乔萍这才停止哭泣，用手擦了擦眼泪，然后说："谢谢叔叔！"

"这事还有人在想办法吗？"隔了一会儿，马本亮问侄儿媳妇。

"有，之前我和西城兵马司指挥王天兴的夫人戴玉琼，还有南城兵马司副指挥周皇林的夫人王蓉筹银子请江湖上的杀手刺杀过海瑞，可那人失手了。"

"怎么？你们请人刺杀过海瑞？"听了侄儿媳妇的话，马本亮大吃一惊。

"嗯。"乔萍朝她叔点头。

马本亮生气地说:"哎呀,胡闹,真是胡闹啊!你们这么一闹,事情可就搞大了呀!"

"那怎么办啊,叔?"听他叔这么一说,乔萍这才觉得事情有些严重了,用祈求的眼神看着马本亮。

乔萍的叔娘也说:"是啊,本亮,你快想想办法吧!"

马本亮说:"不过也好,这一闹后宫的人肯定会知道这事,后宫的人知道了,这事也就好办多了。"

"这事和后宫的人有啥关系啊?"乔萍的叔娘问。

马本亮说:"你不知道,南京也好,京城也好,这兵马司都是后宫的人,他们没少给后宫好处,后宫的花销大多来自他们兵马司的进贡,这下海瑞断了后宫的财路,会有他好日子过?"

"我说这兵马司咋那么肆无忌惮?原来他们有这么硬的后台呀!"乔萍的叔娘说。

"要是没有后台,他们能这么嚣张?"马本亮说,"好了,别说了,我去找找人,看能不能救应龙他们!"

"哦,忘记告诉叔了,这次和我一同来京城的,还有西城兵马司指挥王天兴的夫人戴玉琼。分手的时候我俩约好了,不管什么情况,三日后都要会合。"

"西城兵马司指挥王天兴的夫人戴玉琼也来了?她来找谁?"马本亮问。

乔萍告诉他,戴玉琼来找她小舅。

"她小舅在哪个衙门做事?任的是啥职?"马本亮问乔萍。

乔萍告诉他,戴玉琼的小舅在刑部做事,是那儿的侍郎。

马本亮问这人叫什么名字。

乔萍摇头,说戴玉琼没告诉她。

"你们会合时,你打听一下这人叫什么名字,我们也好商量。"马本亮说。

乔萍说:"要不我叫她来这儿!"

"行!"马本亮说。

这时,关姨走进来:"老爷,太太,菜饭做好了,先吃饭吧!"

其实关姨早就来了,刚才她一直躲在门外偷听他们谈话。

"好,那就吃饭吧!"乔萍的叔娘说。

次日,关姨上街去买菜时遇到个熟人,把这事告诉了这人。没几日,这个人就把这事传了出去。

马本亮知道后大发雷霆，要把关姨辞掉。

马夫人大骂关姨："真是狗改不了吃屎！"

"老爷，夫人，您们再饶我一回吧！我再也不敢了！"关姨哭着恳求老爷和太太再饶她一回。

"这是你这个月的佣金，你拿着走吧！"乔萍的叔娘没给她好脸色。

关姨只好怏怏地接过钱，离开了马府。

- 3 -

戴玉琼和乔萍分手后，来到西城街她小舅子戴玉平家。

"姐，你怎么来了？你不提前招呼一声，也好让靖儿去接你！"一进屋，戴玉琼小舅母子陆金莠说。

戴玉琼说："别说了，我有急事来找玉平，他在家吗？"

"他还没回来，看你急慌慌的，有啥急事啊？"陆金莠问她。

戴玉琼告诉她："你姐夫被人抓进大牢里了！"

"姐，你说啥？我姐夫被人抓进大牢里了，他犯了什么罪啊？"陆金莠很吃惊，盯着戴玉琼问。

戴玉琼说："唉，一两句说不清楚！"

"玉平不在家？"戴玉琼又问。

陆金莠告诉他，戴玉平还在衙门里，因为路有些远，他中午不回家，要晚上才回来。

"唉，急死我了！"听了小舅母子的话，戴玉琼心里急得像猫抓。

戴玉琼说："要不你带我去他们衙门里找他！"

"这么急吗？"陆金莠问。

戴玉琼看着她说："你姐夫还关在南京城的大牢里，我哪儿能不急呀？"

"姐，还是等玉平回来再说吧，衙署里人多嘴杂，这种事去衙署里找他恐怕不太好。"陆金莠劝说她。

戴玉琼想了一下，觉得她的话也不无道理，只好说："行，那就等玉平回来！"

"玉平，你终于回家了，姐等你好久了啊！"

晚饭的时候，戴玉平回来了。

"姐，你咋来了？"戴玉琼已经有两年没来了，戴玉平见到她觉得有些突然。

"玉平，你姐夫被人抓进大牢里去了，你得想法子救救他呀！"戴玉琼抹着眼泪给小舅子诉苦。

"谁抓的？"听说他姐夫被人抓进大牢了，戴玉平很气。

"海瑞指使人抓的！"戴玉琼告诉他。

戴玉平问："海瑞？南京史部的那个右侍郎？"

"就是他！"戴玉琼说。

戴玉平说："也真是，我姐夫去惹他干吗？"

"海瑞说你姐夫他们指使下面的弓兵和社会黑帮人员用他们兵马司印制的印纸票敲诈老百姓，就叫捕快把他给抓了。被抓的不只你姐夫一个，南京五城兵马司的几个头头都被抓了！"戴玉琼告诉小舅子。

戴玉平叹息："唉，这下完了，我姐夫怕是没救了！"

听小舅子这么说，戴玉琼更加着急："海瑞不就是南京吏部的一个侍郎吗？你在北京城的刑部做事，也是个侍郎，还救不了你姐夫？"

"姐，你不知道，这人得罪不得啊！"戴玉平说。

"那怎么办啊？总不能不管你姐夫吧？"戴玉琼用祈求的眼神盯着小舅子。

戴玉平凝神了一会儿，说："这事非得后宫的人出面才行。"

戴玉琼说："那你赶紧去找后宫的人啊，你姐夫还在大牢里遭罪呢！时间长了我怕他连命都保不住呀！"

"着急也没办法，来来来，先把饭吃了再说！"戴玉琼小舅母子说。

戴玉平也劝道："姐你别急，先把饭吃了再商议这事。"

戴玉琼也不好再说什么，只好抹着眼泪跟着他们去吃饭。

戴玉琼勉强扒了几口饭。

戴玉平边往自己碗里夹菜边说："姐，南京五城兵马司用他们自己印制的印纸票敲诈百姓，这事我也听说过，并不是虚言。依我看啊，这事他们兵马司做得也有点过分，遇到海瑞这个愣头青，他们不倒霉才怪？"

"你的意思是说你姐夫没救了？"

"反正把握不是很大。"

"你刚才说后……后宫什么来着？"

"这事要后宫的人出面才行。五城兵马司敲诈得来的银子，有不少送给了后宫。"

戴玉琼赶紧说："既是这样，那你帮忙找一下后宫的人，请她们出面救救你姐夫他们！"

"好，先吃饭吧！"

"哦，这次和我一同来北京城的，还有南京东城兵马司指挥马应龙的夫人乔萍。"

"她也是来北京城找人帮忙的？"

"是的，她去找她叔了。"

"他叔在哪个衙署啊？"

"在朝廷兵部，听说是个什么员外郎！"

"哦。"戴玉平轻点了一下头，继续吃饭。

戴玉琼说："之前我们几家筹银子找江湖上的杀手刺杀过海瑞，但那杀手失手了。"

"你们还找江湖上的人刺杀过海瑞？"戴玉平伸往菜碗的筷子停住了。

"是的！"戴玉琼说。

戴玉平说："姐，不是兄弟说你，这事真被你们闹大了。"

戴玉琼说："这还不都是海瑞给逼的。"

"你怎么和乔萍联系？"

"我们说好了三日后会合。"

戴玉平吃饱了饭，放下筷子说："这样，你们会合后看她那边是啥情况，我们再来商议救我姐夫的办法。"

戴玉琼焦急地说："可，这还得等两天啊！"

"没办法，只有等！"戴玉平说。

戴玉琼没办法，也只好等了。

— 4 —

三日很快过了，戴玉琼和乔萍在约定的地方会合。

"马夫人，你那边情况怎么样？"二人一会面，戴玉琼急不可耐地问。

乔萍告诉她，她叔马本亮答应帮她们的忙了。

"你那边呢，是啥情况啊？"乔萍着急地问。

"我小舅子也说答应帮我们。"

"我叔叫你去他家，商量一下这事。"乔萍告诉戴玉琼。

戴玉琼问："什么时候？"

"你啥时候能去？"乔萍反问。

"什么时候都行。"

乔萍说："要不把你小舅子也一同叫去，让他和我叔商量一下这事。"

"行啊！"

"那晚上吧？"

晚上，戴玉琼和戴玉平来到了乔萍的叔家。

待众人入座，佣人递上茶来。

马本亮这才问戴玉琼和戴玉平："想必事情你们都知道了，你们看这事咋办才好？"

"你的意见呢？"戴玉平没发表意见，反过来问他。

马本亮说："这事还不好说，我也听闻过，他们南京五城兵马司倒是做得有些过分。"

"是有些过分。"戴玉平点了下头。

马本亮说："但话说回来，他们抓的是咱们的亲人，这事咱们可不能不管。"

"嗯。"戴玉平点了点头。

"但不管咋说，都得救他们呀！"

"是啊，得救救他们！"见他们这么说，乔萍和戴玉琼赶紧说。

戴玉平问马本亮："马叔，南京五城兵马司的后台是谁你知道吗？"

"后宫！"马本亮告诉他。

戴玉平告诉马本亮："海瑞是南京吏部右侍郎，官居三品，而且时下还负责着南京吏部，这人是有些不好惹，看来咱们得找后宫的人帮忙才行。"

马本亮说："嗯，你说的对，后宫是兵马司的后台，平时兵马司没少给她们好处，这下海瑞断了她们财路，无疑也得罪了她们，若是去找她们，她们肯定会出面帮忙。"

"后宫你有熟人没有？"戴玉平问。

马本亮告诉她："倒是认识一个，但她起不了啥作用，这事要后宫娘娘才起作用。"

"你的意思是说，通过你认识的这个熟人把这事告诉后宫娘娘，请后宫娘娘从中周旋！"

"是的。"

"那什么时候去找你这熟人？"戴玉平问。

马本亮说："不急，这事得打点好有关的人再说。"

"好，那我先走一下刑部的关系，然后我们再去请后宫的人出面。"戴玉平说。

一阵寒暄后，"你不是在兵部吗？你可以找一下兵部尚书，请他在皇上那儿说一下，也许会起到一些作用！"戴玉平说。

马本亮说他已有此打算，准备明日去找一下他们的头儿。

"叔，明日我和您一起去！"乔萍说。

"对，乔萍，你了解情况，你和你叔去好一些。刑部那边，我也和我小舅一起去。"戴玉琼说。

"嗯。"马本亮点头。

戴玉平听了，说："既是这样，那明日我们就分头去找他们，待打通了这些关节，再去找后宫。"

"好！"马本亮应道。

— 5 —

次日一早，马本亮就和乔萍来到兵部尚书张学颜的衙门前候着。

"张大人，早！"

见尚书张学颜来了，马本亮赶紧上前躬身问好。

"张大人早！"乔萍也向张学颜问候。

见马本亮一大早就带着个女人候在自己衙署门前，张学颜觉得有些奇怪。他打量了一下乔萍，问马本亮："咋一早就候在本官门前了，是不是有事找本官啊？"

"大人英明，小的着实有点事要找大人！"马本亮赔着笑脸。

第48章 奸人串通

马本亮和乔萍跟张学颜进了他的衙署。

"有什么事，说吧！"三人坐下后，张学颜看着马本亮和乔萍问。

"刚才忘记给张大人介绍了，这是我侄儿媳妇、南京东城兵马司指挥马应龙的妻子乔萍！"马本亮指着身边的乔萍笑着给张学颜介绍。

"南京东城兵马司指挥马应龙的妻子？"张学颜皱着眉头，像是自己问自己。

"对，大人，我就是马应龙的妻子乔萍！"乔萍赶紧说。

"你大老远的跑到京城来找本官，有啥事啊？"张学颜问她。

"我家……"

乔萍正要说话，马本亮赶紧接过她的话："事情是这样的，张大人，她的丈夫马应龙前些日子在南京被海瑞叫人抓进了大牢。"

"海瑞？就是那年上朝骂嘉靖皇上的那个海瑞？"也许是海瑞的名气太大，马本亮刚说了一句，张学颜就睁大眼睛看着他和乔萍问。

"正是这个人！"乔萍告诉张学颜。

张学颜问她："他怎么会叫人把你丈夫抓进大牢呢？"

"被抓进大牢的还有很多人，不止我丈夫。"乔萍告诉他。

"还有很多人？"张学颜吃了一惊。

乔萍说："是的，被抓的还有很多人！"

"还有哪些人啊？"

"除了我夫君马应龙，还有西城兵马司的指挥王天兴、中城兵马司的指挥胡明、南城兵马司副指挥周皇林和北城兵马司吏目吕玉汉。另外，还有其他一些人员。总之，南京五城兵马司的官员几乎都被海瑞抓进大牢里了！"

"这海瑞胆子咋这么大？"听乔萍这么一说，张学颜便问。

马本亮告诉他："此人现在已经是南京吏部的右侍郎，因为南京吏部的尚书还没到任，由他来主持南京吏部的政事。"

"海瑞抓这么多人，为啥啊？"张学颜问。

马本亮怕乔萍说错话，赶紧说："海瑞说他们兵马司印制印纸票敲诈百姓，就叫巡捕营的人把他们给抓起来了。"

张学颜气恼地说："这海瑞，简直就是个灾星，到哪儿哪儿的官员就倒大霉！"

马本亮趁机求他："是啊，这海瑞做事实在是太过分。张大人，今日下官和侄儿媳妇来，就是想请大人帮个忙，在皇上面前说一下，让他放了下官的侄儿和那些人。"

"是啊，张大人，我夫君他们还关在南京大牢里，求您救一下他们吧！"乔萍也求他。

张学颜想了一下，问他们："南京兵马司真是印了印纸票去敲诈南京城的老百姓？"

"张大人，您又不是不知道，我大明的官员一年就那么点薪俸，连家人都养不活，您说他们不想办法，一家人怎么活得下去啊？再说，这种事情又不是一个两个衙署，大家都在做，他海瑞咋就较这种真呢？"马本亮说。

"是啊，张大人，这种事算得了啥，海瑞偏要与他们兵马司过不去！"乔萍附和。

张学颜说："你们说得也是，现如今，满朝官员没有几个不捞油水的！好吧，本官找机会跟皇上说一下，请他叫海瑞先把人放了。"

"谢谢张大人！"

"张大人的救命之恩，我和应龙会永记在心！"

马本亮和乔萍赶紧向张学颜谢恩。

戴玉平和他姐戴玉琼，一大早就候在了朝廷刑部门口。

待刑部尚书舒化来了之后，戴玉平赶紧带着他姐进了衙署。

"戴侍郎，有什么事啊？"

见戴玉平带着个女人进门来，舒化问他。

"舒大人，这是我姐戴玉琼，她是从南京来的。"戴玉平介绍道。

"从南京来的？来找我干啥啊？"舒化抬头问道。

戴玉琼赶紧说："舒大人，小女有一事来求大人帮忙，不知大人肯不肯？"

舒化问她："要我帮什么忙啊？"

"事情是这样的，舒大人，我姐夫在南京被海瑞叫巡捕营的人抓进大牢里了，想麻烦舒大人给他打个招呼，让他把我姐夫放了！"戴玉琼刚要回舒化的话，戴玉平先开口了。

"又是海瑞！"一听到海瑞的名字，舒化就很敏感，他曾经弹劾过海瑞，听戴玉平说是海瑞抓了他姐夫，心想这海瑞又惹祸了，便问他："你姐夫是谁？"

"回舒大人的话，我姐夫是南京西城兵马司指挥王天兴。"戴玉平说。

第48章 奸人串通

舒化问他:"海瑞怎么会叫巡捕营的人抓你姐夫呢?"

"是这么回事,舒大人,南京吏部右侍郎海瑞说我夫君他们印制印纸票敲诈老百姓,便叫巡捕营的人将他们抓进了大牢,而且被抓的人还不少!"戴玉琼抢着回答。

舒化问她:"你夫君他们印制印纸票敲诈老百姓,真有这回事?"

戴玉琼掉头看了一眼她小舅子,然后说:"回大人的话,这事到底有没有我也不太清楚。"

"舒大人,这事我也不大清楚,是我姐来京城找我,我才知道抓人这个事。如今,官员们的薪水少得可怜,不捞点儿好处恐怕谁也不信。我也听闻过,南京的五城兵马司的确是在印制印纸票,并叫人到店铺里去拿东西,然后撕些印纸票给人家,叫他们过后拿去兵马司兑换银两。我猜测,我姐夫他们可能也干过这事,要不海瑞也不会叫巡捕营的人抓他们。"戴玉平不敢撒谎。

"既是这样,那这事就不好办了。你可能也听说过,这海瑞是头犟牛,比他小的官他不买账,比他大的官他也不买账,而且他连先帝都敢骂,你说这事我怎么帮你们啊?"舒化一副无可奈何的样子。

戴玉琼见他不想帮这个忙,赶紧求他:"舒大人,这事被抓的人多,我们几家也在想其他办法,而且南京兵部和北京兵部我们也找过人,他们也答应帮我们,至于其他的事以后再说,现在我们的夫君还关在南京城的大牢里,请大人帮我们一把,将我们的夫君先救出来吧!"

"舒大人,劳您帮个忙,将我姐夫先救出来吧!"戴玉平说完,出一千两银子轻轻放到舒化面前的桌子上,"这点小意思,望大人笑纳!"

看到银子,舒化两眼发光,说道:"这……这事怕不好办呢?"

见他松了口,戴玉平赶紧说:"若大人将我姐夫救出来,我姐和我姐夫还会重谢大人!"

"是的,如果舒大人能将我夫君救出来,等天兴出来后我们再来重谢!"戴玉琼赶紧补充。

听说还有重谢,舒化便说:"既然你们这般客气,她又大老远跑来这北京城,看来这事我不帮都不行了!"

"感谢大人的救命之恩,到时我们一定重谢大人!"戴玉平姐弟俩赶紧给他道谢。

舒化假意地说:"什么重谢不重谢的啊,这海瑞做事过于嚣张,本官实在是看不下去，这才答应帮你们一把。"

"那就有劳舒大人了！"

"也不知道马夫人那边情况如何。"出了舒化的衙署，戴玉平说。

戴玉琼说："晚上我们到她叔家去一趟就知道了。"

"嗯。"戴玉平点头。

晚上，戴玉平和他姐去了乔萍的叔家。

马本亮将去兵部求人帮忙的情况告诉了他们。

戴玉平问马本亮："马大人，你啥时去后宫？"

马本亮说："我衙署里还有些事要处理，再说白天人多眼杂，不好去找人，只能明晚去了。"

"需要我们一起去吗？"乔萍问他叔。

马本亮说："不用，你们不熟悉这个人，我一个人去就行。"

"人多了不好办事，你和我姐只要备好打点的东西就行。"戴玉平对乔萍和他姐说。

戴玉琼说："行，听你和马大人的。"

次日傍晚，马本亮吃过晚餐，独自一人带着银两来到后宫。

马本亮所说的熟人，是在后宫服侍娘娘的一个婢女。这婢女名叫吕舒，马本亮在州郡任职时结交的一个好友的女儿。

"马大人，您怎么来了？"吕舒见马本亮来了，感觉有些突然。

马本亮笑着说："好久没见你了，来看看你！"

吕舒将茶递到马本亮手上，说："马大人长时间都没来了，今日想必是有事吧？"

"不瞒你说，今日还真有件事想找你帮忙！"马本亮喝了口茶，将茶杯放到茶几上说。

吕舒说："什么事您说，马大人，只要小女子能帮忙的，绝不推辞！"

"事情是这样的，我侄儿，也就是南京东城兵马司指挥马应龙，被南京吏部的海瑞叫巡捕营的人抓了，现在还关在南京的大牢里。我侄儿媳妇乔萍来京城找到我，求我找人帮她把夫君救出来。"

"还有这种事情？为啥啊？"吕舒吃惊地望着马本亮。

马本亮告诉她，海瑞说他们兵马司的人利用自家印制的印纸票敲诈地方上的老百姓，所以就叫人将他们抓了，一起被抓的还有许多人。

"可这事……"吕舒无可奈何地望着他。

马本亮说："我知道这事凭你自己是无能为力的，但你在娘娘身边做事……"

"马大人的意思是……"

"我是想请你在娘娘面前说一下这事，让娘娘在亲近皇上时给皇上吹吹风，叫皇上知会有关方面的人，让海瑞把人放了。"

"这没问题不过，得找机会。"

马本亮拿出银子。

吕舒见了，说："马大人，您这是干啥呀？"

"找后宫娘娘办事，哪能不懂得规矩呢？"马本亮用略带责备的口吻说道。

马本亮将银子分成一大一小两份，然后将大的一份推到吕舒面前，告诉她："这是孝敬后宫娘娘的，你去时带着。"

然后又将小的一份推到吕舒面前："这是给你的辛劳费，你可别嫌少！"

后宫的规矩吕舒是知道的，但凡有人来找娘娘办事，礼是少不了的，于是说："马大人，给娘娘的这份我收下转交给她就是，给我的这份就不必了！"

吕舒说完，将给她的那份银子推到马本亮面前。

马本亮将银子又推到她面前："你不用客气，收下就是，只要能帮我把话带给娘娘就行。"

"马大人，您一直对我这么关心，我怎么能拿您的银子？"吕舒说着又将银子推到马本亮面前。

马本亮故意沉下脸，说："你是不想帮这个忙吗？"

"不是……"吕舒只好收下银子。

见事情办得差不多了，次日戴玉琼和乔萍与马本亮和戴玉平等人告别，赶回南京。

第49章 后宫护短

听万历皇帝这么说，李贵妃有些生气，说："皇儿，这都是明摆着的事了，你还有何好问的啊？直接叫南京方面将抓的人全放了，让海瑞滚出南京吏部不就完了？"

– 1 –

戴玉琼和乔萍一回到南京城，马上叫人将王蓉找来。

"王夫人、马夫人，事情办得咋样？都找到人了吗？"王蓉一进戴玉琼家门，便急不可耐地问。

乔萍告诉她："人倒是找到了，但不知道结果是啥样。"

"是啊，真不知道结果会是啥样！"戴玉琼叹息。

王蓉满有信心地说："既然都做了打点，我相信他们一定会帮咱们的。"

戴玉琼说："唉，但愿吧！"

乔萍问戴玉琼："王夫人，我们是不是去趟南京兵部，给戴大人和张大人说一下咱们到京城找人帮忙的情况？"

"是得去跟他们说一声。"戴玉琼作沉思状。

乔萍问啥时候去。

戴玉琼说："干脆现在就去。"

"我也和你们一起去！"王蓉说。

戴玉琼说："行，那就走吧。"

三人很快来到了南京兵部。

见尚书戴才没在衙署里，便去找侍郎张君元。

"你们咋又来了？"见戴玉琼三人又来了，张君元说。

戴玉琼告诉他："我们想来给两位大人说一下我们去京城找人帮忙的情况。"

"你们去京城找人了？"

"昨日下午才回来。"乔萍回张君元的话。

"情况如何？找到人了吗？"

"人倒是找到了，但不知道结果会是啥样！"戴玉琼望着他。稍停，问道，"戴大人没在衙署里？"

张君元告诉她，戴尚书出门办事去了，要等会儿才回来。

"难怪他衙署的门是关着的！"王蓉说。

"你们去过他衙署？"张君元问。

乔萍告诉他，刚去过。

戴玉琼看着张君元，问："兵部这边是啥情况？戴大人有没有去找海瑞啊？"

"别说了，这海瑞还真是个软硬不吃的家伙！"张君元摇着头说。

乔萍问："这么说兵部这边也去找过海瑞了？"

张君元说："自从那日你们几人离开南京兵部之后，次日一早戴大人和我就去吏部找了海瑞。可这海瑞不但不买账，还准备叫人到皇上那儿去告戴尚书的状！"

"还有这回事？"乔萍睁大眼睛望着张君元。

王蓉说："这海瑞咋连南京兵部的账都不买了？莫非这南京城都是他海家的？"

"是啊，这人咋这么嚣张？兵马司以前可未受过这种窝囊气！"乔萍气恼地说。

"南京兵部的确未受过这种窝囊气！"张君元说。

戴玉琼趁机激他："张大人，海瑞这么做，实在是不把南京兵部放在眼里，这种事要传出去了你们就不怕被人笑话？"

张君元说："兵部肯定不会咽下这口气，你们看着，海瑞不会有好果子吃的！"

"意思是两位大人有办法了？"乔萍问。

张君元告诉她："这事戴大人已经有了主意，你们就耐心等着吧！"

"要真是这样，那就好了！"戴玉琼说。

"你们几位咋又来了呢？"

这时，尚书戴才到张君元衙署，见戴玉琼她们也在，问道。

戴玉琼和乔萍、王蓉见戴才来了，赶紧站起来。

戴玉琼说："戴大人，我们来给您禀报一下去京城找人的情况，没想到您不在，就来找张大人了！"

"原来是这样啊！"戴才说。

见几个人都站着，张君元赶紧招呼："坐坐坐，都坐下，都坐下！"

"情况怎么样啊，你们这次去京城？"戴才问戴玉琼和乔萍、王蓉。

戴玉琼摇了摇头，告诉他："还没结果。"

"人找到了吗？"

乔萍告诉他："人是找到了，就是还没结果！"

戴才说："只要找到人就好办，怕的是找不到人。"

"刚才我们听张大人说，兵部已经去找过海瑞了？"戴玉琼看着戴才。

"别提这事了，提起这事老夫就生气！老夫决定明日就上京城。这个海瑞，看老夫如何在皇上面前奏他！"听戴玉琼提起去吏部找海瑞的事，戴才就气不打一处来。

听他明日就要上京城去告海瑞的状，戴玉琼和乔萍、王蓉很是高兴，戴玉琼激动地说："那就拜托戴大人了，这事成了，我们会重谢戴大人的！"

王蓉也说："是啊，戴大人，若是能救出我们的夫君，我们一定会重谢两位大人！"

"说什么谢不谢的，打断骨头连着筋，这事不仅是五城兵马司的事，也是我们南京兵部的事！"戴才说。

"戴大人放心，只要这事办成了我们一定会重谢，绝不食言！"乔萍知道，戴才虽然嘴上这么说，但心里希望她们感谢他，于是又强调道。

"你们等着，不将他海瑞扳倒，老夫就不是戴才！"戴才本是想出一下心中这口恶气，这下戴玉琼等人说要重谢他，口气就越发坚定。他看了一眼张君元，说，"张大人，今晚你做下准备，明日和老夫一起去京城。"

"是，戴大人！"自从做南京兵部侍郎以来，这还是第一次去京师，张君元有点激动。

"你们请的那杀手怎么样？"戴才突然问戴玉琼她们。

戴玉琼叹息道："唉，戴大人，别提那个事了，那人失手了！"

"哼，连个手无缚鸡之力的海瑞都刺杀不了，还算什么江湖杀手啊？"戴才冷笑道。

乔萍说："早知这样就不花那些银子了！"

王蓉听出她有些怨气，说："谁也想不到会是这么个结果。"

戴才说:"好了,别说了,明日老夫就和张大人一起进京,请皇上帮你们救出夫君。"

"谢谢戴大人和张大人!"戴玉琼、乔萍和王蓉赶紧道谢。

张君元说:"好了,没事儿了,你们都回去吧。"

"那就拜托两位大人了!"

戴玉琼等人说完,转身走出张君元的办公衙署。

路上,王蓉说:"就看戴大人他们能不能救出咱们的夫君了!"

乔萍摇了摇头:"我看是云是雾还说不定!"

"唉,就等着他们吧!"戴玉琼叹息。

- 2 -

马本亮走后,吕舒想,明日早晨恰好轮到自己侍候娘娘,到时候就趁机跟她说这个事。

次日一早,吕舒带上银子,准时来到后宫。

"娘娘万福!"

进宫后,吕舒将银子藏好后来到娘娘身边给她请安。

今日服侍后宫娘娘的还有一个宫女,这宫女叫菊香,是和吕舒一起进的宫。吕舒比菊香要大些,菊香叫她姐姐,平素里吕舒对菊香就像对自己的亲妹妹似的,菊香很是感激。

吕舒本想支开菊香,但她觉得菊香不是外人,不会对别人乱说,也就没避开她。吕舒去取了银子,回来跪在娘娘面前。

"吕舒,你这是干啥呀?"见吕舒突然给自己下跪,后宫娘娘有些吃惊。

吕舒低着头说:"娘娘,奴婢有一事相求!"

"什么事你说!"后宫娘娘说。

吕舒从怀中取出银子递上:"娘娘,南京吏部的海瑞叫人抓了南京五城兵马司的人,兵部的马本亮马大人托奴婢给娘娘求情,请娘娘和两位太后出面让皇上保五城兵马司的人,这是他们孝敬娘娘和两位太后的银子。"

"你说什么?海瑞抓了南京五城兵马司的人?"娘娘没有接吕舒手上的银子,而是问她。

吕舒低着头:"是的,娘娘!"

"海瑞为何要抓这些人?"

"禀告娘娘,奴婢不知道是何原因,奴婢只是听兵部的马本亮马大人说,南京东城兵马司指挥马应龙的夫人来找过他,托他帮忙找人救出她的夫君。"

"兵部的马本亮?他是你什么人?为何不直接来找本宫,而是托你来告诉本宫这件事?你给本宫说清楚,不说清楚本宫绝不轻饶你!"

见娘娘发火,吕舒赶紧给她叩头:"请娘娘饶命,奴婢告诉娘娘便是!"

"说!"娘娘盯着吕舒。

"回娘娘的话,马大人是奴婢父亲以前的一位同僚。也许是他不好直接来找娘娘,才托奴婢来禀告娘娘。因为他对奴婢有恩,奴婢也不好推脱,也就替他来给娘娘禀告此事。"

后宫娘娘一字一顿地说:"既是如此,本宫也不怪罪于你,但你要转告他,叫他亲自来找本宫,本宫有话要跟他说。"

"谢娘娘不罪之恩,奴婢等会儿就去告知他!"吕舒叩谢娘娘。

娘娘说:"不用等了,你马上就去!"

"是,娘娘,奴婢马上就去。"吕舒低头退出后宫。

一旁的菊香看得心惊肉跳,不敢吱声。

出了宫,吕舒一路小跑来到京师兵部。

见到马本亮后,吕舒急切地对他说:"马大人,不好了,娘娘说要您直接去见她,她有话要跟您说!"

吕舒说着将马本亮之前给她的银子全拿出来还给他。

马本亮收回银子,说:"好,你先回去,等会儿我就去找娘娘。"

"那我先回宫去了!"

吕舒走后,马本亮立即去京师刑部找戴玉平,把这个情况给他说了。

"这怎么办?"戴玉平着急地问。

马本亮想了一下,说:"走,我们一起去找娘娘!"

"这就去?"

"这就去!"

马本亮和戴玉平急匆匆地奔向后宫。

二人先向娘娘请了安,将银子送上,再将事情给娘娘作了一番陈述。

娘娘听了戴玉平和马本亮的陈述,气恼地说:"这海瑞,到哪儿都惹事。俗话说,打狗得看主人面,他也不问问,这兵马司是谁在做主!"

"这海瑞是有些嚣张!"马本亮添油加醋地说。

戴玉平也说:"他这么做,分明是不给后宫面子!"

"二位放心,我和两位太后会去找皇上,帮你们救人,然后让海瑞滚出南京吏部!"娘娘说。

"谢娘娘!"戴玉平和马本亮赶紧叩头谢恩。

娘娘说:"你们回去等着吧!"

- 3 -

"你们瞧,那边那朵花开得真漂亮!"

"漂亮,真的漂亮!"

"那是啥花啊?倩儿!"

"回太后的话,那是红牡丹!"

吃过晚餐,后宫娘娘和宫女们陪陈太后和万历皇帝的生母李太后到后花园赏花。

这时,一太监走来低声禀告后宫娘娘:"娘娘,大舅爷来了。"

娘娘问太监:"他不是在南京吗,跑这儿来干吗?"

"他说有急事要找娘娘。"太监低头告诉后宫娘娘。

娘娘又问:"他在哪儿?"

"奴才让他在外边候着。"太监回娘娘的话。

娘娘低声说:"本宫陪两位太后赏花,让他先在外边候着,等两位太后赏完花我再去找他。"

"是,奴才这就去告诉大舅爷。"太监说完转身走了。

太监走出来告诉戴才:"大舅爷,娘娘说了,她正在陪两位太后赏花,让你在外边候着,等两位太后赏完花她会来找你。"

"公公,能不能通融一下,就说我们有急事找娘娘?"戴才正要开口说话,张君元抢着说。

太监沉下脸瞪了他一眼:"没规矩的东西,你能支使娘娘?"

太监的话让张君元一脸尴尬,不知如何是好。

见太监恼了,戴才赶紧赔着笑脸说:"公公,他不懂得宫中礼数,我代他向公公陪罪,您大人不计小人过,就饶了他这一回吧!"

见大舅爷代他给自己陪罪,太监也不好说什么。

太监对戴才说:"好了,那你和他就在这儿等着,不要乱跑,等会儿娘娘会来找你。"

"谢公公!"戴才朝太监道谢。

太监转身离去。

戴才和张君元在外面候着。

戴才和张君元等了半天,好不容易才等到两位太后赏完花。

后宫娘娘将两位太后送入宫里,赶紧出来寻找戴才。

见到后宫娘娘,戴才怕再发生先前的事,急忙悄声告诉张君元:"赶紧随我一道给娘娘请安!"

"是!"张君元低声回话。

这时,后宫娘娘已经来到二人面前。

戴才和张君元,赶紧给她请安。

"免礼!"娘娘朝他们二人道,然后问戴才,"你不是在南京兵部待着吗?怎么跑到这儿来了?"

"我有急事来找你!"戴才以兄长的口气说。

娘娘问他:"什么事这么急,让你亲自跑到京师来了?"

戴才告诉她,海瑞在南京叫人抓了五城兵马司的人。

"这事我已经听说了。"

"啥?这事你已经听说了,什么人告诉你的啊?"戴才觉得奇怪。

娘娘告诉他,是宫中的一个宫女和京城兵部的马本亮。

"哦……"戴才这才想起,戴玉琼她们来过京城,这马本亮可能就是她们找的人。但那宫女又是谁呢?戴才不便问,也就没问。

"这不是说话的地方,走,去我宫中!"娘娘说。

戴才和张君元随后宫娘娘来到她的宫中。

"这到底是怎么回事?"

进了宫,娘娘问戴才和张君元。

戴才告诉她,南京吏部右侍郎海瑞说南京的五城兵马司擅自印制印纸票敲诈城中老百姓，叫巡捕营的人将五城兵马司的头目都抓进了大牢。

"你想怎么样？"听了戴才的话，娘娘问他。

戴才说："这兵马司和兵部本是一家人，如今他们被海瑞抓了，我不可能不救他们，再说……"

"好了，你别说其他的了，就说你打算怎么救？"后宫娘娘见有其他人在，怕戴才再说出什么不利于后宫的话，赶紧制止他。

"我来是想请娘娘和两位太后出面，请皇上叫海瑞放了五城兵马司的那些人。"

"这事怕是不好办！"

"有你和两位太后出面，有啥不好办的？难道皇上连你和两位太后的话都不听？"

"很难说！"

"如果皇上真不听你和两位太后的话，那我就去找皇上奏他海瑞！"戴才蛮横地说。

"你先别慌，容我想想再说。"娘娘沉思着说。

"是啊，大人，等娘娘替我们想想办法吧！"张君元插话。

戴才不说话。

娘娘想了一下，说："不行，这事还得请两位太后出面！"

"我们全听你的。"戴才说。

娘娘说："你们先找个地方安顿下来，待会儿我去给两位太后禀报这件事，看两位太后是啥态度。"

"好！"戴才点头。

随后，戴才和张君元去找地方。

后宫娘娘去找两位太后禀报，并将马本亮和戴玉平二人送的银子呈上："两位母后，这是他们孝敬二老的银子！"

"将它放进后宫的账房就行了！"陈太后说。

"是！"娘娘应答，然后起身坐到旁边一张椅子上。

"这海瑞怎么一点也不让人省心哪，到处惹事儿！"李太后埋怨海瑞。

"他这么做，一点不给咱们后宫面子啊！"陈太后也很气。

娘娘趁机说："关键是南京五城兵马司的人还关押在大牢里受折磨，两位母后，您们看这事咋办？"

陈太后说:"还能咋办啊?请皇儿叫海瑞赶紧先把人放了!"

"这人还关着,当然是先放人了!"李太后也说。

娘娘又问:"那两位母后啥时去找皇上?"

"我看事情紧急,要不现在就去吧!"陈太后望了一眼李太后。

李太后说:"行,现在就去找皇儿!"

陈太后和李太后与娘娘急匆匆地往皇上的乾清宫走去。

— 4 —

乾清宫内。

万历皇帝在和几位宫女玩乐。

"皇上,娘娘和两位太后来了!"万历皇帝正玩得高兴,一内侍太监慌里慌张进来禀报。

听说两位太后来了,万历皇帝慌忙丢开几位宫女,起身问太监:"太后她们到哪儿了?"

"已经到门外了!"内侍太监低着头回答。

万历皇帝瞪了他一眼:"咋不早点来报?"

"回皇上话,奴……奴才也是刚知道!"内侍太监头上冒着冷汗。

"还不赶紧滚!"万历皇帝朝和他玩乐的宫女们吼道。

宫女们知趣地散开。

万历皇帝三步并作两步奔向宫门。刚跑到门口,就看到后宫娘娘和陈太后、李太后已经到了。

"孩儿给两位母后请安!"万历皇帝赶紧跪下请安。

李太后边往里走边说:"赶紧起来,我们有事要跟你说!"

"孩儿遵命!"万历皇帝急忙起身跟在陈太后和李太后身后。

进了宫,万历皇帝说:"两位母后有事,吩咐人来告诉孩儿就行,何须劳累走一趟呢?"

"这事还得我俩亲自来!"李太后沉着脸。

万历皇帝问:"什么事要劳两位母后亲自走一趟呀?"

李太后告诉万历皇帝:"娘得到消息,说南京吏部右侍郎海瑞,指使巡捕营的捕快将南京五城兵马司的头儿都抓进了大牢。"

"啊？有这种事？两位母后听谁说的啊？"万历皇帝一副很吃惊的样子。

陈太后说："皇儿，你暂且别管我俩是听谁说的，反正是有这么回事。"

万历皇帝不禁感叹起来："唉，这个海瑞，朕是见不少大臣都举荐他，才重新启用他，本是让他到南京都察院任右佥都御史的，朕见他有些能耐，对朝廷也还算忠心，加之近来南京那边很乱，也就提升他到南京吏部做右侍郎，让他替朕整顿一下那儿的吏治，没想到他给朕惹出麻烦来！"

李太后哼了一声，不屑地说："惹出麻烦？我看他简直是不把后宫放在眼里了！"

"是啊，这个海瑞是有点不把咱们后宫放在眼里了！"后宫娘娘添了把火。

"皇儿，你说这事咋办？"陈太后问万历皇帝。

万历皇帝相信海瑞的为人，他知道这事不那么简单。再说，南京城的情况复杂，海瑞又是他安排去的，海瑞之所以这样做定是有他的道理，于是便说："两位母后，这事容孩儿问清楚再作定论。"

听万历皇帝这么说，李太后有些生气，说："皇儿，这都是明摆着的事了，你还有何好问的啊？直接叫南京方面将抓的人全放了，让海瑞滚出南京吏部不就完了？"

陈太后也说："是啊，皇儿，先将抓的人放了，再下道诏书将海瑞调出南京吏部就行了，还费啥神呀？"

"南京的情况两位母后是知道的，这事儿恐怕不会这么简单，还是容孩儿派人调查清楚再说吧！"万历皇帝恳请两位太后。

毕竟万历皇帝是一朝之君，李太后和陈太后也不好勉强。

"那你就赶紧派人去调查吧，调查清楚了好给娘一个答复！"李太后说，然后沉着脸起身对陈太后说，"走，回宫去！"

陈太后起身时狠狠盯了万历皇帝一眼。

"母后……"见两位太后生气走了，万历皇帝赶紧叫她们。

可李太后和陈太后像没听见似的往外走。

"皇上，你不能让母后她们生气啊！"跟在后面的后宫娘娘叮嘱万历皇帝。

"这海瑞……"万历皇帝顿脚叹息，随后朝身边的内侍太监大声叫道，"你去内阁把申阁老给朕叫来！"

"是！"内侍太监躬身应道，随后转身去内阁请首辅申时行。

不多一会儿，申时行屁颠屁颠地跑来了。

"皇上，有何事要吩咐微臣？"申时行边抹头上的汗水边问万历皇帝。

万历皇帝说："刚才两位太后来宫里，说海瑞在南京指使巡捕营的捕快将那儿五城兵马司的头儿都抓进了大牢。"

"这海瑞就会惹事！"申时行趁机讨好，然后问万历皇帝，"两位太后对这事是什么态度？"

"什么态度？她们要朕让南京方面把抓的人放了，然后再让海瑞滚出吏部！"万历皇帝告诉申时行。

申时行望着他问："皇上，那您觉得这事……"

"你赶紧叫吏部派个人去调查一下，看到底是怎么回事，然后回来给朕禀报，再作定论。要快，两位太后好像等不及了！"

"微臣明白！"

申时行急忙安排人去调查这事。

十几日后，吏部派去南京调查的人回来了，申时行赶紧带上他们来给万历皇帝禀报。

"什么情况？"万历皇帝问去调查的人。

"皇上，情况正如两位太后所说，南京五城兵马司的几位指挥、副指挥，还有一些吏目、弓兵和黑帮人员都被抓了！"调查的人禀报万历皇帝。

"黑帮人员？"听说抓的人中还有黑帮人员，万历皇帝觉得事情有些蹊跷。

"是有黑帮人员！"调查的人肯定地说。

"怪了，这里边咋会有黑帮人员呢？"申时行也觉得奇怪，摸着下巴自言自语。

"皇上，申阁老，微臣调查得知，南京五城兵马司为了搜刮百姓钱财，擅自印制印纸票，并指使弓兵和社会上的一些黑帮人员拿着他们印制的印纸票到商铺和住户家里拿东西。这些人拿了东西后，不管人家是否同意，就撕几张本城兵马司印制的印纸票丢给人家，叫人家以后拿着去找他们兑换银两，然后拿起东西就走人。虽说叫他们拿印纸票去兵马司兑换银两，可事实上这些商铺和住户一家也没兑换到过银两。"

"敲诈，纯粹是敲诈！"万历皇帝气往头顶上冒。

"这还不算，如果人家不同意他们拿走东西，他们就对人家拳打脚踢，还威吓说要把人家抓去关进大牢，闹得满城百姓怨声载道，但人们敢怒而不敢言。"

万历皇帝问他:"是海瑞叫捕快抓的人吗?"

"海瑞在上任路上发现了这一情况,到任后便派人暗中调查。海瑞查实情况后,叫巡捕营安排捕快抓了这些人。海瑞审判后,将这些人打入大牢。皇上,申阁老,事情就是这样的。"

"竟然如此嚣张!"万历皇帝气愤极了。

申时行在旁边道:"兵马司的人如此嚣张,是不是有何后台?"

"微臣在调查时得知,兵马司的人如此胆大,是……是因为……"申时调查的人想说出实情,但事关后宫他不敢说,说了半截就望着申时行和万历皇帝,看他们是何反应。

见他说话吞吞吐吐,万历皇帝盯着他问:"是因为什么?说!"

"是……是因为有后宫给他们撑腰!"去调查的人只好硬着头皮如实禀告。

"后宫?"万历皇帝眉头紧了一下,他什么都明白了。

申时行见了,小心谨慎地问:"皇上,这事咋办才妥呀?"

"该抓!"万历皇帝吼道。

"但娘娘和太后那边……"

"娘娘和太后那边朕会去跟她们说!"

"那海瑞呢?"申时行又问。

"继续做他的吏部右侍郎!"

"微臣明白!"

"皇上,兵部的张大人和南京兵部尚书兼军机参赞戴才,还有南京兵部的右侍郎张元君求见!"

申时行和调查的人正要退下,内侍太监急匆匆进来禀报。

这几人一起来见朕,什么事啊?万历皇帝眉头皱了一下,有种说不出的预感。稍顿了一下,对内侍太监说:"让他们进来!"

"是!"内侍太监转身出去。

随后,北京朝廷兵部尚书张学颜带着戴才和张元君走了进来。

"皇上,这事您还管不管?"戴才一进来就朝万历皇帝嚷道。

见他这么无礼,张学颜赶紧说:"戴大人,你咋这么跟皇上说话?"

"不碍事,不碍事!"万历皇帝笑着对张学颜说,然后问戴才:"戴爱卿,什么事这么急啊?"

"皇上，海瑞竟然叫人把南京五城兵马司的人关进大牢里了，这还有没有王法？眼里还有没有我们南京兵部？"戴才气恼地问。

见他这样和皇上说话，申时行赶紧说道："有话好好说，有话好好说！"

万历皇帝说："你还好意思来找朕，朕问你，南京五城兵马司干了些啥事你知道吗？"

"我……我……"戴才一时语塞。

"我什么我？不管好你下面的人，还有脸来找朕！"万历皇帝厉声斥责戴才。

戴才问："皇上，你这话是啥意思啊？卑职咋听不明白？"

"我来告诉你吧！"吏部派去调查的人接过话："南京五城兵马司的人擅自印制印纸票，并指使弓兵和社会上的黑帮人员拿着它去敲诈勒索当地百姓，这事被海瑞发现了，他才安排巡捕营的人把那些人抓了。"

"不……不会吧，皇上？这事我咋不知道呀？"戴才假装糊涂。

万历皇帝哼了一声，说："不知道，你不知道的事多了！"

申时行说他："戴尚书，这事我劝你还是不要插手。"

"申阁老，这……"戴才看着申时行，不知说什么好。

见他还不醒悟，申时行又说："好了，不要说了，回去吧！"

"我真不知道这是咋回事呀，皇上！"戴才叫嚷道。

戴才见万历皇帝沉着脸，知道自己再说话他可能要降罪于自己，赶紧走了出去。

见弄成这个局面，张学颜赶紧递个眼色给愣在那儿的张君元，张君元赶紧退了出去。

申时行和调查的人见万历皇帝心里烦，也悄悄离开了。

— 5 —

后宫娘娘和两位太后等了些时日，不见万历皇帝给她们回话，又气冲冲地来乾清宫质问他。

一进来，李太后就问万历皇帝："都好几日了，皇儿，南京兵马司的事你调查清楚了吗？"

"回母后的话，孩儿全都调查清楚了！"万历皇帝说。

李太后沉下脸："既然都调查清楚了，为何还不叫海瑞赶紧把人放了？"

"是啊，皇儿，既然都调查清楚了，那就该放人呀！怎么还没放呢？"陈太后添言。

万历皇帝说："两位母后，我已经叫内阁安排吏部派人去调查过了，南京五城兵马司的人因为擅自印制印纸票，并指使弓兵和社会黑帮人员拿它去敲诈勒索南京城的百姓，搞得满城百姓怨声载道，但老百姓迫于他们的淫威敢怒而不敢言。海瑞在上任时发现了这一情况，并安排吏部的人去进行调查，证实确有此事，才叫巡捕营的人把他们给抓了。"

"哼，五城兵马司的人用印纸票敲诈勒索百姓，我咋没听说呢？"李太后一脸不高兴。

"我也没听说过这事，皇上，是不是有人故意整兵马司的人啊？"后宫娘娘说。

"是啊，皇儿，是不是搞错了，五城兵马司的人咋会用印纸票敲诈勒索百姓呢？你可不要听信谗言呀！"陈太后说。

"娘只问你一句，人你放不放？海瑞你处置不处置？"李太后一副咄咄逼人的样子。

万历皇帝说："海瑞做事是急了些，但这事五城兵马司也有过错，两位母后先别着急，这事孩儿得慢慢处理。"

"皇儿，人不放也得放，海瑞不处置也得处置！"太后说完将脸扭向一边。

陈太后也说："皇儿，你就给我俩一个面子，叫他们把人放了吧？至于海瑞，你想怎么处置就怎么处置。"

"孩儿会处理好这事的，两位母后就不要在这儿闹了，都回去吧！"万历皇帝说。他知道，这事不能急于处理，要不然无法给海瑞一个说法。

"既是这样，那这事你自己看着办！"李太后说。

"两位母后放心，我一定会处理好这事的。"见她们软了下来，万历皇帝赶紧说，然后对陪她们来的后宫娘娘和几位宫女说，"还不赶快扶两位太后回宫！"

"臣妾遵命！"后宫娘娘赶紧说。

"皇儿，这事你要处理不好，娘还会再来的！"李太后回过头说。

万历皇帝笑着回答："好好好，孩儿会尽快给母后回复！"

后来陈太后和李太后又来闹了几次，可没起什么作用，万历皇帝也打发她们走了，因为他也恨南京五城兵马司那些人，他赏识海瑞，需要海瑞这样的人来替他治理南京这个地方。

南京兵部尚书戴才和其他一些人也来过几次，但万历皇帝没理他们，不但不理，他还想收拾一些人。

第50章 皇上力保

"朕没说你错,朕是想告诉你,做事要三思而后行,不要鲁莽行事不计后果,这样会带来很多麻烦!"万历皇帝语重心长地说,随后又问他,"你知道这帮人有谁在护着他们吗?"

— 1 —

对南京五城兵马司的事万历皇帝一拖再拖。

尽管陈太后、李太后和后宫娘娘一直在催他,他总是找些借口和理由拖着压着,惹得后宫娘娘和两位太后非常不高兴。

万历皇帝清楚,南京五城兵马司不能一直无人来管,得尽快安排人来接手这个摊子,否则时间长了会出大乱子。

他想了一下,决定把海瑞召进宫商议此事。

海瑞心中清楚,此时皇上召他进宫十有八九是为了南京五城兵马司的事,正好,自己要跟皇上禀报这件事情。于是,海瑞在接到诏令后便于次日动身北上京城面见皇上。

数日后,海瑞来到了京城。

一进宫,海瑞就直截了当地问万历皇帝:"皇上,这么急把老臣召来京城,是不是为南京五城兵马司的事?"

万历皇帝知道他性子急,于是说:"是倒是这个事,你先坐下朕慢慢跟你说。"

海瑞坐下,一宫女给他送上茶。

万历皇帝喝了口茶,说:"海大人,你做事雷厉风行,这是值得肯定的,但有些事情,朕觉得你有些欠考虑。就拿这南京五城兵马司的事来说,你要动他们也得先跟朕打一声招呼啊!这下子好了,你这一闹腾,娘娘、两位太后,还有南京、京城的兵部尚书,都来找朕了,都叫朕让你放人,还要叫朕把你调离南京吏部。"

"皇上,南京五城兵马司作恶多端,擅自印制印纸票敲诈勒索城中百姓,老臣叫巡捕营抓捕他们，何错之有啊？"海瑞争辩。

"朕没说你错，朕是想告诉你，做事要三思而后行，不要鲁莽行事不计后果，这样会带来很多麻烦！"万历皇帝语重心长地说，随后又问他，"你知道这帮人有谁在护着他们吗？"

海瑞不假思索地说："还能有谁？不就是南京兵部？"

"你只说对了一半，不，一半都没有，朕告诉你，除了南京兵部，还有北京兵部，甚至后宫也来说这个事了！"万历皇帝对他直言相告。

海瑞一惊，蹙着眉头问："皇上说啥？连后宫也来护着那些人？"

"你没想到吧？"万历皇帝望着海瑞。

"难怪，我说王天兴和马应龙，还有南京兵部的戴才，他们咋会那么嚣张！"海瑞一下子全明白了。

"所以说行事不能鲁莽！"万历皇帝说。

"那皇上觉得这事……"海瑞望着他。

万历皇帝说："朕正是为这事，才急着把你召来京城。"

停了一下，万历皇帝问他："南京五城兵马司是不是真像你说的那样？"

"老臣绝不敢有半句虚言！"海瑞发誓，随后，将自己整理的南京五城兵马司的相关材料拿出来："这是关于南京五城兵马司利用手中权力擅自印制印纸票敲诈勒索南京城老百姓的有关材料，请皇上过目！"

万历皇帝看了材料，陷入沉思之中。

过了一会儿，见万历皇帝不说话，海瑞说："皇上，老臣斗胆问一句，您对这事准备如何处理？"

"兹事体大，不仅牵涉南京、北京两地的兵部，也涉及后宫，不得轻率。人不抓已经抓了，为了给南京、北京两地兵部和后宫一个交代，你是不是将该放的人放了？"万历皇帝将手上的材料丢到龙案上，用征询的眼神瞧着海瑞。

海瑞听了急忙说："皇上，这样做是打老臣的脸啊！若是这样，那以后在南京老臣的话还有谁听？老臣咋去替皇上做事啊？"

万历皇帝说："两位太后还说要将你调出吏部呢！"

听他这么说，海瑞的牛脾气一下子上来了，说："那就请皇上按两位太后的意思办吧！"

"看把你急的，朕不是还没答应她们吗？"万历皇帝说，随后又说，"抓的那些人，职务可以剥掉，但人不放不行，要不朕这边无法给娘娘、两位太后和兵部交代。至于你的事，朕已经想好了，继续在吏部做你的右侍郎，继续替朕好生整治一下那里的吏治，你觉得如何？"

听他这么说，海瑞这才笑了，说："老臣听从皇上安排！"

万历皇帝说："那好，这事就这样说了，稍后朕让京城吏部和兵部来协商补充南京五城兵马司人员的问题。"

"是，老臣告退！"

万历皇帝说："嗯，你去吧！"

海瑞退出乾清宫。

当日，海瑞赶回南京城，因为他放心不下南京吏部的事情。

海瑞一走，万历皇帝就打发内侍太监去把北京吏部尚书杨巍叫来。

不一会儿，杨巍进到宫里，他问万历皇帝："皇上，有何事吩咐微臣？"

"南京兵马司的事你听说了吗？"万历皇帝问他。

杨巍说："这事微臣听说过，但微臣以为错不在海瑞，因为南京兵马司的人太嚣张，他们不应该背着朝廷擅自印制印纸票去坑害老百姓，海瑞作为南京吏部的负责人，他发现了这个问题，叫巡捕营派人抓捕这些人，并依大明律例判处，微臣觉得这并无不妥。"

"这朕不是不知道，关键是这事牵扯面太大。你知道吗？为这事，南京兵部、北京兵部的人，还有后宫娘娘、两位太后，他们都来找朕好几次了，说要海瑞把人放了，甚至还要朕革掉他右侍郎的职务，调他出南京吏部，你叫朕咋办呀？"万历皇帝向杨巍诉苦。

杨巍看着万历皇帝，问："那皇上的意思是……"

万历皇帝告诉他："刚才朕已把海瑞召来，跟他说了一些事情。南京五城兵马司的头目，该关押的关押、撤职的撤职、流放的流放。你也清楚，南京五城兵马司虽说不像京城的兵马司那样重要，但也不可小觑了它的作用，一旦群龙无首，朕怕要出大事。朕把你召来，是想让你和兵部的张尚书好好商议一下，赶紧给南京五城兵马司配置人员，以防不测。"

"是，微臣这就去找张尚书商议此事。"杨巍说。

万历皇帝说："你和张尚书商议好后，赶紧去南京找海瑞和南京兵部的人，尽快处理好这件事，朕实在是怕出什么乱子。"

杨巍说："请皇上放心，微臣会处理好此事。"

"好了,你去吧!"万历皇帝一副心烦意乱的样子。

"微臣告退!"杨巍说完退出宫。

-2-

出了乾清宫,杨巍直奔京城兵部尚书张学颜办公衙署。

朝廷选人用人,权力当然是在吏部,除了皇上和都察院,选人用人根本不需要征求其他部门的意见,但南京五城兵马司情况特殊,对这个部门的选人用人还得征求一下京城兵部和南京兵部的意见,这也是万历皇帝让杨巍去找张学颜商量的原因。

"杨大人,多日不见,今日什么风把你吹到兵部来了?"杨巍来到京城兵部,尚书张学颜正在办公衙署里整理文书,见杨巍来了,赶紧和他打招呼。

杨巍笑着说:"张大人,你这不是在骂我杨巍吗?"

"开个玩笑,开个玩笑,来,快进来坐!"张学颜说完把杨巍请进办公衙署。

杨巍走进他的办公衙署,在一张椅子上落座。

"您喝茶!"见头儿有客人来了,张学颜手下一位亲兵赶紧将茶端上来。

"张大人,这段时间在忙些啥呀?"杨巍吹了吹还有些烫的茶水,喝了一口,将茶杯放在面前的茶几上,问张学颜。

张学颜叹了口气:"没啥忙,这段时间心情烦躁着呢!"

听他这口气,杨巍就知道他要说南京五城兵马司的事,但他装着不知道。于是笑着问道:"哦?张大人也有烦心事?"

"谁说不是啊?"张学颜叹息。

杨巍笑着问:"什么事让张大人心烦呀?"

"还不是南京五城兵马司的事!"张学颜哀声叹气地说。

杨巍说:"不瞒你说,张大人,我正是为这事而来。"

"哦?杨大人是为南京五城兵马司的事来兵部?"张学颜有些兴奋。

杨巍告诉他:"我正是奉皇上之命前来与张大人商议如何处置南京五城兵马司。"

"我就知道皇上不会不管这件事!"张学颜笑着说,随后问杨巍,"皇上怎么跟你说?是不是叫海瑞把人放了,让他们官复原职?"

看他猴急的样子，杨巍说："你别急嘛！"

"杨大人，人命关天的大事，你说我哪能不急呀？按说这是南京五城兵马司和南京兵部的事，但作为朝廷兵部，这是一个大系统，这事我不管不行啊！"张学颜向杨巍诉苦。

"理解，理解！再说我不是来了吗？"杨巍笑着说。

"那你快说说，对这事皇上是怎么说的，对王天兴和马应龙他们作何处置？"

见他这么问，杨巍一下子严肃起来，说："南京五城兵马司这事，皇上觉得非常心烦。你说，王天兴和马应龙他们身为朝廷命官，应带领手下的官兵搞好南京城的治安，保地方百姓一方平安，可他们却利用手中的权力擅自印制什么印纸票拿去坑害老百姓，这实在是不成体统！"

"这我知道，王天兴和马应龙他们是做得不对，可海瑞也不能一棍子将人打死呀！"张学颜说。

杨巍说："据我所知，王天兴和马应龙他们干这事已经很长时间了，南京城的老百姓早就怨声载道，海瑞执掌南京吏部，也不得不这么做！"

张学颜气恼地说："俗话说得好，打狗得看主人面，可他海瑞……"

"这件事海瑞是做得过了点，他事先应该与南京兵部和你通个气，也不至于闹成这个样子，可他那个牛脾气张大人又不是不知道！"杨巍说。

"那你说怎么办？这事可不能就这样算了，如果是这样，不光我张学颜咽不下这口气，南京兵部的尚书戴才，以及兵马司的那些家属也咽不下这口气！"

杨巍笑着说："要不皇上怎么会叫我来找你呢？我告诉你，皇上已经说了，叫海瑞把王天兴和马应龙他们放了。但是，这事老百姓怨气太大，吏部不可能恢复他们的官职，这个我不说你也懂！"

"只要他先把人放了，官职恢不恢复不重要！"张学颜口气软了一半。

杨巍说："那我们来议一下南京五城兵马司的人选。"

"好！"张学颜应道。

随后，杨巍找了纸和笔墨，以便记录。

"时下南京五城兵马司的几个指挥和副指挥都不能任职了，你觉得哪几人来替补他们好些？"杨巍征询张学颜的意见。

张学颜沉思一番，端起面前的茶水喝了一口放下杯子，不慌不忙地说："东城兵马司的副指挥周伯武不是没被抓吗？我看这个人可以接替马应龙。"

"这人我也听说过，人还不错，可以考虑！"杨巍边说边在纸上记下。

"但有一个问题，如果让周伯武任指挥，那谁来接替他的副指挥职务？"杨巍问。

张学颜告诉他："可以让吏目陈祥任副指挥，再找一个人来任吏目。"

"这样也行！"杨巍边想边点头。

"西城的指挥和副指挥都被抓了，怎么办？"

"可以调北城的副指挥黄月明来做指挥，把西城的吏目张小鲁和钱大由提起来做副指挥，吏目再找人来做。"

"那北城的副指挥谁来干？"

"把吏目罗云强提起来接替黄月明。"

杨巍连忙摇头："这人不行，人品太差！"

"那就让吏目王礼刚来干！"张学颜说。

杨巍点头，说："这还差不多。"

接着，杨巍又问："其他几个城的人选，张大人怎么考虑？"

"至于其他几个城的嘛，我看这样，南城的指挥由……"张学颜边想边告诉杨巍。

杨巍喝了口茶，然后说："行，我把你提供的人选禀报给皇上，最后由他来定夺，待皇上敲定了我俩再去南京找海瑞和兵部的戴才。"

"好的！"张学颜说。

"但在皇上还没定夺之前，这件事还得保密，绝对不能泄漏！"

"知道知道！"

杨巍站起来："那就这样，皇上还等着我，我得赶紧去禀告。"

"不吃了饭再走？"

"改天再来吃！"

杨巍走出张学颜的衙署。

到了乾清宫，杨巍将他和张学颜拟定的南京五城兵马司指挥和副指挥人选名单呈报给万历皇帝。

"人员就是这些，请皇上定夺！"杨巍说。

万历皇帝接过名单看了一下，若有所思地问杨巍："你的意见呢？"

"微臣觉得这些人也还可以。"杨巍回话。

见他这么说，万历皇帝沉下脸说："你这是什么话？这是在替朝廷选人，又不是做人情，行就行，不行就不行，什么可以不可以啊？"

杨巍低着头说："臣是怕皇上不满意！"

"朕不满意的事很多，行了行了，朕原则上同意你们的推荐意见，赶紧拿着去南京找海瑞和戴才，如果他们没意见就下任命文书吧，我怕那儿已经闹翻天了！"万历皇帝说着把名单递还给杨巍。

"微臣遵命！"

杨巍拿着拟定的人员名单赶紧回吏部，并打发人去兵部把尚书张学颜请来。

张学颜一来便问："怎么？皇上同意了吗？"

"同意了！"杨巍说。随后告诉他，"皇上非常担心南京会出事，叫我俩赶紧去。"

张学颜问什么时候去。

海瑞告诉他，事不宜迟，明日一早就走。

张学颜说："好！"

次日一早，杨巍就带着南京五城兵马司有关人员的拟任名单与兵部尚书张学颜一道直奔南京城。

— 3 —

南京吏部海瑞办公衙署。

京城吏部尚书杨巍、兵部尚书张学颜就南京五城兵马司的事宜与南京吏部右侍郎海瑞和南京兵部尚书戴才、右侍郎张君元等人进行磋商。

"诸位，前一段时间，南京五城兵马司的事情在南京和京城都闹得沸沸扬扬，这事想必诸位都清楚，我想，这事就用不着我再说了吧？"杨巍先开口。

一直在一旁沉着脸的戴才听杨巍这么说，满脸不高兴地说："杨大人，莫非这事就这样算了？"

"戴大人，听杨大人把话说完嘛！"张学颜见戴才插话，赶紧制止他。

杨巍说："南京五城兵马司和南京兵部本来就是一家，戴大人的心情我非常理解，至于这事怎么处理，朝廷已有定论，而且皇上也亲自过问了此事。"

"皇上的意见是什么，请杨大人给我们说说！"戴才很不友好地看着杨巍。

杨巍告诉他："皇上的意见是，请南京吏部的海大人出面，叫巡捕营放了抓的人，但有一点，这些人不能官复原职，因为老百姓怨气太大，无法收场。"

"这样处理我南京五城兵马司的人，怕不合适吧？"戴才跷着二郎腿，阴阳怪气地说。

见戴才有些无理，张学颜不客气地说："戴才，南京五城兵马司的事，责任在于王天兴和马应龙他们，海大人叫巡捕营的人抓他们进大牢，这也是履行他的职责。再说，皇上已答应请海大人放人，这已经够开恩了，依老夫看，这事就算了，大家不要再纠缠下去，纠缠下去对谁都没有好处！"

"可王天兴和马应龙他们实在太冤啊！"戴才很不服气。

海瑞听了生气地说："戴大人觉得他们很冤是吧？那你去问问南京城的老百姓，看他们冤不冤？如果南京城的老百姓站出来说他们不冤，那算我海瑞抓错了人，我给你和五城兵马司的人赔罪！"

"他们本来就冤嘛！你说他们不冤就不冤啊？我看这事没完！"戴才一下子暴跳起来。

"好了好了，都不要说了，五城兵马司冤不冤，老百姓是知道的，再说这事皇上已经有了明确态度，大家就不要再议了！"见戴才蛮横不讲礼，杨巍有些生气。

张学颜说："杨大人，那你就给大家说一下南京五城兵马司继任人员的情况吧。"

"好！"

杨巍将拟定的名单拿出来，对海瑞和戴才等人说："经京城吏部与京城兵部认真商议，并呈报皇上钦定，对南京五城兵马司继任人员拟定了一个名单，现在本官宣读一下，看戴大人和海大人有没有什么意见，若有，请提出来；没有，我回去后吏部就下任命文书。"

听杨巍说要宣布拟定的南京五城兵马司继任人员名单，戴才和海瑞等人都竖起耳朵，想听个仔细。

"一、鉴于东城兵马司原指挥马应龙不能再履职，由本司副指挥周伯武接替他任东城兵马司指挥，周伯武的副指挥位置由本司吏目陈祥接替；二、鉴于西城兵马司的指挥和副指挥都不能再履职，调北城兵马司副指挥黄月明做指挥，西城兵马司的副指挥由吏目张小鲁和钱大由担任，吏目再重新找人；三、黄月明走后，北城的副指挥由吏目王礼刚接任；四、南城……"

杨巍一口气宣读完拟定的南京五城兵马司继任人员名单，然后问道："海大人、戴大人，你们两位看看，对这些人的任职你们有没有什么意见。"

海瑞没说话。他觉得，不管是哪些人来做几个城的指挥和副指挥，只要他们负起自己的职责，不要坑害老百姓就行。

戴才和张君元就不一样了。

杨巍刚宣布完毕，戴才就跳起来揶揄道："杨大人，京城吏部都任命了，你还问我们有什么意见，你说，我们还敢有啥意见啊？任命意见没有，也不敢有，关键是那些被抓的人，他们的复官问题怎么办？不给人家复官，这叫啥事啊？难道就一棍子将人家全打死？我提醒一下杨大人，这些人在京城也是多多少少有些背景的！"

"有背景咋啦？有背景就可以胡来？"海瑞听了站起来质问他。

杨巍见戴才有些误会，赶紧给他解释："这只是个拟任名单，还没有正式任命，而且还在征求你们的意见。"

"是啊，杨大人，王天兴和马应龙这些人的官职不能不复！不复怕是难给后宫交……"张君元话还没说完，戴才瞪了他一眼。

张君元不敢再说，他知道自己说漏了嘴。

戴才骂他："会说就说，不会说闭上嘴巴滚一边去！"

见他俩这样，杨巍正言道："王天兴和马应龙这些人的问题，皇上已经有明确的意见，人可以放，官职不能复，这谁也不敢抗命！怎么样？张大人，你若是觉得不可行，那就去找皇上说吧！"

"下官不敢！"见杨巍抬出了皇上，张君元不再放肆。

"那这个任职名单，你是没意见了？"杨巍问他。

张君元赶紧回杨巍的话："没意见，没意见！"

见海瑞没表态，杨巍问他："海大人，你的意见呢？"

海瑞说："我倒是觉得，谁来做这南京五城兵马司指挥和副指挥都行，关键是这些人要负起职责，时时把老百姓放在心上，好好做事，不要尽干些坑害老百姓的事情，要不然南京城的老百姓不会答应！"

"海大人说得对，关键是要替老百做事，不要坑害人！"杨巍非常赞同海瑞的说法。

杨巍侧过身问张学颜："张大人，你看，还有没有什么要说的？"

张学颜告诉他没什么说的了。

杨巍回过身看了海瑞和戴才、张君元等人一眼，说道："既然大家都没意见了，那就这样定了，我和张大人得赶回去向皇上禀报，皇上同意了，吏部马上下任命文书，到时各城的任命宣读，就请海大人和戴大人代劳了！"

"且慢！"戴才突然站起来。

见他这样，大家都吃了一惊。

"戴大人有事请讲！"杨巍沉下脸。

戴才说："杨大人，任命我没意见，但王天兴、马应龙那些被抓的人他们的复官问题杨大人还没回答我。"

杨巍见他胡搅蛮缠，说："我刚才说了，这事朝廷和皇上已有定论，戴大人就不要再操心了！"

"可……"戴才愣在那儿。

"好了好了，你也不要再说了！"戴才还想说什么，张学颜制止了他。

见张学颜站出来制止自己，戴才不敢再说什么，只是唉声叹气。

杨巍说："行，这事就到这儿！"

"杨大人、张大人，不到我们兵部去坐一会儿？"戴才不死心，他想再向杨巍和张学颜说一下王天兴和马应龙他们复官的事情。

杨巍对他本来就没好感，说："不了，我还有事急着赶回去！"

"你的心情我能理解，好，就这样吧！"张学颜对戴才说。

戴才还不甘心，对张学颜说："张大人，杨大人不去，您也不去看看兵部的那些兄弟？"

"是啊，张大人，您去看一眼南京兵部的小兄弟们嘛！"张君元附和。

"下次吧！"张学颜推辞。作为朝廷的兵部尚书，他理应去看一下南京兵部的那些兄弟们，但这个时候他得避嫌。

见劝不住张学颜，戴才和张君元只好怏怏地走了。

路上，戴才说张君元："你咋那么蠢，把后宫也说出来？你是不是怕人家不知道后宫是咱们的后台？"

"是下官失误！下官失误！"张君元赶紧赔罪。

"下不为例！"戴才说。

"是是是！"张君元点头如捣蒜，随后问戴才，"难道王天兴、马应龙他们放出来就算了？"

"老夫会让他们好看的！"戴才哼了一声。

– 4 –

戴才和张君元一回到兵部，马上叫人去把戴玉琼和乔萍、王蓉她们找来。

"两位大人，是不是有啥好消息要告诉我们呀？"戴玉琼一进戴才办公衙署的门就问。

"嗯！"戴才心里的气还没消，懒洋洋地回答。

戴玉琼没注意到戴才的表情，睁大眼睛高兴地望着他问："天兴他们的事有消息了？"

"消息是有，但不是什么好消息！"戴才刚要告诉她，一旁的张君元抢先开口。

"不是什么好消息？张大人是啥意思啊？"听了张君元的话，戴玉琼觉得有些不对劲，赶紧问。

张君元告诉她："京城吏部尚书杨巍和兵部尚书张学颜来南京吏部，杨巍宣布了南京五城兵马司指挥、副指挥拟继任人员名单，把我和吴大人叫了去。"

"拟继任人员名单？那应龙他们呢？"乔萍听出了味道，问张君元。

王蓉也问："是啊，被抓进大牢的那些人怎么办？朝廷不可能不管他们了吧？"

"他们的意思是抓的人可以放，但不能复官。"张君元告诉她们。

"不能复官？这哪儿行呀？"戴玉琼声音一下子提高了八度。

张君元说："为这事刚才戴大人和他们都吵起来了！"

"吵起来了，为啥啊？"乔萍在一旁皱着眉问。

张君元告诉她们："戴大人想让他们给天兴、应龙他们官复原职，可他们不干！"

"是啊，他们不干啊！"戴才长叹一声。

王蓉焦急地问："那这事怎么办呀，戴大人、张大人？"

戴才想了一下，说："这事他们这样做，我和张大人也没办法，而且他们说那是皇上的意思，谁敢不听呀？"

"那我们的夫君怎么办？他们还关在牢里啊！"王蓉泪眼婆娑。

"是啊，两位大人得想办法救救我们的夫君啊！"乔萍也凄然地说。

张君元说："你们没听清楚吗？刚才不是都说了，人他们答应放，只不过是没官做罢了，你们急什么呢？"

"可他们丢了官，我们怎么活呀？"王蓉一脸无助。

戴玉琼问戴才："戴大人，他们为何不给天兴他们复官？"

"这老夫也不好说！"戴才故意卖关子。

乔萍说："这有啥不好说的呀？戴大人，你就明说，他们这是为了啥啊？"

"乔萍说得对，请戴大人明说，不要有顾虑！"戴玉琼说。

戴才只好实话实说。

"两位大人，这事就这样算了？"戴玉琼问。

戴才想了想，告诉她们："要不这样，你们带着人去吏部海瑞的办公衙署闹，看他怎么办？"

戴才给这几个女人出馊点子。

"我看也只能是这样做了！"张君元明白戴才的意思，跟着煽风点火。

戴玉琼说："行，我们听两位大人的，去找海瑞！"

"对，去海瑞办公的地方闹，看他给不给应龙他们复官！"乔萍被煽动起来了。

王蓉说："好，马上就去找海瑞，我就不相信他不答应！"

张君元说："现在散衙了，要去也得下午去。"

"好，那我们就下午去！"戴玉琼说。随后，对乔萍和王蓉说，"走，我们先回去！"

出了南京兵部的大门，戴玉琼突然对乔萍和王蓉说："算啦，你们两个也不用回家去了，去我家随便吃点东西下午一起去吏部找海瑞，省得到时锣齐鼓不齐的！"

乔萍说："也行，省得耽阁时间。"

于是，三人往戴玉琼家走去。

吃过午饭，三人怒气冲冲地往南京吏部赶去。

"海大人，我问你，为什么不给我们家天兴复官？"

一跨进海瑞的办公衙署，戴玉琼就气冲冲地质问海瑞。

海瑞见三个女人突然闯进门来，感觉有些奇怪，但从戴玉琼的话里听到了"天兴"和"复官"这几个字眼，联想到早晨的事，他心里明白了八九分。

"你们先坐下，有什么事慢慢说！"海瑞安慰她们。

三个带着怒气坐下。

海瑞问她们:"刚才你们说些什么我没听清楚,你们再说一遍好吗?"

"说就说!"戴玉琼说,"海大人,我们三人是你抓进大牢的南京五城兵马司指挥的家属,我叫戴玉琼,是西城兵马司指挥王天兴的夫人!"

随后,她又指着乔萍和王蓉告诉海瑞:"她是东城兵马司指挥马应龙的夫人乔萍,她是南城兵马司副指挥周皇林的夫人王蓉!"

"你们来找本官的意思是……"海瑞看着她们三人,故意问道。

戴玉琼盯着海瑞问:"我们听南京兵部的人说,你们只答应放人,不给他们复官,我想问海大人,是不是有这回事?"

"是有这么回事!"海瑞不回避问题。

乔萍质问他:"人能放,为啥不恢复他们的官职?"

"是啊,人都能放,为啥不让他们复官呢?"王蓉一脸怒气。

海瑞说:"能放人就已经不错了,还想复官!"

"你告诉我们,为啥他们就不能复官?"

"是啊,你告诉我们呀!"

"别以为你官大,想整人就整人,告诉你,海大人,我们也有官大的在后面撑腰,劝你还是把他们的官职恢复了,要不然有你后悔的!"戴玉琼口气中带着威协。

见这几个女人越说越放肆,海瑞沉下脸说:"想让你们的夫君复官是不是?那你们去问问南京城的老百姓答不答应?问问皇上答不答应?"

"你……你这是……"

"你简直不讲理!"

"太不讲理了!"

几个女人气得像发了疯。

海瑞想,这三个女人如此张狂,一定是南京兵部的戴才、张君元他俩在作怪,肯定是他们唆使这几个女人来闹的,要不然她们也没这么胆大。

他想了一下,直言告诉她们:"实话告诉你们吧,若不是皇上跟本官说,本官连人都不放,不要说官复原职了,本官劝你们还是别闹了赶紧回去,要不然别怪本官对你们不客气!"

见海瑞口气这么硬,戴玉琼和乔萍、王蓉知道,想让海瑞给自己的夫君官复原职看来是没戏了。

"你等着！"

"你不会有好果子吃的！"

"真是死脑筋！"

三人骂骂咧咧地走出了海瑞的办公衙署。

"这事就这样完了？"路上，王蓉问戴玉琼和乔萍。

戴玉琼没好气地说："你没看见刚才海瑞那个样子？"

"这应龙他们也是，事情也做得太过了，这下好了，连官也丢了！"乔萍叹息。

戴玉琼瞪了乔萍一眼："这下你后悔了？哼，你大把大把花银子的时候咋不这样说呢？"

"是有些后悔，我觉得应龙他们也真是做得有些过分了，要不也不会落到这个地步！"乔萍争辩。

"别说了，别说了，事情都到了这个地步，说这些还有啥用啊？"王蓉不耐烦地说。

"好，各回各家，反正人他们要放的，当官的事等他们出来了再说！"戴玉琼说。

乔萍说："好，回家回家！"

三个女人窝着一肚子气，各自回家。

— 5 —

当晚，海瑞和巡城御史刘天宁，还有南京刑部的人商量了一下，叫巡捕营的人把王天兴和马应龙等人放了。

"天兴，你受苦了！"

"应龙，你终于出来了！"

"皇林，你没事吧？"

……

几家家属跑来接人，并不停地问长问短。

"走走走，赶快走，别在这儿闹了！"狱卒过来赶他们。

"催啥催？我们自己会走！"戴玉琼没好气地骂。

王天兴说："走，别跟这些人计较！"

"懒得跟你计较！"戴玉琼白了一眼狱卒，扶着王天兴跟着其他人一起离开了监牢。

这时，马应龙走过来问王天兴："王指挥，你们准备去哪儿？"

"你们呢？"王天兴反问他。

王天兴说："我想去南京兵部找戴大人！"

"对，我们应该去兵部找一下戴大人，让他替我们申冤！"一旁的周皇林接过话。

戴玉琼说："这都什么时候了，你们还去兵部？"

"王夫人说得也是，大晚上的兵部肯定没人了。这样，明日一早大家一起去，你们看如何？"

"行，那就先回家！"王天兴说。

几人各自回家。

"我们进去这么久，你们没去找过人救我们？"

回到家，王天兴问他夫人。

戴玉琼说："我和马夫人、王夫人不但找了南京兵部，还上京城去托人找后宫和皇上帮忙，而且……"

戴玉琼看着王天兴，没把话说完，她怕王天兴不同意她们这么做。

"而且什么？"王天兴追问道。

见他追问，戴玉琼说："而且我们几家还凑银子请了江湖杀手刺杀过海瑞！"

"你说什么？你们还找江湖杀手刺杀过海瑞？"王天兴听了夫人的话，吃惊不小。

"嗯。"戴玉琼又说，"但没成功，那杀手失手了！"

王天兴说："你咋咱这么糊涂？那海瑞是朝廷三品大员，是皇上钦点来南京吏部任右侍郎的朝廷命官，你们咋这么大胆，敢找人刺杀他？杀了他皇上能饶了你们？幸好那杀手失手了，要不然不要说我们，恐怕连你们的命也保不住！"

"我们还不是急于救你们出来！"戴玉琼一脸委屈。

王天兴说："救我们是可以，但不能这么鲁莽，你看，你们几个差点酿成大祸了。真要是那样，海瑞没整死我们，皇上却先要了我们的命了！"

"人家知道错了还不行吗?"戴玉琼低头说。

王天兴说:"好了好了,不说这个事了,你们几个也是救夫心切!"

戴玉琼问:"那这事就这样便宜了海瑞?"

"明日大家一起去兵部,相信戴大人他们会替我们想办法的。"王天兴安慰夫人。

戴玉琼摇摇头:"嗯,恐怕找他也是白搭!"

"你咋这么说呢?"王天兴看着她。

戴玉琼说她们去找过他,没什么用。

王天兴说:"好了,明日见了戴大人再说吧,我都饿急了,赶快去做点东西来吃。"

次日一早,王天兴和戴玉琼起床梳洗了一番,吃了早餐就往南京兵部赶去。

王天兴两口子到了南京兵部,没想到马应龙、周皇林,还有其他一些人早来了,都坐在兵部的议事室里。因为戴才的办公廨署坐不下,戴才只好叫他们到议事室来。

"王指挥,王夫人,你们来了哈!"

见他两口子来了,马应龙、周皇林和他们的夫人,还有其他人赶紧和他们打招呼。

"官都叫人给撸了,还叫什么指挥啊?别再这样叫了!"王天兴说。

周皇林说:"好好好,以后就别这样叫了,省得别扭!"

"对,都不要这样叫了!"乔萍说。

王蓉接过乔萍的话:"是啊,官都丢了,就不要再这样叫了!"

"怕啥啊?官丢了想办法再找嘛!"戴才说。

"那得仰仗戴大人了!"马应龙说。

"是啊,我们今日就都来找戴大人想办法了!"周皇林说。

"戴大人,你要不给他们找个官做,我们这几个女人,还有一家老小,怕是活不下去了啊!"戴玉琼说。

"说得这么严重,王指挥、马指挥,还有周指挥,他们积攒的银子还少?依老夫看,够你们吃几辈子的了!"

"哪有你说的那么多啊,戴大人?"王蓉娇滴滴地说。

"是啊,戴大人!应龙有钱我咋不知道啊?"乔萍也撒娇。

第50章 皇上力保

戴才开玩笑地说:"嗯,怕是应龙在外边养有小妾吧?"

"他敢!"乔萍一下子凶起来。

马应龙说戴才:"哎呀,戴大人,你就别逗她们了,我们说正事吧!"

"好好好,说正事,说正事!"戴才说。

王天兴说:"戴大人,五城兵马司向来和兵部是一家,这我不用说了。海瑞这样整治我和应龙、皇林他们,你看我们到底该怎么办?"

"是啊,我们虽说人放出来了,但官却丢了,下一步该咋办哪?不能就这样过一辈子吧?"周皇林接过王天兴的话。

"戴大人,这事你得给我们做主?"马应龙说。

王蓉也说:"是啊,戴大人,你得给他们做主啊!"

戴才说:"这事不仅仅是你们五城兵马司的事,也是我南京兵部的事,天兴、应龙,还有皇林,几位夫人应该已经跟你们说了,我们兵部不是没去找过海瑞。"

"戴大人和张大人去吏部找过海瑞,可是海瑞不买账!"王蓉嘴快。

一旁的张君元气愤地说:"海瑞实在是太嚣张了!"

戴才说:"老夫不但去找过他海瑞,前些天京城吏部的杨巍大人和兵部的张学颜大人来,我们也力争过,不但让他们放人,还叫他们给你们恢复官职,可他们说这事民愤太大,还说这是皇上的意见,老夫就不好再说了。"

"那戴大人的意思是……"听他这么说,王天兴问。

戴才说:"这事得慢慢来,只要不丢命就好,现在你们已经出来了,这是最重要的,至于做官的问题,我看还得从长计议,要不然惹恼了皇上,恐怕连老夫的命都难保。"

"要不咱们去京城找皇上论理!"王天兴狂妄地说。

"是啊,要不直接去京城找皇上论理,我就不信没有讲理的地方!"王蓉附和。

戴才说:"你们就别闹了,去找皇上论理,皇上是随便见的吗?再说,你们自己的事情你们心里不清楚?你们去了有理可论吗?老夫就怕你们刚开口,皇上就叫锦衣卫把你们打出来,能出来还不错,就怕当场要了你们的命!"

"依戴大人这么说,那我们不就完了?"周皇林有些绝望地看着戴才。

戴才说:"这事你们先别急,过些时日老夫去趟京城,找后宫想想办法,看她们能不能让皇上在地方上给你们找些事情做。"

"好，我们听戴大人的！"王天兴说。

"嗯。"马应龙点头。

周皇林说："那就拜托戴大人了！"

数日后，戴才还真去了一趟京城。

好不容易见到了万历皇帝，戴才把王天兴、马应龙等人的事一说，万历皇帝大发雷霆，要是不看在后宫的份上，恐怕戴才连命都捡不回来。

这事也就不了了之。

戴才灰溜溜地回到南京城，三日闭门不出，王天兴和马应龙等人来找他，他一概不见。

有万历皇帝力保，后宫和兵部这些人也不敢再造次。

第51章 明察暗访

肖明见这些人太不把他和海瑞放在眼里,气愤地朝他们吼道:"放肆!堂堂三品官员南京吏部右侍郎海瑞海大人在此,尔等见了不但不跪,还出言不逊,我看你们是不想在工部干了!"

– 1 –

五城兵马司的腐败让海瑞感到震惊,南京官场到底有多黑暗?其他衙门的人是不是都像这五城兵马司一样,也是啥事都不想干成天就想着敲诈勒索老百姓呢?

海瑞决定到各个衙门去转一转,继续明察暗访。

这天早晨,海瑞到吏部处理了一阵政务后来找考功司主事肖明,问他:"有事没有?"

肖明正在看一份文书,见头儿过来问他,赶紧站起来说:"事倒是有,但也不是很急,有事?海大人!"

海瑞说:"走,跟本官出去转转。"

肖明放下手上的活儿,从桌上拿了记录用的本子和笔,跟着海瑞走出吏部。

肖明边走边问:"去哪儿啊,海大人?"

海瑞说:"去工部看看。"海瑞想去看一下,这些人一天到底在干些什么。

不一会儿,肖明和海瑞来到了南京工部。

"海大人,您怎么来了?要不要我去给尚书大人通报一下?"在工部门口,海瑞和肖明遇到了工部的一名主事。

海瑞说不用,他们先自己转转。

"那您们自己先转转,卑职有事先出去一下!"主事说。

海瑞说:"有事你自己去忙。"

"是!"主事说完自己走了。

海瑞和肖明来到工部屯田司,见司里有几个人围着一张桌子在打纸牌赌博。

也许是这些人不认识海瑞和肖明，亦或是以前习惯了，海瑞和肖明来了他们当没看见，只顾着打他们的纸牌。

"看来大家都很清闲嘛！"见到如此情景，海瑞忍住心里的气，凑过去找张椅子坐下，然后对这些人说。

听他这么说，一个手上拿着牌、嘴上叼着烟的青年头也不回地说："关你啥事？"

"怎么回事啊，打个牌都有人来管！"对面一个身穿对襟衣、正准备出牌的青年不耐烦地说。

一个脸上有颗黑瘤的中年人催穿对襟衣的青年："快出牌，快出牌，别管那么多！"

"你们知道这是谁吗？"见这几人如此放肆，肖明实在是看不下去了，沉下脸问他们。

"我管他是谁！"叼着烟的青年不屑一顾，继续打他的牌。

肖明看了一眼海瑞，忍住气说："如果我说他是海瑞海大人，你也不管？"

"你说什么？这个人就是那个天不怕地不怕的海瑞？"听说眼前这个精瘦的老者就是连皇上也敢骂的海瑞，叼着烟的青年打量着海瑞。

海瑞笑着问他："你觉得不像吗？"

"说不准，这年头冒牌货太多！"叼着烟的青年把头扭向一边，继续打他的牌。

"天岩说得对，这年头冒牌货真是太多了！"穿对襟衣的青年边出牌边说。

肖明见这些人太不把自己和海瑞放在眼里，气愤地朝他们吼道："放肆！堂堂三品官员、南京吏部右侍郎海瑞海大人在此，尔等见了不但不跪，还出言不逊，我看你们是不想在工部干了！"

"我等有眼不识泰山，望海大人恕罪！"脸上长瘤的中年人转过身抬头看了一眼海瑞，这才知道眼前这位不显山不露水老者的确是海瑞，赶紧过来跪下求海瑞饶恕。

"什么？他真是海瑞？"听说面前这老者真是海瑞，叼着烟的青年知道闯了大祸，吓得面如土色，急忙丢下嘴上的烟头咚的一声跪下向海瑞叩头求饶："小的该死，小的真不知道是海大人，大人不计小人过，饶过小的吧？"

"海大人，您就高抬贵手饶了小的这回吧？"其他几人见了，也赶紧跟着跪下求饶。

海瑞沉着脸气愤地质问他们:"你们身为朝廷工部屯田司吏员,管着百姓的衣食,是百姓的衣食父母,你们却不思正业,成天窝在衙门里打牌赌博,你们告诉本官,你们对得起南京的老百姓吗?对得起朝廷和皇上吗?"

"海大人,您就饶了我们这一回吧?我们再也不敢了!"穿对襟衣的青年叩头如捣蒜。

一旁的肖明说:"这下你知道厉害了?刚才不是还很嚣张吗?"

"你姓甚名谁?是何职务?"海瑞问穿对襟衣的青年。

穿对襟衣的青年低着头说:"小的姓刘,平时大家都叫小的刘三元,是工部屯田司的司库。"

"你呢?"海瑞问先前嘴上叼烟的青年。

"小的名叫李天岩,是工部屯田司司匠!"先前嘴上叼着烟的青年战战兢兢地回答。

海瑞又问脸上长瘤的中年人:"你呢?"

"卑职叫王正高,是……是……"脸上长瘤的中年人瞟了海瑞一眼,不敢再说下去。

见他说话吞吞吐吐,海瑞不耐烦地说:"是什么?说话利落些,别给本官吞吞吐吐的!"

"是……是工部节慎库员外郎!"脸上长瘤的中年人因为害怕,汗珠直冒。

海瑞听了,冷笑道:"哼,堂堂工部节慎库员外郎,不务正业,却和一干吏员打牌赌博,这成何体统?我看你这员外郎是做到头了!"

听海瑞这么说,王正高知道他这个员外郎是做不成了。他抱着试一试的心理对海瑞说:"海大人,您先让其他人退下,卑职有一事想告知大人。"

海瑞问他:"什么事?"

"大人先让他们出去我才说。"王正高说完,看了一眼在场的其他人。

海瑞想看看他葫芦里到底卖的是什么药,便对肖明和刘三元、李天岩等人说:"你们先出去一下。"

见只有他和海瑞在屋子里了,王正高说:"海大人若能饶过卑职这一次,卑职愿奉上千两银子孝敬大人!"

"你觉得本官是那种人吗?"听了王正高的话,海瑞斥责他,"别以为你有几个臭钱就谁都可以收买,告诉你,本官最恨你这种行贿之人!"

"海大人!"王正高眼巴巴地望着海瑞,他没想到海瑞会拒绝他。

海瑞朝他吼道："别说了，你就乖乖地等着吏部的处罚吧！"

"你们这是在干什么呀？"

就在海瑞斥责王正高的时候，门外有人在问刘三元和李天岩。

"尚书大人，工部屯田司这几人在公干的时候打牌赌博，被前来巡查的海大人抓了个正着！"肖明告诉工部尚书。

"肖主事，怎么是你？"听了肖明的声音，工部尚书才认出他。

肖明告诉他，他和海大人想来各部转转，看看大家公干时间究竟在干些什么，没想到一到工部屯田司就发现这几个人聚集在衙署里打牌赌博。

听了肖明的话，工部尚书一副吃惊的样子，随后转过身问刘三元和李天岩他们，"肖主事说的可是真的？"

"尚书大人，今儿我等没事，就约刘三元他们几个来打牌消磨时间，以往我们也没打！"李天岩说。

刘三元也说："是啊，尚书大人，以往我们也没打，都是在做事情。"

"真是这样？"尚书大人问他俩。

刘三元和李天岩赶紧说："我等不敢骗尚书大人！"

工部尚书知道肖明没冤枉他们，不仅没冤枉，他还知道这几个人经常在衙署里打牌赌博。但作为他的部属，在吏部的人面前他要保护他们，于是假意朝他们斥责道："你们几个胆子也太大了，公干时候不干公务，竟敢在衙署里聚在一起打牌赌博，真是太不像话！"

随后转身笑着对肖明说："肖主事，这样吧，念在他们几个是初犯，看在老夫的薄面上就请肖主事饶了他们这一回，倘若他们下次再犯，老夫定不会饶他们！"

肖明说："不好意思，尚书大人，不是下官不给您面子，这事得海大人说了算。"

"既是如此，那老夫就找找海大人吧。"工部尚书问肖明，"海大人呢？"

肖明告诉他："海大人在屋子里和工部节慎库员外郎王正高说事。"

"老夫进去找他！"工部尚书说完，转身准备进屋。

肖明告诉他："这事海大人未必会答应。"

"谁要找我呀？"海瑞开门出来，听说有人要找他，便问道。

见海瑞从屋里出来，节慎库员外郎王正高耷拉着脑袋跟在他后面，工部尚书赶紧说："海大人，你来了怎么不知会老夫一声？要不是刚才遇到肖主事，还不知道你来呢！"

"尚书大人忙，海某哪敢打搅啊？"海瑞知道，他这个时候出现在这儿，肯定是来给这几人说情的，便不卑不亢地说。

工部尚书笑着说："海大人见笑，刚才的事老夫已经听肖主事说了。老夫问了一下，这几个人平时也是很敬业的，今日觉得没什么事，就邀约在一起打打牌，请海大人给老夫一个面子，念在他们初犯就饶了他们这一回，日后如若再犯老夫必定严惩！"

"他们是不是初犯暂且不说，既然尚书大人替他俩求情，海瑞也不好不给面子，那就饶了他们两个，但这人绝不能饶！"海瑞指着王正高说。

"这……"

工部尚书看着海瑞有话想说却不好说。

"没什么好说的，这人身为工部节慎库员外郎，公务时间不务正业，和下属吏员聚集在衙署里打牌赌博，这是大明律例绝不允许的！"

工部尚书见海瑞这等口气，知道护不了王正高，只好说："既是这样，那就交由海大人处置吧！"

海瑞说："尚书大人放心，吏部一定会按照大明律例和禁约来对他进行处置，绝对不会冤枉他半点！"

工部尚书不情愿地说："他这也是咎由自取，不过老夫相信海大人会公正处理。"

见刘三元和李天岩还愣在那儿，工部尚书说："还不快谢谢海大人和肖主事！"

"谢谢海大人和肖主事！"

"谢谢海大人，谢谢肖主事，小的下次再也不敢了！"

刘三元和李天岩听了，赶紧向海瑞和肖明道谢。

海瑞警告他俩："记住，今日是尚书大人给你俩求情，本官念你二人是初犯，这次就饶了你们，下次若是再犯，就是皇上来了也救不了你们！"

"小的记住海大人的话了！"刘三元和李天岩低着头说。

随后，海瑞和肖明在工部尚书的带领下，又到工部的都水司、虞衡司和营缮司转了一圈。

"这就怪了，怎么除了屯田司那几个人，其他司的人都悄无声息地做事，难道工部其他人真的都在认真做事？这不应该啊！我听人说工部不少官吏成天无所事事，一天就知道玩！"回吏部的路上，肖明对看到的现象产生了怀疑。

海瑞说："这有何奇怪的？刚才有人被查，就算是还有不务正业的人也收敛了。再说你没看到，工部尚书都来替他的下属求情了，你我当然查不出什么了！"

"海大人分析得有道理！"肖明说。

海瑞叹息："不知道其他衙署如何，要是都这样，那我大明危也！"

"估计也好不到哪儿去！"肖明摇了摇头。

海瑞说："走，先回去，改日咱们再去一些衙署转转。"

"是！"

二人继续往回走。

后来，王正高被吏部免去工部节慎库员外郎职务，调离工部，到户部去做三库堂主事。

- 2 -

海瑞实在是太忙了。

白日里，他要么在吏部衙署里处理政务，要么带着人去一些衙门转转，看这些官员和吏员是不是在干公务。一到夜晚，他就换上便服，到茶馆酒肆或牌坊歌楼等一些人员较为集中的场所进行微服私访，看有没有违法乱纪的官吏。

这日傍晚，海瑞用过晚餐，便独自一人往南京礼部走，他想看一看，这儿有没有人加班干公务。

嗯，这么安静？

在礼部门口，海瑞连人影都没见到，大门倒是开着。

海瑞走上石阶，进了大门往通道里走去。看到前面有个老者在清扫垃圾，海瑞便上前问他："老人家，这里边有人吗？"

"晚上他们都不在！"清扫垃圾的老者告诉他。

"哦！"海瑞抬头，若有所思地应了一声，然后朝前走去。

"你是不是有事找他们？"老者问。

"也没什么事儿！"海瑞边回答他边往里走。

南京礼部各个衙署都在这栋房子里，海瑞沿着通道一个衙署一个衙署地查看，见房门全是锁着的，室内没有灯光，更见不到人影。

在一个房门前，他伸手摇了摇门锁，然后摇头走开。

海瑞思忖，偌大一个南京礼部，这个时候也不是太晚，居然看不到一个官员或吏员来加班干公务，难道他们的事务白日里全做完了，就没有啥急事要加班做？

海瑞沉思着继续往里走，可他转了一圈，还是没见哪个衙署的灯是亮的，更不要说有人加班了。

"你是不是有急事找他们？"见他这儿瞧瞧那儿看看，清扫垃圾的老者还以为他有什么急事要找礼部的人办理，便过来问他。

海瑞微笑着说："有急事你也办不了！"

"那你明日一早来吧。"老者告诉海瑞。

"好！你忙着！"海瑞告别老者，走出礼部大门。

户部离这儿不是很远，海瑞又往户部走去。

在户部转了一圈，跟礼部一样，连个人影都没有。

"怪了，没一个人来加班。"海瑞嘀咕。

出了户部大门，海瑞想，这么多衙门这么多人，居然见不到一个来加班，那这些人夜晚都干啥去了呢？莫非都待在家里不成？应该不会吧？海瑞摇头。

见时间还早，海瑞准备去街上走走，于是又往南街走去。

来到南街中段，海瑞觉得有些口渴，见前面有家茶馆，便走了进去。

茶馆的生意很好，来这儿喝茶的人不少。见靠门边儿的桌子都有人了，海瑞边往里面走边扫视，看哪儿有空位置。

他发现里边两个角落各有一张桌子是空着的，就朝其中一个角落走过去，然后在桌子旁边坐下。

刚落座，茶馆小二便过来恭敬地问："这位大人，喝什么茶？"

"有些什么茶？"海瑞问小二。

小二告诉他："有普洱，有毛峰，有碧螺春，也有便宜点的南京雨花茶，大人喝哪种？"

海瑞说："来一壶南京雨花茶。"

其实海瑞对喝茶不是特别讲究，只要能解渴就行，至于茶叶好与不好他不在乎。他之所以走进茶馆来喝茶，一是此时觉得有点口渴，二是想进来看看有没有官员或其他衙吏在这儿消遣。

茶馆这样的地方，自古以来在城里都是消遣打发时光的地儿，特别是一些官员或乡绅，闲着无事就会往这地方钻。这种地方和妓院戏园子差不多，什么人都有。

"先生，您要的雨花茶！"小二一手拿着茶杯，一手拎着茶壶，来到海瑞坐的桌子边。

海瑞稍稍侧过身子，让他将茶和茶具端上桌子。

待小二将茶壶和茶杯放到桌上，海瑞从衣袋里掏出些碎银付茶钱。

"大人，您慢用！"小二收了钱，躬身退下。

海瑞拎起茶壶倒了一杯茶水，边喝茶边观察周围的人。

茶还没喝几口，就见一高一矮两个男人朝对面角落的那张桌子走去。看来人穿着打扮，海瑞知道这两个人都是驿站的人。高个子是个驿丞，矮个子是他手下，两个都是小吏。

"请问两位爷喝什么茶？"见是驿站的官爷，小二赶紧过来询问。

"来一壶碧螺春！"矮个子告诉小二。

"好的，两位爷稍候，我去帮两位爷泡茶！"小二说完退了下去。

待小二下去了，矮个子看着对面坐着的驿丞低声问道："老大，那笔银子您看怎么处理？"

"这种事情还来问我？以往咋处理的就咋处理！"驿丞有些不悦。

"不是，老大，这回银子的数目不小，小的是怕……"矮个子苦着脸告诉他。

"怕啥？再多不也进咱俩的腰包？外孙打灯笼——照舅（旧），我七你三，分了！"驿丞道。

"是，小的就照老大说的办！"矮个子赶紧笑着点头。

说话间，店小二把他们的茶拎来了。

矮个子付了茶钱，小二说了声"两位官爷慢用"，便转身退了下去。

矮个子谄媚地给他的头儿斟上一杯茶，给自己也斟上一杯，然后坐下："老大，这笔银子数目的确太大，小的是觉得有些烫手！"

驿丞端起面前的茶喝了一口，教训他："烫什么手啊？你没听说过饿死胆小的撑死胆大的吗？我跟你说，想发财，胆子就得大些，别他妈畏手畏脚的！"

"对对对，老大教训得是！"见头儿这样说，矮个子唯唯诺诺地说。

……

两人谈话的声音虽然不大,但距离不是很远,海瑞听得一清二楚。海瑞很生气,他想:连驿站这些不入流的小官吏都如此贪婪,那些官大的不是更腐败吗?唉,南京城老百姓这日子咋过啊?

海瑞虽然痛心疾首,但没有拿到证据,连他们要分的是什么赃款都不知道,只得强忍着心中的怒火,继续听这二人谈话。

二人谈了一阵,驿丞喝了口茶,站起身走了。

矮个子赶紧站起来,卑微地朝他的背影道:"那您慢走!"

待矮个子男人走了,海瑞站起来也跟着走出这家茶馆。

出了茶馆,见时间不早了,海瑞觉得该回家了。

"蛀虫,全是朝廷的蛀虫!"

一路上,海瑞气愤难平。

– 3 –

一日下午,海瑞到外面办事。路过北城中街的时候,海瑞看见那里围了一大堆人。

"这些人在看啥热闹啊?"海瑞觉得奇怪。

海瑞挤进人群,发现坝子中间有两个男在撕打。个子稍高的一个,穿着一身衙役皂服,一看就知道是在衙门里当差的,但不知道是在哪个衙门。个子稍矮、脸上有麻子的那个老者,则穿着户部缎匹库郎中官服,一看就是个官员。

见他俩在撕打,一个穿对襟短褂的中年汉子赶紧上前劝架。

"好啦,杨刚,别打了,再打要出人命了!"穿对襟短褂的中年汉子边拉身着衙役皂服的汉子边大声劝说他。

"周公,你走了算了,再不走他会打死你的!"旁边一个头戴瓜皮帽的老头将矮个子老者拉到一边大声说。

"你放开,今日不打死这杂皮,我就不姓杨!"被叫作杨刚的男人一把推开拉他的中年汉子,要奔过去打姓周的老者。

"有本事你过来!老子还怕你小子不成?"姓周的老者骂道,但看得出来他有些心虚,不过是虚张声势而已。

"周公,你少说两句!"头戴瓜皮帽的老头劝说姓周的老者。

这边，穿着对襟短褂的中年汉子也在劝说那个衙役："算了，杨刚，钱是人找的，去了还可以挣，你要是打死他，钱没了，还得坐牢，你觉得值吗？"

杨刚气愤地说："这不是钱的问题，是他欺人太甚！"

穿着对襟短褂的中年汉子说："就算是这样，你也没必要打死他呀！"

"实在是咽不下这口气！"杨刚余怒未消。

见姓周的老者被人劝走了，杨刚也只好忍住气回家。

海瑞见看热闹的人散了，便把这个名叫杨刚的衙役叫到一边，向他打听究竟。

原来，这姓周的老者叫周吾来，是南京户部缎匹库郎中，那身着衙役皂服名叫杨刚的汉子，是在户部当差的一名衙役。杨刚干衙役多年，觉得老是被人使唤心里不是滋味，加上也积攒了些银子，便想买个小官来做。杨刚知道周吾来在户部是个郎中，手上有一些权力，一年前的某日便怀揣五百两银子去找他。

周吾来是个贪得无厌的官员，听杨刚说想买个官做，把银子也带来了，便一口应承，说他可以在户部找一个小官给他做，杨刚信以为真。可不知是何缘由，一年多了周吾来也没给杨刚找到一官半职，银子也不还给人家。

想去想来，杨刚觉得周吾来骗了他，气得几次想去揍他，但都没去成，今日正好遇到周吾来独自出门逛街，上前揪着他便打。周吾来想还手，可他一个手无缚鸡之力的老者，哪敌得过五大三粗的杨刚，杨刚一阵拳打脚踢，打得他嗷嗷乱叫。

穿对襟短褂的中年汉子是杨刚的朋友，头戴瓜皮帽的老头和周吾来是亲戚，他们正好路过这儿，见是杨刚和周吾来打起来了，便赶紧上前劝架。

"这等贪官，该揍！"听了杨刚的叙述，海瑞很是气愤。

杨刚求海瑞："海大人，您要给小的做主，让周吾来把银子还给小的，那可是小的半生积蓄啊！"

海瑞说："周吾来卖官，这是大明律例绝不允许的，本官自会追究他的责任，可你为了升官行贿他人，也是不对的。"

"小的也是出于无奈，望海大人恕罪！"杨刚赶紧给海瑞叩头请罪。

海瑞说："本官念你是出于无奈，就不追究你的责任了，但下不为例，如若再犯，定不饶！"

"海大人教训得是，小的再也不敢了！"杨刚叩头谢恩。

海瑞说："你走吧！"

"谢谢海大人！"杨刚站起来转身离开。

回到住处海瑞想，连户部一个缎匹库的郎中都在利用手上权力卖官捞取好处，这南京官场到底还有多少官员在卖官啊？海瑞越想越气，决定收拾一下周吾来。

三日后，海瑞罢免了周吾来南京户部缎匹库郎中的官职，让他到户部颜料库去做一名笔帖式。

周吾来一下子官降四级，对海瑞恨得咬牙切齿，但恨归恨，他也拿海瑞没办法，只好认命。

对周吾来的罢免，在南京官场引起了一阵不小的骚动，不少官员议论纷纷，有人说海瑞做得对，也有人埋怨他做得太过分。说他做得对的，觉得他是个正直的官员，是在维护朝廷的律例，对那些利用手中职权卖官捞取好处的人就应该进行严惩；说他做得太过分的，认为他一点也不近人情，不应该对周吾来下手这么重。

对这些人的议论，海瑞充耳不闻。

– 4 –

周吾来被罢免后不久，海瑞又听闻了一件事，这让他更加大了清除贪官污吏的决心。

一日，海瑞到江苏巡查官员政绩，有人向他透露了一件事，说淮北盐课司盐制同知黄宁炎在掌察盐务时，利用职权经常敲诈勒索当地的盐商，盐商们对他极为愤恨，但畏于他手中的权力敢怒不敢言，只能忍气吞声。

"你说什么？淮北盐课司盐制同知利用职权敲诈勒索盐商？"海瑞以为是自己听错了，追问道。

"是的，海大人，此等事情小的不敢说谎！"这人说。

"盐业是朝廷的经济命脉，居然有人敢在这上面动手脚，这还了得？"海瑞气得要跳起来。

"海大人如若不信，可以亲自到淮北盐场和盐课司去调查，若有半点虚假，小的甘愿受罚！"这人拍着胸脯说。

海瑞说："既是这样，那本官明日就去淮北盐场调查此事，看这人是不是真如你说的这么胆大！"

次日一早，海瑞便带着人前往淮北盐场。

到了淮北盐场，海瑞暗中找了五六位盐商进行调查。

"本官听说盐课司盐制同知黄宁炎在掌察盐务时，利用手中职权大肆敲诈勒索你们这些盐商，是不是有此事？"海瑞问在坐的盐商。

几位盐商你看看我我看看你，一个也不说话。他们不是不想说，他们是怕说了以后黄宁炎饶不了他们。

海瑞明白这些盐商的心思，便给他们打气："大家都别怕，本官给你们做主！"

还是没人站出来说话。

海瑞问他们："怎么都不说话呢？是不是怕我海瑞治不了他，他以后找你们的麻烦？"

见他这么问，一位方脸盐商才站起来说："不瞒海大人，我们还真有些……"

方脸盐商没把话说完，而是看了看海瑞，又看了看其他盐商。

海瑞问他："有些不太相信本官是不是？"

"海大人，您有所不知，这黄宁炎实在是太嚣张！"一位穿着黑底红粉团花丝绸长衫的老盐商站起来气愤地说。

一位脸皮白净的中年盐商附和："是啊，在这淮北，哪一位盐商敢得罪他黄宁炎呀？"

"海大人，不是大伙不告诉您，是真怕黄宁炎这厮啊！"坐在最左边一直闷着头不说话的一位盐商说。

"海大人，您看，我脸上这道疤还没好呢！"坐在右边、左脸上有道伤疤的老盐商气愤地说。

海瑞问他是咋回事。

"还能是……"

"去年腊月二十八，我叔为盐引的事说了黄宁炎几句，黄宁炎就叫手下人用刀刺我叔，我叔用手一挡，那人的刀就刺在了他脸上，留下了这道伤疤！"脸上有伤疤的老盐商正要告诉海瑞，脸皮白净的中年盐商抢先说道。

"岂有此理！"海瑞愤怒地骂道，随后告诉盐商们，"本官告诉你们，还没有我海瑞治不了的贪官污吏！"

脸上有疤的老盐商说："海大人，您要真治了黄宁炎这厮，我们大伙给您叩头！"

"是啊，您要真治了这厮，我们大伙儿给您叩头，叫您海爷爷！"先前闷着头不说话的盐商也说。

"叫海爷爷倒是没必要，只要你们大伙如实把情况告诉本官，本官自会收拾他！"海瑞说。

"但有一点，不能冤枉好人，否则就成了污告，那也是要吃官司的！"海瑞警告他们。

方脸盐商打包票地说："您放心，海大人，我们绝不会冤枉他黄宁炎半句！"

"要说这厮的劣行，三天也说不完，哪还会冤枉他呀？"脸上有疤的老盐商也说。

海瑞说："既是这样，那你们说吧。"

"我先来说！"穿丝绸长衫的老盐商说。

"嗯，你说。"海瑞对这位老盐商说。

穿丝绸长衫的老盐商说："说黄宁炎是淮北盐场的一个盐霸，一点儿也没冤枉他，这人真是贪到底了，在坐的大伙儿，可能没有谁不被他敲诈过，你们说是不是？"

"是！"

"这厮来这儿两年，受他敲诈的人还真不少！"

"不只是敲诈，他还指使手下人打人！"

"提起这厮，恐怕没有人不说他可恶！"

听了老盐商的话，大伙七嘴八舌地向海瑞控诉。

"你有什么证据吗？"海瑞问他。

穿丝绸长衫的老盐商说："当然有证据了，没证据谁敢说他呀？"

海瑞说："说说看。"

穿丝绸长衫的老盐商说："去年四月，黄宁炎为了向我勒索，故意克扣我的盐引，后来我送了他两百两银子，他才把盐引发给我。"

海瑞问他："真有这事？"

"我可以用项上人头担保！"穿丝绸长衫的老盐商很激动。

海瑞说："本官知道了。"

"你呢？有什么要给本官反映的？"海瑞问脸皮白净的中年盐商。

脸皮白净的中年盐商说："今年二月三日，黄宁炎也敲了我一竹杠。"

"怎么个敲法？"

"他说盐引少不够发，但我明白他这是故意扣押着等我向他行贿。没办法，要做生意啊，我只好在次日晚上将二百五十两银子送到他府上，求他发放盐引给我。"

海瑞问："后来他发盐引给你了没有？"

"他克扣盐引，目的就是想要我们送银子给他，银子送去了，他当然发了！"脸皮白净的中年盐商两手一摊，显得很是无奈。

"具体给本官说说，你脸上这块伤疤到底是咋回事？"海瑞问脸上有道疤的老盐商。

这个老盐商说："事情是这样的，去年的腊月二十八，我去找黄宁炎要盐引，他说没有了。我就说，这盐引都是应该给我们的，怎么会没有呢？见我这么问，黄宁炎不高兴了。没有盐引做盐生意，那就是贩卖私盐要坐牢的。我得不到盐引做不了生意，心头很是着急，就和他闹了起来。没想到他叫手下人用刀刺我，我慌了用手去挡，那人的刀便刺到了我的脸上，留下了这道伤疤。"

"真是太嚣张了！"听了这个老盐商的叙述，海瑞很气愤。

接着，海瑞又向其他盐商了解了一些黄宁炎敲诈勒索盐商的罪行。

为了证据确凿，海瑞又到盐课司找人证实这些情况。盐课司不少人都说黄宁炎有敲诈勒索盐商的行为。

— 5 —

"海大人，有一个从滁州来的人，说有情况要向您反映！"

这日下午，海瑞刚到吏部衙署，考功司郎中江昆就来禀报。

"人呢？"海瑞问他。

"在下官那儿！"江昆告诉海瑞。

海瑞说："把这人带过来。"

"是！"江昆说完去带人。

不一会儿，江昆带着个五十多岁的男人来了。

"海大人,这事您得管管啊!"一见到海瑞,这人便给他下跪。

海瑞说:"有事起来说!"

"谢海大人!"这人站起来在海瑞对面坐下。

江昆也陪着在旁边坐下。

"你叫啥名字?在哪儿供职?"海瑞问来人。

来人回答:"卑职姓蔡名长贵,现供职于滁州府,是滁州府的通判。"

"听江郎中说,你有情况要跟本官反映?"海瑞问他。

蔡长贵说:"是的!"

"什么事你说。"

"但不能污陷人!"海瑞提醒他。

蔡长贵说他知道,然后他说滁州知府张雷在地方上大肆卖官敛财,滁州官吏怨气冲天,但迫于张雷的淫威,都敢怒不敢言。

"真有此事?"海瑞盯着他问。

蔡长贵说:"绝无半句虚言!"

"你能不能把这事写下来交与本官?"

"当然能!"

"好!"

海瑞把笔墨拿来给蔡长贵,然后看着他写。

蔡长贵写完,把它交给海瑞。

海瑞说:"你先回去,这事本官还得派人去滁州调查核实。"

"好,海大人您先忙着!"蔡长贵说完准备转身离去。

海瑞叫住他:"这事得保密!"

"卑职知道!"蔡长贵说完走了。

蔡长贵走后,海瑞对江昆说:"你去把稽勋司的章文宇给本官叫来。"

"是!"江昆去稽勋司叫章文宇。

一会儿,江昆领着稽勋司员外郎章文宇来了。

"海大人,找下官有事?"章文宇进门便问。

海瑞告诉他,适才滁州府通判蔡长贵来他反映,说知府张雷在地方上大肆卖官敛财,地方上的官吏怨气非常大,派他和江昆去趟滁州,对蔡长贵反映的事暗中进行调查核实。

"啥时候去?"章文宇问。

海瑞说:"事不宜迟,你们明日就去滁州,尽快把这事调查清楚,然后马上回来禀告本官。如若情况属实,本官立即处置张雷!"

"好,我们明早就起身去滁州!"江昆说。

"注意保密!"海瑞告诫他俩。

"是。"章文宇和江昆点头。

次日一早,章文宇和江昆赶去滁州调查。

— 6 —

南京的官员不论大小,都在疯狂地买官卖官贪污受贿,或者是变着法敲诈勒索百姓。

海瑞心里非常明白,朝廷官场上的这种暗黑和腐败不只南京有,其他地方也有,甚至有的地方可能比南京还要黑暗。是多年形成的官场顽疾,凭借个人的力量根本无法铲除。

海瑞想,虽说自己不是吏部尚书,只是个右侍郎,但时下自己主政南京吏部,相当于南京吏部的一把手。再说,就算自己不是吏部的一把手,自己对辖地内官员的贪腐问题也负有不可推卸的责任,不管怎么说,自己得尽力去管,即便不能根除这些腐败,通过自己一番努力,至少能让南京官场变得干净一些。

这么黑暗的官场,这么多贪腐官员,让官府怎么替老百姓做事?老百姓怎么过得下去?海瑞痛心疾首。

不行,南京官场这种状况得及时向皇上禀报,否则大明王朝的江山社稷离崩塌就不远了。

海瑞移了一下青灯,拿来一个上奏用的空折子,提笔蘸满墨汁,在封面上写下了"一日治安要机疏"七个大字,然后展开折子,在上面写下:

"……皇上,诸臣皆是贪风俗中人,若再不加以整治,恐我大明江山社稷不保!太祖在世时已有定制,朝中官员但凡贪污八十贯以上者,皆处以绞刑,甚至剥皮实草……老臣恳请皇上仿效太祖,重申大明律例,严惩朝中贪官污吏。唯有如此,才能兴……"

夜,已经很深了。室外,西边的一镰弯月很快落下树梢,一抹余辉透过花窗照进屋里。室内的海瑞,情绪非常激昂,仍在挥毫奋笔疾书……

奏疏终于写好了，海瑞的心却久久难以平静。他想，事不宜迟，明日就上京城，等皇上朝会时向他直陈此事。

海瑞熄了案桌上的桐油灯，走出衙署回身将门关上，然后往自己住的地方走去。

"海安，这晚了，老爷咋还没回来，是不是又遇到什么事了呀？"在家里的侍妾兰兰见海瑞这么晚了还没回来，心里不免有些着急起来，便问仆人海安。

"是啊，我也着急呀！"海安说。

兰兰说："要不你去衙署看一下，看他是不是还在那儿办公？"

"好，我这就去！"海安说着准备出门。

"你要去哪儿？"

海安刚要往外走，海瑞走了进来。

"老爷，您怎么才回来呀？"见自家老爷回来了，海安赶紧关切地问。

海瑞说："有点事儿耽搁了。"

见海瑞回来了，兰兰说："老爷，你咋这么晚才回来？我好着急呀！"

"是呀，老爷，您别忘了还有人想刺杀您呢！"海安说。

海瑞说："没事，这不是安全回来了吗？"

见他这么说，兰兰和海安也不好再说什么。

兰兰急忙去厨房打热水，好让他洗漱。

海瑞边洗漱边告诉兰兰，他明日有事要去京城一趟，海安和他一起去。

"什么事啊，老爷？"兰兰问。

海瑞说官场上的事让她少过问。

一番洗漱之后，海瑞上床休息。可这一夜海瑞无法入眠，他一直在想，皇上知道这件事后到底会是什么态度，是让他大刀阔斧整治官场惩办贪官污吏，还是让他睁只眼闭只眼少管这等事。

第52章 上书皇帝

夜里，躺在床上的海瑞想，自己提出的重典治贪牵扯到整个大明官员的利益，这事皇上会不会听自己的建议？其他大臣会是什么态度？会不会有人出来阻拦？若真有人阻拦，那自己该怎么办？

- 1 -

次日一早，海瑞起来洗漱一番，带上写好的奏疏和收集到的有关证据，准备出发。

海安将轿篷马车赶过来。

"老爷，到了京城，你可要注意些，不要顶撞皇上，要不然……"兰兰知道老爷的脾气，担心他会顶撞皇上带来什么不测。

"你不用担心。海安和我一道去，你一个人在家一定要照顾好自己。"海瑞说。

"老爷你放心去吧！"兰兰眼里噙着泪水，随后叮嘱海安，"海安，你一定要照顾好老爷！"

海安说："夫人放心，我会的！"

海安提起马僵，准备出发。

海瑞说："先去吏部一趟。"

"好！"海安应道，然后一抖手上的马僵，"驾！"的一声吆喝，轿篷马车朝吏部驶去。

来到南京吏部，海瑞给几位属僚交代了一番便出发了。

数日后，海瑞来到了京城，他和海安在离乾清宫不远的地方找了个小旅馆住下，准备次日早朝去面见万历皇帝。

夜里，躺在床上的海瑞想，自己提出的重典治贪牵扯到整个大明官员的利益，这事皇上会不会听自己的建议？其他大臣会是什么态度？会不会有人出来阻拦？若真有人阻拦，那自己该怎么办？

管不了那么多了，先上了奏疏再说！

按照朝廷惯例，皇上早朝会见大臣的时间一般是在早晨卯时，参加早朝的大臣须在凌晨三时就要赶到午门外等候，有些大臣住的地方离乾清宫奉天殿很远，要穿越半个京城，得早早就起床赶路。

海瑞和海安住的旅馆离乾清宫不是很远，但他睡不着，凌晨两点就起床了。洗漱一番之后，海瑞整理了一下服饰，带上奏疏和相关证据，与其他大臣一样，赶往午门外等候。

"海大人，你不是在南京吗？怎么也来参加早朝啊？是不是又有事要奏请皇上？"路上，海瑞遇到一个熟人。

怕出什么意外，海瑞只"嗯"了一声。

二人一同前往午门。

海瑞还以为他俩来得最早，来到午门一看，已有不少大臣等候在这儿了。

"咚咚咚，咚咚咚……"

午门城楼上的鼓声响起，海瑞和其他文武大臣赶紧按次序排好队，等凌晨五时宫中钟声一响，宫门开启后便依次经过金水桥进入广场。

"喤……喤……喤！"钟声终于敲响了，海瑞和百官列队从午门左右的掖门进入，然后按品级分列于奉天门两侧。

"嘭，嘭，嘭……"

"吾皇万岁，万岁，万万岁！"

一阵礼炮响过，万历皇帝走上金銮宝座，文武大臣一齐跪下朝他行三叩之礼。

"众爱卿请起！"万历皇帝朝下面跪着的文武大臣道。

"谢……皇……上！"文武大臣拉长音给万历皇帝道谢，然后起身站立在下面。

礼仪完毕，万历皇帝问众大臣："众卿今日有没有事要奏？"

杨巍、王遴、张学颜、舒化、杨兆等京城九卿六部有事要奏的大臣依次上前向万历皇帝奏请相关事宜。有的事皇上准奏了，有些事皇上没准奏。

"众爱卿，还有事要上奏吗？"待工部尚书杨兆奏完边关相关防守工程问题后，万历皇帝问站在下面的文武大臣。

"启禀皇上，老臣有事要奏！"海瑞这才走上前向万历皇帝上奏。

见海瑞也来参加早朝，万历皇帝感觉有些突然。他知道，海瑞身为南京吏部右侍郎，大多时候都是在南京城，没特殊的事一般不要求他参加朝会。今日他既然来了，肯定有事情要奏请，便温和地问他："海爱卿，有何事要上奏啊？"

海瑞说："皇上，老臣自到南京吏部供职以后，发现南京官场不少官员存在着贪污受贿或买官卖官、敲诈勒索等腐败行为，这让老臣非常气愤，今日特来奏请皇上定夺此事。"

果然不出朕所料。海瑞的话一出口，万历皇帝不禁暗吃一惊。

"他在说什么？南京官场不少官员存在着贪污受贿或者买官卖官、敲诈勒索等腐败行为？"

"这种话能在朝上随便说吗？这个海瑞是不是疯了？"

"这个死老头，又要出什么幺蛾子呀？"

……

海瑞的话不仅让万历皇帝吃惊，下面的文武大臣也很吃惊，大家纷纷议论起来。

"海爱卿，你说南京官场不少官员存在着贪污受贿或者买官卖官、敲诈勒索等腐败行为，你有啥证据啊？"万历皇帝边整理龙案上的文书边问海瑞。

"皇上，此事重大，老臣知道不敢妄言。但老臣写有奏疏，并收集到了不少证据。"海瑞向万历皇帝禀报，并从袖子里抽出写好的《一日治安要机疏》和有关证据，然后举到头顶等候皇上身边的随堂太监来取。

万历皇帝命令站在旁边的随堂太监："把海爱卿的奏疏和证据拿上来！"

"是！"随堂太监说完从台上走下来，接过奏疏和证据，转身拿上去恭敬地递给万历皇帝。

此事关乎国体，非同一般，万历皇帝接过海瑞写的奏疏和收集到的证据，认真地看了起来。

看完海瑞写的《一日治安要机疏》和相关证据，万历皇帝没吭声，沉下脸将奏疏和相关证据扔到面前的龙案上。

众大臣见状，心里一惊，不知道皇上要说什么，一个个连大气都不敢出。

稍后，万历皇帝说："海爱卿，官员贪腐历来都有，南京官场存在这种情况，这也不足为奇。"

"皇上，今日南京官员贪墨成风，丝毫不可放纵啊！如果要想让南京的百姓安居乐业，务必先选好守令，如果想让守令不贪墨，首先得各司各道官员不贪墨，而要各司各道官员不贪墨，先得要巡抚和巡按官员不贪墨，六部尚书和内阁大臣不贪墨，归终于皇上本身。"海瑞赶紧阐述官员贪墨腐败的原因。

万历皇帝问海瑞："那你觉得这事该如何处置？"

听到皇上这样问，海瑞不慌不忙地说："皇上，太祖在位之时就定下律令，我大明官员，但凡贪污八十贯以上者，均处以绞刑，甚至是剥皮实草。南京官吏之腐败，已经到了无以复加的地步，这着实让百姓心寒。在老臣看来，这种腐败现象并非只存在于南京，其他地方也好不到哪儿去。依老臣之见，皇上可仿效太祖，重申大明律例，严惩朝中贪腐之官吏，借以警示他人。唯有如此，才能还我大明官场之清明，还老百姓一个公道，否则我大明江山危也！"

海瑞如同竹筒倒豆子，一口气将他的想法全抖了出来。

"啊，他要重典治贪？"

"他知道这要得罪多少人吗？"

"一个快要入土的老头子，这样做就不怕死无葬身之地？"

"疯了，我看他真是疯了！"

海瑞这番话犹如在朝堂上丢下一枚重磅炸弹，让不少大臣头上冒汗。众大臣议论纷纷，有的大骂海瑞，说他疯了，有的咬牙切齿，恨不得吃了他的肉。

见到这般情景，万历皇帝知道海瑞又要惹出大祸，但他在朝会上提出此事，不得不给他一个交代，便对众大臣说："好了，大家不要议论了！"

然后，他把目光转向吏部尚书杨巍和都察院左都御史赵锦："杨爱卿、赵爱卿，你们对海大人提出的这事是何看法？"

二人赶紧站上前来。

杨巍和赵锦知道，官员贪腐之事均与吏部和都察院有关，所以皇上才会点他们的名。

赵锦先发言："启禀皇上，对官员进行廉查，这本就是皇上和朝廷赋予都察院的职责，如果海大人说的是事实，都察院据实查处就是。"

见赵锦表了态，杨巍赶紧说："皇上，吏部本来就是考察官员的部门，如果南京的官员真如海大人所言，那吏部也负有不可推卸的责任。刚才赵大人也说了，如果海大人说的是事实，那京城吏部一定会配合都察院和南京吏部对贪腐官员进行查处，绝不姑息养奸！"

"舒爱卿，你对这事如何看？"万历皇帝又把目光转向站在前面的刑部尚书舒化。

舒化听了赶紧上前:"皇上,官员贪腐是个大事,弄不好会毁了我大明王朝的江山社稷,历来为朝廷和百姓所憎恨,微臣赞同杨大人和赵大人的意见,支持海大人治理南京官场,惩办那些贪污腐败的官员,还南京官场一个清明,保我大明江山社稷安稳。"

下面一些官员,见上前说话的几位大臣都支持海瑞,心里有鬼的人感觉大事不妙,赶紧盘算如何阻止海瑞的行动。

兵部尚书张学颜走上前来:"皇上,微臣以为,兹事体大,不宜操之过急,更不能光听海瑞一面之词,得派人调查清楚再作定论,请皇上三思!"

听了几人的发言,万历皇帝说:"官员贪腐,历来是官场垢病,也是朝廷的后患,就如海爱卿和舒爱卿说的,弄不好会毁了我大明江山社稷,后果不堪设想。既然杨爱卿、赵爱卿、舒爱卿都觉得该查,那就查吧。至于该不该用重典,这事就交由刑部去处理,你们觉得如何?"

"皇上英明!"

"都下去吧!"万历皇帝说完,朝杨巍、赵锦、舒化、张学颜和海瑞等人挥了挥手。

"谢皇上!"杨巍、赵锦、舒化和张学颜退下。

见万历皇帝并非完全支持他的上奏,海瑞一下子着急起来,赶紧说:"皇上,兹事关乎大明江山社稷,您不能心慈手软啊!"

此事万历皇帝本就觉得心烦,见海瑞还不退下,便沉下脸说:"先下去吧!"

"皇上……"海瑞还不死心,眼巴巴地望着万历皇帝,希望他能支持自己的想法。

随堂太监见海瑞还不走,朝他挥了挥手上的拂尘,说:"皇上叫你下去,你就下去吧!"

海瑞无奈,只好先退下来。

万历皇帝问众大臣还有没有要上奏的事宜。

众大臣都说没有了。

万历皇帝宣布退朝,起驾回宫。

早朝就这样散了,众大臣跟着退出奉天殿。

海瑞也回到了他们住的旅馆。

海瑞刚一进门,海安便问他:"老爷,事情办得怎么样了?皇上没为难你吧?"

海瑞告诉他:"皇上倒是没为难,但有官员不服气!"

"那这事……"海安担心地望着他。

"没事，先回去再说！"然后又说，"吃了午饭我们就回南京！"

因为还有许多事要办，随便吃了点东西，海瑞和海安便往南京城赶。

- 2 -

早晨朝会散后，一些大臣出了奉天殿又开始议论起海瑞来。

"你说，这海瑞是不是吃错药了，怎么老是想着要整治人呀？"太仆寺少卿陆庸边走边对身边同行的户部总督仓场侍郎王千皓说。

王千皓哼了一声："他这是找死！"

"王大人说得对，海瑞就是在找死，你们想，他向皇上这一建议，我大明不知有多少官员又要遭殃！"跟在他们后面的通政司副使朱应生也跟上来搭腔。

"朱大人说得对，他这一闹啊，不知道官场上又有多少人要家破人亡！"王千皓一副悲悯怜人的样子。

"如果老夫没记错的话，海瑞今年应该是七十三了吧？"朱应生似问非问。

王千皓说："没错，他今年七十三岁了。"

"都快入土的人了，不想着替大家做点好事，咋尽出些让人咒骂的歪主意呢？"陆庸摇头说道。

王千皓说："两位大人，这事非同小可，大家恐怕得向皇上建言，这事万万使不得！"

朱应生对陆庸说："陆大人，你在皇上面前说话要好使些，这事恐怕只有您去跟皇上说了。"

陆庸赶紧摇头，对朱应生说："朱大人，你是在取笑我啊，我哪有这个能耐呀？这事我想还得吏部的尚书杨巍杨大人或者户部的尚书王遴王大人出面才行。"

王千皓想了一下，说："嗯，你说得也对，这事恐怕还得杨大人或王大人出面去说！"

"就怕杨大人和王大人他们不肯去！"朱应生摇着头。

陆庸说："海瑞在朝会上唱这一出，对他有想法的不只是咱们几个，我估计还大有人在。"

"有倒是还有，但人家不一定会去找皇上说这个事。"朱应生说。

"请皇上动用重典治贪,海瑞到底要干啥?莫非他想对南京官员大开杀戒?"

"这个海瑞,老夫看他是脑子进水了,这种事情他也说得出口!"

就在朱应生和王千皓、陆庸几人放话的时候,听到后面有人在高声大气地说。

几人掉头一看,是顺天府府丞罗子玉和国子监祭酒陈白龙,朱应生和王千皓、陆庸回转身来,相互望了一眼,会心地笑了。

陆庸幸灾乐祸地说:"这回有他海瑞好看的了!"

朱应生说:"对海瑞不满的人是不少,关键是皇上已经同意查办南京的官员,这事如若没人去劝说皇上收回成命,祸端还是解除不了。"

王千皓:"我估计吏部的杨大人是不会去劝说皇上的。"

"你为啥说他不会去劝说皇上呢?"朱应生问。

王千皓说:"你没看他先前在皇上面前的表现?他都赞同海瑞查办,也表态协助其他部门去查办,他还会去劝说皇上?"

"说得也是。那户部的王大人呢?"朱应生问他。

王千皓冷笑道:"他?他会去出这个风头,想都别想!"

"那这事就这样,任由海瑞胡来?"朱应生又问。

陆庸说:"先看看是啥势头,说不定有人会去劝说皇上的。"

这时,已经走到路口,几个人也就各自分手。

海瑞向万历皇帝提出用重典治贪这件事,可谓一石激起千层浪,朝廷上下一阵震动,许多官员都担心自己会受到牵连,所以极力反对。

吏部尚书杨巍朝会散后没回家,而是急匆匆地来到了吏部。他一到吏部,便把手下人全召集到议事大厅,和大家讨论海瑞早朝时向皇上提出的事。

见人都到齐了,杨巍说:"诸位,今日的朝会上,南京吏部右侍郎海瑞向皇上上了一道骇人听闻的奏疏。"

"骇人听闻的奏疏?海瑞又要出什么幺蛾子啊?"下边有人问。

杨巍说:"今日朝会上,海瑞向皇上递交了一道奏疏,说南京的官员贪腐盛行,奏请皇上用太祖立下的重典治贪,他建议皇上,但凡我大明官员,贪赃八十贯以上者,施以绞刑,甚至是剥皮实草。"

"什么?贪赃八十贯以上者施以绞刑,甚至是剥皮实草?这大明官场谁不贪？他海瑞治理得过来吗？"

"这海瑞，咋尽惹事？"

"在官场折腾了大半辈子，他还不觉得累啊？"

"哼，他要觉得累就不会这样做了！"

……

杨巍话一出口，下面的人就吵翻了天，大家都在说海瑞的不是，甚至有些对海瑞骂爹骂娘。

"好了，好了，大家不要议论了，先听本官说一下。"见大家情绪激动，杨巍赶紧制止。

在坐的人这才安静下来。

杨巍接着说："今日朝会上，皇上把本官和都察院左都御史赵锦赵大人，还有刑部尚书舒化舒大人叫出来，问我们对这事是何看法。大家可能都知道，这种得罪人的事情躲都来不及，谁还想站出来发表意见？但皇上既然点了名，总得要给皇上有个交代。当然，官员贪腐之事均与吏部、刑部和都察院有关，要不皇上也不会点我们几人的名。在朝会上，本官本想先发言，但赵大人抢先发了言。他说，对官员进行廉查，是皇上和朝廷赋予他们都察院的职责。赵大人还当场表了态，如果海瑞说的是事实，他们都察院将据实查处。咱们吏部本来就是任命和管理官员的主管部门，如果南京官员真如海瑞在朝会上所言，那我们京城吏部也负有不可推卸的责任！"

杨巍停了停，端起面前的茶喝了一口，继续说："本官也在朝会上给皇上表了态，如果海瑞说的情况属实，那咱们吏部一定配合都察院和南京吏部对贪腐官员进行查处，绝不姑息养奸。刑部的舒大人也表态说，赞同赵大人和本官意见，支持海瑞铁腕治理南京官场，惩办贪腐官员，还南京官场清明，确保我大明江山社稷的安稳。"

杨巍扫了大家一眼："诸位，官场上的贪腐，历来为朝廷和百姓所憎恨，但海瑞的做法，无疑会在官场上得罪一大堆人，一些心里有鬼的人已经在盘算着如何阻止海瑞的行动。比如兵部的张大人，他当时就上前劝说皇上，希望皇上不要支持海瑞。"

"怎么，张大人也站出来反对？"

"应该不会吧？"

有人又开始议论。

"先听我把话说完！"杨巍朝他们说道。

刚才议论的人不说话了。

杨巍接着说："咱们吏部的职责是什么？就是替皇上和朝廷管好用好我大明的官员，让他们勤政为民清廉为官，替皇上和朝廷办事，为一方百姓谋福利，而不是让他们利用手中权力大捞好处。本官以为，这事海瑞做得很对，对南京官员，不，不仅仅是南京官员，包括我整个大明的官员都应该来一次大整治，对那些贪污受贿、买官卖官或者敲诈勒索百姓的腐败官员，就应该动用太祖立下的重典加以严惩，否则就像海瑞说的，我大明江山社稷危也！"

杨巍越说越气。

"刚才本官听到有人说海瑞如何如何，本官问你们，这样的直臣廉臣你们不支持还要说三道四，你们对得起朝廷、对得起皇上、对得起自己的良心吗？本官在此申明，如若再让本官听到这样的言语，那就请你离开吏部！"

听了他这番话，刚才说海瑞不是的那几位官员，脸一下子红到了脖子根，赶紧将头低下。

"杨大人说得对，像海瑞这样一心为朝廷和百姓着想的官员，就应该鼎力支持才对！"

"杨大人已经表态了，支持海瑞在南京查下去！"

"皇上也支持他！"

一些有正义感的官员也替海瑞打抱不平。

京城吏部的官员基本统一了思想，这对海瑞在南京查办贪腐官员非常有利。

— 3 —

"他娘的，都七十好几的人了，还想害人！"

与吏部不同的是，兵部的张学颜回到衙署后大骂海瑞。部下不知道他发谁的脾气，也不敢去问。

武选司郎中吴三山大着胆子问道："张大人，发这么大脾气，是谁惹了您啊？"

张学颜气呼呼地坐在椅子上懒得理他。

一旁的左侍郎钱芮对吴三山说："还能有谁啊？还不是那好惹事的海瑞！"

"又是海瑞!"听钱芮说是海瑞惹尚书大人生气,吴三山非常气愤,随后说道,"不对呀,海瑞不是在南京吗?他怎么也来参加朝会了呢?"

　　张学颜没好气地说:"他在南京就不会来京城了?"

　　钱芮告诉吴三山:"他不但来了,还给皇上出了个馊主意。"

　　"他出啥馊主意了?"吴三山不解地问。

　　钱芮问他:"吴郎中,你告诉我,这些年来你贪过吗?捞过吗?"

　　"钱大人,您这是啥意思?"吴三山吃惊地望着钱芮。

　　钱芮说:"贪过,也捞过,是吧?"

　　吴三山说:"钱大人,您又不是不知道,光靠那点可怜的薪俸哪能养活一家人?说句实在话,我大明的官员谁敢站出来说他没贪没捞?这些都是和尚头上的虱子明摆着的,有啥稀罕的啊?"

　　"可他海瑞就稀罕!"张学颜苦笑道。

　　吴三山冷笑:"他稀罕又能怎么样?他还能闹翻天?"

　　钱芮说:"他海瑞就是要闹翻天!实话告诉你,他今日在朝会上就向皇上上了道奏疏,请求皇上重启太祖立下的重典,说什么凡我大明官员,贪污钱财八十贯以上者就要施以绞刑,甚至是剥皮实草,你说他是不是要闹翻天?"

　　"你说什么?贪污钱财八十贯以上者就要施以绞刑,甚至是剥皮实草?"吴三山瞪大眼睛望着钱芮。

　　张学颜说:"你要不信就去问问海瑞。"

　　吴三山说:"海瑞怎么能这样?他不是也穷得连自己母亲过生日肉都买不起几斤吗?"

　　"要不张大人会发这么大的火。"钱芮说。

　　"这海瑞,真他娘的不是人,有朝一日老子见到他,非把他宰了不可!"吴三山咒骂道。

　　钱芮笑他不自量力:"你有这能耐?"

　　"若是遇到他,我吴三山定会将他给宰了!"吴三山还不知趣。

　　张学颜朝他吼道:"好了,别再说这些没用的废话了!"

　　吴三山这才住嘴。

　　"大人,这事怎么办?难道就任他海瑞胡来?"钱芮问张学颜。

　　张学颜斩钉截铁地说:"肯定不会让他胡来!"

　　"可皇上……"钱芮担心地望着张学颜。

张学颜说："皇上也没答应他要用重典，只是答应去查，用不用重典还得看刑部的舒大人。"

钱芮说："大人，我看还得找个机会劝说一下皇上，这重典一用，许多官员就要遭灭顶之灾，到那时大明朝廷恐怕就要乱成一锅粥。"

"这也正是老夫担忧的地方。"张学颜作沉思状。

钱芮说："这海瑞也真是，这事连皇上也睁只眼闭只眼，可他偏要胡闹，这不是与大家过不去吗？"

"他要是知道这与大家过不去，他就不会这样做了！"张学颜显得很无奈。

"能不能去劝劝海瑞呢？"钱芮问张学颜。

听钱芮这么说，张学颜看着他冷笑道："你去劝他？哼，海瑞是个什么样人，你难道还不知道？省省吧，别自找霉气了！"

"要不大人再去劝劝皇上，跟皇上陈述这其中利害关系，请他收回成命，不要让海瑞再胡闹！"钱芮劝说张学颜。

张学颜一下子从椅子上撑起来："老夫去劝皇上？朝会上你没看到？老夫说了他没听啊！"

钱芮说："朝会上人多，这事又来得突然，皇上一时来不及思考那么多，再说又有杨大人、赵大人他们出来支持海瑞，他不得不表个态，至于说大人的话他没听，那是他不好说，大人也要理解皇上的苦衷。他不是也说了，用不用重典请刑部去处理吗？下官觉得这事还有余地，如若大人能找个适当机会再去劝劝皇上，也许还能奏效。"

"你说得也不无道理。"张学颜说。

"对，张大人，您就去劝劝皇上吧，要不真有不少官员遭殃了！"在旁边的吴三山接过话。

张学颜想了一下，说："我看不用咱们操心，这事肯定会有人去找皇上的。好了，你们都去做自己的事吧，不要再管这事了！"

"那这事就这样搁着不管？"钱芮问。

张学颜说："再等等吧！"

见劝不住张学颜，钱芮和吴三山只好回去做自己的事。

朝会上张学颜站出来反对海瑞用重典治贪的建议，不少大臣都认为张学颜是为了报复海瑞之前惩办南京五城兵马司的人一事。

其实，南京五城兵马司一事，张学颜对海瑞是有些看法，但与这事无关。

他之所以要站出来反对海瑞,是因为他觉得海瑞这样做牵连的官员太多,担心朝廷会出现大乱。

― 4 ―

比张学颜他们着急的还有一个人,那就是内阁首辅申时行。

在朝会上,皇上没有征求申时行的意见,他也就没站出来说话。没站出来说话,不等于他没意见。身为大明内阁首辅,申时行知道,这个时候站出来说这个事,皇上根本听不进去,不如事后找个机会跟他慢慢叙聊,也许皇上还能听取他的意见。

次日夜晚,万历皇帝把申时行叫来商议边关事宜。

谈完边关事宜之后,申时行瞧准时机,和他聊起了头天朝会上海瑞提出用重典治贪的事。

"皇上,昨日南京吏部海瑞恳请皇上用重典治贪一事,微臣以为……"申时行说了一半后看着万历皇帝。

万历皇帝便问他:"你以为这事不妥,是吧?"

申时行赶紧说:"微臣觉得兹事体大,牵一发而动全身,皇上得仔细考量考量。"

"那你对这事是何看法?"

"微臣担心这事弄不好会给我大明引来祸端!"

"你且仔细说来给朕听听。"

"微臣知道,反腐没过错,海瑞也是出于一片忠心,再说官场上的阴暗也是存在的。"

"那你还反对!"

"对朝廷来说,反腐天经地义,微臣当然不会反对,微臣是担心一旦皇上用太祖立下的重典来治贪,受到牵连的人太多,怕到时收不了场。皇上您也明白,我大明官员的薪俸本来就很低,许多官员靠它是养活不了一家子人的,不仅仅是南京,整个大明朝廷几乎都存在着官员贪腐现象,只不过是贪多贪少罢了。"

"你的意思是怕引起整个朝廷的混乱?"万历皇帝问申时行。

申时行说:"据微臣在朝会上观察,当时就有不少人反对海瑞的提法,这事不得不提防。"

"依你之见，这事如何办才妥？"万历皇帝端起龙案上的御壶，喝了口茶，然后看着申时行。

申时行沉着地说："贪腐自然要反，但微臣建议不要引用重典为好，这样受牵连的人少些，减少引起混乱的可能性。若真像海瑞说的那样，贪污八十贯以上者就施以绞刑，依微臣看来，大明官场十之八九的官员都要受到这种极刑处置，到时候还真不好收场。"

"倘若这样做，朕怎么给海瑞交代？海瑞那性格，说做就要做，你申时行又不是不知道！"万历皇帝说。

申时行说："皇上不是说了，该不该用重典交由刑部去处置吗？"

万历皇帝放下御壶，说："申爱卿的意思是到时海瑞问起，让刑部出来给他解释？"

申时行说："为了朝廷安危，让他们出来挡一挡也不是不可。"

"要是海瑞不听刑部的呢？"万历皇帝皱起眉头。

申时行说："到哪山砍哪山柴，真要到那个时候，再想其他办法。"

"既是这样，这事朕就依你说的办。"万历皇帝说。

申时行低着头不说话。

万历皇帝见他这样，说："朕不是答应你了吗？你咋不说话呢？"

"这事微臣担心会有人来找皇上闹！"申时行这才抬头焦虑地说。

"哈哈……哈哈！"万历皇帝哈哈大笑。

申时行一时蒙了，问道："皇上，您笑什么啊？"

万历皇帝笑着说："你不是说过，到哪山砍哪山柴吗？没事，到时候再说吧！"

"哈哈……哈哈！"申时行这才反应过来，于是也跟着皇上哈哈大笑起来。

"好了好了，你走吧！"笑完，万历皇帝说。

"微臣告退！"申时行高兴地退出宫里。

其实，提出用重典治贪的也并非海瑞一人，早在正统六年就有御史大夫向皇上奏请，但凡贪污冒犯大明律例的，就用重典处罚，只有这样才能消除贪腐之风肃清吏治。

官员们之所以站出来反对海瑞提出的重典治贪，那是因为他们心中有鬼，担心自己有朝一日也会成了他海瑞的刀下鬼，明眼人都看得出来。

– 5 –

那日，通政司副使朱应生、户部总督仓场侍郎王千皓、太仆寺少卿陆庸等人在路上就海瑞上奏的问题说了半天，也没个结果就各自回家了。

朱应生回到家后，越想越害怕。他心里清楚，在通政司副使这个位置上他平时没少贪，倘若刑部真采纳了海瑞重典治贪的建议，对贪污八十贯以上者施以绞刑的话，自己肯定逃脱不了处罚。他发现，太仆寺那位姓陆的少卿和户部总督仓场姓王的侍郎也特别在意这件事，猜想这两个人也干净不到哪儿去，而且他们肯定也很着急。他想，既然都是一根藤上的蚂蚱，何不约他们一起去劝说皇上。

下午，朱应生就急匆匆地到太仆寺并找到了那位姓陆的少卿的办公地点。

"朱大人，你怎么……"

见朱应生来到自己的衙署，陆庸感觉有些意外。

朱应生赶紧竖起一根手指，"嘘"了一下，示意他不要说话。

陆庸急忙闭上嘴。

朱应生转身扫了一眼身后，见后面没人，侧身进了陆庸办公衙署。

"你怎么来了？不会是为海瑞上奏的事吧？"陆庸将他引进里间，把门关上低声问道。

"朱某正是为此事而来！"朱应生说。

随后，朱应生说："陆大人，朱某回去想了一下，这事无论如何得跟皇上说说，绝不能让海瑞胡来。"

"朱大人对这事缘何这么上心啊？"陆庸笑着问他。

朱应生看着他："陆大人，都这个时候了你还说这话，朱某想，咱俩彼此彼此吧？"

朱应生没把话点穿。

"哈哈，哈哈！"陆庸心知肚明，只是哈哈地笑，然后说，"那朱大人觉得这事该怎么办才好？"

朱应生说："先前王千皓侍郎也说了，这事要靠杨大人和王大人去劝说皇上是不可能了。"

"不还有王千皓吗？何不把他叫来一起商量此事！"陆庸说。

朱应生说："这不好吧？"

"有啥不好的，这王大人啊，老夫知道，和咱俩也彼此彼此，派人去叫他，他准来！"陆庸说。

朱应生说："既是如此，那就赶紧派个人去叫他！"

"你稍等一下，老夫这就安排人去。"陆庸说着走出里间去安排人。

陆庸心里明白，这事知道的人越少越好，便安排他的一个心腹去户部总督仓场请王千皓，并一再叮嘱不要张扬。

约莫半个时辰，王千皓来了。

陆庸将他引进里间。

王千皓进门便问："陆大人，这么急慌慌地把王某找来，到底是为何事啊？"转身见朱应生也在，更是觉得奇怪，惊讶地问："朱大人，你怎么也在这儿？"

"你先坐下我再跟你说！"

朱应生正要说话，陆庸笑着先开口了。

王千皓坐下来，陆庸把茶端给他。

"是不是为朝会上海瑞提的那事？"王千皓突然悟出了什么，开口问道。

"哈哈，王大人脑瓜子就是好使！"陆庸笑着说。

王千皓喝了口茶，疑惑地看着朱应生："朱大人也是为这事而来？"

朱应生说："刚才陆大人说了，大家都彼此彼此。"

"都不是外人，我就直说吧。今日海瑞在朝会上向皇上奏的这个事，出来的时候我们也议论了一番，但没个结论。说白了，这事与你我都不无关系，大家都很关心。朱大人来找老夫，商量如何去劝说皇上阻止海瑞，想到王大人也很关心这事，就叫人去把你请来了。"陆庸给王千皓解释。

"那你们打算如何办？"王千皓看着他俩问。

朱应生说："我准备约二位明日进宫去劝说皇上。"

"去劝说皇上？皇上能听我们的？"王千皓心里没有底。

朱应生说："听不听是皇上的事，去不去劝说皇上是我们的事。"

"我觉得朱副使说得对，我们去劝说了，就是尽了做大臣的责任，至于皇上愿不愿意听，那是皇上的事情，我们无法掌控。再说，我等也是朝廷四品官员，只要说得有道理，我想皇上不会不听。"陆庸似乎很有把握。

见他俩这么说，王千皓说："你们都这么说，那就去试试。"

"明日啥时候去，早晨？"王千皓问。

朱应生反问:"你们觉得啥时候去合适?"

"就早晨去吧!"王千皓说。

陆庸摇头:"早晨皇上太忙,不能早晨去。"

"那就下午去!"王千皓果断地说。

朱应生想了一下,说:"行,那就下午去!明日下午午时在乾清宫门前集中。"

"好,就这样定!"陆庸觉得可行。

王千皓说:"行!"

接着,朱应生和王千皓回各自的衙署去了。

"我们有事要见皇上!"

朱应生、王千皓、陆庸三人来到宫门前,被守卫拦住,问他们进宫有什么事。他们告诉守卫,说要进宫见皇上,劝说皇上不要上海瑞的当。

守卫叫他三人等着,他先去禀报侍候皇上的公公。

"公公,通政司副使朱应生、户部总督仓场侍郎王千皓、太仆寺少卿陆庸三位大人说有事求见皇上,让不让他们进来?"守卫给公公禀报。

"他们有何事要求见皇上?"公公问。

守卫说:"他们说要来劝皇上不要上海瑞的当。"

"胡扯!"公公骂道,随后对守卫说:"就说皇上不见!"

"是!"

守卫说完,转身跑出来告知陆庸、朱应生和王千皓三人。

"皇上怎么会不见我们?你放我们进去,我们自会跟皇上说!"朱应生三人要强行闯进宫。

"请几位大人不要为难卑职,不然卑职就不客气了!"见劝说不住,守卫警告他们。

"皇上怎么能这样啊?"

见进不了宫,陆庸、朱应生和王千皓只好怏怏地回去。

这事过后又有人来给皇上进言,都被守卫拦下了,但还是有不少大臣在朝会上弹劾海瑞。

第53章　移官都察

万历皇帝端起面前的茶喝了一口,接着说:"为了缓和当下的矛盾,朕先调你去南京都察院任右都御史,授正二品官衔,你就先去吧,在那儿好好修身养性反思反思,等有机会了朕再让你出来做事!"

— 1 —

那日海瑞在朝会上向万历皇帝上奏后,万历皇帝没给他明确答复,想争辩,万历皇帝又不给他机会,海瑞心里很不是滋味。

其实自大明王朝建立以来,无论哪一任皇帝,他们对官场腐败都非常痛恨,整治的力度也不小,因为他们要维护自己的权力和地位,要巩固老祖宗打下的这片大好河山。

可大明王朝的官场似乎是越治越乱,越治腐败官员越多,特别是到了大明王朝中晚期,官员腐败已到了无以复加的地步,危局已难挽,虽说皇上和朝廷正直的大臣也想尽力进行整治,却是力不从心,只能扼腕哀叹。

大明王朝官场腐败到了这个地步,究其原因,主要在于朝廷对官员实行的是薄薪制,不少官员仅靠自己的这点薪俸难以养活家人,为让一家老小活下来,官员们不得不利用自己手中的权力向下属或老百姓敲诈勒索,这样他们才能有足够的钱财来养家糊口。这个情况,皇上和朝廷正直的大臣不是不明白,他们心里都明镜似的,但他们找不出解决腐败问题的最佳办法。

时下,整个朝廷大小官员十二万人,仅官员的薪俸开支就需要偌大一笔银子,还有边防军需、宫廷用度等一些必要的开销,都需要由朝廷财政支出,而一些地方灾害连年,税收老是收不上来,朝廷没银子给官员加薪,官员的敲诈勒索行为,万历皇帝也只能是睁只眼闭只眼,看见了也假装没看到。这样一来,官场上的腐败就越来越严重,想治也治不了,这也是万历皇帝对海瑞提出重典治贪不置可否的一个原因。

再有一点,皇家自身也存在着腐败行为。就拿万历皇帝来说,他也安排一些太监去做矿监,让这些太监明目张胆地替他敛财。这些太监身居高位,又是皇上身边的人，谁也不敢动他们。见皇上都这样做，下面的官员也跟着效仿，这也是万历皇帝对海瑞提出重典治贪不置可否的另一个原因。

回到南京后，海瑞想，官场上的腐败已经严重威胁到了朝廷和百姓的安危，如若再不采取严厉的手段加以整治，说不定这大明的江山哪天就要拱手让给别人了。

吏部有人劝说海瑞："大明官场的腐败已经不是一日两日，而是多年来形成的顽疾，一时半会儿是治不了的，再说这种事牵涉若干人的切身利益，海大人，兄弟劝你还是不要去操这个心了，安安稳稳地再做几年官，然后像其他官员一样，退休致仕后风风光光回到老家安度晚年，既可享清福又能光宗耀祖，没必要去图一时之快逞一时之勇大搞什么重典治贪，树更多的政敌！"

海瑞知道这人是出于好心，便以打比方的形式说："一个人有病了就得去医治，不去治怎么能好得了？去医治了好不好是另外一回事，不去医治，那是没去努力争取，到时会后悔一辈子，再说，治总比不治好吧？"

他还说，无论成功与否，只要是决定了的事情他都会坚持去做，绝对不会打退堂鼓。

这人见劝说不了他，只好灰溜溜地走了。

在南京兵部，有个叫钟宇淳的给事中，他听兵部尚书戴才说海瑞在朝会上向皇上奏请用重典治贪，也赶紧来劝说海瑞，不要这么做。

钟宇淳说："海大人，太祖立重典都已经过了两百年，这两百年前的事情，海大人怎么还要重提它呢？"

"两百年怎么啦？谁说两百年前定下的律令就不能用了？本官跟你说，这可是太祖立下的规矩，规矩你懂不懂？不懂老夫告诉你，太祖既然立下了规矩，不管多少年都得执行，就算是皇亲国戚也不能违反，谁违反了都得按律惩处，绝不能姑息！"海瑞教训钟宇淳。

见他教训自己，钟宇淳心里很不舒服，提高嗓门嚷道："我知道这是太祖立下的规矩，也知道有不少人惨死在这个规矩上，而且造成了不知多少个血案。但这么多年来，朝廷已经没人提这规矩了，只有你提它，我真不知海大人是何意图？"

"是何意图？本官还能有何意图？本官的意图就是要用它来惩办那些贪墨官吏，让朝廷变得清朗，维护大明王朝的皇权和地位，保我大明王朝的江山社稷！"海瑞义正词严。

见海瑞态度这么强硬，钟宇淳说："海大人，这贪墨官员是应该法办，可也用不着施行那么残酷的刑法嘛，莫非海大人又想在南京掀起一场血雨腥风？如果真要这样，那可是在作孽呀，海大人，万万使不得啊！"

"使得使不得，难道还要你来教本官？实话告诉你，这事使得也要使，使不得也要使！"海瑞气愤地盯着他。

钟宇淳见说不过海瑞，便说："海大人，这事我也听说了，朝上也有不少人反对你这么做，我也只是来劝劝你，如果海大人真要一意孤行，硬要搞什么重典治贪，那我也没办法，海大人好不容易复出，如果真要这么做，就怕是费力不讨好，危及自己的前程，劝海大人还是好生思量思量，省得到时后悔都来不及！"

"用不着你替本官担忧，本官做事一向不后悔，本官倒是想问问，你这么说话到底是为了谁？是为了自己？亦或是为了别的人？"海瑞看着他。

"你……你这是啥意思？"钟宇淳气恼地质问。

海瑞不想理睬他，说没啥意思，不过是问问而已。

"真是不可理喻，海瑞，我告诉你，这事你要做了，我和你没完！"钟宇淳威胁道。

海瑞说："没完又怎么样？"

"那就走着瞧！"钟宇淳气恼地甩手而去。

钟宇淳是江苏华亭县人，兵部主事钟薇的儿子，万历丁丑年的进士，曾经在浙江的遂昌县做过县令，因为拉关系被提升为南京兵部给事中。

海瑞心想，按说这人与自己没啥交集，他为何要来劝说本官放弃重典治贪这件事呢？看来此人也并不清白，要不然他也不会费此力气来劝说本官。

海瑞没猜错，钟宇淳无论是在做县令还是在兵部做给事中，对下属和百姓都没少勒索钱财。他听说海瑞奏请皇上用重典治理贪墨官员，知道海瑞要对南京官员下手了，而自己也在这大染缸中，到时定然逃脱不了惩处，便只身来劝说海瑞，企图让海瑞放弃这事，没想到海瑞蹊落了他一顿，他心里十分恼怒。

-2-

海瑞在朝会上奏请皇上用重典治理贪腐之事，南京礼部右侍郎王弘海也听说了，他既高兴又替海瑞担忧。高兴的是，海瑞要对南京的腐败官员动刀了，担忧的是海瑞这一动刀,会触动到南京甚至是京城朝堂上不少官员的切身利益,这些人必然会站出来弹劾他。

作为海瑞的知心朋友,王弘诲很是替他担忧,他想找海瑞好好聊聊。

傍晚,王弘诲独自一人来到海瑞住处。

见门关着,王弘诲上前敲门。

"谁啊?"

院子里传出一个女人的声音,是海瑞的侍妾兰兰。

"是我,王弘诲!"王弘诲在门外应道。

兰兰认识王弘诲,听说是他,赶紧给他开门。

"王大人,快进屋坐!"

王弘诲问她:"海老在家吗?"

"他在书房里!"

待王弘诲进门,兰兰将门关好,领着他往屋里走去。

进了屋兰兰径直领他朝海瑞的书房走去。

"老爷,王大人来找你!"兰兰轻轻推开书房的门,朝海瑞叫道,然后侧过身让王弘诲进屋。

"海老,您在忙些啥?"王弘诲问。

海瑞笑着说:"弘诲,你来了啊!"

"虽说南京城不大,但一天各忙各的,好久没见到海大人了,晚生想来和海老聊聊天,怎么,不欢迎啊?"王弘诲开玩笑地说。

"欢迎,欢迎,咋不欢迎呢!"海瑞赶紧客气地说,然后挪过一张椅子,"来,请坐!"

刚坐下,兰兰端过一杯茶来递给王弘诲:"王大人,喝茶!"

"谢谢!"王弘诲从兰兰手上接过茶。

"你们慢慢聊!"兰兰退出书房。

海瑞喝了口茶,放下杯子问:"弘诲,你来是不是有啥事呀?"

"海老,听说您在朝会上奏请皇上用重典治贪,有这回事吗?"王弘诲端起茶吹了吹,喝了一口问道。

海瑞说:"是有这回事。"

王弘诲沉思着不说话。

"怎么,你对这事有看法?"见他不说话,海瑞追问。

王弘海赶紧抬起头，看着他说道："海老，这事非同小可，您仔细想过了吗？"

"想什么啊？"海瑞问他。

王弘海将茶杯放到旁边的凳子上，说："海老，不知道您想过没有，反腐这个事牵涉的不只是南京的大小官员，特别是您向皇上奏请用重典治贪，这可牵扯到整个大明官场的人呐，不是件简单的事情，到时恐怕会有不少官员和职员站出来反对！"

海瑞笑道："这是必然的，因为这些人不会束首就擒！"

王弘海说："晚生不知道海老是如何想的，但这件事晚生觉得海老是不是再考虑考虑？"

"没啥可考虑的，我已经下定了决心，不把南京官场的腐败压下去，我誓不为人，就算是有千难万险，甚至是丢了我这条老命，我也绝不会退缩！"海瑞情绪非常激昂。

"这事晚生还是替海老担心，万一那些人又向皇上弹劾海老，那可怎么办？"王弘海担忧地说。

海瑞仍是一副无所畏惧的样子："啥怎么办啊？他们要弹劾就让他们弹劾吧！"

"话是这么说，但这些人为了阻止您，肯定会丧心病狂地向皇上进言弹劾您，到那时该如何是好啊？"王弘海说。

海瑞说："兵来将挡，水来土掩，这事我既然决定做了，也就没啥可惧怕的，况且我已是古稀之人，死也值得了！"

这时，兰兰来敲门，她提着茶壶准备来给海瑞和王弘海续茶水。

海瑞撑起身来给她开了门。

兰兰进门来，往二人的茶杯里续满茶水，然后退出书房，轻轻将门关上。

王弘海和海瑞继续谈用重典治贪的事。

知道劝不住海瑞，王弘海只好说："既然海老已经决定这么做，那晚生也不好再说什么，只是希望海老当心一些，防着那些人一点，因为那帮人实在是不好对付！"

"谢谢你的关心！"对王弘海的关心，海瑞从心底里感激。

王弘海说："既是这样，日后若有什么需要晚生做的事，海老尽管吩咐就是！"

海瑞说:"你别说,到时候有些事情可能真会请你这个礼部右侍郎帮忙!"

"晚生一定效劳!"王弘诲双手一拱,笑着说道。

海瑞说:"效劳说不上,就算是和我一起反腐吧!"

"行,和海老一起反腐,这可是莫大的荣幸啊!"王弘诲笑道。

二人又聊了一会儿,王弘诲见时间太晚了,站起身来说:"好了,今晚就聊到这儿,时间也不早了,晚生得走了,不打搅海老和夫人休息了!"

"不多坐会儿?"海瑞说。

"不了,改日再来拜访海老!"王弘诲说。

海瑞站起身来说:"既是这样,那我就不留你了!"

"机会还多,以后再来聊!"王弘诲边走边对海瑞说。

"行,那你慢走!"海瑞给他开了院门。

"慢走,王大人!"兰兰也来送王弘诲。

王弘诲朝海瑞和兰兰挥了挥手,转身消失在夜色里。

– 3 –

数日后,受海瑞委派去滁州调查知府张雷卖官一事的章文宇和江昆回来了。

"海大人,滁州知府的那个蔡通判说得一点也不假,张雷这狗官还真是个卖官敛财的主儿!"一跨进吏部尚书办公廨署的门,江昆便急着给海瑞禀报。

"来来来,坐下慢慢说!"海瑞朝他俩招手。

章文宇和江昆在海瑞对面的椅子上坐下来。

海瑞把茶水递给他们,然后坐下来端起面前桌上的茶喝了一口。

"这狗官太嚣张了,居然敢明目张胆地向下属卖官鬻爵大肆敛财!"章文宇喝了口茶,将茶杯放到旁边的茶几上,气愤地对海瑞说。

"还真有此事?"海瑞没想到堂堂一个知府,竟然敢在地方上明目张胆地卖官。

"千真万确!"江昆语气非常肯定。

海瑞问他俩,这次去滁州他们都找了些什么人。

江昆告诉他,他们到了滁州之后,先去滁州府下辖的全椒和来安两个县,暗中找这两个县的县令和县丞、主簿、典史,还有吏、户、礼、兵、刑、工六科的一些司吏摸了一下情况,然后再到滁州府暗底下找了些人进行调查。

"反映最大的是县上那些县令和一些县丞！"章文宇告诉海瑞。

海瑞问："这些人咋说？"

"这些人反映，张雷卖官一点也不避讳，说他大官小官都在卖，大官大价钱，小官小价钱，甚至还明码标价！"江昆越说越气。

章文宇说："有人告诉我说张雷一个县令要卖一千二百两银子，一个县丞要卖八百两银子，就算是驿站一个不入流的小小驿丞或者是河泊所官，他也要卖一百八十两银子，少个子儿都不行。"

"这个张雷，真是无法无天了！"海瑞脸气得铁青。

江昆骂道："这个狗官，真是枉了朝廷对他的信任！"

"就没人举报过他？"海瑞作沉思状。

章文宇说："有不少人举报过他，但都因官官相护，也就不了了之。听说曾经有个巡检因为举报张雷，被他暗中叫人打了一顿，肋骨都被打断了两根，此事一传出去，就没人再敢举报他了。"

"这次这个通判，说他是因为实在看不下去了，才来举报张雷的。他还说，他也是冒着极大的风险来举报的。"江昆告诉海瑞。

"竟然嚣张到如此地步，这还是我大明王朝的官员吗？"海瑞气得全身发抖，随后问江昆和章文宇，"调查材料扎实吗？"

"铁证如山！"江昆告诉海瑞。

"知会巡捕营，叫他们立即派人捉拿张雷！"海瑞命令江昆。

"海大人，下官去知会巡捕营不适合吧？"江昆望着海瑞。

见他有些为难，海瑞说："这样，我写张字条，你拿去找巡捕营的姜捕头，他自会派人去抓。"

"是！"江昆应道。

海瑞马上找来纸和笔，写了一张字条，装上信封递给江昆。

江昆拿上字条，马上去知会巡捕营的人。

"出发！"

巡捕营捕头姜大贵看到海瑞写的字条，立即带人赶赴滁州抓捕知府张雷。

没想到姜大贵他们到了滁州张雷府上却扑了个空，只好叫人给江昆报信。

"海大人，巡捕营的人没抓到张雷！"江昆带着来报信的人向海瑞禀报。

"没抓到？"海瑞觉得有些蹊跷，随后问江昆和章文宇，"怎么回事？"

江昆告诉他，不知是谁走漏了风声，张雷得知消息后连夜逃走了。

"逃走了？谁给他透露的消息？"海瑞气愤地问。

江昆回答："此事还在调查！"

章文宇皱着眉头说："会不会是我俩去滁州调查时，有人把消息透露给了张雷？"

"应该不会呀，我们的行动都是保密的！"江昆说。

章文宇说："我不是说我俩的行动不保密，我是说有人将消息告诉了他，这人有可能就是我俩在滁州知府里调查过的人。"

海瑞抚弄着下巴说："滁州情况很复杂，这不是不可能。"

"不会吧？我觉得咱俩找的人都是很可靠的啊！"江昆睁大眼睛，一点也不相信。

章文宇说："按理说应该不会，可人没抓着，这怎么解释？"

江昆不再说话。

海瑞问江昆和章文宇："巡捕营的人对这事是啥意见？"

"他们说，只能等有了张雷的消息再抓人。"江昆告诉海瑞。

章文宇狠狠地说："这个泄密的人到底是谁？若是被我章文宇逮着，一定饶不了他！"

江昆说："你也别着急，张雷逃得了初一躲不过十五，早晚会逮着的。"

章文宇看着海瑞，问："海大人，这事咋办？不可能就这样让张雷逍遥法外吧？"

海瑞沉思着说："既是如此，先别急，以后再说。"

"看来也只能是这样了！"章文宇说，然后和江昆快快地回自己的衙署去了。

— 4 —

"不好了，海大人，听说有人把您告到皇上那儿去了！"

这日下午，海瑞正在衙署里和下属商议政事，江昆急慌慌地跑来。

海瑞心里咯噔一下，随后问江昆："有人把我告到皇上那儿去了？谁呀？"

"张雷！"江昆看着海瑞。

"张雷？"海瑞以为他听错了，随后哼了一声，说，"本官叫人抓他没抓着，没想到他到皇上那儿告本官去了，岂有此理！"

"这怎么办啊，海大人？"在场的一名主事问道。

海瑞说："啥怎么办？他想告就由他告去，本官正好在皇上面前控诉他的罪行！"

"不是，海大人，不是张雷亲自去皇上那儿告您，他是托关系找京城的人在皇上面前告您！"江昆赶紧给海瑞解释。

海瑞这才觉得事情不那么简单，便问江昆："托关系找京城的人告我？托谁的关系？找的又是谁呀？"

"下官打听清楚了，张雷这狗官是通过他亲家，找后宫里的一位娘娘在皇上面前告的状。"江昆说。

"他亲家又是谁呀？在京城哪个衙门供职？"海瑞问江昆。

江昆告诉他，张雷的亲家在京城刑部供职，此人和后宫一位贵妃娘娘是血表关系，而且两人感情不错常有往来。

贵妃娘娘，哪位贵妃？海瑞想。

"是不是上次护兵马司短的那位贵妃娘娘？"海瑞突然问。

江昆说："正是此人。"

"这后宫真是太不像样，老是乱政！"海瑞很是气愤。

在场的主事不解地问："我就纳闷了，这张雷人在滁州，又不在京城，再说他不就是个四品的知府吗？咋会与后宫里的贵妃娘娘扯上关系呢？"

海瑞说："你别小瞧了这南京，它可是大明的留都，在不少人眼里，这里的官员都是下放到这儿来养老的，可这里大大小小的官员与京城的人都有着千丝万缕的关系，南京城只要稍微有点风吹草动，就会惊动朝廷里的人。"

"可这张雷有何能？居然与后宫里的贵妃娘娘扯得上关系！"主事还是不明白。

江昆说："他是托他的亲家柯兴明去找那位贵妃娘娘到皇上面前告海大人的。"

"行，这事本官知道了！"海瑞对江昆说，他不想再听主事闲扯下去。

主事又说："海大人，这对您很不公啊！"

江昆也说："海大人，依下官看，这事您得去趟京城，找皇上把这事说清楚，要不哪日皇上怪罪下来可不得了啊！"

"皇上不是还没怪罪下来吗？别管他，继续商议咱们的事！"海瑞似乎一点也不着急。

张雷怎么会与后宫的贵妃娘娘扯上关系呢？

事情是这样的，张雷有个亲家叫柯兴明，在京城刑部供职。柯兴明和这位贵妃娘娘是血表关系。江昆和章文宇去滁州调查张雷罪行的时候，州府里有个叫李天堂的州判，和张雷关系非常铁，也将他列入了调查的对象。这李天堂平时没少得张雷的关照，待江昆和章文宇调查一结束，他马上就去张雷府上把消息透露给了他。张雷知道海瑞这个人做事雷厉风行，怕被他派人来抓走，便带了些细软连夜逃出滁州，上京城找他亲家帮忙。

这事被一位太监不小心传了出来，没几日，消息就传到了南京城。

"这海瑞做事也真是太不省心，老是给朕找麻烦！"有官员接二连三在朝会上弹劾海瑞，这让万历皇帝感到心烦。

– 5 –

这日下午，万历皇帝把吏部和内阁的人召进宫来，商议如何重新安置海瑞的问题。

吏部和内阁的人来后，万历皇帝对他们说："众爱卿，朕不说你们也知道，南京吏部右侍郎海瑞因上奏朕用重典治理南京贪腐官员一事后，有不少官员朝会上弹劾他，甚至有些大臣不停地来找朕，说此人不适合在南京吏部右侍郎这个职位上任职，要求朕将他调出南京吏部，朕对此事颇感心烦，甚至有些心力交瘁。朕今日把众爱卿召来，是想听听你们的意见，看这事如何处理才妥当。"

"这个海瑞，怎么老是这么让人不省心啊！"吏部尚书杨巍摇头叹息。

"皇上对他已经是仁至义尽，他不好生替皇上和朝廷办事，反而老是惹皇上生气，真是顽劣不改，顽劣不改啊！"吏部一名侍郎直摇头。

"微臣觉得，皇上对海瑞实在是太放纵了，他每次胡闹一番，皇上不但没降他官职反而还给他加官进爵，助长了他的歪风，微臣觉得这实在是有些不妥！"次辅王家屏也摇着头说。

吏部稽勋司郎中陈有年说："皇上，微臣倒是觉得，这海瑞不失为一个好官。勿庸讳言，此人是有些固执和顽劣，许多官员和他都难以相处，但他的初衷是好的。就拿他上奏皇上重典治贪这事来说，他也是为了让南京官场，甚至整个大明朝廷的官场变得清明一些，不再让官场被腐败侵浊，以确保我大明江山长治久安。从这点来看，微臣觉得他是一个正直、爱民、有能力，且忠于朝廷和皇上的大臣。说句实话,皇上,这样的大臣已经难找了!"

"像他这种不懂情理,做事又不懂得变通的人,岂能担当朝廷大任?故微臣建议,对海瑞宜委以清闲之职,让其养老为宜!"先前的那位侍郎又向皇上建议。

陈有年知道,海瑞一到南京吏部,这位侍郎就看不惯他,这下见皇上和其他大臣对海瑞都有意见,就来个落井下石,于是气愤地说:"海大人是在为我大明朝的江山社稷着想,不是在给皇上惹事!"

这位侍郎见陈有年有些针对他,低着头不再说话。

次辅许国说:"皇上,海瑞是个人才不假,对皇上和朝廷也算忠诚,但此人一惯惹事生非,若再让他继续担任要职,微臣觉得不太适宜。像他这样的人,我赞成吏部这位侍郎的意见,最好还是让他到一些无关紧要的衙署养老算了。"

次辅王锡爵也说:"皇上,微臣觉得许阁老说得也不无道理,就给海瑞一个闲职,让他去颐养天年吧!"

"也好,就让海瑞到一些衙门去休息养老,省得他老是给皇上惹事!"一直没说话的首辅申时行听了大家的发言,也站了出来。

"杨爱卿,你的意见呢?"见吏部尚书杨巍没表态,万历皇帝点他的名。

杨巍只好走上前来,说:"皇上,微臣以为,海瑞这个人性格固然有些急进,做事也不计后果,他要做的事情,只要看准了目标,他就一心只往前冲,就是死他也在所不惜。从海瑞几次起落来看,他要么是上奏先帝惹祸,要么是被一些言官弹劾,但微臣仔细想了一下,海瑞这个人对朝廷和皇上都是一片忠心,这是毋容置疑的,他之所以一再被人弹劾,就是因为他得罪了官场上不少的官员。就像刚才陈有年郎中说的,海瑞的初衷是好的,也是为了我大明江山的长治久安,是个正直、爱民、有能力的官员,不过是因为此人性格太犟,做事不懂得通融圆滑,以至于惹恼了不少人!"

"那依你之言,将海瑞放到何处才妥?"万历皇帝一边整理龙案上的文案,一边问杨巍。

杨巍说:"海瑞曾在朝会上建议皇上用重典治贪,这本是件好事,可皇上刚才也说了,因为这事有不少官员在朝会上弹劾他海瑞,甚至有大臣不停地来找皇上,让皇上感到心烦,心力交瘁。既是这样,微臣建议让他到南京都察院去做左副都御史,他手中无实权,自然就不会再给皇上惹麻烦。"

"杨大人说得有道理,只要他手上无权,也就翻不起浪惹不起事了!"吏部那名侍郎赶紧附和。

次辅王家屏也说:"对,只要不给他权力了,他就是想闹也闹不起来!"

"既是这样,皇上,那就让海瑞去南京都察院吧!"听了他们的发言,申时行接过话对万历皇帝说。

见这些人对海瑞全无好感,陈有年有些气愤,赶紧上前对万历皇帝说:"皇上,若是这样,对海瑞实在是不公啊!"

万历皇帝说:"海瑞这人,在朝上敢直言上谏,做官清廉自持,本心和节操都是好的,对朝廷对朕都是忠心耿耿毫无二心,品行非常端正,可他做事方法不妥,得不到身边官员的认可和拥护,而且老是给朕惹祸,实在是不宜出任要职。这样吧,将南京都察院右都御史辛自修调来京城,叫他到南京都察院去做右都御史,给他官升一级,官阶正二品,让他到那儿去好好修身养性,你们看如何?"

"请皇上定夺!"

见皇上有了态度,申时行和王锡爵、王家屏、杨巍等众臣赶紧表态。

"海瑞这人太犟,做事丝毫不懂得变通,此言不虚!"

"他这是犯忌!"

"他本可以成为皇上身边朱衣玉带的股肱之臣,入侍帷幄,出拥翠华,正是因为他那犟牛脾气,才落到如此地步,悲哀,实在是悲哀呀!"

"我看他呀,成也是犟,败也是犟,荣也是犟,枯也是犟,生也是犟,死也是犟!"

"官场上像他这样瞎碰硬闯之人,注定要时时得罪人,处处碰壁,最终落得个孤家寡人的下场,自古以来无一例外!"

路上,一些大臣在议论海瑞。

不知是谁,把皇上要将海瑞调去南京都察院的消息告诉了海瑞,海瑞觉得这对他非常不公正,便火急火燎地赶到京城来找皇上。

"皇上,微臣哪儿有错,要将微臣调离吏部?"一见到万历皇帝,海瑞就直杠杠地问。

见他这副模样,万历皇帝说:"你做事就是火气太旺,一点也不顾及其他人的感受,朝中不少官员对你的行事风格都有看法,朝会上经常有大臣弹劾你,而且连后宫对你也有很大的意见,这不仅对你不利,对朕也很不利。朕也知道，你对朝廷和朕都忠心耿耿毫无二心，但不把你调离南京吏部，朕无法给那些大臣和后宫交代。"

万历皇帝端起面前的茶喝了一口，接着说："为了缓和一下当下的矛盾，朕先调你去南京都察院任右都御史，授正二品官衔，你就先去吧，在那儿好好修身养性反思反思，等有机会了朕再让你出来做事！"

"皇上，这……"

"就这样，你别再说了，下去吧！"

海瑞还想说什么，万历皇帝朝他挥了挥手，示意他下去。

海瑞只好退出去。

心情烦躁的海瑞回到南京后，想找个人诉说他心中的郁闷，可找谁呢？

他想了一下，只能去找他的老乡、南京礼部尚书王弘诲。

"老夫何错之有啊？"海瑞找到王弘诲后，把皇上要调他到南京都察院任右都御史的事告诉了他，并向他诉说了心中的烦闷。

皇上这么做，王弘诲虽然也替海瑞不服，但他也没办法去说服皇上，只好劝说："海老，皇上既然要这么做，没办法，只能认命了。去就去吧，您也这把年纪了，也该好生休息一下，别再过度劳累了。再说，皇上也给您提了一级，享受正二品的待遇，这也是个好事！"

"弘诲，你是了解我的，我复出不是为了升官发财，是想替朝廷和老百姓做点事！"海瑞说。

王弘诲说："海老的心愿晚生知道，但这事皇上一旦定下，那就是板上钉钉更改不了的，这您也是知道的。"

"老夫心不甘啊！"海瑞跺脚叹息。

王弘诲说："晚生能理解海老此时的心情，但晚生劝海老还是放宽心些，先去都察院上任，等以后有机会了再说，毕竟皇命不可违，不去上任万一皇上不高兴了，还会引来祸端。"

"也只能这样了！"海瑞无奈地说。

二人聊了一阵，海瑞独自回家。

万历十三年二月，朝廷正式下诏，将海瑞调到南京都察院任右都御史，授正二品官衔。

对万历皇帝的这种安排，海瑞心里很是不服，但皇命比天大，他就是再犟也不敢抗命,只得先去南京都察院上任。

数日后,海瑞到南京都察院做他的右都御史去了。

海瑞坚信,只要是金子,在哪儿都能够发光,这都察院和其他衙门比起来虽说权力不是很大,但可以弹劾贪腐官员,而且上至皇上下至所有的官吏,只要有贪污腐败行为,自己随时都可以弹劾他们。既然万历皇帝不让我去担当其他重任,那我就去弹劾那些有劣迹的官员,替朝廷惩治腐败,让朝廷官场变得风清气正,这也同样是在替朝廷和老百姓办实事。

这样一想,海瑞觉得在都察院履职也不错。

– 6 –

阳春三月,春暖花开,气候非常宜人。

吃过晚餐,海瑞想出去散散心。侍妾兰兰和仆人海安说陪他去,他朝他俩摆摆手,说他想一个人静一静。

听他这么说,兰兰和海安就由着他。

秦淮河岸,微风过处绿柳飘摇,偶尔有几只小莺飞鸣梅树枝头。海瑞想静静心,不想去那些热闹的地方,一出门便顺着河边幽静的地方走。

一路慢走细游,海瑞来到了秦淮河行人较为稀少的一段河岸。见前边有座小桥,海瑞想去那儿坐一会儿。

来到桥上,海瑞见桥墩处站着一位年轻姑娘。姑娘衣着朴素,但身材苗条,面目清秀,只是脸上满是忧愁和泪痕。

"不好,这姑娘要跳河轻生!"

他紧走几步靠近这位姑娘,然后问道:"姑娘,你是不是遇到了啥不开心的事?"

"你别管我!"姑娘朝他没好气地甩了一句,然后咽咽地哭起来。

海瑞更加确定这姑娘要跳河轻生,一边用身子护着她,一边劝道:"姑娘,有啥想不开的,跟我说一说,好吗?"

姑娘不说话,一个劲地哭泣。

"是不是你爹娘不要你了?"海瑞试探性地问。

"我要有爹娘就不会这样了!"姑娘哭着说。

海瑞问:"你爹娘呢?他们去哪儿了?"

"他们都死了,我一个小女子如何活呀?"姑娘哭着告诉他。

海瑞开导她:"咋不能活呀?只要你想活就能活,怕的是你不想活下去。"

听海瑞这么说,姑娘擦了把眼泪,抬头看着他问:"你是什么人?你干吗问我这些?"

"我是南京都察院的海瑞,你有什么不开心的事告诉我,看我能不能帮你!"海瑞把自己的身份告诉这姑娘。

"我孤身一人,无依无靠,你说我咋活呀?"姑娘边哭边伤心地说。

见姑娘情绪稍稳定了一些,海瑞一边把她拉离桥边,一边说:"走走走,去那边我和你好生聊聊!"

姑娘见海瑞没有恶意,跟着他来到桥边的草地上。两人找个地方坐下,慢慢聊了起来。

原来,一个多月前这姑娘的爹娘双双暴病死去,家里又无兄弟姐妹,就她一个人,好不容易才在邻居的帮助下草草地将爹娘安葬了。无依无靠的她觉得活不下去了,就来这桥上准备跳河了此一生。

听了姑娘的身世,海瑞想:家里也需要人手,不如将她接回家纳为自己的小妾,一来好照顾自己,二来也给她一条活路。想到这儿,他问:"姑娘,我想将你纳为小妾,你可愿意?"

姑娘听说海瑞要将自己纳为小妾,仔细打量起海瑞来。见海瑞年纪是大了些,但非常和善,想想自己也没啥活路,便答应了。

姑娘跟着海瑞回家。

路上,海瑞说:"我还没问你名字呢!"

姑娘说:"回大人的话,小女子姓白,贱名玉娴!"

"这名字好!我在家他们都叫我老爷,以后你也这样叫我吧?"海瑞告诉她。

"是,老爷!"姑娘很懂事,马上改口。

就这样,海瑞在古稀之年又纳了一个小妾。

海瑞没想到,他这番好心后来又成了他的政敌攻讦他的一个口实。

第54章 惩治言官

海瑞不说话，想看看王怀龙是啥态度。他心里想，若是王怀龙认识到自己的错误，那就只罚他一个月薪俸，借此警诫他人，如果他不认错，那就从重处罚。

- 1 -

南京的这些衙门中，表面上看都察院显得特别森严，可事实上它是最懒散最清闲的一个衙门。

来南京都察院上任没多久，海瑞就发现，这都察院不论是官员还是吏员，一天简直闲得无聊，成天看戏的看戏，打牌的打牌，喝酒的喝酒，逛窑子的逛窑子，一心只想着如何吃好喝好玩舒服，根本没干事的心思。

整个都察院弥漫着一种颓废无聊的味道，毫无生机。海瑞觉得非常奇怪。

如果只是不想干事，就想吃喝玩乐还好，可恶的是，不少御史利用手中仅有的一点权力，敲诈勒索下面的官员和老百姓。

不管是在朝廷的中心京城还是在陪都南京，都察院的御史都是朝廷的言官，皇上给予他们的权力很大，他们手上不仅握有监督和考察下级和地方官员的权力，还有风闻言事的特权。

按理说，这些言官都肩负着替朝廷和皇上弹劾不良官员、监察朝廷百官执政的职责和使命，他们应该率先做到勤政廉洁才对，可到了大明王朝中晚期，随着官僚体系腐败的加深，都察院这个监察系统的腐败也渐渐凸现出来了，这些言官利用手中权力，买官卖官，公然敲诈勒索下面的官员和老百姓。日子久了，当地老百姓把这些言官戏称为抹桌布，言下之意，这些言官只要其他人干净，却不管自己的污秽行为。

因为山高皇帝远，在南京都察院，言官腐败的现象更为严重，完全失去了它应有的监察作用。

南京都察院的不良现象，海瑞看在眼里急在心上。

对官员的腐败海瑞历来痛恨，无论是刚踏入仕途在浙江淳安县任县令，还是被调到江西赣州府兴国县任县令，亦或是成为封疆大吏巡抚江南十府，他一到任就大张旗鼓整顿吏治，惩治贪官污吏。现在他看到这些言官拿着朝廷薪俸，不但不替朝廷监督百官，反而利用手中的弹劾大权到处敲诈勒索下面官员，心里顿生愤怒。

对南京都察院言官们的这种腐败行为，海瑞当然不会坐视不管，他决心刀刃朝内，率先惩治一下都察院内有腐败行为的那些言官，试图扭转院里的官风和形象。

仔细思考一番后，海瑞决定从治理这些言官的庸懒做起。

海瑞心里清楚，要治理这些言官的庸懒，必须得有个制度来约束他们，一旦有人犯了，这才好依规依矩进行惩罚。他通过调查和分析思考，制定了规范都察院御史行为的《夫差册》制度。

在这个制度里，海瑞规定，但凡都察院里的官职人员，无论官职高低大小都必须认真履职，遵守院里的公干时间，如无正当理由，一律不得迟到和早退。他还要求院里的所有官职人员，生活须从简，注重节约，不得铺张浪费，更不能利用手上权力敲诈勒索下级官员和百姓，违者绝不轻饶。

《夫差册》刚一张贴出来，南京都察院就炸开了锅，除了海瑞，都察院可说是人人自危，气氛突然一下子紧张起来，官员非常惶恐，感到末日就在眼前，不仅都察院的一些副都御史、佥都御史开始在底下咒爹骂娘，就连十五道中一些监察御史也坐不住了。

这些人心里都有预感：右都御史海瑞已经把刀架在了脖子上，他马上就要拿大家开刀祭旗了。

他们大骂海瑞，恨不得吃了他的肉，啃了他的骨头，但他们不敢当着海瑞的面骂，只能是私底下骂，泄泄愤而已。尽管如此，这些话也传到了海瑞的耳朵里。

对言官们的辱骂，海瑞没理会，但他一旦发现有人触犯了他定的这个制度，他就要按制度来进行惩处，丝毫不留情面。

一日早晨，有个叫王怀龙的御史因头天晚上有事睡晚了，次日迟到了，被站在门口监督的海瑞逮个正着。

海瑞问他："为何迟到？《夫差册》你没看吗？"

"不就是晚来一会儿，海大人何必小题大作呢？再说来早了不也是坐着喝茶，又没啥事儿干！"王怀龙平日里懒散惯了，他觉得海瑞多管闲事。

见王怀龙一副吊儿郎当样,海瑞沉下脸说:"没事儿干?你真觉得咱这南京都察院是养闲人的?"

"这儿本来就是养闲人的!"王怀龙争辩。

海瑞气不打一处来,朝他吼道:"本官告诉你,有本官在,这儿就不会养闲人!"

王怀龙歪个脑袋,轻蔑地说:"哼,不养闲人?那又咋样?"

本来海瑞只想罚他一个月薪俸以示惩戒,见他这么不屑一顾,海瑞决定不仅要扣发他一个月的薪俸,还要杖打他二十大板。

"那本官就让你尝尝顶撞上官和违反《夫差册》的下场!来人,给我拉去杖打二十大板,再罚扣他一个月薪俸!"海瑞命令站在他背后的三名衙皂。

"遵命!"衙皂们听令,正准备将王怀龙拉去杖打。

"这是咋啦,海大人?"这时,佥都御史王用汲正好从衙门里走出来。

见王用汲来问及此事,王怀龙赶紧说:"我才晚来一会儿他就要处罚我,王大人,你说这合理吗?"

"算了吧,海大人,都是自家人,就饶了他这一回吧!"王用汲说。

"本官刚制定了《夫差册》他就违反,我看他这是有意顶撞本官,看来不惩戒一下是不行的!"海瑞说。

王用汲转身对王怀龙说:"怀龙你也是,海大人刚制定了《夫差册》,你就来撞枪口,还不赶快给海大人道个歉让他饶你一码!"

海瑞不说话,想看看王怀龙是啥态度。他心里想,若是王怀龙认识到自己的错误,那就只罚他一个月薪俸,借此警诫他人就行,如果他不认错,那就得从重处罚。

没想到王怀龙也是个犟牛,对王用汲说:"没啥好道歉的,要杀要剐任由他!"

"还不动手等什么?"见王怀龙很不识趣,海瑞扭头责问站在那儿的衙皂。

三个衙皂听了,上前将王怀龙按住,准备拖进屋杖打。

"海大人,您再考虑一下吧?"王用汲再次劝说。

海瑞决绝地说:"不用考虑,这种害群之马不收拾不行!"

就这样,海瑞不仅叫人把王怀龙拖去杖打了二十大板,还罚扣了他一个月的薪俸。

王怀龙被打得哭爹喊娘,尝到了海瑞的厉害。这事过后,又有几个人撞到了枪口上，海瑞照收拾不误。

收拾了这几个人，没有人敢再迟到或早退。

海瑞不留情面的做法，得罪了不少下属。尽管有不少人恨他，但南京都察院的风气一日比一日好，在其他衙门中的形象也渐渐树立起来了。

"你瞧，自从海瑞来执掌这都察院，这儿的官员都准时了！"

"这海瑞就是不一样！"

"不管是哪个衙门，最关键的是衙门里的头儿！"

"……有啥样头儿，就有啥职员，这话一点不假！"

过往的百姓都在评说南京都察院。

— 2 —

懒散的风气是扭转了，但铺张浪费之风还是没有刹住，都察院里仍有不少人在大行吃喝玩乐之事，不把自己的职守当回事，对纸张等公物的使用也不知道节俭，想怎么用就怎么用。

海瑞决心刹刹这股歪风。

一日傍晚，海瑞和王用汲路过北城中大街一户人家门口时，见这户人家在门口大摆酒席。再仔细一听屋子里闹哄哄的，而且有敲鼓奏乐的声音传出来。

海瑞问王用汲："这是什么人家，这么铺张啊？"

王用汲上前问一个抱着小孩的中年女子："请问一下，这是谁家呀？这么热闹，在干啥？"

"连都察院御史姜大人家都不知道，真是的！"妇女不认识王用汲，更不知道和他一同来的海瑞就是管都察院的右都御史，她不屑地望了海瑞和王用汲一眼，将头扭向一边说道。

"都察院御史，姜大人？南京都察院里边姓姜的御史有好几个，这会是谁呢？"海瑞问王用汲。

王用汲说他也想不起来。

"这事得弄个明白，就算是平民百姓也不能这么铺张，更何况这家人的主人是咱都察院的职员！"海瑞说。

"是得搞清楚！"王用汲说。

"走，去里边看看！"海瑞说着便往这家人的大门走去，王用汲见了，紧跟其后。

"海大人，王大人，您们怎么来了？"海瑞和王用汲刚跨进大门，一位身着紫色寿袍的男人看见了他们，赶紧过来和他二人打招呼。

这人正是中年女子说的姜御史姜相亦，今日是他六十岁生日，他的子女来给他做寿，还请人来家里唱堂会，此时见海瑞和王用汲走进屋来，还以为是来给他祝寿的，赶紧过来和他们打招呼。

王用汲沉下脸问他："你这是在干啥？"

姜相亦还不知趣，笑着告诉他："是这样的，王大人，下官今日喜逢六十大寿，为了庆贺一下，下官请了人来家里唱唱堂会，热闹一下！"

"哼，热闹一下，本官问你，身为都察院的御史，《夫差册》里是怎么规定的，你说给我听听！"王用汲盯着姜相亦。

"这……这……"姜相亦结巴着不知说什么才好。

海瑞朝他吼道："这什么这？《夫差册》规定，'御史为百官之表，宴燕不得延伎'，可你身为都察院的御史，却不遵规守矩，居然在家里大摆酒席，还请人来家里唱堂会祝寿，这成何体统？"

姜相亦这才意识到事情的严重性，赶紧给海瑞告罪："海大人，下官知道错了，下官这就叫他们走人！"

海瑞说："走人就了事了？那《夫差册》岂不是一纸空文？本官告诉你，谁触犯了本官制定的制度，谁就得受到惩罚！"

"海大人，您就饶下官一次，下官再也不敢了！"姜相亦"咚"的一声给海瑞下跪。

"饶你一次？哼，你就等着受罚吧！"海瑞说完甩手走出了姜相亦家。

王用汲也跟着走出去。

"求您了，海大人，下官已经知道错了，您就饶我这一次！"见海瑞气冲冲地走出去，姜相亦赶紧跑出来跪着向他求情。

看着姜相亦跪着给海瑞认错，王用汲有些不忍心，赶紧替姜相亦向海瑞求情："海大人，要不就饶他一次吧？"

"你也别再替他求情了！走，回衙署！"海瑞说着转身往都察院方向走去。

王用汲只好跟着他回去。

听到海瑞和姜相亦闹了起来，屋子里唱堂会的人停了下来。来给姜相亦祝寿的人们出门见姜相亦跪在地上给刚才那个老头求情，弄不清是咋回事。

一中年汉子见了，走过来问："姜大人，您这是……"

"哎呀，你就别问了，你们都走吧！"姜相亦带着哭腔不耐烦说。

人们见他这般狼狈，猜想他肯定是遇到了什么麻烦事，纷纷各自散了。

见海瑞和王用汲走了，姜相亦的儿子姜洋赶紧出来把他拉起来，扶他回屋。

"爹，刚才不是好好的吗，这是咋回事啊？"见他这样，儿子问他。

姜相亦说："你别问了，看来爹是过不了他海瑞这道坎了！"

姜相亦夫人问他："刚才还好好的，你这是咋啦？"

"是啊，爹，您刚才不是好端端的吗？咋一下子就成这个样子了？"女儿晓琴也在问。

"你们都别问了，就等海瑞派人来抓我吧！唉，遇上海瑞这个活阎王，看来这回不死也得脱层皮了！"姜相亦一副死鱼样。

"爹，您给我们说清楚点行不？这到底是咋回事？刚才那个人是谁啊，你咋就给他跪下了？"姜相亦的儿子不认识海瑞，不明白是怎么回事。

"是呀，是咋回事你说清楚，省得大家着急嘛！"姜相亦夫人也说。

姜相亦哭着告诉他们："我请人来唱堂会，触犯了海瑞制定的《夫差册》，他马上就要派人来抓我了！"

"天呐，这可怎么办呀？"姜相亦的夫人流着眼泪问。

"不就是请人来家里唱个堂会吗？又不是犯了朝廷大罪，再说，这年头谁家有个啥事不请人来唱唱堂会啊？别的人家他不抓，凭啥要抓您啊？"姜相亦儿子非常气愤。

"就是嘛，哪家不请人来唱啊？"女儿晓琴也很不服气。

"谁是姜相亦？"

这时，抓姜相亦的捕快来了。

"我就是。"姜相亦低头应答。

"你们凭什么抓我爹？"姜洋质问捕快。

"滚一边去，省得连你一道抓走！"领队的捕快朝姜洋吼道。

见这人如此凶狠，姜洋不敢再多嘴，只好退到一边。

姜相亦的夫人和女儿在一边吓得直发抖。

海瑞从姜相亦家回来，一边派人去抓姜相亦，一边叫人把南京都察院里的御史都叫到大堂里来。

第54章 惩治言官

"他这是要干啥啊？"

"鬼才知道！"

"他是不是又要惩罚人了？"

"有可能！"

御史们私底下议论着。

姜相亦被押来了。

"来人，给本官杖打二十大板，看他下次还敢不敢叫人到家里唱堂会！"坐在案台后面的海瑞见捕快把姜相亦押来了，朝站在案台前的两名衙皂喝道。

两名衙皂上来抡起廷杖就往姜相亦身上猛打。

"哎哟，我的妈呀，痛死我了！"

姜相亦痛得难忍，喊叫起来。

二十大板打完，姜相亦已经奄奄一息，海瑞叫人将他拖出都察院大门，然后对御史们说："日后谁再敢请人到家里唱堂会，这姜相亦就是他的下场！"

御史们大气都不敢出，低着头你看看我，我瞧瞧你。

随后，海瑞说："本官来南京都察院后，针对南京都察系统存在的官风问题，特意制定了《夫差册》制度，希望以此来规范大家的行为，本官没想到，竟然有人一而再再而三触犯，请问在场的各位，本官制定的这个《夫差册》制度难道是一张废纸吗？大家的为官行为就这么难以规范吗？"

海瑞扫视了一圈下面的人，继续说："本官知道，在南京都察系统，不，在南京官场，许多人都养成了一些不好的习惯和毛病。以前的本官管不了，但本官来了之后就得管！如何管？本官告诉大家，人管人管不了，只有用制度才能管住人，说穿了就是用本官制定的禁令和制度来管理大家！今日本官先把话撂在这里，日后谁要是再无视本官制定的禁令和制度，硬要去做一些不应该做的事，那本官把丑话说在前头，姜相亦就是他的下场。但本官希望大家不要重蹈他的覆辙，好自为之，省得到时候埋怨本官不讲情义不留情面……"

海瑞借姜相亦的事，给御史们上了一课，然后朝他们挥了挥手："好了，大家都散了吧！"

御史们赶紧走出门去，生怕晚了被抓来打一顿。

姜相亦的家人用马车将他拉回家，然后请医生来给他上了些创伤药。疼痛让躺在床上的姜相亦哼哼唧唧地叫个不停。

"相亦，忍着点吧！"姜相亦的夫人安慰他。

"这海瑞真是太狠了！我爹不就是请人来家里唱个堂会吗？咋就把他打成这个样子？"姜洋气得头发都立起来。

姜相亦的女儿晓琴哭着说："是啊，不就是请人来家里唱唱堂会吗，怎么就把人打成这样啊？"

"唉，这海瑞，真下得了手！"一位来看望姜相亦的乡邻也叹息。

"这是多大的事儿呀，大家做寿不都请人唱堂会吗？他海瑞为啥这么对你呢？"另一位乡邻也说。

姜洋恶狠狠地说："老子哪天遇到这老杂皮，一定要将他碎尸万段！"

"算了，儿子，别再惹祸了！"姜相亦的夫人说。

姜相亦哼了一会儿，睡着了。

姜相亦有个姨夫，名叫梅鹍祚，是宁国府宣城人，万历十一年中进士后朝廷授予其庶吉士，后改任山东道监察御史，他听说姜相亦被打的事很是气愤，决心替姜相亦打抱不平。

他来找姜相亦，和他一起商量如何报这杖打之仇。

"海瑞这死老头，真是太可恶了！"在姜相亦床边，梅鹍祚气愤地骂道。

姜相亦撑起身子，愤怒地说："岂止是可恶，简直十恶不赦！"

"看我哪天整死他！"一旁的姜洋恶狠狠地说。

梅鹍祚说："姜洋，不是姨父说你，像海瑞这种人，治他要讲究策略，不能用蛮力。"

"姨父，那您说怎么办？"姜洋焦急地问。

梅鹍祚故作老练地说："这事得慢慢商议才行。"

"洋儿，你姨父说得对，这海瑞不同一般的人，要想给爹报这个仇，得好生合计合计，如若不合计好或者是被海瑞知道了，不但爹的仇报不了，还会惹来更大的祸端！"姜相亦说。

姜洋说："既是这样，那我听姨父的就是！"

"来，坐下，别站着，咱们来好生合计合计！"梅鹍祚对姜洋说。

姜洋挨着梅鹍祚在他爹的床边坐下。

梅鹍祚对他说："你爹这个事，先不要着急，刚才姨父想了一下，由我以言官的身份来弹劾海瑞比较合适，但海瑞位高权重名声大，不是一般的官员，倘若没有十足的把握不能轻易动他，否则就是搬起石头砸自己的脚。现在我们先商量如何起草这份奏疏，写好后再由我去皇上面前弹劾他。"

"好！"姜洋点头。

"行！"姜相亦也同意梅鹢祚的建议。

于是，三人商议起草弹劾海瑞的奏疏。

"好，就这样！"姜相亦说。

三人商议了好一阵，终于达成了一致意见。

"谁来起草？"姜洋问他姨父。

梅鹢祚说："这事你不用担心，姨父来起草就行。"

"那就麻烦姨父了！"姜洋说。

姜相亦也说："这事也真是麻烦姨夫了！"

"姨父打算什么时候去京城上奏皇上？"姜相亦话音刚落，姜洋就问梅鹢祚。

梅鹢祚说，过几日就去。

"那这事就拜托老姨了！"姜相亦说。

次日一早，梅鹢祚把写好的奏疏拿来给姜相亦父子过目。

"我看可以！"姜相亦看了奏疏后说。

姜洋看了奏疏，也说："既然我爹都说可以，那一定错不了！"

梅鹢祚说："昨日回去后我一直在想，海瑞毕竟是南京都察院的右都御史，我一个人上奏肯定是扳不倒他，还得找些人手，不然的话可能会先被他拿下。"

"是应该再找些帮手！"姜相亦说。

"前些日子有个叫王怀龙的御史，因为迟到了被海瑞打了一顿，可以去找找这个人呀！"

"不行，俗话说，官场险恶，人心不古，这个人被打后一声不吭，说明他很怕海瑞，你去找他，万一他向海瑞告密，那岂不是搬起石头砸自己的脚？"姜相亦摇头。

梅鹢祚转念一想，说："在没有弄清这个人的情况之前，绝不能冒冒失失去找他，不过这事儿也不能再等了。"

梅鹢祚决定次日就上京城向万历皇帝弹劾海瑞。

− 3 −

三月六日早朝的时候，文武百官按照惯例上朝觐见万历皇帝，梅鹍祚也在其中。

"皇上，微臣有一事请奏！"

待其他大臣上奏完毕，梅鹍祚走上前对万历皇帝说。

万历皇帝问他："梅爱卿有何事要奏啊？"

"皇上，南京都察院右都御史海瑞，无视朝廷律例草菅人命，随意杖打都察院御史，微臣请皇上替被杖打的御史讨还一个公道！"

"怎么又是海瑞？"万历皇帝火了，随后问梅鹍祚，"这是怎么回事，你仔细给朕道来，不得冤枉好人，否则拿你是问！"

梅鹍祚跪拜："微臣不敢有半句谎言！"

"那你仔细说来！"万历皇帝怒气未消。

"微臣遵命！"

随后梅鹍祚向万历皇帝奏道："皇上，前些日南京都察院御史姜相亦年满六十，他儿女为给他庆贺在家做寿，他的亲朋好友和乡邻也来替他祝贺，也就摆了些酒席答谢人家。"

"这做个寿有什么错啊？"万历皇帝皱着眉头。

"是啊，微臣也觉得这没有什么错！"见皇上这么说，梅鹍祚顺杆爬。

万历皇帝问："那与海瑞有何干系？"

梅鹍祚说："事情是这样的，为了增添点喜气，姜相亦请了几名唱戏的来家里唱堂会，海瑞正好经过姜相亦家门口。祝寿摆酒席和请唱戏的来家里唱堂会，这在民间已经是平常事了，可这海瑞偏要生事，硬叫人把姜相亦抓来杖打了二十大板，将其打得半死不说，还罚扣人家一个月的薪俸。"

"这海瑞搞啥名堂？"万历皇帝似问非问。

梅鹍祚继续说："说起来，这姜相亦还是海瑞的下属，他不应该这么做，可他却如此草菅人命，随意杖打臣僚，微臣以为这不仅伤了臣僚的心，也有损朝廷颜面，微臣恳请皇上惩办海瑞，还被杖打的御史姜相亦一个公道！"

"这海瑞走到哪儿都惹事！"

"皇上把他调到南京都察院，就是让他少惹些祸，可他还是死性不改！"

"他来弹劾海瑞？这海瑞咋惹到他了？"

"这年头，什么人没有？"

"人家和姜相亦是亲戚，这没啥奇怪的！"

"难怪！"

"恐怕这回皇上不会再护着海瑞了！"

"很难说！"

文武大臣在下面议论纷纷，有替海瑞不服的，也有说海瑞不是的。

"梅爱卿！"

"臣在！"

"可有奏疏？"

"有！"梅鹀祚说完，从长袖里掏出事先写好的奏疏。

随堂太监走下来接过奏疏递给万历皇帝。

看完梅鹀祚呈上的奏疏，万历皇帝将它丢到龙案上，对梅鹀祚说："海瑞上次上奏朕，恳请朕用重典治贪，这次又杖打手下做寿唱堂会的御史，朕以为，海瑞虽然言之过急，做事也有些过，但南京官场之腐败也是有目共睹，若再不治理必成灾害，海瑞恳请朕用重典治贪，也是出于对朕和朝廷的一片忠心，这事无可厚非。至于他杖打手下做寿唱堂会的御史姜相亦，这也是为了替朕整治南京都察院的官风，也无大错，依朕看这事就算了，你觉得呢，梅爱卿？"

万历皇帝说完，看了一眼梅鹀祚。

"皇上英明！"

"皇上又在偏袒海瑞！"

"不会又要给海瑞升官吧？"

"都顶天了，还能给他升到哪儿去？"

下面的大臣在议论。

见皇上这么说，梅鹀祚着急了，他想，要是扳不倒海瑞，姜相亦那二十大板不是白挨了？不行，得劝皇上治他海瑞的罪，于是便说："这万万不可啊，皇上！"

万历皇帝问他："这有何不可的呢？"

"皇上，这对姜相亦不公啊！"梅鹀祚睁大眼睛看着万历皇帝。

万历皇帝沉下脸说："依你说，那南京官场的腐败也不该治了？"

"是啊，这官场腐败就不要人来治了？"

"都像他这样，以后谁还敢去替皇上治理那些贪官污吏呀？"

"我看这梅鹂祚是居心不良！"

"你们有所不知，他是姜相亦的老姨！"

"原来是这样！"

大臣们议论开了。

见到这场景，梅鹂祚争辩道："皇上，微臣以为，官场腐败是应该治理，而且必须治理，但海瑞言今日刑轻，而侈谈太祖剥皮囊草之法，微臣以为在这清平之世，海瑞说出如此不祥之言，岂不是在讽刺皇上当政不仁吗？海瑞如此对皇上不敬，理应惩罚才对，要不日后定会有人效仿。时下，唱堂会民间都在盛行，姜相亦做寿请人来唱唱堂会未尝不可，海瑞为啥要杖打人家呢？再说姜相亦还是他的属僚，他这样做对姜相亦公平吗？难道其他人不心寒吗？所以，微臣恳请皇上惩治海瑞，以防日后有人效仿！"

万历皇帝说："既是如此，梅爱卿，朕也不能听你一面之词，待朕派人把海瑞叫来与你对质，等有了公论之后朕再做决断。"

"请皇上定夺！"见万历皇帝这么说，梅鹂祚不好再说什么。

万历皇帝看了他一眼，吩咐随堂太监："知会海瑞，命他及时赶赴京城，来朝会上与梅爱卿对质！"

随堂太监应道："遵旨！"

"众爱卿，还有事要奏吗？"万历皇帝问文武大臣。

"没有！"文武大臣回话。

万历皇帝说："散朝。"

"恭送皇上回宫！"文武大臣齐声道。

— 4 —

数日后，海瑞来到朝堂上，当面与梅鹂祚辩污。

"梅爱卿、海爱卿，你们二人上前来吧！"朝会开始，万历皇帝朝梅鹂祚和海瑞道。

"是，皇上！"

梅鹂祚和海瑞应声上前。

"海爱卿！"

"老臣在！"

"前些日梅爱卿在朝会上弹劾你，说你上奏朕用重典治贪不妥，还说你杖打手下一个做寿唱堂会的御史，你有何话说？"万历皇帝望着二人，问海瑞。

海瑞奏道："皇上，老臣上奏恳请皇上用重典治贪也是出于无奈，南京官场之腐败，皇上应该有所耳闻，若再不下重典整治，恐怕我大明王朝的江山社稷会受影响，无奈之下老臣才恳请皇上用重典治贪，老臣以为，这事老臣没错。至于老臣杖打属下，老臣以为这人该打。众所周知，南京都察院官风颓废，官员们不思进取，若再不加以惩治，恐怕难以收场！"

"可你也不能随意杖打臣僚！"梅鹓祚说。

海瑞说："刚才老夫说了，这人该打！"

"海爱卿所言极是，南京官场的腐败朕早有耳闻，确实是到了无以复加的地步，一些官员胆子实在是太大，不惩治一下还真是不行！可你缘何要杖打南京御史姜相亦呢？"万历皇帝说。

海瑞赶紧禀报："皇上，老臣受命到南京都察院后，发现都察院的人大多不思进取，上班极为懒散，想来就来不想来就不来，即使来了也无心做事，有的官员因为一点小事大宴宾客，甚至请人到家里唱堂会，官风实在是太颓废。为扭转都察系统的官风，重塑南京都察院的形象，老臣通过调查分析，并结合实情制定了《夫差册》禁令制度，意在规范言官们的为官行为，可老臣没想到有人硬要往这枪口上撞！"

万历皇帝边听边点头。

海瑞接着说："那日，老臣和佥都御史王用汲路过御史姜相亦家门口，见那儿围了不少人，便和王用汲上前问个仔细。一打听，才知道是姜相亦在过六十大寿。这姜相亦不仅大宴宾客，还请人在家里吹吹打打大唱堂会。老臣在《夫差册》里有规定，都察院的言官一律不得在家请人唱堂会，姜相亦顶风作案，我能不杖责他吗？再说这也是为了防微杜渐警示他人，老臣何错之有？"

海瑞越说越气。

"梅爱卿，你还有什么话说？"听到这里，万历皇帝问梅鹓祚。

见皇上有不想处罚海瑞的意思，梅鹓祚急忙说："皇上，重典治贪无异于暴政，真的使不得呀，海瑞为官一向暴虐，皇上若是听他胡言乱语，满朝官员们定会心寒呐！"

"梅鹓祚，老夫看你才是胡言乱语，蛊惑人心，你别以为老夫不知道，你之所以这样处心积虑弹劾老夫，是因为你想替你老姨姜相亦报杖打之仇，你说是不是？"海瑞听梅鹓祚越说越离谱，气不打一处来，便大声斥责他。

"闹了半天他们是亲戚啊？"

"原来是一丘之貉！"

"难怪他会这样疯狂弹劾人家海瑞！"

听了海瑞的话，一些大臣气愤地骂梅鹓祚。

"皇上，您真不能听海瑞的呀！"梅鹓祚不死心，声嘶力竭地朝万历皇帝喊叫。

万历皇帝不耐烦地说："好了，梅爱卿，这事朕心中已经有数，你就不要再说了！"

见皇上不高兴了，梅鹓祚也不敢再说什么。

海瑞却不罢休，他想，梅鹓祚当着满朝文武百官的面在朝会上弹劾诬陷自己，岂能就这样算了？那日后其他人岂不是想弹劾就弹劾想诬陷就诬陷吗？不行，这事得让皇上惩治梅鹓祚，给他和其他人一个教训。于是，他问万历皇帝："皇上，这事就这样算了？"

"你想怎么样？"万历皇帝边理文案边问海瑞。

海瑞说："皇上，老臣也是朝廷二品命官，梅鹓祚视朝廷律令于不顾，当着这么多大臣和官员的面诬陷老臣，若是就这样放了，那日后老臣怎么去替皇上治理腐败？依老臣之见，得给梅鹓祚一个惩罚，要让他，也让其他人记住，朝廷命官不是可以随意弹劾的！"

"既是这样，那朕就罚扣他两月薪俸，让他记住这个教训！"万历皇帝说。

"这……"海瑞摇头，但不好说下去。

"皇上，微臣不服啊！"梅鹓祚也觉得自己受了冤枉，不应该受到处罚。

见他还不知趣，万历皇帝沉下脸朝他吼道："梅鹓祚，朕这样处罚你已经轻饶了你，你若再不知趣，朕马上罚你到边关戍边！"

梅鹓祚不敢再吭声。

万历皇帝吩咐随堂太监："传朕的话，罚扣山东道御史梅鹓祚两月薪俸，从下月起执行。日后，谁再胆敢诬陷弹劾他人，朕绝不轻饶！"

"是！"随堂太监低头应道。

万历皇帝说："好了，你俩都下去吧！"

"谢皇上！"

第 54 章 惩治言官

海瑞和梅鹍祚退下。

梅鹍祚偷鸡不成蚀把米，心里自是不服。可皇上下了定论，他也没办法。

海瑞呢，对皇上的处置，心里也不是滋味，但也没办法。

"还有要奏的吗？没有就退朝！"万历皇帝问站在下边的文武大臣。

"没有！"

文武大臣回答。

"散朝！"万历皇帝朝文武大臣挥了挥手。

待万历皇帝回宫，文武大臣这才鱼贯而出。

"今日这皇上是怎么啦？梅鹍祚这么诬陷海瑞，却只扣罚他两月薪俸？这是怎么回事呀？"

"这种处置，对海瑞来说很不公啊！"

"不公又怎么样？他是天子，他说了算！"

"是不能怎么样，但这会让百官心寒呐！"

路上，文武大臣仍议论不止。

梅鹍祚没替姜相亦报仇，但他知道，还得去给姜相亦回个话。从朝会上出来，他就往南京赶。

一跨进姜相亦家的门，梅鹍祚便做出很愧疚的样子对姜相亦说："老姨，真是对不起啊，皇上他……"

随后，他将朝会上的情况说了一遍。

"怎么会这样呢？"姜相亦还以为他会给他报仇，没想到结果会是这个样子。

"这皇上，真是糊涂啊，海瑞明明是要让他做个遭人咒骂的暴君，他却……哎，不说了！"梅鹍祚跺了跺脚。

姜洋听了，问："姨父，我爹这顿打就白挨了？"

"不能白挨，但一时也没办法，皇上对海瑞网开一面，你说能咋办？"梅鹍祚说。

姜相亦叹息道："怪就怪老夫命不好啊！"

梅鹍祚说："老姨你也别叹气，这事肯定不能就这样算了，以后有的是机会收拾他。"

"唉，也只能这样了！"姜相亦有气无力地说。

– 5 –

姜相亦的事刚过，海瑞又惩办了一位御史的管家和家丁。

事情是这样的。

一日，仆人海安见家里没米了，就上街去买。海安来到卖米的地方，见那儿围了一大堆人，闹哄哄的，像是有人在吵架，便凑上前去看热闹。

海安扒开人群，见里面一位衣衫褴褛的汉子和一个管家模样的老者在争吵，俩人脚边有一袋米。管家模样的人旁边站着一个彪悍的小伙子，是他们家的家丁。

"我卖二十斤米给你，你凭啥只给我一半的钱？"衣衫褴褛的汉子质问管家模样的老者。

"你真不讲理，我不是已经给你红票了吗？"管家模样的老者一脸不屑地说。

汉子气愤地说："什么用都没有，谁稀罕你那红票？"

"我说你这人咋回事，官家的人买米只要有红票，不都是只付一半的钱吗？"随老者来的家丁不耐烦地说。

"反正我不要你那红票，你付给我银子！"汉子说。

管家模样的老者哼了一声，说："反正我已经给你红票了，银子只能付你一半，你若不服自己去找官家！"

"走！"管家模样的老者话一说完，和他一同来的家丁拎起米袋子就要走。

"不行，不给足银子你不能把我的米拿走！"汉子说着来拖家丁手上的米袋子。

管家模样的老者急了，说："我说你这人咋不讲理？"

"不管你咋说，不给足银子你们就不能把我的米拿走！"汉子死死地拽着家丁手上的米袋子不放。

"放手！再不放手我报官了！"家丁威吓汉子。

汉子说："报啊，你报啊！"

"何管家上街买米从来没人敢这样对他，你是不是想死啊？"家丁凶狠地对汉子说。

"不给足银子，我就是不让你拿走！"汉子死都不松手。

"我看你是讨死！"家丁恶狠狠地看着汉子。

"算了吧，兄弟，陈御史家不就是跟你买二十斤米吗？你就给他吧？何必惹事呢？"一好心的妇女上前来劝说卖米的汉子。

"老姐姐啊，你不知道，我这米是因为家里的老母病了急需用钱，家里人省着不吃才拿来卖的，他不给足银子我怎能让他拿走啊！"汉子可怜地对中年妇女说。

"去你妈的，居然敢对我家老爷耍横！"家丁狠命地朝卖米汉子的肚子踢了一脚，然后拎着米和管家模样的老者扬长而去。

"哎哟！"

汉子疼得松开了拽着米袋子的手，捂着肚子蹲在地上，痛苦而愤怒地望向老者和那家丁。

"那个人是谁？这么不讲理？"旁边一穿长衫的老汉问其他看热闹的人。

一矮老头说："是谁？哼，亏你王老歪在南京城住了这么多年，连都察院御史陈海楼家的管家何强你都不认识！"

"都察院御史的管家？都察院御史的管家就能不讲理？"王老歪说。

"官家人用红票买米只付一半的银子，这都是南京的老规矩了，谁管得了？"矮老头说。

王老歪歪着头问："真就没人来管这事？"

"你来管啊？你管得了吗？"矮老头白了王老歪一眼。

王老歪直摇头。

"回家吧，兄弟，银子少就少些，千万不要惹这种人！"好心妇女一再劝说卖米的汉子。

"不是啊，老姐姐，我家里真是急着用钱啊！"汉子这时已经好多了，站起来流着泪说。

"算啦，就当是破财免灾，官家的这些人不好惹，钱的事情你还是回去另想办法吧！"一位老太太也来劝说汉子。

汉子抹着泪水，一声不吭地回家了。

"唉，这世道！"

来看热闹的人们边叹息边散开了。

海安也很气愤，到旁边买了米就背着回家了。

"他娘的，这天下真没公理了！"海安回到家里，边把米放下边嘟哝。

一旁的海瑞听到他嘟哝，觉得有些奇怪，便问他遇到啥事了。

"都察院御史陈海楼的管家何强去集市上买米，只付人家一半的银子就强行把米拿走，还让家丁打伤了人家卖米的汉子！"海安气愤地告诉海瑞。

"你说啥？"海瑞好像没有听清楚。

"都察院一个御史的管家去集市上买米，不但只付人家一半的银子，还让家丁打伤人家卖米的汉子！"海安重复道。

"又是都察院的御史？叫啥名字？"海瑞追问。

"听人们说叫陈海楼！"海安告诉海瑞。

"这个陈海楼，看老夫怎么收拾他！"海瑞脸气得铁青。

次日早晨，海瑞一到都察院便把衙皂叫来，气愤地命令道："马上去把陈海楼的管家何强和打人的那个家丁给本官抓来！"

衙皂们不明白海瑞为何要抓陈海楼的管家和家丁，你看看我，我看看你。一名胆大点的衙皂上前问道："海大人，如果陈御史问起，卑职怎么回答？"

"他的管家欺负百姓，买米只付人家一半的银子，还让家丁打伤人家，你们说，这种人该不该惩办？"海瑞问他们。

衙皂们听了，齐声回答："卑职知道了！"

海瑞说："知道还不赶紧去？"

"马上出发！"

衙皂们说完，立即奔向陈海楼家。

没到一柱香工夫，陈海楼的管家何强和打人的那个家丁就被抓来了。

海瑞气愤地问跪在下面的何强和家丁："你们二人可知罪？"

"不知道！"何强一脸怒气将头扭向一侧。

海瑞问他："昨日你在集市上买米，不仅只付人家一半的银子，还叫家丁打伤了人家，有没有这回事？"

"有这回事！"何强回答。

海瑞说："你买人家的米只付一半的银子不说，还叫家丁打伤人家，你也太胆大了吧？"

何强争辩："官家人买米只需付一半的银子，历来都是这样！"

"那你为何叫家丁打人？"海瑞气愤地问他。

"那是他不讲理！"家丁理直气壮。

海瑞正要叫衙皂杖打何强和家丁，一同来的陈海楼却开口了："朝廷有规定，官家人用红票买米只需付一半的银子，这事海大人不会不知道吧？"

海瑞问他："本官已经在《夫差册》里作过规定，都察院御史不得欺压百姓，强买强卖，这你不会忘记了吧？"

陈海楼说："没忘记，但用红票买米只需付一半的银子，这也是朝廷的规定！"

"那你的家丁也不应该打人！"海瑞说。

陈海楼狡辩："他不讲理，打又何妨？再说，又不是我陈海楼让打的！"

"陈海楼，你身为南京都察院御史，不执行本官制定的《夫差册》也就罢了，还替你的管家和家丁狡辩，本官要不是看你在都察院供职多年，今日本官定不轻饶你！"

见海瑞发火了，陈海楼不敢再说话。

海瑞继而对何强和那家丁说："以低价强买百姓东西，还打伤人家，今日本官不教训你二人，难给百姓一个交代。来人，给我各杖打二十大板，看他们下次还敢不敢！"

衙皂们听了，将何强和那家丁打得鬼哭狼嚎。

"海瑞，你不得好死！"何强号叫。

待皂役们打完二十大板，海瑞又朝衙皂们道："给他们戴上大枷，拖到衙门前示众三日，我看日后有谁还敢这么做！"

衙皂们给何强和家丁戴上大枷，将他们架到衙门前示众。

陈海楼看到他的管家和家丁被打成这样，心里恨死了海瑞。

佥都御史王用汲见海瑞得罪的人太多怕他吃亏，在海瑞的办公衙署当着经历朱坤的面说："海大人，不是下官说你，自打你来南京都察院后，处置了不少人。毋庸讳言，都察院的官风是扭转了，但你得罪的人也不少啊！下官给个建议，不知道海大人爱不爱听？"

"你说！"

"下官以为，海大人奏请皇上用重典治贪，而且身体力行地在南京推行，这本无可厚非。可因为这事，你也得罪了不少人，这些人都想攻击你，如若海大人再这样继续下去，攻击你的恐怕就不只是梅鹛祚和钟宇淳了，还会有其他人。"

"其他人？谁啊？"

"比如南直隶提学御史房寰，这人不仅自己有问题，连他儿子房应斗，还有他父亲严范，也有问题，您再这样治下去自然会搞到他们头上。房寰这人下官比较了解，若真要搞到他头上，他肯定不会束手就擒，必会对您反戈一击，向皇上弹劾您。"

对于房寰等人的贪腐恶行，海瑞刚来南京时就听说过，早就想收拾他们，只是还没来得及，听王用汲这么说，心里更是来气，说："哼，这房寰，本官马上就收拾他！"

"海大人，下官劝你还是……"

"好了，你别劝了，这事本官心里有数！"

"既是这样，那下官也不多说了，就此告辞！"见劝不住海瑞，王用汲站起来怏怏地走了。

"大人，要没啥事，我也走了！"坐在海瑞对面的经历朱坤说。

海瑞说："你去吧。"

朱坤走出海瑞办公衙署。

第55章 狼狈为奸

这日下午,钟宇淳一路问着来到了房寰府上,没想到走到门口,听到房寰父子和房寰的亲家严范正在商议如何弹劾海瑞的事,他们正在为找不到弹劾海瑞的理由而发愁,钟宇淳高兴极了。

– 1 –

夜晚,南京城逛街游玩的人真是不少。

西城中街上,一家名叫"酒仙阁"的酒馆里,不少男人在猜拳、打牌、喝酒消磨时光。

屋角一张桌子边,三个男子在猜拳喝酒。

这三个男子中,有一个就是那日在海瑞办公衙署听海瑞说要收拾南直隶提学御史房寰的经历朱坤。其他两个,一个是南京工部的司务晏方柱,此人和朱坤交往甚密,另一个则是南京礼部的一名衙役,名叫项凡平,是晏方柱的朋友。

傍晚时分,吃过晚饭的朱坤闲得无聊,就约晏方柱到这家酒馆喝酒。在去酒馆途中,二人遇到了项凡平,三人便一起来到酒馆。

"两位今日怎么想起到酒馆来喝酒呢?"刚落座,项凡平就问朱坤和晏方柱。

晏方柱笑着告诉他:"吃了晚饭朱兄觉得无聊,就去我家里约我,说来这儿喝酒消磨时光,都是好友,不来哪行呀?"

"原来是这样啊!"项凡平笑着说。

"闲着不喝酒干啥呀?"朱坤边斟酒边说。

酒斟好了,朱坤一人端一杯给他俩,然后自己举起酒杯,说:"来,咱们先共饮三杯,然后再划拳!"

"好!"晏方柱和项凡平举起酒杯应道。

三人碰杯,然后各自把杯子里的酒喝干。

紧接着,三人又共同喝了第二杯和第三杯。

"好,开始划拳,谁输谁喝,不准耍赖!"朱坤放下酒杯说。

"谁先划?"晏方柱问朱坤和项凡平。

项凡平说:"两位都是哥,你们先划!"

"好,那我们俩先来!"晏方柱说完,伸出手来。

朱坤也伸出手,和晏方柱划起拳来。

"酒中九呀!"

"六匹马儿跑!"

"七道拐呀!"

"四季天天红!"

"你喝!"这一拳朱坤赢,让晏方柱喝酒。

晏方柱端起酒杯,二话没说,脖子一扬豪爽地把酒喝下肚去。

朱坤对晏方柱说:"来,继续!"

"好!"晏方柱应道。

"二梅两朵呀!"

"三星拱照!"

"两条雷公虫呀!"

"七仙女下凡!"

"大哥喝!"晏方柱对朱坤说。

朱坤说:"喝就喝!"

然后端起面前的酒杯,将酒一口吞下肚。

三人边喝边聊。

"你们知道吗?我的顶头上司海瑞要收拾那房寰了!"朱坤端起酒杯,对晏方柱和项凡平说。

"你是说南直隶提学御史房寰?"项凡平问。

朱坤一昂脖子,将酒吞下,说:"这南京城有几个房寰?不是他是谁?"

"此人的确太贪,早就应该收拾他了!"晏方柱气愤地说。

朱坤说:"不光他贪,就连他儿子和他那亲家也贪!"

项凡平说:"这种人都不收拾,还待何时?"

"不是不收拾,海大人早就盯上他们了,只是苦于事务繁多没时间来整治这几个狗东西,不过那天海大人说了,马上就要收拾他们!"朱坤说。

项凡平说:"这种祸害百姓的东西,早收拾早好!"

"好了好了,不说他们了,来,咱们继续划拳!"朱坤说。

晏方柱和项凡平说:"好!"

三人继续猜拳喝酒。

在朱坤他们左边的一张桌子上,四个年轻人也在打牌喝酒。

"哥们儿,你们多玩一会儿,我有点急事得先走一步!"他们当中一个穿灰色夹克衫的年轻人听到朱坤说海瑞要收拾房寰,赶紧站起来给同伴打招呼。

"这么急着走,房华,你也太不够意思了嘛!"一个嘴上叼着烟的年轻人说。

被人称作房华的年轻人赶紧说:"不是,施哥,我的确有点急事得先走一步!"

"华哥,这么急着走,有啥急事?"另一个小年轻问。

"真有个急事,对不起各位,你们多玩一会儿,改天我补上!"叫房华的年轻人说完,急匆匆走出酒馆。

这个名叫房华的年轻人,是南直隶提学御史房寰的侄儿,刚才他听到旁边一桌的朱坤说海瑞要收拾他叔,觉得事情紧急,就赶紧回去给他叔报信。

房华出了酒馆,一口气跑到他叔房寰家里。

"叔,我刚才在'酒仙阁'酒馆里听人说,有个叫海瑞的人要收拾您和大哥,你们快出去躲躲吧!"

"什么?海瑞整人整到我房寰头上来了?"听房华这么一说,房寰既吃惊又气愤。

房华说:"听那人说这海瑞好像很不好惹,你们还是出去躲躲为好!"

"这事不急,等我和你大哥商量一下再说。"房寰说。

房华说:"既是这样,叔,那我就先走了。"

"行,你先走。"房寰说。

房华不放心,说:"叔,那你们自己注意点!"

"我们会的!"房寰说。

房华说完,转身走了。

— 2 —

房华一走,房寰赶紧将儿子房应斗叫来,和他商量对策。

房寰是浙江德清县人，隆庆二年戊辰科进士，入仕后曾经在福建漳浦县做过知县。此人善于投机取巧巴结上司，很快就做到了南直隶提学御史。

早在福建漳浦县做知县的时候，房寰就利用手中的权力大肆牟取私利，是个声名狼藉的贪官，特别是做了南直隶提学御史后，更是凌士纳贿，大到举子参加的会试，小到生员秀才参加的乡试，他都要暗设套路收受贿赂大捞一把，实在是贪得无厌，江南的生员、秀才和举子一提起房寰，没人不恨他，举子们把他喻为倭寇，戏称他为"倭房公"。有人还比照唐朝大诗人杜牧作了一篇《倭房公赋》，骂房寰就像凶残的倭寇，既贪婪又凶狠。

常言说，有其父必有其子，房寰的儿子房应斗也仗着他爹的权力，借游览为名到处收受贿赂。就连房寰的亲家严范，也跟着他敲诈百姓大肆敛财。

"爹，海瑞就要动咱们了，这可怎么办啊？咱们总不能这样束首就擒吧？"房应斗听他爹说海瑞就要抓他们父子和他老丈人，心里着了慌。

"看把你慌的，真没出息！"房寰假装沉稳，沉下脸说儿子。

房应斗望着他爹，着急地说："爹，不是孩儿慌，这海瑞一向行事果断，他既然放出话来，肯定就不会放过咱们，你还是赶快想办法吧，要不然……"

"这不正在想办法吗？"房寰盯着儿子，打断他的话。

房应斗不敢再说话。

"去，把娇娇的爹给我请来，我有事和他商量。"稍停，房寰说。

房寰说的娇娇，就是他的儿媳妇、严范的女儿严娇娇。

"我这就去！"房应斗说完，转身出去请他老丈人严范。

不一会儿，严范随女婿房应斗来了。

"亲家，这事你看怎么办才好啊？"严范一进门便问。

房寰知道，嘴快的儿子已经把海瑞要抓他们的事给他老丈人说了，于是反问道："亲家，你觉得呢？"

严范昂起头瞪着眼睛，说："哼，既然他不仁就休怪咱们不义，依我看不如以攻为守先发制人，趁他还没动手咱们找理由先向皇上弹劾他，让他先脱了官袍，到时候看他拿咱们怎么办！"

"先下手为强后下手遭殃，我岳父说得对，爹，弹劾海瑞，让他先脱了官袍再说！"房应斗站在一旁怂恿他爹。

房寰抚弄着下巴上的山羊胡说："这事我刚才也想过，官场上被弹劾丢官的人，多是因为贪赃枉法，亦或是因为花心玩弄女人，可这海瑞当官不吃不贪，执法严明，对女人他也主张男女授受不亲，你拿啥来弹劾他呀？"

"这还真是个难题！"严范沮丧地看着房寰。

房寰父子和严范低着头思索着怎么逃过这一劫。

"再完美的玉也有斑点，我就不信他海瑞无缝可钻！"房寰哼了一声。

严范说："我看实在不行就往他身上泼脏水！"

房应斗听了，说："对，怎么黑就怎么来，咱们在皇上面前弹劾他，说他与倭寇勾结，企图谋反！"

"你是猪脑子啊？倭寇都被那戚继光快扫光了，你还说他勾结倭寇，这不是讨死吗？"房寰骂儿子。

房应斗嘟着个嘴说："这也不是，那也不是，那您说怎么办啊？"

"应斗呀，不是爹说你，遇事还得动脑子，要是像你这样去皇上面前弹劾海瑞，人家反戈一击，你岂不是要戴上诬陷朝廷命官的罪名？"

房应斗耷拉着脑袋，不服气地说："这本来就是诬陷嘛！"

房寰见儿子还再争辩，很不耐烦："好了好了，你不要再说那些没用的了！"

房应斗不吭声了。

"亲家，当年戴凤翔不是弹劾海瑞逼死他老婆和女儿吗？我们缘何不以这理由弹劾他呢？"严范突然说。

听了严范的话，房寰高兴地说："亲家提醒得好，咱们缘何不学学戴凤翔，也弹劾海瑞逼死他妻子和女儿这事呢？"

"可光是这一条，恐怕还不能扳倒他！"严范说。

房寰叹息："是啊，光这一条，是不足以扳倒他海瑞！"

几人想了半天，还是没找出什么可弹劾的。

– 3 –

次日下午，房寰父子和严范三人又在一起商议奏疏之事，可还是找不出什么弹劾海瑞的好事由。

"海瑞'莅官无一善状，妄引剥皮囊草之刑，启皇上好杀之心'，怎么能说没事由弹劾他？"

正在房寰父子和严范发愁找不到弹劾海瑞事由的时候，门边一个声音传了进来，随后一个男人跨进门来。

房寰父子和严范大吃一惊，一齐看向来人。

"你是……"房应斗慌张地问。

来人笑盈盈地说："诸位不必惊慌，鄙人姓钟，名宇淳，听闻房大人准备去皇上面前弹劾海瑞，特地赶来助力，不知是否欢迎！"

听说他就是钟宇淳，三人高兴得不得了，房寰急忙说："原来是钟大人啊，快请坐，快请坐！"

房应斗赶紧给钟宇淳端椅子。

"好！"钟宇淳边说边入座。

"喝茶，钟大人！"随后，房应斗把茶递到他手上。

钟宇淳喝了口茶，房寰不解地问："钟大人，您是怎么知道我要弹劾海瑞的呢？"

钟宇淳看了他一眼，笑着说："房大人做官的功劳，有谁不知啊？"

房寰听出了他这话中的弦外之音，赶紧赔着笑脸打哈哈："倒是，倒是！"

房应斗不知道他爹和钟宇淳打的是啥哑谜，待在一边没说话。

严范接过房寰的话："钟大人能来相助，我和我亲家甚是感激！"

钟宇淳说："感激倒是说不上，只要能帮你们弹劾扳倒海瑞，让你们躲过这一劫，也不枉鄙人跑一趟。"

"倒是，倒是！"严范学着房寰打哈哈。

房寰朝钟宇淳拱了拱手："那就多谢钟大人了！"

"房大人不必客气！"钟宇淳说。

房寰是怎么被钟宇淳拽上的呢？

事也凑巧，那日朱坤几人在"酒仙阁"酒馆喝酒，钟宇淳也在那儿，当他听到朱坤说海瑞想动房寰父子和房寰的亲家严范时，他心里有了个主意。

这日下午，钟宇淳一路问着来到了房寰府上，没想到走到门口，听到房寰父子和房寰的老亲严范正在商议如何弹劾海瑞的事，而且他们正在为找不到弹劾海瑞的理由而发愁，钟宇淳高兴极了。

"其他就不说了，我们就来说说怎么弹劾海瑞吧！"钟宇淳说。

房寰说："那就请钟大人先说说，找什么理由去弹劾海瑞。"

钟宇淳说："刚才听你们说，想用海瑞逼死他妻子和女儿的事去弹劾他，依鄙人看，这不是什么好理由。"

"钟大人，那找什么理由呢？"严范问。

钟宇淳说："你们看，海瑞已经是二品大员，不是一般的小官小吏，假若用这种鸡毛蒜皮的事情去弹劾他，肯定是扳不倒他的。"

"我们想了半天，也找不出什么更妥贴的理由！"房寰摇着头说。

房应斗附和："是啊，钟大人，我们的确是找不出什么更好的理由了！"

钟宇淳说："我刚才进门时说的那几句话，不知道三位是没听见还是忘记了？"

"'莅官无一善状，妄引剥皮囊草之刑，启皇上好杀之心'，是这几句吗？"严范问。

钟宇淳说："正是这几句！"

"哦，我明白了，钟大人的意思是想以海瑞'妄引剥皮囊草之刑，启皇上好杀之心'为由来弹劾他！"房寰似乎一下子明白了。

"正是！"钟宇淳笑着说。

"但不只这些！"钟宇淳告诉房寰。

房寰朝钟宇淳拱手："感谢钟大人，如若这事能成，房某定当重谢！"

钟宇淳说："重谢倒不必！"

"那咱们商议一下如何来拟写事由吧！"房寰说，随后吩咐儿子，"把笔墨和空奏折拿来！"

房应斗转身进他爹书房里去拿空奏折和笔墨。

空奏折和笔墨拿来了，房寰说："钟大人，您来起草吧？"

钟宇淳说："还是你起草，我来出主意。"

"好！"房寰撸起袖子，铺好纸张，提笔在砚台里蘸了蘸墨，然后在空奏折的封面上将奏疏名称写好，等着钟宇淳开口。

钟宇淳说："我大明王朝对官员的出身极其讲究，非进士出身进入不了高层，举人只能是做小官，海瑞以举人出身踏入仕途，初任福建南平县儒学教谕，后任淳安、兴国两地知县，再后来又做过钦差大臣，巡抚应天十府，总管江南鱼米之乡，但其无论在何处为官，都与他人难以相处，惹怒了不少官员，他还备棺上朝咒骂先帝。他的这些做派，无一不是为了博取皇上欢心，以此达到他升官发财的目的，可谓大奸极诈，欺世盗名，我看这第一条就写他'莅官无一善状，唯务诈诞以夸人'，你们看如何？"

"对，这人无论到哪儿做官都极为狂妄，我看这条妥贴！"严范兴奋地说。

房应斗说："我也觉得可以！"

"'莅官无一善状'，钟大人，这不是梅鹍祚梅御史曾经弹劾海瑞的罪状吗？"

"是又怎么样？难道不可以借用？"钟宇淳盯着他反问。

"这也倒是！"房寰会心一笑。

钟宇淳不说话。

"那第一条就这样写吧！"房寰说完，提笔在空奏折上写下："第一，莅官无一善状，唯务诈诞以夸人。"

"这例证？"房寰写完抬头看着钟宇淳。

钟宇淳抚弄着下巴，说："海瑞一言一行，无不为士论所嗤笑。就拿他断案来讲，如果遇到哥弟来打官司或叔伯与侄子来打官司，他宁愿委屈当弟弟的，也不会让做哥哥的受到委屈，宁愿委屈做侄子的，也不会让当叔叔伯伯的受到委屈；若是遇到贫民与富人来打官司，他宁愿委屈富人，也不会让贫民受到委屈；遇到正直或老实的人与那些刁钻滑头的人来打官司，他宁愿委屈刁钻滑头的人，也不会让正直或老实的人受到委屈；乡宦和老百姓争产业，他宁愿委屈乡宦，也不愿让百姓受到委屈。"

钟宇淳喝了口茶，继续说："朝廷律例对谁都是公平的，他这种做法明显不公平，所以在这一条的后面可这么写：'如海瑞断案，主张'与其屈兄，宁屈其弟；与其屈叔伯，宁屈其侄；与其屈贫民，宁屈富民；……'"

"对对对，就这么写！"钟宇淳话音刚落，房应斗和他老丈人严范同时说。

"行！"房寰提笔，按钟宇淳说的写。写完之后问他："这第二条呢？"

"这第二条嘛……"钟宇淳凝神想了想，说，"这第二条就写他'妄引剥皮实草之刑，启皇上好杀之心'。"

"好！"

房寰提笔写下第二条："第二，妄引剥皮实草之刑，启皇上好杀之心。"

"例证？"房寰写完，盯着折子问钟宇淳。

"你就写'众所周知，我大明官员薪俸本就很低，官员无论大小，在履职中都会多少做些手脚，挣些外水弥补薪俸之不足，而海瑞奏请皇上重提太祖立下的重典，妄引剥皮实草之酷刑。若是如此，我大明官员几乎无一幸免，到时恐怕我大明官场将血流成河，可海瑞却向皇上妄引此酷刑，这是在启皇上好杀之心，是要置皇上于不仁，实为不妥。'"

"好！"房寰提笔很快写了下来。

"第三条？"房寰又问。

"第三条就写他'以圣人自诩，奚落孔孟，蔑视天子'。"

房寰唰唰唰写下。

"例证就写海瑞当年上奏辱骂嘉靖先帝一事！"钟宇淳狠毒地说。

"好！"

"还有吗？"房寰写完后问钟宇淳。

钟宇淳说："这三条就足够他海瑞喝一壶了！"

"行，那就这三条吧！"房寰说。

"钟大人真是才高八斗啊！"房应斗夸赞道。

"不错！真不错！"严范看着桌上的奏疏，也夸赞钟宇淳。

房寰说："要不是钟大人来，我们还真不知道海瑞这罪状如何罗列！"

"诸位过奖，诸位过奖！"钟宇淳假装谦虚。

"就这样了？"随后房寰问钟宇淳。

钟宇淳审视了一下桌上的奏疏，对房寰等人说："就这样！"

房寰高兴地说："好，待他日朝会，我就去向皇上上奏！"

钟宇淳叮嘱他："可有一事你不能说！"

"什么事？"

"你不能告诉皇上这是我和你们一起起草的！"

"那是当然！"

为感谢钟宇淳，晚上房寰备下美酒好菜，与儿子和严范开怀畅饮。

"来，钟大人，我……我再敬您一杯！"

"今日高兴，喝……就喝吧！"

酒桌上，三人不停地给钟宇淳敬酒，而钟宇淳呢，也享受着美酒。

"别……别以为他……海……海瑞登高一呼，便……便能搅……搅动整个南……南京城，我看……也……也仅此而……而已……"钟宇淳打着酒嗝说。

房寰也打着酒嗝："他……他那……德性，就……就算他才……才高八斗，朝……朝廷也难……难用他，呵……"

这晚，三人喝得酩酊大醉。

尽管喝醉了，钟宇淳咋说都要回家。

见他一定要走，房寰只好打发人送他回去。

严范没走，他还有事和房寰父子商量。

— 4 —

房寰的亲家严范本想等打发人送走钟宇淳后再和他父子俩商量些事情，哪知酒劲发作了，他感觉脑子不怎么好使，加之房寰父子也喝多了，只好住下休息。

次日吃早餐的时候，房寰说："哎哟，昨晚喝得太多了！"

"确实是喝得太多，咱们都不应该喝这么多酒，幸好没误事！"严范说。

房应斗笑着说："钟大人帮咱们把事情办好了，大家都很高兴，醉就醉一回嘛！"

"应斗说得也是！"严范说。

房寰对儿子说："高兴归高兴，但你岳父说得对，不能喝这么多酒，好在没误事。"

严范这才对房寰说："亲家，有个事我还是得和你说一下。"

"什么事你说！"

"奏章是钟大人和咱们一起草拟的，他是不是要与你一道去面奏皇上？昨晚有他在，我不好问这个事。"

"他应该不会去！"房寰想了一下，告诉严范，然后问他，"有什么问题吗？"

"我想了一下，咱们那些事情，最好还是不要告诉他为好。"严范作沉思状。

房寰笑着说："我还以为是什么事呢，放心吧，亲家，我不是傻子，咱们的那些事我咋会告诉他呢？"

"不告诉他最好，毕竟那都是些见不得人的事情，天知地知你知我知就行了，千万不要让第三个人知道，要不会给你我惹麻烦！"严范提醒他。

房应斗望着他爹和严范："我岳父说得有道理，咱们做的那些见不得人的事，还真不能让其他人知道。"

"这海瑞像狗一样嗅觉灵敏得很，咱们更要防着他点。特别是现在他已经盯上咱们了，咱们还是暂时收手，不要让他抓着什么把柄！"严范提醒房寰父子。

"嗯，我知道亲家做事谨慎。"房寰朝他点头。

严范说："这事不谨慎不行啊！"

"当时在酒馆说海瑞要收拾咱们的那人是谁，问清楚了吗？"严范突然问。

房寰说忘记问他侄儿了。

"要不要去把房华叫来问问？"房应斗说。

严范摇了摇头："不用了，估计他也不知道那人是谁。"

"亲家说的对，那小子要是知道他早就告诉我们了，哪还用得着等我们去问他呢。"房寰说。

严范说："不过，把他叫来问一下当时那桌人的一些情况也是可以的。"

"我去叫他！"房应斗说完转身走出去。

不一会儿，房华跟着房应斗来了。

"叔，您们找我？"房华进门便问。

房寰问他："那天说海瑞要整治我们的那个人是谁，你知道吗？"

"不知道！"房华摇头。

严范问他："那你给我们说一下当时的情景吧？"

"事情是这样的，当时我和三个朋友在那家酒馆打牌喝酒，旁边那桌突然来了三个人。他们先一起碰了三杯酒，然后就猜拳，谁输了谁喝酒。喝着喝着，我听他们中有个人说他的顶头上司海瑞就要收拾叔您了。这时另一个人问他，你说的是南直隶提学御史房寰吗，那人把手上端着的酒喝下后反问他，这南京城有几个房寰，不是他是谁。他们还说到大哥和范大人。我觉得这对你们很不利，便立即找借口跑回来给你们报信。至于说这话的那个人是谁，我还真不知道！"房华一口气将当时他在酒馆里看到的情形告诉了房寰父子和严范。

房寰歪着脑袋分析："他说他的顶头上司是海瑞，时下海瑞是南京都察院的右都御史，那这个人一定也是南京都察院的，至少是这个系统的。"

"没错，这人肯定是南京都察院的！"房应斗补充道。

严范说："照这么说，这事是真的了？"

"亲家你这是什么话？不是真的咱们还会来商量写奏疏弹劾他？"房寰说。

严范赶紧说："亲家你别误会，我意思是说，看能不能找到这个人，从他那儿打听点情况。"

"你就别做梦了，亲家，这人是海瑞的下属，你就是找到他，他也未必会告诉你什么。再说，他是海瑞的下属，弄不好反倒把事情搞砸了，算了算了，别再想这事了！"房寰急忙说。

房应斗也说："岳父，我觉得我爹说得很对，如果去找那人打听海瑞的情况，有可能会打草惊蛇。再说，这个人虽说是南京都察院的人，但不一定是在南京都察院里供职，也不好找他，我看这事还是听我爹的吧？"

严范说："既然你们都不同意我的想法，那这事也就没必要问了。"

"是没必要问！"房寰说，然后对房华说，"你可以回去了！"

"好，那我先回去了！"房华说完转身欲走。

"等一下！"房寰突然叫住他。

"叔，还有事？"房华回过身来看着他叔。

房寰叮嘱他："记住，这事不要往外传！"

"放心，叔，这我懂！"房华说。

"好，你去吧。"

"好！"

房华走了出去。

"好，什么都不说了，奏疏已经写好，就等着我去面奏皇上吧！"房寰说。

"行，那这事就先这样！"严范说完也走了。

房应斗说："爹，不是孩儿说您，您就不能冷静点吗？您看，把我岳父气走了，这又何必呢？"

"有些事情你不懂，听我的没错！"房寰说。

房应斗说："好好好，那就听爹的吧！"

弄得个不欢而散，房寰父子也不再说什么，各自做事去了。

— 5 —

回到家的钟宇淳一觉睡到大天亮。他觉得头还很沉，躺在床上不想起。

躺在床上的钟宇淳，脑子里在打着如意算盘：只要房寰一到皇上面前弹劾海瑞，让他削职回乡，那我钟宇淳就算大功告成了，到时他海瑞就是有三头六臂也奈何不了我钟宇淳。

想到这儿，钟宇淳嘴角露出一丝狡诘的笑。

钟宇淳咋会冒出这种想法？他缘何要去找房寰弹劾海瑞呢？

第55章 狼狈为奸

原来，钟宇淳虽为监察朝廷百官的御史，但也不是什么好人。他见海瑞来南京之后治贪攻势极为凌厉，也担心海瑞哪天会整到他头上，就想先下手整治海瑞。可他十分狡猾，想整治海瑞，又不想抛头露面。他听闻房寰想弹劾海瑞，于是便寻着来找他父子俩，帮他们谋划弹劾海瑞。

钟宇淳还是有些担心，他怕房寰父子早晚会把他说出来。如果他们真把自己扯出来，那自己该怎么办？

哼，万一他们真把我扯出来，那就和房寰一起上朝弹劾海瑞！钟宇淳想来想去，觉得也只能这样了。

吃完早餐，钟宇淳走出门去，他想去外边转转，放松一下头脑。

钟宇淳背着手，慢悠悠地沿着河边走。

这儿风景不错，河岸边碗口般粗的柳树一棵挨着一棵，长长的一排。树上有一些鸟儿在鸣叫。微风一吹，柳枝轻扬，像是身着绿裳的舞女在翩翩起舞。

景是好景，但钟宇淳心情并不好，他边走边想，弹劾海瑞的奏疏是写好了，但房寰上奏后皇上会不会理他？要是皇上不理他那会是啥结果？皇上会不会追问这奏疏的起草情况？要是这样，那房寰会不会出卖自己？

钟宇淳似乎有点后悔，觉得自己不应该去帮房寰写奏疏。但不去帮他，不和他一起扳倒海瑞，万一哪天海瑞真对自己下手，自己又怎么办？

转念一想，他觉得皇上不会不理房寰，那三条罪状就像三条毒蛇，没哪一条咬不死海瑞，只要房寰去上奏皇上不可能不理他，也不会饶了海瑞。

这样一想，钟宇淳心情似乎好了些。

他在路旁的草坪上找个地方坐了一会儿，然后又背着手慢悠悠地沿着河边往回走。

第56章 房寰发难

海瑞愤怒地瞟了旁边的房寰一眼，向万历皇帝辩解："皇上，房寰说我海瑞'莅官无一善状，唯务诈诞以夸人，大奸极诈，欺世盗名'，请问房寰，我海瑞何时莅官无善状了？又何时唯务诈诞以夸人了？何来的大奸极诈，欺世盗名？"

- 1 -

严范走后，房寰想，海瑞性格虽然固执，但做事却很缜密，不少高官都倒在他手下，这次上朝弹劾如若没有十成把握，那是扳不倒他的，不但扳不倒他，还会给自己惹来杀身之祸。

这如何是好啊？

"唉，管他亲家不亲家，要是扳不倒海瑞，就把严范拿来抵挡一阵再说，待风头过了再想办法救他！"房寰先想好了退路。

房寰又想，这事要不要先和严范通个气呢？如若事先不和他通气，到时候他不配合自己，甚至是将自己的那些事情抖出来，那怎么办？还是得先和他通个气。

想到这里，房寰把儿子叫来，说："应斗，爹和你商量个事。"

"爹，啥事您说！"。

房寰把他刚才的想法告诉了儿子。

"爹，他可是儿子的岳父，这样做外人会笑话咱们父子的呀！"房应斗有些反感。

见儿子有些不高兴，房寰沉下脸说："我这不是在和你商量吗？"

"这事非要这样做不可？"房应斗表情复杂地望着他爹。

房寰说："也不是一定要这么做，但万一皇上不听爹的，爹就得让他先出来抵挡一阵，否则这事我们三人都脱不了干系，与其把大家都搭进去，倒不如先让一个人顶着，待爹把事情摆平了再想法子救他。"

"爹这主意倒是好，可不知道我老岳父是否会同意！"房应斗望着他爹。

房寰说："爹之所以叫你来商量，一是想征求一下你的意见，看这事行不行；二是想叫你去说服你老岳父，请他配合一下咱们，要不到时候……"

"既是如此，儿子去说说他，看他答应不答应。"房应斗心里很是纠结。

见儿子有些勉强，房寰说："没事的，儿子，你去跟他说一下，说不定这事还用不着他，只是有个心理准备而已。"

"好，我去就是！"

"爹，这事要不要跟娇娇说一声？"房应斗突然问。

房寰皱着眉头想了一下，说："这事不跟她说也不好，你还是去跟她说一声吧。"

"好，我这就去跟她说。"

"嗯。"房寰点头。

"我有个事跟你说！"房应斗说着把媳妇拉到一边。

严娇娇看了他一眼，假嗔道："啥事啊？这么神神秘秘的！"

"这事你不能跟任何人说！"房应斗先警告她。

见他这么啰嗦，严娇娇不耐烦地说："知道，啥事你快说。"

房应斗于是把他爹的话告诉了她。

"啥？你们想拿我爹去当挡箭牌？房应斗，你要我如何说你们两父子才好，你说……你说你们父子俩是什么人？这种事情都做得出来，就不怕人家骂你们猪狗不如？我可告诉你，这事绝对不行！"严娇娇气昏了。

"你先别激动，听我把话说完嘛！"见严娇娇这么激动，房应斗赶紧诓她。

严娇娇流着泪说："房应斗，我问你，我爹哪儿对你们父子俩不好，你们要这么算计他！"

"你听我把话说完好不好？"房应斗沉下脸，声音提高了八度。

严娇娇抹了把眼泪说："你有啥好说的！"

"这事如果爹不先站出来抵挡一阵子，那……"房应斗给她分析这其中的利害关系。

听他这么说，严娇娇说："既是这样，那你自己去跟爹说，答应不答应是爹的事，你们可不能逼他！"

"不会不会，你放心就是！"见严娇娇松了口，房应斗笑着说。

下午，房应斗来到他岳父那儿，把他爹的意思跟他说了。

严范听后，吓了一大跳。他想，这房寰怎么会出这种馊主意？随后转念一想，他这样做也对，要不然大家都得遭殃。便对房应斗说："好吧，就按你爹说的办吧！"

"谢谢岳父大人，我这就回去给我爹说！"见老丈人答应了，房应斗高兴得如同捡了个金元宝。

随后他告别老丈人，回去给他爹回话。

房寰早就在门口等着了，见儿子回来了，赶紧上前问他："怎么样？你岳父答应了吗？"

"答应了！"房应斗告诉他爹。

房寰高兴地说："好，这下咱们就没有什么后顾之忧了！"

房应斗问："那爹准备什么时候上朝去弹劾海瑞？"

"这事爹自会安排。"房寰说。

- 2 -

四月某日的朝会上，待其他一些大臣向万历皇帝奏完事后，房寰赶紧走上前来禀报："皇上，卑职有一事要奏！"

万历皇帝边理整龙案上的卷宗，边漫不经心地问："房爱卿，你有何事要上奏朕啊？"

房寰从长袖里抽出奏疏，举过头顶向万历皇帝禀报："皇上，卑职要弹劾南京右都御史海瑞！"

"怎么又是海瑞？"万历皇帝心里一惊，抬起头来看了房寰一眼，然后示意随堂太监去接奏疏。

随堂太监走下去把奏疏拿上去呈给万历皇帝。

万历皇帝接过奏疏，边看边问房寰："房爱卿，具体说说你所奏之事吧！"

房寰赶紧说："皇上，卑职奏他海瑞莅官无一善状，唯务诈诞以夸人，妄引剥皮实草之刑，启皇上好杀之心，以圣人自诩，奚落孔孟，蔑视天子……"

万历皇帝一边看递上来的奏疏，一边听。

"海瑞不是他的堂官吗？他咋来朝会上弹劾海瑞呢？"

"这年头,谁还管你上司不上司?只要你有把柄落到人家手上,人家就会来弹劾你!"

"可老夫也听说过,这房寰并不是啥好东西,也是个贪得无厌的家伙!"

"就他这种人,也敢来皇上面前当着这么多人的面弹劾人家?他这不是讨死吗?"

"他娘的,这个海笔架,整人居然整到自家人头上来了?"

"都快进棺材的人了,还对自己人下手这么狠,也难怪,在哪儿都不讨人喜欢!"

"老夫劝大家注意点,说不定哪天他就整到咱们头上来了呢!"

站在下面的文武百官议论纷纷。

"房爱卿,这海瑞真如你所奏?"待房寰陈述完毕,万历皇帝也看完了他上的奏折,他将奏折一丢问房寰。

房寰赶紧说:"皇上,卑职所奏句句是实,若有半句虚言,甘愿受皇上处罚!"

万历皇帝问他:"那你敢不敢让海瑞上堂来与你对质?"

"这没什么不敢的!"房寰一副理直气壮的样子,其实他心虚得不得了,但皇上这么问,他不得不这么回答。

万历皇帝看着他:"既是这样,那朕马上就派人去南京通知海瑞,叫他来朝上与你对质。"

"既然皇上不相信卑职,那就让海瑞来好了!"房寰硬着头皮说。

见他这么说,万历皇帝转向随堂太监:"速传朕的旨意,告诉海瑞,就说他的属下南直隶提学御史房寰已来京师告他御状,让他速来京城与房寰对质。"

"奴才遵命!"随堂太监俯身道。

"你先下去!"万历皇帝转过来对房寰说。

"谢皇上!"房寰说完,退回文武百官队列。

台下马上又是一片议论声。

"房寰这厮,早在福建漳浦做知县时名声就很糟糕,咒骂他的人不少,做了南直隶提学御史更是贪得无厌,他来弹劾海瑞,这不是颠倒黑白吗?可笑,真是可笑啊!"

"海瑞不是他的堂官吗?咋得罪了他呀?"

"听说皇上很喜欢这人!"

"这海瑞真是磨难不断啊!"

"唉,他做事也未免太过较真!"

房寰走回队列时,有不少大臣不屑地瞟着他,有的甚至瞪他。只有钟宇淳心里替他高兴。

但房寰心里还是有点虚,他想,万一海瑞真要来朝会上和自己对质,那可怎么办?

这时,只听万历皇帝问下面的文武百官:"众爱卿,还有其他事要奏吗?"

文武百官齐声应道:"没有!"

万历皇帝说:"那就散朝!"

"皇上万福!"文武百官高呼。

皇上起驾回宫。

— 3 —

下午,南京都察院海瑞衙署。

海瑞正和佥都御史王用汲在商议政事,一个属官进来:"不好了,海大人,房寰到皇上那儿告你状了!"

"你说什么?"王用汲问来人。

来人告诉他:"王大人,房寰将海大人告到皇上那儿去了!"

王用汲问他:"你听谁说的?"

"朝廷来了文书,说让海大人去朝上与房寰对质。"来人拿出朝廷发的文书递给他。

王用汲看了之后,将文书递给海瑞。

海瑞看了,愤怒至极:"这个狗东西,本官还没来得及收拾他,他却到皇上那儿去告本官的状了。"

王用汲说:"他这是先下手为强!"

海瑞不说话。

来人告退。

那人走后,王用汲说:"我就不明白,房寰怎么会先到皇上那儿去告你的状?是不是有人给他透露消息,说你要整治他父子俩?"

海瑞说:"这事除了你,我没对谁说过。"

"我敢保证,这事我没说出去!"听海瑞这么说,王用汲赶紧说。

海瑞说:"我相信你不会将这事泄露出去。"

"可房寰又是咋得到的消息呢?"王用汲歪着头问。

到底是谁将自己要收拾房寰的消息透露出去的呢?海瑞在脑子里过了一遍,还是没找出泄露消息的人。

"哦,我知道了,原来是这奸人!"王用汲突然明白了。

海瑞问:"谁啊?"

"海大人,你想起来没有?那日你对我说要惩治房寰父子时,还有一个人在场。"

听他这么说,海瑞问:"你意思是说,这事是经历朱坤泄露出去的?"

"除非海大人你在其他地方对人说过这事!"王用汲说。

海瑞摇头,说除了那日对他和朱坤说过这事,再也没有在其他场合对人说起过这事。

王用汲问:"要不要把朱坤找来问问?"

"以后再说,当务之急还是想想如何去京城与房寰当面对质!"海瑞想了一下说。

"那海大人何时动身去京城?"

海瑞说,明日就走。

几日后,海瑞与房寰一同出现在京城的朝会上。

万历皇帝问海瑞:"海爱卿,房爱卿向朕弹劾,说你'莅官无一善状,唯务诈诞以夸人,大奸极诈,欺世盗名,妄引剥皮实草之刑,启皇上好杀之心,以圣人自诩,奚落孔孟,蔑视天子'三条罪状,对此你有何要说的?"

听了万历皇帝的话,海瑞又气又急,说:"皇上,这是房寰诬陷老臣,您切莫听信他的一派胡言!"

"那你说说,他弹劾你的有哪一条不实!"万历皇帝说。

海瑞愤怒地瞟了旁边的房寰一眼,向万历皇帝辩解:"皇上,房大人说老臣'莅官无一善状,唯务诈诞以夸人,大奸极诈,欺世盗名',请问房寰,老臣何时莅官无善状了?又何时唯务诈诞以夸人了?何来的大奸极诈,欺世盗名?"

见海瑞这样问,万历皇帝将目光移向房寰:"房爱卿,你来回答海爱卿提的问题。"

"是!"房寰回万历皇帝的话。

"启禀皇上,卑职说海瑞'莅官无一善状,唯务诈诞以夸人'是有依据的,并非虚言。比如,海瑞在福建南平做教谕时,对到南平提督学政的督学和知府长官就非常无礼,对长官不仅不下跪,还与长官争辩。在浙江淳安、江西兴国等地做知县时,海瑞更是与地方上的官员难以和睦共处,闹得鸡犬不宁。他到京城任户部主事之时,居然冒天下之大不韪,上奏疏大骂先帝,惹得先帝要杀他的头。他奉先帝之命巡抚江南,却以清丈田地为名,伤害与他有恩的徐阁老及江南富户……而海瑞所做的这一切,都是为了讨好皇上赚取功名。皇上,这些都足以证明海瑞莅官无善状,唯务诈诞以夸人,大奸极诈,欺世盗名。"

房寰缓了口气,接着说:"就拿断案来讲,海瑞主张'与其屈兄宁屈其弟,与其屈叔伯宁屈其侄,与其屈贫民宁屈富民,与其屈愚直宁屈刁顽。事在争产业,与其屈小民宁屈乡宦;事在争言貌,与其屈小民宁屈乡宦……'可朝廷的律例对谁都是公平的,海瑞这么做,显失公平,纵观其一言一行,无不为士论所嗤笑。"

见他这么诬陷自己,海瑞肺都快气炸了,待他一说完,便气愤地向万历皇帝进行辩解。

"皇上,老臣做官是得罪过不少人,包括先帝在内,这是事实。但老臣都是为了我大明的江山社稷,绝非为了个人,老臣问心无愧,再说这些事皇上几乎都是知晓的,老臣相信皇上不会错怪老臣。说到断案,那是老臣的方法和手段,这本无可厚非,怎能说是唯务诈诞以夸人呢?清丈田地是为了朝廷财政,也是为了还百姓公道,请问房大人,老夫何来的奸诈和欺世盗名?"

万历皇帝微微点了点头,随后问房寰:"房爱卿,你说海瑞'妄引剥皮实草之刑,启皇上好杀之心'这又怎么说呢?"

房寰赶紧回话:"皇上,我大明官员薪俸本就很低,朝中官员无论大小官阶高低,要养活一家老小极为困难,在履职中也就会或多或少做些手脚,挣些外水来弥补自己薪俸之不足,以此来养家糊口,而海瑞却奏请皇上重提太祖立下的重典,妄引剥皮实草之酷刑。倘若是这样,那我大明官员几乎无一幸免,到时恐怕我大明官场将血流成河,海瑞这么做,不是在启皇上好杀之心,置皇上于不义又是什么?"

"老臣奏请皇上用重典治贪,是针对南京官场的重度腐败而出此策,意在严惩腐败,还我大明官场清明,实出无奈。再说,太祖早就在洪武三十二年立下了这个规矩,凡我大明官员,贪污八十贯以上者,皆剥皮实草,这有律册记载,并非老臣所创,怎么能说老臣是启皇上好杀之心,置皇上于不义呢?"海瑞气得脸色铁青。

万历皇帝点头。

"房爱卿,你说海瑞以圣人自诩,奚落孔孟,蔑视天子,何以见得?"万历皇帝又问房寰。

房寰接着说:"皇上,卑职不用多说,这在海瑞当年骂先帝的奏疏中就可见一斑。"

"你真是无耻!"海瑞怒骂房寰,然后转向万历皇帝,"皇上,他这纯属是断章取义,老臣出生寒门,自幼母亲就以孔孟之道教育于己,老臣对孔孟之师一向尊若神明,绝不敢以圣人自封,更不敢奚落师尊。天子贵为一朝之君,老臣食朝廷俸禄,心向朝廷和皇上,怎会蔑视天子呢?"

万历皇帝觉得海瑞的话不无道理。

"唉,连自己的堂官都要弹劾,这种人太可怕了!"

"会不会是有人拿他当枪使?"

"依老夫看,这房寰肯定有问题!"

……

下面一片议论之声。

见文武百官议论纷纷,万历皇帝朝随堂太监看了一眼。

随堂太监明白皇上的意思,马上拖长声音朝下面的文武百官叫道:"安——静!"

众臣停止议论。

万历皇帝这才对海瑞和房寰说:"你俩公说公有理,婆说婆有理,朕一时也弄不清楚,断不了这个是非。这样,请吏部派人调查核实,然后朕再作定论。"

"遵命!"听皇上这么说,吏部尚书杨巍赶紧上前回话。

万历皇帝说:"你们都退下吧!"

"谢皇上!"海瑞、房寰和杨巍向万历皇帝拜谢,然后逐一退下。

万历皇帝问还有没有人要上奏。

文武百官都说没有了。

见没人再上奏,万历皇帝宣布散朝。

次日，吏部即派人去南京就房寰弹劾海瑞的有关问题进行调查。

不久，吏部派去调查的人回来了。他们向万历皇帝禀报，说房寰弹劾海瑞的都不是事实，但海瑞的确话说过头了，也有不当之处。

这不是在诬陷人家吗？听了吏部的禀报，万历皇帝很是恼怒，想好好惩治一下房寰，但房寰与内阁首辅申时行关系甚密，得罪了房寰就等于得罪了申时行。再说，申时行也来替房寰说过情，这面子不能不给他。

万历皇帝左右为难，只好来个折中处理。

在后来的朝会上，他对房寰说，海瑞话是说得有些过头，但他是忠于朝廷的，不该论处。

他责备了房寰一番，算是给海瑞一个交代。

— 4 —

对皇上这种和稀泥的处事方式，海瑞心里当然不服，可皇上都这么说了能怎么办？只好认了。

而房寰呢？没有扳倒海瑞也有些不死心，但皇上已作了定论，也不敢再多想。

海瑞和万历皇帝都以为，这事就这样结束了。可没想到，钟宇淳又来挑唆房寰，叫他再次上朝弹劾海瑞。

一日，钟宇淳又来找房寰。

钟宇淳说："房大人，这事皇上这么处置，你不觉得很不合理吗？"

房寰说："皇上都作了定论，不合理又如何？"

"就不会再找理由弹劾他？"钟宇淳喝了口茶放下杯子说。

房寰长长地叹了口气："该弹劾的都弹劾了，还能找啥理由？"

钟宇淳看着他说："怕是房大人无心，只要有心，哪会找不到事由？"

"真的啊？"钟宇淳的话起效了，房寰侧过身子，睁大眼睛问他。

钟宇淳看了他一眼，说："这还能有假？"

"那请钟大人说说，如何弹劾海瑞。"房寰贼心不死，端起茶壶边问边往钟宇淳杯里续水。

待房寰把茶水续满，放下茶壶坐下，钟宇淳这才侧过身子靠近他说道："海瑞他不是……你为何不以这事弹劾他呢?"

"这怕不行吧?"房寰睁大眼睛看着钟宇淳。

钟宇淳不屑地说:"没啥不行的。"

"好,那我就以这两个事由再上朝弹劾他!"听了钟宇淳的话,房寰决定再次上朝弹劾海瑞。

七月上旬某日,房寰再次上朝弹劾海瑞。

万历皇帝没办法,只好再叫人知会海瑞上朝。

数日后,海瑞再次来到朝堂上与房寰辩论。

"这房寰和海瑞到底有何深仇大恨呀,咋老是揪着人家不放?"

"这厮真是坏到了极点!"

"皇上不是都有定论了吗,咋还来弹劾人家?"

许多大臣替海瑞不服,都在骂房寰。

"好了,都别闹了,听皇上说话!"随堂太监见下面闹哄哄的,赶紧朝下面吼道。

万历皇帝沉下脸问房寰:"房爱卿,你说海瑞'居家小德而逼死妻女',你可有证据?"

"启禀皇上,海瑞一生娶过三妻,逾花甲之年还纳了两个年轻貌美的侍妾,因为一点小事,海瑞便休了结发妻子许氏。而他的第二任妻子潘氏,更是在婚后不到一月便被其逐出家门。因为妻妾争风吃醋,他的一妻一妾同日自缢身亡,有人怀疑是被逼而死。再就是为了一块饼,连他的亲生女儿也被他逼死。再者,海瑞到了古稀之年还在纳妾,这实在是有辱官风。皇上,海瑞这些毫无人伦的行为,即是见证!"房寰近乎疯狂,言语恶毒,似乎一点也不给海瑞喘息的机会。

"何以说海瑞'矫情饰诈,种种奸伪,卖器皿以易袍,用敝靴以易带'?"万历皇帝又问。

房寰说:"海瑞不论在何地为官,均故作矫情,假装忠诚,实则是在掩饰其奸诈,此行为犹如'卖器皿以易袍,用敝靴以易带'。"

"皇上,他这纯属诬蔑老臣!老臣一生娶过三妻纳过三妾不假,但皆事出有因,绝非老臣贪念女色。老臣的发妻许氏,因与老臣母亲不和,老臣母亲要臣将许氏休了,老臣向来是个孝子,听从母亲之命这才休了许氏。老臣的第二任妻子潘氏,嫁到老臣家不到一月,因一件小事与老臣母亲闹翻,老臣见她与母亲性格实在不和难以相处，不得不休了潘氏。再后来，老臣母亲让老臣娶了王氏。王氏为人低调谦恭，时时处处迁就老臣母亲，平时对老臣母亲侍候得也很得体，见她如此，老臣母亲当然也没什么可说，婆媳和睦相处。王氏与老臣恩爱有佳，并为老臣生下两男一女，给海家延续了香火，遗憾的是，那年两个孩子在牢中受到惊吓而夭折，王氏也从此疯了。因老臣的妻子不能照料家庭，隆庆元年，老臣先后公开纳了小妾丘氏和韩氏。不幸的是，隆庆二年七月某日，小妾韩氏因与老臣母亲吵嘴怄气自寻短见，于当夜上吊自杀身亡。刚过九日，老臣的妻子王氏又因发病而身亡，为这事老臣伤心不已。说老臣年到古稀之年纳妾，那是为了救那要跳河轻生的小女子一命……"

说到这儿，海瑞已是泪流满面泣不成声，后边站着的文武百官，有不少人也在跟着他伤心抹泪。

海瑞抹了把眼泪，接着说："至于逼死女儿一事，这不属实。老臣是骂过女儿，但老臣是想让她从小就懂得尊严，并不是要她去死。谁知这孩子气性大，竟然不吃不喝，最后饿死了！"

海瑞内心忧伤，禁不住又落下眼泪。

顿了顿，海瑞对万历皇帝说："皇上，房寰无端诬陷老臣，其目的只有一个！"

"那你告诉朕，他是何目的？"万历皇帝问他。

"房寰如此穷凶极恶地诬陷老臣，是因为老臣一到南京就知道他做官贪婪，江南的老百姓，特别是那些学子，被他敲诈的人不少，对他恨之入骨。老臣本想过些时日查清楚他的事后再惩治他，苦于事务繁多一时未抽出身来，才没来得及拿他。老臣不知道，要抓他的消息怎么被泄露了出去，房寰得知老臣准备拿他，怕事情败露受到法办，就恶人先告状，两次三番在皇上面前弹劾诬陷老臣，还望皇上给老臣做主！"

见海瑞揭穿自己的丑事，房寰有些慌了，赶紧向万历皇帝叩拜："皇上，您可别听海瑞胡言乱语，他才是冤枉卑职呀！"

"原来是这么回事，难怪他房寰这么狠！"

"这房寰真不是人，竟然诋毁人家！"

"哼，早就猜他有问题，怕海瑞找他麻烦！"

"你没听人说有士子在参加举人应试时，以他作了篇《倭房公》的文章骂他吗？"

"这种人怎么还有脸站在这儿弹劾人家？"

"你有所不知,情况复杂!"

"是非曲直,自有公道!"

听完海瑞陈述,文武百官禁不住又议论起来。

这时,万历皇帝发话了。

"房爱卿,我看你也有些过分了,上次朕已经对海瑞的事有了定论,没想到你又上朝弹劾人家,朕看这事就到此为止,你也别再生事了。若再生事,那朕就对你不客气了!"

"皇上,这……"房寰有些不服气,还想再申辩。

海瑞愤怒地看着他。

"煮豆燃豆萁,豆在釜中泣。本是同根生,相煎何太急?"见房寰还想纠缠不休,礼部尚书沈鲤实在是看不下去,站出来以汉代曹植的七步诗来劝说房寰。

沈鲤的意思是说,房寰和海瑞同是朝廷重臣,而且都同属南京都察院这个监察系统,有何拨不开的阴雾,非要相互撕杀呢?

"皇上,您听卑职……"房寰听不进去,还想再闹。

随堂太监瞪了他一眼,说:"知趣点吧,房大人,何必没事找事,让大家难堪呢!"

房寰这才没敢再闹下去。

"这事就算了结了,海爱卿,你也别再说了,回去继续做好自己的事,多替朕分些忧!好,今日就到此为止,散朝!"

"皇上……"海瑞也不服气,也想向万历皇帝申辩。

"海爱卿,朕知道你心里不好受,朕刚才也责备房寰了,这事也只能是这样,你也别再说了,回去吧!"万历皇帝说完,准备回宫。

"起——驾!"随堂太监叫道。

"皇上万福,臣等恭送皇上回宫!"

文武百官低着头,齐声叫道。

万历皇帝起驾回宫。

随后,文武百官鱼贯而出。

海瑞没精打采地走出来,坐上轿篷马车回南京。

"皇上咋能这样处理事情?"路上,仆人海安听海瑞把情况说了,也替他不服。

— 5 —

海瑞非常伤心,更是想不通,他不知道问题到底出在哪儿,后来还是金都御史王用汲告诉他,房寰的背后是内阁首辅申时行,皇上之所以这样偏袒房寰,就是碍于申时行的面子。

"原来如此,难怪房寰如此专横跋扈!"听了王用汲的话,海瑞这才如梦方醒。

王用汲劝说他:"房寰父子贪腐之事,已是板上钉钉,会有人收拾他们的,只不过是迟早的事,海大人,你年纪大了,就别管这事了,让其他人来收拾他们就行!"

"只要我海瑞在任一天,我绝不会放过严范和他父子俩!"海瑞决绝地说。

见他态度如此坚定,王用汲说:"海大人,这反贪之事并非一日两日能反得完的,就算是你再恨,你一个人也反不完,依下官看这事不如从长计议。"

其实王用汲对官员的贪污腐败也非常痛恨,对房寰父子之事他早有耳闻,他也巴不得早点儿将房寰父子拿下。

海瑞对王用汲说:"用汲老弟,我知道你是好意,但我就是看不下去,我就是拼了性命,也一定要将这几个贪贼拿下,否则我对不起南京城的百姓,对不起朝廷和皇上!"

"海大人,你就是太犟,遇事一根筋!你也不想想,你这一生,在哪儿不是在替朝廷和皇上着想?在哪儿没替百姓做事?但到头来还不是处处碰壁,你这又何苦呢?诚然,老百姓都对你很好,你在哪儿做官他们都舍不得让你走,可其他人呢?他们能容得下你吗?说实话,他们都巴不得你早点儿死。这是为何?就是因为你触动了他们的利益,挡了他们的财路。"王用汲说。

海瑞没想到王用汲会这么说他,有点生气,他反问王用汲:"照你这么说,那朝廷还不如早点拱手把江山社稷让给别人算了,皇上还坐在那儿干吗?"

"我知道我这么说你不爱听,这也是为你好,我说句不好听的,你再这样犟下去,对你绝对没有好处!"王用汲说。

海瑞说:"我不要啥好处!"

"我不是说你当官是想捞什么好处,我是说,你要再这样下去的话,迟早有一天会丢命的。丢命还是轻的,弄不好会连累家人!"见海瑞还是听不进去,王用汲话说得更直白。

"我自有分寸。"海瑞说。

王用汲无奈地说:"既然话都说到这个份上了,你不听我也拿你没办法,那你就好自为之吧!"

见他不撞南墙不回头,王用汲说完头也不回地走了。

第57章　联名辩诬

顾允成左手叉着下巴想了一下,"啪"的一声拍着面前的桌子,郑重地说:"要不这样,咱们三人联名上奏皇上,弹劾房寰是非不分、忠奸不辨,胡乱诋毁海公,你们觉得如何?"

- 1 -

房寰连连向海瑞发难,在朝会上弹劾诋毁海瑞,朝野上一些有良知的官员实在是看不下去。特别是江南的那些举子,看到房寰一再上朝攻击海瑞,更是义愤填膺,主动站出来联名替海瑞辩污。

刚被朝廷授予新科进士并在南京吏部谋差的顾允成,从小就非常敬仰海瑞,他觉得海瑞是个名副其实的清官和好官。

"真是颠倒是非、忠奸不分!"

万历十四年七月下旬的一天,顾允成得知南直隶提学御史房寰屡屡上疏万历皇帝无端诋毁和诬陷海瑞后,简直愤怒到了极点,大骂房寰颠倒是非、忠奸不分。

"寿贤、遵古,白日里我听人说,有个叫房寰的人屡屡向皇上上疏,无端百般诋毁海公,我以为,这人太无耻了!"

晚上,顾允成来到他的好友诸寿贤家。正好,他的另一位好友彭遵古也在,顾允成便把房寰上疏诋毁海瑞的事告诉了他们。

"什么?像海公这样清正廉洁的朝廷命官,房寰也去弹劾?这朝廷还有没有法度啊?"

"哪个房寰?这人是不是疯了,竟然如此忠奸不分!"

诸寿贤和彭遵古也是朝廷刚授予的新科进士,和顾允成一样,二人对海瑞也是非常崇拜,此时听到顾允成说有人向皇上上奏疏诋毁海瑞,也是气愤之极。

"浙江德清人,隆庆二年朝廷授予其戊辰科进士,做过福建漳浦县知县,后来靠关系升任南直隶提学御史,专管南直隶学政……"顾允成说。

第57章 联名辩诬

"你说的这个人，不就是那年科考被一位举子比作'倭房公'的那个人吗？"诸寿贤惊奇地问。

顾允成朝他点头："对，正是此人！"

"这个老杂皮，在清县、歙县、漳浦等地做官时就是个大贪官，谁人不知，谁人不晓？"诸寿贤气愤地骂道。

彭遵古说："光他贪也就罢了，他儿子房应斗还打着他的旗号，在江南各地假借游览之名，不但广收地方官员贿赂，还到处招摇撞骗欺压良善，简直是无恶不作！"

"不仅如此，房寰的亲家严范，和他也是一丘之貉，伙同他一起大肆收受贿赂，欺压咱们这些学子！"顾允成气得脸铁青。

诸寿贤说："就这么个声名狼藉的人，居然还敢上疏弹劾他的本衙堂官？这岂不是让世人笑话？"

彭遵古说："不行，咱们绝不能眼睁睁看着德高望重的三朝名臣被这种小人诋毁！"

"那你们说这事咋办，总不能就这样看着海公被房寰这老杂皮诬陷吧？"诸寿贤很是着急。

顾允成斩钉截铁地说"当然不能！如若让房寰胡作非为，那不仅糟踏了圣贤，也对不起海公他老人家呀？"

"岂只是对不起海公，天下的忠臣良将我们都对不起啊！"彭遵古情绪激昂。

"那你们说说，这事到底咋办？"诸寿贤问顾允成和彭遵古。

顾允成左手叉着下巴想了一下，"啪"的一声拍着面前的桌子，郑重地说："要不这样，咱们三人联名上奏皇上，弹劾房寰是非不分、忠奸不辨，胡乱诋毁海公，你们觉得如何？"

"我觉得允成兄说得对，咱们三人联名上奏皇上，弹劾房寰这个老杂皮，替海公讨个公道！"诸寿贤说。

彭遵古手拍桌子，大声地说："行，咱们三人联名，不怕弹劾不了他房寰！"

"好，不干他个天翻地覆，决不罢休！"见他俩都同意自己的想法，顾允成高兴得拍了一下大腿。

"谁来起草奏疏？"诸寿贤用征询的眼光看着顾允成和彭遵古。

顾允成毛遂自荐，说："要不我来吧，我先草拟个出来，大家再来共同修改，好不好？"

"那就有劳顾兄了！"诸寿贤双手对顾允成抱拳。

顾允成说："行，那就这样，我先回去草拟奏疏，明日与诸兄和彭兄商讨！"

"既是这样，那就辛苦顾兄了！"彭遵古对顾允成行抱拳礼。

顾允成说："这是我等应该做的，彭兄不必客气！"

说罢，顾允成与诸寿贤和彭遵古告别，回去起草弹劾房寰的奏疏。

"这房寰不也是南京都察院的御史吗？他是海公的属下，怎么会弹劾诬陷海公呢？"顾允成走后，诸寿贤问彭遵古。

彭遵古气愤地说："是啊，按理说他们是一家人，而且海公还是他的堂官，这杂皮着实不应该这么做！"

"可他咋偏偏弹劾起海公来了呢？莫非平时他们之间有啥过节？"诸寿贤很纳闷。

彭遵古说："听说这杂皮是受了那个叫钟宇淳的怂恿。"

"受钟宇淳的怂恿？这钟宇淳又是谁呀？"诸寿贤不解地望着彭遵古。

彭遵古告诉他，钟宇淳是南京兵部的一名给事中。

"海公什么时候与这人有过节？"诸寿贤睁大眼睛问。

彭遵古看着他，说："诸兄你又不是不知道，海公向来生性耿直，对贪墨一向嫉恶如仇，加之他做事雷厉风行，难免会得罪不少人，特别是那些贪官污吏。"

"彭兄的意思是说，这钟宇淳也不是啥好鸟。"诸寿贤望着彭遵古。

彭遵古说："哼，就是好，也好不到哪儿去！"

诸寿贤咬牙切齿地说："竟敢弹劾自己的堂官，这个房寰，我看他八成是活腻了！"

见他如此痛恨房寰，彭遵古说："好了，不说了，诸兄，我觉得奏疏没草拟出来，说啥也没用的，等允成兄明日把草拟的奏疏拿来，咱们看了后再作打算吧！"

次日一早，顾允成揣着他连夜起草的奏疏急匆匆来到诸寿贤家。进门见诸寿贤、彭遵古早已在屋里等着他了，抱歉地说："不好意思，让二位久等了！"

彭遵古笑着说："没事没事，我也是刚到！"

第57章 联名辩诬

"写好了吧?"诸寿贤笑着问顾允成。

"写好了!"顾允成说着从衣袋里拿出头天晚上草拟的奏疏,在桌子上摊开,然后说:"两位仁兄,来看一下,是否可行?"

"南直隶提学御史房寰本论右都御史海瑞,大奸极诈,欺世盗名,诬圣自贤,损君辱国……朝野闻之,无不切齿抱愤。寰妒贤丑正,大肆贪污,闻瑞之风,宜愧且死,反敢造言逞诬,臣等所为痛心。寰不复知人间羞耻事。臣等自幼读书,自十余岁时即闻海瑞之名,即知慕瑞,以为当朝伟人,万代瞻仰,真有望之如在天上,人不能及者。瑞剔历仕,含辛茹苦,垂白之年,终不使囊中有赢金。瑞巡抚南畿时,所至如烈火秋霜,搏击豪强,则权势敛迹,禁绝侵渔,则民困立苏。兴水利,议条鞭,一切善政,至今黄童白男,皆雅道之。近日起用,海滨无不曰海都堂又起,转相告语,喜见眉睫。近在留都,禁绝馈送,裁革奢侈,躬先节俭,以至百僚,振见肃纪,远近望之,隐然有虎豹在山之势,英见劲气,振江南庸庸之士风,而濯之以清冷之水者,其功劳或诬也……"

"好,好啊,此疏不仅用词犀利,陈述恳切,例证也很实在,顾兄真不愧是江南才子,才华横溢!"看了顾允成草拟的奏疏,诸寿贤笑着夸奖道。

彭遵古也笑着说:"不错不错,非常不错,我看就不用修改了!"

"两位仁兄过奖了!但为了万无一失,劝二位还是再仔细斟酌斟酌,看有没有不妥之处,如有也好修改!"顾允成很是谦虚,并不忘提醒他们二人。

诸寿贤说:"都看了,确实不用改了!"

"对,不用看了,相信顾兄就是!"彭遵古也说。

稍后,顾允成愁眉苦脸地说:"这奏疏是写好了,可我等只是新科进士,官品甚低,无法见到皇上,这奏疏如何能递得到他那儿?"

"是啊,这还真是个麻烦事呀!"彭遵古也苦着个脸。

诸寿贤没说话,突然,他对顾允成说:"哎,允成兄,你咋忘了,你大哥顾宪成不是在京城吏部任稽勤司主事吗?咱们何不去找他帮忙呢?"

"对呀,我咋就忘了这事呢?"经诸寿贤提醒,顾允成这才想他有个大哥在京城吏部任稽勤司主事,"行,那就去找我大哥,听听他的意见再说!"

彭遵古说:"好,那就去找你大哥,我相信他一定会帮咱们出主意!"

诸寿贤问他俩啥时候去。

顾允成说:"事不宜迟,咱们明日就启程!"

彭遵古说:"好,那就明日去吧!"

"行!"诸寿贤也说。

- 2 -

次日早晨,顾允成带着起草好的奏疏,与诸寿贤和彭遵古一道奔赴京城,去找他大哥顾宪成。

数日后,顾允成、诸寿贤、彭遵古三人出现在京城吏部稽勤司主事顾宪成家里。

顾宪成还没回来,顾允成的大嫂在家,三人只好在家里等着他回来。

没过多久,顾宪成回到了家里。

"回来了啊,大哥!"见顾宪成回来了,顾允成赶紧站起来和他打招呼。

诸寿贤和彭遵古也礼节性地跟着站起来。

"允成,你……你怎么来了呀?"顾宪成有些惊讶。

顾允成笑着说:"有点事来找大哥!"

"我给你介绍一下,这两位是我的密友,他叫诸寿贤,他叫彭遵古,都是在南京吏部供职的新科进士!"顾允成指着诸寿贤、彭遵古给他大哥介绍。

诸寿贤、彭遵古分别与顾宪成打招呼。

顾宪成招呼他们:"坐坐坐!"

几人落座后,顾宪成问:"你们一起来京城,有什么事啊?"

诸寿贤和彭遵古看了顾允成一眼,顾允成会意,对他大哥说:"事情是这样的,大哥,我们三人之所以大老远来京城找你,是有件事想请你帮忙出出主意。"

顾宪成问:"什么事啊?"

"海瑞这个人你是知道的,是吧?"顾允成问他。

"知道啊!他不是到南京都察院任右都御史了吗?"

"那南直隶提学御史房寰你知道吗?"顾允成没回答他哥哥的话,而是接着问他。

"都知道啊!怎么啦?"

"房寰上朝弹劾海瑞你知道吗?"

"知道,你问这干吗?"

第57章 联名辩诬

顾允成气愤地对他大哥说:"大哥,你说像海公这样忧国忧民、一生清廉的好官,房寰也去皇上面前弹劾他,你说这房寰还是人吗?"

"你们来……"顾宪成把话说到半截停住,看着顾允成、诸寿贤、彭遵古。

彭遵古见他这副表情,赶紧说:"顾大哥,是这样的,我们见房寰这奸人上朝无端弹劾诬陷海公,心生愤怒,准备联合起来向皇上弹劾房寰,替海公他老人家讨还公道!"

"是啊,顾大哥,房寰本就是贪官,他反而到皇上面前弹劾诬陷海公这样的好官,我们三人真是看不下去了!"诸寿贤非常激动。

听了他们的话,顾宪成说:"你们的心情当哥的非常理解,说实在话,房寰这种做法我也很看不惯,但要弹劾他也绝非易事,不仅要有奏疏,还要看怎么才能递得到皇上那儿。"

"大哥,奏疏我们已经写好了,只是……"顾允成笑着用手摸着后脑勺,看了看诸寿贤和彭遵古。

见他一副为难的样子,顾宪成接过话:"只是不知道怎么递到皇上手上,是吧?"

"正是,正是!"顾允成赶紧说。

彭遵古说:"是啊,顾大哥,我们兄弟三个今日大老远来找你,就是想请你帮忙出出主意,看这事咋办才成!"

"顾大哥,你得帮兄弟们这个忙啊!"诸寿贤一脸诚恳地看着顾宪成。

"大哥,这事你不帮我们,我们真不知道怎么把这奏疏送到皇上手上,你就帮我们吧!"顾允成恳求他大哥。

顾宪成说:"把你们写的奏疏先给我看一下。"

"好的!"顾允成说着从包里把奏疏拿出来递给他大哥。

顾宪成接过来仔细看起来。

"这奏疏写得还不错,谁写的啊?"看完奏疏,顾宪成看着顾允成三人问道。

顾允成笑着告诉他:"是小弟起草的!"

顾宪成微笑道:"好,文笔很不错!"

"承蒙大哥夸奖!"顾允成一脸谦虚。

彭遵古说:"现在就看这奏疏如何才能递得到皇上手里。"

诸寿贤说:"是啊,要是皇上看不到奏疏,那就无法弹劾房寰!"

"所以我们赶紧来京城找大哥!"顾允成也说。

顾宪成告诉他们:"朝廷有规定,只有四品以上的官员才能上朝面见皇上,凭你们的官阶根本就无法见到皇上,不要说把这奏疏亲自送到他手上!"

"那怎么办啊,大哥?"顾允成问。

顾宪成想了一下,说:"这事,我看只有你们带着奏疏去刑部击鼓喊冤,让刑部的人知道你们有冤屈,然后由他们将奏疏转上去,才有可能递到皇上那里。"

"行,一切听从顾大哥安排!"诸寿贤说。

彭遵古也说:"这事就全靠顾大哥了!"

"是啊,大哥,看来这事得靠你了!"顾允成说。

顾宪成说:"主意我是给你们出了,但具体怎么去做,我不便参与,只能暗中帮你们斡旋一下。"

"我们知道了,谢谢大哥,请大哥受兄弟们一拜!"顾允成说着与诸寿贤、彭遵古一起给他大哥行拱手礼。

"都是自家兄弟,不兴这些礼节!"见他们这般行礼,顾宪成说。

"谢谢大哥!"顾允成和诸寿贤、彭遵古齐声道谢。

— 3 —

"鼕鼕鼕,鼕鼕鼕……"

顾允成与诸寿贤、彭遵古三人到京城刑部衙门外击鼓。

顾宪成支的这招还真灵,听到外面的鼓声,两名衙役赶紧跑出来看。

"是谁在那儿击鼓?有何冤屈?"见是顾允成与诸寿贤、彭遵古他们在击鼓,一衙役高声朝他们问道。

顾允成大声地告诉他:"我等要状告大贪官房寰!"

"哪个房寰?"衙役问顾允成。

彭遵古答道:"南直隶提学御史房寰!"

"你们可有呈词?"衙役问彭遵古。

"有!"顾允成告诉他。

衙役说:"那你们随我来吧。"

"谢谢两位大人!"

随后,顾允成和诸寿贤、彭遵古三人跟着两名衙役往刑部衙门大堂走去。

"尔等是何许人?要状告谁?"

来到刑部大堂,一官员问顾允成和诸寿贤、彭遵古。

顾允成回话:"禀告大人,我等皆为南京吏部新科进士,我叫顾允成,他叫诸寿贤,他叫彭遵古,我们要状告南直隶提学御史房寰!"

听了顾允成的话,这官员一惊,于是问道:"房寰身为南直隶提学御史,他和尔等有何冤仇,尔等要状告他?"

顾允成说:"实话告诉大人,房寰和我等并无冤仇。"

"他既与尔等无冤无仇,尔等缘何要状告他?"

彭遵古忍不住了,抢着回话:"房寰是与我们无冤无仇,但他三番五次上朝弹劾诬陷海瑞海大人,我们实在是看不下去,特意来替海大人讨个说法!"

"对,我们就是想来替海大人讨个说法!"诸寿贤附和。

这官员问他们:"尔等可有呈词?"

"有!"

顾允成说完从衣袋里拿出准备好的奏疏。

一站堂衙役将顾允成手上的奏疏接过去递给这位官员。

这位官员看到站堂衙役递来的是奏疏,又是一惊,问道:"这不是写给皇上的奏疏吗?"

顾允成急忙说:"禀告大人,这的确是写给皇上的奏疏。"

"那尔等为何不递交到皇上那儿,却跑到刑部来告状?"官员沉着脸问。

彭遵古说:"大人,我们倒是想将此奏疏直接递到皇上那儿,只是我们官微言卑,无法将此奏疏面呈皇上,所以就来这儿击鼓鸣冤,意在请大人帮我们将此奏疏转呈皇上。"

"原来是这么回事!"这位官员才明白他们击鼓喊冤的真正用意。

"我们都知道,这事定会冒犯大人,可我们也是实出无奈,万望大人体谅,并替我们将此奏疏转呈皇上,让皇上制裁房寰,还海大人一个公道!"诸寿贤说。

"可这不符合程序呀!"这位官员说。

顾允成赶紧说:"大人,这房寰太可恶了,我等实在是看不下去,才出此下策，望大人能理解我等心情！"

这位官员也是个正直官员，对房寰的所作所为也有些看不惯，见顾允成、诸寿贤、彭遵古三人有如此义举，也被深深感动，于是说："好吧，难得尔等如此仗义，本官就帮尔等将它转呈给皇上。"

"谢谢大人！"见这官员答应帮忙，三人万分高兴，赶紧给他叩头。

这位官员见了，赶紧说："三位义士请起，不必行此大礼！"

顾允成和诸寿贤、彭遵古站起身。

这位官员说："本官还有其他事务，尔等先回去，奏疏本官替尔等转呈皇上便是。"

"谢谢大人！"

三人说完转身走出刑部大堂。

出了刑部大门，顾允成和诸寿贤、彭遵古高兴得不得了，顾允成说："没想到我大哥这招还真灵，我看到时候严范和房寰父子不死也得脱层皮！"

"就算是要不了他们的狗命，也要让他们丢官弃职！"诸寿贤气愤地说。

"若不是顾大哥出这个主意，咱们弹劾房寰的奏疏还真难递到皇上那儿啊！"彭遵古说。

诸寿贤说："到时候咱们得好好感谢一下顾大哥！"

"是得好生感谢一下他！"彭遵古也说。

顾允成笑着说："都是自家弟兄，用不着客气！"

顾允成和诸寿贤、彭遵古兴高采烈地往顾宪成家走去，他们急着想把这个消息告诉顾宪成。看他们这高兴劲，仿佛是已经弹劾倒了房寰父子和严范。

"大哥，你这招真管用，刑部一大人已经答应帮我们把奏疏转呈皇上了！"在顾宪成家里，顾允成兴奋地将这事告诉他大哥。

"谢谢顾大哥！"

"感谢大哥帮忙！"

诸寿贤和彭遵古也赶紧向顾宪成道谢。

顾宪成没说话。

见他不说话，顾允成和诸寿贤、彭遵古感觉有些奇怪。

"大哥，你咋不说话？"顾允成问他大哥。

"是呀，顾大哥，你怎么不说话呀！"彭遵古也问。

诸寿贤问他："顾大哥，你是不是觉得这事……"

顾宪成说："弹劾房寰的奏疏，虽说刑部那位官员可以替你们转呈到皇上手上，可结果怎样还不好说，劝几位别高兴得太早，还是谨慎一些为好。"

"大哥说得极是，我们就在京城等结果出来再回南京！"顾允成说。

"不过，要打扰顾大哥了！"诸寿贤说。

顾宪成说："你们就在我这儿住下，看情况再说吧！"

"好，谢谢大哥！"

顾允成和诸寿贤、彭遵古就留在京城，等候结果。

– 4 –

两日后，刑部那位官员趁朝会将顾允成和诸寿贤、彭遵古三人联名弹劾房寰的奏疏转呈到了皇上手上。

"荒唐，真是荒唐！一个新科进士，朝廷尚未授官胆敢出位弹劾朝廷命官，这成何体统？再说这事早有定论，缘何又提及它？"万历皇帝看了奏疏后大发雷霆。

见皇上发怒，众大臣谁也不敢吭声。

"卑职该死，请皇上饶命！"代顾允成他们转呈奏疏的那位刑部官员更是吓得面如土色，赶紧上前向万历皇帝叩拜求饶。

万历皇帝怒着脸说："你下去吧！"

"谢皇上不杀之恩！"这位官员一阵叩拜之后，赶紧起身退回百官队列。

万历皇帝朝杨巍叫道："杨爱卿！"

"臣在！"吏部尚书杨巍急忙上前。

万历皇帝沉着脸说："房寰弹劾海瑞之事，房寰是有不当之处，朕已责备过他，令其不得再乱议他人，如今这三人出位言事，越级妄奏，实在是不成体统，为防日后出现类似情形，朕命你部姑且革去此三人冠带，退回原籍听候留用！"

"微臣遵命！"杨巍回话。

万历皇帝对众臣道："日后，各衙门堂官须严格约束本部办事进士，绝不允许妄言渎扰，如日后再出现类似情形，朕绝不轻饶！"

"臣等遵命！"

众大臣赶紧回话。

"众爱卿，还有事要奏吗？"万历皇帝程序式地问众大臣。

"没有！"

众大臣齐声回答。

万历皇帝宣布散朝。

顾允成和诸寿贤、彭遵古三人听闻这个事后，极为愤慨，他们没想到皇上会是这么个态度。

彭遵古说："这事不能就这样了之，咱们得去找皇上论个是非曲直！"

"对，上朝去找皇上！"诸寿贤附和。

顾允成气愤地说："我同意你们的意见，去找皇上当面论理，我就不信这世上真没有公道了！"

顾宪成劝说他们："你们几个不知道内情，房寰如此疯狂上奏弹劾海瑞，是因为他背后有内阁首辅申时行替他撑腰，皇上才百般袒护房寰。再说，皇上已经命吏部将你三人革去冠带逐回原籍，我劝你们还是不要再惹事了，弄不好房寰反过来向皇上弹劾你们，恐怕对你们更加不利，劝你们不要意气用事！"

诸寿贤说："顾大哥，海公对朝廷对皇上皆一片忠心，这可是天人共鉴啊！"

顾允成气愤地说："海公已是古稀之人，像他这样年纪的人，本应在家与家人共享天伦之乐，可他不愿意苟活，还在为朝廷出力，你说他有罪吗？可房寰这狗东西偏要与他过不去，你说他还是人吗？"

"你们说的这些，当哥的都知道，可皇上偏要这么做，你又有啥法子？"顾宪成说。

彭遵古气愤地说："这是啥世道啊，舍己忘身、忧国忧君的圣贤反倒成了异己分子，而那些贪墨小人朝廷和皇上却百般庇护，可笑，实在是可笑。"

诸寿贤说："房寰说什么海公不尊主威，我看他是胡说！"

顾允成也很气愤："难道只有像房寰这样的小人甘言谀词，才是尊主威吗？难道只有像他那样粉饰太平，才是崇国体吗？我看大明王朝的江山已经岌岌可危矣！"

顾宪成说："大家都不要说气话了，我看皇上命吏部革去你们三人冠带，让你们回原籍反省留用，也是他气头上的话，等这阵风波过了估计他还会召回你们的，你们就忍着点吧！"

"大哥，我们实在是替海公不服啊！"顾允成一脸沮丧。

"是啊，顾大哥，我们真是不服啊！"诸寿贤满脸愤怒。

彭遵古说道："这皇上，真不知道是不是脑子进水了，居然这么处置事情！"

顾允成说："皇上如若再这样下去，我看大明王朝的气数尽矣！"

"好了，都不说了，你们也别待在京城了，省得再惹出麻烦！"顾宪成说。

当日，顾允成和诸寿贤、彭遵古三人就赶回南京。

不久，顾允成和诸寿贤、彭遵古三人被摘去冠带逐回乡里。

房寰知道这事不会就这样了结，事后肯定还会有像顾允成之类的人来找自己麻烦。不怕一万就怕万一，为防不测，他把亲家严范抛出来，对严范作了轻微处罚，以此掩人耳目。

蒙在鼓里的万历皇帝见房寰把严范惩罚了，还以为这一切都是严范造成的，对房寰也就不再计较。

见没有了后顾之忧，房寰反过来说顾允成等人诬陷他，向皇上反告顾允成等人。不仅如此，他还诬陷顾允成大哥顾宪成，说他徇私舞弊，帮助其弟陷害他。

见房寰有些得寸进尺，万历皇帝旁敲侧击地说："房寰，别以为你的事朕不知道，朕要不是看在申阁老的面子上……"

"皇上，卑职……"见皇上这么说，房寰心里惊了一下，但他还想争辩。

万历皇帝不耐烦地说："算了算了，那三名新科进士朕已经命吏部将他们革去冠带，遣回原籍反省了，你也别再揪着这事不放了！"

房寰碰了一鼻子灰，不敢再提顾允成和诸寿贤、彭遵古三人的事。可他还是不死心。

不久，房寰上朝弹劾顾宪成，说他徇私舞弊，帮助其弟顾允成等人陷害自己。

"他娘的，这朝堂怎么这么诡谲？"顾宪成听说后非常愤慨，马上起草奏疏，上朝在皇上面前辩白。

可万历皇帝有意袒护房寰，对顾宪成置之不理。

顾宪成很是气愤，但也无可奈何。

— 5 —

房寰诬告海瑞,朝中许多大臣和官员都憎恶他,但皇上故意袒护,这些人也没办法。

有位大臣却不一样,他就是太仆寺寺卿沈恩孝。

沈恩孝为人正直,看不惯的事情他就要说,他见皇上不但不惩罚房寰,反而命吏部革去顾允成和诸寿贤、彭遵古三人的冠带,很是替这三名涉世不深的新科进士感到不平。

于是,沈恩孝上书万历皇帝,替顾允成和诸寿贤、彭遵古三人鸣冤。

房寰弹劾海瑞一事,万历皇帝本来就心烦,见一而再再而三地有人来纠缠这事,非常恼怒,命刑部对沈恩孝加以严惩。

刑部见皇上发怒,只好遵命执行。

一石激起千层浪,万历皇帝袒护恶人,激起了更多朝臣的不满和愤怒。

吏部的给事中张思鼎、南京户部的给事中徐常吉等人,见海瑞忠心耿耿替朝廷和皇上卖命,在遭到恶人房寰的弹劾诬陷后,皇上不但不庇护他反而袒护房寰,心生愤怒,几人便联名上奏万历皇帝。

这下事情闹大了,整个朝野沸反盈天,社会影响极大,万历皇帝逼不得已免去了房寰的职务。

第58章 晋江奔丧

海瑞沉下脸说:"古人云,滴水之恩当涌泉相报,更何况人家救了老夫一命。人的生死只有一回,人家都离世了,我岂有不去吊唁之理?你们这么说,岂不是让我海瑞陷于不仁不义之中吗?"

- 1 -

一想到梅鹍祚和房寰等人的无端攻击,海瑞就怒火难平。

他气愤地骂道:"房寰啊房寰,尔等口口声声说老夫大奸极诈、欺世盗名,可老夫一心报效朝廷,为官勤恳清廉,这些老百姓和皇上都是有目共睹的,老夫何来的奸何来的诈?何来的欺世盗名?尔等奸佞为掩盖自己的罪行上朝胡乱弹劾忠臣,欺蒙朝廷和皇上,依老夫看尔等才是真正的大奸极诈、欺世盗名之辈,可叹的是皇上他……"

陷入如此境地,海瑞很是沮丧。

海瑞想,既然皇上如此不待见自己,那又何必再待在南京都察院呢?不如奏请皇上,请他恩准自己回海南琼山老家颐养天年,省得再惹麻烦。

想到这儿,海瑞提笔撰写请辞,请求万历皇帝开恩准自己告老还乡。

请辞写好,海瑞递了上去。可他的请辞递上去好几次了,万历皇帝就是不同意。

万历皇帝的这种态度,让海瑞感到进退无路心烦气急。

海瑞这一急,竟然急出病来了,加上天气变化,有些寒凉,他一直咳嗽。

"梅鹍祚啊梅鹍祚,你这奸佞小人,老夫与你无冤无仇,缘何要在皇上面前诬弹老夫?还有你房寰,老夫……咳咳,咳咳咳……"躺在床上的海瑞怒火难平,一骂再骂,可还没骂完,又不停地咳嗽起来。

"老爷,您将心放宽些,那等小人没必要跟他们计较,计较多了反倒伤了自己的身子骨!"在一边替他理整书房的年轻仆人柱子说。

侍妾玉娴见他身子颤抖,脸色涨得通红,而且双眼泛着泪花,赶紧走过来边给他捶背边劝说他:"是啊,老爷,自己身子要紧啊!"

"老爷,您怎么啦?"兰兰也过来问。

玉娴告诉她,老爷咳得很厉害。

海瑞好不容易止住咳嗽,喘着粗气说:"唉,老夫不服,老夫不服啊!"

"您就认了吧,老爷,都这把年纪了,皇上不让干就不干,趁此好生休养一下,保护好自己的身子骨,身子骨好比啥都强啊!"海安劝说海瑞。

惊蛰也说:"是啊,老爷,你就把心放宽些嘛!"

"这不是皇上的事,是那帮龟孙子在作祟!唉,这帮龟孙子……咳咳咳……咳咳咳……"话还没说完,海瑞又咳起来。

兰兰和玉娴赶紧将他扶起,用手轻轻给他捶着背。

过了会儿,海瑞的咳嗽稍微减缓了些,但仍在咳嗽。

"老爷,您躺下去,我去给您煎药!"兰兰说。

听兰兰说她要去给老爷煎药,玉娴赶紧说:"姐姐,您扶着老爷,我去煎!"

"好!"兰兰应道。

海瑞有气无力地说:"煎啥药啊,老夫这病,不是药能治得好的,你们都不要麻烦了!"

"老爷,病了就得吃药,要不哪能治得好呢?"柱子说。

兰兰也说:"是得吃药啊老爷,您不吃药,时间拖长了怕不好治啊!"

"不吃药怎么能行啊?老爷!好了,老爷您别说了,我去给您煎药!"玉娴说完,到厨房煎药去了。

"唉,都跟你们说了,老夫这病不是药能治得好的,还去煎啥药嘛?"见他们不听自己的话,海瑞有些不高兴。

药煎好了,玉娴用土碗盛了一碗端到海瑞床前,兰兰对玉娴说:"我来喂老爷!"

玉娴把药碗递给兰兰。

"我来扶老爷!"海安说。

海安坐到床边,将老爷扶靠在自己身上。

"我都说了这药不管用,你们还要鼓捣啥嘛?"海瑞生气地说。

"老爷,不吃药哪行呀?"兰兰端起药碗,用勺子往碗里搅了几下,然后舀了一勺,用嘴轻轻将药汤吹凉一些,往海瑞嘴边送去。

"啪!"海瑞用手往外一挡,将兰兰手上的药碗碰摔到地上,药碗顿时摔成几块,药汤溅了一地。

"老爷您这是……"海安和兰兰、玉娴等人一怔,睁大眼睛看着他。

站在旁边的柱子也吓了一跳,过来问:"老爷,您这是咋啦?"

海瑞沉下脸,说:"我都说了不吃药,你们偏就不听!"

"可您有病在身,不吃药咋行呀,老爷?"海安大着胆子说。

海瑞更加不耐烦:"我都说了好几遍,我这病不是药能治得好的,你们咋听不懂啊!"

"好好好,不吃不吃!"兰兰弯下腰去,一边捡拾地上药碗的碎片,一边哄着他。

玉娴帮着兰兰捡拾好药碗的碎片,然后说:"姐姐,给我,我拿出去丢!"

兰兰把手上碎片拿给玉娴,玉娴拿出门去丢掉。

兰兰去厨房找扫帚,顺便铲了些灰来,将地上的药汤渍干,扫进铲子里,然后拿出去倒掉。

这时海瑞说他要躺下。

海安赶紧帮他躺下,然后轻轻给他盖上被子。

海瑞声音微弱地说:"你们都出去吧!"

海安说:"老爷,那您好生歇着,有事叫我!"

"你去吧!"海瑞微闭着双眼,有气无力地说。

海安和柱子退出海瑞卧室。

兰兰和玉娴从门外丢药碗碎片和倒渍灰回来,正准备回海瑞床边,海安赶紧用眼神示意她俩,老爷已经躺下了,让他安静地睡一会儿。

兰兰和玉娴会意,悄悄跟着海安、柱子退出去。

出了海瑞卧室,兰兰流着泪着急地问海安:"老爷不吃药,这可怎么办呀?"

"是啊,这可怎么办啊?"玉娴也说。

海安安慰她俩:"两位夫人不用着急,老爷会好的。"

一旁的惊蛰摇摇头,叹息道:"唉,这样下去老爷的病怕是只会加重!"

"但他不吃有啥办法,总不能灌他吧?"柱子一脸无奈。

海安摸着下巴:"时下老爷只是咳得厉害,其他倒无大碍,你们也不要过于着急。"

"但这样下去,怕是……"兰兰担心地看着海安。

海安也是一片茫然:"这样下去,老爷的病是会加重,但有何办法呢?"

"海安,你主意多,你想想办法呀!"兰兰眼巴巴地望着海安。

"是啊,你想想办法啊!"玉娴也说。

海安安慰兰兰和玉娴:"夫人你们也别着急,我们慢慢想办法!"

"是啊,两位夫人别着急,急也没用!"柱子也安慰兰兰和玉娴。

- 2 -

一晃就到了万历十四年。

前段时间,海瑞的侄女婿梁云龙知道他和房寰的事后,曾给他写过一封信。

在信上,梁云龙对他百般安慰。梁云龙说,明眼人都看得出,皇上把您调到南京都察院,就是让您去那儿休息养老,如果想让您干事的话他就不会让您去那个地方了。再说,您年纪这么大,用不着过度操劳,好好休息一下把自己的身子养好,安心过个幸福的晚年。梁云龙在信中谈了他对当今世道的看法,他告诉海瑞,这世道并非很好,人心不盅,恶人当道,皇上又听信那些小人,有些事情没必要去较真,能过则过,较真对自己没有什么好处。梁云龙还告诉他,毕竟自己还在朝中做事,有些事他也不便说,更不能出面来做,心知肚明就行,以免招来杀身之祸。

信来了很久,海瑞因为生病,加上这段时间心绪不宁,也就没及时给梁云龙回信。

近日见自己的病稍稍有些好转,便想提笔给梁云龙回信,向他倾诉一下自己的郁闷,说说自己的一些想法。

一日下午,他觉得精神稍好一些,便吩咐海安:"你去给我磨墨,将笔和纸找好,我想给云龙写封信。"

"是,老爷,我这就去磨墨!"海安说完,转身准备去书房磨墨和找纸笔。

海瑞叫住他,提醒道:"墨不要太浓了!"

"知道了,老爷!"海安回过身应道。

海安在书房将墨磨好,把纸铺在书案上,把笔找好,然后走出来对海瑞说:"老爷,都准备好了。"

"来,扶我过去!"

海安走过来,扶着他往书房走。

海瑞坐在书案边，提笔凝神想了一下，随即在纸上写起来：

云龙，自那日一别，就没再见到你了。你的来信我已仔细读了，心中颇具感慨。但许久有病在身，心绪又不安宁，也就没及时给你回信，望谅！十分感谢你对我的关注，也感谢你能对我说那么多知心的话。说实话，对朝事我已没啥想法了，我今年已七十有四，已非做官时节，况天下事如此而已，不去何为？我已多次向皇上递辞呈，奏请他准我告老还乡，回老家海南琼山颐养天年，终老一生，可皇上不准奏。陷入如此之境地，我心实感悲凉！你说的那些事，我心中甚是明白，也不再说了。但……

海瑞写完，将信折好装进信封封好，然后吩咐海安："你叫柱子把这信送到驿站交与驿差，请他们及时送往京城兵部交与云龙。"

"是，老爷！"海安接过信，拿着去外边叫正在劈柴的柱子。

"柱子，老爷叫你把这封信送到驿站交与驿差！"海安说。

柱子放下斧子，说："好的！"

"你告诉驿差，请他及时帮老爷送达！"海安叮嘱柱子。

"好的！"柱子说完揣上信，赶紧出门送信去驿站。

三月初的一个下午，海瑞在书房里正要提笔给万历皇帝写请辞，海安慌慌张张地从外面走进来："老爷，不好了……"

"什么不好了，看把你慌的！"见海安慌里慌张地进来，海瑞说。

海安说："老爷，听说黄光升黄老爷去世了！"

"你说啥，黄光升去世了？你听谁说的？"听了海安的话，海瑞吃惊不小，有些不相信地盯着海安追问。

海安告诉他，他是刚才在街头听一个当差的说的。

"什么时候去世的听说了吗？"海瑞问。

海安告诉他，听那人说，黄老爷是九月初七去世的。

"唉，真是好人命不长啊！黄兄，老天爷真是没长眼，像你这样的好官员，咋就不把你留住，让你多替百姓办点事？咋就这么让你撒手去了？"海瑞不禁悲从中来，老泪纵横。

二十年前，海瑞上疏劝说嘉靖皇帝，说他听信一干小人之言，一心念佛不理朝政，嘉靖皇帝被惹怒了，下诏将他逮捕入狱并要刑部处死他，要不是时任朝廷刑部尚书的黄光升和首辅徐阶想办法救了他一命，恐怕他海瑞早已命赴黄泉，哪里还有今日？现在听闻黄光升离世的噩耗，他怎能不悲伤啊？

站在一旁的海安劝慰道："老爷，人死不能复生，您要节哀，保重自己的身体要紧！"

兰兰也说："是啊，老爷，您自己也要保重啊！您要有个三长两短，叫我们怎么活呀？"

玉娴也说："老爷，我们没了您哪能行啊？"

"这人啊，咋说走就走了呢？"海瑞流着泪，感慨无限。

海安说："这人的生死是命中注定了的，这也是没办法的事情，老爷，您不必过度悲伤，要保护好自己的身子骨！"

海瑞抹了把眼泪，声音嘶哑地说："你赶紧去备些礼物，明早和我去趟福建晋江。"

福建晋江是黄光升的老家，海安知道他要去晋江吊唁黄光升老爷子，赶紧说："我这就去备办。"

此去晋江路途十分遥远，海瑞已是七十多岁的人了，眼下又有病在身，海安担心自家老爷身体吃不消，于是关心地说："老爷，此去晋江路途十分遥远，时下您又有病在身，您这身体怕是吃不消，要不然托衙门里哪位朋友代老爷送点礼算了吧？"

兰兰也望着他关切地说："是啊，老爷，不行就托个人送点礼算了！"

"老爷，要不您就让海安和柱子他们去嘛！"玉娴看着老爷。

海瑞沉下脸说："古人云，滴水之恩当涌泉相报，更何况人家救了老夫一命。人的生死只有一回，人家都离世了，我岂有不去吊唁之理？你们这么说，岂不是让我海瑞陷于不仁不义之中吗？"

对于黄光升的救命之恩，海瑞心存感激，总是想找机会报答，可一直没有机会。虽说隆庆元年去看望过他一次，但那次走得匆忙，没有时间好生和他聊聊，这下听闻黄光升撒手人寰寿终归天，海瑞心里好生凄凉，哪会不去吊唁呢？

海瑞对海安说："赶紧去准备，明日一早咱俩就出发，黄老爷已离世三日，去晚了怕是已经安葬了。"

"知道了，老爷，我这就去。"海安说完转身去准备礼物。

惊蛰担心海安年纪大了不方便赶车，于是说："老爷，要不我和您去吧？"

"还是海安和我去吧！"海瑞说。

因为悲伤，这一夜海瑞一直未能入眠。

黄光升从朝廷刑部尚书任上退下之后，又到南京兵部任过尚书，后因得罪首辅高拱，被高拱唆使人弹劾，就此告老还乡回到了福建泉州府晋江临漳老家，直至终老一生。

次日，天刚蒙蒙亮，海瑞就坐着海安赶的轿篷马车，急匆匆地赶赴福建晋江临漳。

从南京城到黄光升老家，路途遥远，海瑞又是病着的，兰兰和玉娴很是担心他的身体。临出发时，兰兰泪眼婆娑地说："老爷，路上一定要注意自己的身子啊！"

"是啊，一定要注意身子啊，老爷！"玉娴也望着他说。

"我会注意的，你们不用担心！"海瑞说。

柱子和惊蛰也说："老爷，您还是带些药吧？万一路上……"

海瑞沉下脸说："都跟你们说过好几次了，我这病药是无法医治的，今后不许谁再跟我提药的事。"

坐在马车上的海安见了，说："有我在，你们不用担心！"

见时候不早了，海瑞说："出发吧！"

"驾！"海安两手一抖缰绳，随后一声吆喝，轿篷马车慢慢驶出。

"老爷，一定要照顾好自己呀！"兰兰含着眼泪朝海瑞挥手，又朝海安喊道："海安，照顾好老爷！"

海安回过头："放心吧！"

去晋江临漳需要好几日的时间，怕在黄光升安葬之前赶不到，海瑞不顾自己有病在身，和海安昼行夜奔，一点儿也没歇脚。海安怕他身体吃不消，几次劝说他歇下缓口气再走，可海瑞总是说："不要歇了，再歇怕真是赶不上了！"

见老爷这样，海安也不好再说什么，只好驾着马车加紧赶路。

一日傍晚，海瑞实在是挺不住了，吩咐海安停下来在路边歇了一会儿。稍微缓了口气，他又催海安赶车继续前行。

一路上长途颠簸，着实没少让海瑞遭罪。他经常咳个不停，有时咳得腰都挺不起来。见他咳嗽时的那个痛苦样，海安心疼得不知如何是好，只能停下车来帮他捶背，减轻点他的痛苦，然后再赶路。

海安心里掠过一丝阴影：照这样下去，老爷在这世上的日子肯定不会久了。他劝说海瑞："老爷，等到了黄老爷家，还是叫他们的家人找点药给您服下吧？再这样下去，恐怕……"

海安望着老爷，不好把话说下去。

听海安又提吃药的事，海瑞瞪了他一眼。

海安知道，老爷最恨人叫他吃药，见他瞪着自己，不敢再说话，只好专心赶自己的车。

— 3 —

马不停蹄地奔波了好几日，海瑞和海安来到了福建泉州府晋江临漳的一个小镇上。

"老爷，天快黑了，离黄老爷家还有一程路，我看今晚也赶不到，再说这马也跑不动了，得让它歇歇脚，咱们不如在这儿住上一晚，明日一早再走！"见天色已晚，海安说。

海瑞抬头看了看天，的确已经快黑了，无可奈何地说："好吧，那就在这儿住上一宿！"

"但不能睡懒觉，明日一早就走！"海安刚要说话，海瑞又说。

"是！"见老爷答应了，海安非常高兴。赶了这么多天的马车，他也有些扛不住了，很想歇一下。

海安边赶车边留心街边的店。见前面有个叫"天香酒家"的店，便说："老爷，我看前面有家店，就住这儿吧？"

海瑞说："先去看看再说。"

海安明白老爷的意思，他是怕住店的钱花多了。

见店家门口有个坝子，海安直接将马车赶了进去，然后在坝子边找个地方停下来。

马车刚停稳，海瑞拉开车帘走下车来，准备和海安一起进店。

"嘶！"

一声马嘶叫的声音传来。

二人转身，见坝子前边有一辆马车朝这儿奔来。

车一停稳当，只见一人掀开右边的车帘走了下来，这人是南京礼部尚书王弘诲。与此同时，在马车的另一边，一个人也掀开车帘走出来，他是海瑞的老乡、侄女婿梁云龙。

第58章 晋江奔丧

"在这儿住一晚上,明早再走!"下了车,王弘海走过去对梁云龙说。

嗯?这声音咋这么熟?海安听到了王弘海的声音,觉得这声音非常熟悉。

"哎,老爷,你看,好像是王尚书王弘海和云龙姑爷!"海安突然对老爷惊呼起来。

"还真是他们!"海瑞仔细看了看,说,随后又皱着眉自言自语道,"他们怎么也来了呢?"

二人赶紧走过去。

"海老,你们怎么也来了呀?"这时,王弘海和梁云龙也发现了海瑞和海安,王弘海朝海瑞惊呼。

"弘海,云龙,原来是你们啊!"海瑞说。

"早知道这样,我俩就约您老一路了!"王弘海笑着说。

"我也没想到你们……咳咳……咳咳咳……"海瑞话还没说完,就不停地咳嗽起来。

海安赶紧上前扶着他,给他捶背。

王弘海一惊,赶紧问:"海老,您怎么咳得这么厉害,是不是生病了?"

"我家老爷病了有些时日了!"海安抢着告诉王弘海。

王弘海关心地说:"海老,您看,您都病成这样子了还要来!"

"是啊,有病在身就不用来了嘛!"梁云龙也说。

"不来哪行啊?咳咳……咳咳咳……"海瑞说着又咳嗽起来。

王弘海和梁云龙知道,海瑞是个重情重义的人,黄光升曾经有恩于他,他肯定要来。

"快快快,先扶海老进店找个地方歇一下!"王弘海吩咐海安。

"好的!"海安说着赶紧扶老爷进店。

给王弘海赶车的车夫见了,也赶紧过来扶海瑞。

王弘海和梁云龙紧跟在后面。

这时,海瑞喘过气来了,说:"没事,没事!"

这家店不但可以住宿,还可以就餐,待登记入住休息了一会儿,几人便在店里用餐。

海瑞和王弘海、梁云龙他们边吃边聊。

海瑞问梁云龙:"云龙,你在京城,王大人在南京,你怎么会和王大人一道呢?"

"我刚好到南京办事,听说黄老爷去世了,就约着王大人一道来了。真没想到,会在这儿遇上您!"梁云龙告诉海瑞。

"原来是这样呀!"海瑞说。

海安告诉梁云龙:"老爷和我本想今晚就赶到黄老爷家的,但时间实在是太晚了赶不过去,打算先住在这儿,准备明日一早再赶路。"

海瑞问:"云龙,时下你在哪个衙门供职?"

"京城兵部的武库司!"梁云龙回海瑞的话。

"在武库司任啥职啊?"

"主事。"

海瑞说:"好,好,都六品官员了!"

"谢谢海老的关心!"梁云龙客气地说。

突然,梁云龙问海瑞:"海老在南京吏部干得好好的,怎么又到南京都察院了呢?"

"官场上的事啊很难说,皇上叫你去哪儿,你就得去哪儿,由不得自己!"海瑞叹息着说。

梁云龙说:"这倒也是。不过,这也是好事情,到了都察院也轻松一些。"

因为难得在一块儿,吃过饭,几人又继续聊。

王弘海问:"海老,您啥时候病的呀?"

"病了好些时日了!"海瑞告诉他。

王弘海问:"吃药了吗?"

"我家老爷不吃药!"海安插话。

海瑞瞪了他一眼。

海安赶紧闭上嘴巴。

王弘海见了,便说:"病了不吃药怎么行呢,海老?药还是要吃,不吃病治不好!"

"我这病,吃药没用!"海瑞摇着头告诉王弘海。

梁云龙说:"您吃都不吃,怎么知道没用呢?"

"我的病我自己明白。"海瑞说。

王弘海说:"不吃药真不行啊,海老,还是要弄些药吃,这样才好得快!"

"可老爷他就是不吃!"海安说,他想让他们劝说一下自家老爷。

"就你多嘴!"海瑞朝海安吼道。

王弘海见状，赶紧岔开话题："好了，时间也不早了，明早要赶路，咱们回去休息吧！"

"好！"海瑞点头。

然后几人一起回去休息。

"驾！"

次日一早，起床简单洗漱一番，海瑞和王弘海、梁云龙他们又赶紧上车往黄光升家赶。

- 4 -

次日中午，经过一路奔波，海瑞和王弘海、梁云龙一行终于来到了黄光升家所在的潘湖村。

"海世叔，王大人，梁大人！"见海瑞和王弘海、梁云龙他们来了，黄光升长子黄乔橺、次子黄乔棠感激万分，急忙过来涕泪俱下地给他们行下跪礼。

"节哀！"

"节哀顺变！"

王弘海和梁云龙赶紧将他两兄弟扶起来，安慰他们。

海瑞问黄乔橺和黄乔棠："令尊的灵柩在哪儿？"

"在前边！"黄乔橺告诉海瑞。

随后，黄乔橺、黄乔棠领着海瑞和王弘海、梁云龙等人来到黄光升的灵柩前。

隆庆元年，海瑞为了答谢黄光升的保护之恩，曾经来黄光升府上拜见过他。一晃十五年了，这十五年间，海瑞没再与黄光升见过。没想到，现如今黄光升已离开了人世，抛下众人到另一个世界去了。

"黄兄，自从那年匆匆一别，你我就没能再见面，这么多年来，为弟的无时无刻不在思念着你，只恨无法见面，没想到你……你就这么走了啊，黄兄啊黄兄……"

扑在灵柩上的海瑞，用手轻播着棺盖，泣不成声。

"海老，黄老已经走了，您节哀吧！"王弘海上前劝说海瑞。

梁云龙也说："海老，您有病在身，保重身子要紧，不能过度悲伤啊！"

二人劝了好一阵，才将他劝到一边坐下。

海安怕他悲伤过度发生意外，赶紧坐到他身边照应着。

黄乔橚和黄乔棠兄弟俩听说海瑞是带病前来吊唁家父的，更是心生感激。

黄乔橚泪流满面地说："海世叔，路途这么遥远，您又有病在身，何必奔波劳累，亲自赶来呢？"

"是啊，海世叔。"黄乔棠也哭着说。

海瑞抹了把眼泪，说："两位世侄，令尊与我同为朝廷中人，更何况他还是我的救命恩人，如今他离世，我怎能不来呀？"

黄乔橚说："只是辛苦海世叔了！"

"海老向来重情重义，黄老爷离世了，他肯定要来！"王弘诲接过话。

黄乔棠真诚地说："我们兄弟俩太感谢海世叔了！"

海瑞说："你们不用这么客气，这都是我应该做的。"

"令尊几时得的病啊？"海瑞问黄乔橚和黄乔棠。

"家父去年十月就病了，病后一直卧床。前些日，病情突然恶化，就……就再也……"说起父亲的病，黄乔橚十分悲伤。

海瑞又问："令尊今年应当是八十了吧？"

"刚好八十。"黄乔棠告诉海瑞。

海瑞告诉他两兄弟："令尊长我七岁！"

黄乔橚说："原来是这样啊！"

几人说话间，对面有一个人走了过来。

"哟，海大人，您也来了啊？"来人和海瑞打招呼。

"你是……"见此人和自己打招呼，海瑞站起来望着他问道。

黄乔橚见了，赶忙介绍道：海世叔，这位是福建左布政使陈大人！"

"陈冯孜！"来人自报姓名。

海瑞说："原来是陈大人啊。"

王弘诲和梁云龙等人都认识陈冯孜，见他过来了，也赶紧站起来和他打招呼。

"都坐下，都坐下！"陈冯孜招呼大家。

待大家坐了下来，黄乔橚这才告诉大家："陈大人此次是奉皇上之命，特来为家父造坟安葬的。"

"原来陈大人是奉皇命而来的啊！"海瑞惊讶地说。

陈冯孜说："正是！"

"陈大人操心了！"梁云龙客气地说。

陈冯孜说："作为地方官员，既是奉皇上之命，也是我应该做的，谈不上操心！"

"刚才你们来的时候，陈大人去忙其他事情了！"黄乔棠说。

"哦！"海瑞点头。

随后，几人拉起了家常。

陈冯孜说："曾经听说过，海大人和黄大人关系不一般。"

见他提起这事，海瑞说："二十年前，因为嘉靖先帝听信小人谗言，热衷于炼丹药，长年不上朝理政，老夫实在是看不下去了，才备棺上朝以死进谏，没想到嘉靖帝将我打入天牢并准备处死，幸遇黄大人和徐阁老相救，我才幸免其难。若不是黄大人和徐阁老出手相救，恐怕我海瑞这把老骨头早就不在了！"

"海世叔没事就好。"黄乔橓说。

黄乔棠也说："只要海世叔过得还好，过去的事就让它过去吧。"

"唉，每每想起这事啊，我就对令尊感恩不尽，不知道何以为报。这些年自己又奔波在各地，没能来拜望令尊，心中实在是感到羞愧，更没想到他会这么快就离开了人世！"海瑞说完，眼角湿润了。

黄乔橓见了，说："海世叔为民请命，此心上苍可鉴，只是皇上不理解，海世叔遭此厄运实属不该，家父能有幸尽一份力也是应该的，海世叔不必记挂于心。家父年已八旬，也算得上是高寿，他老人家也应不会有何缺憾。倒是海世叔，您老已是古稀之年，现又有病在身，还得注意自己的身体才是！"

海瑞说："我不碍事，两位世侄不必替我担忧！"

"不过，还是注意点好，毕竟年岁大了，经不起风寒！"黄乔棠关切地说。

海瑞说他会照顾好自己的。

"海世叔，我听说前不久又有人向皇上弹劾诬陷您，有这回事吗？"黄乔橓突然问海瑞。

"是有人又弹劾诬陷你海世叔！"海瑞正要说话，王弘诲却抢着说了。

黄乔棠气愤地骂道："到底是些什么人？连海世叔这样一心为朝廷和百姓做事的好官，他们也老是纠缠不休！"

"林子大了什么鸟都有，你世叔问心无愧，就由他们弹劾去吧！"海瑞说。

陈冯孜说："这事我也听说了，说是山东道的监察御史梅鹍祚，还有钟宇淳和房寰。"

黄乔橓愤怒地问:"这些人也是,他们弹劾海世叔什么呀?"

"这些人都不是啥好人,你海世叔向皇上奏请用重典治贪,他们害怕了,就恶人先告状,抢先向皇上弹劾你海世叔!"王弘诲告诉黄乔橓。

"我看他们不得好死!"黄乔橓气愤地骂道。

梁云龙告诉他们,对梅鹍祚皇上已经罚了他两个月的薪俸。

"罚他两月薪俸就了事了,这处罚也太轻了嘛!"黄乔棠愤愤不平。

一直没说话的海安接过话:"可我家老爷已经知足了。"

海瑞说:"不知足又能怎么样,皇上的话你还能不听?"

"这倒也是!"黄乔棠无奈地说。

陈冯孜说道:"这对海大人的确是有些不公,可有啥办法,皇上都定了。"

梁云龙气愤地说:"还有那个南直隶提学御史房寰,更不是东西,三番五次上朝弹劾海公!"

"他是受钟宇淳怂恿!"王弘诲说。

"海世叔,您就没去找皇上争辩?"黄乔棠望向海瑞。

海瑞说:"我去找皇上争辩过了,可没有用啊!"

黄乔棠激动地说:"皇上怎么能这样对待您?"

"好了,不说这些不愉快的事了!"海瑞说。

几人又聊了一阵,有人过来告诉他们,说饭做好了。

黄乔橓和黄乔棠赶紧请他们过去吃饭。

— 5 —

吃过午饭,黄家两兄弟觉得海瑞和王弘诲他们难得来一趟晋江,便安排人带他们去游览村南附近的景点歌啸桥和潘湖宗祠,一来让他们放松一下消除旅途疲劳,二来也让海瑞散散心,驱除他心中的不快。

黄乔橓吩咐他一个侄儿:"小华,你带海大人和王大人他们去歌啸桥和潘湖宗祠转转!"

"好的!"小华答应他叔,随后对海瑞和王弘诲、梁云龙他们说:"那咱们走吧,海大人、王大人、梁大人!"

"你们去,我就不去了!"海瑞觉得有些累,不大想去。

王弘诲说:"走吧,海老,我们陪您散散心,怎么不去呀!"

"是啊,海老,乔橄和乔棠世侄安排大家去看歌啸桥和潘湖宗祠,就是想让您出去走走,散一散心!"梁云龙也说。

"海大人,歌啸桥和潘湖宗祠历史文化底蕴深厚,还是有点看头的!"小华也在一旁鼓动。

黄乔橄和黄乔棠也说这个景点很有看头,劝海瑞去看看。

"既然大家都这么说,那就去看看吧!"在王弘海和梁云龙等人的劝说下,海瑞答应出去走一走。

黄乔橄说:"那我侄儿带你们去,有些事情需要我兄弟俩处理,我们就失陪了!"

"没事,你们去忙你们的。"王弘海说。

海瑞一行来到歌啸桥。

大家站在桥上,小华说:"我给几位大人介绍一下,这座桥是唐朝的日辉禅师所建,也是欧阳詹年少时读书的地方。欧阳詹是泉州晋江潘湖村欧厝人,是中唐时期的文学大家,喜好游山玩水和交结朋友。此人喜欢恬静,曾和逸士罗山甫一道隐居潘湖探究学问……"

"此人曾经做过中唐时期国子监四门助教,而且一生没离开过这个职位。"王弘海插话道。

"对对对!"小华笑着说。

梁云龙接过话:"说起欧阳詹,还真有不少故事。"

听梁云龙这么说,海瑞说:"说来听听!"

见海瑞对这事很感兴趣,梁云龙笑着说:"既然海老感兴趣,那我就说说!"

"说他啥呢?"梁云龙故意卖关子。

海瑞说:"说什么都行,只要有趣!"

"云龙,赶紧说,别卖关子,你看海老都等不及了!"王弘海笑着说。

"好,那我就给大伙说说欧阳詹和一位艺妓的故事吧!"梁云龙应道,然后开始讲起来。

"这欧阳詹啊,文才特别好,他的文章可说是大气磅礴、汪洋恣肆!"

梁云龙看了一眼旁边的小华,接着说:"就像小华刚才说的,此人好游玩,也喜欢结交朋友。唐贞元八年春天,他与贾棱、韩愈、李观、崔群等二十多位举人在长安参加皇上主持的典试,并荣登榜眼。典试刚一结束,欧阳詹就约他的朋友去山西太原春游去了。在那里，欧阳詹遇到了一位他特别喜欢的乐妓，而且两人相处得有些难分难舍。欧阳詹要回京城长安那天，二人洒泪而别。欧阳詹与乐妓约定，说他回到京城安顿好后就去接她，并写了一首诗赠送给那位乐妓。"

"啥诗啊？"一旁的海安好奇地问。

海瑞笑着说："这还用问？当然是情诗喽！"

"驱马渐觉远，回头长路尘。高城已不见，况复城中人。去意既未甘，居情谅多辛。五原东北晋，千里西南秦。一屦不出门，一车无停轮。流萍与系瓠，早晚期相亲。"梁云龙禁不住吟诵起欧阳詹写给那乐妓的诗来。

吟诵完毕，梁云龙笑着告诉大家："这首诗写得情深意切，至今我还记得。"

王弘诲笑道："行啊，云龙，还记得人家的诗！"

梁云龙赶紧笑道："见笑，见笑！"

梁云龙接着讲下去。

"不久，朝廷就让欧阳詹做了国子监四门助教，居住在长安城里。因为忙于事务，欧阳詹没来得及去接乐妓，乐妓非常思念他，却久久不见欧阳詹来接她。因思念欧阳詹，乐妓一下子病倒了。一日，乐妓知道自己将不久于人世，便将头上的发髻剪下来装在一个小匣里，还写了一首诗放在里面，然后交与她的贴身丫鬟，并吩咐她，如果她死了欧阳公子来这儿，就把这小匣交给他。几日后，乐妓因思念过度竟然死了。一年之后，欧阳詹来到太原，没见到乐妓。乐妓的丫鬟流着泪告诉他，乐妓已经死了一年了，有一物要交与他，说罢去把小匣子抱来交与欧阳詹。欧阳詹打开一看，见里面留着一束头发，知道是那乐妓给他留下的。里面还有一首诗，赶紧展开诗笺看起来。睹物思人，欧阳詹看了乐妓写给他的诗，顿觉五雷轰顶放声大哭，不久也死去，去追随他心爱的那位乐妓。"

王弘诲笑着说："云龙，这诗你不会还记得吧？"

"当然记得！"梁云龙有些得意。

"念来给大伙听听！"王弘诲说。

"自从别后减容光，半是思郎半恨郎。欲识旧时云鬓样，为奴开取缕金箱。"梁云龙随口将乐妓留给欧阳詹的诗吟诵出来。

海瑞发出感慨："唉，真是有情人难成眷属啊！"

"谁说不是啊！"王弘诲也跟着海瑞发出感慨。

见他们都陷于欧阳詹与乐妓的情感之中，小华笑着说："几位大人，我们往前走吧！"

看了几处风景，小华又带他们来到了潘湖宗祠。

"这就是潘湖宗祠？"王弘诲问。

"是的！"小华回答。

"这儿也是欧阳詹读书的地方。"小华告诉大家。

随后，小华带他们观看了潘湖宗祠。

看到这规模宏大、蔚然壮观的古老建筑，海瑞感叹道："保存得如此完整，难得，真是难得啊！"

梁云龙也说："的确是难得！"

看完潘湖宗祠，小华问："还去其他地方看看吗？"

海瑞赶紧说："不去了，不去了！"

"海老说不去，那就不去吧！"王弘诲对小华说。

小华说："既然这样，几位大人，那我们就回去吧！"

随后，几人跟着小华回黄光升家。

回到黄光升家里，黄乔櫋问海瑞："怎么样，海世叔？还有点看头吧？"

"不错，不错！"海瑞告诉他。

黄乔棠说："这儿的景点还有不少，等以后您来，我们兄弟俩再陪您去看其他地方！"

"好！"海瑞笑着说。

话是这么说，可遗憾的是海瑞没机会来了，永远也没机会来了。

次日早晨，海瑞对黄乔櫋和黄乔棠两兄弟说："令尊的后事你们兄弟俩就辛苦点，我这身体不好，再说有些事情还得回去处理，得先赶回去了。"

"海世叔，您老难得来，还是再住一晚上，休息好了再走不迟！"黄乔櫋挽留海瑞。

黄乔棠也劝说海瑞："是啊，海世叔，您老这一去，不知道我们叔侄何时才能见面啊，您就在这儿多住一晚再走吧？"

"本想在这儿多住几日，陪一下老爷子，然后送他上山，但没办法，我这身体不好，加之衙门有事不得不走，实在是对不起两位世侄了！"

"既是这样，你们两兄弟的心意海老也领了，就不必再挽留他了。"王弘诲对黄家两兄弟说。

见海瑞执意要走,黄乔橳说:"既是这样,那我们也不挽留您老人家了,海世叔一路保重!"

黄乔棠也说:"是啊,海世叔有病在身,路途又这么遥远,得保重身体啊!"

"我会的,你们别为我担心!"海瑞说。

王弘海和梁云龙本来想再多待一日的,见海瑞要走,怕他路上出事,只好跟着他一起走,于是王弘海对黄家两兄弟说:"既然海老要走,那我们也走了,和他一路,路上好有个照应,你两兄弟就辛苦一些,把老人平平安安送上山!"

"既然王大人这样说了,那我们也不便挽留大家,祝你们一路平安!"

海瑞告别黄家人,与王弘海、梁云龙他们一道坐着马车急匆匆往南京赶。

黄乔橳和黄乔棠两兄弟送他们到村口。

"好了,请留步!"

"海世叔,慢走!"

"王大人、梁大人,慢走!"

"海世叔,身子骨要紧,您要多保重啊!"

"放心吧,我会的!"

"你们慢走!"

"好啦,别送啦!"

……

直到看不到海瑞他们的马车了,黄乔橳和黄乔棠两兄弟才依依不舍地回去。

第59章　撒手人寰

> 海瑞说："怎么能多算呢？朝廷每一位官员的俸禄都是有规定的，不能多取。不管怎么说，这多出来的银两一定要退回去，别让这区区七钱银子坏了老爷的名节，要不然我死也不会瞑目！"

– 1 –

"皇上，海瑞又把他的辞呈递上来了！"

傍晚，万历皇帝正在宫中和身边的几位妃子逗乐子，近侍太监手里拿着海瑞的辞呈进来向他禀报。

万历皇帝不情愿地撑起身来："这个海瑞，咋这么固执？朕不是已经跟他说了不准奏吗？干吗还老往朕这儿递辞呈呀？"

万历皇帝有点不耐烦地从近侍太监手上接过辞呈，这已经是他第七次接到海瑞的辞呈了。

"皇上，您说这海瑞放着好好的官不做，偏要回老家乡下去，他是不是傻呀？"一妃子问万历皇帝。

"这事你不懂，也不该问！"万历皇帝说。

见皇上这么说，这妃子不敢再乱说话。

万历皇帝见近侍太监还站在那儿，说："你下去吧。"

"是，皇上。"

近侍太监退了出去。

"哼，既然你海瑞给朕来这一手，那朕干脆就下诏，要你留任南京都察院右都御史，看你还能怎么办？"万历皇帝将海瑞的辞呈往旁边一丢，又和妃子们逗起乐子来。

次日，万历皇帝下诏，让海瑞留在南京继续任他的都察院右都御史，直接断了他请辞回乡的念头。

从黄光升家回来，海瑞总是觉得食不知味寝不安席，他又连给万历皇帝写了两道呈辞，请求让他告老还乡，可万历皇帝就是不准奏。

海瑞没想到，这次皇上居然下诏明确要他留任南京都察院右都御史，直接断了自己的请辞念头。

海瑞觉得很是无望，整日忧心忡忡，闷闷不乐。

佥都御史王用汲见他这副模样，很是替他担心，劝说他："海兄，你别这样，这样对你的身体极为不利！"

海瑞说没事。

入秋以后，天气慢慢凉了下来，海瑞稍微受点风寒就会咳嗽，尤其是到了夜晚，更是咳个不停，咳得厉害时，唾液里还带着些许血丝。

这日夜间，侍妾兰兰和玉娴照例在海瑞房间侍候他。

"咳……咳咳……咳咳咳……"海瑞正准备上床休息，没想到又一声连着一声咳嗽起来。

听到老爷咳得厉害，海安赶紧走进屋来。

兰兰扶住海瑞，轻声问道："没事吧，老爷？"

玉娴也上前望着海瑞："老爷，您可不能丢下我们就走了呀！"

海安看了她一眼，说："夫人，您咋这么说话？"

玉娴意识到说错了话，赶紧低下头。

"没事，没……"海瑞刚说了一句忍不住又咳嗽起来。

"没事就好，没事就好！"海安赶紧安慰老爷。

兰兰对玉娴说："老爷躺在床上已经好多天了，玉娴妹子，你去打些热水来，我俩给老爷擦洗擦洗。"

"好！"玉娴说完转身去厨房打热水。

玉娴端着热水来到海瑞床前："老爷，我们给您擦洗一下。"

看着老爷枯瘦的身子，兰兰和玉娴边擦边掉泪。

"唉，辛苦你们几个了，我这一生啊，虽然在官场做事多年，但也没给你们留下半点财物，说起来真是有些对不起你们呐！"海瑞侧着身子，愧疚地对海安和兰兰、玉娴说。

见老爷这么说，海安赶紧说："老爷您别这么说，你一生为官清廉，不贪污不受贿，为了朝廷和老百姓，得罪了不少人，甚至差点丢了的性命，您哪来的钱啊？但老百姓对您却是百般爱戴，我们跟着您，也没什么后悔的。您就放心吧，老爷，我们一定会好生侍候您的，直到……直到……"

海安说不下去了，伸手抹了抹眼角的眼水。

玉娴也说："是啊，老爷，我们都会好好侍候您的！"

"老爷，您别着急，您会好起来的！"兰兰安慰海瑞。

海瑞忧心忡忡地说："我的病，我自己知道，怕是时间不长了。唉，家里一样值钱的东西都没有，老爷我啥都不担心，就担心我走以后你们几个怎么过啊！"

"您不用担心，老爷，万一……万一实在留不住您了，到时候我们几人就各自找活路，去……"海安泣不成声。

海瑞对海安说："海安啊，汪熙虽说几年前就离世了，但你和汪熙在我家时间最长，受的苦也最多，砍柴种菜什么的，多是你俩在奔忙，特别是老夫人在世的时候，你俩更是成天忙个不停……咳咳……咳咳咳……"

"老爷，您别说了，这也是我们应该做的，您就不用再说了。"见海瑞又咳嗽起来，海安赶紧说。

海瑞咳了一阵，稍稍好了点儿，拉着玉娴的手："玉娴，我最放心不下的，就是你啊！你年纪尚小，跟我的时间不是很长，但受的苦也不少，如若我真走了，不知道你怎么过得下去！"

玉娴泪流满面地说："老爷对玉娴的好，玉娴记在心里，玉娴已经知足了，玉娴没侍候好老爷，玉娴惭愧！"

"唉，真是难为你们了！"海瑞老泪纵横。

"老爷，您不要再说了……"玉娴流着泪，伸手给海瑞擦去眼角的泪水。

海瑞看着侍妾兰兰："还有兰兰，你跟我的时间较长，吃的苦也较多，我也没给你留下什么东西，实在是对不住你啊！"

"老爷，您不用说这些话，兰兰侍候您是自愿的，再说，这些年来老爷待兰兰也不薄，兰兰还盼些啥呢？"兰兰边给海瑞擦身子边流着泪说。

海安说："是啊，老爷对我们几人恩重如山，这我们心里是记着的，老爷，您就不要再自己折磨自己了……"

"老爷，您好好休……休息吧，兰兰去倒水……"与玉娴给海瑞擦洗完毕，兰兰端着脸盆悲伤地走向厨房。

守在床边的玉娴在不停地抹泪。

海安心里隐隐觉得有些不安，他转出来走进厨房，见兰兰在冲洗脸盆，走过去悄声对她说："夫人，老爷怕是没几日了！"

"呜……呜……老爷真要走了，咱们……咱们可真不知道怎么活啊！"海瑞病成这个样子，兰兰也知道是个啥情况，见海安这么说，放下脸盆，双手捂着脸蹲在地上呜呜地哭起来。

海安抹着眼泪安慰她："唉，过一日是一日，现在再着急也没用，到时候再说吧！"

兰兰不说话，只是哭泣。海安知道，再说多也无济于事。

– 2 –

万历十五年的冬天仿佛来得早了一些，还没到冬月，南京的天气就已经很冷了，走在路上寒风一吹，让人瑟瑟发抖。

海瑞的病情一日比一日糟糕，有时候一咳就是半天。海瑞心里也明白，自己将不久于人世。

这日，侍妾兰兰和玉娴把药汤熬好端到海瑞床前准备喂他，他却死活不喝，说："你们不用再麻烦啦，我自己的病我自己清楚，吃药是没有用的！"

兰兰说："老爷，药汤都熬好了，您还是喝些吧？不喝这病怎能好呢！"

"您就喝点吧，老爷！"玉娴劝道。

"不用了！"海瑞摇着头固执地说。

海安劝他："老爷，您不吃药，这病怎么能好得了呀？"

"是啊，老爷，您还是把它喝了吧？"玉娴眼巴巴地望着海瑞。

海瑞有些不高兴了，说："我说不喝就不喝，你们别再劝我了。"

兰兰看了海安一眼。

海安见海瑞实在是不想吃药，只好对兰兰和玉娴说："既然老爷不想喝，那就端出去吧。"

玉娴只好把药端回厨房。

又过了一些日子，海瑞病情恶化，一咳就吐血，兰兰和玉娴见他这样，吓得大哭起来。

"这可咋办啊？"兰兰无助地望着海安。

"是啊，这咋办啊？"玉娴也问。

海安想了一下，老爷在南京都察院和佥都御史王用汲关系最好，说不定他可以说得动自家老爷，于是把她俩叫出来说："我去找一下王用汲大人，让他来劝老爷吃药！"

"王大人能劝得动老爷吗?"兰兰疑惑地望着海安。

海安说:"我去请他来试试,如果连王大人都劝说不了,那真就没办法了!"

"那你赶紧去找王大人吧,说不定他真能劝动老爷!"玉娴说。

海安刚一走,海瑞又在屋子里咳个不停。

兰兰和玉娴赶紧来到床边,将他扶起来坐着。

见他咳得厉害,兰兰想让他好过一些,轻轻地给他拍着背。

"老爷,您没事吧?"玉娴焦急而又心疼地问。

"玉娴妹子,去拿张脸帕来给老爷擦拭一下!"兰兰说。

玉娴拿来脸帕,兰兰扶着海瑞的头给他擦拭嘴巴。

"海……海安呢?他去……去哪儿了啊?"见海安不在,海瑞问。

兰兰和玉娴相互看了一眼,然后,兰兰说:"海安他……他有事出去了!"

"他有啥事呀……咳咳咳……咳咳咳……"话还没说完,海瑞又不停地咳嗽起来。

"哇……"突然,海瑞喷出一大口血来。

"老爷!"

"老爷,您这是咋啦?"

见海瑞口中吐血,兰兰和玉娴都被他吓着了,赶紧呼唤他。

玉娴又拿起脸帕给他擦拭嘴巴。

"哎呀,这海安怎么还不回来呀?"玉娴焦急地说。

兰兰说:"去都察院有好远一段路,他哪能这么快回来了啊!"

"姐姐,老爷这个样子,他不回来我俩咋办呀?"玉娴一副哭腔。

"海安去都察院做什么啊?"

兰兰正要安慰玉娴时,海瑞问道。

"嗯,海安他……"

"他有点事出去了,马上就回来!"

玉娴正准备告诉海瑞海安去找王用汲大人来劝他吃药,兰兰怕海瑞听了不高兴,赶紧接过她的话。

海瑞问她俩:"他有啥事呀?"

"他能有啥事啊,还不是因为您不吃药!"这时,海安带着王用汲来了。刚跨进门,听到海瑞在问,王用汲接过话说道。

见是王用汲,海瑞有些吃惊,问他:"用汲,你……你怎么来了啊?"

王用汲说:"不是我说你,你都病成这样子了还不吃药,你是不想要命了吧?"

海瑞正要说话,王用汲又说:"你说你这样做,不是为难海安他们几个吗?"

见他这么不客气地说自己,海瑞只好说:"用汲,你不知道,我这病……咳咳咳……咳咳咳……"

海瑞话没说完,又咳嗽起来。

"去,把药端来,我来喂他!"王用汲对玉娴说。

玉娴去厨房将熬好的药汤端来。

王用汲接通过药碗,用勺子在碗里搅了搅,舀起一勺用嘴轻轻吹了两下,准备往海瑞嘴巴里喂。

"啪!"没想到海瑞像上次一样,用手一挡,王用汲手上的药碗一下子被碰落到地上,药碗顿时摔成几块,药汤在地上漫散开去。

"老爷,您……"见海瑞这样不给面子,海安一惊。

王用汲和兰兰,还有玉娴也吃惊地望着海瑞。

玉娴赶紧去拣地上的破碗,然后去拿扫帚来清扫药汤。

海瑞喘着粗气说:"我说过多少遍了,这药我不吃,你们就是不听……"

"海兄,不吃药病咋能好得了呢?"王用汲轻言细语地说。

兰兰也说:"是啊,老爷,您不吃药怎么好得起来嘛?"

"您就喝点吧,老爷,就算玉娴求您了!"玉娴哀求道。

"你们都别费心了,这药我是不会吃的,要吃我早吃了,还用得着你们去请王大人来吗?"海瑞说。

"你咋这么固执?这又何苦呢?"见他实在是太固执了,王用汲说。

"用汲,你的好意我领了,不管如何说,这药我是不吃的!"海瑞决绝地说。

"真拿你没办法!"王用汲摇头。

"那你保重,衙门里还有事,我先回去了!"见劝说不了海瑞,王用汲安慰了他一番,回衙门去了。

- 3 -

一晃几日又过去了。

海瑞知道自己活不了几天了。这日,躺在床上的他问海安:"这个月的俸禄户部送来了没有啊？"

"送来了，老爷，不知是他们算错了还是特意多给了，这个月他们比往月多给了七钱银子。"海安告诉他。

"怎么？多给了七钱银子？"海瑞听了，硬撑着身子要坐起来。

守在床边的玉娴赶紧说："老爷，您身子虚弱，就不要起来了，有话您说就是，我们听得见。"

"是啊，老爷，有话您说就是！"兰兰也说。

"快扶我起来，快……"海瑞气喘吁吁地说。

玉娴和兰兰赶紧扶海瑞坐起来。

"海安，你跟我说，这钱到底是怎么回事？"海瑞坐起来后问海安。

海安说："老爷，我也不知道是怎么回事，今日上午户部的人把这个月的俸禄送来，我数了数，发现比往月多了七钱银子。"

海瑞说："你咋不问明白，平白无故户部怎么会多给银子呢？可能是他们算错了，朝廷官员不论官品高低，俸禄都是按职取酬，怎么能多要啊？你赶紧代我去一趟户部，把多的银子退还给他们。"

海安说："老爷，不就七钱银子吗？又不是我们问他们要的，就算是算错了，那也不怪我们！再说老爷您一生这么清廉，又给朝廷出了这么大的力，这点银子就算是他们给您的一点补偿，就不去退了吧？"

兰兰说："是啊，老爷，就算是朝廷给您的一点补偿吧。"

"就不用去退了吧，老爷！"玉娴、柱子和惊蛰也说。

海瑞严肃地说："海安，你跟了我这么多年，还不知道我的脾气？这么多年老爷何时乱要过朝廷一分钱啊？你不去，难道是想置我于不义吗？快去，这是朝廷的钱，谁也不能多要！"

"好好好，我这就去，我这就去！"见老爷发脾气了，海安赶紧对兰兰、玉娴、柱子和惊蛰说，"你们照料好老爷，我去去就来！"

"好，那你快去快回！"兰兰说。

一会儿，海安回来了。

"老爷，我去了，可他们不收这七钱银子！"海安说。

海瑞疑惑地问："他们咋会不收呢？"

"他们说了，这是特意多算给老爷的。"海安告诉海瑞。

海瑞说:"怎么能多算呢?朝廷每一位官员的俸禄都是有规定的,不能多取。不管怎么说,这多出来的银两一定要退回去,别让这区区七钱银子坏了我的名节,要不然我死也不会瞑目!"

海安只好拿着银子又去找户部的人。

"官爷,我家老爷说了,这多出的七钱银子是朝廷的,他不能要,叫我必须退还给你们。官爷,你就行行好收回吧,要不然我回去无法给我们家老爷交代呀!"海安找到户部的人,着急地说。

"这海瑞……这是我们户部见他实在太拮据了,才多给他的,他怎么就不要呢?"户部的人直摇头。

海安恳求道:"反正我家老爷说了,就是不能要,必须得退还给你们,你就收下吧官爷,要不然我回去真无法给我们家老爷交代!"

"好好好,既是这样我们就收回来!"户部的人说。

户部的人边收回银子边叹息:"唉,见过清廉的官员,但没见过如此清廉的官员啊!"

"是啊,古往今来,有几人能像海瑞这样,做官不贪,还不怕死啊!"旁边另一位官员感叹道。

海安回来给海瑞禀告:"老爷,银子已经退了。"

"好,好啊!"海瑞似乎松了口气。

随后,海瑞又对海安、兰兰和玉娴等人说:"你们几个都听着,人无论什么时候,都得有骨气,就是再穷,不属于自己的东西也不能要,特别是朝廷的东西,更不能要,这是做人的规矩,这规矩绝不能破,如若破了这规矩,轻一点,别人瞧不起你,重则惹来牢灾,谨记,谨记啊!"

"记住了!"海安急忙回话。

"你们呢?"见兰兰、玉娴不说话,海瑞问她们。

兰兰、玉娴赶紧回答:"都记住了!"

"柱子,惊蛰!"

"老爷,我们在!"

"你们还很年轻,日后做事要多思考,切莫莽撞,要做个好人,要心存良善,切莫做对不起良心的事……咳咳……咳咳咳……"

海瑞说着又咳嗽起来。

柱子和惊蛰是两兄弟,柱子是哥哥,惊蛰是弟弟,也是两个苦命人。去年五月的一天，海瑞去下面监察回来，路上遇到他两兄弟被人追打，海瑞救了他们。仔细问了缘由，海瑞才知道他俩是对孤儿，因为还不起村上乡绅的债，乡绅就派家奴追打他们兄弟俩。海瑞见他们十分可怜，加上海安老了，稍重点的活做不了，家里很是缺少劳力，便将他兄弟俩收来做仆人。柱子和惊蛰两兄弟特别乖，人也灵活勤快，海瑞和兰兰都很喜欢他们。

"老爷的话，我和我哥记住了！"惊蛰边给海瑞轻轻拍着背，边流着泪说。

"是啊老爷，我们都记住了！"柱子也赶紧说。

海安见海瑞身子虚弱得不得了，心疼地说："老爷，您没事吧？"

海瑞伤感地说："唉，看来，这阎王爷就要来带我走了！"

"老爷，您可别走呀，您走了我们咋办啊？"

"是啊，老爷，您不能走啊！"

柱子和惊蛰哭着说。

"老爷，你别这样说，你会好起来的！"兰兰安慰他。

玉娴也说："老爷，您不用担心，会好起来的！"

"老爷，两位夫人说得对，您会慢慢好起来的！"海安也安慰着老爷。

海瑞微闭着双眼，有气无力地说："嗯，你们也别再安慰我了，我自己的病自己清楚，不过是等……"

见他这样说，兰兰和海安他们也不好再说什么。

- 4 -

"咳咳……咳咳咳……咳咳咳……"

农历十月十四日晚上，海瑞咳得更厉害了，咳出的痰液里全是血丝。

海安看了心里一惊：老爷的大限恐怕就在今夜了。

晚上，侍妾兰兰和玉娴，还有柱子和惊蛰两兄弟，都围在海瑞床前守候着他。

每个人的心情都很沉重，都不想说话。

到了半夜，海瑞突然对兰兰、玉娴、海安、柱子还有惊蛰说："你们……你们都给我听好了，我死之后，你们各……各自散去，不许任何人去找朝……朝廷提什么要……求，还有，我死之后，不要葬……在南京，把我运……运回海南琼山……去……"

海瑞气若游丝。

"快,你们俩把老爷扶起来!"海安见老爷快不行了,赶紧对惊蛰和柱子说。

惊蛰和柱子急忙把老爷从床上扶起来躺靠在他俩的肩膀上。

"老爷,您要挺住啊!"

"老爷,您可别走啊!"

"老爷,您可别吓我们呀!"

"是啊,老爷,您要撑住啊!"

兰兰、玉娴和海安、柱子、惊蛰满脸是泪。

"我……我……恐怕……要……要走……走了……"海瑞断断续续地说着。

海安见了,赶紧吩咐柱子:"柱子,我来扶老爷,你赶快去街上买串鞭炮来,老爷怕是真的不行了!"

柱子转身就往街上跑。

海安叫住他:"记着买点香和纸钱!"

"知道了!"柱子怕来不及,拔腿便往街上跑去。

"老爷,您真就这样忍心丢下我们不管吗?"兰兰抹了把眼泪,弯下腰说。

"是啊,老爷,您不能丢下我们不管呀!"玉娴哭着说。

海安一言不发,只是流泪。

"老爷,您不能走啊,我们还想跟着您啊!"惊蛰边流泪边喊道。

海瑞嘴唇嚅动了几下,似乎还想跟兰兰和海安他们说什么,但嘴巴就是张不开,说不出话来。

"您不能走啊,老爷!"兰兰哭着给他理整身上的衣裳。

突然,海安看到老爷眼皮往上一翻,眼角两颗泪珠滚落,头一歪,咽了气……

"老爷,您怎么就这样走了啊……"见海瑞咽了气,海安也声嘶力竭地哭喊起来。

"老爷,你咋这么忍心丢下我们啊……"

"老爷,您这一走,叫我们咋办啊……呜……呜……"

……

"噼啪噼啪……"柱子刚好把鞭炮买回来,见老爷咽气了,赶紧哭着将鞭炮点了,然后跪在床前边哭边给海瑞一张一张地烧纸钱……

天亮了，人们听闻海瑞离世了，三三两两地都来探望。

家里无钱无粮，兰兰他们不知道如何料理海瑞的丧事。

来看海瑞的人群中有个汉子提醒海安："海大人是朝廷的人，你们赶紧安排个人去他供职的衙署，告诉他们的上司，就说你家老爷去世了，请他们赶紧派人来帮忙料理后事。"

"是啊，他生是朝廷的人，更何况当了这么大的官，死了朝廷不可能不管嘛！"旁边一位老妇人也说。

另一个汉子说："他在哪儿供职？赶快派个人去告诉他衙门的人，要不然这怎么办？没钱没粮的！"

海安于是赶紧吩咐惊蛰："惊蛰，你年轻脚力好些，你去趟都察院，给官爷们报个信，就说我们家老爷离世了，请他们无论如何安排个人来看一下！"

"好的！"惊蛰说完，往都察院跑去。

"王大人，我家老爷走了，麻烦您们派个人去看一下吧？"惊蛰满头大汗地来到南京都察院，正好遇到海瑞的好友佥都御史王用汲，便赶紧把自家老爷离世的事跟他说了。

"你说什么？海大人走了？啥时候走的呀？"王用汲听说海瑞死了，心下大骇，赶紧追问惊蛰。

惊蛰边哭边说："禀报大人，我家老爷是昨天晚上半夜离世的！"

王用汲听了，摇摇头痛心而又悲凉地说："唉，这海瑞啊，病了劝他吃药他偏不吃……"

"求求您了，王大人，安排个人去看一下我家老爷吧，他死得好惨啊！呜……呜……"惊蛰哭着给王用汲叩头。

王用汲赶紧将他扶起："你在这儿等着，我先去给院里禀报一声！"

"谢谢王大人！"惊蛰万分感激。

一会儿，王用汲回来了，他对惊蛰说："你先回去，我们跟着就来！"

海瑞虽官为二品，但他一生清廉，根本没为家里积攒下半点财产，这下他撒手人寰，不仅没为两个小妾和几个仆人留下半点钱财，就连办丧事的钱也没有。

正在几人不知如何是好的时候，王用汲来了，他是代表南京都察院来祭奠海瑞的。

"海兄啊海兄，你咋就这么走了呀？你这一走，你家里的这些人怎么活呀……"

王用汲看到已经咽气的海瑞躺在那破旧冰冷的床上，不禁失声痛哭。

"这是海大人的什么人啊？咋哭得那么伤心？"见王用汲哭得很是伤心，一妇人问他身边的男子。

男子告诉她："听说是海大人的一位同僚，他们俩平时关系不错。"

王用汲哽咽着问海安和兰兰他们："海大人的后事，你们准备如何安排？"

海安看看兰兰和玉娴两位夫人，不知怎么回答他。

"王大人，不瞒您说，家里无钱无米，我们……我们也不知道咋办，王大人既然来了，就请王大人帮我们出个主意吧……"兰兰抹了把眼泪。

海安告诉王用汲："两日前，户部的人给我们家老爷送来这个月的俸禄，他听我说多算了七钱银子给他，硬要我帮他退回户部。大家劝他别退了，他就是不依，还说这多出来的钱是朝廷的，要归国库不能要。七钱银子他都这样，你说他哪来的积蓄啊？"

王用汲问他们："海大人生前留下什么话没有？对朝廷有何要求？"

"对朝廷他没啥要求，他告诫我们，让我们在他死之后就各自散去，不准谁去找朝廷提啥要求。"海安告诉他。

王用汲又问："他对后事有啥安排吗？"

"他说死后不要把他葬在这儿，他要回老家海南琼山。可路程这么远，我们哪有钱把他送回去呀！"兰兰哭着告诉王用汲。

"好，我知道了！"生前一心为朝廷奔波，替老百姓办事，死了对朝廷却一无所求，对海瑞的高风亮节，王用汲心存敬畏。

随后，王用汲带人察看了海瑞的家，房屋简陋得不能再简陋了，家里就几件旧衣裳，一条葛巾，一只装衣物的破竹箱，里面除了十几两俸银，别无所有。

王用汲感到十分惊诧，一个德高望重的三朝元老，堂堂南京都察院右都御史，朝廷二品命官，咋会是这个样子？

王用汲抑制不住自己的情感，又是泪如雨下。他知道，就海瑞这个家境，他这两个小妾和三个下人是无法给他料理丧事的。

　　他和一同来的几个同僚商量了一下，准备由他牵头，发动大家募捐海瑞的丧葬费用。

　　"只能是这样了！"几人都同意王用汲的意见。

　　随后，王用汲站到坝子里，对来看望海瑞的人们说："各位父老乡亲，各位同僚，海瑞海大人虽然为官多年，而且官至南京都察院右都御史，但他一生性格刚直，无论在何地做官，都从不阿谀奉承，不但不欺压百姓，还仗义执言替老百姓说话，替老百姓办了许多实事。海大人做官不贪朝廷一分钱财，也不向下属或官员索要钱物，他一生生活简朴，就是家里吃的菜也是和下人一起下地种的，烧的柴也是家里人去山上砍的。就在两日前，户部的人给他送来这个月俸禄，他发现多了七钱银子，非叫他家的仆人海安帮他退回户部不可。我刚才看了，他家里就几件旧衣裳，一条葛巾，一只装衣物的破竹箱，箱子里面有十几两俸银，除了这些别无所有。如今海大人离世了，可他无儿无女，就只有两个小妾和三个仆人，你们说他们拿什么来料理海大人的丧事啊？"

　　说到这儿，王用汲抹了把眼泪。

　　接着，王用汲说道："各位同仁，各位父老乡亲，像海大人这样的好官，连死了办理后事的钱都没有，这怎么办啊？我想，像他这样一心替咱们老百姓着想的好官，咱们总不能眼睁睁看着他暴尸荒野，你们说是不是？"

　　"对，不能让海大人暴尸荒野！"人群中一阵喊声。

　　王用汲接着说："我提议，不论捐多捐少，大家都捐出点钱来，帮他的家人把海大人后事办了，也好让海大人早些入土为安，大家同不同意？"

　　"同意！"

　　"同意！"

　　……

　　我捐三两银子！"王用汲说着从自己的包里掏出三两银子。

　　见他率先捐了银子，一些人也跟着捐献。

　　"谢谢各位同仁，各位朋友！"

　　"谢谢，谢谢各位父老乡亲！"

　　……

　　王用汲在吆喝。

"谢谢大家，我等日后做牛做马来报答你们！"

兰兰、玉娴和海安、柱子、惊蛰等人站在一旁，热泪盈眶地向捐银子的人鞠躬行礼致谢。

在王用汲的倡议下，大家纷纷捐银。

募捐活动一结束，王用汲便一边安排人去买棺材，一边与他一道来的人写奏帖，代海瑞的家人向朝廷上奏海瑞的死讯。

奏帖写好，按理应该先送到南京礼部，可情况特殊，王用汲叫人直接送去给万历皇帝。

中午，人们把棺材买来，将海瑞遗体入殓。

海瑞的遗体刚刚入殓，南京礼部尚书王弘诲也来了。

"海老啊，您咋就这么走了呀？您这样走了，我们……"来到海瑞灵前，王弘诲百感交集，抚着棺木失声痛哭起来。

见王弘诲哭得十分伤心，兰兰赶紧过来把他劝到了一边。

"王大人，您也来了！"正在和海瑞的家人商量事情的王用汲见王弘诲来了过来和他打招呼。

"早上才听闻他老人家离世了，所以才刚赶过来！"王弘诲心存歉意地解释。

"不晚不晚！"王用汲说。

王弘诲问："海老是何时走的啊？"

"昨日夜里！"兰兰擦着眼角的泪水告诉王弘诲。

王弘诲叹息道："唉，他这一走，可苦了你们几个啊！"

"是啊，王大人，日后我们真不知道怎么过啊！"听他这么说，兰兰哭得更伤心。

"听说他病了药也不吃，唉，也真是！"王弘诲自言自语。

王用汲对王弘诲说："他这是心病，所以才不肯吃药。"

王弘诲说："我看他心里真是过不去那道坎。"

"他要是过得了那道坎，就不会这样了！"海安泪流满面。

玉娴哭着说："王大人都来劝过他，可他就是不肯吃药！"

"太犟，怎么劝也劝不了！"王用汲告诉王弘诲。

"人已经走了，节哀顺变吧！"王弘诲安慰兰兰、玉娴和海安他们。

王弘海把王用汲拉到一边，问他："家里情况怎么样？"

"无儿无女，就几个小妾和下人，家里就几件破旧衣物、十多两银子！"王用汲摇着头伤感地告诉王弘海。

王弘海叹息："海老这人我最清楚，他做官实在是太清廉，肯定没给他的家人留下啥东西！"

王用汲摇着头说："唉，清廉的官我也见过不少，但像他这么清廉的，恐怕再也找不出第二个了！"

王弘海问："丧事怎么办？总得让他入土为安啊！"

王用汲告诉他，早上他已经发动大家开展募捐，收到了不少银两，朝廷再下拨一些，安葬应该没问题。

"唉，堂堂朝廷二品大员，死后竟然落到如此地步，用汲，你说谁会相信呀？"王弘海边说边抹眼泪。

王用汲说："若不是亲眼所见，我绝不会相信！"

坐了一会儿，王弘海说："用汲，安葬海老的事你多操些心，海老毕竟是朝廷命官二品大员，总不能让他就这样走了，我先回去和大家商议一下，然后将他的死讯禀告皇上，让皇上以朝廷礼仪诰封他，这样也让海老走得安心一些。"

"海大人的死讯，我已经派人去京城禀报皇上了，只是诰封的事得由王大人您来操持。"王用汲说。

王弘海说："好，那我先走一步，你在这儿多辛苦点！"

"王大人尽管放心去忙，这里有用汲在！"王用汲说。

王弘海说："那就好！"

随后，王弘海跟兰兰、玉娴和仆人海安等人打过招呼，就先回南京礼部去忙海瑞诰封的事了。

回到南京礼部，王弘海把有关衙署的人找来，与他们一道起草上报朝廷诰封海瑞的奏帖。奏帖起草好了，王弘海当夜就派人骑乘快马送去京城呈报朝廷礼部。

"感人，实在是太感人了！"

当日下午，一位年轻人目睹了海瑞家里的余物和灵堂场景，又听人们说了替海瑞募捐丧葬费的情况后泪如雨下，感慨万分。

"不行，我得把它记下来！"年轻人边流泪边拿出纸笔，唰唰几下写就了几行诗句：

"批鳞直夺比干志，苦节还同孤竹清。龙隐海天云万里，鹤归华表月三更。萧条棺外无余物，冷落灵前有菜羹。说与傍人浑不信，山人亲眼泪如倾。"

他把这首诗命名为《吊海瑞》。

这年轻人叫朱良知，是个诗人，他从苏州来此地游历，没想到会见到这样的感人场景。

这首诗一直流传下来。

第60章　万人送灵

载着海瑞灵柩的船已经看不到影了,人们还贮立在江岸边,久久不愿离去,他们默默地为海瑞祈祷:"海大人,您生时忙着替咱们办事,现在去了天堂,希望您不要太累,好好休息,保养好自己的身子骨,安享荣华富贵吧!"

- 1 -

就在海瑞离世的第三天,有一个人来到了他的家里,这人便是京城都察院御史朱海楼。

海瑞早年在京城都察院任右佥都御史时,发现朱海楼有贪腐问题,便教训了他一下,朱海楼为此一直怨恨他。三年前,万历皇帝要启用海瑞的时候,朱海楼曾经上朝劝说万历皇帝不要启用海瑞,他这个时候来,要干些啥呢?人都死了,莫非还要来羞辱一番才肯罢休?

众人将目光一下子聚到朱海楼身上。

朱海楼走进海瑞家,到处看了一下,见屋子里一样像样的东西都没有,有些不敢相信自己的眼睛:啊?不会吧?堂堂朝廷二品大员,家里居然穷成这个样子。

但事实就摆在面前。他还听人说,海瑞的家人连安葬海瑞的银子都没有。

朱海楼本来是想来羞辱海瑞的家人一番,但没想到会是这个样子,对海瑞的怨恨一下子荡然无存,还心生敬意,怆然泪下。

朱海楼在海瑞灵柩前跪下,边叩头边悔恨地说:"海大人啊海大人,若不是亲眼目睹,我朱海楼死也不相信这是事实,海大人,你在天堂一路走好,我朱海楼再也不会怨恨你了!"

"海夫人,我朱某之前对不起海大人,现奉上些许银两,就当是向他赎罪吧!"随后,朱海楼掏出身上所有的银子,递给海瑞的侍妾兰兰。

兰兰不敢接他的银子。

见兰兰不接,朱海楼着急了,说:"海夫人,你要不接这银子,就是不愿意给我向海大人赎罪的机会了!"

"夫人，朱大人既然有这份诚意，您就收下吧！"见朱海楼如此有诚意，海安劝说兰兰。

"那就谢谢朱大人了！"兰兰接过朱海楼手上的银子，躬身给朱海楼行礼。

"见笑了，海夫人，恕朱某往日对海大人的不敬！"朱海楼说完惭愧地转身走了。

旁边有人见此情景，感慨地说："这就是海公的人格魅力啊！"

当日夜晚，梁云龙也赶到了。

"海公，您咋丢下我们自己走了啊？您知道吗？您当年写信激励晚辈的话犹在耳边，晚辈一直未敢忘记，会铭记终生……"梁云龙也抚着海瑞的灵柩伤心地哭起来。

梁云龙是海瑞的侄女婿，理应披麻戴孝，海家人把孝衣和麻线给他拿来，梁云龙接过来，对着海瑞的灵柩作揖行礼，跪下把孝衣穿戴好，叩了三个头后起身。

礼毕，海家人将他引到一旁坐下。

"云龙，你也来了！"王弘诲去礼部处理好海瑞诰封的事后，马上又赶了回来，见梁云龙来了，赶紧过来打招呼。

梁云龙知道王弘诲和海瑞的关系，感激地说："王大人，真是辛苦您了！"

"应该的，应该的！"王弘诲说。

这时，兰兰和玉娴抬来两条板凳，王弘诲对她俩说："两位夫人，梁大人你们应该都认识吧？"

兰兰说："我倒是认识，但玉娴可能不认识。"

"那我给你介绍一下，这是京师兵部武库司主事梁云龙梁大人。"

"这是海老去年纳的新夫人！"

玉娴和梁云龙相互打招呼。

王弘诲说："坐下慢慢聊！"

几人坐下后，梁云龙问兰兰和玉娴："海公是啥时走的？"

玉娴告诉他，老爷是前天晚上走的。

梁云龙说："咋这么快就走了，他是不是一直不吃药？"

"唉，别说了，怎么劝他都不肯吃，一劝他就生气，后来大家都不敢劝了。"兰兰流着泪告诉梁云龙。

玉娴说:"他要是听大家劝,也不至于走得这么快……"

梁云龙说:"他脾气太犟,这我知道。"

"人死不能复生,你们就节哀顺变吧。只是海公一走,今后你们咋办啊?"梁云龙说。

"还能咋办,等把老爷送回老家安葬了,我们就各谋生路吧!"海安伤心地说。

梁云龙哀叹:"唉,时下这个状况也只能是这样了,只是苦了你们几人,跟了海公大半辈子,竟然落得如此凄凉!"

海安说:"我们家老爷一生为官清廉,不能怪他。"

"是啊,怎么能怪他呢!"兰兰也说。

玉娴和柱子、惊蛰在一旁不说话,只顾流泪。

"海公的后事如何办?安葬在哪儿?这些都安排好了吗?"梁云龙问。

"云龙,你放心,这事南京都察院的王用汲大人与两位夫人和海安他们都商量过了。"王弘诲告诉他。

见海瑞的后事他们都安排得差不多了,梁云龙:"这就好!这就好!"

几人接着聊起了海瑞。

王弘诲伤感地说"唉,海公这一生多磨难啊!"

"谁说不是呀?做官几起几落,遭了不少小人的陷害!"梁云龙有些愤慨。

王弘诲说:"人间自有公道,相信那些陷害过他老人家的小人,迟早会遭到报应。"

梁云龙说:"但愿吧!"

……

- 2 -

京城内,金銮大殿里,万历皇帝正在召集文武群臣议事。

"皇上,南京都察院金都御史王用汲差人送来一封奏帖,说是很急!"

一名太监拿着一封奏帖慌慌张张地闯进来。

"念!"

万历皇帝看了一眼进来的太监。

"启禀皇上,南京都察院右都御史海瑞,因病于农历十月十四日夜在其家中离世。海瑞一生节俭,任上为官清廉,常能替民办事。海瑞一生清贫,逝后家中仅有俸银十余两，粗布衣裳二三件，床上用品皆为葛布缝制。海瑞晚景甚凄，家中无儿无女，虽有仆妾几人，但皆为弱者，均不能任事，更无银两办理海瑞后事。海瑞一生对朝廷和皇上忠心，望皇上下拨些许银两助其操办丧事，使其入土为安……"

"啊？海瑞死了？"

"早就听说他病了，没想到现已离开了人世！"

"唉，真是好人命不长啊！"

……

大臣们一时议论纷纷。

"知道了，你下去吧！"万历皇帝对报信的太监说，随后转向文武百官，"唉，这海瑞，真是让朕又爱又恨啊！可不管怎么说，他也为我大明王朝出了不少力，为老百姓做了许多事，这人一死，也总得安抚安抚。"

说完，万历皇帝看着下面的文武百官。

"海瑞一生为官清廉，家中没什么积蓄，又无儿无女的，丧事是难以操办！"

"唉，为官一生，落到如此地步，实在是可怜啊！"

"是啊，海瑞虽然任性一点，但也不失为一位好官，在任上替老百姓做了不少实事，而且非常清廉，但愿皇上能网开一面隆恩大开，批拨些银两助他家人料理后事，早日让他入土为安，以慰众臣之心！"

万历皇帝的话一出，众臣又纷纷议论起来。

"好啦好啦，大家都别议论了，谁能替朕去料理一下海瑞的后事？"万历皇帝说完，扫视着站在下面的文武百官。

见没有人站出来说话，一位大臣走上前来奏道："皇上，新科进士许子伟是海瑞的同乡，臣认为皇上可派此人前往南京料理海瑞后事。"

"准奏！即刻宣许子伟进殿！"万历皇帝说，继而转向户部尚书宋缥："宋爱卿！"

"臣在！"宋缥走上前来。

万历皇帝说："你让户部即刻拨银三百两给新科进士许子伟，让他带着银两去南京替朕料理海瑞后事。"

"是，皇上，微臣马上安排！"宋缥回答。

万历皇帝说："好，你下去吧！"

"臣告退！"

宋缥说完退下来。

哎？这海瑞死了，我们礼部咋没接到南京礼部的报帖呢？礼部尚书沈鲤有点纳闷。

他想了一下，随即走上前去："启禀皇上，礼部还没有接到南京礼部的报帖，但海瑞已逝，微臣以为，海瑞不仅对朝廷有功，而且为官一生耿介清廉，按祖制理应对他进行诰封，不知皇上对他如何封法？"

"诰封之事朕……"

"报！"

这时，一太监手拿奏帖闯进来，单膝跪地向万历皇帝禀报。

"说！"万历皇帝看着太监。

"礼部接到南京都察院送来的奏帖，说南京都察院右都御史海瑞已经离世，请求朝廷按规矩对他进行诰封！"报信太监将礼部转呈的奏帖举过头顶。

"沈爱卿，你看，这不到了吗？"万历皇帝对沈鲤说。

"是，皇上！"沈鲤回话。

近侍太监走下来接过报信太监手里的奏帖，拿上去呈给万历皇帝。

万历皇帝接过奏帖看了一下，对报信太监说："你先下去吧。"

报信太监退下。

万历皇帝吩咐站在下面的沈鲤："沈爱卿，你们礼部即刻代朕拟道诏文，朕要谕祭海瑞。"

"微臣这就去安排！"沈鲤急忙回话。

"皇上，可这诰封……"沈鲤还不知道皇上如何诰封海瑞。

万历皇帝说："这事稍后再议，你先下去！"

"是！"沈鲤退下。

"新科进士许子伟到！"一太监进来拖长声音叫道。

万历皇帝朝太监吩咐："宣许子伟进殿！"

"宣许子伟进殿！"太监又拖长声音朝外叫道。

"新科进士许子伟叩见皇上，皇上万岁，万岁，万万岁！"许子伟进来给万历皇帝叩头。

"许子伟，朕听闻你和南京都察院右都御史海瑞是同乡，是吗？"万历皇帝问。

"回皇上，我和海大人的确是同乡。"许子伟应道。

"许子伟，朕刚才接到南京报帖，说海瑞已经离世，你替朕去南京协助他的家人料理一下他的后事，你可愿意？"

许子伟赶紧叩拜："卑职愿为皇上效劳！"

万历皇帝告诉他："你愿意去很好，刚才朕已做了安排，请户部的宋尚书拨银三百两予你，你带些人去南京料理海瑞的后事。朕还要下道诏文，谕祭海瑞，待诏文拟好后礼部会去替朕向他的家人宣诏！"

"谢皇上隆恩，吾皇万岁，万岁，万万岁！"许子伟叩谢万历皇帝的恩典。

"谢皇上隆恩，吾皇万岁，万岁，万万岁！"众大臣也跟着许子伟叩谢万历皇帝的恩典。

万历皇帝对许子伟说："好了，你先下去，朕还要和大臣们议事。"

"皇上，卑职还有一个请求！"许子伟跪着不起来。

"你说！"万历皇帝说。

许子伟说："皇上，海大人是卑职的恩师，卑职请求回海南琼山为恩师守墓三年，三年期满即回朝廷履职，为朝廷尽忠效劳，恳请皇上准奏！"

"怎么？海瑞要回老家海南安葬？"万历皇帝以为海瑞葬在南京。

许子伟赶紧说："禀报皇上，卑职听闻恩师临终前告诉他的家人，在他死后将他的遗体运回老家安葬。"

"哼，这海瑞，偌大一个南京还怕葬不下他？"万历皇帝道，然后看着许子伟，"你要去海南琼山替海瑞守墓？"

"哼，这许子伟居然要去琼山替海瑞守墓！"

"那年海瑞回琼山老家，他曾经拜海瑞为师。"

"嗯，真是有情有义之人！"

"难得他有这份心！"

"这海瑞，真是有福，没儿没女却还有人替他守孝！"

……

文武百官议论纷纷。

稍停片刻，万历皇帝说："你刚考上进士，朝廷授予你行人司行人，理应好好为朝廷效力，海瑞是你恩师，朕念你有情有义，准奏你去为他守墓。守孝期满立即回朝履职！"

见皇上准了自己的奏请，许子伟非常高兴，赶紧说道："谢皇上隆恩，卑职谨记皇上叮嘱，待三年守孝期满，卑职立即返回朝廷履职，为朝廷和皇上效劳！"

万历皇帝朝他挥挥手:"你下去吧!"

"卑职告退!"

许子伟转身走出大殿。

"沈爱卿!"

"臣在!"沈鲤上前。

"你们礼部代朕起草一道祭文,待朕看了之后你带着去南京,替朕向海瑞的家人宣诏,谕祭海瑞,以示安抚和告慰!"

"微臣遵命!"沈鲤回答。

万历皇帝又说:"诏告京城和南京两地各个官署,对海瑞进行公祭,习之神气,忠心效劳朝廷!"

"是,皇上!"

"好,你退下吧!"

"微臣告退!"

次日上午,礼部拟好了祭奠海瑞的诏书,沈鲤拿来给万历皇帝过目。

"行,就这样,你去趟南京,替朕谕祭海瑞!"万历皇帝对沈鲤说。

两日后,沈鲤带着诏书来到南京海瑞家里。

— 3 —

心急如焚的许子伟拿到皇上御批的银两和诏书后,带着几名随从骑着快马往南京赶去。

许子伟心急火燎,恨不能一下子飞到恩师家,他带着人骑马披星戴月赶了三日的路,终于来到南京海瑞家。

"圣……旨……到!"先行的旗牌官在海瑞家门前高声宣叫。

"海瑞家人接旨!"许子伟跳下马背,拿出圣旨,忍着心里的悲痛朝海瑞家人叫道。

王用汲见状,急忙吩咐兰兰、玉娴和海安和他们:"快去接旨!"

"奉天承运,皇帝诏曰,今闻南京都察院右都御史海瑞因病在南京家中离世……特赐海瑞为太子太保,谥号忠介,望各朝臣以海瑞为榜样,忠于我大明王朝,悉心办事……钦此!"

"谢主隆恩,皇上万岁,万岁,万万岁!"待许子伟宣读完诏书,兰兰、玉娴和海安他们赶紧叩拜。

随后，兰兰从许子伟手中接过圣旨。

"起来吧，都起来吧！"许子伟先将兰兰扶起，然后对后面的玉娴和海安他们说。

兰兰和玉娴、海安他们站起来。

"师母，皇上还特批了三百两银子，帮助料理海大人丧事。"许子伟说。

有了朝廷下拨的银两，加上先前大家捐献的，兰兰心想，这下办理老爷的后事不用愁了。

许子伟泪流满面地走进海瑞的灵堂，扑到棺木上号啕大哭："恩师，因公务缠身，自打门生进京后就没能来看望您老人家，没想到恩师您就这么走了啊……"

许子伟哭得极为伤心，不少人见了也跟着他流泪。

"许大人，人死不能复生，海大人已经走了，节哀，节哀！"

"是啊，请许大人节哀！"

海安和兰兰见了，走过来劝许子伟。

许子伟这才止住哭站立起来。

海安说："王大人他们在那边，过去那边坐！"

许子伟和兰兰、海安一同来到坝子里。

"这位是南京都察院的王用汲王大人！"海安指着王用汲给许子伟介绍。

"王大人好！"

"许大人不远千里而来，辛苦，辛苦！"王用汲说。

许子伟赶紧说："听说恩师一离世，王大人就带人赶到了，还发动大家为他老人家捐款，王大人才真正辛苦！"

"应该的应该的！"王用汲说。

见他们站着，兰兰说："坐坐坐，都别站着！"

两人坐了下来。

"师母节哀！"许子伟安慰兰兰。

"谢谢许大人！"兰兰说。

许子伟赶紧说："师母别这样叫，这样折煞子伟，以后师母就叫我子伟吧！"

"这哪行啊？"兰兰赶紧说。

"一日为师终生为父，既然许大人都这样说了，那就这样叫吧！"王用汲对兰兰说。

第60章 万人送灵

"那几位大人聊着，那边有点事我先过去一下！"待许子伟和王用汲等人坐下，兰兰说。

许子伟说："您去忙，别管我们！"

"好！"兰兰转身离去。

听说恩师的丧事和安葬问题都是王用汲安排的，许子伟问："敢问王大人，对我恩师的丧事是如何安排的？"

王用汲把海瑞的家庭情况和募捐情况跟他说了，许子伟很是感动，说："王大人，我恩师如若在天有灵，他一定会感谢您的！"

"彼此彼此！"王用汲说。

王用汲接着说："之前我们为海大人募捐了一些银子，现在又有你带来的这些，我想，操办海大人的丧事应该问题不大了。关于安葬问题，昨日我和海夫人他们商量了一下，他们说要把海大人的遗体运回老家海南琼州安葬。"

"恩师为啥不想葬在南京呢？"许了伟问。

王用汲告诉他，海瑞临终时告诉过他的两位夫人和下人，说他死后要回老家海南琼山。

许子伟感叹道："古人云，树高千丈，落叶归根。"

"按地方上的风俗，等在这儿把丧事办完，我们就把海大人的灵柩运送回他的老家安葬，不知许大人有何想法。"

"王大人考虑得周全，我代表恩师一家谢谢您了！"许子伟说完双手抱拳给王用汲行礼。

王用汲说："不用，不用，海大人生前和我也是故交，这都是我们大家应该做的！"

"来的时候皇上交代过下官，叫下官护送海大人的遗体回海南安葬。现在有王大人在我更放心了。来之前，我已经向皇上禀请为他老人家守孝三年，皇上也恩准了。"

王用汲说："难得许大人有这份心，我想，海公在九泉之下也会感到欣慰的！"

"海公是晚辈的恩师，这是晚辈应该做的！"许子伟说。

兰兰、玉娴和海安他们听说许子伟要替海瑞守孝三年，万分感动。

兰兰说："许大人，我们家老爷有你这样的学生，真是他前世修来的福啊！"

"是啊，我们家老爷真是有福！"玉娴也说。

海安说:"若老爷泉下有知,他一定会无比欣慰!"

"这都是子伟应该做的!"许子伟说。

第三天中午,王用汲和许子伟正在忙海瑞的丧事。

"嘶!"一阵马的嘶叫声传来,王用汲等人抬头一看,三匹快马飞奔而来。到了近前,原来是沈鲤和礼部的人,许子伟知道他是代皇上来谕祭恩师的。

"圣……旨……到!"三人下了马,其中一名礼部官员拖长声音叫道。

"海瑞家人接旨!"

"快,快去接圣旨!"许子伟赶忙叫旁边的兰兰、玉娴和海安他们。

兰兰赶紧带着玉娴和海安到前面跪下。

沈鲤见了高声宣道:"今奉皇上之命,特来谕祭南京都察右佥都御史海瑞!"

接着,沈鲤宣读皇上祭词:

"……惟尔高标绝俗,直道提身。视期民由己饥寒,耻其君不为尧舜。矢孤忠而叩阙,抗言增日月之光,出百死以登朝,揽辔励澄之志。迨起家于再废,乃浃岁而三迁。岩石具瞻,卓尔旧京之望。素丝无染,褒然先进之风。……若金在冶,百炼弥坚;俟河之清,九泉莫及。礼部议谥,请赐'忠介',并赠'太子少保',皇上恩准……"

"谢主隆恩!吾皇万岁,万万岁!"

待沈鲤宣读完毕,兰兰、玉娴和海安叩头高呼。

兰兰接过圣旨,沈鲤扶起兰兰:"都起来吧!"

"谢沈大人!"兰兰、玉娴和海安一齐向沈鲤道谢。

"沈大人,辛苦了!"

"尚书大人辛苦!"

"辛苦了,沈大人!"

"几位大人辛苦了!"

圣旨宣读结束,王用汲和许子伟等人赶紧上前跟沈鲤等人打招呼。

六日后,许子伟和王用汲将把海瑞的遗体运回海南琼山老家安葬。

— 4 —

海瑞的死备受朝臣关注,除了那些与他政见不和或是陷害过他的人,不少正直的官员都替海瑞惋惜，说他是个难得的好官，不应该这么早就离开人世，应该再多活上几年，多替百姓和朝廷办些事情，也有不少官员前来海瑞家里吊唁。

海瑞的死不仅备受朝臣关注，也引起了南京市民的关注，他的死轰动了整个南京城，在南京城的大街小巷，人们怀着悲痛的心情，四处奔走相告。

"听说海大人离世了呢！"

"不会吧？"

"这是真是假啊？"

"老天爷是眼瞎了？这么好的官怎么就让他走了呢？"

"既是如此，咱们得有所表示！"

"是啊，海大人在世时替咱们南京市民做了那么多好事，咱们总不能让他就这么悄悄地走了啊！"

"那你说咋办呀？"

"我建议马上相互转告，在海大人出殡之日，各家各户罢市一日，自行备好孝衣，披麻戴孝送他一程！"

"好，这个建议好！"

"行，那咱们就赶紧行动吧！"

……

就在海瑞灵柩出殡的前两天下午，南京城西城中大街，一个四十多岁的汉子来到一家经营布匹的商铺前。

"老板，你家有白布吗？"

"有！"

"多少钱一丈？"

"是拿去做孝衣的吧？"

"正是，过两天海大人的灵柩就要出殡了，得穿着孝衣去送他呀！"

"既是这样，今日就给大家一个半价，也算是我对海大人的一份心意！"

"好的！"

"要多少啊？"

"我家一共四口人，到时候都要去，你就给我扯三丈吧？"

"行！"

"老板，你家还有白布吗？"

汉子刚走，又来了一个中年妇女。

"是拿去做孝衣准备送海大人的吧？"

"老板你咋知道啊？"中年妇女惊奇地问。

"已经有不少人来我这儿买布了，都是买去做孝衣的，等着过两日穿着去送海瑞海大人！"

"哦！"

"今日半价，你要多少？"

"就给我来两丈四吧，我家里两个大人两个小孩，应该够做吧？"

"够做！"老板边说边给他扯白布。

中年妇女边付银子边对老板说："恐怕还会有不少人来你这儿买白布，我看你的白布不是很多，你要赶快备些货呀！"

"放心吧，屋子里还有！"老板说。

中年妇女抱着白布走了。

这位妇女没说错，没过多久，又有不少人买白布了。老板知道他们是买去做孝衣穿着送海瑞的，也就一律给他们半价。

这两日，整个南京城的市民们都动起来了，他们买白布、制孝衣、搓麻绳，准备在海瑞出殡之日去为他送行。

因为要做孝衣的人实在是太多，整个南京城的白布都快被买光了，好在孝衣制作简单，很多人家自己都会做，要不然这南京城里的裁缝恐怕加班加点做忙不过来。

— 5 —

出殡的日子很快就到了。

这日一大早，许子伟就来问王用汲："王大人，准备得差不多了吧？"

王用汲说，一切都准备好了，只待时辰一到马上就发丧。

二人正说着话，突然听到街上一阵闹嗡嗡的声音。

"找个人去看看，是咋回事？"在这个关键时刻，王用汲怕出什么意外，赶紧叫海安打发人去看到底是怎么回事。

"好，我马上安排人去！"海安说。

不一会儿，去打听消息的人回来给两位大人禀告："王大人、许大人，是城里一些做生意的商人和街上的住户，他们听说海大人的灵柩今日就要运走了，都穿着白衣戴着白帽到路边来给他送行，他们说怕打扰丧家，就没来这里，只是站在路边候着！"

"哦，有这等事？"王用汲和许子伟同时惊奇地说，并相互对望了一眼，他们替海瑞高兴，也替朝廷高兴。

许子伟问打听消息的人："城里的居民多半是做生意的商人，他们不做生意？"

"这些人说了，海大人生前为大家做了不少好事实事，如今海大人走了，他们要罢市一日，来送送海大人！"打听消息的人告诉许子伟。

"千古奇事，真是千古奇事啊，要是恩师泉下有知，也可以含笑九泉了。"许子伟感慨地说。

王用汲接过话："是啊，一个官员好与不好，老百姓心明眼亮啊！"

许子伟说："我的恩师海公就是个最好的例子，咱们在位的官员，不论官大官小，也不管在什么职位做什么事，只要是心里装着老百姓，时时处处替老百姓着想，多为他们办些好事实事，无论到任何时候，也不管走到哪里，他们都会永远记住你的！"

"许大人说得对，如若我大明王朝的官员都像海大人那样，何愁我大明不发达呢？只可惜呀，总是有些小人胡作非为，挖空心思捞官捞钱，甚至为了一己私利想方设法整治别人，根本不把朝廷和百姓利益放在眼里，真是可悲可叹啊！"王用汲不无感慨地说。

"唉，这林子大了什么鸟都有，没办法啊，我们自己先为好人做好官，别的也管不了那么多了！"许子伟说。

"这倒也是！"王用汲有同感。

这时，海安跑过来说："王大人、许大人，出殡的时辰马上到了，准备出发吧！"

"好，王大人，那就准备出发！"许子伟说。

"嗯！"王用汲点头。

因为路途遥远，运送海瑞灵柩的队伍只能走水路。

"噼里啪啦，噼里啪啦……"

"老爷！"

"老爷啊……老爷……"

……

在一阵鞭炮和恸哭声中，人们心情沉重地将海瑞的灵柩从屋子里抬出，然后沿着南京城的街道缓缓抬向江边。

运送灵柩的船，早已在江岸边的码头等着，海瑞的灵柩被抬到了码头，王用汲和许子伟叫人将其慢慢抬上船，随后船顺着江流，缓缓向海瑞的老家海南琼州驶去……

"海大人，您一路走好啊！"

"海包公，一路走好！"

"一路顺风啊，恩人！"

"别了，海大人！"

……

沿街和沿江两岸，人头攒动，呼喊声、哭声，一浪高过一浪，人们都身穿孝衣，看上去白茫茫的一片。

载着海瑞灵柩的船已经看不到影了，人们还贮立在江岸边，久久不愿离去。他们默默地为海瑞祈祷："海大人，您生时忙着替咱们办事，现在去了天堂，希望您不要太累，好好休息，保养好自己的身子骨，安享荣华富贵吧！"

海瑞似乎在向他们微笑着招手："谢谢大家的一片心意，我会的！遗憾的是有好多事情，我海瑞还没有替大家办完！"

看着眼前的情景，站在船头的王用汲、梁云龙、许子伟，他们的眼睛湿润了。

梁云龙欣慰地说："您在九泉之下，也应该能瞑目了！"

"民心，这就是民心啊！"王用汲无限感慨。

梁云龙接过话："是啊，只要咱们做官的替老百姓做事，哪怕是一点小事，他们都会记住咱们啊！"

"我这恩师，不失为楷模啊！"许子伟发出感叹。

海瑞安葬以后，许子伟没有食言，他在海南琼山海瑞坟旁搭棚为他的恩师守孝三年。

三年孝期满后，许子伟回京师继续履职。

后 记

2018年，我写了一部长篇历史小说《南明忠魂》，在寻找出版的过程中，广东一家出版社的一位女编辑看了稿件后在电话里跟我说："这本稿件内容太单薄，我们要出版的小说都是上百万字的，对不起，这本小说不能在我们这儿出版！"

听了这位编辑的话，我当时有两个反应：一是，出版社出版小说咋不谈稿子质量，却是强调字数呢？难道一部好小说就一定要上百万字吗？二是，看来自己得创作一部几十万甚至上百万字的小说了。

《大明第一清官：海瑞》这部小说我原计划只写25万字，也许是因为那位女编辑的话，后来我决定将它分三部来写，总字数100万字左右。

在此之前我创作过《南明忠魂》，但那讲述的事一个历史事件，这部小说虽说也是历史题材，但它是历史人物小说，不同于历史事件小说，且海瑞是个很有争议的历史人物。这部小说如何去创作？需要仔细思量。

无独有偶，北京《十月》杂志的总编宁肯在记者采访他怎么处理文学和历史的关系问题时说过，文学不应该屈服于历史之下，它应该超越历史、打破历史。他还说，文学有去蔽的功能，它不应该被一些大事记和大的历史概念给框住，而是要写出和一般意义上的历史认知不一样的东西。

我赞同宁肯老师这个创作观点，小说毕竟是文学作品，不是历史记载，切不可以史料的眼光去观之论之。但我认为，历史小说离不开历史事实，只能在尊重历史事实的基础上发挥作者想象力，以文学的笔法虚构合理的情节和相关人物，以有趣的故事和典型人物形象还原历史。

历史小说是文学作品不是历史记述，对小说中的小人物、小事件进行虚构，是故事和情节的需要，是为了服务于人物塑造和让故事情节能连贯起来，让它具备可读性，这是无可厚非的。因此，本人在创作这部小说时，查阅和收集了大量的历史资料，再在此基础上进行创作。

写历史小说不像写现代小说，需要查阅大量的历史资料，所以创作《大明第一清官：海瑞》这部百万字的长篇历史人物小说，对我来说的确是件痛苦的事情。这部小说从收集资料、构思到创作、修改，我花费了将近四年的时间。创作中，有时为查一个人名或一个职务、一个事件，就会花费我半天甚至一两天的时间。写完这部小说的时候，我真有种虚脱的感觉，而且人变得非常的憔悴。所幸的是，终于将它写完了。

我是个看似坚强内心却很柔弱的人，在创作这部小说的过程中，由于受书中主人翁海瑞事迹和人品的感染，我已经记不得流过多少次眼泪。当我写到他受人诬陷被朝廷调离时人们依依不舍送别的场景，写到他买棺材遣散家人冒死进谏嘉靖皇帝和他两个小儿死在牢中，写到他七十老母离世无钱安葬朋友出钱安葬，写到他临死前逼仆人帮他退还户部多给的七钱银子，写到他死后家人无钱安葬和南京市民自发穿上白衣送他的灵柩离开南京时，我的泪水禁不住往下流淌……

历史如流水般一去不复返，事情已过去四五百年，斯人已经渐渐远去，留下的只有他依稀难觅的感人事迹，但他的崇高精神却永远存在，这大概就是我创作这部小说的原因吧！

由于年代久远，加之受资料的局限，小说在创作中难免会以偏概全或有遗珠之憾，敬请文学同仁和文学前辈给予悉心指导，也请广大读者多多包涵！

在此，也向撰写和提供相关历史资料的作者，以及关心此书的朋友致以衷心的感谢！

万　松

2021年9月30日于兴义